U0901186

2015

鄭州年鑑

ZHENG ZHOU YEAR BOOK

郑州市人民政府主办
中州古籍出版社

郑州市政区图

郑州市政区图
焦作市
洛阳市
平顶山市
许
温县
孟州市
偃师市
巩义市
上街区
荥阳市
新密市
登封市
缑村镇
南庄镇
化工镇
招贤
祥云镇
岳村
北郭
黄河大堤
新蟒河
蟒河
黄河
沁河
邙岭
首阳山
山化
岳滩镇
顾县镇
缑氏镇
高龙镇
大口
府店镇
陶化店水库
马涧水库
擂鼓台水库
伊河
洛河
河洛镇
康店镇
孝义街道
站街镇
北山口镇
芝田镇
回郭镇
大峪沟镇
小关镇
竹林镇
新中镇
米河镇
西村镇
鲁庄镇
夹津口镇
涉村镇
坞罗水库
汜水镇
高山镇
峡窝镇
王村镇
高村
乔楼镇
豫龙镇
刘河镇
崔庙镇
贾峪
环翠峪风景区管委会
尖山风景区管委会
袁庄
米村镇
牛店镇
城关镇
平陌镇
超化镇
金寨回族乡
大王村
城关
河王水库
楚楼水库
丁店水库
嵩山
1491.7
少林水库
纸坊水库
唐庄
卢店镇
中岳街道
告成镇
大冶镇
宣化镇
颍阳镇
君召
大金店镇
东华镇
石道
送表矿区
白坪
徐庄镇
春门水库
白沙水库
颍河
夏店
陵头镇
大峪
方山镇
鸠山镇
G30
G310
G207
S49
S85
S32

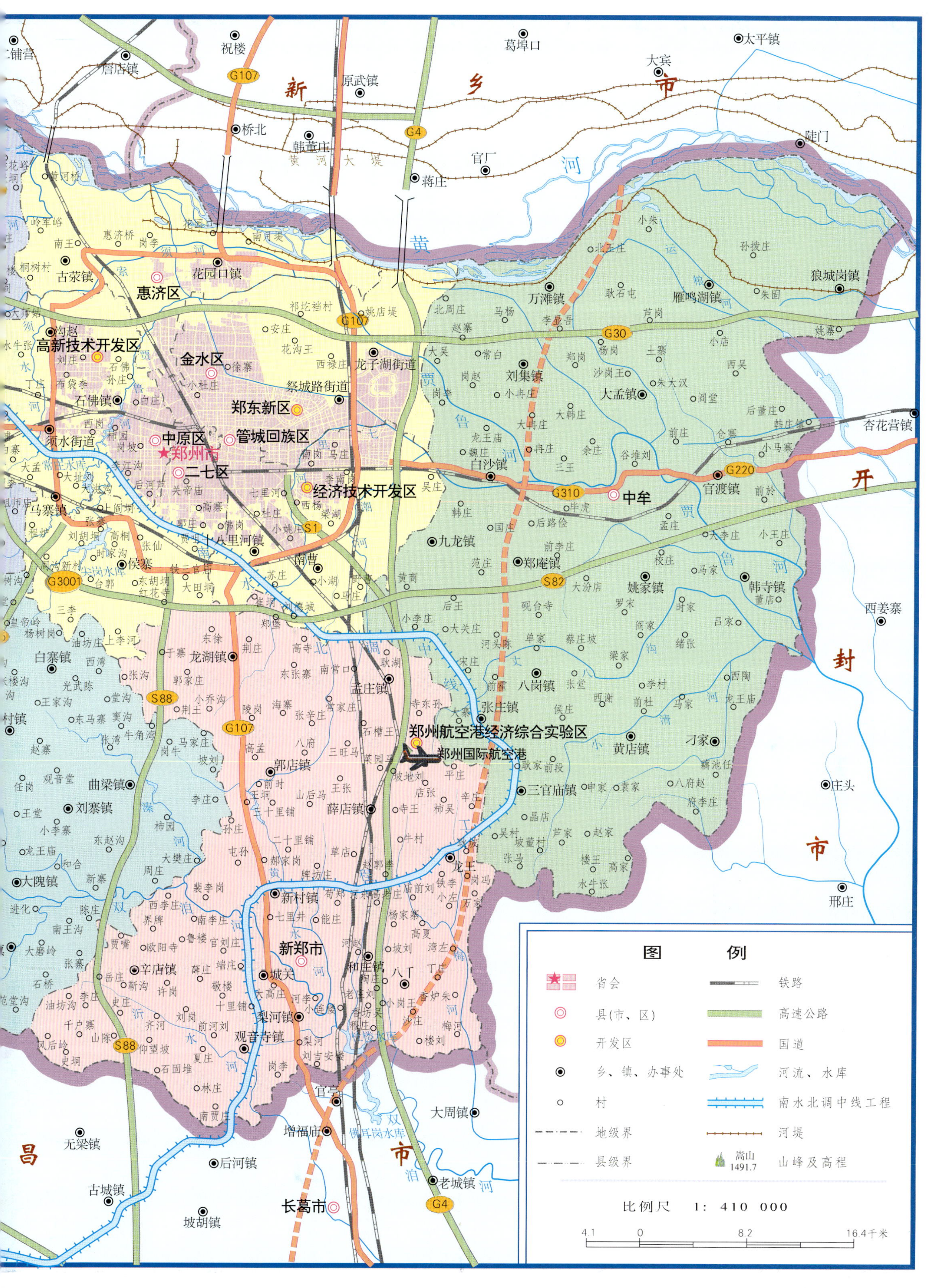

新
乡
市
开
封
市
昌
市
黄河
郑州市
中原区
管城回族区
二七区
金水区
惠济区
郑东新区
高新技术开发区
经济技术开发区
郑州航空港经济综合实验区
郑州国际航空港
中牟
新郑市
长葛市
G107
G4
G30
G310
G220
G3001
S1
S82
S88
图例
省会
县(市、区)
开发区
乡、镇、办事处
村
地级界
县级界
铁路
高速公路
国道
河流、水库
南水北调中线工程
河堤
山峰及高程
嵩山 1491.7
比例尺 1: 410 000
4.1
0
8.2
16.4千米

郑州市城区图
郑州国家高新技术产业开发区
惠济区
中原区
荥阳市
中原
金水区
二七区
天健湖公园
锦和公园
中心广场
科学公园
莲园
绿谷公园
雕塑公园
西流湖公园
郑州植物园
月季公园
五一公园
儿童乐园
绿城公园
长江公园
烈士陵园
康佳公园
文博森林公园
分河口公园
古树苑
高新技术开发区管委会
郑州大学
郑州轻工业学校
中原区
市人大
市委
市政府
连霍高速
绕城高速
陇海快速路
郑少高速
西三环
西四环
科学大道
中原西路
建设路
图例
政府驻地
一般单位
学校
医院
商场
宾馆、酒店
火车站
高速公路
铁路
街道
规划道路
中原区
二七区
管城回族区
金水区
惠济区
郑东新区
高新技术开发区
经济技术开发区
公园、绿地

新乡市
金水区
郑东新区
管城区
郑州经济技术开发区
黄河
G107国道
G107辅道
京珠高速
连霍高速
郑开大道
郑州东站
郑州火车站
龙湖
如意湖
森林公园
文化公园
紫荆山公园
人民公园
商城公园
世纪欢乐园
七里河公园
体育公园
三角公园
同乐公园
中心广场
航海广场
启明广场
滨河公园
凌霄公园
陇海公园
郑新公园
南环公园
熊儿河公园
金沙湖高尔夫俱乐部
北龙湖
郑州之林
文博广场
动物园
郑东新区管委会
经济开发区管委会
省政府
省政协
省委
省人大
市政协
金水区
管城区
国际会展中心
黄河迎宾馆
郑州大学
河南财经学院
河南农业大学
河南警察学院
河南财经政法大学
河南中医药大学
郑州航空工业管理学院
华北水利水电学院
黄河科技学院
北三环
北四环
东三环
东四环
南三环
南三环东延
农业路
金水路
陇海快速路
京广快速路
中州大道
花园路
文化路
经开第八大街
前程大道

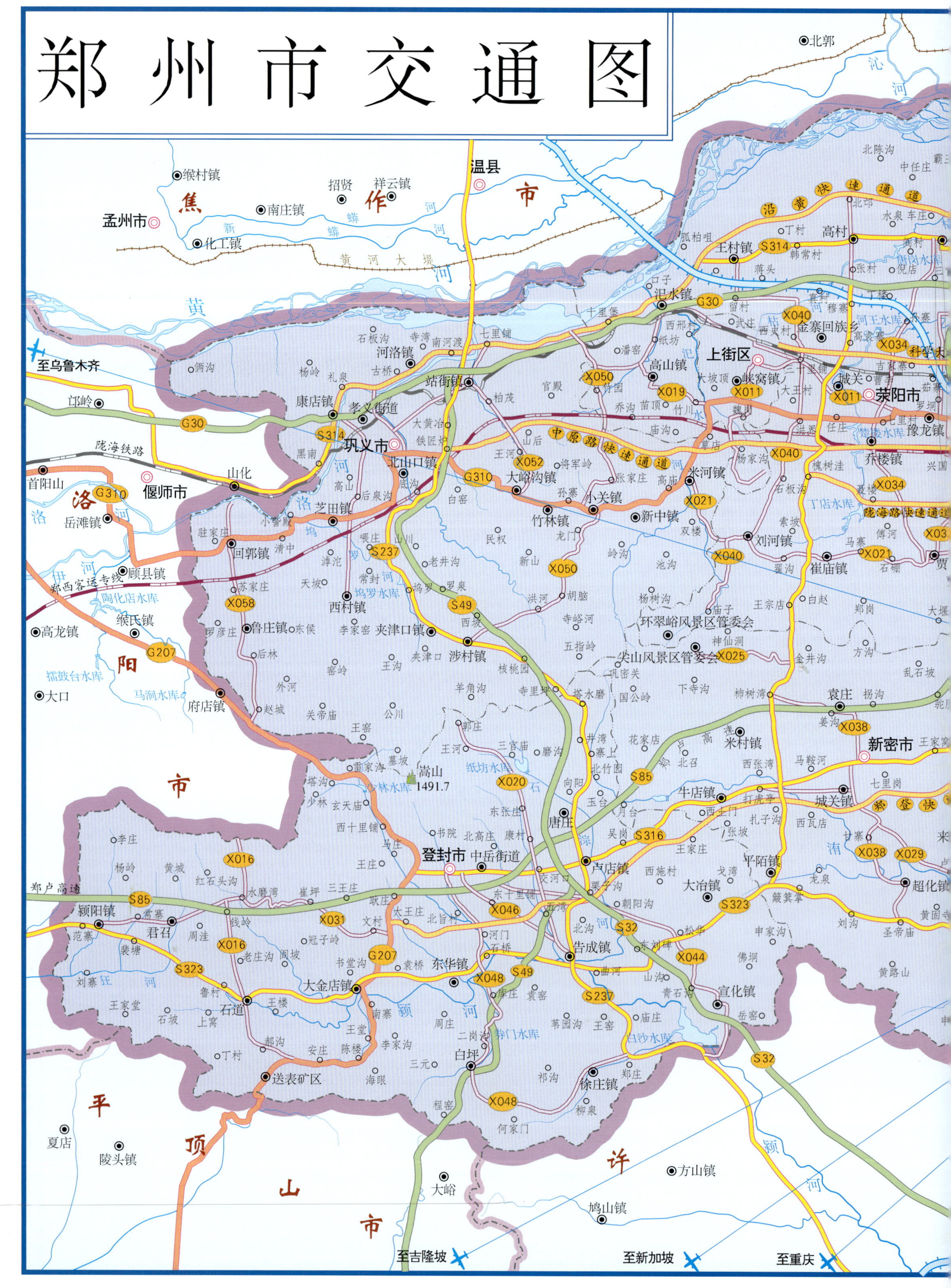

郑州市交通图
北郭
沁河
温县
焦作市
缑村镇
招贤
祥云镇
南庄镇
孟州市
化工镇
新蟒河
黄河大堤
黄河
至乌鲁木齐
邙岭
陇海铁路
首阳山
山化
偃师市
洛河
岳滩镇
顾县镇
郑西客运专线
陶化店水库
缑氏镇
高龙镇
搖鼓台水库
马涧水库
大口
府店镇
洛阳市
平顶山市
夏店
陵头镇
大峪
至吉隆坡
至新加坡
至重庆
许
方山镇
鸠山镇
颍河
沿黄快速通道
北陈沟
中任庄
北邙
水泉
车庄
高村
丁村
王村镇
S314
韩常村
孤柏咀
蒋头
张村
倪店
口子
汜水镇
G30
留村
武庄
X040
金寨回族乡
河王水库
十里堡
西邢村
纸坊
西史村
高寨
X034
科学大道
吉家寨
石板沟
寺湾
南河渡
七里铺
潘窑
上街区
河洛镇
古桥
杨岭
礼泉
站街镇
X050
高山镇
大坡顶
峡窝镇
城关
X011
荥阳市
康店镇
孝义街道
柏茂
官殿
竹园
X019
乔沟
苗项
竹川
魏岗
大王村
七里村
豫龙镇
G30
S314
巩义市
大黄冶
铁匠炉
中原路快速通道
庙沟
崔庙
任庄
楚楼水库
黑南
北山口镇
王河
山后
X052
将军岭
杨家沟
X040
乔楼镇
槐树洼
兴国
G310
大峪沟镇
张家庄
高庙
米河镇
高山
后泉沟
白窑
孙寨
小关镇
石板沟
X034
芝田镇
竹林镇
新中镇
X021
丁店水库
陇海路快速通道
驻家庄
小訾殿
喂庄
山川
民权
龙门
索坡
双楼
刘河镇
马寨
傅河
X03
回郭镇
清中
S237
老井沟
新山
X050
岭沟
池沟
X040
X021
贾
淳沱
常封
坞罗
翟沟
崔庙镇
石硼
苏家庄
天坡
坞罗水库
罗泉
胡脑
杨树沟
庙子
王宗店
白赵
郑岗
大堰
X058
西村镇
S49
洪河
寺峪河
环翠峪风景区管委会
罗彦庄
鲁庄镇
东侯
李家窑
夹津口镇
西坡
五指岭
神仙洞
方沟
后林
涉村镇
夹津口
王沟
核桃园
尖山风景区管委会
X025
金井沟
乱石坡
窑岭
外河
羊角沟
寺里坪
玑密关
下寺沟
柿树湾
袁庄
拐沟
赵城
关帝庙
公川
塔水磨
国公岭
王窑
郭庄
姜沟
X038
米村镇
新密市
王家窝
三官庙
井湾
花家店
王河
磨沟
寨上
北召
西张湾
马鞍河
雷家沟
墓坡
纸坊水库
北竹园
嵩山
1491.7
X020
S85
塔沟
少林
少林水库
玄天庙
向阳
牛店镇
七里岗
城关镇
打虎亭
西土门
扎子沟
东张庄
玉台
郑登快
市
西十里铺
月台
李庄
书院
北高庄
康村
唐庄
张坡
西瓦店
甘寨
来
马庄
吴岗
S316
王家庄
洧河
X038
X029
X016
杨岭
黄城
王庄
登封市
中岳街道
卢店镇
西施村
戈湾
平陌镇
郑卢高速
红石头沟
交河口
粟子沟
龙泉
超化镇
S85
水磨湾
崔坪
三王庄
东十里铺
大冶镇
朝阳沟
簸箕掌
黄固寺
颍阳镇
常寨
耿庄
大王庄
X046
西湾
S323
刘沟
君召
X031
文村
北旨村
北沟
S32
申家沟
圣帝庙
范寨
周洼
钱岭
河门
东刘碑
松华
裴塘
X016
冠子岭
石桥
告成镇
X044
佛垌
老庄沟
阎坡
书堂沟
袁桥
G207
东华镇
曲河
黄路山
刘寨
S323
X048
S49
山沟
宣化镇
鲁村
大金店镇
李庄
袁窑
S237
青石沟
王家堂
石道
王楼
南寨
颍河
茅园沟
王窑
庙庄
岳窑
石坡
上窝
王堂
周庄
二岗沟
寺门水库
白沙水库
丁村
郝沟
安庄
陈楼
李家沟
三元
白坪
S32
送表矿区
海眼
祁沟
郑庄
徐庄镇
程窑
X048
柳泉
何家门
伊河
G207
G310

至北京
至天津
至哈尔滨
至首尔
至台北
至上海
至香港
至广州
新 乡 市
开 封 市
许 昌 市
黄 河
郑州市
中原区
二七区
管城回族区
金水区
惠济区
郑东新区
高新技术开发区
经济技术开发区
郑州航空港经济综合实验区
郑州国际航空港
中牟
新郑市
长葛市
京广铁路
京广客运专线
陇海铁路
连霍高速
郑开大道
郑汴物流通道
四港联动大道
大学路南延工程
南水北调中线工程
黄河大堤
G107
G4
G30
G310
G220
G3001
S1
S82
S88
S223
S316
S321
S323
S102
S103
X005
X006
X013
X014
X022
X023
X026
X028
X029
X033
X035
X004
惠济区
花园口镇
古荥镇
沟赵
须水街道
马寨镇
侯寨
龙湖镇
十八里河镇
南曹
龙子湖街道
祭城路街道
白沙镇
刘集镇
万滩镇
大孟镇
官渡镇
雁鸣湖镇
狼城岗镇
杏花营镇
九龙镇
郑庵镇
姚家镇
韩寺镇
八岗镇
张庄镇
黄店镇
三官庙镇
孟庄镇
郭店镇
薛店镇
龙王
新村镇
和庄镇
八千
城关
辛店镇
梨河镇
观音寺镇
白寨镇
岳村镇
曲梁镇
刘寨镇
大隗镇
官亭
增福庙
大周镇
老城镇
后河镇
古城镇
坡胡镇
无梁镇
太平镇
大宾
陡门
蒋庄
官厂
葛埠口
原武镇
桥北
韩董庄
祝楼
詹店镇
西姜寨
庄头
邢庄
图 例
省会
县(市、区)
开发区
乡、镇、街道
村
地级界
县级界
铁路
客运专线
高速公路及编号
国道及编号
规划国道
省道及编号
快速通道工程
县道及编号
机场及航线
河流、水库
南水北调中线工程
河堤
山峰及高程
嵩山 1491.7
比例尺 1: 410 000
4.1 0 8.2 16.4千米

郑州市地势图

温县
焦作市
孟州市
祥云镇
化工镇
黄河大堤
黄河
新蟒河
巩义市
偃师市
洛阳市
登封市
上街区
荥阳市
新密市
嵩山 1491.7
平顶山市
许
G30
G310
G207
S49
S85
S32
北郭
王村镇
高村
广武
唐岗水库
汜水镇
金寨回族乡
河王水库
峡窝镇
城关
乔楼镇
豫龙镇
楚楼水库
高山镇
河洛镇
站街镇
康店镇
邙岭
首阳山
山化
北山口镇
大峪沟镇
小关镇
米河镇
竹林镇
新中镇
刘河镇
崔庙镇
贾峪镇
芝田镇
岳滩镇
回郭镇
顾县镇
西村镇
坞罗水库
陶化店水库
缑氏镇
高龙镇
鲁庄镇
夹津口镇
涉村镇
擂鼓台水库
马涧水库
大口
府店镇
袁庄
米村镇
纸坊水库
少林水库
牛店镇
城关镇
唐庄
中岳街道
卢店镇
平陌镇
大冶镇
超化镇
颍阳镇
君召
告成镇
大金店镇
东华镇
石道
颍河
白沙水库
宣化镇
券门水库
白坪
徐庄镇
方山镇
大峪
鸠山镇
高程表(米)
1250
1000
700
500
300
200
150
100

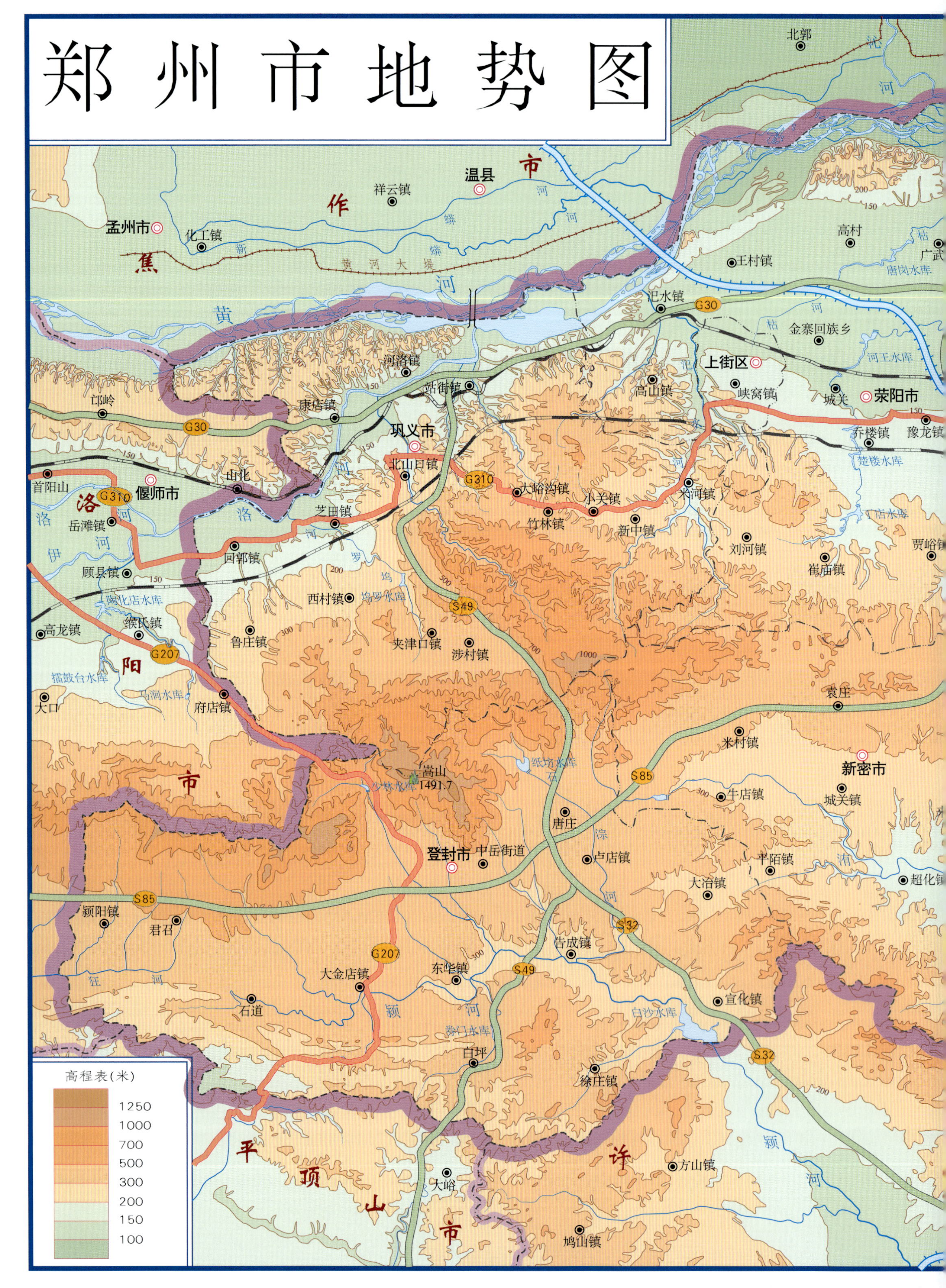

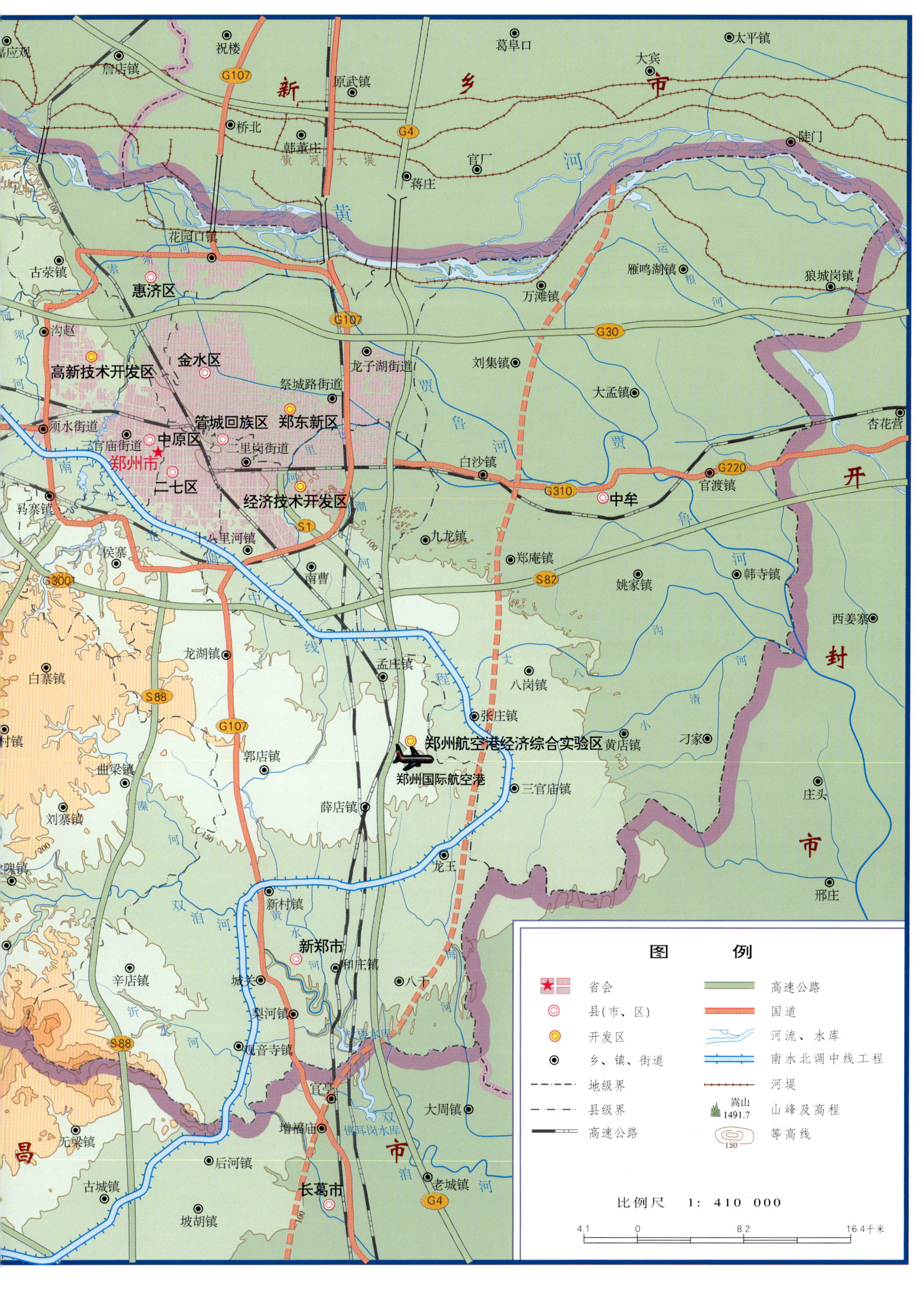

新乡市
开封市
郑州市
惠济区
金水区
高新技术开发区
管城回族区
郑东新区
中原区
二七区
经济技术开发区
中牟
新郑市
长葛市
郑州航空港经济综合实验区
郑州国际航空港
黄河
图例
省会
县(市、区)
开发区
乡、镇、街道
地级界
县级界
高速公路
国道
河流、水库
南水北调中线工程
河堤
山峰及高程
等高线
比例尺 1: 410 000

编辑说明

一、《郑州年鉴》是郑州市人民政府主办、郑州市地方史志办公室承办的地方综合年鉴。该鉴旨在按年度全面系统地记载郑州市经济社会发展的主要情况，为机关、企事业单位等组织及外来投资者和社会各界人士了解郑州、研究郑州、建设郑州提供丰富翔实的地情资料。

二、《郑州年鉴》是国内外公开发行的年刊，以出版年号为卷次名称，自1985年创刊以来，每年出版一卷，本卷年鉴是总第31卷。

三、《郑州年鉴》采取分类编辑法，按篇目、类目、分目、条目的结构组成内容体系。全书以不同字体、字号区别不同层次。条目标题均加【 】表示。为方便读者检索，《郑州年鉴》正文前设置总目、中英文目录；正文后设置主题词索引、表格和示意图索引、彩图插页索引，主题词索引标目按汉语拼音声母音序分类排列，表格和示意图索引及彩图插页索引按页码顺序排列。

四、《郑州年鉴》2015卷设有特载、市情概要、大事记、党政机构、人民团体和社会团体、法制、人民武装、农业和农村工作、工业经济、服务业、交通运输业、民营经济、财政税务、城乡建设与环境保护、经济监督与管理、文化事业、新闻出版与传媒、科技教育、卫生体育、社会事业、开发区及产业集聚区、县（市）区、附录等23个篇目。全书除文字内容外，还收录了反映领导活动、部门工作、行业发展、城乡新貌、重要成绩等方面的彩色图片。

五、《郑州年鉴》所辑录的内容由市直各部、委、办、局，各县(市)、区及部分驻郑单位组织提供，均经各供稿单位审核，资料真实可靠。“统计资料”由郑州市统计局提供，内文条目中的数据由各供稿单位提供，部分条目中的数据因统计口径等原因可能与统计资料中的数据不相符合，在引用本书的有关数据时，应以附录中的“统计资料”为准。

六、《郑州年鉴》在组稿、编撰、印刷、发行过程中得到各有关部门和领导的大力支持，资料收集和初稿撰写人员付出了艰辛努力，在此一并谢忱。本卷《郑州年鉴》中的疏漏和错误之处，敬请专家和读者批评指正。

郑州年鉴编纂委员会

名誉主任　　吴天君

主　　任　　马　懿

副 主 任　　胡　荃　高建慧　孙金献　赵武安　刘　东

　　　　　　王顺生　韩世联　王春山　张群保

委　　员　（以姓氏笔画为序）

万永生　郑州市统计局局长
文广轩　郑州市科学技术局局长
牛瑞华　郑州高新技术产业开发区党工委副书记、管委会常务副主任
王鸿勋　登封市市长
王新亭　荥阳市市长
史占勇　郑州经济技术开发区党工委副书记、管委会常务副主任
乔　耸　中原区区长
刘建武　新郑市市长
刘　睿　郑州市财政局局长
孙淑芳　巩义市市长
严　波　郑州航空港经济综合实验区（郑州新郑综合保税区）党政办公室主任
余遂盈　郑州市商务局局长
吴福民　郑东新区党工委副书记、管委会常务副主任
张红伟　新密市市长
李书峰　郑州市发展和改革委员会主任
李建霞　郑州市人民政府副秘书长
李陶然　郑州市教育局局长
陈红民　郑州市二七区区长
陈宏伟　郑州市金水区区长
陈　新　郑州市城乡建设委员会主任
周亚民　郑州市农业农村工作委员会主任
苗晋琦　郑州市工业和信息化委员会主任
虎　强　郑州市管城回族区区长
黄　钫　郑州市惠济区区长
翟晓宾　郑州市上街区区长
潘开名　中牟县县长
戴春枝　郑州市人力资源和社会保障局局长

郑州年鉴编辑部

总 目

篇　目	目录页码	内文页码
特　载	1	1
市情概要	1	11
自然环境	1	11
行政区划	1	11
人口状况	1	13
发展综述	1	14
组织机构	2	18
大事记	2	25
党政机构	2	45
中国共产党	2	45
人民代表大会	4	76
人民政府	5	84
人民政协	6	98
民主党派和工商联	6	102
人民团体和社会团体	7	116
工　会	7	116
共青团	7	117
妇女联合会	8	119
科学技术协会	8	121
社会科学界联合会	8	123
文学艺术界联合会	8	124
慈善总会	8	125
红十字会	9	127
残疾人联合会	9	128
归国华侨联合会	9	131
法　制	9	133
地方立法工作	9	133
政府法制工作	9	133
政法工作	9	135
公安工作	10	138
检察工作	10	141
法院工作	10	143
司法行政工作	10	145
仲裁工作	10	146
政法大事及典型案例	10	147
人民武装	10	149
郑州警备区	10	149
武警郑州市支队	11	152
人民防空	11	153
农业和农村工作	11	155
综　述	11	155
扶贫开发	11	158
种植业	11	158
水产业	12	160
畜牧业	12	161
林　业	12	162
农业机械化	12	163
水利建设	12	175

篇　目	目录页码	内文页码
南水北调	12	177
黄河治理	13	178
工业经济	13	180
综述	13	180
七大主导产业	13	183
电力工业	13	184
食品工业	13	185
煤炭工业	13	186
烟草工业	14	187
服务业	14	189
商贸流通	14	189
会展业及节庆活动	15	198
旅游业	15	203
银行保险业	16	207
邮电通信业	17	219
交通运输业	18	224
铁　路	18	224
公路运输业	19	232
轨道交通	21	248
航空运输业	21	251
民营经济	21	254
综　述	21	254
民营经济管理	21	254
财政　税务	22	257
财政管理	22	257
国税管理	22	259
地税管理	22	260
城乡建设与环境保护	22	262
建设行业管理	22	262
城乡规划与管理	23	265

篇　目	目录页码	内文页码
住房保障和房地产管理	23	269
市政建设与管理	23	272
火车站地区管理	24	278
园林绿化与公用事业	24	279
城乡环境保护	25	287
经济监督与管理	25	293
发展计划管理	25	293
国土资源管理	26	301
工商行政管理	26	303
审计监督	26	305
物价管理	26	307
质量技术监督管理	27	314
安全生产监督管理	27	315
国有资产监督管理	28	318
食品药品监督管理	28	322
市场发展工作	28	324
统计工作	28	325
海关工作	29	326
文化事业	29	330
社会文化	29	330
文物管理	29	332
档案工作	30	337
地方史志工作	30	339
图书发行	30	341
新闻出版与传媒	30	342
新闻出版	30	342
郑州报业集团	30	343
郑州人民广播电台	30	344
郑州电视台	30	345
科技　教育	31	348

篇　目	目录页码	内文页码
科技	31	348
教　育	31	349
卫生　体育	32	356
卫　生	32	356
体　育	32	358
社会事业	32	360
精神文明建设	32	360
人口和计划生育管理	33	364
民生工程	33	366
城乡居民生活	33	370
爱国卫生运动	33	371
民　政	33	372
民族与宗教	34	377
开发区及产业集聚区	34	379
郑州航空港经济综合实验区（郑州新郑综合保税区）	34	379
郑东新区	34	381
郑州经济技术开发区	34	382
郑州高新技术产业开发区	34	385
产业集聚区	34	386
县（市）区	35	394
巩义市	35	394
新密市	35	397
登封市	35	400
新郑市	35	402
荥阳市	35	405
中牟县	36	408
金水区	36	410
二七区	36	413
管城回族区	36	415
中原区	36	417
惠济区	36	420
上街区	37	423
附　录	37	426
荣誉榜	37	426
法规	37	431
统计资料	37	437
重要文件目录	37	483
索　引	37	487

目录

特载

主动适应新常态 积极作为新常态 开创以航空港实验区为统揽的郑州都市区建设新局面
——在市委十届十次全体（扩大）会议上的讲话
市委书记 吴天君……1
政府工作报告
——在郑州市第十四届人民代表大会第二次会议上
市长 马懿……5

市情概要

自然环境

概况……11
地质地貌……11
山脉水系……11
矿产资源……11
气候气象……11
生物资源……11

行政区划

概况……11
建置沿革……11
区划调整……12
区划现状……12
附表：2014年郑州市行政区划情况……12

人口状况

概况……13
人口构成……13
附表：2014年年末郑州市人口基本情况……13
2014年年末郑州市人口自然变动情况……14

发展综述

经济总量及结构……14
附图：2012-2014年郑州市生产总值及增速……14
2012-2014年郑州市人均生产总值及增速……14
农业与农村经济……14
工业和建筑业……15
附图：2012-2014年郑州市规模以上工业增加值及增速……15
固定资产投资……15
附图：2012-2014年郑州市固定资产投资及增速……15
国内贸易……15
附图：2012-2014年郑州市社会消费品零售总额及增速……16
对外经济……16
附图：2012-2014年郑州市进出口总值、出口总值及增速……16
交通、邮电和旅游……16
财政、金融证券和保险……16
附图：2012-2014年郑州市地方财政总收入、公共财政预算收入及增速……16

科学技术和教育……17
文化、卫生和体育……17
城市建设、环境保护和安全生产……17
人口、人民生活和社会保障……17

组织机构

中共郑州市委……18
纪律检查委员会……18
·市委工作部门·……18
·市委直属事业单位·……18
·部门管理机构·……18
·办公厅领导的事业单位·……18
郑州市十四届人大常委会……18
市人大法制委员会……19
·市人大常委会工作机构·……19
郑州市人民政府……19
·市政府工作部门·……19
·市政府直属事业单位·……21
·市政府派出机构·……21
·其他·……22
·市政府驻外办事机构·……22
·省市双重管理机构·……22
政协郑州市第十三届委员会……22
·市政协工作机构·……22
民主党派与工商联……23
郑州市中级人民法院……23
郑州市人民检察院……23
郑州市群众团体组织……23
驻郑部属及省属单位……24
·交通通信机构·……24
·金融机构·……24
·保险机构·……24
·其他单位·……24
中国人民解放军郑州警备区……24
中国人民武装警察部队郑州市支队……24

大事记

2014年郑州市大事记……25
1月……25
2月……26
3月……27
4月……28
5月……29
6月……31
7月……33
8月……34
9月……36
10月……38
11月……40
12月……42

党政机构

中国共产党

综 述

概况……45
新型城镇化建设……45
现代产业体系构建……45
“坚持依靠群众、推进工作落实”长效机制建设……45
改革开放与招商引资……46
民主法治建设……46
城市软实力建设……46
美丽郑州建设……46
党的建设……46

重要会议

市委十届六次全体（扩大）会议……47
市委十届八次全体（扩大）会议……47

市委十届九次全体（扩大）会议……48
市委常委会议……48
全市领导干部会议……50
党务工作重要会议……51
新型城镇化建设重要会议……52
现代产业体系构建重要会议……54
郑州航空港经济综合实验区建设重要会议……54
其他重要会议……55

重要活动

概况……58
习近平到郑州视察……58
严隽琪到郑州考察……58
陈竺到郑州调研……58
王钦敏到郑州调研……58
周强到郑州调研……58
徐光春到郑州调研……58
郭庚茂到郑州调研……58
郭庚茂、谢伏瞻会见参加郑州航空港经济综合实验区智能终端（手机）专题对接活动客商……59
郭庚茂、谢伏瞻到郑州航空港经济综合实验区调研……59
谢伏瞻到郑州调研……59
新乡市党政考察团到郑州参观考察……59
运城市党政考察团到郑州考察……59
开封市党政考察团到郑州考察……59
贵阳市党政考察团到郑州考察……59
郑州市党政考察团赴南京、苏州、杭州考察学习……60
郑州市党政考察团赴新乡考察学习……60
吴天君率团出访英国……60
吴天君率团出访俄罗斯……60
吴天君会见重要来客……60
市委重要签约仪式……60
附表：2014年省委常委、市委书记吴天君重要调研考察活动……61

纪检监察工作

概况……62
落实“两个责任”……62
作风建设……62
惩治腐败……62
监督检查……62
教育预防……62
自身建设……62

组织工作

概况……63
党的群众路线教育实践活动……63
干部制度改革……63
干部管理监督……63
基层基础工作……63
人才工作……63

宣传工作

概况……64
思想理论建设……64
新闻宣传……64
网络宣传与管理……64
对外宣传……64
市属媒体建设和管理……65
舆情信息工作……65
调查研究工作……65
文明城市创建……65
社会主义核心价值观宣传教育……65
学雷锋志愿服务活动……65
未成年人思想道德建设……65
公共文化服务……66
精品文艺创作生产……66
群众文化活动……66

文化体制改革……66
文化产业发展……66
文化遗产保护……66
文化环境整治……66
干部人才队伍建设……66
嵩山论坛2014年会……67
第二届中国（郑州）国际街舞大赛……67
市民公共文化服务区建设……67

统战工作

概况……67
服务全面深化改革……67
“同心”实践行动……67
推动多党合作……68
非公经济领域统战工作……68
民族宗教工作……68
台侨海外统战工作……69
统战工作创新……69
党的群众路线教育实践活动……69

政策研究

概况……69
政策文稿起草……70
政研课题调研……70
政策信息服务……70
全面深化改革顺利开局……70

编制管理

概况……71
政府职能转变和机构改革工作……71
“两集中、两到位”改革……71
责任清单工作……71
开发区机构编制管理……71
事业单位改革……71
落实改革任务……71
机构编制日常管理……71

老干部工作

概况……72
发挥老干部作用……72
落实老干部政策……73
丰富老干部文化生活……73
党的群众路线教育实践活动……73
老干部工作部门自身建设……74

党史工作

概况……74
党史资料征集……74
党史宣传教育……74
党史队伍建设……75

党校工作

概况……75
干部教育培训……75
科研工作……76
服务市委、市政府工作……76
党校分校管理……76

人民代表大会

综述

省长谢伏瞻参加省十二届人大三次会议郑州代表团活动……76
代表议案建议办理……76
代表培训……76

主任接待代表日活动……77
庆祝郑州市人民代表大会成立60周年暨市委人大工作会议……77
郑州人大工作座谈会……77

人大会议

人大全会……77
人大常委会会议……78
人大常委会主任会议……80

监督工作

执法检查……81
调研及视察活动……82

人民政府

综 述

概况……84
郑州航空港经济综合实验区建设……84
新型城镇化建设……84
重点领域和关键环节改革……84
现代产业体系构建……85
民生保障和改善工作……85
政府信息编发和上报……85

重要会议

全市生态建设工作动员大会……86
新一届市政府第一次全体（扩大）会议……86
市政府廉政建设暨深化行政审批制度改革工作会议……86
全市安全生产工作会议……87
全市新型工业化大会……87
全市2014年新型城镇化工作推进大会……87
全市人口和计划生育电视电话会议……87
全市“三城联创”工作推进会……87
全市秋冬重点工作推进会……87
全市易地扶贫搬迁推进会……87
全市电子商务产业发展推进会……88
全市安委会全体（扩大）会议……88

重要活动

市政府举办2014郑州市汽车零部件产业转移对接洽谈活动……88
马懿率团参加夏季达沃斯论坛……88
马懿率团赴俄罗斯、波兰、奥地利进行工作访问……88
马懿会见出席丝绸之路经济带中欧物流枢纽建设交流会的国外代表团……88
附表：2014年市长马懿重要调研考察活动……89

人力资源和社会保障

概况……90
就业创业工作……90
社会保障工作……90
人事人才工作……90
和谐劳动关系工作……91
人社系统自身建设……91
人社队伍建设……92

外事侨务工作

概况……92
因公出国（境）管理……92
涉外工作管理……93
重要团组来访接待……93
友好城市交流……93
为侨服务……93
海外华侨华人交往……93

重大涉外活动……94

对台工作

概况……94
郑台经贸合作……94
郑台交流交往……94
对台宣传教育……95
台胞台属联谊……95
台资企业协会……95
队伍建设……95

信访工作

概况……95
畅通信访渠道……96
推进问题解决……96
强化应急处置……96
创新机制建设……97

机关事务工作

概况……97
重点项目建设……97
办公用房管理……97
公务用车管理……97
精神文明创建管理……97
公共机构节能管理……98
机关服务保障……98

人民政协

综　述

概况……98
强化理论武装……98
完善体制机制……98
推进协商民主……99
坚持履职为民……99
广泛团结联谊……100
加强自身建设……100

政协全会

市政协十三届一次会议……100

政协常委会议

市政协十二届三十次常委会议……101
市政协十二届三十一次常委会议……101
市政协十三届一次常委会议……101
市政协十三届二次常委会议……101
市政协十三届三次常委会议……102
市政协十三届四次常委会议……102

民主党派和工商联

综　述

概况……102
多党合作和政治协商……102
支持民主党派加强自身建设……103
“同心”实践行动……104
基础工作……105

民革郑州市委员会

思想建设……105
组织建设……105
参政议政……105

社会服务……105
促进祖国和平统一……106

民盟郑州市委员会

概况……106
思想建设……106
组织建设……106
参政议政……107
社会服务……107
机关建设……107

民建郑州市委员会

概况……107
思想建设……107
组织建设……108
参政议政……108
社会服务……109

民进郑州市委员会

概况……109
思想建设……109
组织建设……109
参政议政……109
社会服务……110

农工党郑州市委员会

思想建设……110
组织建设……110
参政议政……111
社会服务……111

九三学社郑州市委员会

概况……112
思想建设……112
组织建设……112
参政议政……113
社会服务……113
思想宣传工作……113
机关建设……114

工商联

概况……114
思想政治建设……114
调查研究……114
服务会员……114
经贸交流……115
光彩事业……115
组织建设……115

人民团体和社会团体

工　会

劳动竞赛建功立业活动……116
维护职工合法权益……116
职工服务体系建设……116
职工思想政治和先进文化建设……117
工会组织建设……117
党的群众路线教育实践活动……117

共青团

概况……117
青少年思想政治引领……118
网络新媒体宣传引导……118

服务“三大主体”工作……118
服务青少年成长成才……118
团的基层组织建设……119

妇女联合会

概况……119
巾帼建功行动……119
巾帼家庭行动……119
巾帼维权行动……120
巾帼关爱行动……120
巾帼成才行动……120
基层建设……120
阵地建设……120
法治建设……120
道德建设……120
机关建设……121
全国妇联主席沈跃跃在郑召开关爱留守儿童工作座谈会……121

科学技术协会

概况……121
建言献策……121
人才引进……121
技术服务活动……121
学术交流活动……122
“星级学会”创建活动……122
承接政府职能转移……122
全民科学素质工作……122
社区科普大学建设……122
基层科普行动计划……122
青少年科普活动……122
社会化科普活动……122
科普资源开发……123
科协组织建设……123
科协建家工作……123
科协自身建设……123

社会科学界联合会

概况……123
重大课题调研……123
社科成果转化……123
理论研讨……124
社科优秀成果评奖……124
社科知识普及活动……124
郑州市社会科学2014年学术年会……124
学会活动……124
《中州纵横》杂志……124
社科联自身建设……124

文学艺术界联合会

概况……124
文艺展演活动……124
种文化到基层……125
挖掘地方文化特色……125
对外艺术交流……125
文艺创作与人才培养……125

慈善总会

概况……125
培育社会公益组织……125
慈善激励机制建设……126
慈善募捐……126
慈善救助……126
慈善宣传……126
慈善志愿者管理……127
透明慈善……127
队伍建设……127

红十字会

概况……127
红十字项目工作……128
救灾、备灾工作……128
应急救护工作……128
人道救助工作……128
“三献”工作……128
志愿服务工作……128
红十字精神传播……128
信息公开……128

残疾人联合会

概况……128
残疾人康复工作……128
残疾人特殊教育……129
残疾人扶贫帮困……129
残疾人特殊救助……129
残疾人培训就业……129
残疾人文化体育宣传……129
社会扶残助残活动……130
残疾人维权信访……130
残疾人规划财务工作……130
残疾人服务设施建设……130
残疾人组织建设……130
残疾人基础信息核查……131

归国华侨联合会

概况……131
邀商、接待及对外交流……131
为侨服务工作……131
调研工作……132
县（市）区侨联工作……132
“坚持依靠群众、推进工作落实”机制建设……132

法制

地方立法工作

概况……133
地方性法规立改废工作……133
探索法规案出台前评估制度……133
五年立法规划编制工作……133
新一届市人大常委会法律咨询委员会成立……133

政府法制工作

概况……133
助推依法行政、法治政府建设……134
政府立法……134
行政执法监督……134
具体行政行为审核和行政诉讼……134
规范性文件监督管理……134
行政复议……134
服务全市中心工作……134
政府法制宣传……134
干部队伍建设……134

政法工作

概况……135
维护社会稳定工作……135
法治建设……135
司法体制改革……136
基层基础建设……136
政法队伍建设……136
涉法涉诉信访工作……137

法学会工作……137

公安工作

概况……138
维护社会大局稳定……138
打击各类违法犯罪……138
社会安全防范……138
交通秩序管理……139
消防安全管理……139
确保省会经济运行安全……139
公安实战机制建设……139
公安基层基础工作……140
执法规范化建设……140
公安信息化建设……140
公安队伍建设……141

检察工作

概况……141
服务经济社会发展大局……141
刑事检察工作……141
查办和预防职务犯罪……142
诉讼监督……142
检察队伍建设……142
接受相关监督……143

法院工作

概况……143
刑事审判……143
化解社会矛盾……144
执行工作……144
维护弱势群体权益……144
涉诉信访工作……144
法院自身建设……145

司法行政工作

概况……145
平安郑州建设……145
法治郑州建设……145
人民调解……145
法律服务……145
法律援助……146
新闻宣传……146
长效机制建设……146

仲裁工作

概况……146
仲裁宣传推行……146
提升办案质量……146
信访工作……147
仲裁队伍建设……147
郑州仲裁委换届工作……147

政法大事及典型案例

平安建设……147
“2014.1.24”抢劫杀人案……148
“2014.5.22 ”人体携带毒品案……148
“2014.6.27”抢劫杀人案……148

人民武装

郑州警备区

概况……149
思想政治建设……149
军事斗争准备……149

基层规范化建设……150
依法从严治军……150
后勤保障……150
军民融合发展……150
义务兵优待金发放……151
尖岗水库防汛抢险演练……151
中铝公司赤泥库决口抢险……151
参加全军民兵高炮队伍竞赛性考核……151
民兵应急分队成建制拉动考核……151
民兵参与维护社会治安……151
“国防情 强军梦”演讲团高校巡回演讲……151
国防部长常万全视察郑州市军民通用装备制造企业……151
省长谢伏瞻、省委副书记邓凯检查调研郑州市征兵工作……152

武警郑州市支队

概况……152
思想政治建设……152
执勤处突与军事训练……152
从严治警……152
基层武警建设……152
后勤综合保障……152
作风建设……153

人民防空

概况……153
人防工程及地下空间开发利用……153
人防组织指挥……153
人防军事斗争准备检验评估……153
人防训练与考核大纲试训……153
人防通信警报……153
人防工程管理……154
人防行政执法……154
人防宣传教育……154
人防机关建设……154
张俊峰调研指导人防工作……154

农业和农村工作

综 述

概况……155
农村集体财务管理及集体资产管理……156
农村土地承包管理……156
农村产权交易……156
新型农业经营主体建设……157
新型职业农民培育……157
万名科技人员包万村科技服务行动……157
农业信息化建设……157

扶贫开发

概况……158
精准扶贫……158
易地搬迁扶贫……158
启动贫困山区区域特色经济项目……158
整村推进扶贫……158
产业和科技扶贫……158
“雨露计划”培训……158

种植业

概况……158
夏粮生产……158
秋粮生产……158
花生生产……158
蔬菜生产……158
果树生产……159
花卉生产……159

农作物病虫草害发生与防治……159
植物检疫……159
农作物病虫害专业化统防统治……159
培肥地力……160
测土配方施肥……160
水肥一体化……160
农村能源环保……160
旱作农业……160

水产业

概况……160
争创国家现代渔业示范区……160
打造水产品牌……160
水产品质量安全……160
渔政监督管理……160
渔业资源养护……160
水产技术推广……160

畜牧业

概况……161
畜牧生产……161
畜产品质量安全监管……162
动物疫病防控……162
畜禽养殖废弃物综合利用……162
畜牧综合执法……162

林 业

概况……162
创建国家森林城市……162
第二十四届中国（郑州）兰花博览会……162
林业产业……163
森林资源保护……163
集体林权改革……163
政策和科技保障……163

农业机械化

概况……163
“三夏”机收会战……165
“三秋”农机战役……166
玉米机械化收获……167
农机抗灾救灾……167
农机购置补贴……167
秸秆综合利用及禁烧……168
农机宣传……169
农机专业合作社建设……169
科技创新与农机科普宣传……169
机械化保护性耕作……169
平安农机……170
农机教育培训……170
农机新机具、新技术推广……170
农机安全监理……171
附表：农业机械年末拥有量……172
农业机械年末作业量……173
农机化作业服务……174

水利建设

概况……175
抗旱防汛……176
农村水利建设……176
都市区生态水系提升建设……176
水资源管理……177

南水北调

概况……177
干线征迁扫尾工作……177
充水试验工作……177

南水北调中线工程正式通水……177
南水北调配套工程建设……177
移民安置……178
南水北调资金管理……178

黄河治理

概况……178
防汛工作……178
防汛工程建设与管理……179
水行政管理……179
引黄供水……179
科技创新……179
精神文明建设……179
《郑州黄河志》编纂……179

工业经济

综 述

概况……180
附图：2014年全年工业增加值增速变化情况……180
工业用电量情况……181
附图：2014年全年工业用电量增速变化情况……181
工业结构调整……181
工业运行监测……181
招商引资……182
工业项目投资……182
两化融合……182
优化工业投资环境……182
安全生产……183
工信委系统企业改制和职工劳动保障工作……183
工信部部长苗圩调研郑州市食品工业……183

七大主导产业

概况……183
附表：2014年七大主导产业增加值情况……183
汽车及装备制造业……183
电子信息工业……183
新材料产业……184
生物及医药产业……184
铝及铝精深加工产业……184
现代食品制造业……184
家居和品牌服装制造业……184

电力工业

概况……184
电网建设发展……184
电力供需完成情况……184
郑州市全社会用电量情况……184
电力营销和供电服务……184
安全生产……185
依法治企……185
科技创新……185

食品工业

概况……185
行业特点……185
食企政策扶持……186
食品诚信体系建设……186
重点项目建设……186

煤炭工业

概况……186
煤矿安全监管……186
瓦斯和水害治理……186
煤矿事故……187
安全质量标准化建设……187
从业人员教育培训……187

行政审批改革和打非治违工作……187
煤炭运销管理……187

烟草工业

概况……187
专卖管理……187
企业管理……188
队伍建设……188

服务业

商贸流通

商业贸易

概况……189
“千亿级”商圈打造……189
“千亿级”批发市场集聚区构建……189
“千亿级”电子商务产业链打造……189
战略性龙头企业培育……189
商贸流通服务体系完善……189
国家区域性会展中心建设……189
行业监管……189
对外开放平台建设……190
招商引资……190
对外经贸合作……191
全省培育市场增长点扩大消费视频会议召开……191
全市商务工作会议……191
全国商贸物流工作现场经验交流会在郑召开……191
郑州市承接产业转移合作交流会召开……191
第八届中国（河南）国际投资贸易洽谈会在郑举办…191
参加第十六届海峡两岸经贸交易会……191
参加第十八届西洽会暨首届丝博会……191
参加河南—香港经贸交流合作系列活动……191
参加“中原情·一家亲”经贸交流活动……192
广东豫商郑州行活动……192
参加中国（包头）国际装备制造业博览会……192
参加第八届中国民族商品交易会……192
参加中俄蒙国际机械建材博览会……192
亚布力中国企业家论坛夏季高峰会在郑举行……192
参加第十八届中国国际投资贸易洽谈会……192
参加第十一届中国—东盟博览会……192
参加2014中国电子商务文化节……193
开展长三角地区驻地招商活动……193
接受“双打”工作督察……193
举办中小商贸流通企业银企对接会……193
举办中小商贸流通企业服务年专家大讲堂活动……193
服务外包协会成立……193
第八届中国民族商品交易会推介座谈会在郑举行……193
中部国际贸易电子商务服务基地谷歌AdWords体验中心在郑成立……193
中原电商高峰论坛在郑举行……194
首家城市共同配送联盟在郑启动……194
全市生猪定点屠宰企业肉类流通追溯系统操作培训现场会召开……194
新疆哈密地区纺织服装考察组来郑考察……194
出台《郑州市打击劣质油品专项行动方案》……194
“示范加油站”检查验收……194
电子商务人才教育培训基地建设……194
马懿视察春节前市场供应……194
焦锦淼调研二七区电子商务工作……194
赵建才调研电子商务产业园区发展情况……195

供销合作

概况……195
再生资源体系建设……195
行业协会建设……195
为农服务新模式创新……195

粮油购销

概况……195
粮食安全保障……195
粮食购销……196
依法治粮……196
主食产业化……196
粮食收储供应安全保障工程建设……197
监督检查……197
行业建设……197

投资促进

概况……197
国内友好城市、友好合作城市交流与合作……197
驻郑单位联络服务……198
举办走近郑州——产业转移促进系列活动……198

会展业及节庆活动

会展业

概况……198
会展业主要特点……198
会展场馆设施建设……198
引进举办国家级流动展会……198
扶持自主品牌展会做大做强……199
创新举办新类型展会项目……199
展会协调服务……199
资金申请受理审核和展会登记备案……199
参与和筹备重大活动……199

甲午年黄帝故里拜祖大典

概况……199
大典仪程……199
甲午年拜祀始祖轩辕黄帝文……200
第三届中国豫剧节……200
中国海内外近现代书画名家作品展……201
黄帝文化国际论坛……201
中国河南国际投资贸易洽谈会……201
第二十四届中国（郑州）兰花博览会……201

第十届中国郑州国际少林武术节

概况……202
开幕式……202
开幕式预演和群众武术活动展演比赛预赛……202
武术节论文报告会在郑举行……203
群众武术展示活动……203
经贸交流活动……203
闭幕式……203

旅游业

综 述

概况……203
项目建设……203
智慧旅游城市建设……204
旅游市场营销……204
规范旅游市场……204
加快全域旅游产业发展大会召开……204

旅游管理

假日旅游安全检查……204
郑州市旅游规划发展座谈会召开……204
“3·15”旅游维权宣传活动……204
全市旅游工作电视电话会议召开……204
旅游质监与投诉管理系统培训班……205
旅游景区“反暴恐、保稳定”专项行动工作会议召开……205

旅游质监业务培训……205
导游大赛举办……205
全域旅游产业发展大会召开……205
参加政风行风在线访谈……205

旅游活动

春节黄金周旅游……205
赴东南亚客源市场宣传促销……206
郑州市加入中国旅游城市新媒体营销联盟……207
赴武汉举办旅游推介会……207
参加中原经济区城市旅游联盟年会……207
参加第六届TPO论坛并获最佳宣传册奖……207
参加第十九届中国北方旅游交易会……207
赴浙江绍兴和湖州举办旅游推介会……207
中国（郑州）世界旅游城市市长论坛……207

银行保险业

人民银行

概况……207
金融运行状况……208
存款情况……208
贷款情况……208
社会融资……208
货币信贷管理……208
农村信用社改革……210
金融稳定……210
金融统计……210
支付清算……210
反洗钱……210
人民币管理……211
国库工作……211
信用体系建设……211
调查研究……211
外汇管理……211

工商银行

概况……211
客户拓展……212
经营结构……212
经营效率……212
管理品质提升……212
渠道建设……212
服务提升……212

农业银行

概况……212
零售业务……212
对公业务……213
“三农”业务……213
机制建设……213
基础管理……213

建设银行

概况……213
业务经营……214
战略发展……214
客户和项目营销……214
新产品和新业务营销……214
综合融资及战略协同业务……214
基础建设与合规服务……214

中国银行

概况……214
存款业务……214
贷款业务……214
中间业务……214

投行业务……214
中小企业业务……215
渠道建设……215
风险管理……215
内控案防……215

郑州银行

概况……215
金融改革……215
存款业务……215
贷款业务……215
中小企业贷款……216
个人业务……216
中间业务……216
理财业务……216
银行卡业务……216
资金清算……216
金融创新……217
经营管理……217
资产保全……217
信息科技……217
品牌文化……217

中国人寿保险

概况……217
创建工作……217
队伍建设……217
经营管理……218
资源整合……218
基层创新……218

泰康人寿保险

概况……218
经营管理……218
个险业务……218
合规管理……218
反洗钱管理……218
理赔业务……218
客户服务……219

邮电通信业

邮 政

概况……219
河南省邮政公司郑州市分公司挂牌……219
人力资源管理……219
服务质量管理……219
能力建设持续提升……219
金融业务转型发展……219
报刊发行转型升级……219
搭建平台增加效益……220
举办马年贵金属新品及珍邮品鉴会……220
《新农合医政手册》媒体项目推广会召开……220
发行《卡通——红毛小Q》邮资图及腾讯文化主题明信片……220
省邮政保安押运服务有限公司郑州分公司正式运营……220
建立“主题邮局”……220
集邮文化推动……220
“郑邮易讯”手机信息平台……220
举办爱心包裹捐赠仪式暨云南鲁甸地震灾区学生关爱行动……220
做大“双包”业务规模……220
举办用书信文化宣传推介河南旅游文化启动仪式……220

移动通信

概况……221

4G业务发展……221
企业经营体系构建……221
创新服务理念……221
无线通信精品网络建设……221
精细管理……222

联通通信

概况……222
通信业务发展……222
精品网络建设……222
服务工作……222
自主开发信息化产品“沃看路况”……223
郑州移动互联网联盟成立……223
114商城上线……223
4G业务开网运营……223
配合警方开展打击恶意呼叫专项活动……223
县域无线网络优化……223

电信通信

概况……223
网络建设……223
翼支付手机一卡通应用……223
深化改革……223

交通运输业

铁 路

综 述

概况……224
习近平总书记视察郑州铁路集装箱中心站……225
郑开城际铁路开通运营……225
瓦日铁路郑州局管段开通……225
春运组织……225
节假日客货运输……225
列车调图及首开至广深“Z”字头列车……225
京广铁路新黄河桥投入使用……225
“中原货物快运”开行……226
大客户物流整体外包业务开办……226
跨局旅客列车“绿皮时代”结束……226
首趟前往中亚的集装箱班列开行……226
20趟棉农专列赴疆……226
全路首家跨局高铁物流快递启动……226
河南省社会保障卡在路局启用……226
职工保障性住房项目竣工……227
铁旅跨局合作交流启动……227
“双微”网络平台上线运行……227

郑州车站

概况……227
主要技术设备……227
运输安全……227
运输生产任务……228
列车调图……228
货运营销……228
客运服务……228
客运服务平台……229
路风建设……229

郑州东站

概况……229
主要技术设备……229
习近平总书记到郑州东站视察……229
运输安全……229
运输生产……230
客运服务……230
旅客云服务系统投用……230

春运……230

郑州北站

概况……230
主要技术设备……230
运输安全……230
运输生产……230
“中原货物快运”列车开行……231
郑焦城际南阳寨车站微机联锁施工……231
车站升级建设提速……231
全路列车技术作业时间标准查定示范会召开……231

郑州客运段

概况……231
主要技术设备……231
客运乘务……231
安全管理……232
客运收入……232
路风建设……232
旅服管理……232
后勤服务……232

公路运输业

综 述

概况……232
交通设施建设……232
运输保障能力提升……233
公交都市创建……233
法治交通建设……233
行业管理……233
平安交通建设……233
科技创新……233
安全生产责任制落实……234
道路交通安全综合整治……234
集中整治专项活动……234
城市客运交通安保工作……234
企业安全生产标准化建设……234
“安全生产月”活动……234
应急演练……234
防汛工作……234
安全生产“对话谈心活动”……234
交通信息化建设……234
行政执法制度建设……235
规范执法……235
行政执法培训……235
行政审批制度改革……235
交通立法工作……235
交通战备……235
公路“三乱”治理……235
项目设计审批和变更……236
干线公路设计审查、审批……236
统计工作……236
资金协调……236
财务审计……236
财务制度建设……236
信访稳定……236

交通基础设施建设

“畅通郑州”工程建设……237
高速公路建设……237
干线公路建设……237
农村公路建设……238
公交场站建设……238
长途客运场站建设……238

公路养护

干线公路养护……238
路产路权维护……238
通行环境优化……238
科技应用……239
农村公路养护……239
公路管理养护年活动……239
文明示范路创建……239
道路日常养护……239
规范化管理……239
工程质量监管……239
依法行政……239

道路运输生产

概况……240
运管体制改革……240
信息化建设……240
便民服务新举措……240
春运……240

城市公共交通

公交运营概况……240
快速公交……240
线路开辟和线网优化……240
运营车辆和运力结构调整……240
公交定制服务……240
站务服务设施建设……240
安全行车和优质服务……241
技术更新和设备保障……241
公交智能化建设……241
轨道交通……241
出租汽车营运管理……241
行政审批改革……242
企业、驾驶员服务质量信誉考核……242
行业信息化建设试点工程……242
从业人员培训……242
出租汽车行业住房公积金缴存相关工作……242
第十届“爱心送考”活动……242
重点任务保障工作……242
平安建设……242
依法行政……243

交通行业管理

运输市场管理……243
安全生产……243
制度建设……243
干线、重点工程项目管理……243
工地试验室备案审查……243
质量安全综合大检查……243
重点建设项目台帐管理……243
施工现场管理……243
交通建设市场准入管理……243
路政管理……243
公路沿线综合整治……243
公路安全保通……244
车辆免费通行管理……244
超限超载治理……244
治超专项整治活动……244
信息抄告处理工作……244
修配行业行政审批制度改革……244
维修质量管理……244
维修市场监督检查……245
营运安全保障……245
从业人员培训……245
安全生产管理……245
海事管理……245
水上“平安交通”创建……245
海事航务行政执法……245

水上大型群众性活动保障……245
参与新蔡“9·28”渡船侧翻事故搜救……246

交通企业

郑州宇通客车股份有限公司……246
郑州交通建设投资有限公司……246
郑州交通运输集团有限责任公司……247
郑州市交通规划勘察设计研究院……247

轨道交通

概况……248
《郑州市城市轨道交通近期建设规划(2014—2020年)》获批复……248
轨道交通工程建设……248
附图：2014年各月日均客运量分布图……249
附表：2014年运营水平与质量主要指标……249
轨道交通2号线一期建设……249
南四环至郑州南站城郊铁路工程一期建设……249
轨道交通1号线二期建设……250
轨道交通5号线建设……250
质量安全管理……250
轨道交通1号线运营……250
优化行车组织……250
科技运用……250
运营安全管理……250
运营服务……250
财务融资……251
内控管理……251
资源开发……251

航空运输业

河南省机场集团有限公司

概况……251
货邮运输……251
旅客运输……251
安全管理……251
服务保障……251
航空枢纽规划建设……252
机场二期工程投运准备工作……252

中国南方航空河南航空有限公司

概况……252
服务与运行保障……252
成本管控……252
企业改制……252
企业改革……252
基本建设……252

华南蓝天航空油料有限公司河南分公司

概况……252
安全管理体系建设……252
作业现场规范化管理……253
隐患排查治理……253
长输管线隐患治理……253
安全培训……253
精细化管理……253

民营经济

综 述

概况……254
附表：2014年中小企业主要指标完成情况……254
民营经济存在主要问题……254

民营经济管理

中小企业服务平台建设……254

融资渠道建设……255
中小企业专家服务团建设……255
人才培训服务……255
优秀企业推介……255
融资性担保行业发展……255
融资性担保机构日常监管……255
小额贷款公司发展……256
小额贷款公司监管……256

财政 税务

财政管理

概况……257
收入征管……257
资金筹措……257
财政支持产业转型升级……257
财政支持新型城镇化建设……257
民生保障政策落实到位……258
财政管理改革……258
村级公益事业一事一议财政奖补工作……259

国税管理

概况……259
组织税收……259
税收征管转型升级……259
纳税服务……260
税收政策落实……260
廉政建设……260

地税管理

概况……260
依法行政……260
税收征管……260
以票控税……260
国际税收管理……260
流转税管理……260
所得税管理……261
契税和耕地占用税管理……261
纳税服务……261
税收宣传……261
信息管税……261
税务稽查……261
内部督查审计……261
党风廉政建设……261

城乡建设与环境保护

建设行业管理

综 述

概况……262
市政重点工程建设……262
村镇建设……262
房屋征收……262
行政审批制度改革……262
长效机制建设……263
“五单一网”制度改革……263

建筑业管理

概况……263
招标投标监管……263
工程质量监管……263
建设安全监管……264
文明施工管理……264
加强法治建设……264

勘察设计业管理

勘察设计管理……264

标准定额管理……264

建筑节能

建筑节能发展……264
墙体材料革新……264
散装水泥、预拌混凝土、预拌砂浆“三位一体”发展模式……265

城乡规划与管理

城乡规划编制

概况……265
郑州航空港经济综合实验区概念性总体规划（2013-2040）……265
郑州航空港经济综合实验区26项专项规划……266
郑上新区概念性总体规划……266
郑州市现代有轨电车适用性研究与线网规划……266
郑州都市区综合交通规划……266
郑州航空港经济综合实验区综合交通规划……267
郑州市农业路快速路工程规划……267
G107郑州境改建工程方案……267
郑州市民公共文化服务区核心区地下交通系统及地下空间利用专题规划……267
郑州市环城生态水系循环工程选线规划……267
博薛线至西四环燃气管道选线规划……268
郑州市中心城区总体城市设计……268
郑州市贾鲁河沿岸城市设计……268
郑州市嵩山路沿线街景综合整治设计……268

城乡规划管理

审批制度改革……268
规划审批和管理……269
规划立法……269
规划执法……269
信息化建设……269
建立规划专家库……269

住房保障和房地产管理

概况……269
保障房建设……270
房地产市场运行……270
物业管理……271
产权登记……271
房地产开发管理……272
网格化管理……272
行政审批制度改革……272

市政建设与管理

综 述

概况……272
城市管理体制改革……272
公用事业……273
市政设施管理……273
环境卫生管理……273
扬尘污染治理……273
三城联创市容整治……273
城市精细化管理……273
城乡管理综合考评工作……273
便民服务……273

市政设施养护

概况……274
市政设施防汛除雪……274
城市道路大修改造（复浇）……274
市政排水管网改造……275

三环快速化工程平交路口综合整治工程……275
城市照明设施……275
城区河道管理……275
环城快速公路管理……275
二七广场管理……276
郑开大道市政管理……276

市容环境卫生

市容管理……276
环境卫生管理……277
提高环卫职工待遇……277
扬尘污染治理……277
垃圾收集处理……277

数字化城市管理

概况……277
案件派遣……277
案件督办……278
应急案件处置……278

火车站地区管理

概况……278
“四项秩序”综合整治……278
市政设施建设……278
管理机制创新……279

园林绿化与公用事业

园林绿化建设与管理

概况……279
公园绿地建设……279
郑州市主城区公园游园绿地建设……279
道路绿化建设……279
单位及居住区绿化建设……280
县（市）园林绿化建设……280
园林绿化管理……280
园林绿化依法行政及执法监督工作……281
城区美化和氛围营造……281
园林绿化规划设计与监理……281
园林科研及植物病虫害防治……281
动物管养与繁育……281

城市供水

概况……281
供水保障……282
供水安全……282
供水工程建设……282
供水营销管理……282
供水服务……282

城市燃气

概况……282
气化郑州……282
气源建设……282
安全管理……283
规范服务……283
技术创新……283
社会责任……283
价格调整……283

集中供热

概况……283
主业发展……283
供热工程……284
供热生产……284

科技创新……285
供热服务……285

污水处理

概况……285
工程建设……285
产业规划……285
全国技术比武……285
行业发展……286
科技创新……286
管理创新……286
安全生产……286

城市环境雕塑建设

概况……286
雕塑创作……286
郑州地铁雕塑文化研讨……286
郑州地铁文化雕塑展……286
郑州雕塑艺术馆挂牌……286
盲人触摸雕塑展……286

城乡环境保护

环境保护

概况……287
大气污染防治……287
水污染防治……287
主要污染物减排……287
农村环境保护……287
环境监测……287
环境监察……287
环境应急建设……287
环保法制建设……288
环保科研……288
环保宣教……288

气象服务

概况……288
气候影响评价……288
附图：年降水量历年变化情况……289
2014年降水量及距平百分率分布图……289
年平均气温历年变化情况……289
2014年平均气温及距平分布图……289
年日照时数历年变化情况……290
2014年日照时数及距平分布图……290

地震监测

概况……291
震情跟踪和监测预报……291
震害防御能力建设……291
防震减灾科普宣传……291
地震应急救援……292
郑州航空港经济综合实验区防震减灾专项规划评审工作……292

经济监督与管理

发展计划管理

国民经济和社会发展计划执行情况……293
地区经济工作……295
附表：郑州市国民经济和社会发展计划主要指标一览表……296
城镇化建设……299
“畅通郑州”工程……299
公用设施建设……299
园林绿化建设……299

保障性住房建设……299
服务业……299
物流业……299
金融业……299
电子商务……300
文化创意旅游业……300
商贸业……300
房地产业……300
产业集聚区建设……300
开放招商……300
健康服务业……300
通用航空产业……300
固定资产投资……300
编制和下达年度政府投资计划……301
重大项目库建设……301
上级资金争取……301
投融资改革……301
设计审批工作……301
勘察设计招标监督管理……301
竣工验收和档案管理……301

国土资源管理

概况……301
“六统一”工作机制建设……301
行政审批制度改革……301
储备管理……301
规范招拍挂交易机制……301
矿产开发利用监督管理……301
执法工作机制创新……301
耕地保护……302
用地计划管理……302
征收供地管理……302
地籍测绘……302
矿产开发管理……302
地质灾害防治……302
政风行风建设……302

工商行政管理

概况……303
体制改革工作……303
注册登记制度便利化改革……303
商标战略实施……303
优化消费环境……303
信用监管体系逐步健全……303
附表：2014年郑州市工商行政管理工作主要数据表……304
网络商品交易监管……305
市场监管……305
网格化管理……305
党风廉政建设……305

审计监督

概况……305
重大决策贯彻落实情况审计……305
预算执行审计……306
投资和企业审计……306
民生项目审计……306
经济责任审计……306
审计质量管理……306
审计内部管理……307

物价管理

概况……307
价格指数……307
附表：1-12月居民消费价格指数对比表（同比）……307
八大类价格情况……307
粮食价格变动情况……307
食用油价格变动情况……308
生猪和猪肉价格情况……308

附图：1-12月郑州市居民消费价格总指数走势（同比）…308
1-12月郑州市居民消费价格总指数走势（环比）…308
附表：2014年郑州与全国八大类价格对比表（累计）…308
附图：2014年1-12月面粉出厂平均价格走势…………309
2014年郑州市生猪出场价格走势………………309
牛羊肉价格情况……………………………………309
鸡蛋价格情况………………………………………309
附图：2014年郑州市猪肉市场价格走势………………310
2014年郑州市牛羊肉市场价格走势……………310
2014年1-12月农贸市场鸡蛋零售平均价格走势……310
蔬菜市场价格情况…………………………………310
工业生产资料价格情况……………………………310
农业生产资料价格情况……………………………310
家用电器价格情况…………………………………311
服务类价格…………………………………………311
市场价格监测………………………………………311
价格调节基金征收管理……………………………311
农产品平价商店建设………………………………311
社会救助和保障……………………………………311
保障性住房价格审批………………………………311
新建商品住房销售价格备案管理…………………311
城市供水价格改革…………………………………312
车用燃气价格改革…………………………………312
城市供热价格改革…………………………………312
电动汽车充换电服务价格制定……………………312
热电企业热力出厂价格调整………………………312
产业集聚区电价政策落实…………………………312
供热用煤价格监测…………………………………312
非民用天然气销售价格调整………………………312
国家成品油价格政策落实…………………………312
物业服务收费管理创新……………………………312
规范城市生活垃圾处理收费………………………312
完善停车场差别化收费政策………………………312
价格监管……………………………………………312
清费治乱……………………………………………313
学校收费管理………………………………………313
医疗服务价格管理…………………………………313
旅游景区、景点收费清理规范……………………313
粮食最低保护价格落实……………………………313
药品价格政策惠民…………………………………313
依法行政……………………………………………313
价格行政审批改革…………………………………313
定期和调定价成本监审……………………………313
涉案物品价格鉴证…………………………………314
价格网格化管理工作………………………………314
人大建议政协提案办理……………………………314

质量技术监督管理

概况…………………………………………………314
食品生产监管………………………………………314
打击假冒伪劣产品…………………………………314
特种设备安全监察…………………………………314
服务发展……………………………………………314
综合保障……………………………………………315

安全生产监督管理

概况…………………………………………………315
安全生产责任制落实………………………………315
安全生产网格化管理………………………………315
安全郑州创建………………………………………315
安全生产监管………………………………………315
安全专项整治………………………………………316
安全隐患排查治理…………………………………316
安全生产大检查……………………………………316
“六打六治”打非治违专项行动…………………317
安全生产“百千万”对话谈心活动………………317
安全生产标准化建设………………………………317
安全生产执法检查…………………………………317
安全生产宣传培训…………………………………317
安全生产应急救援…………………………………318

国有资产监督管理

概况……318
企业发展战略规划审核监管……318
重大投资事项审核监管……318
重点项目建设……318
与央企战略合作……318
对外开放和招商引资……318
国有资产统计分析和市管企业财务预决算……318
市管企业目标管理……318
市管企业负责人经营业绩考核……318
市管企业财务动态监测……318
市属政府投融资公司建设……318
国有资本经营预算制度体系完善……319
国企工资分配指导……319
国企负责人薪酬规范管理……319
职工福利保障……319
补贴补助发放……319
行政事业资产管理……319
产权管理基础工作……319
投融资平台注入资产……319
企业战略重组……319
实施项目带动……319
国企生活区调查……319
国有企业融资担保审批……319
国有企业改制……319
国有企业战略重组……320
行政审批“两集中、两到位”改革……320
市直部门服务航空港实验区建设工作……320
市新华书店有限公司资产移交……320
国有企业改革……320
监事会工作……320
国资系统“六五”普法宣传和依法治理……320
国资系统法制建设……321
县（市）区国资监管指导……321
企业党建……321
信访工作……321
安全生产……321
平安建设……322

食品药品监督管理

概况……322
网格化管理体系持续深化……322
餐饮环节食品监管……322
保健食品、化妆品监管……323
药品生产环节监管……323
药品流通环节监管……323
医疗器械监管……323
不良反应监测……323
打假治劣……323
强化药检技术支撑……323
服务水平提升……323
依法行政……324
开展党的群众路线教育实践活动……324

市场发展工作

概况……324
中心城区市场外迁……324
市场管理……324
农贸市场提升发展……325
市场发展投资公司工作……325
市场协会工作……325

统计工作

概况……325
常规统计调查……325
第三次全国经济普查……325
统计服务……325
经济形势分析研究……325

统计信息编发……326
部门统计工作……326
名录库管理……326
统计法制建设……326
统计基层基础建设……326
社会信用体系建设……326
统计制度建设……326

海关工作

概况……326
海关监管……326
附表：2014年郑州海关主要业务统计指标……327
海关税收征管……328
海关缉私……328
海关统计……328
电子口岸建设……328
上海自贸区海关监管创新制度复制推广……328
海关机构和海关特殊监管区域建设……328
海关监管模式创新……328
支持郑州航空枢纽建设……329
支持中欧班列运营常态化……329
跨境贸易电子商务监管……329
署省合作备忘录签署……329
海关总署领导到河南调研……329

文化事业

社会文化

概况……330
公共文化服务体系建设……330
文化精品建设……330
群众文艺活动……330
文化交流活动……331
文化产业发展……331
搭建投融资服务平台……331
文化产业园区建设……331
文化市场监管……331
文化体制改革……331
2014“大地情深”——国家话剧院赴郑州演出……331
2014年新闻记者证换证工作……331

文物管理

概况……332
世界文化遗产申报工作……332
重点项目建设……332
文物资源管理……332
文物保护工程项目建设……332
文物勘探考古发掘……332
博物馆建设……332
新型城镇化建设中历史文化遗存保护整改工作……332
文物安全和执法工作……333
社会宣传……333
郑州市第一次全国可移动文物普查……333
东赵遗址……333
双槐树遗址……334
尚岗杨遗址……334
汪沟遗址……334
上街区城市集中供暖项目建设范围内古遗址保护……334
金博大城改扩建项目建设范围内古遗址保护……334
郑州机场二期扩建项目建设范围内古遗址保护……335
郑州市G107辅道南延项目建设范围内古遗址保护……335
尚庄城中村改造项目建设范围内古遗址保护……335
航空港区台湾科技产业园宋代壁画墓……335
东赵城址考古新发现与保护座谈会……335
登封“天地之中”历史建筑群保护管理……336
郑州商城遗址保护项目……336
新密超化寺下寺保护维修工程……336
玉溪宫文物保护工程……337
郑州博物馆藏品管理……337
郑州二七纪念馆社会教育……337
郑州大河村遗址博物馆建设项目……337

档案工作

概况……337
档案馆库建设……338
档案资源建设……338
档案信息化建设……338
档案文化建设……338
档案法制宣传……338
档案安全工作……339

地方史志工作

概况……339
年鉴编纂……340
志书编修……340
地情书开发……340
信息化建设……340
郑州市地方史志工作会议召开……340
举办郑州市修志编鉴业务培训班……340
举办乡镇街道志业务培训班……340

图书发行

概况……341
重点图书和教材发行……341
图书营销……341
读者俱乐部建设……341
发行网点建设……341

新闻出版与传媒

新闻出版

概况……342
扫黄打非……342
版权维护……342
第七届郑州图书交易会……342
第十一届绿城读书节……342
2014中国（郑州）印刷包装产品博览会……343
郑州动漫企业挂牌上市……343

郑州报业集团

概况……343
新闻宣传……343
收购《环球慈善》杂志……344
打造百农优质生活平台……344
组建“正信互联网金融超市”……344
筹建“迅雷看看河南”视频网站……344

郑州人民广播电台

概况……344
传播全媒体建设……344
对外宣传……345
创优工作……345
十佳广播栏目评选活动……345
活动宣传……345
广告营收……345
事业建设……345

郑州电视台

概况……345
时政新闻报道……345
民生类新闻报道……346
大型直播活动……346
“爱上郑州”系列微电影……347
“郑州男孩 郑州女孩”评选活动……347
栏目创新……347
媒体融合发展……347
节目创优……347

对外宣传…………………………………………………347

科技 教育

科 技

概况……………………………………………………348
创新体系建设……………………………………………348
实施重大科技专项………………………………………349
实施科技惠民计划………………………………………349
科技公共服务体系建设…………………………………349
创新主体培育……………………………………………349
科技创新平台建设………………………………………349
完善知识产权体系………………………………………349

教 育

综 述

概况……………………………………………………349
教育经费投入……………………………………………350
学校基本建设……………………………………………350

基础教育

概况……………………………………………………350
初中学生德育工作………………………………………350
中小学心理健康教育……………………………………350
“百园扶百园”工程……………………………………351
初中学区制建设…………………………………………351
高中特色多样化发展……………………………………351
特色课程与评价体系建设………………………………351
校园文化建设……………………………………………351
体育教育…………………………………………………351
特殊教育…………………………………………………351

高等教育

高等教育规模……………………………………………351
大学生思想政治教育……………………………………352
高等教育内涵提升建设…………………………………352
中州大学升本工作………………………………………352

民办教育

民办教育规模……………………………………………352
民办教育规范管理………………………………………352
民办教育质量提升建设…………………………………352

中等职业教育和成人教育

中等职业教育规模………………………………………352
中职德育工作……………………………………………352
职业教育资源整合………………………………………352
中职教育内涵提升建设…………………………………352
成人社区教育……………………………………………353

师资队伍建设

教师人事管理……………………………………………353
师德师风建设……………………………………………353
教师培训…………………………………………………353
名师队伍建设……………………………………………353
校长队伍建设……………………………………………354
师资援疆…………………………………………………354

教育管理

教育督导与评估…………………………………………354
教育行政审批……………………………………………354
学校布局规划……………………………………………354
随迁子女入学……………………………………………354
学生资助工作……………………………………………354

校园安全……355
教育对外交流与合作……355
课外校外教育……355
依法治教……355

卫生 体育

卫 生

概况……356
疾病防控……356
片医社区卫生服务体系……356
医药卫生体制改革……357
医疗服务管理……357
中医药工作……357
卫生重大项目建设……357
行政机构改革……358
卫生文化和行风建设……358

体 育

概况……358
举办第十届中国郑州国际少林武术节……358
参加各级综合性运动会获佳绩……358
群众体育……358
创建工作……358
群众体育组织建设……359
业余训练……359
体育设施不断完善……359

社会事业

精神文明建设

综 述

概况……360
网络文明传播……360
文明网建设……360
公民旅游文明素质提升……360
党的群众路线主题教育实践活动……360

公民思想道德建设

概况……361
公益广告宣传……361
道德模范评选与宣传……361
“道德讲堂”活动……361
“我们的节日”主题活动……361

诚信建设

概况……361
政务诚信建设……362
重点行业诚信建设……362

志愿服务活动

概况……362
志愿服务制度化建设……362
志愿服务阵地队伍建设……362
志愿服务项目化运作机制建设……362

精神文明创建

概况……362
全国文明城市届满重创工作……362
文明单位、社区和村镇创建……363
美丽乡村建设……363
文明单位结对帮扶工作……363
文化科技卫生“三下乡”活动……363

未成年人思想道德建设

“做一个有道德的人”主题教育活动……363

"我的中国梦"主题教育实践活动……363
中华经典诵读活动……363
未成年人活动场所建设……364

人口和计划生育管理

概况……364
加强组织领导……364
开展课题调研……364
坚持宣传倡导……364
平稳实施"单独两孩"生育政策……364
开展避孕节育全程优质服务……364
着力提高出生人口素质……365
完善计划生育利益导向政策……365
加强流动人口服务管理……365
综合治理出生人口性别比偏高问题……365
坚持计划生育依法行政……365
全面推进基层群众自治……365
长效机制建设……366

民生工程

2014年民生"十大实事"完成情况……366

城乡居民生活

城镇居民收入……370
附表：2014年全国、全省及郑州市城镇居民人均可支配收入对比表……370
城镇居民消费支出……370
农民收入……370
附表：2010-2014年郑州市城乡居民收入对比表……370
2014年全国、全省及郑州市农民人均纯收入对比表……370
农民消费支出……371

爱国卫生运动

国家卫生城市复审工作……371
持续开展城乡环境卫生整洁行动……372
病媒生物防治……372
健康教育和宣传工作……372

民 政

综 述

概况……372
民政队伍建设……373
党风廉政建设……373

社会管理

社会组织管理……373
城乡社区建设……373
区划调整……374
地名管理……374
勘界工作……374
婚姻登记服务……374
流浪乞讨人员救助管理……374
殡葬管理……374
社会工作……374

社会服务

社会救助……374
减灾救灾……375
老龄工作……375
社会福利……376
双拥优抚工作……376
退役士兵安置……376
军休服务管理……377

民族与宗教

概况……377
附表：全市五大宗教团体及办公地点……377
民族团结进步创建工作……377
少数民族经济社会事业全面发展……377
清真食品管理……378
少数民族流动人口服务管理……378
宗教事务管理……378

开发区及产业集聚区

郑州航空港经济综合实验区(郑州新郑综合保税区)

概况……379
内陆航空物流枢纽地位进一步突出……379
现代产业加速集聚……379
航空都市建设全面启动……380
营商环境不断优化……380
依法治区水平不断提升……380
党风政风建设……381

郑东新区

概况……381
现代服务业体系构建……381
新型城镇化建设……381
城市管理……381
社会事业……381

郑州经济技术开发区

概况……382
现代产业体系构建……382
平台建设……382
项目建设……383
新型城镇化建设……383
发展要素保障……383
社会事业……384
党风政风建设……384
出口加工区概况……384
出口加工区重点项目建设……385
出口加工区招商引资……385

郑州高新技术产业开发区

概况……385
新型城镇化建设……385
现代产业体系构建……385
科技创新……385
社会事业……386
党风政风建设……386

产业集聚区

综 述

概况……386
重大项目建设……386
招商引资……386
基础设施建设……387
集聚区功能集合构建……387
产城互动发展……387

省级产业集聚区

郑州航空港产业集聚区……387
郑州高新技术产业集聚区……388
郑州经济技术产业集聚区……388
郑州市中牟产业集聚区……389
郑州市中牟汽车产业集聚区……389

郑州市金岱产业集聚区……390
郑州上街装备产业集聚区……390
郑州马寨产业集聚区……391
新郑新港产业集聚区……391
新密市产业集聚区……392
登封市产业集聚区……392
荥阳市产业集聚区……393

县（市）区

巩义市

概况……394
机构与领导……394
农业与农村经济……395
工业经济……395
第三产业……395
城市建设与管理……396
社会保障……396
社会事业……396
两家合作社成为全国农民合作社示范社……396
杨小周当选“2014河南最美村官”……397

新密市

概况……397
机构与领导……397
工业经济……398
农业与农村经济……398
第三产业……398
交通路网体系建设……399
新型城镇体系建设……399
现代产业体系建设……399
生态环境体系建设……399
社会治理体系建设……399

登封市

概况……400
机构与领导……400
工业经济……401
农业与农村经济……401
现代服务业……401
新型城镇化建设……401
生态建设……401
社会事业……402
社会管理……402
政府职能转变……402
第三届嵩山论坛……402

新郑市

概况……402
机构与领导……402
工业经济……403
农业与农村经济……403
第三产业……403
新型城镇化建设……404
改革开放……404
民生事业……404
成为国家新型城镇化综合试点县（市）……404
成为全国婚姻登记示范县（市）……405
成为全国农村“五保”供养工作先进县（市）……405
新郑市拘留所获全国一级拘留所称号……405
新郑市检察院接待室成为全国文明接待室……405
继续保持全国计划生育优质服务先进县（市）荣誉……405

荥阳市

概况……405
机构与领导……405
工业经济……406

农业与农村经济……406
第三产业……406
招商引资……407
改革创新……407
城乡建设与管理……407
社会事业……407
民生事业……407
社会管理……407
作风与法治建设……407

中牟县

概况……408
机构与领导……408
园区建设……408
改革和创新……408
现代产业体系构建……409
新型城镇化建设……409
群众生活全面改善……409
首届郑州中牟国家农业公园嘉年华活动……410

金水区

概况……410
机构与领导……410
现代服务业发展……411
项目建设与投资……411
城市建设与管理……411
改革创新双驱动……412
社会事业……412
政府自身建设……412
群众路线教育实践活动……412
党建工作……413

二七区

概况……413
机构与领导……413
综合经济快速发展……414
新型城镇化建设……415
民生事业……415
政府自身建设……415

管城回族区

概况……415
机构与领导……415
经济结构得到优化……416
城乡一体化建设……416
社会稳定……417
社会事业……417
依法行政……417

中原区

概况……417
机构与领导……418
新型城镇化建设……418
城市建设与管理……419
新区建设……419
重点项目建设……419
社会治理……420
招商引资……420
社会事业……420

惠济区

概况……420
机构与领导……421
新型城镇化建设……421
三大产业平台和项目建设……422
改革开放……422
城区功能品质不断提升……422
生态建设……422
社会事业……422

政府自身建设……423

上街区

概况……423
机构与领导……423
全域城市化持续提速……424
通用航空试验区建设……424
现代产业体系构建……424
生态文明建设……425
政府机构改革全面启动……425
社会事业……425
创新网格服务站被央视点赞……425
举办2014郑州华彬航空嘉年华……425
“郑州1号”飞机下线……425

附 录

荣誉榜

2014年全国“五一劳动奖章”获得者
徐晓……426
汪登辉……426
曹瑞娟……427
孟娟……427
王保庆……427
2014年全国“工人先锋号”获得集体
郑州市中原区地方税务局办税服务厅……428
郑州华威耐火材料有限公司技术部……428
富士康科技集团郑州科技园iDPBG事业群DP2制一处生技课……429
2014年河南省“五一劳动奖章”获得者名单……429
2014年河南省“五一劳动奖状”获得单位名单……429
2014年河南省“工人先锋号”获得集体名单……429
2014年河南省劳动模范（先进工作者）名单……429

法 规

郑州市大气污染防治条例……431
郑州市郑韩故城遗址保护条例……434

统计资料

国民经济和社会发展总量及速度指标……437
年末人口基本情况（2014年底）……440
人口自然变动情况（2014年底）……441
农林牧渔业总产值（2014年）……442
农村基本情况及从业人员（2014年）……444
牧业主要产品产量（2014年）……445
林业生产情况（2014年）……446
邮电通信行业基本情况（2014年）……447
规模以上工业总产值、增加值及销售产值（2014年）……448
全社会固定资产投资（2014年）……449
城市建设用地情况……450
市政设施及公共交通……450
城市供水、供电情况……451
城市燃气及供热……452
社会消费品零售总额（2014年）……453
对外经济贸易……453
财政收入（2014年）……454
财政支出（2014年）……460
金融机构信贷收支（2014年底）……478
中资全国性四家行信贷收支（2014年底）……479
教育事业主要综合指标（2014年）……480
卫生事业基本情况（2014年）……481
全市及县（市）城镇居民家庭基本情况（2014年）…482

重要文件目录

中共郑州市委文件……483
郑州市人大常委会文件……484
郑州市人民政府文件……485

索引……487

CONTENTS

Specialized Edition

Brief Introduction of Zhengzhou

Natural Environment……11
Administrative Division……11
Population Situation……13
Overview of Development……14
Institutional Framwork……18

Chronicle of Events

CPC and Government Organizations

Communist Party of China……45
Summary……45
Important Meetings……47
Important Activites……58
Work of Discipline and Inspection……62
Organization Work……63
Public Information Work……64
United Front Work……67
Policy Research……69
Management on Authorized Size of Stuffing……71
Veteran Cadre Affairs……72
Party History Affairs……74
Party School Affairs……75
People's Congress……76
Summary……76
Meeting of people's Congress……77
Supervision Affairs……81
People's Government……84
Summary……84
Important Meetings……86
Important Activities……88
Human Resources and Social Security……90
Foreign and Overseas Chinese Affairs……92
Taiwan Affairs……94
Petition Solution……95
Office Affairs……97
CPPCC……98
Summary……98
Plenary session of CPPCC……100
Meeting of Standing Committee of CPPCC……101
Democratic Parties &Federation of Industry and Commerce……102
Summary……102
RCCK Zhengzhou Municipal Committee……105

Zhengzhou Municipal Committee of China Democratic League ······106
Zhengzhou Municipal Committee of China National Democratic Construction Association······107
Zhengzhou Municipal Committee of China Association for Promotion Democracy······109
Zhengzhou Municipal Committee of China Peasants and Workers Democratic Party······110
Zhengzhou Municipal Committee of Jiu San(Sept. 3rd) Society······112
Federation of Industry and Commerce······114

People's Organizations and Social Groups

Union······116
Communist Youth League······117
Woman's Federation······119
Association of Science and Technology······121
Federation of Social Science Circles······123
Federation of Literature and Art······124
Charity Federation······125
Red Cross Society······127
Disabled Person's Federation······128
Returned Overseas Chinese Federation······131

Legal System

Local Legislative Work······133
Government Legal Work······133
Political and Legal Work······135
Public Security Work······138
Procuratorial Work······141
Court Work······143
Judicial Administration Work······145
Arbitration Work······146
Events and Typical Case of Politics and Law······147

People' s Armed Forces

Zhengzhou Garrison Control······149
Zhengzhou Branch of People's Armed Police······152
Civil Air Defence······153

Agriculture and Rural Work

Summary ······155
Development-oriented Poverty Reduction······158
Crop farming······158
Aquaculture······160
Animal Husbandry······161
Forestry······162
Agricultural Mechanization······163
Water Conservancy······175
South-to-North Water Diversion(Project) ······177
Yellow River Management······178

Industry Economy

Summary······180
The Seven Leading Industries······183
Electric Industry······184
Food Industry······185
Coal Industry······186

Tobacco Industry······187

Service Industry

Commerce and Trade Circulation······189
Commerce and Trade······189
Supply and Marketing Cooperative······195
Purchase and Sale of Grain and Oil······195
Investment Promotion······197
Convention and Exhibition Industry & Festival Activities······198
Convention and Exhibition Industry······198
Memorial Ceremony to Ancestor in Huangdi' s Native Place 2014······199
The 10th Zhengzhou China International Shaolin Wushu Festival······202
Tourism Industry······203
Summary······203
Tourism Management······204
Tourist Activities······205
Bank Insurance Industry······207
The People's Bank of China (PBC)······207
Industrial and Commercial Bank Of China (ICCB)······211
Agricultural Bank Of China (ABC)······212
China Construction Bank (CCB)······213
Bank Of China (BOC)······214
Zhengzhou Bank······215
China Life Insurance······217
Taikang Life Insurance······218
Post and Communication Industry······219
Postal Service······219
Mobile Communications······221
Unicom Communications······222
Telecommunication······223

Transportation Industry

Railway······224
Summary······224
Zhengzhou Station······227
Zhengzhou East Station······229
Zhengzhou North Station······230
Zhengzhou Passenger Service Section······231
Road Transport······232
Summary······232
Traffic Infrastructure Construction······237
Road Maintenance······238
Road Transport Production······240
Urban Public Transportation······240
Transportation Industry Management······243
Transport and Communication Enterprises······246
Rail Transit······248
Air Transport Industry······251
Henan Airport Group Co. Ltd. ······251
China Southern Airlines Henan Branch······252
Henan Branch of South China Blue Sky Aviation Oil Co. Ltd. ······252

Private Economy

Summary ······254
Management on Private Economy ······254

Finance Tax Affairs

Fiscal Administration······257
State Taxation Management······259
Local Taxation Management······260

Urban and Rural Construction and Environment Protection

Construction Industry Management…………262
Summary……262
Construction Industry management……263
Management on Survey & Design Industry……264
Building enery conservation……264
Urban and Rural Planning and Management……265
Authorized Strength on Urban and Rural Planning……265
Urban and Rural Management……268
Housing Security and Real Estate……269
Municipal Construction and Management…272
Summary……272
Municipal Facilities Maintenance……274
City Environment and Health……276
Administration of Digital City……277
Administration of Railway Station Area……278
Garden Greening and Public Affairs……279
Construction and Management of Garden Greening……279
City Water Supply……281
City Gas……282
Centralized Heating……283
Sewage Management……285
Construction on Urban Environmental Sculptures……286
Urban and Rural Environmental Protection……287
Environmental Protection……287
Weather Service……288
Seismic Surveillance……291

Economic Supervision and Management

Development Planning Management……293
Land and Resources Management……301
Industrial and Commercial Administration…303
Auditing Supervision……305
Commodity Price Control……307
Administration of Quality and Technology Supervision……314
Administration of Work Safety……315
State-owned Assets Supervision and Administration……318
Food and Drug Administration……322
Market Development……324
Statistical Work……325
Customs Work……326

Culture Undertaking

Social Culture……330
Administration of Culture Relics……332
Archival Work……337
Local Chronicles work……339
Book Publishing……341

Press and Publication Media

Press and Publications……342
Zhengzhou Newspaper Group……343
Zhengzhou People's Broadcasting Station…344

Zhengzhou TV Station······345

Science and Education

Science &Technology······348
Education······349
Summary······349
Basic Education······350
Higher Education······351
Non-government Education······352
Secondary Vocational Education and Adult Education······352
Teachers Cultivation······353
Education Management······354

Health and Sports

Health······356
Sports······358

Social Undertakings

Spiritual Civilization Development······360
Summary······360
Citizen' s Ideological Development······361
Integrity Construction······361
Activities on Volunteer Service······362
Building and Developing Spiritual Civilization······362
Adolescent's Ideological Development······363
Population and Family Planning······364
Projects for People's Well-being······366
Livelihood of Urban and Rural Resident······370
Patriotic Sanitation······371
Civil Administration······372
Summary······372
Social Management······373
Social Service······374
Ethnic and Religion······377

Development Zones & Industrial Clusters

Zhengzhou Airport Economy Zone (Zhengzhou Xinzheng Comprehensive Bonded Zone)······379
Zhengdong New District······381
Zhengzhou Economic and Technological Development Zone······382
Zhengzhou High & New Technology Industrial Development Zone······385
Industrial Clusters······386
Summary······386
Provincial Industrial Clusters······387

County(city) District

Gongyi City······394
Xinmi City······397
Dengfeng City······400
Xinzheng City······402
Xingyang City······405
Zhongmu City······408
Jinshui District······410
Erqi District······413
Guancheng Hui Autonomous District······415
Zhongyuan District······417

Huiji District······420
Shangjie District······423

Appendix

Roll of Honour······426
National 'May 1' Labor Medals Winner in 2014······426
Group Winner of National Workers Pioneer in 2014······428
Winner List of Henan 'May 1' Labor Medals in 2014······429
Winner List of Henan 'May 1' Labor Certificate of Merit in 2014······429
Group Winner List of Henan National Workers Pioneer in 2014······429
Name list of Model Workers (Advanced Workers) in Henan 2014······429
Regulations······431
Statistics······437
Important Document Catalogue······483

Index

彩页目录

和谐城乡 美丽郑州

2 印象郑州
10 国家及部委领导视察活动
14 省领导调研活动
16 市领导工作活动
20 印象郑州

区域新貌

22 郑州航空港经济综合实验区（郑州新郑综合保税区）管理委员会
26 郑州经济技术开发区管理委员会
28 郑州高新技术产业开发区管理委员会
30 河南郑州出口加工区管理委员会
32 中共巩义市委 巩义市人民政府
34 中共新密市委 新密市人民政府
36 中共登封市委 登封市人民政府
38 中共新郑市委 新郑市人民政府
40 中共荥阳市委 荥阳市人民政府
42 中共中牟县委 中牟县人民政府
44 中共金水区委 金水区人民政府
46 中共二七区委 二七区人民政府
48 中共管城回族区委 管城回族区人民政府
50 中共中原区委 中原区人民政府
52 中共惠济区委 惠济区人民政府
54 中共上街区委 上街区人民政府
56 区域图片荟萃

部门亮点

58 郑州市城乡建设委员会
62 郑州市公安局
64 郑州市人民检察院
66 郑州市城乡规划局
68 郑州市人力资源和社会保障局
70 郑州市园林局
72 郑州市文物局

74 郑州市人民防空办公室
76 郑州市地方史志办公室
78 郑州市农业农村工作委员会
79 郑州市卫生和计划生育委员会
80 中共郑州市委党校
81 郑州市林业局
82 郑州市司法局
83 郑州市体育局
84 郑州市地震局
85 河南黄河河务局　郑州黄河河务局
86 郑州市红十字会
87 郑州澍青医学高等专科学校
88 郑州市第四十八中学

企业新姿　基层风采

90 河南嵩岳集团有限责任公司
94 郑州发展投资集团有限公司
96 郑州投资控股有限公司
98 郑州自来水投资控股有限公司
100 郑州市公共交通总公司
102 郑州市轨道交通有限公司
104 郑州经济技术开发区明湖办事处
106 郑州高新技术产业开发区石佛办事处
108 郑州高新技术产业开发区梧桐办事处
110 郑州市管城回族区十八里河镇人民政府
112 郑州市管城回族区南曹乡人民政府
114 郑州市二七区福华街街道办事处
115 郑州市二七区马寨镇人民政府
116 郑州市惠济区大河路街道办事处
117 郑州市上街区济源路街道办事处
118 中国电信集团公司河南省郑州市电信分公司
119 河南省电力公司郑州供电公司
120 郑州银行股份有限公司
121 郑州市公共住宅建设投资有限公司
122 郑州市紫荆山公园

和谐城乡 美丽郑州

2	印象郑州
10	国家及部委领导视察活动
14	省领导调研活动
16	市领导工作活动
20	印象郑州

1 轨道公司郑东车辆段
2 如意湖
3 郑东新区城市建设
4 郑州绿地中央广场
5 会展宾馆

1

2

4

⑤

俯瞰东区

郑港三路南水北调景色

金水立交桥夜景

高速发展的二七区商贸业

全省最大棚改项目铁道家园项目一期工程

郑州航空港经济综合实验区兰河公园恩平湖广场

◆地铁1号线会展中心站出入口的钢琴阶梯

◆二七区生态廊道建设

◆溱水路东延与密州大道十字景观大道建设

◆连接村与村的生态廊道

◆农村社区新貌

◆东运河公园

◆二七区新建成综合性公园开门迎客

◆道路节点设计新颖的游园

◆公路交叉处的节点广场

◆绿博园郁金香花海

休闲农业庄园

无土栽培

蔬菜生产基地

贾鲁河生态治理

上街区“五湖一河一库”生态水系建设方顶湖工程

郑东新区群众文化活动

元宵节民间文艺大赛

戏迷擂台赛

新郑市孟庄镇群众在鸡王社区开展文化活动

中国旅游日河南分会场活动在普罗旺世小区广场举行

▶2014年5月10日，中共中央总书记、国家主席、中央军委主席习近平在郑州经济技术开发区视察

◀2014年4月9日，中共中央政治局委员、国务院副总理刘延东调研郑州市医改工作

▶2014年12月14日，中共中央政治局委员、国务院副总理马凯在郑州经济技术开发区调研

国家及部委领导视察活动

▲2014年9月29日，全国人大常委会副委员长、民革中央主席万鄂湘考察调研郑州航空港经济综合实验区建设情况

►2014年12月2日，全国人大常委会副委员长、农工党中央主席陈竺考察郑州市农村医疗卫生事业

►2014年7月31日，全国政协副主席、全国工商联主席王钦敏莅临金岱产业集聚区调研

国家及部委领导视察活动

▲2014年6月30日，水利部部长陈雷视察郑州市水利工作

◀2014年3月29日，全国人大农委主任陈建国到郑州航空港经济综合实验区调研

◀2014年11月3日，全国人大财经委副主任委员徐光春一行调研郑州航空港经济综合实验区建设情况

◀2014年11月17日，人社部副部长、国家外专局局长张建国调研郑州市引进国外智力工作

▶2014年4月16日，人社部副部长王晓初莅郑调研职业技能培训工作

◀2014年12月5日，农业部副部长余欣荣视察毛庄蔬菜基地

▶2014年3月27日，工信部副部长刘利华在郑州航空港经济综合实验区调研

省领导

调研活动

▲2014年1月29日，省委书记、省人大常委会主任郭庚茂到金水区省委社区调研

◀2014年2月25日，省委书记、省人大常委会主任郭庚茂到郑州航空港经济综合实验区调研

◀2014年5月21日，省委书记、省人大常委会主任郭庚茂到郑州特警支队视察

▶2014年4月17日，省长谢伏瞻带队到金水区国家知识产权创意产业试点园区调研

▶2014年9月13日，省长谢伏瞻视察通航试验区并观看飞机特技飞行表演

▶2014年12月15日，省长谢伏瞻视察刘湾水厂

市领导
工作活动

►2014年3月9日，省委常委、市委书记吴天君带队实地观摩植树造林、园林绿化、生态廊道、交通路网等基础设施建设工作

►2014年4月16日，省委常委、市委书记吴天君率队观摩管城区金岱产业集聚区福耀玻璃（二期）项目

◄2014年8月12日，省委常委、市委书记吴天君在市委、市政府召开的新型城镇化建设推进大会观摩现场

►2014年4月15日，市长马懿带领市观摩组对上街区产业集聚区、重点项目建设情况进行观摩

◄2014年8月7日，郑州市市长马懿到登封市调研抗旱情况

►2014年12月1日，市长马懿实地察看城区交通秩序综合整治情况

市领导
工作活动

▲2014年5月9日，市人大常委会主任白红战赴新密市调研工业转型升级情况

◀2014年6月5日，市人大常委会主任白红战在荥阳调研产业集聚区建设情况

▶2014年7月9日，市人大常委会主任白红战赴郑州华南城项目联系点现场办公

◀2014年8月6日，市政协主席王璋向老干部通报工作

▶2014年9月25日，市政协主席王璋督办重点提案

◀2014年11月19日，市政协主席王璋视察二七区法院

新郑北区生态美

丰收的喜悦

戏迷唱响青龙山

群众健身活动

特载

主动适应新常态 积极作为新常态 开创以航空港实验区为统揽的郑州都市区建设新局面

——在市委十届十次全体（扩大）会议上的讲话

市委书记　吴天君

（2015年1月7日）

同志们：

这次全会的主要任务是，学习贯彻党的十八大、十八届二中、三中、四中全会和中央经济工作会议以及省委九届八次全会、省委经济工作会议精神，总结郑州都市区三年行动计划和2014年工作，分析当前形势，安排部署今年及今后一个时期的工作，动员全市上下解放思想，深化改革，锐意进取，主动适应新常态、积极作为新常态，努力开创以航空港实验区为统揽的郑州都市区建设新局面。

下面，根据市委常委会研究的意见，我讲三个方面的问题。

一、充分肯定郑州都市区三年行动计划实施成效，坚定在新的起点上推进郑州实现新跨越的信心和决心

自2012年以来，在省委、省政府的正确领导下，全市上下紧紧围绕“三大一中”战略定位，以航空港实验区为统揽，突出“三大主体”工作，坚持开放创新双驱动，凝心聚力，攻坚克难，实现了郑州都市区三年行动计划的圆满收官，形成了“十个一”的特色成效。一是走出了一条适应郑州阶段特征的发展路子。贯彻党的十八大精神和省委“一个载体四个体系六项基础”的部署，坚持走以产业集聚区和新型社区为支撑的“三化协调、四化同步”科学发展路子，使郑州步入了以集约集聚内涵式发展为特征、提速提质发展的新阶段。初步预计，与2011年相比，全市生产总值净增1820亿元，年均增长10.4%；地方公共财政预算收入净增381亿元，年均增长18.6%；固定资产投资净增2380亿元，年均增长22%。生产总值和公共财政预算收入占全省的比重较2011年分别提高1.6和1.7个百分点，在连续三年宏观经济下行压力持续加大的情况下，为全省发展做出了贡献。二是形成了一套符合郑州实际的领导体制和工作机制。健全市级领导班子工作运行机制，形成了“党委统一领导、政府分工负责、四大班子通力协作，责任、有序、高效”的工作运行体系。完善规委会、土委会、投委会、重大项目例会、观摩讲评会等制度，提高了决策的科学性和执行力。实施各类开发区、产业集聚区、组团新区管理套合改革，向经济主战场倾斜力量，各类产业集聚区主要指标以年均30%左右的增幅加快发展。深化城乡规划土地建设管理“六统一”改革，土地收益率提高64%，规范了城乡建设秩序，维护了公众利益。行政审批制度改革、投融资改革、产业引导基金制度创新等改革措施，增强了政府的调控能力，激发了市场主体活力，营造了有利于开放合作、创新创业的政务环境。三是描绘了一个引领郑州科学发展的都市区发展蓝图。围绕郑州最终实现现代化“产业在哪里布局、布局什么产业，人们在哪里居住、居住什么环境”，梳理出郑州都市区空间布局、功能分区和产业分布，高起点编制了《郑州都市区空间发展战略规划》《美丽郑州建设规划》《战略支撑产业发展规划》等涵盖经济社会各领域的指导性规划，通过“五规合一”、边界控制促进郑州步入科学发展轨道。四是奠定了一个支撑郑州持续发展的城乡基础。坚持“一个主体两个载体”统筹城乡发展理念，突出“中心城市带动、县城组团发展、产业集聚区支撑、统筹社区建设”，加快推进新型城镇化。畅通郑州工程取得重大突破，“两环三十一放射”“大井字+环线”快速路网体系加快形成，地铁1号线投入运营，十条市域快速通道基本建成通车，266

条支路打通工程全面启动、竣工128条，16座绕城高速互通立交建成10座，新改建县域路网1476公里，全域通达、廊道配套的路网框架基本形成。全市各类城区包括县城组团新增建成区面积约111平方公里。城镇化率由2011年的64.8%提高到68%左右。全市1994个行政村有1033个村、210万农民参与"四类社区"建设，启动安置房建设面积2亿平方米，竣工4511万平方米，已有80万农民实现回迁，腾出可用开发空间56万亩，配建学校352所、文化卫生设施583处、市政道路644条，确保了一大批水电气暖等公共设施项目落地建设。"一个主体四个权益"、农村"三改"、公共服务覆盖常住人口制度创新等措施，让更多的群众享受到了城市化公共服务、实现了城镇化转换。五是搭建了一个推进郑州走向国际化的开放平台。郑州航空港实验区规划上升为国家战略规划，国际陆港建设全面启动；新郑机场货邮吞吐量三年增长2.6倍，增速连年保持全国机场第一；机场二期工程、"米"字形高铁网工程加快推进，郑开城际铁路建成运营，新改建高速公路355公里；跨境贸易电子商务服务试点工作和郑欧班列运行从破冰启动到持续突破，保持了通关体制、运营机制、经营规模在全国的先进地位；综合保税区、电子口岸、肉类口岸、全国邮政转运口岸建设加快推进；汽车口岸、海关多式联运物流监管中心获批；食品、药品、医疗器械指定口岸和经开综保区申建工作有效开展；上海自贸区9项海关监管创新制度得到复制实施，初步形成了与沿海相当、与国际接轨的对外开放体系。2014年全市进出口总额预计完成468亿美元，是2011年的2.9倍。六是构建了一个支撑郑州跨越发展的现代产业体系。三年来共引进落地和建成投产"三力"型产业项目80个，投资总额2505亿元。国家级互联网骨干直联点城市、国家专利审查协作河南中心、技术转移郑州中心等国家级功能平台项目落地实施。电子信息、汽车与装备制造、现代商贸物流、文化创意旅游四大都市区战略支撑产业快速发展，战略新兴产业占全市工业的比重由2011年年底的33.7%提高到47%；高耗能产业比重由2011年年底的51.8%降至42%；生产性服务业、高技术服务业在服务业中的比重较2011年分别提高3.7和4个百分点，实现了产业结构调整的标志性突破，以七大工业主导产业为标志的先进制造业和以七大商贸主导产业为标志的高端服务业框架基本形成。七是探索了一个具有郑州特色的坚持依靠群众推进工作落实长效机制。构建起了以基层党组织为核心，政府公共服务、市场监管、社会管理、环境保护与群众自治有效衔接、互为支撑的基层治理结构，提高了政府基层履职能力，强化了基层基础。市、县两级共派出群众工作队6396支，下沉网格公职人员4.5万人，基层网格排查问题化解率保持在95%以上。八是培育了一支具有国际化视野、现代领导能力、敢于担当的干部队伍。始终围绕中心工作抓党建，在推进中心工作中管党建党、培养锤炼干部。通过集中培训、外出考察、外派锻炼，三年培训县处级干部1.2万人次。完善责权相一致、管事与管人相统一、平时考核与年度考核相结合的考核制度，建立经济社会主战场选拔任用干部制度，形成了干部凭业绩自动生成机制，树立了"重基层、重一线、重实干、重实绩"的干部导向。三年来共有116名富有基层工作经验、敢于担当的干部被充实到了县（市）区领导岗位，有基层工作经历的干部在县（市）区党政领导班子中的比例达到50%；有52名拥有博士、硕士学位的干部到一线接受锻炼或被提拔使用，县处级干部中高学历干部的比重达到18%；85名经过外派锻炼的干部在改革开放一线发挥了重要作用。九是形成了一个"风正、气顺、心齐、劲足"的干事创业氛围。坚持以强化管党治党政治责任和党风廉政建设"两个责任"从严治党，以党的群众路线教育实践活动正风肃纪，以推进依法治市加强民主法制建设，以培育和践行社会主义核心价值观弘扬社会正能量，以党风带政风促民风，形成了推进都市区建设的强大合力。十是实施了一批涉及群众生活水平提升的实事举措。三年来公共财政民生支出年均增幅达到21.2%，累计民生支出1787亿元。全市城乡居民新增就业75万人。推行"五险合一"市级统筹，实现城乡居民社会养老保险制度全覆盖。城市低保标准由每人每月340元提高到470元；农村低保标准由每人每月180元提高到260元。全市最低工资标准由1080元提高到1400元。实施保障性住房"三房合一"改革，累计新开工建设保障性住房31万套（户）；投资2.5亿元提前两年完成了全部1968个老旧小区改造，受益户数25万户；历史积累的三年以上未能回迁的城中村改造2.5万户群众已回迁5600户，今年底将全部回迁新居。持续开展信访问题集中化解，妥善解决涉及群众切身利益的诉求问题5000多个。累计完成易地扶贫搬迁6万人、整村推进89个。累计投入敬老院建设资金5000多万元，新改建农村敬老院38所。市区新建、改扩建中小学95所，新增优质中小学学位8.4万个。市属医疗卫生单位新增床位近1万张，"郑州片医"服务模式基本实现城乡全覆盖。完成生态林营造45万亩，市区新增绿地面积3450万平方米，生态水系加快建设，成功创建国家森林城市。三年来，全市城镇居民人均可支配收入由2.16万元增至2.9万元，农民人均纯收入由1.1万元增至1.6万元，城乡居民储蓄由3252亿元增至4850亿元，汽车保有量由183万辆增至279万辆，人民群众生活质量得到显著提升。

三年来，全市各级干部讲政治、顾大局，依靠群众，攻坚克难，干成了一系列具有奠基性、战略性、标志性的大事要事，开创了大刀阔斧、势如破竹、全面突破的崭新发展局面，取得的成绩鼓舞人心、振奋人心，凝聚着全市上下、各级各界的聪明智慧和艰辛付出。在此，我代表市委、市政府向受表彰的单位和个人表示热烈祝贺！向为都市区建设做出积极贡献的广大干部群众、向关心支持郑州发展的各界朋友表示衷心的感谢！

二、认清形势，增强认识新常态、适应新常态、引领新常态的自觉性、主动性和创造性

前不久召开的中央经济工作会议、省委九届八次全会和省委经济工作会议，立足当前、着眼长远，对全国全省明年的经济工作乃至长远发展进行了系统部署，具有很强的指导性和实践性。全市上下要把学习贯彻中央、省委会议精神作为当前的首

要任务，切实把思想和行动统一到中央、省委对新常态的科学判断和决策部署上来。要认清新常态下宏观经济形势和国家调控政策对郑州带来的影响。随着我国经济进入以速度换挡、结构优化、动力转换为特征的新常态，经济发展方式、生产组织方式、生产要素供给模式、资源配置模式和宏观调控手段等都在发生着趋势性变化。我们既要看到共性的一面，也要看到个性的一面，既要看到发展的机遇，又要看到面临的严峻挑战。一是新常态下经济增长需求不足的矛盾突出，动力转换没有完成，但我市具有明显的潜力空间。从出口看，劳动力供给及价格方面的相对优势，有利于我们扩大劳动密集型产品出口，实现出口逆向增长；从投资看，我市公共基础性、消费型投资任务还很大，投资拉动将会持续发力；从消费看，随着城镇化步伐的加快和群众生活水平的提升，作为一亿人口大省的省会城市，必将形成巨大的消费需求。二是国家建设全国统一市场力度加大，各地优惠政策趋向一致，商务环境、政务环境、创新环境等对产业转移的影响越来越大。我市这几年以航空港、国际陆港、郑欧班列、E贸易为载体，开放平台和营商环境打造取得重大突破，在内陆地区形成了一定优势，但我们的创新能力不足问题突出，同时要素成本与周边地区相比也没有明显优势。三是能源原材料工业受国家调控政策影响亟待转型，尽管我市交通物流、电子信息、汽车与装备制造等新兴产业比重正在上升，但在全国的地位和对全市发展的主导作用还不突出。四是世界经济深度调整，中高端产业随着互联网、物联网、航空运输的发展形成了全球配置资源的生产组织方式，在全球有了更大的产业布局选择空间，我市区位交通信息枢纽优势突出，为我们承接国际贸易以及配套的先进制造业、现代服务业创造了机遇，但我们服务于对外开放的思想观念、体制机制较沿海地区还有差距。五是国家优化经济发展布局，实施“一带一路”战略，支持中西部基础设施建设，支持郑州航空港实验区建设等，为我们争取国家政策带来了很大机遇。总体看，进入新常态，机遇与挑战并存，机遇大于挑战。但机遇与挑战具有共生性、互换性，抓住了，就会变机遇为动力；见事迟、行动慢，机遇就会转换为挑战。对此，我们一定要保持头脑清醒，既要遵循规律、循序渐进，又要抢抓时机、变中求胜，在发展中调整，在调整中发展，实现郑州更好更快发展。要认清我们推进都市区建设思路、理念、举措的科学性、正确性。用中央、省委会议精神审视郑州的各项工作，我们这几年坚持“一条路子”、抢抓“两大机遇”、突出“三大主体”工作、实施开放创新双驱动战略、推进以航空港实验区为统揽的郑州都市区建设的工作思路、理念、举措以及取得的成效，与中央、省委以“四化同步”推进发展转型、以城镇化和消费升级拉动内需、以扩大开放培育新的增长点、以创新驱动增强内生动力、以实施三大国家战略规划推进河南振兴、以“一基本两牵动三保障”促进城乡统筹发展等一系列决策部署是高度契合的，既是我们坚定不移贯彻落实中央、省委决策部署的成效显现，也是我们主动适应新常态的谋篇布局和实践探索。我们要坚定信心，保持定力，坚持既定的思路目标不动摇，坚持在实践中不断总结、持续提升、扩大成效。要认清郑州在全国、全省发展大局中的责任之重。国家批复的中原经济区规划强调了郑州的核心带动作用，并把第一个以航空经济为主题的功能区放在郑州，赋予了郑州为内陆城市扩大开放探索路子、为中部崛起提供战略支撑的历史重任。习总书记在郑调研时要求我们的E贸易要朝着“买全球、卖全球”的目标迈进，国际陆港要“建成连通境内外、辐射东中西的物流通道枢纽，为丝绸之路经济带建设多作贡献”。省委省政府对郑州寄予厚望，这次出台的《战略纲要》明确提出“建设郑州现代化国际商都，打造有影响力的高端核心城市，增强辐射带动能力”，寄希望于通过郑州的发展，抢占制高点，带动河南走向国际化、加快现代化。我们一定要准确把握中央、省委的战略意图，牢记“双重”责任，担当历史使命，认识新常态保持清醒，适应新常态积极作为，引领新常态努力探索，以时不我待的紧迫感、舍我其谁的责任感，以比别人更高的标准、更多的付出、更拼命的精神，担责履责，尽职尽责，努力给党和人民交上一份满意的答卷。

三、围绕“三大一中”战略定位，开创以航空港实验区为统揽的郑州都市区建设新局面

（一）贯彻落实《河南省全面建成小康社会加快现代化建设战略纲要》，积极做好郑州国际商都的谋划工作。建设现代化国际商都，是省委、省政府着眼于河南发展大局和郑州最终实现现代化，遵循产业演变规律、国际贸易规律、城市发展规律，对新常态下的郑州发展进行的前瞻性、科学性谋划，是指导郑州现代化建设的战略定位和目标路径。全市上下要把思想和行动统一到省委省政府的决策部署上来，统一到建设国际商都这一宏伟目标上来。要站位全局，着眼长远，牢牢把握“一带一路”建设重大历史机遇，围绕构建“连通境内外、辐射东中西”的国际综合交通信息枢纽，形成“买全球、卖全球”的国际物流网络，构建以开放经济和智慧经济为统领、先进制造业和高成长服务业为主体的现代产业体系，塑造自然之美、社会公正、城乡和谐的现代田园城市，力争到建国一百年时把郑州打造成为具有国际影响力、国内辐射力、国内外资源整合力的世界工商业中心城市，高起点、高标准做好国际商都总体规划编制工作，用规划指导郑州科学发展。要同步推进“十三五”规划，研究制定一批专项方案和政策措施，坚持把能做的事情先做起来，切实把我省《战略纲要》精神落到实处。

（二）着眼于引领新常态，制定实施新三年行动计划，推进“三大主体”工作上台阶。全市各级各部门要以国际商都规划为指导，深入研究新常态下的郑州发展，加快制定和推进实施新三年行动计划。总体要求是：深化开放创新双驱动，着力推进“三大主体”工作上台阶，加快推进以航空港实验区为统揽的郑州都市区建设，初步建成自然之美、社会公正、城乡和谐的现代田园城市，努力在全省率先全面建成小康社会。战略任务：一是基本建成国际化、现代化立体综合交通枢纽。机场二期和综合换乘中心建成投运，拓展覆盖国内外的航线网络，年航空货邮吞吐量达到110万吨左右，客运吞吐量达到2300万人次左右。“米”字形快速铁路构架基本形成，打造以郑州为中心、辐射省辖市的“1小时交通圈”和周边省会城市的“2小

时交通圈”。以郑州为中心的“十字+半圆”城际铁路网加快建设，基本形成中原城市群核心区“半小时交通圈”。地铁轨道交通力争通车里程达到130公里；畅通郑州工程完成“大井字+环线”快速路网建设和“两环三十一放射”改造提升，三环以内断头路全部打通，主城区实现15分钟上快速路、快速路15分钟上高速的“市区半小时交通圈”。二是基本形成大都市战略支撑产业体系。电子信息产业集群销售收入力争达到1万亿元，成为全球最大的智能终端制造研发基地、国内领先的电子信息产业基地；汽车及装备制造业销售收入达到5000亿元，建成全球最大的客车生产基地、新能源汽车研发和生产基地，年产汽车整车150万辆；现代商贸物流业以电子商务为引领，以空港、陆港、郑欧班列、E贸易为支撑，形成“买全球、卖全球”的商贸物流网络；文化创意旅游业快速发展，产业增加值及旅游总收入均达到1000亿元。基本建成新材料、生物医药、新型耐材、铝及铝加工、现代食品、服装家居等6个千亿级产业基地。三是基本形成城乡一体化发展格局。中心城区功能进一步完善，卫星城与中心城市协调发展，产业集聚区和专业园区融城发展，实现80%以上的农民城镇化转换，基本形成 “中心城区—组团隔离廊道—县城组团—都市区农业区—新市镇（产业集聚区）—现代农业区—新型社区”的城乡空间布局，实现空间布局合理、功能分工有序、资源配置优化、公共服务均等，建成自然之美、社会公正、城乡和谐的现代田园城市。四是初步形成重要的内陆开放高地。加快空港、陆港建设，完成新郑综保区三期工程和经开综保区申建工作，力争郑州自贸区申建获批，航空港开放门户地位基本确立。食品、药品、汽车整车等特种商品进口指定口岸功能不断完善，电子口岸建成投运，推进郑州口岸与周边港口以及更多地方的口岸实现通关一体化。坚持对内开放和对外开放并举、引资引技引智相结合，集聚一批具有国际竞争力的知名品牌和优势企业，实现对外开放合作层次和质量的显著提升。五是奠定可持续发展的生态环境基础。以建设国家生态文明先行示范区为统揽，加强生态建设，城市建成区绿地率达到36%以上，绿化覆盖率达到42%以上，森林覆盖率达到34%以上，办好第十一届中国国际园林博览会。建设全国水生态文明试点城市，提升都市区生态水系规划建设水平。加快淘汰落后产能，推进清洁能源利用，大幅削减污染物排放量，实现空气质量明显好转。六是加快推进社会治理现代化。依法治市水平明显提高，民主法制建设不断加强，精神文明建设持续提升，网格化长效机制规范运行，形成稳定、有序、和谐的发展环境和群众生活环境。

（三）积极适应新常态，切实做好2015年工作，为实施新三年行动计划起好步、奠好基。贯彻中央 “稳中求进”总基调和省委“调中求进、改中激活、转中促好、变中取胜”的总要求，具体到我市就是“抓改革创新、强投资开放、促结构转型、求民生改善”。抓改革创新，就是要把改革创新贯穿经济社会发展全过程、各领域，依靠改革争创体制机制优势，依靠创新增强发展内生动力。强投资开放，就是要坚持以投促建、以投促调、以投促转，坚持以开放拓平台、引要素、求提升，夯实城乡基础、产业基础、开放基础。促结构转型，就是要加快调整城乡、产业、所有制三大结构，带动产品、投资、消费等结构的优化，促进经济增长由投资拉动、要素驱动向消费拉动、出口带动、科技驱动转型。求民生改善，就是要以落实习总书记提出的群众“七个更”期盼、让群众生活更美好为目标，解决好与群众生产生活紧密相关的突出问题，让人民群众切实感受到、体会到、享受到郑州改革发展和城市建设的成果。围绕“四句话”总要求，努力实现四个方面的新突破：一是以航空港实验区改革先行先试示范区建设为标志的全面深化改革实现新突破。持续抓好国家、省确定改革事项的贯彻落实，抓好上级探索性改革事项的试点争取，抓好权限范围内改革事项的突破创新，抓好已实施改革措施的深化提升，形成与现代经济、市场经济、开放型经济相适应的行政管理服务和运行机制。二是以畅通郑州工程、大棚户区改造、城乡承载功能提升为重点的新型城镇化建设实现新突破。基本实现影响郑州长远可持续发展的各类城乡拆迁改造任务大头落地、制约郑州发展的水电气暖路等重大基础设施瓶颈基本解决，塑造现代田园城市风貌。三是以航空港实验区为引领，深化开放创新双驱动，实现现代产业体系构建新突破。突出抓好航空港、国际陆港、E贸易、郑欧班列建设，加快完善综合交通信息枢纽和综合性大口岸等政府性要素平台体系，以各类海关特殊监管区、产业集聚区、商务中心区、特色商业区为载体，以提高科技自主创新能力为抓手，加快形成以电子信息、汽车与装备制造、现代商贸物流、文化创意旅游为标志的大都市战略支撑产业体系。四是以网格化长效机制为依托，在提升群众生活质量上实现新突破。大力推进城市精细化管理服务、便民服务中心体系建设、生态环境建设、扶贫开发等工作，着力解决好群众办事难、上学难、就医难、行路难、就业难“五难”问题，实现习近平总书记提出的“七个更”目标要求。

（四）全面从严治党，强化组织保障。全市各级党组织要切实履行管党治党政治责任和党风廉政建设“两个责任”，坚持围绕中心工作抓党建，在推进中心工作中建好党、管好党。突出抓好县级以上机关领导班子民主集中制、党内政治生活常态化制度、干部选拔任用制度、反腐倡廉体制机制“四项制度”建设，依托网格化长效机制深化基层民主科学决策机制、矛盾调解化解机制、便民服务工作机制、党风政风监督检查机制“四项基础制度”建设，持续抓好教育实践活动问题整改和中央巡视反馈意见、省委巡视反馈意见整改落实和建章立制工作，形成纠正“四风”、改进作风、反腐倡廉的常态化长效化机制，全面提升队伍建设、组织建设、作风建设水平，营造干事创业、廉洁自律、风清气正的政治生态，形成具有坚定政治素养、国际化视野、现代化水平、敢于担当、作风过硬的干部队伍基础。

同志们：回眸三年，鼓舞人心；展望未来，任重道远。让我们紧密团结在以习近平同志为总书记的党中央周围，在省委、省政府的正确领导下，坚定信心，鼓足干劲，再接再厉，向着“三大一中”的战略目标和让人民生活更美好的愿景奋力前进，努力为我省打造“四个河南”、推进“两项建设”、实现“中原更出彩”做出省会城市应有的贡献！

政府工作报告

——在郑州市第十四届人民代表大会第二次会议上

市长 马懿

（2015年1月20日）

各位代表：

现在，我代表市人民政府向大会报告工作，请予审议，并请各位政协委员和列席人员提出意见。

一、2014年工作回顾

2014年，是新一届市人民政府履职的第一年。面对错综复杂的国内外形势，我们在省委、省政府和市委的正确领导下，深入贯彻党的十八大、十八届三中、四中全会和习近平总书记系列重要讲话精神，紧紧围绕“三大一中”战略定位，抓改革、强投资、调结构、求提升，较好完成了市十四届人大一次会议确定的各项任务，郑州都市区建设迈出新的步伐。

（一）千方百计稳增长，经济社会持续健康稳步发展。在经济下行压力持续加大的严峻形势下，我们扭住发展不放松，着力以强投资为稳增长奠定基础、以稳增长为调结构创造条件、以调结构为稳增长提供支撑，经济运行呈现出“稳中有进、稳中趋优、稳中向好”的发展态势。初步统计，全市地区生产总值完成6783亿元，增长9.5%；规模以上工业增加值3094亿元，增长11.2%；地方公共财政预算收入833.9亿元，增长15.2%；固定资产投资5259.6亿元，增长20.1%；社会消费品零售总额2913.6亿元，增长12.7%；城镇居民人均可支配收入29095元，增长9.3%；农民人均纯收入15470元，增长10.4%。主要经济指标在全国35个大中城市中位次持续前移，经济发展的协调性不断增强。

（二）强力推进求突破，航空港实验区建设全面提速。坚持把实验区建设放在全市工作首位，推动枢纽建设、产业培育、体制机制创新等重点领域发展，实验区开发建设取得重大进展。大枢纽建设全面推进，机场二期主体工程提前封顶，外围城际铁路、高速公路等重大工程加快建设；机场客运量达到1580.5万人次，货邮吞吐量37万吨，增速均居全国大型机场首位。大产业培育初见成效，手机产量突破1.4亿部，全球重要的智能终端生产基地正在形成；菜鸟骨干网、友嘉产业园等一批重大项目入驻建设；中部国际电子商务产业园建成运营；成功举办首届郑州航展，穆尼飞机“郑州一号”下线交付，我市成为中西部地区首个生产通航认证飞机的城市。体制机制创新不断深化，实施市级行政执法权向实验区全面委托，复制实施上海自贸区创新制度9项，智能终端出口退税资金池投入运行，中国郑州航空港引智试验区获批。实验区影响力在扩大、吸引力在增强，已成为我省对外开放的重要平台。

（三）突出重点抓改革，发展动力和市场活力持续增强。坚持问题导向、市场导向、需求导向，重点抓好第一批58项重点改革事项，一些改革走在了全省前列。着眼于简政放权、提高行政效率，加快政府职能转变，完成本轮政府机构改革；持续深化行政审批制度改革，积极推进“两集中两到位”改革，形成了“一窗式”受理、“一站式”服务、“一条龙”审批的行政审批新模式；在全省我们率先启动“五单一网”制度改革；目前40个市级审批职能部门共受理审批事项131.5万件，全部在规定的1、3、7个工作日内办结，行政审批效率持续提升。着眼于激发市场主体活力，持续深化金融支持小微企业体制机制改革，在全国率先打造金融支持小微企业服务体系，在全国首设小微企业创业投资基金，29家科技型小微企业在“新三板”挂牌上市，居中部六省首位；以“共保体”模式支持科技型企业发展，小微企业贷款余额1850亿元，增长36%；还深化了工商登记制度改革，市场主体、注册资金分别增长了83%、255%。着眼于提高政府性资源配置能力，持续深化土地管理制度改革，实行国有经营性用地使用权网上交易招拍挂，实现了土地交易充分市场化和政府收益最大化，真正建立起了棚户区改造政府主导拆迁安置、市场化运作的新机制；开展闲置建设用地集中清理处置专项行动，累计盘活土地12.4万亩，近年来供地率首次突破60%，扭转了多年来供地率低的局面；持续深化投融资体制改革，健全完善“立融用管还”的全产业链发展模式，市8家投融资公司融资240亿元，是前3年融资总和的2.5倍；在全国率先发行首只12亿元“市政债”。探索建立了产业发展基金和股权投资资金，有效地撬动了社会资金扶持战略支撑产业发展。还稳步推进了财税体制改革、事业单位分类改革、保障性住房“三房合一”改革、市属国有企业改革、文化体制改革、农村综合改革等工作，改革红利不断得到释放。

（四）以人为本促提升，新型城镇化建设提质增速。以人的城镇化为核心，科学推进新型城镇化，城镇化率提高到68.3%。坚持规划引领，进一步完善都市区规划体系，完成“三规划一设计”编制。加快畅通郑州工程建设和公交都市建设，城市轨道交通、“井字+环线”快速路网、市域快速通道、高速公路、国省干线公路和县域路网等工程强力推进，10条市域快速通道9条完工，16座新增环城互通式立交10座建成，17个环城高速互通式立交建成投用，三环快速化、黄河路下穿北编组站隧道等重点工程建成通车，累计打通城市断头路128条，市区新增公共停车泊位2.93万个。积极配合推进“米”字形高铁网建设，高铁南站完成规划选址，郑开城际铁路通车运营。启动“六旧九新”片区改造项目106个、十字景观大道和中央商务区建设项目158个，完成市场外迁46家，加快推进“引热入郑”工程，市区新增供热能力1630万平方米，市区新建成污水处理厂3家、新增污水日处理能力45万吨，一批水电气暖等公共服务设施加快建设或建成投用。启动大棚户区拆迁改造项目326个，开工建设安置房21.4万套，实施历史文化和自然生态风貌特色村保护提升工程。以智慧城市建设为载体，扎实开展城乡环境综合整治和城区交通秩序综合整治，顺利通过国家卫生城市复审。

（五）多措并举调结构，现代产业体系加快构建。坚持扩大优质增量与调整优化存量并举，加快构建现代产业体系，推动经济转型迈出坚实步伐。工业七大主导产业增加值完成2160亿元，增长13.3%，对全市工业经济增长的贡献率达到82.7%。四大战略性产业比重提高到46.5%，高耗能行业比重下降到42.3%，战略性新兴产业比重首次超过高耗能产业，标志着我市工业结构调整取得重大突破。“两化”融合深入推进，“宽带中国”示范城市获批，国家级互联网骨干直联点开通运营，河南联通中原数据基地与中国移动河南郑州数据中心建设进展顺利。高成长性服务业、生产性服务业加快发展，服务业增加值完成2890亿元。现代商贸物流、文化创意旅游业提质增速，金融集聚核心功能区建设取得新进展，郑商所国际期货定价中心地位进一步提升。电子商务发展迅猛，交易额达到2800亿元，增长30%以上。房地产业持续平稳健康发展。产业集聚效应进一步显现，产业集聚区对工业增长、投资拉动、就业创业的贡献率分别达到78%、60%和55%。都市生态农业加快发展，粮食生产保持稳定，农业组织化、机械化、产业化、科技化水平稳步提升，市级以上农业产业化集群达26个，农产品加工业收入达1200亿元，农产品质量监测合格率居全国前列。

（六）双轮驱动强支撑，城市综合竞争力明显提升。深入实施了开放创新双驱动战略，对外开放水平和自主创新能力不断增强。对外开放取得突出成效。我们抢抓国家“一带一路”战略机遇，强力推进航空港、国际陆港、郑欧班列、跨境贸易电子商务服务试点、各类海关特殊监管区域和综合性大口岸等政府性要素平台体系建设，我市成为丝绸之路经济带重要节点城市。郑欧班列常态化运营，班次密度、货重货值均居中欧班列首位。国际陆港累计实现集装箱吞吐量12.5万标准箱。跨境贸易电子商务服务试点加快推进，位居全国同类试点城市前列。汽车整车进口口岸正式运行，成为全国首家陆港型汽车口岸。肉类口岸、食品药品口岸、粮食口岸加快建设。深入开展集群招商和产业链招商，签约总额3124亿元，实际利用外资35.4亿美元，增长6.5%。科技创新步伐明显加快。围绕主导产业布局“创新链”、围绕创新资源谋划“产业链”、围绕科技创新项目建立“服务保障链”、围绕“两金一扶”完善“资金链”、围绕人才培育构建“技术链”，着力推进“两器一园”创新创业综合体建设，健全“产学研政资介”相结合的科技自主创新体系。高新技术产业产值完成5600亿元，增长22%，科技进步对经济增长的贡献率达到59%。

（七）统筹发展惠民生，各项社会事业协调发展。坚持财政向民生领域倾斜，民生支出658.8亿元，占预算支出的71.7%。积极推进就业创业，发放小额担保贷款10亿元，新增城镇就业15.3万人，农村劳动力转移就业11.4万人。优化教育资源配置，新建幼儿园60所、新增学位1.94万个，市区新建改扩建中小学校34所、新增学位4.86万个，5.56万进城务工人员随迁子女实现“应入尽入”。加强社会保障，城乡居民基本养老金、企业退休人员基本养老待遇、城乡低保对象等生活困难群众保障标准进一步提高，新建“儿童之家”100个，新建农村示范性养老服务中心90所，我市蝉联全国“七星级慈善城市”。公共卫生服务均等化水平显著提高，片医特色基层卫生服务体系日趋完善，新增床位3362张。全面落实“单独二孩”生育政策，人口自然增长率控制在5.7‰以内。深入实施文化惠民工程，基层公共文化设施和公共文化服务体系不断完善，大运河通济渠郑州段被列入《世界遗产名录》，成功举办黄帝故里拜祖大典、国际少林武术节、世界旅游城市市长论坛等重大活动。加强生态环境保护，编制实施《美丽郑州规划》，市区拆改燃煤锅炉88台，三环内80%以上工业企业完成外迁，淘汰黄标车和老旧车辆4.88万辆；对渣土车行业进行了整合，加强了渣土车管理和市区建筑工地扬尘治理，取得了初步成效；工业企业脱硫脱硝治理力度不断加大，主要污染物排放总量完成省定控制目标。全国水生态文明试点城市建设加快推进，重点河道拦蓄水、重点水系生态修复提升和引水入密等工程相继开工，南水北调主干渠按期通水。植树造林8.5万亩，建设生态廊道880公里，市区新增绿地1620万平方米，成功申办第11届国家园博会，荣获国家森林城市称号。农业农村基础设施建设不断加强，投资1.4亿元解决了28.3万人农村饮水安全，对124座病险水库进行了除险加固。完成易地扶贫搬迁2.7万人、整村推进25个，实现脱贫4.47万人。

（八）转变作风提效能，政府自身建设不断加强。全面贯彻落实中央八项规定和省委、市委有关规定，围绕反对“四风”，扎实开展党的群众路线教育实践活动，政风建设取得新的成效，全市会议费同比下降57.5%，“三公”经费同比下降14.6%。坚持依法行政，制定修订政府规章9件、清理112件，提请市人大审议法规草案4部，办理行政复议案件1218件。自觉接受人大监督、政协监督和社会监督，办理省人大建议19件、省政协提案41件、市人大议案建议619件、市政协提案590件，议案提案办结率和见面率均为100%，满意率99%。深化提升网格化管理，狠抓安全生产、食品药品监管，扎实推进平安郑州建设，社会大局保持和谐稳定。

加强社会主义核心价值观教育和精神文明建设，全国文明城市复创有望成功。国防教育、国防后备力量建设和“双拥”共建取得新成效。外事、侨务、对台、民族、宗教、统计、审计、档案、史志、气象、地震、人防、社科等工作，都取得了新的成绩。

2014年也是郑州都市区建设三年行动计划的收官之年。三年来，我们紧紧围绕“三大主体”工作，抢抓中原经济区和航空港实验区建设机遇，凝心聚力，克难攻坚，干成了一系列具有奠基性、战略性、标志性的大事要事，郑州发展的思路更加明晰，现代产业体系培育步伐明显加快，城乡基础设施建设力度明显加大，对外开放层次和水平明显提高，政府适应市场化要求的运作机制和水平不断提升，经济社会发展呈现了好的趋势、好的态势、好的气势。与2011年相比，地区生产总值净增了1820亿元，地方公共财政预算收入净增了332亿元，固定资产投资净增了2380亿元，经济份额占全省的比重不断提高，在连续三年宏观经济下行压力持续加大的情况下，为全省的发展做出了积极的贡献。郑州率先全面建成小康社会、加快现代化建设的基础更加坚实，支撑更加有力，前景更加广阔！

各位代表！我市经济社会发展取得的成绩，是省委、省政府和市委正确领导的结果，是市人大、市政协和社会各界大力支持的结果，是全市人民团结奋斗的结果。在此，我代表市人民政府，向辛勤工作在各行各业的广大干部群众，向驻郑人民解放军、武警官兵、公安干警以及社会各界人士，向关心支持郑州发展的港澳台同胞、海外侨胞和朋友们，表示崇高的敬意和衷心的感谢！

成绩面前，我们也清醒地认识到存在的问题和不足，主要是：经济下行压力较大，传统行业生产经营普遍困难；结构不合理问题尚未实现根本性转变，资源型工业比重仍然较大，新兴产业和现代服务业比重还不高，自主创新能力还不强，都市农业与二、三产业融合度不够；城市承载能力依然不足，资源环境约束加剧，交通拥堵、大气污染等问题依然突出；食品药品监管、安全生产还存在薄弱环节，政府公共服务能力和水平与群众期盼还有不小差距等。对于这些问题，我们将采取措施，不断加以改进和解决。

二、2015年工作总体要求和主要目标

当前，我市经济和全国、全省一样，已进入“增速换挡、结构优化、动力转换”的经济发展新常态，但是，总体上仍处于发展的重要战略机遇期。中原经济区建设特别是郑州航空港经济综合实验区建设，郑州成为国家丝绸之路经济带重要节点城市，这些都为郑州带来了重大发展机遇。我市的区位优势，特别是立体综合交通枢纽建设步伐的加快，多式联运体系的构建、物流集疏能力的提升，都将进一步增强郑州承接产业转移的比较优势。特别是近年来我市以航空港、国际陆港、郑欧班列、跨境贸易电子商务服务试点为载体，着力打造开放平台，营造国际化营商环境，在内陆地区形成了对外开放的新的比较优势。我市的综合优势不断在增强，机遇仍然大于挑战。我们必须坚定信心，乘势而上，加快经济转型，推动科学发展。

2015年是全面深化改革的关键之年，是全面推进依法治国的开局之年，也是全面完成“十二五”规划的收官之年。今年政府工作的总体要求是：深入贯彻中央、省委、市委各项决策部署，紧紧围绕打造大枢纽、发展大物流、培育大产业、建设以国际商都为特征的国家中心城市的“三大一中”战略定位，坚持稳中求进总基调，以提高经济发展质量和效益为中心，以“抓改革创新、强投资开放、促结构转型、求民生改善”为总要求，抢抓机遇，主动适应经济发展新常态，提升“三大主体”工作，全面推进依法治市和以航空港实验区为统揽的郑州都市区建设，促进经济平稳健康发展和社会和谐稳定。

今年经济社会发展的主要预期目标是：在优化结构、提高质量、改善环境的基础上，地区生产总值增长9%左右；规模以上工业增加值增长10%；固定资产投资增长18%；地方公共财政预算收入增长13%；社会消费品零售总额增长12%；进出口总额增长5%；实际利用外资与去年大体持平；城乡居民收入增长与经济增长同步；节能减排降碳完成省下达目标。

实现上述要求和目标，我们将紧紧围绕总要求，在保持经济运行总体平稳的同时，突出抓好五大重点任务。一是突出抓好深化改革。以航空港实验区体制机制创新、“五单一网”改革、行政审批制度改革、投融资体制机制改革等重点领域改革带动改革全面深化，不断增强区域发展的活力和动力。二是突出抓好开放创新双驱动。以跨境贸易电子商务和期货交易为引领，以综合交通信息枢纽和各类口岸等政府性要素平台为支撑，以空港、陆港、各类海关特殊监管区域等为载体，着力打造内陆对外开放高地；以深化提升人才引进培育机制为引领，以健全完善“两金一扶”政策环境为支撑，以加快“两器一园”创新创业综合体建设为载体，着力构建科技自主创新体系。三是突出抓好现代产业体系构建。围绕打造“万亿级电子信息产业基地、5000亿级汽车及装备制造基地和6个千亿级产业基地”，大力发展先进制造业和高成长服务业，加快构建大都市战略支撑产业体系。四是突出抓好新型城镇化建设。以人的城镇化为核心，以大棚户区改造、城市综合承载能力提升、畅通郑州工程为重点，以城市精细化管理先行区建设为带动，构建“都市核心区、外围组团、新市镇、新型农村社区”的四级现代城镇体系，着力打造自然之美、社会公正、城乡和谐的现代田园城市。五是突出抓好民生改善。围绕“大气污染、交通拥堵、扶贫开发、社会保障、平安稳定”等与群众生产生活紧密相关的突出问题，进一步加大工作力度，提高公共服务水平，使改革发展成果更多、更好、更公平地惠及广大人民群众。

各位代表！我们要不断认识新常态、努力适应新常态、积极作为新常态，就要紧紧扭住发展不放松，狠抓改革深化，狠抓开放创新，狠抓转型发展，狠抓民生改善，努力在新常态下迈上新台阶！

三、2015年重点工作

今年，我们将重点做好以下工作：

（一）坚持“三大一中”战略定位，着力开创郑州都市区建设新局面。牢牢把握“一带一路”重大机遇，全面落实《河南省全面建成小康社会加快现代化

建设战略纲要》，围绕“建成‘连通境内外、辐射东中西’的国际综合交通信息枢纽，形成‘买全球、卖全球’的国际物流网络，构建以开放经济和智慧经济为统领、先进制造业和高成长服务业为主体的现代产业体系，塑造自然之美、社会公正、城乡和谐的现代田园城市”的目标，谋划推进中国郑州自贸区，全力推动国际商都规划建设，同步推进编制“十三五”规划，力争郑州自贸区获批，使我市成为中西部地区率先获批内陆型自贸区的城市。我们将以国际商都规划为指导，加快推进实施都市区新三年行动计划，力争用三年时间初步形成国际化现代化立体综合交通枢纽，初步形成大都市战略支撑产业体系，初步形成城乡一体化发展格局，初步形成重要的内陆开放高地，初步形成可持续发展的生态环境基础，初步形成社会治理现代化体系，在全省率先全面建成小康社会，为建设国际商都奠定基础。

（二）坚持先行先试，着力实现航空港实验区建设大突破。全面实施航空港实验区建设体制机制创新示范区总体方案，加快构建既符合国际惯例又适应实验区发展需要的开放型经济新体制新机制。全力打造现代综合交通枢纽，机场二期建成投用，配合推进“米”字形高铁网建设，加快推进高铁南站项目建设，郑州东站至机场城际铁路、机场高速改扩建等快速通道建成通车，大力拓展“空海铁公”多式联运业务，持续提升郑州现代综合交通枢纽的集疏能力。积极构建航空港产业体系，加快全球重要的智能终端生产基地建设，全面推进与富士康的战略合作专案，正威、酷派、天语、中兴等项目开工或建成投产，手机检测研究院等支撑平台初成体系，力争智能手机产量突破2亿部。以IBM郑州数据中心等十大招商项目、友嘉产业园等十大产业项目、河南电子口岸服务中心等十大要素平台项目为重点，加大产业培育引进力度，力争签约总额突破1500亿元。办好2015年郑州航展，支持穆尼飞机组装生产、通航机场布局建设等通航产业发展，争取列入国家首批低空空域开放试点区域。

（三）坚持深化改革，着力增强发展动力。深化行政审批制度改革。全力推进政府“五单一网”制度改革，3月底“五个清单”向社会公布，年底前“四级联动”的政务服务网全面运行；持续深化“两集中两到位”改革，进一步提升行政审批效率；完成政府机构改革任务和公务用车制度改革。深化投融资体制改革。着力增强政府投融资公司融资能力，在推广PPP模式、拓展融资渠道、做活多元业务上求突破；完善产业发展基金和股权投资资金管理公司与商业银行、风险投资机构互惠共赢新模式，争取产业发展引导基金规模市本级突破100亿元。深化农村综合改革。创新农业投融资机制，推进农村产权制度改革，按照要求完成农村土地承包经营权确权登记颁证工作，积极谋划做好永久性基本农田调整划定工作。持续深化土地管理制度改革、金融支持小微企业改革、财税体制改革、文化体制改革、医疗卫生体制改革、国有企业改革、集体林权制度改革、社会保险“五险合一”改革等重点领域改革。

（四）坚持以人为本，着力推进新型城镇化。坚持“一基本、两牵动、三保障”，加快推进新型城镇化。加快农业转移人口市民化。围绕产业合理布局、人口合理分布，有序推进户籍制度改革，统筹推进附着在户籍上的教育、医疗、就业、社保等领域的配套改革，加快推进基本公共服务均等化，积极开展农业转移人口市民化成本分担机制探索。加快大棚户区改造。着力推进大棚户区改造项目和“四个优先”区域内村庄拆迁改造，力争年底市辖区内村庄拆迁基本完成；加快安置房建设，力争年内50%的动迁群众实现回迁。加快畅通郑州工程建设。开工建设轨道交通3号线一期，加快建设5号线、1号线二期，建成2号线一期、南四环至郑州南站城郊铁路的主线及全部车站主体。加快推进“井字+环线”快速路工程，开工建设农业路快速通道、南三环北三环东延高架等工程，未来路、经三路下穿金水路隧道和陇海快速路等工程竣工通车；238条支线路网工程年底前完工；加快推进中原西路等有轨电车示范线建设；继续推进公交客运场站、快速公交迁建等项目建设。完善城市基础设施。强力推进坚强智能电网建设；进一步提升供水保障能力，完成柿园、白庙水厂水源置换，让全市人民尽快饮用南水北调优质水；加快建设双桥污水处理厂，建成运行郑州新区污水处理厂；开工建设郑州东部垃圾焚烧发电厂，加快推进大型压缩式垃圾转运站和航空港区垃圾处理场建设，西部和中部餐厨垃圾处理厂年内建成投运；新建改建自来水管道120公里、供热管网80公里，新增供热能力1900万平方米。提升城市精细化管理服务水平。以筹办国家园博会为契机，以智慧城市建设为载体，把铁路编组站以东、金水河以北、中州大道以西、北三环以南约40平方公里的区域作为城市精细化管理服务先行区，构建以三级三类便民服务中心为依托的全方位、多层次的公共服务体系，全面提升以道路为载体的水电气暖的保障水平，加快打造15分钟生活圈，切实让群众享受到城市建设成果。

（五）坚持结构调整，着力构建现代产业体系。加快工业结构优化升级。做大做强战略支撑产业，以富士康、海尔等企业为龙头，加快打造全国领先的电子信息产业制造基地，力争产值达到3500亿元；依托宇通客车、东风日产、郑煤机、中铁盾构等企业，着力打造世界级客车生产基地、全国先进装备制造业基地，力争汽车及装备制造业产值达到2600亿元。培育壮大战略性新兴产业，巩固提升超硬材料、新型耐材等产业优势，加快培育物联网、云计算、大数据、3D打印、智能机器人等新兴业态，力争产值突破2000亿元。改造提升传统优势产业，着力推进现代食品制造、铝业精深加工、品牌服装及家居制造集群化、品牌化、高端化发展，力争产值突破3000亿元。加快产业集聚区发展，力争完成固定资产投资2400亿元。积极推动“两化”深度融合，大力实施“智能制造”工程，加快信息消费试点城市建设。加快推进服务业提质增效。以服务业综合改革试点工作为抓手，促进电子商务和现代物流融合发展。大力发展航空物流，着眼培育现代物流集疏体系，形成航线网络，全年航空货运量达到50万吨。按照“三多、三并举、一突出”的要求，加快推进电子商务发展，积极支持唯品会、聚美优品、京东商城等电商平台发展，力争电子商务交易额达到3500亿元。积极推动商贸业转型升级，完成剩余55家市场外迁任务，大力促进市场外迁承接地产业集聚，支持华南城、金源百荣商贸城等项目加快建设；加快商务中心区和特色商业街区建设，力争二七核心商圈销售收入达到1000亿元、郑东新区核心商圈销售收入达到300亿元。大力发展金融业，拓展金融服务领域，拉长金融产业链条，积极发展直接融资，提高郑东新区金融核心功能集聚区存、贷款规模占全省的比重，提高直接融资在全社会融资中的比重，努力打造郑东新区国际化区域金融中心。大力发展文化创意旅游业，深度挖掘黄河文化、黄帝文化、少林文化、商都文化内涵，加快发展全域旅游，积极打造国家旅游集散中心；加快建设中牟绿博文化产业园，着力打造国际化时尚文化创意旅游中心；加快建设中原动漫文化创意中心，促进动漫产业优化升级。大力发展会展业，加快打造国家区域性会展中心。着眼于商业模式创新和消费结构升级，大力发展健康养生、养老服务、通用航空、信息消费等高成长性服务业。加快申报国家服务外包示范城市，争创国家级养老服务业综合改革试点。加强对商品房、安置房、保障房相关政策研究，优化土地和房地产市场供应结构，促进房地产业平稳健康发展。加快发展都市生态农业。全面落实国家“三农”政策，加强农田基础设施建设，促进粮食增产、农业增效、农民增收；促进一产与二产、三产融合发展，新建高标准农田2.8万亩、可追溯标准化“菜篮子”生产基地4万亩、现代都市生态农业示范园6万亩，市级以上农业产业化重点龙头企业达到429家，完成生产环节农畜产品质量安全追溯体系建设。加快重点项目建设。力争在郑省重点项目的数量和投资规模占全省的比重达到50%以上、省市重点项目一季度立项审批和项目开工达到全年任务的80%以上、完成投资3600亿元以上。

（六）坚持开放创新双驱动，着力构建国际化、现代化开放型经济体系和科技创新体系。打造开放平台。加快推进新郑综合保税区业务拓展、郑州特种商品进口指定口岸和经开综合保税区申建工作，加快出口加工区B区建设，确保7月封关运行；推进通关通检机制创新，加快打造全国邮政第四转运口岸，力争跨境贸易电子商务服务试点提质增量、郑欧班列开行150班次以上；建成运营进口肉类指定口岸，加快汽车口岸二期和进口粮食、食品药品等指定口岸建设；着力推进以电子口岸为载体的 “大通关”体系建设，构建“一站式”通关服务平台。拓宽开放领域。继续复制放大上海自贸区成功经验，向社会资本推介一批服务业、社会事业和基础设施等领域的重大项目，大力发展服务贸易，推动加工贸易扩大规模、提高质量，鼓励优势企业开展国际合作。积极开展大招商。大力引进“三力型”项目，配合办好河南投洽会、黄帝故里拜祖大典等重大活动，力争全年招商引资达到1800亿元。构建科技创新载体平台。加快构建以国家专利审查协作河南中心、国家技术转移郑州中心、中科院过程所郑州分所等为重点的创新平台；全力推进20个创新创业综合体建设；围绕主导产业和新兴产业发展，着力打造3个产业技术创新研究院；扶持企业建立研发中心，力争新建市级研发中心100家、省级以上20家，认定行业技术领域院士工作站10家。强化自主创新能力。大力培育科技型企业，规划建设科技服务业集聚区，谋划建设郑州自主创新示范区；以“两器一园”为载体，加快科技成果转化；鼓励企业商务模式创新，构建线上线下相统一的全渠道销售模式和个性化、定制化生产模式。加快人才培育引进。全面启动“智汇郑州·1125聚才计划”，实现人才链、创新链、产业链和服务链的融合对接，推动人才集聚，为都市区建设提供人才智力支撑。

（七）坚持改善生态环境，着力打造美丽郑州。以生态文明先行示范区建设为载体，坚持源头严防、过程严管、后果严惩，建设天蓝、地绿、水净的美好家园。持续推进“蓝天工程”。严格落实《郑州市大气污染防治条例》，加快高污染燃料禁燃区建设，力争市区禁燃区面积达到建成区面积的60%以上，按照计划强力推进城区燃煤锅炉拆改，淘汰社会黄标车和老旧车辆5万辆以上，城市环卫机械化清扫率达到70%以上，全市渣土清运车辆密闭改装率达到100%，城镇气化率达到92%，加快三环内工业企业外迁，做好秸秆禁烧和综合利用，强化重点行业脱硫脱硝治理，大力推进节能减排降碳工程，全面完成主要大气污染物减排任务。全面实施“碧水工程”。加快水生态文明试点城市建设，开工建设牛口峪引黄工程、石佛沉砂池向西区供水工程和环城生态水系循环等重点工程；以南水北调沿线水污染防治为重点，加强饮用水水源地环境管理，全年解决12万人农村饮水安全；开展城市河流清洁行动，对金水河、十八里河等7条城区河道进行集中整治，努力实现“水清河美”目标。大力改善城乡环境。巩固国家森林城市创建成果，积极筹办国家园博会，启动建设园博园，抓好生态廊道、综合公园、南水北调生态文化公园等建设，完成营造林13.7万亩，市区新增绿地500万平方米以上，建成区级综合性公园10个、森林体验园10个；加强爱国卫生工作，大力推进“乡村清洁工程”，加强农村环境连片综合整治和农村公路两侧“双违”整治，强化畜禽养殖企业污染治理，切实改善城乡环境。探索完善生态环境保护体制机制。建立健全生态环境补偿、环境损害鉴定评估、责任追究机制和节能减排总量预算管理机制，探索实施节能量、排污权、碳排放交易。强化环境应急能力建设，加大环境保护执法力度，让损害环境者依法付出代价！

（八）坚持为民惠民，着力保障和改善民生。全面落实政府主体责任，继续加大财政投入，认真做好省市民生“十大实事”。千方百计扩大就业，建立健全就业服务网络，加快公共就业和人才服务市场建设，加强就业创业培训，发放小额担保贷款8亿元，新增城镇就业13万人，农村劳动力转移就业8万人。促进教育均衡发展。新建城乡幼儿园40所，新增学位8000个以上；新建、改扩建市区中小学30所，新增学位3万个以上；开展职业教育资源整合重组，扩大职业教育办学规模；力争中州大学升本和郑州卫校升专工作取得突破性进展。全面提升人民健康水平。持续完善片医特色的基层医疗卫生服务体系，加快推进 “一城七中心”等重大卫生项目建设，深入推进县级公立医院改革，巩固完善公共卫生和基本医疗地图式定位责任服务管理，鼓励引导社会资本举办医疗机构。落实好“单独二孩”政策，促进人口长期均衡发展。统筹城乡社会保障体系建设。坚持社会救助和保障标准与物价上涨挂钩联动机制，推进“五险合一”市级统筹信息系统建设，扩大社会保险参保覆盖面，提高城乡低保、农村五保、医疗救助补助标准以及新农合、农民大病保险筹资标准，实施机关事业单位养老保险制度改革，加强养老服务设施、救助管理设施、社会福利设施建设，做好妇女儿童工作，支持慈善事业健康发展，新开工建设保障房14.5万套，基本建成6.2万套。繁荣文化体育事业。完善公共文化服务体系，大力开展全民健身运动，抓好市民公共文化服务中心建设，力争“四中心”“两公园”开工建设，强化文艺精品创作。实施郑州国家大遗址片区保护利用战略规划，支持登封建设华夏历史文明传承创新示范工程，推进登封世界历史文化旅游名城建设。强力推进扶贫开发。紧紧围绕“到2017年解决15.3万扶贫对象脱贫”目标，从今年起三年内投入20亿元，大力推进易地扶贫搬迁，发展旅游业等特色经济，增强贫困群众就业增收能力，在全省率先实现脱贫奔小康目标。今年完成易地扶贫搬迁4万人、整村推进20个，实现脱贫5.4万人。

（九）坚持深化提升网格化管理，着力加强社会治理体系和社会治理能力现代化建设。着眼“双安”、推进“双治”、强化“双基”，突出系统治理、依法治理、综合治理、源头治理，加快从传统社会管理向现代社会治理转变。深化提升网格化管理，以社会化服务为方向，以提升管理信息化水平为抓手，以推动工作落实为目标，进一步增强网格化管理实效。提升城乡社区管理和服务水平，增强基层自治服务功能，激发社会组织活力。加强安全生产基层基础建设，深化煤矿、非煤矿山、建筑施工、交通运输、危险化学品等重点行业和领域安全治理。建立健全监管机构，完善监管网络，强化食品药品安全监管。持续推进平安郑州建设，加大普法宣传教育力度，依法做好信访稳定工作，积极防范群体性事件和突发公共事件，严厉打击各类违法犯罪行为，努力维护社会大局和谐稳定。

（十）坚持依法行政，着力建设法治政府。以建设法治政府、服务型政府、廉洁政府为目标，以深化改革为动力，以制度约束为重点，持续推进政府系统党风廉政建设和反腐败工作，不断营造风清气正的经济社会发展环境。坚持依法行政。严格按照法定权限和程序行使权力、履行职责、推进政务公开。认真执行人大决议决定，自觉接受人大法律监督、政协民主监督、司法监督，主动接受社会公众和新闻舆论监督。研究出台重大行政决策程序规则，做到重大决策于法有据、决策与立法紧密衔接。坚持简政放权。大幅减少投资项目前置审批，取消全部非行政许可审批事项，加快建立权责清单，理清政府和市场的关系，提升政府的行政效率。坚持厉行节约。继续严格执行中央八项规定和国务院“约法三章”以及省委、市委有关规定，压缩“三公”经费，节约政府开支，降低行政成本。

加强国防动员、国防后备力量和人民防空建设，推动军民融合深度发展。支持驻郑解放军、武警部队建设，深化“双拥”共建工作。持续推进民族团结进步创建活动，促进宗教和谐和睦。全面做好统计、审计、地方志、外事侨务、对台事务、社科研究、档案管理、防震减灾等工作。

各位代表！新常态孕育新希望，新希望开启新征程。让我们紧密团结在以习近平同志为总书记的党中央周围，在省委、省政府和市委的坚强领导下，抢抓机遇，齐心协力，务实重干，克难攻坚，加快推进以航空港实验区为统揽的郑州都市区建设，为打造“四个河南”、推进“两项建设”、实现“中原更出彩”做出省会城市应有的贡献！

市情概要

自然环境

【概况】 郑州市地处黄河中下游和伏牛山脉东北翼向黄淮平原过渡的交接地带，地理坐标为东经112° 42'-114° 14'、北纬34° 16'-34° 58'。郑州市是河南省省会，位居河南省中部偏北，东接开封，西依洛阳，北临黄河与新乡、焦作相望，南部与许昌、平顶山接壤，辖区东西长135-143公里，南北宽70-78公里，面积7446.2平方公里，占全省总面积的4.5%。

【地质地貌】 郑州地区地质构造复杂，西部为嵩山、箕山隆起区，东部为开封、大金店坳陷区。地壳发展的5个历史时期形成的地层单元在郑州地区均有出露，有“五世同堂”美称的中岳嵩山已被命名为世界地质公园。

郑州地区现代地貌结构的基本轮廓是西部多山地丘陵，占总面积的2/3弱；东部多平原，占总面积的1/3强。基本地势由西南向东北倾斜，呈阶梯状降低，山地、丘陵、平原分界明显。在总土地面积中，山地2377平方公里，占31.9%；丘陵2255平方公里，占30.3%；平原2815平方公里，占37.8%。

【山脉水系】 郑州市境内的山脉多分布在京广铁路线以西，交结于登封、巩义、荥阳、新密、新郑5市边界一带。主要山脉有嵩山、箕山、邙山、具茨山、五指山等；著名山峰有少室山主峰连天峰、太室山主峰峻极峰、箕山老婆寨、五指岭鸡鸣峰、始祖山风后岭等。

郑州市地跨黄河、淮河两大流域。黄河流域面积1830平方公里，占全市总面积的24.6%；淮河流域面积5616.2平方公里，占全市总面积的75.4%。境内有大小河流124条，流域面积较大的河流有29条，其中黄河流域6条，淮河流域23条。过境河流有黄河、伊洛河，其中黄河在郑州市境内河长160公里，堤防71.42公里。

【矿产资源】 郑州市矿产资源种类丰富，已发现各类矿产36种，占全省的1/3。探明储量的16个矿种分别为煤、铝土矿、铁矿、硫铁矿、熔剂灰岩、耐火黏土、冶金用石英岩、水泥配料用灰岩、水泥配料用砂岩、天然油石、锂、镓、陶瓷土、水泥配料用黏土、水泥配料用黄土、冶金用白云岩等。全市有大型矿床11处，中型矿床69处，小型矿床120处。全市矿产资源探明保有储量潜在价值为3010.64亿元，单位国土面积（每平方公里）矿产资源潜在价值为4043.19万元。

郑州市矿产资源储量巨大，煤矿累计探明储量55.26亿吨，保有储量50.66亿吨，探明储量位居全省第一。铝土矿累计探明储量14209.7万吨，保有储量12825.6万吨，储量位居全省第一。耐火黏土矿累计探明储量12080.1万吨，保有储量11504.1万吨，储量位居全省第一。溶剂用灰岩累计探明储量13429万吨，保有储量12168.9万吨。金属锂累计探明储量和保有储量均为5617吨；金属镓累计探明储量和保有储量均为6932吨。

【气候气象】 郑州市地处中原腹地，属北温带大陆性季风气候，冷暖气团交替频繁，春夏秋冬四季分明。冬季漫长而干冷，雨雪稀少；春季干燥少雨多春旱，冷暖多变大风多；夏季比较炎热，降水高度集中；秋季气候凉爽，时间短促。全年平均气温15.6℃；8月份最热，月平均气温25.9℃；1月份最冷，月平均气温2.15℃。全年平均降雨量542.15毫米，无霜期209天。全年日照时间约1869.7小时。

【生物资源】 郑州市植物资源十分丰富，主要包括农作物、林木、花草、药材和菌类植物等，约有184科、900属、1900余种，乔木、灌木、草本植物皆有，遍布于山区、丘陵、平原及河谷地带；植物区系划分上属于暖温带落叶阔叶林植被型。郑州地区动物区系属于华北动物区系。动物资源中西部山地丘陵区动物种类和数量较多，森林动物资源较丰富；东部平原地区以小型动物为主，饲养动物资源丰富，兽类较贫乏。鱼类资源中江河平原区鱼类占优势，以鲤科鱼类最多。

郑州市市花为月季（1983年3月确定），市树为法桐（2007年9月确定）；土特产主要有黄河鲤鱼、新郑大枣、中牟大蒜和西瓜、河阴石榴、荥阳柿子、新密金银花、嵩山芥片等。

（玉 生）

行政区划

【概况】 至2014年年底，郑州市共辖金水区、二七区、管城回族区、中原区、惠济区、上街区6个区和巩义市、新密市、登封市、新郑市、荥阳市、中牟县5市1县，总面积7446.2平方公里，人口937.8万人。

【建置沿革】 1948年10月郑州解放，人民政府实行市县分设政策，在郑县城区设立郑州市，下辖第一、第二、第三区，面积5.23平方公里，人口16.4万人。

1949年12月，郑县的104个自然村、3.6万人划归郑州市管辖，在原设三个区的基础上，郑州市新设第四、第五区。1950年4月，为统一领导四郊的工作，郑州市撤销第四、第五区，设立郊区。1953年1月，为贯彻民族区域自治政策，郑州市设立回族自治区；同年3月，为适应大规模城市建设需要，经政务院批准，原郑县大部和荥阳县、成皋县一部划归郑州市管辖。

1954年10月，河南省会由开封迁到郑州，郑州市遂成为全省政治、经济、文化中心。1955年10月，郑州市城区行政区划调整，将第一、第二、第三区分别更名为陇海区、二七区、建设区。1956年，郑州市将回族自治区更名为金水回族区。1958年4月，为大力发展工业，将荥阳县马固镇和巩县小关一带的河南铝业公司采矿区划归郑州市管辖，并在此处设立郑州市上街区；同年8月，郑州市将金水回族区与陇海区合并为管城区；同年12月，经国务院批准，开封专区西部的荥阳县、巩县、登封县、密县、新郑县划归郑州市管辖。1960年6月，郑州市撤销建设区，新设中原区、金水区。1961年12月，荥阳县、巩县、登封县、密县、新郑县复归开封专区管辖。1966年，郑州市管城区更名为向阳区。1971年11月，荥阳县划归郑州市管辖。至此，郑州市共辖6个区、1个县，即二七区、金水区、中原区、向阳区、郊区、上街区和荥阳县。

1981年11月，郑州市向阳区更名为向阳回族区。1982年1月，郑州市设立金海区。1982年12月，为加强矿区开发与管理，郑州市在密县境内设立新密区。1983年7月，郑州市向阳回族区更名为管城回族区。1983年8月，为实行市带县体制，将开封地区所辖的巩县、登封县、密县、新郑县、中牟县划归郑州市。至此，郑州市共辖中原区、二七区、金水区、管城回族区、郊区、上街区、金海区、新密区8个区和荥阳县、巩县、登封县、密县、新郑县、中牟县6个县。

1987年2月，郑州市撤销郊区、金海区、新密区，新设邙山区。1991年6月，经国务院批准，撤销巩县，设立巩义市（县级）。1994年4月，经国务院批准，撤销荥阳县、密县，设立荥阳市（县级）、新密市（县级）。1994年5月，经国务院批准，撤销新郑县、登封县，设立新郑市（县级）、登封市（县级）。2004年5月，郑州市邙山区更名为惠济区。

（玉　生）

【区划调整】 2014年，郑州市未进行区划调整。

【区划现状】 截至2014年年底，郑州市共辖12个县（市）区，其中，县级市5个、县1个、市辖区6个；另有4个非行政区：郑州航空港经济综合实验区（已上升为国家战略），郑州高新技术产业开发区（国家级），郑州经济技术开发区（国家级），郑东新区（城市新区）。全市共有83个街道、74个镇、16个乡、693个社区、2230个村委会。2014年年底，各县（市）区所属乡、镇、街道办事处情况如下：

中原区共辖1个乡、1个镇、12个街道。分别是：沟赵乡，石佛镇，桐柏路街道、绿东村街道、棉纺路街道、三官庙街道、汝河路街道、秦岭路街道、林山寨街道、建设路街道、中原西路街道、航海西路街道、须水街道、西流湖街道。

二七区共辖1个乡、1个镇、13个街道。分别是：侯寨乡，马寨镇，五里堡街道、蜜蜂张街道、大学路街道、建中街街道、淮河路街道、福华街街道、一马路街道、铭功路街道、解放路街道、德化街街道、长江路街道、京广路街道、嵩山路街道。

管城回族区共辖2个乡、1个镇、9个街道。分别是：南曹乡、圃田乡，十八里河镇，北下街街道、南关街道、陇海马路街道、二里岗街道、城东路街道、西大街街道、东大街街道、紫荆山南路街道、航海东路街道。

金水区共辖19个街道。分别是：文化路街道、东风路街道、南阳新村街道、南阳路街道、大石桥街道、经八路街道、花园路街道、人民路街道、未来路街道、北林路街道、丰产路街道、杜岭街道、龙子湖街道、祭城路街道、凤凰台街道、兴达路街道、丰庆路街道、国基路街道、杨金路街道。

上街区共辖1个镇、5个街道。分别是：峡窝镇，济源路街道、新安路街道、中心路街道、工业路街道、矿山街道。

惠济区共辖2个镇、6个街道办事处。分别是：花园口镇、古荥镇，刘寨街道、老鸦陈街道、长兴路街道、迎宾路街道、新城街道、大河路街道。

中牟县共辖1个乡、15个镇、3个街道。分别是：刁家乡，韩寺镇、白沙镇、官渡镇、狼城岗镇、万滩镇、张庄镇、大孟镇、九龙镇、黄店镇、郑庵镇、雁鸣湖镇、八岗镇、姚家镇、刘集镇、三官庙镇，东风路街道、青年路街道、广惠街街道。

巩义市共辖15个镇、5个街道。分别是：米河镇、新中镇、小关镇、竹林镇、大峪沟镇、站街镇、康店镇、北山口镇、西村镇、芝田镇、回郭镇、鲁庄镇、夹津口镇、涉村镇、河洛镇，新华路街道、孝义街道、永安路街道、杜甫路街道、紫荆路街道。

荥阳市共辖3个乡、9个镇、2个街道。分别是：城关乡、高村乡、金寨回族乡，乔楼镇、豫龙镇、广武镇、王村镇、汜水镇、高山镇、刘河镇、崔庙镇、贾峪镇，索河街道、京城路街道。

新密市共辖1个乡、12个镇、3个街道。分别是：袁庄乡，牛店镇、平陌镇、超化镇、大隗镇、苟堂镇、刘寨镇、白寨镇、岳村镇、来集镇、城关镇、米村镇、曲梁镇，西大街街道、青屏街街道、新华路街道。

新郑市共辖3个乡、9个镇、3个街道。分别是：城关乡、八千乡、龙王乡，辛店镇、观音寺镇、梨河镇、和庄镇、薛店镇、孟庄镇、龙湖镇、郭店镇、新村镇，新建路街道、新烟街道、新华路街道。

登封市共辖4个乡、8个镇、3个街道。分别是：君召乡、石道乡、白坪乡、唐庄乡，颍阳镇、大金店镇、卢店镇、告成镇、大冶镇、宣化镇、东华镇、徐庄镇，嵩阳街道、少林街道、中岳街道。

（张向军）

2014年郑州市行政区划情况

县（市）区	乡	镇	办事处	村委会	社区居委会
中原	1	1	12	85	101
二七	1	1	13	23	149
管城	2	1	9	47	81
金水	0	0	19	49	189
惠济	0	2	6	54	12
上街	0	1	5	27	35
中牟	1	15	3	446	11
荥阳	3	9	2	287	16
新郑	3	9	3	317	25
新密	1	12	3	303	28
登封	4	8	3	303	20
合计	16	59	78	1941	667
巩义	0	15	5	289	26

注：2014年1月1日起，巩义市成为河南省直管县（市）。

（张向军）

人口状况

【概况】 2014年末，郑州市常住人口937.8万人，比2013年增加18.7万人，增长2.0%。全市共有280.2万户，平均每户的人口（户规模）为3.35人，其中城镇平均每户为3.06人，农村平均每户为3.69人。

2014年，郑州市人口出生率为10.29‰，比上年提高0.38个千分点；死亡率为4.39‰，比上年提高0.08个千分点；自然增长率为5.90‰，比上年提高0.3个千分点。

【人口构成】 按性别分，2014年末，郑州市常住总人口中男性为481.5万人，占51.4%；女性为456.3万人，占48.6%。人口性别比（以女性为100，男性对女性的比例）为105.5。

按人口文化素质分，2014年末，郑州市常住总人口中具有大学（指大专以上）文化程度的人口为139万人，占人口比重的14.8%；具有高中（含中专）文化程度的人口为183.2万人；具有初中文化程度的人口为338.5万人；具有小学文化程度的人口为179万人。每10万人中，具有大学文化程度者为14823人，比上年增加2032人；具有高中文化程度者为19533人，比上年减少84人；具有初中文化程度者为36093人，比上年减少1467人。

按城乡分，2014年末，郑州市常住总人口中城镇人口为640.6万人，城镇化率达到68.3%，比上年提高1.2个百分点；乡村人口为297.2万人，占常住人口的比重为31.7%。

按年龄分，2014年末，郑州市常住总人口中0-14岁的人口为172.10万人，占常住人口比重为18.4%；15-64岁的人口为684万人，占常住人口比重为72.9%；65岁及以上的人口为81.7万人，占常住人口比重（老龄化率）为8.7%。

（黄　飞）

2014年年末郑州市人口基本情况

县（市）区	总户数（户）	总人口（人）				城镇化率（%）
		合　计	女　性	非农业人口	城镇人口	
全市	2802091	9377835	4562724	3836830	6406256	68.31
中原区	243663	743174	363410	594539	667965	89.88
二七区	261567	766392	375593	471178	680173	88.75
管城区	177292	536486	261484	272910	453223	84.48
金水区	495823	1436529	693844	890647	1303794	90.76
上街区	45380	136138	69387	86000	123518	90.73
惠济区	91879	282987	143831	69332	198119	70.01
中牟县	116802	471892	232260	76116	189559	40.17
巩义市	246228	819940	400130	156035	413824	50.47
荥阳市	174806	615409	278780	133585	306289	49.77
新密市	220845	803343	394923	290007	410910	51.15
新郑市	157226	646108	332551	156619	326026	50.46
登封市	177357	688942	337816	202558	342818	49.76
经开区	69251	200146	94521	68046	165941	82.91
高新区	80241	246595	113308	132397	202257	82.02
郑东新区	130848	435270	208293	152344	268562	61.70
航空港实验区	112883	548484	262593	84517	353279	64.41

2014年年末郑州市人口自然变动情况

县（市）区	年平均人口（人）	出生人口（人）	死亡人口（人）	出生率（‰）	死亡率（‰）	自然增长率（‰）
全市	9284537	95496	40759	10.29	4.39	5.90
中原区	737771	7746	2213	10.50	3.00	7.50
二七区	759381	7996	3508	10.53	4.62	5.91
管城区	531438	5309	1924	9.99	3.62	6.37
金水区	1425915	13189	3742	9.25	2.62	6.63
上街区	135738	1117	700	8.23	5.16	3.07
惠济区	280705	3082	1303	10.98	4.64	6.34
中牟县	469397	5351	3215	11.40	6.85	4.55
巩义市	818125	8688	4941	10.62	6.04	4.58
荥阳市	615198	6330	3255	10.29	5.29	5.00
新密市	801668	8321	4345	10.38	5.42	4.96
新郑市	642474	6964	3058	10.84	4.76	6.08
登封市	686173	7753	3712	11.30	5.41	5.89
经开区	192422	2063	576	10.72	2.99	7.73
高新区	240723	2120	467	8.81	1.94	6.87
郑东新区	419127	3978	735	9.49	1.75	7.74
航空港实验区	528282	5489	2710	10.39	5.13	5.26

（黄 飞）

发展综述

【经济总量及结构】 2014年，郑州市完成生产总值6783亿元，比上年增长9.5%；人均生产总值73056元，比上年增长7.5%。其中，第一产业增加值149.5亿元，增长3.1%；第二产业增加值3771.1亿元，增长10.2%；第三产业增加值2862.4亿元，增长8.8%。第三产业中，交通运输、仓储和邮政业增加值385.7亿元，增长3.8%；批发和零售业增加值502.1亿元，增长8.6%；住宿和餐饮业增加值213.0亿元，增长6.2%；金融业增加值574.0亿元，增长16.7%；房地产业增加值301.2亿元，增长3.3%；营利性服务业增加值348.7亿元，增长8.8%；非营利性服务业增加值537.8亿元，增长8.9%。非公有制经济完成增加值4138.4亿元，增长9.6%，占生产总值的比重为61%。年末全市城镇化率达到68.3%，比上年提高1.2个百分点。

【农业与农村经济】 2014年，郑州市完成农林牧渔业增加值149.5亿元，比上年增长3.1%。粮食总产量162万吨，比上年下降3.7%。其中，夏粮产量81.2万吨，增长0.9%；秋粮产量80.8万吨，下降8.0%。全年棉花产量2217吨，增长

2012-2014年郑州市生产总值及增速

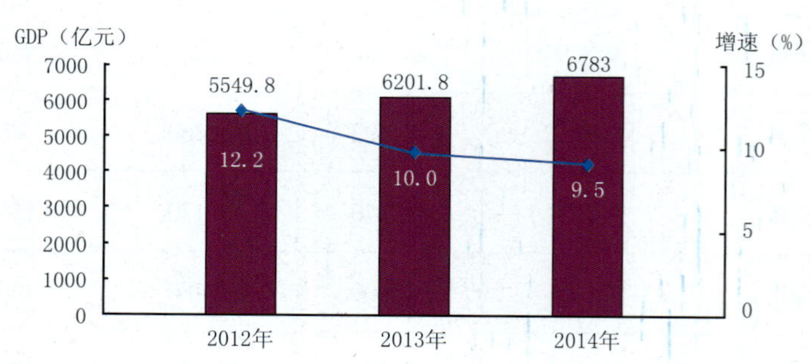

2012-2014年郑州市人均生产总值及增速

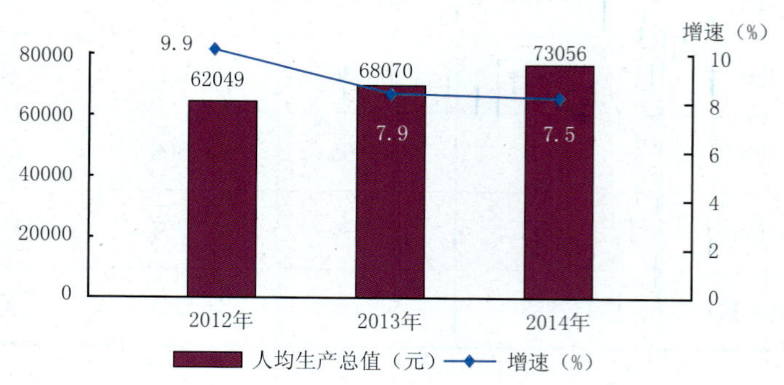

8.7%；油料产量16.2万吨，下降6.9%；蔬菜总产量286.3万吨，下降4.9%；水果总产量28.8万吨，下降3.5%。肉、蛋产量分别为26.7万吨和22.8万吨，分别增长1.9%和1.2%；水产品和奶产品产量分别为15.2万吨和49万吨，分别下降2.1%和1.9%。

全年粮食作物种植面积35.65万公顷，比上年下降1.9%。其中小麦种植面积17.63万公顷，增长0.3%。蔬菜种植面积6.77万公顷，下降8.9%；油料种植面积4.7万公顷，下降6.4%；棉花种植面积2361公顷，增长13.6%。

全年完成林业育苗面积0.28万公顷，比上年下降1%；中、幼林抚育面积3.85万公顷，下降0.9%；造林面积0.66万公顷，下降16.8%；四旁植树696.5万株，下降18.3%。义务植树360万人次，增长1.3%；义务植树1340万株，增长5.3%。拥有森林公园24个，其中国家级森林公园2个。

全年农田新增有效灌溉面积0.47万公顷，比上年下降15%；新增节水灌溉面积0.99万公顷，下降29.5%；综合治理水土流失面积25.11万公顷，增长1.5%。年末全市农业机械总动力576.3万千瓦，比上年末增长2.6%。农用拖拉机12.9万台，比上年下降1%；农用运输车11.8万辆，比上年下降0.5%。全年农村用电量37.3亿千瓦时，比上年下降1%。化肥施用量（折纯）23.3万吨，比上年下降0.6%。

【工业和建筑业】 2014年，郑州市全部工业企业完成增加值3349.8亿元，比上年增长9.8%。其中，规模以上工业企业完成增加值3094亿元，增长11.2%；非公有制工业完成增加值2258.1亿元，增长13.0%；高技术业完成增加值409.1亿元，增长23.9%。分经济类型看，国有企业完成增加值663.3亿元，比上年增长1.9%；集体企业完成增加值34亿元，增长11.7%；股份制企业完成增加值1358.3亿元，增长11.0%；股份合作企业完成增加值6.3亿元，下降3.2%；其他类型完成增加值475.7亿元，增长10.0%。分轻重工业看，轻工业完成增加值751.2亿元，增长6.6%；重工业完成增加值2342.8亿元，增长12.3%。七大主导产业完成增加值2155.3亿元，比上年增长13.2%；总量占规模以上工业增加值的69.7%，比上年提高2.1个百分点。其中，汽车及装备制造、电子信息、新材料、生物及医药四大战略性产业完成增加值1761.4亿元，增长16%；总量占规模以上工业增加值的46.8%，比上年提高2.9个百分点。六大高耗能行业完成增加值1305.7亿元，增长8.1%，总量占规模以上工业增加值的42.2%，比上年下降2.6个百分点。

主要工业产品产量多数快速增长。其中，汽车产量50.7万辆，增长9.9%；磨具75.8万吨，增长11.3%；钢材产量657.2万吨，增长28.6%；速冻米面食品产量125万吨，增长12.2%；耐火材料制品产量3235.8万吨，增长11.8%；服装产量2.1亿件，增长16.5%；水泥产量2427.8万吨，下降3.6%；卷烟1733.3亿支，增长1.2%；铝材403.1万吨，增长7.8%；电力电缆40.2万千米，增长8.1%；移动通信手持机（手机）11890万台，增长23.3%。

2012-2014年郑州市规模以上工业增加值及增速

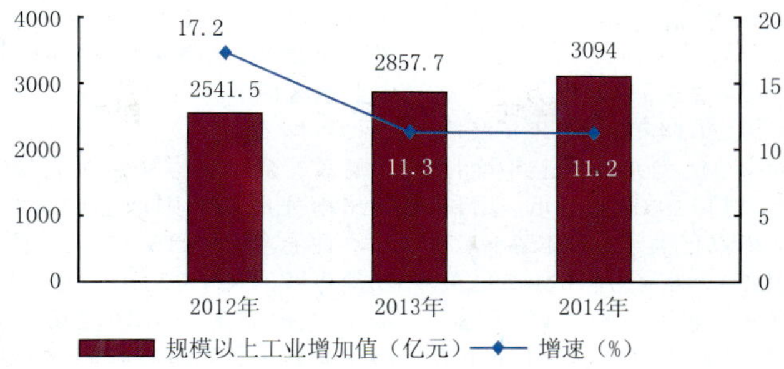

2012-2014年郑州市固定资产投资及增速

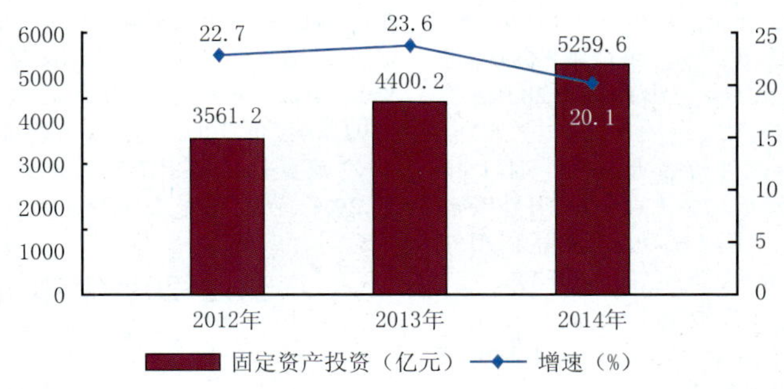

全年规模以上工业企业完成主营业务收入12230.6亿元，比上年增长11.6%；实现利税1447.5亿元，增长4.9%；实现利润987.2亿元，增长3.8%；产销率达到97.7%，比上年下降0.7个百分点。

全市建筑业完成总产值2713.3亿元，比上年增长19.8%；完成增加值421.3亿元，比上年增长14%。建筑施工企业施工房屋面积17751.6万平方米，增长24.6%；竣工房屋面积5240.2万平方米，增长27.9%。

【固定资产投资】 2014年，郑州市全社会固定资产投资完成5355.3亿元，比上年增长18.8%。其中固定资产投资完成5259.6亿元，比上年增长20.1%。固定资产投资中，国有及国有控股单位完成投资1240.8亿元，增长13.7%；民间投资完成3941.1亿元，增长24.5%。分产业看，第一产业完成投资85.6亿元，增长50.4%。第二产业完成投资1466.5亿元，增长6.2%；其中工业投资完成1465.3亿元，增长6.4%。第三产业完成投资3710.6亿元，增长25.2%。

全年固定资产施工项目2822个，计划总投资10631.1亿元，比上年增长8.2%；新开工项目1500个，计划总投资3341.1亿元，比上年下降32.4%。重点项目建设1061个，完成投资4010亿元，增长21.5%。基础设施投资完成1258.5亿元，增长29.3%。

全年房地产开发投资完成1743.5亿元，比上年增长20.6%。其中住宅投资1176.9亿元，增长29.3%。商品房屋施工面积10574.2万平方米，比上年增长8.8%。其中住宅施工面积6988.9万平方米，增长10.1%。商品房新开工面积2749.3万平方米，下降2.3%。其中住宅1954.7万平方米，下降1.1%。商品房屋竣工面积1889.4万平方米，增长66.1%。其中住宅1122.9万平方米，增长47.6%。房屋实际销售面积1591.9万平方米，下降1.8%；销售金额1205.2亿元，增长3.7%。

【国内贸易】 2014年，郑州市完成社会消费品零售总额2913.6亿元，比上年增长12.7%。分城乡看，城镇消费品零售额2458.7亿元，增长12.4%；乡村消费品零售额238.6亿元，增长15.4%。分行业看，批发业零售额292.3亿元，增长16.4%；零售业零售额2002.0亿元，增长12.4%；住宿业零售额19.7亿元，下降2.8%；餐饮业零售额383.4亿元，增长11.9%。

全年限额以上批发和零售业零售额1509.8亿元，比上年增长13.4%。其中食品、饮料、烟酒类134.3亿元，增长30.6%；服装、鞋帽、针纺织品类143.2亿元，增长11.8%；金银珠宝类29.4亿元，增长21.1%；日用品类58.4亿元，增长16.4%；五金、电料类12.8亿元，增长8.7%；家具类9.5亿元，增长50.5%；石油及制品类135.5亿元，增长12.5%；汽车类670.7亿元，增长11.3%；煤炭及制品类3.6亿元，增长80.2%。

【对外经济】 2014年，郑州市直接进出口总额464.3亿美元，比上年增长8.6%。其中，进口197.7亿美元，增长11.9%；出口266.6亿美元，增长6.4%。在出口总额中，一般贸易出口45.1亿美元，增长6.2%；加工贸易出口21.9亿美元，增长7.7%；机电产品出口236.7亿美元，增长7.7%；高新技术产品出口215.5亿美元，增长6.8%。出口美国110.3亿美元，增长20.1%；出口欧盟44.2亿美元，下降29.7%；出口韩国5.3亿美元，增长86.7%；出口俄罗斯3.8亿美元，增长50.9%；出口日本28.9亿美元，增长12%。

全年新批外资企业66个，比上年增加6个，增长12%。合同利用外资额14.5亿美元，下降26.9%；实际利用外商直接投资36.3亿美元，增长9.3%。

全年境外投资额9.3亿美元，比上年增长24%；国外经济合作营业额19.3亿美元，增长17.7%。

【交通、邮电和旅游】 2014年，郑州市交通运输业各种运输方式完成货运周转量537亿吨公里，比上年增长1.8%。其中，铁路199.9亿吨公里，下降7.9%；公路332.4亿吨公里，增长8.4%；航空47139万吨公里，增长20%。完成客运周转量274.9亿人公里，比上年增长7.2%。其中，铁路130.2亿人公里，增长0.1%；公路83.6亿人公里，增长19.5%；航空61.2亿人公里，增长8.1%。

年末公路通车里程12209公里，与上年持平；全年新增一级公路24公里，新增绿化道路216公里。

郑州新郑国际机场全年完成货邮吞吐量37万吨，比上年增长44.9%；旅客吞吐量1580.5万人次，增长20.3%。

全年完成邮电业务总量213.6亿元（按2010年不变价计算），比上年增长16.4%。其中，邮政业务总量40亿元，增长37.1%；电信业务总量173.6亿元，增长12.5%。移动电话用户年末达到1310.4万户，增长4.9%；本年新增移动电话用户431.8万户，下降6.5%。年末互联网用户207.8 万户，比上年增加3.9万户，增长1.9%。

年末全市民用车辆拥有量达到291.9万辆，比上年增长14.4%。在民用车辆拥有量中，汽车218.6万辆，增长20.4%；其中个人拥有量193.3万辆，增长23 %。在汽车拥有量中，轿车118万辆，增长25 %；其中个人拥有量109.8万辆，增长26.8%。

全年实现旅游总收入892.6亿元，比上年增长11.4%。来郑旅游人数7766万人次，比上年增长10.6%。其中，国际旅游人数45.1万人次，增长2.7%；国内旅游人数7720.9万人次，增长10.7%。年末全市共有旅行社214家，星级酒店45个，A级旅游景区41个，4A级以上景区13个。

【财政、金融证券和保险】 2014年，郑州市完成地方财政总收入1268.6亿元，比上年增长13.7%；地方公共财政预算收入833.9亿元，增长15.2%。其中，税收收入626.2亿元，增长15.2%；市本级财政收入347.3亿元，增长17.4%。在公共财政预算收入中，个人所得税27.5亿元，增长35.8%；企业所得税93.9亿元，增长19.5%；增值税61.4亿元，增长34.4%；营业税223.6亿元，增长9.5%；房产税16亿元，增长17.4%。全年地方公共财政预算支出918.6亿元，比上年增长12.6%。其中，城乡社区支出225.7亿元，增长55.2%；节能环保支出28.1亿元，增长9.7%；教育经费支出124.6亿元，下降6.6%；农林水事务支出54.1亿元，下降6%；医疗卫生支出70.2亿元，增长10.1%；一般公共服务支出79.5亿元，增长4.1%；社会保障与就业支出62.6亿元，下降5.7%；公共安全支出36.3亿元，下降0.2%。

年末全市金融机构各项存款余额13955.6亿元，比上年末增加1647.7亿元，增长13.4%。其中城乡居民储蓄存款余额4839.3亿元，增加363.9亿元，增长8.1%。金融机构各项贷款余额10868.3亿元，增加1526亿元，增长16.3%。其中，短期贷款3616.7亿元，增加232亿元；中长期贷款7035.8亿元，增加1231.7亿元；票据融资201亿元，增加55.9亿元。

全市1家企业（中州证券）在香港联交所主板上市，融资15亿港元（折合12亿元人民币）；全年首发融资和再融资募集资金20.1亿元。截至2014年年

2012-2014年郑州市社会消费品零售总额及增速

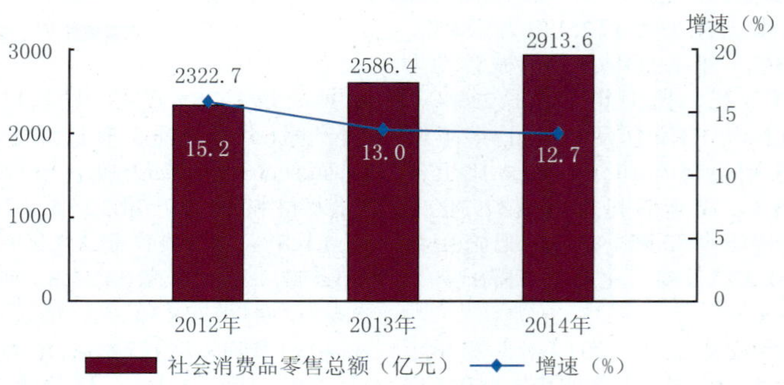

2012-2014年郑州市进出口总值、出口总值及增速

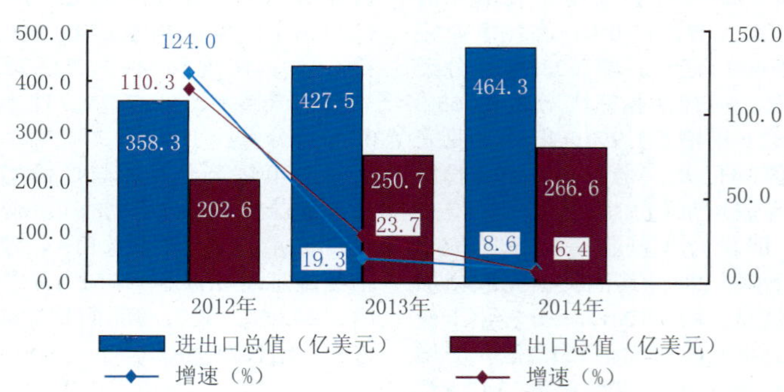

2012-2014年郑州市地方财政总收入、公共财政预算收入及增速

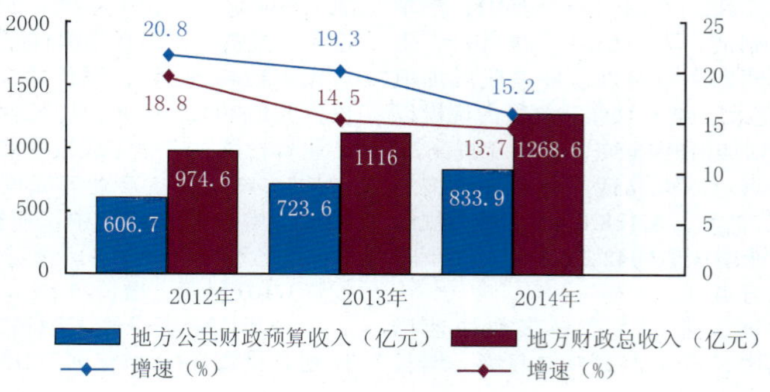

底，全市上市公司数量达到38家，发行39只股票，首发融资累计达到228.87亿元。其中，境内上市公司21家，首发融资累计达到138.36亿元；境外上市公司17家，首发融资累计达到90.51亿元。

全年全市保险公司保费收入277.9亿元，比上年增长25.15%。其中，财产险收入96.6亿元，增长21.3%；寿险收入155.7亿元，增长24.9%；健康险和意外伤害险收入25.3亿元，增长42.1%。全年赔付额71.5亿元，比上年增长16.3%。其中，财产险赔付额44.8亿元，增长23.3%；寿险赔付额20.1亿元，下降0.8%；健康险和意外伤害险赔付额6.6亿元，增长35.1%。

【科学技术和教育】 2014年，郑州市共组织实施科技项目1231项，比上年下降1.8%。其中，省级以上项目282项，增长41%；市级项目949项，下降10%。全年完成重大科技成果511项，增长14.3%。其中，基础理论成果41项，增长46.4%；应用技术成果440项，增长14.6%；软科学成果30项，下降14.3%。全年专利申请量达到24307件，增长20%；授权量12316件，增长18.7%。全年共签订技术合同4247份，下降16.5%；技术合同成交金额达110.9亿元，增长22.1%。拥有国家级企业技术中心16个，比上年增长6.7%；省级企业技术中心282个，增长6%。获得国家科技进步奖8项；省级科技进步奖34项。

年末全市共有研究生培养单位12个，招生7354人，比上年增长4.9%；在校研究生20020人，增长3.9%；毕业6539人，增长6%。全市普通本专科学校56所，招生24.1万人，比上年下降1.1%；在校学生78.3万人，增长4.8%；毕业19.5万人，下降1.8%。中等职业技术教育学校131所，招生10.4万人，增长10.6%；在校学生25.8万人，增长7.2%；毕业8.6万人，下降11.1%。普通高中106所，招生6万人，增长0.9%；在校学生17.7万人，增长3.7%；毕业5.5万人，增长0.2%。普通初中291所，招生10.8万人，比上年增长5.7%；在校学生31.6万人，增长8.9%；毕业9万人，增长3.9%。普通小学935所，招生14万人，比上年增长1.8%；在校学生75.1万人，增长6.5%；毕业10.1万人，增长1.8%；小学适龄儿童入学率达100%。幼儿园在园幼儿34.3万人，比上年增长3%。全市共有专任教师14.4万人，比上年增长4.5 %。其中，高等学校4.1万人，增长3.1 %；普通中等职业学校1.1万人，增长3.2 %；普通中学3.5万人，增长6.7%；普通小学3.5万人，增长2.3%；幼儿园2.1万人，增长8.3%。

【文化、卫生和体育】 2014年末，郑州市共有公共图书馆15个，群众艺术馆、文化馆12个，博物馆31个；综合档案馆13个，已开放各类档案42.7万卷；艺术表演团体16个。广播电台2座，电视台2座。全市广播人口覆盖率100%，电视人口覆盖率达100%，有线电视用户173.5万户。拥有全国重点文物保护单位74处；国家级非物质文化遗产名录6个。

年末全市共有卫生机构4007个，比上年下降0.5%。其中医院、卫生院313个，下降0.5%。拥有床位74645张，增长8.6%。其中医院、卫生院床位69724张，增长9%。卫生技术人员81616人，增长7.2%。其中，执业医师、执业助理医师29202人，增长9.1%；注册护士38027人，增长7%。疾病预防控制中心、防疫站16个，卫生技术人员529人；妇幼卫生机构14个，卫生技术人员3817人。专科疾病防治医院3个，卫生监督检验机构17个。乡镇卫生院100个，卫生技术人员4612人，床位4936张。

全市新增全民健身路径工程85条，新增村级农民体育健身工程160个、乡镇体育健身工程26个。销售体育彩票19.9亿元，增长38.1%。

【城市建设、环境保护和安全生产】 2014年末，郑州市建成区面积412.7平方公里。市区城市自来水供水管道达到2842.7公里，新铺设城市排水管道215.5公里，新扩建城市道路109.8公里，面积337.6万平方米。全年全社会用电量496.9亿千瓦时，比上年下降1.6%。其中，工业用电量329.8亿千瓦时，下降3.7%；城乡居民生活用电量68.3亿千瓦时，下降2.3%。供水总量达3.41亿立方米，日供水能力145.4万立方米。城市居民燃气化率达90.15%。

全年新开公交线路24条，更新、增加公交车辆540辆，年末实有公交车6297 辆，比上年增长9.6 %；城市公交客运量达9.87亿人次。

全年建成区新增绿地面积1723.4万平方米；建成区人均公共绿地12.25平方米，建成区绿化覆盖率40.2%。公园达到74 个，公园面积2259.6公顷，公厕963座。

全市建成无燃煤区78个，面积211平方公里。全年完成环境污染限期治理项目7个，污染源治理投资4.8亿元；限期治理污染企业7个。市区环境空气质量达到一、二级天数为163天。

一次能源生产总量2822万吨标准煤，比上年增长4.9%；规模以上工业增加值能耗0.77吨标准煤/万元，下降16.2%。

全年共发生伤亡事故1264起，比上年增长1.9%；造成死亡115人，增长26.4%；事故直接财产损失3928.8万元，增长25.2%。

【人口、人民生活和社会保障】 2014年末，郑州市总人口937.8万人，比上年增长2%。其中，女性人口456.3万人，增长2.5%；男性人口481.5万人，增长1.6%。城镇人口640.6万人，增长3.9%；乡村人口297.2万人，下降1.8%。全市全年出生人口9.6万人，增长5.8%；人口出生率10.29‰。死亡人口4.1万人，增长3.8%；死亡率4.39‰。全年净增人口5.5万人，增长7.3%；人口自然增长率5.9‰。

全市城镇非私营单位在岗职工年平均工资为49279元。全年城镇居民人均可支配收入29095元，比上年增长9.3%，扣除价格因素，比上年实际增长7.2%；人均消费性支出20122元，比上年增长7.8%，实际增长5.7%。农村居民人均纯收入15470元，比上年增长10.4%，扣除价格因素，实际增长8.6%；人均生活消费支出11125元，比上年增长8.6%，实际增长6.8%。

全年城镇居民消费价格比上年上涨2%。食品价格上涨3.1%，其中肉禽及其制品下降0.8%，蛋类上涨16.4%，蔬菜下降4.1%。居住价格上涨2.6%；家庭设备用品及维修服务价格上涨0.5%；烟酒及用品价格下降1.6%；医疗保健及个人用品价格上涨0.4%；娱乐教育文化用品及服务价格上涨3.5%；交通和通讯下降0.6%；衣着价格上涨2.1%。

年末全市从业人员545.5万人，比上年增长1.4%，其中城镇从业人员309.7万人，增长1.5%。全年城镇新增就业人员15.3万人，增长8%；农村劳动力转移就业11.4万人，增长8.6%。年末城镇登记失业率1.37%。

全市民生福利总指数为104%，比上年提高4个百分点，民生得到进一步改善。

农村居民人均住房面积52.1平方米。

全年发放城镇居民最低生活保障金1.2亿元，比上年下降14.2%；发放农村居民最低生活保障金2.5亿元，下降5.3%。城市居民最低生活保障人数2.8万人，下降14.2%；农村居民最低生活保障人数11.8万人，下降2.1%。全市参加失业保险149.1万人，比上年增长12%；年领取失业保险金者1.6万人。参加基本养老保险267万人，比上年增长17%。其中，职工147.4万人，增长4%；离退休人员29.2万人，增长5%。城镇职工参加医疗保险总人数为163.8万人，比上年增长3%。其中，职工134.7万人，增长4%；离退休人员29.1万人，下降1.1%。接受城乡医疗救助17.6万人次，比上年增长112.6%；发放城乡医疗救助金5277.6万元，增长42.2%。

年末全市各类福利院床位数2.2万张，比上年增长4.5%；各类收养性福利单位收养1.3万人，增长17.4%。建立各种城镇社区服务设施479处，其中社区服务中心47处。全年社会销售福利彩票15.4亿元，比上年增长5%。筹集社会福利资金9337亿元，下降8.1%。

（统计公报）

组织机构

中共郑州市委

书　记　吴天君
副书记　马　懿　王　璋　胡　荃
常　委　吴天君　马　懿　王　璋
　　　　胡　荃　舒　庆（2月免）
　　　　高建慧（女）
　　　　李公乐（4月免）　郭锝昌
　　　　孙金献　刘贵新　王　哲
　　　　薛云伟　王跃华　黄保卫
　　　　张建慧
秘书长　王　璋
常务副秘书长　王福松（2月免）
　　　　　　姜现钊（2月任）
副秘书长　刘旭光　吴志强（8月免）
　　　　张志泉　李晓雷（2月免）
　　　　刘自斌（9月免）李伟革
　　　　张管城（8月免）李建伟
　　　　王海江（12月任）

（曾厚宏）

纪律检查委员会

书　记　郭锝昌
副书记　姚芸来（2月免）
　　　　岳希荣（女）　李树生
　　　　葛震远（2月任）
秘书长　高希浩
纪委常委　高希浩　赵国锋　刘进国
　　　　高建中　冯忠信

·市委工作部门·

办公厅

主　任　姜现钊（12月任）
副主任　曹建伟　王广斌（12月免）
　　　　张红军　宋林杰　屈海中
纪检员　张满满（女）

组织部

部　长　高建慧（女）
常务副部长　李喜安
副部长　白　云（女）
　　　　戴春枝（女）
　　　　朱河顺（9月任）
　　　　周　英（9月免）

宣传部

部　长　王　哲
常务副部长 常绪东（2月免）
　　　　徐西平（2月任）
副部长　潘新红（女，2月免）
　　　　李宪敏（2月免）
　　　　宋建国　李　平（8月免）
　　　　董建山（12月免）
　　　　裴保顺（2月任）
文明办主任　徐西平（2月免）
　　　　裴保顺（2月任）
文明办副主任　邓智柏　薛士岭
　　　　姬月莲（女）　马　雷　尚　杰
　　　　黄红雨（女）

统战部

部　长　王跃华
常务副部长　李俊超
副部长　李元中（2月免）　白宇宙
　　　　潘新红（女，2月任）
　　　　王　丽（女）
纪检员　程　炜
台湾事务办公室主任
　　　　李元中（兼，2月免）
　　　　潘新红（女，兼，2月任）
台湾事务办公室副主任
　　　　欧阳军　曹冬梅（女）
　　　　赵旭昌　唐国庆

政法委

书　记　黄保卫
常务副书记　孙桂林
副书记　李华云　司久贵
　　　　侯保卫（8月任）
政治部主任　马晓霞（女，回族）

政策研究室

主　任　李建伟
副主任　汤清典　左巧娈（女）
　　　　高林照（12月免）
　　　　宋少丹（12月免）　王庆先
纪检员　崔剑波

机构编制委员会办公室

主　任　吴志强
副主任　王学军　王晓燕（女）
　　　　王信军　王曙光
纪检员　孙　玄

市直属机关工委

书　记　刘旭光（兼）
副书记　王永福　朱　光　李书英
委　员　王　东（12月免）
纪工委书记　范兴辉（12月任）

·市委直属事业单位·

档案局

局　长　徐宏杰
副局长　贾欣营　李永强　靳林中
纪委书记　谢枝彤

（郑继孝）

市委党校

校　长　王　璋（兼）
常务副校长　姚芸来
副校长　裴保顺（2月免）
　　　　叶光林（2月任）

（王宏伟）

郑州报业集团（2014年2月中原报业传媒集团更名为郑州报业集团）

党委书记、社长、董事长
　　　　石大东（2月任）
党委副书记、总编辑
　　　　张子明（2月任）
党委副书记、总经理
　　　　许　聪（女，2月任）
郑州晚报社总编辑　程玉峰（2月任）
中原网总编辑　徐秀丽（女，2月任）
副社长　张明俊（2月任）
　　　　张　永（2月任）
纪委书记　卢士海（2月任）

·部门管理机构·

老干部局

局　长　周　英（兼，2月免）
副局长　李建国（12月任）
　　　　战文胜　邢万顺　卢国祥
　　　　郭　愿（12月任）
纪检员　赵　华（女）

机要局

局　长　陈　杰
副局长　朱培龙　魏来圈（12月免）

保密委员会办公室（国家保密局）

主　任（局　长）　张淑娥（女）
副主任（副局长）　尹宏府　杜建强
　　　　李春鑫　郭　哲

·办公厅领导的事业单位·

党史研究室

主　任　薛稳定
副主任　王宗民　李红霞（女）
　　　　杨洪良　孙红旗　高　峰

（郑继孝）

郑州市十四届人大常委会

主　任　白红战
副主任　周长松
　　　　舒安娜（女，土家族）
　　　　赵明恩　赵武安　张学军
　　　　王广灿　王贵欣　王铁良
　　　　范　强
秘书长　王福松
副秘书长　李金鹏　张　辉
　　　　姜朝红（女）
　　　　杨郑安（回族）
　　　　李永茂　龚华章
委　员（共40人，按姓名笔画为序）
　　　　马斐颖（女）　王中立
　　　　王东升　王竹强　王超斌
　　　　毛鸿雁（女）　龙同胜
　　　　叶齐科　白宇宙　任广林
　　　　刘庭杰　李金鹏　李学章
　　　　李树生　李　艳（女，回族）
　　　　李喜安　李蝴蝶（女）
　　　　吴卫平　吴予红（女）
　　　　沈丕黎（女）　张义德
　　　　张子亮　张文随
　　　　张艳华（女）　张　辉

尚守道　周荔青　郑友军
郑福有　赵学庆　赵顺舟
姜朝红（女）　黄国甫
常绪东　崔豫琳（女）
阎铁成　焦大宏
温润琴（女）
翟桂红（女）　樊少楠

市人大法制委员会

主任委员　吴卫平
副主任委员　李　艳（女，回族）
罗　丽（女）
委　员（共8名，按姓名笔画为序）
王　青（女）　张文随
张　辉　赵学庆
姜朝红（女）　崔豫琳（女）
阎铁成　靳四梅（女）

·市人大常委会工作机构·

办公厅

主　任　李金鹏
副主任　李永茂（1月免）
龚华章（1月免）
于　鸿（女，3月任）

内务司法工作委员会

主　任　樊少楠

经济工作委员会

主　任　宋柏松
副主任　郑福有　李永祥

教育科学文化卫生工作委员会

主　任　张义德
副主任　梅　青（女）

城乡建设环境保护工作委员会

主　任　邢建新
副主任　张子亮　曹进元

农村工作委员会

主　任　任广林
副主任　刘　华（女）

选举任免代表联络工作委员会

主　任　阎铁成
副主任　蔡军龙　张慧娴（女，兼）

民族侨务外事工作委员会

主　任　沈丕黎（女）
副主任　王联民

预算工作委员会

主　任　龙同胜
副主任　贾庆贤　王韶蓓（女）

郑州高新技术产业开发区工作委员会

主　任　郑友军
副主任　吴永昭　宋旭光　时连渠

郑州经济技术开发区工作委员会

主　任　温润琴（女）
副主任　徐惠俐（女）

郑州航空港经济综合实验区（郑州新郑综合保税区）工作委员会

主　任　常绪东

郑东新区工作委员会

主　任　王竹强

研究室

主　任　姜朝红（女，8月免）
副主任　张国宏

法制室

主　任　李　艳（女，回族）
副主任　韩广道

信访室

主　任　张文随
副主任　崔永勋

（胡凯林　郑　睿　张继年）

郑州市人民政府

市　长　马　懿
副市长　孙金献　薛云伟
张建慧（5月免）
刘　东（女）
张学军（2月免）
张俊峰（2月任）
杨福平（2月任）
马　健　吴忠华
秘书长　王春山
常务副秘书长　李国强
副秘书长　冯卫平　张　吉
商建东　李　杰
王霄鹂（女，2月免）
赵红军
王　微（兼，9月免）
宋书杰（兼，4月免）
潘　冰　周　铭（9月免）
翟　政（兼，9月免）
李建霞（女，3月任）
赵向东　袁聚平
李庆忠（挂职）

（曾厚宏）

·市政府工作部门·

办公厅

主　任　王春山
副主任　史根有　张晓英（女）
牛满仓　张丽华（女）

发展和改革委员会

主　任　李书峰
副主任　魏　东　于　雷（8月免）
范建华　夏　扬　饶卫军
李福科　刘志敏
王庆玮（满族）
纪检组长　刘雅琳（女，12月任）

（郑继孝）

教育局

局　长　毛　杰（女）
常务副局长　刘鹏利
副局长　葛　飞　田保华　张大龙
曾昭传
纪委书记　马新安

科技局

局　长　文广轩
党委副书记　乔英奎（12月任）
副局长　任　灿　李大群
纪委书记　许新明

（王宏伟）

工业和信息化委员会

主　任　苗晋琦
党委副书记　刘延龄（12月任）
副主任　巫怀民　邢冬原　杜设亮
张士成　谷振风　焦义深
纪委书记　王　东（12月任）

民族事务委员会

主　任　马　军（回族，2月任）
副主任　马　军（回族，2月免）
刘佩伦（回族）
雷建生　周建军
纪检组长　李伟国

公安局

局　长　黄保卫（兼，12月免）
沈庆怀（12月任）
常务副局长　张书军
党委副书记、政治部主任
李　珂（女）
副局长　张　保　钟志才（2月免）
罗永生　陈友军
常志军（2月免）
李奎业　周廷欣（12月免）
张武清
纪委书记　王晓宁（女，12月任）

监察局

局　长　岳希荣（女）
副局长　李留宪　郭秋丽（女，8月任）
邹　鹭（女，回族，8月任）

民政局

局　长　谢霜云
党委副书记　吴同欣（12月任）
副局长　刘鲁豫　杨杭军　袁　杰
李淑萍（女）　张铁山
张国强

司法局

局　长　周顺杰（回族）
党委副书记　张予琳（女）
副局长　席现军　申德礼　黄耀欣
纪委书记　刘德林

财政局

局　长　刘　睿
副局长　刘　健　石　歆　丁二勇
张予红（女）

纪委书记　周亚东

人力资源和社会保障局

局　长　戴春枝（女）
副局长　娄渊胜　王翠玲（女）
　　　　张　伟　卞　薇（女）
　　　　王松亭
纪委书记　杨海权（12月任）

国土资源局

局　长　刘维德
党组副书记　吕安民
副局长　邱应厚　崔留森　陈思格
　　　　李五云
纪检组长　吴振华（女）

安全生产监督管理局

局　长　李刚良（2月免）
　　　　李元中（2月任）
副局长　潘建华　王彦华
　　　　朱建勋　丁清卫　郭项峰
　　　　时富宗
纪检组长　房志伟

城乡建设委员会

主　任　陈　新
党委副书记　高永振
副主任　张子亮（2月免）
　　　　金建新（12月任）
　　　　王立新　梁远森　杨　琦
　　　　曲　标　李俊铭（12月任）
纪委书记　丁启豹

住房保障和房地产管理局

局　长　王万鹏（2月免）
　　　　李德耀（2月任）
副局长　宋建伟　高胜利
　　　　冯德平（8月免）
　　　　王修安　杨智威（12月任）
纪委书记　雷　鸣（女，12月任）

城乡规划局

局　长　杨东方
党委副书记　张　凯（12月任）
副局长　周定友（8月免）
　　　　金建新（12月免）
　　　　许　振　李成祥
　　　　陈国清　牛建军（12月任）
纪委书记　丁剑波（12月任）

交通运输委员会

主　任　王顺生（2月免）
　　　　吴耀田（2月任）
党委副书记　曹培林（12月任）
副主任　曹培林（12月免）
　　　　陆秀玲（女）
　　　　赵治业（8月免）
　　　　魏　予　李　刚
纪委书记　李德森（12月任）

城市管理局

局　长　赵新民
党委副书记、副局长　司同义
党委副书记　李　平（12月任）
副局长　刘光访（12月免）
　　　　徐建军（12月免）
　　　　李　峰（12月免）
　　　　魏天亮　郭克河　翟月修
　　　　尚学振（12月任）
　　　　王润洲（12月任）
纪委书记　闫卫平

环境保护局

局　长　蔡玉奇
党组副书记　郑淑敏（女，12月任）
副局长　李俊杰　翟巧枝（女）
　　　　李春德　韩松涛
纪检组长　郑淑敏（12月免）
　　　　　冯锦岭（12月任）

农业农村工作委员会

主　任　周亚民
副主任　李新有　董　锐　马占军
　　　　吴　蒙　宋俊英（女）
　　　　曹东坡
纪委书记　张玉成

水务局

局　长　陈松林（2月免）
　　　　史传春（2月任）
党委副书记　张中锋（12月任）
副局长　孙　黎（女）
　　　　胡文杰　张中锋（12月免）
　　　　薛永卿（2月任）　孙书河
　　　　卢守富　高国振　刘德坡
纪委书记　黄永成

林业局

局　长　崔正明
党委副书记　郭　伟
副局长　张卫东　宋万党
　　　　牛培玲（女）　李佳刚
纪委书记　刘跃峰

商务局

局　长　朱河顺（8月免）
　　　　余遂盈（8月任）
党委副书记　陈　彦（女，12月任）
副局长　张海亮　林继民　刘天启
　　　　曹宏伟（12月任）
纪委书记　李连生（12月任）

文化广电新闻出版局

局　长　李宪敏（2月免）
　　　　王霄鹂（女，2月任）
常务副局长　许凤鸣
副局长　舒安娜（女，土家族，2月免）
　　　　朱晓东　董　娣（女）
　　　　吴安德　张文书　范守艾
　　　　宁凤丽（女）　李德专
纪委书记　朱新安（12月免）

卫生局
（12月与人口和计划生育委员会整合成立郑州市卫生和计划生育委员会）

局　长　顾建钦（11月免）
副局长　张文艳（女，12月免）
　　　　原学岭（12月免）
　　　　许迎喜（12月免）
纪委书记　张智光（12月免）

卫生和计划生育委员会
（12月卫生局与人口和计划生育委员会整合成立郑州市卫生和计划生育委员会）

主　任　顾建钦（11月任）
党委副书记　付桂荣（女，12月任）
副主任　张文艳（女，12月任）
　　　　兰维娜（女，12月任）
　　　　李长友（12月任）
　　　　原学岭（12月任）
　　　　许迎喜（12月任）
　　　　段新国（12月任）
　　　　陈　勇（12月任）
纪委书记　张智光（12月任）

食品药品监督管理局

局长、党组副书记　李新章（8月免）
局长、党组书记　周　铭（8月任）
党组书记　王万松（8月免）
党组副书记　李竖亚（12月任）
副局长　李竖亚（12月免）
　　　　张伟东（12月免）
　　　　贺一峰（8月免）
　　　　闻清涛（12月任）
　　　　邹庆明（12月任）
　　　　韩黎民（12月任）
　　　　张　萍（女，12月任）
　　　　祁红亮（12月任）
　　　　张松安（12月任）
　　　　张五超（12月任）
　　　　唐莉军（女，12月免）
　　　　刘涪江（12月任）
　　　　孙景莉（女，12月任）
　　　　闫荣魁（12月任）
纪检组长　裴广战（12月任）

人口和计划生育委员会
（12月与卫生局整合成立郑州市卫生和计划生育委员会）

主　任　王清芬（女，2月免）
　　　　李秀山（2月任，8月免）
　　　　顾建钦（8月任）
常务副主任　宋书杰（3月免）
副主任　兰维娜（女，12月免）
　　　　李长友（12月免）
　　　　段新国（12月免）
　　　　陈　勇（12月免）
纪检组长　李锦湘（12月免）

审计局

局　长　冯明杰
常务副局长　李忠仁（2月免）
副局长　徐　平（女）　桑富强
　　　　于世营　乔德宁

体育局

局　长　李庆山
副局长　张国防　周朝晖　张家富
纪检组长　杜国政（12月任）

统计局

局　长　李德耀（2月免）
　　　　万永生（2月任）
副局长　韩彦北　祝遵刚　江　滨
纪检组长　王停军

旅游局

局　长　张杰锋
常务副局长　张　杰（2月免）
副局长　何宏波　薛宝霞（女）
　　　　刘根成　李明伟（回族）
　　　　胡家安
纪检组长　刘海青（女）

粮食局

局　长　刘啸峰
党委副书记　魏来圈（12月任）
副局长　张旭东　张世然
纪委书记　王喜胜

信访局

局　长　牛瑞华
副局长　李应旺　冯　明
　　　　杨爱玲（女，回族）
　　　　王随府　田书黎　金爱江
纪检组长　霍训军

外事侨务办公室

主　任　李陶然
副主任　刘培林　张树忱
　　　　黄改玲（女）
　　　　吕　剑（女）
纪检组长　马国立

物价局

局　长　杨虎臣
常务副局长　朱巨亚
副局长　王宏元　郑德邦　朱孝忠
　　　　王志昂　王为民
　　　　王丽英（女）　王新田
纪检组长　赵　涵（女）

法制办公室

主　任　张江涛
常务副主任　李文德
副主任　李庆伟　李惟锋
　　　　牛承志
纪检组长　张金生

人民防空办公室

主　任　李幸福
副主任　许晓常　项忠阳　石如善
纪检组长　江　华（12月免）
　　　　王作伟（12月任）

文物局

局　长　阎铁成（2月免）
　　　　任　伟（2月任）
党委副书记　李　峰（12月任）
副局长　王　杰　汪文道　任晓红
　　　　闫凤岗
纪委书记　张湘洋

畜牧局

局　长　蔡仲友
副局长　李文波　郑保华　张军峰
　　　　徐宝龙
纪委书记　赵富荣

园林局

局　长　姜现钊（2月免）
　　　　张胜利（2月任）
党委副书记　赵景尧（12月任）
副局长　姚喜民　薛永卿（2月免）
　　　　许学清　祖应军　张　强
纪委书记　郭书君

国有资产监督管理委员会

主　任　余遂盈（8月免）
　　　　李秀山（8月任）
党委副书记　张群保（2月免）
　　　　黄名坤（12月任）
副主任　李中正　岳启明　郭耀伟
　　　　刘学银　于东启
纪委书记　苏海平（12月任）

·市政府直属事业单位·

煤炭管理局

局　长　柴栓庆
副局长　徐建林　王少宗　王国占
　　　　王志远　师志刚　黄保臣
　　　　丁振庆
纪检组长　马海红（女，12月任）

（郑继孝）

住房公积金管理中心

主任、党委副书记　朱蜀辽
党委书记　张静伟
副主任　薛佩玲（女）　罗　鸣
　　　　李力刚　刘帮成　史保金
纪委书记　尹丙申

（周遂鹏）

机关事务管理局

局　长　王　微
党委副书记　韩　勇（12月任）
副局长　姚希岗　常　利（回族）
　　　　李洪建　王新涛
纪委书记　姚　光

接待办公室

主　任　范建勋
副主任　彭起信　陈培民　白建军
　　　　李建军
纪检组长　朱海平

供销合作社

主　任　郑福有（2月免）
　　　　刘五一（2月任）
党委书记　张　杰（2月任）
常务副主任　郭　良（2月免）
监事会主任　宫建国（2月任）
副主任　贾耀刚　丁庆彪　常建青
　　　　杨燕青　苏现民　赵文生
纪委书记　宫建国（2月免）
　　　　李国书（12月任）

地震局

局　长　王红梅（女）
党组书记、副局长　于　明
副局长　赵景尧（12月免）
　　　　侯清卫　苏海敏　刘明强
纪检组长　蒋炎平

地方史志办公室

主　任　马斐颖（女，2月免）
　　　　张群保（2月任）
副主任　梁豫生
　　　　时春红（女）　王丹东
纪检组长　张亚红（12月免）
　　　　吴相武（12月任）

（郑继孝）

市场发展局

局　长　田跃平
副局长　唐文革　罗黎明　房广明

仲裁委员会办公室

副主任　梁立群　柴　青（女）
　　　　谷　青　李红武（12月任）

建设投资总公司

副总经理　秦广远　沈建焜　付立文

（周遂鹏）

·市政府派出机构·

郑州航空港经济综合实验区（郑州新郑综合保税区）

党工委书记　胡　荃（兼）
党工委副书记、管委会主任　张延明
党工委副书记、纪工委书记　赵新中
管委会副主任　张俊峰（2月免）
　　　　黄　卿　法建强
　　　　马锁文（2月任）
管委会主任助理　常继红
　　　　王　鹏（3月免）

郑东新区

党工委书记、管委会主任
　　　　李公乐（4月免）
　　　　张建慧（5月任）
党工委副书记、管委会常务副主任
　　　　吴福民
党工委副书记　王竹强（2月免）
　　　　马安庄（2月任）
管委会副主任　周定友　刘　健（12月免）
　　　　赵长根　周军营　孟祥岭
管委会主任助理　魏宁娣（女）
　　　　李　晗（女）
纪工委书记　郎松章

郑州高新技术产业开发区

党工委书记、管委会主任
　　　　张建国（兼，2月免）
　　　　赵书贤（2月任）
党工委副书记　李金勇（12月任）
党工委副书记、管委会常务副主任

翟晓宾
管委会副主任　张良才　王　军　姚五洲
郝军峰　贾有林　杨　光
纪工委书记　张家德

郑州经济技术开发区

党工委书记、管委会主任　崔绍营
党工委副书记、管委会常务副主任
史占勇
党工委副书记　李雪生
副主任　张春喜　王义民　孙　兵
李华军　席　挺　李国立
师淑君（女）
纪工委书记　武　斌

火车站地区管委会

党委书记、管委会主任
许广佑（12月免）
党委副书记、管委会副主任
王鲁明（12月任）
党委副书记、管委会常务副主任
郝国军
管委会副主任　冯现朝　韩道俊
王　伟　白清志
侯哲峰（9月免）
纪委书记　丁占清

（王宏伟）

黄河生态旅游风景区

党工委书记、管委会主任　雒国栋
党工委副书记　李振兴
管委会副主任　马玉林　杜振宇
胡　春　成才旺
李宗建
纪工委书记　王建军

（周遂鹏）

·其他·

爱卫办

主　任　侯保卫（8月免）
顾建钦（8月任，12月免）
付桂荣（女，12月任）
副主任　许付华　张中建
吴孔宝　薛铁山
张士东
纪检组长　王书广

（郑继孝）

·市政府驻外办事机构·

市政府驻北京联络处

主　任　张管城
副主任　张党权　常宏瑞

市政府驻广州办事处

主　任　张泽宏
副主任　刘　刚　王忠文

市政府驻上海联络处

主　任　王　强

（周遂鹏）

·省市双重管理机构·

工商行政管理局

局　长　岳希忠（12月免）
吴凤军（12月任）
副局长　赵小林　张元龙　陈传建
江　洪　刘　勇
纪检组长　黄　静（女）

国家税务局

局　长　杨国政
副局长　周明山（5月免）
李文峰（6月任）　马松伟
赵　东（5月免）　李　巍
王　平（女，12月任）

地方税务局

局　长　李新峰
党组副书记、副局长　王　钢
副局长　裴国庆　孙武江（10月免）
白嵩峰（10月任）
纪检组长　宋　山

质量技术监督局

局　长　何增涛
副局长　张建庄（4月任）　职玉森
尚建国　王拥军　李海陆
纪检组长　刘国权

烟草专卖局（公司）

局长（经理）　赵建州
副经理　李新民　邱国旺（9月任）
王茂欣（9月免）
施鹏跃　曹华琴（11月任）
副局长　张敬邦（9月任）

河南省邮政公司郑州市分公司

总经理　张宗梁（9月免）
张战军（9月任）
副总经理、纪委书记　李　平（女）
副局长　王　辉　范克洲
苏伟锋（5月任）

供电公司

总经理　张中青
副总经理　杨好忠　陈希正
刘发展　杜利民　李智敏

（范鹏飞　贾建英　刘　恒）

政协郑州市第十三届委员会

主　席　王　璋
副主席　张建国　朱专兴　张冬平
李新有　张民服　崔　凡
李玉辉
吴晓君（女，满族）
王顺生　薛景霞（女）
党组副书记　王跃华　张建国
秘书长　陈松林
副秘书长　谭　哲　汤　燕（女）
陈　斌　王松涛　李海铁
常务委员（110人，按姓氏笔画排）
于素云（女）　马　军（回族）
马金营　马晓宇（女）　马新海
牛培玲（女）　王文浩　王巧荣（女）
王红梅（女）　王　丽（女）　王志民
王志坚　王秀霞（女）　王顺生
王　彬　王跃胜　王琳琳（女）
王新荣（女）　王　璋　韦传彬
付全立　冯德平　毋心灵（女）
白　云（女）　白金尧　刘月楼（女）
刘旭光　刘　阳　刘忠明　孙中党
孙景莉（女）　孙　黎（女）
安惠萍（女）　曲昌荣　朱专兴
朱泽州　朱润生　汤　燕（女）
严　璐（女）　何艳丽（女）
吴晓君（女，满族）　吴营昌　张之鹏
张冬平　张民服　张玉笋　张红垒
张自福　张志泉　张京祖（女）
张建国　张　英　张春香（女）
张洛通　张铁秀　张　强　李大文
李元中　李文凡　李玉辉　李华云
李志强　李国强　李建伟　李忠仁
李政军　李洪太　李留宪
李富玲（女）　李　琳　李新有
李献峰　李　群　李　磊　杨保成
杨惠春　汪德峰　连林昌　陈松林
周朝晖　尚建国　岳希荣（女）
罗会军　郑方燕（女）　郑高飞
施　展　胡文杰　胡华敏（女）
赵文瑛（女）　赵克新（回族）
赵思群　赵　毅　郝　伟（女）
徐　平（女）　袁小杰　郭　良
郭耀伟　高　峰　崔　凡　阎书刚
黄万新　葛　飞　睢跟尚
虞　婕（女）　路志欣　翟俊霞（女）
谭　哲　潘新红（女）　薛景霞（女）
魏新立

·市政协工作机构·

办公厅

主　任　谭　哲
副主任　丁言兆　徐　莹（女，回族）

调研室

主　任　张　英
副主任　邢　进

提案委员会

主　任　李素坤（女，2月免）
李献峰（2月任）
副主任　李建云（女）
张灵芝（女）
张沄龙　张志泉（兼）
李国强（兼）
崔正明（兼）
李政军（兼）
师艳军（兼）

经济委员会

主　任　王济昌（2月免）
李忠仁（2月任）
副主任　朱　庆（12月免）
李福科（兼）

郝　伟（女，兼）
赵永录（兼）
张楸枫（女，兼）
刘仁和（兼）

农业委员会

主　任　杨传文
副主任　郭　良（2月任）
陈金城 楚万青（兼）
蔡仲友（兼）
胡华敏（女，兼）
郭　竞（兼）
牛培玲（女，兼）

人口资源环境委员会

主　任　吴爱芬（女，2月免）
高　峰（2月任）
副主任　杨合法 李春德（兼）
李锦湘（兼）
吕安民（兼）
王少宗（兼）
姚希岗（兼）

教科文卫体委员会

主　任　刘炳辰
副主任　张德印
虞　婕（女，2月任）
刘艳秋（女）
张大龙（兼）
张文艳（女，兼）
钟海涛（兼）
李富玲（女，兼）
严　璐（女，兼）

社会和法制委员会

主　任　周雅洲（2月免）
王志坚（2月任）
副主任　侯艳芳（女）
王志民（兼）
李留宪（兼）
李　磊（兼）

民族和宗教委员会

主　任　郑金泉（2月免）
朱润生（2月任）
副主任　杨国怀　刘佩伦（兼）
阎书刚（兼）
王朝晖（兼）
马彦峰（兼）

文史资料委员会

主　任　韩纪中（2月免）
李洪太（2月任）
副主任　何　洁（女）
韩国河（兼）
任　伟（兼）
关国锋（兼）
李志强（兼）
安惠萍（女，兼）

港澳台侨和外事委员会

主　任　周晓光（女，2月免）
刘月楼（女，2月任）

副主任　董建山（12月任）
牛文广（12月免）
潘新红（女，兼）
赵思群（兼）　张杰峰（兼）
李新岭（兼）
吕　剑（女，兼）

委员管理联络委员会

主　任　崔　平（女，2月免）
张春香（女，2月任）
副主任　赵先玲（女）
白　云（女，兼）
王　丽（女，兼）
王保军（兼）
王丽娟（女，兼）
李文凡（兼）　朱泽州（兼）
牛雷莉（女，兼）

城市建设委员会

主　任　朱建国（2月免）
张京祖（女，2月任）
副主任　刘国正　王重建
曹培林（兼）　杨卫民（兼）
马新海（兼）　曲　标（兼）
高胜利（兼）

（李　峰　刘　恒）

民主党派与工商联

民革郑州市第十二届委员会

主任委员　刘　东（女）
副主任委员　张自福　牛培玲（女）
刘五一 王巧荣
秘书长　张　路

民盟郑州市第十二届委员会

主任委员　朱专兴
副主任委员　王志昂　李蝴蝶（女）
郝　伟　张洛通
王新荣（女）
秘书长　宋喜玲（女）

民建郑州市第十四届委员会

主任委员　张冬平
副主任委员　孙　黎（女）
崔豫琳（女）
刘忠明　李政军
于　珊（女）
秘书长　崔豫琳（女，兼）

民进郑州市第四届委员会

主任委员　张民服
副主任委员　徐　平（女）
赵学庆　汪德峰
张　强
秘书长　赵学庆（兼）

农工党郑州市第六届委员会

主任委员　李新有
副主任委员　吴予红（女）　李顺兴
孙中党　李凤芝（女）
郑方燕（女）
秘书长　师艳军

九三学社郑州市第五届委员会

主任委员　舒安娜（女）
副主任委员　郑高飞　王秀霞（女）
李　琳　刘崇怀
李秋红
秘书长　郑高飞（兼）

（杨飞雁　石　林）

工商联

主　席　薛景霞（女，兼）
党组书记　白宇宙（兼）
驻会副主席　郭留章　李清四
王清祥
秘书长　王清祥（兼）

（郑继孝）

郑州市中级人民法院

院　长　王新生（2月免）
于东辉（2月任）
常务副院长　谢红星（2月免）
副院长　李广湖　王志民
刘玉华（女）　段占青
李保甫　赵永纯　石志军
政治部主任　高延安
院长助理　刘祖一
纪检组长　闫金丽（女）

（张　巍）

郑州市人民检察院

检察长　杨祖伟
党组副书记　张战军
副检察长　朱专兴　尚清霞（女）
宋　楠（女）　赵光南
范　俊　宋　超　苏长明
孙　武
检察长助理　张惠云（女）
政治部主任　丁　力
纪检组长　司永军

（刘 冰　李 丹）

郑州市群众团体组织

总工会

主　席　李元法（2月免）
张学军（2月任）
常务副主席　陈观壤（2月免）
赵顺舟（2月任）
副主席　李建霞（女，2月免）
施　展　张建涛　林增志
赵志新
纪检组长　李成先（12月任）

共青团郑州市委员会

书　记　张艳华（女）
副书记　李　磊　任　莉（女）

妇女联合会

主　席　徐惠俐（女，2月免）
马斐颖（女，2月任）
副主席　于素云（女，2月免）

侯淑玲（女）
纪检组长　周宇红（女）

文学艺术界联合会

党组书记　徐大庆
主　席　钟海涛
副主席　马素芳（女）
杨少勇（9月免）　程韬光
贾伟东
纪检组长　李国昌

归国华侨联合会

主　席　赵思群
纪检组长　杜国政（12月免）
李卓瑜（女，12月任）

残疾人联合会

理事长　杨惠春
常务副理事长　程广平
副理事长　周长信　陈　卓（女）
王军辉
纪检组长　吕　源（12月任）

社会科学界联合会

主　席　赵　君
副主席　宫银峰　许颖杰
秦贤卿（12月任）
纪检组长　梁晓冬

科学技术协会

主　席　吴予红（女）
副主席　张福清　马国明　崔光伟
王世珍（女）　霍梅旭
曲海涛
纪检组长　王　前

红十字会

会　长　刘　东（兼）
常务副会长　张春香（女，2月免）
于素云（女，2月任，8月免）
刘光访（12月任）
副会长　韩孝坤（女）　汤　震
杨　威
纪检组长　王红梅（女）

（郑继孝）

驻郑部属及省属单位

·交通通信机构·

郑州车站

站　长　任保国（7月免）
杨育生（7月任）
副站长　牛剑峰
杨海英（7月免）
于佩离　王予刚　赵立炜
杨　光　彭　辉
邵运江（7月任）

郑州北车站

站　长　杨育生（7月免）
刘　霆（7月任）
副站长　谭影舟（7月任）
麻克君　齐　悦　李坤营
李庆华　王卫华　黄培源

郑州东车站

站　长　余效月
副站长　刘治华　刘伟宇　荆宇鹏
郭守营　李兴新　杨延明

郑州客运段

段　长　邓　捷
副段长　童永强　薛言琦　田　鹏
程　勇　马　强　张志超
李　斌　张春霞（女）

中国联合网络通信有限公司郑州市分公司

总经理　孙　颖（女，满族，4月免）
李占伟（4月任）
党委书记　布鸣伟（1月免）
安占恒（4月任）
副总经理　李　钢（3月免）
王跃武　司晓辉
张卫华（女）
吴振魁（4月免）
朱练忠
周本汉（3月任）

·金融机构·

中国人民银行郑州中心支行

行　长　金鹏辉（回族）
副行长　邵延进　庞贞燕（女）
周　波　王深德　朱培玉
纪委书记　张正杰

中国工商银行河南省分行营业部

总经理　夏宗福
副总经理　姜　林　徐　斌　刘明辉
石　果　买艳芳（女）
刘建民
纪委书记　崔朝东

中国农业银行河南省分行营业部

总经理　周贵恒
副总经理　韩　进　李炳英（女）
王　军　王朝晖（9月免）
魏少华（女）
卢炎武（3月任）
纪委书记　韩　进（兼）

·保险机构·

中国人寿保险股份有限公司郑州市分公司

总经理　淡新虎
副总经理　高德胜（8月任）
李新生
刘浩燕（女）
王铭方
杨　婷（12月挂职）
庞朝辉（12月挂职）
李　兵（8月免）

·其他单位·

郑州市黄河河务局

局　长　朱松立（3月任）
副局长　申家全　蔡长治　秦金虎
纪检组长　赵书成

郑州银行

董事长　王天宇
行　长　申学清
监事长　范大路
副董事长　张荣顺
副行长　夏　华
乔均安（12月免）
赵丽娟（女）　白效锋
纪委书记　赵麦城
行长助理　孙海刚　郭志彬　张文建
总会计师　毛月珍（女）

（范鹏飞　贾建英　刘　恒）

中国人民解放军郑州警备区

司令员　尚守道　大校
政　委　刘贵新（12月免）　大校
王德山（12月任）　大校
副司令员　韩世联　大校
张义清（12月任）　大校
副政委　苏理明　大校
参谋长　董继锋　大校
政治部主任　王家和　大校
后勤部部长　祁贵云　上校

（马　涛）

中国人民武装警察部队郑州市支队

支队长　李　斌　大校
第一政委　黄保卫
政　委　黄延平　大校
副支队长　张　明（1月免）　上校
刘松林（1月免）　上校
苑志明（12月免）　上校
陈　杰（1月任）上校
副政委　都尚俭（12月免）　上校
参谋长　王弈勇（1月免）　中校
王海军（1月任）上校
政治部主任　陈黎平（1月免）　上校
师现钊（1月任）　上校
后勤部部长　禹云魁　中校

（赵梦溪）

2014年郑州市大事记

1月

1日

△晚7时左右，陇海路跨南水北调桥主体结构成功合龙，这标志着郑州市市区段13座跨南水北调干渠桥梁工程已全部完工。

△根据《河南省深化省直管县体制改革实施意见》，今日起，河南省对巩义实行全面直管。

2-3日

△中国侨联党组副书记、副主席、机关党委书记董中原到郑州市调研基层侨联工作并看望慰问贫困归侨。省委统战部副部长、省侨联党组书记赵太安，省侨联主席董锦燕，市委常委、统战部长王跃华陪同。董中原一行先后到管城区紫荆山南路街道办事处紫光社区和北下街街道办事处代书胡同社区，参观了社区的"侨之家"，详细了解社区侨联工作开展情况。

3日

△郑州市召开援疆工作座谈会。市委副书记、市委秘书长王璋出席会议并讲话。市委常委、常务副市长孙金献主持会议。

4日

△中国共产党郑州市第十届委员会第六次全体（扩大）会议召开。省委常委、市委书记吴天君，市委副书记、市长马懿作重要讲话。会议表决通过了《中国共产党郑州市第十届委员会第六次全体（扩大）会议关于科学推进新型城镇化的决议》。

7日

△《郑州市水生态文明城市建设试点实施方案》通过由水利部黄河水利委员会和省水利厅共同组织的专家审查。市领导王璋、吴忠华等参加审查会。

8日

△全市"坚持依靠群众推进工作落实"长效机制工作现场观摩会在新密召开。会议学习交流新密市推进长效机制经验。市委副书记、市委秘书长王璋出席会议并作总结讲话。

9-10日

△市政协主席李秀奇带领部分市政协委员视察由政协委员捐建的中牟县郑庵镇春辉小学和登封市宣化镇岳窑村小学爱心教学楼建设情况。市政协副主席陈西川、秘书长吴晓君参加活动。

10日

△总投资约130亿元的同洲电子三网融合产业基地、南方报业智能产业园等9个高端项目集中签约入驻高新区。市委常委、市工业经济科技和安全生产工作领导小组组长、统战部长王跃华，副市长马健出席签约仪式。

△郑州市在二七区召开农民工工资清欠工作现场办公会，市委常委、常务副市长孙金献要求各级各部门主动作为，协调联动，依法依规打击处置恶意欠薪行为，切实保障好、维护好农民工合法权益。

11日

△2014全国年货购物节暨郑州精品年货博览会在郑州国际会展中心举行。本届博览会展出面积2万平方米，设立标准摊位1000余个。

13日

△副省长王铁带领省粮食局、畜牧局及食品安全生产办公室负责人莅郑，对食品安全生产工作进行督导检查。副市长吴忠华陪同。王铁一行先后到中粮（郑州）粮油工业有限公司、河南花花牛生物科技有限公司40万吨乳制品项目建设现场、三全食品股份有限公司和雏牧香郑东新区直营店进行察看，并详细听取相关企业负责人关于生产经营情况汇报。

17日

△市委副书记、市委秘书长王璋率考核组对金水区人口计生工作责任、措施、投入"三到位"情况进行考核。

18日

△郑州首家跨境电商平台"万国优品"正式上线。该平台将为国内消费者网购进口商品提供一个合法、保真、低价、快捷的渠道，也将为海外商家提供中国海关总署特批的E贸易跨境零售通关渠道。

21日

△郑州市召开领导干部会议，传达学习贯彻中央党的群众路线教育实践活动第一批总结暨第二批部署电视电话会议和省十二届人大三次会议、省政协十一届二次会议精神。市委书记吴天君要求，全市上下要以贯彻落实中央教育实践活动会议和省"两会"精神为契机，切实做好各项工作，全力加快推进以航空港实验区为统揽的郑州都市区建设。会议由市委副书记、市长马懿主持。

23日

△市委书记吴天君、市长马懿带领市直有关单位负责人督察畅通郑州、棚户区改造和四项重点工作进展情况。他要求，各级各部门要认真落实国务院关于加快棚户区改造的决策部署，把棚户区改造作为新型城镇化的突破口，作为改善群众居住环境和就业环境的重大民生工程，加强领导，加大力度，加快推进新型城镇化建设步伐。

24日

△上午9点35分，在国家会议中心全国股份转让系统挂牌仪式上，来自郑州高新区的12家科技型中小企业成功登陆"新三板"。这是"新三板"由试点到全国放开后的首批挂牌。

27日

△世界上输电规模最大的特高压直流输电工程——新疆哈密至河南郑州800千伏特高压直流输电工程正式竣工投产。该工程线路全长2192公里，年输送电量近500亿千瓦时。这是国家电网第五个特高压工程，也是国家"疆电外送"首个特高压项目。

△市委书记吴天君主持召开全市基层干部座谈会暨党的群众路线教育实践活动征求意见会，听取部分基层干部对市委、市政府工作及开展第二批党的群众路线教育实践活动的意见和建议。市领导王璋、高建慧、郭锝昌、王跃华、张建慧等参加会议。

28日

△中国摄影家协会（以下简称"中摄协"）与市政府共同举办中国国际摄影艺术节暨中国国际摄影艺术展签约仪式。中摄协两大节展正式落户郑州市，2015年首届中国国际摄影艺术节和第16届中国国际摄影艺术展都将在郑州市举办，郑

州也将成为首个同时举办两大节展的城市。中国摄影家协会党组书记、主席王瑶，中国摄影家协会党组成员、副秘书长顾立群等出席签约仪式。副省长张广智，省文联党组书记吴长忠，市委副书记、市长马懿等出席签约仪式。

29日

△市委书记吴天君主持召开市委常委会，传达学习习近平总书记重要批示精神和关于党风廉政建设的系列讲话精神，研究郑州市的贯彻落实工作。市领导马懿、王璋、胡荃、白红战、李秀奇等出席会议。

2月

7日

△郑州市召开生态建设工作动员大会，市委书记吴天君主持会议，市长马懿就生态建设工作进行全面动员部署。

8日

△满载进口高铁列车专用特种钢、汽车精密配件等41节集装箱的郑欧班列抵达郑州，这是郑欧班列开行以来首趟回程列车。

△市委办公厅、市政府办公厅印发《关于坚持依靠群众推进村务公开民主管理工作的实施意见》，为深化开展村务公开民主管理工作、依法依规实施民主监督提供重要遵循。

△郑州市召开重点工作暨招商引资督察推进会议。市委书记吴天君强调，全市上下要深入贯彻落实中央、省委经济工作会议和省委九届六次全会精神，坚持“三大主体”工作格局，全面掀起新年度以航空港经济综合实验区为统揽的郑州都市区各项建设热潮。市领导马懿、胡荃、李公乐、孙金献等出席会议。

9日

△市政府出台“美丽郑州”建设四个文件，即《2014年郑州市城市园林绿化工作实施方案》《郑州市2014年全民义务植树及造林绿化工作方案》《郑州市蓝天工程行动计划实施方案》《郑州市林业生态建设工作实施方案》。

10日

△由河南省推荐的2013“感动中原”年度人物——郑州市建中街社区服务中心98岁医生胡佩兰当选“感动中国”2013年度人物。

△副省长王铁带领省委农办、省农业厅、省林业厅、省农业开发办和省扶贫办等部门负责人，到新郑市好想你枣业股份有限公司进行调研，听取关于园区规划和企业生产经营情况汇报。市领导吴忠华陪同。

11日

△市委、市政府召开航空港实验区工作推进督察会。市委书记吴天君强调，要把思想和行动统一到省委、省政府的决策部署上来，抢抓机遇，全力攻坚，努力推动航空港实验区实现大建设、大发展、大跨越。市领导胡荃、李公乐、孙金献等出席会议。会前，市领导一行实地察看了机场二期建设、寺东孙村改造、红酒交易中心建设情况。

12日

△《投资时报》发布“2013年中国城市财力50强”排行榜，郑州入围榜单第16名。其中，在省会城市20强榜单中，郑州居第7位。

△市委书记吴天君带领市直有关单位负责人督察畅通郑州和市区五项重点工作进展情况。他要求，各级各部门要抢抓机遇，强化措施，坚定不移、有序高效地推进安置房建设，把安置房建设成为民心工程和优质工程，使动迁群众早日搬进新居，共享城市建设发展成果。

△郑州航空港经济综合实验区、郑东新区与酷派集团举行签约仪式。市领导吴天君、马懿等，酷派集团总裁郭德英、副总裁蒋超等出席仪式。

17日

△河南省首例活体捐献眼角膜手术在郑州市第二人民医院成功完成。捐献者耿斌，41岁，因为右眼意外受伤，不得不摘除眼球，他毅然决定捐献眼角膜，使右眼即将失明的王美兰得以重见光明。

△市委书记吴天君带领市直相关部门负责人到经开区、郑东新区调研产业集聚区、特色商业街区建设情况。市委常委、常务副市长孙金献一同调研。

19日

△政协郑州市第十三届委员会第一次会议在省人民会堂开幕。李秀奇代表政协郑州市第十二届委员会常务委员会向大会作工作报告。

△市委书记吴天君在金水区经八路办事处省委社区主持召开党的群众路线教育实践活动征求意见座谈会，听取基层干部和群众代表对开展第二批党的群众路线教育实践活动的意见和建议。市委副书记、市委秘书长王璋参加会议。

20日

△郑州市第十四届人民代表大会第一次会议在省人民会堂开幕。市长马懿作《政府工作报告》。

22日

△郑州市第十四届人民代表大会第一次会议第二次全体会议在省人民会堂举行。市人大常委会主任白红战作市人大常委会工作报告，市中级人民法院院长王新生作市中级人民法院工作报告，市人民检察院检察长杨祖伟作市人民检察院工作报告。

23日

△市政协十三届一次会议第三次全体会议在省人民会堂举行。大会选举王璋为政协郑州市第十三届委员会主席，选举张建国、朱专兴、张冬平、李新有、张民服、崔凡、李玉辉、吴晓君、王顺生、薛景霞为政协郑州市第十三届委员会副主席，选举陈松林为政协郑州市第十三届委员会秘书长，选举于素云等98名同志为政协郑州市第十三届委员会常务委员。

24日

△郑州市第十四届人民代表大会第一次会议举行第三次全体会议和闭幕式。大会依法选举产生了新一届市人大常委会组成人员和“一府两院”领导人员。白红战当选为市十四届人大常委会主任，周长松、舒安娜、赵明恩、赵武安、张学军、王广灿、王贵欣、王铁良、范强当选为市人大常委会副主任，王福松当选为市十四届人大常委会秘书长，马斐颖等40人当选为市十四届人大常委会委员。马懿当选为市人民政府市长，孙金献、薛云伟、张建慧、刘东、马健、吴忠华、张俊峰、杨福平当选为市人民政府副市长。于东辉当选为市中级人民法院院长，刘建国当选为市人民检察院检察长。

25日

△省委书记、省人大常委会主任郭庚茂，省委副书记、省长谢伏瞻带领省委、省政府有关领导到郑州航空港经济综合实验区调研，与有关部门共同研究探讨实验区建设中的重大问题。省领导一行到工地、进厂区、入企业，看项目、谈规划、问进度，召开座谈会，听取省航空港经济综合实验区领导小组和郑州市航空港经济综合实验区领导小组汇报。

27日

△郑州市召开党的群众路线教育实践活动工作会议，学习贯彻习近平总书记和省委书记郭庚茂有关重要讲话精神，对全市党的群众路线教育实践活动进行全面安排部署。省委常委、市委书记吴天君主持会议并作动员讲话。他强调，全市上下要以高度的政治责任感，扎扎实实组织好、开展好、参与好教育实践活动，以党风带政风促民风，为加快推进以航空港实验区为统揽的郑州都市区建设、在全省率先全面建成小康社会、实现“两个初步”目标提供坚强保障。省委第一督导组组长、省政协副主席、党组副书记靳绥东代表省委督导组在会上讲话。市领导马懿、王璋等参加会议。

△省委常委、市委书记吴天君主持召开市委常委（扩大）会议，集中学习习近平总书记和郭庚茂书记在中央、省委第一批教育实践活动总结暨第二批活动部署会议上的讲话精神，要求市级党员领导干部要按照“领导示范、先行一步、以上带下、压茬推

进”的要求，力争学习更透彻、认识更深刻、剖析更到位、整改先一步，确保郑州市的教育实践活动取得实实在在的成效。市领导马懿、王璋等参加会议。

△省委常委、宣传部部长、全省高校党的群众路线教育实践活动领导小组组长赵素萍到郑州大学调研。

28日

△郑州市垃圾综合处理厂垃圾填埋发电项目正式并网发电。该项目是郑州市首座利用沼气发电的新能源项目。郑州市垃圾综合处理厂位于侯寨乡，占地85.33公顷，日处理生活垃圾2000吨左右。

3月

1日

△郑州市第十四届人大常委会第一次会议召开。会议表决并通过了市长马懿作的关于提请王春山等42名同志任职的议案说明，市人大常委会副主任王铁良作的关于提请任命李金鹏等39名市人大常委会工作人员职务的议案说明。

3日

△为期3天的2014首届中法葡萄酒文化节在中国（郑州）国际商品交易中心启幕，来自法国十大葡萄酒产区的上百家葡萄酒庄首次聚首中原。省、市领导赵建才、马懿、王璋、胡荃等出席开幕式。中共中央对外联络部西欧局副局长张建国，法国利布尔讷市市长菲利普，中国副食流通协会会长何继红等出席开幕式。

4日

△省委常委、省纪委书记尹晋华带领相关部门负责人到郑州市，调研经济建设和党风廉政建设情况。市领导吴天君、王璋等陪同。尹晋华一行先后到郑东新区、中牟县、经济技术开发区、航空港经济综合实验区、新郑市、荥阳市和高新区，实地察看国家农业公园、汽车工业园、东风日产总装车间、郑州机场二期工程、格力电器、新型城镇化建设等重点建设项目。

5日

△市委常委、常务副市长孙金献到惠济区调研党的群众路线教育实践活动情况，听取基层党员干部群众意见和建议。

△郑州市总工会十三届六次全委会议举行，市人大常委会副主任张学军当选为郑州市总工会主席。

7日

△市委常委、副市长张建慧率市建委、园林局、城管局、规划局、交警支队、热力公司等单位负责人，实地调研三环快速化地面段工程进展情况，现场协调解决有关问题。

9日

△郑州市召开生态建设现场观摩会。省委常委、市委书记吴天君强调，全市上下要进一步统一思想，找准位置，迅速行动，以生态建设和基础设施建设为带动，全面掀起新型城镇化六个切入点建设热潮，确保完成新型城镇化三年行动计划。市领导王璋、胡荃、王林贺、李公乐、郭锝昌、孙金献等及部分副市级领导参加观摩或出席会议。

10日

△省委常委、市委书记吴天君会见微软集团副总裁、大中华区董事长兼首席执行官贺乐赋以及云和软件公司董事长李少杰一行，双方就深化互联网及云计算在郑州的运用等方面进行深入洽谈，并达成广泛共识。

△微软公司与云和软件公司战略合作暨云和软件公司落户郑州航空港签约仪式在郑举行。这标志着河南“云和软件”成为微软中国首家“区域性首选合作伙伴”。省、市领导张维宁、胡荃、王跃华、马健等出席签约仪式。微软集团副总裁、大中华区董事长兼首席执行官贺乐赋，微软集团中国Windows Azure事业部总经理严治庆，河南云和软件科技有限公司董事长李少杰等出席签约仪式。

11日

△省委常委、市委书记吴天君带领市直有关单位负责人督察畅通郑州、安置房建设和市区五项重点工作进展情况。吴天君一行先后到金水路西延工程、黄河路下穿铁路隧道工程、青少年公园、三环快速化工程、紫荆山路南延工程和陇海快速路工程等重点工程建设现场实地了解进展情况，并现场办公，协调解决项目推进中遇到的困难和问题。市委常委、副市长张建慧，副市长张俊峰一同调研。

12-13日

△郑州市组织市级党员领导干部集体参观焦裕禄纪念园，并在省委党校进行集中学习。省委常委、市委书记吴天君强调，要以焦裕禄为镜子，坚持“六问六带头”，以实际行动树立起党员领导干部“六种形象”。省委第一督导组组长、省政协副主席、党组副书记靳绥东等出席会议。

17日

△郑东新区管委会与中国交通建设集团正式签约，双方将共同开发建设龙湖金融中心内环及沿湖商业设施。市委常委、郑东新区党工委书记、管委会主任李公乐，中国交通建设集团总裁陈奋健，中国房地产开发集团公司董事长兼总经理沈东进等出席签约仪式。

△市委书记吴天君主持召开市委常委会，传达学习贯彻全国“两会”精神和习近平总书记在参加全国人民代表大会安徽代表团审议时的重要讲话精神。市领导马懿、王璋、胡荃、白红战等出席会议。

19-21日

△以国家安监总局副局长徐绍川为组长的国务院安委会督察组一行到郑，对郑州市安全生产工作开展督察。省安监局局长刘宛康，市委常委、统战部部长王跃华，副市长马健陪同。

△国家知识产权局副局长贺化对郑州国家知识产权创意产业试点园区建设情况进行调研。国家知识产权局专利管理司副司长雷筱云、专利审查协作中心河南中心主任胡文辉、省政府副秘书长景照辉、省知识产权局局长郭民生参加调研，副市长马健陪同。

20日

△省委常委、市委书记吴天君，市委副书记、市长马懿带领市直有关单位负责人督察畅通郑州、棚户区安置房建设和市区五项重点工作进展情况，现场协调解决项目推进中遇到的问题。市委常委、副市长张建慧一同调研。

22日

△河南省首家商标工作站在好想你枣业股份有限公司揭牌成立。

△俄罗斯苏霍伊民用飞机公司、中国天利航空科技实业公司、河南欧贝飞机公司、上海圆斐航空科技公司在郑举行“苏霍伊SSJ-100飞机项目”合作签约仪式。根据协议，苏霍伊SSJ-100绿皮飞机交付中心和总装线将落户郑州航空港实验区，这将填补河南省无喷气式飞机整机制造业的空白。郑州市也有望成为继天津、上海之后国内第三个拥有100座级客机总装线的城市。

△市委书记吴天君在金水区蹲点调研网格化管理工作。吴天君一行先后察看了金水区南阳路街道、大石桥街道、经八路街道辖区的市容市貌、老旧社区改造、下沉网格人员以及市、区下派工作队履职情况，并在经八路街道召开座谈会，深入了解网格化管理工作运行情况。

25日

△郑州市召开全市社会稳定暨依靠群众推进工作落实长效机制建设工作会议。市委书记吴天君强调，全市要把深化规范提升坚持依靠群众推进工作落实长效机制建设作为开展教育实践活动、促进作风转变、密切联系群众的重要载体抓手，把群众反映的突出问题作为教育实践活动专项治理内容立改立行，努力营造稳定、有序、和谐的发展环境和群众生活环境。市委副书记、市长马懿主持会议。

26日

△全市党的群众路线教育实践活动学习报告会召开。省委常委、市委书记吴天君作“深入学习贯彻习近平总书记兰考调研重要讲话精神，以焦

裕禄为镜，树好‘六种形象’，推进活动扎实开展”的专题辅导报告。市委副书记、市长马懿主持报告会。

27日

△全市2014年新型城镇化工作推进大会召开。省委常委、市委书记吴天君强调，全市上下要认真贯彻中央和省委城镇化工作会议精神，坚定不移地完成新型城镇化三年行动计划各项任务，为建设以国际化、现代化立体综合交通枢纽为特征的国家中心城市奠定基础。市委副书记、市长马懿主持会议。市领导王璋、白红战等出席会议。

28-29日

△全国人大常委会委员、农业与农村委员会主任委员陈建国带领全国人大农委调研组到郑州，就新农村建设和农业技术推广法实施情况进行调研。市委副书记、郑州航空港经济综合实验区党工委书记胡荃，市人大常委会主任白红战，市人大常委会副主任范强，副市长杨福平等陪同调研。调研组一行先后到郑东新区、郑州航空港实验区、登封市唐庄乡等进行了实地察看。

29日

△市委副书记、市委教育实践活动领导小组副组长王璋到荥阳市部分乡村、执法部门等基层一线，就党的群众路线教育实践活动、长效机制信访稳定工作开展调研督导。

30日

△郑州航空港实验区18个重大项目集中开工仪式在南部片区——兴港科技园项目工地举行。这18个项目总投资达178.6亿元，均为“建设大枢纽、培育大产业、塑造大都市”的关键项目，涉及航空物流、高端制造和现代服务业等主导产业。其中，9个高端制造类项目总投资91.2亿元，涵盖6个智能手机制造项目。

31日

△郑州市在嵩山饭店召开《电子商务发展规划》专家评审会。市领导孙金献、马健及国家电子商务示范城市创建工作咨询委员会组长、清华大学教授、博士生导师柴跃廷等7名专家参加评审会。

△市委书记吴天君主持召开市委常委会，传达学习贯彻省委九届七次全会精神和郭庚茂书记参加第一组讨论时的讲话精神，要求全市上下破除“左旧偏”思想障碍，全面深化改革，争创体制机制新优势，为河南省打造“四个河南”、推进“两项建设”，实现中原崛起、河南振兴、富民强省做出省会城市应有的贡献。市领导马懿、王璋、胡荃、白红战、李公乐等参加会议。

4月

1日

△作为甲午年黄帝故里拜祖大典的重要组成部分，由文化部艺术司、省委宣传部、省文化厅、郑州市政府、河南中华豫剧文化促进会共同主办的“第三届中国豫剧节”在河南艺术中心开幕。十届全国人大常委会副委员长、中华炎黄文化研究会会长许嘉璐，十届全国政协副主席张思卿，文化部副部长丁伟，全国政协经济委员会副主任、中国侨联副主席许荣茂，全国政协提案委员会副主任王国卿等出席开幕式。省领导郭庚茂、叶冬松、刘春良、尹晋华、赵素萍等与参加甲午年黄帝故里拜祖大典的嘉宾一起出席开幕式并观看演出。

2日

△甲午年黄帝故里拜祖大典在河南新郑市举行，来自海内外24个国家和地区的炎黄子孙共7000人，共同祭拜中华民族的人文始祖轩辕黄帝。中华全国归国华侨联合会会长林军宣布大典开始，十届全国人大常委会副委员长、中华炎黄文化研究会会长许嘉璐担任主拜人。河南省政协主席叶冬松代表河南省致欢迎词。全国政协副主席马飚，十届全国人大常委会副委员长许嘉璐，河南省委书记、省人大常委会主任郭庚茂，省委副书记、省长谢伏瞻出席拜祖大典。

△省委常委、市委书记吴天君，市委副书记、市长马懿带领市直有关单位负责人调研督察畅通郑州和市区五项重点工作进展情况。市委常委、副市长张建慧，副市长张俊峰一同调研。

3日

△为期两天的第九届中国中小企业电子商务大会暨2014中国（河南）跨境贸易电子商务峰会在郑州国际会展中心启幕。本届大会由省政府主办，围绕“大变革——跨境电商新时代”主题，谷歌全球副总裁、大中华区总裁石博盟，当当网联合创始人李国庆，敦煌网CEO王树彤，eBay大中华区CFO桂镭等近20位电商高层分别发表演讲，展开互动交流。副省长赵建才出席开幕式并致欢迎辞。

4日

△市委、市政府在经开区召开郑州国际陆港建设工作督察会议。市委书记吴天君强调，各级各部门要统一思想，提高站位，围绕依托大枢纽、大物流建设大都市的目标，全面掀起郑州国际陆港建设高潮，为加快郑州航空港经济综合实验区建设、推动中原经济区和郑州都市区发展提供强有力的支撑。市委副书记、市长马懿，郑州海关副关长丁吉豹，河南出入境检验检疫局副局长李峰，郑州铁路局副局长陆彦彬，省物资集团董事长赵文明，省口岸办副主任宋林出席会议。

9日

△中共中央政治局委员、国务院副总理刘延东在郑州接见“践行焦裕禄精神的好校长”张伟同志的家属。刘延东强调，要认真贯彻落实习近平总书记在兰考调研时的重要讲话精神，紧密结合开展第二批党的群众路线教育实践活动，深入开展向张伟同志学习活动，以先进典型引领教师队伍建设，努力办好人民满意的教育。

10日

△全市非公有制经济人士理想信念教育实践活动推进现场会在市工商联钢铁贸易商会举行，市领导王跃华、薛景霞出席会议。

△省委书记、省人大常委会主任郭庚茂带领全省重点项目暨产业集聚区建设第一观摩组到郑，考察郑州市重大项目和产业集聚区建设工作。省委常委、省委秘书长、省人大常委会副主任刘春良，省委常委、郑州市委书记吴天君，省委常委、洛阳市委书记陈雪枫，省人大常委会副主任蒋笃运，副省长张维宁，省政协副主席钱国玉等参加观摩活动。观摩组一行先后到经开区、郑东新区，考察了东风日产郑州工厂、东风日产发动机工厂、宇通节能与新能源客车生产基地、精益达经开区新基地、跨境贸易电子商务服务试点、郑州东站特色商务区等项目。

11日

△由中国摄影家协会、河南省文联、郑州市委宣传部共同举办的“徐大庆摄影作品展·亦幻”在中国美术馆开幕。中国文联党组成员、副主席李前光，中国摄影家协会主席王瑶，河南省委副秘书长王国振，郑州市委常委、宣传部部长王哲等出席开幕式并观看展览。

12日

△由人民网、《中国旅游报》、中华文化促进会旅游文化研究中心、凤凰卫视欧洲台、美洲台联办的第二届中国文化旅游品牌建设与发展峰会在京举行。会上，主办方面向全球发布“影响世界的中国文化旅游知名品牌”。郑州黄河生态旅游成功入选“影响世界的中国文化旅游名景”，成为郑州市唯一获此殊荣的景区；该景区党工委书记、管委会主任雒国栋当选影响世界的“中国文化旅游名人”。

14日

△市委书记吴天君主持召开市委常委（扩大）会议，传达学习全省产业集聚区建设工作会议精神，研究郑州市贯彻落实意见。市领导马懿、王璋、胡荃、白红战等参加会议。

14-17日

△由民政部副部长窦玉沛任组长的国务院消防工作第二考核组一行8人到郑，对2013年度省、市消防工作进行检查考评。市长马懿、副市长吴忠华陪同考核或参加座谈。考核组一行

先后到市消防支队特勤大队、金水大队、丰产路街道普罗旺世社区、郑州四十七中等地进行察看，听取了市政府消防工作情况汇报。

14-18日

△由省政协副主席、党组副书记靳绥东任组长的省委第一督导组莅临郑州，督察指导郑州市党的群众路线教育实践活动开展情况。市委副书记、郑州航空港经济综合实验区党工委书记胡荃，市委常委、组织部部长高建慧等陪同督导或参加座谈。

16日

△中国科协党组成员、书记处书记徐延豪率领部分省市科协负责人到郑州，专题考察郑州市社区科普大学建设情况。省科协主席霍金华、市人大常委会副主任舒安娜陪同。

△国家人力资源和社会保障部副部长王晓初到郑州，调研职业技能培训工作。省人力资源和社会保障厅厅长杨盛道，市委常委、常务副市长孙金献陪同。

△郑州市组织召开“新三板”挂牌业务培训会。市委常委、常务副市长孙金献要求，以此次培训为契机，推动中小企业多层次对接资本市场，在重点企业、重点环节上实现新突破。

17日

△全市产业集聚区暨重点项目建设观摩讲评会召开。市领导吴天君、马懿、王璋、胡荃、白红战等出席会议或参加观摩活动。

19日

△2014年郑州市产业集聚区企业与高校毕业生岗位对接洽谈活动正式启幕。市委常委、常务副市长孙金献出席活动。

△郑州市服务外包协会正式宣告成立。郑州市也是全省首家成立服务外包协会的省辖市。

△市委副书记、市政协主席王璋到上街区调研。市委常委、郑州警备区政委刘贵新一同调研。

21日

△市委书记吴天君到教育实践活动联系点新郑市调研教育实践活动开展工作，督察“三化”协调发展规划建设工作。吴天君一行先后察看了雪花啤酒年产100万吨项目、S102廊道建设、中国国际红枣综合产业园项目、郑州华商汇项目规划等建设情况，听取了新郑市党的群众路线教育实践活动进展情况和“三化”协调发展建设推进情况汇报。

22日

△在全市金融支持小微企业工作推进会上，市政府金融办和国泰君安创新投资有限公司签署小微企业创业投资基金合作框架协议，标志着国内首只定位于服务小微企业发展的创业基金正式启动。市领导孙金献、王跃华出席会议。

△中牟县人民法院挂牌成立河南省首家环境保护审判法庭。

23日

△市委十届八次全体（扩大）会议召开。全会审议通过了《中共郑州市委关于全面深化改革的实施意见》。

24日

△全国侵权盗版及非法出版物集中销毁活动河南分会场销毁活动在郑州市科技馆广场举行。省委常委、宣传部部长赵素萍，市委常委、宣传部部长王哲等参加活动。

△郑州市党的群众路线教育实践活动考察团到新乡学习基层党建先进典型经验。省委常委、市委书记吴天君要求，要以焦裕禄为镜，以先进典型为镜，分层级查找问题，扎实推进党的群众路线教育实践活动。市领导王璋、高建慧、王哲等参加考察。

△桂林市委书记、市人大常委会主任赵乐秦带领桂林市党政考察团一行到郑州考察。省委常委、市委书记吴天君陪同考察。

25-26日

△郑州市组织四大班子党员领导干部在市委党校开展集中学习。市委书记吴天君强调，要认真落实习近平总书记提出的“三严三实”要求，发挥领导带头作用，以上率下，确保郑州市教育实践活动取得实效，走在全省前列。马懿、王璋、胡荃、白红战等以及在郑的其他市四大班子党员领导干部参加活动。

28日

△市政府与中国南车股份有限公司举行战略合作协议签约仪式，拉开了共同建设郑州南车轨道交通装备造修基地帷幕。市委书记吴天君、市长马懿，南车股份有限公司董事长郑昌泓等出席仪式。

△市委书记吴天君带领市直有关部门负责人督察三环快速化工程。市委常委、副市长张建慧等一同调研。

29日

△市委常委、常务副市长孙金献带领市直相关部门负责人，调研郑州市行政审批“两集中、两到位”改革工作。

△市委、市政府在经开区召开国际陆港建设和E贸易试点工作督察会议。市委书记吴天君强调，各级各部门要认真贯彻落实郑欧班列和跨境贸易电子商务服务试点工作省长办公会精神，全面加快推进国际陆港建设和E贸易试点工作，为加快郑州航空港经济综合实验区建设、推动中原经济区和郑州都市区发展提供强有力支撑。市委副书记、市长马懿等出席会议。

30日

△市委书记吴天君带领市直有关单位负责人调研督察航空港实验区建设工作。市领导胡荃、张建慧、张延明等一同调研。市领导一行察看了实验区北部片区、正弘中央公园、豫发锦荣悦汇城、天宇手机、郑港十路中央生态公园等项目建设情况。

△河南省首家本地化综合性服务及大型购物平台——114商城正式上线公测。该平台完成公测正式运营后，标志着郑州人将真正拥有本地化电子商城，网购将会更加安全、便捷。

5月

4日

△郑州市召开重点工作督察推进会议。省委常委、市委书记吴天君强调，全市上下要在以航空港实验区为统揽、以“三大主体”工作为主导的郑州都市区建设大局中找准位置，以重点突破带动全局，确保高质量完成三年行动计划，为郑州长远可持续发展奠定更加扎实的基础。市委副书记、市长马懿主持会议，市领导王璋、白红战等出席会议。

5日

△市委副书记、郑州航空港经济综合实验区党工委书记胡荃会见世界著名航空经济专家约翰·卡萨达教授。

△郑州航空港经济综合实验区智能终端（手机）专题对接活动在郑州举行。省委常委、常务副省长李克，省委常委、郑州市委书记吴天君，副省长张维宁以及正威国际集团董事局主席王文银、深圳市手机行业协会会长孙文平等来自深圳268家手机生产及配套骨干企业的企业家和高管参加了活动。

6日

△以“爱上郑州”为主题的微电影国际大师中原行活动在郑州电视台正式启动。市委常委、宣传部部长王哲，副市长刘东等参加启动仪式。本次微电影拍摄班底阵容强大，来自美国的导演马蒂亚·维新蒂尼、来自意大利的导演阿尔贝托·古迪西堪称大师级实力导演。

7日

△以全国人大常委会副秘书长何晔晖为组长的调研组一行到郑州，就郑州市人大代表资格审查工作、人大代表选举工作、人大常委会“双联”工作情况开展专题调研。市人大常委会主任白红战就郑州市人大代表工作情况进行汇报。

△市委书记吴天君带领市直有关单位负责人到中原区调研教育实践活动和重点工作推进情况。他要求，中原区要以党的群众路线教育实践活动为契机，以全域城镇化为主线，坚持既定目标定位，加大工作力度，全力打造郑州市中心城区西部核心区。

8日

△市政府召开党的群众路线教育实践活动征求意见暨群众评价会，

听取和征求离退休老干部代表、人大代表、部分县（市）区及市直单位负责人、基层代表对市政府及市政府办公厅领导班子的意见和建议。市委常委、常务副市长孙金献出席会议。

9日

△省委常委、市委书记吴天君到中牟县、管城区调研党的群众路线教育实践活动开展情况和重点工作推进情况。副市长马健一同调研。

△省政协副主席靳绥东、龚立群率领省政协专题调研组，就“深化教育体制改革，建立职业教育体系，为河南经济社会发展提供高技能型人才”这一主题到郑州调研。市委副书记、市政协主席王璋，副市长刘东等陪同。

△民盟河南省委、民盟郑州市委在新郑市举行“薛店镇民盟烛光小学”落成捐赠公益活动，对该校在教师培训、改善办学条件、扶贫助困等方面给予帮扶。省人大常委会副主任、民盟河南省委主委储亚平，市政协副主席、民盟郑州市委主委朱专兴参加活动。

9—10日

△中共中央总书记、国家主席、中央军委主席习近平在河南考察。他强调，要坚持稳中求进工作总基调，继续处理好稳增长、促改革、调结构、惠民生、防风险的关系，深化改革，发挥优势，创新思路，统筹兼顾，确保经济持续健康发展和社会和谐稳定。王沪宁、赵乐际、栗战书和中央有关部门负责同志陪同考察。习近平在河南省委书记郭庚茂、省长谢伏瞻陪同下，到开封、郑州等地，深入乡村、企业、保税物流中心、国际陆港，考察调研经济社会发展和基层党的群众路线教育实践活动情况。他在郑州先后考察了郑州市跨境贸易电子商务服务试点项目、郑州国际陆港、中铁工程装备集团有限公司，看展板，听介绍，进车间，详细询问有关情况。

10日

△市人大常委会主任白红战到新密市，就产业集聚区建设和工业转型升级情况进行调研。调研组一行先后到郑州康宁特环保装备科技有限公司和郑州振东科技有限公司，实地调研并听取相关工作汇报。

△“古稀新声”张海书法展在河南博物院开幕。中国书法家协会主席张海创作的50余件书法精品与广大观众见面。十一届全国政协副主席陈宗兴，中国文联党组书记、副主席赵实，文化部副部长董伟，全国政协人口资源环境委员会副主任吴双战，人力资源和社会保障部副部长杨士秋等出席开幕式。

12日

△市委副书记、市长马懿主持召开全市重大招商引资项目统筹协调推进工作领导小组会议。会议集中解决一批重点工业项目推进中存在的突出问题，确保一批重点工业项目顺利实施，发挥好工业投资对全市经济“稳增长、调结构”的拉动作用，为下一步工业经济增长奠定基础。市领导孙金献、王跃华等出席会议。

14日

△市委副书记、市长马懿到他联系的新密市岳村镇，听取基层群众意见、建议，对郑州市群众路线教育实践活动开展情况进行调研。马懿一行先后到岳村镇机关、马沟村开元生态农业合作社种植基地、五星社区、郑州振东科技有限公司进行了察看。

△由省商务厅与谷歌公司共建的Google Adwords河南体验中心在郑揭牌。这是谷歌公司在我国成立的首家Adwords体验中心，也是该厅与谷歌核心合作伙伴——郑州悉知信息技术有限公司联合打造的中国中部企业国际贸易电子商务服务基地。

15日

△郑州市召开深化医药卫生体制改革电视电话会议，贯彻落实全省深化医药卫生体制改革工作电视电话会议精神，总结郑州市医改工作，安排部署2014年医改工作。市委常委、常务副市长孙金献，副市长刘东出席会议。

△市政府向社会公布《郑州市新型城镇化建设中历史文化遗存保护整改工作实施方案》《郑州市2014年企业服务工作实施方案》。

△全市党的群众路线教育实践活动群众评价工作会议召开，邀请干部群众对市委、市人大、市政府、市政协领导班子教育实践活动“学习教育、听取意见”第一环节开展情况进行评价。省政协副主席、党组副书记、省委第一督导组组长靳绥东，省人大常委会民族侨务外事工作委员会副主任、省委第一督导组副组长王流章出席会议。市委书记吴天君主持会议。市领导马懿、王璋、白红战等及在郑的副市级党员领导干部等出席会议。

16日

△11点36分，22222次货运列车缓缓驶上郑焦城际铁路黄河大桥，标志着服役了54年的京广铁路黄河大桥功成身退，郑焦城际铁路黄河大桥正式启用。

△郑州航空港经济综合实验区与酷派集团13家核心供应商举行项目集中签约仪式。市领导马懿、张延明等出席签约仪式。酷派集团常务副总裁李旺等出席仪式。

△郑州慈善总会第三届理事会第二次会议举行。会议选举姚待献为新一届郑州慈善总会会长，补选吴忠华为慈善总会名誉会长。

17日

△河南省2014年科技周暨第一届大学生机器人竞赛在郑州大学启动。省市领导徐济超、马健等出席启动仪式。

△由解放军信息工程大学牵头，联合政府主管部门、高校、科研院所及企业，共8家单位参与的“智慧中原地理信息技术河南省协同创新中心”在郑揭牌。由中国工程院院士王家耀率领的团队，将推进地理信息技术在全省农业、物流、交通、家居等各个领域的技术应用。

19—20日

△由中宣部版权局副巡视员张凡带队的全国扫黄办督导检查组，对郑州市2014年“净网”“清源”“秋风”三大专项行动情况进行督察。市委常委、宣传部部长王哲陪同。督导组分别到印刷厂、机场海关、邮政投递、物流中心、图书城等地进行了重点检查。

20日

△市政府印发《郑州市道路交通安全三年综合整治实施方案》。

21日

△淘宝网“特色中国·河南馆”线下开馆仪式在郑州国际会展中心举行。此举是河南省对农产品电子商务化的全新探索。该项目开馆后，不仅打通了网络销售渠道，还将实现线上线下互动，把原本只在河南销售的名优特产品通过网络推向全国各地。副省长张广智，省商务厅副厅长张雷明，市委常委、统战部部长王跃华，阿里巴巴集团副总裁叶朋等出席开馆仪式。

△市十四届人大常委会法律咨询委员会成立大会举行。经郑州市第十四届人民代表大会常务委员会第三次主任会议通过，聘任张春生等38位同志为郑州市人大常委会法律咨询委员会委员。

22日

△由国家人社部、教育部、全国总工会、全国工商联四部门联合举办，河南省人社厅、郑州市政府承办的“2014年全国民营企业招聘周”活动启动仪式在郑州大学启幕，来自各地的700余家用人企业提供2.3万个就业岗位。国家人力资源和社会保障部副部长、党组成员信长星，全国总工会副主席、书记处书记焦开河，全国工商联副主席谢经荣，教育部高校学生司司长王建国出席仪式。副省长王艳玲，市委常委、常务副市长孙金献出席仪式。

24日

△农工党河南省委在郑州市举行“坚持和发展中国特色社会主义学习实践活动巡回演讲”首场演讲。省政协副主席、农工党省委主委高体健，市委常委、统战部部长王跃华，市政

协副主席、农工党市委主委李新有等出席。

26日

△中国民办教育博物馆在黄河科技学院正式开馆，这也是我国首个全方位、全过程反映中国民办教育发展史的博物馆。全国人大常委会委员、全国人大教科文卫委员会副主任委员、民进中央副主席、中国民办教育协会会长王佐书，河南省政协副主席龚立群，省教育厅厅长朱清孟，郑州市人大常委会副主任范强等出席开馆仪式。

27日

△市政府与国际民航组织、中国民用航空局国际合作服务中心在郑举行关于“国际民航组织航空货运发展论坛安排的协议”签约仪式。市委副书记、市长马懿，国际民航组织行政服务局局长柳芳，中国民用航空局国际合作服务中心主任孟庆芬等出席签约仪式。

△市委书记吴天君到惠济区调研党的群众路线教育实践活动开展情况和重点工作推进情况。市委常委、郑州警备区政委刘贵新一同调研。

△国防大学副校长王永生率领第44期国防大学研究班学员莅郑考察指导工作。省委常委、市委书记吴天君，省政协副主席靳绥东，市委副书记、市政协主席、市委秘书长王璋，市委常委、郑州警备区政委刘贵新，市委常委、副市长张建慧，郑州警备区司令员尚守道等参加活动。

△郑州市召开全市改善农村人居环境工作现场会，贯彻落实中央、省委改善农村人居环境工作会议精神，对全市改善农村人居环境工作进行安排部署。市领导王璋、杨福平出席会议。

28日

△全市质量工作暨创建全国质量强市示范城市动员大会召开，郑州市争创全国质量强市示范城市活动全面启动。市委常委、统战部部长王跃华，副市长马健参加会议。

△市委副书记、市长马懿带领市直相关部门负责人到新郑市，实地检查指导“三夏”生产。副市长杨福平、市政协副主席李新有等一同调研。马懿一行先后到新郑市辛店镇供销社农资门市部、中石化辛店镇加油站、城关乡官刘庄小麦高产万亩示范方、沟张村为民农机合作社、和庄镇国家粮食储备库仓库、新郑市现代高新农业集聚区和新郑红枣综合产业园进行了察看。

30日

△市委副书记、市政协主席王璋到登封市村镇社区、项目现场，调研教育实践活动、长效机制建设及驻村帮扶工作。市政协副主席张建国等参加调研。王璋一行实地察看了宣化镇岳窑村养殖场、岳窑村小学及建设中的排污灌溉、生态湿地工程建设情况，详细了解白沙水库抗旱应急供水工程运行、蓄水及调度运行情况。

△郑州市召开对外开放、服务业发展暨食品安全工作会议，市委副书记、市长马懿出席会议并讲话。市领导薛云伟、马健等出席会议。

△市委副书记、市长马懿在市政府会见以美国亚美迪集团创始人、总裁拉希姆·亚美迪为代表的美国客人一行。市领导王跃华、马健等参加会见。

△郑州市召开棚户区改造工作推进会，贯彻落实国家、省新型城镇化工作会议精神和加快棚户区改造工作意见，安排部署全市棚户区改造工作。省委常委、市委书记吴天君主持会议并讲话，市委副书记、市长马懿就全市棚户区改造工作进行全面部署。市领导胡荃、白红战等及部分副市级领导参加观摩或出席会议。

6月

1日

△郑州首个国际女子网球职业赛收拍。本次比赛由国际网联（ITF）授权，中国网球协会和河南省体育局主办，中原网球训练基地管理中心承办，设女子单打和双打两个项目，共吸引了来自13个国家和地区的80余名球员参赛。

4日

△郑州仲裁委员会召开换届大会并举行四届一次全体会议。市委常委、常务副市长孙金献要求新一届仲裁委员会以队伍建设为前提、业务建设为核心、作风建设为保障，不断开创仲裁工作新局面，努力为全市经济社会健康快速发展提供有力保障。副市长吴忠华主持会议。

△由阿里巴巴集团、市商务局、二七区政府主办，河南网商园、万堂书院郑州站承办的中原电商高峰论坛在郑举行。

△省政协主席叶冬松率领省政协常委视察团专题调研郑州市电子商务产业发展情况。省政协副主席邓永俭、梁静和省政协秘书长郭俊民等参加调研活动。省委常委、市委书记吴天君，市委副书记、市政协主席、市委秘书长王璋陪同调研。视察团一行先后到二七区河南网商园、高新区河南省电子商务产业园、中国中部国际贸易电子商务服务基地进行了调研。

5日

△省委书记、省人大常委会主任郭庚茂率领省直有关部门负责人到郑州市中牟县，就“三农”工作进行调研。省委副书记邓凯，副省长王铁一同调研。省委常委、市委书记吴天君，市委副书记、市政协主席王璋等陪同调研。郭庚茂一行实地察看了中牟·国家农业生态公园农业嘉年华主题馆、郑州市龙祥现代水产科技示范园、乐活园艺馆、富士康太阳能生物工厂和未来农业馆，详细了解入园企业发展情况。

△市人大常委会主任白红战到荥阳，专题调研产业集聚区重点项目建设情况。白红战一行先后到五洲国际工业博览城项目、四川兴事发门业有限责任公司、中国（郑州）国际工程机械产业园项目等地进行了察看。

△郑州市召开深入推进全民技能振兴工程暨2014年高校毕业生就业创业工作会议。市委常委、常务副市长孙金献要求各级各部门协调联动、综合发力，着力构建优质、便捷、高效的就业创业服务体系，努力为郑州都市区建设提供坚强的人力资源支撑。

5–6日

△中国计生协计划生育基层群众自治工作现场会暨计生群众自治示范县项目培训班在郑州召开。国家卫计委副主任王培安，中国计生协常务副会长杨玉学、副会长勾清明，副省长王艳玲，副市长刘东出席会议。

6日

△郑州市“三城联创”暨城市管理提升工作动员会召开，安排部署“三城联创”复查迎检和城市管理提升工作，动员全市上下进一步统一思想，坚定信心，确保“三城联创”取得圆满成功。省委常委、市委书记吴天君，市委副书记、市政协主席王璋，市委常委、常务副市长孙金献等出席会议。

△由国家统计局中国经济景气监测中心承担的全国首个公共交通贡献评价研究报告在郑发布，首次将公共交通对一个城市经济社会发展的各种贡献进行了具体测算。

△“中原崛起新机遇·豫港合作新商机——香港工商界投资说明会暨项目签约仪式”在香港会议展览中心举行，郑州市9个项目签约105.4亿美元，占全省总额的66.4%。市委副书记、市长马懿，市委副书记、郑州航空港经济综合实验区党工委书记胡荃等出席相关活动。

7日

△“2014中国研究型医院高峰论坛”在郑州举行。国家卫计委副主任刘谦、解放军总后勤部副部长秦银河、副省长王艳玲、副市长刘东等出席。

9日

△市长马懿主持召开市政府第六次常务会议，通过了《郑州市大气污染防治工作实施方案（2014–2018）》。

△市委副书记、市长马懿在郑会见绿地集团董事长、总裁张玉良一行，双方就进一步加强沟通、深化合作达成广泛共识。市领导孙金献、张

建慧等参加会见。

△市委书记吴天君带领市直有关单位负责人到河南保税物流中心调研跨境贸易电子商务服务试点工作。市委常委、副市长薛云伟一同调研。

△中牟汽车产业集聚区郑州日产、郑州泰新汽车零部件联合研发中心等16个项目集中开工。项目总投资约43亿元，占地约50.33公顷，建筑面积约80万平方米。市委常委、统战部部长王跃华出席开工仪式。

10日

△市委副书记、市政协主席王璋到二七区调研棚户区改造项目建设情况，实地察看了五里堡街道王立砦项目建设现场，详细了解河医片区等棚户区重点项目的建设情况。

△郑州市召开创建国家森林城市迎检动员大会。市领导王林贺、张俊峰等出席会议。

11日

△市委书记吴天君带领市直有关部门负责人到经开区调研郑欧班列运营情况和郑州国际陆港建设情况。

12日

△中原区政府与郑州发展投资集团签署战略合作框架协议。此举标志着郑州市在探索政府主导土地收储、统筹土地前期开发、实现土地效益最大化方面迈出坚实步伐。

13日

△郑州市召开政治体制改革和党的建设领导小组工作会，全面听取各责任单位推进深化改革工作进展情况，对下一阶段的工作进行安排部署。市领导王璋、高建慧等出席会议。

△受市长马懿委托，市委常委、常务副市长孙金献主持召开市政府第七次常务会议，通过了《郑州市人民政府关于进一步做好全市最低生活保障工作的意见》。

10–12日

△吴天君带领市直有关部门负责人到驻郑高校、科研院所和科技企业调研郑州市科技创新工作，并召开座谈会，研究部署创新型城市建设工作。市领导孙金献、王跃华等参加调研或出席会议。吴天君一行先后察看了郑州信大捷安股份有限公司、中国电子科技集团第27研究所、郑州安图绿科生物工程有限公司、中原工学院科技园区、郑州大学等16个高校、科研机构和高新技术企业，帮助科研单位和企业解决发展中遇到的实际问题，就郑州推进创新型城市建设征求意见和建议。

14日

△郑西高铁荥阳南站获国家铁路总公司升级更名批复，正式命名为“郑州西站”。

15日

△全国政协常委、民建中央副主席周汉民一行到郑州，调研郑州航空港经济综合实验区和南水北调中线工程建设情况。省政协副主席、民建省委主委龚立群，市政协副主席张建国等陪同。周汉民一行实地考察了机场二期工程施工现场、综合保税区申报大厅、航空港区南水北调中线工程施工现场、河南保税物流中心等地。

17日

△郑州市“单独二孩”生育证公开发放仪式在金水区举行，标志着郑州市‘单独二孩’生育证发放工作全面展开。

△省人大常委会副主任储亚平带领部分省人大常委会组成人员和省人大代表到郑州，就郑州市贯彻实施大气污染防治法律法规情况及大气环境总体情况进行执法检查和调研。市人大常委会主任白红战、副主任赵武安等陪同检查和调研。

17–18日

△市委常委班子召开党的群众路线教育实践活动专题民主生活会，深入贯彻习近平总书记兰考重要讲话精神，聚焦“四风”，认真开展批评和自我批评。省委第一督导组组长、省政协副主席、党组副书记靳绥东全程参加并对会议召开情况进行了点评。省委常委、市委书记吴天君主持会议。市领导马懿、王璋、胡荃等参加民主生活会。

18日

△部分驻豫全国人大代表组成调研组，就郑州市城镇化进程中城乡历史文化的保护与传承进行专题调研。省人大常委会副主任张大卫，市人大常委会主任白红战等参加调研。调研组一行先后到郑韩故城、车马坑景区、苑陵故城、郑州新郑综合保税区、机场二期工程、荥阳汉霸二王城、刘禹锡公园、李商隐公园等地，详细了解郑州市城乡历史文化的保护和传承等情况。

19日

△省委常委、宣传部部长，省委网络安全和信息化领导小组办公室主任赵素萍到郑州，就互联网建设管理工作进行调研。市委常委、宣传部部长王哲陪同调研。

△副省长李亚，省长助理、省公安厅厅长王小洪带领市相关部门负责人，对郑州市道路交通安全综合整治情况进行视察。李亚一行先后到郑汴物流通道及郑开大道郑汴交界处，实地察看了道路交通安全基础设施以及存在的安全隐患。

20日

△市工商局分级管理工作会议召开，市委常委、副市长薛云伟代表郑州市与省工商局签署了郑州市工商系统干部档案等相关资料移交协议。即日起，省工商局将结束对市局的垂直管理，全市工商系统近4000名干部职工回归地方。

21日

△中国基础教育质量监测协同创新中心和市教育局联合发布2013年郑州市义务教育质量健康指数，这也是郑州市第一次公布教育“体检”报告。

△省委常委、市委书记吴天君会见大韩航空公司董事长赵亮镐一行，双方就深化拓展航空领域合作进行了深入洽谈，达成了广泛共识。市领导胡荃、薛云伟参加会见。

22日

△世界遗产大会在多哈召开，继2010年“天地之中”历史建筑群成功申遗后，大运河通济渠郑州段作为中国大运河的一段重要河道，也成为郑州的又一处世界文化遗产。

24日

△市委书记吴天君，市委副书记、市长马懿带领市直有关单位负责人，调研畅通郑州重点工程并召开畅通郑州工程推进会，要求全市上下要充分认识加快畅通郑州工程建设的重要性和紧迫性，全面掀起畅通郑州工程建设会战，确保畅通郑州三年行动计划目标实现，给人民群众创造一个便捷安全的出行环境。市领导孙金献、张建慧等参加调研或出席会议。吴天君一行实地察看了陇海快速路、三环快速化和南三环东延、支线路网工程经开北路、中州大道下穿隧道工程、金水路下穿隧道、京广快速路二期等工程建设情况。

24–25日

△十届全国人大常委会副委员长、中国关工委主任顾秀莲莅郑考察关心下一代工作先进典型。省关工委常务副主任、秘书长张德广，省关工委常务副主任吴全智，市领导高建慧等陪同考察。

25日

△中原证券（为避免重名，在香港更名为中州证券）在香港联交所成功上市，成为在香港上市的第4家中资券商、第一家省域性券商，也是河南省、郑州市第一家金融上市企业。

26日

△6点，三环快速公交主线B3路从南三环大学路、中州大道郑汴路同时发车，B3路（区间）从南三环大学路、中州大道黄河路同时发车，郑州正式开启双环快速公交时代，同时也是全国首个建双环线快速公交的城市。当天还有13条快速公交支线同时通车。

△中国郑州航空港国际大宗商品供应链产业园正式开园。该园区是河南省首家大宗商品贸易主题园区。

△郑州市召开电视电话会议，安排部署存量闲置建设用地集中清理处置工作。市委常委、常务副市长孙金献要求各级各部门协调联动，合力攻

坚，确保存量闲置建设用地“三年清零”目标圆满完成，为郑州经济社会可持续发展提供有力支撑。

27日

△郑州市第十四届人大常委会第三次会议闭幕，表决通过了《郑州市大气污染防治条例》，市政府关于《郑州都市区总体规划（2012-2030年）》《郑州都市区综合交通规划（2012-2030年）》《郑州都市区生态水系全面提升工程规划》《郑州市中心城区总体城市设计》编制成果情况的报告；会议表决通过了市人大常委会关于接受张建慧同志辞去郑州市人民政府副市长职务的决定；会议表决通过了人大常委会关于郑州市与苏州市缔结友好城市的决定。

△15时30分，一架满载欧洲商品的波音747-8F全货机平稳降落在新郑国际机场，标志着“郑州—卢森堡”国际货运航线正式开通，横贯中欧的货运“空中丝绸之路”成功开启。

△郑州市首家出租汽车综合服务区——长江路出租汽车综合服务区正式启用，标志着郑州市出租汽车综合服务区建设全面铺开。

29日

△郑州市民公共文化服务区核心区首个安置房项目——大李—西岗棚户区改造安置房项目举行开工仪式。

30日

△市委、市政府召开棚户区改造及安置房建设现场观摩会，动员全市上下围绕落实党的群众路线教育实践活动整改措施，集中力量加快推进棚户区改造和安置房建设，确保各项任务落到实处、各项建设有序推进。市委书记吴天君主持会议并讲话。市领导马懿、胡荃、白红战等及部分副市级领导参加观摩或出席会议。

7月

1日

△今日起，郑州铁路局实行新的列车运行图，普客2191/94次停运。至此，郑州铁路局图定列车中将不再有跨局绿皮车。

△以水利部部长陈雷为组长、人力资源和社会保障部副部长信长星为副组长的国务院第七督察组莅临郑州，分组实地督促检查郑州市贯彻国务院稳增长、促改革、调结构、惠民生各项政策措施落实情况。市委副书记、市长马懿，市委副书记、郑州航空港经济综合实验区党工委书记胡荃，市委常委、常务副市长孙金献等陪同检查。

2日

△市委书记吴天君到郑东新区，实地调研金融产业、电子商务业发展及重点城建项目建设情况。市委常委、郑东新区党工委书记、管委会主任张建慧参加调研。

3日

△10点58分，南水北调中线一期工程黄河以南段总干渠充水试验正式开始。

7日

△市委副书记、市长马懿主持召开国际陆港规划建设和跨境贸易电子商务试点工作会，听取相关情况汇报，协调解决项目推进过程中遇到的困难和问题。市委常委、常务副市长孙金献，市委常委、副市长薛云伟等参加会议。

8日

△省委书记、省人大常委会主任郭庚茂，省委副书记、省长谢伏瞻等到郑州航空港经济综合实验区调研。郭庚茂、谢伏瞻等先后考察了郑州市跨境贸易电子商务中大门1号店、郑州新郑国际机场二期工程施工现场、郑州市南四环至郑州南站城郊铁路工程、实验区三大片区规划建设情况、国际大宗商品交易中心、台湾科技园创维手机项目、河南中原华夏珠宝有限公司。随后召开座谈会，听取了省航空港经济综合实验区领导小组、郑州市航空港经济综合实验区领导小组和郑州新郑国际机场管理有限公司的汇报。

8-11日

△民政部副部长顾朝曦、国家信访局副局长赵晓光带领国务院《信访条例》执法检查组莅临郑州市检查指导工作。市委副书记、市长马懿会见检查组一行。省委副秘书长、省信访局局长蒋美兰，省民政厅厅长冯昕，省信访局副局长李全胜，副市长吴忠华等陪同检查。

9日

△市委书记吴天君带领市直有关单位负责人到新郑市检查党的群众路线教育实践活动县级班子专题民主生活会后整改工作的落实情况。市领导张建慧、张俊峰、杨福平等参加调研。

10日

△市委书记吴天君主持召开全市领导干部会议，传达贯彻中央巡视组有关会议精神和巡视反馈意见以及省委部署，研究制定郑州市整改措施。市领导王璋、白红战、高建慧等参加会议。会议传达了中央巡视工作领导小组办公室《关于印发中央巡视工作领导小组第19次会议有关精神的通知》《关于对河南省委巡视工作开展专项检查的反馈材料》、中央组织部选人用人工作检查组《关于结合巡视对河南省选人用人工作检查情况及整改要求的反馈意见》三个文件精神和省委常委会的要求部署。

△郑州市召开市级领导班子专题民主生活会情况通报暨群众评议会，邀请干部群众代表对市委、市人大、市政府、市政协领导班子教育实践活动“查摆问题、开展批评”情况和专题民主生活会情况进行评议。省委第一督导组组长、省政协副主席、党组副书记靳绥东等现场指导。市委书记吴天君主持会议。市领导王璋、白红战等在郑的副市级党员领导干部出席会议。

11日

△市委副书记、市长马懿带领市直相关部门负责人到城市雨污水改造工程现场、黄河花园口大坝、南水北调干渠防汛隐患治理现场和尖岗水库，实地检查全市防汛工作。副市长张俊峰、杨福平等一同检查。

13-17日

△省委常委、市委书记吴天君，市委副书记、市长马懿带领郑州市党政考察团赴长三角地区——江苏南京、苏州，浙江杭州考察学习。围绕“开放、创新”主题，考察团对三市近40个项目进行了全面考察学习，内容涉及城乡统筹、城市建设、社会事业、便民服务等。

14日

△郑州市召开市区存量闲置建设用地清理处置工作推进会。会前，市委常委、常务副市长孙金献带领市国土、规划等相关部门负责人，到金水区龙门路实验学校、金水科教园区杨槐河村合村并城项目现场，实地察看工作进度。

14-15日

△省政协副主席高体健、钱国三率省政协调研组到郑就郑州及周边地区灰霾天气治理问题进行专题调研。市委副书记、市政协主席王璋，副市长刘东等陪同。

15日

△世界最大的1800吨轮胎式提梁机载荷实验在郑州新大方厂区内成功通过承建方验收。此设备将与其他6台机器通过天津港运往科威特参与跨海大桥建设。

△全国首单项目收益票据业务在国家开发银行、中信银行成功对投资人发行，发行主体为郑州交投地坤实业有限公司。由此，郑州成为这一新融资工具的全国首个吃螃蟹者。项目收益票据是中国银行间市场交易商协会推出的新型债务融资工具。

16日

△省关心下一代基金会在惠济区薛岗小学举行“百班助教关爱工程”启动仪式。现场，基金会向惠济区政府捐资200万元用于薛岗小学建设教学楼，标志着该项目正式启动。省人大常委会副主任蒋笃运、副省长张广智、市人大常委会副主任范强、副市长刘东出席活动。

18日

△由民建河南省委、省发改委、省科技厅、省工信厅、市政府、郑州大学联合主办的河南装备制造业发展

论坛在郑州举办。省政协副主席、民建河南省委主委龚立群，中国工程院院士、北京航空材料研究院研究员赵振业，中国工程院院士、郑州大学校长刘炯天，副市长马健等出席论坛。

19日

△《全景中国·郑州周》开播暨海外推广启动仪式在郑州人民广播电台一楼大厅举行。中国国际广播电台副台长王明华，市委常委、宣传部部长王哲等出席仪式。

24日

△市委副书记、市长马懿主持召开郑州航空港经济综合实验区建设领导小组组长办公会议，研究贯彻落实省委书记郭庚茂、省长谢伏瞻调研实验区讲话精神、工作方案及实验区招商引资、产业扶持、骨干道路建设等十个方面的重大问题。市领导胡荃、孙金献、张建慧等参加会议。

△郑州市召开上半年投融资工作会。市委副书记、市长马懿要求，相关单位、各投融资公司要加强协调联动，切实保障全市经济社会发展和重点项目建设的资金需求。市委常委、常务副市长孙金献，副市长张俊峰等出席会议。

25日

△郑州市集贸市场整治督导工作动员会召开，市人大常委会主任白红战出席会议。

△郑州市在荥阳召开存量闲置建设用地集中清理处置专项行动工作现场会。会前，市委常委、常务副市长孙金献带领市国土、财政、规划等部门负责人，实地察看了荥阳市邦辰化工、郑州铝业两个项目的土地利用情况。

△市委副书记、市政协主席、市迎接国家卫生城市复审重创工作领导小组常务副组长王璋带领市直有关部门和市内五区负责人，对全市复审重创工作进行督导调研，重点督导察看市内街道、河渠及铁路沿线创卫复审重创情况。市政协副主席张建国、吴晓君等参加督导调研。

△郑州市召开创建国家森林城市工作汇报会。国家林业局宣传办副主任樊喜斌带领核验组专家出席会议。市委副书记、市长马懿出席汇报会并致辞，省林业厅副厅长张继敬，市领导王璋、王林贺等出席汇报会。

△省委常委、市委书记吴天君到省委常委防汛抗旱责任分包县（市）——巩义市调研检查防汛工作。省水利厅厅长王小平、副厅长王国栋、省河务局副巡视员周念斌等一同调研。

27日

△市委副书记、市长马懿带领市爱卫办、文明办和市内五区负责人，到施工建设工地、集贸市场、城中村拆迁现场和居民社区等地，实地督导国家卫生城市复审重创工作。副市长张俊峰等参加督导。

28日

△中原经济区轨道交通装备造修基地项目投资建设推进会在荥阳举行。中国南车集团董事长郑昌泓、副总裁楼齐良，市委常委、统战部部长、市工业经济科技和安全生产工作领导小组组长王跃华，副市长马健等出席会议。中原经济区轨道交通装备造修基地项目选址在荥阳市科学大道南侧，广武路东侧，京城路西侧，建设路北侧，总投资约45亿元。

△省委常委、市委书记吴天君，市长马懿在郑会见中国南车集团董事长郑昌泓、副总裁楼齐良一行，双方就深化项目合作进行了深入交流和洽谈。市领导王跃华、马健等参加会见。

29日

△郑州市召开贯彻落实中央巡视组反馈意见整改工作推进会，动员全市上下进一步提高认识，端正思想，不折不扣地抓好中央巡视组反馈意见的整改落实工作。省委常委、市委书记吴天君，市委副书记、市长马懿，市委常委、纪委书记郭锝昌等出席会议。

△由北京师范大学人文宗教高等研究院、中国文化院、凤凰新媒体、台湾中时媒体集团、佛光山文教基金会共同主办的第一期海峡两岸大学生文化体验营“汉字之旅”在新郑开幕。第九、第十届全国人大常委会副委员长、北京师范大学人文宗教高等研究院院长、中国文化院院长许嘉璐，省人大常委会副主任李文慧，市领导丁世显、舒安娜等出席开幕式。

30日

△市委、市政府召开棚户区改造现场观摩会，要求全市上下抓住国家、省支持棚户区改造的政策机遇，坚定不移地加快棚户区改造步伐，切实做好群众安置工作，确保各项任务落到实处、有序推进。省委常委、市委书记吴天君主持会议并讲话。市委副书记、市长马懿对下一阶段的棚户区改造工作进行安排部署。市领导胡荃、郭锝昌、孙金献等及部分副市级领导参加观摩或出席会议。

31日

△南四环嵩山南路至十八里河桥段改造工程第一根桩基开钻，标志着郑州市继三环快速化之后正式拉开四环快速化序幕。南四环嵩山南路至十八里河桥段改造工程全长约7.15公里，实际施工路段5.65公里。

△省委常委、市委书记吴天君到群众路线教育实践活动联系点新郑市梨河镇，参加镇党委班子专题民主生活会，并结合基层特点，就开展好基层教育实践活动提出明确要求。省委和郑州市委联合督导组组长、省委巡视组正厅级巡视专员刘有富等参加会议。

△全国政协副主席、全国工商联主席王钦敏到郑州市调研行业商会建设情况。省政协副主席、省工商联主席梁静，省委统战部副部长、省工商联党组书记杨京伟，市委常委、统战部部长王跃华等陪同。

△晚8时，随着滚滚清水涌向供水管网，标志着刘湾水厂实现提前运行。刘湾水厂是南水北调中线工程配水厂，建设规模为日供水40万立方米。此次通水，市卫生局全程监督。经检测，出厂水质已经达标，符合国家106项标准。

8月

3日

△市委副书记、市长马懿带领市爱卫办、文明办和相关区（管委会）负责人，到铁路北站西干道，实地察看整改情况，并就国家卫生城市复审重创工作提出明确要求。副市长张俊峰等参加督导。

4日

△市政府办公厅印发《2014年郑州市商务中心区和特色商业区建设方案》。

5日

△市政府印发通知，向社会公布《郑州市电子商务发展规划（2014-2020年）》。

△郑州市在新郑召开存量闲置建设用地集中清理处置现场会。会前，市委常委、常务副市长孙金献带领市国土局、财政局、规划局等部门负责人，实地察看了新郑市文化北路新型社区项目、中兴大道道路工程项目用地情况。

△市政府正式向社会印发《关于改革完善郑州市食品药品工商质监管理体制的通知》，郑州市将建立食品药品工商质监分级管理体制，将现行食品药品监管、工商、质监由省级以下垂直管理改为市、县（市、区）政府分级管理。

6日

△为期三天的2014第十四届中国（郑州）国际糖酒食品交易会暨首届中国（郑州）酒模大赛总决赛，在郑州国际会展中心举行。本次糖酒会共划分为综合酒类区、国际红酒区、高端饮料区、进口食品区、休闲食品区5个专业展区，面积1.5万平方米，设各类展位800多个。

7日

△省委常委、宣传部部长赵素萍带领调研组到郑州，就郑州市全国文明城市创建工作进行调研，省委宣传部副部长王庆参加调研。市委常委、宣传部部长王哲陪同调研。

8日

△作为郑州市本土跨境电商之一

的保税国际与韩国B&Bpro株式会社签订合作协议，这标志着郑州市与韩国在跨境电子贸易领域的合作进一步深化。韩国B&Bpro株式会社创建于2007年，是韩国物流流通事业领域的一流企业。

△由团市委、市希望办联合主办的“2014年希望工程圆梦行动——蓝天助学金发放仪式”在巩义举行。来自全市的146名贫困大学生共获得104万元助学金。

△铁合金之硅铁、锰硅两个期货品种同时在郑州商品交易所挂牌上市，这是我国首批上市的铁合金期货品种。

△省委常委、市委书记吴天君到登封市察看旱情，看望慰问支援抗旱引水工程的济南军区某部官兵。市委常委、郑州警备区政委刘贵新，郑州警备区司令员尚守道等一同看望。

△2014省会郑州公共卫生暨防汛应急拉动演练在惠济区花园口黄河滩区冒雨举行。这是郑州市首次开展突发事件综合性卫生应急拉动演练。

9日

△即日起，在郑州市内五区、郑东新区购买住房时将不再要求购房者提供住房套数证明以及居住、纳税和社保等情况证明。

11日

△市委、市政府召开“三城联创”工作推进会，安排部署“三城联创”复查迎检工作。市领导吴天君、马懿、王璋、王林贺等及在郑的副市级领导干部出席会议。

12日

△市委、市政府召开新型城镇化建设推进大会。市委书记吴天君强调，要围绕解决好“物”的城镇化和“人”的城镇化两大核心问题，抢抓政策机遇，克难攻坚，创新突破，努力开创郑州市新型城镇化建设新局面。市委副书记、市长马懿主持会议。市领导王璋、王林贺等以及在郑副市级领导干部参加观摩或出席会议。

△省委副书记、省长谢伏瞻带领省军区及省直相关部门负责人到郑州调研征兵工作。省军区司令员卢长健、副省长李亚、省军区副司令员林卫民、省政府秘书长郭洪昌等参加调研。市党政军领导马懿、刘贵新、尚守道等陪同调研。

13日

△郑州人民医院医疗集团联合支付宝对外宣布，河南省首个“未来医院”落户郑州人民医院。今后，患者前往该院看病，用手机就可完成“掌上医疗”系列就诊环节，大幅缩短就医时间。

△为期两天的全省政协民族宗教工作座谈会在登封举行。全国政协民族和宗教委员会主任朱维群，省政协副主席高体健、靳克文，省民委主任彭亚平出席会议。

14日

△省委常委、市委书记吴天君，市委副书记、市长马懿会见IBM公司大中华区董事长钱大群一行。市委副书记、航空港实验区党工委书记胡荃等参加会见。

△市委常委、市纪委书记，市城中村、出入市口和城乡接合部整治督导组组长郭锝昌带领市直相关部门负责人，对城中村、出入市口和城乡接合部整治工作进行督导。市人大常委会副主任赵武安参加督导。

16日

△市委、市政府集中召开学习研讨活动专题报告会，要求各级各部门要以全省市厅级领导干部研讨班辅导报告精神为指导，按照市委十届九次全会的工作部署，努力在打造“四个河南”、推进“两项建设”中先行一步，在“让中原更出彩”中做出省会城市应有的贡献。省委常委、市委书记吴天君主持报告会，市委副书记、市长马懿作总结辅导报告。市领导王璋、白红战、王林贺、郭锝昌等参加报告会。

△丝绸之路经济带交通文化之旅采访团抵达河南，就“新丝路大交通”主题参观采访了郑州市航空港实验区和国际陆港公司。来自《人民日报》、新华社、央广国际、中新社等10多家新闻媒体的记者参加了“新丝路大交通”主题采访。

△郑州市举行深入学习贯彻全省市厅级领导干部研讨班精神专题报告会，邀请省社科院院长喻新安作辅导报告。省委常委、市委书记吴天君主持报告会，市委副书记、市长马懿作总结辅导报告。市领导王璋、白红战、王林贺、郭锝昌等参加报告会。

△第三届“中国城市公益慈善指数”发布典礼在北京会议中心举行，郑州荣获此次评选的最高荣誉——七星级慈善城市称号。

17日

△首届丝绸之路国际卡车集结赛河南站发车仪式在郑东新区如意湖文化广场举行。这次活动是第四届中国·亚欧博览会的重要内容之一，由交通运输部主办。

△省委常委、市委书记吴天君，市委副书记、市长马懿带领部分市级领导干部和县（市）区负责人到新郑市观摩新型城镇化工作。市领导胡荃、白红战、王林贺、郭锝昌等参加观摩。

18日

△由中国舞蹈家协会、中共郑州市委宣传部、金水区人民政府共同主办的“美丽郑州·炫舞世界”第二届中国（郑州）国际街舞大赛在河南省体育馆开赛。

△市政府印发《关于加快郑州市节能环保产业发展的实施意见》。

19日

△由中国舞蹈家协会街舞委员会主办、大赛组委会承办的“首届中国舞蹈家协会街舞委员会年会”在郑州召开，来自全国89个会员单位的100多位街舞精英参加会议。中国文联主席团委员、中国舞蹈家协会驻会副主席、中国舞蹈家协会街舞委员会名誉主任冯双白，中国舞蹈家协会分党组副书记、秘书长、中国舞蹈家协会街舞委员会主任罗斌，中国舞蹈家协会副主席王小燕，市委常委、宣传部部长王哲出席会议。

△市委副书记、市长马懿带领市直相关部门负责人到郑州商品交易所调研，现场协调解决郑商所发展中遇到的困难和问题。市委常委、常务副市长孙金献，市委常委、郑东新区党工委书记、管委会主任张建慧等陪同调研。

△市委副书记、市长马懿带领市直相关部门负责人，实地调研郑州市第十轮行政审批制度改革工作。马懿一行首先察看了郑州市行政审批电子监察系统建设情况，随后到市建委、市食药局、市房管局行政审批服务大厅和全市建设项目企业登记并联审批综合窗口，详细了解各服务大厅窗口设置、审批流程及存在的困难和问题。

20日

△省委常委、市委书记吴天君会见出席2014年郑州市汽车零部件产业专业对接洽谈活动的东风日产乘用车公司总经理打越晋等企业家代表，就大力推进郑州市新能源汽车产业发展进行会谈。市领导孙金献、王跃华等参加会见。

21日

△市政府举办2014年郑州市汽车零部件产业转移对接洽谈活动，进一步加快汽车产业集群快速发展。市领导吴天君、马懿、孙金献等出席洽谈活动。

△市委书记吴天君带领部分县（市）区和市直相关部门负责人到中牟县、郑东新区、经开区调研新能源汽车产业。市委常委、统战部部长王跃华一同调研。

22日

△市政府印发《郑州市平价蔬菜直通车进社区工作实施方案》。

△郑州市第十四届人大常委会第四次会议闭幕，通过了《关于修改〈郑州市客运出租汽车管理条例〉的决定》《郑州市郑韩故城遗址保护管理条例》。

△市委召开教育实践活动领导小组和巡视整改工作领导小组会议，省委常委、市委书记吴天君强调，要进一步统一思想、整合力量、聚焦重

点、形成合力，扎实推进教育实践活动问题整改和巡视意见整改落实工作，以整改落实为契机，促进各项工作上台阶。省委督导组副组长，省人大常委会民族侨务、外事工作委员会副主任王流章以及省委督导组成员应邀参加会议。

△省委常委、市委书记吴天君会见到郑出席嵩山论坛的凤凰卫视常务副总裁崔强一行。市委常委、宣传部部长王哲参加会见。

△省委常委、市委书记吴天君会见到郑参加2014年亚布力中国企业家论坛高峰会的娃哈哈集团董事长宗庆后、复星集团副董事长梁信军、神州数码控股有限公司董事局主席郭为，就加强郑州市与相关企业的合作达成广泛共识。市委常委、副市长薛云伟等参加会见。

23日

△中国行政法学研究会2014年年会在郑州大学启幕，来自全国行政法学界的280余位知名专家、学者齐聚一堂，围绕“国家治理体系现代化与行政法”主题展开深入探讨。中国法学会会长王乐泉，最高人民法院副院长江必新，省委常委、政法委书记刘满仓，省人大常委会副主任、河南省法学会会长李新民等出席会议。

23–24日

△“嵩山论坛——华夏文明与世界文明对话”2014年会在登封举行。全国人大常委会副委员长张宝文，省人大常委会副主任储亚平，副省长张广智，日本前首相鸠山由纪夫，日中协会理事长白西绅一郎，韩国前副议长文喜相特别代表、韩国书法院院长叶欣，郑州市委常委、宣传部部长王哲等出席开幕式。

△2014亚布力中国企业家论坛夏季高峰会在郑州举办。河南省省长谢伏瞻出席开幕式并致辞。副省长赵建才，亚布力论坛创始人、主席田源，市委常委、副市长薛云伟出席开幕式。知名企业家、经济学家和省直有关单位、省辖市、省直管县（市）主要负责人等500多人出席开幕式。在论坛闭幕式上，省政府与亚布力中国企业家论坛正式签署战略合作框架协议。省委副书记邓凯、副省长张维宁出席闭幕式。

26日

△市委副书记、市政协主席王璋带领市爱卫办、文明办、城管局、公安局以及市辖六区、开发区和“三城联创”督导组负责人，实地检查督导郑州市“三城联创”工作进展情况。

△位于河南保税物流中心的国内首家“E博馆”即“中大门”进口商品体验中心1号馆开馆试运营。来自境外上百类商品在馆内亮相，让郑州“海淘族”不出国门就可买到原装进口商品。“E博馆”面积3600平方米，由该中心与上海维因国际贸易有限公司合作共建，馆内由护肤品区、奢侈品区、国际食品区、日常生活用品区以及商品体验区等组成。

△市委常委、常务副市长孙金献带领市发改委、工信委、国土局、财政局等相关单位负责人，对金源百荣商业物流综合体等省重点项目建设情况进行现场督察。

27日

△市委书记吴天君带领市直有关单位负责人督察调研畅通郑州和卫生城市创建工作。吴天君一行先后到陇海路快速通道工程、三环快速化工程、京广快速路二期北段工程、经三路—城东路下穿金水路隧道工程、金水路西延工程等重点工程建设现场，实地了解工程进展情况，并到河医立交桥附近察看了解国家卫生城市创建工作情况。

28日

△以“郑州航空港经济综合实验区科学建设与创新发展”为主题的第二期“聚焦中原”——院士专家智库沙龙活动在郑州大学举行。来自省内外的近20位院士专家聚焦航空港实验区战略规划实施，为航空港区的科学建设与创新发展建言献策。郑州大学校长、中国工程院院士刘炯天，解放军信息工程大学教授、中国工程院院士王家耀，省科协主席霍金花、副主席谈朗玉等参加活动。

28–29日

△作为河南省代表团成员之一，市委副书记、郑州航空港经济综合实验区党工委书记胡荃，市委常委、副市长薛云伟在捷克首都布拉格参加第二次中国—中东欧地方领导人会议，并在中国投资论坛运输和航空分论坛上介绍郑州市经济和社会发展及郑欧班列运行情况。其间，胡荃、薛云伟还拜访了捷克部分机构和企业，积极在航空物流和郑欧班列服务等领域寻求合作。

9月

1日

△省委常委、市委书记吴天君到教育实践活动联系点新郑市梨河镇，听取基层干部群众的意见和建议，与新郑市各级领导干部共同研究教育实践活动整改落实、建章立制环节工作。

△全省公安机关“一村一警”工作现场会在新密市召开，会议总结推广了新密市公安局“一村一警”工作经验。省委常委、政法委书记刘满仓，省委常委、郑州市委书记吴天君，省长助理、省公安厅厅长王小洪，省委政法委副书记、省综治办主任刘晓云等出席会议。

2日

△“走进郑州都市区、助推‘四个河南’建设”活动启动，省委常委、市委书记吴天君亲自为参观人员介绍郑州市的建设成就和发展变化。省政协副主席靳克文，省委副秘书长、省直机关工委书记李恩东等参加活动。

△市委、市政府召开棚户区改造现场观摩会，要求全市上下深刻认识加快推进棚户区改造的重要战略意义，加大推进力度，确保棚户区改造和安置房建设有序高效推进。市委书记吴天君主持会议并讲话。市委副书记、市长马懿对下一阶段的棚户区改造工作进行安排部署。

△在河南省省长谢伏瞻、马士基集团总裁安仕年共同鉴签下，郑州市委副书记、郑州航空港实验区党工委书记胡荃在丹麦哥本哈根马士基集团总部与该集团旗下的丹马士物流公司签署战略合作协议。郑州市委常委、副市长薛云伟出席签约仪式。

3日

△市委副书记、市长马懿会见到郑州参加国际民航组织航空货运发展论坛的国际民航组织理事会主席贝纳德·阿留一行。会见结束后，马懿向贝纳德·阿留颁发“郑州市荣誉市民”证书。

△省委常委、市委书记吴天君主持召开市委常委（扩大）会议，传达学习习近平总书记在听取兰考县委和河南省委党的群众路线教育实践活动情况汇报时的重要讲话精神及河南省委常委（扩大）会议、全省领导干部会议精神，动员全市各级党组织和广大党员干部以习近平总书记重要讲话精神、省委会议精神为指导、为动力，善始善终开展好教育实践活动，持续深化作风建设和党的建设，为加快郑州都市区建设提供强有力的政治和组织保证。马懿、王璋、白红战、王林贺及在郑的副市级领导出席会议。

△为期两天的首届国际民航组织航空货运发展论坛在郑州国际会展中心开幕。这是郑州首次承办航空货运发展主题国际性论坛。国际民航组织理事会主席贝纳德·阿留，国际民航组织行政服务局局长柳芳，国际民航组织航空运输局局长布巴卡尔·吉勃，中国常驻国际民航组织理事会代表马涛，国际机场协会总干事安吉拉·吉登斯，世界海关组织守法便利司司长朱高章等出席开幕式。中国民用航空局副局长王志清、中国民用机场协会理事长夏兴华等出席开幕式。省、市领导吴天君、张维宁、马懿等出席开幕式。

△河南约克信息技术股份有限公司在全国中小企业股份转让系统挂牌。至此，约克股份公司顺利完成企业新三板挂牌上市工作，成为郑州市乃至全省首家上市的动漫企业。该

公司是以网媒为载体，以原创动画制作、软件开发及网络游戏开发和运营为主的创意型文化产品出口企业，也是河南省文化产品出口示范基地、郑州市文化产业示范基地、河南省文化企业50强。

△副省长徐济超带领省直相关部门负责人，莅郑调研知识产权工作。徐济超先后到国家知识产权局专利局专利审查协作河南中心、国家知识产权设计产业园、位于金水科教园区的河南外包产业园等地进行了察看。

4日

△国际民航组织理事会主席贝纳德·阿留、中国民用航空局副局长王志清考察郑州机场。

10日

△市委书记吴天君带领市直有关单位负责人到航空港实验区和经济技术开发区，调研督察产业培育、国际陆港建设、跨境贸易电子商务服务试点等工作。郑州海关副关长曲罡、省检验检疫局副局长李峰、郑州铁路局总调度长陈杰等出席了在经开区召开的座谈会。市领导胡荃、孙金献等参加了相关调研活动。

10-11日

△市委副书记、市长马懿率团到天津参加夏季达沃斯论坛，并会见部分参加论坛的世界500强企业代表。市委常委，郑东新区党工委书记、管委会主任张建慧，郑州航空港经济综合实验区管委会主任张延明等参加相关活动。

△江西省政协主席黄跃金带领住赣全国政协委员考察团在郑考察产业集聚区建设情况。省政协副主席靳绥东、秘书长郭俊民，市委副书记、市政协主席、市委秘书长王璋等陪同。

11日

△省委常委、郑州市委书记吴天君会见亚太大学联合会主席、郑州大学西亚斯国际学院创办人陈肖纯博士一行。市领导王哲、刘东参加会见。

△第22次全国部分城市关心下一代工作研讨会在郑州召开。中国关工委主任顾秀莲、常务副主任闵振环、祖书勤出席会议。省委副书记、省关工委名誉主任邓凯，省委常委、郑州市委书记吴天君在会议上致辞，省人大常委会副主任蒋笃运，省关工委常务副主任张德广出席会议。

12-13日

△国土资源部党组成员、副部长胡存智一行到郑州，调研农村集体土地确权登记发证、土地集约、节约利用工作。国土资源部地籍管理司司长（不动产登记局局长）王广华，国家土地督察济南局局长赵龙，土地利用管理司巡视员兼副司长黄鹤图等随行。省委常委、市委书记吴天君，副省长李亚，省政府副秘书长马刚等陪同调研。

12-14日

△2014郑州航空嘉年华在郑州上街机场举行。这是中原地区首届专业通用航空展会。省委常委、市委书记吴天君，中国民用航空局原局长刘剑锋，中国民用航空局原副局长、中国民用机场协会理事长夏兴华，副省长张广智，省长助理、省民航办主任、省机场集团董事长安惠元等出席开幕式。市委副书记、市长马懿，市委副书记、市政协主席、市委秘书长王璋等出席开幕式。本届航空展上，来自国内外的5支表演队14架特技表演飞机进行特技飞行表演。另外，还有动力三角翼、热气球、跳伞、航模等航空运动表演。展会期间，还举办了通用航空产业高峰论坛与商务交流活动，来自国际国内通用航空管理机构、通用航空公司、通航飞机制造商、设备供应商、运营商、投资商及通航专家、学者约200人参加高峰论坛、商务交流会、项目对接及签约活动。

15日

△市委书记吴天君主持召开廉政教育集体谈话会，传达贯彻省委常委（扩大）会议精神，对郑州市党风廉政建设工作进行安排部署。市领导马懿、王璋、胡荃、白红战等以及在郑的副市级领导干部出席会议。会上，吴天君传达了省委常委（扩大）会议精神和省委书记郭庚茂就落实“两个责任”、严格廉洁自律、加强党风廉政建设的重要讲话精神。

16日

△全国工会职工之家建设交流观摩会在郑州召开。全国总工会副主席、书记处书记范继英，省总工会党组书记、常务副主席李建庄，市委常委、组织部部长高建慧等参加观摩交流活动。

17日

△“用青春为郑州点赞”——郑州市青年榜样网络评选暨首届青少年新媒体大赛启动仪式在市青少年宫举行。市委常委、宣传部部长王哲出席活动并为郑州市“青年点赞团”授旗。

17-19日

△省委常委、市委书记吴天君率团访问英国。17日，在纽卡斯尔市，吴天君会见了纽卡斯尔市市长乔治·帕蒂森先生，在随后召开的郑州—纽卡斯尔经济合作洽谈会上，吴天君着重推介了郑州航空港经济综合实验区。18日，吴天君一行在伦敦分别与渣打银行集团公共事务总裁瓦苏奇·沙斯垂和英国安石集团总裁马克·库姆斯等举行了会谈。代表团还实地考察了伦敦金融城，详细了解金融业发展情况，学习借鉴开发建设经验、模式，以及金融城在城市管理、项目引进、企业服务等方面的经验做法。市委副书记、航空港经济综合实验区党工委书记胡荃，郑东新区管委会常务副主任吴福民陪同访问。

18-27日

△市委常委、副市长薛云伟应联合国世界旅游组织邀请率团参加首届世界旅游和宗教朝圣国际会议，并在西班牙、葡萄牙、瑞典开展旅游促销和招商活动。会上，作为我国唯一发言代表，薛云伟以《少林寺：自然与人文完美融合的朝圣之地》为题，围绕禅宗起源、发展历程及郑州旅游发展等进行了深入阐述。这是郑州市首次在联合国世界旅游组织大型国际会议上推广郑州旅游。活动期间，薛云伟一行拜会了西班牙服装零售商Inditex集团（ZARA母公司）与瑞典服装零售商H&M集团。薛云伟还前往波尔图市政厅，正式邀请该市市长参加2014中国（郑州）世界旅游城市市长论坛，并与葡萄牙、瑞典主要旅行商进行了深入交流。

19日

△国内单体面积最大的儿童医院——郑州市儿童医院新院正式开诊。新院占地面积19.73公顷，设计床位1100张，建筑面积12.89万平方米，总投资7.2亿元。

△基地位于郑州的南航河南航空有限公司正式独立运营。至此，郑州拥有了货运（卢森堡货运航空）和客运（南航河南航空）两大基地航空公司。中国南航总经理、南航股份有限公司董事长司献民，副省长赵建才，民航中南地区管理局局长周毅州，省长助理、省民航办主任安惠元等出席运营启动仪式。

21日

△根据国务院南水北调办统一部署，南水北调中线总干渠黄河以南段采用丹江口水库水源进行充水试验，最大流量为50立方米/秒。丹江水顺着南水北调总干渠一路向北，晚11时30分，水头到达郑州境内的新郑闸门。

22日

△省直机关“走进郑州都市区 助推‘四个河南’建设”考察座谈会在郑举行。省委副秘书长、省委省直工委书记李恩东主持座谈会。市领导马懿、王璋等参加座谈会。

△全国人大常委会副委员长、民进中央主席严隽琪，全国政协副秘书长、民进中央副主席朱永新一行到郑州，对经济技术开发区发展建设情况进行考察。省领导史济春、蒋笃运，市领导王跃华等陪同考察。考察组一行先后到宇通节能与新能源客车生产基地项目、中铁工程装备集团有限公司、跨境贸易电子商务服务试点项目现场进行考察，并听取相关工作汇报。

23日

△省委常委、市委书记吴天君率团在俄罗斯访问。吴天君一行拜访

了俄罗斯卢比孔封闭型股份有限公司和俄罗斯伏尔加—第聂伯集团，并见证了郑州国际陆港公司与卢比孔公司战略合作框架协议的签署。市委副书记、航空港实验区党工委书记胡荃，郑东新区常务副主任吴福民等陪同参加访问活动。

24日

△郑州市在上街区召开全市“三城联创”联合执法工作现场会，现场观摩上街区联合执法的经验做法，对全市联合执法工作进行安排部署。市领导王璋、吴忠华等出席会议。

25日

△自今日起，郑州至平壤首次开通直航包机，此次包机共执行4班，10月7日为最后一班。此次旅游直航包机由河南省中旅包租朝鲜高丽航空公司的客机执行。

△郑州小伙宁泽涛在男子100米自由泳比赛中以47秒70的成绩获得冠军，并打破了自己保持的48秒27的亚洲纪录。这也是宁泽涛夺得的仁川亚运会第三枚金牌。

△作为全省现代服务业开放合作洽谈会重要内容之一，郑东新区金融集聚核心功能区合作洽谈会举行。来自澳洲联邦银行、渣打银行郑州分行、中华联合保险、浪潮集团等金融机构及知名企业的近180名嘉宾参加活动。市委常委、常务副市长孙金献主持洽谈会。

△在2014中国城市森林建设座谈会上，郑州等17个城市被全国绿化委员会、国家林业局授予“国家森林城市”称号。市委副书记、市长马懿参加座谈会并代表郑州市捧回“国家森林城市”牌匾。市领导王林贺参加座谈会。

△2014年河南省现代服务业开放合作洽谈会在郑州国际会展中心举行。省委副书记、省长谢伏瞻出席并致辞。省委常委、常务副省长李克主持洽谈会，省委常委、宣传部部长赵素萍出席洽谈会。中国交通运输协会常务副会长王德荣、中国台湾文化创意产业联盟荣誉会长林磐耸、韩国动漫协会副会长商永焕、广东鞋业厂商会会长刘穗龙、台湾商业总会常务监事王任生、中国展览馆协会常务理事张学山，以及顺丰速运、赛领资本、美旗控股、城邦集团等国内外知名企业和机构负责人出席洽谈会。

△在全省近百家旅行社和省会媒体以及现场游客的共同见证下，三项“大世界基尼斯世界之最”在荥阳孤柏渡飞黄旅游区诞生，该景区也成为河南省破基尼斯纪录最多的景区。这三项获得“大世界基尼斯世界之最”的游览项目分别是黄河蹦极、黄河飞索、激情滑沙。活动现场，大世界基尼斯总部首席运营官陈海龙为景区颁发了纪录证书。

25—27日

△由郑州市第六人民医院承办的河南省医院协会传染病医院分会2014年度年会暨郑州市第一届转化医学研究国际论坛举行。论坛上，来自美国、加拿大、挪威等国家以及国内的知名专家、教授进行了深入的交流探讨。这是郑州市首次举办转化医学研究国际论坛。论坛上，郑州市转化医学研究中心、郑州市国际科技合作基地挂牌成立，并正式落户郑州市第六人民医院（河南省传染病医院）。

26日

△省委第一巡视组进驻郑州市召开工作动员会。省委巡视工作领导小组成员、省委巡视办主任万里光就做好巡视工作提出要求，省委第一巡视组组长穆煜山就巡视工作作动员讲话，市委书记吴天君主持会议并作表态讲话。

△包括《爱·无畏》《爱·无声》《爱·无痕》《爱·无界》等4部作品的“爱上郑州”系列微电影在郑东新区横店影城首映。市领导王哲、吴晓君出席首映式，微电影的导演、所取材故事的部分原型人物也到场观影。

△中部军民融合协同创新产业研究院在金水科教园区揭牌。省政协副主席、省工商联主席梁静，郑州警备区司令员尚守道出席仪式。

27日

△由北京大学震旦古代文明研究中心、郑州大学历史学院、郑州中华之源与嵩山文明研究会主办的“2014郑州中华之源与嵩山文明研究会年会暨嵩山文明与中国早期聚落研讨会”在黄河饭店举行。研究会名誉会长徐光春、王文超出席会议。北京大学考古文博学院教授李伯谦，北京大学环境科学与工程学院教授宋豫秦，中国科学院地质与地球物理所教授周昆叔，郑州大学殷商文化研究所教授李民等近百名专家学者出席会议。

28日

△经过1年10个月的改造升级，百年老街德化街正式开街，以崭新的面貌开门纳客。中国步行商业街工作委员会主任韩健徽、市领导丁世显等出席开街仪式。德化街始建于1905年，是郑州最繁华的步行街，也是河南唯一的“中国著名商业街”。

△郑州宏达汽车工业有限公司扩建1.5万台专用车、郑州国际汽车园、郑州世贸奥特莱斯购物中心、中牛集团年产50万套汽车内饰皮件建设等30个重大项目在经开区集中破土动工。此次开工的30个重大项目，总投资153.34亿元，其中包括8个汽车及装备制造类项目、13个现代物流类项目、9个商业服务业及其他类项目。

△郑州市举行“国家森林城市”揭牌仪式。市领导马懿、王璋、白红战、王林贺等出席仪式。

29日

△郑州市召开内环地区有机更新工作动员会。市委常委、常务副市长孙金献要求，各级各部门要抓住机遇、主动作为、迎难而上，迅速掀起内环地区有机更新工作热潮。副市长张俊峰出席会议。

△省委常委、市委书记吴天君到教育实践活动联系点新郑市梨河镇，就搞好第二批党的群众路线教育实践活动进行督导。他强调，要认真落实中央和省委的要求部署，敬终如始、一鼓作气、善作善成，切实抓好“整改落实、建章立制”环节各项工作，确保取得人民群众满意的实在效果。省委和郑州市委联合督导组组长、省委巡视组正厅级巡视专员刘有富等参加活动。

△全国人大常委会副委员长、民革中央主席万鄂湘率民革中央调研组在郑考察调研郑州航空港经济综合实验区建设情况。调研组一行参观了综保区海关申报大厅、富士康科技园等处，实地了解航空港实验区建设发展情况。

30日

△市政府与中国银行河南省分行签订金融支持小微企业框架协议。市委常委、常务副市长孙金献，中国银行河南省分行行长仇万强出席签字仪式。

△在国家设立的首个烈士纪念日，省会各界代表在郑州市烈士陵园纪念碑广场举行2014年烈士纪念日烈士公祭仪式。省党政军领导郭庚茂、谢伏瞻、叶冬松、邓凯、刘春良、尹晋华、周和平、刘满仓、赵素萍、夏杰、卢长健、徐济超，市党政军领导马懿、王璋、白红战、高建慧、郭锡昌、刘贵新、王哲、薛云伟、王跃华、张建慧、尚守道、王家和，以及省会各界群众代表共3000多人参加了仪式，表达对烈士的缅怀之情。

△市委、市政府召开棚户区改造及安置房建设现场观摩会，要求全市上下加大力度，加快进度，确保质量，强力推进棚户区改造和安置房建设。市委书记吴天君主持会议并讲话。市委副书记、市长马懿作总结讲话。王璋、白红战等副市级以上领导干部参加观摩或出席会议。

10月

7日

△2014国际青少年高尔夫巡回赛亚洲巡回赛中国赛第四站的比赛，经过两天的激烈角逐，在郑州金沙湖国际高尔夫球会圆满落下帷幕。来自上海、北京、广东、河南等地的国内选手以及德国、澳大利亚等国家的30多位选手，参加了本站比赛。在女子10-14组的比赛中，郑州选手冀怡帆、张婧文和刘若彤包揽了该组别的冠亚季军。

8日

△全市“三城联创”暨国家卫生

城市复审工作推进会召开，会议要求全市上下要进一步明确责任，查找薄弱环节，狠抓落实整改，不断巩固和扩大创建成果，为人民群众提供更加有序、整洁、舒适的生活环境。市委书记吴天君出席会议并讲话，市长马懿主持会议。市领导王璋、白红战等出席会议。

△市委书记吴天君主持召开市四大班子会议，传达学习中央党的群众路线教育实践活动总结大会精神和省委要求，安排部署郑州市贯彻落实工作。市领导马懿、王璋、胡荃、白红战等及在郑四大班子领导干部出席会议。

△郑州市召开党的群众路线教育实践活动群众评判工作会议，通报全市教育实践活动开展情况，组织对全市教育实践活动和市四大班子教育实践活动"整改落实、建章立制"情况进行群众评价评判。省委第一督导组组长、省政协副主席、党组副书记靳绥东等出席会议。市委书记吴天君主持会议。市领导马懿、王璋、胡荃、白红战等出席会议。

△国家新型城镇化综合试点名单揭晓，新郑市成功入选。

9日

△全市统一战线"中国特色社会主义参政党"辅导报告举行，中央社会主义学院教授李金河受邀为全市统一战线成员作专题报告。市委常委、统战部部长王跃华参加报告会。

10–13日

△为期四天的第二十届郑州全国商品交易会在郑州国际会展中心开幕。中国商业联合会副会长兼秘书长姜明、老挝国家工商总会副秘书长宫玛丽、中国—东盟商务理事会中方秘书处秘书长助理陈鸾鸾、广州市协作办副主任高耀宗、东盟国际贸易投资商会副主席庄伟诚、中国泰国商会执行总监张静出席开幕式。副省长李亚宣布开幕，市委副书记、市长马懿致辞，市委常委、副市长薛云伟主持开幕式。来自美、英、法、意、日、韩、泰等国家和港澳台地区的贵宾及27个省、自治区、直辖市的参展参会嘉宾参加开幕式。展会期间，参展参观人数达21万人次，10月12日单日人流量达8万人，创20年办会历史之最。

11日

△市委副书记、市长马懿主持召开全市存量闲置建设用地集中清理处置专项行动推进会。会议要求相关部门集中力量、倒排工期，推动实现闲置建设土地早利用、项目早见效、社会早受益，确保圆满完成年度清理处置目标。市委常委、常务副市长孙金献出席会议并讲话。

12日

△由中国建设基础设施有限公司主办、荥阳市人民政府承办的全国2014秋季建筑机械交易会在荥阳开幕。来自全国各地的建筑机械主机、配件、配套件生产企业汇聚荥阳，展示全国建筑机械行业发展成果。中国质量协会建设机械行业分会会长张小轩、秘书长朱仙惠，市委常委、市工业经济领导小组组长、统战部部长王跃华等参加开幕式。

13日

△全省"法律进学校"推进会暨"点燃青春梦想，法律伴你成长"——省青少年法制教育巡展活动在郑州四十七中正式启动。副省长李亚，省司法厅厅长、省普法教育工作领导小组办公室主任王文海，副市长吴忠华出席活动。

14日

△贵州省委常委、贵阳市委书记陈刚率党政考察团到郑，考察航空港经济综合实验区规划建设情况。河南省委常委、郑州市委书记吴天君，郑州市委副书记、航空港经济综合实验区党工委书记胡荃等陪同。

△郑州市召开全市农民工工资支付工作电视电话会。市委常委、常务副市长孙金献要求，各级各部门加快推进农民工工资支付工作规范化、制度化、法制化、常态化建设，构建维护农民工权益长效机制。

15日

△副省长王艳玲带领省卫生计生委等有关部门负责人到郑州，对郑州市妇幼卫生保健和计划生育服务工作情况进行调研。省卫计委主任李广胜、巡视员秦省，省政府办公厅副主任王梦飞，副市长刘东等陪同。

△省委常委、市委书记吴天君主持召开全市领导干部会议，传达学习贯彻习近平总书记在中央党的群众路线教育实践活动总结大会上的重要讲话精神和省委书记郭庚茂在全省党的群众路线教育实践活动总结会议上的讲话精神，安排部署郑州市贯彻落实工作。市领导马懿、王璋、白红战等出席会议。

16日

△以"传播郑能量 开启善时代"为主题的第七个"郑州慈善日"活动仪式在青少年宫举行。仪式现场，募集善款13608万元，这是郑州市慈善日设立以来募集善款首次破亿元。

17日

△2014郑州国际精密装备产业论坛开幕，来自美国、德国、日本等十多个国家和地区的精密装备制造业行业精英和专家学者纵论精密装备转型升级，共谋发展大计。省委常委、统战部部长史济春，省委常委、市委书记吴天君，以及台湾友嘉实业集团总裁朱志洋、中国机床协会副理事长王黎明等近400位嘉宾出席开幕式。

18日

△台湾友嘉实业集团全球加工中心暨友嘉（河南）精密机械产业园开工仪式在郑州航空港实验区举行。该项目建成投用后将填补我国在"十三轴五联动"高端数控机床领域的空白。这也是继2010年富士康进驻航空港区之后，在该区开建的第二大精密机械制造业项目。

△副省长张维宁，市委副书记、市长马懿会见中国家具协会理事长朱长岭，香港金马凯旋集团董事长肖凯旋，香港家私协会会长、富宝沙发制造有限公司董事长黄进宝等企业家代表。

△郑州市举行承接家居产业转移对接洽谈暨集中签约活动。本次活动由省工信厅和郑州市政府主办，是2014中国（郑州）产业转移系列对接活动之一，来自珠三角和西南地区的近千位家居行业知名客商齐聚一堂，与郑州市签下300亿元大单，共同打造郑州千亿级现代家居产业集群。

△郑州市召开全市村级组织换届选举工作会议。市领导王璋、高建慧等出席会议。

△省委常委、市委书记吴天君带领市直有关单位负责人对畅通郑州工程进展情况进行调研督察。吴天君要求，各有关部门和参建单位要认真排查难点，层层落实责任，按照时间节点，加快推进畅通郑州各项工程建设，切实改善群众出行环境。

19–22日

△第十届中国郑州国际少林武术节举行。全国政协副主席齐续春宣布武术节开幕。省政协主席叶冬松，中国奥委会副主席王钧，省委常委、郑州市委书记吴天君，省委常委、宣传部部长赵素萍，省人大常委会副主任李文慧，副省长张广智，省政协副主席李英杰等出席开幕式。国际武术联合会执行副主席、美国武术联合会主席吴廷贵，国家体育总局武术运动管理中心党委书记何青龙等出席开幕式。郑州市领导马懿、王璋、白红战等出席开幕式。本届武术节由国家体育总局武术运动管理中心、中国武术协会、省体育局和郑州市人民政府主办。来自63个国家和地区的207个团队1870多名运动员以武会友，切磋技艺。本次比赛共产生514个一等奖，其中郑州代表队获得40个一等奖。

20日

△全国商贸物流工作现场经验交流会在郑召开。商务部副部长房爱卿，国家标准化管理委员会主任田世宏，副省长李亚，省商务厅厅长焦锦森，市委常委、副市长薛云伟出席会议。

△郑州航空港经济综合实验区、广州唯品会信息科技有限公司签约仪式在广州举行，总投资约15亿元人民币的唯品会中部地区区域枢纽物流基地项目投资协议正式签订，该项

目将正式落户郑州航空港经济综合实验区。

21日

△市委常委、常务副市长孙金献，副市长张俊峰带领市发改委、城管局、财政局、热力总公司等单位负责人，实地调研郑州市引热入郑和热电外迁项目建设情况。孙金献一行先后察看了新密裕中电厂引热入郑项目施工现场和新郑市拆迁现场。

△市委书记、市委全面深化改革领导小组组长吴天君主持召开市委全面深化改革领导小组第二次会议并讲话。会议审议通过了《郑州市全面深化文化体制改革实施方案》。

21-29日

△市长马懿率市政府代表团赴俄罗斯、波兰、奥地利进行工作访问，围绕共同建设郑州跨境贸易电子商务服务试点项目、合作开行郑欧国际铁路货运班列、构建战略型新兴产业发展体系，与上述国家相关城市的政府官员和企业界代表进行了深入交流。经开区党工委书记、管委会主任崔绍营，河南保税中心公司和郑州国际陆港开发建设有限公司等单位负责人陪同访问。

22日

△郑州欧洲制造之窗首届展销会开幕式暨河南省进口商品展销中心揭牌仪式在航空港区举行。市委副书记、郑州航空港经济综合实验区党工委书记胡荃，郑州航空港经济综合实验区管委会主任张延明、管委会副主任黄卿等出席开幕式。

△庆祝郑州市人民代表大会成立60周年暨市委人大工作会议在市青少年宫召开。市委书记吴天君出席会议并讲话。市委副书记王璋主持会议。市领导白红战、高建慧、郭锝昌等出席会议并在主席台就座。

△庆祝人民政治协商会议成立65周年暨中共郑州市委政协工作会议在青少年宫召开。市委书记吴天君出席会议并讲话。市领导王璋、胡荃、白红战、高建慧、郭锝昌等出席会议并在主席台就座。市委副书记胡荃主持会议。

23日

△2014年郑州市创业服务进校园活动在黄河科技学院启幕，全市首个高校大学生创业孵化园也同时“落户”该校。市委常委、常务副市长孙金献参加启动仪式。

24日

全市党的群众路线教育实践活动总结会议召开，会议对郑州市教育实践活动进行全面总结，对巩固和扩大活动成果、加强党的作风建设、落实从严治党要求进行再动员、再部署。省委常委、市委书记吴天君，省委第一督导组组长、省政协副主席、党组副书记靳绥东出席会议并讲话。

△省委常委、市委书记吴天君主持召开全市领导干部会议，传达学习党的十八届四中全会精神，安排部署郑州市贯彻落实工作。市领导王璋、白红战、郭锝昌等及在郑的副市厅级以上领导出席会议。

△市委书记吴天君主持召开畅通郑州工程督察推进会。会前，吴天君带领市直相关部门负责人实地察看了黄河路下穿铁路编组站，陇海快速路铁路代建工程，京广快速路南延工程，红专路、纬四路下穿中州大道隧道工程，未来路下穿金水路隧道工程建设情况。

25日

△嵩山文明与早期王都研讨会暨中国古都学会2014年年会在黄河饭店举行。中国古都学会名誉会长朱士光、中国古都学会会长萧正洪、中国科学院教授周昆叔等专家学者和太原古都学会、北京古都学会、开封古都学会等学会负责人齐聚郑州，纪念郑州列入中国八大古都十周年，探讨嵩山文明与中国早期王都的关系。郑州中华之源与嵩山文明研究会名誉会长、郑州古都学会名誉会长王文超，郑州中华之源与嵩山文明研究会会长刘其文，郑州中华之源与嵩山文明研究会常务副会长、郑州古都学会顾问、市领导丁世显，副市长杨福平等参加年会。

28日

△省委常委、市委书记吴天君主持召开市委常委（扩大）会议，传达学习贯彻党的十八届四中全会、中纪委十八届四中全会、省委常委（扩大）会议精神，安排部署郑州市贯彻落实工作。市领导王璋、胡荃、白红战等出席会议。

△省委常委、市委书记吴天君带领市直有关单位负责人到航空港实验区调研。吴天君一行察看了手机产业园、南区路网、瑞弘源蓝宝石项目、恒丰物流中心等项目建设情况，对工作推进过程中存在的问题进行了协调解决。

29日

△郑州市召开金融支持小微企业工作推进会，总结研判金融支持小微企业“1+4”推进机制运行情况。市委常委、常务副市长孙金献要求，各级各部门要以破解“三难一贵”问题为核心，加快构建政、银、保、企协调联动、互助共赢的金融支持小微企业新格局。

30日

△市委、市政府召开棚户区改造及安置房建设现场观摩会，要求全市上下认清形势，找准位置，加压奋进，围绕让群众生活更美好，全力以赴推进棚户区改造和安置房建设，确保完成全年目标任务。省委常委、市委书记吴天君主持会议并讲话。市领导王璋、胡荃、王林贺、郭锝昌等参加观摩或出席会议。

△2014全国城市通卡发展年会在郑举行，郑州、昆明等15个城市一起成为第四批加入全国城市一卡通互联互通城市。至此，全国一卡通互联互通城市已有50个。今后郑州市民持不记名绿城通卡将可在已经加入互联互通系统的城市进行异地消费。

31日

△中州大道三全路到连霍高速段高架桥开始放行，这标志着中州大道南北延伸工程高架桥全线建成通车。

△清晨7点20分，DJ55102次动检车从郑州东站疾驰而出，沿着郑开城际向开封方向奔去，郑开城际铁路联调联试正式启动。

△第四届中国（郑州）产业转移系列对接活动之台资企业中西部发展交流对接会在郑举行，副省长李亚出席对接会。

△在郑东新区国际会展中心轩辕堂，随着省长谢伏瞻、工业和信息化部部长苗圩、中国工程院院长周济一起启动开幕装置，2014中国（郑州）产业转移系列对接活动正式拉开大幕。

△工信部部长苗圩带领工信部办公厅主任莫玮、产业政策司司长冯飞、消费品工业司副司长高延敏等到郑州市调研食品工业发展情况。副省长张维宁，省工信厅厅长王照平，省通信管理局局长宋灵恩，市领导孙金献、王跃华等陪同调研。苗圩一行实地察看了三全食品公司生产车间和自动化立体冷库，听取了公司信息化建设、企业成长历程、经营现状和发展理念介绍。

11月

1日

△中国科学院资深院士、郑州大学教授钟香崇向学校捐赠100万元，成立“钟香崇研究生奖学基金”，2015年起面向学生评审发放。

△省委常委、市委书记吴天君带领市直有关单位负责人，到金水区就城市建设和精细化管理服务工作进行调研。吴天君要求，按照习近平总书记提出的落实人民群众“七个更”期盼的要求，突出解决群众办事难、上学难、就医难、行路难、就业难等“五个难”问题，金水区要围绕建设城市精细化管理服务先行区，加强软硬件建设，为全市完善提升市政设施和服务功能做出示范。

△郑州市与中兴通讯股份有限公司签署战略合作协议。省委常委、市委书记吴天君，副省长张维宁等出席签约仪式。市委副书记、市长马懿代表市政府与中兴通讯股份有限公司副总裁弓月中签署战略合作协议。

3日

△中央巡视组组长、中央马克

思主义理论研究和建设工程咨询委员会主任、中共河南省委原书记徐光春到郑州航空港经济综合实验区考察调研。省委常委、市委书记吴天君，市委副书记、航空港经济综合实验区党工委书记胡荃陪同调研。

4日

△市委书记吴天君，市委副书记、市长马懿带领市直有关单位负责人到经济技术开发区，调研督察先进制造业重大项目建设、跨境贸易电子商务服务试点等工作。吴天君强调，要突出重点，精心谋划，做强先进制造业，引领全国中欧班列和跨境贸易电子商务工作，努力开创对外开放和产业发展的新局面，确保实现省委、省政府赋予郑州的责任和目标。郑州海关关长郑汉龙、省检验检疫局局长李忠榜、省检验检疫局副局长李峰等参加相关调研或出席座谈。市领导孙金献、薛云伟等一同调研或参加座谈。

6日

△10点30分至11点08分，由中国铁建十七局集团公司承建施工的郑徐客专开兰特大桥跨陇海铁路连续梁转体桥成功对接。郑徐客专开兰特大桥跨陇海铁路连续梁水平转体工程是双幅逆时针同步转体桥，是郑徐客运专线跨度最大的转体连续梁，该连续梁单墩转体桥总重量约为9500吨，转体段梁长125米，转体角度为23度。

△市委书记吴天君到河南中烟工业有限责任公司调研。经开区党工委书记、管委会主任崔绍营，管委会常务副主任史占勇等一同调研。

△市政府办公厅印发通知，向社会公布《郑州市公用事业资产整合实施方案》。

7日

△郑州市召开内环区域有机更新工作专题会议，研究部署内环区域有机更新“3+1”工作专案。市委常委、常务副市长孙金献要求，各级各部门要以商都遗址博物院、文物考古研究院和路劲城市综合体“两院一体”为突破，推动内环区域有机更新工作取得实质性成效。

△全市学习党的十八届四中全会精神培训班和市委中心组学习会在市委党校召开。市委书记吴天君作题为“以十八届四中全会精神为指导，不断提升依法治市科学化水平”的专题辅导报告。市领导王璋、白红战、王林贺等及在郑的副市厅级以上领导出席会议。

9日

△郑州市市长马懿在市政府会见由银川市市长马力带领的政府考察团一行。

10日

△市委书记吴天君主持召开市委常委会议，传达学习贯彻深化平安中国建设会议和全国、全省党委秘书长会议精神，研究郑州市贯彻落实意见。市领导马懿、王璋、胡荃、白红战等出席或列席会议。

11日

△由郑州市牵头，河南省进口物资公共保税中心有限公司与加拿大中华商会就E贸易项目合作建立“加拿大国家馆”签约仪式在郑举行。省委常委、市委书记吴天君，市委副书记、市长马懿等出席签约仪式。加拿大总理亚太经贸顾问兼APEC加拿大代表梁锦华，加拿大中华商会执行会长、加中投资委员会主席、赴河南代表团团长刘世极等出席签约仪式。

12日

△副省长王铁对南水北调郑州段进行调研。省南水北调办主任王小平、副市长杨福平等陪同。

15日

△2014年国际青少年模拟联合国峰会在郑州国际会展中心开幕，来自世界各地的600余名杰出青少年化身“外交官”进行演讲辩论。这是国际青少年模拟联合国峰会首次走入中国。

△由国家旅游局、联合国世界旅游组织和河南省人民政府共同主办的2014中国（郑州）世界旅游城市市长论坛开幕式暨联合国世界旅游组织旅游可持续发展河南省观测站揭牌仪式在郑州国际会展中心举行。省长谢伏瞻、国家旅游局局长李金早、世界旅游组织秘书长塔勒布·瑞法依出席论坛并先后致辞。省领导吴天君、储亚平、赵建才等出席开幕式。副省长张广智主持开幕式。捷克南波希米亚州州长伊日·齐莫拉、柬埔寨暹粒省省长钦班颂、联合国世界旅游组织执行主任祝善忠、国家旅游局副局长吴文学、亚太旅游协会执行理事会主席斯科特·斯伯努等出席开幕式。

16日

△2014中国（郑州）世界旅游城市市长论坛签约仪式举行，签约金额高达120亿元的凤凰国际文化产业园项目将落户郑州中牟绿博文化产业园区，这也是凤凰卫视集团凤凰文化产业落户我国中部地区的首个大型项目。

△作为2014中国（郑州）世界旅游城市市长论坛的重要活动之一，郑州航空港经济综合实验区及河南旅游项目投资合作专题说明会在郑州国际会展中心召开，会上共成功签约60个旅游项目，总投资额近千亿元。其中，郑州市签约项目2个，总投资额126亿元。

△2014中国（郑州）世界旅游城市市长论坛主题大会在郑州国际会展中心举行，来自海内外24个国家63个国际旅游城市的市长或市长代表们会聚一堂，纵论城市旅游新发展。围绕“旅游·城市发展软实力”主题，副省长张广智、联合国世界旅游组织执行主任祝善忠、国家旅游局副局长吴文学、亚太旅游协会执行理事会主席斯科特·斯伯努分别进行精彩演讲。市长马懿、中国旅游研究院院长戴斌，以及来自西班牙、加拿大、捷克、印尼、法国的嘉宾代表分别作了主题发言。会上，马懿宣布世界旅游城市市长联盟成立。

17日

△人社部副部长、国家外国专家局局长张建国到郑州，调研郑州市引进国外智力工作。省人社厅厅长杨盛道，省外国专家局局长郭成全，市委常委、常务副市长孙金献等陪同。张建国一行到郑州机械研究所，实地察看成分分析评定、X荧光光谱等多个实验室，了解其近年来引智工作情况。

18日

△凌晨3点左右，汉堡至郑州的郑欧班列回程车顺利抵达郑州铁路集装箱中心站。搭载的两辆德国生产的路虎揽胜越野乘用车，是郑州市汽车整车进口口岸获国家验收以来首批进口汽车整车。该批汽车抵郑后，标志着郑州市汽车整车进口口岸正式启用。

△“科技梦·中国梦——中国现代科学家主题展”全国巡展在郑州科技馆开幕，省人大常委会副主任蒋笃运、中国工程院院士王家耀、副市长马健出席开幕式。

△正威智能手机产业园投资协议签约仪式在郑州举行，正威国际集团与航空港实验区正式签署正威智能手机产业园项目投资协议。省委常委、常务副省长李克，省委常委、市委书记吴天君，正威国际集团董事长王文银出席签约仪式。

△“中国郑州航空港引智试验区”揭牌仪式在郑州举行。人力资源和社会保障部副部长、国家外国专家局局长张建国，省委常委、市委书记吴天君，副省长王艳玲出席仪式并共同揭牌。

20日

△市政府印发《加强国家公共文化服务体系示范区后续管理工作规划》。

△省会创建全国文明城市工作推进会召开。省委常委、市委书记吴天君，省委宣传部副部长王庆，省文明办副主任李文良出席会议。市委副书记、市政协主席王璋主持会议。市领导白红战、孙金献等出席会议。

△市委副书记、市政协主席王璋带领部分政协委员专题视察郑州市城市精细化管理服务先行区建设。市政协副主席张建国、王顺生等一同视察。

21日

△县级公立医院综合改革工作推进现场会在登封召开。市委常委、

常务副市长孙金献要求，各级各部门要统一思想，凝聚共识，推动县级公立医院改革全覆盖，确保县域群众享受到更高质量的医疗服务。副市长刘东，各县（市）、市直主管单位相关负责人参加会议。

24日

△市政府办公厅印发《郑州市四环道路综合整治实施方案》。

26日

△郑州市召开全市政府机构改革暨全面推进“五单一网”制度改革动员会。市委副书记、市长马懿出席会议并讲话。市委副书记、市政协主席王璋主持会议。副市长马健宣读了市委、市政府关于市政府职能转变和机构改革的实施意见。

△市委书记吴天君带领市直有关单位负责人到中牟县进行调研。吴天君一行先后察看了华强三期、绿博社区、比克新能源和郑州日产扩能等项目建设情况，协调解决项目推进中的困难和问题。

27日

△河南省弗雷森农业装备股份有限公司大功率农业机械装备项目落户经开区。该项目投产后，将成为我国高端农用设备年产能最高的工厂。市委常委、市工业经济科技和安全生产工作领导小组组长、统战部部长王跃华参加启动仪式。

△郑州航空港实验区举行重大项目集中开工仪式，总投资67.1亿元的18个重大项目同时开工，为航空港实验区发展注入新动力。在集中开工的18个项目中，有产业类项目8个，总投资45.7亿元；基础设施类7个，总投资19.6亿元；社会事业类项目3个，总投资1.7亿元。

△省委常委、市委书记吴天君，市委副书记、市长马懿分别会见出席丝绸之路经济带中欧物流枢纽建设交流会的德铁副总裁汉斯·格奥尔格·维尔纳率队的德国代表团，俄铁高级副总裁列谢特尼科夫·瓦列里率领的俄罗斯代表团，白俄罗斯交通运输部首席副部长叶甫盖尼·卢卡乔夫率队的白俄罗斯代表团，哈铁快运总裁叶留巴耶夫·参让尔率队的哈萨克斯坦代表团，就推动丝绸之路经济带中欧物流枢纽建设进一步发展，推动河南、郑州与德国、俄罗斯、白俄罗斯、哈萨克斯坦共建丝绸之路经济带中欧物流枢纽进行了交流。

△市委网络安全和信息化领导小组召开第一次会议，传达学习省委网络安全和信息化领导小组第一次会议精神，安排部署郑州市网络安全和信息化工作。市委书记吴天君主持会议并讲话。会议审议通过了《市委网络安全和信息化领导小组工作规则》《市委网络安全和信息化领导小组近期工作要点》。

28日

△市人大常委会主任白红战带领集贸市场专项整治督导组到郑州市二七区和中原区集贸市场进行现场办公，要求各相关部门按照标准积极整改，为市民提供良好的购物环境。

△丝绸之路经济带中欧物流枢纽建设国际交流会在郑州国际会展中心举行。会议围绕促进丝绸之路经济带“物流便利化、贸易便利化”主题，深入探讨建设丝绸之路经济带中欧物流枢纽发展大计。省长谢伏瞻出席主旨会议并致辞，联合国前副秘书长金永健、国家行政学院原副院长韩康在主旨会议上发言。省委常委、市委书记吴天君出席会议。市长马懿主持会议。

29日

△郑州航空港经济综合实验区中部国际电子商务产业园开园暨签约仪式举行。副省长李亚，市委副书记、航空港区党工委书记胡荃参加开园仪式。中部国际电子商务产业园系航空港区首个电子商务产业基地。该园区总建筑面积46万平方米，共分两期实施，一期总建筑面积约16万平方米，二期总建筑面积30万平方米。

△市委、市政府召开棚户区改造及安置房建设现场观摩会，要求全市上下认真贯彻落实全省城乡一体化示范区建设座谈会精神，加快推进棚户区改造及安置房建设，让全市人民更好地享受到改革发展和城市建设成果。省委常委、市委书记吴天君主持会议并讲话。市委副书记、市长马懿就棚户区改造及安置房建设进行安排部署。

12月

1日

△市委副书记、市长马懿带领市直相关部门负责人，到部分交通重点工程建设现场和部分交通拥堵点，实地察看城区交通秩序综合整治情况。马懿一行先后到文化路大修工程、红专路下穿中州大道工程、纬四路下穿中州大道工程、纬四路打通工程、未来路下穿金水路工程、京广快速路南三环互通立交工程施工现场，认真听取工程进展情况汇报，详细了解工程竣工后对省会交通的改善情况，现场协调解决工程进展中存在的问题。

2日

△全国人大常委会副委员长、农工党中央主席陈竺率领农工党中央调研组一行莅临郑州，就完善村医队伍建设、促进农村医疗卫生事业发展进行专题调研。全国政协副秘书长、农工党中央副主席何维，农工党中央常委、参政议政部部长隋路等参加调研。副省长王艳玲，省政协副主席、农工党省委主委高体健等陪同调研。陈竺一行先后到惠济区新城街道贾河村卫生室、金水区丰庆路街道西史赵村卫生室，走进卫生室诊断室、观察室、药房等地，和医护人员、就诊患者亲切交谈。随后，在西史赵村委会议室，调研组召开座谈会，听取了河南省、郑州市乡村医生队伍建设工作汇报，听取了部分村医代表的发言。

3日

△国务院发布《国务院关于公布第四批国家级非物质文化遗产代表性项目名录的通知》，河南省18个项目成功入选，郑州市登封窑陶瓷烧制技艺入选。

4日

△全国深化集体林权制度改革座谈会在郑州召开。来自国家发改委、财政部、国家林业局、全国各省（自治区、直辖市）及河南省直辖市、直管县（市）林业部门负责人参加会议。国家林业局党组副书记、副局长张建龙出席会议。

5日

△郑州市召开打击和处置非法集资工作视频会议，贯彻落实全省打击和处置非法集资工作电视电话会议精神，安排部署郑州市工作。市委书记吴天君主持会议并讲话，市长马懿进行安排部署。

△市政府印发通知，向社会公布《郑州市城市河流清洁行动实施方案》。

△农业部副部长余欣荣一行莅临郑州，就郑州市都市农业情况进行调研。副省长王铁、省农业厅厅长朱孟洲等陪同调研。余欣荣一行到位于惠济区的郑州市毛庄绿园蔬菜基地，走进大棚，向工作人员详细了解基地的情况以及冬季蔬菜种植的情况。

9日

△市直机关党务工作会议召开，市委书记吴天君强调，市直单位党组（党委）书记、副书记和纪检组长（纪委书记）要进一步统一思想、明确职责、强化责任，认真贯彻中央党要管党、从严治党的要求，更好地立足党建、履职尽责，围绕中心、服务大局。市委副书记、市政协主席王璋主持会议。

△市委副书记、市长马懿带领市直相关部门负责人，到部分交通重点工程建设现场和交通拥堵点，实地察看城区交通秩序综合整治情况。马懿一行先后到经三路、城东路下穿金水路隧道工程，未来路下穿金水路隧道工程，纬四路道路打通、扩建及金水河桥新建工程施工现场，认真听取工程进展和施工方案情况汇报，详细了解工程竣工后对省会交通的改善情况，现场协调解决工程进展中存在的问题。

△市委副书记、市长马懿带领市直相关部门负责人，到二七区救助站、二马路市农村人力资源中心市

场，实地察看务工失助流浪人员帮扶工作。副市长吴忠华等陪同调研。

10日

△市政府印发《郑州市政府热线资源整合工作实施方案》。

△全市易地扶贫搬迁推进会召开。市委书记吴天君强调，要以易地扶贫搬迁为抓手，坚持旅游引领、政府主导、市场化运作、全社会受益，向贫困宣战，让贫困群众与全市人民一道实现小康。市委书记吴天君主持会议并讲话，市委副书记、市长马懿就全市扶贫开发工作进行总结和部署。

△全市加快全域旅游产业发展大会召开，贯彻落实国务院关于加快旅游业发展改革若干意见，分析全市旅游产业发展形势，就旅游产业升级、推进全域旅游发展进行安排部署。市委书记吴天君主持会议并讲话，市委副书记、市长马懿就全市旅游工作进行总结部署。

11日

△科学大道西延快速通道工程正式通车。今后市民沿北三环、科学大道向西，将有一条时速80公里、双向6车道的快速路直通荥阳、上街。

12日

△21：00，郑州商品交易所正式启动夜盘交易。

△郑州市召开革命老区工作座谈会，传达贯彻中央、省委和市委关于加快革命老区发展的指示精神，对做好郑州市革命老区工作和老促会工作再动员、再部署。市委副书记、市政协主席王璋出席会议并讲话，副市长杨福平主持会议并就会议精神贯彻进行安排。

△郑州市政府、郑州海关、省出入境检验检疫局共同召开郑州市电子商务产业发展推进会。会议围绕贯彻落实习近平总书记对郑州提出的向“买全球、卖全球”目标迈进的指示精神和省委、省政府关于郑州建设国际商都的战略构想，动员全市上下进一步统一思想、抢抓机遇、科学谋划、创新发展，以跨境贸易电子商务为引领全面推进郑州电子商务产业健康快速发展，努力把电子商务产业打造成为郑州都市区的重要支撑产业、国际商都的战略支点、郑州转型发展的强大引擎。市委书记吴天君主持会议并讲话，市委副书记、市长马懿就电子商务产业发展进行总结部署，市委常委、副市长薛云伟就会议有关情况和出台的政策文件进行通报说明。

13日

△市委书记吴天君带领市直有关部门负责人，调研督察文化路大修、下穿中州大道隧道和陇海快速路建设等畅通郑州重点工程。副市长张俊峰一同调研。

△中纪委宣传部常务副部长杨小平莅郑，调研郑州市反腐倡廉宣传教育工作。省委常委、省纪委书记尹晋华，省委常委、市委书记吴天君等陪同调研。杨小平先后到市纪检监察电化教育中心、廉政教育谈话场所——“清风茶社”“@清风郑州”政务微博发布平台，认真听取情况介绍，详细了解郑州市在反腐倡廉宣传教育工作方面的做法、经验，并观看了大型廉政电视动画片《警醒》。

15日

△随着南水北调水进入郑州市刘湾水厂，河南省南水北调工程正式通水。国务院南水北调办主任鄂竟平，省委书记、省人大常委会主任郭庚茂，省委副书记、省长谢伏瞻，省委常委、省委秘书长、省人大党组书记刘春良，省委常委、省军区政委周和平，省委常委、市委书记吴天君等出席通水仪式。

△市委书记吴天君带领市直有关单位负责人到航空港实验区调研督察重点工作、重大项目推进情况，并召开座谈会，听取相关情况汇报。吴天君强调，要围绕全年目标任务全力冲刺，持续“一个专案，三大片区，三个十重点工作”思路，破解发展障碍，全面加快推进航空港实验区建设。郑州市电力公司总经理张中青出席座谈会。

16日

△市委副书记、市政协主席王璋带领市十个专项整治指挥部指挥长、市文明办相关负责人，对全国文明城市创建工作进行实地督导检查并召开现场会。

△由中国铁路总公司牵头组织的中欧班列国内第二次协调会在郑召开。郑州、重庆、成都、武汉、苏州等地中欧班列运营平台企业负责人应邀参会，共同探讨国内中欧、中亚班列未来发展计划。市委常委、副市长薛云伟参加会议。

△省委常委、市委书记吴天君主持召开由县（市）区、市直机关、部分基层干部参加的座谈会，围绕省委、市委及个人在贯彻执行民主集中制，遵守党的政治纪律、组织纪律、廉政纪律，落实中央八项规定精神和河南省20条意见，教育实践活动整改落实，坚持原则、敢于担当、履职尽责、克难攻坚，推进改革发展等方面的情况，征求意见建议。市领导胡荃、郭锝昌等参加座谈会。

17日

△郑州市召开贯彻执行中央八项规定精神、省委省政府若干意见和市委市政府二十条规定第一次联席会议。市委副书记、市政协主席王璋，市委常委、市纪委书记郭锝昌出席会议并讲话。

18日

△“正信互联网金融超市”创新金融产品发布会在郑州举行。备受中小企业期待的创新系列金融产品——让“信用变成财富”的“授信贷”正式诞生。

△郑州市城市精细化管理服务先行区工作动员会召开，贯彻落实中央经济工作会议精神，突出民生改善，全面提升城市建管水平，努力让群众生活更美好。市委书记吴天君主持会议并讲话，市长马懿对城市精细化管理服务工作进行全面部署。

△市委书记吴天君在郑会见酷派集团常务副总裁李斌一行，双方就进一步加强沟通、寻求合作进行了充分洽谈。

20日

△中华复兴之路暨绿博游客服务中心奠基仪式在绿博文化新城举行。副省长张广智，市委副书记、市长马懿，深圳华强集团总裁梁光伟等出席奠基仪式。

△郑州“华夏历史文明传承创新示范区”第五、六期项目签约仪式在郑州举行。省委常委、市委书记吴天君，副省长张广智，市委副书记、市长马懿，深圳华强集团总裁梁光伟等出席签约仪式。

23日

△市委副书记、市长马懿会见到郑考察的广东龙浩集团总经理赵继光及广东龙浩集团执行董事、广东龙浩航空集团总经理陈旭光一行。

△在河南省老年医养联盟高峰论坛暨郑州市第九人民医院老年关爱病房大楼启用之际，市九院向市红十字会捐赠100万元，用于老年心脏病患者专项救助。省卫生计生委副主任黄玮、副市长刘东等出席启动仪式。

25日

△《郑州市林业产业发展规划》通过市政府组织的专家评审，来自国家林业局、省林业厅的专家和市有关部门负责人参加评审会。市领导王林贺出席会议。

△中国（上海）自由贸易试验区14项海关监管创新制度推广推介会在郑州经济技术开发区举行。市委副书记、市长马懿，郑州海关关长郑汉龙出席会议并致辞；市委副书记、航空港经济综合实验区党工委书记胡荃，市委常委、副市长薛云伟等出席会议。

△中国（郑州）国际大宗商品产业园开工仪式在郑州航空港经济综合实验区举行。这也是首个国际大宗商品产业园在河南省开建。市委副书记、航空港经济综合实验区党工委书记胡荃等出席仪式。

△第十一届中国（郑州）国际园林博览会筹办工作暨“千日行动”动员会召开。市领导吴天君、马懿等出席会议。市委副书记、航空港经济综合实验区党工委书记胡荃主持会议。

副市长张俊峰就园博会筹办工作进行安排部署。

26日

△市委副书记、市长马懿在市政府会见由柬埔寨金边市市长巴速杰德旺率领的考察团一行。

△省委第一巡视组巡视郑州市情况反馈会召开。省委第一巡视组组长穆煜山代表巡视组向郑州市领导班子反馈巡视情况，省委常委、市委书记吴天君主持会议并作表态发言。

△市委书记吴天君主持召开全市领导干部会议，传达学习贯彻中央经济工作会议精神和省委九届八次全会、省委经济工作会议、全省党员领导干部会议精神，要求全市上下增强认识新常态、适应新常态、引领新常态的自觉性、主动性和创造性，为谋划推进好新常态下较长一个战略阶段的工作打好思想基础。市领导胡荃、白红战、高建慧、郭锝昌等及在郑的副市级领导干部出席会议。

△中原银行开业仪式在郑东新区中科大厦举行，国内城商行"巨无霸"、河南省唯一省级法人银行正式亮相。省委副书记、省长谢伏瞻为中原银行揭牌。

27日

△作为郑州航空港经济综合实验区的首个城市地标性建筑，总投资16亿元的中部国际设计中心项目正式开建。该项目建成后，将成为集研发、展示、制作功能为一体的一站式设计创意综合体。市委副书记、航空港经济综合实验区党工委书记胡荃等出席开工仪式。该项目由曾获得"普利兹克建筑奖"的英籍女设计师扎哈·哈迪德设计。项目总建筑面积约22万平方米。

△市委召开全市抓基层党建专项述职评议会议，深入学习贯彻全省省辖市市委书记抓基层党建工作述职评议会议精神，对15个开发区、县（市）区党（工）委书记抓基层党建工作进行述职评议。市委书记吴天君主持会议并讲话。省委组织部副部长周斌出席会议并作点评讲话。市领导马懿、王璋等出席会议。

△河南进口肉类指定口岸项目在郑州航空港经济综合实验区北部综合服务区正式开建。该口岸是中国内陆地区首个获得国家质检总局批准的进口肉类指定口岸。市委副书记、航空港经济综合实验区党工委书记胡荃等出席开工仪式。该项目位于龙中公路以北、双湖大道以南、雁鸣路以东、万三公路以西，首期规划占地面积5.33公顷，总投资1.5亿元。

28日

△8时40分，河南省首条城际铁路——郑开城际铁路正式开通运营。

29日

△"郑州1号"下线升空。河南啸鹰航空飞机组装与试飞项目是河南省第一家通用航空飞机制造项目，穆尼飞机"郑州1号"正式下线，成为郑州市、河南省通用航空产业发展史上的里程碑。河南美景集团是第一家收购美国飞机制造企业的中国民营企业。"郑州1号"成功下线，不仅提升了河南通用航空事业发展品质，还填补了中原通用小飞机空白。

30日

△市政府与中国电信河南分公司正式签署"智慧市场"战略合作框架协议。市委常委、副市长薛云伟出席签约仪式。

△作为郑州航空港经济综合实验区标志性工程，总投资270亿元的绿地会展城项目正式奠基。该项目一期建设规模为40万平方米，项目建成后，郑州会展场馆规模将跃升至中部首位。

31日

△宇通客车股份有限公司与中兴通讯股份有限公司在郑州举行签约仪式，双方将在新能源汽车无线充电领域展开合作，共同推进新能源汽车产业的发展。市委副书记、郑州航空港经济综合实验区党工委书记胡荃，副市长马健，宇通客车董事长汤玉祥，中兴通讯董事长侯为贵等出席活动。

△市委、市政府召开棚户区改造及安置房建设现场观摩会，要求全市上下进一步深化认识推进新型城镇化、抓好棚户区改造和安置房建设工作的科学性、必要性，坚定信心，坚定不移推进棚户区改造和安置房建设。市委书记吴天君主持会议并讲话。市领导王璋、胡荃、白红战等参加观摩或出席会议。

党政机构

中国共产党

综述

【概况】 2014年，中共郑州市委认真贯彻落实党的十八大和十八届二中、三中、四中全会精神，坚持以郑州航空港经济综合实验区建设为统揽，紧紧围绕“三大一中”战略定位，着力“抓改革、强投资、调结构、求提升”，以郑州都市区建设为载体，以新型城镇化引领、现代产业体系构建和以网格为载体的“坚持依靠群众、推进工作落实”长效机制建设“三大主体”工作为抓手，坚持开放创新双驱动，扎实开展党的群众路线教育实践活动和巡视反馈意见整改落实工作，深入推进依法治市，统筹推进经济建设、政治建设、文化建设、社会建设、生态文明建设和党的建设，实现了经济社会又好又快发展。

全年全市实现地区生产总值6783亿元，比上年增长9.5%；规模以上工业增加值完成3094亿元，比上年增长11.2%；全口径财政收入2147.3亿元，同比增长15.6%；公共财政预算收入833.9亿元，比上年增长15.2%；固定资产投资5259.6亿元，比上年增长20.1%；社会消费品零售总额2913.6亿元，比上年增长12.7%；城镇居民人均可支配收入29095元，比上年增长9.3%；农民人均纯收入15470元，比上年增长10.4%。郑州市被授予国家卫生城市、国家森林城市、全国七星级慈善城市等荣誉称号，城市知名度、美誉度进一步提升。

【新型城镇化建设】 2014年，郑州市坚持以人的城镇化为核心，科学推进新型城镇化建设，城镇化率提高到68.3%。坚持规划引领，进一步完善都市区规划体系，完成“三规划一设计”编制。按照“中心城市带动、县域组团发展、产业集聚区支撑、统筹社区建设”的工作思路，突出产业集聚区建设、畅通郑州工程、大棚户区改造、县域组团开发、新市镇建设和配套改革，加快新型城镇化步伐。城市轨道交通、大“井字+环线”快速路网、10条市域快速通道、16个高速出入市口建设和266条断头路打通等工程有序推进，一大批水电气暖基础配套工程落地建设。坚持“产业为基、就业为本”和“政府主导拆迁安置”“四不拆”“六确保”原则，稳步推进包括城区、镇区、产业集聚区规划区及周边3公里区域城中村改造、合村并城、工矿区改造在内的大棚户区改造，优先推进贫困山区、黄河滩区、煤矿塌陷区和干线公路两侧1公里区域内村庄改造，规划实施了历史文化风貌特色村保护提升工程，同步实施了农村集体经济股份制改革和“村”改“居”改革，加快农业转移人口市民化步伐，确保群众近期得实惠、长远有保障。

【现代产业体系构建】 2014年，郑州市按照“一区一主业”的原则，以产业集聚区、商务中心区、特色商业街区为载体，以战略性支撑产业为引领，以战略性企业（集团）和千亿级产业集群培育为抓手，加快现代产业结构优化调整。全市工业七大主导产业增加值2155.3亿元，增长13.2%，占规模以上工业增加值的69.7%，战略新兴产业在工业中的占比首次超过六大高耗能产业占比，工业结构调整实现重大突破；启动国际商都规划，服务业“十中心”建设加快推进；粮食生产稳定增收，以加工型龙头企业为带动的现代都市农业发展步伐加快。

【“坚持依靠群众、推进工作落实”长效机制建设】 2014年，中共郑州市委进一步深入推进以网格为载体的“坚持依靠群众、推进工作落实”长效机制建设，通过差异化职责促进条块融合，通过信息化手段实现上下联动，通过制度化创新贯彻群众路线，进一步在基层建立完善以党组织为核心，政府公共服务、市场监管、社会管理、环境保护和群众自治有效衔接、互为支撑的基层治理结构。坚持从实际出发，通过实践来发现工作中存在的问题和薄弱环节，查遗补漏，改进完善。大力开展网格化管理标准化体系建设，不断提升各项工作运行机制的科学性和有效性。围绕加强“三支队伍”的建设和管理，制定了《郑州市直职能部门下沉人员管理暂行办法》等制度，修订了《郑州市群众工作队管理暂行办法》，逐步形成一套比较完善的长效机制运行机制。以强有力的稽查促管理、促履职、促融合，组建了专职效能稽查队伍，重点稽查下沉人员履职情况。充分发挥媒体的监督作用，组建专门班子收集整理各类媒体

2014年1月21日，省委常委、市委书记吴天君调研郑州市汽车产业发展情况

曝光的发生在郑州的案（事）件和城市管理漏洞，倒查下沉人员履职情况。积极创新群众评价形式，促进工作队履职尽责。至2014年年底，全市共建立一级网格186个、二级网格2681个、三级网格13869个，下沉人员45388人；全市共排查出两大类20项问题995306个，办结（调处）975120个，办结率达到97.97%。

【改革开放与招商引资】 2014年，中共郑州市委突出问题导向、市场导向、需求导向，坚持“长短结合、以点带面、率先突破、引领示范”的原则，确立“一先三破四抓六围绕”的全面深化改革思路。大力推进航空港实验区改革先行先试示范区建设，制定并实施了实验区体制机制创新总体方案及7个专项配套改革方案，全面落实深化实验区与省266项直通车事项，初步构建起了“小政府、大服务”的工作运行体制。着眼于简政放权、理顺政府与市场的关系，统筹推进行政审批制度改革、“两集中、两到位”改革和政府机构改革。着眼于提高政府性资源配置能力，深化土地管理制度改革，实施国有经营性用地使用权网上交易招拍挂，加大对存量闲置土地盘活整治力度，节约集约用地水平持续提升；深化投融资体制改革，健全完善了“立、融、用、管、还”的全产业链发展模式，初步形成层次合理、机制完善、运转高效、风险可控的现代投融资体系。着眼于激发市场主体活力，探索建立产业发展基金和股权投资资金，河南豫商汽车产业投资有限公司正式运营，吸引社会资本参与融资20亿元；持续深化金融支持小微企业体制机制改革，构建形成了政、银、保、企协调联动、互促共赢的新格局，政府在推动产业发展中的引导和撬动作用得到进一步发挥。着眼于推进“人”的城镇化，深化以就业为核心，以依附于就业的“五险一金”自由转移为基础，以住房、教育等城镇公共服务逐步覆盖常住人口的制度创新，统筹推进户籍制度改革。同时，持续推进社保“五险合一”、保障性住房“三房合一”、市属国有企业改革、财税体制改革、国库集中支付改革扩面等改革，改革红利得到不断释放。

【民主法治建设】 2014年，中共郑州市委扎实开展十八届四中全会精神的学习宣传。用十八届四中全会精神统一思想，提高全市领导干部运用法治思维和法治方式深化改革、推动发展、维护稳定、治党管党的思想自觉和能力水平。同时，结合普法教育，深入开展党的十八届四中全会精神宣传活动，营造了浓厚的舆论氛围和社会氛围，引导全社会树牢法治观念、增强法律意识。加强对人大、政协工作的领导。制定出台了一批文件，支持人大依法监督、政协民主监督，加强对权力的制约和监督。深入推进法治政府建设，探索推行以“政府权责清单、行政审批事项清单、企业投资项目管理负面清单、行政事业性收费清单、政府性基金清单和构建全市统一的政务服务网”为主要内容的“五单一网”制度改革，推进政府机构、职能、权限、程序和责任的法定化、规范化。切实加强和改进对司法工作的领导。支持司法机关依法独立公正行使审判权和检察权，依托网格化完善了以基层警务室为核心、与基层法庭和社区居委会紧密结合的基层人民调解网络体系。同时，支持各社会团体依照章程开展工作，工会、共青团、妇联等人民团体的作用得到较好发挥，统战工作、双拥工作得到了进一步加强。

全市学习党的十八届四中全会精神培训班在市委党校举行

【城市软实力建设】 2014年，郑州市城市软实力建设各项工作进一步深入推进。深化文明郑州建设，以迎接全国文明城市、国家卫生城市和国家园林城市届满复审为契机，广泛发动群众开展精神文明创建活动，积极营造“做文明人、办文明事”的浓厚氛围，全社会文明程度得到进一步提升。加快推进文化事业和文化产业发展，郑州大剧院、方特梦幻王国等文体事业和产业项目加快推进；郑州蝉联全国七星级慈善城市，城市软实力进一步增强。

【美丽郑州建设】 2014年，郑州市始终坚持人民对美丽生活的向往就是工作的方向。坚持财政向民生领域倾斜，民生支出658.8亿元，占预算支出的71.7%。支持文化发展，《琵琶记》获得第三届中国豫剧节“剧目奖”第一名。加强平安郑州建设，积极开展信访突出问题集中整治活动，深入开展社会治安综合治理，深化生产安全、食品安全、交通安全综合整治，社会大局保持基本稳定。加快美丽郑州建设，研究制定《美丽郑州建设规划（2014-2020年）》，大力实施“蓝天碧水”工程，成功创建国家森林城市、国家生态文明先行示范区，全国水生态文明试点城市建设有序推进。积极推进就业创业，发放小额担保贷款10亿元，新增城镇就业15.3万人，农村劳动力转移就业11.4万人。优化教育资源配置，新建幼儿园60所，新增学位1.94万个，市区新建改扩建中小学校34所，新增学位4.86万个，5.56万进城务工人员随迁子女实现“应入尽入”。加强社会保障，城乡居民基本养老金、企业退休人员基本养老待遇、城乡低保对象等生活困难群众保障标准进一步提高。公共卫生服务均等化水平显著提高，片医特色基层卫生服务体系日趋完善。全面落实“单独二孩”生育政策，人口自然增长率为5.9‰。深入实施文化惠民工程，基层公共文化设施和公共文化服务体系不断完善，大运河通济渠郑州段被列入《世界遗产名录》，成功举办黄帝故里拜祖大典、国际少林武术节等重大活动。加强生态环境保护，编制实施《美丽郑州规划》。全国水生态文明试点城市建设加快推进，重点河道拦蓄水、重点水系生态修复提升和引水入密等工程相继开工，南水北调主干渠按期通水。

【党的建设】 2014年，中共郑州市委严格落实党要管党、从严治党的政治责任和党风廉政建设“两个责任”，层层传导压力，切实加强对党建工作的领导。

（一）扎实开展教育实践活动。紧紧围绕“为民、务实、清廉”主题，以“一学三促四抓”为抓手，聚焦反对“四风”，以兰考为标杆，坚持围绕“六问六带头”照镜子，按照“围绕群众生活的服务、经济社会发展的服务和维护群众合法权益的服务查找工作问题，围绕工作问题查找作风问题，围绕作风问题进行整改”的“三围绕”查摆问题，将教育实践活动整改、中央巡视反馈意见整改和全面深化改革“三改合一”，建立台账，立行立改，全市共确定整改事项16606项，已完成立行立改事项14194项，制定出台《关于整治“文山会海”的18条规定》等9个方面56项制度，其余整改事项都已建立台账，按计划有序推进。

（二）深化领导班子建设。圆满完成了市人大、市政府、市政协换届工作，班子结构得到了进一步优化，换届纪律知晓率和换届风气满意率测评值均达98%以上。认真落实省委关于县级以上领导班子“四项制度”建设的部署，狠抓民主集中制、党内政治生活常态化制度、干部选拔任用制度、反腐倡廉体制机制的完善和落实，提高了各级领导班子民主科学决策和自我净化提升能力。

（三）深化干部人事制度改革。认真贯彻新修订的《党政领导干部选拔任用条例》，严格落实干部选拔任用“一报告两评议”，先后出台《郑州市市管领导班子和领导干部政绩考核评价试行办法》《郑州市市直部门年度综合目标考核评价办法》《郑州市县（市）区综合工作考核暂行办法》等文件，健全了“责权相一致、管事与管人相统一、平时考核与年度考核相结合”的干部考核制度，进一步完善经济社会主战场选拔使用干部制度，形成了优秀干部凭业绩自动生成机制。

（四）强化服务型基层党组织建设。全面推进区域化党建，初步构建起了以乡镇（街道）党（工）委为核心、村（社区）党支部为基础，覆盖属地各级机关、企事业单位、“两新”组织的横向统筹的区域化党建体系；强化教育管理，注重发挥基层党组织的政治核心作用和党员的先锋模范作用，狠抓软弱涣散基层党组织整顿工作，252个软弱涣散党组织得到了有效加强；依托网格化管理，加强群众工作队、市直县直下沉人员、乡镇下沉人员“三支队伍”建设，大力推进以“4+2”工作法为重点的基层民主决策机制，以社区警务室为核心、与基层法庭和社区居委会紧密结合的基层人民调解网络体系，以“一刻钟便民服务圈”为支撑的便民服务体系，以扩大村级政务公开为抓手的基层党风政风监督检查机制“四项基础制度”建设，基层服务型党组织建设实现了新的提升。

（五）切实加强反腐倡廉建设。制定了《落实党风廉政建设党委主体责任和纪委监督责任的实施意见》，完善了党风廉政建设责任落实体系。按照“加强教育、强化预防、及时警醒、查早查小，坚决防止影响恶劣的腐败分子产生”的理念，进一步完善廉政教育机制、反腐倡廉制度体系、权力运行监控机制，先后开展了领导干部为官不作为专项治理、领导干部亲属违规经商办企业、领导干部收送红包礼金、落实八项规定等专项治理。加大案件查处力度，截至年底，各级纪检监察机关共初核案件线索1203件，党政纪处分1345人，其中县处级干部64人，保持了反腐败斗争的高压态势。

（刘跃亭　司现仓　吕志坡　岳　嵩）

重要会议

【市委十届六次全体（扩大）会议】 2014年1月4日，市委十届六次全体（扩大）会议在嵩山饭店召开。市委常委吴天君、马懿、王璋、胡荃、高建慧、李公乐、郭锝昌、孙金献、刘贵新、王哲、薛云伟、王跃华、黄保卫、张建慧出席会议。会议由市委常委会主持。

会议的主要任务是深入学习贯彻党的十八大、十八届二中、三中全会和中央经济工作、中央城镇化工作会议及省委九届六次全会、省委经济工作会议精神，总结2013年工作，分析当前形势，安排部署2014年各项工作，动员全市上下抢抓改革发展机遇，突出“三大主体”工作，努力夺取以航空港实验区为统揽的郑州都市区建设新胜利，为实现“三大一中”奠定基础，为建设“四个河南”、推进“两项建设”做出新的更大的贡献。

市委十届九次全体（扩大）会议召开

全会指出，当前，郑州市既处于“爬坡过坎、攻坚转型”期，又处于“抢抓机遇、奠定基础、确立地位”的关键期。结合全市实际，2014年工作的总体要求是：全面贯彻党的十八大、十八届二中三中全会精神和省委关于“调中求进、变中取胜、转中促好、改中激活”、打造“四个河南”、推进“两项建设”的决策部署，围绕“三大一中”战略定位，“抓改革、强投资、调结构、求提升”，突出“三大主体”工作，推进以航空港实验区为统揽的郑州都市区建设，全面完成郑州都市区建设三年行动计划，促进经济持续健康发展、社会和谐稳定。

全会指出，要把握机遇，突出重点，推进郑州深化改革、加快转型、跨越发展。要突出航空港实验区、各类产业集聚区、中心城区和县城组团等重点区域发展，带动形成重点突破、整体推进的发展局面；要突出重点领域改革，继续深化“六统一”改革、产业集聚区套合管理改革、行政审批改革、投融资改革、主战场选拔使用干部制度改革等，增强区域发展内生动力；要突出重点产业培育，在持续推进工业七大主导产业和“6+2”基地、服务业七大主导产业和“十中心”建设的基础上，突出四大战略支撑产业，构建具有较强核心竞争力的现代产业体系；要突出重点项目建设，做优增量，做大总量，增强发展后劲；要突出重点民生工程实施，以畅通郑州工程和生态环境建设为重点，落实好各项民生实事工程。

全会强调，要深入贯彻落实中央城镇化工作会议和省委九届六次全会精神，以科学发展观为指导，以人的城镇化为核心，坚持“一个主体两个载体”的“三位一体”统筹城乡发展理念，按照“中心城市带动、县城组团发展、产业集聚区支撑、统筹社区建设”的思路，强化“一基本两牵动”，加快推进城乡一体化步伐，走好以新型城镇化为引领的“两不牺牲、三化协调、四化同步”科学发展路子。

【市委十届八次全体（扩大）会议】 2014年4月23日，市委十届八次全体（扩大）会议在嵩山饭店召开。市委常委吴天君、马懿、王璋、胡荃、高建慧、李公乐、郭锝昌、孙金献、刘贵新、王哲、王跃华、黄保卫、张建慧出席会议。会议由市委常委会主持。

会议的主要任务是深入学习贯彻党的十八届三中全会和省委九届七次全会精神，研究部署郑州市全面深化改革工作，动员全市上下进一步统一思想、凝聚共识，把改革创新的理念贯穿到经济社会发展全过程，努力在新一轮改革中走在全省乃至全国前列，争创以航空港实验区为统揽的郑州都市区建设体制机制新优势，为打造“四个河南”、推进“两项建设”，实现中原崛起、河南振兴、富民强省做出省会城市应有的贡献。

全会强调，结合郑州实际，推进全面深化改革，要坚持问题导向、市场导向、需求导向，坚持“长短结合、以点带面、率先突破、引领示范”，突出抓好“一先三破四抓六围绕”改革部署。“一先”即推进航空港实验区体制机制改革的先行突破，打造全省深化改革、体制创新的示范区；“三破”即坚决破除“左、旧、偏”思想障碍，切实解决好不敢改、不愿改、不会改的问题，为全面深化改革奠定良好的思想基础；“四抓”即抓好国家、省已确定改革事项的贯彻落实、上级探索性改革事项的试点争取、权限范围内改革事项的突破创新、已实施改革措施的深化提升；“六围绕”即围绕打造富强郑州深化经济体制改革、围绕打造文明郑州深化文化体制改革、围绕打造平安郑州深化社会体制改革、围绕打造美丽郑州深化生态文明体制改革、围绕推进社会主义民主政治制度建设深化政治体制改革、围绕加强和提高党的执政能力建设深化党的建设制度改革。

全会指出，各级党委要强化主体责任，充分发挥总揽全局、协调各方的领导核心作用，切实加强组织领导，强化责任落实；要科学把握改革的战略重点、优先顺序、主攻方向，正确、准确、协调、有序推进改革；要积极营造爬坡过坎、深化改革的工作氛围，处理好整体稳定有序与鼓励解放思想、推进改革的关系；要坚持全面深化改革与党的群众路线教育实践活动相结合，坚持依靠群众推进改革。

市委十届六次全体（扩大）会议召开

【市委十届九次全体（扩大）会议】 2014年7月20日，市委十届九次全体（扩大）会议召开。市委常委吴天君、马懿、王璋、胡荃、高建慧、郭锝昌、孙金献、刘贵新、王哲、薛云伟、王跃华、张建慧出席会议。

会议的主要任务是学习贯彻中共中央总书记习近平系列讲话特别是河南调研讲话精神、全省市厅级主要领导干部研讨班精神和省委、省政府7月8日航空港实验区调研督察会议精神，总结工作，分析形势，就落实省委、省政府打造“四个河南”、推进“两项建设”的决策部署，实施开放创新双驱动战略，推进“三大主体”工作上台阶，提升以航空港实验区为统揽的郑州都市区建设水平进行研究部署。

全会要求，全市上下要把握省委、省政府确定的“总坐标”“总要求”“总方略”，围绕“三大一中”战略定位，坚定不移实施开放创新双驱动战略，突出抓好大都市区建设、航空港实验区建设等十大发展重点，推进“三大主体”工作上台阶，全面提升郑州都市区建设水平。围绕“三大一中”战略定位，就是要抢抓航空港实验区机遇，建设大枢纽、发展大物流、培育大产业，加快以国际商都为特征的国家中心城市建设。实施开放创新双驱动战略，就是要把开放创新作为发展的主导战略，贯穿到经济社会发展的各领域、全过程。推进“三大主体”工作上台阶，就是要在持续推进“三大主体”工作行动计划的基础上，着力在三个方面求提升：一是以新型城镇化为引领，以综合交通枢纽、生态环境、四类社区、市民服务中心为支撑，以网格化管理长效机制为载体，加快建设自然之美、社会公正、城乡和谐的现代田园城市；二是以人才引进培育为引领，以“两基金一扶持”（产业投资基金、风险投资基金、要素配套政策扶持）为支撑，以创新创业综合体和科技型企业为载体，建设科技自主创新体系，增强内生发展动力；三是以E贸易和期货交易所为引领，以综合交通、信息枢纽和综合性大口岸等政府性要素平台为支撑，以空港、陆港、产业集聚区、商务中心区、特色商业街区为载体，构建以信息经济和智慧经济为统领、以先进制造业和高成长服务业为主体的现代产业体系，建设国际化商都。

全会指出，实施开放创新双驱动战略，是市委、市政府立足郑州都市区新的发展阶段、加快推进经济转型升级、全面构筑科学发展新优势的战略决策。在开放方面，要坚持以丝绸之路经济带物流枢纽建设为引领，以国际化多式联运体系建设为支撑，以多元化交易平台建设为载体，以现代化产业体系建设为基础，积极发展“两链一区”，加快构建国际化营商环境，培育形成人流、物流、资金流、信息流汇集的内陆开放高地，努力打造“买全球、卖全球”的国际化商都。在创新方面，要以企业为主体，以人才引进培育为引领，以“两基金一扶持”为支撑，以创新创业综合体为载体，着力构建产学研政资介相结合的科技创新体系，加快建设国家创新型城市。

【市委常委会议】 2014年1月29日，省委常委、市委书记吴天君主持召开市委常委会，传达学习中共中央总书记习近平重要批示精神和关于党风廉政建设的系列讲话精神，研究全市贯彻落实工作。会议指出，全市各级各部门党委（党组）要在思想上、政治上、行动上同党中央保持高度一致，从讲政治、顾大局、守纪律的高度，切实增强贯彻执行党的路线方针政策、中央重大决策及省委各项工作部署的坚定性、自觉性，强化主体责任，发挥领导核心作用，确保政令畅通。各级党员领导干部要切实增强做好反腐败工作的责任感和紧迫感，按照中纪委三次全会、省纪委四次全会的部署，结合郑州市实际，坚持“加强教育、强化预防、及时警醒、查早查小，坚决防止影响恶劣的腐败分子产生”的指导思想，坚决把党风廉政建设和反腐败斗争进行到底。

2月27日，省委常委、市委书记吴天君主持召开市委常委（扩大）会议，集中学习中共中央总书记习近平和省委书记郭庚茂分别在中央、省委第一批党的群众路线教育实践活动总结暨第二批活动部署会议上的讲话精神。吴天君强调，全市上下要认真学习、深刻领会讲话精神，深入借鉴第一批活动的重大成果，准确把握第二批活动的目标任务，切实抓好贯彻落实。一要提高认识、端正态度；二要静下心来深入学习，提升认识水平，为改进作风、纠正“四风”打牢思想基础；三要抓好“群众三评”，查摆问题、“梳好辫子”；四要落实“四抓”，拉单子、促整改；五要加强督导指导，推进联系点党的群众路线教育实践活动扎实开展。

3月17日，省委常委、市委书记吴天君主持召开市委常委会，传达学习贯彻全国“两会”精神和习近平总书记在参加全国人民代表大会安徽代表团审议时的重要讲话精神。会议指出，习近平总书记3月9日在参加安徽代表团审议时对各级领导干部提出了“严以修身、严以用权、严于律己，谋事要实、创业要实、做人要实”的“三严三实”要求，具有很强的针对性和指导性。全市上下要结合正在开展的党的群众路线教育实践活动，把学习贯彻“三严三实”要求作为教育实践活动的重要内容，对照反思，深刻剖析，切实增强自觉性和主动性，不断把教育实践活动引向深入。

3月31日，省委常委、市委书记吴天君主持召开市委常委会，传达学习贯彻省委九届七次全会精神和省委书记郭庚茂参加第一组讨论时的讲话精神。会议指出，省委全会对全省全面深化改革工作进行了科学部署，为郑州市推进全面深化改革提供了基本遵循。特别是省委书记郭庚茂在第一组分组讨论时，明确要求郑州在全省率先改革，并提出了一系列新的工作要求，充分体现了省委、省政府对郑州的高度重视、信任和期望。全市上下要充分认识郑州的责任担当，以高度的政治自觉、思想自觉和行动自觉，坚定不移地推进各项改革。

4月14日，省委常委、市委书记吴天君主持召开市委常委（扩大）会议，传达学习全省产业集聚区建设工作会议精神。会议指出，全市上下要认真学习会议精神，深刻领会，切实抓好贯彻落实。此次会议上，郑州市产业集聚区建设各项评价排序名列前茅，处于领先位置。对此，既要看到成绩，坚定信心，又要看到郑州的责任担当和发展中存在的不足及差距，保持头脑清醒，进一步增强责任感和紧迫感，紧紧抓住航空港实验区建设的历史性机遇，坚持不懈、锲而不舍地抓好各项工作任务的推进落实。

6月23日，省委常委、市委书记吴天君主持召开市委常委（扩大）会议，深入学习贯彻落实习近平总书记视察河南讲话精神和省委、省政府工作部署。会议强调，要突出工作重点，坚持项目支撑，推进经济社会发展十大重点工作实现新突破。一是推进大都市建设。突出抓好畅通郑州工程、大棚户区改造、12平方公里的内环线区域有机更新改造、以公园和地铁枢纽站为支点的便民服务区建设、“蓝天碧水”工程、市场和企业外迁工作。二是全面加快航空港实验区建设。围绕“一个专案、三大片区、三十项任务”加快航空港实验区建设，尽快形成大开发、大建设、大发展的局面。三是加快国际陆港建设，确立国际陆港联通境内外、辐射东中西的丝绸之路经济带物流枢纽地位。四是抓好跨境贸易电子商务服务试点工作，加快建设全球网购商品集散分拨中心。五是抓好41个重点招商引资项目签约落地和33个已签约重点项目的开工建设。六是抓好40家战略性企业（集团）的培育工作。七是抓好百亿级高新技术企业（集团）培育，带动形成若干个千亿级新兴产业集群。八是加快国家级中心城市重点功能提升项目建设。九是抓好重点规划编制工作。十是深化重点领域改革。会议要求，要加强和改善市委对经济社会事业的领导，进一步完善提升市级领导工作推进机制。按照“抓纲带目、分级负责、各负其责”的原则，进一步规范和完善领导决策协调机制、工作推进机制、督察评比制度。

2014年9月3日，省委常委、市委书记吴天君主持召开市委常委（扩大）会议

9月3日，省委常委、市委书记吴天君主持召开市委常委（扩大）会议，传达学习习近平总书记在听取兰考县委和河南省委党的群众路线教育实践活动情况汇报时的重要讲话精神，以及河南省委常委（扩大）会议、全省领导干部会议精神。吴天君指出，全市上下要认真学习、深刻领会习近平总书记讲话精神，以更高的标准、更严的要求、更大的力度抓好教育实践活动，确保活动取得实效，作风建设得到持续深化。他要求，全市各级党组织和广大党员干部要把学习焦裕禄精神作为加强作风建设和自身建设的长期任务和重要载体，以对群众的“三股劲”践行“三严三实”要求，常学习、常比照、常反思，通过实际行动树立起市委提出的“六种形象”。要贯彻习近平总书记在讲话中强调的“四个防止”“三个着力”要求，按照活动整改、中央巡视意见整改和全面深化改革“三改合一”的原则，一鼓作气、一抓到底，突出问题导向，打好整改攻坚战，抓好建章立制，固化整改成果，切实做好验收和总结提升工作，善始善终搞好教育实践活动。要落实习近平总书记在讲话中提出的“三个坚持不懈”要求，坚持从严治党，完善各级中心组学习制度、民主集中制、科学的领导体制和运行机制、党内政治生活常态化制度、干部选拔任用制度、反腐倡廉体制机制等，持续深化作风建设。要以网格为载体，深化“依靠群众推进工作落实”长效机制建设，落实省委“三个着眼”要求，夯实社会和谐稳定的基础。

9月15日，省委常委、市委书记吴天君主持召开市委常委（扩大）会议，就做好当前工作、确保全年目标任务和三年行动计划圆满收官，谋划好2015年工作和下一个三年行动计划进行研究部署。吴天君强调，全市上下要认清郑州的使命和责任，主动担责，把握关键，突出重点，集中攻坚，争取各项工作都有一个更好的成效，确保全年目标任务和三年行动计划圆满收官。要高起点、高标准谋划好2015年工作和新三年行动计划。要落实中央适应经济发展“新常态”所形成的决策部署，着眼于深化改革、开放创新双驱动和转型发展，坚持“三大一中”战略定位，坚持“三大主体”工作、十大发展重点不动摇，着力在三个方面求提升：一是结合新型城镇化建设，围绕习近平总书记提出的关于人民群众“七个更”期盼要求，以构建15分钟便民生活圈为目标，加快推进各类民生工程；二是坚持“引外”与“培内”并举，加快构建大都市战略支撑产业体系；三是依托网格化管理，深化提升“坚持依靠群众推进工作落实”长效机制，推进“双基双治双安”建设，强化基层基础，切实加强各级领导干部班子和干部队伍建设，形成风清气正、心齐劲足的干事创业氛围。

10月28日，省委常委、市委书记吴天君主持召开市委常委（扩大）会议，传达学习贯彻党的十八届四中全会、中纪委十八届四中全会、省委常委（扩大）会议精神，安排部署全市贯彻落实工作。吴天君要求，全市上下要深刻认识学习贯彻落实十八届四中全会的重大意义，进一步提高认识，把思想和行动统一到中央精神和省委要求部署上来。全市各级党组织和广大党员要结合郑州实际，抓好贯彻落实。一要坚持把学习十八届四中全会精神与学习十八大和十八届二中、三中全会相结合，与学习贯彻习近平总书记系列重要讲话精神相结合，与学习省委贯彻落实中央决策的各项部署相结合；二要运用十八届四中全会精神指导和推进郑州都市区建设，不断提升郑州都市区建设水平；三要对照十八届四中全会精神，审视梳理各项规章制度，进一步完善全市的工作举措和各项制度，不断提升依法治市的能力和水平。

11月10日，省委常委、市委书记吴天君主持召开市委常委会议，传达学习贯彻深化平安中国建设会议和全国、全省党委秘书长会议精神，研究全市贯彻落实意见。会议指出，全市上下要认真学习领会平安中国建设会议精神，深化认识平安建设面临的形势、任务和阶段性特征，站在履行“双重”责任的高度，切实增强使命感和紧迫感。要坚持运用法治思维、法治方式推进平安郑州建设，按照中央、省委部署积极稳妥推进司法体制改革，高度重视和切实维护社会政治稳定，进一步完善社会治安防控体系，确保公共安全。围绕“大平安”建设统筹推进生产安全、消防安全、食品安全等各项工作。要认真总结好经验、好做法，及时上升为制度，形成深化平安郑州建设的长效机制。关于贯彻落实全国、全省党委秘书长会议精神，会议指出，全市党委办公厅（室）系统要认真学习习近平总书记重要批示精神，突出“围绕中心、服务大局、维护形象、提升素质”，以更高的标准、更严的要求、更实的作风抓工作、抓落实、抓自身建设。要深刻把握新形势、新任务对党委办公厅（室）系统提出的新要求，围绕“确保政令畅通、决策落地生根”，狠抓中央决策和省委、市委贯彻落实中央精神各项部署的落实，深化推进八项规定的落实。要围绕“抓落实”提高统筹协调能力、真督实查能力、信息收集能力和出谋划策能力，持续提升服务保障水平，努力开创办公厅（室）工作的新局面。

全市领导干部会议召开

【全市领导干部会议】 2014年1月21日，全市领导干部会议召开，传达学习贯彻中央党的群众路线教育实践活动第一批总结暨第二批部署电视电话会议和省十二届人大三次会议、省政协十一届二次会议精神。省委常委、市委书记吴天君讲话，市长马懿主持会议。吴天君要求，全市各级党组织和广大党员要切实把思想和行动统一到习近平总书记重要讲话精神和中央的决策部署上来，以高度的政治自觉、思想自觉和行动自觉，参与好、组织好、开展好教育实践活动，切实做好思想准备、组织准备、工作准备和舆论准备。他指出，全市上下要从省委、省政府对郑州工作的肯定中坚定信心，从对郑州的重视中增强责任感，从对郑州的期望中明确努力方向，以更加坚定的信心、高标准的要求、过硬的作风，加快推进郑州都市区建设。要进一步找准位置，担当责任，在落实省委、省政府的决策部署上当好领头雁、尖兵先锋，不仅要加快自身发展，而且要发挥好省会的作用，做好服务全省发展、服务省直机关、服务全市人民的工作，履行好“双重”责任。

7月10日，省委常委、市委书记吴天君主持召开全市领导干部会议，传达贯彻中央巡视组有关会议精神、巡视反馈意见及省委部署，研究制定全市整改措施。会议认为，中央巡视组指出的问题和提出的意见建议，有很强的指导性和针对性，郑州市在贯彻落实时一要统一思想，提高认识。坚决纠正选人用人上的不正之风，牢固树立正确的政绩观，用中央精神统一思想。二要自觉行动，认真整改。各级各部门主要领导要强化责任意识，做到亲自审定整改方案、亲自主导整改工作、亲自跟踪整改落实，确保整改工作落到实处。三是严肃党性，依法行政。要完善经济社会主战场选拔使用干部制度，树立良好的用人导向；要切实落实好党委的主体责任和纪委的监督责任，以“零容忍”的态度预防和惩治腐败。

8月13日，全市领导干部会议召开，传达学习习近平总书记在听取2014年中央巡视组首轮巡视情况汇报时的讲话精神，中央纪委书记王岐山在中央巡视工作动员部署会和部分省区市巡视工作座谈会上的讲话精神，省委书记郭庚茂在全省纪念建党93周年座谈会上的讲话精神，省委常委、省纪委书记尹晋华在全省部分省辖市、省直管（县）落实党风廉政建设“两个责任”座谈会上的讲话精神，安排部署全市党风廉政建设和中央巡视反馈意见整改落实工作。省委常委、市委书记吴天君主持会议并讲话。他强调，要完善体制机制，认真贯彻落实省委《关于落实党风廉政建设党委主体责任和纪委监督责任的意见（试行）》，厘清责任内容，正确处理“两个责任”的关系，加强落实“两个责任”的组织领导，层层强化责任、传导压力、做出示范、厉行监督，确保党委主体责任和纪委监督责任落到实处。要把中央巡视反馈意见整改落实工作与党的群众路线教育实践活动整改相结合，与全面深化改革相结合，与解决群众反映的突出问题、促进和谐稳定相结合，与改进机关作风、优化发展环境、促进经济发展相结合，与加强党的建设、落实党要管党从严治党要求相结合，突出问题导向，着眼体制制度建设，发扬“钉钉子”的精神，确保件件落实、件件见效，以整改为契机，促进干部队伍建设、作风建设、廉政建设工作实现新提升。

10月15日，全市领导干部会议召开，传达学习贯彻习近平总书记在中央党的群众路线教育实践活动总结大会上的重要讲话精神和省委书记郭庚茂在全省党的群众路线教育实践活动总结会议上的讲话精神，安排部署全市贯彻落实工作。省委常委、市委书记吴天君主持会议并讲话。他指出，要切实做好全市党的群众路线教育实践活动总结工作，把握新形势下从严治党、加强作风建设的规律和方法，进一步增强全市上下推进作风建设常态化、密切联系群众的主动性，增强加强党的建设、完成历史使命的自觉性。他要求，要抓好活动收尾工作，持续推进党的作风建设。要按照中央、省委要求，在兑现承诺、解决问题和专项整治、正风肃纪，以及完善制度体系、严格制度执行上一抓到底，推动形成作风建设常态化、长效化机制。重点抓好四项工作：一是认真学习，切实用讲话精神武装头脑、指导实践、推动工作；二是善始善终做好教育实践活动的总结收尾工作，坚持压茬推进，狠抓整改落实，确保活动善始善终，善作善成；三是发挥作风转变成果作用，促进全年经济社会发展目标实现，以经济社会发展的成效检验教育实践活动的成果；四是落实好省委推进两个“四项制度”建设的部署。

10月24日，全市领导干部会议召开，传达学习党的十八届四中全会精神，安排部署全市贯彻落实工作。省委常委、市委书记吴天君主持会议并讲话。他强调，全市各级党组织要把学习贯彻党的十八届四中全会精神作为当前的首要政治任务，切实加强组织领导，结合实际抓好落实。要深入学习研讨，强化理论武装；加大宣传力度，强化舆论引导；紧密联系实际，研究落实意见。以学习落实党的十八届四中全会精神为契机，全面推进全市依法治市工作，提升全社会的法治化水平，为郑州都市区建设提供坚强保障。

12月26日，全市领导干部会议召开，传达学习贯彻中央经济工作会议精神和省委九届八次全会、省委经济工作会议、全省党员领导干部会议精神。省委常委、市委书记吴天君主持会议并讲话。会议指出，全市上下要深入学习、准确把握中央和省委会议精神，切实把思想和行动统一到中央、省委决策部署上来，重点要在五个方面深化认识：一是准确把握经济发展新常态的科学判断；二是准确把握2015年经济工作的总体要求；三是准确把握2015年经济工作的主要任务；四是准确把握《河南省全面建成小康社会加快现代化建设战略纲要》的重要意义和丰富内涵；五是准确把握加强党对经济工作领导的新要求。会议要求，要认清形势，增强认识新常态、适应新常态、引领新常态的自觉性、主动性和创造性。要深刻把握经济新常态下“速度换挡、结构优化、动力转换”三个核心特征，认清新常态下国家政策走向和战略布局的调整，保持清醒认识，做好充分思想准备。要认清全市各项工作部署与中央精神、省委要求的契合性，坚定信心，把握方向，完善提升；要认清新常态下郑州面临的机遇和挑战，找准优势和劣势，制定好应对措施，促进经济持续健康发展。

【党务工作重要会议】 市委党务工作大会　2014年2月18日，市委党务工作大会召开。省委常委、市委书记吴天君指出，2014年党务工作的总体要求是：围绕“三大主体”工作，突出“双基双治”建设，强化主体责任，坚持改革创新，全面提升各项党务工作科学化水平。围绕“三大主体”工作，就是要把服务和保障“三大主体”工作作为党务工作的主旨，提升围绕中心、服务大局的工作成效；突出“双基双治”建设，就是要把“双基双治”建设作为各项党务工作的切入点和着力点，与网格化管理长效机制相结合，夯实发展的基层基础；强化主体责任，就是党委（党组）要充分发挥领导核心作用，强化贯彻落实中央、省委各项决策部署的主体责任，统揽协调、推动发展的主体责任，党要管党、从严治党的主体责任；坚持改革创新，就是要深入学习习近平总书记系列重要讲话精神和中央、省委关于党务工作的决策部署，把握新形势，找准结合点，坚持问题导向，用改革的办法、创新的理念，全面提升各项党务工作科学化水平。

全市党的群众路线教育实践活动工作会议　2014年2月27日，全市党的群众路线教育实践活动工作会议召开，学习贯彻习近平总书记和省委书记郭庚茂有关重要讲话精神，对全市党的群众路线教育实践活动进行全面安排部署。省委常委、市委书记吴天君主持会议并作动员讲话。他指出，全市各级党组织和广大党员干部要站在对党负责、对郑州发展负责的高度，提高思想认识，以高度的政治自觉、思想自觉和行动自觉，组织好、开展好、参与好教育实践活动。他强调，此次活动的基本要求就是“聚焦反对‘四风’，加强‘双基’建设，突出服务群众和维护群众合法权益两大重点，真抓实做，推动活动健康开展”，核心是以“学习弘扬焦裕禄精神，做为民务实清廉表率”和深化规范提升“坚持依靠群众推进工作落实”长效机制为载体，以“一学三促四抓”为抓手，围绕让群众过上更加美好生活的发展查找工作问题，围绕工作问题查找作风问题，围绕作风问题进行整改，解决群众所需所盼，实现党员干部思想进一步提高、作风进一步转变、党群干群关系进一步密切、为民务实清廉形象进一步树立、基层基础进一步夯实。一要坚持把“一学三促四抓”作为一条主线贯穿始终；二要坚持把突出问题导向、落实省委“三个着力”的任务要求贯穿始终；三要坚持把发挥好网格化管理长效机制作用贯穿始终，实现网格化管理长效机制建设与教育实践活动相互促进、良性互动；四要坚持把真抓实做的要求贯穿始终，坚持领导带头示范，发扬整风精神，严格标准要求，确保活动取得实实在在的成效。

全市社会稳定暨“依靠群众推进工作落实”长效机制建设工作会议　2014年3月25日，全市社会稳定暨“依靠群众推进工作落实”长效机制建设工作会议召开。省委常委、市委书记吴天君在会上强调，全市上下要认真学习习近平总书记的讲话精神，充分认识网格化长效机制建设的正确性、科学性和必要性，进一步坚定推进长效机制建设的信心和决心，持续深入规范提升“坚持依靠群众推进工作落实”长效机制建设。重点要抓好三个方面的工作：一是加强群众工作队、市直县直下沉人员、乡（镇）办下沉人员“三支队伍”建设，强化力量保障；二是完善机制，强化网格责任，切实实现“条块融合、职能下沉”；三是进一步明晰任务，突出抓好“双基”“双治”“双安”建设和问题排查化解，努力营造稳定、有序、和谐的发展环境和群众生活环境。

全市党的群众路线教育实践活动学习报告会　2014年3月26日，全市党的群众路线教育实践活动学习报告会召开。省委常委、市委书记吴天君作题为“深入学习贯彻习近平总书记兰考

全市党的群众路线教育实践活动工作会议召开

调研重要讲话精神，以焦裕禄为镜，树好‘六种形象’，推进活动扎实开展”的专题辅导报告，并就贯彻落实全省党员领导干部会议精神进行安排部署。吴天君强调，全市各级党员领导干部要以贯彻落实习近平总书记兰考调研重要讲话精神为动力，把学习弘扬焦裕禄精神作为活动载体，扎实开展好教育实践活动。以教育实践活动树正气、聚民心、促发展，加快以航空港实验区为统揽的郑州都市区建设，为打造“四个河南”、推进“两项建设”，实现中原崛起、河南振兴、富民强省做出积极贡献。

全市教育实践活动工作电视电话会议　2014年5月16日，全市教育实践活动工作电视电话会议召开，学习贯彻习近平总书记参加兰考县委常委班子民主生活会和在河南考察指导工作时的重要讲话精神、中央党的群众路线教育实践活动视频会议精神和省委常委（扩大）会议、全省领导干部会议精神，分析全市教育实践活动进展态势，安排部署下一阶段工作，推动活动深入健康开展。

全市贯彻落实中央巡视组反馈意见整改工作推进会　2014年7月29日，全市贯彻落实中央巡视组反馈意见整改工作推进会召开，传达学习全省贯彻落实中央巡视组反馈意见整改工作动员会精神。省委常委、市委书记吴天君指出，全市上下要充分认识中央以巡视工作推进“党要管党、从严治党”和省委以整改促提升的鲜明导向和坚定态度，充分认识落实巡视反馈意见抓好整改工作的艰巨性，把整改落实作为改进工作、建强队伍、推动发展的重大契机，下定决心，坚决纠正。要端正态度，严肃纪律，正视问题，坚决克服推脱责任、视而不见、是非不分、以偏概全的模糊认识和错误思想，以对党和人民的事业高度负责、对郑州发展高度负责的高度，认真对待整改，真查真改，立整立改，以整改的实际成效取信于民、凝聚合力、促进发展。

全市教育实践活动领导小组和巡视整改工作领导小组会议　2014年8月22日，全市教育实践活动领导小组和巡视整改工作领导小组会议召开。省委常委、市委书记吴天君指出，全市上下要充分认识抓好教育实践活动问题整改和中央巡视组反馈意见整改落实工作的重要性、艰巨性和严肃性，讲政治、讲大局、讲党性，确保各项整改工作按时间节点有序有效推进。一要进一步深化认识，把整改工作作为解决问题、促进工作、提升建党管党水平的重大契机来看待，切实增强抓好整改的坚定性、主动性。二要坚持“四整改”，不断巩固和扩大整改成效。“四整改”，即突出问题抓整改、建章立制抓整改、综合施策抓整改、依靠群众抓整改。三要加强领导，严格责任，狠抓落实。要坚持领导带头、大员上阵，切实发挥领导表率作用。要严格要求，严格标准，发扬“钉钉子”精神，集中力量，按时间节点抓好推进落实。要统筹协调，形成合力，做到整改问题和改革发展稳定两不误、两促进。要从严督导，从严把关，各级督导组要认真履行职责，推进整改工作顺利开展。

全市领导干部廉政教育集体谈话会　2014年9月15日，省委常委、市委书记吴天君主持召开廉政教育集体谈话会。吴天君要求，全市各级党组织要牢固树立“抓好党风廉政建设是本职、抓不好党风廉政建设是失职、不抓党风廉政建设是渎职”的理念，坚决把党风廉政建设的责任扛稳抓牢做实，推进党风廉政建设和反腐败斗争深入开展。各级领导班子要切实担负起党风廉政建设主体责任，坚持按照“加强教育、强化预防、及时警醒、查早查小、坚决防止影响恶劣的腐败分子产生”的理念完善反腐倡廉体制机制建设，“零容忍”惩治腐败，始终保持反腐败的高压态势。

全市党的群众路线教育实践活动总结会议　2014年10月24日，全市党的群众路线教育实践活动总结会议召开，对全市教育实践活动进行全面总结，对巩固和扩大活动成果、加强党的作风建设、落实从严治党要求进行再动员、再部署。省委常委、市委书记吴天君指出，郑州市在教育实践活动中采取了一系列行之有效的举措，探索了有益做法，积累了宝贵经验。活动总结收尾绝不是作风建设的收场，贯彻落实中央、省委要求部署，将从集中反“四风”向常态化抓作风建设转变，站在推进从严治党的新起点上。当前，郑州正处于“抢抓机遇、奠定基础、确立地位”的关键期，必须进一步巩固扩大活动成果，持续改进作风，不断加强和改进党的建设，为郑州都市区建设提供坚强的政治保障、组织保障和作风保障。

市直机关党务工作会议　2014年12月9日，市直机关党务工作会议召开。省委常委、市委书记吴天君强调，市直单位党组（党委）书记、副书记和纪检组长（纪委书记）要进一步统一思想、明确职责、强化责任，认真贯彻中央“党要管党、从严治党”的要求，更好地立足党建、履职尽责，围绕中心、服务大局。

全市抓基层党建专项述职评议会议　2014年12月26日，全市抓基层党建专项述职评议会议召开，深入学习贯彻全省省辖市市委书记抓基层党建工作述职评议会议精神，对15个开发区、县（市）区党（工）委书记抓基层党建工作进行述职评议。省委常委、市委书记吴天君主持会议并讲话。吴天君指出，开展党委书记抓基层党建述职评议，是中央、省委推进“党要管党、从严治党”的一项重要举措。各级党委（党组）特别是书记要充分认识基层组织在全局工作、在党建工作中的重要地位和作用，强化责任意识，切实把基层党建作为履行党委职责的第一责任，扛稳抓牢做实，不断提高全市基层党组织建设水平。

【新型城镇化建设重要会议】　生态建设现场观摩会　2014年3月9日，市委、市政府召开生态建设现场观摩会。省委常委、市委书记吴天君要求，全市上下要把握季节特点，以生态绿化、生态水系和基础设施建设为带动，全面推进新型城镇化各项建设。重点做好六项工作：一是全面掀起生态绿化、生态水系建设热潮；二是全力加快畅通郑州工程建设，确保按照时间节点有序推进；三是全面加快安置房建设，切实做好群众安置工作；四是加快推进城市区高速出入市口及连接线环境综合整治、“两环十七放射”生态廊道建设和铁路沿线两

2014年10月8日，省委常委、市委书记吴天君主持召开市四大班子会议，传达学习中央党的群众路线教育实践活动总结大会精神

郑州市棚户区改造工作推进大会召开

侧综合整治、区级综合性公园及周边便民服务设施建设、27个重点片区改造等重点工作；五是加大环境保护工作力度，切实做好燃煤锅炉拆改、施工工地降尘管理、渣土车和黄标车治理等工作；六是加快推进产业集聚区建设和县域组团城镇化。

棚户区改造工作推进会、现场观摩会　2014年5月30日，市委、市政府召开棚户区改造工作推进会。省委常委、市委书记吴天君指出，全市上下要进一步认清形势，统一思想，坚定信心，按照工作部署和要求，有序健康完成棚户区改造任务，让民生工程早日惠及群众。市长马懿要求，要突出重点，抓住关键，高效有序推进棚户区改造工作。要突出政府主导、办事效率、完善配套、资金筹措、工程质量、“双改”同步，确保棚户区改造扎实高效推进。

6月30日，市委、市政府召开棚户区改造及安置房建设现场观摩会。省委常委、市委书记吴天君要求，全市各级各部门一定要深刻认识加快推进棚户区改造的重大战略意义，抓住国家、省支持棚户区改造的政策机遇，坚定不移地加快棚户区改造步伐，依法有序推进全域城镇化。要紧盯目标，不折不扣地抓好任务落实，确保各项棚户区改造项目顺利推进。要坚持“政府主导拆迁安置”“善用媒体、依法行政、依靠群众”“四不拆”“六确保”，统筹兼顾，切实提高城市建设科学化水平。

7月30日，市委、市政府召开棚户区改造现场观摩会。省委常委、市委书记吴天君强调，全市各级各部门一定要认清形势、找准位置，切实把推进大棚户区改造摆在经济社会发展的突出位置，聚神聚力聚焦棚户区改造和安置房建设，按照“产业为基、就业为本”“四个优先”的要求，明确任务，倒排工期，扎实推进，尽快实现转移人口的居住环境、公共服务、就业结构和消费方式城市化。市长马懿强调，要围绕目标，突出重点，以更大的力度和更高的标准推动棚户区改造和安置房建设。各县（市）区要加快进度，加大力度，强力推进；市直各相关部门要提高效率，强力保障；要坚持以人为本，狠抓安置区建设质量管理。要加强领导，强化责任，进一步完善推动棚户区改造和安置房建设的工作机制，确保全面完成棚户区改造任务。

9月2日，市委、市政府召开棚户区改造现场观摩会。省委常委、市委书记吴天君指出，全市各级各部门要以敢于担当、敢涉险滩、敢啃硬骨头的精神，强化责任、自我加压、主动作为、攻坚克难，确保棚户区改造和安置房建设任务圆满完成，切实维护好群众利益，尽快改善群众生活就业环境，解决好城市内部“二元结构”问题，加快推进新型城镇化步伐。市长马懿强调，全市上下一要进一步强化主动意识，切实把市委、市政府工作部署落到实处。二要围绕目标，明确任务，突出重点，狠抓安置房建设质量管理，确保棚户区改造和安置房建设有序高效推进。三要加强领导，强化责任，多策并举，进一步提高办事效率，坚持好的工作推进机制，确保全面完成棚户区改造任务。

9月30日，市委、市政府召开棚户区改造及安置房建设现场观摩会。省委常委、市委书记吴天君指出，全市上下要坚定全面完成目标任务的信心和决心，克服应付过关思想，紧盯目标不动摇，一鼓作气，持续突破，不断巩固和扩大建设成效。中心城区要按照全域城镇化的目标，突出重点，强化责任，集中力量，加大推进力度。各县域要优先推进县城、产业集聚区、新市镇规划区及周边3公里以内区域，煤炭塌陷区、贫困山区、黄河滩区和干线道路两侧1公里范围内，以及重要基础设施所涉及的村庄改造，细化方案，明确任务，有序推进。要学习借鉴外地经验，结合新型城镇化建设，深化各项配套改革，确保新型城镇化科学健康推进。市长马懿要求，各开发区、县（市）和有关部门要再接再厉，突出工作重点，对照目标任务，查找工作差距，采取有力措施，全力打好棚户区改造和安置房建设攻坚战，要做到目标不变、缺口不留、标准不降、任务不减，全力攻坚冲刺，确保圆满完成全年棚户区改造和安置房建设目标任务。要认真贯彻落实国家、省、市有关会议精神，进一步强化质量意识，完善管理机制，落实责任主体，加强全程监督，确保棚户区改造和安置房建设工程质量。

10月30日，市委、市政府召开棚户区改造及安置房建设现场观摩会。省委常委、市委书记吴天君指出，全市上下要认清形势，找准位置，全力推进2014年目标实现。要认清国家在经济“新常态”下推进新型城镇化、扩大内需、拉动消费的政策导向，抢抓国家推进城乡结构、消费结构调整的机遇，加快新型城镇化步伐；认清新型城镇化在郑州经济发展中发挥出来的强大拉动效应，充分认识推进新型城镇化对郑州现阶段经济发展和未来长远可持续发展的重大意义；认清郑州市推进新型城镇化取得的重大成效和形成的良好局面，坚定信心，鼓足干劲，持续推进；认清各自在全市工作中的位置，对照市委、市政府的要求和全年目标任务找准差距，见贤思齐，加压奋进，确保完成全年目标任务。吴天君强调，要围绕让群众生活更美好的目标，突出城区功能的提升，精心谋划2015年工作。2015年工作的思路是依托以网格为载体“依靠群众推进工作落实”长效机制，建立完善基层四项制度机制，推进服务群众生活设施提升，实现习近平总书记的“七个更”目标要求。要突出抓好三大方面的工作：一是基本实现“四个优先”区域的棚户区村庄改造和社区建设；二是围绕水电气暖路等重要城市配套，加快完善提升城市功能；三是突出解决群众办事难、上学难、就医难、行路难、就业难等问题，完善提升服务设施和功能，切实提高城市管理服务水平，让人民群众充分分享受改革发展的成果。

11月29日，市委、市政府召开棚户区改造及安置房建设现场观摩会。省委常委、市委书记吴天君强调，全市各级各部门要认真对照全年目标任务，加大工作力度，确保圆满完成、“三年行动计划”圆满收官。要深入贯彻省委、省政府“三个总”部署，认真梳理谋划2015年各项工作，着力推进“三大主体”工作上台阶，让全市人民更好地享受到改革发展和城市建设的成果，为郑州建设以国际商都为特征的国家中心城市奠定基础。市长马懿指出，各级各部门一要对照年度目标任务，倒排工期，细化责任，强化措施，围绕促进度、筹资金、抓质量，全力推进安置房建设；二要统筹好过渡群众安置工作，各县（市）区要落实好群众安置“一把手”责任制，发挥好网格化管理“条块融合”优势，对辖区范围内未能及时回迁的群众进行排查，登记造册，加快安置；三要持续做好拆迁工作，确保做到“依法拆迁、阳光拆迁、和谐拆迁”，同时要进一步加大违法建设的查处力度；四要切实抓好督导考核，围绕年底回迁群众安置、安置房建设等重点工作加强督察，促目标任务完成。

新型城镇化建设推进大会　2014年8月12日，市委、市政府召开新型城镇化建设推进大会。省委常委、市委书记吴天君要求，要坚持以人为本，突出重点，加快推动全域城镇化建设。按照“扩面、提质、惠民”的原则，着力打造自然之美、社会公正、城乡和谐的城乡形态风貌。“扩面”就是要以全域城镇化为目标，加快推动中心城区、县城、新区组团和以产业支撑的四类社区等三个层面的“物”的城镇化。“提质”就是要坚持以人为本，着眼于推进农业转移人口市民化和提高人的生活品质，加快“人”的城镇化。“惠民”就是要坚决维护好群众的合法权益，让群众当期得实惠、长远有保障。市长马懿指出，全市上下一要以“人”的城镇化为核心，协调推进新型城镇化建设，在强力推进“物”的城镇化的同时，统筹解决好教育、医疗、社会保障等涉及广大人民群众切身利益的问题，促进新型城镇化建设“扩面、提质、惠民”；二要以解决城乡之间和城市内部两个二元结构为关键，加快推进棚户区改造和安置房建设，确保圆满完成棚户区改造任务；三要把握优先推进两大类农村的撤村并城和强化城镇、社区规划建设中的产业支撑“两项工作”，落实完善规划、明确改造任务和制订新的三年计划“三个任务”为抓手，努力推动新型城镇化建设取得新突破。

【现代产业体系构建重要会议】　全市重点工作暨招商引资督察推进会议　2014年2月8日，全市重点工作暨招商引资督察推进会议召开。省委常委、市委书记吴天君强调，全市上下要深入贯彻落实中央、省委经济工作会议和省委九届六次全会精神，坚持“三大主体”工作格局，突出重点，深度谋划，完善机制，务求实效，促进工作水平和工作成效实现大提升，全面掀起新年度以航空港实验区为统揽的郑州都市区各项建设热潮。市长马懿要求，各级各部门要增强紧迫感，强化责任感，进一步深化对做好重点工作和招商引资重要性的认识，加大工作力度，确保重点工作取得新进展、重点项目实现新突破、产业集群招商和战略性企业（集团）培育工作取得新成效。要突出重点，扎实运作，务求工作实效，着重做好五项工作：坚持“三位一体”工作推进机制、切实做好产业集群招商工作、加快战略性企业（集团）培育、设立产业发展引导基金、深化重点领域改革和体制机制创新。要加强领导、统筹协调和督察考核，确保按照时间节点完成工作任务。

全市产业集聚区暨重点项目建设观摩讲评会　4月17日，全市产业集聚区暨重点项目建设观摩讲评会召开。省委常委、市委书记吴天君要求，一要深刻理解，全面把握此次会议的导向和意图。正确认识新型城镇化建设和现代产业体系构建的互动关系，同时要全力抓好第二季度的经济运行工作，确保上半年时间任务双过半。二要学习先进，奋战二季度，奠定实现全年目标的基础。各级各部门要找准位置、薄弱环节和工作着力点，依据市委、市政府的工作导向奋力拼搏。三要依法行政，依靠群众，扎实推进改革发展稳定各项工作。各级各部门要履职尽责，着力提高工作能力和水平，在推进各项工作的同时处理好信访问题，确保社会大局稳定。市长马懿要求，要突出重点，把握方向，注重方法，加快推进以产业集聚区为载体的新型城镇化与现代产业融合发展。要认真落实中央、省委关于新型城镇化的决策部署，进一步牢固树立“一个主体两个载体”的“三位一体”城乡统筹发展理念，全面推进新型城镇化六个切入点工作；要加快提升产业集聚区发展层次，在持续完善基础设施和公共服务平台建设的基础上，把主导产业项目引进落地建设摆在更加突出的位置；要在依法行政、依靠群众的基础上，加强群众工作，确保社会大局和谐稳定。

全市产业集聚区暨招商引资工作观摩讲评会　2014年9月27日，全市产业集聚区暨招商引资工作观摩讲评会召开。会议学习贯彻落实全省产业集聚区观摩现场会精神，对全市产业集聚区建设和招商引资工作进行督察。省委常委、市委书记吴天君指出，全市上下要认真学习贯彻落实全省产业集聚区现场观摩会议精神，切实抓好以产业集聚区为载体的各项经济工作。一要认清形势，找准位置。全市上下要对照先进，查找差距，进一步增强责任感和紧迫感。二要突出重点，加大力度。各县（市）区要突出“一区一主业”，紧紧围绕产业集聚区主导产业培育、承载功能完善提升、合村并城社区建设三大重点，持续加大工作推进力度，创新工作举措，推动产业集聚区更好更快发展。三要健全机制，加强督察。

【郑州航空港经济综合实验区建设重要会议】　郑州航空港经济综合实验区工作推进督察会　2014年2月11日，市委、市政府召开郑州航空港经济综合实验区工作推进督察会，听取航空港实验区党工委、管委会2013年工作情况和2014年工作谋划汇报，对航空港实验区建设和发展工作进行梳理和研究部署，对工作推进过程中存在的问题进行协调解决。省委常委、市委书记吴天君指出，要充分肯定成绩，认真总结经验，坚定实现航空港实验区跨越发展的信心和决心。要抢抓机遇，全力攻坚，基本确立航空港实验区地位的框架基础。全市上下要坚持把航空港实验区作为“一号工程”“首位工程”来抓，努力实现四个方面的标志性突破：一是抓好以机场二期工程为核心的综合交通体系建设；二是加快体现航空港经济特色的产业项目招商落地；三是做好政府性要素平台建设；四是积极争取国家级政策支持，确立航空港实验区在中部地区的领先地位和在全国发展格局中的重要地位。吴天君强调，要加强领导，强化责任，确保航空港实验区各项目标任务有序有效推进。航空港实验区党工委、管委会要认

2014年4月17日，省委常委、市委书记吴天君带领参加全市产业集聚区暨重点项目建设观摩讲评会的有关人员对产业集聚区建设和重点项目进行观摩

清责任，细化各项工作任务，完善工作推进机制，确保各项目标落实到位；市级领导要始终把航空港实验区的工作摆在优先位置，加强领导，强化协调；市直各部门和各县（市）区、开发区要把服务服从航空港实验区建设作为履职尽责的第一要务，主动推进，全力推进，形成工作合力，共同推进航空港实验区实现大建设、大发展、大跨越。

3月18日，市委、市政府召开航空港实验区工作推进督察会，听取航空港实验区党工委、管委会关于贯彻落实2月25日省委省政府领导督察航空港实验区会议精神的任务分解情况、近期重点工作推进情况、体制机制改革谋划情况、重大项目和基础设施建设责任落实情况的汇报，就航空港实验区的建设和发展工作进行了研究部署，对工作推进过程中存在的问题进行了协调解决。省委常委、市委书记吴天君强调，全市上下要进一步统一思想，提高认识，切实增强加快航空港实验区建设的责任感、使命感；要查找薄弱环节，强化责任，完善机制，强力推进招商引资项目和重大基础设施项目建设；要突出路网体系、城市起步区、国际化营商环境、重大项目、土地征迁、机场二期建设等工作重点，统筹部署，科学推进；要牢记主体责任，分秒必争，拼尽全力，各市级领导干部和市直各部门、各县（市）区都要服从服务航空港实验区建设大局，主动推进、全力推进，形成工作合力。市长马懿指出，航空港实验区建设事关全省大局，当前要抓好四项工作，实现三个突破：即抓好综合交通体系建设，打造现代综合交通枢纽和物流中心；抓好政府性要素平台载体建设，打造对外开放高地；加快项目招商落地，抓好现代产业体系建设；抓好国际化营商环境建设，体现航空港实验区朝气蓬勃、干事创业的良好氛围。从而实现基础设施建设明显突破、招商引资和项目落地工作新突破、体制机制改革的突破，把航空港实验区打造成一个最具活力的地区，发挥好核心增长极的作用。

2014年2月11日，市委、市政府召开航空港实验区工作推进督察会

国际陆港建设工作督察会议　2014年4月4日，市委、市政府召开郑州国际陆港建设工作督察会议。省委常委、市委书记吴天君强调，各级各部门要进一步统一思想，提高站位，找准位置，认清当前激烈的竞争形势，以舍我其谁的责任感和时不我待的紧迫感，切实抓好国际陆港各项建设。要明确任务，突出重点，围绕规划编制、联检口岸搬迁，以及路网体系、配套基础设施、绿化工程等建设和郑欧班列扩大运营、E贸易试点验收、汽车口岸与集装箱国际中转试点争取等工作，细化任务，实施重点工作和重点项目带动，全面掀起国际陆港建设的高潮。要围绕建立全国最佳营商环境的国际陆港目标，强化责任，密切合作，加强统筹，齐心协力推进国际陆港建设。市长马懿指出，各相关部门要注意与上级部门沟通、衔接，细化工作方案，明确时间节点，确保资金到位、措施到位、人员到位、责任到位，为加快建设郑州多式联运的综合交通枢纽提供有力保障。

国际陆港建设和E贸易试点工作督察会议　2014年4月29日，市委、市政府召开国际陆港建设和E贸易试点工作督察会议。省委常委、市委书记吴天君指出，各级各部门要认真贯彻落实郑欧班列和跨境贸易电子商务服务试点工作省长办公会精神，进一步统一思想，提高站位，顾全大局，健全领导机制，强化时间节点，密切协作，抓紧推进各项工作，确保如期实现联检中心集中办公，为打造新丝绸之路经济带节点城市和国际化营商环境奠定基础。要突出重点，明确任务，倒排工期，加快推进路网体系完善、配套基础设施建设、周边环境综合整治、郑欧班列规模运营、E贸易试点验收、招商引资项目开工建设等工作，全面掀起国际陆港建设的高潮。市长马懿强调，E贸易和国际陆港建设时间紧、任务重，各相关部门要抢抓历史性发展机遇，细化工作方案，完善工作协调解决机制，明确投资主体和投资模式、时间节点和责任单位，抓紧推进国际陆港建设。要创新思维，拓展业务，按照"形成规模、奠定发展基础"的目标，不断完善郑欧班列运营模式，持续提升省外货源集聚能力，做好过境中转业务工作，确保郑欧班列持续稳定运营。要借鉴外地先进经验，进一步优化关检监管办法，加快信息化平台建设，做好项目招商工作，确保E贸易试点工作有序高效推进，为"三大一中"战略实施提供保障。

【其他重要会议】　市委农村工作会议　2014年1月21日，市委农村工作会议召开，深入学习贯彻中央、省委农村工作会议和中央1号文件精神，全面总结2013年全市"三农"工作，对做好新形势下的"三农"工作进行研究部署。省委常委、市委书记吴天君主持会议。会议要求，2014年"三农"工作突出抓好六项重点：抓好"菜篮子"建设工程，提高主要农产品供给保障能力；继续实施高标准农田建设工程，稳定农业综合生产能力；全面推进现代都市农业示范工程，发展都市生态农业；加快推进现代农业产业化集群培育工程，构建新型农业经营体系；扎实推进贫困地区群众脱贫工程，创新扶贫开发及老区建设新机制；多措并举，千方百计促进农民增收。会议强调，2014年"三农"改革和创新工作，要着力在农业社会化服务创新、农业投融资机制创新、网格化管理长效机制建设、稳妥推进农村土地改革、加强领导转变作风五个方面下功夫。

全市基层干部座谈会暨党的群众路线教育实践活动征求意见会　2014年1月27日，省委常委、市委书记吴天君主持召开全市基层干部座谈会暨党的群众路线教育实践活动征求意见会，听取部分基层干部对市委、市政府工作及开展第二批党的群众路线教育实践活动的意见和建议。座谈会上，17位来自基层的同志结合工作实际，围绕"三大主体"工作、党员干部作风及群众诉求和期盼，谈做法体会、提问题建议。吴天君强调，广大基层干部要切实提高依靠群众推进工作、依法行政、善用媒体、科学运作和抓班子、带队伍"五种能力"，扎实推进各项工作；各级党委、政府要把"重视基层、支持基层、夯实基层"作为重中之重，为加快推进以"三大主体"工作为主导的郑州都市区建设提供组织保障。关于教育实践活动，吴天君强调，要认真贯彻落实中央、省委党的群众路线教育实践活动第一批总结暨第二批部署电视电话会议精神，围绕"双基双治"建设，聚焦"四风”治理，突出为民服务和维护群众权益两大重点，扎实开展好全市的教育实践活动。

生态建设工作动员大会 2014年2月7日，全市生态建设工作动员大会召开。省委常委、市委吴天君主持会议并讲话。他指出，全市上下要站在对子孙后代负责、构建可持续发展的生态环境和提高群众生活质量的高度，把生态建设摆在更加重要的位置，牢固树立生态优先的理念，把生态建设贯穿到郑州都市区建设的各个方面。要以此次会议为契机，把握阶段性、季节性特征，抓住植树造林、园林绿化和各项建设的有利时机，以生态建设为带动，动员和组织广大干部群众迅速进入工作状态，全面掀起新年度郑州都市区各项建设热潮，为全年工作开好头、起好步。

郑州警备区党委全体（扩大）会议 2014年2月18日，郑州警备区召开党委全体（扩大）会议。省委常委、市委书记吴天君强调，全市各级党委、政府和人武部门要强化责任，深化认识，切实增强推进军民融合深度发展的责任感和紧迫感，从维护国防安全、政治稳定和履行“双重”责任的高度，牢固树立“军地一盘棋、共同谋发展”的理念，努力走出一条符合郑州实际、具有郑州特色的军民融合深度发展之路。各级党委、政府要切实增强责任意识，牢牢把握国防动员和后备力量建设的正确方向，不断提高党管武装工作水平。要以开展教育实践活动为契机，以求真务实的作风真心实意地为驻地部队和官兵办实事、解难题，为国防后备力量建设提供有力保障。

市级重点工作推进领导小组会议 2014年2月27日，市委、市政府召开市级重点工作推进领导小组会议，调整充实市级重点工作推进领导小组人员，对完善相关工作机制和当前重点工作进行了安排部署。省委常委、市委书记吴天君指出，建立八个领导小组推进机制，有利于四大班子统一步调、统筹合作、形成合力，是强化领导、提高效率、推动重点工作重点突破的有效举措。全市上下要充分认识市领导班子工作推进机制的正确性和必要性，更加坚定持续发挥这一机制作用推进郑州都市区建设的信心和决心，积极主动融入这一机制，找准定位，履行职责。

市委中心组集体学习会议 2014年4月25–26日，市委召开中心组集体学习会议。集中学习了《党政领导干部选拔任用工作条例》及相关配套文件，聆听了省社科院副院长刘道兴所作的题为《增强现代都市意识 提升城市建设品位》的辅导报告，集体乘坐地铁到市检察院预防职务犯罪警示教育基地参加警示教育活动，观看党的群众路线教育实践活动电教片《杨善洲》，并围绕“我是谁、为了谁、依靠谁”，开展了学习交流讨论。省委常委、市委书记吴天君强调，要认真落实习近平总书记提出的“三严三实”要求，提高标准，突出特色，按照“三围绕”查摆问题，坚持落实“到事、到门、到人”认领问题、剖析问题，紧扣“四抓”进行整改，以实际行动树立“六种形象”，发挥领导带头作用，以上率下，确保全市教育实践活动取得实效，走在全省前列。

5月23日，市委举行中心组集体学习会，传达习近平总书记参加兰考县委常委班子专题民主生活会时的讲话精神，收听收看中国社会科学院历史研究所所长卜宪群作的题为《以史为鉴反腐倡廉》的视频报告。省委常委、市委书记吴天君强调，要深化认识，把握实质，切实把思想统一到习近平总书记重要讲话精神上来，严格程序、标准和要求，以高度的政治自觉组织开展好教育实践活动各项工作，确保高质量召开各级民主生活会。

8月11日，市委召开中心组理论学习会，进一步深入学习全省市厅级主要领导干部研讨班精神，对全市开展学习讨论活动进行安排部署。省委常委、市委书记吴天君强调，全市上下要把学习全省市厅级主要领导干部研讨班精神作为当前的重要任务，列入各级中心组学习和各单位党的群众路线教育实践活动“回头看”学习重要内容，组织广大党员干部学深学透，并结合市委十届九次全会精神的贯彻落实和各自实际，进一步完善思路、强化措施，抓好各项工作的推进。

9月28日，市委中心组举行理论学习专题报告会，传达《中共中央办公厅、国务院办公厅关于印发〈2014年上半年贯彻执行中央八项规定情况报告〉的通知》；邀请河南省人民检察院常务副检察长张国臣作了题为《加大反腐倡廉力度 维护群众根本利益》的专题报告。

11月7日，全市学习党的十八届四中全会精神培训班和市委中心组学习会召开。省委常委、市委书记吴天君作题为《以十八届四中全会精神为指导，不断提升依法治市科学化水平》的专题辅导报告。他强调，要以十八届四中全会精神为指导，全面提升依法治市科学化水平。当前，郑州市既处于“爬坡过坎、攻坚转型”期，又处于“抢抓机遇、奠定基础、确立地位”的关键期，必须以十八届四中全会精神为指导，大力推进依法治市，全面提升运用法治思维和法治方式深化改革、推进发展、维护稳定、管党治党的能力和水平。一要坚持立法先行，健全完善依法治市的法规体系。二要运用法治思维和法治方式推进改革发展稳定，确保严格执法，促进依法行政。三要围绕维护群众合法权益和社会公平正义，保证司法机关依法独立行使职权，确保公正司法。四要建设社会主义法治文化，加强“双基双治”建设，夯实依法治市的社会基础、群众基础。五要加强和改进党对法治工作的领导，把党的领导贯彻到依法治市的全过程。

党外人士座谈会 2014年7月29日，市委召开党外人士座谈会。省委常委、市委书记吴天君出席会议。他强调一要围绕大局参政议政，研究完善发展举措。特别是要围绕推动“三大主体”工作上台阶，深入调查研究，积极建言献策，在推进科学决策上发挥积极作用。二要发挥优势，凝心聚力助推发展。各民主党派、工商联和无党派人士要充分发挥自身优势，团结社会力量，围绕全市工作大局宣传引导群众，让群众认识到郑州这些年发展理念、举措、思路的正确性和科学性，以及郑州未来发展蓝图的可行性和必要性，营造氛围，凝聚共识，形成推动发展的强大合力。三要着力加强自身建设，切实改进

市委举行中心组集体学习会，传达习近平总书记参加兰考县委常委班子专题民主生活会时的讲话精神

工作作风。要加强思想建设，教育引导党派成员、工商联会员和无党派人士坚持中国共产党的领导，做坚持和发展中国特色社会主义的实践者、维护者和捍卫者。要坚持立党为公、参政为民，经常反映社情民意；要加强作风建设，着力转变工作作风；要完善各项规章制度，确保廉洁参政。

12月25日，市委召开党外人士座谈会，通报有关工作情况，听取意见建议。省委常委、市委书记吴天君主持会议并讲话，寄语全市各民主党派、工商联和无党派人士更好地发扬成绩、发挥作用，更加积极主动地参与到郑州的改革发展建设中来。

市四大班子会议 2014年10月8日，市四大班子会议召开，传达学习中央党的群众路线教育实践活动总结大会精神和省委要求，安排部署全市贯彻落实工作。省委常委、市委书记吴天君指出，中央党的群众路线教育实践活动总结大会对全党教育实践活动的成效和经验进行了系统总结，特别是习近平总书记对如何落实“党要管党、从严治党”进行了全面部署。省委对贯彻落实中央会议精神高度重视，省委书记郭庚茂就贯彻落实工作提出了明确要求。全市上下要按照省委部署，认真学习、深刻领会中央会议特别是习近平总书记讲话精神，切实把思想和行动统一到中央要求上来，扎实推进全市各项工作顺利开展。

庆祝郑州市人民代表大会成立60周年暨市委人大工作会议 2014年10月22日，庆祝郑州市人民代表大会成立60周年暨市委人大工作会议召开。省委常委、市委书记吴天君出席会议并讲话。他强调，要深入贯彻落实党的十八大、十八届三中全会精神和习近平总书记在庆祝全国人民代表大会成立60周年大会上的讲话精神，省委书记郭庚茂在庆祝河南省人民代表大会成立60周年大会上的讲话精神，在新的历史起点上更好地坚持和完善人民代表大会制度，更好地组织和动员全市人民团结一心，开拓进取，加快推动以航空港实验区为统揽的郑州都市区建设，为全省打造“四个河南”、推进“两项建设”“实现中原更出彩”做出更大贡献。

庆祝人民政治协商会议成立65周年暨中共郑州市委政协工作会议 2014年10月22日，庆祝人民政治协商会议成立65周年暨中共郑州市委政协工作会议召开。省委常委、市委书记吴天君出席会议并讲话。他强调，要认真学习贯彻习近平总书记在庆祝人民政协成立65周年大会上的重要讲话精神，切实把思想和行动统一到中央要求和部署上来，更好地发挥人民政协这一中国特色政治组织和民主形式的独特优势，广泛凝聚各方面智慧和力量，不断开创人民政协事业持续发展的新局面，为加快建设自然之美、社会公正、城乡和谐的郑州都市区，在全省率先全面建成小康社会而努力奋斗。

省会创建全国文明城市工作推进会 2014年11月20日，省会创建全国文明城市工作推进会召开。省委常委、市委书记吴天君指出，要认清责任，增强大局意识、责任意识，切实履行好省会“双重”责任，按照“文明河南、郑州先行”的目标，坚定成功重创文明城市的信心和决心，鼓足干劲，乘势而上，全面做好文明城市创建工作。他强调，要坚持“三城联创”中建立的“同奖同罚、荣辱共担”的责任体系，进一步加强领导，强化督察，狠抓落实，以顺利实现全国文明城市届满重创为目标，全面提升省会城市文明程度。

市委网络安全和信息化领导小组第一次会议 2014年11月27日，市委网络安全和信息化领导小组召开第一次会议，传达学习省委网络安全和信息化领导小组第一次会议精神，安排部署全市网络安全和信息化工作。省委常委、市委书记吴天君要求，要突出重点，抓住关键，全面提升网络安全和信息化工作水平。要把握意识形态工作的新变化，加强网络正面宣传和舆论引导，加强网络阵地建设，大力弘扬网络正能量；要深入开展网络安全审查和风险评估工作，完善网络安全防控体系，为信息化发展提供保障；要把握国际信息化发展趋势，提升信息化支撑能力，大力发展以智能终端为代表的电子信息业和跨境贸易电子商务，建设网络经济强市；要加强网络人才队伍建设，完善网络人才支撑体系，为网络安全提供保障。他强调，要加强领导，勇于担当，努力实现网络安全和信息化工作新突破；建立领导队伍、工作队伍、网络人才队伍“三支队伍”，健全领导小组工作运行机制、领导小组办公室日常工作推进机制、网络人才队伍管理和培训机制，以及与中央、省领导小组办公室和各大媒体的沟通协调机制，努力开创全市网络安全和信息化工作新局面。

全市打击和处置非法集资工作视频会议 2014年12月5日，市委、市政府组织召开打击和处置非法集资工作视频会议。省委常委、市委书记吴天君强调，各级各部门要认清责任，履职尽责，坚持“县（市）区属地负责，行业主（监）管部门一线把关，领导小组组织、指导、协调”的工作机制，在案件处置、宣传教育、风险防范、维护稳定等方面下功夫、抓落实。要围绕影响社会大局稳定的突出问题，发挥网格化管理作用，及时发现并化解到位，尤其要做好安全生产、农民工工资发放、困难群众救助等工作，确保人民群众过一个安全祥和的“双节”。

全市加快全域旅游产业发展大会 2014年12月10日，全市加快全域旅游产业发展大会召开。省委常委、市委书记吴天君要求，全市上下要深刻认识旅游业已经进入大众旅游时代、人们消费需要升级、旅游在国民经济中地位逐步提升的阶段特征，认清国家支持推进旅游产业大发展的政策机遇和旅游业发展方向，围绕最终把郑州建成世界旅游城市的目标，坚持“一统三大三层次”的发展思路，加快推进全域旅游发展。“一统”，就是要坚持将旅游产业的发展融入经济社会发展大局统筹谋划，用发展旅游的理念谋划新型城镇化、新型工业化、农业现代化和易地扶贫搬迁、文物保护开发、文化传承创新、工厂企业形态、商贸服务业发展等工作。“三大”，即发展大产业、优化大环境、惠及大民生，用大产业、大环境、大民生来谋划旅游业发展。“三层次”，一是依托登封少林寺和新郑黄帝故里两个世界级旅游资源，打造国际化的旅游景区；二是依托黄河沿线旅游带、中牟时尚文化创意休闲区、通用航空展会等景点项目，打造国内优质旅游品牌；三是依托移民扶贫搬迁、都市区现代农业、都市区休闲度假项目等，打造区域知名休闲旅游品牌，形成中原城市群休闲旅游胜地，努力把旅游产业培育成为国民经济的战略性支柱产业、改善民生的重要富民产业和人民群众更加满意的现代服务业，把郑州建设成为国内外重要的旅游目的地。市长马懿指出，实现建设世界旅游城市的目标，要重点做好三个方面的工作：一是完善功能，优化环境，全面提升旅游产业契合力。要完善综合交通体系、配套服务体系、生态景观体系和智能信息服务体系。二是拓宽思路，深度融合，充分发挥旅游产业的带动力。要推动旅游业与现代农业、现代工业、现代服务业，以及易地扶贫搬迁相融合。三是突出特色，打造精品，着力增强旅游品牌的竞争力。要着力打造一批国际旅游品牌，重点提升改造30个精品旅游景区，培育5条以上国内经典精品旅游线路和15条以上特色旅游线路，打造一批区域知名旅游休闲品牌。

郑州市城市精细化管理服务先行区工作动员会 2014年12月18日，郑州市城市精细化管理服务先行区工作动员会召开。省委常委、市委书记吴天君要求，各级各部门要充分认识做好城市精细化管理服务的紧迫性和必要性，增强责任感和使命感，围绕让群众生活更美好这一总目标，落实解决群众行路难、办事难、上学难、就业难、就医难“五难”和建设“整洁、畅通、有序”城市形态两大任务，以城市精细化管理服务为主线，紧扣“精细、管理、服务”六个字要点，使精细化管理服务贯穿到城市建设管理服务的各个方面，全面提升城市规划建设管理水平。要加强领导，科学组织，通过加强法治建设、体制机制创新和领导能力建设，不断提升领导水平、建设水平和管理水平，使城市精细化管理深化到安全生产管理、打击非

法生产和非法建设等各个环节。要创新城市管理模式，不断提高城市建设管理服务的智慧化、信息化、标准化水平，努力让人民群众生活更加美好。市长马懿强调，城市精细化管理服务工作，基础在建设、重点在管理、根本在服务。各级各部门要严格标准，把握重点，一要把“精细”体现到每个工作环节，切实做到精细规划、精细施工、精细管护。二要坚持工程措施与管理措施相结合，既要完善相应的硬件设施，又要深化管理创新，同时深入研究城市宏观管理政策，引导城市要素合理流动、资源集约利用。三要突出服务群众、城建为民的目标导向，围绕满足群众的生产生活需求谋划城市建设和管理工作，让广大群众真正体会到、感受到、享受到城市建设的成果。要完善领导机制、责任机制、重点难点工作推进机制和申报推进机制，实现全市城市管理水平的整体提升。要提高认识，用心谋划、用力落实，尽快形成“整洁、畅通、有序”的现代化城市新形态、群众生活新环境。

（刘跃亭　司现仓　吕志坡　岳嵩）

重要活动

【概况】　2014年，中共中央总书记、国家主席、中央军委主席习近平，省委书记郭庚茂，省长谢伏瞻等莅郑视察调研；先后有省政协副主席、党组副书记靳绥东率领的督导组，国防大学副校长王永生率领的第44期国防大学研究班学员一行，省政协主席叶冬松率领的省政协常委视察团一行，最高人民法院院长周强，全国政协常委、民建中央副主席周汉民一行，省委常委、宣传部部长、网络安全和信息化领导小组办公室主任赵素萍，十届全国人大常委会副委员长、中国关工委主任顾秀莲一行，民政部副部长顾朝曦、国家信访局副局长赵晓光带领国务院《信访条例》执法检查组，全国政协副主席、全国工商联主席王钦敏一行，国土资源部副部长胡存智一行，全国人大常委会副委员长、民进中央主席严隽琪，全国政协副秘书长、民进中央副主席朱永新一行，工信部部长苗圩一行，中央巡视组组长、中央马克思主义理论研究和建设工程咨询委员会主任、中共河南省委原书记徐光春，全国人大常委会副委员长、农工党中央主席陈竺率领的农工党中央调研组，中纪委宣传部常务副部长杨小平等到郑州调研考察。此外，还先后接待了新乡市党政考察团、山西省运城市党政考察团、开封市党政考察团、贵州省贵阳市党政考察团等到郑州调研考察。

【习近平到郑州视察】　2014年5月10日，中共中央总书记、国家主席、中央军委主席习近平在郑州先后视察了郑州市跨境贸易电子商务服务试点项目、郑州国际陆港、中铁工程装备集团有限公司。郑州市跨境贸易电子商务服务试点项目现场，习近平了解了项目运营不到1年取得的的成绩，同窗口工作人员一一握手，详细察看货物配货、包装、过关查验流程，勉励工作人员朝着“买全球、卖全球”的目标迈进。在郑州国际陆港港区内，习近平详细了解了郑州建设物流枢纽、中欧铁路物流中心情况，希望将郑州国际陆港建成连通境内外、辐射东中西的物流通道枢纽，为丝绸之路经济带建设多作贡献。在郑欧国际货运班列前，习近平同机组人员交谈并合影留念。在中铁工程装备集团有限公司盾构总装车间，习近平通过模型了解了盾构机整体构造和工作原理，并登上一座85米长的盾构机装配平台，察看装配情况。他向现场科技人员和职工问好，对他们攻克科研难题、突破盾构机系统集成技术壁垒的自主创新给予肯定。习近平指出，装备制造业是一个国家制造业的脊梁，目前中国装备制造业还有许多短板，要加大投入、加强研发、加快发展，努力占领世界制高点，掌控技术话语权，使中国成为现代装备制造业大国。一个地方、一个企业，要突破发展瓶颈，解决深层次矛盾和问题，根本出路在于创新，关键要靠科技力量。要加快构建以企业为主体、市场为导向、产学研相结合的技术创新体系，加强创新人才队伍建设，搭建创新服务平台，推动科技和经济紧密结合，努力实现优势领域、共性技术、关键技术的重大突破，推动中国制造向中国创造转变、中国速度向中国质量转变、中国产品向中国品牌转变。

【严隽琪到郑州考察】　2014年9月22日，全国人大常委会副委员长、民进中央主席严隽琪，全国政协副秘书长、民进中央副主席朱永新一行莅临郑州，对郑州经济技术开发区发展建设情况进行考察。省领导史济春、蒋笃运，市领导王跃华、王广灿，经开区党工委书记、管委会主任崔绍营等陪同考察。

考察组一行先后到宇通节能与新能源客车生产基地项目、中铁工程装备集团有限公司、跨境贸易电子商务服务试点项目现场进行考察，并听取相关工作汇报。

【陈竺到郑州调研】　2014年12月2日，全国人大常委会副委员长、农工党中央主席陈竺率领农工党中央调研组一行莅临郑州，就完善村医队伍建设、促进农村医疗卫生事业发展进行专题调研。全国政协副秘书长、农工党中央副主席何维等参加调研。省领导王艳玲、高体健，市领导王璋、舒安娜、李新有等陪同调研。

陈竺一行先后到惠济区新城办事处贾河村卫生室、金水区丰庆路办事处西史赵村卫生室走访调研，并在西史赵村委会议室召开座谈会，听取了省、市乡村医生队伍建设工作汇报。陈竺对河南省、郑州市村医队伍建设和农村医疗卫生事业发展取得的成绩给予充分肯定。

【王钦敏到郑州调研】　2014年7月31日，全国政协副主席、全国工商联主席王钦敏莅郑调研行业商会建设情况。省领导梁静，市领导王跃华、薛景霞陪同调研。

王钦敏一行到市钢铁贸易商会进行了参观、座谈，对该商会工作给予高度评价，并希望钢铁贸易商会继续在会员融资、人才培训、信息交流等方面提供更好的服务、发挥更大作用。

【周强到郑州调研】　2014年6月11日，最高人民法院院长周强在郑州调研指导工作。省领导吴天君、刘满仓，省高级人民法院院长张立勇，市领导胡荃、薛云伟、吴忠华，市中级人民法院院长于东辉陪同调研。

周强先后到市中级人民法院和高新区法院调研。他要求法官们要坚定信心，采取多种形式，深入基层化解矛盾，解决群众立案难、执行难问题。周强对市中级人民法院网络拍卖的做法给予充分肯定，并指出，通过信息技术手段加强审判管理、解决执行难、规范司法行为、促进公正司法，是新时期人民法院实现自身科学发展的重要途径。他强调，要大力发扬人民司法优良传统，勇于改革创新，牢牢坚持司法为民公正司法，自觉服务大局，以司法公开为抓手，努力让人民群众在每一个司法案件中都感受到公平正义。

【徐光春到郑州调研】　2014年11月3日，中央巡视组组长、中央马克思主义理论研究和建设工程咨询委员会主任、中共河南省委原书记徐光春到郑州航空港经济综合实验区考察调研。省委常委、市委书记吴天君，市委副书记、航空港经济综合实验区党工委书记胡荃陪同调研。

徐光春详细了解了郑州近年来的经济社会发展情况，以及航空港实验区的整体规划、重大基础设施建设、城市开发、产业发展等情况。对郑州全力推进实验区大建设、大开发、大发展的做法及取得的成效给予了充分肯定。他希望郑州能抓住机遇，开拓创新，按照既定的宏伟蓝图，持续突破、持续提升，在推进中原经济区建设中发挥更大作用，为中原崛起、河南振兴、富民强省做出更大贡献。

【郭庚茂到郑州调研】　2014年4月10

日，省委书记、省人大常委会主任郭庚茂带领全省重点项目暨产业集聚区建设第一观摩组来郑，考察郑州市重大项目和产业集聚区建设工作。省领导刘春良、吴天君、陈雪枫、蒋笃运、张维宁、钱国玉等陪同考察。观摩组一行先后到经开区、郑东新区，考察了东风日产郑州工厂、东风日产发动机工厂、宇通节能与新能源客车生产基地、精益达经开区新基地、跨境贸易电子商务服务试点、郑州东站特色商务区等项目，详细了解集聚区的产业集群发展、产业创新升级、产城互动、基础设施建设、农民就业等情况，充分肯定了郑州市重大项目建设和产业集聚区发展取得的成绩。

6月5日，省委书记、省人大常委会主任郭庚茂率领省直有关部门负责人深入郑州市中牟县，就“三农”工作进行调研。省领导邓凯、吴天君、王铁等陪同调研。郭庚茂一行实地察看中牟·国家农业生态公园农业嘉年华主题馆、郑州市龙祥现代水产科技示范园、乐活园艺馆、富士康太阳能生物工厂和未来农业馆，详细了解入园企业发展情况，对郑州市结合省会城市特点，大力发展都市型生态农业等方面工作给予充分肯定。郭庚茂指出，现代农业要坚持高端、低碳、循环、高效方向，突出农业产业，兼顾生态休闲，注重经济性和观赏性相结合，切实提高单位产出效益，实现现代农业的良性循环发展。听取中牟县“三化”协调发展规划汇报后，郭庚茂对中牟县以产业体系、城镇体系、路网体系、生态体系为支撑建设自然之美、社会公正、城乡和谐的现代田园城市的思路和做法给予充分肯定。他强调，“三农”问题的核心是农民问题，解决农民问题的核心是就业。要坚持产业为基、就业为本、生计为先的理念，着眼于农民的转移就业谋划产业布局，依托产业布局规划城镇体系，统筹解决好“三农”问题。希望中牟县科学规划、改革创新，在“四个河南”建设中先行一步。

【郭庚茂、谢伏瞻会见参加郑州航空港经济综合实验区智能终端（手机）专题对接活动客商】 2014年5月5日，省委书记、省人大常委会主任郭庚茂，省委副书记、省长谢伏瞻会见了来郑参加郑州航空港经济综合实验区智能终端（手机）专题对接活动的268家企业的313位客商。

郭庚茂指出，随着郑州航空港经济综合实验区建设加快推进，河南特别是郑州承接产业转移的能力不断提升，发展手机产业的条件比较充分。对河南来说，承接产业转移、发展智能终端产业，不是简单的招商引资，而是关系全局的一件大事。省委、省政府对智能终端产业发展高度重视，把智能终端产业发展作为中原崛起、河南振兴、富民强省的一项战略举措来实施、推动。

谢伏瞻指出，郑州航空港经济综合实验区获批一年多来，智能终端产业发展尤为迅速，已成为实验区发展的主导产业和战略突破口。实验区强劲的发展态势、日趋完善的基础设施和产业配套，将为广大智能手机生产企业及上下游配套商、运营商、物流商集群壮大提供一片新天地。

【郭庚茂、谢伏瞻到郑州航空港经济综合实验区调研】 2014年7月8日，省委书记、省人大常委会主任郭庚茂，省委副书记、省长谢伏瞻等到郑州航空港经济综合实验区调研。郭庚茂、谢伏瞻等先后考察了新郑国际机场二期工程、郑州市南四环至郑州南站城郊铁路工程、航空港实验区三大片区规划建设情况、国际大宗商品交易中心、台湾科技园创维手机项目、河南中原华夏珠宝有限公司。

郭庚茂指出，要继续落实航空港实验区建设既定的指导思想、战略思路，并不断完善提升。一要建设大枢纽，这是实验区建设的基础和前提。建设大枢纽，要近抓保障、远抓体系。近抓保障，就是要强化机场、铁路、公路的保障能力建设。远抓体系，就是要加快构建“铁、公、机”三网联合的多式联运体系，形成综合优势。二要建设国际物流中心，这是实验区建设的关键和核心。建设国际物流中心，既包括国际航空物流中心，也包括铁路周转中心和国内物流中转中心。要跟进交通枢纽的发展重点，尽快完善壮大物流体系；要把握新兴业态、新的交易方式，大力发展电子商务，特别是搞好郑州市跨境贸易电子商务服务试点。三要培育大产业，这是实验区建设的直接结果。要继续把培育产业集群放在实验区建设的突出位置，把培育信息智能终端研发制造基地作为头等大事来抓，兼顾发展其他航空偏好型产业。四要打造航空大都市，这是实验区建设的目标、目的，也是大枢纽、大物流、大产业的载体。建设实验区，既要体现在经济实力的增强上，也要体现在促进人的全面发展上，为群众生活水平的提高创造条件。航空大都市的灵魂和核心是商都，要把发展物流业和商业作为关键、动力和核心环节。五要建设体制机制创新示范区。既要挖掘实验区先天优势、禀赋优势，更要创新体制机制优势。六要协调联动、形成合力。要增强战略意识，多从根本性、关键性、长远性上看问题，围绕大局，团结协作；要强化责任担当，勇于攻坚克难，始终尽职尽责、奋发有为。

【谢伏瞻到郑州调研】 2014年8月12日，省委副书记、省长谢伏瞻带领省军区及省直相关部门负责人莅郑调研征兵工作。省党政军领导卢长健、李亚、林卫民、郭洪昌等参加调研。市党政军领导马懿、刘贵新、尚守道、吴忠华、董继锋等陪同调研。

谢伏瞻强调，必须站在实现“中国梦”“强军梦”的战略高度，以及推进中原崛起、河南振兴、富民强省的战略高度，进一步强化政治意识、大局意识和责任意识，切实增强使命感和紧迫感，真正把征兵工作摆上重要日程，不打折扣、高质量地完成征兵任务。他要求，要把握关键，完善工作举措，强化工作落实，确保征兵工作顺利推进。要搞好宣传服务，大力营造“当兵是义务、当兵很光荣、当兵能受益、当兵可成才”的浓厚氛围，充分做好大学生兵员的宣传发动工作；要抓好政策落实，吸引更多优秀青年踊跃参军入伍，增加大学生兵员数量，提高全省兵员质量；要严格把握标准，严把身体条件关、政治考核关，向部队输送优秀兵员。

【新乡市党政考察团到郑州参观考察】 2014年8月5日，新乡市委书记李庆贵、市长舒庆率新乡市党政考察团到郑州航空港经济综合实验区考察。省委常委、市委书记吴天君等陪同考察。

考察团高度评价航空港实验区经济社会好的发展态势，一致认为郑州紧紧抓住航空港实验区建设重大历史机遇，围绕“建设大枢纽、发展大物流、培育大产业、塑造大都市”，强力推进各项工作，取得明显成效，创造了很多值得学习和借鉴的好经验、好做法。希望郑州和新乡进一步加强联系，深化合作，实现联动发展。

【运城市党政考察团到郑州考察】 2014年8月15日，由山西省运城市委副书记陈振亮带领的运城市党政考察团一行来郑，赴中牟参观考察产业集聚区建设。郑州市副市长杨福平陪同考察。考察团一致认为，在中牟的参观考察深受启发，将把中牟县的先进经验和典型做法带回去，在运城学习推广，进一步促进运城产业转型升级，促进运城经济又好又快发展。

【开封市党政考察团到郑州考察】 2014年8月28日，开封市委书记祁金立、市长吉炳伟率党政考察团来郑参观考察。市领导吴天君、王璋、杨福平及航空港实验区管委会副主任黄卿等陪同考察。考察团一致认为，郑州市抓住航空港实验区建设重大历史机遇，围绕“建设大枢纽、发展大物流、培育大产业、塑造大都市”这一发展主线，创新思路举措，着力推进高端制造业和现代服务业集聚、产业和城市融合发展、对外开放合作和体制机制创新，各项工作取得了辉煌成绩，令人深受触动和启发。

【贵阳市党政考察团到郑州考察】 2014年10月14日，贵州省委常委、贵阳市委书记陈刚率党政考察团来郑，考察郑州航空港经济综合实验区规划建设情况。河南省委常委、郑州市委书记吴天君，郑州市委副书记、航空港经济综合实验区党工委书记胡荃等陪同考察。考察团对郑州坚持高起点规划、高水平设计、高标准建设、高效能管理，加快推进实验区建设的做法给予充分肯定。一致认为，郑州航空港经济综合实验区建设，创造了许多鲜活的、具有前瞻性的经验做法，贵阳市将认真学习借鉴郑州市的成功经验，促进贵阳市加快发展。希望两市进一步密切联系、加强合作，优势互补、互利共赢。

【郑州市党政考察团赴南京、苏州、杭州考察学习】 2014年7月13–17日，围绕“开放、创新”主题，由省委常委、市委书记吴天君，市委副书记、市长马懿率领的郑州市党政考察团对南京、苏州、杭州三市近40个项目进行了全面考察学习，内容涉及城乡统筹、城市建设、社会事业、便民服务等。吴天君指出，要认清差距，牢记省委、省政府赋予郑州市的加快自身发展和服务全省乃至中原经济区发展的“双重”责任，切实增强责任感、紧迫感和危机感，按照“虚心学习、重点跨越、累积推进、晋位升级”的要求，见贤思齐、努力赶超，切实提升郑州都市区建设水平。

【郑州市党政考察团赴新乡考察学习】 2014年4月24日，郑州市党的群众路线教育实践活动考察团赴新乡学习基层党建先进典型经验。省委常委、市委书记吴天君指出，新乡先进群体的精神与焦裕禄精神一样，都是党的优良作风的继承和发扬。大家要认真学习总结、准确把握新乡市先进群体的共性特点，增强向先进学习的自觉性和主动性，以先进为镜子，照出差距，比出动力，学有所获。要牢记责任和使命，在增强党性观念、提高把群众带富带正的“双带能力”、提高组织引导群众的能力和锤炼过硬作风四个方面下功夫，努力做基层改革发展稳定的带头人、引路人。

【吴天君率团出访英国】 2014年9月17–19日，省委常委、市委书记吴天君率团访问英国。吴天君先后会见了纽卡斯尔市市长乔治·帕蒂森、渣打银行集团公共事务总裁瓦苏奇·沙斯垂和英国安石集团总裁马克·库姆斯等。与纽卡斯尔市就在两地分别建立欧洲制造之窗展销中心和郑州制造之窗展销中心项目达成共识。与渣打银行集团就拓展在郑业务领域、提升服务水平、深度参与郑州航空港经济综合实验区和郑东新区金融核心聚集区建设达成了共识。代表团还实地考察了伦敦金融城，详细了解金融业发展情况，学习借鉴开发建设经验、模式，以及金融城在城市管理、项目引进、企业服务等方面的经验做法。

2014年3月19日，省委常委、市委书记吴天君会见加拿大国务秘书科林·凯瑞

【吴天君率团出访俄罗斯】 2014年9月23日，省委常委、市委书记吴天君率团到俄罗斯访问。吴天君一行拜访了俄罗斯卢比孔封闭型股份有限公司和俄罗斯伏尔加–第聂伯集团，先后会见了俄罗斯卢比孔封闭型股份有限公司副总裁巴查森卡、伏尔加–第聂伯集团市场发展副总裁Wolfgang Meier，并见证了郑州国际陆港公司与卢比孔公司战略合作框架协议的签署。

【吴天君会见重要来客】 2014年3月10日，省委常委、市委书记吴天君会见了美国驻武汉总领事馆总领事李伟明一行，双方就加强沟通联系、寻求深入合作进行了会谈，达成广泛共识；3月19日，省委常委、市委书记吴天君会见了加拿大国务秘书科林·凯瑞一行，双方就加强航空、医药等领域的合作进行了深入会谈，达成广泛共识；3月27日，省委常委、市委书记吴天君会见了印度熙德隆制药公司董事长瑞迪一行，双方就加强医药领域合作进行了深入会谈，达成广泛共识；6月21日，省委常委、市委书记吴天君会见了大韩航空公司董事长赵亮镐一行，双方就深化拓展航空领域合作进行了深入洽谈，达成广泛共识；8月14日，省委常委、市委书记吴天君会见了IBM公司大中华区董事长钱大群一行，双方就拓展合作领域、推进务实合作进行了深入交流；8月22日，省委常委、市委书记吴天君会见了凤凰卫视常务副总裁崔强一行，双方就深化合作进行了充分交流；9月11日，省委常委、郑州市委书记吴天君会见了亚太大学联合会主席、郑州大学西亚斯国际学院创办人陈肖纯博士一行，双方就深化中外合作办学、推动大学科研机构和创新创业基地建设等问题进行了深入洽谈；11月27日，省委常委、市委书记吴天君会见了出席丝绸之路经济带中欧物流枢纽建设交流会的德铁副总裁汉斯·格奥尔格·维尔纳率队的德国代表团，俄铁高级副总裁列谢特尼科夫·瓦列里率队的俄罗斯代表团，白俄罗斯交通运输部首席副部长叶甫盖尼·卢卡乔夫率队的白俄罗斯代表团，哈铁快运总裁叶留巴耶夫·参让尔率队的哈萨克斯坦代表团，就推动丝绸之路经济带中欧物流枢纽建设进一步发展，推动河南、郑州与德国、俄罗斯、白俄罗斯、哈萨克斯坦共建丝绸之路经济带中欧物流枢纽进行了交流。

【市委重要签约仪式】 2014年8月21日，省委常委、市委书记吴天君，市委副书记、市长马懿等出席2014郑州市汽车零部件产业转移对接洽谈活动。此次活动共签约项目34个，签约金额184亿元。

10月18日，省委常委、市委书记吴天君，副省长张维宁，市委副书记、市长马懿出席承接家居产业转移对接洽谈暨集中签约活动。此次活动共签约企业30家，签约金额300亿元。

10月20日，省委常委、市委书记吴天君出席广州唯品会信息科技有限公司中部地区区域枢纽物流基地项目投资协议签约仪式。该项目正式落户航空港实验区，总投资约15亿元，项目全部建成后将成为唯品会辐射中部地区的枢纽物流基地及运营结算中心、辐射全国的奢侈品保税仓储配送中心、航空货运包机业务基地。

11月1日，省委常委、市委书记吴天君，副省长张维宁，市委副书记、市长马懿出席郑州市与中兴通讯股份有限公司战略合作协议签约仪式。此次签约是贯彻落实河南省政府与中兴通讯公司2010年签署的战略合作协议的最新成果，标志着郑州市与中兴通讯公司的战略合作迈上新台阶。

（刘跃亭　司现仓　吕志坡　岳嵩）

2014年省委常委、市委书记吴天君重要调研考察活动

时 间	调研考察内容
1月23日	到市内五区、经开区的重点工程和安置区建设现场，实地了解畅通郑州、棚户区改造和四项重点工作进展情况
2月12日	到市内五区、郑东新区、经开区的重点工程和安置区建设现场，实地了解畅通郑州和市区五项重点工作进展情况，协调解决项目推进中遇到的困难和问题
3月11日	到金水路西延工程、黄河路下穿铁路隧道工程、青少年公园、三环快速化工程、紫荆山路南延工程和陇海快速路工程等重点工程建设现场，实地了解进展情况，协调解决项目推进中遇到的困难和问题
3月22日	在金水区蹲点调研网格化管理工作
3月25–26日	到党的群众路线教育实践活动联系点新郑市调研
4月21日	到党的群众路线教育实践活动联系点新郑市调研，督察"三化"协调发展规划建设工作
4月30日	调研督察航空港实验区建设工作
6月10日、12日	深入郑州信大捷安股份有限公司、中国电子科技集团第27研究所、郑州大学等16个高校、科研机构和高新技术企业调研科技创新工作
6月24日	调研畅通郑州重点工程建设情况
7月9日	到新郑市检查党的群众路线教育实践活动县级班子专题民主生活会后整改工作的落实情况，指导下一阶段基层教育实践活动开展
8月8日	深入二七区征兵体检站调研征兵工作进展情况，并看望征兵体检工作人员和参检青年；到登封市察看旱情，看望慰问支援抗旱引水工程的济南军区某部官兵
8月10日	深入金水区工人新村实地察看棚户区群众生产生活情况，研究棚户区改造工作
8月27日	督察调研畅通郑州和卫生城市创建工作
9月1日	深入党的群众路线教育实践活动联系点新郑市梨河镇调研指导工作
9月9日	到中州大学、郑州师范学院调研慰问
9月10日	深入航空港实验区和郑州经济技术开发区调研督察产业培育、国际陆港建设、跨境贸易电子商务服务试点等工作
9月29日	深入党的群众路线教育实践活动联系点新郑市梨河镇，就搞好第二批党的群众路线教育实践活动进行督导
10月18日	对畅通郑州工程进展情况进行调研督察
10月28日	到航空港实验区调研，研究部署航空港实验区建设和发展工作，协调解决工作推进过程中存在的问题
11月1日	到金水区就城市建设和精细化管理服务工作进行调研
11月4日	到郑州经济技术开发区调研督察先进制造业重大项目建设、跨境贸易电子商务服务试点等工作
11月26日	到中牟县调研城乡一体化建设工作
12月15日	深入航空港实验区调研督察重点工作、重大项目推进情况

（刘跃亭　司现仓　吕志坡　岳　嵩）

纪检监察工作

【概况】 2014年，市委和各级党委、政府认真学习贯彻习近平总书记关于党风廉政建设和反腐败斗争的系列讲话精神，按照中央、省委关于反腐倡廉建设的总体要求和主要任务，主动适应反腐倡廉的“新常态”，以无禁区、全覆盖、零容忍的态度，以猛药去疴、重典治乱的决心，强力部署，狠抓落实。全市各级纪检监察机关坚持“转职能、转方式、转作风”，聚焦中心任务，强化监督执纪问责，持之以恒纠正“四风”，坚定不移惩治腐败，腐败蔓延的势头得到一定遏制，“不敢腐”的局面初步显现，全市党风廉政建设和反腐败工作取得了新的进展和成效。

【落实“两个责任”】 2014年，全市各级党委（党组）主要负责人以上率下，带头履行党风廉政建设第一责任人的责任，重业务轻党务、重管理轻监督、重教育轻问责的现象得到初步扭转；领导干部“一岗双责”中存在的缺位、错位问题逐步得到解决。全市各级纪检监察机关突出主业主责，落实监督责任，强化了案件查办和执纪监督职能。市纪委机关内设机构调整方案获批，将把更多力量向执纪办案一线倾斜。过去参与的98个议事协调机构经清理调整后仅保留14个。取消了各级纪委书记（纪检组长）超出纪检监察业务范围的分工和兼职，把精力集中到抓好本职工作上来。切实推进党风廉政建设责任制的落实，探索开展县（市）区、市直机关主要负责人向市纪委全委会述责述廉，并针对存在的问题当场提问、现场评议，层层传导压力，强化责任意识。2014年，因责任不落实，全市共追究领导干部174人，其中组织处理30人、党政纪处分144人，有力维护了责任制的严肃性和权威性。

【作风建设】 2014年，市纪委加强对村级组织换届工作的监督检查，及时查处换届选举中的违法违纪行为；对“会所中的歪风”进行专项整治，公园和历史建筑中的违规经营场所全部予以取缔。同时，会同组织部门对超职数配备干部、“裸官”等问题开展了专项清理。针对领导干部违规干预和插手市场经济活动谋取利益、党员干部违规从事营利性活动进行专项整治；对公款购买节礼、公款赠送贺卡、违规使用公车、公款吃喝旅游和铺张浪费，以及党员干部出入私人会所、借婚丧嫁娶敛财等不正之风进行专项检查。坚持一个节点一个节点抓、一个问题一个问题解决，收到了良好的社会效果。全市共查处违反八项规定案件593起，给予党政纪处分290人，下发通报8期曝光60人。全市会议活动费较上年降低57.5%，公务接待费用降低47.8%，因公出国（境）费用下降14.4%。

【惩治腐败】 2014年，郑州市惩治腐败持续保持高压态势。坚持有腐必反、有贪必肃，以零容忍的态度惩治腐败。突出查办发生在领导机关和领导干部中贪污贿赂、徇私枉法、腐化堕落，以及发生在群众身边的腐败案件。全年全市纪检监察机关共接受群众信访举报5637件（次），比上年4237件（次）上升33%；初核违纪线索1203件，比上年951件上升26.5%。立案1226件，党政纪处分1345人。其中，处分县处级干部64人，比上年34人上升88.2%；处分乡科级干部229人，比上年180人上升27.2%。市纪委直接查办了周廷欣、阮勇、朱耀辉、马建松、张宏亮、王国周等一批严重违纪违法案件。全市检察机关共立案侦查贪污贿赂、失职渎职案件314件。全市法院系统审结贪污贿赂、渎职侵权案件301件。

【监督检查】 2014年，郑州市各级纪检监察机关加强监督检查，促进依法行政。紧紧围绕服务保障郑州都市区建设，特别是生态廊道建设、产业集聚区建设、市场外迁、畅通工程建设等开展监督检查，积极清除影响经济社会发展的消极因素。全面推进行政审批制度改革和“五单一网”制度改革，厘清、规范和公开政府职能部门权力，把市本级保留的141项审批事项全部纳入行政效能电子监察系统进行监督，着力把权力关进“制度的笼子”。发挥行政监察监督作用，加大对失职渎职行为问责力度。积极参与安全生产事故的调查处理，21名党员干部因失职渎职受到党政纪处分。强化对城镇房屋拆迁工作的监督检查，及时查处基层干部作风粗暴、骗取拆迁补偿款和挪用专项资金等违法违纪案件。在全市开展侵害群众利益专项治理活动，共查办侵害群众利益案件711起，处理484人，切实维护了基层群众利益。

【教育预防】 2014年，郑州市努力营造崇廉尚洁的政治生态。坚持“四会一课”制度，深化廉政教育。市四大班子领导带头参加“清风中原大讲堂”活动，积极开展“清风绿城廉洁双节”集中教育。继续深化“廉政亲情寄语”和诫勉约谈活动，全市各级“清风茶社”共约谈党员领导干部300余人。大力推进廉政文化建设。开展第二届“绿城清风杯”反腐倡廉好新闻、优秀微电影、廉政公益广告评选活动和“航空港杯”清风课堂教育活动；以郑州廉政历史人物为题材拍摄电教片《皓月鉴商都》、以动漫形式制作廉政系列故事片《警醒》，并在郑州电视台黄金时段播出。加强舆论引导，利用“清风郑州”政务微博和微信公众号、郑州廉政网等新媒体发出正声音、传递正能量。制定《郑州市贯彻落实〈建立健全惩治和预防腐败体系2013-2017年工作规划〉的实施方案》，确保各项工作落到实处；研究制定《郑州市廉洁从政风险防控管理办法》，切实加强对廉政风险的监督和防控，力求形成“不能腐”“不想腐”的良好政治环境。

【自身建设】 2014年，郑州市各级纪检监察机关自身建设得到加强。围绕开展党的群众路线教育实践活动，加强对全市纪检监察干部的教育监督和管理，强化责任担当，打造过硬队伍。针对全国纪检监察系统中暴露出来的利益输送、跑风泄密、以案谋私等问题，有针对性地开展对照检查。要求全市广大纪检监察干部带头践行“三严三实”，对存在的“四风”问题带头纠正、做出承诺。市纪委机关还组织班子成员和机关干部定期接待上访群众，组成工作队

全市领导干部廉政谈话会召开

分批次驻社区帮扶。同时，严防“灯下黑”，对反映纪检监察干部的信访举报件，认真核实，严肃处理，全年全市共查处纪检监察干部6人。加大纪检监察干部业务培训力度，全年共组织业务培训26批673人，着力提高干部政治素质、业务素质和履职能力。

（荣旭光）

组织工作

【概况】 2014年，市委组织部认真落实中央和省委从严治党的新要求，主动担当，开拓创新，狠抓落实，推动组织工作实现了新发展。

坚持向中心聚焦，精心组织市人大、政府、政协换届工作，保证了从代表推荐提名到大会选举组织严密细致、风清气正，全市换届纪律知晓率和换届风气满意率均达98.6%以上，《人民日报》《人民日报内参》先后对郑州市严格代表（委员）推荐提名的做法予以报道。持续聚力都市区建设，共选派820多名优秀干部到乡镇（街道）、各类园区和重点工程等攻坚岗位挂职历练，助力“三大主体”工作；选派9749名干部组建2001支群众工作队，蹲点服务群众。牵头开展全市“五小行业”整治，督促整改解决问题4778个，为郑州市顺利通过创建国家文明城市和迎接国家卫生城市复审验收做出了贡献。

市委组织部紧抓群众路线教育实践活动有利契机，坚持从严治部、从严律己、从严带队伍，持续开展“三讲三提升”活动，着力打造模范部门和过硬队伍。加强理论学习，通过焦裕禄纪念馆参观、大别山干部学院培训、《干部选拔任用条例》知识测试等多种形式，提高党性修养和履职能力。规范机关管理，成立机关党委，多方征集意见建议130条，新建制度16项，狠刹“四风”，积极整改，机关作风明显好转，工作质量和效率显著提升。实施“温暖工程”，组织健康体检，开展丰富多彩的文体活动等，营造了拴心留人的“组工之家”氛围。落实党风廉政建设责任，加强关键节点和组工干部“十严禁”“五条禁令”等纪律教育，树立组织部门公道正派的良好形象。

【党的群众路线教育实践活动】 从2014年2月开始，全市14376个基层党组织、38万多名党员参加了第二批党的群众路线教育实践活动。围绕“为民、务实、清廉”主题，坚持“一学三促四抓”，贯彻整风精神、认真精神和“三严三实”要求，集中开展“六面镜子”学习体验、26项专项整治和建章立制等活动，全市确定整改事项16236项，完成整改15341项，制定出台9个方面56项制度，集中解决了一批“四风”突出问题、人民群众反映强烈的突出问题。中央、省活动办刊发了郑州市及新密市、二七区的经验做法。登封市探索形成的“农事周结”工作法，入选全国党的群众路线工作法100例。

【干部制度改革】 2014年，郑州市干部制度改革不断深化。加强干部教育培训工作，制定《郑州市2013-2017年干部教育培训规划》，深入开展十八届三中、四中全会和习近平总书记系列重要讲话精神学习培训，通过举办集中轮训班、专题培训班和领导干部大讲堂等，培训各级干部3万多人次。从严把好选人用人关，加强领导班子分析研判，探索采用“两征求、三查看”方式，进一步规范和完善在经济社会发展主战场选拔使用干部制度，提高了选人用人质量。完善干部考核评价机制，建立市管领导班子和领导干部实绩档案，出台《郑州市市直部门年度综合目标考核评价办法》《郑州市县（市）区综合工作考核暂行办法》，切实提升考核的针对性和有效性。持续推进年轻干部“双百工程”，《人民日报》《河南日报》、新华网等媒体先后报道郑州市做法。强化实践导向，选派216名年轻干部进农村、社区、企业、学校、“两新”组织、园区墩苗历练，形成了年轻干部常态化选拔培养机制。

全市党的群众路线教育实践活动工作会议召开

【干部管理监督】 2014年，郑州市干部管理监督从严从实。严格落实新修订的《干部选拔任用条例》，对42个单位执行《干部选拔任用条例》情况进行专项检查。认真抓好中央巡视组反馈整改任务，集中开展“三超两乱”“带病提拔”“裸官”等专项整治，消化超职数配备干部1873名，对7名“裸官”进行职务调整，对16项“土政策”全部停止执行。坚持干部监督工作联席会议制度，建立领导干部个人有关事项报告查核机制，对33件违规选人用人案件进行查核。强化干部日常管理，开展谈心谈话1410人次。落实领导干部离任和任职满三年任中经济责任审计规定，委托市审计局对21名干部开展经济责任审计。加强领导干部出国（境）管理，对市管干部个人持有因私出境证照集中清理收缴。

【基层基础工作】 2014年，市委组织部持续强化基层基础工作。深化基层服务型党组织建设，整顿软弱涣散党组织252个，运用“四议两公开”工作法解决问题8540个。推进农村组织活动场所标准化建设，全年新（改）建活动场所88个。指导成立非公有制企业党组织687个，党的工作覆盖面不断扩大。全市村级组织换届工作顺利完成，村两委班子结构进一步优化。加强基层党组织书记培训，全年分20期培训村（社区）党组织书记2605人。深化党员志愿者服务活动，组建各类服务队4024支，全市党员志愿者服务人数达到10万余人。推进民主评议党员工作，稳妥处置不合格党员311人。抓实远程教育站点服务教育实践活动，累计开展培训1.3万多次。“红网工程”成效显著，全市建成“红色网络教育家园”339家。《村官讲堂》开播，微电影《网事》代表河南省参加了中组部电教片观摩。组织开展了县（市）区党委书记抓基层党建工作述职评议考核，推动形成抓书记、书记抓的党建工作格局。

【人才工作】 2014年，郑州市人才工作创新取得突破。着力推动人才政策创新，制定《郑州航空港人才改革试验区建设意见》等文件。积极搭建人才发展平台，郑州航空港经济综合实验区成功获批“中国郑州航空港引智试验区”，成为全国第三个国家级引智试验区。加大院士工作站和研发平台建设，新建院士工作站11个，建立市级以上人才创新创业平台178个。柔性引进两院院士10名、国家“千人计划”人才3名。扎实开展第十二批专业拔尖人才评选工作，全市评选拔尖人才150名。建立各类优秀人才信息数据库，入库专业人才近3万名。以“五个一”活动为抓手，优化了人才发展环境。

（王绍鹏）

宣传工作

【概况】 2014年，全市宣传思想文化战线深入贯彻党的十八大和十八届三中、四中全会，以及习近平总书记系列重要讲话精神，坚持围绕中心、服务大局，深耕意识形态主业、做大做强主流舆论、着力核心价值引领、推进文化改革发展，全社会理想信念的根基更坚实，主流舆论的声音更响亮，崇德向善的氛围更浓厚，文化支撑的力量更强劲，为以郑州航空港经济综合实验区为统揽的郑州都市区建设提供了思想引领、舆论推动、精神激励和文化支撑。市委宣传部、市文广新局、市文物局等单位被评为郑州都市区建设三年行动计划综合工作优秀单位。

【思想理论建设】 2014年，郑州市把思想理论建设作为宣传思想文化工作的根本职责紧抓不放松。以市委名义出台进一步加强和改进宣传思想工作的意见，落实了各级党委将宣传思想工作与中心工作同部署、同推进、同考核的政治责任和领导责任，加强了对各类意识形态阵地的管控和新闻队伍的建设。市委成立网络安全和信息化领导小组及办公室，审议通过了市委网络安全和信息化领导小组工作规则和近期工作要点。把各级党员领导干部作为重点对象，坚持发挥各级中心组学习的龙头带动作用，积极主动服务市委中心组学习，全年共组织市委中心组集中学习15次，9次将参学人员范围扩大到各县（市）区及市直单位主要负责人，总体呈现出场次多、范围广、影响大的特点。抓好县处级党委（党组）中心组学习，除年底述学考核外，年中还对县处级中心组学习情况进行实地督察，会同组织部门对年度考核等次为“中”的9个单位进行通报，并责令制定整改措施，形成了“抓考核促学习、抓督察促落实、抓规范见长效”的良好局面，各地各单位对理论学习更加重视，学习效果更加明显。各地积极发挥中心组学习平台的引领带动作用，管城区开展的“管城大讲坛”、二七区创办的“周末大讲堂”、上街区举办的“名家系列讲座”，扩大了党员干部的覆盖面，增强了理论武装的实效性。综合运用媒体宣传、宣讲报告、基层党校、微型党课等多种渠道，面向广大基层群众宣传普及科学理论，增强了理论武装的覆盖面、渗透力。全年共安排十八届三中全会精神宣讲近3000场次，直接受众30余万人次；开展十八届四中全会精神宣讲1500场次。联合组织部门举办“群众在心中”演讲比赛、知识竞赛、征文比赛系列活动和“文明河南做表率”主题党课活动，增强了党员干部教育的效果。

【新闻宣传】 2014年，郑州市坚持把策划贯穿于新闻报道的事前、事中和事后，加强与上级媒体沟通，很好地把握了舆论引导的“时、度、效”，实现了“快、准、深”。

主题宣传浓墨重彩。围绕中心工作，策划推出了郑州航空港实验区、都市区建设三年行动计划、党的群众路线教育实践活动等大型主题宣传，产生了集中性、规模化的宣传效应，营造了浓厚的发展氛围。策划组织市属媒体联动推出的“一切依靠群众、一切为了群众”“郑州要率先改革”等大型系列报道，统一了思想、凝聚了力量、鼓舞了干劲。习近平总书记兰考调研期间，郑州“两报一网”领先推出《焦裕禄的时间都去哪儿了》大型专题报道，受到全国新闻界的关注和好评。大力发挥媒体助政作用，精心策划新闻媒体依法、建设性监督，对省人民会堂等场所违规设置户外广告、重点交通建设项目遇阻等问题的舆论监督声势大、效果好。

热点舆情前瞻谋划。结合季度、半年、全年新闻宣传规划，加强对阶段性热点工作和敏感事项舆论引导的策划，联合有关职能部门对可能引起市民群众高度关注的新政策、新规定制定舆论引导工作预案，确保了舆情平稳有序。如在供暖季来临前策划推出“温暖郑州”系列报道，实现了较好的引导效果。组织政府职能部门积极主动召开新闻发布会，主动和中央、省属媒体，特别是都市类媒体对接、座谈，得到了上级媒体对市委、市政府重点工作的理解与支持，全年中央主流媒体重点版面（栏目）发布对郑州市的正面报道100余篇（条）。

【网络宣传与管理】 2014年，郑州市把互联网管理工作作为重中之重，坚持积极利用、科学发展、依法管理、确保安全的工作方针，在“早”字上下功夫，积极营造清朗网络空间。在正面宣传上，围绕市委市政府中心工作、重大决策部署、重大主题活动，协调中央重点新闻网站、门户商业网站广泛推荐新闻，形成了网络宣传强势。在舆情收集上，构建了由各级网信办、三级网格长、市直各单位、各类媒体记者4种渠道组成的收集网络，实现了全面、及时、准确掌握各类舆情。在舆情处置上，依托专业团队和专兼职网络评论员，通过市县两级日常沟通机制、重大敏感舆情联席会等工作机制，成功化解了多次舆情风险。在阵地建设上，继续实施百家网站建设推进工程，持续加强全市互联网信息内容管理，各级党委、政府对互联网的掌控力、引导力进一步增强。

【对外宣传】 2014年，郑州市科学制定宣传方案，精心策划系列活动，合理调配报道力量，充分利用多种形式，对黄帝故里拜祖大典、少林武术节等重大活动进行了集中宣传报道，提升了郑州形象。成功举办“郑州值得记忆瞬间”摄影展，提高了市民对郑州的认同感、自豪感。坚持“请进来”“走出去”相结合，接待了十多批境外及中央级媒体来郑采访，在俄罗斯和北欧国家分别推出了《中国风·全景郑州》特刊及相关音频、视频节目，进一步提高了郑州在海外的影响力。《风中少林》《水月洛神》等文化精品剧目分赴欧洲三国、越南、泰国等地演出，充分展示了郑州文化艺术精品的魅力。

全市宣传思想文化工作会议召开

第十届"绿城读书节"总结表彰会举行

【市属媒体建设和管理】 2014年，市属媒体按照"宣传全媒体、发展多元化"的目标稳步推进。市属各媒体强力推进媒体融合发展，均推出了移动客户端产品，实现了全媒体传播。郑州人民广播电台与蜻蜓FM成功签约成立"蜻蜓河南"，陆续推出了10套适合网络播出的广播节目；打破内部部门壁垒，成立新闻指挥策划中心，建立了流畅的"采编播新闻生产流水线"，记者连线发稿量增加30%以上；深化内部三项制度改革，极大地激发了发展活力，仅都市广播一套频率2015年广告资源经营权就拍出7050万元，同比翻了一番，位列全国省会城市广播频率第三位。郑州网络电视台、ZZTV手机电视、ZZTV快拍手机客户端和《晴彩郑州》频道正式上线播出。郑州报业集团收购宋庆龄基金会主办的《环球慈善》杂志，与洛阳涧西区政府及金鑫集团合资组建"正信互联网金融超市"，推进了多元化发展。

【舆情信息工作】 2014年，市委宣传部在资源整合上下功夫，在深度分析上见水平，坚持"为上级服务和为本级服务相结合、舆情汇集分析和研判处置相结合、社会舆情和网络舆情相结合、舆情信息和宣传信息相结合"，构建舆情人员的核心层、外围层、相关层等三个圈层，实现舆情来源在官方、网络和民间舆论场的全覆盖，做到全局情况、敏感情报和深层情绪的全掌握。不断加强舆情信息分析员、社会舆情调查员等队伍建设，为经济社会发展和科学民主决策提供了全方位、第一手的舆情服务。出于时效性考虑，停办纸质的《舆情摘报》，创刊方便、快捷的《今日舆情（微信版）》，全年编发逾100期。向中宣部报送舆情信息5000余条，被中宣部相关刊物综合采用200余条；向国信办报送舆情信息300余条，被国信办相关刊物综合采用100余条。

【调查研究工作】 2014年，郑州市宣传思想文化系统调研工作主动服务大局，积极发挥了参谋助手作用。加强对全市宣传思想文化战线调查研究工作的谋划和统筹，研究出台《关于转变工作作风 加强和改进调查研究工作的意见》，进一步健全规范了调查研究的立项、成果运用、激励措施等工作机制。从基层征集60篇创新案例并择优编辑出版，集中展示了党的十八大以来各地各单位推进宣传思想文化工作的特色做法，促进了宣传思想文化工作创新。向省委宣传部推荐并被采用2篇，其中1篇被省委宣传部作为全省唯一一篇案例报送至中央宣传部，并入选全国宣传干部学院编写的《宣传思想文化工作案例选编》。谋划开展了一系列调研活动，全年宣传思想文化工作系统各单位共确立并开展各类调研近百项，其中既有部领导班子成员分别牵头的立项重点课题，也有各单位结合实际确定的自主申报课题。社科研究工作多角度、多层面发挥理论服务和智力支持作用，确定了《郑州建设国家中心城市问题研究》《郑州创建自由贸易试验区的路径研究》等11项哲学社会科学重点课题，组织开展了临空产业发展、电子商务平台建设、生态航空城建设等系列调查研究，形成了10个专题调研报告，服务了领导决策。

【文明城市创建】2014年，郑州市始终把提升全国文明城市创建水平作为精神文明建设的龙头工程，以创建促全局、以创建惠民生，不仅将200多项任务全面分解，层层签订责任书，明确标准和完成时限，而且实行严格的督导考核制度，周通报、月点评、评优评差，把工作成效与文明奖发放、绩效考核相挂钩，有力地推动了工作落实，城市文明程度和市民文明素质得到进一步提升。

【社会主义核心价值观宣传教育】 2014年，郑州市将社会主义核心价值观宣传教育作为全国文明城市届满重创工作的重要内容，充分利用各类阵地和载体，广泛开展"图说我们的价值观"的社会宣传，"三个倡导"宣传画遍布大街小巷。通过"植物造景"重点打造了紫荆山公园、人民公园、碧沙岗公园等一批主题公园，形成了核心价值观宣传和城市园林景观的完美结合。统筹市属各媒体积极开展社会主义核心价值观宣传阐释工作，《郑州日报》《郑州晚报》刊载"图说我们的价值观"宣传作品158个整版，广播、电视类报道达400余小时，形成了全方位、广覆盖的宣传格局。郑州在中宣部召开的社会主义核心价值观宣传工作现场会上作了交流发言。发挥先进典型示范带动作用，策划推出"大爱之城郑州"系列宣传活动，继良心医生胡佩兰入选"感动中国"2014年度人物后，陇海大院爱心集体入围"感动中国"2015年度人物，花书增诚信还债17年的感人事迹在《人民日报》头版头条报道并被评为'感动中原"年度人物，"一碗面温暖一座城"在全国家喻户晓，郑州被誉为'温暖之城"。开展道德模范评选表彰活动，10人被评为郑州市第三届道德模范，90人被评为文明市民，5人入选"中国好人榜"好人，在全市组织"道德模范故事汇"巡演8场、"道德模范进校园"200余场，先进模范成为最美风景线。坚持以实践促养成，围绕文明服务、文明执法、文明经营、文明交通、文明旅游、文明餐桌等，深入开展"践行价值观、文明我先行"主题系列活动，做到了"三个倡导"和"做文明人、办文明事"的要求内化于心、外化于行。

【学雷锋志愿服务活动】 2014年，郑州市选准用好志愿服务项目这一载体，以项目化运作为突破口，策划实施"郑州市志愿服务项目资金援助工程"，为38个志愿服务项目提供援助资金300万元，有效整合了社会资源，发挥了示范作用，全社会志愿服务蔚然成风，叫响了"志愿郑州"道德建设品牌。金水区花园路办事处"老街坊互助计划"志愿服务项目受到《人民日报》关注，"311类家庭"关爱空巢老人项目荣获全国优秀志愿服务项目一等奖。

【未成年人思想道德建设】 2014年，郑州市印发了《关于在全市未成年人中开展培育和践行社会主义核心价值观活动的通知》等文件，组建了郑州市社会主义核心价值体系宣讲团，协调各县（市）区组建了本辖区的宣讲团，深入到各中小学校、大中专院校宣讲党的十八大、十八届三中全会精神和社会主义核心价值观的基本内容，以及践行社会主义核心价值观的"文明市民""中国好人"和各级道德模范的感人事迹等。全年全市共组织开展培育和践行社会主义核心价值观活动1200余场，受教育人员达80余万人，取得了良好效果。开展学习雷锋"做一个有道德的人"主题活动，4名学生获评"河南省美德少年"，118名学生获评"绿城美德少年”。在全市各中小学校普遍开展“童心向党”歌咏活动，并在郑州电视台演播大厅举办了全市“童心向党”歌咏展示活动，13所学校进行了展示。全市中小学校清明节期间以《网上祭英烈》栏目为平台，组织学生开展了“网上祭英烈”活动，签名寄语达235万余条。在全市中小学校深入开展“洒扫应对”教育实践活动、“日行一善”道德实践活动和自办“节日小报”活动，取得了良好效果。各中小学校充分运用《学道德模范、诵中华经典、做有德之人》电视专题片，组织开展中华经典诵读活动，营造了浓厚的诵读氛围。在5月下旬召开的全省未成年人文化经典诵读展示、观摩活动中，郑州市作了经验交流。

【公共文化服务】 2014年，郑州市拟定了《关于加强国家公共文化服务体系示范区后续管理工作的规划》，完善了组织领导、经费投入、管理协调等长效建设机制，安排部署了今后3-5年的各项任务，公共文化服务层次和产品供给能力不断提升。郑州市图书馆二期、郑州少年儿童图书馆改造项目加快推进。“情韵郑州”系列群众文化活动共举办220余场次，受益群众8万多人次。“舞台艺术进乡村、进社区”“广播电视村村通”“农村公益电影放映”“万场电影送民工”等文化惠民工程扎实推进，受益群众500多万人次。全市205家图书馆、群艺馆、美术馆、文化站共开展讲座、培训、展览等活动1200多场次，受益群众达110多万人次。

【精品文艺创作生产】 2014年，郑州市豫剧院排演的豫剧《琵琶记》荣获第三届中国豫剧节剧目奖第一名，郑州市杂技团创排的杂技《花枝俏——单手顶》获河南省第四届杂技“百戏奖”暨河南省第九届杂技大赛金奖，郑州市豫剧院新编现代豫剧《都市阳光》成功上演，电影《轩辕大帝》进入后期制作，大型系列动画片《黄帝史诗》被列为国家历史重大题材及省重点文化产业项目，《风中少林》《水月洛神》等彰显中原本土文化的精品力作，推开了郑州通向世界的窗口，扩大了郑州市文艺创作在全国乃至世界的影响。

【群众文化活动】 2014年，郑州市宣传思想文化系统深入学习贯彻全国、全省文艺工作座谈会精神，把服务群众同引导群众相结合，把满足需求同提高素养相结合，激发了基层群众文化创造力，提升了城市文化发展力。深入基层“种”文化，按照“以专家培训带群众骨干、以群众骨干带普通群众、以活动展演促文化培训、以文化培训促水平提升”的思路，成功开展了全民艺术素质提升公共培训和群众文化艺术节。2013-2014年共培训文化志愿者骨干4000余人、群众2万多人，举办各类文化活动数万场。成立市文化志愿服务中心和各县（市）区分中心，组织3万多名文化志愿者深入社区、村镇、学校、工地，带动组建群众自己的文艺队伍2700多个，群众文化队伍、群众文化活动覆盖城乡每一个角落，实现了“送文化”向“种文化”的转变。新郑市开展“百千万文化惠民工程”，近10万名群众参与到文艺培训和文化活动中；登封市垌头村被誉为“会唱歌的村庄”，受到《人民日报》、中央电视台高度关注；朝阳沟村豫剧团唱响河南艺术中心。依托“文明河南·欢乐中原·魅力郑州”品牌活动，充分利用广场、公园、社区等开放性平台，开展会演、比赛、展示、培训、节庆纪念等活动，坚持场场有主题、月月有重点，做到了全年活动不间断、群众受益不断线。绿城广场公益舞台举办活动逾百场，受惠群众几十万人。金水区举办第二届群众文化艺术节，时间跨度长达半年，五大赛事轮番开展，丰富了群众文化生活。

【文化体制改革】 2014年，郑州市宣传思想文化系统坚持向改革要动力，不断深化体制改革，创新工作机制。在全市各改革小组中率先制定了文化体制改革实施方案，明确了改革路线图、时间表。召开郑州市文化体制改革工作会议，对深化文化体制改革进行了安排部署，明确了加强社会主义核心价值体系建设、完善文化管理体制、健全现代文化市场体系、构建现代公共文化服务体系、完善华夏历史文明传承创新体制机制等五个方面的改革事项，并印发了《郑州市文化体制改革专项小组关于分解落实〈郑州市深化文化体制改革实施方案〉的通知》。

【文化产业发展】 2014年，郑州市围绕重点文化产业项目加大招商引资力度，至年底，有21个项目在谈，5个项目成功签约，首批签约金额400余亿元。谋划推进了金水国家知识产权设计产业园、凤凰国际文化产业园、华特迪士尼、比高“西游圣地”主题乐园、孤柏渡穿黄文化旅游区等一批理念新、前景好的产业园区，其中国家动漫产业基地（河南基地）、郑州动漫产业基地入驻企业达101家，产业集群发展成效初显。方特梦幻王国、少林风洞等项目顺利推进，不断为郑州市增加新的文化亮点。

【文化遗产保护】 2014年，郑州市加大文化遗产保护与宣传力度，大运河通济渠郑州段作为中国大运河申遗项目的重要节点和组成部分成功列入《世界遗产名录》，郑州成为拥有两项世界遗产的省会城市。坚持规划先行，做到文化遗产保护规划与城市发展总体规划、村镇发展规划相互衔接，先后编制了《郑州大遗址片区保护利用总体规划》《郑州航空港经济综合实验区文物保护总体规划》及小双桥遗址、苑陵故城、唐户遗址等多处文物保护单位保护规划，形成了较为完善的保护规划体系。市文物局成为全省唯一一家获得“全国文化系统先进集体”荣誉称号的文物部门。

【文化环境整治】 2014年，郑州市持续保持“扫黄打非”高压态势，相继开展“净网”“清源”“秋风”等十余次大型集中整治行动，依法组织查处郑州“9·10”侵权盗版出版物案和“8·8”非法经营出版物案，净化了省会文化市场。市文广新局被确定为全国首批新闻出版（版权）依法行政示范点。

【干部人才队伍建设】 2014年，中共郑州市委宣传部以思想政治建设、作风建设和能力建设为重点，切实加强系统

郑州市2014年华夏优秀传统民间文化展演活动举行

基层党组织建设和干部队伍建设。深入开展教育实践活动，组织集中学习30余次、专题讨论3次、专题教育活动9次，先后开展“先行一步”调研、“察民情听民声”“三到三联系”等大规模调查研究，累计征求意见建议400余条，找准了班子和个人“四风”方面的突出问题。着力开展执行“八项规定”和为官不为、报纸杂志乱摊派等5项专项治理活动，制定修订了10项制度，建立了常态化、长效化的工作机制。全面实施素能提升工程，创新实施市直宣传文化系统中心组学习扩大会，举办领导干部培训、媒体素养大讲堂、公文写作技能培训、舆情暨新闻发言人培训等各类培训学习活动，提高了干部队伍的政治素养和业务能力，20余名干部在全市好公文创作大赛中取得优异成绩。在全市宣传思想文化系统深入开展“四大员”活动，即“人人都是理论宣讲员、人人都是网络评论员、人人都是文明传导员、人人都是网格管理员”，部领导、副县级宣教员与部分中层干部多次在部机关、市文物局、市水务局、市工商局等单位开展理论宣讲活动，部机关全体干部积极围绕省市重要舆情信息进行跟贴引导，深入市辖区开展志愿服务和帮扶慰问活动，下沉到基层网格协调解决群众生产生活困难，推动了工作落实，提升了干部自身素质。市委宣传部群众工作队扎根二七区建中街办事处，不仅结合工作职能，大力推进理论武装、文化惠民、帮扶济困、文明创建“四进”网格，而且务实惠民，协调推进了环境卫生整治、天然气改造等一批实事，解决了群众生产生活难题，市委宣传部被评为“坚持依靠群众推进工作落实”长效机制工作先进单位。

【嵩山论坛2014年会】 2014年8月23-24日，“嵩山论坛——华夏文明与世界文明对话”2014年会在登封市举行。年会由中国国际文化交流中心、北京大学高等人文研究院、凤凰卫视、河南省华夏历史文明传承创新基金会联合主办。论坛主题为“天人合一与文明多样性”，整个论坛分为总论坛（开幕式）、“在文化多样性中探索共同价值”“传统文化与新时代商业文明”分组研讨、国际学者与河南学者学术交流、华夏历史文明传承创新专题讲座和闭幕式五大部分。开幕式上，全国人大常委会副委员长张宝文，省人大常委会副主任储亚平，副省长张广智，日本前首相鸠山由纪夫，日中协会理事长白西绅一郎，韩国前副议长文喜相特别代表，韩国书法院院长叶欣，郑州市委常委、宣传部部长王哲，市人大常委会副主任舒安娜，副市长刘东等出席。国务院发展研究中心原副主任、研究员卢中原，凤凰卫视执行副总裁崔强，北京大学高等人文研究院院长杜维明，世界公共论坛——文明间对话（维也纳）联合执行主席弗莱德·多勒米尔，耶鲁大学教授、研究学者玛丽·伊夫林·塔克，东北师范大学历史文化学院院长韩东育等专家学者作了主旨演讲。80多位国内外著名专家学者、140多位海内外嘉宾出席本届论坛，共举行演讲发言70余次，研讨内容丰富，论坛效果明显。

【第二届中国（郑州）国际街舞大赛】 2014年8月18-20日，由中国舞蹈家协会、中共郑州市委宣传部、金水区人民政府联合主办，中国舞蹈家协会街舞委员会、郑州思丹文化传媒有限公司联合承办的“美丽郑州·炫舞世界”第二届中国（郑州）国际街舞大赛（WDG）在郑州举行。大赛组委会邀请了来自美国、芬兰、日本、韩国、中国台湾等6个国家和地区的14位世界顶级街舞大师及国内资深舞者坐镇评审席，吸引了来自法国、俄罗斯、波兰、韩国、日本、马来西亚、老挝等10余个国家和地区，以及四川、山西、陕西、山东、安徽、云南、湖北、广东、河北等省份的2000多名选手报名参赛。经过激烈角逐，单人斗舞、团体斗舞、团体齐舞3个竞赛大项的10个组别共决出10个冠军、10个亚军、1个季军。

【市民公共文化服务区建设】 2014年，郑州市高标准规划了市民公共文化服务区“四个中心”（现代传媒中心、文化艺术中心、文博展示中心、奥林匹克体育中心）。研究确定了“四个中心”建设内容、规模体量、建管方式，积极推进了项目立项、土地报批、方案设计等工作。

（杨 晋 王永强 戴烁琪）

统战工作

【概况】 2014年，全市统战部门认真学习贯彻党的十八大和十八届三中、四中全会，以及习近平总书记系列重要讲话精神，围绕服务全面深化改革和市委重大决策部署，牢牢把握大团结大联合主题，以开展党的群众路线教育实践活动为契机，以解决实际问题为导向，以深化“同心”实践行动为载体，创新工作思路，提高服务水平，发挥统战优势，为推动以航空港实验区为统揽的郑州都市区建设提供了广泛的力量支持。

【服务全面深化改革】 2014年，全市统战系统加强思想政治教育，服务全面深化改革能力得到了提升。统战系统各部门和统战部机关全体干部，通过部中心组带头学习、每周集中学习、实地考察学习，以及原原本本研读、撰写心得体会等，认真学习了党的十八届三中、四中全会精神和习近平总书记系列重要讲话精神，特别是党的十八大以来习近平总书记关于统一战线的重要论述，提高了对新的历史条件下统一战线重大问题的认识，切实把握了统一战线发展规律和统战工作规律，进一步推动了全市统战工作创新发展。

充分调动各方面力量。全年共举办各民主党派、工商联和无党派代表人士联合中心组集中学习活动4次，召开了郑州市新的社会阶层人士统战工作联席会议，学习全国“两会”精神、国际形势等内容，统一了思想认识，巩固了共同的思想政治基础。全年共邀请民主党派中央、省委和全国工商联到郑调研12次；中共郑州市委专门印发了《2014年各民主党派重点调研课题》（郑办〔2014〕7号）；市级民主党派围绕市委、市政府中心工作开展调研活动20余次，撰写调研报告30余篇，为郑州市全面深化改革提出了很多有价值的意见建议。民革市委围绕重点调研课题“关于积极推进建立国家丝绸之路经济带郑州论坛的建议”所形成的调研报告，得到了省委常委、市委书记吴天君和市长马懿的批示和重视。

按照《中共郑州市委关于全面深化改革的实施意见》和市委办公厅、市政府办公厅《郑州市全面深化改革第一批重点改革事项》《关于全面深化改革重要举措的责任分工意见》等文件要求，深入研究统战领域全面深化改革事项及统一战线在促进全面深入改革中发挥作用的切入点、着力点，制定了《中共郑州市委统战部关于全面深化改革有关事项的实施意见》，完成改革事项6项，更好地服务了全市全面深化改革。

【“同心”实践行动】 2014年，全市统战系统持续开展“同心”实践行动，助推新型城镇化建设力量得到了壮大。按照市委办公厅、市政府办公厅《关于在全市开展新型城镇化引领“三化”协调科学发展“同心”实践行动工作方案》要求，协调组织全市“同心”实践行动工作联席会议各参与单位，壮大力量，加快了“同心”实践基地建设。一是注重智力支持。全年共有55批、1100余人到登封市唐庄乡开展调研活动，献计献策，科学有序推进了唐庄乡的发展。二是强化政策支持。市农委、市发改委、市财政局、市水务局、市林业局、市畜牧局、市科技局、市交通委等市直单位为唐庄乡争取到政策支持资金2084.5万元，为唐庄乡的经济社会发展提供了坚实保障。三是突出人才培养。围绕提高唐庄乡人才队伍素质和民生服务水平，开展技能培训、业务知识培训和法律知识讲座等9场活动，培训1500余人。四是狠抓项目带动。33家联席会议参与单位上报的103个支持措施或项目，90个支持措施（项目）已落实。各参与单位牵线搭桥，促成4个招商项目，总投资33亿元。五是致力社会服务。惠民工程“同心·敬老院”建成并投入使用，“同心·幼儿园”主体建

全市统一战线迎国庆"凝聚共识 增强三个自信"书画展举行

成；全年共开展捐赠、义诊等帮扶活动30余次，改善了当地群众的生活条件。

各县（市）区结合自身实际，以各自"同心"实践基地为载体，开展了捐资助学、慰问帮扶、送医疗、送文化等活动，有效整合了统一战线各方面资源，充分彰显了统一战线的地位和作用，在社会上产生了良好的反响。

【推动多党合作】 2014年，郑州市不断完善民主协商，多党合作得到了巩固。

（一）进一步推进协商民主。市委统战部协助市委召开了党外人士征求意见座谈会、情况通报会、恳谈活动等，印发了《中共郑州市委同民主党派无党派人士2014年政治协商计划》（郑办〔2014〕5号）、《中共郑州市委同民主党派、无党派人士政治协商的实施办法》（郑办〔2014〕28号），以及《郑州市人民政府关于落实政府部门同民主党派工商联无党派人士对口联系制度的意见》（郑政〔2014〕38号），不断完善制度，为更好地发挥政治协商在民主决策和科学决策中的作用提供了坚强保障。召开全市特邀监察员、特约审计员、特约安全生产监督员聘任会议，不断促进政府有关职能部门工作作风转变和服务水平的提升。

（二）深入开展坚持和发展中国特色社会主义学习实践活动。在全市统战一战线开展10个主题系列活动："同心"实践郑州行、参政议政经验交流会、先进事迹报告会、"立足本职作贡献 改进作风促和谐"演讲比赛、"凝聚共识 增强三个自信"书画展、"坚持多党合作 共创美好未来"知识竞赛、"同心共筑中国梦"征文、"中国特色社会主义参政党"辅导讲座、"学章程 讲同心"专题研讨、传承优良传统教育，展示了传承优良传统的实践成效和全市统一战线工作的新面貌。各民主党派围绕"学章程讲同心传承优良传统"，组织到红色教育基地学习，举办辅导讲座、专题研讨等，引导广大成员深刻领会优良传统的精神实质，形成了传承优良传统的良好氛围。

（三）加强党外代表人士队伍建设。市委统战部协助市委印发了《市委领导同志与党外代表人士联谊交友制度》，出台了《市委统战部与党外代表人士联谊交友制度》，畅通了直接听取党外人士意见和建议的渠道，促进领导决策的科学化、民主化。在市社会主义学院举办郑州市党外干部培训班、郑州市党外骨干成员培训班、新阶层人士培训班，共培训学员110名。在省社会主义学院举办了郑州市宗教界代表人士培训班，对全市中青年教职人员和管理人员中的50余名骨干进行了培训。推选10名宗教界人士参加中央、省委统战部在中国人民大学和郑州大学举办的研修班。向省委统战部推荐3名党外干部参加省第21期党外干部培训班。选拔推荐2名党外后备干部参加市委组织部中青年干部培训班学习。通过培训，党外代表人士的综合素质得到了提升。

（四）圆满完成市人大、市政协换届相关工作。按照市委统一部署，认真做好市十三届政协委员协商提名工作，圆满完成换届选举任务。协助做好市十四届人大换届工作，完成党外人大代表的推荐提名工作。通过加强沟通协商，切实发扬民主，严格工作程序，优化委员结构，保障了全市统一战线持续发展。

（五）建立完善无党派人士、新阶层人士、归国留学人员数据库。根据省委统战部要求，经过各单位推荐和遴选，调整充实了350人规模的无党派人士人物库、150人规模的新的社会阶层人士人物库、100人规模的归国留学人员人物库。

【非公经济领域统战工作】 2014年，郑州市着力强化理想信念教育，非公经济领域统战工作得到了健康发展。

（一）深入开展理想信念教育活动，切实增强"四信"。研究制定了《关于进一步深入开展非公有制经济人士理想信念教育实践活动的实施意见》（郑统〔2014〕17号），协助省委统战部、省工商联在管城区召开了全省非公有制经济人士理想信念教育实践活动推进现场会，组织召开了全市非公有制经济人士理想信念教育实践活动推进现场会、汇报会，推动教育实践活动深入开展。活动中，共开展形势报告、政策宣讲、教育培训活动121次，1.5万人参加；组织民营企业观摩考察活动78次，2370人参加；为企业解决实际困难和问题987个，建立完善为企业服务的平台和载体72个。郑州市的活动开展情况得到了全国政协副主席、全国工商联主席王钦敏的高度评价。

（二）发挥联系广泛的优势，大力开展邀商引资。以甲午年黄帝故里拜祖大典、第八届中国（河南）国际投资贸易洽谈会等重要活动和会议为契机，邀请到36家来自香港、上海、深圳、杭州、厦门的企业到郑参观考察；组织非公有制企业参加了"中国光彩事业信阳行""民营企业龙江行""全国民营企业与国企改制天津行"等一系列招商活动。全年全市统战系统参与各类经贸活动28个，参加人员1300余人次；通过会务招商、以商招商、合作招商等手段，累计项目合作26个，总投资额近100亿元。

（三）开展"百千万"和同心光彩行动，服务民生改善。下发了《关于进一步深入开展"百企帮百村"活动的通知》（郑统〔2014〕23号）；组织180余家企业参加"全国民营企业招聘周"活动，提供岗位6000余个，达成用工意向2839个。全年全市共有158个非公有制企业参与"百企帮百村"活动，总投资26.7亿元。在"光彩圆梦"助学活动中，全市非公企业家共筹集助学资金1503万元，资助学生9560人。利用活动平台，调动了非公经济人士关注民生、改善民生、以及履行社会责任、参与社会公益事业的积极性和主动性。

【民族宗教工作】 2014年，郑州市不断加强民族宗教工作，团结和谐局面得到维护。

（一）深入开展民族团结进步宣传教育活动。市委、市政府出台了《关于进一步加强民族团结进步创建工作的意见》和《关于印发郑州市民族团结进步模范评选表彰办法的通知》等文件，细化工作举措，明确工作要求。在各县（市）区开展了民族团结进步成果板报巡回展览，组织了12期以"圆好团结梦、追寻发展梦、共筑中国梦"为主题的郑州市民族团结进步宣传教育文化广

成果和2篇实践创新成果。

统战信息工作方面，对市直统战系统各单位、县（市）区定期进行信息工作指导和督促，对基层信息员开展业务培训，增强了撰写信息的针对性，提高了信息质量。全年省级以上统战信息刊物采用30条，《郑州统战信息》编印42期。

统战网站宣传方面，利用“根在中原”网站“郑州站”快捷、高效的特点，及时反映全市统战工作动态和经验做法，扩大统战工作的宣传面。

2014年12月1日，市委常委、统战部部长王跃华带领各民主党派、无党派人士到全市统一战线“同心”实践基地——登封市唐庄乡调研“同心”实践行动工作开展情况

场系列活动；开展“争创民族团结进步示范单位”活动，已创建民族团结进步示范单位36个。郑州市人民政府办公厅、中共管城回族区委和巴姝靖分别被评为第六次全国民族团结进步模范单位和个人。

（二）积极推动少数民族经济社会事业全面发展。争取省民委第一批少数民族发展资金85万元，下拨160万元市本级资金，对民族聚居区道路、水利、文化教育、卫生等17个项目进行了扶持。落实少数民族用品定点生产企业优惠政策，指导企业贷款3000万元扩大生产，享受政策贴息43.2万元。依法加强对清真食品的管理，组织开展了6次大型检查活动。积极组织外来少数民族开展文化体育活动，举办首届“民族团结杯”篮球赛。印发《郑州市少数民族流动人口服务管理体系建设规范》，设立了少数民族流动人口服务中心、培训中心、法律援助中心、志愿服务中心和殡葬服务中心，郑州市被国家民委确定为全国少数民族流动人口服务管理体系建设试点城市。

（三）积极推进基督教私设点治理工作。在前期摸底调研的基础上，不断完善试点工作机制，对一部分基督教私设点以“以堂带点”“临时聚会点”等形式进行管理，并建立健全了工作规章制度。召开依法治理基督教私设点工作研判分析会议，对试点地区私设点的治理方案逐个进行研究，做到了及时发现问题、解决问题，为下一步扩大试点范围和全市全面展开此项工作打下了基础。

（四）重点抓好抵御和防范校园传教渗透工作。定期召开专门协调机制联席会议，会商研判工作，加强沟通联系，形成工作合力。加强对高校及周边基督教私设聚会点治理，依法取缔非法场所，净化了高校校内和周边环境。

【台侨海外统战工作】 2014年，郑州市积极促进交流合作，台侨海外统战工作得到了拓展。在省市统一部署下，完成了黄帝故里拜祖大典的嘉宾邀请及接待工作，一批层次高、分量重的海外嘉宾到郑进行参观考察。充分发挥对台交流基地作用，黄河生态旅游风景区和郑氏文博院开展了丰富多彩、群众喜闻乐见的交流活动。市领导带队赴台开展经贸文化交流活动成果丰富，共达成9个项目投资意向。进一步推动郑台经贸合作，新开工建设项目3个，总投资7.2亿美元；新增台资企业4家，合同利用台资10.33亿元人民币。郑台两地双向互动深化，进行了88个项目交流，直接参加人数达797人。中国国民党中央评议委员会主席徐立德、中华两岸劳动关系发展协会理事长、中国国民党中常委姚江临等率团到郑访问交流，加深了对根亲文化和两岸同胞一家亲理念的认识和理解。

【统战工作创新】 2014年，郑州市统战工作大力开展理论创新和实践创新，统一战线影响力得到了增强。

统战宣传工作方面，在全市各级统战部门开展了“同心·话苑”征文活动，共收到稿件260多篇，向省委统战部推荐90多篇。加强主流新闻媒体宣传，在《人民政协报》《中华工商时报》《中国统一战线》《党的生活》《河南统战工作》等报刊发稿74篇，宣传了郑州统一战线各领域的工作亮点和特色。

统战调研工作方面，围绕新时期、新阶段统一战线出现的新情况、新问题，开展多种形式的调研活动，全年全市各级统战部门共撰写调研文章50多篇。开展统战理论创新成果和实践创新申报工作，全年共收到申报成果41篇，向省委统战部推荐上报了4篇理论创新

【党的群众路线教育实践活动】 2014年，全市统战系统扎实开展党的群众路线教育实践活动，作风建设走上制度化、规范化和常态化的轨道。

认真制定工作方案，市委常委、统战部部长王跃华带头上党课，班子成员带头参加各种学习和讨论活动，征求意见做到了宽领域、多层次、大范围、广覆盖。共收集到意见建议956条，经梳理归纳为10个方面39条。部班子成员共查摆出班子和个人问题60余条，按工作分工进行了认领，建立了整改落实台账和“四重点”台账，做到了立行立改。贯彻整风精神，瞄准兰考标杆，认真开展批评和自我批评，高质量召开了班子专题民主生活会。制定了“两方案一计划”，部班子31条整改事项基本得到了有效落实；修订完善制度3项，制定新的制度2项，计划修订制度1项，计划新建制度6项。

在教育实践活动中，依托统战工作网格化管理体系，着力解决基层统战工作中存在的热点问题。部机关干部深入到县市区各级网格中，摸清统一战线工作成员基本情况，根据统战成员的需求进行服务和管理，开展了多种形式的“亲情服务”活动，以及“感恩行动”“光彩事业”“弘善德、倡义举、献爱心、送温暖”等社会公益活动，统战部群众工作队为二七区福华街道办事处小赵砦社区群众解决了路灯和污水管道堵塞等10个问题，调动了统战成员参与社会管理的积极性，增强了统战工作的凝聚力和影响力。

（胡晓林）

政策研究

【概况】 2014年，市委政研室紧紧围绕市委中心工作，主动做好参谋服务，深入开展调查研究，扎实推进深化改革，较好地完成了市委下达的各项目标任务，各方面工作取得了新的成绩。全年共向市委提交各类文字材料209件，其中组织或参与起草市委、市政府文件10份；起草领导讲话7篇；起草上报市委领导参阅材料20余份；开展课题调

研36个；报送《中部动态》《聚焦省会》《调查研究》《全面深化改革工作简报》127期；修改把关市直部门文件材料29份；编辑《新理论新概念新名词——当前国际国内经济社会前沿知识解读》《2013年郑州市优秀调研成果汇编》《郑州市全面深化改革政策解读》《党的群众路线教育实践活动辅导读本》等辅导读本4本；编辑出版《郑州工作》12期。以高质量的文稿得到市委、市政府主要领导的充分肯定和高度评价，其中59件得到市委书记吴天君批示，35件在《调查研究》《河南日报》《郑州日报》等报刊发表，一大批调研成果直接进入市委、市政府决策。

【政策文稿起草】 2014年，市委政研室把文稿服务作为决策参谋服务的重要抓手，立足郑州发展大局，紧贴市委工作思路，抓住各个时期市委及领导关注的重大问题，不断加强和改进文稿服务，较好地发挥了为市委决策服务的作用。

（一）高质量完成了一批市委重要文件。围绕全面深化改革的总体设计、系统安排，起草了《中共郑州市委关于全面深化改革的实施意见》《郑州市全面深化改革第一批重点改革事项》《关于全面深化改革重要举措的责任分工意见》《市委全面深化改革领导小组工作规则》《市委全面深化改革领导小组专项小组工作规则》《市委全面深化改革领导小组办公室工作细则》《市委全面深化改革领导小组工作制度（试行）》等，完成了郑州市全面深化改革的总体布局。围绕提高调查研究工作质量和水平，推进决策民主化、科学化，拟定了《中共郑州市委关于转变工作作风进一步加强调查研究工作的意见》。

（二）高质量起草了一批市委重要文稿。起草了市委书记吴天君在市委全面深化改革领导小组第一次、第二次会议上的讲话提纲，以及在《河南日报》头版刊发的关于郑州市全面深化改革工作的访谈稿《着力培育郑州都市区建设体制机制新优势》，受到各方面的高度关注。配合市委办公厅，撰写了《市委关于深入学习贯彻全省市厅级主要领导干部研讨班精神的情况报告》，以市委名义上报省委办公厅。

（三）形成了一批重要研究成果。按照市委部署，从理论、政策、实践等角度，对郑州都市区建设三年行动计划进行了深入研究，初步形成《郑州都市区建设发展理论与实践创新》课题成果。围绕市委主要领导关注重点，进行前瞻性、思路性研究，形成并上报《关于对经济发展新常态的有关问题研究》《郑州全面建成小康社会及现代化进程评价与分析》等专题报告，《关于适应消费升级加快郑州产业转型发展的战略构想》得到市委书记吴天君的批示。发挥政研工作优势，加强与各有关部门的交流联动，协同开展调研，形成了《区域化党建格局下郑州市社区党组织建设浅析》《对建立健全抓早抓小机制的思考》等多篇研究报告。

【政研课题调研】 2014年，市委政研室紧紧围绕全市发展的战略性问题、重大问题和社会热点问题，突出重点、精心选题，深入开展调查研究，调研的广度与深度进一步拓宽，“短、平、快”的调研成果不断涌现，有效发挥了智囊参谋作用。

（一）围绕“三大主体”工作抓好调研。完成了《关于构建郑州市新型城镇化融资模式的思考》《关于加快郑州城区经济发展的研究报告》《关于加快郑州市产业集聚区建设的调查与思考》《资源型城市转型发展的嬗变之路》《登封市推行基层组织建设网格化管理的探索与启示》等多篇调研报告，其中《关于加快郑州城区经济发展的研究报告》得到市委书记吴天君的充分肯定，以《领导参阅》形式印发全市领导干部学习。组织策划新型城镇化建设深度调研，形成了《产城融合打造新郑城镇化坚强支撑》《棚户区改造开启新密城镇化新路》《全域城市化谱写上街新华章》系列调研报告，得到市委书记吴天君的批示，《郑州日报》《郑州晚报》连续三天在头版刊发，受到全市广大干部群众的热议。

（二）围绕航空港实验区建设抓好调研。积极跟进、主动服务，拓宽领域、深入研究，调研形成《郑州航空港经济综合实验区发展情况调查》《郑州航空港发展世界航线网络的思考》《关于依托航空港经济综合实验区加快建设郑州“国际贸易中心城市”的建议》等一批专题报告，涉及郑州航空港经济综合实验区建设和经济社会发展的方方面面。

（三）围绕群众关心的社会热点抓好调研。密切关注全市社会民生热点问题，深入基层和群众进行调研，形成了《关于加快郑州市养老服务业发展的调查与思考》《郑州市农贸市场提升发展情况调研报告》《关于我市中心城区市场外迁情况的调查》等报告。认真贯彻落实十八届四中全会精神，完成了省委政研室约稿《强化地方立法建设 着力提高立法质量 法治郑州建设铸就社会治理安全网》。

【政策信息服务】 （一）《中部动态》《聚焦省会》《调查研究》成果丰富。密切关注、及时收集郑州和国内主要城市经济发展动态和政策走向信息，及时找准领导关心、需要的内容，扩大研究范围，加大信息报送密度，提高信息报送质量，为市委科学决策提供及时、准确、快捷、具有参考价值的信息服务。全年共编发《聚焦省会》《中部动态》86期，其中30期得到市委书记吴天君的批示。组织编发《调查研究》15期，获市委领导批示10期。

（二）《郑州工作》持续提质。进一步优化栏目设置，先后增设《加快新型城镇化建设》《“三大一中”战略》《学习贯彻十八届三中全会精神》《学习贯彻十八届四中全会精神》等新栏目。全年共编辑出版12期，编辑稿件421篇约119万字，刊发图片272幅，在传递市委声音、反映基层工作、营造舆论氛围方面发挥了积极作用。

【全面深化改革顺利开局】 2014年3月，郑州市成立了由市委书记吴天君任组长的市委全面深化改革领导小组，并设立领导小组办公室即市委改革办，作为市委全面深化改革领导小组的办事机构，与市委政研室一个机构、两块牌子。之后，市委政研室紧紧围绕省委书记郭庚茂关于“郑州要率先改革”的要求，边组建边工作，全力抓好各项职责的落实，使全市全面深化改革实现了良好开局。

（一）参谋到位。认真学习、充分吃透中央和省、市委关于全面深化改革的会议精神、决策部署，积极向市委常委会和市委全面深化改革领导小组报告工作情况、提出工作建议。筹备了市委全面深化改革领导小组第一次、第二次会议及市委十届八次全会，牵头起草了全面深化改革“1+2”文件，促进了全市改革工作的扎实推进。

（二）服务到位。加强对全面深化改革的宣传引导，创办了《全面深化改革工作简报》，全年共编发26期，及时反映全市改革的重要部署及各领域、各单位改革的推进情况。同时，积极向省委改革办报送郑州市深化改革的有关信息材料，被采用12篇，居全省各地市第一位。积极为各单位的改革工作提供支持和服务，参与重点领域改革调研，形成了推进改革的强大合力。

（三）协调到位。围绕发挥承上启下、综合协调作用，一方面主动与省委改革办、兄弟城市改革办进行联系对接，了解全省态势，厘清工作思路；另一方面加强对全市党委系统改革办的工作指导，不断营造改革工作氛围，推动各级改革办规范运行，确保政令畅通。截至年底，全市各县（市）区、市直各部门均成立了改革领导小组和改革办，确定了工作联络员，形成了任务明确、责任到人的工作联动机制。

（四）督导到位。指导督促各单位及时承接改革任务、细化责任分工，建立了市委全面深化改革领导小组4个专项小组、第一批重点改革事项工作台账，及时掌握汇总各项改革的进展情况。对市委关注的重点改革工作，通过专项督察、协同督察等方式进行紧盯勤促，有力促进了市委各项改革部署落到实处。截至年底，全市第一批四大类58项重点改革事项，除个别需要上级统一安排的改革事项外，其余都取得了明显进展，行政审批制度改革、“小微金融”改革、土地管理制度改革、“三房合一”等一大批改革举措走在了全省乃至全国的前列。

（李　培　赵利花）

编制管理

【概况】 2014年，市编办紧紧围绕市委、市政府决策部署，积极服务“三大主体”工作，认真开展党的群众路线教育实践活动，较好地完成了各项工作任务。

积极组织教育培训，先后组织机构编制核查培训、实名制网络数据填报规则培训300余人次，专门开展了电子政务业务培训和密码设备管理应用培训，选送人员参加省编办和省机要局组织的业务培训班学习，有效提升了机构编制队伍的能力素质。

扎实推进党的群众路线教育实践活动深入开展。印发了活动方案，及时成立学习实践工作领导小组，落实规定动作，做好自选动作，按照时间节点开展班子成员群众评议和个人对照检查，建章立制，总结再动员，保证了教育实践活动进度和实效。

加强机关综合管理。坚持“用好的制度管人，用好的制度办事”，完善周例会制度，严格执行机关公文办理流程，确保了机关工作顺利运行和提高效率。落实“八项规定”，坚决反对“四风”，加强后勤管理，规范财务管理，启用新的财会制度，做好公车管理工作，完成固定资产的清查统计工作，固定资产管理责任落实到人。

【政府职能转变和机构改革工作】 2014年，郑州市稳步推进政府职能转变和机构改革工作。3月，市编委印发了《关于成立郑州市政府职能转变和机构改革工作领导小组的通知》（郑编〔2014〕21号），市编办积极开展调研论证，掌握了市本级以及县（市）、区政府工作部门机构编制基本情况，为改革打下扎实基础；从各业务处室抽调人员成立3个工作组，拟定了《市政府职能转变和机构改革方案》和《关于郑州市县（市）区政府职能转变和机构改革方案备案的报告》。11月3日，市委、市政府印发了《关于市政府职能转变和机构改革的实施意见》（郑发〔2014〕30号）和《关于县（市）区政府职能转变和机构改革的意见》（郑发〔2014〕31号）。11月26日，市政府机构改革工作动员大会召开，安排部署全市政府职能转变和机构改革工作，要求市、县（市）区两级政府同部署、同组织、同实施。市编办组织40家政府组成部门的单位领导和人事处长，针对“三定”方案修订工作，进行了专题培训。

根据省政府文件精神，食品药品监管、工商、质监管理由垂直管理改为分级管理。为摸清机构编制底数，市编办分别组织市食药监局、县（市）区食药监分局、县（市）区编办等部门召开多轮座谈会，征求意见建议；认真收集周边城市的经验做法，组织开展实地调研，及时向市委、市政府汇报，提出改革建议。7月1日，市政府印发了《关于改革完善我市食品药品工商质监管理体制的通知》（郑政〔2014〕29号），并于7月11日召开了全市食品药品工商质监管理体制改革工作会议，对改革工作进行了部署。10月初，市编委印发了《关于市食品药品监督管理局市工商行政管理局市质量技术监督局职责调整和编制划转的通知》（郑编〔2014〕35号），确定了市本级工商、质监部门向食品药品监管部门划转编制数量。市编办多次与三部门座谈研究划转中出现的各种矛盾和问题，积极向省编办汇报，协调各县（市）区编办和市财政局，探讨解决问题的方案，为人员平稳划转奠定了坚实基础。

【“两集中、两到位”改革】 2014年，市编办围绕建立“一个窗口对外、一个机构履职、一枚印章签批”的目标任务，按照“不增加人员编制、不增加中层领导职数、不增加内设机构”的要求，科学归并、合理调配各审批职能部门内设机构职责。经市编委会研究同意，印发了40家单位设立行政审批办公室的文件。经过近半年的试运行，“两集中、两到位”改革取得了较好的成效。

【责任清单工作】 全市政府机构改革暨全面推行“五单一网”制度改革工作动员会召开后，市编办按照会议的安排部署，积极行动，依据《郑州市建立政府权责清单制度工作方案》，研究制定了《郑州市建立政府责任清单制度工作推进实施方案》，主动与市直单位进行沟通对接，及时了解各单位对责任清单制定工作的意见和建议。与省编办联系，将郑州市的工作开展情况进行书面汇报，并就工作中有关具体问题进行衔接。至年底，已对36家单位上报的自查报告和有关表格进行初审。

【开发区机构编制管理】 一是积极支持郑州航空港经济综合实验区建设。在航空港实验区法院、检察院的机构设置工作中，为建立更符合区情、更具活力、富有效率的司法综合服务体系，航空港实验区、市编办邀请省编办、市法院、市检察院组成考察组，专程赴广州横琴新区进行考察。在借鉴外地经验做法的基础上，市编办会同市法院、市检察院认真研究中央关于司法体制改革有关精神，提出了机构设置意见，提交编委会研究。向省编办上报了《关于申请为郑州航空港经济综合实验区增加编制的请示》，省编办下达政法专项编制100名，用于航空港实验区检察院、法院建设。二是根据区划调整，经省编办批准，新郑市、中牟县、管城区向各开发区划转事业编制3656名，其中中牟县2739名、新郑市720名、管城区197名。此次划转人员编制数量大、情况复杂，市编办将审核关口前置，对划转人员编制进行逐一核对，发现问题第一时间进行沟通解决，确保了工作进展顺利。

【事业单位改革】 2014年，郑州市扎实做好事业单位分类工作，持续推进事业单位改革。一是深入细致开展事业单位分类工作。严格按照省编办要求，对各部门报送的117家事业单位，所承担行政职能的法律法规和政策依据进行了逐一审核，并报请省编办审批备案。指导县（市）区明确工作时限，规范报送标准，完成县（市）区事业单位分类情况审核备案工作。二是配合做好行业体制改革。按照全省关于交通运输管理体制改革的指导意见，会同市交通运输管理部门研究制定了改革方案，按照全省标准测算了全市交通执法机构编制数量；按照全市医药卫生体制改革安排，参与制订了《郑州市深化医药卫生体制改革2014年度主要工作安排》和《郑州市推进县级公立医院综合改革工作实施方案》，调研指导县级公立医院改革法人治理结构试点工作，深化医药卫生体制改革。围绕文化体制改革要求，对郑州日报社（中原报业传媒集团）机构编制进行了优化调整。三是抓好事业单位法人治理结构改革试点。按照省编办《关于扩大公益事业单位建立健全法人治理结构改革试点的通知》精神，多次指导新密市公益事业单位法人治理结构改革试点工作和登封市公立医院改革试点工作。

【落实改革任务】 2014年，市编办认真落实承担的全面深化改革工作任务。根据市委、市政府《关于全面深化改革重要举措的责任分工意见》（郑办〔2014〕12号）要求，市编办对承担的改革任务进行了研究部署，确定分管领导负责、业务处室承办、逐项落实责任人、建立任务台账、动态管理各项工作进展的工作模式，做到了有布置、有检查、有落实。一是积极做好议事协调机构清理规范工作。市编办对市直上报的议事协调机构进行了审查，并以市委办公厅、市政府办公厅名义出台了《关于进一步规范设置议事协调机构的通知》（郑办〔2014〕27号）。二是做好劳教体制改革工作。组织好对3个劳教所的职能调整工作，提出对各狱所政法编制进行调整的意见，解决狱所干警公务员登记问题。

【机构编制日常管理】 （一）严格落

实总量限额，提高存量使用效益，服务民生保重点。为解决总量控制与经济社会快速发展需求之间矛盾的问题，市编办提出了“机构撤一建一，编制内部调剂”的对策措施。一是寻求总量限额内解决问题的办法，优化教育教学资源配置。为进一步深化教育教学改革，做好中州大学升为本科院校保障工作，将郑州广播电视大学并入中州大学，加强了中州大学专业和师资队伍建设。先后多次对市直中等职业学校进行调研，对人员结构、内设机构和教辅机构设置等方面存在的问题，提出了对策和建议，优化调整了郑州财经技师学院、郑州交通技师学院等中等职业学校的机构编制事项，为全市中等职业教育事业发展提供体制保障。专项解决南水北调移民子女教育编制问题，为新郑、荥阳、中牟等市（县）核增教师编制75名。二是多措并举确保限额内服务民生和重点工作需要。在全市“五险合一”后，划转市内五区原社保分局事业编制到市社会保险局；优化调整市药监局所属事业单位编制，加强开发区食品药品执法监管力度；为市儿童福利院增挂了特殊教育学校牌子，促进全市特殊教育事业发展。三是做好政府购买专业技术岗位管理工作。为不断完善政府购买专业技术岗位的管理模式，市编办积极与市财政局对接，督导设岗单位加强完善合同备案和绩效考核等相关工作，确保政府购买专业技术岗位运行良好。四是做好部分单位退役士兵安置等遗留问题。与建委、城管局、园林局等主管局委及安置单位深入探讨，研究解决对策，根据安置政策，逐步解决全市退役士兵安置用编的遗留问题。

（二）不断加强机构编制监督检查。一是召开了全市机构和人员编制核查工作会议，安排部署全市核查工作。采取以会代训方式，组织业务培训，推动工作落实。9月，联合市纪委、市委组织部、市财政局和市人社局组成工作组，对各县（市）区、开发区和市直单位开展核查情况进行实地检查验收。通过核查，进一步加强了机构编制政策宣传，提升了行政事业单位人员的机构编制意识。二是采取听取汇报、开展座谈、查阅资料、实地察看等方式方法，对各单位机构编制政策执行情况进行评估督察，提高机构编制资源配置效率。继续开展机构编制政策规定进党校工作。

（三）扎实做好编制审核、实名制管理及年报统计工作。严格执行编制纪律，严把用编进人关口，严格落实机关事业单位进人履行编制审核程序的规定；做好县（市）区机关事业单位进人用编备案工作，建立了数据督报制度。全年共办理130多家机关事业单位的招录、遴选和招聘申请，批准公务员招录使用编制98名，面向社会公开遴选使用编制96名，事业单位公开招聘使用编制960名（含教育675名）。为完成好军转干部安置工作，积极与市军转办和人社局协调，为100多家接收军转干部的市直机关、事业单位的265名转业干部及时办理入编手续。积极向省编办争取，使用73名乡镇行政编制和94名乡镇事业编制，用于公开考录公务员和面向社会公开招聘事业工作人员，充实基层力量。

根据全省机构编制电子政务工作要求，进一步加强实名制管理数据库网络版建设，积极协调市委机要部门对全市各级编办利用全省电子政务内网线路资源进行联网调试，按时完成全市各级编办联网任务，实现了省、市、县三级编办联网运行。

及时对各县（市）区年报统计工作进行布置，明确填报标准，确保数据真实准确，按时间节点和质量要求完成年报统计工作。

（四）圆满完成事业单位法人年检工作。及时开展事业单位法人专办员网上登记培训，严把“三审四关”，依法审查事业单位法人开展业务情况及重要事项，先后发现、整改问题400多个。上半年，市直事业单位法人574家应检尽检，年检合格率达100%。

（张红振）

老干部工作

【概况】 2014年，全市老干部工作以让党委放心、让老干部满意为标准，以“两走两为”（走进老干部家里，为老干部提供亲情化服务；让老干部走出来，为郑州都市区建设再做新贡献）为载体，深入开展党的群众路线教育实践活动，突出抓好老干部思想政治建设，积极为老干部做好事、办实事、解难事，丰富老干部精神文化生活，不断改进工作作风，加强自身建设，积极推进老干部工作转型发展、科学发展，为推进全市改革发展增添了正能量。

至2014年年底，全市共有离退休干部60890人，其中离休干部3210人、退休干部57680人；离退休干部中党员29512人，建有离退休干部党总支22个、党支部533个。

【发挥老干部作用】 2014年，郑州市在老干部工作中加强思想政治建设和党支部建设，使老干部思想上、行动上与党中央保持高度一致，理解支持中央和省、市委决策部署，为推动郑州市改革发展凝聚了正能量。

（一）以丰富的学习内容武装老干部头脑。省委常委、市委书记吴天君在向市级老领导通报工作时，与老干部共同学习党的十八届三中全会精神和市委十届六次、八次全会精神，就如何把握好“抓改革、强投资、调结构、求提升”的总要求，努力实现经济社会持续健康快速发展，推动郑州都市区建设和“三大主体”工作等深入交换意见。市委老干部局通过文艺演出、文体活动、成果展览、召开座谈会等形式，利用网站、简报等载体，向老干部广泛宣传党的十八届三中全会精神、以航空港实验区为统揽的郑州都市区建设新成就、全面做好老干部工作的新举措。10月13–20日，组织在郑的部分离休干部和副县级以上退休干部开展了“离退休干部看郑州”活动，65个市直单位的1256名离退休干部分6批参观了郑州东站、海尔（郑州）市场创新产业园空调生产车间、郑州市跨境贸易电子商务服务试点项目、中铁装备集团盾构机制造车间、北三环中州大道立交桥等，积极为郑州的发展建言献智，共提出建设性意见建议500多条。组织市级老领导实地参观考察了中牟·国家农业公园和新型城镇化建设、登封市“三大主体”工作成果，感受现代都市农业和新型城镇化

组织市级老领导赴航空港实验区参观考察

建设带来的新变化。

（二）以灵活的组织形式加强离退休干部党支部建设。深入开展老干部党支部调研活动，根据困难企业离休干部党员情况建立24个临时党小组，使困难企业的离休干部党员参加原单位和临时党支部“双重组织生活”，对组织关系不明确的企业离休干部党员纳入临时党支部进行组织管理，开展参观考察活动，受到老干部的普遍好评。市干休所、市直机关干休所组织老干部开展新党章百题知识竞赛活动，通过对党史知识的学习，增强党员的荣誉感和责任感。

（三）引导老干部为郑州都市区建设传递正能量。全市各级老干部工作部门积极引导离退休干部走出家门、融入社会，充分发挥政治优势、经验优势、智慧优势，在推动经济社会持续健康发展、加强和创新社会管理、关心教育下一代等方面发挥积极作用。市委老干部局先后7次组织80多名市级老领导参加《政府工作报告》讨论、领导班子换届考察、党的群众路线教育实践活动征求意见等活动，提出了6个方面的合理化建议。市关工委组织全市青少年开展“中国梦·我的梦”教育活动，加强对青少年的社会主义核心价值体系教育；市“五老”报告团以雷锋精神、道德文化、传统教育、主流价值观等为教育主题，深入基层为青少年作报告52场，听报告8500多人次。成功举办第22次全国部分城市关心下一代工作研讨会，第十届全国人大常委会副委员长、中关工委主任顾秀莲亲切看望管城回族区退休教师李志平，对她收养孤儿、关爱青少年成长给予高度评价。

【落实老干部政策】 2014年，全市涉老部门各司其职、协同配合，全面落实党的老干部政策，用心、用情、用力服务老干部，努力提高离退休干部的幸福指数，让更多的老干部享受改革发展成果。一是离休干部“三个机制”有效运转。在实现离休干部离休费社会化发放、全员纳入市医疗统筹、统筹金由财政兜底的基础上，确保“三个机制”有效运行。组织硬件设施好、医疗水平高的医院，高标准高质量为全市市直机关、全供事业单位、困难企业的2956名离休干部和副县级以上退休干部进行了健康检查，组织相关医院对老干部进行一对一私人定制式的个性化健康服务。倡导“预防为先、科学调养、积极治疗”的理念，在机关、企事业单位开展老干部健康知识教育，全年共举办健康讲座9场，印发保健手册2.12万本，受益老干部达5万余人。二是“四就近”服务工作有力推进。深入基层调研指导社区“四就近”工作，开展“四有两好”示范社区创建工作，提高服务老干部的质量。上街区充分整合利用社会资源，以61个网络家园、1.6万平方米活动场所和“为老服务中心”为平台，打造了15分钟服务圈，为老干部提供个性化、亲情化服务。三是困难老干部帮扶工作得到加强。为帮助解决困难企业离休干部的实际困难，市企业离休干部服务管理中心合理配置资源，完善服务手段，以党建活动为抓手，成立“夕阳情帮扶小分队”，在精神关怀、医疗保健等方面提供多样化、亲情化帮扶，建立常态化入户走访老干部制度，了解老干部的所需所求、所思所想。全年共协助老干部家属处理后事29次、到医院或家中看望老同志112人次、帮助老干部协调反馈有关情况206人次，增强了困难企业离休干部的归属感和幸福感。

【丰富老干部文化生活】 2014年，中共郑州市委把建好老干部学习活动阵地、不断丰富老干部精神文化生活，作为提高服务老干部水平的重要抓手，切实推进文化养老。一是市老干部活动中心综合活动楼如期投入使用。市老干部活动中心一期工程综合活动楼于3月28日投入使用，并利用现有条件开展了“美丽郑州”摄影展和球类、棋类、舞蹈类等丰富多彩的活动。惠济区建立了“一院、三中心、十个站点”的学习活动阵地平台。中牟县“四牟园老干部活动中心”和“老干部活动中心潘安园活动站”相继建成并投入使用。二是开展丰富多彩的文娱活动。市老干部活动中心按照“新中心、新形象”的服务理念，加强科学管理，提高服务质量，完善综合活动楼功能，使广大老干部在优良的学习活动环境中不断愉悦身心、陶冶情操、乐享晚年。元宵节游艺活动在保留传统项目的同时，增加了戏曲表演。举办了市直机关第二十七届老年人门球邀请赛，全市23个门球代表队307人参加比赛。三是老干部教育事业健康发展。市老干部大学按照“百班万人”的发展思路，坚持“增长知识、丰富生活、陶冶情操、促进健康、服务社会”的办学宗旨，开设216个教学班，在校学员达1.6万人次。不断调整和优化现有专业，开设文化品位和科技含量较高、符合学员实际需求的写意荷花、音乐赏析和网络应用等课程；加强教材修订工作，制作木兰拳和木兰剑的视频教材，提高教学质量；连续四年举办万名老人健步走活动，吸引市老年骑协等其他老年团体的加入；参加河南省中老年时装才艺艺术大赛获得金奖，参加河南省首届老年舞蹈大赛获一等奖和三等奖，参加“淮扬杯”国际邀请赛获金奖。

【党的群众路线教育实践活动】 2014年，郑州市涉老部门突出服务老干部和维护老干部合法权益两大重点，注重把认识搞清、把问题查准、把效果抓好，扎实开展党的群众路线教育实践活动。一是采取“五学”把认识搞清。通过领导带头示范学、运用党课辅导学、现场教学体验学、运用镜子对照学、集中讨论交流学等“五学”措施，认真学习了习近平总书记系列重要讲话精神、中国特色社会主义理论体系和社会主义核心价值观、焦裕禄精神等8个专题。二是“五走五听五落实”把问题查准。通过“五走五听五落实”措施（走进长期卧床的老干部中，听生活困难，落实好亲情化服务；走进有特殊困难的老干部中，听实际需求，落实好帮扶措施；走进有才艺特长的老干部中，听兴趣爱好，落实好文化养老；走进乐于奉献的老干部中，听献智出力志愿，落实好发挥作用载体；走进市级老干部中，听对经济社会发展建议，落实好协调联系制度），以及召开县（市）区、市直单位老干部工作部门负责人和局机关老干部参加的3个专题座谈会，查找出作风建设、业务工作等5个方面44条意见建议，其中涉及“四风”方面33条。三是立行立改把效果抓好。对离休干部特需

领导干部带头讲授党课，扎实开展群众路线教育实践活动

经费审批、老干部工作飞信通知、公车派遣、公务接待、慰问物品购买5项制度进行明确和规范，并建立签批流程。对“先行一步”调研中发现的9个问题进行了梳理，建立台账，明确了责任单位、责任人和完成时限。明确老干部工作调研重点，建立基层老干部工作部门定期交流制度，每月召开一次例会，征求意见，反馈情况，提高服务老干部的水平。

【老干部工作部门自身建设】 2014年，市委老干部局按照“三严三实”要求，努力把老干部工作部门建设成讲政治、重感情、业务精、作风好的模范部门。一是老干部工作队伍政治责任感得到增强。组织系统工作人员观看了市委书记吴天君《在党的群众路线教育实践活动报告会上的讲话》，增强了老干部工作人员以焦裕禄为镜，树立“六种形象”的责任感。通过局领导讲党课，提高了做人要严、办事要实、争当好党员好干部的自觉性。二是老干部工作者的整体素能得到提高。坚持以组工干部标准要求老干部工作者，深入开展“提素质、转作风、促工作”活动，大力开展岗位练兵，对政治素质高、业务能力强的干部压担子、下一线，注重锻炼干部的政策运用、组织协调、应对突发事件的能力。三是老干部工作影响力得到提升。编发《工作简报》，制作老干部工作展板，编印老干部工作画册，提高“中共郑州市委老干部局网站”质量，大力宣传老干部工作和老干部先进典型，树立了老干部工作队伍务实创新的良好形象。荥阳市对《老年通讯》《荥阳老年》刊物进行升级改版，提升了刊物吸引力。四是老干部工作网格化管理得到加强。市委老干部局群众工作队明确3人常驻二七区和平新村社区，专门制定《民情日记本》《网格化管理应知应会手册》，老干部工作人员分包到村、责任到人，从群众关心的市场管理、道路养护、小区环境建设等入手征求意见，研究对策，解决群众关心的问题5个。全年共走访慰问老干部123户、困难群众57户，发放慰问资金约19万元，受到群众广泛好评。

（马 帅）

党史工作

【概况】 2014年，郑州市在党史工作中深入贯彻落实全国、全省党史工作会议精神，坚持以十八大和十八届二中、三中、四中全会精神为指导，紧紧围绕市委中心工作，发挥党史资政育人作用。以深入开展第二批党的群众路线教育实践活动为契机，以深化精神文明建设为抓手，利用党史工作优势，深化党史党性教育，全力以赴，推动全市党史工作再上新台阶。

全市党史系统扎实开展党的群众路线教育实践活动。通过设立群众路线教育实践活动意见箱、开辟党史网站教育实践活动专栏、深入基层进行调研、召开不同类型座谈会、进行个别交流和问卷调查等形式，广泛听取群众的意见和建议，先后征集意见33条。针对集中查摆出来的具体问题，广大群众反映强烈的突出问题，以及“回头看”进一步查漏补缺提出的个别问题，以高度的紧迫感与责任感抓好整改，逐项分析确定整改的努力方向和重点任务，制定了包括4大类20项具体措施的整改方案，并将整改措施分解落实到责任领导和相关处室，明确了时限要求等。为巩固教育实践活动的成果，市委党史研究室对现行的规章制度进行认真梳理，修订完善制度2项，新建制度7项。通过抓好整改落实，逐步建立了党的群众路线的长效机制，推动了改进工作作风、密切联系群众的常态化、长效化。

【党史资料征集】 2014年，郑州市党史系统持续开展党史资料征集活动，抓紧抓好党史著作编写和专题研究，有力地推动了党史研究工作，进一步丰富了党史研究成果。

（一）扎实推进《中共郑州地方历史》（二卷）撰写工作。深入研究征集到的专题资料，注重筛选，汇集体现地方性、时代性等特点的资料。同时，及时消化吸收业务主管部门最新的科研成果，增强党史正本的可信度和可读性。截至年底，《中共郑州地方历史》（二卷）已完成三校稿，约46万字。登封、新郑等县（市）的党史二卷已出版发行。

（二）圆满完成《郑州党史大事记》编写出版工作。本着细征、精编的原则，整理出版了《市委书记2013年工作大事记》《市长2013年工作大事记》《郑州党史2013年大事年编》《2013年郑州党委工作纪事》同时，完成了《市委书记2014年工作大事记》《市长2014年工作大事记》的收集整理工作。《郑州党史大事记》做到了按月整理、按月上报，全年上报省委党史研究室360余条，12万余字；被上级采用转发132条，近4万字。

（三）强势推进《郑州改革开放实录》编写工作。市委党史研究室通过组织《郑州改革开放实录》课题研究，全面系统地收集郑州市改革开放各方面的资料，客观记述全市改革开放的重大事件和重大成就，科学总结规律性认识和可资借鉴的经验，分别形成系类性专题研究成果，为各级党委、政府科学决策提供了借鉴和参考。同时，为更好地推动《郑州改革开放实录》课题研究编写工作，6月5日组织了《郑州改革开放实录》课题研究编写培训会议，邀请省委党史研究室专家，对各县（市）区委党史研究室负责人、市直有关单位撰稿人等进行辅导，有效推进了编写工作。截至年底，全市上报专题目录90个，已完成报送专题12个。其中，《郑州航空港经济综合实验区的诞生》（中央党史研究室批复专题）和《郑东新区的产城融合之路》两个专题，分别完成报送中央党史研究室和省委党史研究室工作。

（四）继续办好《郑州党史纵览》杂志。对《郑州党史纵览》杂志进行了全面改版，全年共出版发行双月刊6期，累计采稿160余篇近30万字，配图片200余幅，累计发行1万余册。5月，刊物荣获“2013年度郑州市十佳内资”称号。为了配合党的群众路线教育实践活动进行宣传教育，在刊物增加了专门板块，积极宣传郑州市在教育实践活动中的好方法、好经验。

（五）完成《多彩郑州》画册编写工作。画册从郑州历史发展沿革、古代历史名人、近现代杰出人物、重大历史事件、名胜遗迹、人文经典和新时期经济社会发展等方面，以图文并茂的形式，全方位、多层面、广视角展示了郑州古往今来厚重的中原文化、日新月异的发展变化、丰富多彩的精神文化生活，诠释了城市精神的本质，激励每个市民更加了解郑州、热爱郑州、建设美好郑州。

（六）积极组织撰写党史研究专题。发挥市委党史研究室党史宣教资源优势，组织撰写了两个党史研究专题。一是《关于把红石头沟村规划为郑州市党史教育基地的可行性报告》，共1.2万字，配图26幅；二是《郑州市汝河路小学开展少儿学党史活动记述》，共1.7万字，配图32幅。两个专题均在《郑州党史纵览》上刊载。

【党史宣传教育】 2014年，中共郑州市委党史研究室进一步加大党史工作宣传教育力度，不断创新党史宣传教育方式方法，开辟了党史宣传教育的新境界。

（一）结合群众路线教育实践活动，创新形式开展党史宣传教育。市委党史研究室联合市直机关工委下发《关于开展“党的群众路线教育实践活动征文比赛”的通知》，全面深入地宣传全市各级各部门开展教育实践活动的好做法、新经验。二七区汝河路小学从学生的角度出发，创新开展了“队旗飘飘跟党走”少儿学党史活动，将党史研究和综合实践活动课程结合起来，让学生学会研究、合作和体验，在研究中学习党史，培养学生的社会主义核心价值观。市党史研究室依托该校，制定切实可行的活动方案，积极推进党史知识进校园，大力宣传党史知识和党的优良传统，牢固树立党员干部群众和青少年爱党、爱国、爱社会主义思想，充分发挥党史育人的功能。

充分利用党史资料引领学教活动。以党的群众路线教育实践活动为契机，以服务市委中心工作为主线，大力宣扬党的群众路线和先辈英模的先进事迹。查阅大量相关史料，精心选取了46位新民主主义革命时期和社会主义建设新时期的英烈模范人物，编辑印发《先辈英模》读本。通过宣传和学习先辈英模的精神，努力践行全心全意为人民服务的宗旨。

做好教育实践活动简报的撰写工作。共撰写活动简报13篇，其中市活动办采用4篇。以《深入开展学教活动 提升党史业务水平——郑州市委党史研究室在学教活动中“自选动作”精彩纷呈》为题，对市党史研究室教育实践活动的开展进行了全面的报道。

（二）强化郑州党史网站建设。以郑州党史网站为阵地，上传文章160余篇、图片100余幅。同时，向省党史网上报各类信息24条，被采纳16条；中央党史网采纳1条，有效扩大了党史宣传教育的覆盖面，让网站切实起到了党史宣传教育的主阵地作用。在郑州党史网站增设党的群众路线宣传栏目工作，刊登群众路线理论文章、实践活动纪实，有效地利用党史宣教平台，促进并推动教育实践活动深入群众，取得实效。

（三）开通“郑州网上数字党史纪念馆”。纪念馆采用3D虚拟数字技术，为网友提供仿真的虚拟现实环境，可进行模拟祭奠先烈。同时，陈列大量翔实的文字资料、珍贵的历史照片和精彩的影视资料，直观地展现给广大网友。该平台的开通，填补了郑州市没有网上党史纪念馆的空白。

（四）持续开展革命遗址普查工作。撰写《郑州市革命遗址保护和开发利用的报告》，约2万字，图片42幅；编辑《郑州市革命遗址通览》书稿，约8万字，图片260余幅。以图文并茂的形式对遗址及周边其他的自然、人文景点进行了介绍，为郑州市发展红色旅游奠定了基础。

（五）积极发挥党史教育基地作用。为进一步扩大新郑市聚协昌好想你红色枣园革命文物馆的教育功能，市党史研究室批准其为郑州市中共党史教育基地，并上报省委党史研究室，申请批准为“河南省中共党史教育基地”。

（六）扎实做好重要节庆纪念活动。在纪念新中国成立65周年、邓小平同志诞辰110周年及焦裕禄同志逝世50周年等重大活动中，全市各级党史部门根据当地党委的统一安排，主动作为、及早谋划，做好文献资料收集整理和研究工作，组织撰写发表高质量的纪念文章，主办或参与多种形式的研讨会、座谈会等，尽力做好纪念活动各项相关工作。

（七）组织实施“多彩家园——市民心中的郑州”摄影大赛。大赛于9月举办，共征集照片作品2600余幅，组织专家评审出一、二、三等奖56幅，优秀作品50幅。举办了主题摄影展，出版了获奖作品集。在《郑州晚报》上刊发两期各一个整版，介绍摄影大赛。通过大赛，充分展示了近年来全市经济社会文化生态文明建设等方面的发展成就，激发广大市民认知家乡、喜爱家乡和建设家乡。

【党史队伍建设】 2014年，市委党史研究室加强党史队伍建设，努力建设学习型、研究型、服务型机关。积极推进“人才工程”建设，为党史事业的持续健康发展储备人才。室领导班子坚持从严治室、从严律己、从严带队伍，根据工作职能和岗位职责，完善绩效考核机制，着力解决影响和制约自身科学发展的问题。加强党史业务培训，以提升素质、增强能力为重点，开展岗位业务能力提升活动。采取以会代训、专题培训、外出受训等方式，提高党史队伍整体理论水平和业务科研水平。深化精神文明建设，紧紧围绕“重在建设、贵在坚持、注重实效”的思路，不断完善机制、创新载体、丰富内容，干部职工思想道德素质和科学文化素质得到了较大提高。指导郑州中共党史学会完成了换届工作，建立了学术年会制度，并开展经常性活动，有效地整合了全市党史研究力量，形成全社会各行业全覆盖的党史工作格局。积极服务中心工作，先后抽出30人次参与群众工作队、村容村貌检查等工作，树立了新时期党史部门和党史干部队伍的良好形象。

（孟庆超）

党校工作

【概况】 2014年，中共郑州市委党校紧紧围绕郑州市中心工作，以党建工作统揽全局，强化政治意识、大局意识、纪律意识、服务意识，充分发挥了理论武装、科学研究的职能作用，各项工作圆满完成。

扎实开展党的群众路线教育实践活动，在按照规定完成各项规定动作的基础上，校委会（校党委）明确提出“一学三增三提”教育活动，即强化学习教育，增强责任担当、开拓创新、主人翁三种意识，进一步提高教学科研、科学管理和服务保障能力，确保教育实践活动取得了实效。

制定、修改、完善了教学、科研、培训、行政等方面的168项制度，做到以制度管理、以规矩约束。同时，强化学员管理，让党校成为不正之风的“净化器”“风清气正的学府，锤炼党性的熔炉”。对全校科级以下干部进行轮训，对全校73名专业技术人员进行了继续教育培训。

强化基础设施建设。新建的图书馆、体育馆主体工程完成，2015年可投入使用；投资200余万元对教室进行了升级改造；新栽补栽一批大树和苗木，校园环境得到进一步绿化和美化。

扎实推进精神文明建设工作，顺利通过省级文明单位年审。文明创建工作档案被作为示范档案推荐兄弟单位学习，“道德讲堂”被多家单位参观学习。

【干部教育培训】 2014年，市委党校不断深化教学改革，扩大培训规模，提高培训质量。全年共培训、轮训各级各类党员干部1.2万余人。其中，郑州市县处级领导干部学习中共中央总书记习近平系列重要讲话和十八届三中全会精神研讨班2471人，各类主体班次2433人，中央党校在职研究生班学员120人，社会培训班2766人，其他各种培训

郑州市学习贯彻习近平总书记系列重要讲话和三中全会精神轮训班暨2014春季学期开班典礼举行

近5000人次。

【科研工作】 2014年，市委党校不断强化市情调研，科研资政水平进一步加强。全年公开发表论文60篇，其中核心期刊10篇、其他CN刊物 50篇；公开出版教材著作8部；结项各级各类科研课题59项，其中国家社科基金项目1项、全国行政学院合作课题1项、省社科规划项目1项、市委主要领导签批调研课题2项。获得各级各类奖励25项。

【服务市委、市政府工作】 2014年，市委党校强化保障，全力服务市委、市政府及其各职能部门。市委中心组学习扩大会、全市领导干部大会、郑州市廉政教育会议、省学教活动先进事迹报告会、学习《全省市厅级领导干部研讨班辅导报告精神》报告会等重要会议在市委党校召开，市委主要领导对党校在会议服务等方面的工作给予了充分肯定。

【党校分校管理】 2014年，市委党校加强分校管理，党校系统发展合力进一步增强。先后两次举办分校工作研讨会，研讨修订分校管理协调相关制度，并到兄弟党校学习考察，全市性的分校工作建设推进会初步筹备完成。

（杨小明）

人民代表大会

综 述

【省长谢伏瞻参加省十二届人大三次会议郑州代表团活动】 2014年1月16日上午，省十二届人大三次会议开幕。下午，省委副书记、省长谢伏瞻参加郑州代表团活动，与代表们一起审议《政府工作报告》。郑州代表团团长、郑州市委书记吴天君主持活动。代表们争相发言，对《政府工作报告》给予高度评价，并紧密结合河南和郑州发展实际，就加快推进郑州航空港经济综合实验区建设、统筹城乡发展、解决交通拥堵、治理大气污染、改善民生等建言献策，提出意见和建议。

谢伏瞻在充分肯定郑州市工作成绩的同时，希望郑州要适应国内外形势的新变化，站在引领和支撑全省发展的高度，着力提升产业发展层次，提高城市管理水平，进一步增强服务全省的能力，努力为全省经济社会发展增添新的动力和活力，为建设“四个河南”作出更大贡献。

吴天君指出，《政府工作报告》具有指导性、战略性和方向性。全市上下要认真学习领会，强化责任担当，努力在推进全省经济社会发展中发挥好龙头带动作用，不辜负省委、省政府和全省人民的期望和重托。

【代表议案建议办理】 市十四届人大一次会议共收到代表议案184件。其中，民主法制建设方面10件，占5.4%；内务司法方面13件，占7.1%；财税、经济方面48件，占26.1%；农村工作方面2件，占1.1%；教科文卫方面42件，占22.8%；城乡建设环境保护方面54件，占29.4%；社会保障方面14件，占7.6%；民族、旅游方面1件，占0.5%。经大会议案审查委员会研究审议，将符合立案条件的10件合并为7件，予以立案；其余174件代表议案转作代表建议、批评和意见处理。加上会议期间代表对全市各方面工作提出的462件建议，作为代表建议处理的共计636件。

3月28日，市人大常委会召开代表议案建议交办会，将市十四届人大一次会议上代表提出的7件议案和636件代表建议交付相关部门。其中，交市人大常委会有关部门办理的代表议案1件、建议3件；交市人民政府办理的代表议案6件、建议614件。

代表议案、建议交办后，各承办单位对代表建议办理工作高度重视，特别是对20件重点建议，承办单位主要领导亲自抓，指定专人负责，及时征求代表意见和建议，保证了办理效果。市政府督察室专门组成督察组，对代表建议办理工作逐件进行督察落实；市人大常委会有关工作部门跟踪督办，加大督办力度，切实提高了落实率。代表对议案建议办理工作的满意、基本满意率达到99.38%。针对办理结果不满意的4件建议，市人大常委会选工委会同市政府督察室及时与代表联系沟通，由承办单位主管领导带队登门征求代表意见，实事求是地把有关政策和客观情况向代表解释清楚，代表均表示理解。

截至年底，市十四届人大一次会议期间代表提出的议案和建议全部办结，并答复了代表。其中，代表建议落实解决或基本解决的440件，占69.18%；正在解决或已列入计划准备解决的175件，占27.52%；因受政策和条件限制或其他原因确实解决不了的21件，占3.3%。

【代表培训】 2014年11月7-12日，市人大常委会对十四届市人大代表进行了为期六天的履职学习培训。省委常委、市委书记吴天君为人大代表作了专题辅导报告。他指出，全市人大代表要充分认识、准确把握党的十八届四中全会的重大意义和精神实质，结合实际学习好、贯彻好、落实好全会精神。全市各级人大及其常委会一定要牢记职责，把握方向，突出重点，在推进依法治市的进程中发挥更大作用。人大代表要深化对人民代表大会制度、人大代表职责和发展大局的认识，勇于担当使命，积极履行代表职责，在推进依法治市和加快郑州都市区建设中争当表率、贡献力量。

市人大常委会主任白红战在培训会上指出，各级人大及其常委会、全体市人大代表要切实做到“四个结合”：同学习贯彻落实党的十八届四中全会精神相结合，全面扎实推进依法治市各项工作；同全面贯彻落实党的十八届三中全会精神相结合，率先在全省全面建成小康社会；同贯彻落实庆祝郑州市人民代表大会成立60周年暨市委人大工作会议精神、市委加强和改进人大工作的意见相结合，推进人民代表大会制度理论和实践创新；同充分履行法定职责、充分发挥人大代表整体作用相结合，敢为人先，勇于担当。

培训期间，代表们还聆听了“关于宪法和我国人民代表大会制度的几

郑州市第十四届人民代表大会第一次会议召开

个问题”“如何做一名合格的人大代表”“忠实代表人民，依法参加行权”“关于法治思维的基本类型和我国审判制度、检察制度的有关问题”“全面推进依法治国，实现国家治理现代化——十八届四中全会精神解读”等专题报告。

【主任接待代表日活动】 2014年4月15日，市十四届人大常委会主任接待代表日活动举行。市人大常委会主任白红战接待了樊海风、杨京鸽、葛培真3位市人大代表，就他们提出的“关于加强新型农村社区管理的建议”“关于确保学校所在道路交通安全的建议”“关于整修商城路、文化路、南阳路等有关路面，保障道路畅通的建议”进行了现场督办。市新型农村社区建设办公室主任许振、市公安局副局长常志军、市城市管理局局长赵新民分别对办理代表建议作了认真答复。市人大常委会主任白红战就开展好主任接待代表日活动及办理好代表建议，从三个方面提出要求：（1）改进作风，切实提高主任接待代表日活动的质量；（2）真抓实做，切实把代表的建议办成人民满意的工程；（3）加强监督，切实推动人大代表建议、批评和意见的全面办理。

5月15日，市人大常委会副主任周长松接待了路素红、李刚、周遂成3位市人大代表，就他们提出的“关于加强贾鲁河水质治理、确保生态文明建设成果的建议”“关于加快金水路地下通道建设的建议”“关于进一步加强对生态廊道设施管理维护的建议”进行了现场督办。市城管局局长赵新民、市水务局副局长张中锋、市建委郑州市金水路下穿工程指挥部工程部部长梁彦桢、市园林局局长张胜利分别对办理代表建议进行了答复。市政府副秘书长潘冰表示，市政府将进一步提高对办理代表议案建议重要性的认识，规范议案建议办理程序，加强对承办单位有关人员的培训，更好地完成代表议案建议的办理工作。

6月17日，市人大常委会副主任舒安娜接待市人大代表，就张业龙代表提出的“加快郑州市区域医疗联合体健康发展的建议”和刘香荣代表提出的“关于加强管城区主要交通道路增设旅游指示标、指示牌的建议”，分别听取了代表对所反映问题的说明，市卫生局副局长原学岭、市旅游局副局长胡家安关于两项建议的办理情况和办理方案，并就如何解决问题提出了具体的办理要求。

7月21日，市人大常委会副主任赵武安接待了市人大代表巩玉梅、苏芳，就她们提出的《关于加大蓝天工程实施力度，加快推进燃煤锅炉拆改工作》议案和《关于有效控制雾霾提升我市空气质量》议案进行了现场督办。赵武安要求，市政府及有关部门要高度重视人大代表建议的办理工作，注重解决人民群众关心关注的热点问题。市环保局有关负责人表示，将加强同建委、公安、交运委等有关部门联系，积极推进燃煤锅炉拆改、机动车尾气治理和扬尘污染防治等工作，努力改善郑州空气质量，为市民创造一个良好的生活环境。

10月15日，市人大常委会副主任王贵欣接待了市人大代表任瑜、李淑霞，听取他们提出的“关于积极推进政府购买公共服务”“关于提高我市新农合配套资金”的建议，市财政局负责人对建议的办理情况作了现场答复。市政府副秘书长商建东表示，两位代表提出的建议，市政府相关部门虽然经过努力收到了良好成效，但与代表们的要求还有一些差距。在下步工作中政府各有关部门将在顶层设计上尽快出台制度和办法，同时加强监管力度，拓展政府服务范围，尽最大力量提高新农合医保标准，惠民利民。

11月19日，市人大常委会副主任王铁良接待了市人大代表陶蕾、冯新伟，分别就他们提出的“关于提高长江路与工人路区域自来水供水压力的建议”和“关于加大对农村农业合作社政策扶持的建议”进行了现场督办。市城管局副局长刘光访和市自来水公司的负责人、市农委主任周亚民分别对两项建议进行了答复。

12月16日，市人大常委会副主任范强接待了张遂旺、刘树森两位市人大代表，就他们提出的“关于加强法制建设，推进行政审批制度改革的建议”和“关于加快推进《郑州市大气污染防治条例》修订工作的建议”进行了现场督办。市政府法制办副主任李庆伟、市环保局副局长韩松涛分别对两项建议进行了答复。

【庆祝郑州市人民代表大会成立60周年暨市委人大工作会议】 2014年10月22日，庆祝郑州市人民代表大会成立60周年暨市委人大工作会议召开。省委常委、市委书记吴天君出席会议并讲话。市委副书记王璋主持会议。

吴天君在讲话中充分肯定了全市各级人大及其常委会为全市经济社会发展和民主法治建设做出的重要贡献。他强调，要深刻领会中共中央总书记习近平和河南省委书记郭庚茂的重要讲话精神，准确把握坚持和完善人民代表大会制度的正确方向。要坚持围绕中心、突出重点，不断开创人大工作新局面。要始终坚持党的领导，努力为做好新形势下人大工作提供根本保证。

市人大常委会主任白红战在发言中要求，全市各级人大及其常委会要认真学习贯彻落实市委意见，更好地发挥地方国家权力机关的作用，努力开创新时期全市人大工作新局面。

会上还印发了《中共郑州市委关于加强和改进人大工作的意见》。

【郑州人大工作座谈会】 2014年12月29日，郑州市人大工作座谈会第二十二次会议在管城区召开，部分全国、省、市、县（市）区人大代表及人大工作者参加会议，研究交流开展人大工作的经验体会，谋划做好新形势下人大工作的思路措施。

市人大常委会主任白红战指出，下一步全市各级人大工作要围绕中心、依法履行职责有所提升，全力助推航空港实验区建设、郑州都市区建设、“三大主体”工作，切实保障和改善民生。要坚持党的领导，贯彻落实市委人大工作会议精神有新举措，突出重点、讲求实效。

（胡凯林）

人大会议

【人大全会】 市十四届人大一次会议 2014年2月20日，郑州市第十四届人民代表大会第一次会议开幕。大会共有代

全市人大工作座谈会第二十二次会议召开

表563名，实到代表528名。会议听取了郑州市人民政府市长马懿作的《政府工作报告》，书面听取了《关于郑州市2013年国民经济和社会发展计划执行情况与2014年计划（草案）的报告》《关于郑州市2013年财政预算执行情况和2014年财政预算（草案）的报告》。

2月22日，郑州市第十四届人民代表大会第一次会议第二次全体会议举行。市人大常委会主任白红战作市人大常委会工作报告，市中级人民法院院长王新生作市中级人民法院工作报告，市人民检察院检察长杨祖伟作市人民检察院工作报告。

2月24日，郑州市第十四届人民代表大会第一次会议闭幕，实到代表555人。会议以无记名投票方式，选举产生了新一届市人大常委会组成人员和“一府两院”领导人员。白红战当选为市十四届人大常委会主任，周长松、舒安娜、赵明恩、赵武安、王广灿、王贵欣、王铁良、范强当选为市人大常委会副主任，王福松当选为市十四届人大常委会秘书长，马斐颖等40人为市十四届人大常委会委员。马懿当选为郑州市人民政府市长，孙金献、薛云伟、张建慧、刘东、马健、吴忠华、张俊峰、杨福平当选为副市长。于东辉当选为市中级人民法院院长，刘建国当选为市人民检察院检察长。会议表决通过了市十四届人民代表大会法制委员会组成人员名单。表决通过了大会的六项决议：关于郑州市人民《政府工作报告》的决议、关于郑州市2013年国民经济和社会发展计划执行情况与2014年国民经济和社会发展计划的决议、关于郑州市2013年财政预算执行情况和2014年财政预算的决议、关于郑州市人大常委会工作报告的决议、关于郑州市中级人民法院工作报告的决议和关于郑州市人民检察院工作报告的决议。

省委常委、市委书记吴天君在闭幕会上讲话。他指出，此次人代会研究确定了郑州未来五年“率先在全省全面建成小康社会，初步建成自然之美、社会公正、城乡和谐的现代化都市区，初步确立以国际化、现代化立体综合交通枢纽为特征的国家中心城市地位”的战略目标。让目标成为现实，一要统一思想，鼓舞士气；二要抢抓机遇，狠抓落实；三要勇于担当，不辱使命。各级党委要进一步加强和改善对人大工作的领导，各级人大及其常委会要认真履行宪法和法律赋予的职责，“一府两院”要自觉接受人大及其常委会的监督，持续巩固全市上下“风清、气顺、心齐、劲足”的良好局面。

市人大常委会主任白红战在发言中表示，面对新形势新任务，市人大常委会将更加自觉坚持党的领导、更加主动服务中心工作、更加积极推进民生改善、更加充分发挥代表作用、更加全面加强自身建设，不断开创人大工作新局面。

【人大常委会会议】 市十三届人大常委会第四十一次会议　2014年1月14日，郑州市十三届人大常委会第四十一次会议举行。市人大常委会主任白红战主持会议。会议听取了常务副市长孙金献作关于郑州市2013年政府投资项目计划执行情况和2014年计划（草案）的报告，市中级人民法院院长王新生作关于设立郑州航空港经济综合实验区人民法院议案的说明和关于提请任命郑州高新技术产业开发区人民法院人民陪审员议案的说明，市人民检察院检察长杨祖伟作关于设立郑州航空港经济综合实验区人民检察院议案的说明，市人大常委会副主任刘全心作关于提请任免姜朝红等10名市人大常委会工作人员职务议案的说明和关于《郑州市人民代表大会常务委员会关于郑州市人民代表大会换届选举时间的决定（草案）》的说明。表决通过了关于郑州市2013年政府投资项目计划执行情况和2014年计划（草案）的报告、关于设立郑州航空港经济综合实验区人民法院议案、关于设立郑州航空港经济综合实验区人民检察院议案；依法任免了市人大常委会10名工作人员的职务；依法任命了40名郑州高新技术产业开发区人民法院人民陪审员的法律职务。会议还表决通过了郑州市人民代表大会常务委员会关于郑州市人民代表大会换届选举时间的决定。

市十三届人大常委会第四十二次会议　2014年2月16日，郑州市十三届人大常委会第四十二次会议举行。市人大常委会主任白红战主持会议。会议审议了市十四届人大一次会议筹备工作情况的报告、关于市十四届人民代表大会代表的代表资格审查报告；审议并原则通过了市人大常委会工作报告稿；审议了市人大法制委员会工作报告稿、市人民《政府工作报告》稿、市政府2013年国民经济和社会发展计划执行情况与2014年国民经济和社会发展计划（草案）报告稿、市政府2013年财政预算执行情况与2014年财政预算（草案）报告稿、市中级人民法院工作报告稿和市人民检察院工作报告稿。审议并表决通过了市十四届人大一次会议召开时间的决定和议程（草案），市十四届人大一次会议主席团和秘书长名单（草案），市十四届人大一次会议计划、财政预算审查委员会名单（草案），市十四届人大一次会议议案审查委员会名单（草案），以及市十四届人大一次会议列席人员名单。审议并表决通过了关于设立郑州市人大常委会郑州航空港经济综合实验区（郑州新郑综合保税区）工作委员会和郑州市人大常委会郑东新区工作委员会的决定，关于接受孟中泽辞去河南省第十二届人民代表大会代表职务的决定。

郑州市十四届人大常委会第一次会议　2014年3月1日，郑州市十四届人大常委会第一次会议举行。市人大常委会主任白红战主持会议。会议听取了市长马懿作的关于提请王春山等42名同志任职的议案说明，市人大常委会副主任王铁良作的关于提请任命李金鹏等39名市人大常委会工作人员职务的议案说明。会议经过投票表决，通过了人事任免案，并现场为新任命的市政府组成人员颁发任命书。

市十四届人大常委会第二次会议　2014年4月24-25日，郑州市十四届人大常委会第二次会议举行。市人大常委会主任白红战主持会议。会议听取了副市长张建慧作的关于2013年度市人大常委会会议决议和审议意见贯彻落实情况的报告，市政府副秘书长周铭作的关于《食品安全法》实施情况的报告，市人大常委会教科文卫工作委员会作的关于《食品安全法》的执法检查报告，市政府法制办主任张江涛作的关于《郑州市大气污染防治条例（修订草案）》的说明和《关于提请修改部分地方性法规的决定（草案）》的说明，市中级人民法

市十四届人大常委会第一次会议召开

新一届市政府组成部门负责人宣誓就职

院院长于东辉作的关于人事任免案的说明，市人大常委会副主任王铁良作的市十四届人大常委会代表资格审查委员会组成人员名单（草案）的说明。会议听取并表决通过了市人大法制委员会主任吴卫平作的关于修改部分地方性法规的决定审议结果的报告；表决通过了市十四届人大常委会代表资格审查委员会组成人员名单、市政府关于《食品安全法》实施情况的报告和有关人事任免案。

市十四届人大常委会第三次会议 2014年6月25–27日，郑州市十四届人大常委会第三次会议举行。市人大常委会主任白红战主持会议。会议听取了市人大法制委员会主任委员吴卫平作的关于《郑州市大气污染防治条例（修订草案）》修改情况的说明，市政府副秘书长潘冰作的关于加强郑州市妇女权益保障工作情况的报告，市人大常委会内司工委主任樊少楠作的关于《郑州市人民代表大会常务委员会关于加强妇女权益保障工作的决议（草案）》的起草说明，市政府法制办主任张江涛作的关于《郑州市郑韩故城遗址保护管理条例（草案）》的说明，市发展和改革委员会主任李书峰作的关于郑州市国民经济和社会发展"十二五"规划纲要实施中期评估的报告，市城乡规划局局长杨东方作的关于《郑州都市区总体规划》等3项规划和《中心城区总体城市设计》编制成果情况的报告，市人民检察院检察长刘建国作的关于人事任免案的说明，市人大法制委员会主任委员吴卫平作的关于《郑州市大气污染防治条例（修订草案）》审议结果的报告；会议书面听取了关于市十四届人大一次会议代表议案，建议、批评和意见交办和办理情况的报告。会议表决通过了《郑州市大气污染防治条例》，市政府关于《郑州市国民经济和社会发展"十二五"规划纲要》实施情况中期评估报告，市政府关于加强郑州市妇女权益保障工作情况的报告，市人大常委会关于加强妇女权益保障工作的决议，市政府关于《郑州都市区总体规划（2012–2030年）》《郑州都市区综合交通规划（2012–2030年）》《郑州都市区生态水系全面提升工程规划》《郑州市中心城区总体城市设计》编制成果情况的报告，市人大常委会关于《郑州都市区总体规划》《郑州都市区综合交通规划》《郑州都市区生态水系全面提升工程规划》《郑州市中心城区总体城市设计》编制成果情况的决议，市人大常委会关于接受张建慧同志辞去郑州市人民政府副市长职务的决定，市人大常委会关于郑州市与苏州市缔结友好城市的决定。会议还表决通过了有关人事任免案。

市十四届人大常委会第四次会议 2014年8月20–22日，郑州市十四届人大常委会第四次会议举行。市人大常委会主任白红战主持会议。会议听取了市政府副市长刘东作的关于新型农村合作医疗制度实施情况的报告，市中级人民法院院长于东辉作的郑州市中级人民法院关于刑事审判工作情况的报告，市人大法制委员会主任委员吴卫平作的《关于修改〈郑州市客运出租汽车管理条例〉的决定（草案）》修改情况的说明和关于《郑州市郑韩故城遗址保护管理条例（草案）》修改情况的说明，市监察局局长岳希荣作的郑州市行政审批制度改革工作情况的报告，市发展和改革委员会主任李书峰作的关于郑州市2014年上半年国民经济和社会发展计划执行情况的报告，市财政局局长刘睿作的关于2013年度财政决算和2014年1–6月份财政预算执行情况的报告，市审计局局长冯明杰作的关于郑州市2013年度市级预算执行及其他财政收支审计工作的报告，市人大法制委员会主任委员吴卫平作的关于《关于修改〈郑州市客运出租汽车管理条例〉的决定（草案）》和《郑州市郑韩故城遗址保护管理条例（草案）》审议结果的报告，市政府副市长孙金献、市人大常委会副主任王铁良作了有关人事任免案的说明。会议表决通过了关于修改《郑州市客运出租汽车管理条例》的决定和《郑州市郑韩故城遗址保护管理条例》，关于批准郑州市2013年市本级财政决算的决议，市中级人民法院关于刑事审判工作情况的报告，郑州市新型农村合作医疗制度实施情况的报告，郑州市行政审批制度改革工作情况的报告，关于郑州市2014年上半年国民经济和社会发展计划执行情况的报告，关于郑州市2013年度财政决算和2014年1–6月份财政预算执行情况的报告，关于郑州市2013年度市本级预算执行及其他财政收支审计工作的报告，郑州市2013年度市本级决算草案和本年度上半年国民经济和社会发展计划、预算的执行情况以及审计工作报告。会议还表决通过了有关人事任免案。

市十四届人大常委会第五次会议 2014年10月28–30日，郑州市十四届人大常委会第五次会议举行。市人大常委会主任白红战主持会议。会议听取了副市长杨福平作的关于贯彻实施《中华人民共和国旅游法》情况的报告和关于扶贫开发工作情况的报告，市人民检察院检察长刘建国作的郑州市人民检察院关于反贪污贿赂工作情况的报告，市政府副秘书长李杰作的关于郑州市现代服务业发展情况的报告，市卫生局局长顾建钦作的关于《郑州市社会急救医疗条例》实施情况的报告，市中级人民法院院长于东辉作的有关人事任免案的说明。会议还书面听取了关于郑州市贯彻实施《中华人民共和国旅游法》情况的执法检查报告和关于《郑州市社会急救医疗条例》实施情况的执法检查报告，传达贯彻了党的十八届四中全会精神和庆祝郑州市人民代表大会成立60周年暨市委人大工作会议精神。会议表决通过了市政府关于贯彻《中华人民共和国旅游法》情况的报告、关于扶贫开发工作情况的报告、关于郑州市现代服务业发展情况的报告、关于《郑州市社会急救医疗条例》实施情况的报告，市人民检察院关于反贪污贿赂工作情况的报告和反贪污贿赂工作情况的报告。会议还表决通过了有关人事任免案。

市十四届人大常委会第六次会议 2014年12月25–26日，郑州市第十四届人大常委会第六次会议举行。市人大常委会主任白红战主持会议。会议听取了常务副市长孙金献作的关于市政府2014年市政府民生"十大实事"办理落实情况的报告，关于市十四届人大一次会议代表建议、批评和意见办理情况的报告，关于有关人事任免案的说明，市人大常委会副主任王铁良作的关于补选出席河南省十二届人民代表大会代表议案的说明，市财政局局长刘睿受市政府委托作的关于郑州市2014年财政收入预计完成情况及市本级超收安排意见的报告，市审计局局长冯明杰受市政府委托作的关于2013年度市级预算执行及其他财政收支审计工作报告中反映问题整改落实情况的报告，市农业农村工作委员会主任周亚民作的关于郑州市都市生态农业发展工作情况的报告，市人大常委会副秘书长、办公厅主任李金鹏作的关于市十四届人大二次会议筹备工作情况的报告，市人大常委会法制室主任李艳作的关于《郑州市十四届人大常委会地方立法规划（草案）》的说明，市中级人民法院于东辉作的关于十四届人大一次会议代表建议办理情况的报告。会议表决通过了市政府关于2014年民生“十大实事”办理落实情况的报告，关于市十四届人大一次会议代表建议、批评和意见办理情况的报告，关于郑州市中级人民法院关于十四届人大一次会议代表建议办理情况的报告，关于“加快推进热点外迁、煤改气工程”等6项议案办理情况的报告，关于郑州市2014年财政收入预计完成情况及市本级超收安排意见的报告，关于2013年度市级预算执行及其他财政收支审计工作报告中反映问题整改落实情况的报告，关于都市生态农业发展工作情况的报告；表决通过了《郑州市十四届人大常委会地方立法规划（草案）》，市十四届人大二次会议筹备工作情况的报告，郑州市第十四届人民代表大会第二次会议召开时间的决定；表决通过了人事任免案，补选出席省十二届人民代表大会代表。

【人大常委会主任会议】 市十三届人大常委会第六十四次主任会议 2014年1月13日，郑州市人大常委会主任白红战主持召开市十三届人大常委会第六十四次主任会议。会议听取了市中级人民法院院长王新生所作关于提请任命郑州高新技术产业开发区人民法院人民陪审员议案的说明和关于提请设立郑州航空港经济综合实验区人民法院议案的说明，审议了市人民检察院关于提请设立郑州航空港经济综合实验区人民检察院议案的说明，听取了市人大常委会研究室副主任张国宏所作关于市人大常委会工作报告起草情况的说明和市人大法制委员会主任委员刘金柱所作关于市人大法制委员会工作报告起草情况的说明，市人大常委会经济工委主任宋柏松所作关于2013年政府投资项目计划执行情况和2014年计划（草案）的初审报告，市人大常委会秘书长范强所作关于提请任免姜朝红等10名市人大常委会工作人员职务议案的说明，市人大常委会副秘书长、办公厅主任李金鹏所作关于市十三届人大常委会第四十一次会议议程、日程和出列席人员安排情况的意见（草案）。

市十四届人大常委会第一次主任会议 2014年3月1日，郑州市人大常委会主任白红战主持召开市十四届人大常委会第一次主任会议。会议听取了市委组织部部长高建慧所作关于人事任免案的说明，市人大常委会副秘书长、办公厅主任李金鹏所作关于市十四届人大常委会第一次会议议题安排意见（草案）。

市十四届人大常委会第二次主任会议 2014年3月20日，郑州市人大常委会主任白红战主持召开市十四届人大常委会第二次主任会议。会议传达了十二届全国人大二次会议精神。听取了市人大常委会副秘书长、办公厅主任李金鹏所作关于市人大常委会2014年工作要点（草案）和关于2014年市人大常委会会议、主任会议议题安排意见（草案）的汇报，市人大常委会选工委主任阎铁成所作关于2014年市人大常委会主任接待代表日安排意见及关于承办和督办市十四届人大一次会议代表议案及建议、批评和意见的说明，市人大常委会信访室主任张文随所作市人大常委会信访法律法规咨询员名单（草案）的说明，市人大常委会秘书长王福松所作关于市人大常委会办公厅秘书长、副秘书长职责分工的意见，市人大常委会副秘书长、办公厅主任李金鹏所作关于市十四届人大常委会第二次会议议题安排意见（草案）。

市十四届人大常委会第三次主任会议 2014年4月18日，郑州市人大常委会主任白红战主持召开市十四届人大常委会第三次主任会议。会议听取了市中级人民法院院长于东辉所作关于人事任免案的说明，市人大常委会选工委主任阎铁成所作关于市十四届人大常委会领导联系常委会委员安排意见、关于市十四届人大常委会组成人员联系市人大代表的意见、关于建立市十四届人大代表专业活动组的意见和关于组织市十四届人大代表学习培训的安排意见，市人大常委会法制室主任李艳所作关于《郑州市人大常委会法律咨询委员会名单（草案）》的说明和关于《郑州市十四届人大常委会地方立法规划（2014-2018）编制工作方案（草案）》的说明。会议还听取了4月份市人大常委会会议议题的准备情况。

市十四届人大常委会第四次主任会议 2014年5月20日，郑州市人大常委会主任白红战、副主任周长松主持召开市十四届人大常委会第四次主任会议。会议听取了市政府副秘书长赵红军所作关于郑州市社区矫正工作情况的报告和市人大常委会内司工委主任樊少楠所作关于郑州市社区矫正工作情况的视察报告，市科技局局长文广轩所作关于我市科技创新工作情况的报告和市人大常委会教科文卫工委主任张义德所作关于我市科技创新工作情况的视察报告，市工业信息化委员会主任苗晋琦所作关于工业转型升级情况的报告和市人大常委会经济工委主任宋柏松所作关于工业转型升级情况的视察报告，市人大常委会副秘书长、办公厅主任李金鹏所作关于6月份常委会会议议题安排意见（草案）。

市十四届人大常委会第五次主任会议 2014年6月16日，郑州市人大常委会主任白红战主持召开市十四届人大常委会第五次主任会议。会议听取了副市长杨福平所作关于2014年防汛准备工作情况的汇报和市人大常委会农工委主任任广林所作关于郑州市黄河内河防汛准备工作情况的视察报告、城建工委主任邢建新所作关于城市防汛工作情况的视察报告，市检察院检察长刘建国所作关于人事任免案的说明，市环保局局长蔡玉奇所作关于环境综合治理暨环保世纪行活动开展情况的视察报告和市人大常委会城建工委主任邢建新所作关于环境综合治理暨环保世

庆祝郑州市人民代表大会成立60周年暨市委人大工作会议召开

纪行活动开展情况的视察报告，市人大常委会副秘书长、研究室主任姜朝红汇报《郑州市人大常委会贯彻落实市委十届八次全会精神推进人民代表大会制度与时俱进的工作方案（征求意见稿）》。会议还听取了6月份常委会议题准备情况。

市十四届人大常委会第六次主任会议 2014年7月22日，郑州市人大常委会主任白红战主持召开市十四届人大常委会第六次主任会议。会议听取了市政府副秘书长李杰所作关于开放平台建设与招大引强工作情况的报告和市人大常委会经济工委副主任郑福有所作关于开放平台建设与招大引强工作情况的视察报告，市政府副秘书长袁聚平所作关于畅通郑州建设、地铁运营情况的报告和市人大常委会城建工委主任邢建新所作关于畅通郑州建设、地铁运营情况的视察报告，市公安局副局长罗永生所作关于出入境管理工作情况的报告和市人大常委会民侨外工委主任沈丕黎所作关于出入境管理工作情况的视察报告，市人大常委会副秘书长、办公厅主任李金鹏所作关于8月份市人大常委会会议议题安排意见（草案）。市人大常委会主任白红战以《认真贯彻市委十届九次全会精神，在依法履行人大职责上敢于担当》为题，传达贯彻了市委十届九次全会精神。

市十四届人大常委会第七次主任会议 2014年8月14日，郑州市人大常委会主任白红战主持召开市十四届人大常委会第七次主任会议。会议听取了市委组织部常务副部长李喜安所作关于人事任免案的说明，市政府副秘书长潘冰所作关于城市基础设施建设与城市管理规范提升工作情况的报告和市人大常委会城建工委主任邢建新所作关于城市基础设施建设与城市管理规范提升工作情况的视察报告，市政府副秘书长李建霞所作关于文化产业发展工作情况的报告和市人大常委会教科文卫工委主任张义德所作关于文化产业发展工作情况的视察报告；会议还听取了8月份市人大常委会议题准备情况。

市十四届人大常委会第八次主任会议 2014年9月22日，郑州市人大常委会主任白红战主持召开市十四届人大常委会第八次主任会议。会议听取了郑州航空港经济综合实验区管委会副主任马锁文所作关于郑州航空港经济综合实验区基础设施建设、城市功能提升情况的报告和市人大常委会城建工委主任邢建新所作的关于郑州航空港经济综合实验区基础设施建设、城市功能提升情况的视察报告，市人社局局长戴春枝所作关于郑州市就业再就业工作情况的报告、郑州市社会保险工作情况的报告和市人大常委会选工委主任阎铁成所作关于郑州市就业再就业工作情况的视察报告、郑州市社会保险工作情况的视察报告，市人大常委会选工委主任阎铁成所作关于调整增加郑州市人大代表年度活动经费意见的说明，市人大常委会副秘书长、办公厅主任李金鹏所作关于10月份常委会会议议题安排意见（草案）。

市十四届人大常委会第九次主任会议 2014年10月16日，郑州市人大常委会主任白红战主持召开市十四届人大常委会第九次主任会议。会议听取了市中级人民法院院长于东辉所作关于人事任免案的说明，市发改委主任李书峰所作关于郑州市高端产业发展情况的报告和市人大常委会经济工委主任宋柏松所作关于加快郑州市高端产业发展情况的视察报告，市人大常委会法制室主任李艳所作关于《郑州市十四届人大常委会地方立法规划（草案）》编制工作进展情况的报告。会议还听取了10月份市人大常委会议议题准备情况。

市十四届人大常委会第十次主任会议 2014年11月21日，郑州市人大常委会主任白红战主持召开市十四届人大常委会第十次主任会议。会议听取了市民政局局长谢霜云所作关于郑州市养老工作情况的报告和市人大常委会内司工委主任樊少楠所作关于郑州市养老工作情况的视察报告，市园林局局长张胜利所作关于郑州市2014年城市园林绿化及10个公园建设情况的报告和市人大常委会城建工委副主任张子亮所作关于郑州市2014年城市园林绿化及10个公园建设情况的视察报告，市信访局局长牛瑞华所作关于郑州市信访稳定工作情况的报告和市人大常委会信访室主任张文随所作关于郑州市信访稳定工作情况的视察报告，市国税局局长杨国政所作郑州市国家税务局关于2014年税收工作情况的报告、市地税局局长李新峰所作郑州市地方税务局关于2014年税收工作情况的报告和市人大常委会预算工委主任龙同胜所作关于郑州市2014年税收工作情况的视察报告，郑州新区国家税务局关于2014年税收工作情况的报告（书面）和郑州新区地方税务局关于2014年税收工作情况的报告（书面），市人大常委会法制室主任李艳所作关于《郑州市人大常委会2015年度地方立法计划（草案）》的说明和关于《郑州市十四届人大常委会地方立法规划（草案）》的说明，市人大常委会选工委主任阎铁成所作关于驻郑全国、省人大代表和市人大代表集中视察的意见，市人大常委会副秘书长、办公厅主任李金鹏所作关于市十四届人大二次会议筹备工作情况的报告和市十四届人大常委会第六次会议议题安排意见（草案）。

市十四届人大常委会第十一次主任会议 2014年12月18日，郑州市人大常委会主任白红战主持召开市十四届人大常委会第十一次主任会议。会议听取了市教育局局长毛杰所作关于郑州市义务教育均衡发展情况的报告和市人大常委会教科文卫工委主任张义德所作关于郑州市义务教育均衡发展情况的视察报告，市人大常委会秘书长王福松所作关于2014年市人大常委会改革事项进展情况的报告。会议还听取了市人大常委会第六次会议议题准备情况。

（胡凯林）

监督工作

【执法检查】 2014年4月10日，市人大常委会组织部分常委会组成人员和市人大代表对全市《食品安全法》实施情况开展执法检查。市人大常委会主任白红战、副主任舒安娜、秘书长王福松参加检查。市委常委、副市长薛云伟陪同检查。

5月6日，全国人大常委会委员、内司委副主任委员陈秀榕带领全国人大常委会执法检查组，对郑州市贯彻实施

市人大常委会专项检查全市《食品安全法》实施情况

《中华人民共和国未成年人保护法》情况进行执法检查。

6月17日，省人大常委会副主任储亚平带领部分省人大常委会组成人员和省人大代表对郑州市贯彻实施大气污染防治法律法规情况及大气环境总体情况进行执法检查和调研。市人大常委会主任白红战、副主任赵武安，副市长张俊峰陪同检查和调研。

9月4日，市人大常委会副主任舒安娜带领部分常委会委员和人大代表，对全市贯彻实施《中华人民共和国旅游法》情况进行执法检查。

9月25日，市人大常委会副主任舒安娜带领部分常委会委员和人大代表，对全市贯彻实施《郑州市社会急救医疗条例》情况进行执法检查。

10月14日，市人大常委会组织人大代表，对全市贯彻实施《中华人民共和国残疾人保障法》和《河南省实施〈中华人民共和国残疾人保障法〉办法》情况进行执法检查。

【调研及视察活动】 2014年1月24日，市人大常委会组织部分常委会组成人员和人大代表，对全市烟花爆竹和加油站油气销售、储运等环节的安全情况进行视察。市人大常委会副主任刘全心参加视察。

3月3-4日，省人大常委会委员、省人大常委会教科文卫工作委员会主任詹玉荣带领省人大常委会调研组，对郑州市人口计生工作进行调研，并征求《河南省人口与计划生育条例》修订意见和建议等。市人大常委会副主任范强、副市长杨福平等参加座谈会。

3月28-29日，全国人大常委会农工委主任委员陈建国带领调研组，对郑州市新农村建设工作进行调研。市领导胡荃、白红战、范强、杨福平，市人大常委会秘书长王福松陪同调研。

4月9日，市人大常委会主任白红战一行到上街区峡窝镇冯沟村和方顶村，就党的群众路线教育实践活动、新型城镇化建设等征求意见。市人大常委会副主任周长松、赵武安、王广灿、王贵欣，秘书长王福松参加调研。

4月29日，省人大常委会民侨工委、外事工委主任李清树对郑州市台胞投资权益保护情况进行专题调研，市人大常委会副主任舒安娜陪同调研。

5月7日，全国人大常委会副秘书长何晔晖带领全国人大常委会调研组，对郑州市人大代表资格审查工作、人大代表选举工作、人大常委会“双联”工作情况开展专题调研。市人大常委会主任白红战、副主任王铁良、秘书长王福松参加座谈会。

5月8日，市人大常委会副主任舒安娜带领部分常委会组成人员和人大代表，对全市科技创新工作进行调研。

5月9日，市人大常委会主任白红战带领调研组，对新密市产业集聚区建设和工业转型升级情况进行调研。市人大常委会秘书长王福松参加调研。

5月13日，市人大常委会组织部分常委会组成人员，对全市科技创新工作进行视察。市人大常委会主任白红战、副主任舒安娜、秘书长王福松参加调研，副市长马健陪同调研。

5月14日，市人大常委会副主任赵武安带领部分人大代表，对全市公园建设情况进行视察。

5月15日，市人大常委会副主任王广灿带领部分常委会组成人员和人大代表，对全市工业转型升级情况进行视察。

5月15日，市人大常委会组织部分常委会委员和市人大代表，对全市社区矫正工作开展情况进行视察。

2014年6月18日，部分驻豫全国人大代表对郑州市城镇化进程中城乡历史文化的保护与传承进行专题调研

5月22日，市人市人大常委会组织部分人大代表，对全市环境综合治理情况及郑州环保世纪行活动开展情况进行调研。

5月28日，市人大常委会组织部分常委会委员、人大代表，对全市妇女权益保障工作开展情况进行视察。

5月29日，市人大常委会组织部分常委会委员和人大代表，对《郑州市郑韩故城遗址保护管理条例》进行立法调研。市人大常委会副主任舒安娜参加调研。

6月4日，市人大常委会副主任舒安娜带领部分常委会委员和人大代表，对全市文物古迹保护管理情况进行调研。

6月5日，市人大常委会主任白红战到荥阳，对产业集聚区重点项目建设进行专题调研。

6月6日，市人大常委会主任白红战带领市国土局、交通委、商务局、城管局等相关单位负责人，对郑州华南城项目建设进展情况进行调研并现场办公，协调解决项目推进中遇到的困难和问题。市人大常委会秘书长王福松参加调研。

6月10日，市人大常委会主任白红战、副主任赵武安带领部分常委会组成人员和人大代表视察城市防汛工作。市人大常委会秘书长王福松参加视察，副市长张俊峰陪同视察。

6月12日，市人大常委会副主任舒安娜带领部分市人大代表，对管城区主要景区交通道路指示标、指示牌设置情况进行视察。

6月17日，市人大常委会副主任王广灿到管城区陇海马路街道办事处辖区调研。

6月18日，部分驻豫全国人大代表对郑州市城镇化进程中城乡历史文化的保护与传承进行专题调研。省人大常委会副主任张大卫，市人大常委会主任白红战、副主任赵明恩，市政协副主席薛景霞参加调研，副市长刘东陪同调研。

6月24日，市人大常委会副主任舒安娜带领部分常委会委员和人大代表，对全市出入境管理工作进行视察。

7月8日，市人大常委会副主任王广灿带领部分常委会组成人员和人大代表，对全市开放平台建设和招大引强工作情况进行视察。

7月11日，市人大常委会组织部分常委会委员和人大代表，对畅通郑州建设和地铁运营情况进行视察。市人大常委会副主任赵武安参加视察。

7月15日，市人大常委会副主任周长松到上街区峡窝镇方顶村调研群众工作队驻村工作，并召开座谈会听取基层干部群众的意见。市人大常委会秘书长王福松参加调研。

7月17日，市人大常委会组织部分

常委会委员和市人大代表，对全市法院刑事审判工作开展情况进行视察。

8月1日，市人大常委会主任白红战带领督导组，就市区集贸市场综合整治工作进展情况开展督察指导。市人大常委会秘书长王福松参加督导活动。

8月7日，市人大常委会主任、市集贸市场整治督导组组长白红战带领督导组，对部分集贸市场整治工作进行暗访。

8月7日，市人大常委会信访代表专业组以“注重推动民生改善、促进企业和谐发展”为主要内容，开展视察活动。市人大常委会副主任周长松参加视察。

8月8日，市人大常委会副主任周长松、舒安娜带领有关部门负责人，分别就11个集贸市场整治情况听取相关工作汇报，并进行现场督导检查。

8月12日，市人大常委会副主任赵武安带领部分常委会委员和人大代表，对全市城市基础设施建设和城市管理规范提升工作进行视察。

8月13日，市人大常委会主任白红战带领市市场发展局、市爱卫办等单位负责人到中原区岗刘粮油蔬菜批发市场，对市场的整治情况进行暗访检查。

8月15日，市人大常委会副主任王贵欣带领市市场发展局、市爱卫办、市文明办等单位负责人，对集贸市场整治工作进行督导检查。

8月19日，市人大常委会副主任舒安娜带领民侨外代表专业组部分代表到经开区，对全市外事工作服务经济社会发展情况进行调研。

8月27日，市人大常委会副主任王贵欣带领市市场发展局、市爱卫办、市文明办等单位负责人，对集贸市场整治工作进行督导检查。

8月28日，市人大常委会副主任周长松带领市市场发展局、市爱卫办、市文明办等单位负责人，对集贸市场整治工作进行督导检查，并与相关负责人座谈，协调解决相关问题和困难。

8月29日，市人大常委会副主任舒安娜带领市市场发展局、市爱卫办、市文明办等单位负责人，对管城区集贸市场整治工作进行督导检查，并召开有关负责人座谈会，协调解决相关问题和困难。

9月1日，市人大常委会副主任赵明恩带队到秦岭路街道办事处辖区，对三城联创工作进行督导检查并召开有关负责人座谈会，协调解决相关问题和困难。

9月2日，市人大常委会副主任王广灿带领市市场发展局、市爱卫办、市文明办等单位负责人，对集贸市场整治工作进行督导检查，并召开有关负责人座谈会，协调解决相关问题和困难。

9月4日，市人大常委会副主任王铁良带领部分常委会委员和人大代表，对全市就业再就业和社会保障工作情况进行视察。

9月5日，市人大常委会副主任舒安娜带领部分常委会组成人员和市人大代表，对代表建议办理工作情况进行视察。

9月5日，市人大常委会副主任赵武安带领部分常委会组成人员和人大代表，对航空港实验区基础建设和城市功能提升工作进行视察。

9月10日，市人大常委会主任白红战带领相关部门负责人到管城区和二七区，对集贸市场整治情况进行暗访检查。

9月22日，全国人大常委会副委员长、民进中央主席严隽琪，全国政协副秘书长、民进中央副主席朱永新一行，对郑州经济技术开发区发展建设情况进行考察。省领导史济春、蒋笃运，市领导王跃华、王广灿陪同考察。

9月25日，市人大常委会组织人大代表，对全市检察院反贪污贿赂工作开展情况进行视察。

10月10日，市人大常委会组织部分常委会委员，对全市扶贫开发工作情况进行视察。市人大常委会副主任王铁良参加视察。

10月13日，市人大常委会副主任王广灿带领部分常委会组成人员和人大代表，对全市现代服务业发展情况进行视察。

11月4日，市人大常委会主任白红战到上街区峡窝镇，对新型城镇化建设、城市生态水系建设开展情况进行调研。市人大常委会秘书长王福松参加调研。

11月4日，市人大常委会副主任周长松带领部分常委会委员和人大代表，对全市信访工作情况进行视察。

11月6日，市人大常委会组织部分常委会委员和人大代表，对全市养老工作开展情况进行视察。

11月6日，市人大常委会主任白红战带领市国土局、市交通委、市市场发展局等相关单位负责人，到郑州华南城项目现场，对项目推进过程中存在的问题进行现场办公。市人大常委会副主任王贵欣参加活动。

11月7日，市人大常委会副主任赵武安带领部分常委会委员和人大代表，对全市10个公园建设情况进行视察。

11月11日，省人大法制委员会主任委员陈铁平带领省人大常委会有关人员，对郑州市推进科学立法、全面贯彻十八届四中全会精神等内容进行调研。市人大常委会副主任范强、副市长吴忠华陪同调研。

11月12日，省人大常委会中原环保世纪行采访调研团对郑州市南水北调总干渠郑州段水质状况、水污染防治及沿线生态廊道建设情况进行采访调研。市人大常委会副主任赵武安陪同调研。

11月14日，市人大常委会组织部分市人大代表，对全市税收工作进行视察。市人大常委会副主任王贵欣参加视察。

11月18日，市人大常委会主任白红战到上街区峡窝镇进行调研。市人大常委会副主任周长松参加调研。

11月25日，市人大常委会副主任王铁良带领部分常委会委员和人大代表，对全市现代都市农业发展情况进行视察。

11月26日，市人大常委会副主任舒安娜带领部分常委会委员和人大代表，对全市义务教育均衡发展情况进行视察。

11月28日，市人大常委会主任白红战带领集贸市场专项整治督导组到二七区和中原区，对集贸市场整治工作进行现场办公。市人大常委会副主任王广灿、秘书长王福松参加督导。

12月2日，市人大常委会副主任舒安娜带领市市场发展局、市爱卫办、市文明办等相关部门负责人，到管城区督

市人大常委会视察郑州市2013年财政决算和2014年上半年预算执行情况

导集贸市场专项整治工作。

12月4日，市人大常委会副主任王贵欣带领市市场发展局、市文明办、高新区管委会等相关部门负责人，对集贸市场整治情况进行督导。

12月9日，市人大常委会组织部分常委会委员和人大代表，对市十四届人大一次会议以来代表议案、建议办理情况进行视察。市人大常委会副主任王铁良参加视察。

12月9日，市人大常委会组织部分常委会组成人员和人大代表，对全市2014年财政收入预计完成情况及市本级超收安排情况进行调研。市人大常委会副主任王贵欣参加调研。

12月11日，市人大常委会组织部分常委会组成人员和人大代表，就全市"十大实事"落实情况开展视察。市人大常委会副主任周长松参加视察。

12月15日，市人大常委会副主任王贵欣带领市市场发展局、市爱卫办、中原区等部门负责人到中原区、金水区和惠济区，检查督导集贸市场专项整治工作。

12月15–16日，省人大常委会组织部分驻豫全国人大代表，对郑州市经济社会发展情况，"一府两院"依法行政和公正司法情况，以及新经济形态、新商业模式、社会创新工作进展情况进行集中视察。省人大常委会副主任张大卫参加视察。市领导吴天君、马懿、薛云伟、周长松、王铁良陪同视察。

12月19日，市人大常委会主任白红战带领部分驻郑全国、省人大代表，赴信阳进行集中视察。市人大常委会副主任王铁良、秘书长王福松参加视察。

12月23日，部分驻汴全国、省人大代表莅临郑州开展集中视察，全面了解省十二届人大三次会议以来郑州市经济和社会发展情况。市领导胡荃、白红战、王铁良、马健，市人大常委会秘书长王福松陪同视察。

（胡凯林）

人民政府

综 述

【概况】 2014年，面对错综复杂的国内外形势，郑州市政府在省委、省政府和市委的正确领导下，深入贯彻党的十八大、十八届三中四中全会和习近平总书记系列重要讲话精神，紧紧围绕"三大一中"战略定位，抓改革、强投资、调结构、求提升，较好完成了市十四届人大一次会议确定的各项任务，郑州都市区建设迈出新的步伐。

2014年，全市地区生产总值完成6783亿元，增长9.5%；规模以上工业增加值3094亿元，增长11.2%；地方公共财政预算收入833.9亿元，增长15.2%；固定资产投资5259.6亿元，增长20.1%；社会消费品零售总额2913.6亿元，增长12.7%；城镇居民人均可支配收入29095元，增长9.3%；农民人均纯收入15470元，增长10.4%。主要经济指标在全国35个大中城市中位次持续前移，经济发展的协调性不断增强。

【郑州航空港经济综合实验区建设】 2014年，郑州市坚持把航空港实验区建设放在全市工作首位，推动枢纽建设、产业培育、体制机制创新等重点领域发展，航空港实验区开发建设取得重大进展。大枢纽建设全面推进，机场二期主体工程提前封顶，外围城际铁路、高速公路等重大工程加快建设；机场客运量达到1580万人次，货邮吞吐量37万吨，增速均居全国大型机场首位。大产业培育初见成效，手机产量突破1.4亿部，全球重要的智能终端生产基地正在形成；菜鸟骨干网、友嘉产业园等一批重大项目入驻建设；中部国际电子商务产业园建成运营；成功举办首届郑州航展，穆尼飞机"郑州一号"下线交付，郑州市成为中西部地区首个生产通航认证飞机的城市。体制机制创新不断深化，实施市级行政执法权向航空港实验区全面委托，复制实施上海自贸区创新制度9项，智能终端出口退税资金池投入运行，中国郑州航空港引智试验区获批。航空港实验区影响力不断扩大、吸引力不断增强，成为河南省对外开放的重要平台。

【新型城镇化建设】 2014年，郑州市以人的城镇化为核心，科学推进新型城镇化建设，城镇化率提高到68.3%。坚持规划引领，进一步完善都市区规划体系，完成"三规划一设计"编制。加快畅通郑州工程建设和公交都市建设，城市轨道交通、"井字+环线"快速路网、市域快速通道、高速公路、国省干线公路和县域路网等工程强力推进，10条市域快速通道9条完工，16座新增环城互通式立交10座建成，17个环城高速互通式立交建成投用，三环快速化、黄河路下穿北编组站隧道等重点工程建成通车，累计打通城市断头路128条，市区新增公共停车泊位2.93万个。积极配合推进"米"字形高铁网建设，高铁南站完成规划选址，郑开城际铁路通车运营。启动"六旧九新"片区改造项目106个、十字景观大道和中央商务区建设项目158个，完成市场外迁46家。加快推进"引热入郑"工程，市区新增供热能力1630万平方米，市区新建成污水处理厂3家、新增污水日处理能力45万吨，一批水电气暖等公共服务设施加快建设或建成投用。启动大棚户区拆迁改造项目326个，开工建设安置房21.4万套，实施了历史文化和自然生态风貌特色村保护提升工程。以智慧城市建设为载体，扎实开展城乡环境综合整治和城区交通秩序综合整治，顺利通过国家卫生城市复审。

【重点领域和关键环节改革】 2014年，郑州市坚持问题导向、市场导向、需求导向，重点抓好第一批58项重点改革事项，一些改革走在了全省前列。着眼于简政放权、提高行政效率，加快政府职能转变，完成本轮政府机构改革；持续深化行政审批制度改革，积极推进"两集中两到位"改革，形成了"一窗式"受理、"一站式"服务、"一条龙"审批的行政审批新模式；在全省率先启动"五单一网"制度改革。至年底，40个市级审批职能部门共受理审批事项131.5万件，全部在规定的1、3、7个工作日内办结，行政审批效率持续提升。着眼于激发市场主体活力，持续深化金融支持小微企业体制机制改革，在全国率先打造金融

郑州航空港实验区与酷派核心供应商签约仪式举行

支持小微企业服务体系，在全国首设小微企业创业投资基金，29家科技型小微企业在“新三板”挂牌上市，居中部六省首位；以“共保体”模式支持科技型企业发展，小微企业贷款余额1850亿元，增长36%；深化工商登记制度改革，市场主体、注册资金分别增长83%、255%。着眼于提高政府性资源配置能力，持续深化土地管理制度改革，实行国有经营性用地使用权网上交易招拍挂，实现土地交易充分市场化和政府收益最大化，真正建立起了棚户区改造政府主导拆迁安置、市场化运作的新机制；开展闲置建设用地集中清理处置专项行动，累计盘活土地8266.7公顷，供地率首次突破60%，扭转了供地率低的局面；持续深化投融资体制改革，健全完善“立、融、用、管、还”的全产业链发展模式，市8家投融资公司融资240亿元，是2011-2013年融资总和的2.5倍；在全国率先发行首只12亿元“市政债”。探索建立产业发展基金和股权投资资金，有效地撬动了社会资金扶持战略支撑产业发展。稳步推进了财税体制改革、事业单位分类改革、保障性住房“三房合一”改革、市属国有企业改革、文化体制改革、农村综合改革等工作，改革红利不断得到释放。

【现代产业体系构建】 2014年，郑州市坚持扩大优质增量与调整优化存量并举，加快构建现代产业体系，推动经济转型迈出坚实步伐。工业七大主导产业增加值完成2155.3亿元，增长13.2%，对全市工业经济增长的贡献率达到82.7%。四大战略性产业比重提高到46.8%，高耗能行业比重下降到42.2%，战略性新兴产业比重首次超过高耗能产业，标志着全市工业结构调整取得重大突破。“两化”融合深入推进，“宽带中国”示范城市获批，国家级互联网骨干直联点开通运营，河南联通中原数据基地与中国移动河南郑州数据中心建设进展顺利。高成长性服务业、生产性服务业加快发展，服务业增加值完成2862.4亿元。现代商贸物流、文化创意旅游业提质增速，金融集聚核心功能区建设取得新进展，郑州商品交易所国际期货定价中心地位进一步提升。电子商务发展迅猛，全年交易额2800亿元，增长30%以上。房地产业持续平稳健康发展。产业集聚效应进一步显现，产业集聚区对工业增长、投资拉动、就业创业的贡献率分别达到78%、60%和55%。都市生态农业发展加快，粮食生产保持稳定，农业组织化、机械化、产业化、科技化水平稳步提升，市级以上农业产业化集群26个，农产品加工业收入1200亿元，农产品质量监测合格率居全国前列。

【民生保障和改善工作】 2014年，郑州市坚持财政向民生领域倾斜，民生支出658.8亿元，占预算支出的71.7%。积极推进就业创业，发放小额担保贷款10亿元，新增城镇就业15.3万人，农村劳动力转移就业11.4万人。优化教育资源配置，新建幼儿园60所、新增学位1.94万个，市区新建改扩建中小学校34所、新增学位4.86万个，5.56万名进城务工人员随迁子女实现“应入尽入”。加强社会保障，城乡居民基本养老金、企业退休人员基本养老待遇、城乡低保对象等生活困难群众保障标准进一步提高，新建“儿童之家”100个、农村示范性养老服务中心90所，郑州市蝉联全国“七星级慈善城市”。公共卫生服务均等化水平显著提高，片医特色基层卫生服务体系日趋完善，新增床位3362张。全面落实“单独二孩”生育政策，人口自然增长率为5.9‰。深入实施文化惠民工程，基层公共文化设施和公共文化服务体系不断完善，大运河通济渠郑州段被列入《世界遗产名录》，成功举办黄帝故里拜祖大典、国际少林武术节、世界旅游城市市长论坛等重大活动。加强生态环境保护，编制实施《美丽郑州规划》，市区拆改燃煤锅炉88台，三环内80%以上工业企业完成外迁，全年淘汰黄标车和老旧车辆4.88万辆；对渣土车行业进行整合，加强了渣土车管理和市区建筑工地扬尘治理，取得初步成效；工业企业脱硫脱硝治理力度不断加大，主要污染物排放总量完成省定控制目标。全国水生态文明试点城市建设加快推进，重点河道拦蓄水、重点水系生态修复提升和引水入密等工程相继开工，南水北调主干渠按期通水。全年植树造林5666.7公顷，建设生态廊道880公里，市区新增绿地1620万平方米，成功申办第11届国家园博会，荣获国家森林城市称号。农业农村基础设施建设不断加强，投资1.4亿元解决了28.3万人农村饮水安全，对124座病险水库进行了除险加固。完成易地扶贫搬迁2.7万人、整村推进25个，实现脱贫4.47万人。

（李林晓 陈一帆）

【政府信息编发和上报】 2014年，全市政务信息工作围绕政府中心工作，紧盯工作部署抓贯彻落实，紧盯存在问题抓信息反馈，紧盯取得成绩抓经验做法，拓宽信息采集渠道，不断提升信息编辑和服务能力；以党的群众路线教育实践活动为契机，以信息服务的满意度为目标，以全媒体时代网络信息建设为重点，以精细化采编为基础，充分发挥服务各级领导掌握情况、科学决策的参谋助手作用。全年共组织采编信息3808条，编发信息刊物707期。其中，编发《政务要闻》188期，《政府工作快报》371期，《信息专报》148期。市政府办公厅被省政府办公厅评为2014年度河南省政务信息工作先进单位，被《郑州工作》评为信息工作先进单位。全年上报省政府信息978条，信息采用量继续保持各省辖市前列。

（一）明确目标落实责任，畅通信息报送渠道。制定下达了《全市政务信息工作目标任务的通知》；结合《政府工作报告》《郑州市人民政府办公厅关于明确〈政府工作报告〉提出的2014年重点工作责任单位的通知》《郑州市人民政府办公厅关于印发郑州市2014年民生十大实事任务分解的通知》，制定下发了《政务信息报送要点的通知》；根据2013年政务信息采用情况，及各单位政务信息报送情况，对全市2013年度政务信息工作进行了总结评先表彰；下发了《关于加强调查研究与政务信息工作的通知》，明确年度的工作要求和主要课题；完善信息网络，更新了政务信息电子邮箱、QQ群和微信平台，确保信息及时沟通传递；坚持月评、季度通报的政务信息考核督导制度，确保政

2014年11月16日，市长马懿参加世界旅游城市市长论坛并作主题发言

务信息报送渠道的畅通。

（二）聚焦服务完善提升，提高信息服务水平。聚焦政府中心工作，按照“贴近领导思路、贴近群众生活、贴近问题需求”的原则，围绕以航空港实验区建设为重点的各项重点工作，精心做好政务信息采集、编辑和上报工作。一是紧盯全市经济运行态势，从各级各部门上报的工作动态和经济数据中及时反映成绩；从国内大中城市、中部六省省会城市和周边省会城市的发展态势中找信息点，及时提供借鉴；从群众需求和社情民意中采集关注点，及时反映问题。二是始终把招商引资和重大项目建设作为“稳增长、调结构、促转型”的信息采集点，在《政府工作快报》上重点反映招商引资、项目建设、产业结构调整和经济转型升级等工作措施。全年组织编发“落实《政府工作报告》部署做好全年工作”等专题信息3组96期。三是把握重点，深度研判，围绕全省、全市产业集聚区暨重点项目观摩点评，组织了一批反映产业项目集中开工、抓落地项目竣工投产，全力推进全市经济回暖、企业稳定等举措的专题信息。四是建立完善培训制度，信息约稿制度，量化制度3项制度、提升服务水平。同时，坚持县（市）区、部门政务信息工作季通报制度。加大创新力度、6个县（市）区政府办公室开通了手机政务信息报，部分单位开通了政务信息微信群。

（三）紧贴亮点热点难点，着力编辑精品信息。立足省政府工作的关注点，站位市政府中心工作着眼点，紧盯县（市）区政府和部门的工作推进落实的着力点，结合实际开展信息工作。一是落实沟通。加强与省政府办公厅信息处和各县（市）区、管委会，市政府各部门信息部门的沟通联系，特别是省政府关注的航空港实验区建设、E贸易试点和郑欧班列推进等工作，提高上报信息的“含金量”，在“质”上下功夫。健全更新信息员沟通的邮箱、QQ、微信等渠道，定期通报信息上报重点、近期上报信息存在的问题和需要改进的地方，提高信息报送的针对性。二是健全反馈。针对上半年工业经济运行中存在的问题和困难，加强与办公厅各处室、厅属各单位的沟通，深入分析原因，尤其是对政府决策在落实中遇到的问题，有针对性地提出建议。征询领导的关注点，及时督促报送问题信息、反馈信息，推动所报信息纳入领导决策信息的收集、受理和反馈程序。三是学习交流。指导帮助各单位开展信息员培训，组织市直有关单位信息员学习政务信息报送的有关规定，继续坚持信息工作通报月例会制度，使信息工作更加透明、公平。注重在基层信息中找亮点，认真筛选基层报送信息，对于好的信息，特别是全局性、建议性、问题性信息，进行再整理、再分析后上报。

（巩　煌）

重要会议

【全市生态建设工作动员大会】 2014年2月7日，全市生态建设工作动员大会召开，安排部署全市生态建设工作，动员全市上下抓住春季植树造林、园林绿化和各项建设的有利时机，以生态建设为带动，全面掀起新年度以航空港实验区为统揽的郑州都市区各项建设热潮。

市长马懿强调，要坚持长短结合，综合施策，扎实推进生态建设。着力在增绿、净水、治气、护蓝上下功夫，努力实现经济发展与生态建设保护互动共赢。要重点做好五项工作：一是以创建国家森林城市和生态园林城市为载体，迅速掀起造林绿化新高潮；二是以建设全国水生态文明试点城市为契机，切实抓好水生态文明建设；三是以强化污染源治理为重点，强力推进大气污染防治；四是以调结构、转方式为主线，加快推进产业转型升级；五是以改革创新为动力，不断加强生态文明制度建设。

【新一届市政府第一次全体（扩大）会议】 2014年3月1日，新一届市政府召开第一次全体（扩大）会议。

市长马懿指出，刚刚闭幕的市十四届人大一次会议通过的《政府工作报告》，提出了未来五年郑州经济社会发展的主要目标，是当前和今后一个时期政府工作的行动纲领。新一届市政府组成人员要认清形势、振奋精神，切实增强做好政府工作的使命感、责任感和紧迫感，切实把思想和行动统一到这一纲领上来，紧密结合工作实际，积极主动作为，扎实做好政府各项工作，努力完成各项目标任务。他要求，新一届政府要转变职能，提升能力，不断提高政府工作科学化水平。要带好队伍，提高政府履职能力；创新管理，提高政府服务能力；团结协作，提高政府执行能力。要按照建设高效服务型政府、法治政府、务实为民清廉政府、学习创新型政府的要求，深入推进“两转两提”，全面提升城市治理能力和政府工作水平。

【市政府廉政建设暨深化行政审批制度改革工作会议】 2014年3月19日，市政府廉政建设暨深化行政审批制度改革工作会议召开。会议贯彻落实国务院、省政府第二次廉政工作电视电话会议精神，总结2013年政府廉政工作，安排部署2014年的反腐倡廉、行政审批“两集中两到位”改革和优化经济发展环境工作，进一步推动政府系统廉政勤政建设。

市长马懿强调，各级政府及组成部门要结合第二批党的群众路线教育实践活动，进一步转变作风，从群众关心的事情抓起，努力建设人民满意的廉洁政府，为顺利实现各项目标任务提供坚强政治保障。一要坚决贯彻改进作风的相关规定，全面优化经济发展环境，深入开展廉政教育，以优良党风政风正社风、促民风，营造清明的政治环境。二要坚持简政放权，抓好基础制度建设，大力推进政务公开，针对当前最急迫的事项、群众最期盼的领域、制约全市经济社会发展最突出的问题实施改革，以改革创新建机制、促公平，推进源头防腐。三要强化监督检查，严格执纪问责，严肃惩治腐败，维护法律的权威性和政令的严肃性，切实提高政府执行力，以监督检查严政纪、肃贪腐，确保政令畅通。

2014年1月21日，市长马懿调研春节期间农产品质量安全监管工作

【全市安全生产工作会议】 2014年3月26日，全市安全生产工作会议召开。

市长马懿在讲话中指出，要认清形势，正视问题，进一步增强做好安全生产工作的责任感和紧迫感，深刻认识安全生产工作的极端重要性和做好安全生产工作的长期性、艰巨性和复杂性，把安全生产工作当作一项十分严肃的政治任务，摆在更加突出的位置，要时刻绷紧安全生产这根弦，切实做到安全生产高于一切、重于一切、先于一切。马懿强调，要突出重点，强化措施，坚决防止重大事故发生。要加强领导，强化责任，确保安全生产各项要求不折不扣落到实处。要切实强化组织领导，建立健全各级安全责任制，严肃追究事故责任，要坚持科学发展、安全发展理念，居安思危、团结协作、务实重做，确保全市安全生产形势持续稳定好转。

【全市新型工业化大会】 2014年3月26日，全市新型工业化大会召开。

市长马懿在讲话中要求，要统一思想、提高站位，切实增强紧迫感和责任感，坚持长短结合，重点突破，加快推进新型工业化进程，助推工业经济提速提质发展。走出一条符合郑州实际、具有郑州特色的工业经济发展道路，即要大力实施工业强市战略，着力培育一批行业领先、具有国际话语权的战略性企业，形成若干具有重要影响力的产业集群和产业基地。要着力推进工业结构战略性调整，努力构建现代工业体系；着力实施开放创新双驱动战略，持续提升工业经济发展水平；着力培育极具影响力的战略性企业，努力增创工业经济规模优势；着力推进重点领域和关键环节的改革，激活工业经济发展内生动力；着力优化经济发展环境，为工业经济发展提供坚强保障。

【全市2014年新型城镇化工作推进大会】 2014年3月27日，全市2014年新型城镇化工作推进大会召开，全面总结2013年全市新型城镇化建设任务，安排部署2014年新型城镇化建设工作。

市委书记吴天君强调，贯彻中央和省委城镇化会议精神，坚持以人的城镇化为核心，要围绕"一个目标"，突出"四个提升"，不断扩大新型城镇化建设成果。围绕"一个目标"，就是要以2013年年底圆满完成新型城镇化三年行动计划为目标，全力以赴抓好六个切入点各项任务的落实。突出"四个提升"，即围绕"域外枢纽、域内畅通"，推进综合交通枢纽建设实现新提升；围绕以安置房建设和五项重点工作为突破，推进城市承载功能实现新提升；围绕城乡一体，推进统筹城乡发展实现新提升；围绕深化改革创新，推进有利于新型城镇化可持续发展的体制机制建设实现新提升。

市长马懿要求，各级各部门要切实把思想统一到市委、市政府的决策部署上来，各县（市）区、市直各单位主要负责人要靠前指挥、一线指挥，亲自抓、具体抓，切实加强领导，落实责任，强化组织协调，注重统筹兼顾。市新型城镇化办公室和城乡规划建设管理工作领导小组要坚持行之有效的机制、已经形成的好经验好做法，加大指导、督促力度，巩固和持续新型城镇化建设好的趋势、态势和气势，切实抓好各项工作的落实，促进新型城镇化建设不断取得新突破。

【全市人口和计划生育电视电话会议】 2014年3月28日，全市人口和计划生育电视电话会议召开。

市长马懿指出，要认清新形势，把握新要求，推动人口计生事业科学发展。要紧紧抓住两个根本：持续稳定低生育水平，努力促进人口增长与产业发展、城市基础设施和生态环境承载能力相一致；着力提高出生人口素质，在提高技术服务水平、减少出生缺陷发生风险上见成效。要着力攻克两大难点：提高流动人口服务管理水平，促进流动人口的社会融入；提升出生人口性别比综合治理工作成效，改善出生人口结构。要全面推进两项建设：加强工作队伍建设，确保人口计生工作机构、队伍基本稳定；推进利益导向机制建设，让广大计生家庭分享改革发展成果。

【全市"三城联创"工作推进会】 2014年8月11日，郑州市委、市政府召开"三城联创"工作推进会，安排部署"三城联创"复查迎检工作，要求全市上下进一步统一思想、坚定信心、明确责任、形成合力，确保"三城联创"取得圆满成功。

市长马懿要求，各级各部门一要强化责任担当，发扬好的创建经验，狠抓工作落实，确保"三城联创"圆满成功；二要严格对照国家标准，紧紧围绕省爱卫办提出的问题逐项检查、逐项整改，查缺补漏，坚决整治薄弱环节，防止问题反弹；三要建立发现问题、反映问题、解决问题、兑现奖惩的工作机制，严格落实日检查、周例会、月评比制度，不断推动问题得到及时有效解决；四要建立解决问题的长效机制，通过建立健全督导、考核激励和责任追究机制，表彰先进，鞭策落后，推动全市创建工作步入制度化的轨道。

【全市秋冬重点工作推进会】 2014年10月15日，全市秋冬重点工作推进会召开。

市长马懿在安排部署工作时指出，做好秋冬农业农村重点工作决定全年、影响来年，意义重大，各级党委、政府要紧紧围绕秋冬季节特点，把握有利时节，科学安排，强化责任，全力推进，切实抓好农业生产、生态林建设、生态水系提升工程、扶贫开发、人畜饮水安全和县以下新型城镇化等农业农村重点工作。各级各部门要对照目标找差距，集中精力抓建设，紧紧围绕城市功能提升，切实抓好城建城管重点工作，扎实开展城市精细化管理，着力提升城市品位，全力打造畅通有序、生态环保、宜业宜居、充满活力的城市环境。

【全市易地扶贫搬迁推进会】 2014年12月10日，全市易地扶贫搬迁推进会召开。

市长马懿指出，各级各部门要认清形势，进一步坚定做好易地扶贫搬

2014年5月14日，郑州市市长马懿在新密市岳村镇马沟村开元生态农业合作社种植基地调研

迁工作的信心和决心，千方百计把扶贫开发工作做得更好，在全省率先实现脱贫。他要求，要强力推进扶贫开发攻坚行动计划，重点做好四个方面工作：一是着力推进易地扶贫搬迁，努力实现“搬得出、稳得住、能发展、快致富”的目标；二是着力推进产业发展，坚持“产业为基、就业为本、生计为先”，始终把扶持贫困地区产业发展作为促进贫困群众增收致富的首要任务来抓；三是着力推进就业促进扶贫，解决好搬迁群众的就业和生计问题；四是着力推进扶贫开发工作机制创新，建立精准扶贫机制，创新财政投入机制，完善社会参与机制。

【全市电子商务产业发展推进会】 2014年12月12日，郑州市人民政府、郑州海关、省出入境检验检疫局共同召开郑州市电子商务产业发展推进会。

市长马懿指出，全市上下要进一步增强加快电子商务发展的紧迫感和使命感，坚持整体推进，重点突破，全面提升全市电子商务发展水平。要按照“一突出、三多、三并举”的要求，重点抓好六个方面的工作：一是着力发展跨境贸易电子商务，二是着力构建多式联运物流服务体系，三是着力打造电子商务平台和载体，四是着力深化工业企业电子商务应用，五是着力推进传统商贸企业商业模式升级，六是着力完善电子商务支撑保障体系。马懿要求，各级各部门要强化措施，狠抓落实，确保全市电子商务健康快速发展。要切实加强对电子商务发展工作的领导，强化组织、规划、政策、人才等保障，抢抓机遇，瞄准目标，扎实工作，确保各项任务落到实处，为把郑州建设成为国家电子商务示范城市和国际知名的网上商都做出新的更大贡献。

【全市安委会全体（扩大）会议】 2014年12月17日，市安委会全体（扩大）会议召开，分析当前安全生产形势，对年末岁尾的安全生产工作进行再安排、再部署。

市长马懿要求，各级各部门要切实增强做好安全生产工作的责任感和紧迫感，突出重点，加强监管，切实消除事故隐患。要严格按照“全覆盖、零容忍、严执法、重实效”的总体要求，认真排查建筑工地隐患，切实抓好施工安全及拆迁群众安全过冬；要突出技防人防，对重点场所进行彻底排查，着力抓好消防安全；要狠抓油气管线隐患整改，切实保障安全运营；要克服麻痹情绪，持续抓好煤矿安全生产，严防非法违法违规偷生产，严防因管理不严导致恶性事故发生；要敢于动真碰硬，认真开展安全生产检查督察活动，确保道路交通安全；要重拳出击，严厉打击非法违法生产行为。马懿强调，要加强领导，强化责任，切实把各项措施落实到底。要从讲政治、保稳定、顾大局的高度，进一步增强忧患意识，坚决克服侥幸心理，强化红线意识、底线意识，切实把保护人民群众生命安全作为最高职责、最大责任，把安全生产这一重任记在心上、扛在肩上，做到安全生产高于一切、重于一切、先于一切，确保全市安全生产形势持续稳定。

（李林晓 陈一帆）

重要活动

【市政府举办2014郑州市汽车零部件产业转移对接洽谈活动】 2014年8月21日，市政府举办2014郑州市汽车零部件产业转移对接洽谈活动。省委常委、市委书记吴天君，市长马懿等出席洽谈活动。

市长马懿在致辞中指出，郑州市把汽车产业作为全市战略支撑产业，以科学规划为先导，以园区建设为载体，以扩大开放为动力，以产业升级为重点，以技术创新为支撑，先后出台了一系列扶持政策和规划，大力推动汽车产业跨越式发展，着力建设聚集效益明显、国内一流、国际上有重要影响的百万辆汽车生产基地。郑州快速发展的汽车产业为全国汽车零部件提供了巨大市场和无限商机，希望签约双方精诚合作，使项目早投资、早落地、早见效，实现互利共赢，共同发展。

此次活动共邀请企业近200家，参会客商约300人。成功签约项目34个，签约金额184亿元。

【马懿率团参加夏季达沃斯论坛】 2014年9月10–11日，市长马懿率团赴天津参加夏季达沃斯论坛，并会见部分参加论坛的世界500强企业代表。9月10日，马懿先后会见了瑞士再保险集团全球合作主席潘瑞康一行和渣打银行（中国）有限公司首席执行总裁兼副董事长、行长张晓蕾一行。马懿表示，郑州交通区位优势突出，中原经济区和郑州航空港经济综合实验区被确定为国家战略，为金融服务提供了巨大的市场发展潜力，希望两家机构加强与郑州合作。他邀请潘瑞康、张晓蕾到郑州考察访问。

【马懿率团赴俄罗斯、波兰、奥地利进行工作访问】 10月21–29日，市长马懿率市政府代表团赴俄罗斯、波兰、奥地利进行工作访问，围绕共同建设郑州跨境贸易电子商务服务试点项目、合作开行郑欧国际铁路货运班列、构建战略型新兴产业发展体系等内容，与上述国家相关城市的政府官员和企业界代表进行了深入交流。

【马懿会见出席丝绸之路经济带中欧物流枢纽建设交流会的国外代表团】 11月27日，市长马懿会见了出席丝绸之路经济带中欧物流枢纽建设交流会的白俄罗斯交通运输部首席副部长叶甫盖尼·卢卡乔夫率队的白俄罗斯代表团、哈铁快运总裁叶留巴耶夫·参让尔率队的哈萨克斯坦代表团。马懿在会见白俄罗斯代表团和哈萨克斯坦代表团时指出，近年来郑州市对外开放的步伐不断加快，已成为中国内陆对外开放的重要门户，在丝绸之路经济带建设中发挥着愈加明显的物流枢纽作用。马懿对白俄罗斯铁路部门给予郑欧班列运行的支持和帮助表示衷心的感谢，并希望白俄罗斯相关部门继续一如既往地支持郑欧班列的开行。希望双方以此次签约为契机，借助丝绸之路经济带建设，加深两国文化和经贸交流，推动更多领域、更广泛的合作。

（李林晓 陈一帆）

2014年郑州市汽车零部件产业转移对接洽谈活动举行

2014年市长马懿重要调研考察活动

时 间	调研考察内容
1月21日	深入超市、农贸市场，察看春节市场供应、食品安全及人员密集场所消防安全
3月29日	到新郑市实地检查黄帝故里拜祖大典筹备工作
4月15日	对各县（市）区、开发区产业集聚区和重点项目建设情况进行观摩，并听取工作汇报
5月14日	深入新密市岳村镇乡村、企业，听取基层群众意见、建议，对全市群众路线教育实践活动开展情况进行调研
5月28日	深入新郑市，实地检查指导“三夏”生产
5月29日	实地调研郑州市大运河申遗准备工作
7月11日	深入城市雨污水改造工程现场、黄河花园口大坝、南水北调干渠防汛隐患治理现场和尖岗水库，实地检查全市防汛工作
7月13-17日	赴南京、苏州、杭州学习考察
7月27日	深入施工建设工地、集贸市场、城中村拆迁现场和居民社区等地，实地督导国家卫生城市复审重创工作
8月7日	深入新密市、登封市，检查指导抗旱工作
8月19日	上午实地调研全市第十轮行政审批制度改革工作，下午赴郑州商品交易所调研
9月3日	参加首届国际民航组织航空货运发展论坛
9月23日	深入“畅通郑州”工程建设项目工地，实地督导察看轨道交通、三环快速路、陇海快速路建设情况
11月14日	深入热力公司、热源企业，检查2014年冬季供热准备情况
12月1日	深入部分交通重点工程建设现场和部分交通拥堵点，实地察看城区交通秩序综合整治情况
12月28日	深入部分重点工程建设现场，检查畅通郑州工程建设情况

（李林晓 陈一帆）

人力资源和社会保障

【概况】 2014年，郑州市人社系统坚持“服务发展、保障民生”工作理念，按照“抓改革、活机制、重服务、求提升”工作思路，突出“三个家”建设，着力深化就业创业、社会保障、人事人才和劳动关系四方面重点工作改革创新，深入构建“六型人社”，各项工作任务提前超额完成，荣获全国军转安置先进单位等荣誉称号，被人力资源和社会保障部确定为全国窗口单位作风建设先进典型，被市委、市政府表彰为郑州都市区建设三年行动计划优秀单位。

【就业创业工作】 2014年，郑州市在就业创业工作中分解任务，超额完成年度目标。市政府将就业工作列入民生“十大实事”，印发了《郑州市人民政府关于做好2014年就业工作的通知》（郑政文〔2014〕93号），将主要就业任务列入政府工作目标，并细化分解到各县（市）区及相关部门，促进工作落实。全市新增城镇就业15.27万人，完成年度目标任务的117.7%。开展创业培训1.30万人、再就业培训3.05万人，分别完成年度目标任务的130%和102%。发放小额担保贷款10.87亿元，完成年度目标任务的108.7%。城镇“零就业家庭”中至少有一名成员实现就业，实现了“零就业家庭”动态为零的目标；城镇登记失业率控制在3%以内。农村劳动力转移就业11.4万人，完成年度目标任务的114%；农村劳动力职业技能培训7.1万人，完成年度目标任务的142%。接收大中专毕业生10.03万人，9.1万人实现就业，初次就业率达到91%。

落实援助政策，以创业促进就业。完善扶持创业的优惠政策，基本形成了政府激励创业、社会支持创业、劳动者勇于创业的新机制。创业补贴、税收减免、小额担保贷款和贴息等力度进一步加大，支持创业促进就业工作。加强就业创业服务，举办了2014年郑州市创业服务进校园暨高校毕业生专场就业招聘活动，现场进行创业项目推介、创业成果展示和就业招聘活动，展示了适合高校毕业生人群的创业项目，激发了广大高校毕业生的创业热情。

采取有效措施，促进重点群体就业。高度重视重点群体的就业援助工作，落实各项就业补贴政策，全力促进困难群体就业；通过“一对一”结对帮扶，促进“零就业家庭”成员实现就业。开发基层岗位，引导高校毕业生到基层就业；积极开展高校毕业生就业见习工作，帮助毕业生提升就业技能；提高公共就业服务机构的服务能力和水平，开展“就业援助月”“民营企业招聘周”等活动，在提高公共就业信息化服务水平、承接产业转移、扩大就业规模等方面发挥了积极作用。全年共组织各类招聘会550余场，进场求职择业280余万人次。

多措并举，促进农村劳动力转移就业。围绕年度目标任务，按照“培训、就业、维权”三位一体的工作思路，采取有效措施，促进农村劳动力有序转移、稳定就业。全面落实培训补贴政策，采取订单培训、定向培训、“送技能下乡”等形式，在培训的针对性、实用性上下功夫，提升农村劳动力转移就业技能。积极开展“春风行动”系列活动，开发劳务输出项目，发挥农民工工作领导小组办公室的职能作用，为农村劳动力进城务工创造良好环境。

【社会保障工作】 2014年，郑州市全面深化“五险合一”市级统筹。完成了五县（市）及上街区社会保险经办机构整合，市本级和市内五区分局各险种全部使用统一软件，全年累计发放社会保障卡535.3万张，社会保险服务水平进一步提高，做法被国家人社部、省人社厅转发推广。

社会保险覆盖范围进一步扩大。城镇企业职工基本养老保险参保266.97万人，城镇基本医疗保险参保324.31万人，失业保险参保136.83万人，工伤保险参保150.14万人，生育保险参保89.49万人，全部完成年度目标任务。机关事业单位养老保险参保25.24万人；全市城乡居民养老保险累计参保达224.4万人，享受养老待遇59.19万人。全市认定工伤案件3761件，没有出现因行政复议、行政诉讼造成责任追究的案件。受理劳动能力鉴定申请1949人，全部在法定时效内做出鉴定结论。

社会保险待遇进一步提高。第10次调整提高企业退休人员养老金，调整后人均月养老金增加200元，达到2190元；城乡居民基础养老金由每人每月75元提高到120元。职工医保年度住院医疗费支付限额由24万元提高到32万元。城镇职工、居民医疗保险门诊规定病种统一增加为30种，统筹基金支付比例分别提高5个百分点。失业保险金由992元/月提高到1120元/月。工伤1–4级伤残津贴由人均1203元/月提高到1380元/月。基金安全保障能力稳步增强，各项社会保险待遇及时足额支付。

不断完善社会保险制度。建立健全社会保险基金监管政策法规，深入开展了社会保险基金监督专项检查工作。严格落实待遇领取人员定期公示制度和定期认证制度，有效遏制了冒领、多领等情况。深入推进职工医保付费方式改革，加强两定单位监督管理。修订完善了《服务协议》，并与1000多家两定单位履行签订手续。对300余家定点医疗机构和700家定点零售药店进行了日常考核，查出违规定点医疗机构、定点零售药店101家，暂停定点零售药店医保服务60余家，共拒付违规人员366人次，追回违规费用473万元，有效规范了全市医疗保险两定单位的医疗服务行为，保证了基金安全管理。

【人事人才工作】 2014年，郑州市加强人才培养和引进，提供富强郑州智力支撑。加大高层次人才选拔培养力度，开展特贴专家和“百千万”人才工程、学术技术带头人选拔评选工作，共产生国家、省、市三级梯队人才134名。加大人才引进力度，引进各类专业技术人才1780名，其中高层次人才65名。扎实推进专业技术人员继续教育，共组织培训11万人次。加大博士后科研工作站建设力度，全市博士后科研工作站达到33家、研发基地26家，设站数量位列全省第一。引智工作扎实开展，引进国外技术、管理人才项目共43项，其中入选国家级项目20项。“郑州航空港引智试验区”建立，为全国第三个获国家外国专

2014年郑州市产业集聚区企业与高校毕业生岗位对接洽谈活动启动仪式举行

家局批准的国家级引智试验区。深入推进全民技能振兴工程，完成各类技能培训33.5万人次，开展职业技能鉴定考核7.65万人，培训高技能人才3.1万人，技工院校招生3.09万人。公务员年度培训考核与个人年度考核有机结合，组织公务员各类培训393场次、大讲堂61期，累计培训13万人次；公务员网络培训学院学习课件达658件，注册学员3.01万人。

完善工作机制，推进机关事业单位改革。切实加强公务员制度和队伍建设，深化实施公务员能力素质提升工程，深入开展争创人民满意公务员活动，完善公务员考录、考核、竞岗机制，认真开展清理、评比、达标、表彰、评估和相关检查活动，各项工作取得新进展。扎实推进航空港实验区人事移交、“三支一扶”大学生招募及期满大学生考核、待遇落实工作。推进《事业单位人事管理条例》的学习宣传和贯彻落实，强化事业单位岗位聘用管理，通过抓制度完善、政策宣传、岗位聘用和督促检查等措施，切实由身份管理转变为岗位管理。积极稳妥推进事业单位改革工作，完成了9家非时政类出版单位和保安公司转企改制，妥善解决了司法局、交通委、建委、文广新局等7个局委所属15家单位498人前期转企改制遗留问题。

转变工作作风，做好人事人才服务。严密组织了2014年公开遴选公务员工作，21家市直机关遴选公务员101人。顺利完成2014年度市属事业单位公开招聘工作，全年共组织招聘16场次。完成了转岗竞聘和专业技术三级岗位的评审、聘任工作，共办理转岗单位301家，转岗人员563名。加强信息化建设和聘用制管理，全市3670余家事业单位全部安装使用“河南省事业单位人事岗位管理软件”系统，对近16万人员实行了实名制管理，签订聘用合同率达100%。认真做好非公单位职称评审绿色通道、中小学高级教师及各系列中级专业技术职务任职资格评审工作，做到公开、透明、公平、公正。转变工作作风，开展职称考试现场资格审核一站式服务；在郑州职称网开设证书办理预约平台，实现考生网上预约、按时办理、一次办成，缩短了办证周期，提高了办证效率。加强机关事业单位离退休规范管理工作，完成机关事业单位医务鉴定，制定出台了《关于贯彻执行优秀教师增发奖励补贴的通知》。继续做好全市事业单位实施绩效工资工作，对事业单位绩效工资实施情况进行调查研究，完善事业单位分配激励约束机制。完成了市直机关事业单位工作人员晋级晋档（增加薪级）、调动、职务（职称）晋升、转正定级、军转干部工资确定等，以及市直公安机关执法勤务机构人民警察警员职务套改后工资确定工作。严守保密纪律，严肃考风考纪，严格监督管理，全年共组织各类人事考试30次，参考17.3万人。加强机关事业单位工勤人员技能培训和专业技能竞赛，提升工勤人员能力素质；开展机关事业单位工人技术等级考核，通过5588人。

郑州市人社局获得河南省“人民满意的公务员集体”荣誉称号

积极协调沟通，军转干部安置工作顺利完成。广泛调研，结合市直各单位需求及军转干部学历、经历等情况，科学设置安置岗位；量化赋分，综合军转干部部队经历和考试、培训情况，制订选岗办法，使部队、军转干部和用人单位三方满意。加强军转干部岗前培训，适应性培训、岗位见习培训、理论培训扎实开展，全年共计完成培训课程约500学时。构建“网格到人、责任到人”的企业军转干部工作网格化管理体系，建立上下联动、信息共享、密切配合的管理服务机制，积极开展企业军转干部解困帮扶工作。

【和谐劳动关系工作】 2014年，郑州市不断完善劳动关系调处机制。建立劳动关系矛盾协调处理与劳动保障监察、社会保险稽查、劳动人事争议调解仲裁并重工作机制，完善劳动关系矛盾双方自主协调机制，实施集体合同制度“攻坚计划”，做好劳动保障法律法规宣传贯彻工作，全市劳动关系总体和谐稳定。积极稳妥做好最低工资标准调整工作，7月1日起全市最低工资标准调整至1400元/月。各类企业共有职工148万人，已签订劳动合同146万人，签订率达98%；全市1.08万家企业签订集体合同1.37万份，覆盖职工105万余人，集体合同签订率达95%。

加强争议仲裁和监察执法。加强仲裁庭、规章制度、基层调解组织建设，全面打牢调解仲裁工作基础。坚持“重调解、慎裁决”原则，及时立案、及时调查、及时开庭、及时结案，做到办案程序合法透明。全年共立案受理劳动人事争议3647件，处理结案3655件（含上年度结转），当期结案率达到93%。加大劳动保障监察力度，检查用人单位1.18万户，涉及劳动者42.37万人；投诉立案3197件，结案率100%；追发劳动者工资1.96亿元，涉及劳动者2.53万人；清退童工3人；取缔非法职业中介机构68家。

做好信访维稳工作。全年共接待群众来访2284批4251人（次），处理群众来信238封，做到了件件有着落、事事有回音；受理信访案件140起，法定期限内办结率达100%。参加市政府组织的疑难信访案件协调会76次，参与处理突发性事件、集体上访57起。市人社局荣获全省人力资源和社会保障信访维稳工作先进单位，被市委、市政府授予信访工作红旗单位。

【人社系统自身建设】 （一）“两创一评”活动促作风转变。在“内部管理提升年”“制度执行年”的基础上，开展了以争创全国文明单位、创建服务型机关、开展作风纪律检查考评为主要内容的“两创一评”活动。各部门、各单位结合各自实际，分别制定活动方案，广泛宣传发动，开展了丰富多彩的活动，营造了规范内部管理、提升服务水平的浓厚氛围。在活动开展过程中，全面加强自身建设、规范工作程序、提高工作效率、树立良好形象。通过“两创一评”活动，局系统作风明显转变，秩序进一步规范，形成了用制度管权管事管人的长效机制，促进了工作纪律、工作作风、服务效能、依法行政等方面不断提升。

（二）重点工作促人社业务发展。市人社局汝河路办公区整修完毕；数据容灾备份中心二期工程验收完毕；人力资源东市场正式运行，实现了供求双方全程无纸化、智能化招聘，中国·郑州人力资源市场转入信息化招聘模式；社会保险局分局建设高标准起步，郑东新区办事大厅成为全市社会保险标准化建设的"样板工程""人力资源综合业务管理系统"全面投入使用，并在省科技厅成功申报了"人力资源市场和就业智慧管理平台"科技成果鉴定，为打造全国领先、省内一流的数字化专业市场奠定了坚实基础；社会保险新版统一软件开发完毕，实现了社会保险统一管理，社会保险、劳动就业业务一体化建设，大幅提升人力资源社会保障业务经办能力和社会服务水平。

（三）综合性基础工作奠定业务基础。加强依法行政和法制宣传教育，提高行政执法人员依法行政水平，不断提升行政服务效能。按照市委、市政府全面深化改革有关要求，制订了市人社局全面深化改革实施方案并将责任事项进行了分解。成立行政审批办公室，全面负责行政审批项目的审批管理。健全完善财务制度，加强收支管理，做好预算编制、执行工作及各类财务审计工作，制定了人社局财管管理制度和内部审计办法，进一步提升财务风险管控水平。加强政务公开和对外宣传工作，做好12333咨询服务，认真落实ZZIC、"心通桥"交办事项。开展12333进基层服务活动和局领导接听12333活动24次。围绕服务群众长效机制建设，做好驻村工作队和网格人员下沉工作，及时排查、协调解决职责范围内有关问题。

（四）"六型人社"建设树立人社文化。加强机关文化建设，以文化影响人、凝聚人、激励人。围绕以责任人社、效能人社、创新人社、和谐人社、温暖人社、廉洁人社为主要内容的"六型人社"目标，大力加强和改进作风建设，统筹推进各项工作，努力把人社部门建设成"劳动者之家""人才之家"和"公务员之家"。组织干部职工素质提升培训和"我爱人社杯"系列活动，提高判断力，提升源动力，增强凝聚力。坚持正确公正用人导向，将干部考察与年度考核、日常考核相结合，建立了科学准确的干部考评机制。严肃人事纪律，积极开展超职数配备清查整顿，提前超额完成任务。加强党风廉政建设，不断夯实党员干部廉洁从政的思想道德基础，形成了一腔热血谋发展、两袖清风干事业的良好作风；完善惩防体系，突出执纪监督，狠抓队伍建设，扎实开展了具有人社特色的党风廉政建设和反腐败工作，有效保障了各项工作顺利开展。

【人社队伍建设】 （一）加强领导班子建设，打造坚强领导核心。坚持民主集中制原则，加强班子学习，坚持解放思想、开拓创新、求真务实，维护团结统一，坚守道德底线，领导班子决策能力和履职尽责能力不断提高，形成了干事创业的整体合力。

（二）深入开展党的群众路线教育实践活动。按照市委的统一部署，以"一学三促四抓"为抓手、"两创一评"活动为载体，整个活动不虚不空不偏，顺利完成各项任务。坚持开门搞活动，广泛听取意见，征集意见建议235条，查找问题5大类36条，列出问题清单，逐一建立台账，明确努力方向。在活动开展过程中，坚持以学引领、问题导向、严字当头、实字为本，人社事业的良好发展态势不断稳固。在市委督导组开展的"群众三评"中，满意率分别达到100%、98%和100%。参加市直5家单位群众联评，市人社局群众满意率均排第一。

（三）选优培强基层班子，强化基层基础。深入贯彻新《党政领导干部选拔任用条例》，加大竞争上岗、公开选拔领导干部力度。按照德才兼备、注重实绩、适当交流的原则，为市内九区社保分局配备32名领导班子成员。调整配备五县（市）及上街区社保局领导班子33人，其中，8名党政正职（正科级）重新考核任命，25名领导班子成员（副科级）实行竞争上岗、择优选用。着力提高基层党组织书记抓党建的能力，为基层党组织中心组成员购买学习书籍1000余册，对55名基层党组织书记进行了专题培训。

（王汝立　邢江辉　高国纲）

外事侨务工作

【概况】 2014年，郑州市外侨工作按照外事侨务为国家总体外交服务、为归侨侨眷服务、为经济社会发展服务的工作宗旨，围绕大局，突出重点，开拓创新，充分发挥外事侨务部门的职能作用和优势，通过加强与国际友好城市、国际友好人士及海外华人华侨和组织等的联系，拓宽了全市对外交往的领域和渠道，推动了国际双向交流活动，有力促进了郑州市的对外开放和经济社会发展。

全市外侨系统加强思想政治建设，用社会主义核心价值体系引领机关文化建设和精神文明建设；在全办开展读书活动，全面提高自身素质，提升破解难题、驾驭工作的能力和水平；认真落实中央八项规定，着力解决工作中存在的作风不实、纪律不严等问题，促进了机关作风的转变。

2014年，全市因公出国（境）共计294人次，审核、审批邀请外国人来郑邀请函109人次；至11月底，接待来访团组1776人次；至年底，郑州市的友好城市达到11个；全年共发放退休归侨补贴7.08万元、困难归侨生活补助金323478元。

【因公出国（境）管理】 （一）做好因公出国（境）审批工作。对每一个出访团组实行计划管理、从严把关，并与市纪委、组织部等相关单位密切配合，加强对因公出国（境）工作的监督和检查。根据郑州市对外开放的需要，切实做到对党政干部出访、一般性考察团组、"双跨"团组从严审批。2014年，全市因公出国（境）人数共计85批，294人次，比2013年减少167人次。其中，自行下达任务件26批，216人次；厅级领导出访14批，21人次；随省直单位团组45批，57人次。因公出国（境）工作没有发生任何违犯外事纪律的事件。

（二）围绕丝绸之路经济带和郑州航空港经济综合实验区建设，做好市领导出访工作。紧紧围绕丝绸之路经济带建设、中原经济区建设、郑州航空港经济综合实验区建设和全市大招商活动等主题，突出以扶持省、市重点项目和寻求经济合作为重点，积极服务全市经济社会发展大局。9月，省委常委、市委书记吴天君率团赴英国、俄罗斯进行友好访问，与俄罗斯第聂伯集团市场与

奥地利因斯布鲁克城市代表马丁赴郑州旅游职业学院演讲

发展副总裁Wolfgang Meier等高管进行会谈，进一步推动了伏尔加—第聂伯郑州航空港实验区定期航班和串飞业务、在郑州航空港实验区设立飞机维修基地、在郑州航空港实验区开展包机业务等项目的进展；在英国与纽卡斯尔市、英国贸易投资总署、英中贸易协会的代表具体洽谈了在教育、科技、航空等领域的合作，拟与杜伦大学、纽卡斯尔大学和诺桑比亚大学等合作，在郑州航空港实验区创建教育科技园区。10月，马懿市长率团赴波兰、奥地利进行访问，在波兰就郑欧班列提速、换轨及通关等事项进行洽谈；在奥地利就加快打通郑州市跨境贸易电子商务服务试点项目出口专线业务进行细节协商，并与郑欧班列合作物流企业进行洽谈，提升班列的辐射性。

（三）服务企业，办理APEC商务旅行卡。认真做好APEC商务旅行卡的办理申请工作，全年共为宇通客车股份有限公司等多家企业申办APEC商务旅行卡40张。

【涉外工作管理】（一）妥善处理涉外事件。2014年，市外侨办参与了利比亚撤侨工作。协调处理了马航客机失联、中原区陈文翰在中国驻韩国大使馆上访、二七区公民张秀梅反映其儿子牛永明在哈萨克斯坦被移民局扣留，以及在多哥（西非）海域被海盗劫持的新加坡海顺6 号油轮上新密公民被扣等14起涉外事件，既维护了国家荣誉，也保护了中国公民的合法权益。

（二）邀请外国人来郑工作审理有序开展。全年共审核、审批邀请外国人来郑邀请函21批109人次，服务了郑州经济社会发展，受到社会和群众的好评。

（三）做好驻华使馆人员和外国媒体的接待工作。全年共组织接待了14个国家（地区）20家海外华文媒体团57名媒体人郑州采风工作，展示了郑州以航空港实验区为牵引的“三大一中”战略实施情况。

【重要团组来访接待】（一）圆满完成礼宾接待工作。截至11月底，共接待来访团组39批1776人次。其中，国宾级团组2批，分别是吉尔吉斯斯坦前总理萨特·巴尔基耶夫访问团、前国务委员唐家璇考察团；省部级以上团组6批，分别为加拿大国务院秘书科林·凯瑞一行，德国下萨克斯州经济、劳动与交通部部长一行，韩国庆尚北道副知事朱洛荣一行，欧洲社会党主任谢尔盖·斯塔尼舍夫一行，印尼东爪哇省省长助理伊德鲁斯一行，柬埔寨暹粒省省长钦班送一行（按来访先后顺序）。此外，还多次接待重要商务团组，包括微软副总裁贺乐赋一行、郑州轨道交通项目世界银行评估团、辅仁药业集团熙德隆肿瘤药品有限公司代表团、英国PQL公司总裁迈克·思韦茨先生一行、加拿大政府及加拿大大中华商会贸易代表团等。

（二）指导全市礼宾接待工作。为提高全市礼宾接待水平，市外侨办多次进行礼宾接待工作培训。如：4月，市外侨办副主任张树忱应邀赴宇通客车股份有限公司，与该公司海外部高层就外事礼宾知识进行了座谈；11月，市外侨办副主任吕剑对参加2014中国郑州世界旅游城市市长论坛的工作人员及翻译进行了外事礼宾知识培训。通过培训活动，大大提高了各县（市）区、各市直部门、大型企业的礼宾接待水平。

【友好城市交流】2014年，市外侨办创新友好城市工作机制，建立健全国际友城联络员工作机制，拓宽了对外交往的领域和空间。一是积极开展与国际友好城市的交流合作。通过积极谋划，市政府副市长刘东率团对白俄罗斯莫吉廖夫市进行访问，并签署了友好城市协议书。郑州市的友好城市数量从10个增加到11个。二是积极协助全市学校开展国际友好交流活动。市外侨办积极调动和挖掘各市直高校开展国际交流的热情和潜力，并为高校的对外交流牵线搭桥、构建平台。11月，奥地利因斯布鲁克市城市代表马丁·克鲁利斯先生到郑州旅游职业学院，商讨两校间未来的合作交流，并为该校学生进行精彩演讲，受到了师生的热烈欢迎。接待香港中学生爱国教育交流团316人，到郑州47中与学生们进行了现场交流。三是积极参加国际组织举办的活动。加强同世界历史都市联盟、世界城市和地方政府联合组织（UCLG）两个国际组织的联系和沟通，并积极参会，广泛宣传郑州。

【为侨服务】2014年，市外侨办认真落实各项侨务政策，积极做好为侨服务工作。一是认真做好困难归侨补助金发放和归侨退休补贴申报工作。全年共为符合条件的59人发放退休归侨补贴7.08万元，为19户27人发放困难归侨生活补助金323478元。从7月1日起，郑州市将全市低保标准调整为每人每月470元，增长了40元。市外乔办及时向郑州市财政局申请专项经费，确保了困难归侨生活补助金足额发放到位。二是认真落实惠侨政策。全年共接待业务咨询600多人次，办理归侨证1个、侨眷证47个，为72名归侨侨眷考生办理了身份认证。三是大力开展社区侨务工作。1月，新密市青屏街道办事处周楼社区被省外侨办评为全省社区侨务工作示范单位。下半年，市外侨办又申报了全国社区侨务工作示范单位和侨法宣传角各1个，分别是管城回族区代书胡同社区和金水区教育社区。四是耐心做好侨务信访工作。全年共受理老归侨谢亚兴之女谢金玉反映其父大额医保报销问题、加拿大籍华侨章琪母亲熊兰香求助其房产买卖及过户问题、老归侨李冬菊反映其与邻居之间矛盾问题、加拿大籍华人陈智平反映其旭隆养殖场拆迁补偿问题、美籍华人陈克强反映其公司被诈骗问题、美籍华人赵一辉反映其借贷纠纷和财物被骗问题、英国籍华人田中岳亡妻养老金纠纷问题等7起侨务信访事案件。通过积极沟通协调，切实依法维护了归侨侨眷的合法权益。

【海外华侨华人交往】2014年，郑州市加强海外联络，架设内外沟通桥梁，积极推进国外侨务工作的开展。

（一）发挥侨力，服务经济建设。围绕全市经济建设和跨越式发展的工作目标，上半年有针对性地重点联系或邀请接待东南亚各姓宗亲总会会长黄汉良等海外重点华商、侨领和科技界人士来郑。其中，东南亚代表团在举办的河南东南亚合作交流会上，与思念集团、宇通重工、天人文化等著名企业进行了合作洽谈。同时，通过相关活动

第五届中国郑州—韩国晋州书画艺术交流展举行

和海外网站，向海外发布郑州市重点招商引资项目52个，充分调动了海外侨领、侨商与郑州市合作交流、投资的积极性。

（二）积极加强海外联谊工作。定期向海外华侨华人重点人士寄送外宣资料和招商项目册，发送问候邮件，与海外广大华侨华人建立密切联系，扩大交往交流，对他们的来信来访悉心接待，认真服务；在春节、元旦、端午节等节日时，向海外华侨华人寄发贺卡、信件及电子邮件共970多封（件），其中春节发送电子邮件310件，国庆发送350件，为海外侨胞送上节日的祝福。

（三）着力推进海外侨胞捐资和上级扶持资金争取工作。高度重视利用华侨华人捐款助建华侨小学工作，通过电话及时向他们介绍家乡的变化和政府的招商引资政策，搭建起合作交流的桥梁和纽带，争取海内外华侨华人对郑州市各项社会事业的支持。代国务院侨办发放郑州市海外华文教师生活补贴、学校代课补贴及艰苦地区补贴近40万元；成功获批国务院侨办第三批重点华侨华人创业项目2个，争取资金60万元。

【重大涉外活动】 2014年，市外侨办积极参与在国内外举办的大型涉外涉侨活动。在甲午年黄帝故里拜祖大典活动中，邀请到一批政治上有影响、经济上有实力的海外朋友和海外侨社领袖，其中美中工商联主席张程宁一行受到市领导的单独会见，市委书记吴天君、市长马懿对市外侨办关于做好美中工商联接待、加强与达拉斯市友好合作与交流的请示及报告做出肯定性批示。在2014年世界旅游城市市长论坛活动中，市外侨办多次承担礼宾接待和口译、笔译工作。在海外客人和社会各界面前树立了良好形象，得到上级部门和市委、市政府的肯定。

（张　超）

对台工作

【概况】 2014年，全市对台工作认真落实中央和省委、市委关于对台工作的重大决策和部署，牢牢把握两岸关系和平发展主题，按照“围绕一个中心，突出一条主线，强化三个服务”的工作思路，团结协作，开拓进取，突出优势，务求实效，各项工作取得了突破性进展。截至年底，全市累计批准台企593家，规模经营240家，合同利用台资569.25亿元，实际利用台资342.08亿元。全年全市共进行郑台交流项目88个。

【郑台经贸合作】 2014年，全市对台经济工作抢抓航空港实验区建设的重大机遇，以经贸活动为平台，以项目带动为重点，以产业合作为突破，全方位开展工作。全年全市新开工项目3个，总投资44.28亿元；新增台资企业4家，合同利用台资11亿元。

（一）依托重大活动，推介招商。一是甲午年黄帝故里拜祖大典期间，台湾食品工业代表团、蓝天集团代表团、宏信集团代表团和台北经贸考察团等知名企业高管莅郑，并就郑州台湾食品工业园项目、郑州宏汇云端城市综合体项目与相关县（市）区进行对接。二是2014年中国（郑州）产业转移系列对接活动期间，邀请有投资意向的台湾鹏景集团、诚耐能源等台资企业负责人参加产业转移系列对接活动和台资企业中西部发展交流对接会，并就光伏太阳能项目进行了对接。经过多次考察论证，该项目签约落户登封。

（二）主要领导带队，入岛招商。6月10–16日，以市委副书记、市长马懿为团长，市商务局、航空港实验区、经开区、二七区、新密市、荥阳市主要领导参加的“中原情·一家亲”郑州市代表团一行15人，随省政府代表团赴台开展经贸文化交流活动。此次活动突出航空港实验区，专题推介；突出电子信息、汽车和装备制造、现代食品三大产业集群，密集拜访；突出以台引台，发挥市台资企业协会优势，经贸合作显著成效。达成了富士康后端模组项目等9个投资意向；丹尼斯百货有限公司现场采购台湾农特产品500万元新台币，协议采购1500万元新台币，为郑台乃至豫台两地经贸合作书写了新篇章。

（三）服务“同心”实践行动，定向招商。在全市开展的“同心”实践行动中，一是依托自身优势，向在郑台胞台属、台商台企发放《我为郑州市同心实践基地作贡献》倡议书，广泛宣传和推介，积极引导投资发展；二是发挥台资企业协会和台胞台属联谊会优势，广泛联络和动员，以台引台，以商招商，多次带领台商赴登封市唐庄乡实地考察论证，推动了投资10亿元、占地近34.5公顷的家居生产基地项目落户发展。

（四）项目引领带动，集群效应凸显。台湾友嘉实业集团在郑州航空港实验区投资10亿美元，建设友嘉精密机械产业园项目，一期工程投资5亿美元，10月18日开工奠基，建成将填补全国高端数控机床领域的空白。台湾中华资讯软体协会等筹办郑州台湾软件园，与近200家台湾软件企业达成投资意向，台达电子、三宝集团等72家台湾企业（包括20多家上市公司）签署入驻协议。

（五）强化权益保护，涉台大局稳定。依法妥善处理了一批涉台投诉、信访案件和涉台突发事件。全年全市共受理台商投诉案件27件，妥善处理涉台突发事件5起，做到了事事有登记、案案有结果、件件有回复。一是坚持领导分包联系台资企业制度，开展经常性走访调研，主动深入基层和台企，问计问需，排忧解难。二是发挥台协优势，开展联谊活动，宣讲郑州经济社会发展成就，增强广大在郑台商增资扩产信心，鼓励他们积极牵线搭桥，以台引台、以商引商，为加快同心实践基地建设和郑州都市区建设贡献力量。三是进一步完善投诉协调联系会议制度、接访制度、定期走访和跟踪回访制度，畅通台商与政府间沟通渠道；积极开展“台商投诉无积案”活动，加大对台商投诉案件的协查和督办力度，依法维护台湾同胞的合法权益，赢得了在郑台商的广泛赞誉，确保了全市涉台大局稳定。

【郑台交流交往】 2014年，全市对台交流工作结合实际，挖掘优势，巩固成果，扩大影响，郑台交流交往呈现全方位、宽领域、多层次的良好发展态势。全年全市共进行交流项目88个，直接参加人数达797人次。其中，接待台湾交流团组42个608人次；应邀赴台交流项目46个189人次。

（一）来郑交流常态化。先后接待中华两岸劳动关系发展协会代表团、台湾环保产业园项目参访团、2014台湾青年中原行夏令营、台湾苗栗县参访团、台企联华中片区参访团、台南市东区里长联谊会参访团等42个团组608人。在接待中，交流主题明确、参访内容针对性强，互动形式灵活，交流效果显著。

（二）入岛交流多元化。一是从交流领域看，郑台交流呈现出企业技术合作多、专业领域考察多、教育交流协作多、学生互换研习多等特点。二是从参与人员看，市主要领导带团赴台交流考察，提升了交流层次，巩固了台商资源，为吸引台商来郑投资和推动郑台多领域合作创造了条件。三是从交流效果看，行业优势和地方特色凸显。荥阳市主要领导就推动健康养老产业合作带队赴台；航空港实验区突出产业集聚发展；市国资委专程商洽文化创意项目；郑州人民广播电台组织节目主持人在台湾新闻媒体培训；金水区纬五路第二小学“小雨滴”合唱团亮相台北音乐节。

（三）活动项目品牌化。在固化亮化黄帝故里拜祖大典、少林武术节等已有品牌的基础上，继续开展“对台交流基地”创建活动，指导黄河生态旅游风景区和郑氏文博院充分发挥对台交流基地作用，出台专门针对台胞的优惠政策，开展丰富多彩、群众喜闻乐见的交流活动，提升交流效果；引导各县（市）区、开发区整合文化资源，挖掘对台工作优势，培育具有中原文化特色的交流品牌，积极争取上级台办支持，争创“海峡两岸交流基地”。

（四）管理工作规范化。严格按照中台发〔2014〕1号和省台组〔2014〕2号文件的要求，进一步规范赴台报批程序，扎实有效地做好材料报批、行前教育、行程管理、归后总结等环节，通过严格审核、加强监督，促进交流工作规范化和机制化运行。指导各县（市）区、各开发区、市直有关部门、各社会团体及台商工业园区、对台交流基地有目的、有针对性地开展对台交流工作，使郑台两地交流进一步朝着多层次、多形式、宽领域的方向发展。

【对台宣传教育】 2014年，全市对台宣传和涉台教育工作继续以网络宣传为抓手，坚持正面宣传，加强舆论引导，丰富宣传载体，放大宣传成效，营造了良好的社会舆论氛围。

（一）积极做好信息宣传工作。及时主动报道郑台经贸合作和交流交往成果，宣传台商投资发展的典型事例，扩大对台工作的社会影响；发挥对台工作信息平台作用，抓好涉台法律法规和对台政策宣传服务工作。全年全市共编写上报信息数百条，其中“豫台视窗”采用89条、《省对台工作信息》采用35条，采用数量和质量均居全省前列，连续多年被评为全国对台宣传、调研工作先进单位。

（二）借船出海，扩大宣传。全年共接待旺旺时报记者团、两岸三地“探寻中原文化、传承华夏文明”采访团、台湾中功率调频广播电台协会大陆访问团和“两岸媒体寻根河洛”大型联合采访团、年代电视台采访团等5批85名两岸主流媒体记者来郑采访拍摄，提升了郑州在岛内的知名度，加强了岛内民众对中原文化的了解和认知。

（三）涉台教育宣传月扎实有效。按照上级部署，于11月份组织开展了涉台教育宣传月活动。全市各级对台部门通过悬挂宣传标志、制作宣传展板、发放宣传资料、举办台海形势报告会等形式，推动活动深入开展，达到了覆盖范围广、得到教育受众多、宣传内容贴近实际的目的。活动期间，共印发涉台教育宣传材料1500余份，发放《涉台教育知识读本》120册，制作展板72块，与郑州人民广播电台私家车广播联合举办了“魅力台湾两岸情”系列访谈节目。

【台胞台属联谊】 2014年，市台联充分发挥桥梁纽带作用，组织开展丰富多彩的活动，注重交流，强化联谊，台联组织的凝聚力和向心力大为增强。

（一）主动关心在郑台胞台属生活。一是开展对困难台胞台属走访慰问活动。全市对台部门利用传统节日，深入县（市）区台胞家庭和困难台胞台属家中，开展送温暖走访活动。管城区依托网格开展“情暖台胞台属”系列活动，上街区坚持“六必访”制度，积极为台胞台属排忧解难。二是开展定居老兵和在郑就读台湾学生普查工作，建立档案，主动上门服务。三是认真落实对困难台胞台属定补制度，严格申报手续，确保政策惠及每个困难台胞家庭，补贴资金发放到困难群众手中。

（二）开展“你说相思语，我送中秋礼”活动。联合《河南商报》，集中报道台胞台属与台湾亲人的故事，宣传“两岸一家亲”的理念；广泛征集两岸台胞台属中秋祝福寄语，搭建起了郑台民众互诉思念之情的平台。活动期间，数百人参与互动，征集祝福寄语近千条。

（三）定期召开台联理事会议，谋划台胞台属联谊工作。积极推荐素质高、能力强、热心全市工作的台胞台属担任人大代表、政协委员，引导他们为郑州都市区建设参政议政、建言献策。组织台胞台属参加迎国庆系列活动，其中台属程国强的作品入选“迎国庆书画展”；台属赵梅、关国锋、张利军的作品获“同心共筑中国梦”征文活动优秀奖。

【台资企业协会】 2014年，市台资企业协会秉承“团结、协调、沟通、服务”的宗旨，在组织联谊、提供咨询、维护权益、排忧解难、服务地方经济等方面做了大量工作，促进了郑台两地的经贸合作与交流。

（一）发挥自身优势，扩大招商引资。广泛联系岛内及海外工商企业界台湾同胞，大力邀请岛内知名企业、行业协会、社团组织来郑参加拜祖大典、经贸洽谈等活动，为来郑考察投资的台商提供政策咨询、信息资讯、项目对接、寻找合作伙伴等服务；引导台商积极投身同心实践基地建设，组织在郑台商实地考察，论证帮扶项目的可行性。

（二）加强交流交往，提升台协形象。积极参加国台办和台企联组织的各项活动，承办了全国台企联华中片区会长联谊会；加强与岛内行业协会及各地友协的交流交往。全年共接待台湾商业总会、台湾工业研究院、台中商业银行等参访团组25批70余人次。

（三）强化服务功能，维护台商权益。先后邀请中国银行郑州商城路支行、永丰银行香港分行专业人员，为台商台企讲解政策，寻求解决融资贷款难题的途径；举办台企营运管理、用工管理等专题讲座，引导台企树立法制思维，做到知法、守法、依法经营和维护自身的合法权益；积极帮助台商解决证照办理、子女入学、法律咨询服务等问题。2014年，在相关部门协调下，9名台商子女进入了理想的学校就学。

（四）开展联谊交流，壮大协会力量。坚持“三会一节”的活动，增强在郑台商及其眷属的联心联谊和交流交往；积极组织台商台企参与社会公益活动，先后向云南鲁甸地震灾区、市儿童福利院、郑州“关爱之家”等捐款捐物，折合人民币达40余万元，协会的影响力进一步增强。截至年底，协会共有会员169家，其中2014年新增会员27家。

【队伍建设】 2014年，全市对台系统以党的群众路线教育实践活动为抓手，加强队伍建设，改进工作作风，干部队伍素质显著提升。

（一）加强组织建设。一是调整市委台湾工作领导小组，切实加强党对台工作的领导。市长马懿亲自担任组长，成员单位由14家增加到27家。二是召开全市对台工作研讨会。市委常委、统战部部长王跃华带头分析台海形势，宣讲中央对台政策，明确全市对台工作方向；启动了市委对台工作领导小组定期学习研讨的工作机制，为市直各相关部门密切对台工作的协作奠定了基础。

（二）扎实开展党的群众路线教育实践活动。深化党的十八大、十八届三中、四中全会精神和习近平总书记系列重要讲话精神的学习，以“一学三促四抓”为抓手，围绕服务市委、市政府中心工作、服务台胞台属和台商台企、服务全省对台工作，查摆问题、剖析原因、找出差距、明确方向、制定措施，坚持边学边查边改边建，确保了活动取得实效。

（三）开展涉台业务知识大练兵活动。建立“台办之窗”微信群，建立健全各种制度，确保每次活动有组织、有计划、有落实、有督导。组织开展了“我所知道的台湾”讲课活动、“学说闽南话”活动等系列活动，在全市对台系统营造了浓厚的学理论、学业务氛围，增强了团队的凝聚力和战斗力。

（张 晖）

信访工作

【概况】 2014年，郑州市信访工作以党的十八届三中全会精神为指导，以党的群众路线教育实践活动为载体，以落实中央巡视组整改要求为重点，认真贯彻上级关于信访工作的决策部署，围绕畅通信访渠道、动态掌握信息、遏制赴京非访多发势头、化解热点难点信访突出问题等方面，坚持“急则治标、缓则治本”，加强组织领导，因情因事施策，着力化解稳定，有力推动了关系群众切身利益信访问题的依法有序解决，有力推动了省会社会大局持续和谐稳定，为习近平总书记视察郑州、中央和省委巡视、中央督导及三级“两会”、十八届四中全会、APEC会议召开等提供了有力保障。

群众赴京上访情况：赴京非访方面，共发生赴京非访951人次，同比下降13.8 %。其中，重复赴京非访516人

2014年6月16日，国家信访局来访接待司副司长木旦里甫到管城区督察信访案件办理情况

次，重访率54.3%。反映问题主要集中在城镇拆迁、涉法涉诉、“三农”3个方面，约占赴京非访总量的70.8%。赴京集访方面，共发生赴京集访34批460人。反映问题主要集中在城建管理征地拆迁、企业改制职工待遇、农村问题3个方面，约占赴京集访总量的86.2%。赴京个访方面，共发生赴京个访125起140人次。反映问题主要集中在农村问题、城建管理征地拆迁、企业改制职工待遇等3个方面，约占赴京个访总量的88.5%。

到省上访情况：到省集访方面，实际发生到省集访634批11310人，批数、人数同比分别下降6.4%和15.4%。反映问题主要集中在城建管理拆迁征地、农村问题、双拖欠3个方面，约占总量的76.6%。到省个访方面，实际发生到省个访2409起3959人次，同比起数下降10.3%，人次上升17.9%。反映问题主要集中在城建管理拆迁征地、双拖欠、涉法涉诉、劳动社保4个方面，约占总量的71.5%。

来市上访情况：来市集访方面，实际发生来市集访717批17524人，同比批数上升8.8%，人数下降14.4%。其中，重复来市集访199批6039人，重访率27.8%。反映问题主要集中在双拖欠、城建管理拆迁征地、企业改制职工待遇、担保融资4个方面，约占总量的62.5%。来市个访方面，实际发生来市个访995起1611人次，同比起数下降5.2%，人数上升0.4%。其中，重复来市个访113起160人，重访率7%。反映问题主要集中在城建拆迁、农村问题、双拖欠、劳动待遇4个方面，约占总量的75.1%。

信电受理情况：受理群众来信11020件（含致市委书记、市长信件），同比上升4.2%。其中，重信1200件，重信率为10.9%。审核立案3725件，按期结案4171件，按期结案率100%。反映问题主要集中在涉法涉诉、纪检监察、城乡建设、农村农业、劳动社保5个方面，约占总量的62.6%。受理群众网上信访件2366起，全部按期办结、告知和答复。受理电话信访件463人次。网电信访反映问题主要集中在城建管理拆迁征地、物业管理、社会保障等方面。

案件办理及督察情况：全年共办理各种信访案件3512起，其中，中央、省（含中央巡视组、省委巡视组）交办案件2122起，到期应结2106起，办结2106起，按期办结率100%。承办省领导批示案件12起，市领导批示案件14起，省人大常委会办公厅信访办公室交办案件1起，省群众路线领导小组办公室交办案件4起。挂牌督办案件12起，督办期间做到“事前、事中、事后”全程跟踪问效，使案件的办结率、满意率均达100%。

复查复核情况：全年共接待申请复查复核信访事项583起，经审查受理137起。其中，复查10起、复核127起，已经复查复核结案98起（含协调化解）。经审议，直接更正1起；事实不清，依据不充分，发回重新办理16起。另有446起经做解释工作息访或通过其他途径处理解决。

【畅通信访渠道】 一是不断拓展信访渠道。在继续坚持并不断完善绿色邮政、书记市长信箱、市长热线、ZZIC、“心通桥”等畅通民意诉求好做法的同时，投入近50万元建立网电投诉受理中心，招聘7名人员专门负责网电信访的受理、交办、催办及向群众反馈，为群众足不出户反映诉求、解决问题创造了条件。二是完善提升大厅服务。主动适应中央巡视组驻郑巡视、十八届四中全会和APEC会议召开等敏感节点信访任务重、群众求决意识强的需要，实施24小时开门接访，使群众反映的诉求得到及时便捷处置。在市接访大厅新建2个群众来访服务窗口，一方面为涉法涉诉信访群众提供信访分流引导、转办受理服务，引导并规范群众信访行为；另一方面为信访群众免费提供材料复印、邮寄、政策法律咨询等服务，降低群众信访成本，提升信访服务效能。三是深化领导干部接访下访。坚持敏感节点县（市）区主要领导周末轮流接访、日常工作中县级领导排班接访，全年县级党政领导干部接访下访3326人次，接待群众2856起22352人次。积极推行周五乡镇“书记大接访”，全市200名乡镇书记接访9000多人次，接待群众6500多起3万余人次，一大批信访问题被解决在基层，群众被吸附在当地。

【推进问题解决】 2014年，郑州市在信访工作中围绕征地拆迁、劳动社保、非法集资、涉法涉诉等重点行业领域，紧盯赴京非访回流案件、赴京到省来市规模访和重复访案件，通过深入排查，强化“四包一”责任落实，着力化解稳控，严格督办销案，有力推动了2657起涉及群众切身利益诉求问题的妥善解决。在中央巡视组驻郑巡视期间，郑州市按照省委书记郭庚茂提出的“真查真改、立整立改”和“四个弄清楚”的要求，实施一案一策，重点在落实领导责任和提高息诉罢访率上下功夫。省委常委、市委书记吴天君和市长马懿带头分包案件，13位常委、5位副市长对自己联系单位的信访案件亲自协调督办，推动“应结尽结，应息尽息”。市信访局成立9个督察组，严把办理时限关、案件质量关、检查评查关、群众满意关，督导责任单位以点带面推进问题解决。中央巡视组分6批向郑州市交办的1260起信访案件，全部按期办结，息诉1045起，息诉率达82.9%。

【强化应急处置】 2014年，郑州市认真抓好《信访条例》、依法逐级走访等相关法规政策的宣传引导，集中开展赴京和到省委、省政府、市委、市政府门口上访专项整治活动，不断提升重点部位应急处置工作水平。在赴京上访处置方面，认真落实市委办公厅、市政府办公厅等6个组长单位带班，11个县（市）区轮流驻京值班制度；建立综治委牵头、责任单位为主体，信访、维稳、公安等部门分工负责的依法治理非访机制。通过实施新机制，郑州市赴京上访特别是赴京非访高发势头得到有效遏制，做法得到了省委、省政府的充分肯定，先后两次发文要求全省推广。在到省委、省政府、市委、市政府门口上访处置方面，把3个门口作为一级网格规范管理，由机关所在的区公安分局在每个门口配备100-200名不等的应急队员，确保上访群众不在门口聚集。对县（市）、区、开发区分3个类型进行考核，每10天通报一次，对赴京非访、到省集访连续排名靠前的，采取通报、约谈、挂牌督办、重点管理等处理措施。通过加强宣传教育、增强劝返力量、落实领导到场、健全现场应急处置机制，全市敏感部位信访保障水平明显提升。

【创新机制建设】 一是建立了以日例会、周研判为重点的信息研判预警制度。3月，建立了由市委、市政府分管领导牵头，市维稳、综治、公安、信访、消防等部门日常参加，市直有关部门根据情况动态调整的信访稳定日例会、周研判机制。借助这一机制，一些预警性维稳信息得到提前掌握，一些预谋性规模访得到提前预防。二是完善了以网格为载体矛盾排查化解机制。8月8日，郑州市在管城区城东路办事处商城社区召开郑州市信访网格化管理研讨推进会，进一步动员各级各部门将全市近2万名信访信息员、治安巡防员、消防安全员等基层队伍纳入三级网格，从源头上做好信息收集、矛盾排查、纠纷调处、化解稳控等工作，使97%以上的信访隐患在基层网格得到化解。三是进一步创新信访网格化长效机制。在乡（镇）办、村（社区）、村民组（居民楼院）设立群众信访工作联络员，将全市市、县两级在编信访干部全部公开姓名、职务、联系方式，下沉到三级网格，协助基层开展群众信访工作，重点做好政策宣传、民意收集、动态掌控和网格长的参谋助手等工作。

（孙建峰）

机关事务工作

【概况】 2014年，郑州市市直机关事务管理局认真履行职能，强化制度落实，创新思路，扎实作为，在全面推行依法行政上迈出重要一步，实现了机关事务管理服务保障工作的新提升。市直机关合署办公区被国家机关事务管理局、国家发改委和财政部确定为第一批国家级节约型公共机构示范单位。市市直机关事务管理局实现了机关消防安全和治安防范“四零”目标，并成功创建市平安建设工作先进单位；在2014年度政府环保目标考核中被评为完成目标优秀单位；被市人社局和档案局评为档案工作先进集体。

【重点项目建设】 （一）团购房小区建设取得实质性进展。小区主体工程竣工后，就配套建设、小区绿化、管网施工等后续工作，按照市领导指示和合同约定，分阶段制定项目工作推进方案，继续在工程进度上抓督促，在基础设施上抓协调，在制约因素上抓攻坚，通过请示汇报、沟通联络、联席推动等不同形式，疏通了症结，突破了瓶颈，保证了团购房小区建设的顺利推进。

（二）市人大楼会议系统改造和市政协立体停车场建设高效完成。承担人大楼会议系统改造任务后，在时间短、工期紧的情况下，结合实际，确定了设备先进、功能齐备、经济合理的改造原则，第一时间制定改造方案，组织专家评审，确定设备选配，并积极协调相关业务单位，快速推进进口设备专项审批，完成单一来源招标采购。采取优化方案、申报审批、穿插施工、采购同步等方式，优质高效完成了会议系统改造任务。市政协立体停车场建设作为接收市政协机关办公区物业管理的首项工程，局党委高度重视，围绕打造样板、树立形象、春节前投入使用等要求，充分发挥相关部门的专业优势，统筹协调，多路跟进，在市发改委、财政局等部门大力支持下，依法依规，特事特办，短时间内完成了方案、环评、土建及设备招投标。

（三）纬五路34号院整修改造顺利实施。该办公区闲置时间较长，权属几易其主，水、电、气、暖等基础设施基本荒废。为确保整修改造顺利推进，市直机关事务管理局在确立严格程序、集约节约、质量时间并重原则的同时，把重点放在摸实情、抓设计、促进度上，压茬推进。积极与相关单位联系，调取、查询、晒制该办公区原始图纸及技术资料，并多次踏勘现场、组织论证，在此基础上，制定了科学的整修改造方案。通过设计、施工招标，纬五路34号院整修改造全面启动。至年底，实现了时间过半、任务过半的工作目标。

全市2014年度公共机构节能工作会议召开

【办公用房管理】 2014年，郑州市市直机关事务管理局针对办公用房资源紧缺、用房单位需求不断增长问题，着力在规范管理上下功夫。印发《郑州市市直机关租用临时办公用房管理办法》《领导周转房管理制度》，依据上级有关政策，及时修订完善《郑州市市直机关办公用房管理办法》，对管理体制、使用标准、调配使用、租赁管理、临时办公周转房等进行进一步明确，保证办公用房公平配置、集约使用。全年共调整32家单位办公用房5377.63平方米，为郑州铝业社会稳定工作领导小组等单位外租办公用房8929平方米，安排市创建全国文明城市领导小组办公室和“五单一网”办事机构入驻桐柏路18号院办公周转房，有力保障了机关办公所需。

【公务用车管理】 2014年，郑州市市直机关事务管理局围绕“两巩固一推进”（巩固党政机关黄标车治理成果、巩固公务用车治理成果、推进公务用车改革）要求，积极转变职能，确定目标定位，突出做好公务用车编制和配备标准管理、公务黄标车治理、平安集团公务用车智能管理（OBD）系统安装，以及节假日、重大活动和重污染天气条件下公务用车封存4项工作。对新购、过户车辆，严格政策要求，严控审批程序，实现了严控编制、总量减少的工作目标；公务黄标车治理工作坚持分类指导，批次推进，圆满完成全市党政机关公务黄标车治理目标任务；“OBD”系统安装注重协调，强化监督，完成市级1314辆执法执勤车安装任务，较好地落实了市政府要求；充分发挥协调监管职能，组织公车封存检查8次约1.3万台次，完成各类车辆服务保障6038台次，为全市‘蓝天行动”做出了贡献。

【精神文明创建管理】 2014年，郑州市市直机关事务管理局针对精神文明创建积极性高、创建指标有限问题，着力在创建质量上下功夫，完成了市直省、市级文明单位年度复查和19家申报省级文明单位初评、考评验收工作。至年底，归口市直机关事务管理局指导的市直96家精神文明创建单位中，已成功创建全国文明单位6家、省级文明单位71家、市级文明单位13家。

【公共机构节能管理】 2014年，郑州市市直机关事务管理局按照建设节约型机关总体要求，针对部分公共机构行政成本仍然偏高问题，着力在示范引领上下功夫。以节能宣传为重点，围绕社会认知力和关注度，积极搭建活动载体，突出活动主题，广泛开展能源紧缺体验日、节能宣传月等活动，确保了宣传实效。以合同能源管理为重点，认真落实《合同能源管理办法（暂行）》，并联合市发改、财政局制定印发了市公共机构合同能源管理项目实施流程，为指导、推进合同能源管理工作提供了重要依据。以深化职能为重点，研究制定《郑州市公共机构能源资源消耗量定额》，并在市直机关和县（市）区部分单位试点应用，为全面实施能耗定额管理进行了有益探索。以指导监督为重点，加大“三新”技术推广应用，完善市公共机构节能工作考核办法和评分标准，推动节能工作深入开展。一年来，圆满完成综合能耗下降3.2%的节能目标任务。中原区、金水区、中牟县、市交运委成功创建省级节约型公共机构示范单位，市直机关合署办公区被国管局、国家发改委和财政部确定为第一批国家级节约型公共机构示范单位。

【机关服务保障】 2014年，郑州市市直机关事务管理局针对膳食服务众口难调、需求多样问题，着力在深入挖潜上下功夫。努力做到“四个突出”，即突出技能培养，提升烹饪水平；突出后厨管理，确保饭菜质量；突出成本控制，保持价格稳定；突出丰富品种，满足多样需求。通过不断探索实践，膳食服务手段日渐多样，服务质量和机关干部用餐满意度明显提高。全年共保障70余万人次就餐，并在全市机关职工食堂厨师技能竞赛中取得中式烹饪师、中式面点师2个第二名、1个第三名、1个第四名、1个第五名的好成绩。

针对经营服务环境变化、劳动力成本不断上涨等问题，着力在调整经营服务策略上下功夫。服务中心围绕“服务与经营”两项职能，面向机关，完善服务设施，优化服务环境，提升服务水平，全年为机关干部职工提供洗理服务3.8万人次。面向市场，转变经营思路，改进营销方式，创新经营手段，通过网络营销、微信营销、节日促销，不断提升经营效益；通过创新菜品和推出特色菜、特价菜、特价房等方法，实现经营服务稳步发展；通过盘活经营服务资源，拉大经营框架，实现多种经营服务，保持了良好势头。

（康　元）

人民政协

综　述

【概况】 2014年是第十三届市政协的开局之年。一年来，市政协常委会团结带领全市广大政协委员，深入贯彻落实中共中央和省委、市委决策部署，按照省委常委、市委书记吴天君提出的“争当参政议政的先进、争当解疑释惑的使者、争当民主监督的中坚、争当遵纪守法的模范”的要求和市政协十三届一次会议确立的“更加自觉维护核心、更加主动履职尽责、更加扎实服务群众、更加广泛团结联谊、更加弘扬先进文化、更加强化素质建设”的理念，努力探索新常态下政协工作新思路新方法新举措，积极推进协商民主，认真履行政治协商、民主监督、参政议政职能，切实发挥在凝聚各界共识、助推改革发展、促进社会和谐等方面的独特优势，为全市经济社会发展做出了积极贡献。

【强化理论武装】 2014年，市政协深刻认识中共十八大以来政协工作的新形势、新常态、新要求，多种措施凝聚共识，筑牢共同思想政治基础，确保政协工作始终沿着正确的政治方向前进。

着力巩固共同思想政治基础。把坚持和发展中国特色社会主义作为巩固共同思想政治基础的主轴，举办多次专题培训、辅导讲座、座谈交流等学习活动，深入学习贯彻中共十八大和十八届三中、四中全会精神，以及习近平总书记系列重要讲话精神，继承和弘扬中华民族优秀传统文化，培育和践行社会主义核心价值观，引导各民主党派和各族各界人士，努力增进发展中国特色社会主义、实现中华民族伟大复兴中国梦这个最大政治共识，不断巩固团结奋斗的共同思想政治基础。全年累计组织学习20多个专题，政协委员和机关干部参学率93%以上。

自觉坚持中共郑州市委领导。市政协自觉坚持市委领导，坚定不移地贯彻落实市委的决策部署，坚持重大工作主动向市委请示，重要事项及时向市委汇报，重大活动积极邀请党政领导参加，调研成果及时向市委、市政府报送。始终把政协工作放到党政工作大局中去谋划和推进，积极参加中共郑州市委、市政府举行的民主协商会、座谈会，参与大政方针、重大事项的协商，努力做到党委政府工作推进到哪里、政协工作就跟进到哪里、力量就汇聚到哪里、作用就发挥到哪里。

深入开展群众路线教育实践活动。市政协党组立足实际，精心组织，分步推进，确保每个环节、每项工作“不虚”“不空”“不偏”。坚持开门纳谏，广泛征求各方意见，着力查摆市政协领导班子和机关党员干部在“四风”方面存在的突出问题。对照征集到的270条意见建议，不回避、不掩饰，边查边改、立行立改，认真撰写对照检查材料，共计出台47项整改措施。以落实“清单”工作法为切入点，开展专项整改活动，以“钉钉子”精神切实抓好落实，着眼长效建章立制，做到了触及灵魂、弘扬正气、改进作风、促进工作。

【完善体制机制】 2014年，市政协坚持围绕完善体制机制落实改革举措，积极探索用新理念谋划、用新举措落实、用新机制推动政协各项工作，努力开创人民政协事业新局面。

庆祝人民政协成立65周年暨中共郑州市委政协工作会议召开

市政协十三届一次会议提案交办会举行

用新理念谋划政协发展。省委常委、市委书记吴天君在市政协十三届一次会议上寄语广大委员，提出“四个争当”的要求。市委隆重召开庆祝人民政协成立65周年大会暨市委政协工作会议，出台了《中共郑州市委关于进一步加强新形势下人民政协工作的意见》，对加强协商民主建设、完善民主监督机制、提高参政议政实效，进行了全面系统谋划部署。根据市委全面深化改革总体部署，统筹谋划新常态下开展好政协工作的思路、方法、举措，做到了把握党情政情、密切联系群众、助推改革发展、树立良好形象。

用新举措落实政协工作。市政协常委会就推动政协各项工作落实进行了具体安排，总体工作思路提出了坚持“六个更加”、发挥“六个优势”。在作风建设方面坚持“六要六防”：要宽而不散，防散精气神；要合而不乱，防乱为逾矩；要活而不嬉，防嬉玩丧志；要肃而不傲，防傲慢亢奋；要实而不俗，防俗乱无章；要行而不空，防空转棚架。在履职能力建设方面强化了学习意识、使命意识、服务意识、担当意识、形象意识、实干意识“六种意识”。在提案办理工作中，提出以政治高度来认识、以齐抓共管来落实、以求真务实来对待、以创新方法来提升、以强化督办来促进、以完善机制来保障“六项要求”。

用新机制推动政协建设。认真研究新常态下政协建设的特点和规律，出台了政协郑州市委员会《关于双月协商座谈会的工作办法》《关于开展专题协商对口协商界别协商提案办理协商的实施办法》《关于市政协委员履职量化考核评价的办法（试行）》《关于建立健全政协履职成果办理反馈制度的意见》等重要文件，为政协建设提供了政策和制度保障。进一步健全提案办理工作责任制、建议提案交办会制度、重点督办制度、督察制度等规章制度，规范交办承办、督促检查、复函审核、信息反馈等程序，对走访、沟通、回访、答复等环节严格标准，将“一次性办理”转变为“跟踪问效式办理”，提高了提案办理工作规范化、有效化水平。

【推进协商民主】 2014年，市政协积极为社会各界议政建言提供平台，组织广大政协委员和社会各界，紧紧围绕事关全市改革发展中的重大问题和人民群众普遍关心的热点难点问题，精准发力、协商议政，躬身实践、助推发展。

协商议政紧扣大局。市政协十三届第一次会议期间，组织政协委员认真听取并讨论《政府工作报告》和其他报告。市政协十三届二、三、四次常委会分别就郑州都市区建设、航空港实验区建设、郑州生态水系建设等问题进行调查研究、协商议政。组织“双月协商座谈会”，就“充分利用郑州历史文化资源，大力弘扬社会主义核心价值观”进行协商，提出八个方面的建议供市委、市政府决策参考，进入郑州经济社会发展新三年行动计划谋划，做到了协商于决策之前和决策之中。《人民政协报》以《群众的事就和群众商量》为题，在头版头条对郑州市协商议政做法进行了深度报道。

资政建言围绕中心。专题议政加快郑州航空港经济综合实验区建设，围绕航空港实验区现代产业体系构建、生态文明建设、投融资平台建设、加快推进全市电子商务产业发展等问题深入调查研究，形成15篇高质量的调研报告。专题议政郑州市生态水系建设，围绕多措并举构建生态水系、生态水系建设与管理、都市区生态水系立法等问题，形成28篇调研报告。市委主要领导结合决策需要，要求政协就全市城市精细化管理服务先行区建设专题开展民主协商，推动形成了党委“点题”、政协“议题”、政府“解题”的工作亮点。省委常委、市委书记吴天君多次对市政协专题议政成果进行批示，给予高度评价。

视察调研聚焦重点。组织委员围绕“三城联创”、社会治理创新、雾霾天气治理、养老服务体系建设、基层文化建设等市委、市政府重要工作，开展调研视察，全年共开展专题调研22次、视察43次，形成调研视察报告26份，提出意见建议200多条，起到了检查、督促、推动工作的积极作用。推进网格化管理长效机制持续深化规范提升的调研工作，得到市委的充分肯定，调研报告印发全市学习，所提意见建议在全市进行推进落实，其中关于联合执法的建议经多个部门组织协调，已成为全市行政执法的新常态，在“三城联创”等市委、市政府重要工作中彰显作用。

【坚持履职为民】 2014年，市政协坚持围绕民本理念下移工作重心，把维护民利、改善民生作为政协工作的根本出发点和落脚点，打通政协服务群众的最后一公里，切实做到人民政协为人民。

维护民利开展民主监督。把党委政府重视、人民群众关注的民生问题作为民主监督的重要内容，选择群众关心关注的热点难点工作开展专项视察，在知情议政中开展监督、提出意见，推动有关部门改进工作。如针对全市旱情严重，多地出现粮食减产的情况，组成专项调研组开展视察调研，并与市水务局、市农委及市扶贫办等部门协商座谈，为抗旱保秋工作集智献言。围绕如何有效解决基层群众“看病难”问题，组织召开座谈会，商讨解决办法，形成“加快解决基层群众看病难问题与建议”，推动了相关问题的解决。

关注民生倾情服务群众。市政协十三届一次会议以来，共收到委员提案645件，立案590件。市政协主席、副主席领衔督办重点提案，首次组织召开了“重点提案人座谈会”，采取联合办案、现场办案、协商办案、座谈交流等措施，掌握情况，督办促办，跟踪问效，提案办理速度和办理质量均得到提高。延长地铁运营时间、加强郑州市区域卫生服务均衡化等重点提案的办理均取得明显效果。积极做好驻村帮扶工作，开展建校、修路、打井、助学等帮扶活动。广大政协委员积极投身公益慈善事业，展现出政协委员的良好风貌。

汇聚民智畅通诉求渠道。坚持联系走访民主党派、工商联和无党派人士制度，引导政协委员和机关干部深入基层，经常听取广大人民群众的意见和建议。完善联系群众机制，进一步畅通让群众走进政协的渠道，邀请群众旁听政协会议。通过报刊、广播、电视、短信、微信等多种媒体，公开征集政协提案线索，搭建群众直接表达利益诉求的平台。注重了解和反映社会不同阶层、不同群体的愿望和要求，全年共编发《社情民意信息》28期，将更多具有前瞻性、警示性的问题及群众生活中的热点、难点问题，归纳整理后及时报送市委、市政府参考，促成了一大批涉及群众利益的问题得到妥善解决。

【广泛团结联谊】 2014年，市政协坚持围绕团结民主营造和谐气氛，发挥政协独特优势，调动一切积极因素，增进最大共识度，为郑州改革发展汇聚各方力量和智慧。

在合作共事中增进共识。积极促进社会各界的团结合作，在政协各种会议上，主动为各民主党派、工商联和无党派人士发表意见主张创造条件、搭建平台。安排政协委员对郑州都市区建设中重点项目和重要工作进行视察，主动听取他们的意见建议。各专委会结合工作职责，组织各界别组开展调研视察、协商座谈、走访慰问等活动70余次，组织政协委员300多人次参加市委、市政府相关重要会议及全市深化改革座谈会、"三城联创"督察等。通过人民政协这个大平台，各民主党派、无党派、工商联、人民团体、各族各界代表人士充分表达了自己的意愿和主张，营造了民主和谐、合作共事的政治氛围。

在密切联系中扩大团结。热情为全国政协、省政协、兄弟城市政协来郑考察调研提供服务保障。成功协办全省政协民族宗教工作座谈会，认真学习借鉴兄弟城市政协的经验做法，推动了全市政协的民族宗教工作发展提升。充分发挥工会、共青团、妇联、侨联等社会团体在联系、团结、服务群众中的作用。认真开展港澳台侨工作，密切与侨界委员的联系，加强思想上的沟通、感情上的融合，鼓励他们积极投身郑州改革发展实践。认真做好群众来信来访工作，协调关系、理顺情绪、释疑解惑、化解矛盾，增进社会和谐稳定。

在庆典节会中凝聚力量。开展庆祝建国65周年和人民政协成立65周年系列活动，举办庆祝中华人民共和国成立65周年廉政书法展暨庆祝人民政协成立65周年书画摄影作品展，制作播出电视宣传专题片《风雨同舟 共铸辉煌》，大力宣传中国共产党领导的多党合作和政治协商制度的伟大实践。精心筹备乙未年黄帝故里拜祖大典，总结借鉴历年成功经验，锐意创新，科学筹划，各项工作有序推进。通过一系列庆典节会活动，把思想和行动统一到郑州市的战略目标和主要任务上来，汇聚推进郑州都市区建设的正能量。

【加强自身建设】 2014年，市政协坚持围绕提升素质加强自身建设，努力培养履职尽责能力，政协工作呈现出宽而有度、活而有序、行而有章的良好局面。

高度重视委员队伍建设。针对换届后新委员较多的特点，通过举办委员培训会、常委培训班和界别小组学习会等形式，分层次、分阶段、有重点地对全体政协委员进行培训。全年共举办4次专家报告会、2次政情通报会、3次常委集中学习培训，提高委员们的理论素养。邀请中国人民政协理论研究会原冬平秘书长，对学习贯彻中共十八届三中全会和全国"两会"精神进行辅导，并就新形势下如何做好政协委员进行交流研讨。建立激励约束机制，开展委员履职量化考核评价工作，增强委员履职的积极性和主动性。充分发挥"委员之家"作用，为委员学习交流、联系群众打造平台。

切实加强政协组织建设。严格贯彻落实中央八项规定精神，省委、省政府20条意见和市委、市政府20条规定，细化标准，严格落实，机关作风明显转变。加强学习型机关建设，强化政治理论和政协知识学习，对机关干部进行应知应会测试，营造书香常绕氛围。加强对县（市）区政协的指导和联系，积极开展上下联动，切实发挥全市各级政协组织的整体工作合力。各县（市）区政协服务地方发展，致力开拓创新，工作亮点纷呈。各级政协始终把组织建设作为基础工作来抓，着力建设一支有责任、有能力、有作为、形象好的高素质委员队伍，用好话语权，发出好声音，扩大影响力。

大力支持政协理论建设。重视和支持政协理论研究工作，形成了一批有价值的理论研究和工作创新成果。注重固化工作中好的经验和做法，探索实践政协基层工委规范化建设，开展"五个一"连心活动，政协政府联合督办提案，建立委员参与信访接待制度等，为推进全市人民政协事业发展创造了新鲜经验。注重发挥中央、省市主流媒体作用，认真做好政协经常性会议、政协重要活动和优秀委员先进事迹的宣传报道，全年在市级以上新闻媒体发稿300余篇。办好政协门户网站，不断提高《郑州政协》期刊办刊水平，继续办好"我为郑州发展献良策"专题广播节目。高度重视文史资料工作，编撰出版庆祝人民政协成立65周年《纪念特辑》，有效发挥了"存史、资政、团结、育人"的作用。

（李峰 刘恒）

政协全会

【市政协十三届一次会议】 2014年2月19-23日，政协郑州市第十三届委员会第一次会议在郑州召开。

2月19日上午，中国人民政治协商会议第十三届郑州市委员会第一次会议在河南省人民大会堂隆重开幕。受政协郑州市第十二届委员会常务委员会委托，市政协主席李秀奇代表政协郑州市第十二届委员会常务委员会向大会作工作报告，市政协副主席张冬平向大会作关于提案工作情况的报告。

2月20日下午，省委常委、市委书记吴天君参加市政协十三届一次会议各民主党派、无党派、工商联、社会科学、共青团、妇联、经济、农林、科技、教育、医药卫生、文学艺术、新闻出版、少数民族、宗教、台胞台属界别联组讨论，与委员们一起讨论《政府工作报告》。市领导王璋、李秀奇、孙金献一同参加讨论。

2月21日上午，市政协十三届一次会议第二次全体会议在黄河饭店举行。会议应到委员550名，实到委员510名，符合法定人数。大会主席团常务主席王璋、李秀奇、王跃华、陈西川、党普选、朱专兴、张冬平、李新有、张民服、崔凡、李玉辉、吴晓君、王顺生、薛景霞出席会议。党普选主持会议。市委常委、副市长薛云伟应邀到会听取了委员们的发言。

2月23日下午，市政协十三届一次会议第三次全体会议在河南省人民会堂举行。大会选举王璋为政协郑州市第十三届委员会主席，选举张建国、朱专

2014年9月25日，市政协主席王璋督办重点提案办理情况

市政协十三届二次常委会议举行

兴、张冬平、李新有、张民服、崔凡、李玉辉、吴晓君、王顺生、薛景霞为政协郑州市第十三届委员会副主席，选举陈松林为政协郑州市第十三届委员会秘书长，并选举了98名政协郑州市第十三届委员会常务委员。

2月23日下午，在圆满完成各项议程后，政协郑州市第十三届委员会第一次会议在省人民会堂胜利闭幕。中共河南省委常委、郑州市委书记吴天君出席会议并发表讲话。市十三届政协主席王璋主持会议。会议通过了市政协十三届一次会议关于政协郑州市第十二届委员会常务委员会工作报告的决议；通过了市政协十三届一次会议提案审查委员会关于市政协十三届一次会议提案审查情况的报告；通过了市政协十三届一次会议政治决议。

（李峰 刘恒）

政协常委会议

【市政协十二届三十次常委会议】 1月22日，市政协召开十二届三十次常委会议，研究市政协十三届一次会议有关事宜。市政协主席李秀奇，副主席陈西川、党普选、朱专兴、舒安娜、张冬平、李新有、张民服、崔凡、李玉辉，党组副书记王建平、张建国，秘书长吴晓君出席会议。

会议首先审议通过了本次常委会议议程，听取了市政府关于《政府工作报告》起草情况的说明、十二届市政协常委会工作报告起草情况说明和十二届市政协提案工作报告起草情况说明，书面听取了市政协各专门委员会五年工作情况汇报，讨论了《政府工作报告》（征求意见稿）、十二届市政协常委会工作报告（讨论稿）和提案工作报告（讨论稿）。

李秀奇要求政协各专门委员会、政协各部门要认真总结五年来的工作，进一步认识和把握新时期政协工作的特点和规律，为进一步推进人民政协事业发展打牢基础。全市各级政协组织、广大政协委员和政协工作者，要认真学习贯彻中共十八届三中全会、中央经济工作会议、中央城镇化工作会议以及省委九届六次全会、省委经济工作会议、省“两会”和市委十届六次全会精神，不断拓展政治协商新领域，探索民主监督新形式，创造参政议政新途径，推进委员履职、党派合作、界别建设、专委会工作、政协机关建设创新。要筹备开好市政协十三届一次会议，认真做好会前的调研和会务筹备工作，谋划好2014年各项工作，为新一届政协工作开好头，起好步。

【市政协十二届三十一次常委会议】 市政协十二届三十一次常委会议2月16日上午举行。会议决定，市政协十三届一次会议于2月19日至23日在郑州举行。市政协主席李秀奇，市委常委、统战部长王跃华，市政协副主席陈西川、党普选、朱专兴、张冬平、李新有、张民服、崔凡、李玉辉，市政协党组副书记王建平，市政协秘书长吴晓君出席会议。

会议首先审议通过了市政协十二届三十一次常委会议议程，听取了市政协秘书长关于市政协十三届一次会议筹备工作情况的汇报，听取了中共郑州市委组织部关于人事情况的说明、中共郑州市委统战部关于十三届市政协委员推荐提名情况和建议名单的说明。会议审议通过政协郑州市第十二届委员会常务委员会关于召开市政协十三届一次会议的决定；协商决定了政协郑州市第十三届委员会参加单位、委员名额、人选名单及界别设置；审议通过政协郑州市第十二届委员会常务委员会关于推举常委会工作报告报告人和提案工作情况报告报告人的决定；审议通过市政协十三届一次会议议程（草案）、日程（草案）；审议通过市政协十三届一次会议特邀及列席人员范围；审议通过市政协十三届一次会议主席团、主席团会议主持人和秘书长名单（草案）；审议通过市政协十三届一次会议主席团常务主席名单（草案）；审议通过市政协十三届一次会议副秘书长名单（草案）；审议通过市政协十三届一次会议各次全体会议主持人名单（草案）；审议通过市政协十三届一次会议提案审查委员会名单（草案）；审议通过市政协十三届一次会议委员分组办法（草案）和小组召集人名单（草案）；审议通过市政协十三届一次会议预备会议议程；审议通过市政协十三届一次会议秘书处工作机构和职责范围、工作机构负责人名单。

【市政协十三届一次常委会议】 3月11日，市政协召开十三届一次常委会议，市委副书记、市政协主席王璋，市政协副主席张建国、张冬平、李新有、张民服、崔凡、李玉辉、吴晓君、王顺生，秘书长陈松林参加会议。

会议协商决定了十三届市政协各专门委员会的设置，表决通过了十三届市政协副秘书长、办公厅、调研室、各专门委员会主任、副主任名单。审议通过了市政协十三届一次常委会会议议程，听取了市委组织部关于人事安排情况的说明，听取了市政协秘书长关于政协郑州市第十三届委员会专门委员会设置情况的说明。审议通过了政协郑州市第十三届委员会常务委员会关于设置专门委员会的决定，审议通过了政协郑州市第十三届委员会任职名单。

政协郑州市第十三届委员会共设置11个专门委员会：提案委员会、经济委员会、农业委员会、人口资源环境委员会、教科文卫体委员会、社会和法制委员会、民族和宗教委员会、文史资料委员会、港澳台侨和外事委员会、委员管理联络委员会和城市建设委员会。

中共郑州市委副书记、市政协主席王璋作了题为《努力履职尽责 保持良好形象》的讲话。

【市政协十三届二次常委会议】 4月3日，市政协召开十三届二次常委会议，传达学习全国“两会”精神，讨论《郑州都市区建设五年提升规划》（征求意见稿）。市委副书记、市政协主席王璋出席会议并讲话，市政协副主席张建国、张冬平、李新有、张民服、崔凡、李玉辉、吴晓君、王顺生、薛景霞，秘书长陈松林参加会议。

会上，全国政协委员、市政协副主席、民盟市委主委朱专兴传达了全国“两会”精神；市委常委、常务副市长孙金献作关于《郑州都市区建设五年提升规划》编制情况的说明。常委们围绕学习贯彻全国“两会”精神和《郑州都市区建设五年提升规划》（征求意见稿）进行了广泛深入的讨论。

乙未年黄帝故里拜祖大典组委会第一次全体会议召开

王璋在总结讲话中提出三点要求。一要紧密联系实际，把学习贯彻全国“两会”精神与助推我市全面深化改革结合起来，与开展群众路线教育实践活动结合起来，与加强政协自身建设结合起来，抓好学习贯彻。二要主动有所作为，努力为推进郑州都市区建设建言献策。三要提升能力水平，扎实做好十三届政协开局之年各项工作。要加强学习，在提升素质上狠下功夫；要拉高坐标，在打造精品上狠下功夫；要完善机制，在健全制度上狠下功夫，为把郑州早日建成自然之美、社会公正、城乡和谐的现代化都市区，在全省率先全面建成小康社会而努力奋斗。

【市政协十三届三次常委会议】 7月23-24日，市政协召开十三届三次常委会议，围绕郑州航空港经济综合实验区建设进行专题议政。市委副书记、市政协主席王璋出席会议并讲话。市委常委、副市长薛云伟，郑州航空港经济综合实验区管委会主任张延明应邀出席会议。市政协副主席张建国、朱专兴、李新有、张民服、崔凡、李玉辉、吴晓君、王顺生、薛景霞，秘书长陈松林参加会议。

会议审议通过了市政协十三届三次常委会议议程，并传达学习习近平总书记在指导兰考县委常委班子专题民主生活会、在河南考察指导工作时的讲话精神，传达学习省委书记郭庚茂调研郑州航空港经济综合实验区建设时的讲话精神，传达学习市委书记吴天君在全市领导干部会议上的讲话精神，传达学习中共郑州市委十届九次全体（扩大）会议精神。会议听取了郑州航空港经济综合实验区建设情况通报。结合会议主题，市政协经济委员、民建郑州市委、政协新郑市委员会、市政协港澳台侨和外事委员会、民进郑州市委、政协上街区委员会、市政协人口资源环境委员会、市政协教科文卫体委员会、市政协文史资料委员会、民革郑州市委，分别围绕构建航空港经济现代产业体系、促进港区投融资平台建设、全面振兴新郑经济、加快推进全市电子商务产业发展等作大会发言。市政协社会和法制委员会、市政协城市建设委员会、民盟郑州市委、九三学社郑州市委、市政协农业委员会、市工商联、农工党郑州市委等单位作书面发言。政协常委们还围绕郑州航空港经济综合实验区展开深入讨论，并提出意见建议。会议审议通过了政协郑州市十三届委员会有关工作制度。

【市政协十三届四次常委会议】 10月27-28日，市政协召开十三届四次常委会议，学习传达中共十八届四中全会等中央、省、市重要会议精神，并围绕郑州生态水系建设进行专题议政。市委副书记、市政协主席王璋出席会议并讲话。副市长杨福平应邀出席会议。市政协副主席张建国、朱专兴、张冬平、李新有、张民服、崔凡、李玉辉、吴晓君、王顺生、薛景霞，秘书长陈松林参加会议。

会议首先审议通过了本次常委会议议程，传达学习了中共十八届四中全会精神、习近平总书记听取兰考县委和河南省委教育实践活动情况汇报时的重要讲话精神，以及中央、省、市党的群众路线教育实践活动总结会议精神，传达学习了庆祝中国人民政治协商会议成立65周年大会精神、庆祝人民政协成立65周年理论研讨会精神，以及庆祝人民政协成立65周年暨中共郑州市委政协工作会议精神。

会议听取了郑州市生态水系建设情况通报。结合会议主题，市政协农业委员、政协中牟县委员会、民进郑州市委、市政协社会和法制委员会、政协中原区委员会、市政协教科文卫体委员会、政协惠济区委员会、民革郑州市委、市政协城市建设委员会、农工党郑州市委等10家单位，分别围绕多措并举构建生态水系、生态水系建设与管理、高效利用黄河水资源、郑州都市区生态水系立法、建立完善节约用水奖励机制等作大会发言；民盟郑州市委等18个单位作大会书面发言。

（李峰 刘恒）

民主党派和工商联

综 述

【概况】 2014年，郑州市多党合作事业紧紧围绕全市统战工作要点，结合全省统战工作综合评价体系和郑州市全面深化改革实施意见安排部署全年工作，充分发挥统一战线在协商民主中的重要作用，深入开展坚持和发展中国特色社会主义学习实践活动，扎实推进“同心”实践行动开展，各项工作取得了新进展、迈上了新台阶。

【多党合作和政治协商】 （一）大力推进民主政治建设，不断加强多党合作和政治协商，运行机制进一步健全，制度效能进一步提升。3月19日，市委办公厅印发了《关于印发〈中共郑州市委同民主党派无党派人士2014年政治协商计划〉的通知》（郑办〔2014〕5号）。此后，为进一步健全政治协商机制，充实完善协商的内容、形式和程序，更好地发挥政治协商在民主、科学和依法决策中的作用，9月28日，市委办公厅印发了《关于印发〈中共郑州市委同民主党派、无党派人士政治协商的实施办法〉的通知》（郑办〔2014〕28号）。

（1）市委、市政府召开党外人士情况通报会。1月23日，市委、市政府召开党外人士情况通报会，通报全市经济社会发展情况和党风廉政建设、反腐败工作情况，与会党外人士对2014年经济社会发展和党风廉政建设及反腐败工作提出了意见、建议。

（2）市政府召开《政府工作报告》征求意见座谈会。2月8日，市政府召开《政府工作报告》征求意见座谈会，听取各民主党派、工商联和无党派人士的意见建议。党外人士一致认为，《政府工作报告（征求意见稿）》对过去五年工作的总结客观全面，对今后一个时期的工作部署鼓舞人心。与会人员还对报告中文化产业发展、新型城镇化建设、民营经济发展、城乡环境综合整治等工作提出了具体的修改意见和建议。

（3）市委两次召开党外人士座谈会。7月29日，市委召开党外人士座谈会，通报了上半年全市经济社会发展情况和党风廉政建设情况，各民主党派、工商联、无党派代表人士对全市经济社会发展成效给予高度评价，并结合各自调研了解的社情民意提出建议。12月25日，市委召开党外人士座谈会，通报了即将召开的市委全会和经济工作会议有关情况、全市经济社会发展情况和做好2015年经济工作的考虑，以及全市党风廉政建设情况，听取了各民主党派、工商联负责人和无党派代表人士的意见和建议。

（4）政府部门加强对口联系。9月4日，市政府印发《郑州市人民政府关于落实政府部门同民主党派工商联无党派人士对口联系的意见》（郑政〔2014〕38号），调整更新了政府部门与民主党派、工商联、无党派人士对口联系安排，完善了工作机制，畅通了民主党派、工商联、无党派人士知情参政渠道，便于民主党派、工商联、无党派人士更好地发挥参政议政和民主监督作用。

（5）市委举办恳谈会。11月4–9日，市委组织各民主党派、工商联负责人和无党派代表人士赴济南、青岛开展恳谈考察活动。一是围绕全市各民主党派市级组织后备干部建设现状及下次换届人选培养情况、工作中遇到的问题和建议进行恳谈交流、座谈研讨；二是在各民主党派、工商联、无党派人士中深入开展坚持和发展中国特色社会主义学习实践活动，继承优良传统，接受革命红色教育，进一步坚定三个自信，增进政治共识；三是学习考察外地加强民主党派自身建设，发挥民主党派参政议政、民主监督职能作用，以及统一战线服务科学发展等方面的经验和做法。恳谈期间，专题召开了全市各民主党派、工商联负责人和无党派代表人士2014年恳谈考察座谈会，围绕加强民主党派自身建设、提高履职能力等方面内容进行了研讨交流。

（6）充分发挥民主党派的民主监督作用。8月26日，召开全市特邀监察员、特约审计员、特约安全生产监督员聘任会议，聘任民主党派和无党派人士担任特约人员。受聘的30名特约人员通过参与行风评议、专项检查、调查研究、明察暗访等形式进行民主监督，不断促进政府有关职能部门工作作风转变和服务水平提升。

（二）研究探索民主党派直接向党委提出建议制度。5月20日，民革市委的重点调研课题“关于积极推进建立国家丝绸之路经济带郑州论坛的建议”调研报告，得到了省委常委、市委书记吴天君和市长马懿的批示，进一步提高了民主党派参政建言的积极性，这是民主党派直接向党委提出建议制度的初步探索。在意见建议提交、运转中，中共郑州市委统战部党派处认真做好沟通协调等服务工作，确保民主党派的意见建议件件有着落、事事有反馈。

（三）健全工作机制，建立完善联谊交友制度。按照中央、省、市关于加强新形势下党外代表人士队伍建设意见的精神，结合郑州市部分领导工作分工调整的实际情况，5月16日，市委印发了《中共郑州市委办公厅关于进一步完善市委领导同志与党外代表人士联谊交友制度的通知》（郑办〔2014〕22号），进一步增强了党的凝聚力、号召力、战斗力，巩固了党的阶级基础，扩大了党的群众基础，便于市委领导直接听取党外人士的意见和建议，促进决策的科学化、民主化。

【支持民主党派加强自身建设】 2014年，郑州市以坚持和发展中国特色社会主义为主题，以坚定政治信念、增进政治共识为引领，推动全市统一战线深入学习贯彻中共十八大、十八届三中全会和习近平总书记一系列重要讲话精神，深入开展坚持和发展中国特色社会主义学习实践活动，各民主党派自身建设不断加强。

（一）支持各民主党派抓好传承优良传统专题活动。全市各民主党派制定了“学章程讲同心传承优良传统”方案，持续深化教育活动，通过学习章程和举办辅导讲座、专题研讨等形式，引导广大成员深刻领会优良传统的精神实质，营造传承优良传统的良好氛围，展示传承优良传统的实践成效。

民革郑州市委：4月25–28日，举办骨干党员培训班，组织40余名党员赴湖南长沙、衡阳接受红色教育；6月16–18日，举办基层组织工作培训班，组织基层支部40余名委员赴信阳市新县接受红色教育。民盟郑州市委：4月26日，举办骨干盟员暨新盟员培训班，组织60余名盟员赴兰考学习焦裕禄精神；11月20–21日，举办骨干盟员暨新盟员培训班，组织120名盟员学习多党合作和政治协商制度。民建郑州市委：10月16–19日，举办重温历史、牢记传统学习实践活动，组织会员30余人赴重庆、习水接受革命传统教育和爱国主义教育。民进郑州市委：4月20日，邀请开明论坛专家为全体会员作报告，进一步宣传民进老一辈会员的坚定信念、优良传统和高尚风范。农工党郑州市委：4月8日，组织40余名骨干党员，赴兰考学习焦裕禄精神。九三学社郑州市委：7月31日–8月3日，在大别山干部学院开展“传承政治薪火 增强三个自信”主题教育活动。致公党郑州总支部：6月5–6日，组织骨干党员、新党员和入党积极分子30余人，赴兰考县、林州市学习焦裕禄精神和红旗渠精神；11月27–30日，组织30余名党员，赴延安开展学习实践活动，接受革命传统教育。

（二）支持各民主党派抓好提升能力素质专题教育。通过深入学习、加强培训等途径，不断提升骨干成员的自身素质；着力发展高层次人才，保持各自特色和组织活力；围绕中心，深入基层，开展好联合调研、重点调研、专题调研，着力提升参政议政能力。

（1）支持民主党派加强思想建设。一是举办联合中心组集中学习活动。分别于3月20日、6月20日和10月9日，举办了各民主党派、工商联和无党派代表人士联合中心组第30次、31次、32次集中学习活动，传达学习“两会”精神，了解国际形势，总结活动经验。通过学习，统一思想认识、凝聚政治共识，各民主党派进一步提高了政治素养、坚定了理想信念、增强了履职能力。二是组织举办学习培训活动。9月16日–10月15日，在市社会主义学院举办党派骨干成员培训班，40余名党派骨干成员参加了为期一个月的培训，进一步提高民主党派骨干成员的整体素质，加强了党派意识，增强了责任感和使命感。三是各民主党派成员参加省党外干部培训班。5月、11月，组织推荐16名民主党派成员参加省委统战部在省社会主义学院举办的第14期、15期、16期民主党派干部培训班，各党派成员接受了更高层次的教育培训，综合素质得到全面提高。

（2）支持民主党派做好组织发展工作。各民主党派按照党派中央《纪要》精神和党派省委2012年制定的高层次人才标准，有计划、有针对性地制定年度发展规划，坚持在有一定代表性人士中发展、在协商确定的发展范围和对象中发展，组织发展工作健康有序，主体界别特色鲜明。

（3）支持民主党派搞好调查研究、建言献策。一是搞好重点课题的调研。为继续坚持好“党委出题、党派调研、政府采纳、部门落实”机制，3月4日、13日，两次召开2014年各民主党派重点调研课题座谈会，分别邀请市委政策研究室、市政府政策研究室领导参加，对各民主党派调研课题的题目设置、研究方向、研究内容等提出建议，确定了各民主党派2014年14个重点调研课题。3月21日，中共郑州市委印发了《市委办公厅转发2014年各民主党派重点调研课题的通知》（郑办〔2014〕7号）。9月，市委常委、统战部部长王跃华出题，各民主党派围绕全市“中小微企业融资问题的现状、发展”进行专题调研，共撰写调研报告21篇，提出了许多有价值的意见建议，为市委、市政府科学决策提供了参考。二是协助各民主党派中央、省委调研。5月13日，农工党中央专职副主席龚建明一行到惠济区爱康服务中心，考察调研农工党郑州市委坚持和发展中国特色社会主义理论学习实践活动开展情况；6月15日，民建中央副主席周汉民一行考察调研郑州航空港经济综合实验区、南水北调中线工程和郑州跨境贸易电子商务服务试点项目建设情况；6月15日，民进中央副主席刘新成一行考察调研民进郑州市委坚持和发展中国特色社会主义学习实践活动开展情况；7月19日，民建中央组织的“台湾柯蔡宗亲会”访问团一行到郑州市进行参访活动；9月22日，民进中央主席严隽琪一行莅郑，就“河南与丝绸之路经济带建设问题”进行调研；9月29日，民革中央主席万鄂湘一行莅郑，考察调研郑州航空港经济综合实验区建设情况；12月2日，农工党中央主席陈竺一行莅郑，就“完善村医队伍建设，促进农村医疗卫生事业发展”进行专题调研。5月13-14日，民建河南省委主委龚立群率调研组到中牟县、经开区，就“提高自主创新能力，大力发展现代装备制造业”进行专题调研并召开座谈会。三是各民主党派积极开展调查研究。民革郑州市委：4月，组织专家团队就推进建立“丝绸之路经济带发展战略郑州论坛”分别赴厦门、南宁开展调研；5月19日，组织民革党员180余人开展“三走进三郑州”活动，到郑州航空港经济综合实验区考察调研了机场二期工程、海关申报大厅、台湾科技园、中心学校，以及四港联动大道生态廊道建设情况等。民盟郑州市委：5月28日，组织调研组赴郑州航空港经济综合实验区，就“郑州申报自贸区问题”进行专题调研。民建郑州市委：6月19日，组织调研委相关专家到郑州市非物质文化遗产保护中心，就全市非物质文化遗产保护与传承问题进行专题调研；11月3-7日，组织企工委赴宁波学习考察当地企业先进经营理念。民进郑州市委：5月29日，组织调研组赴郑州航空港实验区人社局，就“人才体制问题”开展调研；11月13-16日，组织市委委员、各基层支部主委一行40余人赴杭州、南京，考察调研当地文化产业发展情况。农工党郑州市委：6月6日，组织调研组赴郑州航空港实验区，就航空港实验区都市现代农业发展情况进行调研；11月19-23日，组织40余名骨干党员赴重庆、成都、西安，考察调研休闲农业和美丽乡村建设。九三学社郑州市委：10月，组织专家团队赴合肥、南昌、宁波、杭州，就“关于加快发展郑州公共文化服务”“关于完善和推进社区居家养老”两个课题开展调研；12月3-7日，组织市委委员20余人赴江苏、浙江，考察调研文化产业发展情况。致公党郑州总支：3月19日，组织调研组赴中牟县，开展新型城镇化建设调研活动。

（三）支持各民主党派抓好改进工作作风专题活动。组织党外人士积极参与党的群众路线教育实践活动，并借鉴中国共产党正在开展的党的群众路线教育实践活动的主要做法，进一步改进工作作风，加强自身建设。一是组织民主党派参加中共郑州市委召开的“各民主党派、工商联和无党派代表人士”征求意见座谈会，与会人员对统战工作的认识、党外干部交流使用、办公活动经费等具体问题提出了意见。会后，对涉及民主党派工作的2条意见建议进行了整改。二是组织民主党派参加统战部召开的党外人士征求意见建议座谈会，与会人员就组织发展、学习培训、办公经费、党派调研体系等具体工作提出了建议。会后，对涉及民主党派工作的1条意见建议进行了整改。三是借鉴中共加强自身建设经验，各民主党派探索建立基层组织工作考评体系，进一步增强党派活力，促进基层组织工作规范化、制度化。至年底，各民主党派市委制定了基层支部考核办法。

（四）支持各民主党派抓好推进“同心”实践专题。充分拓宽民主党派发挥作用的渠道，以多种形式的社会服务工作和活动推动“同心”实践行动开展。民革郑州市委：4月10日，在登封市唐庄乡举行“同心”实践行动人才招聘会暨法律知识讲座，河南八方建筑工程劳务公司、河南豫景文化传播有限公司等17家企业现场招聘，提供就业岗位500多个；在唐庄乡初级中学举行“预防未成年犯罪”法律知识讲座。民盟郑州市委：1月21日，组织十余名省会知名书画家到登封市唐庄乡中心社区开展送文化下乡暨义写春联活动，义写春联200余副；5月9日，在新郑市举行薛店镇民盟烛光小学落成捐赠公益活动，自筹资金50万元，支持教学楼建设，并捐赠了书包、电脑、体育器材等。民建郑州市委：1月10日，在新郑市观音寺镇王行庄小学举行“冬日暖阳 爱心相连”活动，向新郑市观音寺镇王行庄小学捐赠电脑、书包、文具盒、篮球、足球、羽毛球、电子琴等价值5万元的教学物品；9月，开展同心助学活动，共资助唐庄乡贫困大学生26人5.2万元。民进郑州市委：5月30日，在郑州经开区列子小学举行“六一”儿童节慰问活动，捐赠价值3500余元的体育用品；6月5日，在登封市唐庄乡第三小学举行“同心”助教暨“开明书屋”授牌仪式，捐赠1500册价值3.5万余元的图书。农工党郑州市委：4月23日，在唐庄乡王河村举行义诊活动，组织专家10人为村民免费义诊，发放健康宣传资料800余份和价值2000余元的药品；4月29日，在荥阳市王村镇竹园村举行送医送药、义诊活动，免费发放价值2万余元的药品；6月5日，在惠济区爱康中心举行中国环境与健康宣传周活动，免费发放价值3000余元的药品和宣传材料2000余份。九三学社郑州市委：4月18日，在中国农科院郑州果树研究所举行葡萄生产技术培训会，培训300余名葡萄种植业人员，发放培训资料2000余份；5月9日，在上街区冯沟村举行核桃大树改劣换优嫁接技术培训活动；5月，两次组织专家服务团到雅新园艺开心农场，对果树种植、嫁接等进行技术指导。致公党郑州总支：4月20日，为管城区鼎新街社区捐赠价值1万余元的复印机等办公用品；5月27日，在二七区马寨工业园区培育小学开展“送课下乡”活动，为马寨工业园区培育小学80余名教师授课；5月30日，在二七区马寨王庄小学、侯寨郭小寨小学开展“六一”献爱心活动，赠送价值2000元的书包、文具盒等学习用品；6月19日，在唐庄乡张村第二小学举行资助贫困生活动，资助40余名贫困中小学生2万元。

（五）支持各民主党派搞好学习实践系列活动。3月11日，市委统战部制定下发了《关于举办2014年全市统一战线坚持和发展中国特色社会主义学习实践系列活动的通知》（郑统〔2014〕16号），在全市统战一战线开展10个主题系列活动，由市委统战部主办、各民主党派承办。9月24日，举办了全市统一战线“立足本职作贡献 改进作风促和谐”演讲比赛、“同心同行迎国庆”先进事迹报告会、“凝聚共识 增强三个自信”书画展览、“坚持多党合作 共创美好未来”知识竞赛和“同心共筑中国梦”征文活动；10月9日，举办了全市统一战线“中国特色社会主义参政党”辅导报告会，邀请中央社会主义学院教授李金河作“中国特色社会主义参政党”专题报告；12月1日，在全市统一战线开展“同心”实践郑州行活动，各民主党派主委、工商联主席、无党派人士一行30余人，到中原区风和日丽社区、协作路社区和全市统一战线“同心”实践基地——登封市唐庄乡调研“同心”实践行动工作开展情况。通过举办主题系列活动，引导广大统战成员深刻领会开展学习实践活动的重要意义，赢得了统一战线成员的广泛赞誉，产生了良好的社会影响，展示了全市统一战线工作的新面貌。

【“同心”实践行动】 继2013年年底“同心”实践行动被列为市委、市政府一项长期重要工作，并下发《关于在全市开展新型城镇化引领“三化”协调科学发展同心实践行动工作方案的通知》后，2014年，市委统战部协调联席会议各参与单位充分发挥各自职能优势，加强组织领导，深入调查研究，细化方案实施，推进项目落实，取得了显著成绩。

一是注重智力支持，深入调研献策。联席会议各单位充分发挥人才智力优势，深入唐庄乡开展联合调研、专题调研和对口调研，先后55批次、1200余人次到唐庄乡调研，共同为唐庄乡的发展把脉问诊、献计献策。二是强化政策支持，倾斜项目资金。各单位在项目、资金、手续办理等方面，认真梳理各自领域的优惠政策，主动扶持，给予倾斜，为唐庄乡争取到政策支持资金2084.5万元，引导企业向唐庄乡投资

3.76亿元。三是突出人才培养，着力持续发展。各单位充分发挥部门职能优势，为唐庄乡培训各类实用技术人才，开展法律、安全生产、养殖技术、种植技术等培训活动9次，累计培训1500余人次。四是狠抓项目带动，助推实效显著。各单位积极实施对唐庄乡的帮扶行动，所上报的103项支持措施（项目）中，90余项已落实，其中促成大招商项目3项，总投资23.5亿元；郑州市统一战线捐资1100万元建设的同心·敬老院、同心·幼儿园，敬老院建成并投入使用，幼儿园建设完工。五是致力社会服务，捐献援助惠民。各单位结合自身特点，共开展捐款捐物、助学帮教、爱心义诊、科技下乡、文化下乡、法律下乡等惠民活动30余次。

【基础工作】 2014年，市委统战部党派处着力提高处室基础工作质量，建立了工作台账和有关数据库，全面更新各种数据，实行动态管理，为开展各项工作打下了良好基础。建立完善《民主党派成员基本情况统计表》，及时采集变更信息，准确掌握党派成员基本情况；上报省委统战部《2013年度民主党派组织发展情况表》《郑州市民主党派市级组织机关有关情况统计表》《党外人士民主协商会、座谈会、谈心会、情况通报会情况》（2007–2013年度）、《郑州市各民主党派、无党派人士书面意见建议情况》（2012–2013年度）、《郑州市制定有关政策规定情况》（2005–2013年度）等各类统计数据报表。3月上旬，对各民主党派机关工作人员进行年度考核，经述职和民主测评，确定优秀考核等次4人。召开各民主党派秘书长联席会，与各民主党派协商2014年工作，制定全年学习实践活动方案；做好2014年综合评价体系工作。

做好调研工作。11月25–28日，市委统战部与各民主党派组成联合调研组，分别到郑州师范学院、中州大学、郑州职业技术学院、郑州旅游职业学院4所市属高校调研，了解高校民主党派成员思想动态和民主党派工作开展情况，引导民主党派成员发挥优势、认真履职，围绕党委、政府中心工作积极建言献策，为郑州都市区建设献计出力。

完成接待任务。6月27日，青岛市委统战部常务副部长胡义瑛带领党外人士考察团一行24人到郑州市考察调研郑州航空港实验区发展建设情况，并就开展专题调研工作进行座谈交流；7月21日，广东省委常委、统战部部长林雄与广东省部分民主党派负责人一行35人到豫开展暑期恳谈活动，期间到郑州经开区考察调研；9月3–4日，广东省清远市政协副主席、市委统战部部长吴显标带领清远市党外代表人士考察团一行39人，到郑州市考察调研城市群一体化建设情况。

（杨飞雁 石 林）

民革郑州市委员会

【思想建设】 2014年，民革市委注重引导民革党员学习中国特色社会主义理论、中共中央总书记习近平系列讲话精神及民革十二大精神、民革中央主席万鄂湘和常务副主席齐续春讲话精神，营造良好的学习氛围，达到了实实在在的效果。

3月，组织党员185人参加郑开马拉松比赛，增强组织凝聚力，树立民革形象；4月，组织骨干党员赴长沙、衡阳考察学习，参观毛主席故居、黄兴墓、衡阳保卫战纪念馆等爱国主义教育基地，并与长沙民革和衡阳民革座谈，进一步厘清民革工作思路；5月，组织党员180余人开展“三走进三郑州”活动，参观考察四港联动大道生态廊道、台湾科技园、富士康厂区、航空港区中心学校、综合保税区等，为撰写二季度市政协常委会大会发言材料打下基础。十八届四中全会召开后，市委会及时组织全体党员进行学习，11月下旬，邀请清华大学法学院副院长张建伟教授作学习十八届四中全会精神专题报告，近200名党员参加报告会；组织党员中的社会法制界人士20余人进行了学习座谈并征集信息11件。全年共为419位党员贴补费用订阅《团结报》，市委会稿件被《人民政协报》采用1篇，被《团结报》采用8篇。

为加强交流，市委会热情接待了广东民革、厦门民革、中山民革、石家庄民革、许昌民革等兄弟民革组织，交流自身建设和参政议政经验，相互启发，促进工作。

积极组织党员参加市委统战部部署的全市统一战线坚持和发展中国特色社会主义学习实践行动系列活动，成功承办了“坚持多党合作 共创美好未来”知识竞赛，并获得三等奖。在迎国庆“凝聚共识 增强三个自信”书画展中，市委会有6件作品入选；在“立足本职作贡献 改进作风促和谐”演讲比赛中，市委会选送的选手获得二等奖；在“同心共筑中国梦”征文活动中，市委会选送的文章有6篇获奖（一等奖1篇、二等奖2篇、三等奖3篇）；市委会选送的选手成功入选“同心同行迎国庆”先进事迹报告会。此外，市委会选派3名党员参加了省民革坚持和发展中国特色社会主义培训班。

【组织建设】 2014年，民革郑州市委会审慎推进组织发展工作。全年共发展党员25人，其中本科以上学历23人，中级以上职称11人，高层次人才4人，平均年龄37岁，进一步改善了全市民革党员的年龄结构和知识结构。2014年，新成立支部1个、支部筹备组2个，对1个支部进行了换届。截至年底，共有支部23个，筹备组4个；共有民革党员542人，其中本科以上学历307人、中级以上职称351人，平均年龄54岁。

在后备干部培养方面，全年共选送8名党员参加了省、市举办的不同层次的培训班，选派2名党员参加省民革宣传工作培训班。在特约人员推荐方面，共推荐3名党员分别担任特约审计员、特邀监察员、安全生产监督员。

6月，市委会组织各基层支部委员和市委会机关工作人员47人到信阳市新县学习培训，通过开展支部工作培训和量化考核指标讲解，进一步提高基层支部委员的政治理论素质和业务水平。各基层组织通过试行量化考核，支部的凝聚力和参政议政积极性明显提高。

【参政议政】 2014年1月，民革郑州市委会对近三年来的参政议政先进集体和先进个人进行表彰，鼓励党员进一步做好参政议政工作。在郑州市政协十三届一次会议期间，市委会领导对党员中的新一届政协委员进行履职动员。在市政协十三届一次会议上，市委会共提交集体提案4件、委员个人提案101件，占大会全部提案的18%。其中市委会集体提案《关于进一步加强网格化社会管理工作的建议》被列为主席督办提案，由市政协主席王璋亲自督办。在市政协第二季度、第三季度常委会上，因提交的调研报告质量好，市委会均被选为口头发言单位，在大会上发言。市委会的创新专委会设置被市政协评为全市政协工作创新奖二等奖，是唯一一个获奖的民主党派单位。

按照郑州市长期坚持的“党委出题、党派调研、政府采纳、部门落实”的工作机制，经反复讨论协商，民革郑州市委确定了两个重点调研课题，其中，就“关于积极推进建立国家丝绸之路经济带郑州论坛”课题成立了由主委担任组长、各副主委担任副组长的调研组，并邀请郑州航空管理学院、河南航空经济研究中心的专家，分成两队先后赴厦门、南宁调研，最终形成《关于积极推进建立国家丝绸之路经济带郑州论坛》的调研报告，报告得到省委常委、市委书记吴天君的批示。市委会全年完成“加快工业标准厂房建设，促进承接产业转移”“关于解决中小微企业融资难问题的建议”“整体谋划郑州地铁文化建设，展示良好城市精神风貌”“关于整合物流资源，促进物流行业提升”“进一步完善我市农村土地承包经营权流转体系，促进农业适度规模经营的建议”等6个调研课题。市委会积极开展社情民意收集工作，全年共收集到社情民意150余条。

【社会服务】 2014年，民革郑州市委会在全市“同心”实践基地——登封市唐庄乡举行“同心”实践行动人才招聘会，组织河南八方建筑工程劳务公司、

河南豫景文化传播有限公司等17家企业，为唐庄乡农村剩余劳动力提供就业岗位。同时，市委会还在唐庄乡初级中学为全校师生1000余人举行法律知识讲座，普及“预防未成年犯罪”专题法律知识。出资2万余元，在唐庄乡制作25个不锈钢法律宣传栏，根据形势更换法律宣传内容。为更好地向当地群众宣传法律知识，市委会还在唐庄乡举行大型送戏下乡活动。在唐庄乡投资5万元，进行秸秆生物反应堆技术的实验和推广，组织唐庄乡农民20余人到漯河学习考察，并承包唐庄康峰蔬菜大棚进行示范推广。至年底，试点大棚所种蔬菜长势良好，已经收到预期效果。此外，市委会还联系民政部门向唐庄乡捐助价值约15万元的衣物。

为保持民革在书画方面的特色，市委会在第二十四届中国兰花博览会期间，积极组织郑州中山书画院的书画家在国兰精品馆开设专门展厅进行展览，郑州市中山书画院被评为“陈寨花卉杯”第二十四届中国（郑州）兰花博览会先进单位，获得兰文化设计奖。为庆祝南水北调中线干渠正式通水，市委会组织中山书画院的书画家们赴南阳丹江口水源地进行书画采风，并与南阳民革进行交流座谈。

为发挥民革社会法律界人士的优势，市委会成立了民革河南省法律维权服务郑州工作站，在民革党员任职副主任的北京大成（郑州）律师事务所挂牌。

各支部积极组织开展以捐资助学、扶贫帮困、医疗下乡、法律援助等为内容的“博爱牵手”活动50余次。如：二七二支部在春节前夕帮扶贫困群众，为他们送去米、面、油等生活用品；惠济一支部为马庄村30多名困难群众开展免费体检；医务支部利用本支部医疗人才集聚的优势，开展多次免费医疗下乡义诊和进社区卫生健康大讲堂活动；二七一支部邀请国内外知名男科专家教授开展关爱中老年男性健康大型义诊活动，省市多家媒体进行报道；金水一支部向郸城县张完乡付庄小学捐赠价值1.2万元的物资；金水二支部向爱天使基金和郑州市儿童福利院捐赠价值近20万元的婴幼儿用品和2万元现金，被省民革评为民革河南省委“同心”实践行动、“博爱牵手”活动先进基层组织。

【促进祖国和平统一】 2014年，民革郑州市委会继续致力于凝聚民族精神，加强两岸文化交流工作。接待了第十三届台湾高校杰出青年赴大陆参访团，安排他们参观少林寺，观看武术表演，并向全体团员赠送了郑州国际少林武术节纪念邮册。邀请民革中央副主席何丕杰参加甲午年黄帝故里拜祖大典，并在第八届黄帝文化国际论坛上致辞。为提高祖统工作水平，市委会安排5名成员参加了民革河南省委举办的祖统工作培训班。

（张 路 郭 存）

民盟郑州市委员会

【概况】 2014年，民盟郑州市委带领全市各级盟组织和广大盟员，认真贯彻学习中共十八届三中、四中全会精神，民盟十一届二中、三中全会精神和中共郑州市委重要会议精神，履行参政党职能，继承民盟优良传统，加强自身建设，各项盟务工作取得阶段性的进展。民盟郑州市委荣获民盟河南省委组织建设工作先进集体、民盟河南省委思想宣传工作先进集体、民盟河南省委参政议政工作先进集体、民盟河南省委社会服务工作先进集体和民盟河南省委“烛光杯”集体组织奖；荣获全市统一战线“立足本职作贡献 改进作风促和谐”演讲比赛二等奖。文艺支部被民盟中央授予先进基层组织荣誉称号；新郑总支、管城总支等6个支部获得盟省委活力支部荣誉称号。盟员中有8人次获得省级以上荣誉，27人次获得市级以上荣誉。其中张志华获得全国优秀科技工作者荣誉称号、河南省科学技术进步一等奖、河南经济年度十大创新人物和郑州市第十二批专业技术拔尖人才，何建新被评为河南省优秀青年科技专家和河南省学术技术带头人，张晓红获得河南省医学教育优秀教学成果一等奖，李迪获得“同心同行迎国庆”先进事迹报告会活动先进个人。

【思想建设】 2014年，民盟郑州市委以学习贯彻中共十八届三中、四中全会精神和中共中央总书记习近平的系列重要讲话精神为主线，紧密结合实际，广泛开展调研活动，以主委会、市委会、座谈会、培训会和外出考察等形式，深入开展坚持和发展中国特色社会主义学习实践活动，不断增强盟员对中国特色社会主义的道路自信、理论自信和制度自信。9月，由郑州市委统战部主办、民盟郑州市委承办的迎国庆“凝聚共识 增强三个自信”书画展在郑州市博物院开展，展出书画作品150余幅。

4月，民盟郑州市委主委朱专兴带领民盟内人大代表、政协委员和民盟市委委员等60多人赴兰考举办骨干盟员暨新盟员培训班，深刻学习了焦裕禄事迹和公仆精神。6月，民盟中央组织部副部长蔡葵、民盟河南省委副主委柳锋波等6人莅临民盟郑州市委调研基层组织建设工作，并与民盟郑州市委领导及部分盟员进行了全面细致的盟务工作交流。通过学习交流进一步统一了思想，交流了经验，增强了盟员自觉维护多党合作和政治协商制度的责任感和使命感，以及盟员履行参政议政职责的自觉性、主动性和创造性。

8月，民盟郑州市委召开了十二届五次全会（扩大）会议。民盟内人大代表、政协委员、民盟市委委员、基层组织负责人和民盟市委机关全体人员等70余人参加会议。郑州市政协副主席、民盟郑州市委主委朱专兴主持会议并讲话。会议学习了《习近平总书记在中共中央政治局第十六次集体学习时的讲话》《省委书记郭庚茂在党外人士座谈会上的讲话》和《省委常委、市委书记吴天君在市委中心组学习时的讲话》，通报了民盟郑州市委2014年上半年工作情况及下半年工作打算，宣读了《民盟社情民意及信息工作》实施方案。

11月，民盟郑州市委在郑州市社会主义学院举办骨干盟员暨新盟员培训班，民盟内人大代表、政协委员，民盟市委委员、基层支部负责人及部分新盟员共110余人参加培训。培训班邀请中央社会主义学院统战理论教研部主任李金河、省委党校社科研究室副主任王松德、民盟河南省委参政议政调研处处长于全敬等讲课，内容既有对当今重大方针政策的深刻解读，也有对民主党派如何加强自身建设、更好地履行参政党职能的意见和建议。通过学习，参训盟员进一步增强了政治理论水平和参政议政能力。

【组织建设】 2014年，民盟郑州市委继续推进“人才强盟”战略，进一步打牢组织工作基础。认真贯彻落实盟中央“人才兴盟、人才强盟”战略，把人才发展作为组织建设的第一要务，在注重政治素质、保证质量、优化结构的基础上，按照政策，严格程序，加大高层次高素质人才的发展力度，新发展了53名政治素质好、业务能力强、有代表性的知识分子，为盟组织注入新的活力。新发展盟员中，12人具有高级职称，3人具有博士学历，3名院（校）长；高层次人才17人，占总数的32%。

截至年底，全市民盟盟员1086人，基层盟组织43个。盟员中各级政协委员、人大代表61名，其中全国政协委员1人；省人大代表3人，省政协委员3人；郑州市人大代表5人（常委1人），市政协委员24人（副主席1人、常委5人）。多名盟员受聘担任市县特约监察员、检察员、审计员和教育督导员等。中级及以上职称盟员占总数的85%以上，本科及以上学历盟员占总数的61%以上，硕士及以上学历盟员占总数的8%以上。

深入基层支部，推动基层组织建设。2014年，民盟郑州市委紧紧抓住民盟中央在全盟开展“基层组织建设年”活动这一契机，狠抓基层组织建设。向基层支部发放了40余份《基层组织情况调查表》，对基层组织在开展支部活动、盟费收支情况、党盟关系和组织发展、基层组织建设方面存在的问题和困难等情况进行了调研，形成了《关于我市民盟基层组织建设情况的报告》，并上报民盟河南省委。根据有关规定与基层组织实际情况，民盟郑州市委对四中支部、二十四中支部进行了换届。为表彰先进，增强基层支部和盟员参加盟务活动的积极性，民盟郑州市委进行了“先进支部”和“优秀盟员”评选活动，对2013年度16个先进集体和67名优秀盟员进行了表彰。

【参政议政】 2014年，民盟郑州市委紧紧围绕郑州市委、市政府的中心工作，整合智力资源，就中共十八届三中、四中全会决定，以及郑州市实施“十二五”规划的重点问题、郑州航空港经济综合实验区建设和申建郑州自由贸易园区的关键问题做好工作，推动全市信息化和工业化深度融合、工业化和城镇化良性互动、城镇化和农业现代化相互协调的发展进程；就生态文明建设、巩固和加强全市农业基础地位、充分发挥区位比较优势等重大问题，扎实调研，积极建言；继续做好促进教育、改善民生等方面的参政议政工作。

民盟郑州市委主委、全国政协委员朱专兴在全国政协会议上提交了《建议国家优先选择郑州作为内陆型自由贸易园区试点，让郑州成为联通内陆与世界的重要门户》等4件建议和提案。其中《建议让肥料监管有法可依》提案在2014年3月21日《人民政协报》刊登；《建议国家优先选择郑州作为内陆型自由贸易园区试点，让郑州成为内陆与世界的重要门户》提案，受到《郑州日报》记者的专访并发表。市“两会”期间，盟员中的政协委员向市政协提交了30篇提案、意见或建议，其中《加快建设郑州市规划展示馆的建议》和《找准定位，发挥优势，积极申建郑州自由贸易园区》等作为大会发言受到有关领导的好评，《我市农村生态文明建设中存在的问题与对策》等提案得到市政府的重视。

2014年，民盟郑州市委向盟省委报送9篇调研报告，其中《关于加快旅游产业大发展大繁荣的建议》《开发乡村生态旅游，助推城乡一体化发展》《加快建设郑州市规划展示馆的建议》被民盟省委采纳，作为重点提案上报省政协；《努力促进社会充分就业，推进我省和谐发展》的文章被民盟省委推荐参加民盟中央民生论坛；申报民盟省委参政议政调研课题，获民盟省委立项1个。

民盟郑州市委积极落实“党委出题、党派调研、政府采纳、部门落实”的工作机制。通过广泛征集，充分协商，确定了2个重点调研课题，成立专题调研小组，制定调研方案，形成了《关于加快推进郑州市产业集聚区建设与发展的调研》《关于促进郑州市学前教育健康发展的调研》。同时，民盟市委积极组织盟员对全市中小微企业融资问题进行调研，形成了《关于中小微企业融资问题的调查与建议》。

坚持社情民意协商座谈会制度，全年共组织盟员中的人大代表、政协委员及专家定期召开9次社情民意协商座谈会，向全市各基层盟组织下发了征集社情民意通知，征集社情民意26份。专家们的发言是民盟郑州市委参政议政的重要依据，同时还以专报、信息等形式向民盟省委、市政协和中共郑州市委统战部反映。为充分激发盟员参政议政积极性，加强社情民意信息的收集、整理、报送工作，努力提高信息数量和质量，建立健全了参政议政绩效考评机制。截至第三季度，民盟郑州市委上报民盟省委社情民意47篇，有15篇被采纳；向市政协报送了社情民意47篇；向中共郑州市委统战部报送了社情民意47篇，有17篇被采纳。

【社会服务】 2014年，民盟郑州市委在社会服务工作中坚持“继承传统、发挥优势、因地制宜、服务群众”的方针，为全市新农村建设、职业教育、社会公益事业发展开展一些有意义的活动。

爱心捐助。5月，响应民盟中央的号召，扎实推进民盟“烛光行动”，民盟河南省委、民盟郑州市委在新郑市举行薛店镇民盟烛光小学落成捐赠公益活动，民盟郑州市委出资50万元帮助援建薛店镇民盟烛光小学，并向学校捐赠了体育用品、多媒体教具等物品。11月，民盟郑州市委在登封市唐庄乡初级中学举办了“同心书屋”图书捐赠活动，丰富农村中学师生的文化生活，提升唐庄乡初级中学的教育教学质量和水平，促进城乡教育均衡发展。

书画为民。春节来临之际，民盟郑州市委组织十余名省会知名书画家到登封市唐庄乡中心社区开展送文化下乡暨义写春联活动。书画家们现场义写对联600多副，受到当地群众的热烈欢迎。

帮贫扶困。11月30日，民盟郑东总支的十余名盟员带上自筹资金5500元购买的50套加厚棉被、加绒被罩、加绒床单等慰问品，到航空港区最偏远的冯堂敬老院，给老人送去温暖。12月3日第22届国际残疾人日，盟员关骊将出资15万元培育的导盲犬赠送给盲人岳林英，这是她个人出资训练的第四只导盲犬。荥阳支部政协委员丁永林拿出2万余元救助失学儿童和贫困大学生，政协委员蔡雪贵在重阳节向幸福园孤寡老人捐款3万元。

公益讲座。7月，中国共产党建党93周年之际，民盟郑州市委在登封市唐庄乡初中举办中小学教师心理辅导报告会，缓解中小学教师的心理压力，调整好教师的心理状态。12月，依据民盟中央和民盟河南省委的“黄丝带”帮教精神，民盟郑州市委和郑州市检察院在郑州未成年犯管教所联合举办“黄丝带”帮扶活动，邀请国家心理咨询师郝敬红为管教所未成年人员作心理健康辅导报告。

【机关建设】 2014年，民盟郑州市委把加强机关建设、提高专职工作人员综合素质作为重要内容来抓，以打造“和谐机关”“服务型机关”为目标，进一步建立健全岗位目标责任制、机关办公会议制度、机关学习制度、考勤制度、慰问老领导和离退休干部制度，以及为老盟员过生日制度等。全年共看望慰问家庭困难、住院盟员80余人次，给70岁以上老盟员过生日20余人。对机关处室工作实行量化管理，责任到人，极大调动了机关工作人员的积极性、主动性和自觉性。

（朱珊珊）

民建郑州市委员会

【概况】 2014年，民建郑州市委会深入学习贯彻中共十八大、十八届三中、四中全会精神和中共中央总书记习近平系列重要讲话精神，以围绕中心、服务大局为主线，全面加强自身建设，认真履行参政党职能，各项工作呈现出团结和谐、昂扬向上的良好态势，市委会连续6年荣获民建省委目标考核先进市级组织第一名。

【思想建设】 2014年，民建郑州市委会积极开展主题教育活动，进一步推进思想建设。

学习贯彻十八届三中、四中全会精神。市委会引导会员认真学习十八届三中全会《关于全面深化改革若干重大问题的决定》和四中全会《中共中央关于全面推进依法治国若干重大问题的决定》，把学习贯彻全会精神作为当前和今后一个时期的重要政治任务来抓，做全面深化改革的支持者和参与者。

深入开展坚持和发展中国特色社会主义学习实践活动。一是举行“拥抱春天”总结表彰联欢会，全市200多名民建会员共同回顾了市委会2013年的工作和取得的成绩，对2013年度先进支部进行了表彰。二是牢牢把握坚持和发展中国特色社会主义、实现中国梦这一主题，举办了“立足本职作贡献 改进作风促和谐”演讲比赛，并承办了全市统战系统的演讲比赛。三是接待了30多名台湾柯蔡宗亲代表到新郑黄帝故里祭拜祖先，为两岸人民的文化交流作出贡献。四是中心组成员前往江西省吉安市考察，学习井冈山精神，进行革命传统教育和爱国主义教育。五是组织市委委员、基层组织负责人等29人赴重庆、贵州参观中国民主党派历史陈列馆、四渡赤水纪念馆，重温历史、牢记传统。六是组织会内书画界人士参加郑州市统一战线迎国庆“凝聚共识 增强三个自信”书画展，组织会员参与郑州市统一战线“同心共筑中国梦”征文活动、先进事迹报告会等活动。七是承办了全市各民主党派、工商联和无党派代表人士联合中心组第31次集中学习，邀请中国军事科学院专家讲授了“国际形势与南海局势”“现代化的国防建设”等内容。八是组织民建界别政协委员参加纪念人民政协成立65周年系列活动，报送纪念人民政协成立65周年征文4篇、书画摄影作品5幅，以及庆祝中华人民共和国成立65周年廉政书法作品3幅。通过这些活动进一步激发了广大会员的政治热情，巩固了全体会员的政治道路认同、奋斗目标认同、文化价值认同。

积极推动理论研究工作。在民建省委理论研究工作座谈会上，市委会再次荣获重点理论研究课题优秀组织奖，1篇理论成果被评为优秀成果二等奖，2篇理论成果被评为优秀成果三等奖。理论委员会围绕建会70周年，探索参政党建设发展规律，特别是围绕履行参政党职能的经验和规律开展研究，向民建省委报送理论文章11篇，1篇被评为二等奖，市委会被评为优秀组织奖。理论研究委员会成员赴重庆进行了为期3天的学习，重温了各民主党派在中国共产党领导下团结合作、风雨同舟的历史，并与民建重庆市委就民建理论研究工作的现状、问题和工作方法进行交流沟通。

加大宣传力度。利用市委会网站积极宣传中共的方针政策和民建上级组织精神，及时报道市委会的工作动态、基层支部丰富多彩的活动和会员在各行各业的风采。全年编发各类动态信息60余条，其中，民建中央网站采用12篇，省民建网站采用17篇，根在中原网站采用8篇。会员的先进事迹、采访报道等在《河南日报》上刊登1篇，《大河报》上刊登2篇，《东方今报》上刊登4篇，《河南商报》上刊登1篇，《郑州晚报》上刊登3篇，其他市级媒体、网站上刊登4篇。市委会被民建省委评为2014年新闻宣传先进单位一等奖。

【组织建设】 2014年，民建郑州市委会突出重点，积极稳妥地推动组织建设。全年共发展新会员18人，其中本科11人、硕士研究生以上2 人。截至年底，全市共有会员567人，其中男会员365人、女会员202人，平均年龄54岁；本科以上文化程度310人，占全体会员的54.67%；具有中高级职称者318人，占全体会员的56.08%；经济界会员475人，占全体会员的83.77%。

加强后备干部队伍建设。市委会从民建的实际情况出发，结合人大、政协和基层组织负责人等多方面、多层次的人才需要，确定了后备干部培养的目标和措施，特别是加强了对骨干会员的物色、考察、培养、选拔和动态管理，形成了层次错落、配置合理、资源充裕的后备干部队伍。全体副主委参加了民建省委举办的市级组织副主委培训班，市委会先后输送20名中青年骨干会员参加省社会主义学院、民建省委、市委统战部举办的相关培训，进一步增强了会员的政治把握能力、参政议政能力、组织领导能力和合作共事能力。

加强组织方面的交流。市委会领导及部分市委委员参加了由民建河南省委组织的市级组织（北片）工作座谈会，主委代表市委会作了《发挥会员主体作用、加强市级组织建设，切实有效履行参政党职能》的专题发言，得到与会领导和各市级组织的高度评价。驻会副主委参加了民建全国市级组织专职副主委培训班，主委参加了全国市级组织主委工作会议，分别就基层组织建设、会务工作等与参会人员进行了交流。一年来，市委会分别与吉安民建、济南民建、厦门民建等进行会务、组织、调研等方面的交流，进一步提高了会务工作能力。

加强基层组织建设工作。省政协副主席、民建省委主委龚立群率调研组到市委会调研基层组织建设工作，对市委会和各支部所取得的成绩给予充分肯定。市委会召开基层组织负责人学习班，学习了《陈昌智主席在民建十届八次中常委会议上的讲话精神》《民建全国市级组织专职副主委培训班学习内容》《民建全国市级组织建设研讨会精神》，并就各支部活动开展情况和下一步工作进行了交流。按照《民建郑州市委基层组织考核方案》的要求，对各支部2013年各项工作的完成情况进行考核。召开2013年度总结表彰大会，通过表彰先进，发挥典型示范作用，在基层组织中开展学优赶先活动。各支部结合自身特点，开展内容丰富、形式多样、健康有益的活动，大大增强了基层支部的凝聚力和活力。

【参政议政】 2014年，民建郑州市委会注重质量，进一步提升参政议政水平。

开展专题调研。2014年市委会重点调研课题是“关于进一步完善郑州航空港经济综合实验区配套设施建设”和“关于郑州市非物质文化遗产保护与传承”。调研委围绕“关于进一步完善郑州航空港经济综合实验区配套设施建设”课题，由主委带队，实地考察了郑州航空港区申报大厅、郑州新郑综合保税区、郑州航空港区中心学校、恩平湖广场等地；围绕“关于郑州市非物质文化遗产保护与传承”课题，调研委奔赴西安、成都，先后走访了汉长安城遗址、陕西省非物质文化遗产陈列馆、大唐西市丝绸之路风情街、金沙遗址博物馆等，并分别与西安、成都市政府有关部门和非物质文化遗产保护中心负责人进行了座谈，形成两篇高质量的调研报告，提交市委、市政府。调研委围绕航空港区投融资平台建设问题、开展地下水回灌与保护地下水资源进行专题调研，分别形成《促进港区投融资平台建设 构建现代航空大都市》和《开展地下水回灌 保护郑州地下水资源》的调研报告，提交市政协二、三季度常委会，供各级部门决策参考。

组织会员积极建言献策，反映社情民意。市“两会”期间，以市委会名义提交集体提案3件，其中《加快电子商务与物流协同发展 打造郑州都市区新的经济增长极》被列为2014年市政协主席重点督办提案，《关于创新小微企业金融支持模式，促进我市小微企业健康发展》被评为2013年度优秀集体提案。

会员中的人大代表、政协委员积极参政议政，建言献策，分别就交通、城市建设与管理、环保、教育等方面提出建议、提案50余件。会员提案《关于加快健全新生病残婴儿救助体系》被确定为市政协十三届一次会议重点提案，3件个人提案被评为2013年度优秀个人提案。会员提案《建议食品中规范使用添加剂和化学原料，确保食品安全的提案》被评为省政协十一届一次会议优秀提案。市委会召开了民建界别政协委员履职述职大会，对委员进行考核，会员中共有9名政协委员被评为郑州市政协2014年度优秀委员。

会员反映的意见、建议1篇被《人民日报》采用，2篇被《人民政协报》采用，1篇被民建中央采用后又被全国政协《政协信息专报》采用，1篇被省政协采用，8篇社情民意被省民建采用。

参与、配合民建省委重点专题调研。省政协副主席、民建省委主委龚立群带领调研组莅郑，就“提高自主创新能力，大力发展现代装备制造业”进行专题调研，市委会积极参与，联系相关部门召开座谈会，给予有力支持。积极参加民建省委2014年调研成果征选工作，提交了《民营担保机构健康发展若干问题的研究》调研报告。

【社会服务】 2014年，民建郑州市委会整合资源，进一步增强社会服务成效。

抓好“同心”实践活动。市委会围绕全市统战系统“同心”实践基地建设，号召广大会员捐款近50万元在民建中央的思源工程基金下设立了郑州“同心”助学专项基金，定向分期分批资助唐庄乡贫困大学生，全年向26名大学生发放助学金5.2万元。

开展献爱心活动。市委会在新郑市观音寺镇王行庄小学举行“冬日暖阳爱心相连”活动，捐赠电脑、书包等价值5万元的物品。开展捐助脑瘫孤儿活动，各支部会员、会员企业捐款2.71万元，购买了尿不湿、奶瓶、米粉等物品，救助汝州金庚医院的脑瘫孤儿。

企工委顺利换届。召开了企业工作委员会第三届换届大会，产生新一届企业工作委员会，带领非公经济会员在做大做强自己企业的同时，积极服务地方经济发展；积极承担社会责任，塑造民营企业家的良好社会形象，使企业工作委员会成为广大会员企业家凝心聚力、共谋发展的纽带，反映民意、参政议政的平台，交流合作、强企致富的桥梁，为国出力、为会增光的集体，回报社会、奉献爱心的基地。

为企业会员服务。市委会推荐1名企业会员参加民建中央投融资企业工作经验交流会，就缓解中小企业融资难问题进行交流探讨；组织企工委一行8人赴美国进行为期20多天的深度学习考察，取得了金融资本运作的经验，为民建会员企业走出国门、走向国际市场提供了新的渠道；组织企工委一行12人赴宁波进行5天的学习考察，通过参观培罗成集团等优秀会员企业，学习浙商创新的经营理念、管理模式及人才机制，并与民建宁波市委就企业工作委员现状、开展工作经验、如何凝聚企业会员力量、会费资金管理等进行交流座谈；组织5名企业会员参加“2014（第十六届）中国风险投资论坛”，交流了经验，拓宽了视野；组织4名会员参加“全面深化改革 助力民企发展”暨“新思路、新成果、新模式”特别峰会，推动豫、浙两地民营企业交流合作与共赢发展，探索新的经济增长点。

2014年，广大会员积极开展社会服务活动，投入扶贫资金84.95万元，向灾区捐献款物21.38万元，捐资助学48.16万元，开展“三下乡”活动14次，会员企业吸纳劳动力2036人，开展各种培训讲座2519人次。此外，援建村文化室3个，投入资金8.5万元；援建学校1所，投入资金5万元。

（百金丽）

民进郑州市委员会

【概况】 2014年，民进郑州市委坚持以中国特色社会主义理论体系为指导，深入学习贯彻中共十八大、十八届三中全会、十八届四中全会和中共中央总书记习近平系列重要讲话精神，认真落实民进中央和民进省委提出的各项任务，将坚持和发展中国特色社会主义学习实践活动贯穿于各项工作之中，秉持“有思有行、集智聚力、顺势而为、开拓创新”的工作方针，以组织建设为年度工作主题，全面加强自身建设。围绕市委、市政府的中心工作，积极参与以郑州航空港经济综合实验区为统揽的郑州都市区建设。

截至2014年年底，全市共有民进会员488人。其中，女会员283人；平均年龄52岁；大专以上文化程度的会员455人，占会员总数的93%；具有中高级职称的会员442人，占会员总数的91%；教育界别会员357人，占会员总数的73%。

【思想建设】 2014年，民进郑州市委以开展坚持和发展中国特色社会主义学习实践活动作为凝聚政治共识、深化政治交接、加强思想建设的重要举措，组织广大会员认真学习，不断提升会员的素质和能力。结合庆祝新中国成立65周年、迎接民进成立70周年和民进郑州市委成立20周年，加强多党合作和民进优良传统教育。

4月20日，民进河南省委开明论坛在郑州首站开讲，郑州大学公共管理学院教授、民进会员秦闻一作了题为《学习民进会史的认识》报告。郑州市统战系统开展坚持和发展中国特色社会主义学习实践系列活动，市委会在“坚持多党合作 共创美好未来”知识竞赛中，获得团体二等奖，会员马宇亮、刘瑞峰分别获得个人二等奖；在“同心共筑中国梦”征文活动中，会员张玲的征文《民主党派能够发挥更多更好的作用》获得二等奖，孙东周、王勇超的征文《坚定不移跟党走高举旗帜创未来》，禹淑莲的征文《中国的明天关系着你我他》分别获得优秀奖；在“同心同行迎国庆”先进事迹报告会中，会员闫荣获得“先进个人”称号。10月9日，民进郑州市委邀请中央社会主义学院李金河教授，为2014年郑州市党外骨干成员培训班、党外青年干部培训班和新阶层人士培训班等3个主题培训班的全体学员，以及市委统战部、各民主党派市委、市工商联机关的工作人员作了《中国特色社会主义参政党》的辅导报告。11月8日，组织会员参加民进河南省委举办的学习实践活动知识竞赛，分别获得1个一等奖、2个二等奖和4个三等奖。11月13-16日，民进郑州市委在组织市委委员、各基层支部主委赴杭州、南京考察调研期间，召开了民进郑州市委学习贯彻十八届四中全会精神专题座谈会。

【组织建设】 组织建设是民进郑州市委会2014年度的工作主题。市委会以“抓重点，固根本，稳基础”为核心，以领导班子建设为重点，以人才队伍建设为根本，以基层组织建设为基础，在广泛深入调研的基础上，集中梳理问题、解决问题，完善相关制度，推出组织工作新举措，切实增强了组织合力。全年共发展新会员21名，平均年龄39岁。其中，本科以上学历者18人，占86%；中、高级职称者17人，占81%。

1月19日，民进郑州市委举行了中国民主促进会郑州市第四届委员会第五次全体（扩大）会议，审议通过了主委张民服代表民进郑州市委员会所作的工作报告，并形成了《中国民主促进会郑州市第四届委员会第五次全体会议决议》，明确了全年组织工作的基本思路；4月13日，民进郑州市委组织市委委员、支部主副委和会员中的市人大代表、政协委员，赴郑州大学与民进郑州大学委员会开展学习交流活动；4月20日，民进郑州市委召开基层支部主委座谈会，就《中国民主促进会基层组织工作暂行条例》提出修改意见；6月15日，民进中央副主席刘新成、秘书长高友东一行莅临民进市委机关进行调研，并对郑州市委会的工作予以肯定；12月21-22日，举办支部主委和新会员培训班。

2014年，选派优秀会员参加民进全省骨干会员培训班、民主党派干部培训班、民进河南省委参政议政骨干会员培训班、全市党外骨干成员培训班、全市党外青年干部培训班、民进全省第四批骨干会员培训班等，共计18人次。

【参政议政】 2014年，民进郑州市委紧紧围绕全面深化改革和推进法治中国建设等国家重大部署，以“两发挥，两完善，一整合”为切入点，进一步发挥专委会在参政议政工作中的支柱作用，更加完善调研课题申报、立项制度。积极发挥会内特邀监察员和安全监督员的作用，将参政议政与民主监督职能有效结合，不断提高参政议政水平。

5月29日和9月3日，市委会分别组织部分市委委员和会员中的人大代表、政协委员，赴郑州航空港经济综合实验区人社局和市河务局进行调研，并最终形成了市委会向市政协第二季度、第三季度常委会提交的调研报告《航空港实验区人才工作调研报告》《关于高效利用黄河水资源保障我市生态水系建设的调研报告》，并在两次常委会上分别作了重点发言。

9月5日，市委会组织会员赴郑州市中小企业服务局就全市中小企业融资问题进行调研，完成市委会承担市委统战部调研课题《关于进一步改善我市中小微企业融资状况的调研报告》。

10月17日、11月5日，市委会组织会员赴许昌、焦作，就基础教育教师队伍建设情况进行调研，上报民进省委的调研课题“关于基础教育教师队伍建设与培养情况的调研报告”被列为2014年省委会重点课题。

11月13-16日，民进郑州市委组织市委委员、各基层支部主委一行40余人，赴杭州、南京考察调研当地文化产业发展情况，整理形成《民进郑州市委关于我市文化产业发展的报告》，得到了省委常委、市委书记吴天君重要批示。

在省、市“两会”上，民进界别人大代表、政协委员共提交提案53件、建议9条，涵盖教育、医疗、城建、旅游、出版等多个方面，为助推郑州市经济社会发展提供了参考。其中会员李建霞《关于航空港区规划、建设、教育、医疗、卫生、基础设施的建议》，被确定为全市12个主席督办提案之一。

2014年，市委会再次被民进河南省委授予“全省参政议政先进单位”称号；会员张强、冯静、许睿、张阳、李建霞、汪德峰6人被评为优秀政协委员；4件提案被评为优秀委员提案。

【社会服务】 2014年，民进郑州市委会坚持“发挥优势、突出特点，创新内容、注重实效”的社会服务工作方针，充分发挥基础教育的人才优势，突出文化教育社会服务特点，为郑州市的“四个文明”建设作出贡献。

5月30日，民进郑州市委领导带领机关工作人员赴郑州经开区列子小学开展“六一”儿童节慰问活动，向该校捐赠了一批价值3500余元的体育用品；6月5日，民进市委为唐庄三小捐建“开明书屋”1座，共计捐赠图书1500册，价值3.5万元；8月4-7日，民进市委举办“‘同心实践’教育帮扶·唐庄乡学校校长及骨干教师培训班”，邀请心理咨询专家为30名校长、教师进行教师心理技能培训；11月26-27日，民进市委组织开展“‘同心助学’手拉手活动”，分别为金水区沙口路小学与登封市唐庄乡第一小学、郑州经开区列子小学与唐庄乡第二小学搭建“手拉手”交流平台，促使双方结成“手拉手”互助学校，226名小学生结成“手拉手”小伙伴，为学生赠送价值2.56万元的文具，并组织学生共同参观郑州市科技馆，观看《科技梦·中国梦》展览；12月6-7日，民进市委举办“‘同心实践’教育帮扶唐庄乡小学语文教学培训班”，邀请民进市委委员、郑州市教育局教研室小学语文学科主任、特级教师、市政协委员许睿为34名唐庄乡小学语文教师进行专题培训。

2014年，市委会荣获民进河南省委授予的“全省社会服务工作先进单位”称号。

（戴 兰）

农工党郑州市委员会

【思想建设】 2014年，农工党郑州市委高度重视坚持和发展中国特色社会主义学习实践活动，精心规划，周密实施，学行一致，不断增强广大党员“三个自信”，增强广大党员担当中国特色社会主义事业亲历者、实践者、维护者、捍卫者的政治责任。

建章立制保障学习实践活动成效。市委六届六次全会审议通过了《关于坚持和发展中国特色社会主义学习实践活动的方案（2014-2017）》，对今后五年的学习实践活动做了总体安排。随后市委相继印发了《中国农工民主党郑州市委员会关于坚持和发展中国特色社会主义学习实践活动的实施方案（2014年）》《农工党郑州市委关于成立坚持和发展中国特色社会主义学习实践活动领导小组及办公室的通知》《关于在坚持和发展中国特色社会主义学习实践活动中建立联系点的通知》《关于对开展坚持和发展中国特色社会主义学习实践活动情况进行常态督导的通知》等几个配套文件，细化年度方案，明确目标任务，建立保障机制，做到有安排，有督导，既全面铺开，又有示范点引领。

多种形式扎实推进学习实践活动开展。4月8日，市委主要领导带领市委委员、支部主任，到兰考学习焦裕禄精神，推动农工党郑州市委坚持和发展中国特色社会主义学习实践活动深入开展。4月18日，农工党郑州市委召开坚持和发展中国特色社会主义学习实践活动推进会，对学习实践活动进行再动员再部署。市委主委、副主委分别深入联系点指导工作，对学习实践活动进行常态督导。各支部按照市委的实施方案，组织开展了各具特色的学习实践活动。农工党惠济支部、二七支部、市一院支部、中心医院支部等支部分别召开专题会议，贯彻落实上级学习实践活动有关精神；农工党管城支部、一院支部、二院支部、三院支部到黄河交通学院开展调研，举办学习实践活动座谈会，坚定了党员坚持和发展中国特色社会主义的政治信念。

积极参与丰富学习实践活动内涵。5月，选送4名党员参加农工党河南省委“中国梦 农工情”演讲比赛；组织党员130余人参加省委举办的坚持和发展中国特色社会主义知识竞赛初赛，并组成代表队参加决赛竞答；组织党员200多人聆听了“农工党省委开展坚持和发展中国特色社会主义实践活动”巡回演讲，组织党员120余人参加了农工党中央在郑州举行的“中国梦·农工情”巡回演讲报告会。市委承办郑州市统一战线坚持和发展中国特色社会主义学习实践系列活动“同心共筑中国梦”征文活动。共收到来稿155篇，评出一等奖10篇、二等奖20篇、优秀奖30篇，出版了征文集《郑州市统一战线同心共筑中国梦——征文获奖作品集》。党员王祖超获得一等奖，吴保卫、孙阔、黄明获得二等奖，王游媛、曹少亭获得三等奖。二七支部王祖超的《牢记职责、心系百姓、甘于奉献，为中国梦添光增彩》获得先进事迹报告会一等奖，惠济支部李杰作为代表参加演讲比赛，王新华、牛冬霞、许东霞的书画作品入选书画展进行参展。

【组织建设】 2014年，农工党郑州市委多措并举，不断加强自身建设，提升各级组织政治素质。

坚定政治方向，强化共同思想基础。中共十八届四中全会召开后，市委会及时下发了《关于学习贯彻中共十八届四中全会精神的通知》。11月18日，农工党郑州市委召开学习十八届四中全会精神座谈会，收到良好效果。采取理论中心组学习、专题培训、宣讲辅导、集中讨论、案例教育等方式，组织广大党员认真学习中国特色社会主义理论体系、《中共中央关于全面推进依法治国若干重大问题的决定》和中共中央总书记习近平系列重要讲话精神，以及统一战线理论和多党合作光辉历史、方针政策、理论知识，不断提高广大党员干部的思想理论水平。学习宣传工作委员会不断提升《郑州农工》办刊水平，全年共出版《郑州农工》杂志4期。把《前进论坛》《郑州农工》作为农工党员加强学习的重要途径，《前进论坛》在职党员订阅率达100%，市委被评为农工党中央2014年度《前进论坛》发行工作先进单位。

建设合格班子，推动工作全面发展。市委会领导班子坚持参加郑州市各民主党派、工商联、无党派代表人士联合中心组学习，不断提高班子思想水平、理论修养和履职能力。进一步加强市委对各基层组织的工作指导和联系，切实掌握好基层组织中干部和党员队伍状况，指导帮助基层开展组织活动。

加强组织建设，激发各级组织工作活力。按照“三个为主”的原则，严把质量关，有计划发展知识层次高、代表性强和社会影响大的中青年骨干入党。全年共发展党员27人，平均年龄40.7岁。其中本科学历者15人，研究生以上学历者12人，硕士9人，博士1人；高级职称者10人；医药卫生界16人、环保界2人、人口资源界2人，主体界别党员占74%；高层次人才19人。截至年底，全市共有党员566人，基层组织25个。12月下旬，组织市委委员及部分参政议政骨干党员到中央社会主义学院学习，中央社院等单位的专家教授作了11场专题报告，高质量完成培训任务。10月8-9日，在郑州市社会主义学院举办新党员培训班，对新党员进行中国共产党领导的多党合作和政治协商制度、参政党建设理论、农工党党史系统培训，增强了新党员政治把握能力。在郑州市社会主义学院举办了反映社情民意工作培训班，通过对基层组织班子成员和信息员的培训，增强了社情民意信息工作的针对性。

着眼长远发展，加强后备干部队伍建设。加强对后备干部的管理，建立后备干部档案，充实和完善后备干部人才库，全年共选送2人到省社会主义学院学习、7人到市社会主义学院进行培训，提高政治素质，坚定理想信念。建立代表人士队伍数据库，实行动态管理。对发展有潜力的成员、预发展成员，根据“适度数量、优化结构、素质优良、作用突出”的原则，进入储备人才库，夯实建设高素质参政党的人才基础。

组织多种活动，关心广大党员生活。春节期间，市委会领导专门慰问历届老主副委，征求他们对市委会工作的意见和建议。“三八”妇女节组织女党员听讲座、看电影，充分体现了对女党员的关爱。重阳节组织离退休老党员赴绿源山水赏秋色、观美景，陶冶情操。基层支部多次举办调研联谊活动，如管城支部组织党员到郭亮村参观；七院支部组织党员参观芦氏医药荥阳生产区和现杰医药研究所，调研祖国医药、非物质文化遗产的现状。

立足本职工作，建功平凡事业异彩纷呈。一年来，广大党员在各自专业领域和工作岗位取得优异成绩。全市农工党员中担任省、市各专业委员会的主任委员、副主任委员50余人，在国家、省部级核心期刊发表论文30余篇、专著3部，取得科研成果多项。宋建利获得河南省“三八红旗手”荣誉称号，刘敏被评为河南省卫生教育工作先进个人，王岩青获得省医学科学技术二等奖1项，杨潇远获省医学科技进步奖二等奖1项，段学军获得河南省教育厅科技成果二等奖1项，穆强主编的《家庭急救手册》获得河南省科技厅2014年优秀科普读物三等奖，曹悦等15人被评为市级先进个人。

【参政议政】 2014年，农工党郑州市委紧密围绕中共郑州市委、市政府的重大决策和中心工作，充分发挥优势，着力服务科学发展，促进经济平稳较快发展和社会和谐稳定。

在协助调研中展示良好形象。12月2日，全国人大常委会副委员长、农工党中央主席陈竺带队，就农村医疗卫生事业发展、村医队伍建设工作到惠济区、金水区开展专题调研。5月13日，农工党中央专职副主席龚建明一行到农工党郑州市委百千万农村计生家庭健康行动计划服务基地惠济区爱康服务中心调研，对农工党郑州市委工作给予高度评价。

在政治协商中书写有为有位。在中共郑州市委召开的党外人士座谈会上，农工党郑州市委提出了《尽快出台〈加快郑州市休闲农业发展指导意见〉》《在郑州航空港经济综合实验区、惠济区、荥阳市建设花卉苗木生产基地》等意见和建议，得到中共郑州市委书记吴天君批示，并交有关部门和县（市）区落实。

在大力调研中提升建言质量。参政议政调研委员会年初按照“党委出题、党派调研，政府采纳、部门落实”的机制，选定调研课题，组织精干力量，成立调研组，深入调研。市委主要领导指导制定调研方案，经常带队开展专题调研。5月，农工党郑州市委调研组对郑州航空港经济综合实验区都市生态农业规划进行调研，撰写了调研报告《高起点规划和建设郑州航空港经济综合实验区现代都市生态农业的建议》，提交郑州市政协十三届三次常委会作书面发言，此建议大多内容已被吸纳到《郑州航空港经济综合实验区现代都市生态农业规划》当中。9月，农工党郑州市委组织调研组对郑州市生态水系建设工作进行调研，撰写了调研报告《关于郑州生态水系治理范围内土地利用现状的调查与建议》，在郑州市政协第十三届四次常委会上作了大会发言。11月，市委组织市委委员、支部主任等骨干成员，由市委主要领导、中共郑州市委统战部领导带队赴重庆、成都、西安考察休闲农业，撰写了《农工党郑州市委赴重庆、成都、西安等地学习休闲农业考察报告》，得到中共郑州市委书记吴天君批示。

在聚力发展中铸造精品提案。在郑州市政协第十三届一次会议上，农工党郑州市委共提交9件集体提案，29件个人提案。《关于“失独”家庭生存现状及救助对策的建议》被评为优秀集体提案，王祖超的《关于加强学校周边环境综合整治，营造安全健康的学校环境的建议》、张道库的《关于大力推进中小企业的转型升级，建设生态郑州的建议》、毋心灵的《关于给环卫工人一个暖心的落脚地的建议》被评为优秀提案，王岩青、吴营昌、潘泽林等8名党员被评为优秀政协委员。在郑州市第十四届人民代表大会第一次会议上，吴予红、宋建利、胡亚兰、吴亚楠、李淑霞5名人大代表提交了《关于加强郑州市雾霾天气治理的建议》等9件个人议案（建议）。

在建言献策中赢得党委赞誉。各基层支部根据各自实际情况开展调研活动，多渠道参政议政。一院支部组织党员开展调研，所形成的调研报告《关于促进我区农村经济发展 农民增收的建议》和《关于加快我区新型城镇化建设的建议》被中共管城区委统战部收录到《管城回族区各民主党派调研文集》；二七支部每半年开展一次“议政日”活动，通过市、区政协委员上交提案建议十余件，撰写了关于《二七区计划生育失独家庭基本情况调查》《二七区新农合现状调查的调研报告》；管城支部积极开展调研，提交了《郑州农村水污染受害者社会救助机制调研及对策建议》和《把睡眠呼吸机纳入医保报销范围》的建议。王新华被郑州市监察局聘为特约监察员，刘建勋、刘永新被郑州市安全生产监督管理局聘为特约安全生产监督员。

【社会服务】 2014年，农工党郑州市委整合资源，充分发挥界别优势，不断拓宽服务路径。社会服务委员会制定活动方案，认真组织实施，社会服务工作取得了新的进展和成绩。

建立服务基地，提升计生家庭健康“同心”行动计划。根据市委会《百千万农村计划生育家庭健康“同心”行动计划（2012.08-2017.08）》的实施方案，做好年度目标分解。在惠济区爱康服务中心建立农工党郑州市委百千万农村计划生育家庭健康“同心”行动服务基地。4月18日，服务基地揭牌仪式在惠济区爱康服务中心举行，发挥农工党在医疗卫生领域的智力优势，依托爱康中心这个平台，组织专家队伍深入基层，为惠济区的农村计生家庭提供优质服务。

丰富活动内涵，铸造“同心实践行动”农工特色品牌。按照《关于开展“同心”活动的实施方案》，精心谋划、倾力打造具有农工党特色的“同心”品牌。在登封市唐庄乡雅新园艺农场建立农工党郑州市委新型城镇化引领“三化”协调科学发展“同心”实践基地，并组织专家开展帮扶，为雅新园艺农场争取项目资金500多万元；为登封市唐庄乡争取农业项目资金2000多万元，得到中共郑州市委统战部领导好评；组织医疗专家到唐庄乡王河村委会，开展坚持和发展中国特色社会主义学习实践活动义诊服务。

定点专题帮扶，惠及城乡社会各界芸芸众生。农工党市委围绕定点帮扶和专题活动，开展多种形式的社会服务。第七届“中国环境与健康宣传周”期间，在郑州市惠济区爱康服务中心举行宣传义诊活动；与农工党河南省委联合举办第二十六届中国“国际科学与和平周”启动仪式，并以市中医院支部党员为主体在郑州五一公园举行大型义诊活动；在二七区福华街街道小赵砦社区举办医疗服务进社区活动，为社区居民提供义诊服务，免费发放常用药品价值6000余元、宣传手册7000余份，受益群众3000余人。

活动丰富多彩，展现基层组织社会服务成果。基层各支部根据各自的实际情况，分别开展了形式多样的社会服务和社会公益活动。市直二支部邀请专家到中牟县韩寺镇农业科技区域中心站举办送科技下乡活动，支部主任张锡铖、委员王景枝到中牟县建设路幼儿园举办健康知识讲座，到中牟县春晖社区为社区居民进行义诊等；市直四支部先后6次组织成员到新郑市观音寺镇沂水寨、梨河镇七里堂村讲解高血压的防治，到薛店镇常刘社区、南关福利院讲解何谓冠心病、肩周炎；惠济支部到迎宾路街道英才社区进行义诊；中原二支部与中医院支部联合组织党员到荥阳市王村镇竹园村开展义诊送药活动，党员李现杰捐赠的药贴价值2万余元；二七支部组织退休老党员进行免费健康体检，在铁道家园社区开展送医送药活动；二院支部到荥阳市槐西社区开展义诊活动；管城支部到管城区东关南里社区开展送医送药活动；六院支部到登封市希望文武孤儿院，为96名孤儿进行免费体检和义诊；七院支部到远大理想城社区、新郑好想你集团等地开展义诊活动；疾控中心支部组织党员到新密市袁庄乡开展健康知识宣传活动；妇幼支部组织党员先后9次到文峰社区、金祥幼儿园，讲解儿童常见病的预防及治疗；人民医院支部王岩青在全省14个县（市）开展儿童先心病筛查，到新疆哈密地区支边义诊；三院支部、骨科医院支部、上街支部党员多次下社区及郊县进行义诊、科教宣传。

（张亚平）

九三学社郑州市委员会

【概况】 2014年，九三学社郑州市委深入开展坚持和发展中国特色社会主义学习实践活动，按照“思想上坚定、履职上坚实、组织上坚强”的参政党建设目标，紧紧围绕市委、市政府中心工作，着力加强履行职责能力、自身建设能力和协调执行能力建设，努力提高参政议政、民主监督和社会服务水平，积极开拓社会服务新领域和新途径，以促进科学发展、推进改革深化、保障民生福祉为着力点，为建设“富强郑州、文明郑州、平安郑州、美丽郑州”作出贡献。

【思想建设】 2014年，九三学社郑州市委深入学习贯彻中共十八届三中、四中全会精神，认真开展坚持和发展中国特色社会主义学习实践活动。制定开展坚持和发展中国特色社会主义学习实践活动方案，通过深入开展活动，不断巩固多党合作的共同思想政治基础，增强全社的凝聚力、向心力和社会影响力。

（一）深入学习贯彻中共十八届四中全会精神。中共十八届四中全会召开后，社市委分别召开座谈会，组织领导班子成员、基层组织负责人、2013年度社务考评优秀基层组织负责人和社员深入学习会议精神，并要求各基层组织制定详细的学习方案，组织广大社员认真学习，把学习全会精神与学习中国特色社会主义理论体系、中共中央总书记习近平系列讲话精神，以及推进全面深化改革、坚持和发展中国特色社会主义学习实践活动相结合，深入思考，切实增强“三个自信”。

（二）认真开展坚持和发展中国特色社会主义学习实践活动。社市委围绕“传承优良传统”“提升能力素质”“改进工作作风”“推进同心实践”4个专题，开展“传承政治薪火 增强‘三个自信’”专题教育活动，举办“学社章讲同心”专题研讨会。通过开展形式多样的活动，引导广大社员深刻领会优良传统的精神实质，营造传承优良传统的良好氛围，投身“同心”实践，聚力民生和谐，服务社会发展。

（三）积极参与2014年郑州市统一战线坚持和发展中国特色社会主义学习实践系列活动。社市委承办了郑州市统一战线“同心同行迎国庆”先进事迹报告会活动，社市委获优秀组织奖，社员刘文革被评为先进个人。此外，有80余人参与了其他活动，社市委对其中表现突出的23名社员予以表彰。

【组织建设】 2014年，社市委着力在提高社员的整体素质、推进基层组织建设、加强后备干部队伍建设、增强组织凝聚力等方面下功夫，创新机制，规范管理，不断提升组织建设水平。社市委被社省委评为2014年度组织工作先进集体。

（一）严把入社关，组织发展不断添活力。社市委坚持组织发展“三个为主”的原则，规范程序、保证质量、优化结构。全年举办入社积极分子培训班2期、新社员座谈会2次，发展社员35名，平均年龄38岁。其中博士后1人、博士3人、硕士5人，高级职称者12人；科技界15人，占43%；医药卫生界11人，占32%；高等教育界1人，占3%；政府机关界4人，占11%；其他界别4人，占11%。

（二）领导班子建设进一步加强。社市委坚持主委会学习制度，学习中共的各项方针政策、领导重要讲话、相关会议精神，按时参加各民主党派、工商联、无党派人士联合中心组学习。继续推进班子成员分工合作机制，主、副委根据分工，主动联系分管专委会和基层委员会，积极协助，相互配合。

（三）积极推荐市政协委员和人大代表。为配合郑州市人大和政协的换届工作，社市委按照中共郑州市委换届办的要求，从多个渠道推荐政协委员和人大代表候选人，通过协商和选举， 25名社员被确定为市政协第十三届委员会委员，其中常委7名。3名社员当选市人大代表，其中人大常委会副主任1名。

（四）进一步加大骨干社员培训力度。市委会加强对市委委员、基层组织负责人、专委会负责人及骨干社员的培训工作，选派1人参加中共中央统战部第31期民主党派干部培训、1人参加中共河南省委统战部第14期民主党派干部培训、8人参加九三学社河南省委骨干培训、1人参加市委统战部党外青年干部培训、5人参加市委统战部党外骨干成员培训，进一步提高了骨干社员的政治素质和参政议政水平。

（五）基层组织活力不断增强。各支社依据社省委《支社开展活动规范》，结合自身实际情况，制定支社活动计划，设立“支社活动日”，确定活动主题，创新活动形式，充实活动内容，突出活动特色，基层组织的凝聚力和向心力进一步增强。多个基层组织开展了丰富多彩的活动，如管城基层委员会组织老社员到中国农科院郑州果树研究所参观，中原四支社组织社员比拼包粽子欢度端午节，高新二支社举行“走进企业”主题活动，管城一支社组织老社员采摘蔬菜，二七一支社、高新二支社、管城四支社召开工作会议传达社市委会议精神等。

（六）专委会充分发挥职能。各专委会结合自身特色，进行调查研究，形成调研报告22份，社市委择优确定为社市委集体提案及大会发言材料。此外，各专委会还开展了其他活动，如宣传委员会协助社市委承办了

2014年郑州市统一战线“同心同行迎国庆”先进事迹报告会，科技委员会和农业委员会承办社市委“同心”实践活动，参政议政委员会协助社市委确定调研课题、审查调研报告，妇女委员会组织女社员在“三八”国际妇女节观看电影，老龄委员会组织老社员参观新农村社区。

【参政议政】 2014年，九三学社郑州市委进一步整合参政议政的力量，充分发挥组织优势、渠道优势、智力优势，深入实际，围绕中心、服务大局，做好调查研究，收集社情民意，认真履行参政议政职能。社市委被社中央评为2014年度议政成果贡献奖二等奖，被社省委授予2014年度参政议政工作先进集体称号。

（一）提案工作成效显著。社市委围绕中共郑州市委、市人民政府中心工作，关注社会热点、难点问题，积极组织广大成员进行调查研究，开展多层次、多方位的参政议政活动，以参政议政为核心，打造高品质的建议提案。在市“两会”上，共提交集体提案3份，委员个人提案48份、建议3份。其中，委员个人提案3件被列为市政协重点督办提案，分别是郑高飞《关于完善和推进社区居家养老的建议》、冯常生《关于“文化郑州”建设中突出“黄河文明”特色定位、打造城市文化名片的建议》、刘本彩《关于延长地铁运营时间的建议》。

郑高飞提出的《关于加快河南省新型城镇化建设的建议》获省政协优秀提案。郑高飞执笔的社市委集体提案《关于加强我市新型工业化建设的建议》、薛明月《关于加大郑州市居家养老、社区养老步伐的建议》、王淑勤《关于加强废旧电池的回收利用和无害化处理的建议》获市政协优秀提案。

（二）专题调研有深度。为了更好地完成2014年中共郑州市委下达的重点调研课题“关于加快发展郑州公共文化服务的调研”“关于完善和推进社区居家养老的调研”，社市委成立了专题调研组，拟定调研计划，并就郑州市的基本情况、存在的主要问题进行了深入细致的调研。为借鉴先进城市的经验和做法，专题调研组分别赴合肥、南昌、苏州、宁波、杭州进行调研。调研形成的报告《关于对我市文化产业发展的建议》获中共郑州市委书记吴天君批示。

（三）社情民意质量高。社市委注重发挥社情民意信息员作用，邀请专家对信息员队伍进行培训，报送的信息质量明显提高。全年向九三省委、市政协、中共郑州市委统战部等报送社情民意信息120余条。社员王霞《推进国企混合所有制改革的建议》被社中央采用，并上报中共中央统战部和全国政协；徐英《养老金领取资格认证方法可探索增加银行比对》被省政协采用；冯常生《城乡一体化进程中新农村建设发展模式》获省政协副主席、社省委主委张亚忠批示。

（四）社市委下发调研课题。社市委根据社省委、中共郑州市委、市政协、中共郑州市委统战部的工作部署，结合党派实际，多方沟通，确定调研题目、调研任务，以社市委文件形式下发。社市委继续推行领导班子成员分管专委会和领题调研制度，加强对专委会调研课题的研究和指导力度，召开参政议政工作会议，讨论确定各专委会和基层委员会重点调研课题20个。全年各基层组织共上报调研报告28份，社市委筛选出合适的调研报告用作集体提案及大会发言材料。

（五）推荐特约人员发挥监督作用。经与中共郑州市委统战部及相关单位充分沟通协商，4名社员担任郑州市特约监督人员，张祖勤被聘为郑州市特邀监察员，崔学晨被聘为郑州市特约审计员，冯常生、徐英被聘为郑州市安全生产特邀监督员。他们积极参与行风评议、调查研究、明察暗访等监督活动，促进政府职能部门工作作风的转变和服务水平的提升。

【社会服务】 2014年，九三学社郑州市委发挥广大社员智力优势，拓展路径、整合资源，促使社会服务工作内容充实、形式多样，持续提高社会服务效能。

（一）郑西科技合作搭建新平台。为充分发挥党派特色，探索社会服务的新方式，社市委与社西安市委签订了九三学社郑西科技合作协议，双方正式建立了长期科技交流与合作关系，开展包括科普、教育、学术交流等多种形式的活动，为两地经济社会发展献计出力，共创九三学社社会服务的良好品牌。

（二）强力推进“同心”实践活动。经多方协商，社市委确定位于登封市唐庄乡的河南省雅新园艺有限公司为“同心”思想实践基地，并举行了同心·果树生产技术服务基地揭牌仪式。副主委郑高飞、刘崇怀率队进行实地考察，结合该公司的实际生产情况，研究制定了2014年度“同心”实践行动实施方案，组建了果树生产技术服务团，并与基地加强联系，5次到雅新园艺有限公司进行技术指导，举办1期技术培训讲座，组织基地的人员多次到果树所参观学习，进一步提高了基地员工技术水平。

（三）积极开展送科技下乡活动。社市委携手郑州果树研究所举办了第三届河南省葡萄生产技术交流会，邀请来自北京、上海及河南的多名专家作研究与技术报告，对葡萄的生产技术进行讲解，河南省及周边地区的葡萄科研及生产一线的300余位代表参加了会议。社市委组织专家对上街区冯沟村50多户果农进行技术培训，切实提高果农依靠科技种植和科技致富的能力。

（四）召开“国际科学与和平周”座谈会。为庆祝第二十六届“国际科学与和平周”，社市委与社郑大委员会联合召开座谈会，围绕民主科学与依法治国的主题开展座谈，弘扬民主科学传统，立足本职工作，促进科技发展。

（五）指导基层组织开展“百名专家进百村”活动。社市委引导基层组织，深化“百名专家”进百村、进社区、进企业送科技活动。管城基层委员会与管城区科协、南曹乡科技办在南曹乡南曹村联合举办“崇尚科学反对邪教，健康生活注重养生”等科普知识讲座。妇女委员会、金水一支社联合相关单位共同举办了系列健康进社区义诊活动。中原五支社在郑州老年大学东区分校为老年人讲授健康讲座10次，深受老年人赞扬。金水一支社携手大石桥法律服务所共同举办了多场法律咨询活动。

（六）建功立业成绩优异。一年来，广大社员立足本职岗位，积极履行职责，取得了突出成就。2人获社中央表彰，1人获省政协表彰，4人获社省委表彰，10人获市政协表彰。10人获省厅级科技奖项，6人获省厅级表彰，12人获市级表彰。3人晋升正高级职称，2人职务晋升。社员共出版专著3部，发表论文40余篇。

【思想宣传工作】 2014年，社市委以“坚持和发展中国特色社会主义学习实践活动”为主线，创新思维，开拓新路，着力加强思想宣传工作。

（一）办好《九三郑州社讯》和网站，加大宣传工作力度。社市委全年编印《九三郑州社讯》2期，采用稿件90篇。开辟学习实践活动专栏，刊发相关稿件6篇。及时更新社市委网站，内容不断丰富，点击率不断提高，进一步扩大了九三学社的良好社会影响。

全年共向各级各类媒体等报送宣传稿件80余件，其中史百岭《郑开大道高危路段全线安全升级》被《人民政协报》采用，社市委《弘扬民主科学精神 加强依法治国理念——社市委召开学习中共十八届四中全会精神座谈会》在《东方今报》刊发。

（二）积极参与各类征文活动。为社中央思想建设研究中心组织的全面深化改革与共同体意识研讨会、社中央第九届“九三论坛”、社省委坚持和发展中国特色社会主义学习实践活动论坛、中共河南省委统战部“同心·话苑”、市政协纪念人民政协成立65周年等和各类活动征集文章10多篇。

【机关建设】 2014年，九三学社郑州市委以量化考核为抓手，切实提升机关执行能力。社市委机关坚持周一例会制度，学习有关文件和会议精神，总结安排工作。起草社市委年度工作台账及《2014年度九三学社郑州市基层组织（基层委员会、支社、专委会）社务工作评价细则》，注重评价结果对履行职能、自身建设的典型引领作用，对基层组织、骨干社员的正向激励作用，以及对整合资源，提高组织化、整体化水平的导向作用。为社务工作成绩优秀的组织和个人提供更多参与社务工作的机会和更广泛的发展平台，组织2013年度考核优秀的基层组织负责人和社员，赴苏州进行考察调研及社务工作交流，进一步提升其综合素质。建立了郑州九三QQ群，充分借助现代媒介手段，开展好各项社务工作。

（尚秋霞）

工商联

【概况】 2014年，郑州市工商联深入学习贯彻党的十八届三中、四中全会精神和习近平总书记系列重要讲话精神，紧紧围绕市委的战略决策和工作部署，围绕市委市政府中心工作，牢牢抓住“两个健康”工作主线，深化“两个教育”实践活动，突出特色、强化服务、勇于创新，切实转变作风，带领全市各级工商联组织和广大非公有制经济人士以饱满的热情、求真务实的态度，扎实推进各项工作的开展，全面完成了十七届三次执委会议部署的各项工作任务，荣获省工商联2014年度目标考核特等奖。

【思想政治建设】 2014年，市工商联按照市委部署，坚持把党的群众路线教育实践活动与抓好“四信”教育相结合，与日常工作相结合，扎实开展“两个教育” 活动，取得了明显成效。在“两个教育”活动中，一是按照上级要求成立了领导小组，召开了动员会，下发了实施方案。二是通过中心组理论学习、党支部专题学习、组织参加专题辅导报告会、开展典型示范和警示教育等形式，不断提升党员干部的思想认识。三是多次深入行业商会、异地商会、街道办事处、企业等地听取民声，通过设立意见箱、开通电子邮箱、开设网站专栏、发放调查问卷等形式征求意见。四是深刻剖析问题，针对征集到的意见和建议深入分析、梳理、归纳，制定整改措施，坚持真抓实做、立查立改。五是建章立制，巩固成效，把任务落实到具体责任人，确保教育实践活动达到预期效果。活动中，共开展形势报告、政策宣讲、教育培训活动121次，1.5万人参加；组织民营企业观摩考察活动78次，2370人参加；为企业解决实际困难和问题987个，建立完善为企业服务的平台和载体72个。3月份，全省“四信”教育活动推进现场会专门在郑州市召开，省工商联对郑州市“四信”教育活动给予了充分肯定。7月31日，全国政协副主席、全国工商联主席王钦敏莅郑调研商会建设工作并视察市钢贸商会，对郑州市“四信”教育活动开展情况给予了高度评价，并称赞“四信”教育典型——郑州市钢贸商会为“最具中国特色的商会”。

各县（市）区工商联分别结合实际，采取多种措施推动“两个教育”活动深入开展。荥阳市工商联将“四信”教育活动列入年终工作考评，作为长效机制抓好、抓实。新密市工商联编发简报15期，上报活动信息近200条，开设活动宣传专栏50多个，营造了浓厚氛围。中原区工商联通过会办刊物《征帆》详细报道“两个教育”活动的历程。

【调查研究】 2014年，面对经济发展新常态、新形势，市工商联围绕经济社会热点和非公有制经济发展特点认真开展调查研究，撰写了一批贴近实际、可操作性强的调研报告、提案和民企社情。一是积极引导人大代表、政协委员参政议政，全年上报各类提案和建议27条、集体提案1条，已全部立案。其中提案《规范承兑汇票业务，支持中小企业发展》获省工商联优秀提案奖，《认真履行职能，积极参政议政》在市政协举行的“庆祝人民政协成立65周年”活动中作为先进经验进行了交流。二是采编、撰写并向省工商联上报商会党建典型案例30余篇，其中《党旗红、企业兴、双赢之路靠引领，抓覆盖、聚合力、两新花开香满园》被全国工商联采用并在全国推广。三是通过调研撰写了一批高质量的调研报告，其中《关于“提高污水处理厂标准，保证排入河道的中水达到景观水标准”的调研报告》获省工商联优秀调研成果二等奖，《关于郑州市商会发展情况的调研报告》等5篇调研文章得到市委和市政协有关领导的批示。四是积极参与配合全国、省工商联在郑州市开展的小微企业监测、民营企业转型升级调研活动，为企业增强转型升级动力、坚定发展信心做出了努力。在省政协副主席、省工商联主席梁静带领的调研组开展“企业投资自主权和示范项目第三方评估”调研活动中，组织各级工商联负责人和企业家代表100余人参加座谈，收集调查问卷50余份，被全国工商联采纳38份，为国务院出台相关政策提供了参考依据。

【服务会员】 一是加强教育培训。制定出台了《郑州市工商联2014-2017年教育培训工作规划》，先后组织会员参加了十八届三中、四中全会精神学习班和豫商讲堂等系列学习培训活动。全年组织培训活动25次，培训会员6000多名，提高了会员综合素质。其中，河南康利达集团出资300万元承办的“首届中原名企品牌战略发展高端峰会”上，邀请了世界著名品牌建设专家、牛津大学教授谭保罗讲解品牌建设、发展、管理等方面的经验，政府、企业界相关人士4600多人参加学习，引起社会各界关注，受到了省市领导和广大会员的一致好评。二是发挥宣传阵地作用。对工商联网站进行升级改版，及时更新网站内容，上传各类会务活动信息2000余条，并分

2014年7月31日，全国政协副主席、全国工商联主席王钦敏视察郑州市钢贸商会

2014年3月23-25日，全国工商联副主席庄聪生在郑州视察调研

别被《中华工商时报》《河南省工商界》《郑州统战信息》等报刊刊发，“根在中原”网站、省工商联网站、“中原焦点”网站等予以转载。全年在省级以上报刊发表文章信息15篇、市级以上报刊发表11篇。积极参加市委统战部组织的“同心同行迎国庆”先进事迹报告会、“同心共筑中国梦”等系列活动并获优秀组织奖。市工商联被省工商联授予“2014年度全省工商联系统宣传阵地建设先进单位”荣誉称号。市钢贸商会在“全省工商联系统十大亮点工作”评选活动中获奖。三是加强协调沟通，打造服务平台。加强与市工信委和工商、税务、质监、人社、金融等职能部门的联系，组织召开多场银行与商会、企业的见面会，钢贸商会、温州商会、泉州商会等商会和直属会员企业的负责人与银行直接见面商谈融资事宜，推动了企业进一步做大做强。各县（市）区工商联分别开展了银企对接活动。金水区工商联联合区金融办推进“金融超市”一站式金融服务平台建设，收集了44家企业的融资需求信息，通过线上服务、线下指导，确保资金用到位，发挥最大的效益；市花卉商会通过银企对接平台，帮助70多家会员企业解决资金8000多万元。通过一系列活动，缓解了广大会员企业的融资困难。

【经贸交流】 2014年，市工商联通过会务招商、合作招商等手段开展招商引资活动，组织会员参加了省工商联、省商务厅、省工信委、市商务局、市中小企业局等多个部门主办的各类经贸活动28个，参加人员1300余人次；全年完成项目合作26个，总投资额近100亿元。一是积极参加各类经贸活动，在甲午年黄帝故里拜祖大典活动中，邀请到来自香港、上海、深圳等地的企业36家，其中全国民营百强企业4家、行业百强企业12家，圆满完成了邀商任务和接待工作，被组委会评为先进邀商单位；在2014中国（郑州）承接产业转移会上，协助10家会员企业完成项目签约，签约资金28.6亿元；在“河南省民营企业100强”发布活动中，积极推荐会员企业参加评选，12家企业榜上有名。二是以行业商会、异地商会进行招商。在第八届中国（河南）国际投资贸易洽谈会上，向全国各地工商联、各城市友好商会发出邀请，走访了北京、深圳、广州、珠海等地的商会组织和知名企业，努力创造合作机会。三是组织会员企业参加河南省电子商务工作座谈会、全市中小微企业座谈会、百名粤商河南行等座谈交流活动，参加人员200人次，了解政策形势，学习先进经验。四是实施“走出去、请进来”战略，组织会员参加了“中国光彩事业信阳行”“民营企业龙江行”“全国民营企业与国企改制天津行”“丝绸之路经济带商会合作峰会”等一系列招商活动；驻会领导分别带领会员赴温州、毕节等地，开展交流和招商。五是组织会员参观郑州通航试验区、郑州上街智能电气产业园、五云山开发等项目，与当地企业家进行了交流，为县区非公有制经济发展增添活力。

【光彩事业】 2014年，市工商联积极鼓励、引导非公有制经济人士履行社会责任，投身光彩事业，弘扬光彩精神。一是将“百企帮百村”工作融入新型城镇化建设和新农村建设，引导和推动民营企业参与其中。截至年底，全市参与新农村建设的帮扶企业126家，达成结对村数119个，建立帮扶项目64个，累计投入帮扶资金约21亿元。市工商联副会长企业、河南省顺泰达置业有限公司在参与城中村改造项目中，出资购买商住房5万平方米用于安置拆迁户，改善了当地群众的居住环境。二是组织会员企业为郑州市“同心”实践基地——登封市唐庄乡建设投资金、引项目、提供就业岗位，康利达集团、三全食品、四方达公司等21家企业先后投入资金1100余万元，有效地推动了“同心”实践活动开展。三是在“郑州慈善日”活动中，康利达集团、日产汽车、众兴置业等会员企业积极参与，全市工商联组织累计捐款3100余万元。在省工商联举行的“光彩圆梦”助学活动中，康利达集团、金马工贸等会员企业共捐款1500多万元，资助学生9560人，位列全省工商联系统第一名。四是与市总工会、人社局、教育局联合开展“民营企业招聘周”活动，180余家会员企业提供就业岗位6000余个，近万名毕业大学生和待业人员参加，达成用工意向2839个。

市工商联主席企业、河南康利达集团全年为光彩事业捐款1210万元，分别用于救助贫困学生、困难群众等；市工商联副主席企业、郑州陈砦花卉市场有限公司先后捐资30余万元，解决了当地100余名村民子女的上学难问题。各县（市）区工商联积极组织会员企业参与光彩事业。登封市工商联组织会员企业捐资150多万元，救助了361名贫困学生；二七区工商联组织87家会员企业提供就业岗位900余个，实际安排就业1000余人；管城区工商联组织13家会员企业举行残疾人招聘会，53名残疾人与用工单位达成意向；上街区工商联组织会员企业捐资160余万元，用于发展当地养老事业。

【组织建设】 一是强基固本，研究制定了《郑州市工商联2014-2017年会员发展和组织建设规划》并认真实施，至年底，全市各级工商联会员总数达到28526个，新郑市、金水区、惠济区3个“五好”商会示范点全部通过省工商联调研组的验收。二是规范行业和异地商会建设工作，使基层商会组织成为联系会员、组织会员、团结会员、服务会员，以及贯彻党和国家方针政策的重要基地。市钢贸商会被评为全国十佳典型服务商会、全国百佳商会。三是推进商会组建和注册工作，先后指导成立了内乡、晋江、开封、针织、鹤壁等5家行业和异地商会。至年底，市工商联直属行业商会和异地商会达44家，其中有16家完成了注册登记。四是积极推进行业、异地商会等社会组织管理体制改革，按照省政府有关要求，配合市民政部门做好市属行业、异地商会直接登记注册工作。

（高明灿 王 科）

人民团体和社会团体

工会

【劳动竞赛建功立业活动】 2014年，全市各级工会组织围绕“三大主体”工作，广泛组织开展劳动竞赛建功立业活动，团结动员广大职工积极投身改革发展主战场，为全面完成郑州都市区建设三年行动计划多作贡献。“五一”节前夕，组织召开了郑州市庆祝“五一”国际劳动节暨建功都市区劳动竞赛动员大会，对38个单位、157名个人进行了表彰，对劳动竞赛进行了动员。在353项省重点建设项目和339个市重点建设项目中开展“五比一创”建功立业施工竞赛，对重点建设项目实行全覆盖。围绕“美丽郑州”建设，在全市各类企事业单位广泛开展“三比两降”节能减排竞赛活动，竞赛覆盖7244家单位90.7万职工。积极举办郑州市第十一届职工技术运动会，全市各行业、单位共申报竞赛工种（项目）196项。广泛开展职工经济技术创新活动，在全市建立劳模（高技能人才）创新工作室176个，规模以上企业全面推行“首席员工”“金牌工人”制度，组织广大职工紧紧围绕企业发展、技术创新献计献策。修订了“安康杯”竞赛活动方案和考核标准，全市报名参赛单位8000余家，参赛职工近100万人。

郑州市工会系统法律法规知识竞赛总决赛在市职工之家礼堂举行

【维护职工合法权益】 2014年，全市各级工会组织突出重点，依法维护职工合法权益。扎实开展“深化‘法律六进’，服务科学发展”法制宣传教育主题活动，会同市法院、人社局、信访局、依法治市办公室，在全市职工中组织开展法律法规学习宣传和知识竞赛活动，做好郑州市工会公益律师团成立的筹备工作。全市近3000家单位、100余万职工参加了法律法规知识培训学习、答题竞赛活动，基层单位组织100多个代表队参加选拔赛。广泛宣传深入贯彻《河南省企业工资集体协商条例》，市总工会开展了全市企业工资集体协商条例宣传月、工资集体协商要约行动月、行业性工资集体协商现场观摩经验交流活动，就进一步规范企业工资集体协商行为、更好地提升集体协商质量、增强集体合同实效专门下发意见，依法推动企业普遍开展工资集体协商。截至年底，全市建立企业工资集体协商制度、签订工资集体合同的企业62997家。各级工会加强区域（行业）职代会制度建设，不断深化厂务公开，抓好职工代表培训工作，在企事业单位广泛开展“公开解难题、民主促发展”主题活动。确定厂务公开民主管理工作重点联系单位70家，培训职工代表师资500名。各级工会积极开展矛盾纠纷排查和风险评估，落实领导干部接待职工来访制度，充分发挥职工信访及“12351”职工维权热线平台作用，做好敏感时期的信访稳定工作。全年市总工会本级共接待调处职工来信、来访、来电887起，涉及职工3581人次，结案率达97.6%。全市各级工会组织共排查矛盾纠纷安全隐患230余起，化解矛盾纠纷110个。各级工会积极参与职业病防治工作，深入开展安全隐患排查治理活动，保障职工劳动安全、生命健康权益。全年全市开展隐患排查治理的企业共26642家，排查出隐患45481项，已整改44628项，整改率98.1%。

【职工服务体系建设】 2014年，全市各级工会组织不断完善机制，构建服务职工工作体系和服务网络。着手构建服务职工工作体系。市总工会成立了工会服务体系建设工作领导小组，就职工服务体系建设和会员服务卡推行工作充分学习外地经验，广泛征求高校专家、县（市）区工会、乡镇（街道）工会和基层企业工会多个层面的意见建议，形成了“一统三分”和“一卡、一线、一网、一中心（站）、一体系”工作思路。郑州市被确定为全省职工服务体系建设试点城市。工会送温暖活动努力做到“全覆盖、普遍访、重点帮”。元旦春节期间，全市各级工会共筹集慰问款物总额1686.2万元，走访387家企业，慰问困难职工、劳动模范和困难农民工1.8万人，为职工提供医疗体检、健康咨询2512人次，为困难职工提供就业培训3787人次，为下岗失业人员提供就业岗位3682个。各级工会持续做好农民工平安返乡、春风行动、就业援助月、女职工关爱、民营企业招聘周、职工互助保障等品牌工作，把困难帮扶与家庭、心理健康、就业创业服务和职工互助活动有机结合，不断提高帮扶服务职工水平。全市各级工会送温暖期间通过包车、帮助购票帮助农民工平安返乡2369人次，“春风行动”组织专场招聘会51次，提供免费服务23012人；全市各级工会开展培训2.39万人，完成省总工会全年目标任务的106%；帮助11360人实现创业或就业，完成省总工会全年目标任务的126%；发放小额借款423万元，

澳门工会联合总会文化委员会职工舞蹈团与郑州市职工艺术团交流演出在市供电公司礼堂举行

完成省总工会全年目标任务的108%；通过小额借款帮助1650人创业和就业，完成省总工会全年目标任务的120%。

【职工思想政治和先进文化建设】2014年，郑州市立足基层，加强职工思想政治和先进文化建设。以“中国梦·劳动美”“凝心聚力跟党走、建功立业绘蓝图”为主题，加强职工队伍社会公德、职业道德、家庭美德和个人品德教育。深入开展“文明郑州职工先行，读书建功圆我梦想”活动，加强劳模选树表彰、管理服务和事迹宣讲，进一步弘扬劳模精神和工人阶级伟大品格，引导全市职工适应时代发展要求，全面提升思想道德、科学文化、技术技能、民主法治、健康安全等方面的水平和社会文明素质，争做建功立业、引领风尚、勤学修德的先锋，争做有智慧、有技术，能发明、会创造的新型劳动者。2014年，市总工会共选树表彰了58个市“五一劳动奖状”获得单位、217名市“五一劳动奖章”获得者，郑州市推荐的143名模范先进人物获得2014年河南省劳动模范和先进工作者荣誉称号，向全国总工会推荐的5名全国“五一劳动奖章”、3个全国工人先锋号均受到表彰。郑州市劳动模范事迹巡回宣讲团征集到各县（市）区、产业、直属基层工会推荐的50名典型劳模事迹。市总工会拟投资1000余万元在富士康郑州科技园建设职工文体活动中心，推动各级工会加强工会文化阵地建设，提升工会阵地的品质和层次，打造职工精神文化家园。

【工会组织建设】2014年，郑州市固本强基，提升工会组织的吸引力、凝聚力。市总工会研究制定了《组建工会和发展会员五年规划（2014-2018年）》和《关于在全市基层工会开展达标创优建立工会工作示范点活动的实施意见》，要求各级工会把党工共建作为贯穿于组建工作的主线，完善乡镇（街道）工会、社区（村）工会、企业工会“小三级”工会组织网络，推动基层工会组织建设向下延伸；坚持独立建会与联合建会相结合，大力发展区域性、行业性工会联合会，切实做好劳务派遣工、农民工入会工作。各级工会贯彻落实“巩固、发展、提高”“会、站、家”一体化工作要求，按照“六有”“六好”标准广泛开展基层工会达标创优建立工会工作示范点活动，努力把基层工会组织建设成广大职工群众信赖的“职工之家”，把工会干部锤炼成听党话、跟党走、职工群众信赖的“娘家人”。截至年底，全市共完成建会2901家，达到目标任务的124.3%；发展会员290463人，达到目标任务的102.5%。分级分类选树表彰全市性的示范工会65个。

【党的群众路线教育实践活动】2014年，市总工会扎实开展党的群众路线教育实践活动，坚持教育实践活动与推动市总工会各项重点工作相结合，活动中强化学习教育，畅通民意渠道，广泛征求意见，深刻查摆问题，收集梳理出的5类31项107条意见由市总工会领导和职能部门逐条对照认领，制定了个性问题立行立改和共性问题专项整改方案措施。注重从制度上解决问题，按照有效管用的要求，对市总工会机关原有的规章制度进行全面梳理，确定废止3项、修订完善23项、重新制定14项，促进作风建设规范化、常态化、长效化。

（郭巍）

共青团

【概况】2014年，郑州共青团以“一条主线 七彩青春”为统揽，即以“投身三大主体 青春建功郑州”为工作主线，以“七彩青春”为主要内容，围绕中心求作为、服务青年促发展、瞄准国内创先进，各项工作迈上了新台阶。全年郑州共青团工作被国家级媒体报道10余次，省市级媒体报道150余次，先后获得全国突出贡献青年文明号活动组织单位、郑州都市区建设三年行动计划长效机制工作先进单位等20余项荣誉。

网络宣传引导工作走在全团前列。率先在全国探索建立了共青团网络宣传引导工作体系，团中央、团省委在郑州市召开现场观摩会。“我的中国梦—奋斗的青春最美丽”青春励志故事会持续提升。全年开展活动2万余场，有效引导青少年持续打牢为实现“中国梦”而奋斗的理想信念。服务郑州都市区建设三年行动计划工作全面深化。深入开展网格青年志愿者、产业集聚区团建、“三走进”等工作，为郑州发展注入青春活力。服务青年创业就业成效显著。打造河南省首家青年创业孵化器，累计发放小额贷款7710万元，实现青年见习上岗8300余人次。“用青春为郑州点赞”首届青少年新媒体大赛新颖多彩，全方位展现了郑州都市区建设的新成果、新变化，通过树立网络青年榜样，传递青春正能量。村级团组织换届全面推进。紧跟全市村“两委”换届步伐，高效推进村级团组织换届工作，全市1800多个村完成换届，团的基层基础更加牢固。发挥青年文明号、青年突击队、青年岗位能手、青年志愿者等共青团品牌项目的服务中心作用，在全市重大项目建设中贡献突出。“青春家园”建设有效推进。务实创新，整合资源，通过多种模式，青少年综合服务平台建设成效凸显，全年共创建青春家园22家。“共青团新型服务阵地建设”理念先进。创新打造青春家园、爱心水站、红色网络家园等新型服务阵地，《中国青年报》头版以《三张地图找到共青团》予以报道。“四位一体”学习制度深入持久。坚持“共青学堂”“读书学习交流会”“写作竞赛”“应知应会测试”学习制度，团干部的知识能力和业务水平进一步提升。

深入开展党的群众路线教育实践活动，强化团干部队伍建设，开展团干部“走进青年、转变作风、改进工作”大宣传大调研活动，完善团干部基层联系点制度，进一步密切了团干部与团员青年的联系。以“四位一体”学习制度为抓手，举办各类学习培训活动58期，培训团干部5000余人次。履行全团带队职责，扎实推进少先队活动课程和辅导员专业化、职业化建设。青联、学联工作蓬勃开展，影响力和凝聚力不断增强。市青少年宫免费开放服务2.8万人次，公益性和服务性进一步凸显。

【青少年思想政治引领】 2014年，郑州市共青团组织始终将抓好青少年理想信念教育作为首要任务，坚持以中国梦、中国特色社会主义理论和社会主义核心价值观为主线，全面加强青少年思想政治引领。一是扎实打牢“中国梦”思想基础。广泛开展“我的中国梦——奋斗的青春最美丽”分享活动、“红领巾相约中国梦”主题队课、“彩虹人生”分享活动等主题活动3万余场，覆盖青少年100多万人次。二是大力培育和践行社会主义核心价值观。以实践育人为基本途径，持续开展“学雷锋”“三下乡”、暑期社会实践等品牌活动，不断深化入队、入团、成人仪式教育，通过“开学第一课”“我为核心价值观代言”等主题活动，引导青少年形成鲜明的社会主义核心价值取向。三是深刻彰显青年榜样力量。成功举办“追寻英烈坐标 传承红色基因”首个烈士纪念日系列活动，开展“郑州市青年榜样”“最美青工”“乡村好青年”评选活动，选树各类青年英雄和模范榜样500余名，强化对青少年的正面引导。

【网络新媒体宣传引导】 2014年，郑州共青团组织以“清朗网络 青年力量”为主题，全力进军网络新媒体，积极开展网络宣传引导工作。一是网络思想引导工作创新突破全团领先。探索建立了“五个一”网络思想引导工作思路，即突出一个宣传主题，筑牢一个实体化阵地，组建一支青年网络文明志愿者队伍，构建一套网站、微博、微信、微刊、手机报为一体的新媒体宣传体系，打造一批“红网”家园。扎实开展网络宣传引导工作，形成了全国领先的工作格局。11月24日，团中央在郑州召开共青团网络舆论宣传引导工作推进会，团中央书记处领导、省市领导和各省级、副省级城市团委书记、团中央相关部门负责人150余人参加，中央电视台《新闻联播》对郑州共青团网络宣传引导工作予以报道。江西、甘肃、长沙、西安等11个省、市团组织专程到郑州市进行学习观摩。二是新媒体宣传平台全面发展。通过各类新媒体平台有效推动了青春正能量的弘扬传播，全年共编发《郑州青年手机报》56期，郑州青少年阳光网发布信息856条，郑州共青团微信331期，各类微博1.5万余篇。郑州共青团官方微博粉丝数已达17万人。8月4日《河南日报》以《凝聚青春“郑”能量》为题予以长篇报道。三是线上线下活动缤纷多彩。举办“用青春为郑州点赞”首届青少年新媒体大赛，通过树立网络青年榜样，建立网上共青走廊，网传青春正能量。全年开展动漫儿童剧展演等线上线下活动100余场，有效服务青少年精神文化需求。

【服务“三大主体”工作】 2014年，郑州市共青团组织紧紧围绕全市“三大主体”工作，主动作为，服务大局作用更加凸显。一是积极投身新型城镇化建设。围绕机场二期工程和地铁二号线、五号线建设等任务，开展各类青年突击队活动200余场。组织青年文明号集体深入重点项目工地，送慰问、送演出、送义诊300余次。持续开展“三走进”活动，邀请青少年代表走进森林、生态廊道、新型社区，全方位感受郑州都市区建设的新成果、新变化。全面参与郑州“四城联创”，开展文明交通、植绿护绿等活动1000余次。二是全力服务现代产业体系构建。积极推动青年文明号创建向电子商务、物流等领域拓展，并在商贸综合体、交通枢纽、旅游景区等区域探索开展“青年文明号区域联创活动”。三是全面参与网格化管理工作。深入推进“网格长+青年志愿者+专兼职团干”的团建模式。持续开展“万名青年志愿者下网格”活动，确保每个三级网格有青年志愿者、二级网格有志愿者服务站，使网格志愿者成为网格化管理工作的宣传者、推动者、服务者。全年共下沉网格青年志愿者1万余人，建立网格团组织3042个，参与团员青年50余万人次。

【服务青少年成长成才】 2014年，郑州共青团组织从向青少年传递党和政府的关怀出发，从密切团青关系的现实需求出发，积极探索服务青年新路径、新载体。

（一）大力促进青年创新创业创优。打造河南省首家青年创业孵化器，为青年提供政策咨询、项目推广、资金申报等“一条龙”服务。深化青年创业小额贷款工作，累计发放小额贷款819笔，合计7710万元。强化青年就业创业见习工作，全年新增创业就业见习基地159个，实现青年见习上岗8300余人次。深入实施农村青年创业兴业人才培训计划，落实培训资金264万余元、培训机构47家，培训农村青年2万余名。

（二）有效维护青少年合法权益。深化青少年法制宣传教育，全年共举办青少年模拟法庭、送法进校园等活动132场，服务青少年10万余人次。持续开展“共青团与人大代表、政协委员面对面”活动，应用新媒体互动收集有关青少年的意见建议189条。自护教育走向规范化、常态化，全年开展各类活动5000余场。推进12355青少年服务台建设，全年接听热线咨询及接待来访2000余次。

（三）持续深化困难青少年群体帮扶工作。大力推进希望工程圆梦行动，募集资金突破232万元，资助446名贫困大学生圆梦。新建希望书屋21座，捐赠图书5万余册。积极开展“温暖冬天 点亮行动”，募集款物总价值153万余元，受益青少年2万余名。

（四）广泛开展青年志愿服务。深化志愿服务年活动，把服务社会与思想引领有机结合，积极参与文明交

“用青春为郑州点赞”——郑州市青年榜样网络评选暨首届青少年新媒体大赛启动

通、春运、爱心助考、郑开国际马拉松赛、首个烈士纪念日等重大活动。同时，创新建设“六位一体”青年志愿者监督员队伍，重点对项目审批、改革任务落实、审批人员作风纪律等进行跟踪监督。全年共向社会提供志愿服务10余万人次、20余万小时，其中“我以我言作你眼”服务项目入选中国优秀志愿服务项目库。

【团的基层组织建设】 2014年，郑州共青团组织夯实基础，狠抓团的基层组织建设，大力推进基础团务创新。一是坚持“强基固本”，全面推进村级团组织换届。借助村“两委”换届契机，落实“党建带团建”工作要求，全面推进村级团组织集中换届选举。至年底，全市1800多个村完成团组织换届选举。二是打造“一街一品”，推进区域化团建。探索建立团市委机关干部联系点制度、县区级团委靠前指导制度，建设区域化团建示范点22个，管城区航东街道团工委区域化团建工作经验入选《团中央街道区域化团建范例选编》。三是围绕“抓大带小”，深化产业集聚区非公团建。以“产业聚集区青春点亮行动”为总揽，建立产业集聚区团工委15个，开展资金引进、技术人才宣传推广活动100余次，引进青年创新型人才200余人。持续推进在城市商贸综合体建立联合团组织，打造非公团建“航母”。不断深化青年文明号、青年岗位能手、青年安全生产示范岗、青年志愿者等“青”字号品牌工作，增强非公团组织的活力和凝聚力。四是突出“源头覆盖”，一体化推进学校团队建设。强化学校团干部、少先队辅导员队伍培训工作，团员干部工作作风和业务能力得到有力提升。依托学生社团有效延展团的手臂，“活力青春汇”等社团展示活动实现全覆盖。五是秉承“服务为先”，打造青春家园服务平台。坚持“不为所有，但为所用”“一园一特色”，在社区、企业、青年社会组织等青年“聚集地”，建设特色各异的团属基层服务阵地22家，建立了纵向（示范点+分园）与横向（社区+企业+青年社会组织）交错并存的格局，探索形成了“青春家园”建设的郑州模式。

（郭鹏飞）

妇女联合会

【概况】 2014年，郑州市妇联面对全面深化改革的新形势和新时期妇女儿童工作的新特点、新要求，明确提出了把握“一个主题”（为实现中华民族伟大复兴的中国梦而奋斗），坚持“一条道路”（中国特色社会主义妇女发展道路），响应“一个号召”（巾帼建新功、共筑中国梦），实施“五大行动”（巾帼建功行动、巾帼维权行动、巾帼关爱行动、巾帼成才行动、巾帼家庭行动），抓好“五大建设”（基层建设、阵地建设、法治建设、道德建设、机关建设），突出“两个重点”（巾帼家庭行动、基层建设），推进“十大项目”（郑州妇女儿童中心建设项目、儿童之家建设项目、妇女儿童发展基金项目、12338妇女维权中心建设项目、妇女儿童工作法治建设项目、妇女儿童实事项目、妇女培训项目、机关形象文化建设项目、信息化建设项目、女性资源资料库项目），实现“一个目标”（河南领头、中部领先、全国一流）的工作思路，有力推动了郑州妇女儿童工作创新发展。全市各级妇联组织按照总体工作思路的要求和部署，脚踏实地、开拓创新，充分发挥服务妇女、组织妇女、引领妇女的作用，团结凝聚全市广大妇女在郑州都市区建设中撑起“半边天”。郑州市妇联先后获得全国巾帼建功先进集体、省级文明单位、河南省三八红旗集体、郑州市2014年度十大实事办理工作先进单位、郑州市组织工作先进集体、郑州市信访工作优秀单位等荣誉近40项。

郑州市庆“三八”表彰大会暨寻找“最美家庭”活动启动仪式举行

【巾帼建功行动】 2014年，全市各级妇联组织积极开展“春风行动”，举办多种形式的女性就业招聘会90场，提供妇女就业岗位2万多个。大力实施“巾帼科技星火工程”，开展农村妇女就业创业实用技能培训178期，培训5万多人；举办贫困地区妇女骨干培训班，培训农村妇女骨干500多名。做好妇女创业小额担保贷款工作，发放贷款2.904亿元，扶持2540名妇女创业发展。做好各类巾帼示范基地创建及基地负责人培训，投入扶持资金60万元。深入开展巾帼建功活动，与市人社局等部门联合评选表彰巾帼文明岗、巾帼建功标兵等先进集体36个、先进个人119人。圆满完成郑州创建全国文明城市21项测评指标所需材料的搜集整理工作。连续4年圆满完成市政府环保目标任务；连续8年开展“巾帼林”义务植树活动；联合市环保局开展“绿色家庭”创建，表彰年度绿色家庭135户，并赠送《东方今报》全年订阅卡。积极开展巾帼志愿服务，共组建巾帼志愿者队伍277支，凝聚巾帼志愿者1.7万多人，深入基层开展志愿服务。主动参与平安郑州建设，积极开展“和睦家庭”创建活动，认真做好反拐、反邪教、禁毒、艾滋病防治和女性帮教等工作，共建平安郑州。

【巾帼家庭行动】 2014年，全市各级妇联组织围绕培育践行社会主义核心价值观，在全市2800多个村、社区依托“妇女之家”深入开展寻找“最美家庭”活动，在全社会形成了“家家议最美、家家学最美、家家争最美”的可喜氛围。共评出市级“最美家庭”标兵户20户，其他各类“最美家庭”390多户；评选县级“最美家庭”940户、社区“最美家庭”1580户。民族英雄杨靖宇儿媳方秀云家庭被评为全国“最美家庭”，马昕家庭被评为省“最美家庭”，15户家庭荣获省“最美家庭提名奖”。在深入寻找的同时，还通过分享“最美家庭”故事、好家规好家训评议等方式，用榜样力量引领群众见贤思齐、崇德向善，自觉践行社会主义核心价值观，使寻找活动成为感动郑州、温暖郑州的生动的全民道德实践。在全市开展把“知识送给母亲”——家庭教育公益大讲堂活动，深入基层举办巡回讲座75场，参与者达4万多人。创新做好未成年人思想道德建设工作，将家庭教育融入“六一”节庆活动，精心设计开展“好妈好爸好家风”——郑州市庆“六一”儿童成果展示活动，展出书法、绘画等优秀儿童作品600多件，吸引了500多名孩子和家长参与；评选表彰700多名好妈好爸、好儿童等先进典型，宋建平、刘刚2名家长入选全国“百名好妈好爸”。

【巾帼维权行动】 2014年，市妇联受理来访来信来电811件721人次，结案率达到98%以上。实施“中彩金”法律援助项目，受理法律援助案件31起。争取资金8万元创新实施12338妇女维权服务中心建设项目，整合专业资源为广大妇女提供法律援助、心理疏导等全方位多角度“一站式”维权服务，该项目荣获郑州市志愿服务项目资金援助工程优秀项目奖。完成全市妇女信访代理工作指导中心、代理中心和代理点挂牌，以及183名妇女信访代理员发证工作；开展争创优秀代理机构、优秀代理员和优秀典型案例等“三优”活动。提前谋划、主动介入，争取市妇联列入郑州市农村土地承包经营权确权登记工作领导小组，直接参与确权登记工作，通过宣传引导农村妇女积极参与登记，维护自身土地权益。

【巾帼关爱行动】 全市各级妇联组织连续5年为全市适龄城乡妇女进行“两癌”免费筛查，全年进行宫颈癌检查154167人、乳腺癌检查103204人；联合郑州慈善总会持续实施“关爱女性”——“两癌”筛查慈善救助项目，全年救助妇女568人，救助金额228.95万元；争取全国妇联“两癌”筛查救助专项基金20万元，救助妇女20人。启动实施“暖心工程”——“为了母亲的微笑”万名特困女性帮扶公益项目，创新开展精准帮扶，动员社会力量对困难女性分期分批开展“一对一”帮扶救助，已帮扶3409人。投入6500万元实施新生儿三大疾病和耳聋基因免费筛查项目，惠及新生儿约10万名。持续实施利海绿色基金“春雨助学”行动和福彩“春雷女童”助学项目，累计投入资金330.63万元，资助贫困家庭优秀女生近2200人。向中国妇女发展基金会争取雀巢婴儿配方奶粉400箱价值75万多元，全部捐赠给市儿童福利院。

【巾帼成才行动】 2014年，市妇联抓住市人大政协换届契机，积极做好女人大代表、政协委员推荐工作，市十四届人大代表中女性当选144人，占总数的25.58%；十三届政协委员中女性当选160人，占29.09%，超过中国妇女发展纲要和省市妇女发展规划确定的25%的目标，创历史新高。提前介入、全程参与第八届村级组织换届，大力争取党委、政府支持，明确农村妇女参选政策要求，换届前后共举办农村妇女换届专题培训班3期，培训妇女骨干近600人。继续实施女性素质跃升工程，全市各级妇联组织以女性素质流动课堂为抓手，广泛开展流动课堂“五进”活动，全年累计培训妇女近30万人次。围绕提升发展能力，在中山大学举办妇联执委高级研修班暨妇联系统干部培训班、在郑州师范学院举办2期“妇女之家”规范化建设专题培训班、承办4期市公务员大讲堂，培训女干部和妇联干部1400多人。大力提升培训水平，先后邀请全国妇联组织部部长张黎明、上海巾帼园总经理周珏珉、北京大学尔雅学堂教授王晶等著名专家教授授课，收到良好效果。

郑州市妇联举办“好妈好爸好家风”——郑州市庆“六一”儿童成果展示暨慰问活动

【基层建设】 2014年，市妇联坚持党建带妇建，在市委组织部支持下扎实开展基层妇联组织建设年活动，着力解决思想、组织、队伍、作风、阵地等方面存在的问题，全面提升基层组织建设水平。在新划入航空港实验区的70个办事处、村进行妇联组织规范化建设，在航空港实验区13个社区工作站全部建立妇联组织；在民进郑州市委和格力电器郑州有限公司新建妇委会，市直妇委会总数达到90个；新建70个“两新”组织妇委会。编印下发《郑州市“妇女之家”“儿童之家”规范化建设指导手册》，对基层妇联组织建设的目标、任务、方法、要求进行明确。开展“妇女之家”示范创建，打造省、市示范“妇女之家”170个，示范妇委会50个，妇女工作示范乡镇、示范村（社区）150个。开展基层组织规范化建设“五个一”活动，充实基层组织活动内容，提升基层服务能力。

【阵地建设】 2014年，市妇联推动“儿童之家”建设项目连续4年列入政府民生工程实事，由市财政投入1000万元新建成100所“儿童之家”。经广泛调研和大力争取，郑州妇女儿童中心成功列入市民公共文化服务区第一期建设项目，建设规模2.5万平方米。积极协调民政局为每个社区解决妇女儿童活动场地80平方米，争取到社区儿童之家公益性岗位5个，为逐步实现“有地方做事”“有人做事”打下良好基础。妇女儿童活动中心充分利用场馆资源，创新打造了“亲爱的爸爸来了”公益亲子活动、“美丽郑州·遇见爱情”公益沙龙等两个公益活动品牌，产生良好反响。

【法治建设】 2014年，市妇联推动市人大常委会做出了《关于加强妇女权益保障工作的决议》，为妇女儿童维权提供了强有力的法律法规保障。充分发挥妇儿工委职能作用，做好妇女儿童两规划指标的监测评估。截至年底，全市妇女发展规划25项量化指标已提前完成11项，占44%；7项完成率在80%以上，占28%。儿童发展规划19项量化指标已提前完成16项，占84.2%；3项完成率在80%以上，占15.8%。广泛开展“三下乡”“三八”妇女维权周集中宣传等普法宣传教育活动，将法律法规普及到基层，送到广大妇女身边，深受基层妇女欢迎。

【道德建设】 2014年，市妇联广泛开展各类评选表彰活动，大力培树妇女先进典型，共评选表彰“三八红旗集体”“巾帼文明岗”等各类先进集体100多个，评选“三八红旗手”“十大杰出女性”等各类先进个人200多名。积极向上级部门推荐各类道德典型。利用报纸、电视、网络等媒体媒介加大宣传，全面展示全市优秀女性风采，引导广大妇女坚定理想信念，弘扬“四自精神”，自觉践行社会主义核心价值观。全年在《郑州日报》推出“十大杰出女性”“十大经济女性”、推进妇女进村“两委”3个专版，在各类媒体宣传报道妇女典型200余条（次）。积极举办面向全市的道德报告会、大讲堂，先后邀请陈艳芳等道德模范和山东孔子礼仪文化学校校长金辉等专家授课，分享感人善举，讲述道德文化，弘扬道德新风。

【机关建设】 2014年，市妇联扎实开展党的群众路线教育实践活动，以作风建设为核心，紧扣“为民、务实、清廉”主题，坚持做到五个“贯穿始终”，妇联干部工作作风有了很大改进。开展省级文明单位重创工作，通过加强领导、加大投入、倡树新风，再次成功蝉联省级文明单位。加强制度文化建设，建立健全机关制度规范28项，形成了完善完备、权责明晰、运转高效的制度体系。加强道德文化建设，举办道德讲堂12期，邀请王百姓等先进人物作报告，潜移默化提升机关干部道德修养。加强形象文化建设，拍摄了1部反映市妇联文明创建成绩的纪录片，编辑出版“让幸福走得更远”系列丛书，建设了机关文化长廊，启动《郑州女性之歌》创作，努力打造形象文化品牌。加强历史文化建设，完成《郑州妇女志（1986-2012）》编修，全面总结近30年郑州市妇女运动和妇女工作的成果经验。优化外部环境，充分利用各类媒体加强新闻宣传，全年开展妇女儿童工作宣传300余次，营造关心妇女儿童的良好社会氛围。加强对外学习交流，先后赴韩国晋州市及上海、重庆、武汉、成都等地学习考察，接待了济源等地妇联组织来访学习。加强信息化建设，新建市妇联微信平台，对市妇联官网进行改版升级，充分利用微信、微博、网站及时发声。微信平台荣获2014年度腾讯河南政务微信最具传播力奖。实施女性资源库建设项目，初步建立了完备的郑州市女性资源库。

【全国妇联主席沈跃跃在郑召开关爱留守儿童工作座谈会】 2014年9月9日晚，来河南调研工作的全国人大常委会副委员长、全国妇联主席沈跃跃，主持召开了由省、市、县、乡、村五级妇联干部参加的关爱留守儿童工作座谈会，听取河南省关爱留守儿童工作情况，强调要进一步学习贯彻习近平总书记重要讲话精神，学习和弘扬焦裕禄精神，切实把联系和服务广大妇女工作落到实处，做实做好关爱留守儿童工作，让更多留守儿童健康快乐地成长。郑州市妇联主席马斐颖作为市级妇联组织代表在会上作典型发言，介绍了郑州市各级妇联组织关爱留守儿童工作的有关情况，并对进一步做好留守儿童工作提出建议。沈跃跃称赞郑州市“从自己的实际出发，真正把关爱留守儿童、关爱留守人员的服务体系建设作为经济社会发展的一项重要工作，作为改善民生的一项实事工程、基础工程来抓，而且越到下面越具体、做得也越实”，表示“听了以后感受很深、很受鼓舞”。

（焦欣园）

市科协邀请国家级社会体育指导员、著名体育运动专家赵之心教授为健康千人行活动作指导

科学技术协会

【概况】 2014年，全市科协系统按照“三服务一加强”的工作定位，围绕市委、市政府“三大主体”工作，推动自主创新，努力为经济社会发展提供科技支撑；加强学会建设，促进学会能力提升；整合科普资源，推动形成社会化科普工作新格局；加强自身建设，努力建好科技工作者之家；以开展党的群众路线教育实践活动为契机，切实加强作风建设。

截至年底，市科协系统共有68个市级学会，13个县（市）区、开发区科协，73个企事业科协，172个乡（镇）街道办事处科协，350个农村科普示范基地，411个农村专业技术协会，107所社区科普大学示范点。在全市大中型企事业单位、科研机构和各县（市）区建有44个院士工作站，引进驻站院士76名。

【建言献策】 为促进决策的科学化、民主化，积极反映广大科技工作者的意见建议，2014年，市科协面向全市广大科技工作者开展了建言献策活动，收集整理优秀建议20余篇，呈送市委、市政府及有关部门，得到了市委常委、组织部长高建慧等领导的批示。市十四届人大一次会议议案审查委员会为此专门召集部分人大常委，听取了老科技工作者的意见建议。通过建言献策工作的深入开展，进一步调动了广大科技工作者服务经济社会发展的积极性，为市委、市政府科学决策提供了依据。

【人才引进】 为引荐海外人才到郑州创业发展，打造海外高层次人才绿色通道，市科协稳步推进“海智计划”工作，成立了“郑州航空港经济综合实验区海智工作基地”和“河南四方达超硬材料股份有限公司海智工作站”，并获得省财政专项经费补贴9万元。“海智计划”的稳步推进，为郑州市实施开放创新双驱动战略创造了有利条件。

【技术服务活动】 2014年，全市科协系统技术服务活动蓬勃开展。一是围绕增强企业自主创新能力，广泛开展“三讲一比”活动，举办了郑州市“讲理想、比贡献，奋力实现中国梦”宣讲报告会。2014年全市185个企事业单位参与“三讲一比”活动，参与人数达21万人次，其中5个集体和个人受到中国科协等部门联合表彰。二是充分发挥桥梁纽带作用，大力开展校企合作，推动产学研用相结合。全年开展校企合作活动5次，新建企业专家工作站3个。三是贯彻落实创新驱动发展战略，大力开展创新方法培训。启动“科技专家进百企，创新方法进企业”活动，邀请国内著名专家教授在全市骨干企业举办了12场创新工程师TRIZ理论主题报告会，服务企业536家，培训企业管理人员2866人。

【学术交流活动】 2014年，全市科协系统充分发挥学会特色和优势，积极开展高质量、高层次的学术交流活动。全年各学会（协会、研究会）共组织开展专业高层论坛、各类学术交流活动320余次，参加学术活动的科技工作者3.5万余人次，交流各类论文700余篇。承办了“中原城市群城市环境发展研讨会”等一批大型学术活动，学术交流活动质量和实效得到进一步提升。

【“星级学会”创建活动】 2014年，市科协按照中国科协“引领地方学会能力提升项目”的有关要求，组织开展了“星级学会”创建活动。通过创建，评选出10个有一定社会影响力和知名度的“星级学会”，使学会整体工作有了较大提升，引起社会各方面的广泛关注。如市营养协会在全市范围内开展的营养早餐大赛，数万市民参与活动，被人民网、凤凰网等多家媒体跟踪报道。

【承接政府职能转移】 2014年，市科协积极指导和帮助学会承接政府职能转移，充分发挥学会的专业人才优势，服务全市经济社会发展。如：市机械工程学会承接了全市机械工程师资格认证考试工作，组织了机械工程师综合素质和技能考试；市医师协会从市卫生局承接了全市医师定期考核工作，对全市1.8万余名执业医师进行考核管理。

【全民科学素质工作】 2014年，市科协认真履行职责，协调推进《全民科学素质行动计划纲要》深入实施。印发了《2014年郑州市百项全民科学素质行动计划》，完成了《河南省人民政府与郑州市人民政府“十二五”末落实全民科学素质行动计划纲要工作目标责任书》的签订工作。召开郑州市《全民科学素质纲要》实施工作推进会，表彰了郑州市全民科学素质工作先进集体和个人。全市11个县（市）区政府向郑州市政府递交了《“十二五”末落实全民科学素质行动计划纲要工作目标责任书》，全民科学素质工作纳入政府考核，加强了各县（市）区政府对该项工作的领导和重视。针对“五大人群”、围绕“五大工程”，全年全市共组织开展“全国科普日”“科技活动周”“食品安全宣传周”“世界气象日”“世界环境日”等主题科普宣传活动和科学素质建设行动120多项，形成了政府主导、部门协同、社会共同参与的良好工作格局。

【社区科普大学建设】 郑州市社区科普大学作为城区科普工作的有效载体，在2014年质量提高年中，继续实施了新的“百千万工程”。全市111个社区科普大学完成系统科普知识培训3330个课时（次），培训社区科普大学骨干840名，培训社区居民12.6万人次，向社区居民发放科普资料10万余份。管城区、二七区编写的科普书籍荣获河南省科普成果奖一等奖，成为社区科普大学的补充教材。在全市范围内开展了“科学生活·健康运动千人行”和“行进有氧健身操”活动，联合郑州电视台举办“科学与生活同在”科普知识竞赛决赛，全市5000余名社区科普大学学员踊跃参加。中国科协党组成员、书记处书记徐延豪来郑调研时，对社区科普大学给予高度赞扬，要求在全国推广。

【基层科普行动计划】 2014年，郑州市基层科普行动计划取得新进展。市科协联合市财政局共同组织开展了“科普惠农兴村计划”和“社区科普益民计划”。全市有9个单位和个人获得全国表彰奖励，3个县（市）区、7个单位和个人获得河南省表彰奖励，共争取上级奖补资金248万元；1个科普示范县（市）区、45个单位和个人获得郑州市表彰奖励，获得奖补资金共130万元。首次实施“郑州社区科普益民计划”，评选表彰77个社区科普大学优秀示范点、30个社区科普大学示范点，获得奖补资金170万元，用于社区科普大学的日常教学工作。登封市、新郑市、中原区被评为河南省公民科学素质建设先进县（市）区，荥阳市、新密市、中牟县、惠济区、上街区等9个县（市）区被继续认定为河南省科普示范县（市）区。

【青少年科普活动】 2014年，郑州市青少年科普活动取得新成绩。成功举办了第20届郑州市青少年科技创新大赛，全市10万余名中小学生参加了大赛，获得省级奖项127项，获奖数量居全省第一，市科协荣获河南省优秀组织奖。组织156个代表队参加了河南省第十四届青少年机器人竞赛，所有参赛队伍全部获奖，获奖数量居全省第一。

【社会化科普活动】 2014年，郑州市社会化科普活动呈现新局面。以“创新发展、全民行动”为主题，举办了“全国科普日”集中示范活动，金水区等11个县（市）区分别组织了“全国科普日”主场宣传活动。科普日期间，全市共举办技术咨询、科普巡展等活动161项；编印科普宣传资料180余种，发放30多万份；举办科普讲座（报告）116场次，听众近3万人。全市有40多万人参加了科普日活动。市科协被中国科协评为全国科普日活动优秀组织单位。

全年共向社区居民及公务员免费发送科普短信7万多条。

郑州科技馆充分发挥科普教育主阵地作用，全年接待观众35万余人（次），举办了“科技梦·中国梦——中国现代科学家主题展”全国巡展（郑州站）活动，3.5万余名公众参观了展览。荥阳市、登封市分别举办了为期两个月的流动科技馆展览活动。科技教育项目取得新成绩，在“全国第二届场馆科学教育项目展评”中，郑州科技馆“居里夫人的科学课”教育项目获得全国一等奖。科技馆新馆建设工作推进顺利，完成了新馆选址和立项审批。

反邪教工作走在全国前列。在全国省会城市中成立了首家反邪教研究中心，开展了全市反邪教论文评选活动和反邪教动漫设计大赛，联合市防范办开展反邪教警示教育宣传月活

2014年郑州市社区科普大学知识竞赛决赛举行

中原大讲堂郑州讲堂举行

动。全市各级反邪教协会全年共举办反邪教报告会114场、展览186场。

【科普资源开发】 2014年，郑州市科普资源开发取得新成果。开发了科普挂图、科普图书、科普景观等一系列科普资源，在10个社区安装了全媒体科普大屏，丰富了科普教育的形式和内容。全市共有58个项目荣获河南省科普成果奖。继续播出科普栏目《科普之声》，全年共播出365期。在全市开展了科普戏剧巡演活动21场，观众达2万余人。在新形势下利用现代传媒手段创新工作载体，拍摄了反邪教微电影《拯救》，受到省委政法委、省教育厅等单位的高度肯定，成为河南省反邪教工作的一张名片。

【科协组织建设】 2014年，市科协指导协调全市学会完成了年度审验和换届工作，批复成立了郑州市农技协联合会。加强企事业科协建设力度，新成立企事业科协11家。全市高校、县、乡反邪教协会组织覆盖率均达100%；村级反邪教协会组织覆盖率达90%以上。

【科协建家工作】 2014年，市科协建家工作水平进一步提升。坚持以人为本，密切联系科技工作者，着力提升服务能力，努力为科技工作者提供优质高效服务。完成了第六届郑州市“十大科技女杰、巾帼科技带头人”评选工作，并积极做好全国优秀科技工作者、河南省科普成果奖的推荐工作。开展了“中国科协会员日”活动，组织市属学会理事长、秘书长和部门科技工作者代表参观了中铁隧道装备制造有限公司、郑州宇通客车股份有限公司新能源厂区。市科协领导班子成员多次看望驻郑两院院士和知名科技专家，带去党和政府的温暖。坚持为改善科技工作者状况建言献策，努力营造科技工作者之家。

【科协自身建设】 一是扎实开展党的群众路线教育实践活动讲话精神，全年共组织中心组学习24次，全体党员集中学习9次，举办专题报告会7次，党组书记讲党课1次。广泛征求各方意见，建立并落实整改台账，所有问题均整改到位，单位工作作风得到极大改进。二是以全国文明城市创建和省级文明单位复验为抓手，进一步增强了科协发展活力。三是进一步加大对外宣传工作力度。市级以上新闻媒体对科协工作进行了200余次报道，有力提升了科协影响力。同时将《科协信息》、科协网站等打造成重要宣传交流平台。四是强化制度建设。对市科协各项规章制度进行全面修订汇编，进一步促进了科协工作的制度化、规范化、科学化。五是组织市全民科学素质工作领导小组成员单位和县（市）区科协负责人参加浙江大学培训班，进一步提高了科协干部的业务素质。六是建立了OA办公自动化系统，提高了工作效率。

（李俊峰）

社会科学界联合会

【概况】 2014年度，市社科联（院）紧紧围绕市委、市政府中心工作，深入探求全市经济社会发展中遇到的重大理论和现实问题，深化理论学习，探索科研创新，努力把社科成果转化为推动“三大主体”工作、促进社会和谐的思路措施，充分发挥“思想库”“智囊团”作用，创造性地完成了各项工作。市社科联（院）被评为全国大中城市先进社科联、全国城市社科院先进单位、全省社科系统先进单位。

【重大课题调研】 （一）组织“郑州市2014年哲学社会科学重点课题”的招投标。根据市委、市政府工作总体部署，围绕郑州经济、社会、文化等方面的热点难点问题，以郑州都市区建设为重点，破解发展瓶颈，规划制作调研课题，在广泛征求意见、专家论证的基础上，确定研究重点及研究方向。对重点课题实施公开招投标，确定制作了“郑州建设国家中心城市问题研究”“郑州创建自由贸易实验区的路径研究”等11项重点课题，多角度、多层面发挥社科的理论服务和智力支持作用。

（二）完成了2013年度社科调研课题的结项、评奖及2014年度社科调研课题立项工作。上半年，组织社科专家召开评审会，对882项社会科学调研课题予以立项，并对2013年度872项结项课题进行了评审，共评出优秀社科调研课题一等奖50项、二等奖79项、三等奖98项。组织开展了“学习贯彻十八届三中全会精神征文”活动，评出全市学术论文优秀成果60余项。从评审情况看，社科调研课题逐步呈现出针对性强、调研深入、理论水平高、可操作性强等特点，为郑州市经济社会发展提供了理论支持和决策参考。

（三）拓展研究领域，整合有效资源，积极开展调研工作。市社科院认真组织科研人员开展了临空产业发展、电子商务平台建设、生态航空城建设等系列性调查研究，形成了10个专题调研报告，正式出版了专著《郑州航空港经济综合实验区发展研究》，总字数达到20万字。于年底前编印6期《社科内参》，供主要领导决策参阅；参与了省委宣传部调研课题《宣传思想工作推进全社会坚定“三个自信”研究》的撰写工作；参与编写完成了市政府课题《郑州纳入丝绸之路经济带战略研究》；参与完成《中部蓝皮书》部分章节编写，由中国社会科学文献出版社出版；参与3项省政府决策课题、1项省社科规划课题调研，主持编写了2项省社科联课题等。

（四）编纂出版了《郑州市文化蓝皮书2014》。该书以翔实的资料数据、客观的动态研究，较为全面反映了2014年郑州文化发展的基本情况。该书有较强的权威性、针对性和可读性，为政府进行科学决策、加快推进文化发展提供了理论依据，是郑州文化领域中一项重要的科研成果。

【社科成果转化】 2014年，市社科联加大《社科内参》品牌培植。针对全市经济社会发展中遇到的热点、难点和亟待解决的问题，调研编印了《郑州生态航空港建设问题研究》《当前航空经济综合实验区产业发展的重点领域及具体措施》《郑州航空港建设的现状和对策建议》《郑州航空港区建设要注重培育核心竞争力》等7期《社科内参》，针对航空港实验区建设中存在的问题，把专家学者提出的新思路、新观点、新措施等及时呈送市领导决策参考，受到了各级领导的关注和好评。

【理论研讨】 2014年，市社科联围绕中心工作，理论研讨呈现"百花齐放、百家争鸣"。8月26日，市委宣传部、市社科联联合召开了"贯彻落实全省市厅级主要领导干部研讨班精神座谈会"，对于如何推进"三个总"，专家们提出了要统一思想、深化改革、突出发展重点等观点，具有参考价值。

11月5日，市委宣传部、市社科联联合召开了"学习贯彻党的十八届四中全会精神座谈会"，与会专家从社会治理法治化、建设社会主义法治文化、坚持依法治国五项原则、建设法治中国、培养社会主义法治思维、加强党的领导、全面推进依法治国、完善法治建设等角度，谈了学习十八届四中全会精神的体会，并结合实际，对郑州市加快郑州都市区建设、全面推进依法治国提出了对策建议。

【社科优秀成果评奖】 2014年，市社科联重质量讲实用，评审出的社科优秀成果实用性增强。本年度面向社会共征集到2013-2014年度社科优秀成果840多项，经郑州市优秀社科成果评奖委员会的严格评审，共评选出230余项优秀成果。从参评成果情况看，内容涉及政治、经济、文化和历史等诸多领域，其中不乏新观点、新见解、新提法、新措施，尤其是部分获奖的调研报告，对全市经济社会发展具有一定的指导性、应用性和可操作性。

【社科知识普及活动】为满足广大市民的文化需求，丰富文化生活，2014年，市社科联与市新华书店共同举办了20场"中原大讲堂·郑州讲堂"。邀请理论素养好、演讲口才佳、热心公益事业的名家名师，就公众关心的热点话题进行讲解，内容涉及人文科学、社会科学等领域，如：《当代养生误区》《中国绘画的审美与鉴赏》《清官包拯的真实历史》等。"中原大讲堂·郑州讲堂"形式不拘一格，学理性与实用性并存，权威性与前卫性并重，追求学术创新，鼓励思想个性，强调雅俗共赏，重视传播互动，深受市民欢迎，社会效果显著。积极开展"社科知识大篷车"活动，成立了十八届四中全会精神社科专家宣讲团，深入县（市）区、机关、社区、学校等单位，宣讲十八大系列精神20余场，受众人数6000多人次。

【郑州市社会科学2014年学术年会】 2014年12月16-20日，市社科联与黄河科技大学联合举办了"郑州市社会科学2014年学术年会"，主题为"贯彻四中全会精神、推动郑州航空港建设"。年会期间，共举办专题研讨会5场、报告会和专题讲座4场，并开展了相关学术活动，交流展示了2014年度社科成果等。学术年会的召开为郑州社科界搭建了一个高层次、品牌化的学术交流平台，也为促进郑州学术交流与创新、打造郑州市学术品牌提供了舞台。

【学会活动】 2014年，市社科联利用"联"字优势，社科学会工作积极活跃。根据各社科学会（协会、研究会）的不同职能，分类规划学会，搞好咨询服务，解答市民日常工作和生活中遇到的实际问题，促进了社会的和谐稳定。深入学会了解情况指导开展活动；召开社科学会秘书长会议，下发学会工作指南；组织社科学会根据各自职能，围绕全市中心工作开展调研活动；对学会的大型活动策划予以现场指导，如指导郑州市行为科学学会成功举办了"2014年郑州市行为科学学会年会学术报告会暨第二届研究生论坛"；帮助郑州市地方史志学会在北京大学举办了郑州市修志编鉴业务培训班；协同市企业联合会接待了中国企业联合会、中国企业家协会研究部一行领导及专家团到郑调研等。通过协调组织，各学会呈现了良好的发展势头，工作业绩和社会效益显著。市法学会、郑州档案学会和郑州大学社科办分别获全国先进社团组织荣誉称号。

【《中州纵横》杂志】 2014年，市社科联在《中州纵横》杂志编辑出版过程中树立精品意识，品牌效应初显。坚持"开门办刊"，在突出其理论性、预见性和可读性方面下功夫，紧紧围绕市委、市政府的中心工作组织专门稿件，贴近郑州发展实际，邀请相关领域专家围绕专题深入探讨，精心策划。围绕中央一系列重要部署，学习、宣传、落实十八届三中全会重要精神，开设《学习、宣传、落实十八大精神》专栏；结合党的群众路线教育实践活动，开设《扎实开展群众路线教育实践活动》栏目；围绕郑州经济社会文化发展，主动配合宣传郑州各项工作成绩，精心打造《郑风》栏目；增设副刊，丰富刊物内容，增强时效性和可读性。

【社科联自身建设】 加强学习型党组织建设。党的十八届四中全会召开后，市社科联迅速组织全市社科界学习贯彻会议精神，强化理论武装，以十八大和十八届三中、四中全会精神统领社科工作。通过召开省会社科界座谈会、理论研讨会、社科学会秘书长会，组织专家下基层宣讲等方式，把"科学发展观""改革开放""依法治国""中国梦"等观点和精髓传递给广大人民群众。市社科联党组组织全体机关人员，针对市委经济工作、宣传思想工作、全市新型城镇化建设推进会等具体工作部署，进行了专题学习、集中研讨。

深入开展党的群众路线教育实践活动。市社科联认真贯彻落实活动精神和要求，对作风之垢、行为之弊进行大排查、大检修、大扫除，较好地解决了党性修养锻炼方面、作风建设方面、精神状态方面存在的问题，进一步增强了运用理论武装的自觉性，弘扬了以党的优良传统为核心的正风正气，激发了党员干部争先创优。

加强党风廉政建设。主动履行党组廉政建设的主体责任，按照市纪委下发的全年工作目标，逐一分解，落实到人，把党风廉政工作贯穿于社科工作始终。如：在重大课题制作中推出公开招标的方法，提高了课题工作的透明度，收到良好的反响。充分运用社科联工作面向社会、面向群众的性质，在电台、电视台等诸多的新闻媒体上结合社联工作宣讲党风廉政形势与任务，多种形式开展反腐倡廉工作。

（张丽新）

文学艺术界联合会

【概况】 2014年，郑州市文联深入贯彻落实党的十八大和十八届二中、三中、四中全会，以及习近平总书记系列重要讲话、全市宣传思想文化工作会议、全省文联工作会议精神，紧紧围绕"中国梦"的时代主题，突出强化以人民为中心的工作导向，紧紧围绕多出精品、多出人才的工作重点，坚持围绕中心、走进基层、服务群众，开展了系列主题实践活动。深入开展党的群众路线实践教育活动，进一步增强文艺工作者的责任感和使命感。大力开展文艺展演活动，树立地域文化品牌，加强对外艺术交流，全市文艺事业取得新业绩。

【文艺展演活动】 2014年，市文联和各文艺家协会坚持围绕中心工作及重大节庆、纪念日，发挥文联职能作用，大力开展文艺展演活动，文艺界作为日益凸显。

郑州市音乐家协会为提高音乐爱

好者的艺术水平，举办了“提升郑州市全民文化艺术素质——合唱艺术培训”系列讲座，并与活力944音乐广播联合举办了“女子十二乐坊郑州音乐会”。郑州市影视家协会和郑州市委宣传部等单位联合举办了“郑州本土电影展映月”活动，全年共在社区、农村、学校、工地、军营放映本土电影150余场次。郑州市作家协会组织作家为郑州市慈善总会采写了《郑州慈善发展历程》；组织作家与市委组织部电教中心合作采写了全市新农村建设系列专题片。

郑州市文联和郑州市慈善总会在市博物馆联合举办了岳修武先生书法作品拍卖会。拍卖所得150万元资金全部用于郑州市兰亭书法学校筹建和郑州市少儿书法奖励。

【种文化到基层】 为深入贯彻落实党的十八大精神，努力发挥文艺工作引领群众、深入群众、服务群众的积极作用，2014年，市文联第三批群众工作队组织艺术家经常性地下基层、进社区，围绕“中国梦”开展摄影展、拍全家福、指导基层摄影创作、电影进社区等深受广大群众欢迎的文艺活动，把“坚持依靠群众，推进工作落实”长效机制真正落到实处。

为使全市广大艺术家和文艺工作者积极参与社会实践，服务人民群众，市文联在二七区文化馆启动了郑州市“中国书法驻万家”文艺志愿者服务活动暨“书法家之家”授牌仪式。至年底，全市已有36个社区、村镇被授予“书法家之家”。“中国书法驻万家”活动的开展，是变过去的“送文化”为现在的“种文化”的一项重要举措。

【挖掘地方文化特色】 2014年，市文联围绕郑州厚重历史、人文景观，挖掘中原地方文化特色，树立地域文化品牌。

为进一步推动全市民间文化艺术的发展和繁荣，充分发挥其在公共文化服务体系建设中的重要作用，市民间艺术家协会组织了到登封、新密进行“中国民间文化之乡”的回访工作。根据市委宣传部《关于印发“繁荣群众文化生活 助推‘三大主体’工作”系列文化惠民工作总体方案的通知》文件要求，为进一步扩大郑州市各个艺术门类艺术家和艺术作品在全国的知名度，市文联积极进行本土艺术家的宣传推介工作，在《中国艺术报》上推出了赵亚洲、罗治安、王富强3位郑州市本土艺术家的专版艺术成就介绍。

为更好地宣传郑州、推介郑州，8月下旬在郑州举办“河南省第22届黄河诗会”，来自全国近百名诗人、作家参加了诗会，共创作出优秀诗歌300多首。

【对外艺术交流】 为加强中韩两国艺术家的交流，于4月份在郑州市博物馆举办了第五届中国郑州·韩国晋州书画艺术交流展。

市摄影家协会邀请来自欧洲的自然摄影大师斯塔芬·维德斯特兰德、杰瑞·佩尔托麦基、奥利·兰米萨罗和中国生态摄影的开创者陈建伟，在郑州举办了“2014郑州中外摄影高端论坛——摄影大师与自然的对话”。

在新密市翼云文化艺术交流中心举办了“超过物”国际艺术交流展暨毛利子朱弗洛伊德先生学术研讨会。

【文艺创作与人才培养】 2014年，市文联精心谋划、推动发展，以“出作品、出人才”为工作重点，着力培养优秀文艺人才，不断推出文艺精品。

2014年初，市委宣传部、省书协、省书画院、省诗歌协会、郑州市文联在升达艺术馆举办了钟海涛、王一汀、刘佳、焦新帅诗书画丹青四味迎新展。

4月，由中国摄影家协会、河南省文联、市委宣传部联合主办的“徐大庆摄影作品展·亦幻”在中国美术馆举行，共展出徐大庆精心创作的“亦幻”天鹅系列作品22幅，受到专家学者和广大观众的一致好评，在摄影界和美术界反响强烈。展览期间还举办了“徐大庆摄影作品捐赠中国美术馆暨学术研讨会”，《亦幻》等6幅作品被中国美术馆收藏。

5月，由河南美术出版社主办的《钟海涛章草道德经》新书发布会举行，钟海涛分别向河南省图书馆、郑州市档案馆、郑州大学图书馆、河南大学图书馆等捐赠了新书。

市影视家协会参与拍摄的电影《望月》被河南省高校工委、河南省教育厅列为“全省大学生中国梦系列活动”教育影片；本土电影《生命无价》被国家住建部列为“2014全国安全生产月三个一”活动唯一的一部建筑安全题材教育电影。

为了培养、发现青少年书法人才，11月8日在郑州当代艺术馆举办了“首届郑州市少儿书法大赛”。

成功举办了第二届“文明郑州”摄影大赛。

（徐向阳）

慈善总会

【概况】 2014年，郑州慈善总会坚持以党的十八大和十八届三中、四中全会精神为指导，服务和支持党委和政府的中心工作，充分发挥慈善事业在创新社会管理、推动经济社会发展中的作用。全年市本级共募集善款6235余万元，举行各类募捐、救助活动百余次，在安老、抚孤、助学、济困、助医、助残、慈善文化建设等方面，支出3565余万元，救助困难群众30余万人次。

【培育社会公益组织】 2014年，郑州慈善总会创新社会管理模式，培育和发展各类社会公益组织。一是认真贯彻落实全省基层慈善组织网络建设座谈会精神，大力推进基层慈善组织网络建设。在各县（市）区、乡（镇）街道及社区（村）建立慈善工作站，力争用两年左右时间基本实现基层慈善组织网络全覆盖；二是以郑州市第二次荣获全国“七星级慈善城市”称号为契机，根据创建全国星级慈善城市的标准，在荥阳召开现场会和推进会，全市各县（市）区全面展开创建星级慈善城市活动；三是畅通社会各

2014年10月16日，市长马懿参加慈善日活动

界参与慈善的通道，在全市社区、机关、学校、企事业单位建立慈善志愿者工作站60家；四是对全市20多家社会公益组织进行培训、交流、学习，共同探讨创新慈善工作建设，引导全民参与，形成助人自助的社会创新慈善机制；五是全力推进各县（市）区慈善事业的发展。逐步形成政府与社会各层面互联、互动、互补的慈善事业新格局。

【慈善激励机制建设】 2014年，郑州慈善总会按照“党委领导、政府推动、慈善组织运作、社会各界广泛参与”的工作机制，创新慈善激励机制，推动政府加大对慈善事业的扶持力度。一是积极争取领导支持。在市委十届六次全体（扩大）会议上，市委书记吴天君、市长马懿亲自出席“送温暖 献爱心”集中捐助活动，与会人员踊跃捐款，现场共收到爱心捐款1034.86万元。在第七个“郑州慈善日”活动中，市委书记吴天君亲致贺信，市长马懿等市四套班子领导亲临活动现场，给予了慈善事业极大的动力和支持。二是争取县（市）区党委、政府的重视和支持。组织15个县（市）区、管委会领导参加郑州慈善工作座谈会，安排部署2014年的募捐救助任务，有效强化了各地创新跃升慈善工作的使命感、责任感、紧迫感。三是争取市直有关部门的支持。8–9月，郑州慈善总会会长姚待献亲自带队走访慰问市农委、市建委、市交运委、市教育局、市煤炭局、市房管局等市直爱心单位，进一步加强了与市直各部门的沟通联络，强化了慈善事业发展的合力。四是争取全员支持。在“郑州慈善日”活动中，由市委办公厅、市政府办公厅转发了《郑州慈善总会关于开展2014郑州慈善日活动的意见》，各县（市）区纷纷响应，动员本地力量，大力营造慈善日活动氛围，积极开展募捐和救助相结合的系列活动，形成了全市上下从公务员到广大市民都积极参与“郑州慈善日”活动的良好社会新风尚。

【慈善募捐】 2014年，郑州慈善总会通过加强与爱心企业的联系、创新搭建慈善募捐平台、利用新媒体技术畅通募捐渠道等措施，多方募捐、完善体系。（1）加强和爱心企业联系沟通。郑州慈善总会会长姚待献带队先后走访了郑州日产、河南康利达集团、郑州祝福房地产公司、郑州银行等十余家爱心企业，反馈企业捐赠款物的使用情况，慰问企业广大干部职工，表彰企业热心公益事业的善举，传递受助群众的感激之情，形成了“总会关心企业、企业支持慈善”的良好局面。郑州日产牵手工程与慈善总会再度联手，从2015年至2019年将再次捐赠1500万元用于牵手工程阳光助学活动；市儿童医院捐助200万元，救助先天性心脏病、白血病等贫困患儿；祝福房地产公司捐赠1000万元，成立“祝福儿童血液病康复基金”，等等。（2）结合行业或专业特点发挥企业优势，为企业打造参与慈善平台。永辉超市捐赠价值40万元的永辉爱心卡，定向救助市区内400户低保特困户、残疾人及重症病患者等；郑州方特欢乐世界开展“天使在行动”活动，牵手贫困家庭儿童游乐园，等等。（3）开展各种义卖、义演活动，广泛募集慈善基金。郑州华联商厦、煌明煌珠宝等60余家商户开展了“爱暖童心·慈善大卖场”公益活动，募集善款10万余元；在“捐出一点爱心，读出一份精彩”慈善捐书系列活动中，某爱心企业匿名捐赠30万元，资助了10所中小学校；市第106中学举行了“爱的传递，心之桥梁”校园义卖活动，募得的善款、图书、文具、衣物等全部捐赠给山区贫困家庭；联合365夜绘本馆举行了“快乐集市”郑州首届慈善公益跳蚤市场活动，义卖物品均由爱心家庭提供；举办了“爱心筑梦 渐冻渐暖”渐冻人个人演唱会，成立了“渐冻人”慈善基金；河南康利达集团董事长薛景霞以150万元拍得岳修武先生的100幅书法作品，建立了“兰亭少儿书法基金”。四是利用微信、微博、支付宝等新兴网络形式开展募捐活动，打造网络募捐平台，畅通网络募捐渠道，让更多普通民众随时随地实现捐赠，人人可慈善、快乐做慈善成为人们身体力行的一种新的生活方式和一种社会风尚。

郑州市在第三届“中国城市公益慈善指数”发布典礼上荣获最高荣誉——七星级慈善城市

【慈善救助】 2014年，郑州慈善总会创新慈善救助机制，打造品牌慈善项目。（1）积极开展以扶贫济困为重点的慈善救助活动。郑州日产牵手工程助学项目累计投入近2000万元，救助贫困学子近万人；啟福置业“啟福爱心烛光基金”发放爱心基金77万元，累计救助困难教师284人；善行绿城——重大疾病救助项目，救助重大疾病患者1000余人。（2）坚持救急与助困、输血与造血相结合，进一步提高困难群众的自我救助与自我发展能力，实现慈善效果最大化、最优化。投入40万元资金，选拔100名贫困大学生担任养老护理员，既解决了养老机构养老护理员短缺、文化水平不高的问题，又为困难学子提供了勤工俭学、了解认识社会、摆脱经济困难的机会；投入10万元资金，为中州大学绘画专业的聋哑大学毕业生提供实习场地，使部分聋哑大学生实现了就业、创业。（3）和妇联、残联、NGO等组织联合开展救助活动，增强了公益慈善的知名度和影响力。和市妇联联合开展“善行绿城”之“关爱女性”——妇女“两癌”筛查救助慈善项目，自2011年开始，共救助了千余户困难家庭；和市残联联合开展“掌上图书馆”“圆梦行动”等慈善援助项目，为众多的残疾人架起一座了解外部世界的桥梁。四是开展第二届公益项目创投大赛，支持各类社会公益组织开展形式多样的公益活动，并把经过专家、爱心人士、公益人士评选出的好的项目纳入总会项目库，适时组织实施。五是联合各县（市）区慈善总会认真组织实施“善行郑州，暖冬行动”系列活动，投入善款1500多万元，向困难群众发放5万多份粮油米面、棉衣棉被，有5万多名困难群众受益。

【慈善宣传】 2014年，郑州慈善总

会创新慈善宣传模式，积极推进慈善文化进社区、进企业、进机关、进学校，倡导“人人可慈善”理念，培养市民公益意识，弘扬“平等互助、依法行善、企业公民、慈善无界”的现代慈善文化。（1）举办慈善报告会。7月22日，慈善总会邀请副市长杨福平、市政协副主席薛景霞对全市各县（市）区分管慈善工作的领导及总会常务理事、理事、慈善志愿者工作站、慈善项目合作单位、社会公益组织代表，就进一步深化慈善事业发展作专题报告。杨福平围绕“党政领导如何利用慈善事业发展进行社会治理创新”作了报告，阐述了“政府之手要照慈善”“民间之手要壮慈善”；薛景霞围绕“企业履行社会责任与慈善共同成长”作了报告，号召全市企业家在发展壮大自身企业的同时投身慈善事业，反哺社会，共同创造和谐社会。（2）举办“社会各界谈慈善”活动。邀请中原区委书记王万鹏、时任中牟县委书记路红卫等领导及社会各界人士，围绕“慈善中原、善行中原”的主题，谈感想、慈善事业发展的新途径等。通过广泛宣传慈善事业，激发社会各界参与慈善事业的热情，营造人人关心慈善事业、人人参与慈善事业的良好局面。（3）举办首届郑州慈善嘉年华活动。全市70余家慈善公益组织首次发出联合倡议，传播“人人可慈善”“快乐做慈善”的公益理念，号召全市人民积极参与慈善事业。（4）举办全民“慈善一小时”活动。联合省会媒体爱心联盟，在媒体中广泛宣传和倡导31种公益慈善行为，发动全市各行各业100多家单位在市区及各县（市）区同时开展了丰富多样的慈善活动，是参与人数最多、内容最为丰富的一次慈善活动。（5）开展第二届“郑州慈善风云榜样”评选活动，发动网民经15天投票，收到有效票数2040117票，评选表彰了“郑州慈善风云人物”“郑州慈善风云单位”“郑州慈善风云城区”“郑州慈善风云志愿者”各10名。树立慈善榜样，感召越来越多的人关注慈善、奉献爱心。（6）拍摄了第三部慈善微电影《遗产》，通过讲述普通人的爱心故事，以市民喜闻乐见的形式来宣传慈善，让慈善宣传工作更接地气。（7）继续推进了“慈善周周行”“爱满绿城”“蜻蜓·河南”等慈善文化建设项目。与《郑州日报》《郑州晚报》、郑州电视台、郑州人民广播电台、中原网等省会多家主流媒体联合举办了“关爱折翼天使”“慈善大卖场”、第一届“志愿四方杯”大学生及NGO慈善公益项目创投大赛等慈善公益活动，合作建设了一批公益栏目，慈善宣传更注重人性化，微公益的力量更能触及和打动人的内心。

【慈善志愿者管理】 2014年，郑州慈善总会建立健全志愿者管理激励机制，创新慈善志愿者管理体系，壮大慈善志愿者队伍，促进志愿者招募、培训、管理工作的规范化和制度化。（1）积极发展。以“爱心汇聚 志愿四方”为主题，积极组织招募以优秀大学生团体和青年志愿者为主体的慈善志愿者。新建了“幸福社区”“老年骑协”“智在行”等60家慈善志愿者工作站，不断为慈善事业增添生力军。（2）提升能力。首次在省会近30所高校同时开展了“传递温暖、呵护夕阳”大学生担任养老护理员慈善项目选拔大赛，1500余名大学生踊跃报名，经过层层选拔，评选出100名优秀贫困大学生成立了“郑州大学生慈善志愿者为老服务队”，受到省会各高校大学生和养老机构好评。郑州慈善大讲堂为慈善志愿者工作站的志愿者骨干开设公益课程，提升社区志愿者工作站的能力建设。（3）发挥作用。组织200余名志愿者开展了2014“梦骑士公益行”大型宣传活动，组织郑州市老年骑协慈善志愿者工作站近20支队伍举办了精彩纷呈的文艺联欢会，组织240余名志愿者参加了“我栽一点绿益 还您一片蓝天”公益慈善植树活动，有效地向市民弘扬了慈善环保的生活理念。（4）强化激励。以“延伸爱心舞台 拉近志愿梦想”为主题，组织全市各慈善志愿者工作站、高校社团及社会公益组织举办了首届郑州慈善志愿者盛会，围绕“慈善”“志愿者”“爱与奉献”三个方面内容，展示和发扬志愿者“奉献、友爱、互助、进步”的精神。

【透明慈善】 2014年，郑州慈善总会创新慈善透明方式，增强慈善组织公信力。9月18日，在第三届中国慈展会上，郑州市被中国慈善联合会、中民慈善捐助信息中心再次评为“透明慈善卓越城市”。一是发挥监事会作用。由省市人大代表、政协委员、纪检监察部门人员、媒体工作者、企业代表、普通市民等组成的监事会，在慈善项目立项前进行调研，召开项目论证会，在项目实施中跟踪督导，对“牵手工程”——孤残儿童家庭寄养等慈善项目的运行及市中心医院、第二人民医院等相关合作单位进行现场督导调研，了解、掌握了慈善项目实际运行中遇到的各种问题，促进了慈善项目健康有序的实施。二是社会舆论监督。通过在郑州电视台、《郑州日报》《郑州晚报》、郑州人民广播电台、中原网等省市新闻媒体发布消息，面向社会公开征集2014年慈善项目，并在官网上公示后确定了30个慈善项目。对善款募集和慈善救助情况，在郑州慈善网上实现了同步更新，市民可以查询每一笔善款的去向，并在《郑州日报》上分两次公示了上半年和年度慈善捐赠、善款使用情况，接受市民的监督。三是提高项目管理水平。特邀审计、财务、法律、宣传等领域专家及项目实施模范单位，对慈善项目合作单位的项目负责人进行了慈善项目日常运行管理方面的培训，每个项目合作单位在确定救助对象、救助条件、救助程序、救助金额等方面都建立了完善的运行管理机制。

【队伍建设】 2014年，郑州慈善总会通过加强内部管理和学习教育，建立了权责明确、协调运转的内部工作机制和服务优良、作风过硬、工作高效的慈善工作队伍。一是加强学习，提高政策理论水平。积极组织学习10月29日国务院常务会议关于发展慈善事业的精神，以及国务院总理李克强在国务院常务会议上关于确定发展慈善事业措施、汇聚更多爱心扶贫济困的指示精神；编辑了34期《各地慈善动态》、5期《郑州慈善》杂志，供各级领导参阅和全市慈善工作人员日常学习，切实增强了慈善工作者的使命感和责任感。二是抓好教育，提高队伍执行力。深入开展党的群众路线教育实践活动，以团结奋斗、敢于担当、廉洁自律的精神，强化慈善机构执行力；以扎实有效的工作成绩取信于民，为全市弱势群体服好务。三是内外“兼修”，提高慈善工作能力。组织员工赴北京参加了首期“慈善千人计划·老牛学院”公益人才培养项目，赴广州参加广州市第二届慈善项目推介会，通过观摩学习，汲取先进经验，学习先进模式，拓展工作思路。邀请中民慈善捐助信息中心联合举办了郑州市公益慈善组织能力建设培训班，为全市40余家慈善机构讲授各种专业知识。

（赵娅慧）

红十字会

【概况】 2014年，郑州市红十字会认真贯彻落实《中华人民共和国红十字会法》，切实加强领导班子建设，坚持依法建会、依法治会、依法兴会，不断拓宽人道主义服务领域。

郑州市红十字会共有工作人员31名，下设中国造血干细胞捐献者资料库河南省分库郑州市工作站。根据工作业务需求，成立了郑州市红十字医用组织库中心、郑州市红十字应急救护培训中心2个民间非营利组织，负责遗体器官捐献、应急救护培训等业务开展。

郑州市红十字会共有基层红十字会组织530个、市直团体会员单位43

2014郑州市红十字会"5·8"世界红十字日广场展示活动举行

个；共有会员18万余人，其中青少年会员8万余人。新郑市、登封市、金水区、管城区、二七区、惠济区、中原区理顺了管理体制。

2014年，云南鲁甸地震发生后，市红十字会共募集救灾款物合计581.65万元，募捐款物数量全省第一；造血干细胞成功捐献23例，累计186例，高居全国省辖市榜首。在应急救护培训、红十字青少年、人道救助、遗体器官捐献等方面也取得了优异成绩。

【红十字项目工作】 2014年，郑州市红十字项目工作开展卓有成效。（1）与郑州市文明办联合开展博爱家园——社区红十字应急救护志愿者培训项目。共培训师资100名，来自全市551个社区的"文明使者志愿服务站"骨干1102名。在各县（市）区广泛开展社区居民应急救护知识培训。（2）中国红十字会总会应急救护核心项目。各县（市）区红十字会开展普及培训500场（次），受益群众3万余名。（3）国际红十字联合会慢性非传染性疾病预防和控制项目。3月起在新郑市常刘社区、二七区绿云社区试点推进。至年底，该项目已完成社区居民健康情况普查，进入入户宣讲阶段。（4）"中国红十字会'十二五'彩票公益金计划学校健康安全辅导员培训"项目。举办1期学校健康安全辅导员培训班，为全市24个学校培训健康安全辅导员30名。每年5万名青少年通过郑州市红十字应急救护培训基地接受应急救护知识普及培训。

【救灾、备灾工作】 2014年，郑州市救灾、备灾工作业绩突出。（1）8月3日云南鲁甸地震发生后，市红十字会积极响应，共募集救灾款物合计581.65万元，募捐款物数量全省第一。（2）积极推进备灾救灾中心建设。2500平方米的红十字备灾救灾物资储备库已经列入郑州市应急物资储备中心建设项目总体建设规划。

【应急救护工作】 2014年，郑州市应急救护工作不断深入。（1）3月，在郑州市民政局注册成立郑州红十字应急救护培训中心，推动全市应急救护培训工作深入开展。截至年底，已开展救护员培训共41场（次），救护员初训1560人，复训210人。（2）选拔郑州市信息技术学校、郑州旅游职业学院2支学校代表队参加第二届"博爱中原 文明河南"红十字知识与应急救护技能竞赛，并取得大赛团体一等奖和技能操作高中组、大学组2个单项一等奖的优异成绩。

【人道救助工作】 2014年，郑州市人道救助工作广泛开展。（1）"博爱送万家"活动已成为红十字会的品牌活动，全年共为6个县（市）区的1220户贫困家庭发放价值近28万元的物资。（2）通过红十字天使基金、先心病救助基金、华山博爱健康基金等救助项目，共发放救助金150余万元。（3）由市红十字会主办、天明集团出资306万元救助的首届天明博爱班102名高中毕业生取得优异成绩，全部超越河南省高招一本录取线，并被自己心仪的大学录取。

【"三献"工作】 2014年，郑州市"三献"工作成绩斐然。（1）全年造血干细胞成功捐献23例，累计成功捐献人数186例，高居全国省辖市榜首。（2）以"5·8"世界红十字日等为契机，配合卫生部门做好无偿献血的宣传和动员工作，为保障全市临床用血做出了积极贡献。（3）2014年实现遗体捐献5例，角膜捐献3例。截至年底，共完成遗体捐献20例、眼角膜捐献14例。

【志愿服务工作】 2014年，郑州市红十字志愿服务工作蓬勃发展。围绕文明城市创建开展志愿服务工作，规范成立了10支志愿服务队。特别是水上救援队成绩突出，被河南省文明办、共青团河南省委、河南省红十字会评为"河南省志愿服务优秀团队"。

【红十字精神传播】 2014年，郑州市红十字会狠抓宣传工作，传递正能量。（1）5月9日，《郑州日报》专版宣传红十字运动等有关知识。全年在各大媒体、报刊刊发各类新闻报道、信息191篇次，增强了红十字会的工作透明度和社会认知度，提升了公信力。（2）编印了《文明郑州——红十字志愿者在行动》一书，省委常委、市委书记吴天君作序。通过宣传更好地引导全社会力量支持、参与志愿服务，形成志愿服务的社会共识和强大合力。

【信息公开】 2014年，市红十字会注重信息公开，捐赠款物收支透明。协调市数字办重新改版郑州市红十字会官网，并开通了官方微博，加强信息公开工作，增强捐赠工作透明度。5月8日在《郑州日报》专版公示了2013年5月至2014年5月市红十字会捐赠款物收支情况。

（新 展）

残疾人联合会

【概况】 2014年，郑州市残疾人工作紧紧围绕市委、市政府部署的工作重点，以党的群众路线教育实践活动为契机，坚持"重心下移，强基固本，努力创造残疾人幸福生活"的总体思路，强化责任，真抓实干，开拓创新，年度残疾人工作取得新成绩，全市残疾人事业实现了新发展。

【残疾人康复工作】 （一）积极配合有关部门完成市政府民生"十大实事"中的3项残疾人康复项目。2014年，市委、市政府将"免费为全市白内障患者实施复明手术""为具有郑州户籍的新生儿免费进行苯丙酮尿症、先天性甲状腺功能低下症和听力障碍初筛""对全市新生儿进行免费耳聋基因筛查"3项工作列入市2014年民生"十大实事"。免费为全市白内障患者实施复明手术，郑州市已经形成了长效机制，市残联与市卫生局、财政局等部门密切配合，联合印发了《郑州市实施白内障患者免费复明手术工作方案》，坚持发现一例、手术一例、成功一例、幸福一家的原则，共实施手术20743例。同时，积极协助市有关部门，顺利实施了市政府民生“十大实事”中的其他两项残疾人康复项目。

（二）开展低保家庭精神病患者医疗救助和关爱救助孤独症儿童工作。按照《郑州市低保家庭精神病患者医疗救助工作实施方案》和《郑州市关爱救助孤独症儿童工作实施方案》的要求，认真组织对全市低保家庭的精神病患者和孤独症儿童再筛查、再统计，经过救助申报、逐级审核等环节，对救助对象进行了严格把关，翔实统计出全市需救助人数及所需补贴金额。全年共为2325名低保家庭精神病患者发放医疗救助资金262.46万元，为22名孤独症儿童提供了医疗救助，全市共匹配补助经费2.45万元。

（三）实施残疾人事业专项彩票公益金康复救助项目。根据《郑州市残疾人事业专项彩票公益金康复实施方案》及配套《实施办法》，对受助患者进行了重新审核，对部分受助对象进行调整。为520名贫困精神病患者提供服药医疗救助，对130名贫困精神病患者提供住院医疗救助，为40名智力残疾儿童提供康复救助。组织各县（市）区对需要适配假肢、助视器、矫形器、辅助器具的贫困残疾人进行了筛查，协同省、市专家赴各县（市）区开展免费适配活动，共为肢体残疾人免费装配假肢、矫形器198例，为贫困残疾人配发辅助器具370件。开展示范性残疾人社区康复站建设。进一步健全和完善社区康复工作服务体系，提高综合性社区康复服务，基本实现残疾人“人人享有康复服务”的目标。根据省残联《关于建立示范性残疾人社区康复站的通知》要求，指导县（市）区开展示范性康复站建设，全市共建设16个示范性社区康复站，为每个示范性社区康复站下发补助经费4万元。

2014年，共培训社区康复协调员1318名，为低视力残疾人配发助视器690副，培训低视力儿童家长290名，盲人定向行走训练857名，聋儿听力语言训练533名（其中新收训聋儿254名），成人听力康复395名，精神病防治康复1万余名，肢残（脑瘫）社区康复训练1030名，智残儿童社区康复训练440名，孤独症儿童训练 93名，供应辅助器具8800多件。

【残疾人特殊教育】 2014年，市残联依据《郑州市残疾人“十二五”教育实施方案》，逐步探索推进全市特殊教育体系，把残疾少年儿童教育纳入普及义务教育的总体规划，同步实施。全市有学习能力的残疾儿童学前受教育率保持在95%以上，义务教育阶段的残疾学生入学率保持在90%以上，职高以上阶段的有学习能力和愿意就读的残疾学生普遍得到受教育机会，过高招分数线的残疾考生都能够顺利入学就读。通过实施“长江新里程计划”“春雨行动”“专项彩票公益金助学”等扶残助学项目，共为全市贫困残疾学生提供助学金近296万元，资助残疾学生2800多人（次），残疾大学生全部得到资助。

【残疾人扶贫帮困】 2014年，郑州市新建省级残疾人扶贫基地3个、市级残疾人扶贫基地4个、县级残疾人扶贫基地37个。农村实用技术培训1140名残疾人。继续开展“农村基层党组织助残扶贫工程”，动员党员干部、社会各界参与残疾人扶贫开发，通过“帮、包、带、扶”等多种形式，帮扶贫困残疾人及其家庭增加收入。全市210名贫困残疾人得到有效扶持，350名贫困残疾人相继脱贫，1115名特困残疾人得到特殊救助，落实扶贫贷款计划610万元。国务院扶贫开发办考核验收郑州市残疾人扶贫工作时，给予了高度评价。

【残疾人特殊救助】 2014年上半年，市残联依据《郑州市阳光家园实施方案》的通知，对全市各县（市）区12家残疾人托养机构进行检查评估，对符合市级托养标准的8家机构进行补助，对累计托养达到8个月以上的16–59岁残疾人给予每人每年3000元的补助，实现了符合一人补助一人的目标。全年实施居家托养1120人、机构托养252人，共计发放托养机构补助金72.6万元、居家托养补助金81.5万元。继续为全市“三无”残疾人每人每月提供300元补助。全年共补助“三无”残疾人1066人（次），补助资金达388.05万元。

【残疾人培训就业】 （一）残疾人就业安置工作。残疾人就业服务机构建设进一步规范。加强对全市残疾人就业中心服务机构规范化建设的督导工作。按照规范化建设的标准，从机构的设立和人员配备、工作制度的建立、工作流程的完善及办公设备的配备等方面严格要求，至年底，全市残疾人就业服务机构已基本达到标准要求。残疾人就业成效显著。积极落实残疾人就业政策，以安排残疾人就业为重点，为残疾人提供职业指导、失业登记、职业介绍服务，全年先后有20多家用人单位对残疾人公开招聘，招聘的工种和岗位涉及财会、电子、机械、美术、盲人按摩、保安、餐饮、清洁、服务等多方面。来访求职残疾人1000余人次，全市新增失业登记人员755人，按比例就业1818人，集中就业1586人。同时，鼓励和扶持残疾人自主创业、社区就业、公益性岗位就业和居家就业。全市自主创业434人，办理个体经营优惠证36名，社区就业933人，居家就业3206人。

（二）残疾人培训工作。年初发布了《2014年郑州市残疾人就业培训工程工作要点》和《2014年郑州市残疾人就业培训工程实施方案》，为培训工作打下良好基础。召开了全市残疾人就业工作会，对在2013年郑州市残疾人就业培训工程工作中取得突出成绩的30个先进集体和55名先进个人进行了表彰。举办了20个特色专业残疾人职业技能培训“精品”班，多数为半年制班，以时间保障质量，以质量促进发展。对盲人保健按摩机构实施规范化建设，对全市符合条件的105个盲人保健按摩机构，每个机构发放补贴2000元，统一制作了门头，并发放工作服、胸卡、按摩床单。举办了郑州市第五届残疾人职业技能竞赛。郑州市52名选手参加了河南省第五届残疾人职业技能竞赛全部25个项目的比赛，共取得8个单项第一，以绝对优势夺得团体总分第一名的成绩。全年全市共实名制培训残疾人10075人，实现就业创业6886人。

【残疾人文化体育宣传】 2014年，郑州市继续开展残疾人文化活动周，市残联与市文广新局利用一个月时间，在残疾人相对集中的社区、残疾人服务机构、特教学校、福利企业及各类公共文化服务场所，因地制宜组织残疾人就近、就便开展各种文体活动。以“中国梦”为主题，开展各种文艺演出和展览展示活动，组织电影展映周、文化助残志愿活动等，推动残疾人群众文化和特殊艺术向前发展。举办“特奥融合计划”比赛。5月16日在金水区利智学校举行“特奥融合计划”郑州滚球赛，10月22日在管城区辅读学校举办“特奥融合计划”郑州足球赛，活动吸引了110名特奥运动员和融合伙伴。组织残疾人运动员参加河南省第六届残疾人运动会，在田径、乒乓球、游泳、羽毛球、飞镖、象棋等6个项目的比赛中，共获得23金、10银、5铜的优异成绩，金牌总数位居全省19个代表团的第三名，还获得了奖牌总数第四名和体育道德风尚奖。组织70名残疾人健身指导员参加培训。完成融合伙伴台账填报工作，全市新增融合伙伴700人。结合开展党的群众路线教育实践活动，为弘扬残疾人文化艺术，筹备成立郑州市残疾人文学艺术界联合会。

在第五届全国自强模范暨助残先进表彰大会上，郑州市2人被评为全国自强模范，1人被评为全国助残先进个人，1个集体被评为全国助残先进集体，1个家庭被评为残疾人之家。为学习贯彻习近平总书记和国务院副总理张高丽在表彰大会上的讲话精神，6月23日在郑州举行了首场全国自强模范与助残先进事迹报告会，全市各行业400名代表聆听了事迹报告。完成全省自强模范和助残先进评选推荐工作，共推荐4名自强模范、5名残联系统先进工作者、7名助残先进个人、4个助残先进单位和4个残疾人之家。

【社会扶残助残活动】 2014年，全市各级残联把扶残助残贯穿全年工作始终，坚持以为残疾人办实事、办好事、解难事为宗旨，开展了丰富多彩的扶残助残活动。5月18日，第24次全国助残日，联合市文物局开展了“全市文化助残公益行动”，在博物馆举办残疾人专场讲座，组织博物馆工作人员学习手语，成立“爱心小组”“助残小队”等扶残助残小组。联合市文广新局举办了“百家图书馆文化助残公益行动”，定期组织到残疾人集中的社区、乡镇文化站和残疾人家园，为有需要的残疾人读者提供送书上门服务。郑州市残疾人民间组织“豫残联盟”，在市科技馆门前广场上举行了“百圆计划”助残活动，联合郑州晚报爱心公益社为100个困难残疾人家庭送去价值1万余元的米、面、油等生活用品。同时，郑州福彩中心赠予“豫残联盟”5辆移动彩票销售车，助推公益健康成长；河南省福兴儿童基金会将20份早教机捐给现场的盲童。12月3日国际残疾人日，市残联与省图书馆联合举办了“畅想数字资源，点亮文化生活”全国残疾人网络答题活动，来自全市的30名残疾人亲身体验了网络给生活带来的改变。6月12日，与中国联通郑州分公司联合举办“沃听”盲童手机捐赠活动，为郑州市聋哑学校22名盲生赠送了盲人专用手机。9月26日，成功举办了2014年“圆梦行动”——盲童援助项目启动仪式暨残疾人手工艺品义卖会，为全市贫困盲童赠送读屏软件200套。

6月8日，在郑州市首届“慈善嘉年华”活动中，通过折纸，吹气球等项目，积极展示全市残疾人“自尊、自信、自强、自立”的精神风貌；在“八一”建军节前夕，组织残疾人拥军服务队走访慰问了71834部队，向官兵们致以节日的问候和祝福并送去慰问品；在8月11日第4次全国“肢残人活动日”，组织全市200名贫困肢体残疾人进行无障碍体验及观影活动；在第57届“国际聋人节”，组织全市优秀聋人代表在人民公园手语岛开展了羽毛球、乒乓球、跳绳等文体娱乐活动；在“国际盲人节”期间，组织开展了省会庆祝第三十一届“国际盲人节”盲人足球友谊赛，省市领导出席并为运动员颁发荣誉证书。

开展各类志愿者助残活动，制定了《郑州市“邻里守望”社区志愿助残服务活动实施方案》，以各县（市）区助残志愿者服务站为依托，大力宣传扶残助残服务理念，并开展“一对一”“多对一”结对帮扶活动，为残疾人及其家庭提供家政服务、生活照料、心理抚慰等服务。

【残疾人维权信访】 （一）配合市人大对全市《残疾人保障法》实施情况进行检查。10月14日，市人大部分常委会委员和代表对全市贯彻实施《中华人民共和国残疾人保障法》和《河南省实施〈中华人民共和国残疾人保障法〉办法》情况进行执法检查，对全市残疾人技能培训、聋儿语言训练、假肢安装康复训练、残疾人托养等残疾人工作给予了充分肯定。

（二）为中心城区持证残疾人购买团体交通意外伤害险。市政府将为中心城区持证残疾人购买团体交通意外伤害险列入2014年民生“十件实事”，经过两个月的摸底筛查、申领审核、督导验收，共有14484人通过团体险审核验收，保险于7月正式生效，得到了广大残疾人朋友的充分肯定和欢迎。

（三）认真做好燃油补贴发放和数据库录入工作。积极与市财政局协商，制定燃油补贴实施方案；深入宣传政策，将享受政策及对象的条件、审报所需资料等相关信息及时公布，使残疾人充分了解政策，扩大影响面和知晓率；开展残疾人机动三轮车及车主的摸底调查、登记造册工作，确保不漏报、重报、错报；严格按照补贴条件和规定程序审核补贴对象、发放补贴资金，主动公布补贴对象，接受监督，确保补贴工作有序进行。全年共计发放残疾人机动轮椅车燃油补贴资金31.7万元。

（四）着力维护残疾人合法权益。充分发挥全市150个法律援助受理点作用，为残疾人提供“优先、优质、优惠”法律服务，千余名残疾人接受咨询服务，百余名残疾人得到了法律援助；全市残联系统共处理残疾人来信来访来电1500余人次（件），做到了事事有答复、件件有回音。妥善处理了网上串联集体上访，全市没有进京赴省集体访发生。

【残疾人规划财务工作】 市残联根据业务工作对接需要，于4月设立了规划财务室，重新修订完善了机关财务规章制度，进一步理顺了财务管理。全年共拨付省级下拨款669.99万元；拨付市本级预算内残疾人职业技能培训费56.79万元，残疾人低保精神病救助262.46万元，三无救助388.05万元，返还五区保障金1145.18万元，地税代征保障金业务费467.32万元，其他各项经费支出共计460.66余万元。同时，协调市财政局调剂预算内残疾人职业技能培训费108.23万元至康复中心。完成了财务预算执行统计报表汇总、二级机构的事业单位产权登记、机关预算内政府采购计划、2015年预算上报及全国残联系统财务统计报表的汇总上报等工作。

【残疾人服务设施建设】 2014年，按省残联下达的“80%以上的县（市）区建成聋儿语训中心和辅助器具服务中心”的任务目标，郑州市所辖县（市）区新建或扩建的县级聋儿语训中心和辅助器具服务中心全部挂牌。残疾人康复托养设施建设项目。按照省下达任务，新建的上街区残疾人托养中心项目投入使用。中心总投资3000万元，总建筑面积约9000平方米，设有康复医疗室、餐厅、卫生间、管理室等场所，有标准托养房间18间、特殊护理2间，可托养残疾人50人。

【残疾人组织建设】 （一）基层组织建设。以2013年换届为契机，进一步建立完善了县（市）区、乡镇（街道）、村（社区）三级基层残疾人组织网络，全市选拔配备优秀残疾人干部460名，所有乡镇（街道）残联配备专职理事长，村（社区）残协配齐残疾人专职委员。残疾人工作者和优秀残疾人代表参政议政力度加大，市及各县（市）区有1名残联理事长、1名残疾人当选同级政协常委或委员，8名残联干部和残疾人当选同级政协委员。残疾人专职委员队伍不断壮大，全市2660个行政村（城市社区）的残协全部建立，组建率达100%；179个乡（镇）街道、行政村（社区）全部选聘了残疾人专职委员，选聘率达100%。残疾人专职委员工作补贴全部落实到位，乡级残疾人专职委员每人每月工作补贴100元，村级残疾人专职委员定期领取误工补助；城区社区残疾人专职委员每月补贴100元，村残疾人专职委员每人每月补贴80-100元。部分县（区）残联还通过纳入公益岗位、争取低保待遇、购买意外保险、改善工作环境等途径，努力提高残疾人专职委员的待遇和工作积极性。残疾人专职委员队伍规范建设，建立了动态管理机制和月工作例会制度，残疾人专职委员培训组织有力，全年共组织771名残疾人专职委员参加网络在线培训。

（二）残疾人证核发。市残联大力宣传残疾人二代证的核发流程和重要意义，提高残疾人申领二代证的知晓率；结合卫生部门，确定了一批资质高、信誉好的医院为评残定点机构，并将评残鉴定费用降到了最低；为加快办证进度，建立了过错责任追究制度、入户巡回办证制度。除每周两天在县（区）残联集中办证，其余时间抽调人员深入农村、社区巡回办证，对重度残疾人和行动不便的残疾人，入户为他们办理相关手续，确保有要求的残疾人证应发尽发；建立定期通报制度，每月通报各县（区）办证工作进度。至年底，共为全市99012名残疾人办理了残疾人证，约占残疾人总数的19.8%。

（三）基础管理建设年工作。根据中残联、省残联关于开展“基础管理建设年”活动的意见精神，成立了“基础管理建设年”活动领导小组和办公室，建立了建章立制组、综合协调组、财务组、专项调查组、数据保障组5个小组。在制度建设方面，结合党的群众路线教育实践活动，严格梳理现有规章制度，废止制度3个、修订完善12个、新建制度17个。

（四）优秀残疾人人才库建设。按照中残联、省残联要求，建立市、县、乡三级优秀残疾人人才库，筛选各类优秀残疾人，发现和挖掘优秀残疾人典型材料，逐级上报优秀残疾人人才库。

【残疾人基础信息核查】 根据国务院残工委等11个部委《关于开展全国残疾人基本服务状况和需求专项调查的通知》要求，郑州市由教育、卫生、人社、财政等10部门组成了专项调查联席会。先后印发了《关于转发〈河南省残疾人基本服务状况和需求专项调查残疾人基础信息核查工作实施方案〉的通知》《郑州市人民政府残疾人工作委员会关于成立全市残疾人基本服务状况和需求专项调查工作联席会议和办公室的通知》等文件。9月30日，举办了市残疾人基本服务状况和需求专项调查残疾人基础信息核查工作培训班，全市16个县（市）区的信息技术负责人参加了业务培训。各县（市）区对所属乡镇（街道）、村（社区）调查人员逐级进行培训，成立核查员队伍，乡、村两级设专职委员，每个村（居）民委员会确定1名核查员，并就残疾人基本状况专项调查工作作了统一部署和要求，进行了业务培训和指导。把系统操作作为培训重点，培训内容包括统计指标口径、工作流程、入户调查询问方法和技巧及核查、处理等，确保所有参加专项调查的人员熟悉业务、掌握方法、明确要领，共培训调查人员3000余名。截至11月6日，郑州市持证残疾人应核查人数118682人，已核查人数117688人，核查率达到99.2%。全市0-15岁非持证残疾儿童应核查人数533人，实际核查459人，占应核查人数的86.1%。

（毛贻广）

归国华侨联合会

【概况】 2014年，郑州市侨联围绕市委中心工作和省侨联工作要求，团结奋进，较好地完成了各项工作任务。

扎实开展党的群众路线教育实践活动。在活动的每个环节中，结合自身工作实际，组织形式多样的活动，确保活动取得实效。6月12-13日，在荥阳市环翠峪教育基地组织了全市侨联干部培训班，县（市）区侨联干部、社区侨联干部等30余人参加，重点培训了侨法宣传和维护侨权侨益两方面内容。广泛征求意见，通过深入归侨侨眷家中走访座谈，做到“四问四摸清”；走进棚户区居民家中“察民情，听民生，解民忧”，听取意见建议，形成了高质量的调研报告上报了市委。

做好郑州市人大、政协的换届侨界委员推荐工作，共推荐郑州市政协委员6名。完成了全市侨情调查和组织建设情况调查、省侨联组织建设年活动的具体工作。派出2名工作人员参加“中国侨联侨商杯法律知识竞赛”活动，1人取得了良好成绩。做好与相关单位联合共创省级文明单位的申报工作，圆满完成了创建工作。

【邀商、接待及对外交流】 2014年，郑州市侨联发挥外联优势，为郑州经济社会发展服务。

（一）服务甲午年黄帝故里拜祖大典活动。作为拜祖大典组委会邀请部的成员单位，在大典期间共邀请了来自美国、澳大利亚、英国、新加坡和香港、澳门等国家和地区侨领及侨商22名。其中，1位侨领上香，3位侨领及侨商作为祈福贵宾，2位来自香港、澳门的小朋友参加了放飞和平鸽活动。市侨联荣获甲午年黄帝故里拜祖大典先进单位。

（二）接待了中国侨联副主席、中国侨商联合会会长、世茂集团董事局主席许荣茂一行。4月1日，全国政协经济委员会副主任、中国侨联副主席、中国侨商联合会会长、世茂集团董事局主席许荣茂一行莅临登封参观考察，听取了关于登封“天地之中”得天独厚的区位优势、招商引资优惠政策及根亲文化独特优势等的详细介绍，并访问少林寺。

（三）参加全国和省侨联“亲情中华”文化交流活动。11月15-23日，市侨联主席赵思群参加了中侨联组织的“亲情中华”文化交流活动，赴韩国推介郑州市的少林文化、儒家文化、书法笔会等项目，介绍了河南、郑州优越的地理位置，优厚的招商引资政策和美好的发展前景。活动期间，郑州市歌舞剧院在韩国表演艺术最高殿堂——首尔世宗文化会馆演出了3场大型舞剧《风中少林》，韩国前总理李寿成、韩国国会副议长郑甲润、中国驻韩国大使馆总领事董敏杰、韩国尚志大学校长金文起等出席演出活动开幕式；中方团员参观了即将落成的孔子《论语》石刻碑林等友好交流项目；与韩国国会副议长郑甲润初步达成“在明年春季到河南、郑州参观访问”的意向。

（四）与外地侨联交流学习工作。9月，侨联主席赵思群、纪检组长杜国政参加全国省会城市侨联工作年会，市侨联的《健全侨联基层组织网络 增强基层侨联组织活力》一文作为年会交流材料被收编出版。

【为侨服务工作】 （一）双节期间，累计慰问困难归侨及侨眷30户。其中，1月3日，中国侨联副主席董中原看望困难归侨刘春溪、黄锡奎和郑国雪；1月16日，市侨联主席赵思群等慰问老归侨林振辉、彭友莲、彭外妹、谢亚兴，看望有病侨眷赵子才；1月22日，市侨联赵思群主席陪同市委常委、统战部长王跃华慰问印尼归侨陈

2014年1月2日，中侨联副主席董中原调研管城区侨胞之家

玉燕、泰国归侨吴镜明。

（二）重点帮扶困难归侨侨眷。5月20日至6月10日，郑州市侨联结合党的群众路线教育实践活动“三问三摸清”有关要求，对全市10户困难归侨进行走访慰问。给困难归侨送去了慰问品，并就困难情况进行了详细询问。7月，老归侨张尧钦病故，市侨联主席赵思群到归侨家中吊唁，并送去慰问金。

（三）组织开展归侨侨眷联谊活动。11月11日，组织全市归侨侨眷约80人，到新密市开展“走群众路线，观郑州新貌”归侨侨眷联谊活动。通过了解新密市曲梁乡产业集聚区、新密市新农村建设，浏览了郑州经济建设新貌，结合传统文化教育参观了新密古县衙。

（四）信访维权工作。经多次协调，帮助老归侨姜善伟解决了住房困难问题。帮助侨眷祝惠敏提供相关资料，协调解决了其退休手续、医保等方面的问题。针对印尼老归侨张之麟反映护照出生地错填，拖延半年多无法解决的问题，市侨联积极与公安局出入境管理处沟通协调，圆满解决。此外，还帮助归侨罗伟雄、朱吉庭协调经济适用住房和廉租房问题，进展顺利。

【调研工作】 （一）到侨光医院开展调研。为加强侨光医院的建设管理，1月17日、5月21日，市侨联主席赵思群到侨光医院，就医院的改扩建、社区医疗服务中心升级等情况开展调研工作，了解侨光医院经营情况，研究分析存在问题，帮助解决管理经营中的困难。

（二）到基层侨联开展调研。1月2日，中国侨联副主席董中原和省侨联党组书记赵太安，省侨联主席董锦燕，郑州市委常委、统战部长王跃华，郑州市侨联主席赵思群一同，参观调研紫光社区和代书胡同“侨胞之家”建设情况，并给予高度评价。1月16日，市侨联主席赵思群到荥阳侨资企业西雅图生物科技园参观调研，了解企业存在的困难和问题。4月28日，省委统战部副部长赵太安、市侨联主席赵思群等按照党的群众路线教育实践活动要求，到管城区统战部调研，征求了数十位归侨侨眷、海外归来人员和侨资企业代表的意见。6月19日，中国侨联法律顾问常务委员会常务副主任林淑娘一行到郑州管城区调研基层侨联工作。河南省侨联主席董锦燕、郑州市侨联主席赵思群等陪同调研。6月16–17日，市侨联开展“学习焦裕禄精神，深入基层察民情、听民声”活动，深入惠济区刘寨办事处粮机棚户区、二七区五里堡办事处河医片区调研，通过入户走访、座谈，了解群众诉求，撰写调研报告上报市委。此外，多次深入侨资企业郑州侨联生物能源有限公司开展调研活动，帮助协调新址建设中的立项、土地手续问题。帮助侨资企业协调有关银行联保债权侵权问题，通过积极与市人大、省侨联联系，并发出公函，由人大督促市法院依法快速办理，使问题基本得到了解决。

（三）“同心”实践基地调研帮扶工作。3月20日，市侨联副主席、郑州侨联生物能源有限公司董事长兼总经理席克忠一行到郑州市统一战线“同心”实践基地—登封市唐庄乡，考察调研“同心·文冠果种植项目”投资环境。就“同心·文冠果种植项目”如何开展苗木供应、技术支持、项目扶持、种植服务、产品收购等事宜，进行深入细致的洽谈，并达成合作意向。

【县（市）区侨联工作】 2014年，郑州市各县（市）区侨联工作亮点纷呈。

荥阳市侨联：加强海内外联谊，搞好侨胞接待工作。全年共接待来自美国、德国、澳大利亚、印度尼西亚、委内瑞拉、香港等国家和地区回荥阳探亲、祭祖、洽谈的华侨及郑氏社团等100多人，与海外华人华侨通电话300多次。接待了德国华侨刘霞，香港郑氏企业家、深圳汕头商会秘书长郑百中、郑天平，蒙古国博士巴达玛等华人华侨，为荥阳市发展做出贡献。

登封市侨联：建立海外人才资料库，为登封人才强市战略提供海外资源和人才服务；建立侨界人大代表、政协委员、代表人士资料库，为侨务资源发挥作用、服务社会奠定基础；建立侨界“新生代”资料库，推进侨务资源可持续发展。同时，开展了登封市留学人员情况调查，摸排新增留学人员21名，充实了留学人员和家属联谊会的资源力量，加强了登封市留学回国创业人员代表人士队伍建设。配合省、市侨联，做好意大利、俄罗斯、台湾等国家和地区华侨及中国和平统一促进会等团体莅临登封参观考察、访问交流工作；成功接待香港许氏宗亲会河南寻根祭祖暨经贸参访团10人，到许氏发源地箕山寻根拜祖，并为他们回乡办事做好服务工作。

新郑市侨联：积极参与筹备甲午年黄帝故里拜祖大典，发挥优势，加强海内外联谊。

上街区侨联：积极配合中原地区首届专业通用航空展会——2014郑州华彬航空嘉年华航空展，邀请了省、市相关领导20多人参观展览会，为宣传上街通用航空事业起到了积极作用。

管城区侨联：为加强侨联干部队伍的水平和能力，组织专家及专题授课培训4次。依托侨之家建设，创新活动方式，围绕“迎、讲、树”及“心贴心”两项主题活动，举办了多种富有特色的活动，增强了归侨侨眷的主人翁意识和参与意识。如“放飞风筝，留住记忆”亲情联谊、制作风筝活动；重阳节为辖区老年侨属侨胞义诊体检服务；开展用工双向沟通，促进归国华侨、留学人员稳定就业招聘会；母亲节为侨界女性代表献上节日的鲜花；端午节“和谐侨界情”活动；善行校园——献爱“六一”助学活动；海外留学人员免费为特困儿童培训英语活动；邀请马来西亚儿童文学作家许友彬到管城区，为儿童开讲座讲故事，并签名赠书；春节、清明侨胞侨属返乡探亲之际，采取专车接送、上门走访、代购机票等形式搞好服务；利用电话、电子邮件等方式保持与海外华侨的密切联系，每年向海内外寄送贺年卡、《乡音报》等。

【“坚持依靠群众，推进工作落实”机制建设】 2014年，市侨联及时更换“坚持依靠群众，推进工作落实”群众工作队成员，做好驻二七区嵩山路办事处贾寨社区帮扶工作。坚持“每周一次巡查、每两周一次会商”工作机制。印制了2500张“便民服务卡”，走访部分社区群众，了解民生、民情。联合贾砦社区召开两委扩大会议，邀请社区的党员、群众代表30余人参加，广泛征求群众的意见和建议，为下一步更好地搞好社区工作打下基础。与社区建立了联合党支部。组织贾砦区党员志愿者协同社区卫生服务中心共同开展了“牢记宗旨心系百姓，党员志愿者奉献日”活动，进行科普宣传，引导社区居民正确认识日常生活存在的潜在危险及如何防范；社区党员志愿者开展了为民解忧、为民办实事活动；社区卫生服务中心为社区居民进行了保健医疗义诊。

6月19–30日，群众工作队在贾砦社区进行宣传、调研、走访、慰问。通过制作活动宣传展板，向社区群众宣传了实现中国梦的重大意义；深入社区基层老党员和困难群众中走访慰问，真实了解基层群众的生活情况和存在的困难，并及时与社区两委沟通和讨论，厘清思路，找准定位，有针对性地提出促进工作、改善民生的意见和建议。

（韩　莉）

地方立法工作

【概况】 2014年，郑州市人大常委会认真完成年度立法任务，为全市深化改革提供了坚强的法律保障。对《郑州市燃气管理条例》《郑州市城市市容和环境卫生管理条例》部分条款进行了修改；重新制定了《郑州市大气污染防治条例》；制定了《郑州市郑韩故城遗址保护条例》。

立足郑州市地方立法工作实际，积极探索法规案出台前评估制度，建立健全立法后评估、专家法律咨询等制度；重新制定了《郑州市人民代表大会常务委员会立法评估工作规定》。结合郑州市地方立法法律咨询实际情况，对《郑州市人大常委会法律咨询委员会工作规则》进行了全面修订。

按照市委工作安排，根据《中共中央关于全面推进依法治国若干重大问题的决定》，结合郑州市实际，代拟了《中共郑州市委员会关于贯彻落实党的十八届四中全会精神，全面推进郑州法治建设的意见》（立法部分），供市委决策参考。

【地方性法规立改废工作】 2014年，市人大常委会根据形势发展变化，把对现行有效法规的修订放在与制定新法规同等重要的位置，适时进行修订或者废止工作，主动适应改革和经济社会发展的需要。围绕全市第十轮行政审批制度改革工作，经4月25日召开的市十四届人大常委会二次会议审议通过和5月29日召开的省十二届人大常委会八次会议批准，对涉及个别行政审批条款的《郑州市燃气管理条例》《郑州市城市市容和环境卫生管理条例》进行了修改，维护了社会主义法制统一，增强了地方性法规的及时性、系统性、针对性、有效性。为进一步保护和改善全市大气环境，推进生态文明建设，以废旧立新的形式，重新制定了《郑州市大气污染防治条例》，经6月27日召开的市十四届人大常委会三次会议通过和12月4日召开的省十二届人大常委会十一次会议批准，将于2015年3月1日起开始实施。为适应郑韩故城遗址保护新形势，合理利用遗址历史文化资源，提升城市品位与文化内涵，加快推进华夏历史文明传承，制定了《郑州市郑韩故城遗址保护条例》，经8月22日市十四届人大常委会四次会议审议通过，12月4日省十二届人大常委会十一次会议批准，将于2015年1月1日起开始实施。

【探索法规案出台前评估制度】 为推进郑州市科学立法、民主立法，提高立法质量，2014年，市人大常委会在对《郑州市大气污染防治条例》《郑州市郑韩故城遗址保护条例》《郑州市人民代表大会常务委员会关于修改〈郑州市客运出租汽车管理条例〉的决定》3部法规案审议过程中，增设了法规案出台前评估程序。邀请法律咨询委员会专家、市人大代表、基层群众、司法实务工作者等，就法规草案文本质量、法规案出台时机、法规案的针对性和可操作性等问题进行了论证评估。《郑州市大气污染防治条例》的评估侧重于法规案的出台时机、针对性和可操作性、现行相关配套措施能否及时调整到位等问题；《郑州市郑韩故城遗址保护条例》的评估侧重于法规通过后的经济效益和社会效益、文物保护和社会发展的关系问题；《郑州市人民代表大会常务委员会关于修改〈郑州市客运出租汽车管理条例〉的决定》的评估则侧重于法规通过后对本地区改革发展稳定可能造成的影响。

这是郑州市首次在地方性法规草案出台前增加评估程序，作为创新开门立法、科学立法新途径的有益尝试，推进了表决前评估程序的制度化、规范化。

【五年立法规划编制工作】 为确保新一届人大常委会的立法工作有序推进，市十四届人大常委会组成后，迅速启动五年立法规划编制工作。在《郑州日报》和郑州人大网站上发布公告，面向社会各界征集建议项目；向563名市十四届人大代表分别发函，征集立法建议项目，并请各位代表就如何做好新一届人大常委会立法工作提出意见；向市政府各部门及市直有关单位发出通知，要求申报建议项目。通过各种途径，共征集到规划建议项目83件次，经合并整理，有效建议项目为76件。在对建议项目逐件分析研究及充分听取各有关方面意见的基础上，经反复沟通协调，紧紧围绕加快推进“三大一中”战略实施，全力助推以郑州航空港经济综合实验区为统揽的郑州都市区建设这一中心，编制了2014-2018五年立法规划。规划以构建和谐郑州、实现跨越式发展为重点，着眼于全市经济社会发展中的重大问题，确定了本届市人大常委会地方立法工作的指导思想和基本框架。

【新一届市人大常委会法律咨询委员会成立】 市十四届人大常委会组成后，为选准选好法律咨询委员会成员，更好地发挥该委员会的咨询服务作用，按照具有丰富立法、司法实践经验的专家及国内各界有较高学术水平的专家学者在委员会中所占比例大体相当的要求，重新聘请了法律咨询委员会成员，丰富充实了立法专家库。

新一届法律咨询委员会成员数量大幅增加，由原来的15名增加到38名。专家涉及领域扩大，由法学领域扩展到语言学、经济学和媒体等各界学者。同时，委员会成员学术型和业务型相结合，既有理论界学者，又有实务界工作者，包括法官、律师和仲裁员、法学教授、学者等，组成结构科学合理。在此基础上，重新制定了《郑州市人民代表大会常务委员会法律咨询委员会工作规则》，完善了地方立法咨询制度。

（胡凯林　韩广道）

政府法制工作

【概况】 2014年，市政府法制办深入贯彻省、市政府法制工作会议精神，按照“全国找坐标、中部求超越、河南挑大梁”的要求，紧紧围绕全市中心工作，以加快推进“四个郑州”“两项建设”为目标，以服务型政府法制建设为主线，深入开展党的群众路线教育实践活动，持续深化大局意识、服务意识、责任意识、创新意识、精品意识和协作意识，各项工作顺利推进。先后荣获省依法行政考核优秀、平安建设先进集体、信息公开工作先进集体、郑州都市区建设三年行动计划综合工作优秀单位、修志用志先进单位、信息化工作先进单位、行政审批制度改革暨优化经济发展环境工作先进集体、公共机构节能工作先进单位、人口和计划生育先进集体、社会信用体系建设先进集体、“五单一网”工作优秀单位、坚持依靠群众推进工作落实长效机制建设先进单位等荣誉，较好发挥了参谋、助手和法律顾问作用，为推进依法行政、法治政府建设做出了新成绩，为郑州都市区建设营造了良好的法制环境。

【助推依法行政、法治政府建设】 2014年，市政府法制办立足部门职责，加强工作改革创新，助推依法行政、法治政府建设取得新成效。一是以学习促建设。围绕提高领导干部法治思维和依法办事能力，拟制了2014年度领导干部学法计划，明确了学法内容和时限。拟定了县处级干部专题法制讲座暨依法行政高级研修班培训方案计划。二是以规划促建设。做好制度安排，组织起草了《郑州市推进依法行政建设法治政府五年规划（2014-2018）（草案）》，并根据党的十八届四中全会精神进行了修改。印发了郑州市2014年度依法行政工作《要点》和《责任目标》。三是以考评促建设。通报了2013年度依法行政责任目标评议考核和行政执法机构执法绩效考核情况，并督促有关单位认真整改存在的问题；完成了第二批依法行政示范单位验收工作；组织开展2014年度“两个考核”工作。四是以改革促建设。按照市政府要求，组织起草了《郑州市人民政府关于普遍建立法律顾问制度的通知》《郑州市建立政府权责清单制度工作方案》；全程参与郑州市行政审批制度改革工作，积极参与我市“五单一网”清理工作。

【政府立法】 2014年，市政府法制办突出重点领域，改进立法方式，借助政府法律专家咨询团的力量，切实提升政府立法水平，努力实现政府立法科学化、民主化。一是保质保量推进立法进度。全年共完成地方性法规4件、政府规章3件。二是扎实开展政府规章清理工作。根据市委部署，清理现行有效的政府规章112件，提出了立改废的意见。三是认真办理人大代表议案和政协委员提案。全年共接到人大代表议案、政协委员提案17件，已全部办结，满意率100%。四是科学编制地方立法计划。组织起草《郑州市2015年度地方性法规立法建议项目（草案）》和《郑州市2015年度政府规章制定计划（草案）》。

【行政执法监督】 2014年，市政府法制办创新监督理念，将服务的理念融入行政执法监督协调全过程，严格规范行政执法行为，切实增强工作实效。一是围绕严格规范公正文明执法，加强监督协调力度。全年共接待群众来信、来访、来电等450余人次，办理行政执法投诉案件39起、协调事项1起；收到报备具体行政行为8706009件；推进建立行政裁量权基准制度，印发了《郑州市依法行政工作领导小组办公室关于进一步深入推进规范行政处罚裁量权工作的通知》。二是围绕服务型行政执法建设，推动执法方式由管理型向服务型转变。印发了《郑州市2014年推进服务型行政执法建设工作的实施方案》，召开了郑州市服务型行政执法推进会；开展了服务型行政执法建设先进单位、优秀个人评选活动；完成省法制办对郑州市服务型行政执法建设工作的考评工作，受到省领导充分肯定；参加全省服务型行政执法建设现场观摩交流活动，积极介绍郑州市的好做法、好经验，受到一致好评。

【具体行政行为审核和行政诉讼】 2014年，市政府法制办严格审慎把关，做好具体行政行为审核和行政诉讼工作。全年共收到市政府办公厅转送的具体行政行为审核件、领导交办件、政府常务会议议题审核件、市政府重大项目合作协议共计557件，提出法制审核意见700余条；代表市政府办理行政诉讼案件117件、行政复议案件123件、行政赔偿案件17件；组织召开行政案件异地管辖座谈会，积极对接行政案件异地管辖工作；深入贯彻市委办公厅、市政府办公厅《关于推进依法行政预防和化解行政争议的意见》，认真探索和推行行政首长出庭应诉工作机制；组织召开全市政府信息公开行政复议应诉工作专题会议，全市政府法制机构针对由政府信息公开引发的行政复议应诉案件中存在的问题，分析原因、总结经验、研究对策，明确了改进工作的思路，提升了应对复杂工作的能力。

【规范性文件监督管理】 2014年，市政府法制办加强规范性文件监督管理，着力维护法制统一和政令畅通。一是组织开展规范性文件清理。清理全市2013年9月30日以前制定的现行有效的规范性文件11404件；开展在市场经济活动中实行地区封锁规定的专项清理工作和减轻企业负担专项清理工作。二是认真开展规范性文件审核和备案工作。全年共审核文件554件，审结率100%，出具法制审核意见 295条；向省政府和市人大常委会报备市政府及市政府办公厅文件98件，报备率100%；共收到备案文件1044件，审查率100%。三是筹建郑州市规范性文件数据库。筹备工作基本完成，待市政府批准后，即可开工建设。四是召开郑州市规范性文件监督管理工作研讨会。组织市直71个单位召开规范性文件监督管理工作研讨会，针对规范性文件管理中存在的问题，分析原因、研究对策、拓展思路、创新理念，进一步提升规范性文件监督管理水平。五是积极办理规范性文件异议审查申请。办理公民、法人和其他组织提出的规范性文件异议审查申请6件，为群众依法维权提供法制服务。

【行政复议】 2014年，市政府法制办以维护群众合法权益、促进社会和谐稳定为目标，不断健全制度、夯实基础、强化措施、创新机制，努力完善行政复议机制，畅通行政复议渠道，依法化解社会矛盾纠纷。一是依法办理行政复议案件，确保办案质量和效率。全年共接待群众来信、来电、来访4500余人次，收到行政复议申请2016件，办理1165件（转办178件、自办987件），办理上年度结转案件94件，共办理案件1081件，目前已办结843件。二是在全市开展首届行政复议精品案件评选活动，带动办案质量不断提升。印发了《关于开展全市行政复议精品案件评选活动实施方案》，评选出全市十大行政复议精品案件，充分发挥了典型的引领带动作用。

【服务全市中心工作】 2014年，市政府法制办积极服务全市中心工作，认真完成领导交办任务。一是积极开展“区办共建”工作，为航空港实验区发展营造良好的法制环境。组织起草了《郑州市人民政府关于委托郑州航空港经济综合实验区行使行政执法权若干规定》和实施方案，提请市政府召开委托航空港实验区行使行政执法权推进会，积极推进委托执法工作。二是积极推行综合执法，拓展相对集中行政处罚权工作范围。深入研究市本级推进综合执法的领域和方式，为领导决策提供参考。同时，对县（市）区加强指导，支持综合执法、联合执法，整合执法队伍，缩减执法层级，推进执法力量下沉，认真总结推广新郑市开展相对集中行政处罚权工作的经验，积极帮助荥阳市开展相对集中行政处罚权工作。三是积极完成领导交办的专项工作。组织专人参与开发区管理权限调研、郑铝集团维稳、融资担保公司整顿、土地治理整顿、城中村改造、群众工作队等工作，多方沟通协调，提出法制建议，保证了各项工作顺利开展。

【政府法制宣传】 2014年，郑州市政府法制宣传工作取得新成效。充分利用郑州市政府法制网、《政府法制工作》简报和《郑州政府法制》期刊等主要“阵地”，发布网络信息900多条，编发期刊和内部简报多期，举办广场宣传活动1次，邀请权威专家举办法制讲座1次，承办郑州市第46期公务员培训大讲堂，为政府法制工作的顺利推进营造了有利环境

【干部队伍建设】 2014年，市政府法

制办扎实开展党的群众路线教育实践活动。坚持理论与实践相结合，运用法治思维和法治方式推动活动开展，深入学习，查找不足，改进工作，自身建设不断得到加强。树牢宗旨意识，密切联系群众，按照法制工作法治化的要求，组织专门人员制定了19项机关工作和管理制度，严明纪律，严格管理，工作作风明显改进；强化全市政府法制工作"一盘棋"理念，全市政府法制工作整体得到规范发展、全面推进。开展争创省级精神文明单位活动，以活动开展促进干部职工文明素质提升。

（刘汗青）

政法工作

【概况】 2014年，郑州市政法系统紧紧围绕全市中心工作，牢牢把握中国特色社会主义事业建设者、捍卫者的职责使命，着力打造忠诚政法、为民政法、务实政法、网格政法、廉洁政法，为中原经济区郑州都市区建设提供了有力保障，创造了良好社会环境。

【维护社会稳定工作】 2014年，市委、市政府根据不同时期、不同地区和单位存在的不稳定因素的特点和实际情况，先后多次召开常委会、维稳领导小组会议和其他维稳专题会议，进行专题研究部署，狠抓各项维稳措施的落实，切实消除不稳定因素。市主要领导多次过问维护稳定工作情况，并亲自协调解决疑难问题，指导督促做好具体工作。主管市领导多次亲临突发事件现场，靠前指挥，一线办公，切实解决影响全市社会稳定的复杂问题，化解重大矛盾纠纷，确保了全市社会稳定。

（一）着力维护政治稳定。一是抓重要信息掌握。密切关注国际国内动态和稳定形势，对涉及国家主权、领土争端、民族宗教、热点敏感问题信息高度警觉，特别是对行动性信息在第一时间报告、第一时间查实、第一时间采取措施。二是加强重点人管控。对掌握的38名"民运"、左派重点人严格按照"谁主管、谁负责""属地管辖"的原则，全部交办到具体单位、社区和属地派出所，逐人落实稳控措施；同时，始终纳入工作视线，努力获取内幕性情况，牢牢掌握工作主动权。三是抓突发情况应对。及时掌握涉及国家领土、主权和海洋权益等敏感问题的社会动态，及早采取措施，妥善化解了涉日"保钓"、与越南和菲律宾南海争端等突发事件对社会稳定产生的影响。同时，公安网监、宣传网管等部门加强网上对敌斗争，防范打击境内外敌对势力网上勾连、非法组党结社、煽动滋事等破坏活动，确保不发生影响社会政治稳定的问题。四是全力确保"六四"敏感节点社会大局稳定。针对2014年敌对分子大肆策划捣乱破坏活动的情况，制定工作预案，认真梳理、排查重点人员，分解任务、明确责任，严密防范、严厉打击，有效维护了国家安全和社会政治稳定。

（二）有效化解重大不稳定问题。一是着力攻坚重大不稳定问题。2014年，市委维稳办共收集整理了5批48起重大不稳定问题和7类不稳定群体，向相关县（市）区和市直单位进行了集中交办，并逐一明确了领导责任、化解责任和稳控责任，逐一解决、稳控到位。至年底，已有18起解决到位，其余均已落实维控措施并正在积极处理。二是市级领导包案。市委维稳办将重大不稳定问题分为13个领域，实行市委常委和副市长包案。各县（市）区和各责任单位参照市里模式，做到"一个问题一名领导、一套班子、一个方案、一抓到底"，逐级、逐人压实工作责任。三是建立日例会日通报制度。由市维稳办、市综治办、市应急办等单位召集，每日组织相关单位召开日例会，研究当天发生的信访案件、重大不稳定问题、突发事件等，并对会议研究确定的事项采取编发《今日要情》和《信访稳定及应急处置工作情况通报》的形式予以通报。四是建立周例会制度。在维稳任务较重的特殊时期，每周召开由市委维稳办组织，市委、市政府主要领导和相关部门及涉及案件的单位负责人参加的周例会，研究解决重大不稳定问题，并印发《重大不稳定问题周工作通报》，推动问题解决。

（三）妥善处置突发事件。2014年妥善处置了全省"两参"人员到省委集访、投资担保公司客户来市赴省集访等上访事件，成功处理了农民工聚集讨要工资、因停水停电停暖引起的小区业主聚集及医患纠纷等重大不稳定问题，没有发生造成重大影响的突发事件，没有发生非法聚集活动、政治性敏感案（事件）和个人极端案事件，确保了全市社会大局的稳定。

【法治建设】（一）深入开展司法执法公开工作。市委政法委深入贯彻落实中央政法委、省委政法委关于执法司法公开的有关指示精神，督促政法系统各部门深入推行"阳光办案""阳光执法"。市直政法各部门认真研究制定深入推进司法公开的工作方案，进一步深化审判、检务、警务、狱务公开，逐步建立完善司法公信责任制度。

市中级人民法院积极推进裁判文书上网公开，推行"三同步两公开"，实行庭审网络视频直播，搭建网络沟通交流平台，公开执行信息，便民巡回审判促便民，推行"法院开放日"，实现阳光司法。市人民检察院在全市两级检察系统开展检务公开制度改革试点工作。明确规定了各个业务部门应当公开的内容、时限、对象、形式，将检务公开延伸到执法办案全过程；健全了法律文书说理制度、公开审查和公开答复制度、新闻发言人制度三项工作制度；建立了检务公开考评、检务公开督察、民意收集转化、新媒体公开平台建设和人员经费等五项保障机制。市公安局实行警务信息公开、程序公开、监督公开，进一步完善警务公开机制、创新公开方式、拓宽警务公开形式。市司法局加强狱务公开工作，制定了《郑州市监狱狱务公开实施意见》，成立了狱务公开领导小组，聘请了廉政执行监督员，在罪犯会见室和生活区公示了执法内容，制作了统一标准的公示栏，确保考核奖惩、减刑假释、教育改造等涉及罪犯切身利益的相关内容及时公示，增强执法工作的透明度和监督力度；坚持利用每月10日狱长接待日的契机，接受罪犯家属咨询，解答罪犯及其家属疑问，受理投诉，自觉接受监督。

（二）协调督办重大案件治理执

市委政法委志愿者服务队访贫问苦

法司法突出问题。市委政法委下发了《关于进一步加强领导批示件督察督办工作的通知》，对领导批示件的督察、督办工作进行了严格要求，对每一起批示件的报送时限、报告格式等明确了具体要求。全年共办理领导批示件22件，已办结案件20件（未到期2件）；协调办理市直政法部门和县（市）区委政法委提请的对社会稳定有重大影响的案件9起。

【司法体制改革】 2014年，市委、市政府成立专项工作组推进司法体制改革工作，市委政法委根据郑州市政法工作实际，出台了司法体制改革工作实施方案，积极推进并取得初步成效。

（一）积极推行“轻刑快办”和“刑事速裁”改革试点工作。上半年郑州市在金水区、中原区、上街区、荥阳市、新郑市等5个地区开展了“依法快速办理轻微刑事案件（即轻刑快办）”试点工作。截至7月底，全市公安机关共启动快速办理程序办理轻微刑事案件80案，移送检察机关审查起诉72案，法院立案审理47案、审结44案，因故退出快办程序3案，试点工作取得了良好的社会效果和法律效果。

市中级人民法院制定了《郑州市刑事案件速裁程序办案规程（试行）》《刑事案件速裁程序庭审规范》《刑事案件速裁程序裁判文书格式》《刑事速裁案件情况登记表》《刑事速裁案件统计报表》《速裁程序案件相关刑法条文》等，及时规范、指导一线办案。组织全市法院两级刑事法官召开速裁工作培训会，通过庭审观摩，解读相关法规、规定，使法官了解并掌握速裁工作内容，为全面开展速裁工作奠定了基础。市人民检察院在市县两级均设立了刑事案件速裁程序试点工作领导小组，并在公诉部门设立了领导小组办公室。同时，制定下发了《郑州市人民检察院刑事案件速裁程序试点工作实施方案》，建立了试点工作联络制度和信息、数据上报制度，起草了《郑州市检察机关关于刑事案件速裁程序试点工作的实施细则》。市公安局积极配合法院，建设驻所速裁法庭，至年底，新密市看守所驻所速裁法庭已经投入使用，市区第二、第三看守所驻所速裁法庭正在加紧建设。市司法局建立了全市律师法律援助人才库和值班制度，密切联系公安机关做好驻所法律援助工作站的硬件建设。截至年底，全市共适用速裁程序起诉103人，判决83人。

（二）做好废止劳动教养制度后的相关工作。劳动教养制度废止后，郑州市各劳教所积极开展教育培训，对劳教所后续发展做出安排部署。齐礼阎劳教所确定转型为强制戒毒所后，积极对干警展开教育培训，提高干警应对戒毒业务的能力。同时，组织业务骨干分赴省内外先进兄弟单位，采取现场参观、座谈讨论、跟班作业等形式学习先进经验，使干警在掌握业务理论的基础上，对戒毒人员管理的实际操作水平得到显著提高。至年底，齐礼阎强制戒毒所收治的第一批戒毒人员已在所内执行强制戒毒。

（三）严格规范减刑、假释、保外就医程序。市中级人民法院制定了《关于规范减刑、假释案件审理的实施办法》，严格规范减刑假释程序。逐步实现专业化审理，严格职务犯减刑假释案件审理，并建立了减刑假释网上信息平台。市检察院制定了《郑州市检察机关开展减刑、假释、暂予监外执行专项检察活动实施方案》，3-12月开展对违法违规减刑、假释、保外就医的专项治理。市司法局郑州监狱建立管号干警直接管理考核、分监区每周综合考评、监区月合议公示、监狱考核办审批、纪委跟踪监督的长效机制，并建立了分监区、监区、监狱三级考核专卷，确保计分考核工作的准确、公开、公平。评审过程中，检察院驻所检察室、监狱纪委全程参与，并将评审结果向全体服刑人员进行公示，接受全体干警及服刑人员监督。

（四）全面推行新型合议庭制度。市中级人民法院印发了《关于在市中院推行新型合议庭制度的指导意见（试行）》，针对合议庭合而不议、职责不清、责任不明等问题，推行新型合议庭制度。选拔业务能力强、政治素质高的资深法官担任审判长，配备司法辅助人员、书记员，组成审判团队。审判长负责签发法律文书、主持开庭、合议等，对案件质量负主要责任；承办法官协助审判长开庭、制作法律文书，对承办案件质量负直接责任；其他法官参加庭审、合议、合签法律文书，对案件质量负重要责任。建立审判委员会委员履职考评机制，规范审判委员会委员办案、合议制度，明确办案责任。

【基层基础建设】 市公安局相继出台了《郑州市公安局警务信息综合平台运行暂行规定》《郑州市公安局警务信息采集规范》《郑州市公安局警务信息平台应用奖励实施办法》等规范性文件，明确了从民警到局领导各种权限角色的责任，确保了警务信息综合平台规范有序运行。通过实现执法信息化大力推动了公安执法规范化建设，执法民警精神面貌、工作效率和工作成效都得到了大幅度提升。

市人民检察院把执法规范化作为制度建设的重点，在确保案件质量、加强检察监督方面制定了一系列制度，初步形成了制度的制定、落实、督察责任明确、环环相扣的工作机制。一是健全完善制度，做到有制度可依。对原有的159项制度进行了全面清理，按照业务、队伍和事务管理三个方面进行废、改、立，整合为39项制度。二是利用案件管理中心平台，推动制度落实。推广应用自主开发的案件管理系统，要求各业务部门实行网上办案。三是加强对制度落实情况的监督检查。由纪检监察部门牵头，采取检务督察、专项检查等形式，强化对不落实制度的责任追究。

市中级人民法院采取9项执法司法信息化措施。一是强力推进案件流程管理，对案件立案、审理、庭审、裁判、执行、归档等各个环节进行监控。二是加强机关法庭建设。配备了5个信息化标准数字化法庭，具备同步录入、同步监控功能。三是全力保障法律文书上网功能。四是开展庭审网络直播。五是购买文书纠错系统，提高文书质量。六是建设数字审委会。七是建立数字化监控系统，对市中院包括法庭实施全方位监控。八是建立电子签章系统，实现审判、办公网上审批和授权用章。九是建立视频会议室。

市司法局制定出台了《郑州市司法局计算机网络信息系统使用管理制度》，修订完善了《电子公文流转、存档制度》《门户网站管理制度》《局域网使用管理制度》《信息采集、审核、发布和更新制度》《计算机信息网络系统安全保密制度及设备使用与维护制度》等9项工作制度。按照政务公开要求和现行法律法规规章修改废止情况，及时将郑州市司法局工作职能、执法依据、规范性文件及办事指南、工作流程、收费标准、监督举报电话等通过门户网站向社会公开公示。

【政法队伍建设】（一）坚持把思想政治建设放在首位，不断提高全市政法干警的思想政治素质。相继开展了“忠诚、为民、公正、廉洁”政法干警核心价值观教育活动等主题教育活动，扎实开展党的群众路线教育实践活动，在活动中创新载体、活化形式、丰富内容，切实达到入脑入心的效果。

（二）注重政法部门基层党组织建设，以党建带队建。坚持以创先争优活动为抓手，配齐配强基层党务工作人员，充分发挥基层党组织的战斗堡垒作用和党员干警的模范带头作用。

（三）大力加强政法干警教育培训，提高政法队伍业务能力。重视政法领导干部能力的提升。市委政法委在清华大学、中国浦东干部学院举办了4期专题培训班，有效提高了政法领导干部科学决策的水平。鼓励政法干警在岗学习，多名政法干警取得硕士学位证书。

政法各部门结合自身实际加强岗位培训。市中级人民法院建立法官导师制度，选任196名资深法官为导师，开设法官大讲坛、庭室小讲堂，以案促学，促进新老法官教学相长。市公安局开展了警衔晋升、初任培训和分警种轮训，全年共举办各类培训22期，轮训民警7400余人。市检察院组织优秀领导干部和检察干警到清华大学、北京大学、浙江大学等知名学府参加奖励性培训3次，先后共有200余名干警参加培训；通过“脱岗培训、岗位练兵、网上课堂、一案一评、专题研讨、业务竞赛”等多种形式，提升业务技能。

（四）狠抓司法廉政建设，不断提高政法队伍党风廉政建设水平。严格执行重大事项报告、廉政谈话等制度，建立完善政法干警廉政档案，切实加强对干警的监督管理。大力开展警示教育，组织编发《警戒线》《警示录》等警示教材，用身边人、身边事教育政法干警筑牢拒腐防变的思想防线。加大违法违纪行为的查处力度，对群众反映的违法违纪线索逐一查证，一经查实，坚决处理。

（五）坚持公开承诺为民服务，进一步密切警民关系。法院、检察院、公安局、司法局四部门共向社会公开服务事项230多项，内容关系民生的方方面面。

（六）大力开展为企业提供法律服务专项工作，为地方经济建设提供强有力的保障。市委政法委通过与市大项目办、市经委等有关部门联系，从全市选出了100家重点企业、10个重点工程分配到13个县（市）区，制定下发《全市政法系统开展企业法律服务专项工作方案》，选派政法特派员进行直接的法律服务。至2014年年底，全市各级政法机关共走访企业516家，发放调查问卷1.3万多份、联系卡1500余张、宣传资料6000余份、普法书籍1000余册，提供法律咨询近2000人次，为企业诉讼立案288件次，清查流动人员5万余人次，清理娱乐场所及非法摊点2800余处，取缔未向公安机关备案的收购站点17处。

（七）大力弘扬先进典型，激发政法干警的创业精神。充分发挥先进典型的引领示范作用，评选表彰了“十佳政法先进单位”“十大绿城卫士”和“60佳政法干警”。

【涉法涉诉信访工作】 截至11月30日，郑州市共交办涉法涉诉信访案件26批共1809起。其中，中央第八巡视组交办6批440起，中央督导组交办1批28起，省委巡视组交办4批245起，省巡视整改办交办1批712起，省委政法委交办3批进京非访案件28起，市委交办2批9起，市政法接访窗口、市委政法委来信9批347件。到期案件1673起，办结1657起，按期办结率99%。

领导重视抓重点。凡中央、省交办案件，均签订案件交办目标责任书，确保交办的每起案件落到实处。确定政法部门领导为案件化解包案领导，负化解责任；政法委领导为案件督导包案领导，负督办责任。案件办理采取日报告、日通报制度，有效促进了案件的化解。

“督导查究”化积案。联合督察。从市直公、检、法三部门抽调业务骨干组成联合督察组，对县（区）和市直政法部门进行不间断巡回督察。限时办结。对每一起案件均限定具体办理时限，对经县（区）党委政法委书记和市直政法部门“一把手”签字的结案报告进行审核，符合结案条件的，对照台账，逐案销号。分级追究。对化解不力的单位，分约谈、取消评先、挂牌整治、重点治理四个层级查究。凡被重点治理的，年内干部一律不得提拔使用，对责任领导视情给予党政纪处理。

“网格管理”防源头。构建化解网格。整合全市职能部门、城管员、协管员、巡防队员、社区保安以及村组长、楼院长、街区长、联户代表、党员、志愿者等资源，统一调配，分片包干，定岗定责，形成无缝隙的网格化管理服务体系。依托网络及时掌握不稳定信息，并进行防控、化解，提高社会治理水平。入户宣传讲法。针对城市拆迁问题、轻伤害案件相对较多等问题，政法干警开展送法上门活动，每周利用宣传车在偏远农村进行一次流动宣传；每半月上门入户一次，以案说法；每月在游园广场组织一次法律讲堂，与群众互动，普及法律知识。排查调处引导。村组长、楼院长每周对负责的村组、楼栋进行一次走访排查，掌握可能发生涉法涉诉信访的信息；乡（镇）办每半月召开一次例会，研判社情民意，进行信访风险评估。对排查出的问题，实行三调联动，及时化解。引导：对调处不了的，引导上访人通过政法部门导入司法程序解决问题，纠正部分群众信访不信法的错误认识。提升办案质效。严格落实办案质量终身负责制、错案责任倒查制，实行政法干警办案绩效考核制，建立政法干警执法档案并与组织部门对接，把办案责任落实到具体部门和个人，从源头上预防错案、瑕疵案的发生。

“法情窗口”重吸附。诉访分离。设置“分离疏导”窗口，由司法局安排律师值班，采取以情化解的方式，主要任务是向上访人讲清上访事项是否属于涉法涉诉信访。接访导入。设置公、检、法“接访导入”窗口，由政法部门分别派出人员接谈，同时建立政法部门内部运作机制和公检法外部衔接机制，保障导入工作顺利开展。案件会商。设立“案件会商室”，对于疑难复杂案件以及政法部门对反映问题环节有争议不能及时导入程序的，市委政法委召集相关单位领导和办案人员、法学会法律专家，对案情进行分析会商，形成会商意见，确定责任单位，启动导入程序。约谈承诺。市直政法单位信访部门和办理责任单位在接收窗口转入案件后，3个工作日内约谈上访人，告知其可否启动法律程序。稳控告知。对于依法终结的案件，当事人再次上访的，接访窗口只登记不交办，并向居住地下达《稳控告知书》，要求相关单位做好释法析理和帮扶救助工作。全程监督。市委政法委专门成立“两导一查”办公室，配备3名工作人员，专职对政法部门窗口受理案件的办理过程进行跟踪监督。

“五级帮扶”劝回归。为了从根本上减少进京访、重复访案件的发生，对可能发生重复访、越级访的上访人实行县、乡、村、组、村民代表“五级帮扶”，从心理疏导、技能培训、困难救助、思想转化、邻里互助、法律解释等方面进行帮扶，使他们回归正常生产生活。全年共对212名可能发生重复访的上访人交县（市）区进行“五级帮扶”，无一发生重访。

【法学会工作】 （一）紧紧围绕政法工作大局和中心工作组织开展法学研究。按照全年工作计划，积极做好2014年度课题申报工作，分别向市社科联、科技局提交了《新型城镇化与社会政

全市政法委书记座谈会召开

策、社会管理研究》《郑州市规范政府购买服务问题研究》等课题申报材料。

（二）积极推动应用法学研究和政策咨询研究。市法学会充分发挥自身特点和优势，针对执法、司法工作中重大疑难问题，组织有关专家进行研究论证，为领导决策、解决相应问题提供智力支持和咨询服务。先后完成了十余起疑难案件的法律问题研究和论证工作。

（三）抽调专项力量，参与协调非法集资犯罪案件诉讼工作。市法学会定期召开工作例会，研究案件进展情况，分析当前存在的突出问题，并提出工作建议。先后组织开展了专题研究会议10次，编发会议简报10期。

（四）认真做好法学会员的发展工作。对《中国法学会章程》进行广泛的宣传，统一了法学会组织体系和全国会员的称谓，破除了制约会员发展的障碍。采取多种途径发展会员，将会员范围拓展至企事业单位领域，扩大会员队伍，改善会员结构。全年共发展团体会员单位5个、个人会员41人。

（五）重视法学会阵地建设。进一步做好《郑州法学》的编辑出版工作和郑州平安网的管理，促进法学研究的发展，推动法学研究成果的及时转化和应用。全年共编辑出版发行《郑州法学》6期，撰写调研文章110余篇。

（刘　茜）

郑州警方在郑州东站举行反恐演习

公安工作

【概况】 2014年，郑州市公安工作认真落实公安部“四项建设”部署、省委“双安、双治、双基”方针和省公安厅“群众第一、基层第一、民警第一”理念，紧扣郑州市委、市政府“三大一中”战略推进，以党的群众路线教育实践活动为载体，以维护省会政治安全、社会稳定、治安平稳为目标，以“一格（村）1+N”警务工作为统领，以“查暴恐、查安全、查隐患”为抓手，以全面从严治警、深化作风建设为保障，充分发挥郑州作为省会城市的辐射、引领、示范、带动作用，全力维护政治大局稳定，严厉打击违法犯罪活动，创新提升社会治理能力，全面加强公安队伍建设，构建了安全稳定的社会环境、公平正义的法治环境和优质高效的服务环境。

【维护社会大局稳定】 2014年，郑州市各级公安机关始终把维护国家政治安全、政权安全置于首要位置，健全完善了情报搜集研判机制、线索核查稳控机制、重点源头管控机制，真正做到了“未动先知、有动早处”。一是强化情报搜集研判。树立“情报信息导侦、导防、导控”的理念，建立“日研判、日调度、零报告”制度，全年有效稳控化解各类群体性聚集事件1500余起，有效应对“两参”人员多次组织串联赴京到省集访维权事件，成功化解原焦枝铁路和平舞铁路会战民兵师群体4次到省委集访事件，依法稳处全省400余名企业军转干部聚集事件，成功瓦解“中国茉莉花民主运动全国指挥部”策划煽动在二七广场组织的聚集活动。二是强化重点群体稳控。密切关注各类特殊利益群体和矛盾集中的重点领域，对排查出的16类21种92251名特定利益群体人员，一对一、人对人、点对点，明确任务，落实稳控。全国“两会”、十八届四中全会、APEC会议、省市“两会”等敏感节会期间，郑州没有发生利益群体赴京到省集访事件。三是强化涉稳专案侦查。逐案成立专案指挥部，明确主管领导、牵头单位、配合部门、责任民警，全年共攻坚经营性案件112起，抓获并依法打击涉稳违法犯罪人员158人，捣毁窝点据点40处，收缴反动宣传品2万余份，成功侦办了“2·2”全国部分“维权”律师在郑非法活动专案、公安部督办的“雷三震慑”1号专案，摧毁了“全能神”邪教新恢复的组织体系。四是强化矛盾纠纷化解。以巡视组交办信访案件化解为重点，两级公安机关主要领导共接访814起1129人次、省委政法委交办中央巡视组受理信访案件6批次194起，全部按期办结；省公安厅交办重点案件820起，按期办结率达96.6%。五是强化网上侦控力度。成立网络舆情处置办公室，坚持24小时网上动态巡查监控，落实涉稳、涉警信息巡查、监控、预警责任制，第一时间落地查人，及时控制，消除影响。全年共处置涉稳网上重大舆情事件60余起，处置各类有害信息200余万条，落地查人1300余人次。

【打击各类违法犯罪】 2014年，郑州市各级公安机关坚持严打方针不动摇，统筹布局，重拳出击，重点打击严重暴力犯罪、黑恶团伙犯罪、系列侵财犯罪、涉众经济犯罪，全市公安机关共破获刑事案件9305起，刑拘10757人。一是严打命案暴力犯罪。坚持快速反应，多警联动，全市共发现现行命案71起，破获70起，破案率达98.59%，发案数同比减少31起，现行命案侦破率同比上升1.56个百分点。全年71.4%的现行命案在24小时内快侦快破。二是严打黑恶团伙犯罪。重点打击地下出警，非法讨债，操纵控制“黄赌毒”等灰黑行业，插手、干扰重点工程建设，非法控制各类综合、专业市场等五类黑恶势力犯罪，共立案侦办涉黑案件10起，打掉涉恶团伙36个170人。三是严打系列侵财犯罪。始终把打击锋芒指向“两抢”、入室盗窃、盗窃电动车、电信诈骗等群众反映强烈的违法犯罪，共打掉侵财犯罪团伙160个，起诉侵财犯罪嫌疑人5435人。四是严打涉黄涉赌犯罪。坚持有黄必扫、有赌必打，保持对黄赌违法犯罪“零容忍、零放任”，办理涉黄涉赌案件809起，收缴赌博机1500余台，查获赌资230余万元，打击处理4936人。六是深入开展禁毒人民战争。以公安部和省公安厅部署的禁毒“百城会战”为抓手，坚持“查源头、抓毒枭、断渠道、打下线、挖团伙”，侦办各类涉毒刑事案件133起，抓获犯罪嫌疑人190名，缴获各类毒品5520克；强制隔离戒毒179人次，行政拘留吸毒人员330人次，破获省部级禁毒目标案件3起。

【社会安全防范】 2014年，郑州市各级公安机关按照省公安厅“反暴恐、保稳定”系列战役的统一部署，组织开展了以“查暴恐、查安全、查隐患”为主要内容和抓手的“三查”活动。一是全面开展查暴恐工作。反恐部门针对全市116个清真寺、2所中学和13所高校、19个新疆饭店等重点阵地，以及在郑州活动的1471名新疆维吾尔族人，逐人建档，实行单位、领导、民警、责任“点对点、人对人”分包稳控。全年共核查涉恐线索196起，立涉恐案件5起。二是全面落实排查安全工作。治安部门全面开展缉枪治爆专项行动，对全市169家民爆物品从业单位和易制爆危险化学品从业单位，建立档案并逐个签订安全管理责任书。全年共发现整改安全隐患178处，查处涉枪涉爆案件33起56人。三是全面组织排查隐患工作。组织开展了城乡接合部（城中村）治安乱点专项整治集中行动，全年共组织拉网式、地毯式集中清理清查340次，清理清查都市村庄178个次、“五小场所”41355个，破获案件268起，抓获违法犯罪嫌疑人520人。坚持“排查隐患抓整改，整改不力抓关停”，开展消防安全专项整治20次，检查单位2万余家，督促整改隐患1.9万处。

【交通秩序管理】 2014年，郑州市公安局围绕道路交通安全三年综合整治、重型货车集中整治、客运车辆集中整治等“八个专项治理”，结合城区交通秩序综合整治“百日行动”，严格落实“五定五包”责任制。在机动车保有量骤增、道路大面积施工、都市村庄普遍拆迁等严峻形势下，严格按照“占一补一、先补后占”的原则，最大限度减少施工对交通的影响。积极开展静态交通普查，进行停车需求调研，基本完成了市区三环以内静态交通综合信息的普查工作。至年底，全市共有路边临时停车场442个、车位9290个，内部对外开放停车场716个、车位105829个。加大对乱停乱放的治理，尤其是对医院周边、学校周边、市区主干道的治理，共粘贴违法通知单24.2万余起，教育劝离15万余起。实施精细化交通组织管理，持续不断地对信号灯路口实时调整和优化，保障道路交通顺畅。截至年底，共处理各类道路交通事故111596起，其中，死亡165人，受伤1071人，直接经济损失550.7万元，分别比上年同期下降11.76%、上升12.5%、上升24.22%。通过交通事故快速理赔中心处理事故36147起，与上年同期基本持平。2014年全年共查处交通违法行为27.5万起。其中，查处二轮摩托车3913辆，机动、电动三轮车1194辆，渣土车7228辆，水泥罐车753辆，无证驾驶1256起，涉牌5196起，黄标车2325起。

【消防安全管理】 2014年，郑州市消防工作围绕经济社会发展和社会稳定大局，全力抓好社会火灾防控，全面加强灭火抢险救援。加强城中村、攻坚村、拆迁安置点、城乡接合部、人员密集场所等重点隐患排查整治，先后开展医院、学校、仓储物流等消防安全专项整治行动近20次，检查单位2万余家，督促整改隐患1.9万处，“三停”单位360家，拘留142人；紧盯重大火灾隐患整改，全市共排查出103处重大火灾隐患单位和区域，至年底已整改销案94处。持续推进消防网格化管理，至年底已对184名消防专（兼）管员，2697名社区、行政村的网格长、协管员、监督员和联络员进行了消防培训和业务指导。在全市30个火灾高危场所和80家重点单位建立110支防消联勤队，在商业密集区设立16个常态化消防执勤点，为实现火灾灭早、灭小创造了条件。

2014年，全市共接警出动10346起（火灾4390起、抢险救援5956起），保护财产1.6亿元，抢救876人，疏散1697人，亡10人，伤15人，全市火灾形势稳定。

【确保省会经济运行安全】 2014年，郑州市各级公安机关坚持“靠前、优化、服务、查处”的工作思路，履行“打击、服务、参谋”三大职能，共立经济案件469起、转办案件线索223起、移送起诉经济犯罪嫌疑人195人。一是全力侦办非法集资案件。按照“统一指挥、快速反应、整合资源、有效处置”的原则，依照“资金流向哪里，就查封、扣押、冻结到哪里”的顺线追缴思路，进一步加强打击非法集资违法犯罪行为力度，共立案侦查非法集资案件97起，涉案金额约850亿元，打击处理503人，批准逮捕281人，起诉331人，向两级法院提起公诉70余起，挽回经济损失48.2亿元。二是严厉打击非法传销犯罪。坚决查处传销大案要案，全年共组织专项清查行动12次，完成外地协作任务45次，刑事拘留54人，教育遣返340余人。三是严厉打击制假售假犯罪。持续开展“打假集群战役”，共抓获277人，破获案件123起。“7·5”打击网络制售假冒枣制品集群战役被公安部评为“经典战役”。四是严厉打击发票违法犯罪。坚持把打击发票犯罪专项行动作为全年经济犯罪侦查的重点工作之一，侦办及协查发票犯罪19次，协助打击处理50余人，为国家挽回经济损失近亿元。

【公安实战机制建设】 2014年，郑州市各级公安机关坚持以110指挥中心为龙头，以应境应势应急实战拉动为抓手，以街面动态武装巡逻力量为主力，构建全天候立体化社会治安防控体系。

（一）建立完善常态的应境应势应急实战拉动机制。坚持“以战代训，以训促战，战训合一”，针对不同警种、不同警情、不同区域、不同治安特点，分别组织两级公安机关开展滚动式、不间断的应境应势应急拉动140余次，实地检验了合成作战能力、情报掌控能力、指挥保障能力、快速反应能力、防暴处突能力、设卡堵截能力、信息科技能力、交通管理能力和社会管理能力。

（二）建立完善常态的重点部位动中备勤机制。组建76支武装巡逻队紧紧围绕“一港”“两铁”“三个重要部位”“六大商圈”“12个长途客运汽车站”“15个大型广场游园”等重点部位，荷枪实弹，武装巡逻，建立完善了“一分钟响应圈、三分钟响应圈、五分钟响应圈”；在市区出入市口设置了20个常态化武装卡点，特警、交警、治安民警全天候24小时值守，逢疑必查；市内各分局每天抽调2名民警，组织带领巡防队员、内部力量，加大金融网点、珠宝首饰店、水电油气暖等重点要害部位的巡逻。全市6124个重点部位全部管控到位，没有发生暴恐袭击得逞案件，没有发生在全国、全省造成影响的重特大案事件。

（三）建立完善重点路段动态武装巡查机制。市内各分局每天根据发案情况确定2条固定巡逻路线，武装车巡，打击现行。112个交管巡防巡组每晚23时至次日凌晨2时，在各自辖区内的重点案件高发部位闪烁警灯，备勤震

郑州市在新密召开“一村（社区）一警”现场会

慑。全市公安机关通过武装巡逻，全年共破获现行案件1500余起，抓获犯罪嫌疑人1700余人。

（四）建立完善重点场站联勤联动合成作战机制。在机场、火车站、火车东站，牵头建立了集“武警、特警、铁路、民航、高铁、属地公安局”为一体的联勤联动体制，常态参加联勤联动的警力325人，实现地方、铁路、民航的统一协调指挥、无缝对接。

【公安基层基础工作】 2014年，郑州市各级公安机关坚持以“一格（村）1+N”警务为统领，全面夯实基层基础建设。

（一）狠抓“一格（村）1+N”警务工作推进。在探索推广新密经验“一村一警”经验的基础上，研究推行了“一格（村）1+N”警务，其中，“1”代表包村（格）民警，“N”代表党委、政府职能部门下沉到网格人员、辖区“五员”等各类社区网格综治力量。从市公安局领导班子到各单位、各级一把手，全部带头进“格”，全市已建成网格（村）警务工作站3660个，配备两级包格（村）民警4682人。建立完善了勤务运行机制、协作联动机制、研判讲评机制，认真落实采集基础信息、管理实有人口、组织安全防范、强化治安管理、化解矛盾纠纷、服务人民群众“六项职责任务”，在网格内全面实现解社情民意、查找执法漏洞、化解社会矛盾、密切警民关系、转变工作作风、强化基层基础、提升能力水平、增强综合效能、巩固党的地位“九个目标”。先后召开新密市、中原区、郑东新区、经开区观摩交流现场会和金水区、二七区片区讲评会，通过树立典型、现场观摩、分片讲评的方式，推动全市“一格（村）1+N”警务工作深入开展。截至年底，共走访居民13万户，采集人口和房屋信息11万条，排查化解矛盾纠纷4512起，指导村组安装视频监控探头1.8万个，收集非公安类信息1356条，为群众办好事3万余件。

（二）强力推进基础设施建设。完成了车管所办事大厅、刑侦技术科研楼建设并投入使用，法医学检验鉴定项目、交警指挥中心项目基础建设已经完工，第三看守所门前土地征收、交警指挥中心项目入口规划、交警六大队通讯指挥科研楼项目积极推进。

（三）加强公安装备车辆保障。完成全局公安业务装备调查摸底统计工作，列出2056万元2014年度中央转移支付资金中装备购置计划明细；完成2013年被装计划10个品种的发放工作；为基层所队更新执法执勤车辆212台，报废车辆125台。

【执法规范化建设】 2014年，郑州市各级公安机关认真贯彻落实十八届四中全会精神和公安部执法规范化建设会议精神，突出执法主体能力建设、执法制度体系建设、执法办案场所规范化建设、执法办案信息化建设、执法质量考评机制建设、整治突出执法问题6个重点，更新理念，完善制度，创新机制，提升能力。市公安局连续两年被市政府评为全市法制宣传教育和依法治理工作先进单位，连续四年被市政府评为全市依法行政工作先进单位；全市公安执法规范化建设整体通过公安部检查验收；新密市公安局被命名为全国公安机关执法示范单位。一是加强日常执法监督。开展日常性网上执法巡查活动，全年共巡查案件2600余起，发现各类执法问题1400余个，下发《执法监督督办通知书》30余份，进一步规范了执法行为。二是强化法治能力培训。组织1977名民警参加了基本级、中级和高级执法资格考试，对22个单位进行了法律知识抽考，对全市5188名公安民警进行了“服务型行政执法”和公安专业法律知识考试。三是强化执法安全。全面开展执法办案场所的“四个一律”专项检查达标活动，对全市公安机关设置、使用执法办案场所情况进行全面检查，发现问题逐条对照、明确责任、迅速整改。四是深化司法体制改革。根据中央政法委刑事案件速裁程序试点工作的统一部署，组织召开了“郑州市综合治理监所安全文明管理联席会议成员单位”协调会、全市公安监管工作会议，对看守所设立速裁法庭、建设法律援助中心驻看守所工作站进行具体安排。截至年底，全市5个县（市）看守所均为速裁法庭建设改造提供了办公用房，并且提供了专门的法律援助中心驻看守所工作站办公场所。五是全面推进依法行政。落实具体行政行为和重大具体行政行为备案审查制度，7995个重大具体行政行为决定书备案审查准确率和及时率均达100%，没有发生以市公安局为赔偿义务机关的国家赔偿案件。

2014年12月1日，市长马懿实地察看城区交通秩序综合整治情况

【公安信息化建设】 2014年，郑州市各级公安机关以郑州市公安局合成行动指挥部为抓手，全面提升全市科技信息建设和应用水平。一是构建集约、合成、扁平、可视、立体现代警务指挥作战体系。按照“实战、实用、实效、实际”的要求，组建郑州市公安局合成行动指挥部，开发建设合成作战指挥平台，整合110指挥中心、情报中心和刑侦、治安、交通等部门警种资源，以及警综平台、情报平台、警务地理平台等17个平台系统，大力推进市局和分局实行集警情研判、视频监控、勤务指挥于一体的“三岗合一”工作模式，形成集“情报、指挥、行动”高效合一的“大指挥”格局，实现对全市警情、社情、敌情、舆情的有效掌控，确保“图像调得出，现场看得清，指挥喊得通，位置能显示，数据能汇聚，情报能支撑，预案有保障”。二是深度整合情报平台资源。开发新疆涉恐重点人员预警、逃犯入库实时预警、重点人员信息采集子系统，接入社保、医保、12个长途客运站和火车站实名购票、太平洋保险信息等数据，将流动人口、新疆涉恐人员的数据纳入情报平台比对源，实现实时查询分析，全年下发预警信息2092276条，比对预警七类重点人员213万人次，日均1236人次。三是积极拓展警用地理信息平台。开展平台天地图升级，完善智能卡口应用，完成与消防GIS、电动车系统的对接，实现平台服务和数据资源的最大化共享应用。全年新采集射频采集站571个、智能卡口271个、交警道路监控634个、平安城市监控29075个、移动定位设备12327台。四是全面加强平安城市视频建设及联网。完成了200所学校、150个路口、100个公交站点、40个高清智能卡口视频监控建设工作，并验收通过。园林局、滨河公园、二七广场、人民公园、月季公园及未联网广场游园和公交站点的无线联网工作，整体安装已完成。32个未联网的游园广场，

安装到位25个（已接电），连接视频中心19个。

【公安队伍建设】 2014年，郑州市各级公安机关坚持“队伍建设是基础也是保障”的工作思路，坚持从严治警和从优待警并重，持续不断地抓好民警队伍建设。

（一）加强党委班子建设。从严从实抓好党的群众路线教育实践活动，全市公安机关共组织召开各级党组织专题民主生活会64场次、各级基层组织生活会260场次，民主评议党员7886人，在市委督导组教育实践活动综合评价中市公安局获得了满分“100分”的优异成绩。坚持党委中心组学习制度，开办了“郑州公安大讲堂”，先后4次邀请专家举办专题讲座，组织市公安局党委班子专题学习9次、其他各级党委（支部）班子专题学习297次，举办各类培训班79次、学习讨论会389次。坚持干部选拔工作制度落实，调整符合“裸官”条件干部1人。

（二）加强干部人事工作。研究制定了《郑州市公安局强化作风建设提升班子和队伍执行力规定》等规定，进一步规范了人事管理，对符合警员职务套改条件人员已全部套改并将工资待遇兑现到位。

（三）狠抓业务培训和岗位练兵。坚持以提高公安民警执法能力为核心，制定下发了《郑州市公安局2014年大练兵活动实施方案》，举办警司警衔晋升培训班5期，举办并组织参加上级公安机关各类专项业务培训班60期，举办民警依法使用武器警械专项培训班24期，3次专门组织对各单位民警武器警械使用技能、体能和岗位练兵开展情况进行了集中考核。

（四）坚持典型引路。在全市公安机关选树了刑侦支队张学军、特警支队庞新社、东站分局金彦辉、金水路分局李欣、交巡警支队杨华民、驻村（网格）民警张银峰，以及出入境管理处钟丹、徐峰等先进典型，举办了“敬业为民铸忠诚”先进事迹报告会。2014年，全局共有2个集体、126名个人立功受奖，54个集体、250名个人荣获各类荣誉称号，张学军被追授为全国公安系统二级英模荣誉称号。

（五）严格落实“两个责任”。坚决落实党委主体责任和纪委监督责任，研究制定了贯彻落实“两个责任”的实施细则，出台《郑州市公安局严格执法严格管理十个严禁》。2014年，全市公安纪检监察部门共立案、查处、审结民警各类违法违纪案件41起46人；完成审计项目185个，审计总金额15.44亿元，促进增收节支236万元；对13名民警违规经商办企业问题进行了组织处理。

（六）认真落实从优待警措施。积极协调、多方筹措120余万元资金，对220余户因公牺牲、特困、患重大疾病的民警（职工）及英模、烈士家庭进行了救助慰问。投资近20万元，引进沙盘游戏治疗和音乐放松治疗系统，建设了“民警心理健康服务中心”。坚持把战时思想政治工作跟进到执勤第一线，专程到新疆看望慰问执勤特警，开展了为一线执勤民警和赴疆轮训执勤民警家属送关爱、送温暖活动。

（王 静 李淑贞）

检察工作

【概况】 2014年，全市检察机关以“担负双重责任，争当全省检察机关领头雁、排头兵”的工作目标为引领，认真履行法律监督职能，各项检察工作取得新进展。

【服务经济社会发展大局】 2014年，全市检察机关紧紧围绕郑州市“三大一中”战略定位、开放创新双驱动战略、“三大主体”工作等重大部署，立足检察职能，积极服务发展。

自觉把检察工作置于全市工作大局之中，制定出台服务航空港实验区、郑东新区建设等工作意见，全力服务“抓改革、强投资、调结构、求提升”的总要求。积极服务新型城镇化建设、现代产业体系构建，围绕产业集聚区、“畅通郑州”工程、大棚户区改造等重大项目建设，推行工程建设廉洁准入制度，建立跟踪预防机制，推动重大项目顺利推进。成立郑州航空港经济综合实验区人民检察院，依法全面开展检察业务，为航空港实验区发展提供法治保障。与富士康、轨道公司等企业建立检企共建机制，为企业发展营造良好法治环境。市检察院服务大局的做法，受到省委常委、市委书记吴天君等领导批示肯定，并在全省检察机关服务全面深化改革座谈会上作典型发言。

立足办案服务经济发展。突出打击非法集资、荐股诈骗等影响经济秩序和社会稳定的刑事犯罪，批准逮捕此类犯罪嫌疑人471人，提起公诉530人。加大知识产权司法保护力度，批准逮捕侵犯商标权、专利权、商业秘密等犯罪嫌疑人45人，提起公诉79人。大力推进房地产领域专项查案活动，立案侦查贪污贿赂犯罪50人；与地税部门联合开展房地产税费征收专项治理，督促全市房地产企业清缴税款4.17亿元。

创新方式参与社会治理。向社会公开承诺爱民服务八件实事，推动群众关注重点问题的解决。认真开展破坏环境资源和危害食品药品安全犯罪专项立案监督活动，共监督立案此类犯罪47件60人。如监督立案的胡留灿、郭广俊违法排放废水废气污染环境案，新郑市检察院结合此案，督促环保、公安部门依法处罚或关停26家污染企业。积极开展送法“四进”宣传教育活动，走访全市学校、农村、企业、社区620个，举办法律宣讲368场，受教育群众30余万人次。其中，“送法进校园”活动被省检察院确定为示范课，在全省5个地市127所中小学巡回宣讲；结合全市村级组织换届选举，开展“送法进农村”活动，受到副省长李亚、省检察院检察长蔡宁等领导肯定。积极参与坚持依靠群众推进工作落实长效机制建设，检察干警主动融入三级网格，排查化解矛盾纠纷，帮扶救助困难群众，把法律服务送到群众身边。

【刑事检察工作】 2014年，全市检察机关打击犯罪、化解矛盾，着力维护社会和谐稳定。全年共批准逮捕各类刑事犯罪嫌疑人5677人，提起公诉11353人，办案总量约占全省检察机关的1/7。

依法严惩严重刑事犯罪。突出打击严重影响人民群众安全感的犯罪，批

“送法进校园”活动举行

准逮捕严重暴力、恐怖活动、黑恶势力、“两抢一盗”、拐卖妇女儿童等犯罪嫌疑人3110人，提起公诉5920人。如办理了连续杀害6人的刘庆龙恶性抢劫杀人案。依法惩治危害民生的刑事犯罪，批准逮捕制售假食品、假药品、假种子等犯罪嫌疑人113人，提起公诉510人。如办理了非法生产假玉米种子64万多斤的郝喜元等6人假冒注册商标案，并深挖背后的渎职犯罪，查处了3名农业执法人员玩忽职守案。

积极稳妥适用轻缓刑事政策。对涉嫌犯罪但无逮捕必要的，不批捕1148人；对犯罪情节轻微、社会危害较小的，不起诉452人。积极推进刑事案件速裁程序试点工作，与公安、法院密切协作，简化诉讼程序，全年共办理此类案件277件，有效节约了司法资源，提高了诉讼效率。加大未成年人司法保护力度，对290名未成年人的犯罪记录进行封存，对32人作附条件不起诉处理，其中在校学生16人。市检察院探索建立的心灯“3+2”办案模式、创作的《未成年人犯罪那些事》法制教育课件，分别受到最高人民检察院、教育部等表彰，20余家中央媒体进行了集中报道。

稳步推进涉法涉诉信访改革。坚持诉访分离，对进入检察程序的信访案件，实行党组月例会月通报制度，明确包案领导、责任单位、责任人员，强调首办责任，督促按期办理，对符合标准的案件依法终结。全年共依法办结中央巡视组、省委巡视组、省检察院等交办信访案件100件，未发生群体性或极端性信访事件。加大检察环节司法救助力度，为91名生活确有困难的刑事被害人发放救助资金75万元。

【查办和预防职务犯罪】 2014年，全市检察机关惩防并举、标本兼治，着力推进反腐败斗争深入开展。全年共立案查处职务犯罪案件314件493人，立案人数同比上升49.4%，办案规模进一步扩大，办案质量进一步提高。

突出查办贪污贿赂犯罪大案要案。共立案侦查贪污贿赂犯罪243件346人。其中，大案232件，内有百万元以上案件49件，同比上升48.5%；县处级以上干部34人（含副厅级干部4人），同比上升21.4%。根据上级检察院指定，查处了省广播电台原台长李新全受贿案、上海海关原副关长卞祖耀受贿案、洛阳市原副市长郭宜品受贿案；直接立案查处了省第二人民医院原副院长马存锁受贿案、高新国有资产经营公司原总经理杨政挪用公款39亿元案等一批影响较大的案件。严肃查处发生在群众身边的腐败案件，共查办涉及征地拆迁、支农惠农、医疗采购等领域贪污贿赂犯罪63件77人，促进了国家惠民富农政策的落实。

持续加大反渎职侵权工作力度。共立案侦查渎职侵权犯罪71件147人，重特大案件比例83.1%。注重打击渎职行为背后的权钱交易犯罪，立案侦查贪渎交织案件19件29人。如针对在城中村改造过程中，部分基层干部虚报冒领赔偿款、私自将安置房销售牟利等现象，立案侦查滥用职权、玩忽职守、受贿犯罪11件16人。大力开展民生、环保等领域渎职犯罪专项查案活动，立案侦查滥用职权、玩忽职守犯罪45件99人。如针对央视曝光的河南惠康油脂公司新郑分公司在豆油中掺入“地沟油”案件，及时查处了该案背后7名工商执法人员玩忽职守案。

重视抓好预防职务犯罪。牢固树立“预防职务犯罪出生产力”“挽救一名干部比惩治一名干部更为重要”的理念，积极推动党委领导下的预防职务犯罪社会化网络建设。注重发挥专项预防作用，针对科技、公共卫生、民政福利等领域资金管理使用情况，开展预防调查36次，发出检察建议70件，帮助建章立制125个。注重发挥警示预防作用，依托市检察院建成的郑州市预防职务犯罪警示教育基地，与市纪委、市委党校、共青团市委联合开展警示教育活动，一年来共接待280多个单位8300多人参观。注重发挥预防报告作用，推行职务犯罪预防年度报告制度，为党委、政府加强反腐倡廉建设提供决策参考，全市有3个预防报告分别获评全国、全省检察机关“十佳”“优秀”预防报告。

【诉讼监督】 2014年，全市检察机关强化监督、注重效果，着力维护司法公正和法治权威。

强化刑事诉讼监督。坚持惩治犯罪与保障人权并重，对应当立案而未立案的，监督立案140人；对不应当立案而立案的，监督撤案45件；追加逮捕172人，追加起诉112人。如追诉的走私、运输毒品案漏犯张教兵，一审被法院判处无期徒刑。对认为确有错误的刑事裁判提出抗诉66件，法院直接改判63件、发回重审3件。坚守防止冤假错案底线，严把案件事实关、证据关，对17名犯罪嫌疑人因证据不足依法做出存疑不起诉决定。

强化刑罚执行和监管活动监督。认真开展减刑、假释、暂予监外执行专项检察活动，对不符合监外执行条件的罪犯，监督收监执行23人。如对因职务犯罪被判刑20年、而暂予监外执行达11年之久的罪犯陈某，依法监督有关单位将其收监服刑。注重保障被羁押人员合法权益，纠正刑罚执行和监管中的违法情形1031件次。针对造成在押人员死亡、帮助逃犯“漂白身份”等违法行为，立案侦查司法工作人员玩忽职守、索贿受贿等职务犯罪18件25人。

强化民事行政诉讼监督。对认为确有错误的生效民事行政裁判提出抗诉32件，提请省检察院抗诉151件，法院已改判33件、调解结案4件；提出再审检察建议122件，法院采纳114件；监督纠正虚假诉讼13件。如提出抗诉的冯某虚构房屋买卖合同纠纷案，法院终审撤销了原审判决，为100余户村民挽回经济损失120万元。同时，对93件裁判正确的民事申诉案件，主动做好申诉人的服判息诉工作，维护司法裁判权威。

【检察队伍建设】 2014年，全市检察机关严管重教、正风肃纪，着力打造过硬检察队伍。扎实开展党的群众路线教育实践活动。按照市委“一学三促四抓”工作部署，坚持把学习教育贯穿始终，认真学习贯彻习近平总书记系列重要讲话、党的十八届三中、四中全会精神，进一步坚定理想信念；坚持把领导班子和领导干部作为查摆剖析的重点，聚焦“四风”问题，广泛征求意见，认真对照检查，严肃开展批评和自我批评；按照“三严三实”的要求，市检察院领导班子对征求到的197条意见建议进行归纳整理，制定15项整改措施，

2014年郑州市检察机关反贪污贿赂工作会议召开

健全17项管理制度，狠抓整改落实，接受群众监督。在全市开展的“三联三评”活动中，市检察院历次测评结果均为优秀。

加强领导班子建设。坚持党组周例会制度，健全领导班子、检委会集体学习制度，完善党组会、检委会议事规则，提高科学决策水平。认真执行民主集中制，对“三重一大”事项集体研究，严格按程序办事。严明政治纪律，对两级院领导班子严格教育、严格管理、严格监督，班子成员在全体干警中叫响“向我看齐，从我做起，对我监督”，做政治清醒的明白人、廉洁从检的干净人、过硬队伍的带头人，提高领导班子的凝聚力和战斗力。

加强素质能力建设。在全市检察机关开展“大学习、大练兵、大竞赛”活动，把提高业务素质作为核心要求，组织业务培训、考试、竞赛82场2000余人次。开展“十佳公诉人”“十大精品案件”评选等活动，在两级检察院形成“争当业务标兵、争办精品案件”的良好导向。2014年，全市检察机关共有20人荣获全国、全省检察机关“十佳”“优秀”称号，二七区检察院被最高人民检察院记集体一等功，新密市检察院、荥阳市检察院分别被省委、省政府授予全省十佳政法单位和人民满意政法单位称号。

坚持从严治检。严格落实党风廉政建设“两个责任”，狠抓自身反腐倡廉建设。加强廉洁从检教育，开展“党纪检纪条规学习月”活动，组织干警到兰考焦裕禄纪念园、河南检察博物馆等地接受革命传统教育，到豫中监狱接受警示教育。严格管理，整治机关“懒、庸、散”问题，加大检务督察力度，发现问题实名通报，督促整改。至年底，全市检察机关没有发现严重违法违纪案（事）件。

【接受相关监督】 2014年，全市检察机关接受监督、规范司法，着力保障检察权依法正确行使。坚持党的领导，自觉接受人大监督。坚持重要工作、重大案件及时向市委、市人大请示报告制度。认真学习贯彻全市庆祝人民代表大会成立60周年暨市委人大工作会议精神，进一步增强接受人大监督意识。对市人大常委会听取反贪工作报告的审议意见认真研究，制定了12条贯彻落实措施。深入落实市人大常委会《关于加强检察机关法律监督工作的决议》，与市法院、公安、海关等单位会签工作文件，有效破解执法司法中的突出问题。坚持两级院领导联系人大代表制度，全年共走访代表委员500余人次，通过发送《检察要况》和手机报，定期通报检察工作情况，对代表委员转交的案（事）件认真办理，及时回复。

深化检务公开制度改革。建立“网上检务公开大厅”和“人民检察院案件信息公开系统”，将案件程序性信息、重要案件办理情况、已做出生效裁判的16626份起诉书在互联网上公开，接受人民群众的查询和监督。深化人民监督员制度，组织人民监督员参与活动、监督案件37人次。持续举办检察开放日、新闻发布会等活动，充分利用“三微一端”等新媒体公开平台，定期公布检察机关重要工作情况，让检察权在阳光下运行。

强化司法办案内部监督制约。加强案件集中管理，全面推行网上办案、网上审批、网上监管，以信息化推进司法规范化建设。持续开展案件讲评、质量评查活动，全年共评查案件5100余件，对发现的问题逐项通报、限期整改。推行检察人员办案说情报告制度，进一步规范检察人员的办案行为。强化法治思维和保障人权理念，严格遵守讯问时限、全程同步录音录像、律师会见等规定，确保严格规范公正文明司法。

（刘 冰 李 丹）

法院工作

【概况】 2014年，全市按照中央和省委政法会议精神，紧紧围绕市委“三大主体”工作，坚持依靠群众推进工作落实长效机制，扎实推进多元化矛盾化解机制，结合法院工作实际，充分发挥审判职能作用，及时化解各种矛盾纠纷，主动参与社会治安综合治理，扎实推进平安建设各项工作落实，人民群众的满意度有了进一步提升。2014年，全市法院共受理各类案件141950件，同比增加19.96%；审执结案件113623 件。其中，市中院共受理22483件，同比增加19.12%；审执结案件19145件，同比增加19%。

【刑事审判】 2014年，全市法院严厉打击刑事犯罪，努力为郑州经济社会发展创造良好法治环境。全年市中院共受理各类刑事案件1162件，审结1032件，审结率为88%。

深入推进打击处置非法集资工作，积极参与全市金融市场集中整顿工作。截至12月底，全市两级法院共审结非法集资犯罪案件47件，惩治被告人75人，涉案资金132亿余元。6月27日、7月18日，相继审理汇盈投资公司、诚通投资担保公司案件，以非法集资和非法吸收公众存款罪判处被告人董俊杰无期徒刑、贾芳芳有期徒刑15年等。

高效推进暂予监外执行专项清理活动。集中对全市两级法院2011年以来适用暂予监外执行的110起案件进行了逐案清理，共审查罪犯112人，对不符合暂予监外执行条件的17人进行了收押，对符合继续监外条件的38人全部进行重新鉴定，对已执行完毕但程序存在瑕疵的15人进行了手续完善。

严厉打击侵犯妇女、儿童合法权益犯罪。4月25日，郑州中院审理了公安部挂牌督办的谭永志等22名被告人拐卖妇女、儿童及张建霞等15名被告人收买被拐卖的儿童案件，省、市两级人大代表、政协委员及群众代表等400余人参加了旁听。

严厉惩治职务犯罪。8月6日，备受社会各界关注的郑州“房妹”之父翟振锋职务犯罪一案，在郑州中院以微博直播和主流媒体报道的方式进行了公开审理，社会各界反响良好。省委常委、郑州市委书记吴天君、省法院院长张立勇分别做出重要批示。

扎实开展刑事速裁程序试点工作。6月27日，郑州市被列入全国刑事案件速裁程序试点工作城市。市中级人民法院刑庭及时制定试点工作方案，指导全市基层法院稳妥推进试点工作。截至年底，全市已依照速裁程序结案227件232人。11月中旬，最高法院召开试点工作座谈会，郑州市以速裁结案数的

郑州市中级人民法院审理特大拐卖儿童案件

绝对优势，位居全国各试点城市前列。12月22日，最高法院在《刑事案件速裁程序试点工作专报》上，专期介绍了郑州市试点工作的经验和做法。

【化解社会矛盾】 2014年，全市法院充分发挥审判职能，全力化解社会矛盾。

大力加强调解工作。全年共受理民事、行政案件100823件，审结80437件，调解、撤诉36630件。全市法院坚持“能调则调、当判则判”的原则，在加大民商事案件调解力度的同时，加强立案调解、刑事附带民事调解、刑事和解、执行和解和行政协调工作，并尝试司法技术调解。惠济区、金水区、新郑市等法院与司法局联合在法院设立人民调解室，实现了立案先行调解。高新区法院在诉调对接的基础上，积极开展诉前调解工作，全年诉前调解案件600多件。市中级人民法院尝试在死刑案件中引入刑事和解，使被害人家属得到一定的经济赔偿，缓和被告人和被害人家属之间的矛盾。在办理行政诉讼案件时，郑州市两级法院建立了涉诉行政争议协调委员会，统一司法和行政执法标准，并成功协调化解数十起重大复杂案件。

积极将法院工作融入网格化管理平台。统一部署网格化司法服务工作，制定了《全市法院关于大力推进司法为民便民网格化服务的实施意见》，最大限度拓展网格延伸点，按照“横到边、纵到底、无缝隙、全覆盖”的工作要求，将干警融入到乡镇、街道、行政村，在每个村悬挂联系牌，时刻保持通讯畅通，每周至少电话联系或进村走访一次，联通司法为民的“最后一公里”。全年全市两级法院共建立一级巡回审判庭107个、二级巡回审判站740个、三级巡回审判点5002个，建立5849个巡回审判网格，初步建立了覆盖全市的巡回审判网格。截至年底，全市法院已利用网格诉前化解矛盾纠纷1361起，为辖区党委政府提供司法建议、法律咨询87次，走进网格开展法制宣传223次，借助网格力量调解案件816件，送达、调查、执行等1746次，开展巡回审判458次。

【执行工作】 2014年，全市法院加大执行力度，及时实现胜诉当事人合法权益。全年共受理执行案件1089件，执结999件，执结标的额62.3亿元。

进一步破解执行难，率先在全省法院开展司法网络拍卖，出台《全市法院网络司法拍卖实施意见》，对涉案财产的保管、评估、竞价程序、流拍财产处置等内容进行了规范，实现网拍、总成交量、总成交额分别达到全省的29.8%、20%和53%。3–12月，全市共上传拍品779件，成交209件，成交额5.07亿元。其中，市中级人民法院本级上传拍品102件，成交46件，成交额2.9亿元。

失信被执行人发布工作走在全省法院前列。组织两级法院在互联网上录入失信被执行人名单信息5047人，公布4643人，被公布失信被执行人在多方面受到信用惩戒，公布后1200余人主动履行法律义务。郑州市中级人民法院诚信建设工作被市委宣传部推荐为全市诚信工作示范点，在全市诚信建设工作会议上作典型发言；在12月中央文明委对郑州市创建全国文明城市现场检查验收中，郑州市中级人民法院作为市政法机关唯一诚信工作示范点，得到各级领导的一致认可。

大力推进执行指挥中心协调系统工作。执行指挥和信息查控中心投入使用，除具备召开视频会议、接收执行现场同步录音录像、进行现场指挥、对被执行人在郑州的14家金融机构存款余额进行查询外，还可对户口在河南省的自然人和在河南省注册的法人被执行人在全国范围内金融机构开户情况进行查询，实现了与省法院“点对点”的查控要求，提高了执行工作效率，增强了执行工作的公开透明。

【维护弱势群体权益】 2014年，全市法院积极维护弱势群体合法权益，彰显司法人文关怀。

持续做好“三留守人员”合法权益保护工作。1月1日至5月30日，全市两级法院开展了为期三个月的“保护农村三留守人员合法权益”专项活动，两级法院的155名班子成员分包了全市155个村的“三留守人员”司法保护工作，与256位留守老人、224名留守儿童确立帮扶关系，为110余所农村中小学近3000名在校学生讲授法制宣传教育课，妥善处理170余起涉“三留守人员”纠纷案件。

着力构建未成年人身心保护体系，积极开展城乡儿童“手拉手”活动。市法院牵头联系市关工委、文明办、团市委等8家单位，于2014年10月至2015年3月开展为期半年的“关爱留守儿童 城乡孩子手拉手”活动，通过向城乡孩子赠送普法口袋书、城乡孩子手拉手、互留联系方式、共同观看宣传片等活动，在全市中小学设立13个未成年人司法关爱示范点，提高青少年法律意识和维权意识。

建立“未成年人爱心帮扶基地”，助推失足未成年人健康成长。为积极推动失足未成年人社会化帮扶、矫正，帮助未成年人顺利回归社会，维护社会稳定，郑州中院与荥阳海龙集团联合挂牌成立了“未成年人爱心帮扶基地”，为非羁押诉讼期间及被判处非监禁刑的失足未成年人提供学习、工作和生活场所，帮助其远离犯罪，健康成长。

持续积极做好农民工合法权益保护工作。连续五年坚持开展“拖欠农民工工资案件集中办理”活动，共审执结涉农民工案件2639件，帮助8791名农民工讨回被拖欠的工资2.6亿元，为160件涉农民工案件减免诉讼费15万余元。

【涉诉信访工作】 2014年，全市法院创新信访工作机制，把信访工作纳入法治化轨道。全年全市两级法院累计发生涉诉信访案件1011件，与2013年相比下降了36.3%。其中，进京访案件260件，下降了47.7%；进京非访案件15件，下降了53.1%；赴省访案件219件，下降了51.7%；到市访案件235件，下降了32.8%。办理中央、省级信件237件，办理市级信件45件，年度内开展的各专项活动目标任务达标率均达到了100%。全市法院涉诉信访工作持续保持“稳总量、控增量、减存量”的良性运行态势，实现了连续六年到最高人民法院的越级访数量退出全国中级人民法院排名前50名、基层法院排名前100名，重大

德国斯图加特高等法院院长弗朗茨·司坦乐一行到郑州市中级人民法院开展学术交流

政治活动、敏感时期未发生来自郑州法院系统涉诉信访案件干扰的好成绩。7月，《河南法制报》连续三次对市中级人民法院的涉诉信访工作经验进行专题报道；8月，省委政法委《政法动态》专题对我院的涉诉信访工作经验进行了报道；市委政法委、市信访局先后把市中级人民法院的信访工作经验作为先进经验，在全市政法系统、信访系统进行推广。

【法院自身建设】（一）进一步优化多功能诉讼服务中心职能，方便群众诉讼。在诉讼服务中心专设材料收转、判后答疑、法律援助等16个服务窗口，实行诉讼引导员“一站式”解答模式，增配多媒体触摸屏、同步网络查询电脑等设施，实现了“咨询有人接待、诉讼有人引导、案件帮助查询、法官帮助预约”的工作目标。全年共接待来访群众近5000人，收到了良好的社会效果。

（二）加大信息化法院建设，在机关办公区域边界建设监控报警系统。对院机关门禁系统、考勤系统和消费系统进行统一改造，完成法院“一卡通”系统建设，更好地提升了市中级人民法院的综合管理水平。安装了访客系统和高探测灵敏度安检门，购买了100部数字对讲机和30台执法记录仪，有效地改善了机关安全保卫工作环境。在办公楼一楼大厅建设了电子触摸显示系统，在办公区域边界建设了监控报警系统。建设完成3个网络视频直播与“三同步、两公开”科技法庭，购买了便携式庭审网络视频直播设备，最大限度规范庭审活动，提高庭审效率。

（三）规范公务用车的使用程序。车辆派遣实行派车单制度，完善派车程序，使公务派车流程化、制度化、规范化，完成对全市两级法院共220辆警用车辆GPS卫星定位监控系统安装工作，根据每辆车的行驶路线和所处位置，随时掌握行车动态，全过程实现智能化管理。全年出车5万余台次，安全行驶近186万公里，无一起责任事故。

（张　巍）

司法行政工作

【概况】2014年，全市司法行政系统紧紧围绕维护社会大局安全稳定、促进社会公平正义、保障人民安居乐业三项主要任务，忠诚履行职责使命，推动各项工作创新发展，为以航空港实验区为统揽的郑州都市区建设做出了新贡献。

【平安郑州建设】2014年，全市司法行政系统始终把维护监所安全稳定作为重中之重的任务，认真落实三级督察机制，切实加强狱（所）情分析、隐患排查、违禁品治理和应急突发事件处置演练等工作。监管安全和生产安全持续加强，安全“四无”目标如期实现。扎实推进监管改造工作，以开展减刑、假释、暂予监外执行专项治理活动为抓手，认真清查并切实杜绝有权人、有钱人犯罪后以权或花钱赎身的现象；以改造罪犯世界观、人生观、价值观和提高谋生技能为着力点，积极开展各类教育培训，207名罪犯通过年度国家职业技能鉴定印刷类初、中级考试，全年累计完成“三课”教育520个课时，罪犯入学率、参考率均达到100%。深入开展“规范社区矫正秩序、提高社区矫正质量”活动，进一步规范社区矫正执法流程、矫正衔接、考核奖惩及解除程序，加大社区矫正对象的法治教育和帮扶力度，累计组织集中教育1014人次、个别谈话教育1298人次，开展心理辅导740人次，组织社区劳动986人次，落实承包田及低保政策262人次，开展技能培训、指导就业就学141人次；全市累计解除矫正对象3175名，现有在册人员3350人，没有发生重大违法犯罪案件。扎实做好刑满释放人员安置帮教工作，全市共接收刑释人员1704人，安置帮教率达97%，其中重点人员的帮教率达100%，有效预防和减少了重新违法犯罪。

【法治郑州建设】2014年，全市司法行政系统着力于提升全民法治观念，重点开展了“培育和践行社会主义核心价值观”以及“增强全民法治观念、服务全面深化改革”主题宣传活动，突出加强了领导干部和公务员普法，引领法律真正走进机关、乡村、社区、学校、企业和单位。全市累计开展“法律六进”活动2678场次，举办法治讲座1265场，举行法治文艺演出260场，发放法制宣传资料200多万份；组织全市1万余名公务员参加了学法用法无纸化考试。举行了青少年法治教育巡展，20余万名青少年受到法治教育；培养农村“法律明白人”16.6万余人。郑州市普法工作得到社会各界广泛认可。全省“法律进学校推进会”选在郑州市47中召开，广东省依法治省工作考察组深入郑州市考察学习并给予高度评价。

继续深入推进法治郑州、法治县（市）区、法治乡镇、民主法治村（社区）创建活动，在全市命名表彰了46个民主法治村、51个民主法治社区，各行各业法治创建工作同步扎实开展。认真做好人大代表、政协委员提案办理工作，办结率和满意率均为100%。

【人民调解】2014年，郑州市司法局开展了“人民调解化矛盾、息诉息访促平安”专项活动，组织了“十佳”精品民调案例评选，引导人民调解量质并重，依法、规范推进。进一步健全三调联动机制，与市财政局联合出台关于在公安机关、法院设立人民调解室的实施办法，高标准、高质量选聘了386名专职人民调解员，并顺利派驻12个人民法院、42个中心法庭、116个公安派出所、23个交警大队开展工作。市、县、乡三级财政累计发放人民调解工作经费、生活补贴、案件补贴6000万元，有力保障了人民调解工作扎实有效开展。全年累计调解各类矛盾纠纷61833件，调成60445件，调成率达97.8%。

【法律服务】2014年，全市司法行政系统围绕“四个河南”建设和市委、市政府“三大一中”战略定位，整合律师、公证、司法鉴定队伍，积极服务全市新型城镇化建设、现代产业体系构建、环境治理保护等工作。律师担任各级政府、企事业单位及社会团体法律顾问达2509家；年内办理各类法律事务10万余起，参与调解和仲裁3674起；进驻205个社区、乡村，开展了大规模的法制宣传和法律服务；参加社会公益活动18342人次；725名律师参加了党委政府

河南省“法律进学校”推进会暨全省青少年法治教育巡展启动仪式举行

市司法局举行反拐宣传活动

信访接待，息访和引导当事人通过诉讼渠道解决诉求166件，防止民转刑案件、重大群体性事件51起。

全年共办理各类公证13万余件，其中涉外公证近5万件。为残疾人、外出（来）务工人员、下岗职工出证1162件，减收公证费用320万元。共办理司法鉴定案件6591起，司法鉴定意见采信率达到99.5%以上。

始终把组织好国家司法考试作为选拔优秀法律人才的重要基础，严密分工，优化服务，精心实施，7164名考生安全、有序、顺利地参加了2014年度国家司法考试，省司法厅督考组对此予以充分肯定。

【法律援助】 2014年，全市司法行政系统严格落实援助案件回访制度、办案质量评估制度及投诉处理制度，全面推行法律援助精细化管理，卷宗质量评估率达到100%，可联系到受援人的案件回访率达到100%。全省十大精品法律援助案件郑州市占4件。继续做好“12348”电话值守咨询工作，无偿提供法律咨询59512人次，超额完成省司法厅下达的咨询指标。借力刑事案件速裁程序试点工作，进一步改进法律援助体制机制，出台了《郑州市关于加强和规范刑事法律援助工作的若干意见》，在全市两级法院、看守所和郑州警备区、11个县（市）区武装部、23个市属律师事务所、20个县（市）区律师事务所，以及中原工学院等4所省内高校科学布局，及时设立了法律援助工作站或受理点。法律援助的帮扶渠道更为畅通、救济效能进一步提升，全年累计办理法律援助案件7859件，占全省案件总量的1/10。济南军区、新华社、《解放军报》对郑州市开展军人军属法律援助的经验做法进行了集中采访。

【新闻宣传】 2014年，全市司法行政系统新闻宣传工作坚持围绕中心、服务大局、贴近实际、贴近生活、贴近群众，培育和践行社会主义核心价值观，突出重点，创新载体，不断提升宣传质量和效果。在《人民日报》、中央电视台、《法制日报》《河南日报》、河南电视台等媒体发表《善待身边的服刑者》《法入人心，司考升温理所当然》《依法办事才能办成事》《听民声解民忧帮民困》《郑州市监狱整改列“制度清单”》等新闻报道，大力宣传司法行政工作新进展、新成绩和司法行政队伍新形象、新风貌，为司法行政工作的创新发展营造了良好的舆论氛围。

【长效机制建设】 2014年，全市司法行政系统重点开展了“四个一”活动（参与一起矛盾纠纷化解、帮助群众解决一个实际困难、与司法所干警谈一次心、提一项建议），积极推进网格化管理工作。研发推出郑州市司法行政网格服务电子地图，开通了郑州市司法局政务微信公众服务号、市法律援助中心官方网站和微博、微信，全面改版郑州律师网，长效机制建设在司法行政系统实现具体化、特色化、实效化发展，司法行政工作平台更加坚实、基层基础更为牢固。

（赵维维）

仲裁工作

【概况】 2014年，郑州仲裁委员会办公室深入贯彻落实十八届三中、四中全会精神，紧紧围绕市委、市政府的中心工作，加强仲裁案件质量管理，着力维护社会稳定，仲裁服务水平和办案质量不断提高，社会公信力和影响力不断扩大，仲裁工作取得了显著成绩，为经济社会发展营造良好发展环境做出了积极贡献。2014年我委共受理案件4068件，其中本部980件，交通事故赔偿案件3088 件，案件标的额14.7亿元，较去年同期受理案件数增长32%，标的额增长5%。上年结转案件335件，全年本部共审理案件1315件，审结案件792件，案件审结率为60%。其中调解和解结案228件，调解和解率为29%。本年度无被法院撤销、不予执行案件及重新仲裁案件。

【仲裁宣传推行】 2014年，郑州仲裁委办公室加强仲裁法律制度的宣传推广，拓展仲裁发展空间，努力提升郑州仲裁的社会认知度。一是印发《郑州仲裁委员会办公室2014年度宣传推行仲裁法律制度工作的通知》，确立了宣传重点，优化了宣传推行机制，保证了宣传推行工作的有效开展。二是多种载体并用，加大宣传效应。与省市有关报纸、期刊、电视等媒体建立固定联系机制。以换届工作为契机，加强网站建设，大幅更新网页内容，加大拓展宣传效应。为纪念《仲裁法》颁布二十周年，分别在河南电视台法制频道和《郑州日报》上作宣传，取得良好效果。三是在重点行业和领域大力推行仲裁法律制度。重点跟踪走访金融、装饰装修行业、建筑行业、保险行业等领域，与金融机构续签战略合作协议，并在格式合同中引进仲裁条款。四是推进郑州仲裁委建设工程争议评审制度，积极与市建委对接，研究选择加入评审制度的仲裁条款格式。五是分别联系省证监局和民营企业协会，成立证券业分会、民营企业分会和马寨产业聚集园区仲裁调解中心。邀请省市领导参加设立证券期货业分会的揭牌仪式，众多媒体进行全面报道，有力地宣传了金融仲裁工作。

【提升办案质量】 2014年，郑州仲裁委坚持“居中止争，昭法致和”的理念，不断提高办案质量，严格仲裁案件管理，深入打造郑州仲裁公平、公正、快捷、高效的品牌。一是加强审限管理，提高案件办理效率。完善案件审批格式，制作审理进度一览表和工作笔记，突出审限管理内容，便于案件审限考核。二是严格案件的程序管理。细化办案流程，科学制定案件分配制度，实行组庭会议制度，有效提高组庭质量。三是清理积压案件。查找积案形成原因，开展案件评查、周一开庭报告及月末案件审理情况汇总制度，对复杂案件进行专项统计和分析，制作了结案登记表，及时上网公示，提高案件程序办理透明度。四是优化处室结构。整合人员力量，成立了仲裁二处；优化金融仲裁院人员结构，采取有效措施加大了积案和疑难案件的办结力度，从源头上解决案件延期问题。五是集中支付仲裁员报酬。补充制作了百余份仲裁员报酬支付清单，集中支付了历年来的仲裁员报酬200余万元，仲裁员积极性得到提高。六是充分发挥专家咨询委员会的作用，对重大疑难案件及时提请专家咨询委员会研讨，为仲裁庭办案提供科学依据。七是加强横向拓展，促进对外交流。由主要领导带队赴武汉、成都、深圳、大连、厦门、泉州仲裁委员会进行参观交流，学习兄弟仲裁机构的先进经验。八是成立仲裁员纪律委员会，发挥其监督管理职能，保障仲裁员公正高效勤勉履职。

【信访工作】 2014年，群体性来访及上级转办的信访案件逐步增多，特别是拖欠工程款、房屋托管合同纠纷及借款担保合同纠纷等集团案件，涉及人数众多、矛盾容易激化。郑州仲裁委员会办公室健全机制，从严落实，积极应对上访事件，全力维护社会和谐稳定。一是修订《信访制度》，在提高办案质量的同时做到责任到位、人员到位、措施到位、工作力度到位，努力化解矛盾，平息信访。二是建立24小时值班制度，安排每日带班领导，遇有紧急情况，及时报告，避免矛盾激化。三是健全情况反馈制度，各具体接访处室及时全面反馈处理情况。结合实际召开班子及专家咨询会议，研究解决方案，有效平息上访纠纷。

通过认真梳理排查，妥善处理了多起群访集访的立案和重点敏感案件上访工作；及时调查了市纪委转办的信访案件，并形成书面材料及时上报；针对市信访局转办的退伍军人安置信访案件，办领导亲自包案，主动配合市信访局做好各项工作。因处置及时，措施方法得当，没有一例围堵市政府的上访案件，保障了正常的仲裁秩序，也维护了社会的稳定。

【仲裁队伍建设】 一是切实加强政治思想教育，深入开展党的群众路线教育实践活动，制定活动方案，以多种学习形式为载体，开展"为民、务实、清廉"为主题的实践活动，积极进行整改，深刻转变作风，多次取得综合联评第一名的好成绩，队伍综合素质得到全面提升。二是进一步完善绩效考核制度，制定合理的考核方案，对工作人员进行必要的约束和激励，使全办工作实现科学运转。三是加强仲裁员和工作人员的业务培训。召开第四届郑州仲裁委员会仲裁员培训大会，重点讲解新修订的《郑州仲裁委员会仲裁规则》和《仲裁员聘用管理办法》，使广大仲裁员尽快掌握适用新规则和程序管理的技巧，提升案件质量，高效办理仲裁案件。组织两期仲裁员沙龙活动，针对仲裁实务中遇到的热点难点问题，特邀最高法院有关领导深入剖析疑难问题的法律适用及解决途径，有效提升仲裁实务处理能力。

上半年，经市委组织部批准，成立中共郑州仲裁委员会办公室党组，充分发挥党组织的领导核心作用，指导仲裁办机关党支部工作和解决仲裁办的重大问题。以此为契机，加强仲裁办党的组织建设和政治思想工作、党风廉政建设；逐步理顺党组织和行政管理体制，保证郑州仲裁事业健康持续发展。

【郑州仲裁委换届工作】 2014年，郑州仲裁委科学谋划，精心组织，顺利完成郑州仲裁委员会换届工作。6月4日，郑州仲裁委员会召开换届大会并举行了四届一次全体会议，确定了本届仲裁委的工作目标。

从省市各职能部门及其他相关部门选任了一批高素质的人才成为第四届郑州仲裁委员会组成成员。本届仲裁委员会由16人组成，其中主任1人，副主任4人，委员11人，分别由市政府分管领导和省司法厅、省工商行政管理局、省工商联、市政府法制办、市财政局等部门的领导，以及郑州大学、省财经政法大学的专家学者组成。

进一步拔高遴选标准，选聘公道正派、社会公信度高的仲裁员队伍，力求做到德能并重、结构合理、专业权威，确保实现建设专家型仲裁员队伍的目标。在新聘的317名仲裁员中，律师界占38%，高等院校、科研院所占23%，行政机关、事业单位、行业协会占21%，企业、仲裁界占15%，法院离任法官占3%。根据仲裁员聘用管理办法的规定，将对仲裁员实行动态管理。

第四届郑州仲裁委员会对《仲裁规则》进行了修订，并特邀国内著名仲裁法专家宋连斌教授和最高法院法官沈虹雨莅郑指导完善。本次修订涉及全部十章内容，重点对仲裁协议、申请和受理、证据、调解与和解、简易程序等内容做了修改，进一步明确了相关权利义务关系，增强了规则的适用性和可操作性。同时，还修订了《郑州仲裁委员会章程》《仲裁员聘用管理办法》《仲裁员报酬支付办法》《仲裁收费办法》等，将仲裁委的工作逐步纳入科学规范化管理的轨道。

政法大事及典型案例

【平安建设】 （一）平安建设基层基础工作。一是加强基层政法队伍建设，抓好干警的学习教育培训，巩固群众路线教育实践活动成果，落实中央八项规定，增强干警的宗旨意识和群众感情；二是加强基层政法综治阵地建设，为基层政法综治单位创造必要的工作环境、工作条件；三是健全诉求表达机制，全天候受理群众诉求；四是健全便民服务机制，为群众提供"一站式"服务，解决服务群众"最后一公里"的问题。五是完善基层平安创建机制。

（二）平安建设"细胞工程"创建活动。市综治委制定下发了《关于进一步加强"平安社区""平安村"创建活动的通知》，按照整合资源、条块结合、整体推进、注重实效的原则，以行业、系统和最基层的社会细胞为基本元素，在全市全面开展15项"细胞工程"创建活动，构筑自下而上、从小到大，层层创建、逐级推动的平安郑州创建体系。通过创建一批"平安社区（村、组）""平安企业""平安校园""平安医院""平安宗教场所""平安景区""平安市场""平安家庭"，以一个个"细胞"的小平安累积郑州市的大平安、大和谐。

（三）矛盾纠纷排查化解工作。起草下发了《关于进一步加强基层矛盾纠纷排查调处工作的意见》。全市乡镇（街道）每周、县（市）区每半月、市每月组织开展一次排查。对排查出的问题，全部登记造册，层层建立台账，逐一落实牵头部门、责任单位和责任人，逐一明确解决问题的措施和期限，尤其是对可能引发重大治安和群体性事件的问题，采取领导包案、挂牌督办、派驻工作组等有力措施，限期解决。市综治办根据全市各级各部门上报的情况，每月进行汇总，并将全市矛盾纠纷分类台账、矛盾纠纷分析报告、重大矛盾纠纷情况上报省综治办。

（四）重点地区排查整治工作。成立了以市委常委、政法委书记黄保卫为组长的排查整治工作领导小组，各县（市）区也成立了相应的组织机构，统一负责辖区内重点地区排查整治工作的组织部署、统筹协调、督促指导和检查验收。市综治办下发了《郑州市社会治安重点地区排查整治工作实施方案》《郑州市社会治安重点地区排查整治工作考核验收办法》等文件，在全市建立季例会、月通报制度。

（五）技防监控建设工作。经过四期平安城市视频监控建设，共建成1个市级视频监控平台和9大视频监控系统，累计安装监控16078个。协调资金500余万元，对2013年建设项目的联网工作和2010年以来建成的800个路口、156个游园广场、62条背街小巷、292个社区、40套卡口系统进行维保。截至年底，郑州市区累计安装监控探头92725个，其中，政府投资建设16078个、社会自建76647个；各县（市）、上街区累计安装监控探头18521个，初步实现了对全市重要场所、部位及居民楼院的全覆盖。

（六）专职治安巡防队伍建设工作。截至年底，全市共建立乡镇级专职巡防队伍182支7323人，每个城市社区配备9人，农村每个乡（镇）不少于20人。全市深入开展“两争一促”活动，密切配合公安机关开展治安巡逻防范，积极协助消防部门加强消防安全巡查，在维护社会治安秩序和消防安全形势持续稳定中发挥了重要作用。1—10月，全市巡防队员共抓获各类违法犯罪嫌疑人435人，其中，刑事拘留79人、治安拘留203人、其他处理153人，协助公安机关破获案件184起，制止打架斗殴1365次3359人，抢险救灾780余起，调解纠纷9370余件，为群众办好事2.37万余件，收到感谢信830封，开展公共安全和治安防范宣传5460余次。

（七）平安志愿者队伍建设工作。参照“网格化”管理模式，对平安志愿者实行实名制管理，日常工作做到“四有”（有登记、有内容、有标准、有奖惩）。有计划地组织和发动广大平安志愿者走上街头、走进社区，积极参与社会治安防控、维护交通秩序和社区志愿服务等活动，切实发挥平安志愿者队伍情报信息员、治安管理员、法制宣传员、安全检查员、矛盾调解员、帮扶救助员的作用，大力弘扬以奉献、友爱、互助、进步为主要内容的志愿者精神，在全社会形成关心、支持和参与志愿服务的良好氛围。

（八）平安建设宣传工作。研究制定《郑州市平安建设宣传工作方案》，明确了指导思想、宣传重点，对各县（市）区、各成员单位进行了任务分工。至年底，在全市主干道出入市口、车站、大型商场、集贸市场、人员密集地、游园广场、沿街出租门面等场所和公交站点、公交车内部、地铁站、工地、建筑围挡、营业网点、长途车站和长途汽车等张贴了平安建设宣传标语，在电子显示屏上滚动播出了平安建设字幕。

（九）“一村一警”“一格一警”工作。下发《郑州市推行“一格（村）1+N”综治联动机制工作意见》，进一步推动了警力下沉、警务前移，统筹各方面综治力量，做到了“睁大双眼，发现警情舆情；竖起双耳，倾听群众呼声；迈开双腿，加强治安巡逻防范；磨破嘴皮，调处矛盾纠纷；伸出双手，救助困难群众；洁身自好，接受群众监督”，全面实现化解社会矛盾、了解社情民意、密切警民关系、转变工作作风、强化基层基础、巩固基层政权的总体目标。

（刘　茜）

【“2014.1.24”抢劫杀人案】 2014年1月24日1时17分许，郑州市公安局经开分局接到群众报案：1月24日1时许，发现自家在郑州经济技术开发区鲍湖村112号一楼经营的按摩店起火，与房东等人在救火的过程中发现按摩店内有一具被电源线捆绑着的尸体。经查，死者朱××，女性，26岁，云南昆明人，系该按摩店卖淫小姐。经勘查现场发现，被害人被5条电源线捆绑，头面部有多处锐器、钝器创口，死者系急性失血性休克死亡，遭焚尸。现场提取捆绑尸体的电源线、避孕套等物。

郑州市公安局领导高度重视，迅速成立“2014.1.24”专案指挥部，抽调刑侦支队、技侦支队、网监支队、大要案梯队人员等部门精干警力100余人全力开展案件侦破工作。省公安厅副厅长李法正、刑侦总队副总队长杨玉章等领导多次到专案组听取案件汇报，指导案件侦破工作。

通过现场提取避孕套检验出的Y染色体在全省Y染色体库中比对找人，并经过大量的排查、采集血样送检，发现太康县朱口镇焦庄村焦高建（男，26岁，郑州富士康工厂工人）在案发前后在郑州经开区有多次住宿、上网记录，并且有犯罪前科，2014年4月从富士康辞职，离开郑州。专案组立即采集嫌疑人焦高建父亲焦广礼血样送检，经比对，焦广礼与现场提取避孕套中检验出的DNA有遗传关系，焦高建有重大作案嫌疑。

专案组长途跋涉奔赴新疆巴音郭楞蒙古自治州库尔勒市，经过3天的摸排、布控，在当地警方的大力配合下，于9月15日晚在库尔勒市上恰其村7号将犯罪嫌疑人焦高建抓获归案。经讯问，焦高建对其因嫖资纠纷杀害受害人朱××的犯罪事实供认不讳。

【“2014.5.22”人体携带毒品案】 5月22日，市公安局禁毒支队经过4个月的秘密侦查和取证，掌握了一个利用人体藏毒、通过航空运输方式从境外经云南景洪和郑州向南阳等地运输、贩毒的贩毒团伙的线索。确定当日从昆明飞往郑州的航班上3名乘客有重大嫌疑。在郑州机场将涉嫌运输毒品的3名嫌疑人员武松青（女，湖北随州人）、刘海军（男，湖北随州人）、伏得良（男，云南曲靖人）控制。经检查，在3名嫌疑人体内分别查获毒品“麻古”365.14克、295.26克和673.75克。

经讯问，犯罪嫌疑人武松清、刘海军、伏得良3人对受不同“上线”指派，在中缅边境吞食毒品，而后从云南乘坐飞机经郑州往南阳运送毒品的事实供认不讳。

【“2014.6.27”抢劫杀人案】 2014年6月27日上午10时许，郑州市公安局长兴路分局接110指令：群众报称，文化路迎宾馆外墙西北角处停放的一辆面包车（豫A850EF）后排座上发现一具无名尸体。经现场勘验，尸体已高度腐败，车内遗留有大量血迹，死者为成年男性，颈部、胸腹共有14处创口，系失血性休克死亡，他杀，作案工具为尖刃刺器。车内外共提取生物检材64处。身边无财物及手机。

经初步查明，被害人名叫张×，男，1973年9月21日出生，户籍所在地河南省汝阳县三屯乡花西村8组，现住郑州市金水区陈寨村602号309房，以开车拉货、送煤气为生。6月22日7时开车出去等活拉货，第二天被害人手机关机失踪。

市公安局迅速成立专案组，多策并举，全面开展侦查工作。从有预谋的抢劫杀人，但不排除矛盾纠纷引起的故意杀人入手，对案发现场进行细致勘验，固定、提取犯罪痕迹和物证，围绕张×的社会关系进行排查，查找矛盾点，对案发现场及郑大体育学院、陈砦村一带开展排查访问工作，重点排查会驾驶车辆、6月23日后突然离开的人员，以及受过打击处理的和有劣迹的人员；根据被害人手机、嫌疑手机的电子轨迹，沿陈砦、郑大体院、大石桥、案发现场、祥云寺一线开展视频侦查，对重点区域的住宿、上网、前科人员进行研判，在全市范围内对持刀抢劫案进行梳理串并。

通过技术侦查电子轨迹，迅速确定自6月22日14时至6月23日10时嫌疑人的活动路线，进而根据推断时间和地点，调取沿途各个部门的视频，从中发现了嫌疑人，顺线追踪，以车找人。后确定嫌疑人驾驶受害人车辆6月23日凌晨抛尸的视频。又于7月6日发现被害人车辆于6月22日14时52分进入大石桥丹尼斯地下停车场，17时34分离开。由于地下停车场没有视频监控，侦查员对整个停车场进行细致搜索。经过数十小时的连续工作，终于在66号停车位发现一摊血迹，经技术检验，确定为被害人所留，丹尼斯停车场应为第一现场。

通过对抛尸现场对面加油站视频分析研判，顺线追踪，确定该嫌疑人的居住方向，经过全面细致的工作，发现租住在柳林村中心大街111号杨海宝家405室的黑龙江人熊伟有重大嫌疑，并在二楼一户人家中提取了熊伟丢弃的背包。

7月12日，专案组在北京延庆县将犯罪嫌疑人熊伟（男，28岁，黑龙江省安达市人）抓获归案。熊伟对因与女朋友分手，加上经济窘迫却又幻想一日暴富，遂于发案前两日预谋实施抢劫，最终于6月27日将被害人张×杀害的犯罪事实供认不讳。

（王　静　李淑贞）

人民武装

郑州警备区

【概况】 2014年，郑州警备区坚持务实创新、夯实基础、完善提升，圆满完成了年度各项工作任务，全面建设取得了新的发展进步。全年先后参加全军民兵高炮队伍竞赛性考核、军区国动委八次全会军民通用装备潜力展示，参与中铝公司赤泥库决口抢险、“畅通郑州”维护社会治安，组织全市民兵应急分队成建制拉动考核，保障部队机动等非战争军事任务；开展党的群众路线教育实践活动，不合理住房、办公用房清理整改成效显著。先后迎接国防部长常万全、省长谢伏瞻、省委副书记邓凯、济南军区副司令员陈照海等首长视察调研。郑州警备区党委被河南省军区表彰为先进师级党委；郑州警备区连续五年被河南省军区表彰为军事训练先进单位、安全工作先进师级单位，被济南军区政治部、联勤部表彰为“阳光理财”工作先进单位。

【思想政治建设】 2014年，郑州警备区思想政治建设务实有力。把学习中央军委主席习近平系列重要讲话精神作为首要任务，坚持课题牵引、上下联动、联学同教，分专题扎实开展党委中心组理论学习。深入学习党的十八届三中、四中全会和上级党委扩大会议精神，认真参加省军区“大党课”，官兵听党话、跟党走的思想根基更加坚实。扎实开展“牢记强军目标、献身强军实践”、拥护支持改革专题教育和“每月四堂课”教育，官兵献身强军实践的内在动力不断强化。先后开展济源征兵案、徐才厚案件、山西腐败窝案和鲁先诚严重违纪违法案件警示教育，8月初利用一周时间组织征兵专题教育学习，通过上廉政党课、观看警示录像、参观监狱、撰写心得、开展讨论等活动，引导官兵职工端正价值追求、净化思想灵魂。按照“六有”标准，规范政治文化环境。结合征兵宣传，遴选6名演讲人员深入14所高校开展“国防情强军梦”巡回演讲，有效激发了适龄青年参军报国热情。围绕中心工作和重大任务开展新闻报道，对警备区政工网进行优化改版，年内在主流媒体刊发稿件638篇，在全国国防后备力量建设宣传工作会议上介绍了经验。

扎实开展党的群众路线教育实践活动，按照“四个贯穿始终”思路，扎实推进作风转变。认真组织参加集中教育，警备区常委分别进行辅导授课，分批次组织12名人武部主官参加省市党校轮训。紧紧围绕“四风”问题，师团两级党委共查摆问题173个，制定整改措施182条。师团两级党委和基层党组织都分别召开了专题民主生活会或组织生活会，深入开展批评和自我批评。坚持以上率下、边整边改，扎实推进“三清”，投入80余万元为基层办实事，以解决问题的实际行动让广大官兵看到了转变作风实实在在的成效。修订完善10项制度规定，从纠正具体细节入手加强作风建设。深入贯彻全军政治工作会议精神，立项重点整改15个方面问题，采取拉单列条、挂账销号办法，督导问题整改见底清零。警备区教育实践活动受到全军教育实践活动督导组的充分肯定，“四真”做法（发动官兵真提、拓宽渠道真听、直面问题真查、立说立行真改）被省军区转发，《前卫报》头版头条进行了报道，郑州警备区专题民主生活会做法在《黄河民兵》刊发。郑州警备区党委被省军区表彰为先进师级党委。

【军事斗争准备】 2014年，郑州警备区军事斗争准备富有成效。贯彻济南军区、河南省军区“实战化练兵”指示要求，以常态化训练为抓手，不断提升战备训练水平。投入140余万元对警备区和各人武部“三室两库”进行升级改造，规范作战值班室设置，建立“天翼”应急通信系统。按照“三三”组训模式（区分现役官兵、专武干部和应急分队三类人员，每类人员定期各落实好一项训练任务）落实常态化训练，先后组织3次季考、5次月考，消耗弹药21020发，官兵军事素养不断提高，在省军区军事工作考核中获总评成绩第3名。组织民兵执行山林救火、抢救被埋群众、中铝公司赤泥库抢险、保障部队机动等非战争军事任务9次，累计出动民兵、协调驻军1900余人次。以遂行非战争军事行动为背景，采取上导下演与自导自演相结合、动态拉动与静态点验相结合、资料展评与课目演示相结合的方法，对各人武部带民兵应急连进行指挥所拉动考核，全市出动现役和

郑州警备区组织全市民兵应急分队成建制拉动考核

民兵应急分队1890人、车辆93台、物资器材4100余件（套）。先后组织民兵高炮队伍、5个人武部民兵应急分队和应急排骨干封闭集训，参训总兵力1170人。参加省军区系统参谋集训比武，共获得单位综合成绩第二名和个人成绩第一名等8个名次。警备区连续五年被省军区表彰为军事训练先进单位。扎实推进“十二五”基干民兵组织规划调整，认真开展各类队伍组织整顿工作，国防后备力量建设质量明显提高。积极适应异地用医、兵员辅助决策系统定兵、女兵征集全程公开、联合走访调查等新调整、新变化，狠抓廉洁征兵，圆满完成了4500余名新兵的征集任务，其中大学生占41.8%，实现了省军区提出的“三个确保一个提高”目标。

【基层规范化建设】 2014年，郑州警备区基层规范化建设持续推进。突出解决工作精力不够集中、“四个秩序”不够正规、组织生活落实不够到位、作用发挥不够明显等问题，狠抓人武部“四部五员”建设，在金水区和新郑市人武部分别组织试点。将群众路线教育实践活动与“三个抓一遍”捆在一起抓，常委按照分工到各人武部进行蹲点帮抓，指导各单位按照《细则》《规范》要求抓好整改落实。扎实抓好基层武装部规范化达标收尾，对剩余未达标的7个基层武装部进行检查验收，对前两年已达标单位进行“回头看”，有效提高了建设质量。认真落实国家五部委出台的《专职人民武装干部工作规定》，联合市委组织部、人社局、财政局研究制定《关于进一步加强专职人民武装干部队伍建设的意见》，对专武干部队伍的编配、选用、奖惩、待遇等做出规定，对郑州市各类新区（开发区）武装机构设置、工作开展进行明确规范。组织乡镇、街道基层武装部长及相对稳定的副部长、干事共212人进行10天封闭集训，基层专武干部务军精武能力明显提升。

【依法从严治军】 2014年，郑州警备区依法从严治军力度不断加大。结合警备区实际，建立完善“十项制度”（日常工作基本规范、公勤队集中管理制度、职工管理制度、车辆管理制度、机关轮流每周查制度、交班点名考勤制度、周五学习教育日制度、早操制度、“周查月析季讲年评”制度和“四优”评比制度），在抓常态、常态抓上下功夫。大力开展“学条令、懂条令、用条令”“严纪律、正秩序、除隐患、保安全”、涉密载体“清零”等专项整治整顿活动，为机关办公电脑更换了硬盘，完成师团两级文印室建设。严格车辆管理和派遣使用，“一包三集中”“一支笔派遣”制度坚持经常严格，扎实开展公务用车专项清理清查活动，车辆集中封存工作受到济南军区、省军区车辆安全检查组肯定和表扬。完成武器装备信息化建设试点工作，对仓库等重要目标和营区重点部位安保系统进行升级改造，圆满完成省军区枪支弹药和武器装备仓库专项整治试点活动现场会任务，在全军枪支弹药和民兵武器装备仓库专项整治活动检查验收工作中受到总部工作组高度评价。警备区被省军区表彰为安全工作先进师级单位。

【后勤保障】 2014年，郑州警备区后勤保障质量不断提高。认真开展后勤动员潜力调查，充实完善后勤战备预案方案，投入10余万元建成了后勤战备资料室和物资器材库，12个人武部先后投入近50万元补充配备了后勤战备设施器材，提高了完成多样化军事任务的后勤保障能力。修订完善经费管理、物资采购和职工管理制度规定，连续3年扎实开展职工创先争优活动，在济南军区《联勤工作通讯》11期刊发了专栏。积极协调郑州市、区两级民政部门接收安置军队退休职工186人，警备区6名军队退休职工顺利移交。认真落实党委管财理财、管审议审规定，形成两理财、两审计、两报告（每月报告、办公会报告）、两核验（任务、资产）、两报批（预算报批、决算报批）、两级管（本级、人武部）“六个两”理财有效做法。扎实开展财经整治、政府专项经费普查、福利补助费清理，接受军区经费审计评价为较好。在全军基本建设项目和房地产资源普查工作中，以驻豫部队总评第一的成绩高标准通过验收，受到总部表扬并上报了经验材料。全面清理整治超面积办公用房，对师团两级空余房地产租赁项目进行彻底整改规范；扎实推进住房清理工作，共清理不合理住房79套，新分配干部、职工住房21套。先后投入150余万元对机关营院、作战值班室、公勤队等进行升级改造和规范建设，综合保障效能得到不断增强。全面推行“阳光理财”制度，进一步压减行政消耗性开支。郑州警备区被济南军区政治部、联勤部表彰为“阳光理财”工作先进单位。

【军民融合发展】 2014年，郑州警备区深入推进军民融合发展。协调郑州市依托民生工程推进军民融合深度发展，畅通工程助推战斗力提速，人才工程与未来战场对接，安居工程让官兵建功军营，长篇通讯《强军惠民的中原大手笔》被《中国国防报》头版头条报道，在军地引起了较大反响。按照《郑州市军队师职退休干部医疗保障管理办法》，会同市有关部门对机关和医院落实文件精神情况进行督导检查，提出完善政策规定的建议，促进师职军休干部医疗待遇落实，《前卫报》头版头条予以报道。按照“城乡一体、同役同酬”原则，为8834名义务兵家庭发放优待金1.485亿元，人均16810元，积极协助市退伍安置办完善退役士兵安置政策，解除现役战士后顾之忧。积极开展“四帮一建”爱民工程，3次组织干部深入扶贫村调研，帮助理清发展思路，拓宽致富渠道，解决具体困难。郑州警备区和人武部分别与13个行政村（社区）结成扶贫帮困对子，与13所学校建立助学兴教联系点，资助了126名困难学生。扎实开展南水北调生态护水工作，计划在郑州市境内的南水北调干渠两侧建设“民兵生态林”，组织民兵开展常态化巡逻，确保水质不受污染和干渠通水安全。积极协调地方政府和54集团军参加登封抗旱救灾工作，并做好相关保障，受到济南军区、河南省军区首长高度赞扬，进一

郑州市征兵办在全市组织开展征兵宣传活动

郑州警备区组织荥阳市民兵参与中铝公司赤泥库决口抢险

步融洽了军政军民关系。

【义务兵优待金发放】7月10日，全市义务兵优待金发放工作圆满完成，累计为8834名义务兵家庭发放优待金1.485亿元，人均16810元。义务兵优待金发放工作是支持国防和部队建设的需要，也是地方党委政府的基本职责和要求，为配合正在进行中的征兵宣传工作，郑州市将2014年义务兵优待金发放工作时间适度提前，确保及时足额到位，鼓励郑州籍义务兵在部队安心服役，为部队建设建功立业，为经济社会发展多作贡献。2014年，郑州市义务兵优待金为每人每年不低于全市上年度农民人均纯收入的1.2倍；四类（含四类）以上在艰苦边远地区和潜艇、潜水等有特殊要求专业岗位服役的义务兵，优待金发放标准不低于全市上年度农民人均纯收入的1.5倍；进藏义务兵优待金发放标准不低于全市上年度农民人均纯收入的2.5倍。

【尖岗水库防汛抢险演练】 7月8日，郑州警备区和市防汛办在尖岗水库组织了军民防汛抢险演练。演练共设置防汛应急指挥、防汛物资紧急调动、水库紧急泄洪、水上救援、反恐排爆、水库大坝抢筑子堰、水库大坝管涌抢护等7个科目。警备区领导积极协调军地各相关部门，实地进行勘察调研，会同防汛办研究部署演练步骤和形式。先后出动民兵、协调部队共计220余人、车辆20余台。省军区司令员卢长健、参谋长王宝贞到现场进行观摩，并看望了参演的民兵应急分队队员。

【中铝公司赤泥库决口抢险】 因连续降雨，9月16日8时30分，荥阳市高山镇的中铝河南分公司赤泥库发生管涌，并迅速发展成坝体坍塌。库区内存放的大量高强度碱水和废渣冲出，一旦流进黄河将影响下游饮水安全。13时35分，接到地方党委、政府的支援请求后，郑州警备区、荥阳市人武部立即启动应急预案，派出指挥组，组织协调民兵、驻军520余人，征用工程机械80余台，构筑拦阻坝3道400米，挖掘土方1万余方，运送沙石1万余方，疏散群众6000余人，连续奋战50余小时，于19日上午10时顺利实现决口合龙，有效控制了污染范围，确保了黄河下游饮水安全，受到了地方党委政府和人民群众的高度赞扬。

【参加全军民兵高炮队伍竞赛性考核】 4月20日，两级军区赋予郑州市抽组1个民兵25高炮营指挥所、1个民兵25高炮连代表济南军区参加全军民兵高炮队伍竞赛性考核。此次任务层次高、要求严、影响大，郑州警备区首长高度重视，及时协调军地有关专家专题召开任务分析会、技术咨询会，组织部分人武部主官召开了任务座谈会，提出“完成任务好争第一、安全管理好不出事、内外协调好树形象”的总体目标和“建班子、拉队伍、定方案、抓准备”总体思路。6月10日至7月20日，分别在郑州市民兵综合训练基地和预备役高炮师二团训练基地，组织了民兵高炮队伍168人进行强化训练。在军区考核中，考核组多次对郑州市高炮分队动作、指挥所警戒、构工伪装和作风士气提出表扬和肯定。

【民兵应急分队成建制拉动考核】 4月22日上午，郑州警备区组织全市12个人武部指挥所带应急分队集结拉动考核。共出动现役和民兵应急分队队员1890人，动用各类车辆93台、物资器材4100余件（套），开设团级指挥所12个。拉动现场，各单位按《方案》要求进行组织指挥，受领作战任务、定下行动决心、组织机动实施等重点环节指挥科学、程序严密、方法得当，机动实施过程依据计划科学组织开进，安全到达任务区域。经检查验收，大部分单位民兵入队训练落实较好，抽点参加队列会操的应急排各类标示齐全，军容严整、作风紧张、士气高昂。特别是金水区人武部演示的课目“反恐维稳基本队形”，紧贴执行任务需要，突出实战化，专业特色强。河南省军区副司令员郝高潮和郑州市副市长吴忠华到现场进行了观摩指导，并给予充分肯定。

【民兵参与维护社会治安】 年终岁尾是事故案件的多发期，为有效预防和制止违法犯罪，郑州警备区充分发挥民兵置身于民的优势，建立健全以民兵为主体的群防群治网络，组织民兵维护社会治安分队在主要交通路口、城镇社区和乡村之间进行昼夜巡逻。从春节假期前至正月十五后，不间断协助维持交通秩序，应急处置突发事件，配合公安机关打击违法犯罪，预防和化解基层矛盾，确保郑州各界群众过一个畅通、祥和、安全、稳定的春节。1月29日，郑州市46支民兵分队走上街头执勤巡逻，保障群众欢度祥和春节。

【“国防情 强军梦”演讲团高校巡回演讲】 5月14–25日，郑州市“国防情强军梦”演讲团深入各大高校开展巡回演讲活动，在广大师生中引起强烈反响。演讲活动伊始，各县（市）区人武部积极与辖区驻军部队、大中专院校和行政、企事业单位联系，及时推荐遴选演讲人员。经过层层审定，分别选定现役士兵、军嫂、在校大学生、优秀退伍军人等6人组成演讲团，深入河南财经政法大学、西亚斯国际学院、中州大学等9所高校巡回演讲。演讲活动有效配合正在开展的征兵宣传，在全社会特别是高等院校营造关心支持国防和军队建设的浓厚氛围，吸引了更多的优秀大学生报名应征。

【国防部长常万全视察郑州市军民通用装备制造企业】 5月12日上午，中央军委委员、国务委员兼国防部长常万全一行到郑州市军民通用装备制造企业——宇通重工集团有限公司和中铁工程装备集团调研国防动员工作。他强调，要深入学习贯彻中央军委主席习近平系列重要讲话精神，充分认清面临的严峻挑战，认清国防动员的地位作用，强化使命担当，锐意进取，扎实工作，推动军民融合深度发展，努力把国防动员提高到新水平。调研期间，常万全实地察看民兵训练基地、民兵应急分队、预备役通信团和部分军民融合建设项目，与军地领导和国防动员部门进行座谈。他充分肯定了河南省国防动员工作取得的显著成绩，勉励大家大力弘扬优良传统，立足岗位履职尽责，为国防和军队建设做出更大贡献。济南军区副司令员王军，河南省军区司令员卢长健、政委周和平，郑州市委书记吴天君，省政府副省长李亚，警备区司令员尚守道、政委刘贵新等领导陪同调研。

【省长谢伏瞻、省委副书记邓凯检查调研郑州市征兵工作】 8月12日下午，省长谢伏瞻到郑州市检查调研征兵工作，并召开座谈会。省军区司令员卢长健，副省长李亚，省军区副司令员林卫民，郑州市党政军领导马懿、尚守道、刘贵新、吴忠华、董继锋等陪同调研。谢伏瞻指出，要进一步强化政治意识、大局意识和责任意识，切实增强责任感、使命感和紧迫感，真正把征兵工作摆上重要位置，恪尽职守，不打折扣，高质量完成征兵任务。

8月12日上午，省委副书记邓凯到管城区征兵体检站市第一人民医院调研征兵工作，看望慰问应征青年及征兵工作人员。邓凯勉励应征青年在部队接受锻炼，早日成才，并嘱咐体检工作人员要严格审核把关，确保兵员质量。省军区司令员卢长健、副司令员林卫民，市党政军领导马懿、尚守道、刘贵新、吴忠华、董继锋等陪同调研。

（马　涛）

武警郑州市支队

【概况】 2014年，武警郑州市支队党委团结带领各级党组织和广大官兵，坚持以强军目标为统领，以总队“三个突出”工作思路为指引，科学谋划，狠抓落实，高标准实现“两个确保”，支队连续三年跨入总队先进行列，全面建设呈现出了向上向好的发展态势。

【思想政治建设】 2014年，武警郑州市支队坚持用党的创新理论，尤其是中共中央总书记习近平关于治党治军一系列重要论述武装官兵头脑，通过党委中心组带机关集中学、邀请专家授课辅导深入学、组织研讨交流互动学、下发理论书籍自行学，深化了各级对全面改革、正风肃纪、依法治国等重大战略思想的理解认同，澄清了误区，坚定了信念，深扎了听党话、跟党走的思想根子。严密组织“牢记强军目标、献身强军实践，永远做党和人民的忠诚卫士”主题教育活动，坚持大课辅导与小课串讲相结合，正面灌输与反面警示相对照，发扬传统与创新开拓相融合，凝聚了官兵献身国防、践行强军的使命感和责任感，有效推动了强军目标在警营落地生根。教育做法两次被总队转发。十四中队指导员邓溪泉被总队评为标兵“四会”优秀政治教员，十一、十七中队指导员安凯、王润强被总队评为“四会”优秀政治教员。扎实开展经常性思想工作，积极推进先进军事文化建设，认真做好政治领域安全问题预防，确保了官兵思想纯洁、政治可靠。积极做好敏感期和“卫士—14”演习任务中的政治工作，有效发挥了政治工作直接作战功能。充分挖掘宣扬部队建设中的新鲜经验和先进典型，全年共在省以上新闻媒体刊稿230篇（幅），被总部评为《人民武警报》“橄榄杯”新闻报道优胜单位，被总队评为新闻宣传工作先进单位，展示了支队建设和广大官兵的良好风貌。

【执勤处突与军事训练】 2014年，武警郑州市支队牢牢把握能打胜仗总要求，坚持以强军目标为统领，建强力量保中心、大抓训练强能力、依法治警促稳定、转改作风抓落实，高标准实现了“两个确保”。加强勤务分类抓建，强力推动执勤隐患治理，固定执勤目标连续17年安全无事故。三、四、十一、登封、巩义中队各成功处置1起执勤险情，7名武警记功。严密组织常态化武装巡逻，每日7-22时在省委、省政府、省人大、市委、市政府及机场等重要目标周边实施巡逻。成功处置群体性上访事件，完成押解和押运勤务，圆满完成中共中央总书记习近平来郑期间住地一级加强警卫、郑州市“两会”、甲午年黄帝故里拜祖大典、中超足球联赛、第十届中国郑州国际少林武术节、新郑机场旅客滞留事件等重大临时勤务。积极参加总部、总队演习拉练和比武竞赛，全面提升了训练水平。支队被总队评为年度军事训练先进单位、情报侦查工作先进单位，司令部被评为武警部队先进司令机关。

【从严治警】 2014年，武警郑州市支队认真学习贯彻总部依法从严治警集训精神，召开依法从严治警现场会，精心组织编制调整，严格执行机关办公集中打印，部队法治规范化程度不断加强。以上率下严格机关管理，坚持经常性督导巡查，硬起手腕处理违纪问题，部队秩序更加规范。组织拉网式安全隐患大排查，每季度组织安全工作讲评，定期学习事故案件通报，利用手机短信息平台，适时发布安全预警信息。严格敏感时期重点部位、重要时段、重点人员、动态枪弹车辆管控，部队安全基础进一步夯实。总队装备管理“三化”达标检查总评成绩优秀，被总队评为密码工作先进单位。

【基层武警建设】 2014年，武警郑州市支队积极贯彻总队党委培养“明白人”要求，严密组织《纲要》网上培训、机关干部“四个能力”基本功训练，以及常态化的应知应会学习，按纲指导抓建水平得到提升，在总队应知应会知识竞赛中取得团体第一名。实施周五党团活动常态化检查督导，组织常委列席基层民主生活会，严把党员发展质量关口，转业干部定期过组织生活，组织功能得到不断提升。严格落实蹲连当兵和蹲点调研帮建，定期召开工作例会，严密组织季度考评和“双向讲评”，按纲抓建秩序更加规范。

【后勤综合保障】 2014年，武警郑州

武警郑州市支队巡逻组在市区进行武装巡逻

市支队加强“一组五队”训练，应急保障经受住了“七昼六夜”自我保障的实战检验，遂行任务保障能力进一步增强，保障力量建设做法在《人民武警报》头版头条刊登。坚持党委议财管财理财，严格执行预算编制，落实厉行节约规定，大宗物资“阳光采购”，大项工程招标公开透明，被总队评为年度预算审计先进单位。开展先进食堂评比活动，组织炊事人员集训，基层伙食满意率达到95%以上。安装远程医疗系统，组织军人保障卡发放，圆满完成总部第五片区军人保障卡观摩试点任务，现代后勤建设迈出了实质性步伐。

【作风建设】 2014年，武警郑州市支队把第二批党的群众路线教育实践活动作为党委转改作风、树好形象的重大契机，坚持以上率下带动、开门纳谏互动、问题导向行动，结合内部招待场所公款吃喝治理，“三清”“五超”活动“回头看”“四风”问题得到有效遏制。活动开展以来，压缩各部门行政消耗性开支10%，降低各项福利开支13%，“五超”问题得到彻底整治，“五多四过”得到有效控制。研究制定了《党委机关厉行勤俭节约、反对铺张浪费措施》《机关公务接待实施细则》等，初步形成了大抓作风的长效机制。活动做法被《人民武警报》头版头条刊登，部队形成了风清气正的新常态。

（赵梦溪）

人民防空

【概况】 2014年，郑州市人防工作在河南省人防办和郑州市委、市政府、郑州警备区的领导下，扎实开展党的群众路线教育实践活动，努力转变工作理念和思维方式，着力深化军事斗争人防准备，强化训练演练，完善政策法规，关心群众生活，促进和谐发展。紧扣年度工作责任目标和十项重点工作，全市人防系统干部职工齐心协力、真抓实干、开拓进取，各项工作稳步实施，重点工作有序推进，全市人防建设保持了较好的发展势头。市人防办先后被国家人防办表彰为全国通讯报道先进单位，被市国动委表彰为人防训练比武竞赛先进单位，被市政府表彰为郑州市轨道交通1号线一期工程建设先进单位。

【人防工程及地下空间开发利用】 2014年，全市审批结建防空地下室面积151万平方米。市本级竣工防空地下室面积30万平方米，县（市）竣工防空地下室12万平方米。编制完成《郑州航空港区人防工程建设及地下空间开发利用规划》，于3月20日通过专家评审。

【人防组织指挥】 一是高标准完成了跨区远程机动演练活动。3月份，按照省人防办安排，机动指挥平台远程机动至驻马店市参加南片区通信演习活动，高质量完成了远程机动、按时集结、指挥所开设与撤收、信息传输与处理等多个课目。二是认真落实了人防专业队整组及训练工作。4月下旬由郑州警备区牵头组织了全市8类19家人防专业队训练，完成了全市人防专业队整组修编及汇总上报工作。5月份，组织人防通信预备役分队50人，参加了省军区组织的预备役军事训练、阅兵和点验活动。12月上旬，组织全市人防专业队80人，进行为期3天的专业队骨干培训。三是认真搞好临战疏散安置对接演练。10月上旬，采取市本级统一导调、惠济区具体实施、各县（市）区现场观摩的方式，组织惠济区人防指挥部和刘寨街道办事处辖区群众350人（次）进行了疏散安置对接演练。四是狠抓一类重要目标评估工作。按照省人防办“焦作会议”精神。7月份，组织全市5家一类重要经济目标单位负责人进行一类重要目标评估培训和任务部署，8-10月指导一类目标单位完成了重要目标综合评估初稿撰写，12月初，组织专家进行最终评审。五是指导各县（市）区认真落实街道办事处防空袭方案修订和评审工作。10月份，分别指导各县（市）区完成了街道办事处一级防空袭方案修订完善预案，11月底至12月上旬，组织专家进行最终评审和报批备案。

【人防军事斗争准备检验评估】 2014年，郑州市国动委下发了《人防军事斗争准备检验评估方案》，由各相关单位对照执行。方案中所涉及的6大类20项112款全部按要求落实到位，组织指挥演练程序规范、决策科学、快速高效，行动控制演练室内推演、机动指挥所开设、人防专业队伍拉动演得实、演得活，受到济南军区副参谋长石正露等考核组成员的肯定和好评。演练结束后，兄弟单位分批组织来市人防办学习交流。

【人防训练与考核大纲试训】 2014年，市人防办受领人民防空训练与考核大纲试训任务后，迅速开展工作，成立了全市人防新大纲试训领导小组，以国动委名义下发全市新大纲试训方案，制定人防系统年度、阶段、月训练计划，进行教学训练分工安排，组织编写新大纲试训学习训练教案，购置学习训练教材、器材，完善了战备训练器材库、战备训练资料库建设。6月，利用15天时间，组织机关和直属单位210余人分两期进行了新大纲试训集训，集训做法分别在《国防报》和《国家人民防空》杂志刊登。从9月下旬开始，用一个月时间，以人防组织指挥演练为背景，按照一个中心、三个部门编成，组织机关和直属单位110余人进行战时人防专业理论学习和技能训练，并接受了济南军区对新大纲训练成果的检验。

【人防通信警报】 一是新装部分电声警报器和多媒体警报器，警报覆盖率达95%以上，鸣响率达100%。二是按照省人防办统一招标要求，完成北斗卫星导航定位和时统系统建设及配套改造需求设计，12月上旬完成安装。三是按照人防军事斗争准备检验评估要求，建设完成人防应急指挥中心并投入使用。四是按照上级的要求和进度完成了国家红网建设任务。五是加快推进了基本指挥所显示控制系

人防军事斗争准备检验评估演练现场

统升级改造。六是组织通信业务建设步入良性工作轨道，警报值班、电台值班、视频值班、预警训练、机动指挥车训练规范有序。

【人防工程管理】 一是筹划建立全市人防工作“网格化”管理体系，组织全市人防系统全体人员直接蹲点基层，从事直接服务群众的人防社会化工作。二是开展避暑纳凉工作。市人防办始终把群众的意愿和需求放在首位，广泛学习和借鉴先进经验，进一步细化标准、提高品位，统一对全市9个纳凉点进行了升级改造，做到开放的纳凉人防工程标示清楚、标牌统一、环境优美、布局合理。市长马懿亲自批示，充分肯定了纳凉工作。三是完成了人防工程的维护和加固工作。对全市需要加固改造的早期人防险危工程进行了实地调查核实。完成了秦岭路人防工程的口部改造、金水区同乐路的人防工程加固改造工作。酝酿筹划“7401”工程30号口部的使用改造方案、火车站地下人防工程的盘活方案，以及伏牛路人防工程改造升级为人防档案中心方案。四是抓好人防工程的防汛抢险和防汛演练工作。入汛前组织相关单位对各类人防工程进行了拉网式全面排查工作，及时消除隐患和隐情，确保了人防工程安全度汛。制定详细的防汛方案和应急预案，准备了充足的防汛物资，成立了防汛抢险队。组织金水区、惠济区和人防建筑公司进行防汛抢险演练，锻炼了战斗意志，提高了组织能力和救援能力，检验了防汛预案的可操作性。对接到各级上报的6个隐患工程，全部进行了抢险治理。在全市城市防汛会上，市人防办被郑州市城市防汛指挥部评为城市防汛先进单位，杨奇被评为城市防汛先进工作者。

【人防行政执法】 一是依法行政工作有新突破。严格按照市委、市政府要求进行行政审批制度改革，按照“撤一建一”原则组建行政审批处，全部审批事项由审批处统一受理办理，切实服务为民、提高效率。二是积极推进立法工作。人防办积极参与、多方协调、努力争取，《郑州市城市地下空间开发利用管理暂行规定》（郑政〔2014〕23号）于2014年6月13日出台。三是加强执法队伍建设。2月初，组织全市人防系统行政执法人员进行了法律知识培训、考试。9月中旬起，以“以干代训”的方式，每月抽调县（市）区执法人员进行执法培训，切实增强了基层执法力量。四是大力开展普法宣传。5月初，按照省人防办要求，参加了《河南省人民防空工程管理办法》宣传年活动。结合“防灾减灾日”“国防教育日”“警报鸣放日”“法制宣传日”，开展人防法律法规宣传活动，激发人民群众参与支持人防建设的积极性，提高了广大市民的国防观念和人防意识。五是法制信息的统计、登记和备案工作正规完善，行政审批、行政处罚、行政合同、行政诉讼、行政复议、重大决策等内容的备案率为100%。

【人防宣传教育】 一是结合业务工作进行宣传报道。2014年，分别在《中国人民防空》发表文章3篇、《中国国防报》1篇、《河南日报》6篇、《河南人防》7篇、《郑州日报》4篇、《郑州晚报》1篇、《大河报》1篇、《东方今报》1篇，市政府信息、网站发表16篇，省、市电视台、广播电台播放人防建设成就，进一步增强了人防宣传的覆盖面和影响力。二是做好电影科教片《居安思危，备战人防》的发行、播放工作。三是抓好巩固人防教育“五进”示范单位建设成果，对示范单位建设情况进行抽查。四是协调教育部门，举办全市中学人防师资力量培训，交流加强中学人防宣传教育措施，增强人防教育师资力量。五是积极推进大中专院校的人防教育工作，金水区、管城区、上街区较好地完成了在大中专院校开展人防宣传教育的试点工作，为推进此项工作摸索了方法、探索了路子。

【人防机关建设】 一是认真开展党的群众路线教育实践活动。坚持在节奏上先学先行先部署，在方式上求新求活求实效，两手抓、两不误、两促进，形成了教育实践活动与人防业务工作全面推进的良好局面。二是狠抓机关作风建设，贯彻落实中央、省、市转变作风精神，通过准军事化训练和观摩学习评比活动，营造了“风正、心齐、劲足、气顺”的和谐环境，全市人防系统一心一意干工作，齐心协力谋发展，凝聚力战斗力不断增强。三是做好省级文明单位的复创工作。11月26日，省级文明单位复创成功并在省内各大媒体进行公示。四是机构建设进一步健全。郑州市人防工程管理维护中心新配备领导班子坚强有力；郑州市人防工程质量监督站独立开展工作，全程参与郑州轨道交通的工程质量监督和专项验收；郑州市人防特种救援中心工作思路进一步明晰，特种救援设备物资逐步到位。五是及时足额上解省人防办经费，在市财政部门预算中安排80万元人防经费。

【张俊峰调研指导人防工作】 7月2日，副市长张俊峰到市人防办调研指导工作，市政府副秘书长袁聚平陪同调研。张副市长一行参观了“2001工程”指挥所，听取了专题工作汇报，并作指示。他指出，人民防空工作是一项利国利民的公益事业，是一项直接为未来战争和处突应急做准备的战略性民生事业，功在当代，利在千秋，必须高度重视，切实抓好。

（王玮 马睿丰）

农业和农村工作

综述

【概况】 2014年，全市各级农业部门认真贯彻落实中央、省委、市委农村工作会议精神，按照“抓改革、强投资、调结构、求提升”的总要求，以新型城镇化为引领，以转变农业发展方式为主线，大力发展都市生态农业，着力深化农村改革，全市农业农村工作继续保持良好的发展势头。全年完成农林牧渔业增加值149.5亿元，同比增长3.1%。农民人均纯收入达到15470元，同比增长10.4%。粮食产量保持在147万吨稳定水平；蔬菜总产量300万吨，同比下降0.1%；水果总产量29万吨，同比增长3.4%；水产品产量15.2万吨，同比增长0.7%；肉、蛋产量分别为26.7万吨和22.8万吨，分别增长1.9%和1.2%；奶产品产量49万吨，同比下降1.9%。

县以下新型城镇化建设方面。梳理提升县以下新型城镇化建设内容，全域推进新市镇、新型农村社区，贫困村、煤炭塌陷区、黄河滩区搬迁村，干线道路两侧1公里内的新型城镇化建设和历史文化与自然生态风貌特色村保护提升工作，五县（市）规划建设的19个新市镇已全部启动建设，209个新型农村社区已启动建设183个，全市80个规划保留村已有25个完成美丽乡村规划编制。全面启动农村人居环境整治工作，大部分村庄实现了“三无一规范一眼净”，农民生产生活条件有了明显改善。

都市生态农业示范园区建设方面。2014年，在完善提升规划的基础上，全面实施了十大现代农业示范区核心区基础设施建设，示范区引领作用进一步加强。同时，按照“基地园区化、园区景观化、田园生态化”的建设理念，整合项目资金，提升建设标准，出台了现代都市生态农业示范园建设的实施意见，启动建设47个、总面积3.93千公顷的现代都市生态农业示范园，促进了农业生态和休闲功能的融合发展。

农业产业化集群培育方面。对省级集群类型进行了拓展，提出重点发展种养加工、农业流通、休闲农业、示范园区和涉农服务5个集群类型。同时，结合全市实际，出台了《郑州市加快农业产业化集群发展的实施方案》和《郑州市市级农业产业化集群认定管理办法（暂行）》，并组织开展了首批市级农业产业化集群认定工作。截至2014年年底，全市农业产业化集群达到26个，其中市级集群15个，省级集群11个，省示范性集群4个；全市市级以上农业产业化重点龙头企业达423家，其中国家级、省级龙头企业分别达到13家、61家，在全省居于首位。

休闲观光农业方面。编印《郑州市休闲观光农业游览图》，推进5条休闲农业精品线路，组织开展“走进乡村寻梦田园”活动月，举办首届郑州中牟·国家农业公园嘉年华等活动，吸引市民走进农村、体验农业。开展休闲农业星级评定和创建工作，丰乐农庄、绿源山水、弘亿国际庄园被农业部评为五星级示范企业。2014年，全市休闲农业庄园达186家，有休闲农业特色村18个，休闲农业接待人次达1500万人次、营业收入18.1亿元，郑州休闲观光农业影响力逐步提高。

农产品质量安全方面。推动农业标准化生产，新建省级农业标准化生产示范基地0.8千公顷，总面积达到20.67千公顷。全市累计认证登记“三品一标”966个，总数位居全省前列。完善乡镇监管体系，124个乡镇监管站已正常开展工作。完成生产环节农产品质量安全追溯体系项目。加强农产品质量监测和抽检力度，加大对农药、种子、肥料等农资监管力度。在农业部例行监测中，郑州市蔬菜、水果、水产品合格率继续居全国前列。

农业科技装备支撑方面。研发引进推广农作物新品种200多个，获得省、市科技成果奖10项。开展小麦测土配方施肥156.67千公顷，大蒜18.67千公顷。完成2.73千公顷国家级高标准农田、2千公顷新菜田和0.33千公顷设施农业建设项目。开展应用小飞机等小麦“一喷三防”新药械防治示范。实现主要农作物耕种收综合机械化水平79%。实施新型职业农民培育工程。创新农业信息服务新渠道，开通“郑州都市农业”微信公众平台。

农村综合改革方面。启动农村土地承包经营权确权登记颁证工作，成立领导小组，在五县市选择了5个试点村探索推进。建立郑州市农村综合产权交易中心，搭建了市级农村产权交易平台。出台了集体经济股份合作制指导意见，中原、二七、金水、上街和郑东新区已开展股改工作。积极推进农村金融机制改革，成立了郑州农业投资担保公司。

（王晓静）

2014年全市农业工作会议

龙头企业生产车间

【农村集体财务管理及集体资产管理】2014年2月，郑州市制定了《关于积极探索农村集体“三资”管理运营新机制的具体推进落实方案》，要求各区按照方案要求制定工作方案，确定试点村（社区）名单，开展试点村（社区）的股改工作。召开全市农村集体产权股份合作制改革工作座谈会，对下一步工作提出了具体要求。同时，按照方案要求起草了《关于积极稳妥推进农村集体产权股份合作制改革的指导意见》并提交市政府。市政府于8月12号下发《关于开展农村集体经济股份合作制改革和村委会改居委会工作的指导意见》（郑办〔2014〕20号）。2014年，全国有27个省份进行了农村集体产权制度改革试点。郑州市是全省最先开展产权制度改革工作的，郑州市产权制度改革工作的开展与成效已走在全省的前列。2014年8月11–26日，郑州市农经站抽调农经业务骨干组成3个检查组，对全市5个县（市）10个乡（镇）办事处的53个行政村进行了审计检查，审计检查资金总额8269.18万元，查出违纪违规资金618.34万元，占审计检查总金额的7.48%。

（高 莉）

【农村土地承包管理】2014年，全市家庭承包耕地流转面积达到72.4万亩（不包含巩义市），占家庭承包耕地196.94千公顷的24.53%，比上年同期增长1.19%，比2010年的6.01%增长了18.52%。流转方式有出租、转包、转让、互换、股份合作等，其中出租61.3万亩，占84.6%；转包5.23万亩，占7.2%；互换1.45万亩，占2.0%；转让623亩，占0.1%；股份合作348亩，占0.05%。全市流转土地共涉及农户数为11.1万户，占全市农户总数113.8万户的9.8%，共签订土地流转合同8.71万份，签订流转合同的耕地流转面积为66.1万亩，占流转总面积的91.3%。

2014年，郑州市继续实施土地流转财政奖补激励政策，全市共对31家利用流转土地进行集中连片规模经营的经营主体给予了奖励，涉及的流转面积共1.71千公顷，全市共下拨奖补资金514.5万元。2011–2014年，郑州市共对213家经营主体下拨土地流转奖补资金2334.4万元，奖补政策的实施，吸引了社会工商资本投资农业，促进郑州市农业适度规模经营的发展。

为进一步发挥土地流转服务中心（站）在促进土地承包经营权有序流转，发展多种形式的适度规模经营，加快发展现代农业的作用，规范郑州市农村土地流转服务与管理，推动全市县（市）、乡（镇）级土地流转服务中心（站）规范化建设，按照《关于开展2014年郑州市土地流转示范中心（站）评选工作的通知》（郑农办〔2014〕30号）要求，郑州市开展了示范中心（站）评比活动，根据验收评审情况，共有2个土地流转服务中心、11个土地流转服务站被评为土地流转示范服务中心（站）。

2014年8月，按照河南省政府下发的《关于开展农村土地承包经营权确权登记颁证试点工作的意见》（豫政办〔2014〕111号）要求，9月23日，郑州市成立了以副市长杨福平为组长，财政局、国土资源局、农委、法制办、档案局、妇女联合会为成员单位的郑州市农村土地承包经营权确权登记颁证工作领导小组。领导小组办公室下发了《郑州市农村土地承包经营权确权登记颁证试点工作方案的通知》（郑农确权办〔2014〕1号），对郑州市2014年开展的确权登记颁证试点工作进行了安排部署。郑州市选定荥阳市王村镇段坊村、新密市曲梁镇张湾村、登封市送表矿区马窖村、新郑市观音寺镇石固堆村、中牟县黄店镇祥付营村等5个村作为2014年确权登记颁证试点村，5个村共涉及34个村民小组1793户农户，家庭承包耕地面积为655.33公顷。

各县（市）于2014年第四季开始进行确权登记颁证试点工作，5个县（市）都成立了领导小组，下发了《试点工作方案》。完成外测面积239.1公顷，占计划外测面积的36.5%。

（刘广场）

【农村产权交易】2014年，省委农办将郑州市列入全省5个开展农村产权交易的试点城市。2014年初，按照郑州市委十届五次全体会议精神，市发改委将郑州市农村综合产权交易中心建设项目列为市本级政府投资项目。项目立项文件下发后，郑州市抽调骨干人员专职负责项目的实施，并按照《郑州市政府投资项目管理条例》中的有关要求，起草了项目实施方案和项目建议书，研究和探索交易主体、交易品种、交易规则、业务范围、经营模式、配套政策等内容。12月8日，市政府召开第十六次常务会议，会议原则同意成立郑州市农村产权交易中心。郑州市机构编制委员会下发了《关于郑州市农业经济管理指导站加挂郑州市农村产权交易中心牌子的

休闲农业庄园

首届郑州中牟·国家农业公园嘉年华开幕

批复》，明确了郑州市农村产权交易中心主要负责培育建设、监督指导全市农村产权交易市场，指导县（市）区农村产权交易工作。12月28日，郑州市农村产权交易中心正式挂牌，在产权交易大厅设置了受理、审核、发证3个窗口，全面开展工作。

（冀　彬）

【新型农业经营主体建设】 2014年，全市发展农民专业合作社858家，发展农民合作社成员16.3万户，带动农户36.1万户，全市合作社总数达到2874家，主要涵盖了种植业、设施农业、畜牧业、林业、渔业、农业服务等行业。全年认定市级示范合作社52家，市级示范社总数达到285家，省级示范社达到44家，国家级示范社9家，28家合作社进入国家示范社名录；通过同业或相关行业联合，经工商登记注册农民合作社联合社23家，全年发展家庭农场126家，出台了《郑州市示范家庭农场认定管理暂行办法》，认定首批郑州市示范家庭农场22家，推荐9家家庭农场成功申报省级示范家庭农场，全市达到家庭农场标准的农户有500余户。

（张　胜）

【新型职业农民培育】 启动实施新型职业农民培育工程，紧紧围绕郑州市现代都市农业发展，以着力培养有文化、懂技术、会经营的新型职业农民队伍为目标，强化生产经营型、专业技能型、社会服务型新型职业农民“三类协同”培训，实行教育培训、认定管理和政策扶持“三位一体”培育，加快建立新型职业农民培育制度。2014年，全市共完成培训任务2984人（含省农大培育370人），其中生产经营型1568人，专业技能型960人，社会服务型456人。生产经营型专业主要有现代农艺、设施农业、农机化、畜牧生产、园艺生产等，专业技能型专业主要有蔬菜、果树、养殖、中药材等，社会服务型专业主要有生态农业、农村信息员和动物防疫员等。

【万名科技人员包万村科技服务行动】 组织实施“河南省万名科技人员包万村”科技服务行动活动，全市710名（市级67名，县乡643名）农业科技人员参与，层层推进，包村入户，覆盖全市1981个行政村。同时在商都农网上公开了科技人员的姓名、单位、技术职务、分包村和市农委的服务热线、监督电话等信息，接受社会各界监督。在主栽粮食作物小麦、玉米生长关键时节加大了对农民的技术指导和培训力度，积极开展秋冬种科技服务工作，为确保全市粮食稳定增产提供强有力的技术支撑。全年科技人员直接指导农户17万户，培训农民82万人次，发放技术明白纸100万张，编发信息简报60多篇。

（全九贺）

【农业信息化建设】 2014年，郑州市农委不断创新农业信息服务理念、工作方式和服务手段，进一步推进郑州市农业信息化建设。截至2014年年底，全市95.8%的行政村可以实现宽带上网，农村有线电视入户率达到90.3%，农村电话入户率达到93%；不断完善农业农村信息综合服务平台，形成了“市、县有信息服务中心，区域、乡镇有信息服务站（点），合作社和村组有信息服务点（员）”的农业信息网络体系。全市共建基层农业信息服务站（点）490多个，信息员已达7800名。继续推进农业物联网示范基地建设，已完成建设示范基地7个，精准农业物联网技术已应用于农业生产中。开发建设郑州市农产品电子商务平台。全面提升“12316三农热线”系统功能，不断提高“12316三农热线”服务质量，建立农业科技服务团专家数据库。2014年，共受理电话1.02万多个，组织11次“12316三农热线”农业专家实地指导活动，内容涉及蔬菜、花卉、小麦种植等方面。不断创新信息服务方式，通过商都农网发布信息2.5万条，编发《郑州农业手机报》205期、《郑州农业农村信息》64期、《郑州农业》刊物12期，发布郑州都市农业微信1890条、微博信息1558条。

（陈　阳）

郑州市“三下乡”集中服务活动

扶贫开发

【概况】 2014年，郑州市累计投入各级财政扶贫资金54489.45万元，其中市本级财政投资39501.7万元，比2013年的22186万元增加17315.7万元，增长78%。通过实施易地扶贫搬迁、整村推进扶贫、贫困山区区域特色经济项目、科技产业化扶贫、雨露计划培训以及加大社会化扶贫力度等，全年实现4.47万人脱贫，占全年目标任务的105.7%。

【精准扶贫】 精确识别贫困村、贫困户。制定了《郑州市扶贫开发建档立卡工作实施细则》，明确了识别标准和程序，组织力量逐村逐户宣传发动、登记造册、建档立卡，按照市定3569元扶贫标准，全市共识别贫困村248个、扶贫对象19.79万人。其中按照国家、省定2736元扶贫标准，识别贫困村139个、扶贫对象9.46万人。精确帮扶贫困村、贫困户。出台了定点扶贫工作意见，明确了帮扶单位和责任人，实现了村村有帮扶工作队，户户有帮扶责任人。精确管理贫困村、贫困户。将贫困户相关信息电子信息化处理上传云端，全国联网运行。根据脱贫返贫情况，及时调整贫困村、贫困户信息，实现动态管理。

【易地搬迁扶贫】 结合全市新型城镇化建设，制定了易地扶贫搬迁工作投资指南，编制了易地扶贫搬迁实施方案，科学选择扶贫搬迁社区，引导贫困群众向城区、镇区、产业集聚区集中，加大督促检查力度，加快工程建设进度，圆满完成了全年易地扶贫搬迁目标任务。全年共投入易地扶贫搬迁财政资金3.32亿元，其中争取省资金350万元、市本级资金21879万元、县配套资金10941万元，规划建设了19个扶贫搬迁社区，搬迁7371户27160人。

【启动贫困山区区域特色经济项目】 研究制定了贫困山区区域特色经济项目资金管理办法，下发了项目投资指南，组织召开评审会对项目进行了评审备案。启动实施了10个贫困山区区域特色经济项目，项目总投资6.26亿元，其中财政扶贫资金1亿元，撬动社会资本5.26亿元。项目可辐射带动42个贫困村4.55万贫困人口发展。

【整村推进扶贫】 全年完成整村推进扶贫资金投资3000万元，其中省财政356万元、市财政1644万元、县财政1000万元，启动实施了25个贫困村的整村推进。同时，加强贫困地区基础设施建设，安排专项资金3108.75万元，其中市财政2072.5万元、县财政1036.25万元。实施基础设施建设项目100个，新修生产道路99.5公里，新打机井（含大口井）191眼，铺设地埋管道59.2千米，配套建设搬迁社区服务中心2座、文化广场1处。通过整村推进和基础设施建设，全面改善贫困地区生产条件。

【产业和科技扶贫】 2014年，实施省级科技扶贫项目5个。确定市级科技产业化扶贫项目50个，下达资金800万元。扶持贫困地区科技产业化龙头企业、农民专业合作组织和其他新型农业经营主体，促进贫困地区经济发展，带动贫困农民增收致富。

【“雨露计划”培训】 全年共投入财政扶贫资金736万元，完成“雨露计划”职业技能培训6473人，占目标任务5700人的113%。确定了7所郑州市级“雨露计划”培训基地。

（王建红）

种植业

【概况】 2014年，全市农作物播种总面积437.55千公顷，同比下降3.33%。全年粮食作物播种面积312.82千公顷，粮食总产147.36万吨，其中夏粮播种面积153.49千公顷，产量73.38万吨；秋粮播种面积159.32千公顷，产量73.98万吨。蔬菜播种面积81.99千公顷，总产300.60万吨。

【夏粮生产】 2014年，郑州市夏粮种植面积153.49千公顷，总产73.38万吨，同比增0.88%；平均单产318.7公斤，与上年相比略增。从产量构成因素看，全市各类型麦区平均亩成穗32.3万穗，较上年增0.4万穗，其中水浇地平均亩穗数36.4万穗，较上年增1.3万穗；旱地平均亩穗数27.8万穗，较上年减0.8万穗。全市平均穗粒数28.8粒，较上年减0.1粒，其中水浇地平均穗粒数32.8粒，较上年增0.5粒；旱地平均穗粒数24.5粒，较上年减0.8粒。平均千粒重39.5克，较上年增加0.5克，其中水浇地千粒重40克，较上年增加1克。从生态类型区来看，旱地减产，水浇地增产。其中，水浇地86.67千公顷，平均亩产405.9公斤，较上年亩增30.1公斤，增幅7.4%；旱地118.1万亩，平均亩产225.7公斤，较上年减少14.1公斤，减幅6.2%。

【秋粮生产】 2014年，全市秋季粮食作物播种面积159.32千公顷，平均单产309.55公斤/亩，总产73.98万吨。其中，玉米136.44千公顷，平均单产314.09公斤/亩，总产64.28万吨；薯类11.81千公顷，平均单产427.88公斤/亩，总产7.58万吨；豆类10.25千公顷，平均单产115.79公斤/亩，总产1.78万吨；水稻0.15千公顷，平均单产571.43公斤/亩，总产0.13万吨；谷子0.67千公顷，平均单产176.88公斤/亩，总产0.18万吨。

【花生生产】 2014年，全市花生种植面积35.65千公顷，平均单产268.37公斤/亩，总产14.35万吨。花生生产以高产创建项目的实施为契机，全面落实花生生产组装配套技术，促进了郑州市花生生产水平的提升。

（赵郑华）

【蔬菜生产】 2014年，郑州市基本没有大的灾害天气发生，对蔬菜生产十分有利。全市共拥有菜田面积56.15千公顷，其中常年菜田18.73千公顷，季节性菜田面积37.41千公顷（其中含大蒜面积21.17千公顷）。全年蔬菜播种面积81.99千公顷，完成总产300.60万吨，产值38.47亿元。全市共拥有蔬菜保护地生产面积8.71千公顷，占保护地总面积的77.87%，其中包括日光温室1.59千公顷，大中棚面积5.45千公顷，小拱棚

立体种植

面积1.67千公顷。生产面积较大的蔬菜种类分别是大蒜21.17千公顷、番茄4.34千公顷、萝卜4.24千公顷、黄瓜4.04千公顷、大白菜3.88千公顷、大葱3.26千公顷、小白菜2.94千公顷、菠菜2.8千公顷、辣椒2.73千公顷、豇豆2.69千公顷、胡萝卜2.41千公顷、芹菜2.35千公顷、茄子1.69千公顷。

（赵建波）

【果树生产】 2014年，全市水果生产总面积达到16.55千公顷，总产量达到29.16万吨。其中，苹果1.82千公顷，产量3.88万吨；梨2.03千公顷，产量3.73万吨；桃2.51千公顷，产量4.91万吨；葡萄2.39千公顷，产量4.10万吨；杏0.93千公顷，产量2.93万吨；石榴2.5千公顷，产量3.69万吨；樱桃2.17千公顷，产量2.00万吨；草莓0.93千公顷，产量2.32万吨。全市水果产业稳步发展，从统计数据看，樱桃、石榴等小杂果种植面积略有上升，葡萄、梨种植面积继续扩大，杏、苹果、桃等其他种植面积保持稳定。

（安 冕）

【花卉生产】 2014年，郑州市花卉种植面积5.96千公顷，同比增长6.05%，年销售额8.15亿元，同比增长14%。其中，鲜切花生产面积0.13千公顷，年销售额0.38亿元；盆栽花卉生产面积0.29千公顷，年销售额1.19亿元；观赏苗木生产面积3.05千公顷，年销售额5亿元；食用与药用花卉生产面积2.25千公顷，年销售额1.4亿元；草坪生产面积0.17千公顷，年销售额0.075亿元。全市花卉生产面积得到稳步提高，花卉生产销售整体情况良好，销售价格与往年相比稳中有升。生产技术、产品质量、品种数量、生产能力等方面都在不断改进和提高。2015年鲜花市场价格普遍回暖，蝴蝶兰、凤梨等主打品种的销售形势均高于预期，销售价格大幅提升。

（王 峰）

【农作物病虫草害发生与防治】 2014年全市农作物主要病虫草害为中度发生年份，发生面积746.71千公顷次，开展防治面积694千公顷次，占发生面积的92.94%，挽回粮食损失12068.96万公斤，挽回油料损失369.53万公斤，挽回棉花损失24.31万公斤，挽回蔬菜损失5221.16万公斤，挽回水果损失1069.08万公斤。

主要农作物病虫草害发生情况。（1）小麦病虫害为中度发生年份，略轻于常年，发生面积426.51千公顷次。其中麦蚜、麦蜘蛛、小麦纹枯病中度发生，局部偏重发生，其他病虫害轻发生。（2）玉米病虫害中度偏轻发生，发生面积179.57千公顷次，其中玉米螟、地下害虫、黏虫中度偏轻发生，其他病虫害轻发生。（3）花生病虫害中度偏轻发生，发生面积53千公顷次，其中花生叶斑病中度偏轻发生，局部中度发生，其他病虫害轻发生。（4）大豆病虫害轻发生，发生面积1.73千公顷次。（5）棉花病虫害轻发生，发生面积2.67千公顷次。（6）蔬菜病虫害中度发生，发生面积93.95千公顷次。其中病害中度偏轻发生，番茄早疫病、晚疫病、多种蔬菜病毒病、黄瓜霜霉病、辣椒疫病中偏轻发生，其他病害轻发生。虫害中度发生，粉虱中度发生，局部偏重；蚜虫、美洲斑潜蝇、小菜蛾中度发生；菜青虫、棉铃虫、叶螨、甜菜夜蛾中度偏轻发生，其他害虫轻发生。（7）果树病虫害中度发生，发生面积16.54千公顷次，苹果炭疽病、葡萄炭疽病、桃蚜中度发生；苹果斑点落叶病、苹果褐斑病、梨黑星病、葡萄霜霉病、山楂叶螨、桃小食心虫、桃蛀螟中偏轻发生，其他病虫轻发生。

蔬菜生产基地

【植物检疫】 全市开展小麦产地检疫面积8.41千公顷，占报检面积的100%，产检合格面积8.26千公顷，生产合格种子4395万公斤。下半年全市申报小麦制种田7.1千公顷，全部要求采用有效药剂进行除害处理。全年签发省间调运检疫证书2519批次，省内调运检疫证书2282批次，共调运检疫合格种子600.9507万公斤，分别为小麦种110.552万公斤，玉米种490.3847万公斤，其他作物种子0.014万公斤，调运检疫占报检的100%。通过检疫有效地防止了危险性病虫杂草的传播蔓延，保证了农业生产安全。

【农作物病虫害专业化统防统治】 全市已经注册专业化防治组织89个，从业人员1485人，拥有机动药械2430台，其中大中型药械166台。2014年专业化防治主要作物有小麦、玉米、花生，总防

无土栽培

治面积73.3千公顷。

【培肥地力】 通过大力推广麦秸麦糠覆盖、小麦留高茬、玉米秸秆还田等技术和有机质提升试点示范带动，提高耕地综合生产能力。2014年全市共完成麦秸麦糠覆盖、小麦高留茬230万亩，玉米秸秆还田170万亩，有机肥积造1300万方。耕地理化性状得到改善，土壤肥力稳中有升，近几年土壤检测结果显示，土壤有机质含量呈逐年递增趋势。

【测土配方施肥】 2014年，全市推广测土配方施肥面积328.67千公顷。其中，玉米94.67千公顷，小麦1560.67千公顷，花生23.33千公顷，大蒜18.67千公顷，蔬菜30千公顷，西瓜5.33千公顷。建立76个村级示范方。巩固整乡镇推进测土配方施肥乡镇12个，新增整建制推进配方肥试点乡镇3个，新增整建制推进配方肥示范村70个。调整小麦施肥配方 3个、玉米施肥配方2个、蔬菜配方2个，配方肥施用面积123.33千公顷。采集土壤样品1800个，化验土样2.53万项次，分析植株样品280个。完成玉米、花生、蔬菜等作物肥料试验14个、三区示范试验30个；安排小麦、大蒜、蔬菜等跨年度肥料试验18个、三区示范试验30个。通过实施测土配方施肥资金补贴项目，项目区粮食作物单产水平提高十分明显，经济效益可观。根据近8年试验，测土配方施肥项目区内小麦平均每亩增产20.2公斤，节约化肥1.5公斤（折纯），每亩可节本增效45元；玉米平均每亩增产24.6公斤，节肥1.56公斤（折纯），亩节本增效54元；花生平均每亩增产14.8公斤，节肥1.5公斤（折纯），亩节本增效70元左右。全市仅实施测土配方施肥一项就可为农民增加收入接近2亿元。同时由于减少了化肥施用量，减轻了对环境的污染，产生了巨大的生态效益，年减少化肥施用量6500余吨（折纯）。

【水肥一体化】 2014年，在全市共建立8个水肥一体化技术示范点，其中，新郑市、登封市、新密市、荥阳市、中牟县及郑州市农作物种植鉴定基地各1个，惠济区2个。每个示范点安装先进的水肥一体化设施设备一套，并建立健全示范点管理规章制度和技术资料档案，定期评价总结技术示范情况。各示范点水肥利用率有明显提高，平均节水30%–40%、节肥40%–50%。

【农村能源环保】 开展农业面源污染数据动态更新调查工作，对种植业、畜禽养殖业、水产养殖业污染源进行全面调查与数据统计，并完成计算机软件系统的数据录入工作。对前期采集的样点进行了核查，同时新增300个样点的加密采样。全年共组织采样车辆10台，取样队10个，采样人员40人，共采集、处理土样300个；完成中央投资大中型沼气工程项目2个。

【旱作农业】 建设了5大特色产业生产示范基地。在荥阳高村乡官峪村，建设旱地石榴标准化种植示范基地。在荥阳市高山乡云顶村，建设旱地千亩谷子标准化种植示范基地。在荥阳市崔庙镇索坡村，建设旱作集雨节水生产示范基地。在登封市唐庄乡南坡村，建设雅新千亩金银花标准化种植示范基地。在新密市大隗镇黄湾寨村，建设新型旱作节水生产示范基地。

（郭长江）

水产业

【概况】 2014年，全市水产经济平稳、健康发展，全市水产养殖面积达到9.67千公顷，水产品产量达到15.5万吨，比上年增加0.3万吨。完成1个农业部水产良种繁育基地建设项目，实施2个水产标准化健康养殖项目，立项扶持了10个水产龙头企业、合作社进行池塘改造、水循环净化设施、苗种繁育设施等建设。认定4个农业部水产健康养殖示范场，水产品药物残留产地检测合格率达到100%，全年无重大渔业安全事故发生。

【争创国家现代渔业示范区】 郑州市把渔业作为现代农业的重要支柱来抓，整合水产、农开、“菜篮子”、休闲观光等各类涉农资金，2012–2014年，市财政累计投入7000多万元用于沿黄重点渔区的路网、水系、电力等水产基础设施建设，投入1000万元用于荥阳市沿黄现代渔业示范区核心区提档升级项目。通过积极争取，农业部渔业局下文同意郑州市组织开展荥阳国家现代渔业示范区创建工作，先行先试，创造经验，引领河南省现代渔业发展。

【打造水产品牌】 支持有关企业、合作社注册品牌、参加展会，宣传推介郑州黄河鲤鱼、黄河甲鱼等特色产品，打造水产品牌。向中国渔业协会递交了“中国黄河鲤鱼之都”申报材料，强化河南在黄河鲤鱼产业发展中的核心地位。

【水产品质量安全】 搞好水产健康养殖基地建设，定期开展水产品质量安全整治专项执法检查，落实“三项记录”制度，对郑州市无公害水产基地、健康养殖示范场进行水产品产地抽检，经检测合格率达到100%。

【渔政监督管理】 认真贯彻落实渔业安全生产法律法规和省、市关于进一步加强渔业安全生产工作的通知，层层建立渔业安全生产责任制，强化渔船渔港安全监督管理，如期完成了全市渔业机动船舶的年度检验和新证换发工作。组织召开了全市水产业务培训会，对全市渔政执法人员、重点企业负责人等60余人进行了渔业安全生产知识培训。

【渔业资源养护】 积极推进郑州黄河鲤国家级水产种质资源保护区建设项目，同发改、财政部门沟通协调落实项目前期工作经费50万元，协调市法制办开展保护区管理办法的立法调研，进一步规范黄河鲤种质资源保护区的管理。积极贯彻落实《中国水生生物资源养护行动纲要》，对全市天然水域实施了为期3个月的禁渔，6月和11月别在黄河举行了增殖放流活动，全年共放流黄河鲤鱼苗480万尾，草鱼、鲢鱼、鳙鱼大规格鱼种3万公斤。

【水产技术推广】 全市设立8个水产养

郑州市“三夏”生产督导暨现代都市农业示范区建设现场观摩会

荥阳王村镇万亩黄河滩区规模化水产养殖基地

殖病害测报点，总面积960公顷，设立6个渔业生产信息采集点，总面积155.73公顷。建立渔业服务体系，在沿黄一线水产养殖集聚区开展病害监测、预警、鱼病防治和渔业公共信息服务。推广标准化养殖等4项技术，举办渔民培训9期。重点推广预选黄河鲤良种，推广生物调节水质、改善养殖水环境、水上种菜、鱼鳖混养、上市前停喂等健康养殖技术，大幅度提高了黄河鲤鱼品质。先后在荥阳广武泰林水产合作社、王村康源渔业公司、中牟黄河农牧场、中牟万滩乡、官渡镇、农业产业园等举办了鱼病防治、鱼鳖混养、黄河鲤鱼标准化养殖、小龙虾、河蟹特色养殖等培训，共计培训渔民1200人次。

（赵　赫）

畜牧业

【概况】　2014年，全市畜牧部门认真落实中央、省、市农村工作会议精神和市政府工作任务，立足郑州都市区发展全局，紧扣畜牧业中心任务，集中力量抓重点、攻难点，较好地确保了全市畜牧业持续健康发展的良好态势。

集群发展成效明显。积极推进优质畜产品生产基地建设，扶持发展畜牧产业集群，以雏鹰农牧、河南花花牛集团、郑州后羿集团、河南聚丰饲料科技有限公司为龙头的生猪、奶牛、蛋鸡、兽药饲料等四大畜牧产业化集群初步形成，建成2个养殖加工销售链条、2个养殖及深加工技术研发机构、3个物流配套链条，产业集群涵盖了畜禽养殖加工、兽药、饲料生产加工、有机肥生产和农业循环经济利用等多个领域，全年累计实现销售收入60.37亿元，带动周边农户15.7万户，吸纳8000多名农民就业。截至2014年年底，全市共有131家涉牧类龙头企业通过国家、省、市农业产业化办公室认定，其中国家级4家、省级17家、市级110家。

质量安全监管方面。积极创新监管模式，强力推行量化分级管理制、责任目标管理制、“黑名单”管理制，实施二维码追溯管理，监管能力明显增强。全年组织开展饲料、兽药、生鲜乳、肉品屠宰等畜产品质量安全专项整治9次，发现问题38起，下发整改通知书22份，受理投诉举报2起，查处和纠正违法违规行为10起，立案9起，严厉打击了各种违法行为，全市没发生畜产品质量安全事故，人民的食肉安全得到了较好保证。郑州市畜产品质量安全追溯系统有效推进。

疫情防控能力增强。在严格落实免疫制度，确保免疫密度和质量达标的基础上，贯彻“检防结合，以检促防”思想，建立畜产品抽检、查处监管联动机制，对抽检检验不合格畜产品及时安排查处，实现了平时的抽检、检查与日常的防疫双促进、双发展。不断加大疫情测报网络建设，全市重新调整补充一级疫情监测网点8个、二级100个、三级495个，并统一悬挂疫情监测点标识牌，疫情测报能力明显增强。银发牧业有限公司无害化处理中心的投入运营，雏鹰农牧无害化处理中心建设进展顺利，全市病死畜禽无害化处理能力得到进一步提高。2014年，全市共无害化处理病死畜禽9万多头，远超往年。

畜禽养殖废弃物综合利用方面。认真贯彻落实《畜禽规模养殖污染防治条例》，狠抓标准化规模养殖场（区）升级改造，积极鼓励扶持养殖企业采用雨污分离、干湿分离、沼气发酵、废弃物循环利用等技术，截至2014年年底，全市新建、扩建和升级改造规模化养殖场区16家，推广环保养猪200余家，落实扶持资金960多万元，建成环保猪舍约20万平方米，畜禽养殖污染治理和资源综合化利用工作取得明显效果。29个世行贷款生态畜牧业项目建设的加速推进，为全市奶牛场（区）基础设施升级改造和污染物治理奠定了坚实基础。

依法治牧工作逐步规范。依法行政工作统计报告、信息公开、执法程序规定、重大行政处罚审查、自由裁量权阶次等29项工作的逐一规范，为畜牧系统依法行政奠定了良好基础。从理顺关系入手，认真解决畜牧局执法支队执法主体资格不明、业务处室和执法支队协调不够、外部执法环境不顺畅等问题，执法关系逐步理顺，同时公开政务信息、公开执法信息，既减少了行政成本，又做到了便捷高效。2次组织依法行政综合培训，2次组织案卷评审，3次畜牧兽医法律知识竞赛、畜牧兽医综合执法技能比武，推行执法人员轮岗换证制度，队伍结构不断优化，人员素质不断提升。全年办理行政处罚案件48件，均做到了快捷高效、无一差错。

（蔡仲友　马朝阳）

【畜牧生产】　围绕保供给、保质量、保环境“三保”目标，积极推进以标准化规模生产、畜产品质量安全监管、动物疫病防控和科技创新为重点的都市型现代畜牧业发展，全市畜牧业产业规模不断壮大，产业结构不断优化，畜产品总量和质量不断提升，畜牧业综合生产能力明显提高。2014年，全市肉类总产量27万吨、禽蛋产量22.7万吨、奶类产量51万吨。全市规模养殖场（区）达4300个，规模化率达到85%以上，畜牧业产值达到110.8亿元，占农林牧渔业的比重为42%。尤其是奶业发展成效明显。截至2014年底，全市奶牛存栏10.2万头，牛奶产量48.71万吨，存栏100头以上规模奶牛场74个，生鲜乳收购站74个，全部实现了机械化挤奶；生鲜乳运输车辆42台，车辆准运证持证率为100%；奶站交接单使用率达100%。

先后有河南瑞亚牧业有限公司、河南泰煜农牧业有限公司等机械化程度高、管理水平高的企业投入生产，使郑州市奶业标准化生产水平上升了一个新台阶。

（李章群　刘宏亮）

【畜产品质量安全监管】 围绕落实畜产品质量安全责任目标，不断改进监管手段，建立健全市、县、乡三级动物卫生监管机构，充实调整监管队伍，组建法规处，挂牌畜牧兽医执法支队，成立兽药、饲料、外埠肉品监管等5个执法大队，加大对畜产品生产流通全过程质量监管力度。全面推行“风险分级、量化监督、档案管理、等级公示”长效监管模式，分为A、B、C三级，实施分级动态监管，采取定期巡查和突击抽查相结合等办法，严格养殖过程质量安全管控，推进养殖生产全程标准化。组织开展畜产品质量安全专项整治行动。2014年，先后组织开展畜产品安全整治活动3次，饲料检查清理活动3次，肉品屠宰整治活动2次，无公害标志检查活动1次，出动执法人员5412人次，检查兽药饲料生产企业100多家、兽药饲料经营门市300多家、畜禽养殖场户2000多家、农贸市场（超市）500多家，受理投诉举报2起，发现问题38起，下发整改通知书22份，查处和纠正违法违规行为10起，立案9起，始终保持严打高压态势，较好地确保了市民食肉安全，全年无重大畜产品质量安全事件发生。

（马朝阳　郎社强）

【动物疫病防控】 通过召开动员会、培训会、逐级签订承诺书、责任书、网格人员监督指导、组织防疫督察等措施，落实防疫责任，保证免疫密度和质量。2014年，全市下发高致病性禽流感疫苗2000万毫升、口蹄疫疫苗900万毫升、猪瘟疫苗500万头份、高致病性猪蓝耳病疫苗300万头份，应免猪、牛、羊、禽免疫率均为100%，畜禽强制免疫抗体合格率均在70%以上，全市重大动物疫情形势稳定。建立健全动物疫情测报网络。按照《河南省动物疫情监测体系管理规范》的要求，本着“合理布局、科学布点”的原则，对全市监测网点进行了重新调整和补充。全市重新设置一级疫情监测点8个，二级疫情监测网点100个，三级监测网点495个，并全部统一悬挂了疫情监测点标识牌，较好地掌握了全市疫情动态。病死猪无害化处理长效机制试点建设进展顺利，银发牧业有限公司无害化处理中心已经投入运营，雏鹰农牧无害化处理中心项目有序推进，全市有9万多头病死畜禽进行了无害化处理，数量比以前大大增加，不但极大地减少了畜牧养殖业对环境的污染、破坏，而且也很好地促进了动物疫病防控工作。

（马朝阳　梁庆周）

【畜禽养殖废弃物综合利用】 认真贯彻落实《畜禽规模养殖污染防治条例》，狠抓标准化规模养殖场（区）升级改造，积极鼓励扶持养殖企业采用雨污分离、干湿分离、沼气发酵、废弃物循环利用等技术，截至2014年年底，全市新建、扩建和升级改造规模化养殖场区16家，推广环保养猪技术200余家，落实扶持资金960多万元，建成环保猪舍约20万平方米，畜禽养殖污染治理和资源综合化利用工作取得明显效果。

（马朝阳）

【畜牧综合执法】 建立完善执法办案制度。先后制定下发了《2014年郑州市动物卫生监督所依法行政工作岗位责任制》《郑州市动物卫生监督所行政执法回访制度》《郑州市动物卫生监督所郑州市畜牧兽医综合执法支队监督执法备案制度》，将行政执法前、中、后全过程纳入监管，进一步强化执法监督力度，完善监督程序，及时纠正不当和违法行政行为。推进政府信息公开，以门户网站为依托，专门开设了政务公开专栏，严格按照政府信息公开指南和目录要求，对与群众密切相关的办事程序、承诺时限、收费标准、举报电话、电子信箱等政务信息，按程序进行公开。规范执法文书制作。根据《河南省畜牧局关于印发畜牧兽医行政执法文书制作规范和行政执法基本文书格式的通知》要求，组织对案卷、文书格式进行了统一，并先后举办3次全市畜牧兽医综合执法暨动物卫生监督执法骨干培训班，组织开展畜牧兽医法律知识竞赛、畜牧兽医综合执法技能比武和执法案卷评查等活动，邀请专家授课、点评，较好地提高了执法人员的业务素质和监管能力。

（黄　剑　马朝阳）

林　业

【概况】 2014年，全市林业工作在市委、市政府的正确领导和高度重视下，以新型城镇化建设为引领，以创建国家森林城市为载体，以生态廊道、森林公园体系建设、花卉苗木产业发展为重点，各项工作目标全面完成。共完成造林5.69千公顷，完成森林抚育和改造2.21千公顷。林业生态廊道建设任务超额完成，新建和提升林业生态廊道绿化面积11431万平方米，是目标任务9500万平方米的120%。全民义务植树活动深入开展，全市参加义务植树人数360万人次，植树1340万余株，义务植树尽责率达95%以上，建立各级义务植树基地100个。森林公园体系和花卉树木博览园建设项目进展顺利。

【创建国家森林城市】 2014年，经过10年建设、3年创建，郑州市获得国家森林城市称号。7月，郑州市创森工作顺利通过国家核验。9月25日，在山东淄博召开的2014中国城市森林建设座谈会上，郑州市被正式授予“国家森林城市”称号。9月28日，市委、市政府在政府楼前举行了“国家森林城市”揭牌仪式。国家森林城市的创建成功，充分体现了国家对郑州市林业工作成绩的肯定。

【第二十四届中国（郑州）兰花博览会】 第二十四届中国（郑州）兰花博览会于4月1日—3日在绿博园举办，展示面积7000平方米，邀请到25个国家、省市和地区参展，展出名贵国兰3000余盆，会展期间园区游客量近20万人。此次展会是中国兰花博览会首次在长江以北举办，中国兰协在总结中讲到，本届兰博会创造了兰博会历史5项之最，即

2014年9月28日，郑州市举行“国家森林城市”揭牌仪式

万山义务植树基地

规模最大、档次最高、内容最广、精品最多、环境最美。

【林业产业】 组织编制了《郑州市林业产业规划（2014–2025年）》，并通过专家评审，为科学指导全市林业产业发展奠定了基础。大力推进花卉苗木产业发展，完成花卉苗木基地建设0.8千公顷，是年度任务0.73千公顷的109%。市苗木场完成育苗面积433.33公顷，繁育良种苗木200万株，培育高档花卉26万盆。积极扶持龙头企业，好想你枣业股份有限公司入选首批国家林业重点龙头企业。绿博园全年共接待游客96.2万人，同比增长37%，获得河南省文明风景旅游区称号。积极推介招商合作项目，完成招商引资4200万元。全市林业生产总值持续增长，完成林业总产值36.9亿元。

【森林资源保护】 严格林地征占用和林木采伐管理，组织开展了违法侵占林地清理排查专项行动，共清理排查出各类非法侵占林地案件44起，非法侵占林地面积101公顷，并及时进行了查处。严厉打击各类涉林违法犯罪活动，组织开展了"春季严打""天网行动""2014利剑行动"等严打整治行动，共查处林业行政案件190起，刑事案件106起。积极开展"湿地日""爱鸟周""野生动物保护宣传月"等科普宣传活动，群众生态保护意识进一步增强。认真开展野生动物疫源疫病监测防控工作，全年没有发生重大疫源疫病疫情。加强林业有害生物防控工作，全市林业有害生物成灾率为0.11‰，远低于省定3.7‰的标准。认真落实森林防火责任制，全市共发生一般森林火灾9起，无重特大森林火灾发生。加强木材运输检查，维护了木材运输正常流通秩序。加强黄河湿地巡查保护，严肃查处非法占用湿地案件，湿地公园示范园完善提升工程顺利推进。

【集体林权改革】 集体林权深化改革进一步推进。全市新建农民林业专业合作社37家，2家被命名为省级林业专业合作社示范社，1家被命名为国家级林业专业合作社示范社。完成林权抵押贷款2000万元，森林保险工作有序开展，中原林权交易中心筹办工作进展顺利。全国深化集体林权制度改革座谈会在河南郑州召开，并观摩了登封市林改现场。启动了重点林区管护机制改革试点筹备工作，探索开展了森林生态红线划定和森林生态效益补偿机制建立工作。积极推进林业行政审批制度改革，初步实现了行政审批"两集中两到位"。

【政策和科技保障】 认真落实《郑州市人民政府关于加快花卉苗木产业发展的意见》，对15个花卉苗木建设项目进行了扶持，发放补贴资金760万元。新（改扩）建科技示范园1处，制订林业技术标准2项，引进新品种6个，持续开展了橿子栎科研实验。认真开展送科技下乡服务活动，开展技术讲座113场，发放技术资料13000分。完成了1个重点县级林业技术推广站改（扩）建和3个乡级标准化林业工作站建设工作。

（李军永）

2014年9月25日，市长马懿代表郑州市领取"国家森林城市"奖牌

农业机械化

【概况】 2014年，郑州市农机工作以促进农业持续增效、农民有效增收、农村加快发展为核心，以转变农业发展方式为主线，转变工作方法，创新工作思路，严格实施农机购置补贴政策，努力做好"春耕"及"三夏、三秋"农机生产服务工作，切实加强农机专业合作社建设，大力推广农机化新机具新技术，全力抓好秸秆综合利用和禁烧工作，不断提高农机化管理工作水平，圆满完成了全年各项工作任务目标，进一步巩固了农业机械化发展的好势头、好局面，为全市粮食丰产丰收做出了突出贡献。2014年，全市共落实各级财政农机购置补贴资金8209万元，补贴各类农机具4540台（套），受益农机合作组织及农

户2849户，共拉动农民投资农机化发展资金超2.9亿元。全市主要农作物耕、种、收综合机械化水平达到79%，做到了应耕尽耕。全年机械化秸秆还田面积291千公顷，其中小麦秸秆机械化还田面积149千公顷，还田率达到95.07%；玉米秸秆机械还田142千公顷，还田率88.82%。全年农作物秸秆机械化综合处置率94.12%。全年机械化保护性耕作实施面积达到51.56千公顷。全年共完成帮扶面积近66.67千公顷。全市经工商注册的农机专业合作社达到202家，农机专业合作社作业服务面积183.55千公顷，年度总收入达到32240万元，农机合作社已成为全市农业机械化的主力军。全年共培训各类农机人员24021人次，其中培训农机操作人员18926人次，新购机农民3708人次，其他技术人员1387人次。农机安全生产保持较好形势，全年共开展农机安全检查561次，检修拖拉机和联合收割机4573台次，查处、纠正违法违章852起，排查治理隐患522处，确保了全年无重特大农机安全生产责任事故发生，实现了全年农机安全生产。

截至2014年年底，全市农机固定资产总值达到47.81亿元，同比增长2.0%。全市农机总动力达到517.13万千瓦，其中柴油发动机动力407.14万千瓦，汽油发动机动力4.31万千瓦，电动机动力105.68万千瓦。各类农用拖拉机拥有量达到11.37万台（158.71万千瓦），大中型拖拉机拥有量达到12136台（57.94万千瓦），其中轮式拖拉机拥有量10614台（50.28万千瓦），小型拖拉机拥有量达101631台（100.78万千瓦）。拖拉机配套农具18.16万部，其中大中型拖拉机配套农具2.81万部，配套比1：2.32；小型拖拉机配套农具15.35万部，配套比1：1.51。耕整机拥有量达到2223台（套）（1.25万千瓦），机引犁73208台，机引耙66730台，旋耕机9925台，深松机561台。播种机达24891台，其中免耕播种机2020台，精少量播种机21690台，化肥深施机2302台，地膜覆盖机1675台。排灌动力机械达91970台（72.15万千瓦），其中柴油机18234台（14.31万千瓦），电动机73726台（57.77万千瓦）；农用水泵、节水灌溉机械分别为96219台、12289套。机动喷雾（粉）机10977台（3.39万千瓦）。收获机械化科技含量逐年提高，联合收获机趋向大型化发展速度加快，保有量达7879台（50.25万千瓦，比上年增加4.6万千瓦，增长10.08%），比上年增加120台，增长1.55%。稻麦联合收割机5282台（32.71万千瓦），其中自走式稻麦联合收割机新增14台，达到5122台，占联合收获机总量的65%。玉米联合收获机新增312台，保有量达到2597台（17.54万千瓦，较上年增加2.62万千瓦），增速13.65%，其中自走式

郑州市2014年购置补贴暨“三夏”农机生产工作会议召开

玉米联合收获机2265台，较上年增加268台，占玉米联合收获机的87.22%；割晒机4013台（1.19万千瓦）；其他收获机械也得到迅猛发展，达到11603台（1.02万千瓦），其中大豆收获机5台（312千瓦），油菜籽收获机27台（1550千瓦），马铃薯收获机19台（102千瓦），花生收获机1505台（397千瓦），青饲料收获机125台（6809千瓦），牧草收获机33台（96千瓦），秸秆粉碎还田机8989台，秸秆捡拾打捆机30台（614千瓦），玉米收获专用割台740台，大豆收获专用割台1台，油菜籽收获专用割台58台。机动脱粒机22310台（2.83万千瓦），谷物烘干机31台（610.50千瓦），种子加工机械38台（290千瓦），保鲜储藏设备100台（9800千瓦）。设施农业设备得到快速发展且向系统化管理方向迈进。温室面积6501.23万平方米，比上年增加298.15万平方米，增长4.81%；连栋温室15.01万平方米，日光温室1214.08万平方米，比上年增加289.93万平方米，增长31.37%；塑料大棚5221.72万平方米，比上年增加399.31万平方米，增长8.28%。田园管理机480台，滴灌机290台，控温湿机械95台，其他设施农业机械302台，形成了一条龙服务管理模式。农产品初加工动力机械36653台（31.42万千瓦），农产品初加工作业机械24732台（套），畜牧养殖机械10552台（套），林果业机械266台，渔业机械15311台。农田基本建设机械2684台（20.60万千瓦）。农用运输车拥有量达11.22万台（155.74万千瓦），其中三轮汽车拥有量9.44万台（110.22万千瓦），低速载货汽车拥有量1.78万台（45.47万千瓦），农用挂车13180台。新增农用飞机2驾，结束了郑州市无农用飞机可用的空白。

郑州市“三夏”机收会战拉开序幕

2014年，全市机耕面积达到237.88千公顷，其中小麦机耕面积98.52千公顷，玉米机耕面积10.29千公顷，大豆机耕面积3.85千公顷，油菜机耕面积6.03千公顷，马铃薯机耕面积0.34千公顷，花生机耕面积25.79千公顷，棉花机耕面积0.51千公顷。全市机播面积331.73千公顷，其中小麦机播面积150.78千公顷，机播率98.97%；玉米机播面积127.19千公顷，机播率88.9%；大豆机播面积2.61千公顷，较上年增加0.53千公顷，增长25.64%；油菜机播面积3.43千公顷，较上年增加1.98千公顷，增长136.24%；花生机播面积17.53千公顷。全市主要农作物机收面积298.56千公顷，其中小麦机收面积149.29千公顷，机收率97.56 %；玉米机收面积101.91千公顷，机收率75%，比上年增加近4.5个百分点；水稻机收面积0.2千公顷。薄弱环节机械化取得重大突破，大豆机收面积达到0.57千公顷，油菜机收面积达到0.71千公顷。进一步加大对根茎类机械化技术的引进、示范，马铃薯、花生等根茎类作物机械收获总面积达到15.95千公顷。全年共完成机械深耕面积167.53千公顷，机械深松面积9.34千公顷，机械化免耕播种面积164.89千公顷（其中机械化免耕覆盖播种面积104.91千公顷），保护性耕作面积51.56千公顷，精少量播种面积178.26千公顷，机械深施化肥面积75.93千公顷，机械铺膜面积20.22千公顷，农田机械节水灌溉面积56.01千公顷，机械播种牧草面积0.13千公顷，机械收获牧草数量5.72万吨，机械化秸秆还田面积290.69千公顷，秸秆捡拾打捆面积2.05千公顷，机械化青贮秸秆数量10.49万吨。全年共完成农机跨区作业面积66.95千公顷，其中跨区机耕面积6.67千公顷，跨区机播面积2.04千公顷，跨区机收面积54.37千公顷。全年共完成设施耕整地机械化面积4.39千公顷，设施种植机械化面积0.49千公顷，设施灌溉施肥机械化面积1.01千公顷，免耕播种面积175.33千公顷。全市农机化总投入2.65亿元，用于基本建设23万元，用于推广培训89万元，用于农业机械购置2.46亿元，全市农机经营总收入14.76亿元，成本与费用10.05亿元，利润总额4.72亿元。

【“三夏”机收会战】 2014年“三夏”，前期干旱后期多雨，导致出现小麦集中成熟、机车无法进地等情况，给小麦收割造成严重影响。全市各级农机部门努力克服各种困难，组织调度得力，机械供应充足，夏收夏种平稳顺利，小麦适时收获率高，夏玉米播种同步跟进。从5月30日小麦开镰收割到6月11日收割全部结束，6月15日夏玉米播种完毕，顺利实现了小麦丰产丰收和秋作物适时播种。在“三夏”准备期间，共检修各类农业机械25万台（套），设立农机服务站点64个，免费发放联合收割机跨区作业证1400张。同时，全市各级农机部门不断完善接待、检修、信息、中介、技术、安全、供应、投诉、帮扶等10项服务措施，市、县、区级农机部门分别开通了24小时服务电话，随时接受咨询并提供帮助，免费发布手机信息4000余条，为“三夏”生产创造了良好条件。“三夏”期间，全市共投入各种农业机械25万台（套），其中夏收主力机械联合收割机6000台（含引进的联合收割机1200台），夏种主力机械玉米播种机2万余台。参与农机会战的农机专业合作社共201家，签订农机作业合同21641份，帮扶面积4千公顷。全市共完成小麦收获面积153.02千公顷，其中机收149.29千公顷，机收率97.56%；小麦秸秆机械化还田面积148.89千公顷，还田率95.07%；播种玉米143.07千公顷，其中机播127.19千公顷，机播率88.9%。2014年“三夏”小麦成熟期集中，投入小麦联合收割机、玉米播种机总量大，机收速度快，小麦机收率、秸秆还田率、玉米机播率高，为全市夏粮丰产丰收、秋作物适时播种提供了有力支撑。“三夏”期间，郑州市农机生产没有发生重特大农机事故和农机火灾，“三夏”农机会战取得圆满成功。

2014年6月5日，农业部农机化司司长李伟国调研郑州市“三夏”机收工作

充分做好“三夏”机收准备工作。2014年是郑州市深入开展党的群众路线教育实践活动，切实转变工作作风的关键之年，保障夏粮丰产丰收是农机部门的重要责任，针对2014年“三夏”的特点，郑州市农机局高度重视，早谋划，早行动，扎实做好各项工作。5月5日，郑州市农机局召开了农机购置补贴暨“三夏”农机生产专题会议，对“三夏”农机工作进行全面部署，制定并下发了“三夏”农机生产应急预案、《郑州市农机局2014年“三夏”农机工作意见》，公布了《郑州市农机局确保夏粮丰产丰收“十个服务到位”承诺》，成立了以农机局局长秦土旺为指挥长的“三夏”农机会战指挥部，指挥部下设综合组、宣传组、安全生产组、技术指导组、后勤保障组，细化职责分工，落实“三夏”生产责任制。并成立6个督导组，由农机局领导班子带队分包县（市）区，每天下乡督导，了解情况，协调解决问题。督导全市“三夏”农机生产。各县（市）区农机部门也都成立了相应组织，并制定了相应的应急预案和工作意见。及早行动，做好机具检修和技术培训。为了确保小麦颗粒归仓，充分发挥好农业机械在“三夏”工作中的主力军作用，全市各级农机部门结合拖拉机、联合收割机的年度审验等工作，提前组织农机户、农机服务组织、维修网点对参加“三夏”作业的25万余台（套）各类农机具进行检查、维修和保养，确保机具以良好的技术状态投入生产。同时，全市抽调200余名农机教师和技术骨干深入乡村、合作社、田间地头，采取集中培训与分散培训相结合、现场演示与操作培训相结合，印发技术培训资料等方式，进行安全生产、机具维修保养、驾驶操作、新机具新技术使用等方面培训，共培训各类农机人员1.1万余人，确保了农业机械更好地服务于“三夏”农机生产。

落实农机补贴政策，保障“三夏”机具需求。2014年的农机购补工作本着“稳中求进、改革创新、廉政高效”的原则，在补贴机具种类要求、补贴对象与资格确认、农机补贴资金结算要求等方面进行了改革。工作量与难度增大，责任与廉政风险增大，各级农机管理部门克服重重困难，创新服务，加强同本级财政部门的联署办公，通过改革方法、完善制度来充分体现公共财政的普惠性，购机补贴政策得到高效实施，并且出现新的亮点。上半年全市共落实各级农机购置

丰收

补贴资金5097万元，引导农民投入农机化发展资金超1.7 亿元，新增小麦联合收割机520余台，为“三夏”农机会战提供了新的装备支撑。

相关部门紧密协作，打造农机绿色通道。围绕“三夏”生产，各相关部门履职尽责、强化服务，创造了良好的“三夏”生产环境。“三夏”农机跨区作业近年来已成为确保小麦颗粒归仓、秋作物适时播种的重要措施，也是农机部门的重要职责。新郑、新密、荥阳、中牟等县市发挥自身联合收割机保有量大的优势，以农机专业合作社为依托，密切配合，积极开展跨区作业，使郑州市2014年参加跨区机收联合收割机数量达到新高。全市共发放联合收割机跨区作业证1400张，组织1200台联合收割机参加跨区机收，作业面积创历史新高，达到45.56千公顷。同时，各级农机部门加强同交通部门的协作，继续落实联合收割机过桥过路的免费通行，处理道路通行过程中的相关问题；加强同公安交警部门的协作，加大路面管控和巡逻力度，为参加跨区作业的联合收割机保驾护航，开辟绿色通道；加强同工商部门的配合，依法整顿农资市场，加大对销售假冒伪劣农机产品和零配件行为的查处、打击力度，确保农民权益不受侵犯；加强同中石化、中石油的协作，备足柴油货源，设立农机用油专供站，组建送油小分队，全市实行每公升优惠0.1元的优惠政策；加强同移动公司、气象部门的协作，搭建信息平台，及时发送机收进度、气象等“三夏”相关信息，提供免费信息服务。

科学组织，开展抢收抢种。2014年“三夏”，郑州市农机局高度重视，制定完备措施，科学组织农业机械开展抢收抢种工作。（1）设置市县两级“农机110指挥中心”。建立信息平台，为作业机手提供信息、气象服务，合理调配机车。（2）及时发布信息。各县（市）区通过中国农机化信息网提前发布小麦种植、分布情况、需引进机车数量等信息，有效引导外地机车进行作业支援，共引进联合收割机1200余台。（3）强化接待服务。在全市主要道路路口设立“三夏”服务站点64个，免费为机手提供茶水、气象信息、县（区）交通地图、机收需求信息及简单的维修、中介服务等。（4）搞好后勤保障服务。督促农机服务网点、农机销售企业等，积极筹备资金，及早购进、备足“三夏”作业机具的易耗易损零配件及各类保障物资。（5）科学组织，提高效率。利用信息平台科学引导联合收割机有序流动，减少机车空行程，做到人歇机不停。大力推广订单作业、承包服务、“一条龙服务”等服务模式，提高作业效率。（6）强化监管，保障安全生产。全市抽调100名农机监理员，成立30个安全监理督察小分队，深入生产一线，对机手进行安全生产教育和技术培训，严防火灾、人员伤亡和机械事故发生。（7）认真做好农机帮扶。以农机专业合作社为依托，建立“三夏助收队”，为外出务工人员、军烈属、困难户开展帮扶服务。“三夏”期间，全市共帮扶农户1.1万户，帮扶面积4千余公顷。（8）加强值班制度，做好突发事件处理。市、县（市）区农机部门均设立热线服务电话，24小时值守，确保信息畅通，及时为机手提供咨询和帮助，对突发事件做到早汇报、早协调、早处置。

突出农机专业合作社主力军作用。2014年“三夏”期间，以农机专业合作社为代表的新型农机服务组织充分发挥装备水平高、技术能力强、信息来源广等特点，准备充分、行动迅速、措施得力，成为“三夏”农机会战的主力军。面对2014年“三夏”小麦熟期集中等因素，郑州市农机局组织全市201家农机专业合作社参与“三夏”农机会战。（1）订单作业助抢收。农机专业合作社从4月起，就在当地农机部门的指导下，积极与有关乡（镇）、村及种粮大户签订作业合同。新郑为民、新密夏都等农机专业合作社积极开展订单作业，还得到省、市有关领导的赞扬。2014年“三夏”，全市农机专业合作社共签订作业合同21641份，涵盖作业面积131.13千公顷。（2）“一体化”作业促进度。针对“三夏”农时紧迫的特点，农机专业合作社继续推广小麦机收、秸秆粉碎还田、玉米免耕直播一条龙作业，收种一次性完成，拉长了作业链条，提高了机械效率，切实发挥农机专业合作社在生产中主力军的作用。

疏堵结合，秸秆综合利用农机唱主角。2014年“三夏”期间，郑州市农机局充分发挥农业机械在秸秆综合利用方面的重要作用，以疏为主，堵、疏结合，用机械手段杜绝秸秆焚烧。全市小麦联合收割机都加装了秸秆粉碎还田装置，确保了小麦秸秆还田率达到95.07%，且粉碎度高、抛撒均匀，从根本上杜绝秸秆焚烧；通过限制收割机割茬高度和推广小麦机收、秸秆还田、免耕播种玉米 “一条龙”的作业模式，从源头上防止焚烧；新密、荥阳等地还采取秸秆打捆、秸秆压块等措施，为造纸厂和生物电厂提供原料，变废为宝，增加农民收入，从利益驱动上促进秸秆综合利用。

抓好宣传，塑造农机形象。“三夏”期间，郑州市农机局主动与新闻媒体密切合作，组织策划重要农时农机会战宣传报道，大力宣传农业机械化在提高农业综合生产能力和防灾抗灾能力方面的重要作用，宣传农机会战中出现的好的经验和典型做法，针对机收会战各个时期的特点，认真做好宣传策划，协助电视台、日报社、广播电台进行宣传报道。“三夏”期间，各级新闻媒体共报道郑州市“三夏”农机生产112次，其中省部级新闻播报21条，地市级新闻播报 26条，县（区）级新闻播报65条。编发农机简报72期，发送“三夏”农机网络信息2600余条次。农业机械在“三夏”生产中的主力军作用受到社会各界的广泛关注和称赞，树立了农机人的新形象，充分展示了农机人的风采。

【“三秋”农机战役】 2014年，郑州市农机部门紧紧围绕市委、市政府“夏秋并重，稳夏增秋”的要求，增强做好“三秋”工作的责任感和使命感。“三秋”前期，全市农机部门早谋划、早行动，积极克服入秋之后高温少雨天气的影响，积极落实信息服务、物资供应、农机技术服务、农机帮扶、作业协议签订等措施，机械供应充足，秋收秋种平稳顺利。“三秋”期间，全市成立60个农机服务小分队，共检修各类农业机械35万台（套），培训各类农机人员12916人次，召开不同形式现场会

28次，签订作业合同18956份，农机帮扶面积2千公顷。2014年“三秋”，全市共投入各类农业机械40万台（套）参与秋收会战，其中拖拉机11.02万台，玉米收获机2800台（含引进203台）。机收玉米101.91千公顷，玉米机收率75%。完成玉米秸秆还田面积141.79千公顷，还田率88.82%。完成小麦播种面积152.35千公顷，其中机播150.78千公顷，机播率98.97%。“三秋”生产的顺利完成为来年小麦丰产奠定了基础，为保障全市粮食生产丰产丰收做出了积极贡献！

为充分发挥农业机械在“三秋”生产中的主力军作用，确保“三秋”农机生产顺利进行，全市各级农机部门多措并举，做到了八个到位。（1）信息服务到位。2014年“三秋”，郑州市各级农机部门组织人员深入乡村，对机具保有量、技术状况、分布情况、当地农作物种植区域布局以及适宜机收、机播面积和作业时间等信息进行摸底调查，对各项作业信息进行全面整理汇总，建立了农机户电子档案，并通过农机“110”指挥中心信息发布平台将天气信息、作业信息等传递给农民机手，使他们少跑冤枉路，提高了机械使用率，增加了机手收入。“三秋”期间共发布信息5万多条，接受群众咨询2100人次。（2）确保物资供应到位。通过协调油料供应部门，“三秋”期间，备足油料，在县城郊区、农村设立了100多座“三秋农机供应站”，在辖区内所有供应站，张贴“农机专用”标识，确保农机就近加油，敞开供应。全市16个农机生产商、139家农机经销商、1302个农机维修网点备好价值3000万元的各类农机易损零部件和整机，积极开展送机、送件到村、到户、到田头服务，方便农民需求。（3）确保农机技术服务到位。“三秋”前夕，郑州市农机部门都抽调管理干部、组织技术人员深入到乡村农户，指导农民对参加“三秋”作业的机具状态进行了一次普遍检查、维修和保养，使机械以完好的状态投入“三秋”生产。通过集中辅导和分片定点相结合的方式对机手进行了技术培训，通过协调农机生产企业和销售供应商搞好“三包”技术服务，开展上门修理、送修下乡和预约维修，备足常用易损维修配件，保证“三包”服务质量。（4）确保农机帮扶措施到位。会同民政部门以乡为单位对军、烈、孤、困、寡、务工缺少劳力家庭进行摸底调查，建立档案，并根据本地区困难扶助对象的情况，制定“三秋”农机帮扶措施，将农机帮扶任务落实到机、责任到人。“三秋”期间，共成立农机帮扶队30多个，农机帮扶12897 户，帮扶面积达2千公顷。并对特殊的人群实行了优先服务和免、减作业费服务。（5）指挥调度服务到位。根据区域内作业时间差做好机械小范围流动作业调度方案和机械流向图，调整机械余缺，保证机械合理运用，保障农机作业秩序和机手效益。（6）农机专业合作社的主力军作用发挥到位。农机合作社、农机大户等社会化服务组织是农业生产的重要力量，各县（市）区充分发挥他们的机具、技术力量、规模等优势，指导他们同周边村组和本村农户签订全程或单项作业协议18956份。鼓励开展玉米机收、秸秆还田、深耕深松、机播等一条龙作业和复式作业，提高作业效率，增加机手收入，减少农户支出，加快作业进度。（7）购机补贴政策落实到位。为使补贴政策尽快落到实处，全市各级农机部门严格程序、规范操作、精心组织，确保补贴机械投入“三秋”农机生产中。积极引导农机服务组织、农机大户及农民重点购置玉米收获机械，2014年，全市新增玉米收获机312台，保有量达2597台，强力提升了郑州市玉米机械化收获水平。（8）安全生产措施到位。深入开展“三秋”农机安全生产宣传及安全生产综合整治，是市委、市政府安全生产的工作要求，结合“三秋”农机生产特点，全面落实农机生产安全责任制，组织人员深入田间地头，排查事故隐患，纠正违章行为，消除农机作业事故隐患，并对机手进行安全生产教育，不搞疲劳驾驶，不违章作业，把机械故障率和机车事故率降到最低限度。全市农机部门共成立了26个“三秋”农机安全生产服务站，出动30余部“三秋”安全生产检查督察车，出动农机安全监理人员695人（次），开展农机执法检查200余人次，排查治理隐患113余起，纠正违章150余起，从源头上预防农机事故发生，确保了“三秋”农机生产安全、顺利进行。

农机帮扶

【玉米机械化收获】 2014年，郑州市继续把加快推进玉米生产机械化作为一项重要任务，落实各项补贴政策，采取行政组织推动、典型示范带动、农机农艺技术联动等措施，有效推进了全市玉米机收工作，进一步提升了秋粮生产机械化水平，玉米机收率达到了75%。全市投入到玉米生产的联合收获机共2800台，其中引进玉米收获机203台，完成作业面积10千公顷；外出250台，完成作业面积6.81千公顷。

【农机抗灾救灾】 2014年，郑州市重要农时季节气候多变，严重影响了农作物的正常收获。“三夏”期间，前期干旱、后期多雨，导致出现小麦集中成熟、机车无法进地等情况，给小麦收割造成严重影响。全市各级农机部门及时启动“三夏”农机生产应急预案，利用信息平台及时发布气象服务等信息，合理调配机车，保证了“三夏”农机生产顺利进行。“三秋”期间，面对旱情，全市各级农机部门按照市委、市政府要求部署，充分发挥行业优势，结合本地实际，组织调动灌溉机械，利用可以利用的水源，积极开展抗旱浇灌秋作物和抗旱种麦。全市共投入抗旱农机具18万台（套），其中拖拉机4.42万台，排灌机具12万台。成立了24个农机抗旱工作组，抽调了474名农机人员深入生产一线，检修抗旱机具，培训抗旱作业机手等，为秋季生产做出了贡献。

【农机购置补贴】 2014年，按照省农机购置补贴会议精神要求，郑州市的农机购补工作本着“稳中求进、改革创新、廉政高效”的原则，继续实行“全价购机、定额补贴、县级结算、直补到户（卡）”的补贴方式，同时结合全市实际，在保持政策连续性和稳定性的前提下进行了微调，取消了市本级财政资金面上累加补贴，增加了基础补贴普惠面。下半年又进一步简政放权，倡导县（市）区农机部门将受理农民购补申请资料及补贴资格认定工作下放到各乡（镇）办，从源头上预防了漏洞的出现，进一步方便了群众，并首次采取各县（市）区推磨式互查方式，便利于相互学习，确保了农机购补政策不折不扣落实到位，农民、政府、社会满意度不断提高。2014年，全市共落实各级财政农机购置补贴资金8209万元，其中中央财政购机补贴资金5876万元，省级累加资金333万元，本级财政安排购机补贴资金2000万元。共补贴各类农机具4540台（套），受益农机合作组织及农户2849户，共拉动农民投资农机化发展资金超2.9亿元，有力地促进了郑州市农机装备整体水平的提升和优化。

为确保购机补贴政策不折不扣地落到实处，确保补贴资金不折不扣地落实到位，郑州市农机部门采取了一系列有效措施及做法。（1）精心组织，迅速落实。省农机购置补贴工作会议后，郑州市农机局与郑州市财政局沟通并联合召开了全市农机补贴工作会，制定下发了《郑州市农业机械管理局 郑州市财政局 关于做好2014年农业机械购置补贴工作的指导意见》，对2014年的农机购置补贴工作做出了全面部署。成立了农机购置补贴实施工作领导小组，郑州市农机局局长秦土旺任组长，郑州市农机局纪委全程监督，具体实施操作有专人负责，层层把关。在全市农机系统实行责任目标管理，与15个县（市）、区农机管理部门签订了农机购置补贴工作责任书。各县（市）区分别成立了由政府牵头，人大、政协、纪检监察、财政、农机、工商等部门参加的农机购置补贴工作领导小组，共同研究制定本地补贴实施方案，并根据工作实际，相继出台了一系列加大补贴宣传力度、保障补贴工作顺利实施的配套政策措施。为农机补贴工作规范操作、阳光实施奠定了坚实基础。（2）加强引导，科学调控。为加快推进郑州市农机化发展方式转变，优化农业机械结构布局，尽快实现农机购置补贴“普惠制”，2014年的市级补贴资金使用均实行基础补贴。同时，鼓励各县（市）区根据本地实际需要，积极争取并利用本级财力配套相应的县（市）区农机购置补贴资金对当地农业生产急需和关键薄弱环节的机具给予适当倾斜。利用县（市）区财政补贴资金对特定机具补贴倾斜办法由各县（市）区农机购置补贴工作领导小组研究决定。（3）强化制度，规范落实。继续认真落实“主要领导负总责、分管领导负全责、工作人员直接负责”的责任机制。坚持实行层层签订责任书的工作制度。进一步优化明晰了补贴工作流程，使程序更加精简、严谨、科学、规范。建立健全县级农机购置补贴工作机制和内部约束机制，重点加强对关键部位关键环节的廉政风险防控，完善落实廉政风险各项预防措施和责任倒查追究。（4）细化要求，加强监管。下发了《郑州市农机局 郑州市财政局关于开展2014年第二批农机购置补贴督察工作的通知》，细化要求，切实加强对农机购置补贴政策实施全过程的监管。邀请郑州市纪委领导在全市农机补贴工作会上作廉政警示教育报告，有力地促进了系统内廉政建设。各县（市）区农机部门针对容易发生问题的关键环节，自觉开展自查自纠，重点加强机制制约和工作监管。成立6个市级督导组，在农机购置补贴工作实施期间，由市农机局班子成员带队每周对各县（市）区农机购置补贴实施情况进行督导检查。在检查中，与延伸绩效考核管理工作相结合，对照延伸绩效考核管理实施方案要求，发现问题及时反馈，督导解决，确保2014年农机购置补贴工作顺利进行。同时，坚持各级农机纪检部门参与农机购置补贴工作全过程，始终把购机补贴工作中的公正、廉洁和反商业贿赂作为监督检查的重点内容，公布各级举报、监督电话，自觉接受群众监督，严厉查处违规操作行为，切实维护农民权益，强化行风建设。（5）加大宣传力度，强化信息公开。为保证农机补贴惠民政策的顺利实施，2014年继续加大农机补贴政策宣传力度，全力做好农机购置补贴政策政务公开，切实维护好农民群众的知情权、选择权和监督权。农机化信息网站开辟农机补贴信息专栏，及时公开农机购置补贴实施方案、农机购置补贴政策具体操作办法、操作流程和其他有关规范性文件、制度和办法等，不断丰富补贴政策信息公开内容。各县（市）区农机部门在办公地点、报名地点、乡镇、村、集市、农机经销点等处还设立专门的公开栏，张贴有关农机补贴政策信息，并通过当地政府网、农机信息网、电视台、政务大厅电子信息屏、村委会大喇叭广播、乡镇公告栏、流动宣传车、简易明白纸、宣传挂图等进行信息公开。同时，每周公布1次补贴实施进度、资金使用情况、剩余情况等，随时公示受益农户名单及享受补贴情况，接受社会监督。（6）以民为本，服务到位。始终把让农民满意作为衡量农机购置补贴工作成效的标尺。各县（市）区推行财政、农机部门联合办公，对购机者实行申请、公示、确认等一站式服务，努力为农户购机创建一个便捷快速的购机环境。同时在市农机化信息网上公布各县（市）区农机购置补贴政策咨询投诉电话、补贴机具质量投诉电话和电子邮箱，热情解答农民咨询，认真处理农民投诉，积极解决农民遇到的各种难题，做到了事事有回音，件件有着落，着力打造农民满意工程。

“三夏”服务

【秸秆综合利用及禁烧】 2014年，郑州市农作物秸秆禁烧和综合利用工作按照“以疏为主，疏堵结合”的原则，坚持秸秆禁烧与综合利用相结合、全面防控与重点巡查相结合，充分发挥基层网格化管理作用，强化网格监管责任。早着手、早谋划、早准备、早部署，在高压严控的同时，以宣传发动为主导，以秸秆资源化利用为支撑，以秸秆利用政府补贴为拉动，以落实工作责任为手段，多措并举，紧紧围绕秸秆资源化利用、保护环境、发展农业循环经济，促进农业增效、农民增收，使秸秆资源化利用向市场化、产业化方向发展，农作物秸秆禁烧取得了良好成效。2014年主要农时季节，郑州市大气质量明显好于周边地区，国家气象遥感卫星和大气监测卫星监控焚烧火点明显少于周边地市，没有发生因秸秆焚烧造成的大气污染事件和恶性案件，没有因大气污染造成机场、高速公路及国、省道主干线交通运行滞留和拥堵现象。2014年，郑州市农作物秸秆机械化综合处置率为94.12%，全年机械化秸秆还田面积290.69千公顷，其中小麦秸秆机械化还田面积148.89千公顷，还田率达到95.07%；玉米秸秆机械还田141.79千公顷，还田率88.82%，达到历史最好水平，为推进生态文明、大气污染治理、建设美丽郑州做出了积极贡献。

【农机宣传】 2014年，郑州市农业机械管理局以宣传作为争取领导重视，赢得社会支持的有力抓手，进一步营造舆论氛围，树立了郑州农机的良好形象。在“三夏”、“三秋”期间，郑州市各级农机部门积极同新闻媒体加强沟通和配合，以跨区机收作业、合作社建设、购机补贴落实、保护性耕作实施、新机具新技术推广演示会为主题展开宣传报道，取得了良好的效果。2014年“三夏”、“三秋”期间，各级新闻媒体共报道郑州市农机生产269次，其中省部级新闻播报48条，地市级新闻播报 66条，县（区）级新闻播报155条。全市各级农机部门编发农机简报147期，发送农机网络信息3560余条次。农机的影响力进一步增强。

为新机车喷号

【农机专业合作社建设】 2014年，全市经工商注册的农机专业合作社数量达到202 家，入社社员3936人，资产总额79343万元，服务农户166320户，年度总收入32240万元，规模经营土地面积41.84千公顷。“三夏、三秋”期间，全市农机合作社在农机部门的指导下，积极与有关镇、村及种粮大户签订作业合同，推行订单作业，提升全市农业生产机械化效率，提高规模化作业效益。全市农机合作社共签订作业合同40597份，协议作业面积183.55千公顷。同时，农机部门组织农机合作社、农机大户及其他农机服务组织积极为军、烈、鳏、寡、孤、独等困难户提供帮扶作业服务，全年农机合作社共帮扶农户2.6万户，帮扶作业面积6千公顷。

农机专业合作社发展特点。（1）各级政府和农机管理部门高度重视。相继出台了关于加快发展农机专业合作社的意见和扶持措施，制定了农机专业合作社发展实施方案和发展目标。积极争取政府财政资金，支持农机专业合作社场库棚建设、购置维修设备、改善信息化办公设施等；农机购置补贴政策资金重点向农机合作社倾斜，并且放开机具台（套）补贴限制，支持发展先进成套农机装备;有关农机化建设项目和新机具、新技术示范推广项目，能够由农机合作社承担的，优先予以安排。有力地促进了农机专业合作社基础设施建设水平和社会服务能力的提高。（2）组建形式多样化。农机户联合型。主要是由具有丰富农机作业、市场经营、技术维修等经验的多家农机户联合牵头，吸收其他农机户参加，成立的农机专业合作社；或由农机专业大户发起，农机手等自愿带 机或带资按股份制原则入社。集体组织主导型。乡、村集体经济好的地方，机具由集体出资购买为主，成立的农机专业合作社；或者以村委班子成员牵头，组织农机户参加成立农机合作社。农忙时主要以服务本村本乡农民为主，机具由集体统一管理、统一调度、统一作业，政府埋单或只向农户收取作业成本费。它解决了外出务工户、无劳力户的担忧。农机企业依托型。主要是农机加工、维修、流通企业利用他们生产、加工、维修、营销、技术、市场、资金等优势，吸收农机户、农户参加，形成“龙头企业+农机合作社+农户”的农机服务产业化链条。社会资本带动型。由社会能人牵头，吸引民间资本投资成立农机专业合作社。农忙从事农田作业，农闲开展多种经营，实现了一年四季有活干，提高了场地和设备的利用率，经济效率明显。（3）经营内容市场化。2014年，全市农机专业合作社经营服务项目达10余项，涉及机械制造、农机销售、农机维修、农田作业、运输、建筑、生物质燃料、农产品加工、园林绿化、养殖、种植等项目。除为农业生产服务之外，大部分农机专业合作社正不断拓宽服务领域，扩大服务内容，提高经营效益，增加农机专业合作社的生命力和发展活力。合作社在不断发展壮大的同时，还积极参与救灾抢险和扶贫济困等社会公益活动，提高农机专业合作社的社会影响力，打造“公益农机”品牌。（4）服务模式社会化。开展跨区作业。跨区作业是合作社开展社会化服务的代表模式。跨区作业的范围正由小麦机收向玉米机收、小麦免耕播种拓展，跨区作业模式不断扩大，农机跨区作业品牌的影响力不断增强。实行订单作业。订单作业是现阶段合作社开展社会化服务的主要方式。合作社通过提前考察作业市场，与用机户签订作业协议或达成口头协议，按照协议开展机械作业服务。开展“一条龙”作业。合作社利用自己装备齐全的优势开展收获、整地、播种、运输“一条龙”作业，拉长服务链条，不但提高了作业效率，经济效益也明显增加。开展农机适度规模经营。合作社通过土地承包、土地流转等方式把分散的地块集中起来，统一供种供肥、统一作业、统一管理服务，实现区域化种植、标准化生产、规模化经营。有效地降低了作业成本，提高了土地产出率。

【科技创新与农机科普宣传】 为促进新农村建设，积极做好农机科技创新、农机科普宣传工作，郑州市各级农机部门围绕农业生产粮食增收，大力推广保护性耕作技术、小麦玉米免耕播种技术、小麦玉米机械化收获技术、农作物植保技术、秸秆还田技术、红薯花生土豆机械化挖掘技术和设施农业技术。玉米机械收获率实现重大突破，达到75%，小麦机收率达到97.56%。

针对保护性耕作、玉米机收重点项目，加强科普宣传和培训。采用各类电视、报刊和农机信息网宣传。印制《保护性耕作知识培训教材》《免耕播种机的使用与调整》、知识问答、操作规程等书籍和宣传资料3万多份。针对项目区重点宣传和培训结合，送教下乡与培训班结合。共办培训班30期，培训农民1.5万人次；科技人员送教下乡30余次，召开现场演示会29次。围绕科技促进文化创新发展、普及科学技术知识、丰富群众科学文化生活、送科技到基层农村等活动主题，制作大型展板8块，发放宣传资料3000余份，通过普及科学知识，展示科技成就，宣传方针政策，展示了近年来郑州市农机推广的新成果、新技术。获得2014年度全国农机科普先进集体标兵荣誉称号。

【机械化保护性耕作】 2014年，在郑州市委、市政府和省农机局的大力支持领导下，郑州市农机局以农机化新技术、新机具推广为手段，以农业增效、农民增收为目的，大力推广保护性耕作技术，取得了显著的社会效益、生态效益和经济效益，有力地促进了农村经济的发展。2014年，郑州市承担保护性耕作项目3个，共投入项目资金1150万元，其中中央和省投入项目资金362.5万元、地方财政投入配套资金217.7万元、群众自筹569.8万元，全年机械化保护性耕作实施面积达到51.56千公顷。

主要措施。一是加强领导，建立组织，实施目标管理。为扎实推进郑州市的保护性耕作技术，郑州市农机局成立了以局长秦土旺任组长，各职能部门参加的机械化保护性耕作项目领导小组，负责审定项目实施方案，督促补贴资金、配套资金的落实、协调相关部门等工作。市农机局科教处、推广站组成项目实施组，负责制定项目实施方案、作业技术规范、机具操作规程，编印宣传材料，搞好技术服务，抓好示范机具、面积落实，总结典型经验，组织推广工作，并和各县（市）区农机部门一把手签订目标责任书。各县（市）也成立了以主管县（市）长为组长的领导小组，政府办、农业、农机部门参加，目标层层分解，责任到人、到田。二是全面开展机械化保护性耕作的试验示范。为了准确、客观反映保护性耕作的实施效果，为领导决策、宣传群众提供科学的数据，郑州市在所辖范围内全面开展了机械化保护性耕作的试验示范工作，共建立示范对比监测点5个。各示范点做到“一实”“二合”“三定”。“一实”即所有数据必须真实可靠，不得随意编造。“二合”即农机与农艺相结合，测试与调查结合。“三定”即定人、定点、定时。定人即监测点必须固定专人负责保护性耕作效果监测，不得随意变动；定点即监测内容应该统一处理小区进行，不能一个小区测水分，另一个小区测产量；定时即按照规定的时间及时测试，详细记录，搞好对比试验示范。三是加大补贴力度，调动农民积极性。为减轻农民的经济负担，充分调动农民发展保护性耕作的积极性，2014年全市积极争取农机项目和购机补贴，并制定优惠政策。为了调动广大农民实施小麦免耕施肥播种的积极性，各项目实施区在搞好机具补贴的同时，制定机具作业优惠政策，极大地调动了广大干群的积极性。四是加强宣传，营造良好氛围。为扎实推进保护性耕作在全市大面积实施，各县（市）区农机部门利用各类电视、报刊和农机信息网加强宣传，印制《保护性耕作知识培训教材》、《免耕播种机的使用与调整》、知识问答、操作规程等书籍和宣传资料4万多份，制作光盘3400碟。组织工程技术人员深入到县（市）、乡、村田间地头进行新机具的巡回表演，利用现场会、演示会等多种形式开展技术培训、推广宣传。

【平安农机】 郑州市不断提高农机安全生产监管力度和依法行政水平，逐步构建农机安全生产的源头管理、执法监控、宣传教育“三大防线”，平安农机创建工作再上新台阶。新郑市“平安农机”创建工作得到了上级部门的高度重视，2014年9月，获得了“河南省2014年平安农机示范县市”荣誉称号。全市新创建省级“平安农机”示范乡镇6个、“平安农机”示范合作社7个，市级“平安农机”示范村41个，市级“平安农机”示范合作社3个，市级“平安农机”示范户350户。

【农机教育培训】 2014年，全市农机教育培训工作紧紧围绕新农村建设和农机化发展需求，创新工作思路，以发展现代农业、增加农民收入、建设社会主义新农村为目标，以创新农机技术推广机制为突破口，以开展新型农民培训为抓手，全面推进农机化科技进步，为农业和农村发展提供强有力的农机科技和人才支撑，推动了全市农业机械化的健康发展。为提高农机人才素质，发展壮大农机人才队伍，促进农机化科技创新与推广，切实加强郑州市农机化管理人才、科技人才和实用人才“三支”人才队伍培训，提高人才队伍素质，郑州市各级农机培训部门紧紧围绕春耕生产管理、维修和“三夏”“三秋”作业机具的检修，以新购置机具为重点，全面组织开展农机教育培训大行动活动。全年共培训各类农机人员24021人次，其中，农机管理人员培训1342人次，农机技术和监理人员培训3753人次，作业服务人员18926次（新购机农民3708人）。

【农机新机具、新技术推广】 2014年，郑州市农机推广部门紧紧围绕粮食增产、农业增效、农民增收的目标，坚持“抓特色、调结构、增总量、提效益”的方针，围绕农业科技创新，着力优化农机装备结构，加大技术推广服务力度，不断提高科技水平、装备水平、作业水平和安全水平，通过宣传发动，示范带动，政策拉动，大力推广应用新型农业机械和技术，并结合全市农业生产的实际，充分利用购机补贴政策，加大对农业生产薄弱环节农业机械的补贴力度，重点做好玉米联合收获机、大型拖拉机、免耕播种、深松机和生物质燃料压块机的推广应用，积极引进、示范推广经济作物生产机械化技术，有力地促进了郑州市农机化事业的快速发展，全市农机装备总量不断增加，装备结构不断优化。充分发挥项目支撑作用，以项目带动全市农机推广工作上台阶、上水平。（1）结合农业生产实际，充分利用农机购置补贴政策，加大对农业生产薄弱环节农业机械的补贴力度，大力推广保护性耕作技术、玉米机械化收获、农作物秸秆压块、根茎类作物机械化收获和机械植保等技术及大马力拖拉机、玉米联合收获机、土地深松机及保护性耕作等新型农机具。2014年共举办各类农机化新技术培训班、新机具现场演示会220期（次），发放宣传、技术资料10万份，推广各类新型农机具4514台（套）。（2）因地制宜，积极引进、示范推广经济作物生产机械化技术，努力加快花生、大蒜、红薯等经济作物生产的产前、产中、产后机械化步伐。全年共推广根茎类收获机287台，作业面积21.33千公顷。（3）以项目为依托带动全市农机推广工作上台阶、上水平。2014年，荥阳市、中牟县承接了国家农业部保护性工程建设项目；新密

保护性耕作作业

市荥阳市承接了省保护性耕作示范推广项目；新密市、荥阳市、新郑市、登封市4个县市承接了农机基层推广体系建设补助项目。采用对比试验、宣传引导、技术培训、现场观摩、政策倾斜、建立示范基地等措施，通过讲给农民听、做给农民看、帮着农民算、带着农民干的过程，让农民亲眼看到采用新技术的作业效果、节本事实、增收情况。全年机械化保护性耕作实施面积达到51.56千公顷，增收节支1.31亿元。

积极开展大培训、大推广活动。为提高农机新技术培训质量，郑州市农机推广部门组织技术骨干成立了“农机技术宣讲团”，深入到各乡镇和重点村分批举办保护性耕作培训班，实现了教学电教化，培训多样化，内容具体化。（1）培训乡镇农机技术人员和村干部，重点讲解技术原理和意义，提高认识，争取他们在资金、政策和动员农民等方面的支持。（2）培训农机大户、种粮大户、农民等，让他们了解保护性耕作技术原理、实施要点和效益，使他们充分认识技术优势，掌握技术要点及相关配套措施，更新观念，达到主动接受新技术的目的（3）培训机手，通过举办培训班、现场参观、田间指导相结合的方式，使机手达到了解知识、掌握技术、熟练操作的目的。通过全面、系统的培训，干部群众转变了思想观念，为新技术推广奠定了坚实基础。

发挥农机专业合作社和农机大户的带动作用推广农机科技。发挥农机专业合作社、农机大户农机手的作用，组织他们参观学习培训，利用这些农机手懂经营、会管理、乐于接受新事物、技术水平相对较高、影响带动效应好的优势，使他们成为农机科技推广的带头户、农机新技术的宣传员和推广员。在新机具示范推广过程中，让他们享有技术培训、三包服务、技术咨询、政策扶持等优先权。能够积极参加农机推广部门组织的各类参观、学习活动和农机新技术、新机具试验示范工作，协助推广部门取得相关实验数据，发挥其带动作用。先后多次组织农机专业合作社社员和农机大户，参观学习保护性耕作机具和生产厂家，观摩玉米联合收获机械化作业现场演示，回来后，这些机手积极宣传和实践，带动效果非常明显，通过农机专业合作社这一平台，实施“机手带动”战略，农机新机具、新技术推广效果更好。

【农机安全监理】 2014年，郑州市农机安全监理部门以创建“平安农机”和“为民服务创先争优”示范窗口为契机，认真贯彻落实十八届三中、四中全会和习近平总书记系列讲话精神，坚持安全发展指导原则和“安全第一、预防为主、综合治理”的工作方针，以预防和减少农机事故为目标，以确保安全、促进农民增收为目的，围绕农机化中心工作，认真履行农机安全生产监管职责，结合全市农机安全监理工作特点，完善优质服务标准，规范服务行为，加强宣传教育，强化动态管理、源头监管，遏制了农机事故的发生，有力地促进了全市农机安全生产状况的持续稳定好转，为维护和提升郑州市农机安全生产形势，促进全市农机化事业又好又快发展做出了新的贡献。2014年共受理农业机械登记许可1403个，其中，拖拉机627台、联合收割机776台。接受驾驶人考试申请225个，共检验拖拉机10714台，收割机3867台。全市享受购机补贴的拖拉机、联合收割机上牌率达到98%，各类农机专业合作社、协会等合作组织拖拉机和联合收割机挂牌率、年检率和驾驶员持证率（简称“三率”）均达到了100%，其他社会车辆“三率”高出了全省平均值2个百分点。成功创建全国农机安全监理“为民服务创先争优”示范窗口1个，省级平安农机示范县1个。全年开展农机安全检查561次，检修拖拉机和联合收割机4573台次，查处、纠正违法违章852起，排查治理隐患522处，拖拉机无牌无证、超速超载、违章载客等现象得到有效遏制，确保了全年无重特大农机安全事故发生，郑州市农机局获得2014年郑州市安全生产先进单位荣誉称号。

农业机械年度检审验。年度检审工作既是从源头上保证农机安全生产的重要措施，又是集中体现为机手服务的载体，也是全年的工作重点。为了保证检审工作的全面完成，不断提高挂牌率、持证率和年检率，郑州市农机监理部门多措并举，抓早抓好。（1）加强检、审验工作的领导。按照“方便机手，实地检验，优质服务，提高效能”的原则，结合当地实际，制定年度检审验工作方案，与监理员签订目标管理责任书。（2）加大宣传力度，提高机手参审意识。利用各种传播媒体向农机手传达检、审验信息；各乡（镇）积极配合，采用通告、板报、传单等形式，向社会、向农机手宣传检、审工作。（3）形式多样，送检上门。利用宣传车将农机法律、法规送到田间、地头，公开收费标准，提高年检、年审透明度，使广大机手加深对农机监理工作的理解和支持。在集中检审的基础上，农机监理员进村入户，在田间地头、农机合作社和施工场地为不能参加集中检审的农机户现场实行技术检测、调试、验证、发放检验合格标志。（4）增强服务意识。在检、审验工作的同时，农机监理人员主动帮助农机手做好以农业机械的维修保养和故障排除等服务项目为主的“一条龙”服务，得到了农机手的一致好评。全市各类农机专业合作社、协会等合作组织拖拉机和联合收割机“三率”全部达到100%。

开展农机安全生产大检查、安全隐患排查活动。全市农机监理机构按照“一岗双责”的要求，制定工作方案，确定工作目标，突出工作重点，将任务层层分解，落实了责任，明确了分工。（1）组织农机监理人员，按照《农业机械安全监督管理条例》等法律法规的规定，针对存在的突出问题和薄弱环节，深入田间地头、场院等农机作业场所开展安全生产大检查，纠正拖拉机违法载人、超速超载，无牌无证驾驶、疲劳驾驶等违法行为，及时排查事故隐患，保证安全生产工作不留死角。（2）对作业的农业机械驾驶操作人进行安全知识培训，结合法律法规教育，使机手做到安全生产，成为学法、知法、守法、懂法的新一代农机手。

“平安农机”宣传活动现场

农业机械年末拥有量

	农业机械总动力（万千瓦）				耕作机械						收获机械				收获后处理机械	
	合计	柴油发动机动力	汽油发动机动力	电动机动力	大中型拖拉机		其中：轮式拖拉机		小型拖拉机		联合收获机		割晒机		机动脱粒机	
					万台	万千瓦	万台	万千瓦	万台	万千瓦	万台	万千瓦	万台	万千瓦	万台	万千瓦
郑州市	517.1273	407.1394	4.3057	105.6822	1.2136	57.9359	1.0614	50.2823	10.1631	100.7771	0.7879	50.2468	0.4013	1.1922	2.2310	2.8271
中原区	2.4797	1.7609	0.0034	0.7145	0.0126	0.4745	0.0126	0.4745	0.0005	0.0062	0.0078	0.3037	0.0000	0.0000	0.0075	0.0300
二七区	8.0530	6.2751	0.1929	1.5850	0.0084	0.3577	0.0084	0.3577	0.0315	0.3681	0.0041	0.2008	0.0000	0.0000	0.0339	0.0000
管城区	6.2984	4.5364	0.0304	1.7316	0.0139	0.5421	0.0139	0.5421	0.0285	0.3135	0.0057	0.3705	0.0045	0.0495	0.0050	0.0000
金水区	4.8050	4.0000	0.0050	0.8000	0.0062	0.2420	0.0062	0.2420	0.0070	0.0490	0.0062	0.3375	0.0000	0.0000	0.0135	0.0675
上街区	3.9352	2.9552	0.0200	0.9600	0.0271	1.0434	0.0253	1.0064	0.0504	0.5742	0.0066	0.3584	0.0000	0.0000	0.0100	0.0000
惠济区	12.4190	8.4410	0.2980	3.6800	0.0290	1.4045	0.0260	1.3960	0.0120	0.1050	0.0150	0.9760	0.0000	0.0000	0.0022	0.0000
郑东新区	15.1884	14.2106	0.0157	0.9621	0.0408	1.8023	0.0294	1.3844	0.5599	5.0385	0.0155	0.7044	0.0198	0.0000	0.0327	0.2618
经开区	8.9734	8.1059	0.0106	0.8569	0.0300	1.2976	0.0261	1.0557	0.4268	3.8512	0.0073	0.3623	0.0155	0.0000	0.0119	0.1190
航空港区	37.4559	30.7582	0.0894	6.6083	0.0875	3.8086	0.0624	2.6722	1.2009	10.6472	0.0397	2.0439	0.0292	0.0000	0.0492	0.0610
高新区	2.7681	1.8590	0.0034	0.9057	0.0126	0.4745	0.0126	0.4745	0.0010	0.0101	0.0086	0.3501	0.0000	0.0000	0.0075	0.0300
中牟县	74.0362	67.1394	0.0822	6.8146	0.2504	11.0736	0.1673	6.7930	3.3342	30.0575	0.0844	5.2010	0.1212	0.0000	0.0780	0.0000
荥阳市	81.9267	66.1632	0.5261	15.2374	0.1724	6.5858	0.1724	6.5858	0.3124	4.0612	0.1420	8.5100	0.0132	0.0664	0.3097	0.0000
新密市	102.4096	67.1261	0.4700	34.8135	0.2004	12.0183	0.2004	12.0183	0.7362	9.3916	0.2040	15.1697	0.0054	0.0663	0.4336	1.3008
新郑市	90.1082	73.1973	1.9312	14.9797	0.2238	11.2696	0.2006	9.9679	1.1500	10.7229	0.1500	9.4262	0.0302	0.0000	0.0957	0.9570
登封市	66.2705	50.6111	0.6274	15.0320	0.0985	5.5414	0.0978	5.3118	2.3118	25.5809	0.0910	5.9323	0.1623	1.0100	1.1406	0.0000

注：巩义市已划入省直管，统计数据中不包含巩义市

农业机械年末作业量

	机耕面积	机播面积	机械植保面积	机收面积	其中：小麦机收面积	其中：玉米机收面积	机械化秸秆还田面积	机械脱粒粮食数量	机械初加工农产品数量	农机运输作业量
	万公顷	万公顷	万公顷	万公顷	万公顷	万公顷	万公顷	万吨	万吨	亿吨／公里
郑州市	23.7878	33.1732	12.6565	29.8559	14.9287	10.1916	29.0687	118.7324	158.8446	18.8709
中原区	0.2600	0.2855	0.2897	0.2500	0.1635	0.0800	0.2880	1.2000	0.0817	0.1810
二七区	0.0223	0.0220	0.0300	0.0200	0.0125	0.0067	0.0493	0.0600	0.0660	0.2000
管城区	0.1700	0.2100	0.2197	0.2060	0.0926	0.0421	0.1550	0.7004	0.5603	0.1874
金水区	0.1450	0.1948	0.0070	0.1885	0.1232	0.0653	0.2100	0.6000	0.0600	0.1300
上街区	0.1090	0.1800	0.4380	0.1750	0.1200	0.0490	0.1320	0.0000	1.5050	0.0240
惠济区	0.9670	0.8046	0.2520	0.6500	0.2400	0.1670	0.3000	2.7000	1.4850	1.6055
郑东新区	0.7278	0.8076	0.0666	0.7782	0.3239	0.3234	1.8250	1.6077	4.7701	1.0895
经开区	0.6300	0.7517	0.0105	0.7016	0.3478	0.2204	0.5975	0.0000	4.0324	0.8698
航空港区	3.0845	2.9638	0.7200	2.7837	0.9938	0.6500	1.4474	6.0000	5.2943	1.2842
高新区	0.3903	0.5805	0.0100	0.5535	0.3003	0.2432	0.5535	1.0000	0.0800	0.1500
中牟县	4.8745	5.2315	0.0000	4.9852	1.3050	1.2640	3.1515	9.6102	18.7622	2.0376
荥阳市	3.6440	5.6100	2.4030	5.1704	3.0267	2.0537	5.6933	33.0000	57.1512	0.6000
新密市	2.7046	5.3884	2.4470	4.5852	2.7328	1.8258	4.9129	18.9000	19.0305	0.1887
新郑市	3.3270	5.4600	5.6970	4.7220	2.7000	1.7010	5.2000	26.3541	43.4059	4.2632
登封市	2.7318	4.6828	0.0660	4.0866	2.4466	1.5000	4.5533	17.0000	2.5600	6.0600

注：巩义市已划入省直管，统计数据中不包含巩义市

农机化作业服务

	农机化作业服务组织		其中：农机专业合作社		农机户		其中：农机化作业服务专业户	
	年末机构数（个）	年末人数（人）	年末机构数（个）	年末人数（人）	年末机构数（个）	年末人数（人）	年末机构数（个）	年末人数（人）
郑州市	278	3662	202	3299	157722	167205	10244	11748
中原区	3	12	0	0	600	700	200	240
二七区	0	0	0	0	0	0	0	0
管城区	0	0	0	0	2560	2992	1	4
金水区	1	40	1	40	6	18	0	0
上街区	1	11	1	11	20	80	0	0
惠济区	10	160	10	160	7912	8300	20	60
郑东新区	4	66	4	66	8272	8472	253	253
经开区	4	40	4	40	6480	6610	197	201
航空港区	5	30	5	30	14884	15096	371	371
高新区	5	50	5	50	5	15	0	0
中牟县	12	136	12	136	50025	50025	1526	1675
荥阳市	125	889	54	597	7698	10276	926	1564
新密市	45	544	44	525	14250	14250	6120	6120
新郑市	39	1504	39	1504	16028	16049	630	1260
登封市	24	180	23	140	28982	34322	0	0

注：巩义市已划入省直管，统计数据中不包含巩义市

（3）进一步规范牌证管理工作。把好新驾驶员考试关，严格考试程序和内容，严禁托人代考、凭关系免考等违规行为。把好拖拉机的检验关，严格按规定的项目和标准进行检验，强化源头管理，消除事故隐患。（4）积极配合公安交通管理部门维护好农村道路交通秩序，加大对无证驾驶、无牌行驶和不按规定参加检验等违法行为的检查力度，严厉打击和查处拖拉机违法载客、超速超载、无证驾驶、酒后驾驶等严重违法行为。全年共开展与公安交通部门联合执法88次，在主要街道、路口悬挂宣传标语条幅650条，制作宣传版面224块，接受群众咨询3万人次。全年共开展农机安全检查561次，出动监理人员1378余人次，检修拖拉机和联合收割机4573台次，查处、纠正违法违章行为852起，排查治理隐患522处，有效遏制了重特大农机事故的发生，确保了郑州市农机生产的安全。

扎实开展“为民服务创先争优”示范窗口创建活动。（1）积极规范便民服务措施，强化行风建设，提升工作效能。推行“五个一”服务标准，落实首问负责制、限时办结制、服务承诺制和责任追究制。（2）严格履行《农机安全监督管理条例》赋予的农机安全监理职责，进一步强化法制意识，规范农机牌证核发管理，履行农机安全年度检验职责，认真做好农机事故责任认定、调解处理和分析统计。（3）广泛开展岗位练兵活动，强化队伍素质，提升服务能力。开展文明执法、诚信服务、廉洁服务、优质服务竞赛以及岗位明星、服务标兵评比，看实绩、比贡献，形成比学赶超的良好氛围。（4）加大农机执法投入，强化装备建设，提升安全监管能力。经过不懈的努力，郑州市的农机安全监理“为民服务创先争优”示范窗口创建工作顺利地通过了省农机局检查考评组的检查验收，登封市获得全国农机安全监理“为民服务创先争优”示范窗口单位荣誉称号。

农忙时节农机安全生产。（1）加强组织领导，适时制定应急预案。“三夏”“三秋”季节是农机安全生产管理的重点，为搞好“三夏”“三秋”期间的农机安全生产工作，郑州市农机安全监理所多次召开专题会议，对工作进行了总体部署安排。适时下发了通知，对各县（市）区农机监理站的“三夏”“三秋”农机安全生产工作提出了具体要求。启动《郑州市农业机械重特大事故应急救援预案》，同时督察各县（市）区农机主管部门制定并落实《农机安全生产应急预案》。（2）严格实行24小时值班制度，随时做好信息咨询和突发事件的处理工作，全面保障农机安全生产信息的上传下达通畅无阻。“三夏”“三秋”等农忙时节，每天实行农机事故“零报告”制度，每天汇总全市机收进度以及安全生产动态。（3）强化安全服务，确保机具状态良好。“三夏”前开展联合收割机等作业机具的安全性能测试，监理部门抽调了200名农机监理人员分3组深入到村户，对全市所有小麦联合收获机进行检修、保养服务，共检修调试各类机械3428台次，确保机具以安全完好状态投入生产。购买了64顶帐篷，在全市主要交通要道设立安全监理服务网点64个，流动服务车24台，58名维修、接待人员配备应急药品、农机配件24小时待命，开通热线服务电话，确保信息畅通，随时为机手提供服务，切实解决机手的后顾之忧，保证作业机车的技术检验安全。深入乡镇村组、农机合作社，采取以会代训、现场讲解、发放资料、播放视频等多样化学习方式，组织学习40多场次，共对2550多名农机驾驶操作人员进行“三夏”“三秋”前安全培训，学习农业机械的使用、保养、故障判断与维修、安全操作规程等知识，提高驾驶操作人员的技能水平，排查、排除事故隐患。切实做好跨区作业接待报务工作，确保信息畅通，适时为机手提供各种服务。郑州电视台、郑州日报社先后对农机服务网点建设及机收情况进行了跟踪报道，树立了农机监理新形象。

加大宣传力度，提高安全生产意识。组织农机监理人员深入到农村、学校、农机合作组织和农机作业场所，开展法律法规和安全生产知识宣传、咨询，举办农机事故警示教育展览和农机安全宣传活动。充分利用电视、广播、报纸、互联网等媒体和出动宣传车等形式，大力宣传和普及农机安全生产法律法规和安全生产知识，使安全教育经常化、制度化、立体化和多样化。全年共开展安全教育宣传活动657次，参与人数21678 人，出动巡回宣传车3820车次，发放各类安全生产宣传资料共计125763份，张贴标语350份，出示展板55块，悬挂标语72幅，粉刷固定标语29条。举办各类农机技术培训班60期，共培训农机手14961人，与机手签订《农业机械安全生产责任书》 1.4万余份，提高了广大机手的安全意识。2014年郑州市农机安全监理所获得全国农机科普先进集体标兵荣誉称号。

（臧伟锋）

水利建设

【概况】 2014年，郑州市水务局认真贯彻落实中央、省委、市委各项工作决策部署，牢固树立“谋大事、树形象、保安全”的理念，以水生态文明建设为统揽，以生态水系提升建设为主战场，以落实最严格的水资源管理制度为核心，以党的第二批群众路线教育实践活动为抓手，坚持围绕大局、顺应大势、着眼大事，大力发展民生水利，扎实推进生态水系提升、防汛抗旱、农村安全饮水、水库除险加固、中小河流治理、农田水利现代化示范乡镇建设等重点工程，既定的任务目标顺利完成，各项工作都取得明显成效，全市水务事业步入新的发展阶段。列入2013—2014年度农田水利现代化示范乡镇建设的3个乡镇均已完成建设任务。有124座水库实施了病险水库除险加固工程，工程总投资7.0775亿元。郑州市入列水利部中小河流治理规划项目中，有22个项目下达了资金计划，共批复工程资金4.9512亿元，已下达资金4.3834亿元。2014年，郑州市农村饮水安全村村通自来水工程计划解决23万人饮水安全问题，实际解决27.1993万农村居民和1.1206万农村师生，总投资1.43亿元。水土保持生态工程建设取得新成效，全年完成水土流失综合治理面积70平方公里，占目标任务45平方公里的155%。都市区生态水系提升建设稳步推进，《郑州都市区生态

全市水务工作会议召开

全市防汛抗旱工作会议召开

水系全面提升工程规划三年实施计划》及《2014年水生态文明建设实施方案》编制完成。南水北调工程和移民扶持成效显著。主干渠建设任务提前40天完成，为一渠清水北送做出了郑州贡献；12月15日，在刘湾水厂举行了河南省南水北调通水仪式，郑州市民开始喝上了甘甜可口的丹江水。水库移民后期扶持工作效果明显。自2013年来，全市共发放大中型水库移民直补资金7次，共7340万元，批复大中型和小型水库移民后期扶持项目128个，共6200万元。

【抗旱防汛】 有效应对特大旱灾。2014年，郑州市遭遇了自1951年以来63年未遇的特大严重干旱，1–7月，郑州市平均降雨量较多年平均值减少164毫米，自7月21日开始全市实施减压供水，这是自1953年以来首次全城降压供水。全市127座水库中有59座干涸，39座低于死水位运行，农作物受旱面积达123.4千公顷，因旱造成12.22万人、4667头大牲畜出现临时性饮水困难。面对旱情，市委、市政府高度重视，多次对抗旱工作进行具体安排部署，市防汛抗旱指挥部下发了《关于切实做好抗旱工作的紧急通知》，首次启动尖岗水库备用水源向刘湾水厂应急供水，缓解城区供水压力，旱情较重的新密、登封两市采取市直局委分包乡镇送水和限时供水等措施，有效保障了城乡居民供水安全。全市累计投入抗旱资金4301万元，最大程度地减少了旱灾损失。2014年，虽有大的旱情，但无大的旱灾。

坚持防汛抗旱“两手抓”。在扎实做好抗旱工作的同时，为防止旱涝急转，制定了详细的防洪预案，认真开展防汛安全检查，共排查出各类防汛隐患98处，督促相关部门集中力量限期整改。明确了全市127座水库、4条主要河道、11座重要淤地坝等370名防汛责任人，组织设施军民联合防汛抢险演练，投资1073万元用于因旱引起的干涸水库的鉴定除险，做到一库一策、一库一案，加强监测，严格值守，防止旱涝急转而发生溃库垮坝事故，确保了汛期安全。

【农村水利建设】 农田水利现代化示范乡镇建设。列入2013—2014年度农田水利现代化示范乡镇建设的3个乡镇均已完成建设任务。2014—2015年度登封市颍阳镇、荥阳市广武镇项目，规划总投资1.54亿元，两县市项目实施方案已经过专家初审，计划近期开工建设。病险水库除险加固工程。全市127座水库中，有124座水库实施了病险水库除险加固工程，工程总投资7.0775亿元，已经全部完成建设任务并进入竣工验收阶段。中小河流治理项目。郑州市入列水利部中小河流治理规划项目中，已有22个项目下达了资金计划。其中2012年前8个、2013年7个、2014年7个。共批复工程资金4.9512亿元，已下达资金4.3834亿元。截至2014年年底，16个项目完成了建设任务，6个项目正在施工。农村饮水安全工程。2014年，郑州市农村饮水安全村村通自来水工程计划解决23万人饮水安全问题，实际解决27.1993万农村居民和1.1206万农村师生，总投资1.43亿元，已全面完成年度建设任务。水土保持生态工程建设。全年完成水土流失综合治理面积70平方公里，占目标任务45平方公里的155%。总投资1739万元的新密市牛店坡耕地水土流失综合治理和登封市郝爻骨干坝除险加固工程建设任务全面完成，投资285万元的新密市大潭嘴项目区2014年度工程全面开工。登封市雅新科技示范园被省水利厅命名为省级水土保持科技示范园区。

【都市区生态水系提升建设】 生态水系提升重点工程周密实施。编制了《郑州都市区生态水系全面提升工程规划三年实施计划》及《2014年水生态文明建设实施方案》，按照市委确定启动的生态水系提升7大重点工程，重点推进环城生态水系循环工程、牛口峪引黄调蓄工程、石佛沉砂池向郑州西区生态供水工程、南水北调配套工程、贾鲁河全线清淤疏挖工程、贾鲁河综合治理工程和赵口引黄工程，重点河道拦蓄水建筑物、河道清淤等工程同时一并实施。

生态水系建设保障有力。为加快推进生态水系提升工程建设，6月6日，市委召开了碧水蓝天等重点工程专题汇报会，确定了启动生态水系提升重点工程；6月27日，《郑州都市区生态水系全面提升工程规划》经市十四届人大常委会第三次会议审议通过，以地方立法的形式实施；市政府明确生态水系建设领导小组成员单位一把手作为前期工作的责任主体，共召开了28次周例会推进生态水系建设，解决问题近200个；8–10月，市政协各专门委员会和各民主党派就35个生态水系调研课题进行了调研，10月27日、28日专门组织召开生态水系建设专题议政会发言讨论，发挥政协独特优势，建言献策，监督落实，积极参与都市区生态水系建设；为有效解决工程资金瓶颈问题，郑州市组建成立了八大投融资公司，其中地产集团和公用事业集团进军生态水系工程建设，建立了立项、融资、使用、管理、偿债“五位一体”的全产业链发展模式，从根本上解决了生态水系建设资金的瓶颈问题。这些在郑州水利发展史上均属首次。

生态水系提升工程取得实质性进展。截至2014年年底，郑州市南水北调配套工程已完成工程量的95%，有8条线路具备通水供水条件；为有效解决土地指标问题，经过努力，牛口峪引黄调蓄工程已由省发改委立项，贾鲁河综合治理工程已申报省发改委，争取省立项；市财政专门安排资金1174万元对十八里河、索须河部分河道进行了清淤，该工程已完工并通过验收；重点河道拦蓄水工程于9月30日开工，已完成工程量的40%，索须河天河路景观节点提升工程于12月18日开工建设，其余工程均在抓紧推进项目前期工作。

河道管理养护机制不断完善。坚持以“调活水”为目标，按照“长流水、不断流，水体污染及时报告更换，断流干河及时报告加量”的调水思路，积极协调，科学调度，尽量延长河道清水过流时间。河道养护实行“定人、定岗、定责”三定岗位责任制，杜绝了河道管护漏洞，全面实现了“三级网格、四级平台、五级联动”的河道管理养护新格局。2014年，邙山与花园口两个提灌站共调引黄河水7500万立方米，初步实现了“水通、水清”的目标，有效改善了人居环境。

【水资源管理】 一是水资源管理机制逐步完善。编制印发了市政府《关于实行最严格水资源管理制度的实施意见》、市政府办公厅《关于印发郑州市实行最严格水资源管理制度考核办法的通知》和《郑州市实行最严格水资源管理制度考核工作实施方案》，为划定县（市）级水资源管理"三条红线"控制指标奠定了基础。二是制度落实力度加大。进一步加大了取水许可、水资源论证和水资源有偿使用、计划用水指标核定以及超计划用水累进加价等水资源管理制度的落实力度，完成了30处水功能区二次水量、水质检测工作。坚持定期组织开展全市河湖专项执法检查活动、地下水资源专项执法检查活动，有力维护了正常水事秩序。三是节水型社会建设持续推进。全面推进节约用水管理，出台了《节水设施三同时管理办法》，加快推进节水技术改造，建设工业节水示范工程，推进矿井、雨水等非常规水源开发利用，加快推进地下水资源保护，在2014年省政府组织的最严格水资源管理制度考核中，郑州市荣获第一名。

（陈　琢）

南水北调潮河段干渠

南水北调

【概况】 2014年，在郑州市委、市政府的正确领导下，在省南水北调办和省政府移民办的大力支持下，在工程沿线各级党委、政府及广大人民群众的努力配合下，市南水北调办紧紧围绕"四大主体工作"，瞄准通水和移民稳定发展目标，突出抓好配套工程建设，多措并举，克难攻坚，圆满完成了各项工作目标任务，受到国调办、省委、省政府和省南水北调办、省移民办的表彰。配套工程建设由年初的全省倒数第二，快速推进到在全省率先供水，且在全省受水最多，受水人口达到260万人，全省通水仪式在郑州举行；丹江口库区移民稳定发展，移民人均收入从2011年4000元增长到2014年9000元，移民工作受到省委、省政府的嘉奖；移民征迁资金管理使用安全高效，受到省办的表彰奖励。

【干线征迁扫尾工作】 及时返还临时用地1928.67公顷，返还率达90%；14条城区穿渠污水廊道，有5条已建成并移交市政管理处管理，其余9条正在同市政部门积极对接中；115座跨渠桥梁，已明确了移交地方管养和维护的责任单位和时间节点，并稳步推进；征迁安置档案验收和专项迁建验收工作正在按计划进行。

【充水试验工作】 市南水北调办成立了市充水试验协调小组，会同郑州建管处制定并印发了《南水北调中线郑州段总干渠充水试验实施方案》和《郑州段总干渠充水试验期间应急联动工作方案》等一系列文件；通过《郑州日报》《郑州晚报》、广播电台等媒体平台，广泛宣传与充水试验有关的安全知识，组织沿线县（市）区广泛开展各种形式的安全保卫和警示宣传教育工作，确保充水试验和试通水工作顺利完成。10月25日，郑州市南水北调总干渠迎通水暨《南水北调供用水管理条例》大型宣传活动在郑州市绿城广场顺利举办，收到良好效果。

【南水北调中线工程正式通水】 12月12日14时32分，南水北调中线工程正式通水。12月15日，河南省南水北调工程通水仪式在郑州市刘湾水厂举行。省委书记郭庚茂宣布"河南省南水北调工程正式通水"。省委副书记、省长谢伏瞻，国务院南水北调办主任鄂竟平出席并讲话。省领导刘春良、周和平、吴天君、王铁、靳绥东和黄委会主任陈小江等参加考察并出席通水仪式。

南水北调新郑段干渠

【南水北调配套工程建设】 2014年，市南水北调办公室加强南水北调配套工程建设管控力度，通过开展大干"100天劳动竞赛""冲刺月""迎通水决战30天"等活动，加快施工进度。领导班子带头包点包线，全体人员充分发扬"5+2""白+黑""雨+晴"精神，始终坚守一线，督促施工单位加大人力和机械设备资源投入，强力推进工程进度。同时，每周有督察、有排名，并以周报形式向市委、市政府主要领导报告，以直通车形式发各县（市）区，对施工单位，实行通报、约谈制度和重奖重罚机制，对工程建设进度缓慢的，进行通报批评，对工作责任不落实、工程进度严重滞后的建设单位实行"黑名单制"。在技术上大胆革新，攻破技术难点，聘请全省知名水利专家，成立专家咨询委员会，及时解决技术难题，大胆进行设备、施工工艺技术革新，加快施工进度。截至2014年年底，共解决征迁难题142个、较大群众“阻工”问题19起，实施专项迁建202条（处），进行技术创新6项，返还临时用地约206.67公顷，因设计变更新增的46.2公顷临时用地也全部征迁到位；工程已完成总量的95%，铺设管道97公里，占总长度的90%；7座泵站建设完成，电器安装调试完毕，新郑一水厂、港区一水厂、刘湾、柿园、白庙水厂、上街水厂已建成，新郑二水厂、中牟水厂、荥阳罗垌水厂正在建设，刘湾、柿园、新郑一水厂、港区一水厂已通丹江水，白庙、上街水厂春节前可望通水。工程质量评定优良率为90%，重要隐蔽和关键部位优良率为96%。

【移民安置】 2014年，郑州市共组织实施2013年产业发展资金项目3个、2014年移民产业发展资金项目17个，总投资3801.67万元。其中，建设的集体种植业、集体养殖业、技能培训、移民学生中高等职业技术教育生活补助等项目，积极促进了移民村的产业发展。郑州市丹江口移民村人均收入从2011年4000元增长到2014年9000元。

持续推进移民村创新社会管理工作。将丹江口库区22个移民村及老水库10个后扶重点村纳入全省加强和创新社会管理工作范围，各移民村民主议事会、民主监事会、民事调解委员会按要求成立，物业公司、各种经济合作社组建到位，并在生产发展、村务管理等工作中发挥积极作用。河南省移民避险解困第一批试点项目正式启动。全市共有2个县（市）、7个乡（镇）、16个移民村、2525户、移民7270人、连带随迁人口3676人，共10946人纳入第一批试点范围，涉及总投资3.92亿元，占全省总投资（7.23亿元）的54%，是全省最大的受益者，项目已进入实施阶段。

【南水北调资金管理】 郑州市共涉及各项南水北调资金约96亿元，其中干线征迁51亿元，丹江口库区移民安置16.51亿元，配套工程19亿元，本级财政奖补9.8亿元。面对资金量大、资金流集中带来的管理风险，市南水北调办加强各项资金制度建设，为资金使用管理做好保障。根据国调办、省移民办、省南水北调办的各项会计核算和财务制度要求，制定了《郑州市南水北调办（移民局）财务管理制度》《郑州市南水北调办（移民局）财务支付审批制度（试行）》《郑州市南水北调配套工程财务管理制度》《郑州市南水北调办现金及公务卡支出补充规定》《郑州市南水北调物品采购管理办法》等一系列财务制度，对各项资金的审批程序、资金使用和管理做出了明确规定，确保各项支出做到事前有计划、经费有预算，事中有控制，事后严把关，量入为出。重大开支均由业务处室提供依据，上班子会集体研究后决定。积极配合各级审计和检查。2014年，共接待各级审计16次，先后完成了对本级资金的自查自纠，配合国调办、省审计组对郑州市南水北调工程征地移民资金使用管理情况的审计，审计资金达68亿元。确保了郑州市南水北调工程建设各项资金使用规范、安全高效，没有发生大的违规违纪问题，国家审计署和国调办审计都给予充分肯定。

（吴慧青）

黄河治理

【概况】 2014年，郑州河务局以党的十八大和十八届三中、四中全会精神为指导，积极践行“治河为民、人水和谐”治黄理念，深入推进党的群众路线教育实践活动整改工作，转作风、重实效，克难关、求突破，确保了各项工作的全面落实。促请郑州市政府再次出台河道管理规范性文件，防汛工作平稳有序，各项责任制有效落实，圆满完成了防御大洪水演习和调水调沙任务；强化水政水资源管理，依法行政能力进一步提高．开展非法采砂和河道内违规建设项目集中整治活动，取得了良好效果；地方财政投资渠道实现常态化，工程建设与管理任务全面完成，被评为河南省国土绿化模范单位、郑州市林业生态建设先进单位，惠金河务局“国家一级水管单位”通过复验；全局经济运行平稳，实现经济总收入6.67亿元，新签社会工程自建合同额1.61亿元，水费收入3660万元，企业改革准备工作有序推进；深入推进教育实践活动整改落实工作，以强化廉政建设主体责任和落实“一岗双责”要求为重点，狠抓“两个责任”和“三个转变”的落实，积极组织开展党风廉政宣传警示教育，进一步规范党员干部的从政行为；严格执行党政领导干部选拔任用工作条例等规定，落实职工培训计划，加强队伍建设，开启了以“学、讲、论、谈”为主要形式的学习新模式，学习型党组织建设工作入选河南省直工委“建设学习型党组织典型案例”；不断培育文明建设正能量，树形象、谋发展的氛围浓厚，文明创建活动有序开展；进一步加强黄河志编纂工作的组织领导，加快编纂工作进度，完成《郑州黄河志》修改稿的重新审核排版，共十章，67万字；完成5个一线班组的优化提升，利用水费收入帮助基层单位解决离退休人员经费、购房补贴等实际问题，“基层为本，民生为重”的理念得到强化落实。

【防汛工作】 防汛工作平稳有序，各项责任制有效落实。郑州市委书记吴天君、市长马懿和市人大、政协以及黄委副主任、总工程师薛松贵等领导分别亲临一线检查指导郑州黄河防汛工作。工程普查、预案修订、专业抢险队伍培训等各项防汛准备工作扎实开展。涉河安全宣传教育形成新常态，引入政府投资建设防汛预警系统站点32处，妥善处置涉河群体安全事件2起。完成了2014年调水调沙运行任务，结合实战开展防御大洪水演习。建立滩区观测监控体系，加大群防监测队伍培训力度。开展滩区迁安救护和防汛技能演练，提高防汛队伍应急能力。强化巡查值守和险情抢护，全年共完成8处河道工程34道坝132次险情的抢护任务。通过各级协同努力，切实保证了工程安全、涉河管理安全、滩区安全和供水安全，消除了涉河管理、河道管理存在的主要隐患，促成政府主导下的涉河安全管理、河道违建项目治理和防汛应急反应机制的进一步完善，实现了年度防汛工作“四保、两消、三完善”的总体目标。

2014年6月18日，黄河防总黄河下游干流检查组查看巩义赵沟控导工程河段畸形河势和河南黄河应急抢险队演练情况

郑州市黄河防汛"三位一体"军民联防会议

【防汛工程建设与管理】 全面完成了防洪工程建设及涉河补偿项目建设任务，金沟、桃花峪控导工程通过初验及工程档案验收，杨桥引黄涵闸除险加固项目主体工程完工，并在全省局几个引黄涵闸除险加固项目中率先通过通水验收；组织开展"十三五"环境影响评价调查，督促市直有关单位完成"十三五"可研相关资料。局属惠金河务局创建"国家一级水管单位"，以961分的历史最好成绩通过复核验收，其他各水管单位在上级工程管理检查、涵闸工程检查中均取得优异成绩；维修养护绩效考核、一线巡查人员着装上岗等制度得到有效落实；全年完成植树35.8万棵，被评为河南省国土绿化模范单位、郑州市林业生态建设先进单位。金沟、裴峪控导工程管护基地通过黄委"示范工程"验收。

【水行政管理】 稳步推进水行政管理改革，以惠金河务局为试点组建专职水政监察队伍，为深化水利综合执法改革积累经验。推行河道内建设项目、采砂业主座谈会制度，建立河道网格化管理模式。加大水行政执法力度。强力推动非法采砂专项治理，共出动执法人员275人次、执法车辆38台次，取缔非法采砂场26处；河道内违规建设项目集中整治成效显著，完成39个违规建设项目的整改任务；全年现场处理水事违法行为197起，结案189件，2项执法案件被省局评为优秀案卷。以"世界水日""中国水周""12·4"国家宪法日为节点，开展普法宣传"六个一"主题活动，营造推进依法治河、管河的良好氛围。

【引黄供水】 严格落实水资源管理制度和水调指令，保障黄河水资源安全和区域供水安全，全年累计引水6.61亿立方米。为应对2014年河南遭遇63年来最严重的"夏旱"，郑州河务局迅速部署，及时启动抗旱预案，采取有针对性的引黄抗旱措施，最大限度满足沿黄灌区抗旱用水需求。期间，实现农业抗旱引水2.43亿立方米，浇灌农田120千公顷，为灌区农业丰收做出了贡献。

【科技创新】 2014年，郑州河务局获得黄委科技进步奖1项、河南河务局科技进步奖3项、科技火花奖9项，通过黄委"三新"认定成果10项。《防汛物资储备中心智能化管理系统的开发与应用》项目获得黄委科技进步奖二等奖，该项目由局属惠金河务局研发。《防汛物资储备中心智能化系统》是一套基于互联网的黄河防汛物资互联网信息平台，将防汛物资智能化检索、管易通仓库管理软件、视频实时监控和防火安全监控集为一体，具有快速定位、语音介绍、物资建卡立档、条形码查新识别、出入库凭单管理、库存物资数量报警提示、视频监控、防火安全（温控、烟控）报警、防汛物资三级联网、动态信息实时反馈等功能。该项目通过集成快速定位、条码识别、数据库管理、安全监控等多元化智能系统，实现防汛物资储备的智能化管理，有效提高防汛物资仓储管理的现代化水平。

【精神文明建设】 2014年，郑州河务局在实现学习型组织建设常态化基础上，开启以"学、讲、论、谈"为主要形式的学习新模式，形成以"学"为基筑平台、以"讲"为促抓提升、以"论"为媒谋深化、以"谈"为镜验成效的基本格局。学习型党组织建设工作以"真实性、创新性、实效性、典型性"的特点入选河南省直工委"建设学习型党组织典型案例"。全局5个省级文明单位顺利通过年度复验，局属巩义河务局通过省级卫生先进单位创建验收，花园口景区通过AAA级旅游景区复验。道德讲堂、文明志愿者服务等活动有序开展；与省、市文明委联合举办的"关爱母亲河"环保公益活动和与《东方今报》联合举办的"美丽母亲河"公益活动影响广泛；坚持开展文明交通"四个一"、网络文明信息传播、志愿服务演讲比赛等活动；先后被评为郑州市公民道德建设优秀单位、文明交通工作先进集体、网络文明信息工作先进集体、"文明河南 与爱同行"志愿者服务演讲比赛组织奖、优秀奖。组织群众工作队深入社区解疑难、抓创建，开展了慈善募捐等帮扶活动，被评为郑州市精神文明建设结对帮扶先进单位。

【《郑州黄河志》编纂】 进一步加强黄河志编纂工作的组织领导，加快编纂工作进度，邀请黄委编志办专家检查指导《郑州黄河志》修改稿。根据修改意见，调整志书相关章节的格式和排序，核实相关数据，规范人物和大事记章节，并筛选了300余张图片。至10月，完成《郑州黄河志》修改稿的重新审核排版，共十章，67万字。

（吕志华）

工业经济

综述

2014年2月26日，市长马懿出席全市开放创新暨现代产业体系建设大会

【概况】 2014年，在市委、市政府的正确领导下，全市工业战线按照“抓改革、强投资、调结构、求提升”的总要求，深入践行开放创新双驱动战略，积极作为调结构，克难攻坚稳增长，狠抓项目强投资，集群招商蓄后劲，全市工业经济发展取得较大成效。

2014年，全部工业企业完成增加值3349.8亿元，比上年增长9.8%，其中规模以上工业完成增加值3094亿元，同比增长11.2%。12月，全市规模以上工业增加值完成301.9亿元，同比增长12.4%，当月增速在全国35个大中城市、27个省会城市排名中均居第3位。2014年，全市规模以上工业增加值增速1-2月为7.1%，1-3月为9.5%，1-4月为9.8%，1-6月为10%，1-7月为10.1%，1-8月为9.8%，1-9月为10.6%，1-10月为10.9%，1-11月为11%，1-12月为11.2%，总体上呈现出基本平稳、小幅波动、不断回升的运行态势。

结构调整取得重大突破。2014年，全市汽车及装备制造、电子信息、新材料、生物及医药四大战略性产业占全市工业的比重为47%，比2013年提高了3个百分点；六大高耗能产业比重下降到42%，比2013年降低了3个百分点。全市战略性产业比重首次超过高耗能产业比重，标志着郑

2014年全年工业增加值增速变化情况

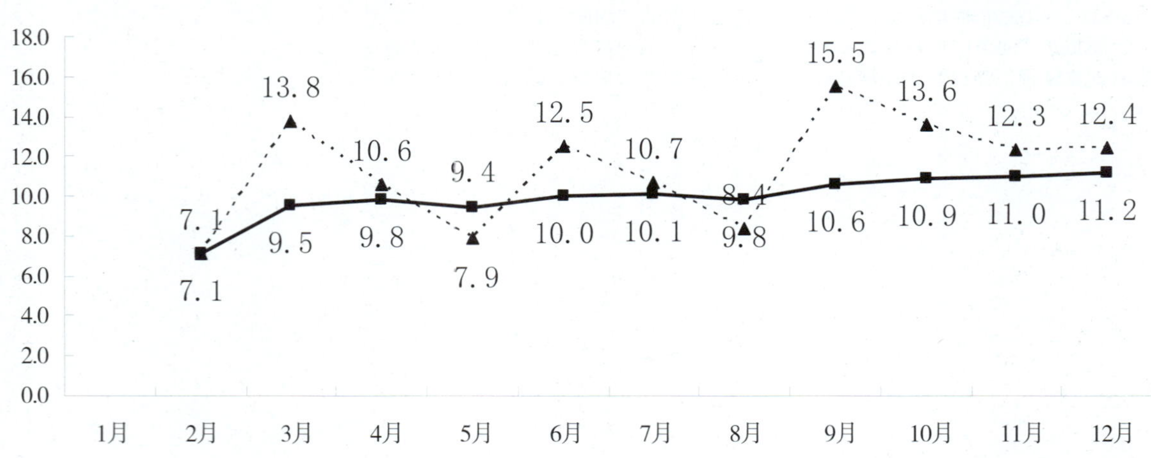

州市产业结构调整迈上新台阶，具有里程碑意义。

工业总量实现新跨越。2014年，全市工业总产值1.45万亿元，居中部六省省会首位，超出第二位的武汉700亿元以上。其中规模以上工业总产值1.35万亿元，超出第二位的武汉1700亿元以上。

工业增速实现新赶超。2014年，全市规模以上工业增加值增速11.2%，在全国27个省会城市中居第9位，较2013年前移8位；在全国35个大中城市居第10位，较2013年前移10位。

工业招商取得新成效。成功举办了2014年郑州市汽车及零部件产业转移对接洽谈活动、千亿级家居产业转移洽谈暨集中签约活动和中国（郑州）产业转移系列对接活动。2014年全市共签约工业项目182个，签约总额1850亿元，为工业项目建设蓄足了后劲。

项目建设取得新进展。2014年，全市新开工工业项目126个，开工率达126%；新竣工工业项目122个，竣工率达122%。其中，七大主导产业项目比重占到95%以上，投资结构明显优化，为产业转型升级奠定了坚实基础。

两化融合步入新阶段。国家级两化融合试验区建设取得阶段性成效，全市两化融合指数达到73，居全国先进水平。信息消费试点城市建设加快推进，2014年，全市信息消费规模达到350亿元，同比增长25%以上，正在成为新的经济增长点。

【工业用电量情况】 2014年，全社会累计用电量496.9亿千瓦时，同比下降1.6%。其中，工业用电量329.8亿千瓦时，同比下降3.7%。

【工业结构调整】 坚持把“调结构”作为全市工业经济发展的战略举措。一是加强规划引导。制定出台了《郑州市电子信息产业提升规划（2014—2020年）》等6个重点产业和产业集群发展规划。研究编制了家居产业集群发展规划、地理信息产业发展规划等产业规划。二是加快主导产业发展。按照做大做强战略支撑产业、积极培育战略性新兴产业、改造提升传统优势产业的总体思路，培育壮大七大工业主导产业。三是大力优化产业布局。按照“一区一主业”的原则，持续优化县（市）区工业布局；积极优化主城区产业布局，加快三环内工业企业外迁，三环内35家规模以上工业企业中，已有17家企业顺利完成外迁。加快新型工业化产业示范基地建设，推进产业集聚集群集约发展，全市国家级、省级示范基地分别达到2家和5家。四是大力培育战略性企业。围绕23家工业战略性企业，制定“一企一策”专案，完善领导分包机制，成立了23个推进小组，每周至少与企业沟通协调1次。建立企业问题台账，协调解决企业生产经营难题。2014年，23户工业战略性企业实现销售收入3655亿元，同比增长17.3%。五是提升工业创新能力。大力实施创新驱动战略，在工业和信息化领域谋划和推进了一批重大创新项目，加快各类创新平台和技术创新示范企业建设。2014年，郑州市创建省级以上技术创新示范企业14家；累计建成市级以上企业技术研发中心1910个，其中，国家级36个，省级564个，成为全市企业技术创新的重要载体。六是优化产能结构。按照国家化解过剩产能、淘汰落后产能的标准，结合郑州实际，制定郑州市积极化解过剩产能、淘汰落后产能的具体办法，不断优化全市产能结构。2014年，全市万元工业增加值能耗同比下降16.2%，超额完成年度下降5.4%的目标任务。

2014年全年工业用电量增速变化情况

月份	增速（%）	累计月份	累计增速（%）
1月	−4.4	1月	−4.4
2月	−17.1	1−2月	−10.5
3月	9.8	1−3月	−4.2
4月	−1.9	1−4月	−3.6
5月	−2.5	1−5月	−3.4
6月	4.2	1−6月	−2.2
7月	−1.5	1−7月	−2.1
8月	−9.2	1−8月	−3.1
9月	−14.7	1−9月	−4.3
10月	−4.3	1−10月	−4.3
11月	4.8	1−11月	−3.5
12月	−5.1	1−12月	−3.7

【工业运行监测】 一是建立“日监测、周调度、旬报告、月分析、季总结”工业运行长效机制。研究开发了郑州市工业企业服务信息平台，建立了市、县两级重点企业日报告制度，将全市200家重点工业企业纳入平台监测范围，同时对工业用电量、煤电油气等要素保障实行日监测。建立工信委班子成员分包联系县（市）区制度，每周召开委班子扩大会议，掌握各县（市）区工业经济运行情况。建立重点工业企业旬报告制度，对全市重点工业企业、各县（市）区工业运行情况进行旬分析、旬报告。每月组织专门力量对全市工业经济运行态势进行详细分析研判，形成每月工业运行情况报告，及时服务市委、市政府领导决策。每季度组织召开全市工业经济运行工作会议，对各县（市）区工业运行情况进行逐个剖析，并有针对性地研讨制定稳增长措施。二是强化运行监测。面对复杂多变的经济环境，密切关注宏观经济形势变化，强化分析研判。研究开发了郑州市工信系统信息服务管理平台，加强对市、县两级200家重点企业监测分析，实施动态调控。定期召开工业经济运行分析例会，研究经济运行情况，制定针对性的措施建议。三是强化要素保障。认真落实《阶梯供电方案》《电网抢修应急预案》等工作方案，强化电力运行预警监控，圆满完成迎峰度夏工作。启动度冬保电工作。四是强化目标监督管理。年初将全市工业增加值增速等目标，分解落实到各县（市）区，明确各县（市）区责任目标。市工信委成立了竣工项目、开工项目、统计入库、土地协调4个专项督导服务小组，盯紧年初县（市）区分解的目标任务，强化协调服务，督促目标进度。五是开展百日攻坚行动。为促进全市工业四季度再上新台阶，9月下旬起，在全市组织开展了工业稳增长调结构促发展百日攻坚活动。由于领导重视、组织有力，各县（市）区扎实推进，四季度，全市规模以上工业增加值每月增速增均在12%以上，为全年工业稳增长目标任务的圆满完成奠定了坚实

市人大代表视察郑州市工业转型升级情况

基础。

【招商引资】 2014年，郑州市工信委积极实施开放带动战略，强化集群招商研判，把握国内外产业转移规律，深入研判国内外500强企业、行业20强企业新一轮布局动向，着眼补链、强链、建链、延链需要，筛选产业链龙头企业，绘制全产业链图谱，精心谋划了一批拟引进的500强企业和重大工业项目。制定集群招商方案。研究制定了《郑州市2014年电子智能终端产业集群招商工作方案》《郑州市2014年汽车产业集群招商工作方案》等5个产业集群招商方案，成立以市领导为组长，相关县（市）区和市直部门负责人为成员的工作团队，明确各产业集群招商的目标任务、重点工作和职责分工。开展系列招商活动。成功举办了“2014年郑州市汽车及零部件项目产业转移对接洽谈活动”，邀请企业200多家，客商300多人，签约项目34个，总金额184亿元。组织举办了2014中国（郑州）千亿级家居产业转移洽谈暨集中签约活动，签约项目68个，总金额达579亿元。积极承办2014中国（郑州）产业转移系列对接活动，签约项目62个，签约金额697亿元。通过组织系列招商活动，成功签约了南车、天宇、酷派、亚力山卓、康升家具等一批重点产业项目，形成了项目集群式引进、产业链式发展的新格局。

【工业项目投资】 按照“签约项目抓开工，开工项目抓续建，续建项目抓竣工”的思路，完善项目推进机制，强化项目要素保障，通过全市联审联批、重大项目例会、市工业领导小组会议，先后协调解决了郑州日产、海尔、宝冶、金马凯旋等一批重点工业项目推进中的突出问题，有力促进了全市工业项目建设。投资220亿元的比克新能源产业园、投资70亿元的台湾友嘉精密机械产业园、投资20亿元的东风日产30万台整车（生产线）等78个项目顺利开建；投资72亿元的中国联通中原数据基地、投资40亿元的北京联东国际企业港、投资17亿元的海尔空调等210个在建项目顺利推进；投资42亿元的河南中烟工业公司郑州新郑卷烟厂联合易地技术改造、投资30亿元的郑州电子电器产业园项目、投资20亿元的辅仁药业综合产业园等48个项目实现竣工达产，有力增强了全市工业经济发展的后劲。

郑州市工业稳增长调结构促发展百日攻坚动员会召开

【两化融合】 推进两化融合实验区建设。深入实施《郑州市国家级信息化和工业化融合试验区建设实施方案》和《关于加快信息化和工业化深度融合的意见》，两化融合指数达到全国先进水平。实施“两化融合”示范工程。共认定市级“两化融合”示范企业50家，其中，宇通客车被认定为国家级示范企业，向心力公司等3家企业被认定为国家互联网和工业融合创新试点企业，索凌电器等15家企业被认定为省级示范企业。加快信息消费城市建设。研究制定了《郑州市信息消费发展规划》《郑州市创建国家信息消费示范城市的实施方案》《郑州市关于促进信息消费扩大内需的若干意见》。加快宽带郑州建设，截至2014年年底，郑州市区光缆覆盖率达到100%。推进郑州市国家三网融合试点工作，全市有线电视用户达到120万户。作为首批4G网络建设单位，在全省率先实现了4G商用。

【优化工业投资环境】 一是完善工业政策体系。围绕七大主导产业和谋划的10个千亿级产业集群，研究起草了《郑州市智能终端（手机）产业集群发展实施意见》等10个实施意见。围绕加快战略性新兴产业发展，研究制定了《郑州市新能源汽车充换电基础设施布局规划（2014—2018年）》《郑州市新能源汽车产业发展工作推进专案（2014—2018年）》《郑州市鼓励新能源汽车推广应用若干政策》。二是强化企业服务。制定了《郑州市 2014年企业服务工作实施方案》，完善企业服务问题处理和考核工作机制，建立企业服务联席会议制度，搭建全市企业服务网络平台。组织困难企业认定工作，帮助登电集团水泥有限公司等11家企业认定为河南省2014年度困难企业，争取省相关优惠政策。着力解决企业实际问题，2014年共解决企业反映的各类问题903个，解决总数居全省第一。研究制定郑州市企业减负工作方案，加强涉企收费治理整顿，切实减轻企业负担，优化企业发展环境。三是组织企业参加各类展销推介活动。先后组织河南山谷创新网络科技公司、百年金海科技公司等30家企业参加第十八届中国国际软件博览会，组织天津药业新郑公司、瑞龙制药等56家医药企业参加第七十一届全国药品交易会，组织金苑面业等74家企业参加2014第九届烟台东亚国际食品交易博览会、第八届中国民族商品交易会、第三届中国国际食材博览会等展销会，不断提高企业品牌知名度，拓展销售市场。

【安全生产】 建立健全重大事故隐患登记、报告、整改和结案制度，加强民爆行业安全监管，全年排查各类事故隐患4207项，已整改4152项，事故隐患整改率达到98.7%，控制率100%，无重大隐患。各级责任书签订率100%，在岗人员教育、培训率达到100%，持证上岗率100%。

【工信委系统企业改制和职工劳动保障工作】 一是有序推进系统企业改制工作。加快郑州市机械工业贸易总公司职工全员分流安置、中原制药厂整体划转省投资集团及职工安置工作。研究明确河南开普集团有限公司改制方向。指导郑工机械集团有限责任公司、郑州欧丽电子（集团）股份有限公司改制工作。推进郑州创美纸制品有限公司破产清算工作。解决郑州拖拉机厂、郑州市陇东物业管理有限公司改制遗留问题。二是系统企业职工劳动保障工作。申请192万元资金对本系统11户企业的3428名困难职工进行了救助。筹备、落实重大节日前省、市领导慰问11户困难企业及其特困职工活动，发放慰问金60万元。审核、发放12户困难企业47名在职军转干部生活困难补助资金156.49万元。落实春节、“八一”在职军转干部慰问工作，发放慰问金15万元。审核、申报46户工业企业1.38万名退休人员参加市属国有破产（困难）企业退休人员基本医疗保险。组织开展了1.98万名退休职工1189万元“专项补贴”的申报工作。

【工信部部长苗圩调研郑州市食品工业】 10月31日，工信部部长苗圩带领工信部办公厅主任莫玮、产业政策司司长冯飞、消费品工业司副司长高延敏等到郑州市调研食品工业发展情况。副省长张维宁，省工信厅厅长王照平，省通信管理局局长宋灵恩，市领导孙金献、王跃华等陪同调研。

苗圩一行实地察看了三全食品公司生产车间和自动化立体冷库，详细了解企业整体运营情况，听取了公司信息化建设、企业成长历程、经营现状和发展理念介绍。该公司搭建云计算平台，促进传统业务融合互联网思维拓展市场的试冰之举，以“O2O”模式经营“三全鲜食”的做法引起了苗圩极大兴趣。苗圩认真听取汇报后，对以三全食品公司为代表的郑州市食品行业抢抓机遇、勇于创新、科技引领，将小产品做成大市场，带动国产设备发展的先进经验表示赞赏，对郑州市食品行业在信息化创新领域做出的成绩，取得的经济、社会效益和未来发展方向给予充分肯定。

（牛志永　屈本礼）

七大主导产业

【概况】 2014年，全市36个主要工业行业大类中有32个行业增加值保持增长，行业增长面88.9%。其中，七大主导产业完成规模以上工业增加值2155.3亿元，同比增长13.2%，高于全市平均增速2个百分点，对全市工业增长的贡献率为81.9%，拉动全市工业增长9.2个百分点。

2014年七大主导产业增加值情况

主要行业名称	12月份增加值（亿元）	12月增速（%）	2014年增加值（亿元）	2014年增速（%）
合计	225.2	14.9	2155.3	13.2
汽车及装备制造业	54.4	10.4	544.7	13.8
电子信息工业	61.7	21.6	427.3	23.3
新材料产业	42.2	13.8	440.4	12.2
生物及医药产业	4.1	15.1	34.9	14.5
铝及铝精深加工产业	11.2	9.4	120.8	7.1
现代食品制造业	46.6	13.8	527.0	4.3
家居和品牌服装制造业	4.9	18.5	60.3	8.5

【汽车及装备制造业】 2014年，汽车及装备制造业完成规模以上工业增加值544.7亿元，同比增长13.8%，高于全市平均增速2.6个百分点。重点企业2014年发展情况　海马轿车汽车产量89790辆，同比增长85.8%，完成工业总产值60.6亿元，同比增长123.1%。东风日产汽车产量215474辆，完成工业总产值237.1亿元，同比增长17.9%。郑州日产汽车产量132940辆，同比增长12.4%，完成工业总产值104.8亿元，同比增长14.6%。宇通公司汽车产量59346辆，同比增长2.8%，完成工业总产值236亿元，同比增长6.4%。中铁装备完成工业总产值17.3亿元，同比增长32.7%。新大方完成工业总产值18.9亿元，同比增长10.8%。宇通重工完成工业总产值27.3亿元，同比增长2.3%。

【电子信息工业】 2014年，电子信息工业完成规模以上工业增加值427.3亿

郑州市举行承接家居产业转移对接洽谈暨集中签约活动

宇通新能源客车生产基地

元，同比增长23.3%，高于全市平均增速12.1个百分点。重点企业2014年情况：富士康手机累计产量11890万台，同比增长23.3%，完成工业总产值2119.8亿元，同比增长23.1%。格力电器完成工业总产值95.2亿元，同比增长16%。思维自动化完成工业总产值5.1亿元，同比增长45.8%。新天科技完成工业总产值3.3亿元，同比增长4.1%。

【新材料产业】 2014年，新材料产业完成规模以上工业增加值440.4亿元，同比增长12.2%，高于全市平均增速1个百分点。重点企业2014年情况：富耐克完成工业总产值3.2亿元，同比增长92.2%。四方达完成工业总产值2亿元，同比增长35.4%。振东科技完成工业总产值21亿元，同比增长15.3%。安耐克完成工业总产值21.8亿元，同比增长19.3%。华晶完成工业总产值4.6亿元，同比下降9%。

【生物及医药产业】 2014年，生物及医药产业完成规模以上工业增加值34.9亿元，同比增长14.5%，高于全市平均增速3.3个百分点。重点企业2014年情况：天津药业完成工业总产值4.4亿元，同比增长44.4%。安图生物完成工业总产值4.1亿元，同比增长42.9%。润弘制药完成工业总产值4.4亿元，同比下降3.2%。

【铝及铝精深加工产业】 2014年，铝及铝精深加工产业完成规模以上工业增加值120.8亿元，同比增长7.1%，低于全市平均增速4.1个百分点。重点企业2014年情况：腾达铝业完成工业总产值37.7亿元，同比增长32.2%。明泰铝业完成工业总产值46.1亿元，同比增长15.2%。中铝河南分公司完成工业总产值42.9亿元，同比下降17.9%。

【现代食品制造业】 2014年，完成规模以上工业增加值527亿元，同比增长4.3%，低于全市平均增速6.9个百分点。重点企业2014年情况：思念食品完成工业总产值25.4亿元，同比增长18.6%。三全食品完成工业总产值33.3亿元，同比增长8.6%。河南中烟完成工业总产值448.2亿元，同比增长0.9%。

【家居和品牌服装制造业】 2014年，家居和品牌服装制造业完成规模以上工业增加值60.3亿元，同比增长8.5%，低于全市平均增速2.7个百分点。重点企业2014年情况：娅丽达完成工业总产值2.7亿元，同比增长7.1%。渡森服饰完成工业总产值17.3亿元，同比增长18.4%。泛美服饰完成工业总产值12.9亿元，同比下降2.8%。

（牛志永　屈本礼）

电力工业

【概况】 2014年，国网郑州供电公司紧紧围绕郑州市“三大一中”战略定位和加快推进以“三大主体”工作为主导的郑州都市区建设各项决策部署，以保障电力供应为第一要务，以服务省市重点工程为履责重点，锐意进取、扎实工作，经受住了复杂环境和繁重任务的考验，公司发展总体呈现出势头好、后劲足、可持续的良好局面。郑州供电公司全年发展总投入33.96亿元；完成售电量337.25亿千瓦时；综合线损率4.31%，城市综合电压合格率99.993%，城市供电可靠率99.98%，电费回收率100%；实现连续安全生产4945天，连续10年被评为全国“安康杯”竞赛优胜单位。获得全国电力行业思想政治工作优秀单位、郑州都市区建设三年行动计划先进单位、国家电网公司先进集体等一系列荣誉称号。

【电网建设发展】 2014年，国网郑州供电公司共完成电网建设投资28.3亿元，较上年增加4.3亿元，其中配网投资7.6亿元，增加2.3亿元。完成主网工程23项，新增线路250公里、容量299万千伏安，使网架结构日趋合理，供电能力稳步提升，报装受限区域减少21平方公里。完成配网工程129项，新增配变容量63万千伏安，使配网装备水平得到初步改善。完成农网改造升级工程340项，解决了32条10千伏农网线路重过载和2.8万户居民“低电压”问题。投资1.4亿元，完成技改、大修工程111项，使设备健康水平和供电可靠率不断提升。公司积极配合“畅通郑州”工程建设，完成电力设施迁建工程147项，涉及输配电线路355条，迁移线路58.5公里，入地改造91.3公里，迁改项目投资10.14亿元。

【电力供需完成情况】 发电情况。截至2014年年底，郑州地区共有发电厂20座，装机总容量990.9万千瓦。其中，统（省）调电厂11座，装机容量918.5万千瓦；地方小火电7座，装机容量65.2万千瓦；地方新能源2座，装机容量7.2万千瓦。2014年郑州全市发电量为489.48亿千瓦时。

供电情况。截至2014年年底，郑州地区共有±800千伏换流站1座、500千伏变电站4座、220千伏变电站30座、110千伏变电站159座、35千伏变电站61座。其中国网郑州供电公司运行35千伏—220千伏变电站250座，主变压器489台，变电总容量2836.98万千伏安，35千伏及以上线路772条，长度5197.08公里。

用电负荷情况。2014年，郑州电网最大负荷794.4万千瓦，较2013年下降2.4%。其中市区最大负荷425万千瓦，出现在7月21日，较2013年市区最大负荷增长2.82%，创历史新高。

【郑州市全社会用电量情况】 2014年，郑州市全社会用电量496.85亿千瓦时，较2013年同比降低1.6%。其中，第一产业用电量8.05亿千瓦时，同比提高0.04%；第二产业用电量333.77亿千瓦时，同比降低3.11%；第三产业用电量86.76亿千瓦时，同比提高5.18%；城乡居民用电量68.28亿千瓦时，同比降低2.34%。

【电力营销和供电服务】 2014年，国网郑州供电公司全力服务航空港区发展。为更好地满足港区供电服务需求，公司高标准编制了《郑州航空港经济综合实验区电力专项规划》，为港区电网长远发展奠定了基础；研究编制了港区近远期供电服务机构的设

2014年1月29日，省委书记、省人大常委会主任郭庚茂到国网郑州供电公司慰问

置及实施方案，航空港区客户服务中心于11月6日正式揭牌成立。持续加强标准化营业窗口建设。截至2014年年底，公司共有营业网点139个，营业服务人员826名，其中A级营业厅1个，B级营业厅12个，C级营业厅120个。不断完善配网应急抢修网格化管理体系。市区配电抢修站点由24个增加到32个，抢修半径缩短近1公里。不断拓展交费渠道。新增城市收费网点和交费终端209个、"村村通"交费网点665个。服务"美丽郑州"建设。倡导使用清洁能源，积极推广热泵、"双蓄"、轨道交通、电动汽车等新技术应用，有力促进节能减排；规范光伏发电等分布式电源并网服务，累计并网18户、容量9.72兆瓦。完成了习近平总书记来郑、拜祖大典等151次重大活动和重要节日的保电任务。

【安全生产】 2014年，国网郑州供电公司全力确保电网安全稳定运行，不断加强电力设施保护工作力度。在郑州市电力设施和电能保护工作领导小组的领导和支持下，扎实开展"六打六治"打非治违专项行动，坚持监控盯防与清理整治并举，制止违章施工行为284次，拆除违法建筑73处，输配电跳闸减少20条次，电力设施保护力度不断加大。高度重视城市电网安全应急管理，精心筹备，与市政府应急办共同承办了国家能源局部署的郑州市大面积停电应急综合演练，提高了政府部门和社会公众对供电安全重要性的认知度，提升了全社会多部门协同应急处置能力。

【依法治企】 2014年，国网郑州供电公司持续深化人财物集约化管理。完成超职数配备干部整改消化任务，对部分缺员岗位进行补充。强化综合计划和预算执行跟踪监控，预算执行率居全省首位，内控风险管理全面加强。严格执行"八项规定"，深入开展协同监督和专项治理，办公用房清理整改全面完成。配合完成了国家审计署专项延伸审计、国家电网公司依法治企综合检查"回头看"等重要迎审任务，审计发现的问题得到有效整改。

2014年8月22日，省委常委、市委书记吴天君到商都路充换电站调研

【科技创新】 2014年，国网郑州供电公司大力实施创新驱动发展战略，推动企业创新发展。共获得河南省科技进步奖3项、省公司科技进步奖9项；获得专利135项；QC成果获国优1项、省优5项。公司管理创新获省企业联合会一等奖。不断优化信息通信网络，完成公司调度大楼光缆双路径改造及146个站点计算机网络设备迁移和调整，"七大五小"信息系统在县公司实现全面覆盖，使县公司的信息化管理水平获得显著提升。

（王 博）

食品工业

【概况】 2014年，郑州市食品行业紧紧围绕市委、市政府"全国找坐标、中部求超越、河南挑大梁"的总体要求不断推进产业优化升级，强化重点项目建设，保持了平稳健康发展，形成了创新引领、结构优化、布局合理、特色明显、优势突出的现代食品工业体系。2014年，全市规模以上食品工业企业总数188家，完成增加值527.02亿元，同比增长4.3%，对全市工业增长的贡献率为4.3%，拉动全市工业增长0.5个百分点。实现销售产值1148.31亿元，同比增长4.4%。截至2014年年底，三全、思念、好想你、金星等7个企业的9个产品获得"中国驰名商标"称号，22个产品获得"河南省著名商标"称号。

2014年主要产品产量：小麦粉产量239.26万吨，下降6.5%；精制食用油产量43.77万吨，增长12.6%；速冻米面食品产量124.96万吨，增长12.2%；方便面产量30.16万吨，增长4.7%；啤酒产量54.27万千升，下降9.1%；软饮料产量300.4万吨，下降11.9%；卷烟产量1733.25亿支，增长1.2%。

【行业特点】 产业升级不断加速，行业优势越发凸显。2014年，郑州市小麦粉产量位居全省首位，以三全、思念为代表的速冻食品行业，产品全国市场占有率达到60%以上；以白象、康师傅为代表的方便面行业，全国市场占有率达到20%；以好想你、帅龙为代表的枣类加工行业，产量稳居全国第一；以"黄金叶"为明星产品的河南中烟已成为长江以北最大的卷烟生产基地。

企业规模不断壮大，创新能力不断提高。优势企业积极实施兼并重组，加快规模扩张，扩大市场份额。三全食

省、市领导在三全公司调研

品成功收购龙凤食品，2014年在全国速冻食品行业市场占有率达到30%以上，巩固了企业全国速冻食品行业“排头兵”、全市食品工业“领头羊”的地位。创新能力不断增强，截至2014年年底，郑州市食品企业拥有国家级技术中心2家，省级技术中心18家，市级技术中心22家。三全公司拥有国内同行业唯一的博士后科研工作站。

集聚框架已经形成，产业布局更加优化。不断加大食品产业集聚区规划建设力度，大力支持重点食品产业集聚发展，分别在惠济经济开发区、马寨食品工业集聚区、新郑中原食品工业园、郑州经开区内形成了以冷冻食品、果汁饮料、方便休闲食品、面制品、油脂加工及相关配套产业为主的特色园区。食品工业园区集聚发展拉动全市食品工业成效显著，2014年园区内企业销售收入约占全市食品工业的60%。

重点项目实现突破，行业发展后劲加大。中粮、中储粮、双汇、雏鹰农牧、益海嘉里等一批重点项目相继完工投产；顶新国际集团扩大再投资项目、河南花花牛年产40万吨乳制品项目、好想你中国红枣综合基地项目进展顺利。重大项目的陆续建成达产，将有力支撑郑州市食品工业可持续发展。

【食企政策扶持】 做好2013年食品工业财政补贴扶持资金的申报审核工作，按照《中共郑州市委 郑州市人民政府关于实施工业经济“三年倍增五年超越”计划加快推进新型工业化的意见》（郑发〔2012〕17号）等文件精神，经企业申报、县（市）区初审、专家评审会议评审等程序，并深入企业实地考察，评审确定并落实财政奖补资金共计419.9万元。按照“培内与引外并重”的原则，根据市政府部署，重点培育包括三全、思念、白象、雏鹰在内的100家对全市工业经济发展起示范引领和带动作用的龙头骨干企业。通过调研、座谈，深入了解企业发展规划、意见建议等情况，撰写“一企一策”培育专案，支持企业加快做大做强，将其打造成为具有国际影响力、国内辐射力、国内外资源整合力的郑州市工业战略性企业。

【食品诚信体系建设】 （1）根据省工信厅、市委市政府要求，组织企业参加全省和全市2014年食品安全宣传周启动仪式。组织郑州市消费者、媒体记者等代表在三全食品开展了2014年市工信委食品安全宣传周主题日活动。通过三全食品这张名片宣传和展示了郑州市食品企业在生产加工能力建设、新产品研发水平提升、质量安全保障能力建设和履行社会责任等方面的措施及成效，增强消费者对于食品安全的信心。（2）根据省工信厅通知要求开展乳制品生产企业奶源基地建设情况、白酒企业生产销售情况等重点行业专题调研，摸清行业发展情况和制约企业发展的瓶颈问题，进一步推动行业健康有序发展。（3）向各县（市）区工信部门及企业发放诚信管理体系相关资料、书籍和光盘，加强指导教育企业提高对食品安全的认识，强化企业自律意识和责任意识。

【重点项目建设】 （1）河南花花牛生物科技有限公司年产40万吨乳制品项目。占地约23.33公顷，总建筑面积约27万平方米，一期建设日加工能力500吨的中高端功能性发酵乳制品，二期计划建设日加工能力700吨中高端常、低温乳制品及奶粉生产线。项目一期已建成投产，办公楼、宿舍、餐厅投入使用，花花牛总部已迁入办公。（2）顶新国际集团扩大再投资项目。计划投资21亿元，占地约20公顷，总建筑面积约39万平方米，一期建设方便面生产线24条，二期建设无菌饮料生产线12条、矿物质水生产线4条。项目一期已建成投产。（3）光明乳业日产300吨酸奶项目。占地6.67公顷，计划投资3.5亿元。项目进展顺利，车间主体已完工，正在进行设备调试。

（康新　郜峰）

煤炭工业

【概况】 2014年，全市煤炭行业以推进煤矿安全重点县（市）遏制重特大事故攻坚战为总目标，以“抓改革、强管理、保安全、促发展”为总基调，以网格化长效机制管理为总抓手，健全体制机制，夯实基层基础，煤矿“四化”建设和现场管理水平得到显著提升，连续4年杜绝了重特大事故。郑州市辖区共有煤矿196家，设计生产能力5775万吨/年。其中，省骨干煤炭企业直属煤矿37家，兼并重组煤矿114家，比照省骨干煤炭企业安全管理6家，地方保留煤矿39家。2014年全市煤炭产量2609万吨，同比下降17.4%，实现产值92.2余亿元，完成煤炭工业增加值28.5亿元，较好地完成了产量控制任务，为全市经济社会保持健康发展做出了重要贡献。

【煤矿安全监管】 2014年，全市各级煤矿安全监管部门深入推进煤矿遏制重特大事故攻坚战。把国家部署开展的重点产煤县（市）遏制重特大事故攻坚战作为安全生产的治本之策，制定了安全质量标准化、机械化、信息化、隐患排查治理、隐蔽致灾因素普查、教育培训等6项重点任务专项推进实施方案，强力推进。建立隐患“双倒查”制度。隐患是煤矿事故产生的根源，为有效减少隐患产生，降低事故概率，在全市推行隐患“双倒查”制度，对隐患产生原因和责任进行双倒查，共倒查隐患2000多条，追究责任人员1000多人次，罚款20余万元。建立风险预控体系。按照“简单、实用、有效”的原则，经过复工复产验收的82家煤矿已全部建立风险预控体系，现场管理、精细化作业得到显著提升，违章作业、违章指挥显著下降，初步实现了源头预防、过程控制，有效提升了煤矿企业安全生产管理水平。2014年，全市集中开展了4次安全大检查和“一通三防”、雨季“三防”及防治水、高突矿井、教育培训等专项检查，共查处安全隐患8000多条。

【瓦斯和水害治理】 以中国矿业大学专家技术团队为技术支撑，建立了郑州市煤矿安全生产技术研究中心，在登封市新丰煤矿建立了郑州市煤矿瓦斯实验室。全市地方煤矿共完成瓦斯抽采1031万立方米，利用626万立方米。积极推行“物探先行、钻探

煤矿生产安全监控平台

验证”的防治水原则。按照攻坚战要求，大力开展隐蔽致灾因素普查工作，全市共投入各项资金达3371.1万元，96家煤矿开展并完成了煤矿隐蔽致灾因素普查报告，建立了10家水害普查示范矿井和8家瓦斯治理示范矿井。

【煤矿事故】 2014年，全市地方煤矿共发生死亡事故2起，死亡5人，百万吨死亡率0.19，死亡人数和百万吨死亡率分别低于市政府下达的控制指标64%和42.5%，连续4年杜绝了重特大以上煤矿事故发生，煤矿安全生产形势保持了稳定向好的态势。

【安全质量标准化建设】 郑州市地方煤矿全部推广安装了安全质量标准化信息管理系统软件，实现了省、市、县、企业联网运行，质量标准化建设取得了显著效果。全市符合生产条件的34家地方煤矿全部达到国家三级标准，其中达到国家一级7家，占25%；国家二级27家，占61%。登封市金岭煤业是全省第一家、也是唯一一家地方煤矿获得一级“五优”矿井荣誉称号，实现了“五优”矿井创建零突破。

【从业人员教育培训】 2014年，全市地方煤矿共完成培训3.6万余人次，其中发放安全培训合格证3.2万余人；完成煤矿特种作业人员考核1661人，一线安全监督员培训考核594人；完成职业技能鉴定考核1165人，煤矿从业人员素质明显提升。6个地方主体煤炭企业和1家单独保留矿井分别建成培训实操基地。

【行政审批改革和打非治违工作】 按照“五单一网”权力清单要求，对照市煤炭局职责，对每一项行政许可事项进行规范、公开，明确办理时限、程序、责任等，进一步优化工作流程，规范职责履行，推进法治机关建设。

打非治违方面开展不间断督察和执法检查，全年共督察煤矿500余矿次，立案查处煤矿9家，罚款16万元，安全生产秩序得到进一步规范。

【煤炭运销管理】 严格执行煤炭运输计划申报制度，做好煤炭运输计划的受理上报工作，全年共上报铁路运输计划375万吨。积极参与组织煤炭产运需衔接，确保迎峰度夏和度冬保电等用煤高峰期省、市煤炭稳定供应。2014年迎峰度夏和度冬保电期间，协调全市10家煤炭经营企业和省、市电力企业签订电煤保供合同30万吨，基本满足了省、市电煤供应。

（于宏强）

烟草工业

【概况】 2014年，郑州市烟草局坚持把卷烟经营作为重中之重，尊重和把握市场规律，组织适销对路货源，全年购进卷烟39.61万箱，同比增加1869箱。密切关注市场变化，及时调整营销思路，优化“135”工作法，突出品牌培育，实施精准营销，强化中华、天叶、国酒香等高价位牌号管理，较好地实现均衡销售。全年累计销售卷烟突破40万箱，达到40.28万箱，同比增长4.67%，其中三类以上卷烟销售比重达到89.42%，销量同比增长6.26%；销售“双十五”重点牌号卷烟34.18万箱，同比增长6.75%；单箱销售收入（不含税）24725元，同比增长4.7%；卷烟销量及销量增幅分别排在36个重点城市的第 11位和第5位，较上年分别前移1 位和6位。严格依照劳动合同法和企业发展规划，顺利完成城区客户经理置换工作，为企业发展注入活力。网建水平明显提升，网上订货率达到87.5%，电子结算成功率达到96.8%。积极实施物流非法人实体化运作，优化整合配送资源，打造精益物流，完成包装箱重复利用任务，受到省烟草局（公司）表扬。大力推进新物流中心建设，与河南中烟黄金叶制造中心达成工商一体化物流建设协议，项目筹建有序推进。严守烟叶生产红线，严格产购合同管理，全年种植烟叶0.67千公顷，收购烟叶9200担。

【专卖管理】 2014年，市烟草局积极创新市场监管模式，推进“队部合一”试点工作，完善专销结合机制，有效提高市场控制能力。推行APCD工作法，促进市场监管从“被动粗放”向“主动精准”转变。扎实开展节假日、“雷霆·亮剑”等专项整顿活动，查处违规商户2361户。加强对物流运输等重点环节的监管，严厉打击涉烟违法犯罪行为。发挥12313举报电话功能，处理投诉举报5206起。以提高持

郑州市烟草首个自营店开门迎客

2014年6月3日，副省长张维宁到郑州市公司开展工作调研

证商户率为重点，简化办证手续，治理无证经营，辖区持证商户明显增加。强化内部监管，实行“一案双查”，严格查处卷烟经营过程中的违规违纪行为，维护卷烟经营秩序。保持打假高压态势，健全打假破网目标管理责任制，完善与政府部门的联合办案机制，加强区域协作，构建情报网络，密切关注制售假烟新动向，坚持露头就打，成功侦办“6·01”“9·12”“5·02”3起符合国家局标准的制售假烟网络案件。全年共查处各类涉烟违法案件1714起，其中5万元以上案件13起，查获违法卷烟1737件，拘留18人、逮捕2人、判刑33人。

【企业管理】 2014年，加强考核体系建设，强化目标运行监控预警，坚持月度经济运行分析，提高经济运行质量，引入和推进精益管理，突出抓好对标管理，7项对标指标排在36个重点城市前16位。按照“应招尽招，真招实招”的要求，认真组织招标采购工作，全年242个招标采购项目均未发生违规问题，保持着无质疑纪录。严格预算管理，严控费用开支，有效降低成本，三项费用率达到5.55%，同比下降0.59个百分点。强化国有资产管理，盘活闲置资产，依法依规运作，顺利完成科技培训楼招租工作。积极发挥审计监督职能，深入开展内部审计，狠抓各项制度落实，全年完成审计项目54个，审减金额74万元，被河南省内审协会授予“内部审计先进集体”称号。认真落实国家局、省烟草局关于全面推进法治烟草建设的意见和要求，深入开展“三创三征”活动，法治烟草建设取得新进展。统筹推进高清视频会议系统建设，搭建物流综管平台，推广客户经理移动信息平台，信息化与经营管理进一步深度融合。坚持“安全第一，预防为主，综合治理”的方针和“谁主管，谁负责”的原则，落实安全生产责任制，切实做到“四个到位”，推进安全生产标准化建设，突出抓好安全检查，百分之百整改隐患，实现了全年安全生产无事故，被省消协表彰为河南省2014年消防安全先进单位。切实抓好信访稳定工作，企业发展大局持续稳定。

【队伍建设】 2014年，市烟草局扎实开展党的群众路线教育实践活动，严格执行中央“八项规定”和国家局党组“九条要求”，着力纠正“四风”问题，会议费、业务招待费、宣传促销费分别下降88.38%、13.38%、51.92%。切实加强党组自身建设，自觉当好“五个表率”，抓好班子、管好干部、带好队伍、搞好经营，党组的战斗堡垒作用进一步发挥。加强思想政治工作和企业文化建设，持续开展“四个三”教育活动，构建感恩文化宣贯体系，锻造一支“知足感恩、尽责奉献”的员工队伍，行业风气一路向好。深入推进党风廉政建设和政风行风建设，认真落实“两个责任”，健全制度、强化监督、严格执纪，全年查办违规违纪行为6起，行政处分29人，诫勉谈话15人，民主评议政风行风的综合得分排在全市第13位。深化人事劳资改革，出台《劳动人事管理暂行办法》，着力打通职工晋升成长通道，解决了“干与不干一个样、干好干坏一个样”的分配弊端。认真落实离退休工作有关政策，办好老年大学，搞好联系服务，提高活动质量，老干部工作有声有色。精心筹备、高标准运作，顺利完成了航空港区分局（分公司）的组建工作，打造了郑州烟草新的增长极。积极探索多元化经营新路子，嵩山路自营店顺利开业运营。依法组建工会，成功召开第一次职工代表大会，企业民主管理迈出了新步伐。

（唐加强）

22 郑州航空港经济综合实验区（郑州新郑综合保税区）管理委员会
26 郑州经济技术开发区管理委员会
28 郑州高新技术产业开发区管理委员会
30 河南郑州出口加工区管理委员会
32 中共巩义市委 巩义市人民政府
34 中共新密市委 新密市人民政府
36 中共登封市委 登封市人民政府
38 中共新郑市委 新郑市人民政府
40 中共荥阳市委 荥阳市人民政府
42 中共中牟县委 中牟县人民政府
44 中共金水区委 金水区人民政府
46 中共二七区委 二七区人民政府
48 中共管城回族区委 管城回族区人民政府
50 中共中原区委 中原区人民政府
52 中共惠济区委 惠济区人民政府
54 中共上街区委 上街区人民政府
56 区域图片荟萃

郑州航空港经济综合实验区

2014年9月29日，全国人大常委会副委员长、民革中央主席万鄂湘率民革中央调研组调研郑州航空港经济综合实验区建设情况

2014年3月29日，全国人大农委主任陈建国到郑州航空港经济综合实验区调研

2014年11月3日，全国人大财经委副主任委员徐光春调研郑州航空港经济综合实验区建设情况

2014年2月25日，省委书记、省人大常委会主任郭庚茂，省长谢伏瞻等省领导到郑州航空港经济综合实验区调研

2014年9月2日，省长谢伏瞻在丹麦首都哥本哈根考察期间，与马士基集团总裁安仕年共同出席郑州航空港实验区与丹马士物流公司的战略合作协议签字仪式

2014年11月18日，人力资源和社会保障部副部长、国家外国专家局局长张建国出席“中国郑州航空港引智试验区”揭牌仪式

2014年3月27日，工信部副部长刘利华一行调研郑州航空港经济综合实验区

（郑州新郑综合保税区）管理委员会

2014 年 3 月 21 日，海关总署副署长孙毅彪在郑州航空港区调研

2014 年 4 月 18 日，中国民用机场协会理事长、中国民航局原副局长夏兴华考察郑州机场二期建设工程和航空港实验区部分企业

2014 年 11 月 18 日，常务副省长李克、市委书记吴天君、正威国际集团董事长王文银出席正威智能手机产业园投资协议签约仪式

2014 年 2 月 26 日，省委常委、省纪委书记尹晋华带领相关部门负责人到航空港实验区调研经济建设和党风廉政建设情况

2014 年 4 月 30 日，省委常委、市委书记吴天君到航空港实验区调研指导

2014 年 5 月 29 日，市长马懿出席苏宁云商签约仪式

郑州航空港经济综合实验区

2014 年 10 月 22 日，苹果公司 CEO 蒂姆 · 库克参观富士康员工活动中心

2014 年 12 月 27 日，市委副书记、航空港实验区党工委书记胡荃，实验区管委会主任张延明出席河南进口肉类指定口岸项目开工仪式

第八届中国（河南）国际投资贸易洽谈会主活动之一——郑州航空港实验区重大招商项目对接和签约仪式在郑州国际会展中心轩辕堂举行

2014 年 5 月 5 日，航空港实验区与世界知名航空经济专家约翰 · 卡萨达教授签署协议，正式聘请其为首席顾问

航空港实验区兰河公园恩平湖广场

航空港实验区内的智能手机产业园

（郑州新郑综合保税区）管理委员会

航空港实验区合村并城项目

位于航空港实验区内的郑州富士康总部

中国（郑州）国际商品交易中心在郑州航空港经济综合实验区揭牌并正式投入使用

贰仟家汽车物流园紧邻四港联动大道，项目规划涵盖汽车配件仓储中心、物流分销中心等多业态

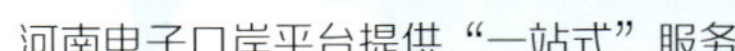
河南电子口岸平台提供“一站式”服务

机场二期工程主楼区域施工现场

郑州经济技术开发区管理委员会

2014年5月10日，中共中央总书记、国家主席、中央军委主席习近平在郑州经开区考察

2014年12月14日，中共中央政治局委员、国务院副总理马凯在经开区郑煤机、恒天重工调研

2014年7月9日，省委书记、省人大常委会主任郭庚茂，省长谢伏瞻视察E贸易韩国馆

2014年11月4日，市委书记吴天君视察经开区重点项目推进情况

2014年12月15日，经开区党工委书记、管委会主任崔绍营带队赴国际物流园区调研

2014年6月19日，经开区党工委副书记、管委会常务副主任史占勇调研辖区生态水系工程建设情况

E贸易进口商品体验馆

保税物流中心大门

海马汽车厂区鸟瞰图

郑欧班列开行第100列

东风日产厂区图

中大门直购体验中心

中铁隧道装备制造有限公司盾构机组装车间

重大项目分布图

经开区航拍图

郑州高新技术产业开发区管理委员会

2014年7月30日，市委书记吴天君、市长马懿到高新区调研指导工作

2014年5月8日，市委书记吴天君到高新区调研指导工作

2014年3月28日，高新区管委会主任赵书贤与甲骨文公司有关负责人为公司揭牌

高新区管委会

行政审批服务中心

众创空间

郑州高新技术产业开发区管理委员会

大学科技园东区

竞

电子电器产业园

广告产业园

园区一角

生态廊道

优美的生态环境

河南郑州出口加工区管理委员会

2014年9月10日，市委书记吴天君在加工区调研

2015年4月10日，市委副书记、市委秘书长胡荃在加工区B区视察指导工作

2014年10月16日，郑州经济技术开发区党工委书记崔绍营现场指导路庄拆迁工作

2014年2月21日，郑州经济技术开发区常务副主任史占勇在加工区调研

2014年11月18日，加工区管委会副主任梁安东出席中国中部（郑州）进出口商品馆开馆仪式

管委会组织人员到新密市袁庄乡郑冲村进行扶贫慰问

河南郑州出口加工区管理委员会

加工区跨境贸易电子商务唯品会项目

B区整体鸟瞰效果图

B区主卡口设计效果图

B区建设项目研讨会

优传企业红酒展示区

河南科隆公司工作场所

华晶精密制造有限公司

中共巩义市委 巩义市人民政府

2014 年 7 月，市委书记徐相锋察看凉水泉水库

2014 年 7 月，市委书记徐相锋看望贫困户

2014 年 8 月，市长孙淑芳到北山口镇调研

河南威佳汽车集团巩义汽车专业交易中心奠基仪式

群众学习绘画

防治碘缺乏日宣传活动

巩登旅游路申沟北至公川段 9.4 公里升级改造工程完工

开展农机“再补贴”

丰收的喜悦

首家商贸综合体
——万洋国际商贸城

河南华西锂电7亿安时锂离子动力电池项目主要设备进行安装调试

巩义市同创电子器材有限公司投资的逆变铁芯变压器生产线建成投产

民权新村

退耕还林

戏迷唱响青龙山

中共新密市委 新密市人民政府

超化新区鸟瞰图

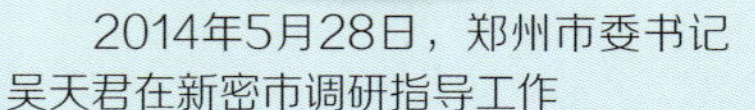

2014年5月28日，郑州市委书记吴天君在新密市调研指导工作

2014年5月14日，郑州市市长马懿在新密市调研指导工作

省公安厅在新密市召开“一村一警”工作现场会，总结推广新密市工作经验

郑州酷派电子设备有限公司

郑州尖岗水库（“南水北调”丹江口水库水源）“引水入密”工程开工建设

郑州康宁特环保装备有限公司

新密市车站首列“耐材专列”开行

郑登快速通道新密段建成通车

中共新密市委 新密市人民政府

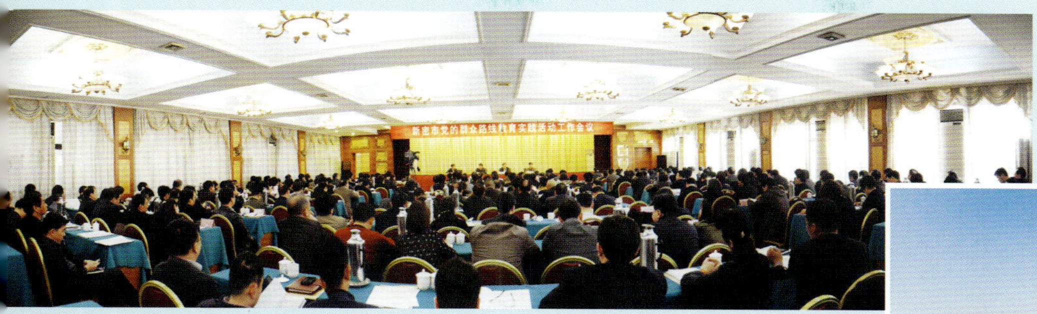

召开党的群众路线教育实践活动工作会议

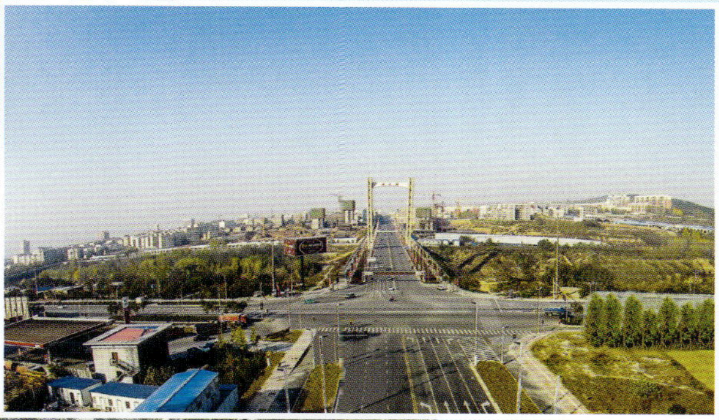

溱水路东延与密州大道十字景观大道建设

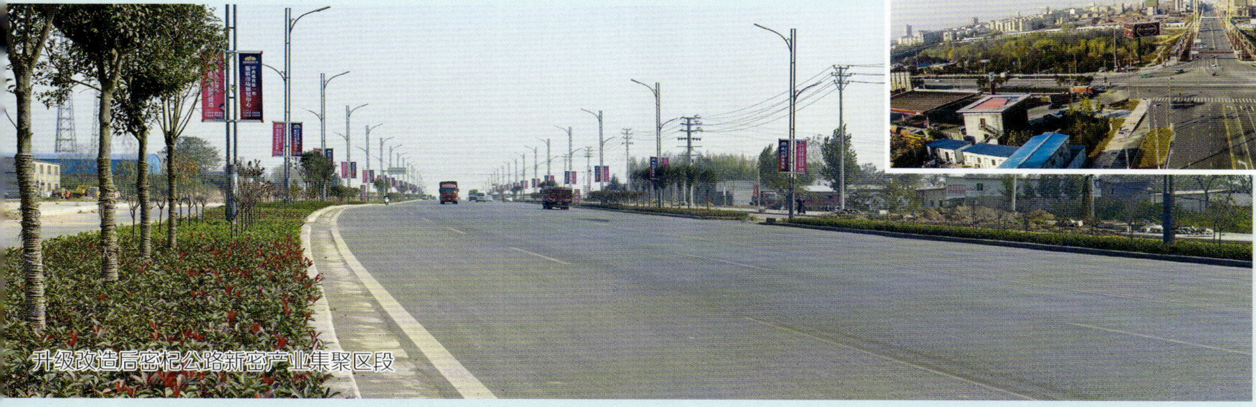

升级改造后密杞公路新密产业集聚区段

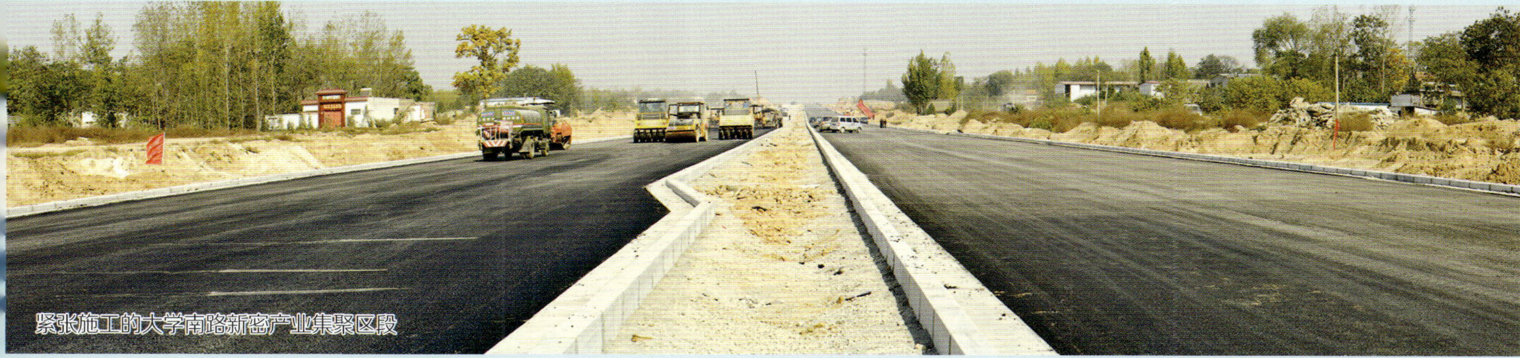

紧张施工的大学南路新密产业集聚区段

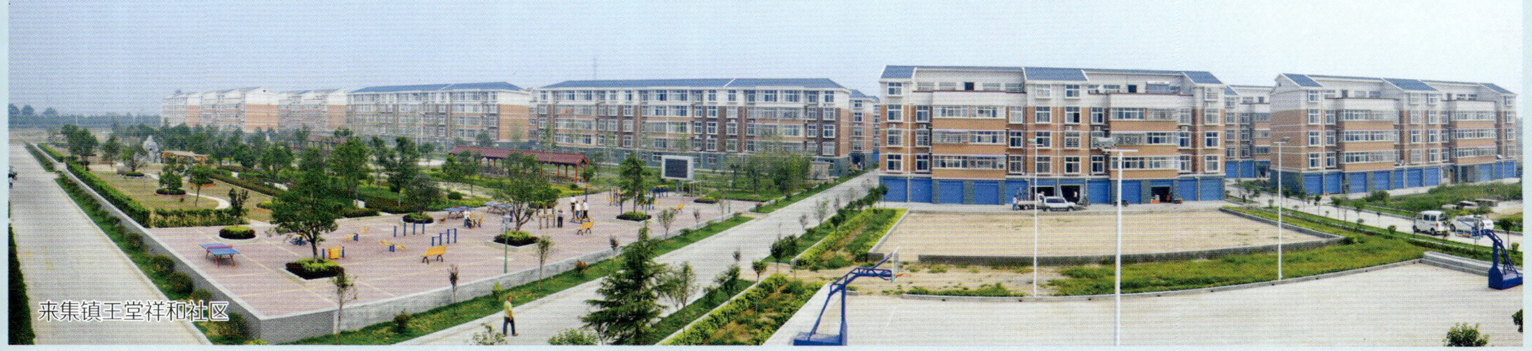

来集镇王堂祥和社区

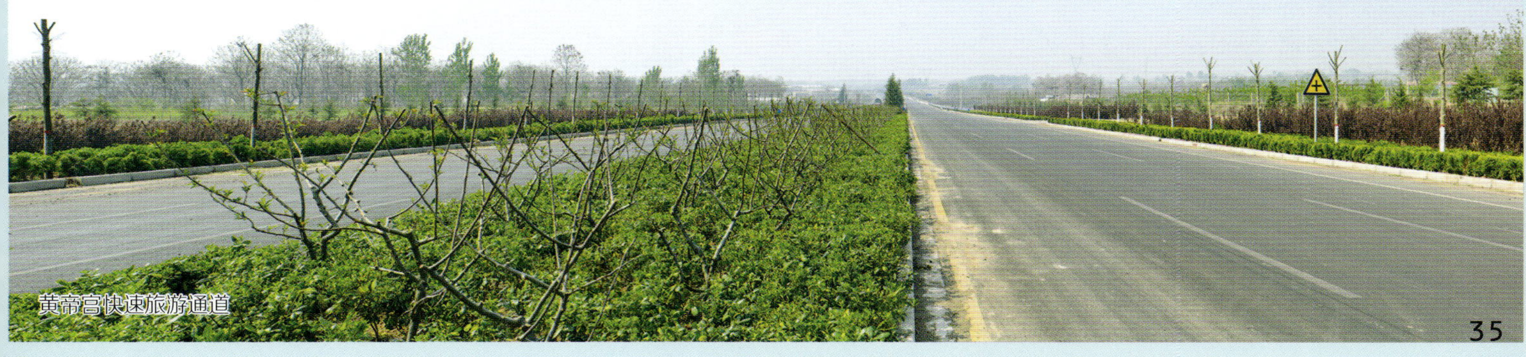

黄帝宫快速旅游通道

中共登封市委 登封市人民政府

2014年3月9日，省委常委、郑州市委书记吴天君视察登封市林业生态建设工作

2014年8月24日，副省长张广智在嵩山论坛闭幕式上致闭幕词

2014年8月7日，郑州市市长马懿调研登封市抗旱情况

建成后的新店安置区

嵩阳煤机项目

位于登封产业集聚区的河顺自动化项目

位于登封产业集聚区的新登中瓷项目

位于登封产业集聚区的中岳科技

位于登封新区的中强学校投入使用

登封产业集聚区起步区外景图

位于登封新区的创佳紫薇城

位于登封新区的福佑路

第十六人民医院

亚力山卓家具项目奠基仪式

登封国际商贸城竣工

中大国际家居建材城开业

中国郑州国际少林武术节开幕式

建设中的中禾广场

施工中的朝阳沟特大桥

中共新郑市委 新郑市人民政府

常刘中心社区

孟庄镇群众在鸡王社区开展文化活动

2014甲午年黄帝故里拜祖大典

新郑市薛店镇华润雪花啤酒（河南）有限公司新建厂房雏形初现

新郑市君源生态农业科技有限公司蔬菜温室

新郑新城一角

轩辕湖湿地文化园里的无线网络覆盖

中共新郑市委 新郑市人民政府

华南城建设

华南城污水处理厂竣工

阳光社区

达利产品

戏迷擂台赛

桑乐太阳能生产车间

天津药业生产车间

工作人员为前来办理小额贷款的群众服务

新华路便民服务中心

游客在黄帝故里景区游览

确立"三园三区三带"现代农业发展格局，形成大枣、畜牧、粮油三大主导产业，蔬菜、杂果、花卉苗木三大特色产业

中共荥阳市委 荥阳市人民政府

2014年3月4日，省委常委、纪委书记尹晋华在荥阳调研党风廉政建设工作

2015年5月19日，省政协副主席钱国玉在荥阳调研大气污染防治工作

2014年7月16日，郑州市委副书记、政协主席王璋在荥阳视察黄河防汛工作

举办依法行政大讲堂

市人民医院扩建工程奠基

特色商业街效果图

万山地质文化产业园鸟瞰图

粗具规模的五洲国际工业品博览城

五洲国际工业品博览城进行招商

郑州南车轨道交通装备造修基地奠基

郑州南车轨道交通装备造修基地签约仪式

沿黄快速通道荥阳段建成

改造后的王村一小

假日休闲好去处——农夫乐园

中共中牟县委 中牟县人民政府

2014年2月26日，省纪委书记尹晋华到中牟县国家农业公园及汽车产业集聚区调研

华夏历史文明传承创新示范区签约现场

国家农业公园农业嘉年华

郑庵镇春晖社区小学

元宵节民间文艺大赛

河南万邦国际农产品市场

姚家镇镇区社区

绿博 1 号安置区建设

绿博 2 号安置区建设

中牟汽车产业集聚区污水处理厂

贾鲁河生态治理

中牟国家农业公园

四牟园

中共金水区委 金水区人民政府

2014年1月29日，省委书记、省人大常委会主任郭庚茂到省委社区调研

2014年4月17日，省长谢伏瞻到国家知识产权创意产业试点园区调研

2014年5月21日，市委书记吴天君到花园路街道办事处通信社区调研

2014年5月30日，市长马懿出席亚美迪签约仪式

2014年1月27日，区委书记郑灏东察看年前市场

2014年1月30日，区长陈宏伟查看便民服务站建设

2014年4月29日，区人大常委会主任、党组书记薛燕带领驻区市、区两级人大代表对《消防法》实施情况进行执法检查

2014年8月8日，区政协主席武建民带队视察国家卫生城市复审重创工作

金水科教园区道路建设奠基

金水（获嘉）产业新城项目奠基

金水区大学生创业园开园

开展平安夜人员密集场所安全生产检查

新建成地面立体停车场

开展义诊活动

第二届金水群众文化艺术节舞蹈大赛

金水区主办的第二届中国郑州（国际）街舞大赛

中共二七区委 二七区人民政府

2014年6月24日，全国人大常委会原副委员长、中国关工委主任顾秀莲莅临二七区参观考察社会主义核心价值观教育实践活动开展情况

2014年6月27日，济南军区副司令员陈照海参观考察新大方公司

2014年5月30日，省委副书记邓凯到二七区参加庆“六一”活动

2014年2月22日，省委常委、市委书记吴天君参加郑州市十四届人大一次会议二七代表团审议

2014年8月7日，省委常委、宣传部部长赵素萍到二七区调研精神文明建设

2014年7月11日，市长马懿视察二七区防汛工作

2014年12月16日，市委副书记、市政协主席王璋视察二七区“创文”工作

2014年11月28日，市人大常委会主任白红战到二七区视察辖区市场环境整治工作

2014年11月7日，市委常委、组织部部长高建慧到二七区调研社区党建和村级组织换届工作

2014年11月28日，市委常委、常务副市长孙金献到二七区视察工作

2014年1月22日，市委常委、宣传部部长王哲走访慰问低保户

2014年6月20日，市委常委、统战部部长王跃华到小赵砦社区调研群众工作队工作

2014年3月7日，市委常委、副市长张建慧视察二七区三环生态廊道建设情况

2014年12月25日，副市长刘东到二七区察看办公电脑正版软件使用情况

2014年1月4日，区委书记蔡红慰问辖区优抚对象

2014年4月21日，区长陈红民视察陇海路高架桥建设工作

河南省最大棚改项目铁道家园项目一期工程封顶

项目开发签约仪式

商贸业高速发展

陇海大院 爱心接力

中共管城回族区委 管城回族区人民政府

2014年7月31日，全国政协副主席、全国工商联主席王钦敏莅临金岱产业集聚区调研

2014年4月16日，省委常委、市委书记吴天君率观摩团莅临金岱产业集聚园区观摩指导工作

2014年6月25日，国家中医药管理局副局长吴刚调研辖区中医药健康服务业

2014年3月16日，省民委主任彭亚平在辖区视察民族团结进步创建工作

2014年10月15日，市委常委、常务副市长孙金献，副市长张俊峰一行在辖区调研内环地区有机更新工作推进情况

2014年3月19日，区委书记袁三军、区长虎强调研南三环生态廊道建设

省委党的群众路线教育实践活动督导组在管城调研

区四大班子领导调研新型城镇化建设

中共管城回族区委 管城回族区人民政府

金岱工业园区

河南光谷电商产业园鸟瞰图

东大街夜景

永恒·理想世界园林效果图

天荣项目效果图

源升金锣湾项目

郑州商城遗址

美景鸿城项目效果图

中共中原区委　中原区人民政府

2014 年 8 月 13 日，省委常委、市委书记吴天君、市长马懿到北卧龙岗视察安置房建设

2014 年 8 月 8 日，省委常委、宣传部部长赵素萍到中原万达广场调研“创文”工作

2014 年 6 月 18 日，国家地震局副局长修继刚到二砂厂区调研

2014 年 7 月 11 日，省卫计委主任李广胜到风和日丽社区调研

南水北调中原区段供水干渠

2014 年 7 月 22 日，区委书记王万鹏调研中原新区建设情况

2014 年 3 月 31 日，区长王鸿勋调研重点项目建设

区政府与绿地控股集团合作项目签约

中原新区招商项目签约

锦艺国际轻纺城

中原西路生态廊道

奔驰汽车文化广场项目

中共惠济区委 惠济区人民政府

2014 年 12 月 5 日，农业部副部长余欣荣视察毛庄蔬菜基地

2014 年 9 月 2 日，市委书记吴天君、市长马懿、市人大常委会主任白红战等视察岗李村安置房建设

2014 年 7 月 30 日，市委书记吴天君带领观摩团到惠济区观摩

2014 年 6 月 30 日，市委书记吴天君参加全市棚户区改造及安置房建设观摩会

2014 年 7 月 7 日，市委书记吴天君调研黄河防汛工作

2014 年 8 月 27 日，市委书记吴天君视察京广快速路北延工程

2014 年 5 月 29 日，市长马懿调研大运河申遗工作

2014 年 10 月 29 日，副市长张俊峰到惠济区调研道路建设工作

2014 年 12 月 30 日，区委书记王东亮到刘寨视察粮运社区棚户区改造

2014 年 10 月 13 日，区委书记王东亮视察国家卫生城市复审重创工作

2014 年 11 月 27 日，区委书记王东亮、区长黄钫视察老鸦陈村拆迁工作

2014 年 4 月 2 日，区长黄钫调研卫生工作

区长黄钫教师节进行慰问

国务院质量工作考核组到三全公司检查食品安全工作

举办 2014 年“郑州慈善日”活动启动仪式

中共上街区委 上街区人民政府

2014 年 9 月 13 日，省长谢伏瞻视察通航试验区并观看飞机特技飞行表演

2014 年 7 月 4 日，市委书记吴天君观摩新型城镇化建设

2014 年 4 月 15 日，市长马懿带领市观摩组对区产业集聚区、重点项目建设情况进行观摩

欧凯龙建材家具采购中心

央视《新闻联播》播出上街区创新设立网格服务站等经验做法

完成“五湖一河一库”生态水系东虢湖建设

“郑州一号”穆尼飞机下线

五云社区被评为河南省全民健身示范区试点单位

完成“五湖一河一库”生态水系方顶湖建设

夏侯村居民全面回迁

飞行特技表演

区域图片荟萃

生态廊道

盾构机组装车间

商贸业高速发展

民权新村

群众文化活动

城市夜景

黄帝故里拜祖大典

服务业

商贸流通

商业贸易

【概况】 2014年，郑州市商务工作从打造平台、提升功能、聚集产业着手，谋划建设国家商贸中心，着力打造内陆开放高地，主要商务指标平稳运行。全市社会消费品零售总额2913.6亿元，同比增长12.7%，占全省1/5以上，居中部省会城市第三位。全市招商引资实际到位资金完成1817亿元，占固定资产投资的1/3以上，同比增长约6.9%。其中，实际利用外资完成33.5亿美元，同比增长8%；引进市外境内资金1609亿元，同比增长14.4%。全市进出口总额完成460亿美元，其中出口263亿美元，同比分别增长9.6%和5.7%，继续位居中部省会第一位、全国省会第五位。全市对外经济技术合作营业额和境外投资分别完成19.3亿美元和8.4亿美元，同比分别增长17.7%和16.2%。

【"千亿级"商圈打造】 一是大型商贸设施建设取得重大推进。二七万达、锦艺城等商业综合体陆续建成开业，5000平方米以上零售商业面积从2011年不足280万平方米提高到456万平方米，增加70%以上。二是商圈建设卓有成效。二七商圈、郑东新区商圈等的影响力、集聚力不断增强。随着华润万象城、百年德化二期等项目建成运营，二七商圈全年销售额达到1000亿元。郑东新区CBD商圈全年销售额超过百亿元。三是推进特色商业街建设。国香茶城升格为中国特色商业街，郑州市的国家级特色商业街达到2条；完成16条商业街的改造提升工作，农科路酒吧一条街、天下收藏文化街等5条街区被命名为市级特色商业街。

【"千亿级"批发市场集聚区构建】 一是大型批发市场承接地建设取得重要进展。华南城开工面积330万平方米，一期156万平方米8月开业。以华南城为代表，汽车及汽车后市场、钢材、农产品等七大核心市场业态得以提升，区域性商品集散中心、交易中心、价格形成中心雏形初现，基本形成对全国有影响力的市场体系架构。二是集中连片推进农产品流通体系建设成效明显。发挥国家试点示范、带动功能和裂变效应，着力打造流通链条，构建新型产销关系，推动农产品流通体系向现代化、规模化、标准化方向发展。通过试点项目建设，累计拉动社会投资3.65亿元，新增生鲜农产品营业面积11.29万平方米，新增冷藏保鲜设施8.3万吨，新增农村现代化流通设施3800平方米，新增年营业收入292.07亿元，带动就业1.9万人，带动农户9652户，带动三产及周边服务业收入3.37亿元。

【"千亿级"电子商务产业链打造】 一是电子商务产业规模进一步扩大。2014年，全市电子商务交易额超过2800亿元。其中，电子商务网络零售额400亿元，同比增长42.9%，占全市社会消费品零售总额的13.7%，占全省网络零售额的46.2%。二是跨境电子商务发展水平居全国领先。依托保税物流中心，打通跨境电子商务E贸易流程，率先开展"三个一"通关试点。办理入驻企业26家，完成海关备案企业225家，先后引进阿里巴巴、eBay、亚马逊、DHL等十多家国内外知名电商、物流商，取得纽约、伦敦等13个国际城市邮政直封权，测试商品5万多包，累计进出口货值2300万元。三是完善电子商务产业链。成功创建国家级电子商务示范基地1个、国家级示范企业2家，省级示范基地5个、省级示范企业19家，引进阿里巴巴河南产业带、淘宝河南特色馆、京东、甲骨文、中钢网等20多个知名电商项目及企业，基本形成电商应用、现代物流、服务平台、人才培训等较为完整的千亿级电子商务产业链条。

【战略性龙头企业培育】 以丹尼斯、华南城、金马电子商务等7家战略性企业为重点，全力打造零售、批发、电子商务等商贸领域龙头企业。2014年，丹尼斯全省门店数达到238家，营业额实现140亿元；大商全省店铺数达到36家，销售规模实现130亿元。企汇网等一批电子商务平台企业营业收入实现快速增长，金马钢铁网年交易额超过120亿元，中国制造交易网年成交额超过130亿元，世界工厂网交易额超过550亿元。2014年，全市批发业前10位企业交易额达到1058亿元，同比增长26.7%；零售业前10位企业销售额达到267亿元，同比增长3.9%。

【商贸流通服务体系完善】 一是中小商贸流通企业公共服务平台建成运营，搭载专业服务机构40家，发布政策信息1000多条，对接活动30多次，受益企业5000多户。二是肉菜流通追溯体系初步建成。完成9家生猪屠宰厂、2家肉品批发市场、4家蔬菜批发市场、18家标准化菜市场追溯系统建设工作；59家超市、43家社区便利店、7家团体采购企业实现数据上传。三是城市共同配送试点搭建公共信息平台，建立城市共同配送联盟；10月，在郑召开全国城市共同配送试点项目工作会议。

【国家区域性会展中心建设】 2014年，郑州市共举办展会233个，展览面积216万平方米，分别较上年增长21%和13%，3万平方米以上大型展会15个，举办大型节庆活动35个，会展业实现经济社会效益190亿元，会展业发展主要指标保持全国会展城市前列。一是推进新会展中心项目建设。占地200余公顷的"绿地·郑州会展城"项目奠基，将建设成以会展中心为引擎，集展览展示、商务办公、会议酒店等功能为一体的全新国际智慧型会展城。二是扶持本地品牌展会做大做强。2014年举办本地展会190个，展览面积189万平方米，分别占全市总数的82%和88%。15个规模超3万平方米的大型展会中，本地品牌展会达到14个，本地展会主体地位稳固，培育出一批规模大、影响力强的品牌展会。三是持续引进举办国家级流动展会。2014年成功举办全国春季农业机械展览会等6个国家级流动展，展览面积8.5万平方米；申办到中国化妆品交易会等5个国家级流动展会2015年在郑举办。

【行业监管】 一是强化行业管理。开展加油站管理示范活动、打击劣质油品

第二十届郑州全国商品交易会开幕式

专项行动和典当、拍卖等行业非法集资风险排查等工作，规范市场经营秩序。2014年，全市成品油零售量186.32万吨，典当总额58.1亿元，拍卖成交额40亿元，回收报废车辆17629辆，二手车交易量96596辆。加快药品流通龙头企业兼并重组，探索新型医药流通模式，全市药品流通行业销售额达到250亿元。同时，引导批发、零售企业诚信经营，规范商业信用服务体系，推动行业自律和诚信体系建设。二是做好生活必需品应急储备和商务运行监测工作。2014年，政府蛋菜储备总量9000吨，春节前投放3000多吨，确保市场供应充足、价格稳定。

【对外开放平台建设】 2014年，郑州市对外开放平台建设从效果看，可谓“高大上”。所谓“高”，即站在把郑州建设成为“连通境内外辐射东中西的国际物流通道枢纽”“买全球卖全球”的“国际商都”和国家内陆开放高地的高度上谋划建设，实现中原经济区、航空港实验区、“一带一路”三大国家战略的有机融合。所谓“大”，就是载体强、领域宽、功能多、覆盖广、影响大。以航空港实验区为统领的4个开发区和50个产业集聚区（园区）铺就了一个强大的发展承载体；综保区、出口加工区、保税物流中心3个海关特殊监管区，铁路、航空2个一类口岸，汽车、肉类、粮食、食品、药品、医疗器械、邮政转运等7大指定口岸，加之电子口岸的上线运行，开辟了多门类、多功能的广阔开放门户；“天上”由25家客运航空公司和17家货运航空公司运营的通达86个城市的185条航线（全货机航线32条，其中国际28条）编织了一张庞大的空中运输网，“地面”由郑欧班列的“四多”国际走廊（多线路、多出境口岸、多货源地、多式联运）和以郑州为中心的“米”字铁路网、公路网构成了一张庞大的地面运输网，“中间”的跨境贸易电子商务开辟了新的“买全球卖全球”E网，以上“三网”（空网、地网、E网）加“三中心”（公铁联运中心、海铁联运中心、卡车航班运营中心）基本构成了一个立体综合便捷开放的要素和产品集疏体系。所谓“上”，就是上水平、走在前。郑州机场的客货运增速均继续领跑全国，货邮吞吐量首次跻身全国主要机场前10名（第八位）；啸鹰航空公司生产的“郑州1号”成功首发下线，郑州成为中部地区首个生产通航认证飞机城市；郑欧班列的班次、货量、货值、满载率均居全国各地的中欧班列首位；E贸易试点进展和业绩位居全国同类试点城市前列；郑州纳入国家丝绸之路经济带重要节点城市；卢森堡航空公司将郑州机场作为全球第二大枢纽机场；上海自贸区9项海关监管创新制度得到复制实施。郑州初步形成与沿海相当、与国际接轨的对外开放体系。

【招商引资】 2014年，全市招商引资工作主要是坚持“一区一主业”定位、立足13个产业集群、紧盯“三大区域”、突出“三力”项目、强化“五职”招商责任制和“两级三层一统筹”项目推进机制，狠抓研判谋划、对接洽谈、签约落地三个环节。

产业集群招商。2014年，通过第八届投洽会、亚布力高峰论坛、港台经贸合作交流会等平台招商和“三大区域”常态化小分队招商，全市13个产业集群共签约合同项目192个，签约额3099亿元，占全市签约总额的92.5%。其中，电子智能终端产业集群以富士康为“头雁”，引进中兴、酷派、天宇、正威等50多家手机整机及配套企业，全年手机产量1.5亿部，占全球供货量的1/8。新能源电池和汽车及零配件产业集群围绕比克电池，引进深圳航盛、天津力神、北京国能等15家新能源电池企业，总投资3.3亿元的国家电动客车电控与安全工程技术研究中心落户郑州宇通。金融产业集群对接花旗、恒丰、三井住友等知名金融企业，澳洲联邦银行启动在郑设立村镇银行管理总部和郑州分行前期调研工作，全年共有中华保险第一共享运营中心、工商银行票据中心、国信期货郑州营业部等35家金融机构落户郑东新区。现代商贸产业集群引进国际房地产顾问“五大行”之一的戴德梁行、全球最大的办公空间解决方案供应商雷格斯等国际高端品牌落户郑州，苹果华中首家直营店正式开业。现代物流产业与电子商务集群签约引进39个项目，卢森堡货运航空、DHL、谷歌、聚美优品、唯品会等知名物流和电商企业入驻。

“三力”项目进展。2014年，全市共有89个“三力”项目取得明显进展，总投资额2431.2亿元，其中，投产营运项目4个，拟投资总额409亿元，分别是二七区顶新国际集团扩大再投资项目、新郑市郑州华南城一期项目、中牟县比克产业集群项目和航空港实验区百利丰·中鑫手机生产基地项目；新开工项目39个，拟投资总额944.8亿元，主要有航空港实验区台湾友嘉精密机械产业园项目、中瑞大宗商品交易中心项目和绿地会展城项目，荥阳市南车轨道交通修造基地项目，中牟县的郑州中华复兴之路文化科技产业基地项目（华强三期）和北京国能新能源电池生产项目等；新签约合同项目55个，签约总额1367.3亿元，主要有航空港实验区唯品会华中第二代电子商务运营中心项目、郑东新区恒丰银行郑州分行项目和新郑市的圣戈班绿色建材国际商贸区项目等；新签订框架协议项目22个，签约总额553.5亿元，主要有航空港实验区中兴智能手机项目、惠济区大连海昌郑州极地海洋世界项目等。

“五职”项目进展。全市“五职”责任领导当年共签约并开工73个“五职”招商项目，拟投资总额1211.7亿元，固定资产投资约959.3亿元。其中，工业项目22个，总投资约379.1亿元，固定资产投资约289.3亿元，占73个项目固定资产投资总额的30.2%，主要涉及电子信息、装备制造、汽车及零部件、新材料、生物医药、品牌服装及家居制造、现代食品制造等行业；服务业项目51个，总投资约823.6亿元，其中固定资产投资约670亿元，占73个项目固定资产投资总额的69.8%，主要涉及商贸、文化创意旅游、高技术服务、现代物流、通航服务、金融等项目。

项目落实进度加快。实施“两级三层一统筹”项目落地推进机制，项目进度明显加快，全年新开工亿元以上招商引资项目211个，拟投资总额2675亿元，其中10亿元以上（含10亿元）项目76个，拟投资总额2140亿元，占开工项目的80%。2014年新签约的223个合同项目中，156个项目注册项目公司，项目履约率达到68.6%；130个项目开工建设，项目开工率达到58.3%。

【对外经贸合作】 2014年，郑州市加大对优势产业的扶持力度，重点对出口龙头企业予以政策和资金支持，出口队伍不断壮大。全市有出口业绩企业达到1730家，较上年增加140家，其中出口超百万美元以上512家，比上年增加13家。同时，加快出口基地建设，截至年底，全市拥有国家级出口基地1家、省级2家，申报待批的省级出口基地4家。

出口市场结构进一步优化。全年共组织500余家企业分别参加上海华交会、广交会等大型经贸活动。对美出口达110.4亿美元，占出口总额的42.0%；与郑州市有贸易往来的国家和地区194个，出口超亿美元的贸易市场达30个，对非洲、拉美、东盟等新型市场出口份额进一步加大。

对外经济合作持续扩大。推进对外工程承包，推动企业开展境外投资，全市核准设立的境外投资企业36家，增资企业12家，占全省的53.1%。啸鹰航空完成总装制造厂的厂房建设，郑州1号飞机组装下线；河南国基集团在莫桑比克、赞比亚等国家联合开发建设的公务员住宅项目全面启动，南非、乌干达、肯尼亚等国家公务员住宅项目正式签约。

【全省培育市场增长点扩大消费视频会议召开】 1月13日，省商务厅召开全省商务系统培育市场增长点扩大消费视频会议，厅长焦锦森出席会议并讲话。郑州市商务局及各县（市）区商务部门负责人和部分商贸流通企业代表在郑州分会场参加会议。

会议系统总结了河南省商务系统搞活流通、扩大消费工作情况，分析了当前消费市场形势，强调了扩大消费的重要性和紧迫性，就贯彻全国商务系统培育市场增长点扩大消费视频会议精神，加快流通产业发展，进一步扩大城乡消费进行安排部署。重点工作举措一是完善市场体系；二是发展电子商务；三是扩大服务消费；四是发展热点消费；五是促进绿色消费；六是搞好信息引导；七是强化商务监管等。

【全市商务工作会议】 2月27日，郑州市商务工作会议在市人防会议室召开。各县（市）区、航空港综合实验区、郑东新区、经开区、高新区商务主管部门负责人、局机关及局属事业单位全体干部职工参加会议。会议对2013年度郑州市商务工作先进单位和先进个人予以表彰。市商务局局长朱河顺传达了中央和省市经济工作会议、全国和全省商务工作会议精神，总结2013年商务工作成效，安排部署2014年和以后一个时期全市商务重点工作。

朱河顺强调，要认准发展方向，立足当前，着眼长远，主动谋划，扎实工作，在转变职能、创新管理、破解难题中开拓前进。全市商务工作思路是，围绕市委、市政府中心工作，抓住“夯基础、强内功”一项举措，统筹国际市场、国内市场两个大局，实现“流通业现代化水平，内陆开放高地、商务工作基础地位”三大提升，着力抓好内贸业发展和扩大对外开放十二项重点工作，打造商贸服务业升级版，构建开放型经济新体制，以商务工作促进全市经济结构调整和发展方式转变。

【全国商贸物流工作现场经验交流会在郑召开】 10月20–21日，商务部在郑州市召开全国商贸物流工作现场经验交流会。来自全国各省、自治区、直辖市和全国城市共同物流配送试点城市、现代服务业试点城市商务部门负责人围绕商贸物流体系建设、城市共同物流配送工作，展开经验互动交流。会上，郑州、太原、厦门、长春作为全国城市共同物流配送试点城市进行了物流配送体系建设工作先进经验交流。

商务部副部长房爱卿，国家标准化管理委员会主任田世宏，副省长李亚，省商务厅厅长焦锦森，市委常委、副市长薛云伟出席会议。

2013年，郑州市被列入全国第二批城市共同配送试点城市。2014年6月，郑州市成立全国首家城市共同配送联盟。

【郑州市承接产业转移合作交流会召开】 10月30日，由商务部投资促进事务局、郑州市政府主办的郑州市承接产业转移合作交流会在郑举行，搭建郑州市与跨国公司和国内外知名企业间的交流合作平台，助力郑州市吸引外资和承接产业转移。商务部投资促进事务局副局长汪建、省商务厅副厅长王勇、副市长吴忠华出席并致辞。来自知名研究机构、跨国公司、国内新兴科技中小企业、郑州市各产业园区及各级商务系统的代表，共约120人参加本次交流会。

会上，国务院发展研究中心发展战略和区域经济研究部研究员李善同，南开大学国际经济研究所副所长葛顺奇，河南省社科院副院长、博士生导师谷建全，法国欧瑞泽投资基金董事总经理陈永岚等，就“郑州如何把握产业转移新趋势，明确产业定位，发挥区位优势”“产业园区如何把握产业转移新需求，提高承接产业转移效能”等专题进行深入研讨。

【第八届中国（河南）国际投资贸易洽谈会在郑举办】 甲午年黄帝故里拜祖大典与第八届中国（河南）国际投资贸易洽谈会、黄帝文化国际论坛、第三届中国豫剧节暨书画图书展、第二十四届中国（郑州）兰花博览会等系列活动同步举行。4月1日至3日，第八届中国（河南）国际投资贸易洽谈会在郑举办。郑州市参加了省组委会举办的9项专项活动，自主举办3项活动。本届投洽会，郑州市共邀请到参会企业297家、代表330人，签约项目28个（其中航空港区7个），签约总额519.52亿元人民币（其中航空港区304.06亿元）。投洽会期间，郑州市共达成投资意向31个，意向投资总额220多亿元，涉及高新技术、基础设施、现代物流、汽车及零部件、文化创意旅游、金融等多个行业和领域。

大典期间，作为拜祖大典的举办地，新郑市自主举办经贸洽谈活动共签订投资项目13个，合同总金额275.7亿元。

【参加第十六届海峡两岸经贸交易会】 5月18—22日，第十六届海峡两岸经贸交易会在福州市海峡国际会展中心举行。应福州市政府的邀请，郑州市政府代表团及企业参会、参展。海交会是由国家海关总署、质量监督检验检疫总局、国台办、中国国际贸促会和福建省人民政府联合主办的大型国际性招商经贸活动，是两岸合作规模最大的经贸展览会之一。本届海交会，郑州市共有5家企业参展，展区面积72平方米。郑州市还参加了福州市举办的“21世纪海上丝绸之路市长（高峰）论坛”等相关活动。会议期间，郑州代表团考察了永辉超市股份有限公司总部、福耀集团等企业，参观了位于福清市的江阴开发区及其保税港和国际货运集装箱码头，考察了海西平潭自贸区建设情况。

【参加第十八届西洽会暨首届丝博会】 5月23–26日，第十八届中国东西部合作与投资贸易洽谈会暨首届中国丝绸之路经济带国际博览会在陕西省西安市举办。郑州代表团由市长马懿任团长，市委常委、副市长薛云伟任副团长，郑州市相关部门以及新郑市、管城区、惠济区、上街区、二七区、郑东新区等单位的相关责任人分别组成党政代表团和经贸代表团参会。5月23日，郑州党政代表团在马懿、薛云伟的带领下，首先考察西安国际港务区及西安综合保税区和西安公路港；随后，代表团又参观了西洽会华南城分会场，并对西安华南城项目的建设和运营情况进行考察。

郑州经贸代表团参加了以“共建丝绸之路经济带，促进区域合作与发展”为主题的第十八届西洽会暨丝博会主题论坛，在河南展区集中展示郑州航空港经济综合实验区和欧亚铁路等宣传图片，发放招商资料200多份，滚动播放推介宣传片，并组织8家企业参展参会。

【参加河南—香港经贸交流合作系列活动】 6月3–7日，2014河南—香港经贸交流合作系列活动在香港举行。期间，郑州市共计签约9个项目，签约金额105.4亿美元，占全省签约总额158.7亿美元的66.4%；合同利用外资84.6亿美元，占全省合同利用外资总额143.7亿美元的58.9%。

郑州市代表团在行前梳理一批在谈项目，通过与项目方“一对一，面对面”对接洽谈，促进与凤凰国际传媒文化创意产业园项目、香港比高西游圣地项目、招商美冷项目等5个项目的计划签约进程，也明确了其他项目签约落地的推进时间节点。通过洽谈会，郑州市代表团新结识一批重要客商，明确一批新的投资意向。其中，香港九龙仓集团明确表示希望与郑州市在商业地产方面开展广泛合作；百利保投资有限公司计划在郑投资建设五星级酒店及商业综合体项目。洽谈会期间，郑州市先后对接洽谈项目34个，走访企业23家，获得新的投资线索10余个。

【参加“中原情·一家亲”经贸交流活动】 6月10–16日，河南省政府组织赴台湾开展以“中原情·一家亲”为主题的参访交流活动，郑州市组成由市长马懿为团长，市商务局、航空港实验区、经开区、二七区、新密市、荥阳市主要领导参加的郑州市代表团，赴台湾参加相关活动。

一是共叙亲情。马懿随省政府团一行先后拜会了中国国民党荣誉主席连战、吴伯雄，原海基会董事长、台湾三三会会长江丙坤，海峡交流基金会董事长林中森，台湾商业总会理事长赖正镒等台湾政界要员。二是经贸合作。在台期间，河南参访团举办了2014两岸(河南)经贸交流恳谈会，考察了鸿海集团、群创科技、友嘉集团、统一集团、好好物流等12家台湾知名企业，河南省机场集团公司与桃园国际机场公司签署友好姊妹机场合作协议，丹尼斯百货与台中市签署采购台湾农特产品协议。三是学习参访。河南参访团先后赴台北内湖科技园区、新竹科学园区、南部科学工业园区、职业技校等考察访问，学习他们的好经验、好做法，进一步促进两地经贸、文化等领域交流合作。

【广东豫商郑州行活动】 6月12–14日，郑州市人民政府和广东省河南商会联合组织举办“广东豫商郑州行”活动。活动期间，广东豫商代表团一行30余人相继参观考察了郑东新区、登封市产业集聚区、荥阳市产业集聚区、上街通航特色商业区、中牟汽车产业集聚区和航空港实验区等，各开发区、县（市）区主管领导分别主持召开项目对接洽谈会，向代表团介绍区域发展优势，并推介招商项目。6月14日，广东豫商代表团在嵩山饭店召开座谈会，河南省原常务副省长、省人大常委会原副主任王明义和郑州市统战部部长王跃华等省市领导参加座谈。

【参加中国（包头）国际装备制造业博览会】 7月17–20日，2014中国（包头）国际装备制造业博览会在包市头举办，本届制博会以“创新科技、交流合作、产业升级”为主题，展览面积32000平方米，共有300多家参展企业，其中包括神华集团、三菱电机、ABB、博世集团、陕汽、包钢等国内外500强、行业20强企业。

市政府副秘书长李杰率市商务局、经开区、荥阳市、上街区参加开幕式、世界装备制造业发展趋势论坛和中国轨道交通及矿山设备研讨会等相关活动。郑州市搭建专题推介展台，经开区、荥阳市、上街区分别制作专题展板，重点宣传推介郑州市装备制造业资源优势和产业特色。会上共发放郑州市投资环境报告100余份，李杰与欧美工商会会长高滢进行对接洽谈。

【参加第八届中国民族商品交易会】 7月18–22日，第八届中国民族商品交易会在内蒙古自治区首府呼和浩特市内蒙古国际会展中心举办。郑州市商务局、市旅游局以及郑东新区、荥阳市、登封市、金水区、管城区和二七区等有关单位组成代表团参加交易会。此次民交会，郑州市组织金星啤酒、天方食品、铁大哥山药等10余家企业参展。在郑州展区，郑州市交通、旅游以及企业等方面的图片得到集中展示；郑州市、航空港区以及郑东新区的推介宣传片滚动播放；同时发放各类招商资料200多份。

【参加中俄蒙国际机械建材博览会】 8月22日，由中国国际商会、俄罗斯联邦工商会、蒙古国工商会主办，中国国际商会秘书局、内蒙古自治区贸促会、满洲里市人民政府承办的2014中国(满洲里)中俄蒙国际机械建材博览会在满洲里国际会展中心拉开帷幕。作为博览会重要内容之一的“草原丝绸之路经济带暨中俄、苏满欧班列合作发展论坛”同期举行。由经济技术开发区、郑州陆港公司等单位组成的郑州代表团参加博览会活动。

本届博览会以“打造中俄蒙合作对接平台，开创区域经贸合作新局面”为主题，面向俄蒙开展经贸交流。主会场设在满洲里国际会展中心，展区面积达到20000平方米，展位近400个。来自全国17个省、自治区的近240家企业参展，采购企业近300家。展会还吸引了马来西亚、毛里塔尼亚等国家和地区的20家企业参展。郑州市宇通重工等7家企业参加博览会。

【亚布力中国企业家论坛夏季高峰会在郑举行】 8月22–24日，2014亚布力中国企业家论坛夏季高峰会在郑州市举行。郑州市在会议期间取得一些成果，一是对接了一批项目。经过前期研判对接，在论坛召开前，各县（市）区、开发区就明确51个对接项目，涉及目标企业32家，主要有IBM、复星集团、恒天集团、国药控股、当当网、神州数码、万通集团、宅急送、中国国际金融公司等国内外知名企业，为会议期间有针对性地深入洽谈奠定了基础。二是达成一批合作意向。经过会议期间的对接洽谈，郑州市共有26个项目达成合作意向，主要有当当网电子商务中原总部项目、泰康养生养老医疗项目、神州数码科教园区项目、美特斯邦威休闲服装产业园项目和探路者户外装备生产基地项目等。其中慈铭健康体检机构项目、IBM智慧产业芯城项目、IBM智慧物联网产业园项目和国药控股区域总部项目等4个项目计划签订框架协议。三是促进部分签约项目进展。通过会期进一步洽谈，建业凯润中心、恒天宏达专用车等已签约项目计划开工建设。

【参加第十八届中国国际投资贸易洽谈会】 9月8–11日，第十八届中国国际投资贸易洽谈会在厦门举行。郑州市商务局、金水区、二七区、登封市、荥阳市、航空港实验区、郑东新区、经开区相关负责人及企业代表组成郑州市代表团赴厦门参加相关经贸活动。会议期间，代表团主要参加了投洽会组委会举办的租赁投融资与实体经济发展专题论坛、2014AVCJ中国分论坛、国际投资促进与产权交易论坛、2014互联网金融高峰会互联网金融趋势与发展论坛、中国互联网企业融资论坛、投资项目对接会、网上投洽会专场对接会等一系列专项活动，以及河南省组委会主办的河南省招商项目洽谈对接活动、中原经济区和中原城市群推介暨合作项目签约仪式。其中，郑州市共签约7个项目，签约总额91.65亿元，居全省各省辖市第一。

【参加第十一届中国—东盟博览会】 9月16–19日，由商务部和东盟十国经贸主管部门及东盟秘书处共同主办的第十一届中国—东盟博览会暨中国—东盟商务与投资峰会、大地飞歌·2014——第16届南宁国际民歌艺术节在南宁举行。中共中央政治局常委、国务院副总理张高丽，第十一届中国—东盟博览会主题国——新加坡总理李显龙，柬埔寨首相洪森，老挝国家副主席本扬，缅甸副总统年吞，泰国副总理兼外交部部长他那萨，越南副总理兼外交部部长范平明等中国和东盟国家领导人出席本届盛会。

郑州市以及部分县（市）区商务局领导、20多家外贸企业参加了本届博览会。其中，中铁隧道装备制造有限公司、黎明重工集团、河南金水电缆和河南新天科技公司等12家企业参展，参展产品涵盖隧道掘进设备、工程机械、电子信息、纺织服装和食品农产品等。为开拓东盟市场，郑州市参展企业纷纷将新研发的产品和相关资料在博览会上展出，并与部分客商进行深入的接触洽谈，共接待来自20多个国家和地区的采购商1000余人次，分别与马来西亚、越南、缅甸和泰国等国家的客商初步达成出口和合作意向。展会期间，郑州市参会企业还参加了主办方组织的一系列经贸、投资和文化交流活动。

【参加2014中国电子商务文化节】 9月19–22日，由商务部、工信部、人社部指导，中国电子商务联盟、金华市网络经济发展局主办的2014中国电子商务文化节在浙江金华举行。郑州市组织有关县（市）区、开发区、产业园区参加文化节。文化节在北京、长沙、杭州连续举办5届，是我国电子商务行业和领域沟通交流的平台。本届文化节期间，郑州市代表团全程参加各个板块论坛，及时了解全国电商新动态和新的发展趋势；与兄弟省市进行沟通和交流，考察金华市电子商务园区和企业；与当当网副总裁张昀、中国网库政府事务部秘书长关小勇、联想电商业务部总经理雷霆等电商企业高管进行洽谈，介绍郑州市发展电子商务的环境和优势。

【开展长三角地区驻地招商活动】 自10月下旬开始，市商务局带队，各县（市）区、开发区成立招商小分队，主要领导领队，按照各自的产业定位和招商计划，分赴上海、江苏、苏州等地，开展驻地招商工作。各招商小分队共拜访企事业单位75家，其中，世界500强企业7家，分别是：宜家、上海绿地、迪卡侬、圣戈班、普洛斯、大华银行和丹马士；国内500强企业8家，分别是：上海复兴、苏宁、上海友谊、红星美凯龙、雨润、北京外企、上海世贸和波司登；行业前10强企业3家，分别是：凯尔达、韵达和申通。

各招商小分队共对接项目63个，其中，商贸项目18个，现代物流项目8个，汽车零部件制造项目8个，装备制造项目7个，电子信息项目5个，房地产项目4个，通航项目3个，金融项目3个，电子商务项目2个，生物医药项目2个，能源项目1个，文化创意旅游项目1个，现代服务业项目1个。达成投资意向的项目共有45个。达成协议的项目共有6个，投资总额237.44亿元。已签约的项目共有3个，投资总额6.2亿元。

【接受“双打”工作督察】 1月6日，省打击侵犯知识产权和制售假冒伪劣商品工作领导小组第三督察组对郑州市2013年度“双打”工作进行督察。市公安局、市检察院等12家“双打”工作成员单位负责人参加会议。会上，市商务局代表郑州市“双打”工作领导小组作汇报，各成员单位对本系统“双打”专项工作开展情况作发言。督察组组长、省质监局副局长柴天顺强调打击侵犯知识产权和制售假冒伪劣商品工作关系国计民生、社会稳定，各级政府和行政部门要继续高度重视此项工作，下一步工作中要加大在农资、烟草、商标版权、网络商品交易、食品药品化妆品等领域的专项整治力度，查处一批大案要案，充分体现政府加大打击侵犯知识产权和制售假冒伪劣商品工作的力度和决心，树立打击经济犯罪、服务民生的良好政府形象。

2014年2月26日，河南省商务厅厅长焦锦森调研二七区电商工作

【举办中小商贸流通企业银企对接会】 1月16日，郑州市中小商贸流通企业公共服务中心在管城区国香茶城举办银企对接会，郑州银行、民生银行等金融机构和30余家中小商贸流通企业代表到会洽谈咨询。

对接会首先由市商务局相关负责人对郑州市中小商贸流通企业公共服务中心作简单介绍，对本次银企对接会进行说明，希望银企双方充分利用郑州市中小商贸流通企业公共服务平台，进一步加强从广度、深度方面的对接，开展互动、合作，达到银企双方共赢的目的。郑州银行、民生银行分别介绍了本机构的金融业务及新推的金融产品，各中小商贸流通企业发言提问，达成“银企”互动和沟通。

【举办中小商贸流通企业服务年专家大讲堂活动】 4月16日，由市商务局主办的郑州市中小商贸流通企业服务年专家大讲堂活动在市青少年宫启动。首次专家讲座活动邀请河南省商业经济研究所所长张进才、郑州银行小企业部主管赵景秀分别作题为《郑州市商贸业发展现状及中小商贸企业发展面临的风险》《中小商贸流通企业融资问题》的讲解。郑州市14个工作站负责人及70多家中小商贸流通企业经营者参加此次活动。

【服务外包协会成立】 4月18日，郑州市服务外包协会成立大会在河南外包产业园召开。河南省商务厅、河南省服务外包协会、郑州市民政局、郑州市商务局等单位领导出席大会。

本次大会由市商务局主持，大会通过协会章程，并秉承公开、公正的原则，以差额无记名投票的形式选出理事会及监事会单位。

【第八届中国民族商品交易会推介座谈会在郑举行】 5月6日，由郑州市人民政府和呼和浩特市人民政府联合举办的第八届中国民族商品交易会（郑州）推介座谈会在嵩山饭店召开。呼和浩特市政协副主席陈曼莉，郑州市政府副秘书长李杰，市内五区、开发区以及部分企业、媒体代表参加此次座谈会。

李杰首先向呼和浩特推介团的到来表示诚挚的欢迎，并向推介团介绍郑州市的有关情况以及发展现状。呼和浩特市政协副主席陈曼莉致辞，并邀请郑州市企业参加民交会；呼和浩特市政协副秘书长郭林贵、贸促会副会长李宏伟分别就呼市市情和民交会情况向与会人员作详细的介绍。

【中部国际贸易电子商务服务基地谷歌AdWords体验中心在郑成立】 5月14日，中国中部国际贸易电子商务服务基地（谷歌AdWords河南体验中心）在郑州举行揭牌仪式，河南省商务厅副厅长张雷明、谷歌全球渠道总裁Todd、河南省商务厅电子商务办公室主任吴源奇、郑州市商务局局长朱河顺、郑州悉知信息技术有限公司董事长杨松科等参加揭牌仪式。

中国中部国际贸易电子商务服务基地（谷歌AdWords河南体验中心）是谷歌公司在我国成立的首家AdWords体验中心，同时也是省商务厅与谷歌核心合作伙伴——郑州悉知信息技术有限公司联合打造的中国中部企业国际贸易电子商务服务基地。该基地面向河南省及中国中西部地区的企业开展外贸电子商务培训和孵化的平台，旨在帮助传统企业开展电子商务，通过电子商务的新型营销模式将河南乃至全国的产品出口至全球各地。

根据省商务厅与谷歌签署的合作备忘录，双方将重点发展5–10个标杆性跨境电子商务企业，延伸服务至5000家企业，建立全面的跨境电子商务支持架构和流程，扩展谷歌广告主在河南的数量达20000家。

【中原电商高峰论坛在郑举行】 6月4日，由阿里巴巴、郑州市商务局、二七区政府主办，河南网商园、万堂书院郑州站承办的中原电商高峰论坛在郑举行。围绕电子商务模式创新、品牌策划与营销等话题，国内知名电商运营专家与河南省近千名本土电商企业交流互动、分享心得。

【首家城市共同配送联盟在郑启动】 6月26日，郑州市城市共同配送联盟启动仪式在河南宇鑫物流园区举行，市商务局、市交警支队、市工商局、交运委、河南省物流协会、河南省物流与采购联合会、河南省交通物流协会等单位相关负责人参加启动仪式。

郑州市共同配送工作将在共同配送试点工作领导小组的组织领导下，依托“郑州城市共同配送联盟”“郑州城市配送公共信息服务平台”，搭建项目实施的管理、运营和监控平台，保证试点工作及项目的有效开展，并以试点项目为示范引领，带动整个郑州市城市配送体系建设。会议期间，为12家城市共同配送联盟理事单位及副理事单位授牌。

【全市生猪定点屠宰企业肉类流通追溯系统操作培训现场会召开】 7月11日，全市生猪定点屠宰企业肉类流通追溯系统操作人员培训在大雍肉联厂举办。有关县（市）区商务局分管领导、全市试点屠宰企业负责人及操作员参加现场会。此次现场会由项目集成商中国电信河南分公司的工程技术人员实施培训。会议还就食品安全专项整治“夏日行动”进行安排。

【新疆哈密地区纺织服装考察组来郑考察】 8月1日，新疆哈密地区纺织服装考察组来郑考察，考察组在中原新区、新密产业集聚区重点考察了逸阳服饰、领秀服饰、娅丽达服饰、泛美服饰、锦荣工业园和同赢总部港等企业，并与园区领导、企业代表召开座谈会。

【出台《郑州市打击劣质油品专项行动方案》】 8月19日，全市打击劣质油品专项行动工作会议召开，各县（市）区商务局主管领导和业务科长、中石化、中石油郑州分公司负责人参加会议。会上传达了市商务局、公安局、工商局、质监局、物价局联合印发的《郑州市打击劣质油品专项行动方案》（以下简称《方案》）。《方案》对专项整治活动的指导思想、整治内容、组织领导及部门分工、工作步骤、工作要求做出明确规定，旨在通过查处生产、流通领域存在的制售劣质油品、油品质量低于法定标准、掺杂使假、假冒商标及标识、销售企业缺斤短两等违法违规行为，增强企业诚信守法意识，规范生产、经营行为，净化成品油市场环境，规范成品油市场经营秩序，加大油品质量升级工作力度，进一步推进雾霾治理工作，减少大气污染。

【“示范加油站”检查验收】 5月15日，省商务厅、省质监局、省安监局、省石油成品油流通行业协会联合验收组对郑州市推荐的2013年度“示范加油站”进行检查验收。验收组分别对郑州市中国石油化工股份有限公司河南郑州中牟石油分公司第二加油站、河南大桥石化有限公司汝河路加油站、中国石油化工股份有限公司河南郑州石油分公司科学大道加油站3个“示范加油站”进行现场检查验收，同时还对中石化桐柏南路加油站和中石化瑞达路加油站两个2012年度以前的“管理示范加油站”进行现场复检。

验收组依据河南省商务厅《关于开展加油站管理示范活动的通知》（豫商商贸〔2013〕91号）、《河南省加油站管理示范基本标准》等有关文件的要求，采取现场查看、现场打分、现场交流的做法，对照标准打分。随后，验收组成员就现场检查中发现的问题和需要改进的方面与加油站负责人交换意见。

【电子商务人才教育培训基地建设】 11月26日，郑州市商务局与河南牧业经济学院、郑州师范学院、郑州市电子信息工程学校、河南云和数据信息技术有限公司、河南网商园、郑州悉知信息技术有限公司6家单位在河南省电子商务产业园正式签约，合作共建郑州市电子商务人才教育培训基地，共同加强电商人才队伍培育建设，并举行了电商骨干人才培训班开班第一课。各县（市）区商务局、开设有电子商务专业的高校、省级示范企业100多人参加。

【马懿视察春节前市场供应】 1月21日，市长马懿带领市直相关部门负责人，深入超市、农贸市场，察看春节市场供应、食品安全及人员密集场所消防安全。副市长吴忠华、市政府秘书长王春山等陪同检查。

马懿强调，春节临近，各类生活必需品迎来消费高潮。做好市场供应，保障食品安全，不断满足人民群众日益增长的物质需求，关系到人民群众切身利益。他要求，一要确保市场供应，要加强调控，加大产销衔接，丰富商品种类，严格执行鲜活农产品运输绿色通道政策，尽最大努力满足群众节日期间多层次需求；二要加强市场运行监测，要根据市场供销情况，适时启动价格平抑机制，确保粮油、肉蛋、水果、蔬菜等农副产品和节日时令商品价格基本稳定；三要高度重视食品安全，要强化商品质量产地认证、流通环节监管，彻查食品安全隐患，杜绝不合格商品流入市场；四要做好应急预案，要密切关注天气变化和价格波动情况，制定生活必需品供应、物价平抑的各类应急保供预案。

【焦锦淼调研二七区电子商务工作】 2月26日，省商务厅厅长焦锦淼、副厅长张雷明视察二七区电子商务工作开展情况并召开座谈会。

焦锦淼强调，省委、省政府高度重视电子商务工作，并将电子商务产业发展作为转结构、促升级的重要抓手。下一步，省商务厅将把郑州市作为河南省发展电子商务的核心城市，大力发展大数据和实用型电子商务，充分发挥郑

华润万象城效果图

州市大枢纽和国家基础数据交换中心的重要优势，建设中国中部国际电子商务港。

焦锦森指出，要充分发挥商务系统的行业主管作用，做好各级层面协调，合理统筹政府部门资源，学习借鉴外地先进经验，形成工作合力，共同推进电子商务整体发展水平，将郑州市打造成中部电子商务中心城市。

【赵建才调研电子商务产业园区发展情况】 7月3日，副省长赵建才、省政府副秘书长刘世伟、省商务厅厅长焦锦森、副厅长张雷明等一行在市政府副秘书长李杰、商务局局长朱河顺等有关负责人陪同下，调研郑州市电子商务产业园区发展情况。赵建才一行实地考察了河南省电子商务产业园和中国中部国际贸易电子商务服务基地，参观甲骨文、企汇网、杰夫电子商务、郑州悉知等电子商务企业，并关注阿里巴巴郑州产业带、淘宝河南特色馆、谷歌用户体验中心等项目的建设运营情况。

赵建才指出，河南电子商务虽然基础薄弱，但发展势头好，路子正，郑州市电子商务的发展凝聚了力量，创造了氛围。政府部门要做企业想做而做不到的事情，把企业能做的事情交给市场，要多研究、多扶持，明确各个电子商务产业园区的定位，走出差异化发展的道路。

（马　虹）

供销合作

【概况】 郑州市供销合作社是全市供销合作社的联合组织，有5个县（市）供销社，72个乡（镇）基层社，11个直属企业，2个直属事业单位。2014年，市供销社商品购销总额和利税总额连续3年实现两位数增长，连续3年被省供销社评为综合业绩特等奖单位，成功创建省级文明单位。

【再生资源体系建设】 2014年，郑州市再生资源回收利用体系新建分拣中心2个，新建中转站20个，占年任务目标的100%。组织完成再生资源企业申报国家项目建设，3个分拣中心、再生资源培训、信息平台建设和回收站亭建设均验收。建成区新建小区将再生资源回收站纳入城市规划编制，五龙口村城中村改造同步规划8个再生资源回收站。全年共接受市委、市政府督察室交办事项5件，接受市提升办交办事项40件，全部办理完毕。处理市民举报事件5起，累计对300多个回收站点进行整顿或取缔，提升了城市管理水平。

【行业协会建设】 2014年，新规范发展专业合作社22个、各类协会3个、村级综合服务社（中心）72个，占年目标的100%，其中3个专业合作社获得国家级农民专业合作社称号，新密、登封两个县级社获全国百强社称号，荥阳广武供销社获全国标杆基层社称号。

【为农服务新模式创新】 在2014年西瓜销售服务工作中，创新工作方式，首次开通“西瓜办”新浪、腾讯、人民3个官方微博。从5月28日“西瓜办”官方微博开通，到6月12日，“西瓜办”微博两次登上新浪“头条”。截至年底，“西瓜办”新浪微博的粉丝5.2万人，腾讯微博的粉丝3万人，人民微博的粉丝14.6万人。新浪微博#西瓜办#话题下阅读量超过4200万次，总量预计超亿次，腾讯微博@西瓜办条目广播达到8万条。7月24日，“西瓜办”被新浪评为“最亲民的官方微博”。12月11日，新浪微博助农平台联合清华大学新闻研究中心发布《2014年新农人微博研究报告》，报告显示：在全国200个农业政务微博影响力排行榜上，郑州市西瓜办官方微博@西瓜办居榜首。复旦大学教授朱春阳把@西瓜办的经验作为经典案例写入政府公共传播研究教材。中央电视台和《人民日报》《中国青年报》《中国法制报》《河南日报》《郑州日报》《郑州晚报》《东方今报》等大篇幅报道郑州市“西瓜办”的经验做法，大批博友对西瓜办给予关注，并提出很多好的意见、建议。在借鉴@西瓜办官方微博成功运作经验的基础上，@郑州供销新浪官方微博于8月22日上线。@郑州供销上线后，以其公益、务实、亲民的作风，网友关注度迅速上升，截至12月31日，@郑州供销在新浪的粉丝超过2万人，#郑州供销#话题阅读量超过1亿次。市供销社筛选10个拥有自主品牌的农民专业合作社，利用“郑州供销”官方微博平台，大力推介河南蜜乐源养蜂专业合作社、荥阳市欣阳柿子专业合作社、郑州蜂益农家养蜂专业合作社、新郑市赵霞剪纸专业合作社、新密大隗荷叶饼、登封小苍娃芥丝专业合作社等一批具有郑州特色的农产品在“郑州供销”微博上宣传互动。@西瓜办获2014年度腾讯河南政务微博最具亲民风范奖，郑州市供销社获2014年度腾讯河南政务新媒体传播先进奖，@郑州供销获2014年度河南政务微博亲民奖。

（李　培）

2014年5月8日，国家发改委副巡视员马荣在郑调研再生资源体系建设情况

粮油购销

【概况】 2014年，全市全社会粮食收购量责任目标10.8亿公斤，完成27亿公斤，占全年任务的250%；全市主食工业化率30%，超目标4个百分点；粮油加工转化率80%，超目标2个百分点；主食产业化和粮油深加工项目投资额责任目标2亿元，完成11.7亿元，占全年任务的585%；实现国外、省外招商引资项目5个，引进国外、省外资金总额10.3亿元；市、县两级地方储备粮储存安全，“一符四无”粮油率100%。全市粮油储备数量真实、质量完好、储存安全。在推进依法行政、粮食质量监管工作评估、信息报送、统计、执行粮食政策、军粮质量监管、党风廉政和政风行风建设、平安建设和信访稳定、遏制重特大安全事故、树立全局观念、完成上级交办的工作任务等共性和定性目标方面整体运行良好。全面超额完成省、市下达各项目标任务，未出现任何一票否决的情况。

【粮食安全保障】 2013年中央经济工作会议提出“切实保障国家粮食安全”，并将粮食安全作为2014年经济工作六大任务之首。郑州市按照中央经济工作会议精神落实保障粮食安全责任。一是保持充足库存。为保证地方储备轮换的正常进行，同时掌握粮源充实库存，市粮食局组织和动员各国有粮食购销企业到粮食主产区设点收购，从而保持区域内有“粮权”的合理粮食储存数量，夯实粮食安全的基础。二是保供稳价。采取多项措施，加强对小麦、面粉等主要品种的监测，密切关注市场变化，加大主要粮食品种投放力度，重点是对市场取得竞价小麦加快审批，确保各节日期间及日常粮油供应，粮食市场整体运行平稳，秩序良好，全年粮食价格稳定在合理水平。三是加强粮食质量监管。2014年，开展夏粮收获质量调查和品质测报，确定质量调查采样总数85个，覆盖各县（市）区相关乡镇28个村，最后形成品质测报样品12个、小麦会检样品15个、小麦国家级收获粮食质量安全监测样品3个，经检验，除登封、新密外，其余县（市）小麦质量明显好于往年，硬度指数有所升高；粮食水分含量比上年低，在正常范围内；不完善粒含量比上年大幅降低。玉米质量监管，安排郑州市粮油质量监测中心对全市范围内2013年收购的玉米按照“整仓抽样，一仓一样，一仓一检”的工作要求进行检测和判定，监控玉米9.7万吨，其中超标玉米5.9万吨，超标玉米在有效监控内转入饲料加工或工业用粮，均未流入口粮市场，确保了粮食质量安全和食品安全。进一步加强粮食出入库质量监测工作，做到严格标准、严格检验、严格检查。执行地方储备粮质量监管职责，定期或不定期地抽取样品鉴定，对轮换的粮油进行鉴定和质量验收。四是开展粮食安全宣传活动。市粮食局组织企业参加食品安全宣传周活动，通过多种形式向广大消费者宣传普及粮油食品安全知识。粮食主题日期间，在科研所举办“粮油质量检测机构实验室开放日”活动，组织机关干部、粮食职工、社区居民等300多人参观，并通过各种互动交流方式，向社会公众普及粮油安全鉴定评价的实用知识，为营造安全的粮油食品消费环境创造条件。

【粮食购销】 一是开展社会粮油供需平衡调查工作。市粮食局在全市城乡组织开展并完成2013年全市社会粮油供需平衡调查工作。经调查：2013年全市粮食总产为156.4万吨，其中，夏粮产量75.9万吨，秋粮产量69.4万吨。粮食需求总量442.4万吨，比2012年增长6.5%；粮食消费总量353.9万吨，比2012年增长5.1%；粮食自给率为44%，比2012年下降3%。二是做好夏粮收购工作。2014年5月30日，全省启动最低收购价。为增加农民收入，充实粮食库存，确保粮食安全，郑州市国有及国有控股粮食购销企业落实最低收购价政策，发挥主渠道作用。全市共收购小麦130.5万吨，比2013年增长71%。其中，按最低收购价收购15.8万吨，平均收购价格2.42元/公斤；按市场价收购114.7万吨，平均收购价格为2.48元/公斤。2014年夏粮收购量比往年有大幅增加，是近年来收购量最多的一年，与2013年相比，小麦价格每吨上涨80元，促进农民增收1亿元，充分落实了国家惠农利农政策。三是开展秋粮收购工作。郑州市继续转变“重夏轻秋”思想，敞开收购农民手中余粮，防止出现农民“卖粮难”的情况，以2.15元/公斤的平均价格，共完成秋粮收购1.5万吨，在保护种粮农民利益的同时，积累了秋粮购销经验，提高了企业的经济效益。四是完善粮食应急体系。加快粮食应急加工、储运、供应网络体系建设，全市共有粮食应急保障网点80家，其中，粮源保障企业15家，加工配送企业10家，粮食零售网点55家。五是保障军粮供应。坚持“以兵为本 综合保障”的服务宗旨，不断提升军粮综合保障能力，提高军粮供应管理水平，进一步完善军供管理各项制度，努力构建“平时供应、急时应急、战时应战”的全天候军粮供应保障体系。每逢重大节日，走访慰问驻郑部队，到基层连队听取广大官兵的意见和建议。

夏粮收购

【依法治粮】 一是加强法制宣传。以服务型执法建设教育活动开展为抓手，以《粮食管理条例》颁布实施十周年为契机，加大粮食法制宣传工作力度，营造依法管粮的良好氛围。二是规范行政审批行为。严格程序办理粮食收购许可证，遵循公开、公正、公平、便民和效能的原则，简化办理程序，提高办事效率，推进服务质量不断提升。对粮食收购资格申报者严格审核，严格把关。全市具有粮食收购资格的企业224家，其中，国有及国有控股73家，私营及个体工商150家，其他性质1家。三是文明服务。在办理工作中实行一次性告知制，公开程序和内容，合格一家，办理一家，按照办理时限要求，按时发放粮食收购许可证，群众满意度大幅提高。

【主食产业化】 郑州市大力推进主食产业化，促进粮食流通、粮油精深加工的持续较快发展。一是广泛宣传，普及主食文化。加强新闻媒体宣传，在《河南日报》、大河网、《粮油市场报》、郑州电视台、中原网等多家媒体开展主食产业化宣传，覆盖粮食生产、流通、加工、销售等各个环节。二是科技先行，主食研发成果显著。市粮食局通过政策支持、资金引导等办法，支持31家产业化龙头企业建立研发中心、实验中心。其中，河南兴泰科技公司建立河南省面制食品工程研究中心、河南省面制食品标准化工程技术研究中心，建立了国内唯一的小麦应用数据库，并承担国家《“十三五”粮食加工业发展规划》中“推进主食产业化战略”课题研究任务。全市主食产业方面共获得专利108件，其中发明专利27件，另外申请待批专利50件，这些科技成果，在装备研发、产品开发、主食加工、市场拓展等方面形成较为完整的体系，巩固了郑州市在全国主食产业化方面的理论领先地位，支撑了郑州市主食产业化的快速发展。三是成效凸显，示范作用提升。通过政策性资金引导和协调服务，郑州市主食产业化成效显著。首先，销售收入逐年增加。随着加工规模扩大，产能提升，全市主食及粮油精深加工入统企业销售收入逐年增加，2011年年底入统企业销售收入230亿元，到2014年年底，达到273亿元。其次，龙头企业不断增加。2014年初，郑州市主食产业化龙头企业31个，其中，国家级龙头企业8家、省级龙头企业9家、市级龙头企业14家。国家粮食局、农业发展银行联合认定重点企业12家。各级粮食行业协会认定放心粮油工程示范企业18家，示范主食厨房2家。销售收入超亿元的企业35家，其中超10亿元的企业5家。第三，品牌效益提升。通过近几年的快速发展，郑州市主食和粮油加工企业获得各类著名品牌商标32个，其中，中国名牌8个、中国驰名商标3个、省名牌产品11个、省著名商标10个。第四，产品体系更加完善。全市面粉初加工、精加工、馒头挂面和其他面制品、米线及米制品、速冻食品、方便食品等品种齐全，形成从原粮加工到主食加工的相互配合、原料供应、效益共赢、方便群众的完善体系。第五，示范作用明显。2014年郑州市主食产业化专家受国家局委派，到新疆3个地市开展主食产业化理论及科技巡讲；同时，引导企业与外地企业加强合作，由兴泰公司全套系统支持的4个项目建成投产。

【粮食收储供应安全保障工程建设】 一是编制《郑州市2014—2015年度“粮安工程”危仓老库维修规划》。市粮食局组织开展全市粮食仓储设施现状调查，分析近年来维修改造取得的经验和存在的问题，在研究郑州城镇化发展需要后，组织全市国有粮食仓储企业提出维修改造、功能提升计划，并编制出《郑州市2014—2015年度“粮安工程”危仓老库维修规划》（以下简称《规划》）。《规划》提出国有粮食仓库维修改造、功能提升的方案、措施。主要内容为：一般维修仓容51万吨；大修改造仓容22.4万吨；功能提升改造仓容100万吨；进行智慧化粮库改造仓容53.9万吨。二是全面完成粮油仓储设施建设和维修计划。全年共完成粮食流通基础设施总投资4533.22万元（争取上级财政补助1844万元），其中，粮油仓储设施建设项目1806万元；危仓老库修复项目2265.72万元；粮油检验监测项目461.5万元。通过建设，新建仓房3.6万吨，维修改造仓容罐容42.05万吨（其中大修仓容26.55万吨），维修改造油罐1.96万吨，郑州市粮油质量监测中心粮食检验监测项目新增44台套检化验设备。三是完成2014年危仓老库维修改造项目申报。按照要求筛选，组织企业申报维修改造项目资金，协调资金申请报告编制、相关承诺等事宜，上报郑州市2014年危仓老库维修改造项目。

【监督检查】 一是加强日常监管。及时组织对夏粮收购、秋粮收购、粮食出入库、统计制度执行情况、政策性粮食出库和供应等方面的专项检查，推动粮食监管工作规范化、制度化，确保各项政策制度有效落实。二是完成年度库存检查工作。通过企业自查、市级抽查，全市储存粮食均做到专仓储存、专人管理、专账记载，全市检查时点市、县两级地方储备和国有粮食企业商品粮库存149万吨，粮食库存数量真实，账实相符，库存粮食质量良好，各级储备粮轮换计划执行到位，仓储管理水平不断提升。三是加大对涉粮案件的查处力度。设置专门电话和信箱，关注网络等媒体舆情，做好举报、投诉受理和处理工作。

【行业建设】 一是加强粮食储存管理。各级粮食部门层层落实储粮安全责任制，坚持“一、三、七”粮情检查制度，加强储粮基础工作，落实科学储粮各项措施，保持“四无”粮仓，全市未出现任何储粮安全问题。二是加强轮换管理。及时下达2014年度地方储备粮轮换计划，加强市级储备粮轮换工作监管，确保储备“一符三专四落实”，粮食常储常新；结合各项储备成本上升的实际，积极协调提高市本级储备补贴费用标准，保障粮油库存安全。三是广泛开展“节粮爱粮”宣传。开展“爱粮节粮，安全食粮”活动，深入社区，深入居民家庭，宣传粮食安全新战略，宣传节粮减损，倡导“光盘”行动。组织全市大学、高中学生参加河南省“节粮爱粮”征文，15人获奖，其中，获优秀奖2人、二等奖3人，作品均录入《粮心》一书。

（吴　晓）

组织参加食品安全宣传周

投资促进

【概况】 2014年，郑州市进一步加强陆桥沿线城市、国内友好城市交流与合作，驻郑单位联络服务，圆满完成投资促进和对外联络服务各项工作任务。

关注、收集和交流新亚欧大陆桥区域经济发展信息，做好与新亚欧大陆桥及陇兰经济促进会文件收发工作。参与陆桥沿线城市活动。每年按时参加全国人民代表大会期间在北京举行的陆桥沿线城市领导联谊活动，围绕加强陆桥沿线城市经济合作、促进优势互补共同发展主题进行深入交流，并共同签署议案和建议提交全国人民代表大会，请求国家和有关部委对陆桥经济带的发展给予高度关注和支持。参与陇海兰新经济促进会活动。5月份，参加陇海兰新经济促进会2014年主任会议，就推动经济带城市间的合作与共赢进行了广泛而深入的讨论。6月份，与陇海兰新经济促进会共同做好以“丝绸之路经济带国内段城市产业分工与合作优势互补”为主要内容的课题调研，并对航空港区、郑东新区等有关单位进行了实地考察。9月份，参加丝绸之路经济带发展论坛，国家发改委、国务院发展研究中心等部委领导出席会议，中心代表郑州市发表演讲，并与沿线城市开展了全方位、宽领域、多层次的交流。11月份，邀请国家新亚欧大陆桥国际协调机制办公室主任赵永利一行来郑考察，就郑州融入国家“一带一路”建设、更好地发挥郑州大枢纽作用等方面进行了座谈，为下一步开展深入合作奠定了基础。

【国内友好城市、友好合作城市交流与合作】 7月份，郑州市党政代表团赴苏州考察，按照市领导拟与苏州市缔结友好城市的指示，中心根据缔结友好城市的原则，最短时间内向人大常委会报告，履行缔结程序，并迅速前往苏州，做好前期对接工作。

2014年，走访了宁波、南京、南宁、成都、杭州、昆明等城市，考察国内经济合作交流工作，特别是学习招商引资、投资促进服务等方面的丰富经验，并就双方下一步开展广泛合作进行了深入交流。

多次邀请友好城市参加在郑州市举办的重大经贸、文化活动，广州、南宁、连云港等城市组成党政代表团或经贸代表团参加郑交会、产业转移系列对接等活动，并派出知名企业参加项目对接，为双方进一步深入合作创造了条件。通过友好城市间的交流合作，学习

和借鉴了友好城市在对外开放、经济发展等方面的成功经验，加强了两市之间的联系，增进了两市之间的友谊。

【驻郑单位联络服务】 日常业务咨询、人员接待、业务受理及证件办理工作。2014年，接待办证人员1200多人次，新备案登记外地驻郑办事机构128家，换证208家，注销证件10家。截至年底，全市有驻郑办事机构2280家，其中外地市、县级政府设立办事机构的有25家；500强企业16家、上市公司67家、注册资金在亿元以上的企业有196家，在郑设立办事机构的企业涉及传统行业和战略新兴行业20多个，从业人员约30万人。涉及机械、生物医药、医疗器械、电子、通信、网络科技、纺织服装、烟酒副食、煤炭、建筑、物流、日化、印刷、汽车、化工、农产品、保健制品、投资管理、咨询、期货、担保等20多种行业。

外地驻郑办事机构及其总部的走访和邀商工作。全年走访华为、东软集团等国内外知名企业办事处近百家，通过走访，进一步了解企业及驻郑机构的发展情况和需要解决的实际问题，主动牵线搭桥，多方协调，为驻郑机构及企业做好服务。

积极搭建平台，举办经济交流座谈会。全年多次分区域、分行业邀请外地政府、上市公司、知名企业驻郑办事机构负责人，组织召开举办经济交流座谈会，向驻郑机构通报郑州市经济信息及动态，了解驻郑机构情况，听取驻郑机构对郑州市经济社会发展的意见和建议。

主动协调、提升服务，加强调研、规范管理。主动协调涉及驻郑机构联络服务工作的省工商局、省商务厅、市组织机构代码办、市人社局、市税务局、市文明办、银行等单位为驻郑机构做好服务，特别是7月份，作为特别支持单位协调参与了北京超图软件股份有限公司在郑州举办的“云端互联·智慧三维自主创新与应用研讨会”。对广州、南京、武汉、石家庄、西安等城市的外驻单位联络服务工作进行调研，借鉴、学习成功经验；进一步规范驻郑机构档案管理工作，归档了2014年办证、换证档案和驻郑机构电子档案库。

【举办走近郑州——产业转移促进系列活动】 10月份组织举办走近郑州——产业转移促进系列活动，活动包括实地考察、交流研讨会、培训班三部分。商务部、商务厅、知名研究机构、跨国公司及郑州各类园区及各级商务系统的代表约120人参加。组织商务部投资促进事务局领导带领专家学者、新兴科技企业代表近20人，对郑州航空港经济综合实验区实地调研，并进行座谈交流，对航空港区未来发展提出了建设性的意见和建议。参会嘉宾围绕“郑州如何把握产业转移新趋势，明确产业定位，发挥区位优势”和“产业园区如何把握产业转移新需求，提高承接产业转移效能”两个主题进行了交流研讨，为郑州市与研究机构、跨国公司、国内外知名企业搭建了一个合作交流的平台。举办承接产业转移思路研讨暨郑州市投资促进能力建设培训班，邀请国务院发展研究中心研究员李善同等知名专家授课，各县（市）区、开发区领导、商务和投资促进部门负责人，各产业园区代表约100人参加了培训。

11月份，积极参与商务部投资促进事务局在上海主办的2014中西部产业转移交流会，组织郑州市相关县市区、产业园区的代表参会，做了专题推介，并在如何做好产业定位、组建专业招商团队、优化工作机制、为企业营造优良的投资发展环境等诸多方面，与投资促进机构、跨国公司、行业领军企业的代表进行了广泛交流。

（李星炘）

会展业及节庆活动

会展业

【概况】 2014年，郑州市会展行业规模不断扩大，展会质量逐步提升，会展业主要指标运行良好，均超额完成目标。全年共举办展会233个，较上年增长21.4%，完成全年目标任务的112.6%；展览面积215.85万平方米，同比增长12.8%，完成全年目标任务的103.8%。举办3万平方米以上大型展会15个，展览面积86.4万平方米；全国流动展6个，展览面积8.5万平方米；新创办展会8个，展览面积9.5万平方米；举办大型节庆活动35个；会展业实现经济社会效益约190亿元。会展业发展主要指标保持全国会展城市前列。

【会展业主要特点】 传统展览项目优势明显。全年在汽车交通工具、房产建筑家居等传统展览行业共举办展会79个，面积99.75万平方米，展览数量和面积分别占全市比重的34%、46%。在机械工业加工、食品饮料、农林牧渔、教育培训等其他行业的展览项目在数量和规模上也实现大幅增长。

本地办展企业主体地位稳固。2014年举办本地展会190个，占全市展会数量的81.5%；展览面积189.4万平方米，占全市展览总面积的87.5%。15个规模超3万平方米的大型展会中，自主品牌展会达到14个，郑州市本地办展企业主体地位稳固，培育出一批规模大、影响力强的自主品牌展会。

专业性展会稳中提质，消费类展会蓬勃发展。受我国经济整体下行趋势影响，2014年专业类展会发展趋缓，共举办专业展会86个，同比增长3%，展览面积为119.75万平方米，同比下降5%；广告展、家具博览会、微配展、汽车用品展、家禽展等主要的专业展会在规模上与上年持平，少数存在萎缩现象。与此同时，以建材、家居、房地产、汽车等产品为主题的消费类展会发展迅速，全年展会数量91个，同比增长20%，展览面积77.85万平方米，同比增长23%，展会拉动内需扩大消费的作用进一步凸显。

同题材展会整合发展，专业性展会细化发展。展览企业通过将相同或相近题材展会联合举办的方式，整合优势资源，实现合作发展。瑞城糖酒会和中部糖酒会主办方各自发挥优势，将两展会合并成为中国（郑州）国际糖酒食品交易会，展览面积3.3万平方米，在参展范围、参展商知名度、专业观众质量方面有较大提升。郑州消费品博览会将原IT展、绿色建材展、茶叶展等消费类型展会进行整合，展览面积达6万平方米，在会展项目整合发展方面进行有益尝试，联手合作实现发展。同时，将发展成熟的专业展从综合展会中分离出来，首届口腔设备展从中原医疗器械博览会中细化分离出来，单独发展，展览面积6000平方米，参展企业近百家，效果良好。

【会展场馆设施建设】 新会展中心项目选址在规划中的高铁南站西侧，通过招投标方式确定邀请德国GMP国际建筑设计公司进行规划设计，初步完成片区城市设计及会展中心建筑方案。12月30日，会展城项目正式奠基，总占地约260公顷，总投资额270亿元，将建设成为以会展中心为城市引擎，依托航空、铁路枢纽，集商务办公、会议酒店、休闲商业、绿色宜居等功能为一体的国际智慧型会展城。会展中心总规划面积100万平方米，其中一期计划投资50亿元，建筑面积为40万平方米，展览中心24万平方米，会议中心和酒店16万平方米，建设期为两年。

【引进举办国家级流动展会】 根据郑州产业特点和现有场馆条件，对3–6万平方米规模的展会重点跟踪。加强与知名办展机构和行业协会的联系合作，拜访全国农机会、全国测绘技术展等流动展会主办方，吸引品牌展会落地郑州或在郑州设立分展，与全国农业机械展览会等展会主办方建立合作关系，争取到展会连续在郑州举办。2014年举办全国春季农业机械展览会、中国（郑州）兰花博览会、（中国·郑州）全国食用菌新产品新技术博览会暨市场流通峰会、首届中国化妆品交易会、中国医学装备发展研讨会展览、中国国际康复器具博览会等6个国家级流动展，展览面积8.5万平方米。申办到全国春季农业机械展览会，中国国际燃气、供热技术与设备展览会，全国摩托车及配件展示交易会，国际摩擦密封材料技术交流暨产品展示会，中国化妆品交易会等5个国家级流动展会2015年在郑州举办。

【扶持自主品牌展会做大做强】 市会展办引导举办单位结合郑州市产业优势创办特色展会项目，加强与全国行业协会、国际知名展览机构的合作，推动展会规范化、规模化发展，全市共有30多个本地展会项目与国家级商协会联合举办，展会实力得到提升。建立展会举办单位和批发市场管理方之间沟通联系渠道，为新展会的创办提供资源平台。对郑州国际汽车展览会等运作规范、发展迅速的自主品牌展会，申请市政府作为展会的支持单位，指导展会快速发展。

【创新举办新类型展会项目】 市会展办鼓励市场主体深入挖掘郑州产业优势和市场优势，开发创办新展会项目。创办出中部郑州口腔展览会、郑州消费品博览会、中国郑州国际制药机械及包装设备展览会、中国（郑州）生活用纸展览会、中国（河南）旅游自驾产业博览会、中国（郑州）国际智能终端博览会等新展会8个，展览面积9.5万平方米。

【展会协调服务】 市会展办落实会展联席办公会议制度，对中小型展会督促展馆做好各项服务工作。对郑州中原广告展览会、春季大河车展、郑州国际家具博览会、中原国际汽车博览会、中国国际汽车后市场博览会、郑交会、国际车展等10个大型展会，向有关单位通报展会情况及需协调的问题，对工作任务进行分工，共同为展会举办提供优质服务。

【资金申请受理审核和展会登记备案】 2014年，全市共受理31个资金申请项目，通过资料审查、项目跟踪、现场审核、会后抽查、整体评估等程序，对符合条件的展会给予资金奖励补贴，重点支持符合郑州市会展产业导向和市场优势的展会项目做大做强。落实会展活动登记备案制度，引导举办单位规范办展，建立展前把关、展中和展后监督的全程监管模式。

【参与和筹备重大活动】 2014年，市会展办参与做好第二十届郑交会的境外招商招展、现场服务和接待等工作。本届郑交会国际展区面积1.65万平方米，占展会总面积的21%，比上年增加3500平方米，增幅达27%。参展商品来自印度、巴基斯坦、奥地利、英国、尼泊尔等近30个国家和港澳台地区，较上年增加近10个国家和地区。按照工作分工，做好第八届（河南）国际投资贸易洽谈会、国际民航组织航空货运发展论坛、世界旅游城市市长论坛、丝绸之路经济带中欧物流通道枢纽建设国际交流会等国际会议组织筹备工作，全力做好会场布置搭建、现场管理、服务保障等工作，确保活动顺利开展。

（马　虹）

甲午年黄帝故里拜祖大典

【概况】 甲午年黄帝故里拜祖大典由河南省人民政府、政协河南省委员会、国务院台湾事务办公室、中华全国归国华侨联合会、中华全国台湾同胞联谊会、中华炎黄文化研究会联合主办，由郑州市人民政府、政协郑州市委员会、新郑市人民政府承办。大典主题为“同根同祖同源、和平和睦和谐”，于2014年4月2日（农历甲午年三月初三）上午在郑州市新郑黄帝故里景区举办。

大典沿承九项仪程规制，即盛世礼炮、敬献花篮、净手上香、行施拜礼、恭读拜文、高唱颂歌、乐舞敬拜、祈福中华、天地人和。主司仪由全国侨联主席林军担任，主拜人由十届全国人大常委会副委员长许嘉璐担任。参加拜祖大典的领导和嘉宾有：全国政协副主席马飚，中国国民党中评委主席团主席徐立德、丁懋时，中共中央台湾工作办公室、国务院台湾事务办公室副主任龚清概，全国政协经济委员会副主任、中华全国归国华侨联合会副主席许荣茂，全国政协常委、中华全国台湾同胞联谊会副会长陈杰，中华炎黄文化研究会常务副会长赵德润和中共河南省委书记、省人大常委会主任郭庚茂，省委副书记、省长谢伏瞻，省政协主席叶冬松等省四大班子领导；中共河南省委常委、郑州市委书记吴天君，郑州市人民政府市长马懿等郑州市四大班子领导；中共新郑市委书记王广国、市长刘建武及各界社会团体、民间组织、友好人士代表，共计近7000人。

【大典仪程】 上午9时50分，大典主司仪林军宣布甲午年黄帝故里拜祖大典开始。大典共有九项仪程：

——盛世礼炮。现场全体人员肃立，鸣炮21响。

——敬献花篮。马飚、许嘉璐，郭庚茂、谢伏瞻，龚清概、陈杰、许荣茂，吴天君、马懿、王广国、刘建武等分四组先后向黄帝像敬献花篮。

——净手上香。中国国民党中评委主席团主席徐立德、丁懋时，东盟秘书处特别代表、公共事务处主任李键雄，中国—东盟文化经济促进会会长、印度尼西亚客属总会主席吴能彬，美国纽约华人社团联席会执行主席苏殿奎和香港中华教育基金会理事长、瑞科教育集团董事长王中英，澳门世界华商联合总会会长、澳门华玺环球集团董事长林健生，啟福置业股份有限公司董事长卢福明、河南九洲天丰投资发展集团董事长段永刚等先后走到拜祖台前，分三组净手敬香。

——行施拜礼。参加拜祖大典的全体人员向黄帝像三鞠躬。

——恭读拜文。十届全国人大常委会副委员长、中华炎黄文化研究会会长许嘉璐恭读《拜祖文》。

——高唱颂歌。中国三大男高音戴玉强、莫华伦、魏松与现场合唱演员、全体参拜人员共唱《黄帝颂》。

——乐舞敬拜。韵律悠远的古乐声中，舞蹈演员翩翩起舞，表达世代子孙对人文始祖黄帝的追思和敬仰之情。

——祈福中华。全国政协常委、民革中央副主席何丕洁，中国科学院“百人计划”学者、中国科学院遗传发育所研究员马润林，全国人大代表、中央电视台河南籍主持人张泽群，第四届全国道德模范、中国建筑第七工程局一建公司工程师黄久生，“中国好人榜”上榜好人李春风，茅盾文学奖获得

恭读拜文

领导及嘉宾入场

者、著名作家柳建伟，中国公益事业促进会副会长、“中华慈善大使”周森，中华两岸华商协会理事长林晋宇，世界华商联合总会荣誉会长、香港铜锣湾集团总裁李济华，香港曾氏投资集团总经理曾德魁，香港中华邓世蕾爱心协会秘书长邵一伦，欧洲华侨华人社团联合会秘书长、欧洲中国和平统一促进会主席张曼新，美中经贸科技促进总会主席、美国新世界集团董事长杨功德，美中国际商会科技文化经济委员会会长、美国永大资本控股集团执行董事刘相军，美国河南总商会会长翟金城，世界客家播迁路活动组委会副主席兼秘书长司马众志，新西兰河南总商会会长张亚循，黄帝故里基金会理事长白东升等18位嘉宾，在祈福树上悬挂由个人签名的祈福牌，并登上拜祖台，在拜祖文长卷上用印，表达对祖国民主、富强、文明、和谐及中华民族伟大复兴“中国梦”的深深祝福。

——天地人和。来自台湾、香港、澳门、郑州的黄映慈、董姿好、蒙家昊、董治远小朋友，在黄帝像前放飞和平鸽，放飞中华儿女对盛世昌平的期盼，对世界和平的希望。

在热烈祥和的气氛中，简朴而不失隆重的甲午年黄帝故里拜祖大典典礼告成。

《人民日报》、新华社、中央人民广播电台、中国国际广播电台、中央电视台、人民网、新华网、中国新闻网、凤凰网、香港《大公报》、香港《文汇报》、台湾东森电视台等100余家新闻媒体报道了大典盛况。

【甲午年拜祀始祖轩辕黄帝文】 维岁次甲午，三月初三，公历二〇一四年四月二日，春煦旸和，百物勃兴，中华炎黄文化研究会会长许嘉璐谨以四海华胄之名，恭奉鲜卉果蔬，拜祀中华人文始祖轩辕黄帝。

文曰：

具茨绵绵 溱洧洋洋
圣山圣水 蜿蜒荡荡
少典之子 兹诞兹长
号曰轩辕 以德而王
生而颖异 体伟龙颡
夙夜匪懈 明德馨香
菽水藜藿 率众耕桑
制陶版筑 建室兴堂
肇作礼乐 声歌喤喤
仰观天文 历律初张
乃造舟车 巡狩四方
划野分州 仁覆八荒
事则躬亲 选贤举良
百官廉俭 民风和祥
上承天道 立刑建纲
华夏归心 协和万邦
嵩岳巍巍 中原莽莽
龙脉赓续 尧舜禹汤
百代兴衰 弱而复强
愈艰愈勇 历尽沧桑
延及近世 屡遭祸殃
惨遭肢解 铁蹄张狂
百姓涂炭 河山板荡
亿民奋起 血脉偾张
壮烈不挠 弱胜强梁
吾祖佑我 正义伸张
独立民主 雪耻自强
河山不殊 百业腾翔
众志成城 广谱新章
民族协睦 歌舞轻飏
民生民权 民富国强
海峡清浅 往来和畅
手足相拥 与尔同裳
居安思危 守土固疆
峨峨昆仑 茫茫大江
喷薄旭日 前路辉煌
祖训在胸 步履铿锵
龙之苗裔 无愧轩皇
四海同胞 唐山情长
厚德载物 同筑梦想
燃香新郑 兰蕙芬芳
恭祈故土 福祉绵长

颂曰：

望大河之滔滔兮 颂吾祖之荣光
喜雨露之润润兮 思恩泽之泱泱
吾族尊祖而知鉴兮 往事未往
黄河萦山而九折兮 多难兴邦
帝貌岂可觅兮 广袤河山乃其影像
圣德既恒在兮 亿万苗裔其将永昌
皇祖万世而不替兮 松柏郁苍
生民厚德以立命兮 国运高扬
伏惟尚飨

第三届中国豫剧节开幕式

【第三届中国豫剧节】 作为甲午年黄帝故里拜祖大典的重要组成部分，2014年4月1日，由文化部艺术司、省委宣传部、省文化厅、郑州市政府、河南中华豫剧文化促进会共同主办的第三届中国豫剧节在河南艺术中心开幕。十届全国人大常委会副委员长、中华炎黄文化研究会会长许嘉璐，十届全国政协副主席张思卿，文化部副部长丁伟，全国政协

2014年4月3日，省委常委、市委书记吴天君参观兰博会场馆

经济委员会副主任、中国侨联副主席许荣茂，全国政协提案委员会副主任王国卿等出席开幕式。十届全国政协副主席张思卿宣布“第三届中国豫剧节开幕”。省领导郭庚茂、叶冬松、刘春良、尹晋华、赵素萍、蒋笃运、张广智，全国政协教科文卫体委员会副主任、中华豫剧文化促进会会长王全书，市领导丁世显、王哲、刘东等与参加甲午年黄帝故里拜祖大典的嘉宾一起出席开幕式并观看演出。按照节俭办节的原则，本届豫剧节没有大型开幕式晚会。在简短的开幕式后，由河南豫剧院一团打造的新编历史剧《魏敬夫人》上演。

本届豫剧节以“豫剧的盛会、人民的节日”为主题，共吸引了河南、河北、山东、山西、新疆等11个省(自治区)的18家豫剧团参加。作为郑州市唯一的参赛剧目，由郑州市豫剧院创排的《琵琶记》在郑州艺术宫上演。

【中国海内外近现代书画名家作品展】 2014年4月2日下午，甲午年黄帝故里拜祖大典“中国海内外近现代书画名家作品展”在河南省美术馆开幕。本次展览由国务院侨务办公室宣传司、河南省人民政府外事侨务办公室、河南省文联联合主办，荣宝斋（香港）有限公司承办，中原侨商投资企业协会协办。展品中有167幅作品为荣宝斋馆藏的近现代中国书画大家精品力作，其中既有齐白石、徐悲鸿、张大千、黄宾虹、李可染、黄胄、关山月、启功等60多位近代大师级艺术家的作品，也有刘大为、黄永玉、范曾、沈鹏、欧阳中石等10多位当代书画大家的力作。此外，应邀参展的还有17个国家和地区的知名书画家及部分省内著名书画家的80多幅作品。参展作品共计250余幅。

【黄帝文化国际论坛】 2014年3月31日下午，第八届黄帝文化国际论坛在位于新郑市的郑州大学西亚斯国际学院举行，来自海内外的专家学者纵论黄帝文化，畅谈价值观。作为拜祖大典主体活动之一，此次黄帝文化国际论坛的主题为“我们的价值观”，由中华炎黄文化研究会、中国先秦史学会、郑州市人民政府主办，新郑市人民政府、河南省黄帝故里文化研究会承办。本届论坛由央视著名策划人朱海担任总策划，著名主持人张泽群担任主持。中华炎黄文化研究会常务副会长赵德润致开幕词。台湾大学哲学系教授傅佩荣、中国人民大学法律社会学教授周孝正分别以“儒家思想的当代价值”“中华文明与公众核心价值观”为主题与大家进行交流。中共中央党校哲学部教授刘余莉、北京大学中文系教授张颐武、中国政策科学研究会国家政策委员会副秘书长彭光谦、国家发改委中国体制改革研究会副会长马役军等，与大家分享了对价值观、中国精神等问题的思考。

【中国河南国际投资贸易洽谈会】 2014年4月1日上午，第八届中国河南国际投资贸易洽谈会开幕式暨重大合作项目签约仪式在郑州国际会展中心举行。省委书记、省人大常委会主任郭庚茂出席仪式，省委副书记、省长谢伏瞻致辞。开幕式上，播放了《开放的河南欢迎您》专题片。省商务厅负责人作了签约情况介绍。本届投洽会共达成268个合作项目，投资总额2350亿元，合同利用境外省外资金2178亿元。其中，外资项目68个，总投资419亿元；内资项目200个，总投资1931亿元；10亿元以上项目81个，投资总额占72%。全国政协经济委员会副主任、中国侨联副主席许荣茂，中国美国商会主席葛国瑞，东盟秘书处特别代表、公共事务主任李键雄，澳门特区政府行政长官代表、澳门贸易投资促进局主席张祖荣，香港特区政府驻武汉办事处主任谢绮雯，苏宁控股集团董事长张近东等嘉宾应邀出席开幕式和签约仪式。

下午，第八届河南投洽会的重要内容之一——郑州航空港实验区重大招商项目对接和签约仪式在郑州国际会展中心举行。现场共有14个项目签约，涉及航空物流、智能终端、现代服务等领域，合同投资金额388亿元。省、市领导李克、吴天君、马懿、胡荃等出席签约仪式。

第八届中国河南国际投资贸易洽谈会开幕式暨重大合作项目签约仪式

【第二十四届中国（郑州）兰花博览会】 2014年4月1日上午，“陈寨花卉杯”第二十四届中国（郑州）兰花博览会在郑州中国绿博园开幕。本届兰博会由中国花卉协会兰花分会、河南省林业厅、河南省花卉协会、郑州市人民政府主办；市花卉苗木协会、市林业局、市园林局、市农委和市花卉苗木协会兰花分会承办。市领导王林贺主持开幕式，市委副书记、市政协主席王璋致欢迎词，中国花卉协会兰花分会常务副会长陈栋和中国花卉协会副秘书长陈健武先后致开幕词和贺词。

中国兰花博览会是我国规模最

大、档次最高、影响最大的国家级兰花盛会。本届兰花博览会的主题是“兰香绿城、美丽郑州”，来自德国、韩国、香港、澳门、台湾、北京和河南等25个国家、地区和省（市）的3000个参展商代表，共展出各类兰花作品5000余盆，展出面积1.5万平方米，为历届兰博会中展出规模最大、品种最丰富的一届。

（杨　晋　王永强　戴烁琪）

第十届中国郑州国际少林武术节

【概况】 第十届中国郑州国际少林武术节由国家体育总局武术运动管理中心、中国武术协会、省体育局和郑州市人民政府主办，历时5天，主题为“弘扬中华民族优秀武术文化，展示历史文化名城内涵，服务中华民族伟大复兴”。

本届少林武术节活动安排包括开幕式暨群众武术活动展演比赛、武术竞赛、武术段位赛、武术段位及武术套路运动技术培训、论文报告会、闭幕式等六大板块。设有少林武术规定项目、少林武术传统项目、少林武术对练项目、国际竞赛规定项目、其他传统项目、集体项目六大类型比赛，共233个小项。来自63个国家和地区的207个团队1870多名运动员以武会友，切磋技艺。武术节竞赛项目于10月20—22日在郑州47中体育馆开战。

本届武术节在人员规模上超过历届武术节，共产生514个一等奖、755个二等奖和1177个三等奖。其中郑州代表队获得40个一等奖、29个二等奖和15个三等奖。登封塔沟武校87名套路队员代表河南、郑州等队参加比赛。在少林拳项目、国际竞赛项目、传统项目和集体项目的比赛中，塔沟武校的队员们最终获得120个一等奖、45个二等奖和10个三等奖。

武术节搭建起全世界热爱少林武术人士的沟通桥梁。在日本、马来西亚、新加坡、印度尼西亚、泰国、美国、韩国、加拿大、澳大利亚、墨西哥、巴西、法国、西班牙、荷兰、保加利亚、葡萄牙等几十个国家和地区都成立有传授和学习少林武术的组织，无形中推动了少林武术和中华传统文化的海外传播。

【开幕式】 10月19日下午，伴随着五彩缤纷的气球、振翅高飞的和平鸽，第十届中国郑州国际少林武术节开幕式和群众武术活动展演比赛决赛在登封少林寺山门前隆重举行。

全国政协副主席齐续春宣布武术节开幕。

省政协主席叶冬松，中国奥委会副主席王钧，省委常委、郑州市委书记吴天君，省委常委、宣传部部长赵素萍，省人大常委会副主任李文慧，副省长张广智，省政协副主席李英杰等出席开幕式。

国际武术联合会执行副主席、美国武术联合会主席吴廷贵，国家体育总局武术运动管理中心党委书记何青龙等出席开幕式。

开幕式由武术节组委会主任、河南省体育局局长彭德胜主持。

市领导马懿、王璋、白红战、王林贺、王哲、舒安娜、刘东、吴晓君等出席开幕式。

市长马懿致欢迎词，他说，中国郑州国际少林武术节遵循“以武会友、共同进步”的宗旨，已经走过了20多年的辉煌历程，是世界武术爱好者欢聚的盛会、梦想的舞台。本届武术节与往届相比，规模更大、项目更多、国际化更高，这对进一步扩大少林武术的影响力、弘扬中华武术文化、促进世界武术运动的良性发展、促进各国人民之间的情感和友谊，具有十分重要的推动作用。

副省长张广智致开幕词，他说，中国郑州国际少林武术节既是释放激情、切磋技艺的体育盛会，也是传播友谊、互鉴文明的交流平台。我们将扎实做好各项赛事活动的组织工作，努力将本届武术节办成展示形象、促进交流、特色鲜明、精彩纷呈的盛会。

全国政协副主席齐续春宣布“第十届中国郑州国际少林武术节开幕”。

随后，与会领导和嘉宾步入迎宾大道，观看了精彩的万人武术表演。而后在少林寺山门前举行了“九和天下”仪式。

开幕式前，举行了群众武术活动展演比赛。

第十届少林武术节开幕式

【开幕式预演和群众武术活动展演比赛预赛】 10月17日，第十届中国郑州国际少林武术节开幕式预演和群众武术活动展演比赛预赛在登封举行。

从登封高速西出站口开始，道路

武术节精彩赛事

第十届少林武术节闭幕式

两旁分列的庄严旗阵拉开了开幕式序幕，迎宾区、少儿区、拳术区、器械区、搏击区和综合区6个表演区域317个方阵，近3万人参加表演。

在少林景区游客服务中心广场，200个小沙弥手敲木鱼，让人感受到少林武术的静心修行。场地两侧200面彩旗随风飘扬，专场武术表演轮番上演，少林拳、少林童子功、少林器械对练等少林功夫表演，展现少林功夫的魅力。

开幕式后，从少林寺游客接待中心广场到少林寺山门前的道路两侧，300名少林棍僧表演铁砂掌、倒吊功、上罐功以及阵势庞大的散打和民间功夫，展示少林寺“无处不武，无处不禅”。

在激昂的音乐声中，少林塔沟武校1.4万人演练大型武术团体操《少林功夫》。随着演练阵形的不断变换，学员们或动若潮水，或静如磐石，将刚健有力的“少林魂”演绎得淋漓尽致。

少林寺山门前，是最庄严、最隆重的仪式——“九合天下”仪式。仪式分三部分：听和钟、献和图、唱和平。预演在全场共同“唱和平”声中圆满结束。

【武术节论文报告会在郑举行】 10月20日，作为武术节重要组成部分的论文报告会在郑大体院学术报告厅拉开序幕。

本届武术节论文报告会的主题是“少林武术的传承与弘扬”，包括专家主题发言和论文作者分组报告两个环节，与会学者围绕主题内容进行深入探讨，广泛交流少林武术发展的最新研究成果，共同商讨少林武术的未来发展。

本届武术节论文报告会由国家体育总局武术研究院和中国体育科学学会武术分会主办，郑大体院承办，共收到来自全国各地的论文87篇，最终有75篇论文入围此次报告会。

10月21日，武术节论文报告会在郑州大学体育学院学术报告厅闭幕，经过两天的分组讨论以及与会专家的会诊把关，共评出一等奖5篇，二等奖16篇，三等奖26篇。报告会上，5位专家和优秀论文代表在大会上作专题报告、进行主题发言。

【群众武术展示活动】 10月12日，迎“第十届中国·郑州国际少林武术节”群众展示活动在碧沙岗公园举行。全市500余名武术爱好者，在活动中用精湛的武艺展现了中国武术刚健挺拔的雄姿。

本次活动由市政府、市体育局主办，参加展示活动的500余名武术爱好者来自市武术协会所属委员会、拳馆和辅导站点。

10月21日，第十届中国郑州国际少林武术节群众武术展示活动在郑州市新图书馆前广场举行。来自郑东新区武术工作委员会的近300名武术爱好者，与来自克罗地亚、伊朗、澳大利亚等国家的近60位参加本届武术节的选手同台献技，大家在交流切磋的同时，共庆第十届少林武术节的成功举办。

本次活动由郑州市人民政府和郑州市体育局主办，郑州市武术运动管理中心、郑州市武术协会承办，郑州市郑东新区武术工作委员会协办。

【经贸交流活动】 本届武术节期间，登封顺利承接珠三角、西南地区家居产业转移。郑州家居千亿产业基地项目集中开工奠基，投资总额达46.5亿元的亚力山卓、TATA木门、中山泰德等13个项目在登封市产业集聚区同时开工奠基，项目投产后，预计可实现产值130亿元以上，完成利税10亿元以上；登封与富宝沙发、喜临门、敏华控股、成都浪度等60家知名家居企业签订合作协议，总投资额达到523.7亿元。

【闭幕式】 10月22日晚，第十届中国郑州国际少林武术节闭幕式在郑州市妇女儿童活动中心大礼堂举行。

国家体育总局武术运动管理中心副主任、中国武术协会副主席陈国荣，省体育局局长彭德胜，市委副书记、市政协主席、市委秘书长王璋，市委常委、宣传部部长王哲，省体育局副巡视员张跃敏等参加闭幕式。副市长刘东主持闭幕式。

闭幕式上，陈国荣代表国家体育总局武术运动管理中心、中国武术协会授予河南省体育局武术运动管理中心、郑州市体育局武术贡献奖；王哲宣布本届武术节贡献奖名单，并与张跃敏为连续参加5届中国郑州国际少林武术节的11支境外团队代表颁发“特别贡献奖”。

彭德胜在闭幕致辞中说，第十届中国郑州国际少林武术节，在国家体育总局、河南省政府的大力支持下，在各有关方面的共同努力下，圆满完成了各项任务，向世界充分展示了中华武术文化的博大精深和少林武术之乡的良好精神风貌，为全世界武术爱好者和观众们奉献了一道水平高超、特色鲜明的武术盛宴，进一步扩大了少林武术的对外影响力，展示了河南的良好形象，必将对推动武术文化的对外交流与合作发挥积极的作用。

（辑 录）

旅游业

综 述

【概况】 2014年，郑州市旅游收入持续增长。全年共接待国内游客7002.13万人次，同比增长10.4%；国内旅游收入810.82亿元，同比增长11.3%；旅游总收入821.33亿元，同比增长11.2%。

游客满意度稳步提升。中国旅游研究院发布《2014年第四季度暨全年全国游客满意度调查报告和60个城市游客满意度排名报告》，郑州市2014年度游客满意度在全国60个样本城市中排名第16位，较2013年度排名上升4个位次，达到全国开展游客满意度调查工作5年来最高排名位次。

【项目建设】 2014年，郑州市旅游项目建设扎实推进，形成《郑州市旅游业发展三年行动计划项目（产品）汇总表（2015-2017）》，表中涉及九类旅游项目共401个，工程性旅游项目总投资3227亿元人民币，将为2015年及以后几年郑州市全域旅游提升奠定产业基础。在2014年中国（郑州）世界旅游城市市长论坛期间，新密吕楼古村落生态旅游项目、中牟绿博产业园凤凰国际文化产业园项目顺利签约，招商引资额126亿元。部分大型旅游项目建设进展较快，郑州华强文化科技产业基地二期（水世界）建成开业，伏羲山大峡谷项目和世纪欢乐园新增游乐项目完工，中牟国家农业公园、方特梦幻王国和嵩山爱诺丁极限运动休闲基地等项目主体工程完工。筹建郑州旅游集散中心项目，在借鉴上海、杭州等城市经验的基础上，明确项目功能定位。谋划游客集散中心、旅游商务区和旅游公共服务中心等9个分项目。报请市文教卫体领导小组批准，将旅游集散中心项目中公共服务部分的内容纳入“四个中心”体系一并推进。市旅游管理部门与万达集团和郑州交运集团等大企业沟通联系，开展招商引资活动，进行项目规划编制。

【智慧旅游城市建设】 2014年，郑州市智慧旅游城市建设进展顺利。成立郑州市智慧旅游城市建设领导小组，并设立领导小组专家咨询委员会，为智慧旅游城市建设提供组织保障。在充分征求成员单位意见建议的基础上，出台《郑州市人民政府关于加快智慧旅游城市建设的实施意见》；编制《郑州市智慧旅游城市建设总体规划（2014–2018）》，并提交市规委会审议通过，为智慧旅游城市建设明确发展思路；完成《郑州市智慧旅游城市建设三年行动计划（2014–2016）》，为智慧旅游城市建设提供具体指导。以重点项目建设为抓手，将“郑州旅游产业运行监测与公共服务平台”作为着力点重点落实，加快推进智慧旅游城市建设。

【旅游市场营销】 2014年，郑州市旅游市场营销成效明显，开展多项营销活动。编制完成《郑州旅游目的地营销规划》；注册郑州旅游主题标识和形象口号；参加省局组织的“体验河之南”媒体推广、央视《中国新闻 今日关注》栏目广告投放；参加第六届亚太城市旅游振兴机构论坛暨2014年会；制作六集《功夫郑州》专题片，在美国ICN国际卫视黄金时段播放；在全球最大的社交网站“脸谱”和“推特”开设“功夫郑州”账户；在蚂蜂窝旅行网制作郑州旅游攻略；“功夫郑州”自驾推广车在美国开展长途自驾推广活动；赴湖北、浙江、长三角地区开展旅游促销活动；与山西晋城市协同组织召开中原经济区城市旅游联盟年会；编辑制作《漫步郑州》等宣传品；接待20多个境外团组来郑州市考察踩线。

【规范旅游市场】 2014年，全市首批36家旅游标准化试点单位完成终期验收；第二批旅游标准化试点单位确定。郑州市旅游管理部门组织举办“星级饭店业务技能大赛”，评出4名最佳选手参加省旅游局业务大赛，荣获2个第一名，市旅游局获最佳组织奖。举办2014郑州市导游大赛，评选推荐优秀选手参加省导游员大赛，获一等奖3名，二等奖5名，三等奖6名。市旅游局出台《关于加强旅游服务质量监管工作的意见》，在全市推广和使用“全国旅游团队服务管理系统”和“全国旅游质监和投诉管理系统”。全市开展旅游市场检查196次，依法对违规的4家旅游经营单位进行行政处罚，投诉立案并办结13件，为游客挽回经济损失2.6万元。逐级签订旅游安全工作目标责任书、反暴恐保稳定责任书，组织开展“安全生产月”和“反暴恐、保稳定”等专项活动。开展企业安全员培训，组织安全检查200多人次，保证旅游安全。发挥协会桥梁纽带作用，举办旅行社沙龙，组织业务培训，促进行业健康发展。

【加快全域旅游产业发展大会召开】 12月10日，全市加快全域旅游产业发展大会召开。市委书记吴天君主持会议并讲话，市长马懿就全市旅游工作进行总结部署。副市长杨福平就《关于加快全域旅游发展的意见(讨论稿)》作起草说明。会议分析了全市旅游产业发展形势，就旅游产业升级、推进全域旅游发展进行安排部署，要求全市各级各部门要把握旅游产业阶段性特征，突出重点，提质升级，把旅游产业培育成战略支柱产业，开创全域旅游发展新局面，全力把郑州市打造成为世界旅游城市。

（代亚柠）

旅游管理

【假日旅游安全检查】 1月24日，市假日办检查组对部分景区进行检查，以确保春节旅游市场繁荣有序，切实做好假日旅游安全工作。

检查组先后到郑州海洋馆和黄河生态旅游风景区检查春节旅游准备工作情况。检查中，先后听取了景区负责人的工作汇报，对景区游览设施、安全设施、环境卫生等情况进行了现场检查，就扎实做好安全工作、规范市场秩序、提升服务质量提出了要求。

【郑州市旅游规划发展座谈会召开】 2月21日，郑州市旅游局召开全市旅游规划发展座谈会，落实全省旅游工作会议精神，深入谋划2014年郑州市旅游规划发展工作。

会议要求，各县（市）区要加强景区管理，促进服务质量和水平提升；积极扶持景区发展，按照“宽进严出”的原则鼓励条件成熟的景区创A升级；重点抓好大项目，随时掌握项目进展情况，积极争取上级扶持政策和资金奖补；旅游统计作为一项基础性工作，是旅游决策的基本依据，一定要认真抓实抓好。

【“3·15”旅游维权宣传活动】 3月15日，按照省局统一部署，郑州市旅游局组织和参加了在少林景区广场举行的“3·15”旅游维权宣传活动，进一步宣传贯彻《中华人民共和国旅游法》，维护广大旅游者的合法权益。

在活动现场，省、市和登封市旅游局分别设立旅游维权直通车，工作人员现场发放宣传资料，现场答疑解惑，现场受理旅游投诉，引导旅游者文明消费、理性消费，增强自身维权意识。

郑州市旅游局为此次宣传活动专门编写了《旅游维权手册》，包括慎选旅行社、甄别旅游产品广告、签订正规的旅游合同、理性消费、依法维权等方面的内容，并公布各县(市)区旅游投诉电话，方便旅游者维权。各县（市）区在各自辖区内游客集聚点设置旅游维权直通车，发放宣传资料，现场受理旅游投诉，宣传旅游维权知识，共同营造全市和谐旅游的良好环境。

【全市旅游工作电视电话会议召开】 3月18日，全市旅游工作电视电话会议在市政府四楼视频会议室召开。市发委各成员单位负责人、全市部分旅游景区、饭店、旅行社等旅游经营单位的负责人和新闻媒体记者参加会议。

2014中国（郑州）世界旅游城市市长论坛第一次执委会会议召开

市旅游局局长张杰锋通报了《郑州市旅游局2014年工作要点》，对当年旅游工作进行全面安排部署。

2014年旅游工作的总体思路是：以旅游产业结构调整、转型升级为主线，以旅游标准化和“智慧旅游年”建设为抓手，以项目建设、市场拓展、标准推广、服务提升为重点，促进郑州旅游业持续健康发展，为推进以新型城镇化为引领的郑州都市区建设做出积极贡献。

2014年旅游工作的总体目标是：接待境内外游客7700万人次，同比增长10%；旅游总收入890亿元人民币，同比增长11%；旅游投资额、旅游招商引资额均超过30亿元人民币；旅游标准化、智慧旅游城市和旅游集散咨询服务中心建设取得明显进展；努力提升游客满意度；游客投诉率控制在0.5‰以内；全年无重大旅游安全事故发生。

炎黄二帝像

【旅游质监与投诉管理系统培训班】 4月24日，郑州市旅游局在黄河饭店举办2014年郑州市旅游质监与投诉管理系统培训班，专门邀请国家旅游局指定的后台运营商北京互联百网公司专家就该系统的使用及操作方法对各县（市）区旅游管理部门进行讲解、演示、问题解答等系统培训，贯彻国家旅游局《关于推广应用2012年版旅游质监与投诉管理系统的通知》精神，进一步提升全市旅游质监信息化工作水平。各县（市）区旅游管理部门分管领导及业务骨干参加培训。

【旅游景区“反暴恐、保稳定”专项行动工作会议召开】 6月11日，郑州市旅游景区“反暴恐、保稳定”专项行动工作会议召开。各县（市）区旅游行政管理部门分管旅游安全工作的领导、监管科长等40余人参加会议。

会上，传达了省会郑州“反暴恐、保稳定”专项行动会议精神，对“反暴恐、保稳定”专项行动和旅游安全工作提出三点要求。一是要高度重视，强化责任。各县（市）区旅游行政管理部门要抓紧时间成立景区“反暴恐、保稳定”专项行动工作组织机构，制定实施方案，与辖区内所有景区签订“反暴恐、保稳定”专项行动目标责任书，召开专题会议进行安排部署。二是要抓好落实，加大督察力度。对景区安全进行一次大排查、大检查、大督察，把隐患消灭在萌芽状态，抓好方案的落实，应急预案的演练，安保人员、监控防护设备、专项资金、制度的到位，发现问题，迅速整改，堵塞漏洞，狠抓落实。三是要警钟长鸣，常抓不懈。进一步树立忧患意识，增强责任意识，安全工作无小事，要强化红线意识，促进旅游安全发展。同时，会上还签订了郑州市旅游景区“反暴恐、保稳定”专项行动工作责任书。

【旅游质监业务培训】 6月27日，郑州市旅游局举办2014年郑州市旅游质监业务培训班，邀请国家旅游局监管司质监处处长段国强、郑州市法制办行政复议中心处长张俊鸽就新版旅游合同、行政调解与旅游投诉处理技巧进行专题讲解，以贯彻落实《旅游法》和国家旅游局《旅游质监执法机构和队伍建设指南（试行）》（旅质监发〔2013〕8号）精神，切实推进全市旅游依法行政工作。各县（市）区旅游行政管理部门分管质监工作的领导及负责旅游投诉的工作人员以及旅行社分会会员单位负责人参加培训。

【导游大赛举办】 8月21日，由郑州市旅游局、郑州市总工会、郑州市文明办共同举办的2014郑州市导游大赛决赛在嵩山饭店举办。

大赛秉承公平、公正、公开、节俭的原则，设置初赛、复赛、决赛预选赛、决赛四个环节，经过层层选拔，最终12名中文导游员、4名中文讲解员从上千名选手中脱颖而出进入决赛。最终评出郑州市五一劳动奖章、郑州市旅游服务技术能手、郑州市十佳导游员、最佳讲解员和优秀组织奖等诸奖项。

【全域旅游产业发展大会召开】 12月10日，全市加快全域旅游产业发展大会在嵩山饭店召开，贯彻落实国务院关于加快旅游业发展改革若干意见，分析全市旅游产业发展形势，就旅游产业升级、推进全域旅游发展进行安排部署，要求全市各级各部门要把握旅游产业阶段性特征，突出重点，提质升级，把旅游产业培育成战略支柱产业，开创全域旅游发展新局面，全力把郑州市打造成为世界旅游城市。

市委书记吴天君主持会议并讲话，市长马懿就全市旅游工作进行总结部署。

市领导王璋、郭锝昌、孙金献、刘贵新、王哲、黄保卫等参加会议。

副市长杨福平就《关于加快全域旅游发展的意见（讨论稿）》作起草说明。

马懿指出，要全面加快推进郑州全域旅游产业发展，努力把旅游产业培育成为国民经济战略性支柱产业、改善民生的重要富民产业和人民群众更加满意的现代服务业，把郑州建设成为国内外重要的旅游目的地。一是完善功能，优化环境，全面提升旅游产业契合力。二是拓宽思路，深度融合，充分发挥旅游产业的带动力。三是突出特色，打造精品，着力增强旅游品牌的竞争力。

吴天君要求，全市上下要深刻认识旅游业已经进入大众旅游时代、人们消费需要升级、旅游在国民经济中地位逐步提升的阶段特征，认清国家支持推进旅游产业大发展的政策机遇和旅游业发展方向，围绕最终把郑州建成世界旅游城市的目标，坚持“一统三大三层次”的发展思路，加快推进全域旅游发展。

【参加政风行风在线访谈】 5月20日，郑州市旅游局副局长何宏波、纪检组长刘海青带领业务处室和直属单位负责人走进郑州新闻广播直播间，参加政风行风热线访谈节目，与听众交流互动，现场解答旅游工作相关问题。

听众关注的问题主要包括：景区设施的完善、门票价格以及自驾游的规范管理等。节目还通过微博跟帖、微信留言等方式广泛征求了听众对郑州市旅游工作的意见和建议。

（代亚柠）

旅游活动

【春节黄金周旅游】 2014年春节假日，郑州市采取多项措施，激活节日旅

杜甫故里

游市场，为市民提供丰富多彩的文化旅游产品。春节假日旅游市场情况及主要特点：

（一）受天气影响，全市旅游接待量略有下降。春节假期全市共接待游客245.9万人次，同比下降3.6%；旅游收入13.9亿元人民币，同比下降1.9%。11家重点旅游景区统计，春节假日前4天天气晴好，宜于出游，共接待游客23.25万人次，同比增长53.76%；门票收入697.28万元，同比增长58.69%。后3天受低温降雪影响，游客量下降明显，共接待游客11.52万人次，同比下降62.86%；门票收入419.28万元，同比下降50.31%。

（二）民俗文化庙会精彩纷呈。许多景区针对春节旅游市场特点，纷纷推出丰富多彩的民俗文化活动，突出主题、特色和参与性，让民俗文化更加贴近民众，受到游客的喜爱。金鹭鸵鸟游乐园、黄河富景生态园、蝴蝶岛3家景区共同举办“商都民俗庙会”，形成品牌整体影响力和特色景区的互动，以春节拜典、迎春走灯、民俗风情、民族体育、文化展演、互动参与等活动烘托主题。金鹭鸵鸟园主题是“文化风情庙会”，市民可欣赏恐龙鸵鸟展、中原民俗、趣味游乐、生肖文化展，参与春节大拜年等活动；蝴蝶岛推出主题为“迎新春走灯节”活动；以“民俗嘉年华”主题活动为重点，黄河富景生态园推出马术特技、民俗风情演出等活动。郑州城隍庙—文庙庙会同时举办，城隍庙展示的主要有欢庆锣鼓、走旱船、狮舞、高跷舞、变脸、杂技、魔术表演、猴戏等，有民间工艺展示和免费学习活动；文庙有舞龙舞狮、高跷、杂技等民间工艺、民间绝活表演及民间工艺品展演，每天举行的祭孔仪式也有自身特色。

（三）都市旅游产品丰富多样。“郑州人游郑州”“郑州一日游”活动带动效应明显。节日期间，郑州人民公园、碧沙岗公园、紫荆山公园纷纷举办迎新春群众文化系列活动；郑州世纪欢乐园推出骏马迎宾活动，郑州动物园举办“马儿巡游”活动，绿源山水景区举办首届新春国际马戏艺术节等，都与马年主题有关；郑州方特欢乐世界推出“方特中国年”活动；郑州博物馆举办传统文化技艺展演；郑东新区如意湖广场举办华夏优秀传统民间文化展演广场舞大赛；郑州二七纪念馆“迎双节”青少年书画院院长作品联展；各县（市）区广场、社区纷纷推出宣传十八届三中全会精神文艺演出；郑州美术馆推出河南省第十二届中国画艺术展；郑州绿博园举办迎新春室内郁金香展。

（四）自驾游、休闲健康游成为市场主体。春节期间，近郊游、短线游、自驾游成为旅游主体，游客短线自驾游占全市接待总量的75%以上。省内客源地前十位依次为郑州、开封、洛阳、许昌、新乡、安阳、漯河、焦作、南阳、平顶山。

温泉、滑雪、赏花、品茶、康体、运动等成为游客主要休闲方式。尤其是温泉游、滑雪游备受游客青睐。嵩山滑雪场、桃花峪滑雪场、丰乐园热带雨林水疗馆、香堤湾温泉酒店、江南春温泉酒店等吸引大量市民和游客休闲度假，游客接待量再创新高。丰乐农庄共接待游客5.9万人次，江南春温泉游客接待量同比增长10%以上。

（五）假日旅游工作机制运转有效。节前，郑州市旅游局编排、推出多条冬季休闲旅游线路，给市民和游客提供更多春节休闲旅游好去处。节前和节日期间，市假日办检查组对部分景区进行检查；郑州市旅游局就假日安全等工作专门召开会议；旅游管理部门重点做好安全检查、旅游咨询投诉、信息预报等项工作。各县（市）区旅游部门对重要地段和重点项目进行安全排查，在主要景区值班值守。各相关部门展开拉网式排查，加强管理，严格执法。市公安局、市质量技术监督局、市工商局、市交通委、市卫生局、市物价局、市城市管理局、市消防支队等部门各司其职，确保市民过上一个快乐祥和的春节假日。民航、铁路、公路等交通运输部门积极安排运力，保障游客和旅客的出行。

（六）旅游服务质量良好，旅游市场安全有序。春节期间，郑州市旅游安全形势平稳，旅游市场秩序井然，没有发生一起旅游安全事故。市旅游质监所共接到旅游咨询电话90多个，无旅游服务质量投诉。

【赴东南亚客源市场宣传促销】 4月8–15日，郑州市代表团随河南省旅游促销团赴东南亚地区开展旅游推广活动，先后在曼谷、新加坡、雅加达举办河南文化旅游推广周启动仪式、河南旅游东南亚网络新媒体推广启动仪式和河南旅游新产品发布会，少林功夫、黄帝文化、黄河风光等郑州市旅游品牌成为推

郑州市旅游项目在2014中国（郑州）世界旅游城市市长论坛上与西班牙马德里市签约

介重点和最受关注的焦点。

活动期间，市旅游局局长张杰锋随同省旅游局领导及中国南方航空公司代表先后拜会了泰国国家旅游局局长塔瓦差·阿兰伊、国家旅游局驻新加坡办事处主任田欣等旅游界官员，会谈各方就郑州航空港经济综合实验区带来的发展机遇、往返郑州航线的开发培育及双方旅游合作等共同关心的议题交换了意见，初步形成依托现有航线、加大旅游市场培育，在中国南航驻泰国曼谷办事处设立郑州旅游推广中心等合作意向。

【郑州市加入中国旅游城市新媒体营销联盟】 5月29日，山东省旅游局与青岛市人民政府共同主办的2014中国新媒体旅游营销青岛峰会暨中国旅游城市新媒体联盟成立大会在青岛开幕。

会上，北京、天津、青岛、郑州等70个直辖市、副省级城市、省会城市和重点旅游城市共同组建中国旅游城市新媒体营销联盟。

会议期间，通过中国旅游城市新媒体营销联盟统一新媒体平台和70个会员城市的200多个运营微博、微信、网站等新媒体平台，以峰会和青岛世园会等为统一内容，以“合作创新、智慧营销”为统一主题，开展国内首次城市新媒体联合营销活动。共发布相关微博、微信1000余条，转发、评论数超过500万次。

河南发布、微博云南等10多家“城市发布”，新华网、人民网、凤凰网等40多家主要媒体，10名旅游达人共同参与此次联合营销。

【赴武汉举办旅游推介会】 6月5日，郑州市在武汉开展旅游促销活动，重点宣传推广暑期旅游产品。以武汉为中心的湖北市场一直是郑州市主要的客源地，在省外客源市场中位居前五位。推介会上，郑州市在推广少林功夫游、黄河文化游、寻根拜祖游等经典产品和线路的基础上，重点推出“小罗汉 武中原”“新六艺 成人礼”“快乐少年”体验中原等暑期夏令营产品。这些夏令营产品，依托郑州市悠久的历史、厚重的文化、精湛的少林功夫进行包装设计，注重关注孩子的心理需求及家长的教育诉求，寓教于乐，融入历史文化教育以及独立生活能力、环保意识、感恩情怀、团队精神、吃苦耐劳等优秀品格的培养。郑州市随团推介的旅行社与武汉旅行社现场开展深度对接洽谈，互相交换意见，编排设计针对对方市场的线路产品，谋求建立长期务实的双边合作关系。

【参加中原经济区城市旅游联盟年会】 6月19日，中原经济区城市旅游联盟2013–2014年会在联盟轮值主席城市山西省晋城市召开。河南、山西、河北等相关省旅游局领导出席会议并讲话，晋城市委、市政府、市人大、市政协，以及下届候选轮值主席城市安阳市相关领导出席此次年会，来自中原经济区城市旅游联盟的7省27个城市旅游局局长参加会议。

会议由联盟秘书长、郑州市旅游局局长张杰锋主持，审议并通过联盟2013年度轮值主席、晋城市旅游文物局局长董小清作的《联盟工作报告》。会议通报表彰获得2013年度中原经济区区域旅游合作奖的焦作、聊城、洛阳、濮阳、三门峡、邢台、运城、郑州、驻马店等9个城市旅游局和获得2013年度中原旅游市场推广突出贡献奖的济源市旅游局。

【参加第六届TPO论坛并获最佳宣传册奖】 6月26–30日，第六届亚太城市旅游振兴机构（TPO）论坛暨2014年度工作会议在马来西亚首都吉隆坡举行。来自广州、郑州、三亚、台中、台南以及日本、韩国、马来西亚、越南等10个国家和地区的37个会员城市代表及特邀旅游专家出席会议。

会议期间，郑州市推介了旅游资源和城市旅游形象，与TPO各会员城市就双边旅游合作进行广泛交流，对郑州市发展入境旅游与主要客源城市进行深入探讨。论坛期间，郑州市向参会旅行商积极推介郑州旅游产品。境外旅行商表示，郑州旅游产品具有很强的市场吸引力，希望进一步与郑州加强合作，组织更多的境外游客前往郑州市旅游。

会上还评出包含9个奖项的“TPO—2014年度最佳旅游营销奖”。其中郑州市选送的《郑州旅游画册》（中英文）、《郑州旅游钢笔画册》（中英文）等获论坛唯一的“最佳旅游宣传册”奖。

【参加第十九届中国北方旅游交易会】 9月19–21日，由北京、天津、河北、山西、内蒙古、山东、河南、辽宁、吉林、黑龙江等十省(区、市)旅游局(委)共同主办的“第十九届中国北方旅游交易会”和“2014中国旅游产业博览会”在天津召开。郑州市组团参加，登封市旅游局、新郑市旅游和文物局、嵩山少林、黄河风景名胜区、绿博园、中原福塔、好想你枣业等单位随团参会。

交易会会场还设置了房车及旅游户外装备、邮轮游艇、通用航空，智慧旅游，酒店用品、酒店及旅游商品，国家和地区旅游以及旅游商品大赛优秀作品展示6个区域。

会展期间，郑州市重点推出功夫之旅、黄河之旅、寻根之旅等经典旅游线路产品，参展人员和参会旅行商与市民游客进行交流互动，发放各类宣传资料、纪念品近万份。

【赴浙江绍兴和湖州举办旅游推介会】 11月26日和28日，郑州市旅游局局长张杰锋率队，组团赴浙江省绍兴市和湖州市举办“天地之中 功夫之都”郑州旅游推介会。绍兴、湖州两市旅游局领导及当地近百家旅行商和主流媒体记者出席推介会。

本次推介活动紧密结合当地客源市场和2015年宣传营销思路，在宣传郑州市整体旅游形象的基础上，整合郑州市深厚的文化旅游资源和温泉、滑雪等冬季特色旅游休闲资源，围绕来郑州——真好玩、真休闲、真方便、真实惠四个话题，辅以视频、音频、图片等媒介，引领与会人员深度体验郑州悠久的历史、灿烂的文化、深厚的艺术、精湛的少林功夫以及宜游宜闲的城市环境，推荐功夫之旅、艺术之旅、文明之旅等经典旅游线路和美食、交通等内容。为扩大促销效果，市旅游局整合全市旅游资源，向浙江地区广大游客，特别是团队游客推出针对性强、内容实在的优惠政策。

登封市、新郑市、中牟县、中原区等县（市）区旅游行政管理部门，嵩山少林、黄河风景名胜区、禅宗少林·音乐大典、中原影视城等旅游景区，河南南湖国际旅行社等旅行商以及市属主要媒体参加推介活动。

【中国（郑州）世界旅游城市市长论坛】 11月15日，为期3天的2014中国（郑州）世界旅游城市市长论坛在郑州开幕，来自国外24个国家、63个城市的市长或市长代表，国内37个城市的市长，13家航空公司的代表和74名旅游投资商、旅行商参会。联合国世界旅游组织秘书长塔勒布·瑞法依到会并致辞。联合国世界旅游组织设立旅游可持续发展河南省观测站，成立世界旅游城市市长联盟并签署《世界旅游城市市长联盟公约》，郑州市旅游局与西班牙马德里市旅游局签订旅游合作协议，郑州市两个旅游招商引资项目在会上签约，签约金额126亿元人民币。

（代亚柠）

银行保险业

人民银行

【概况】 2014年，人民银行郑州中心支行以加大河南“三大国家战略”金融支持力度、服务“中原崛起、河南振兴、富民强省”总目标为重点，综合运用各项货币信贷政策工具，着力加大金融市场培育，用足、用活外汇政策，优化金融生态环境。全省货币信贷和社会融资规模合理适度增长，金融稳健运行，金融服务水平不断提升，为全省经济转型升级和持续健康发展营造良好的货币金融环境，多项工作得到省委、省政府和人民银行总行主要领导的批示肯定，被省委、省政府评为2014年度全省经济社会改革发展全局性重大任务攻坚突出贡献单位。

【金融运行状况】 2014年，郑州市金融系统认真贯彻执行稳健的货币政策，金融运行总体平稳，中长期贷款带动各项贷款持续增加，社会融资规模适度增加，对地方经济的支持力度进一步增强。截至年末，金融机构本外币各项存款余额14412.3亿元，同比增长11.7%；较年初增加1646.9亿元，同比少增458.7亿元。其中，人民币各项存款（下文如无特殊说明，存贷款均为人民币口径）余额13955.6亿元，同比增长12.1%；较年初增加1647.7亿元，同比少增251.3亿元；余额和新增额占全省的比重分别为33.7%和38.1%。金融机构本外币各项贷款余额11147.9亿元，同比增长15.2%；较年初增加1466.8亿元，同比多增376.3亿元。其中，人民币各项贷款余额10868.3亿元，同比增长16.3%；较年初增加1526亿元，同比多增560.3亿元；各项贷款余额和新增额占全省的比重分别为39.9%和37.9%。

【存款情况】 2014年郑州市金融机构存款具有以下特点：

（一）单位存款大量增加，增速波动明显。12月末，金融机构单位存款余额为8314亿元，同比增长16.1%，增速比3月末、6月末分别高5个和1.5个百分点，比9月末低3.8个百分点；较年初增加1128.7亿元，同比多增130.2亿元。分结构看，活期单位存款、保证金存款较年初分别增加550.8亿元和234.9亿元，同比分别多增97.3亿元和268.5亿元；定期单位存款较年初增加117.2亿元，同比少增324.8亿元；通知存款较年初减少5.8亿元，同比少增40.7亿元。

（二）储蓄存款增速下滑。12月末，金融机构储蓄存款余额4839.3亿元，同比增长8.1%，增速比3月末、6月末、9月末分别低3.7个、3.2个、2个百分点；较年初增加363.9亿元，同比少增266.1亿元。储蓄存款增速持续回落主要是因为互联网金融、理财产品及股市行情好转造成资金分流。

（三）财政性存款增加较多。12月末，金融机构财政性存款余额272.3亿元，同比增长65%；较年初增加249.8亿元，同比多增225.7亿元。

【贷款情况】 2014年郑州市金融机构贷款具有以下特点：

（一）中长期贷款大量增加。12月末，金融机构中长期贷款余额7035.8亿元，同比增长21.2%，增速比3月末、6月末、9月末分别高11.5个、5.6个和2.2个百分点；较年初增加1231.7亿元，同比多增712.2亿元。分结构看，中长期固定资产贷款、个人贷款较年初分别增加678.3亿元和485.8亿元，在中长期贷款增量中的占比分别为55.1%和39.4%。其中，个人贷款中的个人住房贷款较年初增加374.9亿元，同比多增163.2亿元。中长期贷款大量增加的主要原因：一是中原经济区和郑州航空港及市区基础设施建设加速，金融机构加大贷款投放力度；二是个人中长期住房贷款增加较多；三是政策性金融对棚户区改造的支持力度较大。

（二）个人贷款和单位固定资产贷款增加较多，单位经营贷款少量增加。12月末，金融机构个人贷款及透支余额2874.8亿元，同比增长30.4%；较年初增加671亿元，同比少增228.3亿元。其中，个人消费贷款余额1946亿元，同比增长31.1%；较年初增加465.3亿元，同比多增188.6亿元。

12月末，金融机构单位经营贷款余额3202.7亿元，较年初增加11.9亿元，同比少增255.6亿元。其中，短期经营贷款较年初增加75.8亿元，同比少增243.8亿元。

12月末，金融机构单位固定资产贷款余额3553.1亿元，同比增长23.3%；较年初增加649.4亿元，同比多增440.8亿元。其中，中长期固定资产贷款较年初增加678.3亿元，同比多增475.1亿元。

（三）新增贷款重点行业投向是水利环境公共设施管理业、交通运输仓储邮政、房地产业、租赁和商务服务业、建筑业。12月末，上述5个行业贷款（不含票据贴现）较年初分别增加353.7亿元、140.7亿元、123.5亿元、110亿元和47.9亿元，在新增贷款总额中占比分别为24.1%、9.6%、8.4%、7.5%和3.3%，合计占比52.8%。

（四）全国性大型银行仍是全市贷款投放主体。12月末，全国性大型银行、全国性中小型银行、区域性中小型银行、农村信用社贷款较年初分别增加980.1亿元、333.1亿元、336.3亿元、-86.6亿元，前三类机构新增贷款占全市新增额的比重分别为64.2%、21.8%和22%。其中，全国性大型银行占比较3月末、6月末、9月末分别提高14个、1.1个和3.4个百分点；区域性中小型银行占比较3月末下降2.8个百分点，较6月末、9月末分别提高7.2个、7.7个百分点。

【社会融资】 2014年，全市社会融资规模为3056.1亿元，占全省社会融资规模的44.8%。分结构看，郑州市社会融资规模有以下特点：一是表内贷款占比不足一半，表内贷款增加1465.5亿元，占社会融资规模的48%，较全省平均水平低10.1个百分点。二是表外融资占比较大，表外融资增加939.6亿元，在社会融资规模中的占比为30.7%，比全省平均水平高4.8个百分点。其中，委托贷款、信托贷款、未贴现的银行承兑汇票分别增加633.6亿元、80.3亿元和225.6亿元。三是直接融资占比高于全省平均水平，直接融资额为590.4亿元，在社会融资规模中的占比为19.3%，比全省平均水平高6.3个百分点。

【货币信贷管理】 2014年，人民银行郑州中心支行继续坚持“监测、分析、引导、管理和服务”的工作思路，贯彻执行稳健的货币政策，综合运用多种货币政策工具，适时适度预调微调，强化政策协调配合，加大对实体经济的信贷投入，引导优化融资结构，降低实体经济融资成本，支持全市经济平稳较快发展。

（一）综合运用货币政策工具，促进辖区货币信贷合理适度增长。一是有效开展信贷调控。争取人民银行总行政策支持，分3次下调河南的合意贷款稳健性参数，增加全省地方法人金融机构年度合意贷款规划102亿元，

河南省中央银行会计核算数据集中系统（ACS）上线运行启动仪式

人民银行郑州中心站举行河南省跨国企业集团跨境人民币资金集中运营政策宣讲会暨业务启动签约仪式

2014年全省地方法人金融机构新增贷款1160.2亿元。二是实施定向降准。对符合条件的地方法人金融机构下调存款准备金率0.5至2个百分点，增加金融机构可用资金47亿元左右。对考核达标的县域法人金融机构下调存款准备金率1个百分点，对农行“三农金融事业部”考核达标的县支行下调存款准备金率2个百分点，增加金融机构可用资金约66亿元。三是加大再贷款定向支持力度。争取总行新增河南省支农再贷款限额20亿元，支小再贷款限额40亿元，对贫困地区达到一定标准金融机构发放的支农再贷款利率再降低1个百分点。全年累放支农、支小再贷款分别达254亿元、26亿元，支农再贷款限额247亿元，占全国1/10，加强支农再贷款管理的相关做法得到人民银行总行肯定。四是创新推出“央行再贴直通车制度”。人民银行郑州中心支行会同省农业厅、财政厅下发《关于共同构建央行再贴直通车制度 支持涉农经营主体加快发展的指导意见》，筛选1400家农业产业化龙头企业、农业合作社、家庭农场开展定向支持。五是试点开展常备借贷便利操作，对法人金融机构提供流动性支持。累计办理常备借贷便利业务7笔，释放资金19.2亿元。通过货币政策工具操作，累计释放基础货币达370亿元左右。推动开展金融机构合格审慎评估，引导金融机构提高利率定价能力；制定《关于支持省直管县(市）经济社会发展的实施意见》等文件，支持地方经济转型升级。2014年末人民币贷款余额27228.3亿元，增长17.9%，比上年提高2.6个百分点，较年初新增4026.9亿元，同比多增1022.9亿元，贷款加权平均利率有所回落；社会融资规模达6827.9亿元，同比多增1136.8亿元，居中部六省首位。人民银行郑州中心支行在省委农村工作会议上就金融支持“三农”发展作经验交流。

（二）强化金融产品和服务方式创新，引导加大民生领域金融支持。一是联合省扶贫办开展“小额信贷推广年”和金融扶贫“百千万”活动，召开省级融资项目推介会，促进银企、银农对接，各类经营主体总体对接覆盖率67.9%，发放贷款198.3亿元，金融扶贫和支持现代农业工作在人民银行总行会议上作经验交流。二是探索开展农村土地承包经营权抵押贷款试点，提升新型农业经营主体金融服务。制定《河南省农村承包土地经营权试点抵押贷款管理暂行办法》，探索试点开展农村承包土地的经营权抵押贷款，截至年底，全省试点发放农村承包土地经营权抵押贷款6990万元。创新开展涉农金融机构支持新型农业经营主体主办行试点工作，截至年底，346家新型农业经营主体贷款余额45.7亿元，90.17%的主体与其主办行建立业务往来。三是会同省财政厅出台《河南省小型微型企业信贷风险补偿资金管理办法（试行）》，设立8亿元专项资金，引导扩大对小微企业的金融支持；引导国开行启动实施“河南省小微企业扶持工程”。四是联合省住建厅等部门出台《关于促进全省房地产市场平稳健康发展的指导意见》，引导做好住房金融服务。推动省级保障性住房融资平台在银行间市场成功发行首期30亿元非公开定向债务融资工具，引导国开行加大对保障性住房信贷支持力度，支持保障性住房和棚户区改造项目建设。

（三）突出抓好金融市场管理，推动直接融资较快增长。一是推动发行全国首单具有市政债功能的项目收益票据。在无具体政策指引、无成熟模式参照的情况下，与郑州市政府协调联动，推动郑州交投地坤实业有限公司发行2014—2016年度非公开定向债务融资工具，注册金额12亿元，首批发行5亿元，开辟城镇化建设融资的新渠道，此项工作得到人民银行总行、河南省委、省政府的肯定，河南省省长谢伏瞻、常务副省长李克分别做出重要批示。二是建立发债后备企业培育机制。推动河南企业在银行间市场发行短期融资券、中期票据、非公开定向融资工具、“区域集优”集合票据、资产支持票据等直接债务融资工具。2014年非金融企业债务融资工具发行金额948.6亿元，同比多增237.85亿元。三是加强黄金市场投资者风险教育，开展主题宣传活动，组织对全省11家市场成员进行现场检查，规范金融机构操作行为，促进金融市场健康发展，打击地下炒金活动工作机制和相关做法得到人民银行总行行长助理郭庆平批示肯定。

（四）大力推进跨境人民币业务。加大宣传推介力度，联合建设银行、工商银行河南省分行开展跨境人民币业务推介会。推动双汇等跨国企业集

人民银行总行等四部委来豫调研座谈

2014年1月12日，省委书记郭庚茂、省长谢伏瞻与人民银行总行副行长刘士余和行长助理郭庆平亲切交谈

团开展跨境人民币资金集中运营管理业务，向总行申请在航空港区进行跨境人民币业务创新试点。业务拓展与防范风险并重，完成对中国银行、工商银行河南省分行及洛阳、南阳等6地市的现场检查工作，督促引导金融机构合规办理相关业务。2014年，全省跨境人民币结算达760亿元，同比增长78.8%。

【农村信用社改革】 2014年，人民银行郑州中心支行加强专项票据兑付后续监测管理，促进农村信用社增强支农服务功能。一是组织对全省143家法人农村信用社（行）和符合人民银行总行考核条件的31家村镇银行进行监测考核，提出考核意见。二是发挥好农村信用社兑付后续考核激励约束措施。在合意贷款测算时，将农村信用社兑付后续考核结果作为政策参数调整参考指标之一。对票据兑付后续监测考核结果为一、二类社的机构优先提供支农再贷款支持。三是切实加强全省农村信用社专项票据兑付后的监测考核工作。组织全省人民银行按每季10%的比例，对当地农村信用社实施现场监测考核。四是督促全省农村信用社对现场监测考核中发现的问题进行整改，把关键性经营财务指标恶化的农村信用社作为工作重点，组织开展2014年度监测考核工作；对在2014年现场监测考核中发现的问题，及时下发整改意见，切实加强督促，确保整改到位。

【金融稳定】 人民银行郑州中心支行作为省部分城商行改革重组工作领导小组成员单位，组织成立郑州中心支行支持部分城商行改革重组工作领导小组，本着依法合规、特事特办的原则，大力支持城商行改革重组，确保改革重组稳健有序，推动中原银行成立开业。做好全省农业银行系统“三农金融事业部”改革试点工作，探索支持“三农”发展新路子。密切关注辖区法人金融机构运行情况、流动性状况，对150家法人金融机构实地调查，对发现的突出问题和苗头性问题及时对金融机构予以提示、预警，督促整改。加强重点领域风险监测和排查，主动向地方政府提示非法集资风险。对辖区银行业金融机构落实同业业务规范情况进行督察，在全省开展银行信贷资产质量风险排查。认真执行重大事项报告制度和金融稳定舆情监测制度，全年及时向人民银行总行报告重大事项23起。以“谣言引发某县农村信用社存款挤兑”为情景假设，组织开展金融机构存款挤兑突发事件应急演练。配合做好《存款保险条例（征求意见稿）》公开征求意见工作，分别召开全省人民银行系统、存款类金融机构主要负责人电视电话会议，制定专项应急预案，重点做好对辖内存款类金融机构流动性监测和高风险地区、高风险机构的监测分析，相关工作得到省政府常务副省长李克批示。对中国银行河南省分行等试点开展金融消费权益保护评估，对交通银行河南省分行及9家地市分行开展银行卡领域金融消费权益保护专项检查。在全省开通“12363”金融消费权益保护咨询投诉电话，及时高效处理金融消费者咨询1187件、投诉350件，金融消费投诉、咨询办结率达99.6%。

【金融统计】 2014年，人民银行郑州中心支行对委托贷款统计及民间融资类机构交易统计进行规范，实施委托贷款专项统计。草拟《河南省推进金融业综合统计工作实施方案》，组织河南省部分市中心支行开展金融业综合统计试点，总结试点的先进经验在全省推广。协调武汉分行、合肥中心支行建立连片特困地区县域金融统计工作机制；做好郑州航空港经济综合实验区、商务中心区和特色商务区等特定区域专项统计工作。组织开展河南省2014年金融统计检查，对招商银行郑州分行等机构进行现场检查。联合河南银监局、省第三次全国经济普查领导小组办公室制订全省金融业经济普查实施方案，完成全省金融业第三次经济普查。

【支付清算】 2014年，支付体系建设稳步开展。建立支付机构自律管理公告、投诉处理和银行卡收单外包业务违规管理办法等三项工作机制，行业自律水平进一步提升。会同省财政厅、省通信管理局建立以财政、通信补助（优惠）为主要内容的农村支付政策扶持体系，对在空白乡镇、行政村布放首台机具的金融机构实施资金补助，将助农取款服务点通信资费标准下调70%，截至年底，全省农村地区共布放ATM机1.1万台、POS机等服务终端23万台，设立助农取款服务点8.5万个，实现乡镇ATM机具、行政村域POS机具和助农取款服务点“三个100%”全覆盖；农民工银行卡特色服务交易215万笔37亿元，连续7年居全国第一位。制定《河南省银行卡收单业务管理办法实施细则》，妥善处置银行卡预授权风险事件，开展银行卡收单市场秩序整顿，试点建立银行卡违法违规行为联合防控机制。完成第二代支付系统、中央银行会计核算数据集中（ACS）系统等5个支付清算系统推广，完成ACS系统全国推广后首个营业网点增设工作。制定《金融机构改制后ACS相关信息变更操作方法》，获人民银行总行肯定并在全国范围推广实施，全省ACS业务处理成功率保持99%以上。完成全省18家支付系统参与者由一代向二代身份的转换工作和郑州清算中心计算资源平台建设和系统迁移工作，完成一拖财务公司线上大额清算试点工作，辖区支付系统安全运行率100%。加大公务卡推广力度，在全国公务卡制度改革座谈会上作经验发言。

【反洗钱】 2014年，人民银行郑州中心支行依法开展反洗钱调查和案件协查17次，配合侦查机关破获一批涉嫌洗钱及其上游犯罪案件。与省公安厅联合发布《河南省金融机构反恐怖融资标准（试行）》，密切监测涉恐资金流动，此项工作得到人民银行总行肯定，《中国反洗钱研究》对此报道。分行业开展洗钱风险评估，全省共对679家机构进行风险评估，对264家机构进行现场评估和走访，逐步形成以风险评估结果为基础的反洗钱工作新模式。科学有效开展现场检查，全省共对81家金融机构开展现场检查，对25家机构实施行政处罚，罚款金额101万元。开展形式多样的“预防洗钱、维护金融安全”主题宣传。强化法人监管，加强对中原证券等大额交易和可疑交易试点单位的跟踪辅导，被人民银行总行评为反洗钱监管创新突出单位和反洗钱调查突出贡献单位。

【人民币管理】 2014年，人民银行郑州中心支行统筹安排发行基金调拨，确保全省现金供应。探索社会化清分，规范、高效销毁，大型机械销毁工作提前3个月完成指令性计划。对金融机构开展人民币收付业务检查和量化考评通报，检查网点超过核定数量的113%。加快冠字号码查询工作进度，推进反假货币工作。组织开展“金桥银路”零钞兑换便民服务活动，满足“六小商户”用零需求。推进代理库试点，在县域批准并正式运营三门峡渑池、信阳固始2个代理库。完善“包机组合连班制”工作模式，探索残钞废料处理新方式，推进生物质能发电试点，无害化处理方式得到人民银行总行领导肯定和中央媒体报道。

【国库工作】 2014年，人民银行郑州中心支行加强国库监督，完成对6个中心支库、4个县支库的现场检查，完成对郑州银行代理国库业务的执法检查。印发《地方国库集中支付代理银行资格认定管理暂行办法》，规范代理银行及代理业务管理。会同省财政厅推进财政支出联网工作，财税库银横向联网系统电子业务量占比稳定在95%以上，业务量占比、业务量、业务金额连年居全国前列，得到人民银行总行通报表扬。做好通过财税库银横向联网系统征缴工会费工作，2014年，组织各级国库部门办理工会经费入库9.99亿元；继续办理国库直接支付业务，2014年共办理直接支付业务32.4万笔6.96亿元。选择部分地市试点国库部门参与财政账户开户核准管理、国库会计标准化管理2项实践创新。组织全省各级国库参加全国国库业务网络竞赛，取得团体二等奖、省会中心支行第一名；被评为2014年度国库创新工作先进单位。

【信用体系建设】 2014年，省政府出台《关于加快推进社会信用体系建设的指导意见》和《河南省公共信用信息管理暂行办法》，强化全省社会信用体系建设，征信管理和服务不断完善。人民银行郑州中心支行会同省发改委印发《关于开展河南省社会信用体系市县建设示范试点工作的意见》《关于河南省实施诚信企业示范创建“百千万”工程的意见》，研究开展信用创新示范试点。在全国率先推动应收账款融资服务平台建设，创新“企业+农户”应收账款融资服务“三农”模式，全年成交368笔22.6亿元，位居全国前列。组织开展《征信业管理条例》颁布实施一周年专题宣传活动，举办河南省大学生“诚信校园行”微传播作品设计大赛，社会公众的诚信意识进一步增强。小微企业和农村信用体系建设进一步深化，信阳平桥区、驻马店上蔡县被人民银行总行确定为全国农村信用体系建设试验区。继续开展机构信用代码推广应用工作，全省新发放机构信用代码证181940份，稳步扩大机构信用代码证应用范围，在征信、反洗钱、支付结算、外汇等业务领域实现全覆盖。

【调查研究】 2014年，全省人民银行系统开展36项重点课题研究，为上级行、地方政府决策提供参考。密切关注实体经济运行中的热点、难点、敏感点，抓住具有典型性、苗头性的问题进行深入调研，向总行上报行领导调研报告11篇，其中2篇得到人民银行总行行领导批示；报送的《六成助农取款设备不支持IC卡芯片交易 硬性关闭降级交易将带来负面影响》等调研信息被人民银行总行领导批示；报送的《对河南省电解铝行业发展及金融服务情况的调查》等报告得到省长谢伏瞻、常务副省长李克的批示。人行郑州中支政务信息工作位居省会中心支行第三名。开展“新型城镇化进程中的粮食安全与农业现代化”研究，完成《农产品市场开放对我国农业发展的影响——兼论中国应对TPP谈判的策略》调研报告，《信贷结构视角下的货币供应量与物价波动关系实证研究》获人民银行总行重点研究课题三等奖。

【外汇管理】 2014年，外汇管理局河南省分局以外汇管理理念和方式“五个转变”为指导，推进外汇管理改革，加强“三无安全局”建设，依法合规履行外汇管理职能，服务地方经济发展。一是开展跨国公司总部外汇资金集中运营管理工作。经向总局汇报、争取，总局同意在河南省开展跨国公司总部外汇资金集中运营管理改革试点，相关工作得到人民银行总行行长周小川、河南省委书记郭庚茂、省长谢伏瞻等领导的批示肯定，截至年底，全省经备案开展跨国公司外汇资金集中运营管理的企业共有5家，涉及境内外成员企业58家，各项改革政策红利开始显现。二是落实总行简政放权改革措施，助推河南涉外经济提质增效、持续发展。出台《关于进一步推进贸易投资便利化 支持河南省提高涉外经济发展质量的指导意见》和《关于支持郑州航空港经济综合实验区发展的意见》，进一步推动跨境投融资便利化。三是为涉外企业排忧解难。建立涉外重点企业定点联系制度，帮助和支持重点企业发展。为多家企业申请外保内贷额度和短期外债余额指标；分别为洛阳一拖、栾川钼业申请42亿元、129亿元境外融资额度，相关做法得到省长谢伏瞻的批示肯定。四是改善外汇管理，规范外汇市场秩序。开展打击虚假转口贸易专项检查和大型企业远期结汇专项检查。完善制度建设和内控监督，强化服务贸易非现场监管，相关工作得到总局肯定。

（蒋靖亚）

工商银行

【概况】 2014年，中国工商银行河南省分行营业部围绕转型发展，坚持整体联动，加快创新驱动，各项工作成效明显。

2014年末，营业部全部存款新增额及中间业务收入、利润均居同业四大行首位。其中，全部存款余额四大行占比31%，同比提升0.8个百分点；对公存款余额四大行占比26.4%，同比提升0.99个百分点；储蓄存款余额四大行占比36.7%；同业存款余额四大行占比27.4%，同比提升6.4个百分点。中间业务收入四大行占比46.3%，同比提升2个百分点；利润四大行占比39.2%，同比提升0.46个百分点。

2014年1月9日，工商银行总行行长易会满、省行行长刘卫星到商都路支行调研

营业部组织员工练习太极拳

【客户拓展】 2014年，营业部新增个人客户112万户，同比多增27万户。其中，新增四星级以上客户21万户，同比多增2.7万户；新增财富客户1480户，同比多增307户；新增私人银行客户86户，同比多增49户。净增对公结算账户6889户，同比多增5092户。新增现金管理签约客户3327户，同比多增121户。新增贵金属客户13983户，同比多增9900户。新增法人理财客户657户，同比多增180户。新增公司无贷户8387户，同比多增6752户。新增机构客户232户，同比多增7户。新增灵通卡客户58.8万户，同比多增20.5万户。新增电子银行客户113万户，同比多增12万户。

【经营结构】 2014年，营业部小企业贷款余额占全部公司贷款的比重同比提升0.04个百分点，达到5.06%；个贷余额占全部贷款的35.3%，同比提升5.4个百分点，较全省工行系统平均水平高1.5个百分点；表外融资余额占全部公司融资余额的26%，同比提升6个百分点。活期存款占全部存款的56.9%，同比提升0.26个百分点，较全省工行系统平均水平高1.06个百分点。中间业务收入占营业净收入的32.2%，同比提高2.07个百分点，较全省工行系统平均水平高5.39个百分点；非利息收入占比30.6%，较全省工行系统平均水平高5.4个百分点。

【经营效率】 2014年，营业部人均存、贷款分别为4028万元和3035万元，同比分别增加289万元和341万元；网均存、贷款分别为99448万元和74944万元，同比分别增加6225万元和7775万元；人均拨备后利润104.07万元，同比增加14.67万元。人均中间业务收入53万元，网均中间业务收入1468.75万元，同比分别增加9.09万元和338.42万元。成本收入比为20.31%。

【管理品质提升】 2014年，营业部深入开展“管理品质提升年”活动，全辖组织学习累计达7000人次，发布经验交流、案例分析86篇；查摆、自我诊断发现问题134个，边整改、边提高，制订管理品质提升目标及措施156条，整改率达100%。2014年四季度，风险率0.11/10000，风险度6.66，风险暴露水平0.71/10000，分别较2013年四季度下降51.5%、5.3%、54%，均控制在全省工行系统平均水平以下。全年共堵截假银行承兑汇票、假支票、假存单等欺诈事件35笔，金额1.5亿元；堵截假身份证29张；收缴假人民币537笔2.02万元。实现连续10年“零发案”，内控评价连续8年保持工行总行“一级”水平。

【渠道建设】 2014年，营业部新增网点2家，调整优化网点6家，分理处升格支行2家。新增自助设备296台，总量达到1245台；新建自助银行44间，总量达到240间。通过电子银行及自助渠道实现业务量7.89亿笔，同比增加2.3亿笔，增幅41%。柜面业务可分流率22.8%，同比压降3.5个百分点。新增客户经理116名，总数达1064名，占全行人数的27.7%，较年初提高2.65个百分点。

【服务提升】 2014年，营业部以省银监局“金融服务提升、网点服务达标活动”为抓手，以“62家优秀网点服务达标”为突破，以“190条考核标准”规范网点服务行为，推动服务能力与服务水平的提升。全年95588客户之声系统受理客户投诉工单1笔，建议工单28笔，较2013年的25笔、260笔大幅下降，柜面服务客户满意度达到99.8%，同比提升1.22个百分点。10分钟以上中高端客户占比30.7%，同比下降10.91个百分点。营业部获郑州市金融及企业上市工作先进集体，陇海路、商都路和郑花支行大厅3个网点被中银协授予2014年度中国银行业文明示范服务千佳示范单位和五星级营业网点，郑花支行获河南银行业金融服务标杆银行称号。经过复查验收，营业部继续保留全国文明单位称号。

（宋慧静　武建选）

农业银行

【概况】 2014年，农行河南省分行营业部紧紧围绕“从严治行、规范管理，稳健经营、有效发展”工作总基调，持续转换观念，深入转变作风，强化客户建设，从严管控风险，各项业务持续有效发展，经营效益获得稳步提升。

负债业务。截至年底，各项存款余额达701亿元，较年初净增51亿元，系统内贡献度31.4%，居全省首位；各项人民币日均存款余额680.7亿元，较年初净增29.9亿元，系统内贡献度13.2%。四大行时点存款增量市场份额占比11.2%，排名第四位，四大行日均存款增量市场份额占比3.7%，排名第四位。

资产业务。截至年底，各项贷款余额348亿元，较年初净增44亿元，系统内增量占比26.4%，居全省首位；四大行增量市场份额占比11.6%，排名第四位。

中间业务。全年实现中间业务收入4.1亿元，同比多收0.5亿元，完成省分行年度计划的105.8%，系统内贡献度17.7%，居全省首位；四大行市场份额占比9.0%，排名第四位。

不良资产清收。全年共清收委托不良资产1.4亿元，完成省行年度计划的194.9%，清收处置绝对额居全省系统首位；清收自营不良贷款0.5亿元，完成省行年度计划的101.8%。

“三农”业务。全年涉农贷款净增10.2亿元，农户不良贷款率6.4%。

经营利润。2014年，实现拨备前利润15亿元，同比增盈0.6亿元，完成省分行年度计划的102.3%，系统内贡献度21.3%，居全省首位；实现拨备后利润13.3亿元，完成省行年度计划的101.4%，系统内贡献度23.3%，居全省首位。

内控管理。持续加强双基管理，坚持从严治行，夯实管理基础。从严防控信用风险、操作风险、案件风险等各类风险，确保安全稳健运行。

【零售业务】 一是扎实开展各项储蓄存款竞赛活动。全年分别组织开展储蓄存款擂台赛、储蓄存款上台阶、机关主题营销、储蓄存款百日营销等竞赛活动，推动储蓄存款稳健有效发展。和党建相结合，创新开展储蓄存款百日营销竞赛活动，截至年底，全辖共有211名党员干部主动认领营销任务18.4亿元，营销定期储蓄存款8.5亿元，占储蓄存款全年时点净增额的28.8%。二是持续加大贵宾客户管理。完善《营业部贵宾客户营销管理考核办法》，落实贵宾客户分层维护和名单制管理，按月、分层次开展各项贵宾客户活动，全辖分别开展国际马戏节、“开心农场”、踏青、品香、中医讲座等丰富多彩的联谊活动，为贵宾客户提供全方位、高品质、个性化服务，提升贵宾客户对营业部的贡献度。至年底，营业部个人贵宾客户达13.5万户，较年初净增2万户。三是强化重点产品宣传营销。组织开展“存款利率上浮宣传”“居民暂住证卡”“贵金属专项营销”“柜台POS”等14项专项营销活动，围绕不同层级客户，有针对性、有重点地营销产品，以产品营销挖掘储源，助推业务增长。四是加快推进网点转型。通过申请和精心运作，航空港支行通过郑州银监局审批，42家网点升格为二级支行，提升了经营层次和社会形象。进一步加大网点改造、调移力度，制定《营业部2014—2015年网点布局规划》，全盘整合，优化网点布局，并推进探索金融便利店营销服务模式，丰富网点布局规划，2014年新建成人工网点13个，离行式自助银行9个。加快“软转”步伐，所有网点顺利完成“软转”导入和固化工作，80个营业部网点完成“6S”管理推广，2家支行营业室获评河南银行业“百佳示范单位”，1家支行营业室获评中国银行业“千佳示范单位”，有效提升了服务效率和服务品质。

【对公业务】 一是深入开展多样活动。借鉴前两年经验，从5月份在全辖深入开展“错峰营销”和“对公存款上台阶”竞赛活动，促使各支行逐渐建立健全客户营销机制，推动对公业务加快有效发展。截至活动结束，全辖共开立国际国内500强账户25户、国资委直属企业账户26户、财政预算单位账户20户；营销法人资产客户13户，批复授信103亿元，投放贷款共计22.2亿元。实现对公存款时点增量21.5亿元，较4月底增长23亿元；对公存款日均增量为6.9亿元，较4月底增长9.6亿元。二是明确客户营销重点。紧抓市场机遇，把握营销契机，全力抢挖区域内、行业内重点客户、重点项目，加大营销投放力度。全年新营销华润置地、铁十五局、中水电、保利地产、中铝河南分公司、中国六冶建设、郑州发展投资集团、港区国有资产管理公司、郑州自来水公司、土地储备中心等高端客户，成功储备大唐电力、国美电器、今麦郎饮品、港区兴港投资等31家优质资产客户。三是突出重点区域营销。围绕航空港区，进行重点投入、重点配置，力求重点突破。明确专职班子成员，对航空港区进行深入调研，梳理重点项目营销名录，组建专项营销团队，成立4个营销小组，对分包项目进行逐户上门营销。截至2014年年底，成功营销并审批国有资产管理公司棚户区改造一期项目20亿元、三期项目贷款80亿元。港区土地储备贷款20亿元、港区非税局贷款5亿元在积极营销中。四是突出新产品、新业务落地。研究市场和客户需求，大胆推行尝试新产品，成功营销私募债业务30亿元、理财融资业务20亿元、国内保理2.4亿元、法人账户透支业务4000万元，并成功投放河南城际铁路有限公司2.1亿元的外部银团贷款，国家电网银团贷款3亿元、中国铁路总公司银团贷款5亿元的内部银团贷款。以上新业务、新产品的成功推广落地，实现中间业务收入近2000万元，拓宽了增收渠道。

【“三农”业务】 一是以“135工程”目标为抓手，做好县域对公业务和优质对公客户营销，全面提升县域支行市场竞争力。截至年底，在营业部开户的“135工程”客户共142户，其中，国家级农业产业化龙头企业13户，省级农业产业化龙头企业26户，县域优质法人59户，县域优质医院7户，县域4A级（含）以上旅游景区3户，县域城镇化建设5户，县域大企业4户，产业集聚区6个，县域流通商城8个，新增贷款合计7.3亿元。二是加大与郑州社保部门的联系沟通，强化上下联动，实现代理社保卡业务的迅速推进。除巩义支行与省行、省社保厅合作发卡外，其他5家县行和陇西支行成功取得市社保局78万张代理发行任务，全部进行预开户处理。三是持续优化农户贷款业务结构，提升规模化发展、集约化经营、精细化管理水平，进一步完善业务发展和风险管控长效机制，努力保持农户贷款业务可持续发展。四是加大惠农通助农取款点布设力度，在县域布设电子机具5259个，有效助农取款服务点1134个，行政村覆盖率79.7%。

【机制建设】 一是加强对各支行绩效考评。根据省分行考核办法和营业部可持续发展目标，不断完善《综合绩效考核办法》，对支行的经营效益、风险合规、发展转型等指标进行考核，考核结果与支行工资、费用配置挂钩，与支行班子年度考核及考核等级挂钩。二是加强对机关部室的考核力度。完善《营业部本部部门绩效管理办法》，量化部门岗位职责，分前、中、后台设置考核指标，对各部门的工作业绩、管理成果进行客观、公正的评价，考核结果与部门员工的绩效工资挂钩，促使部门员工提升管理能力、服务能力，自觉转变工作作风，把机关真正打造成支撑业务提速发展的坚实平台。三是加强对不同层面人员的考核。对支行班子、部室经理、机关员工、网点主任、运营主管、大堂经理和柜员等各层面人员，持续完善考核办法，按月考核排队，按季通报，奖优罚劣，督促各层面人员认真履行岗位职责，激发干事创业动力。

【基础管理】 严格践行“从严治行、规范管理，稳健经营、有效发展”工作总基调，坚持从严治行，夯实管理基础。一是强化合规培训。创新开办“营业部大讲堂”，全年开展业务培训、风险警示教育等23次，培训人员2600余人次，有效提高了全员业务素质和风险防范意识，从源头杜绝风险隐患。二是强化监督检查。建立以自律监管为重点，以飞行检查、整体移位为补充，全面检查与专项检查相结合，定期普查与突袭抽查相结合的监督检查体系，实现对机构、业务、关键岗位和制度执行情况监督检查的全覆盖。在全辖开展案件风险排查、重点领域信用风险治理和员工行为专项治理，整改内外部检查发现问题252个，从严追责340人次，纠正思想偏差，严格管理规矩，整肃行风行纪。三是精细化信贷管理。制定出台《营业部信贷风险管理指导意见》，明确各环节操作管理规范，合理界定客户经理管户目标和管户责任，推进准入、调查、审查、审批、贷后等信贷全流程精细化管理，完善责任约束机制，对违规违纪人员严格责任追究，有效提升信贷管理能力。2014年，全省农行有4家支行被总行评定为“三化三无”支行，全部为省分行营业部辖属支行。四是严格实施信用风险治理。连续出台《关于开展信用卡风险化解和不良贷款清收专项活动的通知》《关于加大对信用卡逾期营销人员责任清收力度的通知》《农户贷款风险专项治理工作方案》等，组建专职清收小组，明确进度，制定策略，强化措施，持续加大对信用卡透支和农户不良贷款清收力度。至2014年年底，营业部通过强力清收，共收回信用卡不良贷款2263万元，收回农户不良贷款811户2397万元。五是推进“三化三铁”建设。依托“三化三铁”创建和“周周少、月月比”活动，持续加大对前后台精细化管理力度，通过高频率检查、高密度通报、高强度处罚，有效提高柜面业务标准化、规范化、制度化水平，打造一批基础管理过硬的“三铁”单位，全辖20个网点被总行授予“三铁”达标单位称号。

（张俊涛）

建设银行

【概况】 2014年，建设银行郑州金水支行紧密推进各项工作，一般性存款日均新增、对公存款日均新增、个人存款日均新增、贷款新增、中间业务收入、

利润、经济增加值等主要指标均位居全省第一，实现无重大违规、无案件，创建平安年的目标。全年实现考核利润11.1亿元，经济增加值6.1亿元；实现中间业务收入5.1亿元。

【业务经营】 2014年，建行郑州金水支行存贷款增长强劲。一般性存款余额611.8亿元，时点新增45.9亿元，日均新增65.1亿元，其中企业存款余额314.1亿元，时点新增23.6亿元，日均新增41.8亿元；个人存款余额297.7亿元，时点新增22.3亿元，日均新增23.3亿元。各项贷款余额295.2亿元，新增59.6亿元。

【战略发展】 2014年，建行郑州金水支行战略性业务保持快速增长。电子银行业务实现收入3119万元，居四大行第一位。实现国际业务结售汇5.4亿美元，结算量12亿美元。信用卡客户净新增4.2万户；分期业务10.9亿元；商户新增1874户。机构业务存款时点余额123亿元，较年初新增23.6亿元；日均余额114亿元，较年初新增29.4亿元。小企业贷款余额13.9亿元，较年初新增3.4亿元。

【客户和项目营销】 2014年，建行郑州金水支行根据中原经济区建设和郑州市“十二五”规划，跟踪重点区域、重点行业、重点项目，全年对公累计投放贷款182.8亿元。实现郑州熙泽贸易有限公司、泰浦物流有限公司、河南省弗雷森农业装备股份有限公司、郑州比克电池有限公司、郑州比克新能源汽车有限公司等一批重大客户和“三大一高”客户落户。成功营销美景集团3000万美元境外投资、河南高速1500万美元外债还款、卡特彼勒（郑州）7500万元人民币等资本项目。成功营销郑州规模最大的市政府融资平台郑州发展投资有限公司在建行开户，并签订10亿元发债资金托管业务协议。成功为军警龙头客户33分部搭建省内首条军队客户专线现金管理系统，并实现5家下属医院的资金归集，金额1.4亿元。

【新产品和新业务营销】 2014年，建设银行郑州金水支行成功营销中国有色金属工业第六冶金建设有限公司结构性存款2亿元；开办首单7亿元商用物业抵押贷款；为中建七局发放全省首笔网络银行放款；为三全食品办理全省首单三方协议模式跨融通业务；为河南杨金科技外包产业园投资发展有限公司投放全省首笔产业园类城镇化贷款；为中铁七局投放国家外汇储备转贷款1000万美元。

【综合融资及战略协同业务】 2014年，建行郑州金水支行为郑州市4家融资平台客户申报并发行资产收益权理财产品65亿元，全省率先实现突破；参与省分行与省政府联合实施的千亿基金倍增计划，成功营销省政府基金主平台河南豫资乡投资发展有限公司；协同建信租赁有限公司成功营销河南省水利投资集团有限公司申报18亿元融资租赁业务；协同建信信托有限公司成功营销郑州市地产集团申报10亿元信托贷款业务；获郑州宇通集团有限公司20亿元超短期融资券独家承销商资格。

【基础建设与合规服务】 2014年，建行郑州金水支行坚持全面贯彻落实党风廉政建设，强化领导人员廉洁自律。强化案件防控工作制度执行力、奖惩、责任追究、轻微违规积分管理等工作。开展领导人员“正风肃纪 勤业守廉”主题教育、“学案例 知法纪 明禁令”员工管理主题年教育、廉洁从业教育、警示案例教育等多项专题教育。开展“平安金水”创建活动，案件风险控制长效机制、员工风险防范意识和能力得以增强。

（李甲子）

中国银行

【概况】 2014年，中国银行郑州各城区支行深入贯彻落实总行“担当社会责任，做最好的银行”发展战略，以业务发展、风险防范、案件防控三大任务为重点，不断健全经营管理机制，细化绩效考核方案，统筹谋划各项工作举措，全力服务和支持郑州市经济社会建设和民生事业改善，各项业务均衡发展，资产质量保持稳定，经营绩效稳步提升，经营大局健康、平稳、持续。

【存款业务】 2014年，中行郑州各城区支行紧盯郑州市重大建设项目及招商引资项目、重点企事业单位客户、个人中高端客户，加强产品和业务创新，不断提升客户服务水平，带动存款稳定增长。截至年末，中国银行郑州地区人民币存款余额超千亿元大关，较2013年末新增118.4亿元，增长12.69%，四大行市场份额23.34%，提升0.68个百分点，列四大行首位。其中，人民币公司存款新增97.5亿元，增长16.08%，人民币储蓄存款新增20.9亿元，增长6.4%。

【贷款业务】 2014年，中行郑州各城区支行充分发挥金融对实体经济的支持保障作用，积极筹集信贷规模，全力加大资金支持力度。截至年末，中国银行郑州地区人民币贷款余额829.43亿元，较上年增加124.94亿元，增长17.73%，高于中国银行全省平均贷款增速3.88个百分点。公司贷款方面，不断加大对郑州市重点企业、重大项目、支柱型产业以及新型城镇化、产业集聚区的信贷支持力度，先后对郑徐高铁、郑州市轨道交通、郑州市土地储备等一批重点项目和重点客户提供信贷支持超50亿元。截至年末，郑州地区人民币公司贷款（不含票据融资）增加52.91亿元，增长11.42%，占河南省中行公司贷款新增总量的76.68%。个人贷款方面，以服务和改善民生为重点，创新业务产品，满足个人融资需求，形成以个人住房贷款为龙头，“三农”贷款、购车贷款、投资经营贷款、教育助学贷款、存单质押贷款均衡发展的个人融资业务体系。截至年末，郑州地区个人贷款增加76.3亿元，增长37.97%，占河南省中行个人贷款新增总量的44.62%。

【中间业务】 2014年，中行郑州各城区支行不断完善激励与约束机制，强化目标指导和过程管理，在依法合规的前提下，依托重点产品带动，实现非利息净收入快速增长。2014年，中行郑州各城区支行共实现非利息净收入9.81亿元，同比增加2.98亿元，增长43.63%，对全辖贡献度30.48%，较2013年末提升5.69个百分点，四大行市场份额20.62%，提升3.18个百分点。

【投行业务】 2014年，中行郑州各城

中国银行河南省分行与郑州市人民政府签署《金融支持小微企业发展合作框架协议》

区支行积极拓展表外融资渠道，创新研发“跨境直贷——存单质押”“中银智荟”委托债权理财、“存单收益权理财”“应收账款理财”等表外业务模式，大力叙做投资银行、非标理财、债券承分销、融资租赁等表外业务。2014年，中行郑州各城区支行先后为河南能化集团、郑州轨道交通、收费还贷中心、中原高速、辅仁药业、郑州城建等省、市重点客户提供各类表外融资超过150亿元，先后被省、市政府授予金融支持河南经济发展优秀单位、郑州市金融及企业上市工作先进集体等称号。

【中小企业业务】 2014年，中行郑州城区支行贯彻落实郑州市委、市政府关于大力支持中小企业发展的工作要求，全力做好中小企业融资服务工作。一是完善机制。制订网点分层分类管理办法，实行差异化授权管理和风险防控措施，不断建立和完善适应中小企业发展需要的多元化、多层次、多渠道融资服务体系。二是创新产品。结合郑州地区中小企业特点，自主创新仓储贷、专利贷、面粉通宝、养殖通宝等9个特色产品，自主创新产品累计达30余个，有效破解中小企业“融资难、担保难”问题。三是加快平台建设。与产业集聚区、工业园区、各地商会建立平台合作关系，与郑州市政府签订《金融支持小微企业发展合作框架协议》，对郑州地区2000户目标客户开展批量合作。截至年末，郑州地区中小企业贷款余额265.39亿元，较2013年末增加85.76亿元，增长47.74%，中小企业贷款占比提升15个百分点。

【渠道建设】 2014年，中行郑州各城区支行全力推动郑州地区物理网点和电子渠道协同发展，加快助农POS、助农取款服务点和惠农支付服务点建设，构建覆盖城乡的多元化服务体系。2014年，中国银行共在郑州地区新设立自助银行5家，新投放自助设备69台，设备投放量继续保持快速增长。顺应互联网金融发展趋势，大力推广网络通宝、中银E社区、跨境电子商务结算、居民生活缴费、社保手机APP等移动互联项目，成功争揽河南航投电商平台独家支付业务，完成与河南省保税物流中心电子商务E贸易对接，电子渠道智能化服务水平持续提升。

【风险管理】 一是全力确保资产质量稳定。结合郑州地区经济产业特点，落实资产盘存、压力测试、总量年审、评级分类、非不良退出、重大风险事项报告的“六位一体”风险防控机制，加快高风险授信化解。2014年，郑州地区累计退出非不良客户授信9.7亿元，清收化解各类不良资产9.85亿元（含安飞不良资产7.26亿元），贷款不良率为0.68%，较2013年末下降0.53个百分点。二是加快推进授信结构调整。细化制订50个行业的授信指引，郑州地区增长类行业授信占比76.18%，较2013年末提高0.87个百分点。三是审批质效持续提升。整合审批流程，扩大免会范围，建立中型客户预评审及随报随评制度，实施无纸化在线审批，进一步提高金融服务效率。

【内控案防】 一是加强内控宣讲。大力开展防范员工参与民间借贷与非法集资宣讲，组织全员签订内控案防承诺书，印制“内控合规红线卡”，在河南银监局组织的合规长效机制建设活动考核评价中，河南省中行位列全省国有商业银行第一名。二是强化操作风险管理。依托G-MAP平台，及时提示重大操作风险，缩短高风险事件潜伏期，构建覆盖省行、二级行及基层机构的三级KRI体系。三是持续改进非现场分析技能。编制特定数据筛查程序，优化非现场检查手段，保持查处员工违规行为的高压态势。四是完善内控管理制度。建立内控防案联动工作机制和中、高风险问题台账，全年中风险问题整改率达到100%。五是反洗钱工作取得较好成效，被中国人民银行郑州中心支行评为年度反洗钱优秀单位，列省内国有商业银行第一名，被河南省公安厅确定为反恐怖融资防控先进单位，连续7年实现反洗钱监管零处罚。

（于啸飞）

郑州银行

【概况】 2014年，郑州银行围绕“打基础、严管理、打造强力总行、实施转型发展”的工作主线，有效推进产品创新、管理创新和改革创新，实现业务发展大跨越、经营业绩大丰收。截至年末，郑州银行资产规模2037.11亿元，较2013年年末增长548亿元，增幅36.8%。一般性存款余额1325.51亿元（不含同业存款336.87亿元），较2013年年末增长304.58亿元，增幅29.8%，年度存款净增首次突破300亿元；在郑州市银行系统中，郑州银行存款规模从2014年初的第五位跃升到第三位，存款增幅居第一位，市场份额上升到9.13%。贷款余额780.32亿元，较2013年年末新增149.99亿元，增幅23.8%，贷款规模居全市第五位。全年实现营业收入102.4亿元，首超百亿元大关；实现拨备前利润36.83亿元，较2013年增长8.11亿元；净利润24.89亿元，较2013年增长6.12亿元。资本充足率11.28%，不良贷款率0.56%，拨备覆盖率405.73%，主要监管指标均符合监管要求，监管评级为2C级。

【金融改革】 2014年，郑州银行不断深化金融改革，大力推进各项经营管理革新，先后成立中间业务中心、自助设备及品牌管理中心；将资金营运部更名为金融市场部，从事债券、外汇交易、金融衍生品等业务；将投资银行部更名为金融同业部，专营同业业务和投行业务；在理财管理中心的基础上，新设资产管理部，在全省率先完成理财业务和同业业务专项机构改革；积极推进行员等级体系、分支机构分类管理和独立审批人制度改革，相关管理方案和制度制订完毕。

（杨永朋）

【存款业务】 截至年底，郑州银行各项存款余额1325.51亿元（不含同业存款336.87亿元），较2013年末增长304.58亿元，增幅29.8%。其中，对公存款余额945.27亿元，较2013年末增加222.59亿元，增幅30.80%；对公日均存款786.47亿元，较2013年增加189.13亿元，增幅31.66%；储蓄存款余额380.23亿元，较2013年末增长81.98亿元，增幅27.48%；储蓄存款日均327.26亿元，较2013年增长76.48亿元，增幅30.50%。

（李宸霄）

【贷款业务】 截至年底，郑州银行

郑州银行党委中心组开展党的群众路线教育实践活动

郑州银行国际业务启动仪式

各项贷款余额780.32亿元，较年初增长150亿元，增幅23.8%。其中，一般性贷款余额730.66亿元，较年初增长144.82亿元，增幅24.72%；贴现贷款49.67亿元，较年初增长5.18亿元，增幅11.64%；不良贷款余额4.36亿元，较年初增长1.05亿元；不良贷款率0.56%，较年初上升0.03个百分点；存贷比58.87%，较年初下降2.87个百分点。贷款余额前五大行业为：批发和零售业252.67亿元，占贷款总额34.61%；制造业132.20亿元，占贷款总额18.11%；建筑业57.34亿元，占贷款总额7.86%；房地产业47.07亿元，占贷款总额6.45%；农、林、牧、渔业23.23亿元，占贷款总额3.18%；个人贷款(不含个人经营性贷款)106.61亿元，占贷款总额14.60%。

（程 迪）

【中小企业贷款】 2014年，郑州银行通过加快产品创新、建设专营机构、完善经营机制等措施，加大中小企业贷款的支持力度。一是获准并设立具有独立牌照的小企业金融服务中心，转型成立4家零售专营支行，设立7家小微支行，进一步完善小微业务机构体系。二是调整授信政策，取消初审岗，上线电子合同，建立批量业务绿色通道，持续提升小微贷款业务审批效率和质量。三是实现应收账款质押、保证保险、小额宝等多项新产品的落地，其中，应收账款质押贷款222笔1.5亿元，被人总行称为“郑州模式”，拟在全国金融系统中推广，小额宝投放1774户12.62亿元。

截至年末，全行小微贷款余额401.02亿元，较上年增长96.34亿元，高于上年同期增量的95.01亿元；小微贷款增速31.62%，高于全部贷款增速7.82个百分点，连续五年完成“两个高于”目标。

（柳 洋）

【个人业务】 2014年，郑州银行以“做大做强个人客户基础”为导向，以“新业务、新产品”为支撑，实现个人业务的快速增长。完善网上银行、微信银行等渠道功能，启用新客服中心、鼎融易电商平台，个人客户服务渠道进一步完善；推出代理缴费、理财夜市、代理基金、代理贵金属交易、代理第三方存管、代理保险和代理理财业务等，共代销59只基金产品3.91亿元；销售代理保险23.89万元；销售异地分支行专属理财产品“聚金”系列14只50.56亿元；销售南京银行“珠联璧合”系列理财产品27只40.37亿元。

（裴二超）

郑州银行航海东路小微支行开业

【中间业务】 2014年，郑州银行着力壮大中间业务收入规模，不断促进收入结构以利息收入为主向多元化发展。组建中间业务管理中心，成立中间业务发展研究推进领导小组，建设中间业务考核系统，完善中间业务收入考核机制，多措并举拓展中间业务，促进各项中间业务收入快速增长，全年实现中间业务收入3.82亿元，比2013年增加1.82亿元，增幅93%；中间业务收入比率6.94%，较2013年上升2.24个百分点。

（付 扬）

【理财业务】 2014年，按照理财事业部制改革的监管要求，郑州银行成立资产管理部。在“金梧桐”——鼎诚系列理财产品的基础上，新增聚金系列（县域专属）、畅享系列（机构专属）产品，产品线日益丰富，规模进一步扩大，共发行理财产品98期，较2013年增加59期，增幅为151.28%；发行规模323.39亿元，较2013年增加216.28亿元，增幅为201.92%；发行保本浮动收益型产品42期，发行规模171.08亿元，非保本浮动收益型产品56期，发行规模152.31亿元。截至年末，郑州银行理财产品存续33只，存续规模112.67亿元，其中保本产品存续规模56.8亿元，占比50.41%。郑州银行发行理财产品均为封闭式非净值型产品，全部实现预期收益率。

（张闪闪）

【银行卡业务】 2014年，郑州银行新增发行银行卡32.47万张，累计发行银行卡227.92万张；卡内存款余额113.32亿元，较2013年年底增长3.69亿元，增长率3.37%。推出主题商鼎生肖卡——马卡，与郑州市一卡通公司合作发行绿城通卡，借记卡种类日益丰富；优化VIP卡功能，推广VIP客户增值服务，优化客户体验，提高客户满意度。6月10日，郑州银行取得《中国银监会关于郑州银行开办信用卡业务的批复》（银监复〔2014〕344号），10月23日正式对外发行商鼎信用卡。截至年末，郑州银行共发行商鼎信用卡3655张，其中激活卡数量2114张，激活率为57.7%；活跃卡数量1485张，活跃率40.6%。信用卡透支余额6793万元。累计消费笔数6568笔，消费金额9328万元，卡均消费金额2.56万元。

（裴二超）

【资金清算】 2014年，郑州银行不断丰富结算手段，提高支付效率，确保清算资金安全、快捷。先后上线二代支付系统；将原先5个清算分中心整合为一个清算中心；对投资银行业务、贸易融资业务等账务处理流程进行梳理，并制定详细的业务处理流程；制定《郑州银行外汇资金清算管理办法》《郑州银行外汇汇款管理办法》等制度，做好外汇准备金账户与人行沟通、准备及开立工作。2014年共办理资金清算业务408.06万笔20514.88亿元，其中支票业务42.6万笔3660.22亿元；通过大小额支付系统办理汇兑业务354.38万笔15861.33亿元；签发银行承兑汇票54523笔，金额543.01亿元；兑付银行承兑汇票56312笔450.32亿元。

（卢　峰）

【金融创新】 2014年，郑州银行大力推动金融创新，在市场准入、业务创新等方面取得较大突破。市场准入方面，连续取得信用卡业务、利率定价自律机制基础成员行、意向承销商、尝试做市商以及同业存单业务、跨境人民币业务、国际结算业务、对外担保业务、外汇拆借业务、咨询见证业务等资格，填补多项业务空白。金融工具创新方面，成功发行20亿元二级资本债券，有效缓解资本压力，发行利率同等评级最低；成功发行15亿元同业存单，成为省内首家在银行间同业拆借市场发行同业存单的银行；实施信贷资产流转平台项目业务，资产证券化迈出重要步伐。业务创新方面，完善产品创新管理办法，创新一批业务产品，成功开办债务融资业务、组合贷款、网络贷款、银租通业务、商付通业务、小额宝业务、电子商务金融服务平台、自助业务新型产品、薪添利、商鼎绿城通卡、商鼎得惠通卡、工行柜面通、中征应收账款质押贷款、保证保险贷款等新业务，为全行经营管理提供有力的产品支撑。

【经营管理】 2014年，郑州银行围绕“夯实管理基础、建设强力总行”的思路，推进精细化、科学化经营管理，持续提升经营管理水平。管理流程优化方面，进一步优化业务流程、完善组织架构，其中全风险项目完成公司客户评级模型、内部评级流程模块、合规与操作风险模块的建设及相关培训工作；财务管理方面，上线新财务系统，搭建财务精细化管理框架，强化预算编制和执行，优化财务资源配置；转变工作作风方面，专门召开动员大会、成立领导小组、下发推进方案，并结合党的群众路线教育实践活动，采取民主评议、单位座谈、问题检查、意见公布、措施上网、效果监督、结果奖惩等形式和手段，力促总行工作作风转变；政策研究方面，面对复杂严峻的经济形势和频繁出台的监管新规，研究出台同业新规、存款偏离度和存款保险制度等工作指引，管理引领能力进一步增强；机构建设方面，新设商丘分行、许昌分行等19家分支机构，完成大河工业园等11家支行的批筹，搬迁网点3家，改扩建2家，新增离行式自助银行24家，网点布局更加合理；督办方面，重点督办、专项督办、日常督办相结合，全年督办事项101项，完成93项，上传下达、下情上报及时有效，有力推动各项经营工作开展。

（杨永朋）

【资产保全】 2014年，郑州银行清收资产6411.73万元，其中收回本金19.39万元，利息0.51万元，案件款2505.19万元，核销贷款2户3887万元；商都公司累计清收不良资产14466.93万元，其中清收不良资产本金1636.53万元、清收利息2103.11万元、清收其他类不良资产22.78万元、取得资产变现收入10300万元、取得资产租赁经营收入404.51万元。

（韩　刚）

【信息科技】 2014年，郑州银行加快信息科技建设，将科技部门职能划分为前台规划及项目管理、中台研发、后台运维及安全管理三大部分，初步建成研发中心、开发中心、运营中心的雏形；加强运维团队、测试团队及外包管理团队的人员管理；上线监控系统、运维管理系统，科技管理工作进一步得到加强；完成科技备份方案、应用系统监控、存储网络优化、开发存储及生产存贮扩容、监控及批处理、企业邮箱升级扩容等系统的上线工作；完成首次业务连续性应急演练，获得监管部门的肯定；完成174个科技项目上线，是2013年项目的2.7倍，其中大型项目29个，中型项目54个，小型项目91个，科技支撑能力显著提升。

（杨　莉）

【品牌文化】 2014年，郑州银行组织品牌发布会，正式发布“小企业金融服务伙伴”品牌价值定位和“中意你我他”品牌沟通广告语；持续加大对小额宝、信用卡、新品牌形象的宣传报道；组织开展“金融知识万里行”宣传活动，积极参加“金融文化节”宣传展演，赞助拍摄获中宣部“五个一”工程奖电影《洋妞到我家》和青春偶像电视剧《一见不钟情》，通过网媒、纸媒展示郑州银行员工风采，提升品牌形象。

（杨永朋）

中国人寿保险

【概况】 2014年，郑州市分公司以“大中城市发展战略”为主线，以“改进、提升、固化”为思路，发挥基层创造力，调动全员创造性，推进公司管理、业务发展、队伍建设等，成功保持一类A级公司。

个险渠道在全省系统实现“双领先”，首年期交保费3.03亿元，达成率136.52%，同比增长10%，超预算8109万元，创历史新高；10年期及以上1.71亿元，达成率117.42%，同比增长6%；标保实现1.80亿元，达成率138.63%，同比增长12.5%。中牟公司、营销一部、营销三部、营销四部、营销五部、收展三部等单位年度预算达成比例在130%以上。

团险渠道在全省系统实现“双突破”，短险保费11458万元，历史性突破亿元大关，达成年度计划的103.32%，同比增长24.32%；意外险保费8581万元，达成省公司目标的111.6%。惠济公司短险保费同比增长200%，新郑公司短险保费同比翻一番。

银保渠道在全省实现“双推进”，实现趸缴保费4.56亿元，完成省公司目标的105%；期交保费实现9206万元，同比增长111%。特别是在网点经营和自营发展两方面，逐步找到新的发展举措，新密趸交、期交均超额达成年度目标，中牟公司在困境中奋力拓展，由落后变先进。

柜面直销实现保费1345万元，全省排名第二，成为新的业务增长点。

【创建工作】 创标创星带动业务发展。全市34个团队创标成功，其中达成五级以上标准化团队4个，创标团队全年达成首年期交保费1.24亿元，为全市业务发展做出突出贡献；全市共实现星级农服部53个，星级以上网点占比77.94%，其中五星级农服部8个，中牟公司创建4个五星级农服部，登封公司、新郑公司、巩义公司实现五星级乡站零的突破，中牟的张庄和新密大隗达成钻石五星级乡站，是全省仅有的两个钻石五星级乡站。

柜面创建带动服务提升。全面推行综合柜员制，在全省率先汇编《柜面综合柜员制推广工作实施手册》，全市10个柜面中有8个柜面实现综合柜员制，是全省第一家试运行柜面全员通关的地市。全年柜面接待客户60万余人次，承保新单7.97万件，处理保全业务48.86万件，理赔3.07万人次，赔付金额1.48亿元，2014年客户服务中心人均劳动产能全省第一。

【队伍建设】 个险渠道，一是品质管理推动队伍发展，成为队伍扩张有效措施；二是项目增员促进队伍发展，成为增员工作有效载体；三是功能组建立转变队伍发展观念，成为下步主管自主经营有效抓手。个险渠道2014年全年增员2264人，季均综合举绩2327人，综合举绩率全省排名第四，季均主险举绩1757人，主险举绩率全省排名第三，月均增员率4.56%，全省排名第四。

银保渠道，一是建立直辖组，成为理财规划师队伍建设的有效抓手；二是网点项目运作，成为提升客户经理素质有效办法；三是参与个险渠道项目运作，成为银保队伍管理的有效举措。

团险渠道，一是影子团队建设形成新共识；二是活动量管理成为团险规范运作有效办法；三是客户服务专员队伍建设逐步推进。

【经营管理】 一是标保快速增长。全年实现长期险首年标保1.96亿元，同比增长12.24%。二是创费创佣能力稳步增强。实现创费8177万元，其中新单创费5564万元，达成新单创费指标的102%；首年佣金1.34亿元，同比增长11.51%，年佣金收入10万元以上的销售人员287人，同比增长18.6%。三是成本管控效果明显。郑州市分公司落实“八项规定”，加强成本管理，公司招待费、会议费同比分别下降24.17%、10.81%；银保渠道直销成本同比下降52.45%。同时，严把理赔关，全年共拒赔协议36件，拒赔案件67件，为公司止损300多万元。四是员工收入稳步增长。全市员工收入人均增长12%，人均增长额度0.75万元；市区个险渠道人均收入涨幅在22%以上，营销五部、收展三部等单位人均收入涨幅30%以上。2014年度工资支出3376.7万元，福利支出745万元，社会统筹及企业年金支出944万元，合计5065.7万元，占新单创费的91%。

【资源整合】 一是依托资源打项目。2014年，郑州市分公司借助批量转账报告会、财富鑫升级报告会、会员利益派送会、银保渠道的精品网沙、网点训练营等项目的运作，提升销售队伍的活动量，提高客户资源的利用率和开发率，快速拉升业务平台。二是依托资源促发展。一方面搭建渠道交叉销售平台，银保渠道邀约客户参与个险渠道报告会，带动四季度银保期交业务的快速增长；新郑公司团险渠道充分利用个险人员优势，发掘各种内外部资源，建立影子团队70余人，贡献保费300余万元。另一方面搭建后援服务销售平台，围绕国寿1+N附加值服务，开展丰富多样的客户服务活动，以服务促销售，郑州公司老客户二次开发稳居全省第一位。同时，开展全员劳动竞赛，柜面销售银邮渠道1306.73万元、小额贷28万元、个险期交9.47万元、短险0.97万元，柜面持双证率达94%。三是依托资源建队伍。探索建立跨界营销团队，实现政策性业务资源更合理更高效地利用。市区筹建政策性业务大学生服务销售团队，且逐步探索出渠道增员和新人育成的新办法；中牟公司坚持建设新农合服务专员队伍，全年累计增员402人，成功打造千人团队，摸索出县域政策性业务团队建设的新路子。

【基层创新】 一是创新会销平台，促进个险业务快速发展。登封公司率先尝试批量转账会销模式，实现老客户服务与开发的有效对接；新密公司利用假日经营，探索车险客户服务与销售模式，实现资源有效开发新效果；营销五部围绕会销平台，尝试会员利益报告会参会资格预定方式，探索客户积累、活动量管理和报告会模式对接的新方法。二是创新销售模式，带动银保期交走出困境。自主研发渠道(SRP倍增计划)项目，为全省找到银行渠道存量客户开发办法，建行渠道创造单月500多万元的业务平台，新密工行创造单场转保15万元的平台；推广邮政安欣无忧网点沙龙合作项目，提高邮局渠道期交业务发展对郑州人寿的依赖度，由费用竞争转为项目合作。三是创新团险项目，促进短险业务快速发展。一方面，依托社会力量，提高极短期业务平台，乘意险打破太平洋保险垄断的僵局，争取到近50%的市场份额，铁意险、航意险、旅意险及景区意外险在登封、荥阳和市区实现新突破；另一方面，依托政府力量，搭建政保合作平台，中牟在教职工意外险、市区在建工险等方面均实现大突破。四是创新服务能力，通过服务提升品牌价值。制定理赔“定向管理人制度”，做到“案案有人盯，事事有落实”，全年共处理案件3万多件，5日结案率达到99%。丰产路柜面在2014年保险行业协会举办的“优质服务窗口”评选活动中赢得系统唯一的“优质服务窗口”称号。

（申　森）

泰康人寿保险

【概况】 2014年，泰康人寿保险股份有限公司郑州分公司坚定价值经营战略，以大个险为核心，以组织发展为主要突破口，坚持“稳健经营、开拓创新”的发展方针，致力于提供专业化、高品质的寿险服务。

2014年，泰康人寿郑州分公司实现保费收入6.9亿元，其中，个险保费1.1亿元，银行保险规模保费收入2.4亿元；续期保费收入3亿元。2014年，泰康人寿郑州分公司市场份额4.12%，市场第五。

【经营管理】 2014年，泰康人寿郑州分公司实现健康、稳健发展。一是保持业务平台。新单价值、大个险实现高达成、高增长，个险、银保各项业务稳定发展。二是组织显著破局。个险人力及绩优团队建设初显成效，个险核心指标实现正增长，银保人力实现两位数成长。三是践行跨界、移动两厢战略。“幸福有约”高端产品实现快速成长。“飞常保”“铁定保”创新险种推广成效显著。四是干部梯队建设初有成效，个险组训班、骨干训练营、银保星火计划稳步开展，体系化推进。五是将合规建设、风险防范放在首位。牢固树立依法合规经营的思想，坚持有品质的业务发展，严格遵守公司各项规章制度，建立鲜明的“合规文化”，形成“合规人人有责、人人讲合规、事事讲合规”的氛围，进一步做好经营风险、管理风险、财务风险的防范。

【个险业务】 2014年，泰康人寿郑州分公司继续坚持价值转型，个险业务实现较快增长，组织发展和组织建设取得突破，保险服务能力不断增强，业务品质指标持续提升。一是业务较快增长，品质持续提升。2014年，个险业务屡创新高，年度增长率达到24%，个险年度13个月继续率连续四年攀升。二是销售队伍坚持专业经营。个险销售队伍同比净增长325人，在组织规模扩大的同时，高度重视销售队伍合规管理，不断强化，定期加强职业素质培训，提升业务专业技能，坚决杜绝销售误导行为。三是产品和服务创新。2014年，泰康人寿河南分公司在“重大疾病就医绿色通道”服务基础上，不断推出“飞常保”“铁定保”“泰顺赠险”等创新服务，免费为客户送去保障。

【合规管理】 2014年，郑州分公司以确保合规经营、促进企业长远发展为目标，以完善内控体系建设为着眼点，充分发挥合规管理的效果，促进公司合法合规、稳健经营。以全面的合规培训为基础，明确各岗位合规责任要求。以定期的合规指标监测和严格的检查问责为主要抓手，加大对四、五级机构的管控，积极、主动防范合规风险。

【反洗钱管理】 加强反洗钱宣传和培训。9月，开展形式多样的宣传活动，通过发放宣传折页、制作展板和宣传条幅、印制大量反洗钱宣传海报、设立“反洗钱咨询台”等，普及反洗钱知识。全年，郑州分公司开展反洗钱培训5场次，培训学员约160人。加大对支公司的考核力度。按照人民银行的反洗钱考核要求，按照季度和年度对中心支公司反洗钱管理质量设定考核指标。考核指标主要包括四个方面：客户身份识别、客户身份资料及交易记录保存、大额交易和可疑交易识别和报告、反洗钱宣传和培训。

【理赔业务】 2014年，泰康人寿深化理赔服务创新模式，提升服务质量，提高理赔客户满意度，彰显公司以人为本的服务理念。一是稳步推进“健保通”直付式理赔。健保通直付式理赔实现保险公司系统与医院系统对接，在客户出险时在医院直接拿到理赔款。郑州分公司在2013年健保通使用医院基础上，推广健保通使用医院，方便客户理赔。二是实现手机“易理赔”全险种全过程一站式理赔服务。从理赔报案、理赔资料扫描上传到审核支付，均可以通过微信完成，最快只需10分钟。三是拓宽重大疾病绿色通道服务渠道。郑州分公司在总公司“重疾绿通”服务的基础上，签约河南省人民医院及河南省肿瘤医院两家医院为“重疾绿通”医院，切实为客户解决就医理赔难问题。

【客户服务】 一是坚持“移动 跨界”战略，手机服务一马当先。坚持“移动跨界”两厢战略，率先实现28项手机服务功能，涵盖投保、保全、理赔、咨询、查询等运营全流程，一举实现手机投保5分钟完成，手机理赔1.7天结案，手机贷款2分钟办理，提升服务效率，改善客户体验，打造手机服务品牌。二是全面升级新生活贵宾俱乐部各项服务。深入贯彻公司以养老社区为核心的“四位一体生命链”战略，以客户体验为核心，完善贵宾及高客服务体系，提供差异化增值服务内容，提高贵宾及高客的服务满意水平，2014年贵宾及高客增值服务内容实现以健康医疗为核心，涵盖健康体检、重疾绿通、就诊绿通、高额赠险、紧急救援、海外就医、私人医生及特色增值服务的贵宾服务体系。泰康人寿在美国、日本等国家以及台湾地区建立海外医疗绿色通道，为客户开通海外就医服务。私人医生服务，则是根据对医疗资源的细致了解，为客户推荐最合适的专家，提供就医解决方案，征求客户同意后实施。三是为客户提供重大疾病就医绿色通道。泰康人寿与国内500多家医院合作，提供“三专一诊”（专家门诊、专家住院、专家手术和异地交通差旅补助）的诊疗服务。同时，郑州分公司延伸总公司“重疾绿通”服务，与省人民医院、省肿瘤医院签约“就诊绿通”，提供预约专家门诊服务。

（张玲玲）

邮电通信业

邮 政

【概况】 郑州市邮政分公司辖金水、管城、二七、中原、经开、惠济、高新、郑东、巩义、新密、登封、上街、中牟、新郑和荥阳等15个县（市）区局。全市共有邮政支局（所）247处，其中邮政储蓄网点134处。局所平均服务面积24.34平方公里，平均服务人口3.06万人。截至年底，有金融自动机具273台；城镇居民信报箱65万户，信箱信筒327个；邮政车辆383部。邮路128条，总长7942公里。邮政投递段道1032条，总长28602公里。其中城市投递段道741条，总长11612公里；农村投递段道291条，总长16990公里。

组织员工到焦裕禄纪念馆参观学习

2014年，邮政企业实现收入8.03亿元，较上年增长-1.26%。全员劳动生产率18.37万元，邮政服务质量社会评价综合满意度90.55分。

2014年，郑州市邮政分公司被省邮政公司、省邮政工会评为先进企业，获中国扶贫基金会颁发爱心包裹项目服务支撑奖，被郑州市总工会授予帮扶困难职工活动先进集体。

【河南省邮政公司郑州市分公司挂牌】 3月6日，按照河南省邮政公司的统一部署，河南省邮政公司郑州市分公司正式挂牌成立。原“郑州市邮政局”变更为“河南省邮政公司郑州市分公司”，原“邮政局党委”变更为“中国共产党河南省邮政公司郑州市分公司委员会”。郑州市分公司领导职务名称由局长、副局长变更为总经理、副总经理。内设机构负责人职务名称维持不变。

【人力资源管理】 严格控制用工总量，对技能不合格、综合考评不达标或业绩不合格人员进行集中规范，共盘活95人、清理13人、转岗32人。开展“三工”转换工作，113名合同用工B转为合同用工A，122名劳务工转为合同用工B，劳务工占比较年初下降9个百分点。规范人工成本支出，明确人工成本列支渠道，形成以效益为导向的人工成本管理模式。加大技能培训考核力度，完成2542人次的技能考核和1200人次的技能鉴定工作。

【服务质量管理】 出台企业形象标准化管理、国内小包投递服务质量检查考核、客户投诉管理等办法，不断完善业务规章制度和监督考核机制。调整优化市内邮路，强化环节管控，确保服务时限。针对管理工作中存在的突出问题和薄弱环节，开展收寄验视、农村支局所、“双十一”小包投递等专项服务质量检查活动，促进问题有效整改落实。全年市级以上媒体正面报道及用户来信表扬共计63篇（封），省公司验收的12个营投窗口规范化服务达标率100%。全面完成省公司各项通信质量指标，未发生重大通信事故、通信案件，机要通信实现质量全红。

【能力建设持续提升】 2014年，改造、建设网点35处，新购网点2处，补建空白乡镇局所13处，建成物流仓储配送中心2处，农业东路、中原区局综合楼投入使用，亨泽物流园电商小包仓储中心实现产能。新增汽车82辆、投递用摩托车及电动三轮车212辆，网络服务能力不断增强。新增自动存取款设备62台，完成金融网点网络扩容，完成预约审车系统、公交卡缴费平台、全省设备综合管理平台、智能仓储等系统的开发，加强金融数据分析应用，提升信息化支撑经营发展的能力，邮政综合服务水平显著提升。

【金融业务转型发展】 郑州市邮政分公司把金融业务当作重中之重，努力探索“外拓走访、厅堂激发、存量维护”客户闭环管理新模式。粮食收购“夏粮风暴”竞赛活动完成比例全省第一。代理保险完成比例153.4%，保费规模和收入增幅均创历年新高。拓展电子交易渠道，新增电子银行注册客户22.32万户，注册户数、交易替代率均居全省第一。持续加强四岗考核，提升管户效能，年新增中高端客户1.45万户，中高端客户贡献度进一步提升。

【报刊发行转型升级】 2014年，郑州市邮政分公司报刊发行业务加快向文化创意服务转型升级，圆满完成2015年一次性大收订计划，教育类报刊流转额较上年增幅超60%。以绘画比赛营销活动为载体，收订《幼儿画报》12700份，拉动流转额增长334万元，订阅量全国排行第一。联合政府七部门开展“爱心

《中国古典文学名著——红楼梦（一）》特种邮票首发

报刊全民齐阅读”活动，带动畅销报刊订阅规模。

【搭建平台增加效益】 发展农村电子商务，推进“邮掌柜”应用，初步探索出农村电子商务发展新路子。推进代收农电业务，累计建成收费网点738个，代收总量2.6亿元，其中巩义局代收农电业务收入规模全省县（市）局第一，实现平台效益和专业效益同步提升。新建自邮一族会员服务中心2处，新增会员2.87万户，收入规模居全国城市第六。

【举办马年贵金属新品及珍邮品鉴会】 3月，为期一周的“金马邮宝 福耀中原”2014年郑州邮政马年贵金属新品及珍邮品鉴会在郑州市分公司举办。省、市公司领导，徐悲鸿画室著名画家向永清，合作单位嘉宾及全区400余名大客户参加活动。本次活动对《百骏图》《奔马》《毛泽东诞辰一百二十周年》《徐悲鸿十二生肖传世金马》等贵金属新品进行重点介绍和现场展销。

【《新农合医政手册》媒体项目推广会召开】 3月4日，郑州市分公司在中牟召开《新农合医政手册》媒体项目推广会，推动函件报刊媒体业务创新发展。中牟县邮政局以2014年新农合政策变化为切入点，结合县卫生局在政策宣传方面的需求，策划《新农合医政手册》媒体项目，支持政府部门政策宣传，扩充百姓了解政策的渠道。

【发行《卡通——红毛小Q》邮资图及腾讯文化主题明信片】 3月26日，《卡通——红毛小Q》邮资图及腾讯文化主题明信片发行仪式在郑州举行。腾讯公司ISUX总经理黄达熙，中国邮政集团公司邮务局局长徐茂君，河南省邮政公司副总经理、郑州市分公司总经理张宗梁，中国邮政集团公司邮票发行部处长韩玮，河南省邮政函件局局长万松博等领导出席，省会QQ会员代表、高校大学生代表、集邮爱好者以及新华社、人民日报社、光明日报社、中央电视台等40余家国内主流新闻媒体参加。此次发行的主题明信片一套4枚，售价18元，附赠3个月QQ会员服务和易迅“专属购物大礼包”一份。

【省邮政保安押运服务有限公司郑州分公司正式运营】 4月16日，河南省邮政保安押运服务有限公司郑州分公司正式挂牌运营，成为一家自主运营、独立核算的保安押运经营实体。截至年底，公司共有押运车辆47辆，在岗职工120人、劳务用工55人，押运枪支54支，服务邮政金融网点、离行式ATM、业务库以及中石化、高速站点480个，武装押运线路38条，日行驶里程合计3000多公里。

【建立“主题邮局”】 郑州邮政分公司创新拓展市场，2014年累计建成“七夕爱情邮局”“大学生创意主题邮局”等4类20余家主题邮局，设立花园路、玉凤路等5处函件产品展示样板店，扩大产品营销渠道。6月13日，由腾讯公司、河南省邮政公司郑州分公司携手推出的“与babyQ一块动起来”明信片在郑州首发，同时通过腾讯QQ虚拟主题邮局在线上面向全国发行。首发当天，市分公司在华润万家4家卖场同时设置“激情世界杯临时主题邮局”。仅3天时间，全区世界杯临时主题邮局项目共报批明信片13万枚，形成收入24.4万元。

【集邮文化推动】 2014年开展专题展销、集藏文化等活动400余场，探索集邮专业业务增长模式，推动集邮文化扎根大众。6月21日，“首届郑州集藏文化博览会”在郑州邮政大厦一楼旗舰店拉开帷幕，《中国古典文学名著——红楼梦（一）》特种邮票同日首发。本届博览会由省集邮协会、省收藏家协会主办；省老干部集邮协会、市分公司、市集邮协会承办。该活动是郑州集邮界和收藏界首次合作，为郑州地区的广大集藏爱好者提供一个信息共享、学习交流的平台。

【“郑邮易讯”手机信息平台】 按照中国邮政集团公司和省邮政公司《关于贯彻中央“八项规定”改进邮政新闻报道的意见》要求，郑州市邮政分公司推出“郑邮易讯”手机信息平台，并于8月1日正式上线。“郑邮易讯”依托手机客户端，实现网络中的单位、个人保持实时联系，及时了解信息，掌握最新产品发布、营销话术等，使企业内的经验、知识、资源得到最充分的共享利用。客户端设置有“风向标”“乐销宝”“邮闻早知道”“最新消息”“短信通”“通讯录”“指尖问卷”“聊吧”8个模块。

【举办爱心包裹捐赠仪式暨云南鲁甸地震灾区学生关爱行动】 8月22日，由省扶贫开发办公室、省工商业联合会、省教育厅和省邮政公司共同主办的“彩色梦想 感谢有您”2014年爱心包裹捐赠仪式暨云南鲁甸地震灾区学生关爱行动在郑州邮政大厦举行。本次捐赠仪式还通过视频会议系统在全省18个省辖市、113个县(市)同步举行，各地扶贫部门、工商联、教育部门和邮政部门的领导，当地爱心企业代表、各界爱心人士在分会场参加仪式。活动现场捐赠金额135万余元。

【做大“双包”业务规模】 郑州市邮政分公司抢抓寄递市场发展机遇，突出强化仓储+寄递服务，建成南五里堡、亨泽物流园区、圃田仓储中心3处并投入运营。“双十一”期间，市分公司提前筹划、精心组织、优化处理流程，确保收寄邮件的顺利发寄和进口邮件的准时投递，共收寄国内小包近9万票，进口邮件14000件，未造成邮件积压，处理效率较往年得到提升。

【举办用书信文化宣传推介河南旅游文化启动仪式】 12月23日，由河南省旅游局和河南省邮政公司共同举办的用书信文化宣传推介河南旅游文化活动在郑州邮政分公司启动，具有河南地方特色韵味的《心灵故乡 老家河南》系列邮资明信片面世。此次发行的《心灵故乡 老家河南》系列邮资明信片含《老家河南》《百家姓》《河南成语故事》，其内容立足河南特色旅游文化资源，在传统明信片的基础上，融入AR现实增强技术，通过动画、音频等组合方式动态展示明信片内容，让“河南印象”变成好看、好听又好玩的立体形象。

（贺 琳）

移动通信

【概况】 2014年，中国移动通信集团河南有限公司郑州分公司（以下简称郑州移动）以体系改革深化转型，以模式创新重塑优势，紧紧围绕“三大一中”战略定位和“抓改革创新、强投资开放、促结构转型、求民生改善”的总要求，坚持“一条主线”、突出“两个确保”、狠抓“三大驱动”、提升“四项能力”、解决“五个问题”，分析研究本地区域市场需求特点，做到“知己、知彼、知市场、知客户”，深入查找公司发展中存在的问题与不足，做到“知势、知机、知节”，以营销模式创新推动企业转型发展，紧密围绕“一个市场营销面、三个维度、九项重点”，强化管理抓执行，抢抓机遇促发展，以新思路、新策略持续提升企业核心竞争力，企业4G发展实现新突破，战略转型迈上新台阶。2014年，郑州移动完成各项生产经营任务，实现企业运营效益的持续增长，全年运营收入近60亿元，企业综合实力进一步增强。

【4G业务发展】 郑州移动聚焦4G发展，注重客户价值提升，顺应传统媒介与业务互动、新型互联网媒体发展趋势，持续优化完善“一体化”的资费产品体系，以简单、规范为原则，“加量不加价”向客户提供统一的4G产品，通过“大数据、超细分、微营销”的营销方式，大力推进4G技术和业务快速发展，保持4G发展强劲势头，以新技术推动社会信息化发展。截至年末，郑州移动4G客户达到97.15万户。

加大通信设施资源投入，加快4G网络布局。2014年，郑州移动对各专业人员进行优化调整，多维管控，专业化垂直管理，推进各专项工作快速执行；面对4G建设超常规的发展规划，制订前瞻性的实施方案和进度计划，提前储备相应网络支撑资源；通过技术创新、管理创新加快现有工作的推动，在工程实践中，采用灯杆站、街道站、红绿灯基站、绿化带基站等多种方式解决网络覆盖及容量问题，改进天线美化方式，优化集装箱基站外观及结构，实现设备安装与城市建设及绿化环境的和谐统一，创造性使用灯杆基站、美化天线、室外一体化机柜、以太网微波等新技术，解决站址协调，市电、光缆引入等难题。严格施工规范确保质量，加强大型社区、综合写字楼宇等区域的综合业务接入区建设，将覆盖扩展至所有城市在建区域和发达乡镇，并逐步完善新建综合业务区的功能。持续健全工程管理体系，把工程物资、余料管理及设备验收等关键环节作为切入点，不断加强相关制度的完善和规范化，切实提升工程建设管理细节把控能力。2014年，开通8206个站点，实现郑州市所有城区、县城、乡镇区域和高速高铁的连续覆盖，郑州移动4G建设荣获集团公司“4G先锋集体”称号，非实验省会城市排名第一。

深入大学为大学生服务

【企业经营体系构建】 郑州移动坚持高效低成本运营，构建完善的企业经营体系。围绕“客户保有和价值提升”两大目标，持续完善“省公司与分公司协同、大众与集团协同、线上与线下协同”3个协同机制，提升“能力与规模、服务与触点”匹配程度，加强掌上CRM/手机经分、常客系统、线上线下协同等存量运营支撑，充分发挥自有营业厅和社会渠道接触点优势，深入挖掘电子渠道潜力。紧密围绕“分层分级、管商管店、统一支撑、合作共赢”的整体思路，分步骤推进整体渠道转型，引导渠道实现从传统的卖终端向卖套餐、卖产品转变，构建完善的渠道运营体系。加强流量套餐、移动通讯助理与集团产品的融合营销，提升融合产品覆盖率，针对AB类集团开展手机绿城通、移动通讯助理的营销推广，多业务强化产品深度融合，为客户提供更多的通信应用产品。

【创新服务理念】 郑州移动创新通信行业服务理念，以崭新的体系服务大众。客户服务工作贯彻“客户为根、服务为本”理念，以“服务质量稳中有升”为核心目标，紧扣过程指标监控与投诉溯源两大抓手，聚焦重要客户群和关键感知要素满意度的提升，以改善客户感知和助力存量、流量、集客经营为重点，深化客户诉求分析，完善服务管理体系，不断加强满意度过程管控，提升管理效能；持续优化投诉管理体系，提高解决效率；强化触点服务质量，提升服务品质；强化整合传播沟通，提升客户感知；狠抓4G服务质量，提升服务价值。不断推进服务转型，以满意的服务提升客户价值，创造服务领先新优势，打造优质的通信服务。2014年，郑州移动网络满意度提升3.1个百分点，促销满意度提升0.6个百分点；营业厅服务综合成绩同行业领先6分，较年初提升9.52分。

【无线通信精品网络建设】 郑州移动针对影响客户感知和满意度提升的突出问题，聚焦覆盖和承载，打造无线通信精品网络。以4G网络维护优化为核

移动技术宣传

郑州联通公司举行沃派团队誓师大会

心，加强网络覆盖优化力度，通过引入F频段加强深度覆盖，深入分析网络健康，强化日常维护，不断强化“四网协同”力度，全力以赴提升LTE网络质量；以客户需求为导向，持续推进全业务基础资源储备，增强服务支撑保障能力，完善全业务支撑保障机制，实现支撑效率和效果“双提升”；持续深化“3+2”网络运维体制改革，提升网络集中故障管理水平，挖潜增效，最大幅度提升2/3/4G网络设备利用率；提升维护人员水平，扎实开展日常基础维护，确保网络质量持续提升。加快解决网络质量短板问题，增强网络基础能力，切实降低网络投诉，促进网络质量与客户感知的同步提升，为持续健康发展提供网络基础支撑。2014年，端到端网络质量客户满意度78.23，领先于同行业。网络质量满意度较2013年提升3.07个百分点，改善幅度全省第一。

【精细管理】 郑州移动组织召开管理能力提升专项会和流程优化研讨会，构建跨部门协作配合机制，持续开展管理能力提升专项活动和流程体系优化工作，快速提升公司基础管理水平和综合支撑能力。人力资源坚持以“制度化、流程化、信息化、集中化”建设为抓手，优化绩效管理体系，完善多元激励机制，持续优化薪酬激励。调整组织架构，优化专业化工作团队。优化干部结构，打造新型人才队伍结构。抓好安全生产，突出“预防为主、防重于治、防治结合”的指导思想，加强安全生产风险隐患排查与化解，坚决遏制重特大安全事故发生。纪检监察工作坚持“标本兼治、综合治理、惩防并举、注重预防”方针，推进落实“转职能，转方式，转作风”，加强关键环节监督，开展廉洁教育，畅通信访通道，加强党风廉政和作风建设，对内营造风清气正的文化氛围，对外树立良好企业形象。开展全国文明单位创建工作，大力实施项目创新，共获省公司创新提案二等奖4个、创新提案三等奖5个、创新提案优秀奖18个，获奖数量居全省第一，郑州移动公司获省公司创新组织奖。

（关媛媛）

联通通信

【概况】 2014年，郑州联通公司实施移动宽带领先与一体化创新战略，打造移动宽带精品网络，全面推进固网宽带光纤改造，扩大宽带优势，适时推进电信业务升级转换及增加市场份额，进一步深化各项改革，努力提高电信服务质量，使公司步入一个新的发展阶段。

郑州联通公司在电信信息技术与电信市场快速发展，国家电信发展产业政策和税制改革深刻变化的形势下，以市场配置为导向，深化企业改革，对外提供一体化服务，对内提升一体化运营效率，初步建立起专业化的经营体系，为信息消费提供更加便捷的服务。公司依照集团公司的统一规划与要求，全面开展移动4G通信和光纤改造业务。2014年，公司突出业务优势，攻坚克难，面对销售费用压降、营改增税制改革等严峻复杂形势，以“攻坚份额、提升效益”为中心，聚焦专业化运营，转变经营模式、加快改革步伐、转变工作作风、狠抓快速执行，较好完成各项任务，发展整体呈现好的态势。全年增值税口径主营收入完成同比增长10.79%；收入市场份额提高1.64个百分点，利润同比增长35%。

公司将“转作风”作为“提效率”的重要抓手，建立现场管理长效机制，实施工作执行“回头看”评价，推广微信群管理，强化督察督办，服务意识明显转变，执行效率快速提升。扎实推进党的群众路线教育实践活动，完善基层联系点制度，落实工作目标责任制，顺利通过省级精神文明单位复审。公司推动企业创新与质量管理工作，5项成果获“行业优秀”奖，1项成果获“国家优秀”奖。

【通信业务发展】 郑州联通公司移动宽带业务围绕“规模、质量、促销”总体营销方略，推进移动网络发展重心由3G、2G向4G转移。全面开展终端、融合、渠道、应用、迁移五个拉动，4G运营实现良好起步。固定宽带业务以“光网改造”为契机，明确“品质+服务+责任田”的经营模式，“光改”小区迁转率较上年底提升25个百分点。

【精品网络建设】 2014年，郑州联通公司围绕“效益下的项目配置”投资原则，积极推动新型投资管理体系落地，投资管理水平明显提升，建立网络公司重点考核指标、工作事项问责机制，强化责任闭环管理，工程交付及时率和初验、暂估及时性等指标均为满分。公司突出市场拓展和客户感知导向，以超常规速度完成4G宏站建设，顺利实现4G开网运营。加大光纤网改造力度，落实农村光纤改造专项行动，新建FTTH端口成万级增加。规范投诉派单及处理标准，严格“五位一体”断站管控，2G、3G用户万人投诉率同比分别下降23%、14%，强化“480”承诺节点管控及责任倒追，承诺区域装移修综合及时率均保持在99%以上。

郑州联通举行4G开网暨品鉴会

【服务工作】 郑州联通公司建立“KPI+奖惩”管控体系，开展渠道服务达标活动，实施重点区域服务攻坚战，五大重点渠道客户满意度超出本系统全省均值，营业客户满意度连续8个月排名全省第一。建立服务责任追究制度，完善投诉解决率预警机制，打造电话外呼营销、线上线下协同受理的维系新模式，推进用户续约、迁转在线上完成，提升维系工作效率，整体服务KPI指标本系统全省排名第一。

【自主开发信息化产品“沃看路况”】 4月，郑州联通公司自主开发的行车路况信息实时查询系统——“沃看路况”上线运营。该产品是郑州联通公司与郑州市公安局交警支队合作，依托联通3G/4G网络，整合交警支队道路视频资源及相关信息，打造的本地实时路况查询信息化应用产品。用户使用智能手机下载Android和IOS版“沃看路况”，可享受实时路况视频信息查询、机动车违章信息查询、常用路况视频收藏及微信互动等服务。

出席思达翼支付业务进驻签约启动仪式的领导共同按下启动球

【郑州移动互联网联盟成立】 4月26日，郑州联通公司与郑州市信息化办公室、信息化促进会共同组织的郑州移动互联网联盟成立大会暨第一届一次会员代表大会在河南联通信息生活馆召开，50余家移动互联网联盟会员单位参加。郑州市联通公司作为郑州移动互联网联盟的常务理事长单位，向与会代表们重点介绍了公司在政务信息化、行业信息化、农村信息化、企业信息化、家庭信息化等诸多领域的产品应用。

【114商城上线】 4月30日，郑州联通公司举办114商城公测启动仪式，河南首家本地化综合性服务及大型购物平台——114商城诞生。114商城是郑州联通公司与河南永川爱购有限公司合作搭建的综合信息服务平台，可为客户提供餐饮美食、休闲娱乐、运动健身、旅游酒店、百货购物等网上购物环境，客户可通过登录www.114malls.com网站、扫描“114商城”微信二维码、下载“114商城”手机客户端等方式进行网上购物。

【4G业务开网运营】 8月10日，郑州联通公司4G业务开网运营。当日公司举办“存话费、抢靓号”号码拍卖会。拍卖会共吸引400余名高端客户参与，50个176号段靓号在两小时内竞价完毕，竞价总额即话费预存款达到500余万元。8月11日，举行4G开网暨品鉴会，正式宣告联通4G登陆郑州。

【配合警方开展打击恶意呼叫专项活动】 郑州联通公司与郑州市公安机关配合，针对恶意呼叫号码反复骚扰客户、同时浪费大量公司网络资源的情况，开展专项打击活动。活动通过采取蹲点守候、排查恶意呼叫号码信息及与警方无线电探测技术相结合等措施，警民联手，快速取缔多处恶意呼叫窝点，收缴呼叫服务器5台、呼叫终端400余部，有效净化了网络环境，提升了网络质量，每日为公司挽回收入损失近万元。

【县域无线网络优化】 2014年，郑州联通公司完成县域无线网络专项整治优化工作。工作第一阶段聚焦浅表性问题的核查与整治，完成7个县（市）区3G基站普查工作，发现并及时完善更新10576处基础数据。第二阶段着力交通线路网络优化，对各县城道路进行四轮DT优化调整，发现并解决道路问题点191个，并对各县城存在的网络短板指标进行详细分析，逐一制订针对性解决方案。完成拥塞扩容9个，完成3G/2G切换参数优化工作。第三阶段评估总结，建立市县（市）联动评估保障体系。经过专项整治，郑州各县（市）区网络质量明显提升，客户感知明显改善。

（曹兴建）

电信通信

【概况】 2014年，中国电信郑州分公司全面推进深化转型，规模和效益同步提升，履行了企业责任，促进了社会和谐。2010–2014年，业务收入不断提升，累计完成49.8亿元，移网用户达123.5万户，宽带用户达58.4万户。2014年在营销等费用吃紧的情况下，全业务收入达13.8亿元，新增移网用户84.4万户，宽带用户19.7万户。

【网络建设】 开展网络攻坚，打造精品网络，提高3G质量，加速4G建设。特别是以工程管理思想贯彻网络建设全过程，以“工程建设者”的角色进行建设，网络建设严谨、合规、高效。

光进铜退：完成光网改造洽谈532个小区，覆盖用户251546户；完成未进线老小区进线洽谈297个，覆盖用户196561户。开工小区710个，资源上线533个，新增覆盖用户106080户，新增末级分纤45914线。计划2015年6月底前完成全部光缆FTTH覆盖，做好全网AD用户转网准备工作。

3G质量提升：通过复建基站的开通，2G覆盖率从96.18%提升96.69%，3G优良比从87.89%提升至88.01%。

加快4G二期建设：完成575个基站的租赁（含前期储备站）、495个共址站的改造，整体完成率89.7%。

干线光缆维护：对影响郑州市政工程的5条长长中继光缆进行迁改，涉及迁改长度24.5公里，其中，1条布放完成，1条正在布放，1条完成设计，2条正在勘测路由；解决郑州市区干线隐患26处，新郑隐患4处；完成郑州106.5公里管道、5公里路面、5个汇聚机房干线光缆的明显化工作。

市到县光缆整治：截至年底，市到县光缆排查出隐患74处，完成46处隐患的整治，21处正在整改中，4处暂不影响线路安全或需结合工程完工后整改，1处在施工区域安排三盯防护，2处需等管线资源到位后实施。巩义至登封和新郑至龙湖段落的OLP保护工作正在实施，计划2015年2月完成。

【翼支付手机一卡通应用】 2014年，中国电信与城市一卡通公司签署《战略合作框架协议》，将使市民刷手机乘公共交通工具成为可能。城市一卡通的接入较好地完善了翼支付的应用场景，一卡通可以实现随时随地空圈充值。用户只需将钱存在一个账户中，就可以完成多种账户缴费功能，除能够使用一卡通外，翼支付卡还可实现加油、购物、看电影等支付功能，实现一卡多用。

【深化改革】 为了践行集团公司“一去两化新三者”改革要求，结合公司实际，中国电信河南公司提出“一改双促四打造”工作思路。2014年，中国电信郑州分公司全面推进划小，激发内生动力，在自营厅实施“店长负责制”，29家自营厅全部实施“店长负责制”，100%完成2014年自营厅收入目标。同时在商客领域开展商客市场“网格承包经营”，共划分72个网格进行承包，其中55个由员工承包。承包收入月均环比增长28万元。

（杨尚文）

交通运输业

铁路

综述

【概况】 郑州铁路局地处中原，位于全国路网中心。管辖线路横跨河南、山西、山东、陕西、湖北五省，通过16个分界口，与周边北京、西安、武汉、太原、上海、济南铁路局相邻，所辖京广、京九、焦柳、陇海、侯月、宁西铁路及京广、郑西高铁等营业线路和郑州、洛阳、商丘、新乡、月山、南阳等铁路枢纽纵横交织成网，构成东达沿海、南通两湖、西连秦晋、北接京津的铁路网络，被誉为"中国铁路心脏"。

2014年末，线路管辖范围：京广线北于柏庄、安阳间485.800公里处与北京局分界，南于小商桥、孟庙间807.000公里处与武汉局分界；陇海线东于虞城县、张阁庄间354.000公里处与上海局分界，西于太要、潼关间935.500公里处与西安局分界；焦柳线南于耿坡、郜营间474.099公里处与武汉局分界；新兖线东于箅王庄、菏泽南间148.000公里处与济南局分界；京九线北于曹县、梁堤头间650.273公里处与济南局分界，南于木兰、王楼间718.300公里处与上海局分界；太焦线北于夏店、大平间190.682公里处与太原局分界；邯长线东于长治北、北舍间215.491公里处与北京局分界；王北联络线东于王里堡、北舍间9.000公里处与北京局分界；侯月线北于嘉峰、端氏间147.273公里处与太原局分界；宁西线西于商南、富水间248.285公里处与西安局分界，东于李家湾、小林间563.600公里处与武汉局分界；孟宝线东于平顶山西、余官营间98.000公里处于武汉局分界；郑西高铁西于灵宝西、华山北间950.627公里处与西安局分界；京广高铁北于安阳东站510.330公里处与北京局分界，南于许昌东站780.712公里处与武汉局分界；瓦日线西于长子南站501.417公里处与太原局分界，东于台前北站835.768公里处与济南局分界；其他线路都在局管范围内。

全局运营线路正线及联络线66条，主要包括京广、陇海、焦柳、京九、宁西、太焦、侯月、新兖、新焦等铁路干线，运营线路营业长度2385.1公里，总延展长6949.604公里。其中正线延展长4468.15公里，站段岔特线延展长2481.454公里；正线60型钢轨4333.801公里，占正线总延展的97.0%；正线无缝线路延展长4142.703公里，占正线总延展的92.7%；道岔8512组，其中正线道岔3214组；正线曲线3007条1310.581公里；道口212处，其中有人看守道口20处。

合资线路正线及联络线17条，包括新密、安李、石林、郑西高铁、京广高铁、郑开城际、瓦日线及相关联络线。线路营业里程1186.5公里，总延展长2510.076公里。其中：正线延展长2187.997公里，站段岔特线延展长322.079公里；道口57处，其中有人看守道口10处。

配属机车1253台，其中内燃机车210台，电力机车1043台。配属客车2399辆；配属CRH型动车组34列/50标准组，其中CRH2A型动车组4列/4标准组，CRH2A统型动车组6列/6标准组，CRH380A统型动车组8列/8标准组，CRH380AL型动车组16列/32标准组。

全局基层单位66个，其中运输站段34个，运输辅助等单位20个，非运输企业12个。全局有车站247个。

2014年，全局完成运输收入322.95亿元，旅客发送量9728.1万人，货物发送量1.65亿吨，换算周转量2441.94亿吨公里。其中，运输收入、旅客发送量同比分别增加12.67%、8.09%。非运输企业完成经营收入280.4亿元，实现利润4.3亿元，同比增收7600万元。

2014年总公司第100列中欧班列开行

【习近平总书记视察郑州铁路集装箱中心站】 5月10日，中共中央总书记、国家主席、中央军委主席习近平在河南省委书记郭庚茂、省长谢伏瞻的陪同下到郑州铁路集装箱中心站视察，亲切接见并慰问路局开行郑欧班列的一线干部职工。习近平在郑州铁路集装箱中心站货场听取了河南省委、省政府的汇报。习近平听取郑州铁路局局长张军邦汇报郑州铁路集装箱中心站的地位和作用，郑欧班列开行基本情况，以及铁路体制改革后，郑州局正作为企业主体加快客货运改革、提升服务质量、深化多元经营，逐步走向市场、融入市场。对于郑州局的路网中心地位、区位优势和发展方向，习近平强调：郑州局还是大局，铁路体制改革后管理还要加强。

【郑开城际铁路开通运营】 12月28日8时40分，C2802次首班郑开城际列车由郑州东站启动，开往古都开封，标志着郑州至开封城际铁路正式开通运营。河南省委书记郭庚茂，省长谢伏瞻等省、市领导，路局领导张军邦、杨建祥、杨伟军、陆彦彬等一同试乘。

郑开城际铁路是国家对河南城际铁路批复的建设规模1084.9公里中的第一条城际铁路，西起郑州枢纽郑州东站，经贾鲁河站、绿博园站、运粮河站，东至开封宋城路站。线路全长50.555公里，项目总投资55.06亿元，建设历时51个月。工程设计大量采用“以桥代路”，基本上全程高架桥，桥梁占线路全长的96.7%，自西向东设立的贾鲁河、绿博园、运粮河、宋城路4个车站均在高架桥下。每天开行13趟动车组，其中3趟直达，10趟站站停，时速200公里，直达只需28分钟。

【瓦日铁路郑州局管段开通】 12月31日10时，编组52辆、装载4723吨煤炭的35005次货物列车从汤阴东站驶出，标志着瓦日铁路郑州局管段顺利开通。这是我国在重载铁路领域实现的新突破。

瓦日铁路西起山西省兴县瓦塘镇，东至山东省日照市，是国家《中长期铁路网规划》的重要组成部分，年运输能力2亿吨，是晋煤外运新的大能力通道。线路全长1260公里，列车牵引重量达万吨以上，是我国首条一次建成里程最长、直接满足国际重载铁路标准的铁路线，线上使用的CTC调度集中、G网、计算机联锁等技术设备均为准高铁设备，全路领先。

郑州局管段为长子南（含）至台前北（不含），总长335公里，其中有桥梁104座、隧道21座，占区段总长的39.39%。途经山西、河南两省的长治、安阳、濮阳、台前等14个市、县、区，设长子南、红旗渠、鹤壁时丰、濮阳、范县等13个车站，均承办货运业务。线路的开通，结束了林州市没有干线铁路，濮阳、范县不通国有铁路的历史。

【春运组织】 1月16日至2月24日春运期间，按照确保旅客“安全出行、方便出行、温馨出行”的“三出行”目标要求，路局加强对相关人员的岗位培训，细化客运组织和服务保障措施，加大对候车大厅、自动售（取）票机等设施设备的投入力度，加强客车的运力调配，实现旅客候车不露天、购票不排队、临客不临时。2月4-6日，局管内普降中到暴雪，路局及时启动黄色、橙色应急响应预案。相关各部门在道岔防冻、旅客安全乘降、列车防溜、不良天气行车组织等方面加强组织，确保运输秩序和旅客的人身安全。针对降雪导致的列车大面积晚点，加强与省春运办沟通，通报有关列车运行晚点信息，协调落实公交、出租以及应急车辆运输方案。

春运期间，通过扩展旅客购票、增设代售点、延长售票时间等措施，全局通过互联网售票552.6万张，电话订票10.4万张，占售票总数的64.6%。郑州局发送旅客1137.7万人，较2013年多发送旅客112.4万人，增长11%。其中，管内旅客发送人同比增长16.9%。客票收入11.3亿元，同比增加11367万元，增长11.2%。正月初五后，全局客流持续高位运转，连续21天旅客发送量超过30万人。其中，2月6日，全局单日发送旅客424021人，刷新全局单日旅客发送纪录。

【节假日客货运输】 4月5-7日，清明小长假期间，全局发送旅客115.9万人，同比增加15.4万人，增长15.3%；完成货物发送量136.3万吨，同比多运1.5万吨，增长3.5%；日均装车7030车，同比多装168车，提高2.7%。其中煤炭日均同比多装295车，增长6.4%。货运收入累计完成11933万元，同比增加1595万元，增长15.4%。

5月1-3日，“五一”小长假期间，全局发送旅客119.15万人，同比多发送22.68万人，增幅23.51%，创历史同期新高。5月1日发送旅客45.88万人，创单日旅客发送历史最高。针对“五一”期间赴洛阳看牡丹以及赴南阳、开封旅游等短途客流较多的实际，增开管内临客26列。郑州车站4月30日至5月3日，发送旅客61.2万人，同比增长11%，1日当天发送19.5万人，完成客运收入1054.3万元，同期增长分别为14.6%、35.6%，单日发送人、客运收入均创历史新高。全局日均接车559.3列、交车562.7列。车辆周时完成1.79天，较年预算压缩0.01天。全局日均装车完成7129车，较1-4月日均多装192车，同比日均多装219车。

5月31日—6月2日，端午小长假期间，全局发送旅客98.5万人，同比增加7.7万人，增长8.5%。其中短途旅客发送53.7万人，同比增加10.1万人，增长231%。

9月6-8日，中秋小长假期间，全局发送旅客98.16万人，较年计划日历进度多发送13.52万人，同比多发送9.56万人，增幅10.79%，创历史同期新高。期间，路局加开高铁管内临客3列，直通至上海的临客3列。9月6日，郑州东站单日发送旅客28697人次，再次刷新单日发送人纪录。

10月1-7日，“十一”黄金周，路局发送旅客267.76万人，同比多发送12.96万人，增幅5.09%，创历史同期最高纪录；运输进款累计完成56055万元，同比多收入1871万元，增幅3.45%。其中客票进款完成15044万元，同比多收入1333万元，增幅9.72%；日均装车完成7133车，较前三个季度日均多装197车。郑州东站9月30日—10月7日累计发送旅客179万人，同比增加4.8万人，增长35.6%；郑州车站节日期间单日最高客流突破20万人。

【列车调图及首开至广深“Z”字头列车】 7月1日零时起，全国铁路实行新的列车运行图，全路增开旅客列车605对，其中动车组53对。运行图调整后，全路开行旅客列车总数2447对，其中动车组1330对。调图涉及郑州局多趟旅客列车：新增开通旅客列车7对；京广高铁郑州至北京西间、郑西高铁、石太客专部分列车改车次、改始发终到站125对；停运直通旅客列车4对；直通动车组改周末线8对；安排高铁直通高峰线11对，其中高峰线为暑运、春运、节假日开行的列车。新图实施后，郑州局开行郑州至成都的D2201次列车和郑州东至桂林的G425次列车，实现半日至华南、一日至西南。郑州东至北京西的高铁列车由45列增至54列，实现郑州与北京间高铁列车的公交化开行。7月1日，调图首日，全局始发客车84列，运行客车528列，正点率均达100%。旅客发送完成28.94万人次，较计划多2.39万人次。

12月10日零时，全路再次调图。郑州铁路局首次开行郑州至广州、深圳两趟“Z”字头直达特快列车。此次调图中，郑州局新增旅客列车17对，变更运行区间旅客列车9.5对，改经由旅客列车16对，改等级、改车次28.5对，停运0.5对，货车提速方案同时优化。

【京广铁路新黄河桥投入使用】 5月16日，京广线新黄河桥拨接及同步进行信号联锁闭塞等施工完成，22222次列车由南向北通过郑焦城际黄河铁路大桥，标志着已经服役54年的郑州黄河铁路大桥正式退役，京广铁路新黄河特大桥正式启用。新的郑焦城际铁路黄河大桥是郑焦城际铁路和改建京广铁路跨越黄河的共用四线铁路特大桥，黄河上第一座也是唯一一座四线铁路桥梁。大桥主

京广铁路新黄河桥施工现场

桥全长2200米，于2010年10月15日开工建设，2013年4月9日主桥贯通。该桥主桥为四线合建，东边两线为京广线，西边两线为郑焦城际铁路，具有规模大、结构新、施工难度大、科技含量高等特点。大桥开通后，将全面提高铁路应对汛期的能力，客运速度由老桥限速110公里/小时提升为160公里/小时，提升45%。

京广线新黄河桥线路拨接同时，同步进行广武至忠义区间ZPW-2000A自闭改造，广武、焦作东站信号联锁设备换装施工，南阳寨天桥及接触网硬横梁吊装等施工，涉及7个铁路局的LKJ基础数据换装。新黄河桥拨接启用后，老田庵、黄河南岸车站被取消。

【“中原货物快运”开行】 9月19日10时37分，X577次“中原货物快运”列车从郑州北站始发，“中原货运快运”列车正式开行。首趟列车编组14辆，由12辆棚车、1辆行李车、1辆宿营车组成，装载包括剑南春酒和日常用品在内的9吨货物。郑州路局零散快运列车定名为“中原货物快运”，以郑州北站为中心站，按照地级城市全覆盖、县级城镇基本覆盖的原则在全局设作业站54个，开行K1、K2两对环线列车，均由郑州北站始发终到。K1线主要覆盖陇海、北焦柳、新月、新菏线，全程1145公里；K2线主要覆盖京广、西陇海、南焦柳线，全程1208公里，每个环线均双方向开行。至2014年末，零散货物快运开行104天，共完成3331811件、日均32036.6件，发送157450.9吨、日均1514吨；批量快运开行61天，累计完成692车、日均11车，发送25905吨、日均424.7吨。

【大客户物流整体外包业务开办】 4月3日，2500吨石英砂经由海运、铁路、公路三种运输方式，历时半个月，从海南落地新密，郑州路局承揽大客户物流外包业务实现“零突破”。郑州局龙门车务段、新乡车务段和新密车站3个站段办理石油焦、面粉、石英砂和耐火材料等品类的物流外包业务。2014年，全局开展大客户物流外包项目11个，其中完成项目2个，实施项目6个，意向项目3个；共计发送1248车77700吨。

【跨局旅客列车“绿皮时代”结束】 6月30日，路局唯一一趟跨局直通绿皮客车、郑州至温州2194次驶出郑州车站。从7月1日起，该车更换为红色空调车，车次变更为K1240次。更换车体后的K1240次列车，在运行速度提高的基础上，运行路线不变，停靠站点不变，全程停站21站，总程1496公里。升级后的列车在空调、备品等硬件设施上均有较大改善。

【首趟前往中亚的集装箱班列开行】 8月16日，首趟前往中亚的81899次集装箱班列从洛阳东站发出，这是继中欧班列（郑州至汉堡）之后，路局集装箱跨境运输的又一突破。装载100台东方红牌拖拉机的集装箱班列经由阿拉山口出关，前往中亚的乌兹别克斯坦。此次班列为客户节省成本20余万元，也为铁路增加货运收入110万元。

【20趟棉农专列赴疆】 8月25日起，路局在郑州、商丘、宁陵、许昌、新乡陆续开行20趟棉农专列，方便采棉工出行。首趟棉农专列开行当天，新华社、中央电视台记者跟车采访，新华社以《全国首趟赴疆棉农专列从商丘开出》为题刊发1文3图新闻通稿，9月3日央视《聚焦“三农”》栏目刊播《又是一年采棉季节，棉农出行需错峰》，《河南日报》等媒体分别以专版、专题的方式刊发。

2014年12月28日，郑开城际开通，郑州东站工作人员向媒体记者介绍动车组列车开行情况

【全路首家跨局高铁物流快递启动】 11月28日5时15分，搭载13批300多件快递包裹的DJ902次动检高铁列车从郑州东站启动，发往北京，全路首家跨局高铁物流快递业务正式启动。全路货运改革后，路局物流公司实施“强强联合、合作共赢”营销战略，与中国邮政速递物流公司、豫铁快运物流公司等大型物流企业建立长期合作关系。高铁物流快递列车每天5时15分从郑州东站开车，8时07分到达北京西站。同时，每天凌晨北京开往郑州东站的DJ901次高铁物流快递列车同时开行。全年共发、到货物6287批，总计74380公斤。

【河南省社会保障卡在路局启用】 12月11日，路局首个社会保障卡服务窗口揭牌仪式在郑州举行。按照河南省政府、省人社厅关于更换“社会保障一卡通”工作要求，路局作为全省行业单位

2014年12月11日，省人社厅副厅长贾宏伟和郑州铁路局总会计师王国强为路局首个社会保障卡服务窗口揭牌

中第一家启用社保卡的企业，及时更新软、硬件平台，改进社保软件，实现人社厅读卡器、密钥卡对路局老医保卡的兼容。至年末，制卡22万张，分12批次向各单位发放、记名签收。

【职工保障性住房项目竣工】 9月26日、11月6日，路局职工保障性住房项目东风花园、长治佳苑住宅小区分别竣工。铁道·东风花园位于郑州市金水区沙口路以东、东风路以北，是路局重点棚户区改造项目，项目新建5栋28层高层住宅，总户数1112户，总建筑面积118925.77平方米。铁道·长治佳苑是路局在长治地区首个保障性住房建设项目，共4栋楼766户。

【铁旅跨局合作交流启动】 4月13日，中国铁旅联盟全路18个铁路局所属旅游集团（公司）负责人会聚郑州，举办“体验河之南”中国铁旅联盟跨局合作交流暨河南旅游精品线路推介活动。由河南省旅游局、中国铁旅联盟、河南报业集团多方联手的“体验河之南”活动是一项贯穿全年、惠及民生的幸福工程，设有百万门票大派送、“微视”竞拍免费游河南、河南百佳摄影作品评选等一系列丰富多彩的项目，让利价值超过千万元，以吸引更多游客到河南感受中原文化，体验名山秀水。

【“双微”网络平台上线运行】 4月8日，路局“双微”（微博、微信）网络平台测试版正式上线运行。“双微”平台全天候分时分栏发布运力信息、票务信息等各类铁路动态资讯及客流预测、购票攻略、天气情况、失物招领等实用信息，日均发布资讯60余条。全年，刊发网宣重点稿件13858篇，路局“双微”平台粉丝494万，位居全路第一。路局官方微信获腾讯河南政务微信最具传播力奖，新浪微博获河南十大政务微博影响力奖，腾讯微博获腾讯河南政务微博最具传播力奖、腾讯河南政务微博十大影响力奖、腾讯2014华中政务微博影响力奖。

（张　蕾）

郑州车站

【概况】 郑州车站中心里程为京广线K676+153，技术性质为区段站，业务性质为客运站。管辖郑州客站、许昌东站、郑州南至小商桥11个中间站，管辖里程126.456公里（郑州站京广下行进站信号机至小商桥上行进站信号机间距离）。按车站等级分类，特等站1个：郑州客站；一等站2个：许昌站、许昌东站；二等站1个：新郑站；三等站6个：长葛站、临颍站、苏桥站、小李庄站、薛店站、郑州南站；四等站3个：谢庄站、官亭站、小商桥站。按车站业务性质分类：高铁站1个：许昌东站；货运营业站5个：郑州南站、小李庄站、薛店站、新郑站、苏桥站；客货运兼办营业站3个：临颍站、许昌站、长葛站。车站有生产车间6个，经营实体2个，生产班组44个，年末职工总数3332人。

【主要技术设备】 郑州客站有客车到发线13条、道岔223组，零星车存车线5条，机车走行线2条。郑州客整所场区（I场）有到发线11条，道岔29组，其中11道未挂网。1–12道设48个双头上水栓，13道设24个单头上水栓。有候车厅13个，其中，普通候车厅8个，软席母婴军人候车厅1个，旅行休闲厅1个，豪华休闲厅1个，东贵宾室1个，西贵宾室1个，二楼石头厅和将军厅。1–6厅共12000平方米，每厅2000平方米，候车能力10910人；7–8厅共2808平方米，每厅1404平方米，候车能力2553人。二楼软席、军人、重点旅客候车厅1118平方米，候车能力2553人。休闲厅共290平方米，候车能力446人。豪华厅共300平方米，候车能力273人。有站台7座。全站有“三品”检查仪25台，其中郑州站东进口6台，西进口4台，贵宾厅3台，1楼旅行休闲厅1台，行包车间3台，许昌东3台，许昌3台，长葛、临颍各1台。郑州站东售票大厅1920平方米，西售票大厅1540平方米。东售票厅自动售票机5台，自动取票机7台；西售票厅自动售取机10台。有人工售票窗口60个，其中东站房30个，西站房30个。客票代售点173处，其中人工窗口169个，自动售票机窗口4个。

【运输安全】 2014年，郑州客站强化基础管理，严格过程控制，确保车站运输安全持续稳定。一是以风险管理为引领，强化现场安全卡控。制定《郑州车站安全“高压线”和“红线”管理办法》，细化对97项危及安全关键性问题的处理，建立“连带追究”的关联岗位考核机制，实行“同岗连责、同班连责、干群连责”，提高班组长和相邻岗位对“两违”行为的监督、提醒和防止能力。将人员变化、设备变化、调图等六项内容作为“变点”卡控重点，细化“变点”卡控措施。明确接发列车作业、调车作业、施工等十大类45项安全关键点和安全卡控措施。印制11个中间站的安全风险技术手册，建立安全问题库系统，定期分析研判关键点控制情况。将郑州客站和11个中间站的作业环境和作业特点逐一分析，明确7项风险点。二是以“三化”建设为主线，风险管理成为新常态。把“三点共识”“三个重中之重”作为指导方向，制定郑州车站《推进安全管理规范化建设实施方案》《安全管理规范化实施办法》及《关于对影响安全的突出问题实行深度分析的通知》，利用日分析制度、每周一大交班会等查找分析安全生产存在的关键性、倾向性问题。围绕管理规范化、作业标准化和检查整治常态化，健全管理职责。对相对复杂、多个部门协同、风险集中的工作建立图示化的重点工作流程图，做到环环有监督、有互控、有追溯。制定车站《安全检查常态化实施办法》和《消防常态化检查办法》，全年检查发现问题1836件，其中下发管理通知书192份，现场作业通知书436份，其他整改问题1208件。三是以专项整治为手段，难点项目得到有效治理。下发郑州车站《2014年安全专项整治实施方案》，开展7项专项整治。建立高铁动车客车安全信息专项分析制度，修订《上道作业列车防护登记簿使用管理办法》，严格卡控道岔清扫、试风作业、调车等劳动安全关键风险点，重点核查上道作业防护“三率”数据。

开展以防止调车作业人身伤害为主要内容的安全整治，在加强调车语音监听的同时，开展铁鞋专项整治，全面清理各中间站铁鞋数量、编号核对等。制定调车作业“三必须、三不准”安全卡控措施，开展调车安全“五个一”活动，进一步强化调车安全工作。制定《消防安全常态化检查管理规定》，组织190人在高架第三候车厅举行消防疏散实战演练，下发安全检查通报8份，检查消防问题321件。在全站范围开展轨道电路分路不良专项整治，全站轨道电路分路不良区段由279处减少至249处。9月12日至10月22日，开展特种设备安全专项整治，制定《关于开展特种设备安全专项整治活动的通知》《特种设备安全管理暨常态化检查办法》等，以确保高速铁路特种设备安全运用为重点，坚持“使用单位巡查、设备部门管理、检验单位把关、安全和技术设备部门监督”的管理体制。四是以阶段工作为重点，作业安全保持相对平稳。落实春运“三个出行”要求，开展“标准就是习惯，作业执行三办”的安全专项活动，中间站开展“五个一”专项行动。制定《郑州车站2014年防洪工作方案》，以做实防洪前的准备、防控防洪隐患、高铁防洪检查、作业标准的落实等为重点，强化防洪基础和应急处置能力，卡控现场作业安全控制。加强对现场劳动防护用品使用和防暑降温措施的检查，修订《上道作业列车防护登记簿使用管理办法》。至2014年12月31日，车站实现安全生产7752天。

【运输生产任务】 春运，1月16日至2月24日共计40天。郑州车站建立《20天客票预售》《重点列车预售》等信息分析表，成立8个春运专项督导组，利用新开发的“网上干部考核系统”设立定量写实表，量化考核指标。针对互联网、电话订票占车站售票70%的实际，在东售票厅新增设8台自动取票机，并动态增开网络取票窗口，每天增派20名帮班职工和20名武警官兵，加强进站口实名制验票、秩序维护和应急处置，在进站口设立“无障碍爱心通道”，抽调20名机关干部，成立“机关党员先锋队”，协助当班职工做好引导服务，组织80名青年志愿者，随时为旅客提供咨询帮助。春运期间，全站发送旅客428.6万人，客票进款4.26亿元，同比分别增长10.8%和7.9%，连续20天发送10万人以上，最高单日发送13.6万人。

清明小长假，4月5–7日。清明小长假主要以探亲、旅游和中、短途学生流为主。发送旅客58.5万人，同比增长13.5%。清明节当天单日发送18.2万人。

“五一”小长假，4月30日—5月3日计4天。针对“牡丹花会”和“五一”小长假旅游拉动效应，深入分析客票预售情况，动态预测旅客发送量，优化临客及旅游列车开行方案，申请加开局管内临客列车，在东、西进站口各增加10名验证帮班人员。落实“售取分离”的要求，发挥“丹丹服务岗”“李克售票咨询台”等品牌服务优势，做好旅客咨询、引导和服务重点旅客等。郑州车站假期发送旅客61.2万人次，较2013年同比增长11%；其中，5月1日发送旅客19.5万人次，完成客运收入1054.3万元，同期增长分别为14.6%、35.6%，单日发送人数、客运收入均创历史新高。

暑运，7月1日—8月31日计62天。客流以旅游观光、休假疗养、学生客流为主。客流主要集中在管内京广、陇海、焦柳和京广、郑西高铁等主要干线，流向集中在京沪杭、东北等主要旅游城市、风景名胜区。全站发送旅客694.4万人，同比增长11.9%。

中秋小长假，9月8–10日计3天。假期适时申请加开北京、上海、西安等方向8趟高铁及直通临客，组织客运、技术设备部门对站内引导灯箱、标识等进行全面检查，加强客票系统软硬件的故障排查。针对小长假与“棉农”“军运”叠加，严格实名制验票及进疆、进藏旅客的二次复验。成立中秋小长假运输领导小组，下设假日办公室，实行24小时不间断值班，每日上报客流、安全、投诉、舆情等动态信息。期间发送旅客51.3万人，同比增长9.3%。

“十一”黄金周，10月1–7日计7天。客流以中长途旅游、探亲旅客为主，外出和返程时间较为集中，车站申请增开23趟临客，并在东广场进站口南侧实名制验票亭处增设6个人工互联网换票窗口。期间发送旅客98.4万人，同比增长4.2%；完成客运收入5188万元，同比增长2.5%。其中，10月1日，发送旅客18.8万，比2013年同期增长4.8%，创单日发送旅客新高。全年车站完成运输收入46.14亿元，同比增长5.3%；旅客发送3857.03万人，同比增长7.9%；发送货物446.7万吨，同比减少19.0%。

【列车调图】 7月1日新图实施后，郑州车站增开直通旅客列车2对，京广高铁郑州至北京西间、郑西高铁、石太客专部分列车改车次、改始发终到站5对，变更运行区段1对，直通旅客列车改经由3对，直通旅客列车改等级3.5对，停运直通旅客列车3对，直通动车组改周末线4对，安排高铁直通高峰线1列，直通旅客列车在部分枢纽经路调整3对。新图实施后，郑州站图定运能日均4.6万张，较调图前减少3526张。郑州站日均图定列车157对/314列，减少5对/10列，日均图定动车组34对/68列，其中办理客运业务动车组31对/62列，和原图持平。车次变更、改变经由、停运、调整运行时刻及新增列车合计184列。12月10日新图实施，郑州站办理客运（不含动检车、特快行邮及回空动车组）图定旅客列车作业313列，其中始发47列，终到46列，通过220列。办理高铁、动车组、城际列车计63列。新增旅客列车7.5对，旅客列车改经由、变更运行区段、改车次、改等级等8对，变更运行区段2对，改经由9.5对，改等级、改车次21对。新图调整后，车站办理“Z”字客运业务列车22对/44列。其中始发终到列车2对/4列，通过列车20对/40列（“T”字头改“Z”字头19对，新增1对）。停点6分钟列车26列，6分钟以上列车14列。郑州站图定运能日均4.5万张，较2014年10月8日调图后运能增加3420张左右，与2014年7月1日调图后比较基本持平。郑州站增加郑开城际线动车组1对/2列。

【货运营销】 全站完成装车66831车，发送吨413.1万吨，货运收入49940.7万元；完成停时30.4小时，较年计划压缩3.6小时，同比增加0.4小时。一是落实标准化作业程序，严格卡控装载加固质量。投入300余万元，新增轨道衡1台、汽车衡4台、平台秤16台、钩头秤1台、轮重测重仪13台。利用动态轨道衡检测仪及超偏载检测装置，进行车车过衡检测，对未配备计量衡器的中间站执行利用轮重测定仪执行“每月不少于3次，每次不少于3车”的检测制度。全年现场巡视检查累计650余天次，发现、整改问题450余件，管内全年未发生超偏载状况。全年装载500米长钢轨8列288车、军运物资425车，未发生装载质量问题。制定郑州车站《危险货物运输管理办法》，开展危险货物运输安全卡控专项整治等活动，完善《货装系统作业流程作业标准及货运作业指导书》，下发郑州车站《货运计量安全检测监控设备管理办法》《中原货物快运作业组织办法》等，开展标准化作业“对标达标”活动。全面推行“日检查、旬分析、月总结、季评估、月考核”的安全管理评价体系建设，开展货物装载加固和危险货物运输安全专项整治活动。二是动态关注车站管内5家重点客户产、运、销信息，按月统计企业产量和公铁运量，每日召开生产对话会。9月19日，开行“中原货物快运”列车。稳步推进承揽大客户物流外包业务，全年实施项目1个、意向项目1个。抓好管内许昌、长葛、新郑国家移库粮接卸等重点卸车任务，设立郑州车站货运营销中心和许昌车站货运营销分中心，对外公布客服电话，设立客户接待室、大客户档案室。在货运营业厅设立营销服务窗口，安排专人负责客户服务工作，升级12306电商系统，实现空箱及配箱100%上网。采取“取消订车、敞开受理、一口报价”和“一口价新管内、一口价新直通”等货运改革新举措，参加客户经理培训班、货运服务质量培训班及装卸管理人员培训班。

【客运服务】 一是确保客运安全有序

可控。贯彻“三二二”安全风险理念，制定《客运系统“三办”“两立即”“两处置”细化措施》，全面涵盖车站进口堵塞、大面积停电等14种非常情况及主要处置程序；修订完善涉及大客流、列车大面积晚点、恶劣天气等14种非正常情况下的客运应急预案，先后多次开展全站客运系统应急演练。依据“目标明确、方案可行、推进有序”的原则，开展行包运输专项整治、职工劳动安全专项整治、安全生产月、暑期旅客安全专项整治、客运系统“六打六治”、普速车站专项整治等客运安全专项整治活动。二是确保非常时期组织有序。细化各时期客运组织方案，开展客流调查和客流需求分析，协调临客开行方案，对关键时段、关键车次进行重点盯控。2014年新兵运输与中秋小长假、“十一”黄金周交织重叠，车站设置购票专口，开辟专用候车厅，落实军事运输优先服务。三是提升客运服务质量。改善客服设备设施，完成候车厅中通廊空调系统、候车厅站台导向系统改造，客运休息室改造；重新粉刷候车厅，升级改造卫生间，打造“一室两间”精品服务设施；制作实名制验证台，在候车厅门口增设28块液晶显示屏用于显示车次分布信息；增设东票厅自动售（取）票机12台。完善引导自助服务，更新制作南、北地道东、西出站引导标识70余处，墙面灯箱引导25处；更新全站旅客服务区卫生间标识29处；新增出站口红、蓝票引导地标11处，高站台安全乘降、关键地点安全提示200余处，更新车站平面示意图及候车厅分布示意图2处，基本实现对旅客无声化引导服务。创建品牌温馨服务，打造郑州站“丹丹服务岗”“李克售票服务台”“玉琴售票服务窗口”“两台一口”客运服务品牌；优化设立重点旅客接待区和辅助设施摆放区“两区”；组建丹丹流动服务团队，在候车厅公布“丹丹服务岗”电话，实现站内重点旅客服务的无缝衔接；制定“郑州车站重点旅客服务流程”，设置“进站绿色通道”，开辟“重点旅客候车专区”，提供购票、进站、候车、乘降“一条龙”式的温馨服务。在“软席、军人、母婴候车厅”设立相对隐蔽、环境温馨的母婴“哺乳区”，购置儿童游乐设备，开辟“儿童乐园”。

【客运服务平台】 “丹丹服务岗”是以车站服务明星梁丹丹名字命名的一个客运服务团队，于1月16日春运首日成立。服务岗配备4台计算机，分别连接车站局域网和互联网，通过服务岗上方的显示屏，为旅客提供列车正晚点信息查询、候车厅位置查询、12306余票信息查询和公共信息查询。开通内部电话，加强与值班站长室、广播室、售票值班主任窗口等岗位的联系与沟通。开通服务热线电话68352222，接受旅客咨询、求助以及重点旅客预约。设立重点旅客接待区和辅助设施摆放区，在重点旅客接待区内实现老、幼、病、残、孕等重点旅客的“坐式服务接待”，在辅助设施摆放区内配备轮椅、担架以及其他服务备品，集中摆放展示，方便重点旅客选择使用。以“有困难找丹丹”为服务口号，开展重点旅客服务、重点旅客预约、广播寻人帮助、出行信息咨询、旅客候车引导等便民利民服务措施。全年服务重点旅客25000余人，其中利用轮椅、担架接送重点旅客1560人；收到表扬信35封、锦旗6面，被车站授予2014年路风建设先进集体称号。

“玉琴服务窗口”是以车站售票服务明星郝玉琴名字命名的团队，于2014年成立，服务窗口位于车站西售票厅30号，有职工4人，实行轮班制，每班2名职工。玉琴服务窗口落实“四声”服务法、“四情”工作法，帮助重点旅客购票，接待旅客购票咨询，引导旅客购票取票，并承担西售票厅自动售取机的维护。每天接待旅客咨询1200余人次，2014年帮助重点旅客1000余人次，收到旅客表扬信100余封。

“李克售票服务台”成立于2012年，是以车站售票服务明星李克名字命名的售票服务团队。服务台位于车站东售票厅，有职工4名，实行轮班制，每班2名职工。“李克售票服务台”坚持“窗口有距离，服务零距离”的服务理念，践行“以服务为宗旨，待旅客如亲人”的服务承诺，坚持“多巡视能够及时发现需要帮助的旅客，多问候能够拉近与旅客的距离、从情感上贴近旅客，多宣传能够使旅客感受到郑州车站对他们的真心关怀、真情服务”的“三多”服务法。2014年帮助重点旅客2000余人次，收到表扬信200多封、锦旗30多面。

【路风建设】 制作下发“郑州车站2014年春运路风禁令”警示卡3000份到岗位，提出“什么绝对不能干，干了怎么处罚”等卡控范围及处理标准，全站售票岗位职工签订2014年度“严肃售票纪律，提升服务质量”保证书，将路风建设纳入党风廉政建设责任制、社会主义劳动竞赛和机关经济责任考核。筛选出影响服务质量的十大关键点，将卫生保洁、中通廊商柜摆放、客运设备运行情况作为巡视检查的关键区域。全年检查主业售票窗口110余次（含客运中间站）、客票代售点40余次（含郊县）、经营网点100余次、客运服务岗位110余次，发现问题220余件，下发通报11期，专题通报1期。在客站14处重点岗位的显著位置公布路风投诉电话，安排专人值守站接路风投诉电话，避免旅客投诉升级。对货运中间站开展季度重点岗位货主满意度测评活动，全年测评3次，发放问卷210份；车站回复意见建议232条，处理化解有效投诉42个。

（杨　瑛）

郑州东站

【概况】 郑州东站是京广客运专线和徐兰客运专线十字交会处的高铁枢纽站，车站中心里程为京广客运专线K689+000。管内高铁、城际、既有线衔接并存。高铁部分含郑州东站京广场、徐兰场、动车所、二郎庙和疏解区线路所；城际部分含郑州东站城际场、贾鲁河站、绿博园站、运粮河站、宋城路站；既有线部分含圃田西站、圃田站、占杨站和中牟站。郑州东站机关位于管城区圃田乡，邮政编码450000。

2014年，车站辖陇海线中间站4个：圃田西、圃田、占杨、中牟站；郑开城际铁路中间站4个：贾鲁河、绿博园、运粮河、宋城路（一期终到站）站。有生产车间5个，经营实体2个，年末职工总数1590人。

【主要技术设备】 高铁和城际部分：京广场设股道16条，到发线14条，道岔59组（均为融雪道岔）；动车所设股道26条，到发线23条，道岔90组（其中39组为融雪道岔）；城际场设股道4条，道岔16组（均为融雪道岔）。上水设备分布在京广场1–8道和13–16道，设遥控上水装置98个。全站有进站口8个，VIP候车厅21个，重点旅客候车区、母婴候车区、商务旅客候车区各1个，售票厅8个，售票窗口38个，自动售票机48台，检票口32个，查询机60台，候车座椅5400个，安检仪10台，旅客云服务终端机2台，安全监控系统、客运导向系统、信息查询系统、客运广播系统、列车到发管理系统、消防控制系统、中央空调系统各1套。全站布置监控摄像头435个，通过客运综控室30个25英寸拼接屏对全站各生产运营区域实现实时监控。既有线部分：股道50条，其中到发线19条，调车线16条，专用线15条。货运设施有货场4个，货物仓库16个，货运雨棚4座，货运营业厅4个。

【习近平总书记到郑州东站视察】 5月10日，习近平总书记在省委书记郭庚茂、省长谢伏瞻，市委书记吴天君，路局局长张军邦等领导同志的陪同下到郑州东站集装箱中心站视察并接见车站干部职工。站长余效月向习近平总书记汇报了郑欧国际班列开行情况。习近平总书记指出，这次考察对河南加快构建“米”字形快速铁路网、建设大枢纽、发展大物流的战略构想有了更直接的了解，希望河南建成连通境内外、辐射东中西的物流通道枢纽，为丝绸之路经济带建设多作贡献。

【运输安全】 郑州东站以高铁、调车和人身安全为重点，深入推进安全风险研判、信息管理、评估考核、挂牌督办和安全预警等机制建设，大力推行“高压线”管理，使风险管理逐步实现规范化和标准化。针对各类季节性安全和阶段性重点工作，坚持关口前移，周密布防，强化现场控制和信息分析，以车站季度安全评估为抓手，加强专业指导，引入安全生产预警和评比机制，将10类安全生产突出问题纳入挂牌督办，每月在安委会上针对日常检查中发现的代表性和典型性问题与责任部门对话，全年共对话、解决问题50余件，安全生产平稳有序，实现安全年，并获局安全生产优质单位称号。至年末，实现连续安全生产2866天。

【运输生产】 在市场需求严重萎缩、货运新政密集出台、车站组织能力不足和业务范围频繁调整的大环境下，强力推进货运改革，郑欧班列全年开行78列3339车，同比增长510%，在全路中欧班列中开行密度上升最快、货源覆盖最广。批量零散货物快运、零散货物快运业务方面，用全局2%的办理站承运全局35%的货源，装车量全路领先。全年完成运输收入20.9亿元，较年计划多收1.3亿元，同比多收4.5亿元，增幅27.7%；发送人完成747.8万人，较年计划多发53.4万人，同比多发177.3万人，增幅31.6%。

【客运服务】 全面落实旅客“三个出行”常态化要求。安全出行方面：完成安全基础、客运组织、设备管理、应急处置和考核机制等6册合1的《郑州东站客运安全管理制度汇编》，明确客运14项、上水12项、保洁6项卡控重点和14条“红线”范围、12条卡控措施。方便出行方面：利用微信、微博等新兴媒体及时向民众提供列车时刻、车站导航和服务指南等站车资讯。针对地铁开通给旅客乘降和售票组织带来的新变化，补充完善全站导向标识；主动适应旅客需求，增设自动售票机24台，调整售票机互联网换票、银行卡购票和现金购票等不同专机功能，实行售、取、退分离，办理效率提高。温馨出行方面：在候车层和出站层分别设置全路首台旅客云服务终端，实现视频可视咨询、车站导航、信息公告、失物招领、票额和公交线路查询等功能；将值班站长、应急服务、行李搬运和医疗救助等职能优化整合至“心馨服务台”；同时，建立重点旅客绿色通道，提供购票、候车和乘降等全程管家式服务，让温馨体验贯穿旅客候乘全程。

【旅客云服务系统投用】 2月2日，全路首套“铁路旅客云服务”系统在郑州东站投入使用。旅客云服务系统是新一代旅客自助服务系统，由后台云中心和前台云终端通过有线网络连接而成。其中，触摸显示屏、摄像头和隐藏式麦克风构成云终端，数据库服务器、应用服务器、接口服务器、网络防火墙和网闸等构成云中心。旅客通过操作设在站内的云终端，与后台客服人员实现可视咨询，也可通过操作终端触摸显示屏，自助实现拨打免费市话（3分钟）、车站导航、信息公告、失物招领、票额和公交线路查询等服务功能。

【春运】 郑州东站围绕“安全出行、方便出行、温馨出行”的春运目标，制订春运“安全出行九个一、方便出行九补强、温馨出行七温馨”的“997”工作法措施25项，强化春运安全，完善服务设施，提升服务品质。春运客流成分商务流占30%，政务流占25%，探亲流占35%，其他占10%。其间，开行列车176列，同比增加43列，其中始发26列，终到29列，郑开城际25列。按方向分，北京方向53列，西安方向17列，广深方向19列，桂林方向2列，南宁方向3列，洛阳、许昌、安阳等方向57列，其余为郑开城际列车。发送旅客66.8万人，同比增长31%；客票进款14285.6万元，同比增长38%。最高日发送旅客21458人，最高日客票收入743.1万元。

（卢光元宁）

郑州北站

【概况】 郑州北车站位于京广、陇海两大干线的交会处，是贯通我国北方、华东、华南、西北和西南的主要铁路交通枢纽之一，也是郑州铁路局管内唯一路网性编组站。郑州北编组站站区南北长6.63公里，东西宽0.8公里，下行驼峰位于京广线K669+526以西710米，陇海线（陇客高线）K574+625以北2.4公里。车站站型为双向纵列式三级八场，有各种线路228条，其中到发线61条，调车线91条，联络线及段管线76条，线路总延长390公里。主要担负着南北京广、东西陇海4个方向行包、军用和货物列车的中转及货运检查作业，各专用线、段管线的取送和装卸作业，检修车的取送作业，机械保温车的加油作业，超限货物车辆的复检作业，货物的整理换装作业。

5月16日，随着郑州黄河铁路大桥退役，京广铁路郑焦城际黄河铁路大桥正式开通启用，管内54年历史的黄河南岸车站被撤销。

至年末，车站下辖中间站8个。其中，三等站5个：中原、海棠寺、南阳寨、铁炉、广武；四等站3个：东双桥、马寨车站、欢河车站。按业务性质分类，中原、海棠寺、南阳寨、铁炉和广武车站等5个车站为货运站。编组站区有5个生产车间，1个设备管理车间，全站有生产班组79个，在职职工2336人。

【主要技术设备】 郑州北车站有电子计算机服务器10台，生产微机328台，自动化驼峰2座，非机械化驼峰1座，内燃调车机14台，道岔1026组，信号机835架，TDJ-302减速顶12076台，无能源液压停车器 201台，挡车器11台，站场工业电视监视系统4套，各种线路228条，总延长约390公里。

【运输安全】 2014年，郑州北车站贯彻总公司“管理规范化、作业标准化、检查常态化”工作思路，提高安全风险防范能力，提高安全风险控制，通过安全风险的科学研判，完善的防范措施，增强现场安全生产控制系数。深入推进“三化”建设，制订全站33个部门190个管理岗位《规范化安全管理职责》，编制124项重点工作流程，明确管理职责和日、周、月工作标准；全面修订接发列车、调车、非正常接发列车、调度等8项《岗位作业指导书》，明确一班、一批、一次作业标准，使岗位作业有标准、有依据；将独立分散检查转变为多部门联合检查，把涉及行车、调车、劳安、施工等作为检查重点，通过固化检查标准、频次及内容，实现对现场安全实时控制和常态化管理。对全年各项规章制度进行修、废、补、建，新增技术文件20个，确定站级有效技术规章62个，废止20个；持续强化班组管理，全年投入近73万元加大自控型班组奖惩力度，重心下移，筑牢安全生产第一道防线。车站结合季节特点、安全形势变化、各种变化点以及发生问题的教训，开展职工安全形势教育。整合网络平台，完善《干部安全风险管理责任制考核办法》，建立车站干部考核管理系统，与安全问题系统、督察督办系统以及常态化检查问题通报系统联动，通过数据化的综合评价，促使干部紧张起来、认真起来、行动起来。通过思想教育和加压驱动，促进岗位第一责任人作用发挥，提升干部职工责任意识和安全敬畏感。2014年，车站获全国安全文化建设示范企业、全国“安康杯”竞赛活动示范企业等称号。至年末，车站实现安全生产2740天。

【运输生产】 2014年，郑州北车站以开车促编组、以编组促解体，见缝插针，组流上线。全年日均到达218.4列，日均出发211.9列，日均办理22259辆，日均有调作业量14450辆，有调比达到32.8%。开行远程技术直达列车8956列，组织编开计划外列车1683列，组织直达补轴6379列79896辆，中时完成7.5小时，压缩0.5小时，停时31.4小时，压缩2.6小时。全年运输收入完成43729.81万元，装车34118车，发送吨完成204.92万吨。9月6日，路局确定将车站作为全局中原货物快运列车集结、始发、中转、终到站，至年末开行快运列车288趟，完成发送货物306单，计

5月16日，郑州黄河铁路大桥退役，京广铁路郑焦城际黄河铁路大桥正式开通启用，管内54年历史的黄河南岸车站被撤销

2323.699吨，运输收入72.49万元；108类批量货物快运发送19车，计913吨，收入29.83万元。

【“中原货物快运”列车开行】 9月19日，路局首列“中原货物快运”列车从下行出发场出发。郑州北车站作为始发、终到站，成立领导小组，下设货运工作、运输组织、规章制度、基础建设、人员、机构筹备等10个专业推进小组，货运车间更名为货物快运车间，增设中原货物快运列车班组。制定《中原货物快运列车安全措施》，明确列车运行安全、调车安全、劳动安全、消防安全、应急处置等9大项66条具体要求，并从人身安全、货物装载加固、站车交接、路风等方面开展强化培训，考试合格上岗，切实保证“中原货物快运”列车有序开行。

【郑焦城际南阳寨车站微机联锁施工】 5月16日6时50分，京广线新郑州黄河铁路大桥拨接启用施工开始，管内广武车站至焦作东站区间自闭改造、广武车站微机联锁设备换装和南阳寨车站天桥吊装及接触网硬横梁吊装施工同时启动。9月23日，东双桥车站进行计算机联锁设备换装施工。11月6日，海棠寺车站计算机联锁设备换装及郑州站至海棠寺站至南阳寨站间自动闭塞设备改造施工。为保证施工安全，车站提前召开施工预备会，对施工各环节进行部署，明确人员和责任分工，重点卡控运统46登记、销记、调度命令签收、施工特定行车办法接发列车等环节，同时相关车间精心组织、统筹安排，组织转线作业，确保施工期间车站运输秩序正常。

【车站升级建设提速】 2014年，车站进行技术装备升级，实施总投资3.8亿元的CIPS工程建设，车站第一时间跟进管理制度、作业办法和盯控关键，年末上行驼峰新机械楼、上行驼峰一、二部位减速器换装、上编场22至34道三部位减速器更换及编组场线路整治等工程按进度完成。郑焦城际铁路南阳寨车站实施线路改造和新线铺设，新建上下行到发线各1条、郑焦城际正线2条、客运站台2个、货运站台1个、人行天桥1架。按照时间节点要求，全力保证“铁路货检站安全监控与管理系统”建设，达到货检作业确报、现车、车号识别等信息共享，实现总公司、局、车站三级联网、三级应用、三级综合管理信息化。全年车站组织、配合施工1262次，其中Ⅰ级施工4次，Ⅱ级施工37次，Ⅲ级施工1221次，干部盯控441次684人次。

【全路列车技术作业时间标准查定示范会召开】 2月26日，铁路总公司组织的全路列车技术作业时间标准查定示范现场会在郑州北站召开，全路18个铁路局运输部门、机务部门技术负责人等60余人参加现场会。参加现场会的代表分为车务组、机务组两组同时进行，分别以在调度指挥中心查看监控和上行出发场现场查看的形式对列车出发情况进行查定。

（周　峰）

郑州客运段

【概况】 郑州客运段担当东到上海、厦门、福州、宁波、温州、青岛，西至乌鲁木齐、成都、重庆、银川、太原，北抵北京、哈尔滨，南达广州、深圳、湛江、昆明等方向的44对普速旅客列车，郑州至北京西、上海虹桥、西安北、太原、济南、广州、深圳等方向23.5对高铁动车组及郑州至开封方向的6.5对城际列车的乘务工作任务。担当的旅客列车形成连接东西、贯通南北的旅客运输网络，乘务区段纵横28个省、自治区、直辖市，固定乘务里程928149千辆公里，年运输能力约7572万人，旅客运输规模和能力居全路前列。

客运段下属客运车队25个：高铁一队、高铁二队、北京一队、北京二队、北京三队、京九车队、上海一队、上海二队、广州一队、广州二队、昆明车队、哈尔滨车队、湛江车队、乌特车队、乌快车队、成都车队、深青车队、厦门车队、银川车队、福州车队、温州车队、太原车队、杭宁车队、杭州车队、重庆车队。7月，成银车队易名为银川车队。客运段有车间5个，公司1个，班组272个，职工总数7114人。

【主要技术设备】 截至2014年年底，客运段有机械设备132台，其中剪冲设备2台，锅炉4台，装载机2台，洗涤设备74台，客货电梯7部，汽车43辆；电气设备543台。固定资产总额13329万元。

【客运乘务】 客运段按照“安全出行、方便出行、温馨出行”常态化要求，抓好服务质量、作业标准，完成旅客运输任务。一是春运、暑运、旅游、军运任务圆满完成。2014年春运节前增开高铁动车4对，直通临客11对，运用25组车底，管内临客7对；节后增开高铁动车5对，直通临客21对，运用41组车底，管内临客10.5对。针对春运节前、节后工作特点，早预想、早部署、早准备，从严、从细、从实抓好各个环节，消灭各种责任事故。各次列车在严重超员的情况下，确保列车内的基本服务。结合清明、端午、“五一”、“十一”节日旅客运输，按照“安全有序，运送及时，服务优良”的原则，对增开的直通临客、管内临客、旅游专列，提前部署，抓好乘务组织、做好交路安排、盯控临客整备。二是按照春运“安全出行、方便出行、温馨出行”目标，制订保障措施16项，提升铁路客运服务质量，实现旅客“三个出行”常态化。三是夯实基础管理，深化列车整治。依据路局《关于进一步加大普速站车基础工作专项整治的通知》精神，深化普速列车专项整治活动成果，推进落实《铁路旅客运输服务质量规范》，明确“用机制换质量，用汗水换满意”的指导思想，确立“让标准成为习惯，使习惯符合标准”的质量管理目标，重点针对列车卫生、卧具备品、设施设备、人员素质、资料台账等进行集中整治和自查自验。四是精心筹划组织，调图平稳过渡。针对“4·26”“7·1”、郑西高铁分号图以及“12·10”等多次调图，及时下发调图文件，制订详细的新旧图交替方案，细化措施，分工负责，要求涉及调整的车队提前对照调图文件对到开时刻、作业程序、票额分配、给水方案等进行学习培训，确保调整图实施平稳有序、万无一失。

【安全管理】 一是扎实推进安全管理规范化。在路局《安全管理规范化实施办法》下发后，组织召开专题推进会，对管理规范化工作进行部署，制订工作推进计划，落实管理规范化现场会精神，对照管理规范化要求，结合自身实际，明确各个岗位的安全管理职责、管理标准和重点工作的流程。二是完善日常检查监督机制。明确各级管理人员现场检查量化要求，确保监督检查覆盖到所有生产环节。强化安全生产分析制度，从安全意识、安全管理、风险管理、技术管理、规章制度、干部履职、教育培训、应急处置等方面分析原因，吸取教训，逐一制订具有操作性的措施。三是开展劳动安全专项整治活动。采取教育与检查管理相结合的方法，组织专题案例教育和安全“红线”学习等相关内容，分阶段整治，强化劳动安全管理。至年末，全段实现安全生产2804天，被路局授予安全标杆单位称号。

【客运收入】 面对旅客实名制购票、车站封闭式管理、列车剩余卧铺回收等新情况，客运段向各车队提要求、压担子，将票补任务科学分解至各车队。同时，深入挖潜，多渠道增运增收。通过科学调配乘务组双班男女比例，合理安排休息铺位等方法，最大限度挖掘剩余铺位；通过增加途中重点区段验票次数，为班组配备电子秤等办法堵塞收入漏洞；通过充分利用卧代散、席位复用等增运增收；通过积极争取政策支持，增加旅游专列、棉农专列等临客列车开行数量来完成运输指标。2014年，全段完成运输收入22407万元，提前55天完成全年路收任务。

【路风建设】 一是加强动态检查。成立4个分线检查组、1个流动检查组和1个旅服专业组，不间断对安全、路风等工作进行全面的动态监管。分线检查组和专业检查组每周3到4天时间上线检查，每个检查组每周检查列车42趟次左右，以远区段检查27趟次左右。实现同一列车不同时间、不同区段、以远、以近均有检查组检查，提高列车受检频率。二是加强重点管理，做到每日提醒、每周警示、重点通报并制订相关措施，防止同一问题重复发生。三是狠抓日常教育，开展车长、副车长、主列、列车补票员等重点岗位人员“谈话教育”，主要采取“一对一”谈话和“面对面”谈话的形式，在春运、暑运、长假等关键时段，提前进行路风谈话，重点提醒教育，将历年来春运所发生的临乘人员粗暴待客的案例进行分析讲解，基本做到一人不漏。制订严禁为旅客代办车票收取好处费，为旅行团体代办车票提供方便获取不当利益，侵害旅客利益等路风“红线”，确保路风稳定。至11月24日，实现无路风事件10周年，至年末实现无路风事件3687天，并获路局路风工作先进单位称号。

【旅服管理】 围绕列车食品安全，查漏洞、找差距，开展食品安全专项整治活动。定期对餐车进行检查，盯死关键线路、关键列车、关键环节、关键岗位、关键人员，查找安全隐患，确保餐车安全工作不出现任何问题。规范餐车经营，严格餐车供应餐饭明码标价、质价相符要求，确保菜品质量。同时，深化餐营改革，改进餐营管理方式，将列车商品、部分餐车餐菜、地面餐料加工及配送、（高铁）动车餐车经营进行委外经营，缓解列车餐菜销售压力。客运段全年餐营销售收入9278.47万元，被路局评为食品安全先进单位。

【后勤服务】 客运段狠抓列车卧具洗涤质量，从基础工作入手，外看工作差距、内查自身实际，分析影响洗涤质量的原因，从细微起步找不足、细化标准促整改，源头治理抓好卧具洗涤，确保卧具干燥清洁，质量达标。年内，增加洗涤笼设备（隧道式自动化洗涤生产线），节省人工、水电、洗涤材料，洗涤质量进一步提高。制订卧具分类洗涤流程，根据不同卧具种类、品质确定卧具洗涤时间、温度，按时长控温洗涤。按洗涤量制订卧具洗涤投料标准、顺序以及漂洗遍数，并将流程标准张贴在每台洗衣机旁边，督促职工按标洗涤。采取挑送制度，进行去污处理，制订去污卧具返洗制度，对去污后卧具指定专人返洗，保证质量。

（史媛媛）

高铁一队在G90次列车上组织旅客庆祝“六一”节

公路运输业

综 述

【概况】 2014年是郑州都市区建设三年行动计划的收官之年。三年来，郑州交通运输系统紧紧围绕全市“三大主体”工作，抢抓中原经济区和航空港实验区建设机遇，以新型城镇化建设为引领，抓改革，强投资，调结构，求提升，圆满完成各项任务。先后建成交通重点项目50余个，10条市域快速通道9条完工，16座新增环城高速互通式立交10座建成；新改建高速公路354.8公里、国省干线公路299公里、县域路网1430公里；郑州市入选全国首批15个“公交都市”示范工程创建城市；交通运输方面的民生实事办理连年超额完成。市交通委被市委、市政府评为郑州都市区建设三年行动计划综合工作优秀单位、城乡规划建设工作先进单位、城乡管理综合提升工作先进单位、坚持依靠群众推进工作落实长效机制工作先进单位。

【交通设施建设】 2014年，国、省、市三级在郑交通固定资产投资完成160亿元，其中国家项目96亿元，省项目29.5亿元，市本级项目34.5亿元。一是加快畅通工程建设。科学大道西延等5条市域快速通道、中原路西延与西南绕城高速等5个出入市口、郑尧高速连接线等16个项目建成；G107辅道南延线（南四环至西南绕城高速段）等10余个在建项目加快推进。二是加快区域路网建设。推进航空港区外围路网建设，机场高速改扩建、商登高速（郑州境）、机西高速二期、S102线新郑郭店镇至嵩家段改建、G107线郑州境东移改建（一期）、南四环快速化工程、四港联动大道南延、G107辅道南延等7个项目开工建设；新改建干线公路218公里、县域路网342公里。三是加强路网管理养护。实施公路大中修工程52.5公里，改造危桥1349.5延米，建成公路安保工程494公里，创建文明示范路228公里；全市乡镇实现农村公路管养站全覆盖。四是加强融资工作。争取国、省补助资金3.9亿元，协调资金31.5亿元，保障建设资金需求。

【运输保障能力提升】 全年完成客运量1.12亿人次、旅客周转量78亿人公里、货运量1.69亿吨、货运周转量281.2亿吨公里，圆满完成重大时段、重要物资运输任务。城乡客运服务不断提升，客运北站投入使用，成为全省首家集长途客运、城际公交、地铁、城市公交、出租车等多种运输方式于一体的综合枢纽客运站；线路公司化改造、长途客运接驳运输、长途线路全省接点运输积极开展，绿城巴士整合稳步推进，客运结构调整步伐加快；截至2014年年底，全市客运车辆达到5189辆，客运班线达到536条，乡镇、行政村通客车率均达100%。物流业转型发展加快推进，甩挂运输持续开展，全市货车达到12万辆，甩挂运输车辆达到2487辆；交运集团与郑州铁路局公铁联运项目成为全国多式联运的典范；服务方式不断改进，邮政、网络、自助等多元化客运售票方式不断完善，全市19个客运站、300余个邮政网点实现联网售票；12328服务监督电话实现与部、省联网运行，发挥作用明显。

【公交都市创建】 2014年，市政府召开公交都市创建推进会，建立信息报送、例会、督察督办、考核等制度；场站枢纽、公交提速、智能交通、绿色交通等九大工程建设扎实推进。《畅通郑州白皮书》推进公交优先发展十项举措基本完成。地铁1号线一期运营安全平稳，全年完成客运量6800万余人次，日均客运量近19万人次，最高日客运量35万人次。加快公交车升级换代，新增新能源公交车540台，城市空调公交车达到5222辆，占82.9%，新能源公交车达到2763辆，占43.9%，万人公交车拥有量18标台，城市公交客运量9.87亿人次。新建公交场站6处、公交港湾41处，新开公交线路26条，调整公交线路63条，实现90条公交主干线路高峰期发车间隔在3分钟以内，满足了高峰时段出行需求；农业路快速公交西延、三环快速公交投入运营，快速公交线网达到“3主41支”、650公里；以轨道交通、快速公交为主导，城市公交出行分担率达到38%。

【法治交通建设】 行政执法体制改革方面。市交运管理部门始终把执法体制改革作为年度重要工作，先后赴上海、深圳等地调研，多次召开专题会研究，委托交通运输部专家对改革工作进行方案设计和政策辅导，与市编办、财政、人社等部门加强沟通，并向市领导多次汇报，完成改革实施意见和配套文件起草工作。行政审批制度改革方面。“两集中、两到位”和“五单一网”改革扎实推进，构建“一窗式”受理、“一站式”服务、“一条龙”审批的行政审批新模式；加快简政放权，将27项行政审批事项下放、整合为12项，行政审批效率提高90%，全年受理行政审批事项2万余件，全部按时办结。行业法规体系建设方面。完成了《郑州市市域快速通道管理办法（送审稿）》的起草，《郑州市轨道交通管理条例》立法工作进展顺利。

【行业管理】 一是加强网格化管理。全年收集基层和群众反映问题3300余件，办结3250件，办结率98.5%。二是加强运输市场管理。加强部门合作，开展打击非法营运“百日行动”，实施长途客运、危货运输、客运站、驾校、机动车维修、出租车、水上交通等专项整治，全年查处非法营运车辆1376台，取缔违法经营行为146起，运输市场秩序整治取得阶段性成效，社会反响强烈的机场、火车站等窗口地区秩序得到改善；强化从业人员资格管理和运输市场诚信体系建设，对全市1093家道路客货运、出租车、驾校、机动车维修等企业进行质量信誉考核，评定AAA级企业56家。三是加强路政管理和治超工作。加强路域环境综合整治，清理公路乱堆乱放、打击破坏公路标志等违法行为350余次，拆除违章广告牌（塔）139块，路政巡查率、查处率均达100%，案件结案率达95%以上；开展联合执法、综合治超，拆解1092台非法改装车辆，642名驾驶员受到扣6分处罚；全年检测车辆20.6万辆，其中超限车辆8100辆，卸货7.2万吨，保持治超高压态势。四是加强工程质量管理。严格招投标程序，落实工程管理“六个办法、八项台账”，完善工程建设管理制度体系，建立企业信息动态管理资料库；对25个项目进行工程质量检测，针对问题及时督导整改，在建工程项目质量合格率达到100%，优良率达到85%以上。

【平安交通建设】 严格落实行业监管责任、企业安全生产主体责任，全年未发生重大安全生产责任事故，事故起数、死亡人数同比均下降60%，保持工程建设、水上交通、工业生产、消防零死亡的安全工作目标。一是加强隐患排查整治。全年召开27次全系统安全生产工作会议，开展16次安全生产专项大排查大整改活动，排查治理事故隐患单位1062家次，排查事故隐患1.2万个，整改率100%。二是开展“打非治违”专项行动。全年依法查处安全生产违法违规行为200余起，促进行业安全生产形势持续稳定好转；稳步推进企业安全生产标准化建设，完成考评企业136家。三是加强应急组织体系建设。进一步完善应急预案，全年组织开展应急培训和演练20次，行业安全防范意识和应急处置技能得到提升，参加新蔡“9·28”渡船侧翻事故救援，圆满完成任务。四是完善接访下访机制。强化矛盾纠纷排查化解工作，积极化解信访积案，行业信访总量同比下降20%。

【科技创新】 一是积极推进部省信息化示范试点工程建设。郑州交通运输信息中心进入试运营调试，完成出租车服务管理信息系统3个中心建设，推进车载智能终端、电子计价器、服务评价器安装调试；争取部补资金1000万元，加快推进城市公共交通智能化应用示范工程建设，开展了交通运输信息资源整合与业务协同工程可行性研究。二是加大科技治超力度。投资1500万元，完成郑州市干线公路远程监控中心建设，在全省率先实现对市

2014年6月4日，省交通厅副厅长刘兴彬莅郑调研交通运输执法管理体制改革工作

域内干线公路治超站、重要路口监控全覆盖。三是加强行业监管信息体系建设。完成全市二级以上客运站视频监控接入和重点营运货车监控平台建设，全市1480台市际以上客运班线车辆实现二维码电子身份管理。四是加强节能减排和绿色交通建设。城区出租汽车全部完成油改气，全年淘汰营运黄标车1012台，超额完成市政府下达的目标任务；积极推进低碳公交建设，共开通绿色公交线路62条。

【安全生产责任制落实】 2014年，郑州交通运输系统以“平安交通”为主线，明确责任，落实安全生产责任制。按照安全生产工作要求，制定《郑州市交通运输安全生产2014年工作要点》；19个委属单位主管领导签订《安全生产目标责任保证书》和《消防工作目标责任保证书》，安全生产责任目标逐级分解；全年召开安全应急专题例会27次，部署安全应急工作；严格落实《安全生产“一岗双责”》《安全生产检查制度》等15项安全生产和应急管理工作制度，确保全系统安全生产工作平稳有序进行。市交通委获2014年全市安全生产先进单位荣誉称号。

【道路交通安全综合整治】 2014年，市交通运输系统开展道路交通安全“三年综合整治”活动，编制《郑汴物流通道交安设施改善工程实施方案》，全面检查公路和桥梁安全现状，对全市十大交通安全隐患路段、十大交通安全隐患路口、十大交通拥堵路口、十类重点车辆涉及到市交通委系统要解决的问题开展专项整治，明确职责单位、责任人，细化工作目标、重点和措施，制订具体方案，列出整改时间节点，按照整改方案逐步进行整改。排查治理事故隐患单位1062个，排查率100%，排查一般事故12606个，整改率100%。全系统共排查道路运输企业、场站410家，其中整治较大隐患33处，共计排查整改各类道路交通隐患9940项，整改率99%以上。

【集中整治专项活动】 2014年，市交通运输系统开展集中整治专项活动，遏制交通运输重大事故发生。开展“六打六治”打非治违、危险品道路运输及重型货车道路交通安全整治活动，根据各类厂矿企业特点，深入分析、总结非法超限运输行为规律，对非法超限运输车辆进行定时不定时稽查，坚决杜绝重特大交通事故发生。对危险化学品运输企业进行安全生产检查，对经营行为不规范、车辆技术状况不达标及安全生产存在重大隐患的企业和车辆，限期整改。举办危险品运输安全管理培训班12期，全市所有危险品运输企业安全领导、安全员、驾驶员、押运员1732人参加培训。对31家危险品运输企业进行安全生产标准化考评，各企业均被评定为三级以上标准。在“打非治违”专项行动中，全系统开展联合执法22次，排查营运客车驾驶员8490余人、客车3550台，处理交通违法违章驾驶员160名，整改隐患车辆230台。查处超限超载车辆1760余台，打击违规经营、抛撒砂石、渣土污染路面等各类影响道路安全的违法违规行为530余次。

【城市客运交通安保工作】 2014年，市交通委与公安局治安支队多次对客运中心、公交总公司和轨道公司等进行联合督察，并商讨研究客运车站警务室建设。6个督导组共出动人员1000余人次，填写检查记录500余份，暗访客运站80余次，约谈企业负责人17家，发现纠正安全隐患126个。城市反暴恐工作扎实有序开展，全市客运交通无恐怖暴力事件发生。

【企业安全生产标准化建设】 2014年，市交通委全面组织开展安全生产达标创建活动，认定修管协会、物流协会、公路学会3家三级考评机构，承担“道路运输、城市客运”企业安全标准化达标考评工作。134家“两客一危”运输企业通过标准化考评，其中，一级4家，二级35家，三级95家；客运站15家，长途班线59家，危货运输31家，普通货运2家，城市公交11家，出租12家，轨道1家，维修2家，海事1家。组织专家对13家重点企业进行复评，同时对达标企业进行“回头看”。依据《交通运输企业安全生产标准化考评员管理实施办法》精神，举办2014年度全市交通运输企业安全生产标准化考评员培训班，120余名考评员参加培训。

【“安全生产月”活动】 在全市全系统组织开展“安全生产月”宣传活动，营造行业安全氛围，各单位举办安全生产培训班，组织观看《生命刻度》《生产安全事故典型案例盘点》等专题片，组织715人参加“安全河南杯”知识竞赛。组织委系统13个单位参加全市安全生产广场宣传咨询日活动，悬挂安全生产标语10条，摆放展板14块，发放宣传资料1万余份、纪念品1000余件。咨询日活动期间，工作人员热情解答交通运输方面安全生产知识，发放安全宣传资料，得到各级领导充分肯定和新闻媒体广泛关注。

【应急演练】 2014年，市交通运输系统加强应急演练，提高处置突发事件能力。全系统各单位共举行应急演练40余场，参加人员1000余人，出动油罐车、救护车、装载机、保障车等80余辆，涵盖公路桥梁抢险、客货运输、危险品运输、水上交通、城市客运、建筑施工等行业。演练结束后，针对演练情况，对应急准备、应急指挥、应急保障、应急处置等方面情况做出综合评价，提出后续改进意见。提升各单位及时、高效、妥善应对处置突发事件的应急联动水平和处置能力。10月，在全系统范围内对原有交通运输生产安全事故专项应急预案进行全面修订，各单位抽调相关人员，结合本单位、本行业实际情况对预案进行全面修订。

【防汛工作】 2014年，市交通运输系统提前准备，扎实做好防汛工作，召开专题会议，制定《郑州市2014年城市防汛工作方案》，下发《关于上报防汛物资器材储备等事项的通知》，对全系统防汛队伍和防汛物资进行摸底、整备。清理四环公路边沟50公里，落实郑登快速通道新建工程与市政雨污水管道的对接，在四港联动大道防汛重点路段安排20人进行不间断防汛巡查，在积水点设置13台水泵进行排水。对郑少高速公路容易发生水毁的路段、桥梁、涵洞等重点部位，8个班次分路段进行排查，对排查出的3处隐患及时通知养护部门进行整改，最大程度杜绝安全事故的发生。对四港联动大道采取24小时值守，强降雨时期养护部门使用大功率抽水泵持续抽水，保障道路正常通行。

【安全生产“对话谈心活动”】 2014年，市交通运输系统继续深入开展“对话谈心活动”，主要对象是各县(市)区交通局、各交通运输行业管理部门及各交通运输企业主要负责人，全年约谈单位26家，谈话52人次，收集意见90余条。谈心内容是习近平总书记等领导人关于安全生产的重要指示精神，并就强化红线意识、依法履职尽责、防范遏制事故等话题进行沟通交流，对话谈心对象对履职尽责做出相应承诺。

【交通信息化建设】 2014年，交通信息化建设工作以交通运输部、省试点项目为抓手，以提高行业决策与服务水平为目标，信息技术的开发与应用步伐进一步加快。

郑州市出租汽车服务管理信息系统试点工程。完成3个中心的软硬件调试，完成车载智能终端、电子计价器、服务评价器和应用软件的调试，完成与市政府数字办一卡通刷卡机具及支持软件的对接，建设完成IC卡道路运输电子证件密钥中心。IC卡密钥加紧与省交通运输厅沟通，按照交通运输部要求，试点工程在年底前完成。

郑州市城市公共交通智能化应用示范工程。工程获交通运输部补助资金1000万元。9月，通过政府采购对该

2014年6月16日，副市长张俊峰到交通委调研

工程应用软件进行公开招标，确立应用系统开发单位。协调争取省交通运输厅补助资金1000万和市政府配套资金专项支持示范工程建设。

郑州市交通运输信息资源整合与业务协同工程。市交通委协调市财政局确定项目投资来源，协调市发改委联合行文将《郑州市交通运输信息资源整合与业务协同工程项目可行性研究报告》上报省交通厅、省发改委。

开展郑州市“智慧城市”有关“智慧交通”调研工作。市交通委配合市数字办对各单位信息化建设情况作详细了解，并参与讨论与方案制订。配合省厅运输局参与城市出租汽车营运动态监测子系统调研。

【行政执法制度建设】 2014年，市交通运输系统加强行政执法制度建设，以制度规范行政执法行为。坚持把建立健全各项制度作为依法行政工作的长久支撑和根本保障，突出“制度创新”，大力推进交通运输依法行政工作科学化、制度化、规范化，结合省、市《重大行政处罚备案审查办法》和《行政执法投诉办法》的实施，进一步完善本部门监督制度，加大对行政处罚案件的监督审查力度，提升行政执法监督的主动性、针对性、权威性和影响力。不断完善行政执法投诉受理、办理流程，切实把层级监督贯穿于行政执法全过程。按照省、市政府关于规范行政处罚裁量权的要求，及时修订完善《行政处罚裁量标准》，并于9月10日在本部门网站上公布，严格规范行政执法自由裁量权行使，避免执法随意性，确保罚过相当、同案同罚。

【规范执法】 2014年，市交通运输系统贯彻落实省、市关于推进服务型行政执法建设的要求，深入推进交通运输系统服务型行政执法工作，结合交通运输工作实际，制定《2014年推进服务型行政执法建设工作实施方案》。全面梳理行政执法权力清单，明确执法项目、执法依据、执法权限和执法责任，依法全面公开权力运行流程。进一步树立“民生为本、服务为先”的理念，践行“管理、执法、服务”三位一体行政执法模式，严格按照《行政处罚裁量标准》规范执法行为，促进执法权限法定化、执法行为规范化、执法程序公开化、执法责任明晰化，实现管理公开、程序公开、服务公开和执法结果公开，接受群众、社会和媒体的监督，实现让权力在阳光下运行。

【行政执法培训】 2014年，市交通运输系统结合年度行政执法培训工作实际，以开展“服务型行政执法培训月”活动为契机，开展以行政执法相关制度规定为基础内容，以服务型行政执法相关文件规定和有关规范行政执法行为的法律、法规为重点内容的培训月活动，并根据《中共郑州市委党的群众路线教育实践活动领导小组关于印发<郑州市执法监管部门和窗口服务行业党的群众路线教育实践活动实施方案>的通知》（郑群组发〔2014〕6号）的有关要求，有重点、分层次、多形式地开展执法培训、岗位练兵等活动，不断提高执法队伍素质，保持交通行政执法队伍的良好形象。

【行政审批制度改革】 2014年，市交通运输系统及时修改完善涉及交通运输系统的地方性法规、政府规章和规范性文件，固化行政审批改革成果，推动行政审批“两集中两到位”改革。做好并联审批和行政审批事项“日清、周结”工作，定期通报行政审批情况，并对存在的问题进行督促整改。8月底，市交通委行政审批人员全部进驻委办事大厅并展开各项行政审批工作。按照市委、市政府的部署要求，推进“五单一网”工作，全面清理权责清单。

【交通立法工作】 为保障乘客安全，规范本市营运市场秩序，制止车辆非法营运行为，遏制非法营运蔓延态势，市交通委及时研究探讨上海市打击车辆非法营运行为的做法，整理汇编郑州交通系统打击车辆非法营运行为执法依据，为打击车辆非法营运行为提供法律支撑。在深入调查研究的基础上，代拟《郑州市查处车辆非法营运若干规定》《郑州市轨道交通管理条例》作为地方法规呈报市人大，将《郑州市查处车辆非法营运办法》作为政府规章呈报市政府，推进交通立法工作。

【交通战备】 2014年，郑州市交通战备工作以应急作战交通保障需求为牵引，全力做好部队应急作战和突发事件交通保障的各项工作，大力加强交通战备正规化建设，努力提高快速反应、快速抢修、快速机动的能力。

国防交通基础设施建设。2014年，市交通战备办公室根据省交战办相关文件精神，以“平战结合、军民兼容”为原则，深入驻郑部队勘察进出口道路，与部队沟通、协调，依据驻郑部队出行需求，登记汇总驻军进出口道路的建设需求，完成2014年部队进出口道路项目申报工作。按照省交战办关于申报“十三五”国防公路建设规划的通知要求，市交战办选定荥阳和新郑3个建设项目，按时完成“十三五”国防公路建设规划项目的申报工作。

圆满完成交通保障任务。市交战办按照上级要求和部队需求，针对交通保障任务的级别、规模大小、紧急程度，制定保障方案，严密组织实施，主动与相关部门沟通协调，分解任务，明确职责，确保各项交通保障任务圆满完成。

【公路“三乱”治理】 2014年，市交通委按照上级治理公路“三乱”工作的具体要求，牵头起草了《2014年郑州市治理公路“三乱”工作实施意见》。坚持每月领导干部带队检查、明察暗访和专项检查，加强对全系统交通行政执法单位和服务窗口的督察力度。全年深入交通执法一线督察15次，共出动车辆30余台次，行程5560公里，对易发多发违规上路查车的重点路段、重点单位进行重点治理，始终保持治理公路“三乱”的高压态势，确保全市公路基本无“三乱”问题发生。严格落实举报投诉电话24小时值班制度，对群众反映的问题快速反应、及时反馈。共对各单位电话值班、公交热线和出租车服务热线进行22次抽查，对存在问题的单位进行通报，限期进行整改。

【项目设计审批和变更】 2014年，市交通委完成部分环城出入口项目设计审批和变更工作。完成的设计批复工作：莲花街与西南绕城高速公路互通式立交施工图设计批复；西三环北延与连霍高速公路互通式立交施工图设计批复；郑新快速通道与西南绕城高速公路互通式立交房建、机电、绿化施工图设计批复；中原西路与西南绕城高速公路互通式立交房建、机电、绿化施工图设计批复；陇海西路与西南绕城高速公路互通式立交房建、机电、施工图设计批复；G107辅道南延线与西南绕城高速公路互通式立交房建、机电、施工图设计批复。完成的设计变更工作：中原西路与西南绕城高速公路互通式立交收费车道施工图设计变更批复；文化路与连霍高速公路互通式立交A匝道施工图设计变更；大学南路与西南绕城高速公路互通式立交收费车道施工图设计变更批复；科学大道与西南绕城高速公路互通式立交收费车道施工图设计变更批复；陇海西路与西南绕城高速公路互通式立交收费车道施工图设计变更批复。

【干线公路设计审查、审批】 干线公路实施方案和施工图批复工作：完成省道S237线、省道S323线安保工程一阶段施工图设计的批复；S103线新郑境大朱庄桥及S323线新郑境新密立交桥改造工程实施方案的批复；S103线新郑境大朱庄桥及S323线新郑境新密立交桥改造工程一阶段施工图的批复；郑州市花园口互通立交绿化提升施工图设计的批复；郑州市大学路南延（西南绕城高速至S323段）新建工程施工图设计的批复；中原路西延（上街镳把坡至巩义S237段）新建工程施工图设计的批复；南四环快速化（嵩山路至十八里河段）工程施工图设计的批复。农村公路设计审查工作：完成64个农村公路县乡道的实施方案审查并呈送市发改委，4个县乡道施工图设计批复，2个中桥的施工图批复。

【统计工作】 一是每月按时完成交通运输、固定资产投资统计，坚持月分析、汇报制度，并与全省、周边省会城市进行数据对比，发现问题及时汇报并与上级部门沟通协调，按时完成上报省、市相关部门的16种固定报表。二是落实交通运输部印发的《公路水路运输量统计试行方案（2014）》。三是充分与郑州市信用办联系建立郑州市交通运输信用网络。

【资金协调】 2014年，市交通委对财务管理工作提出“一方面要尽可能多地申请资金，另一方面要对资金流向、流量把好关”的总体要求，定期召开专题会议研究部署，及时向市领导和财政部门、融资平台沟通反映情况，指定专人专职负责资金协调工作。全年共协调到位工程建设资金315392万元，其中，工程款173908万元，建设期利息23661万元，回购期利息9577万元，回购款108246万元，保证了项目建设的顺利进程。

【财务审计】 一是首次实现系统内内审工作全覆盖。市交通委组织15人分成3个内部审计组，在河南中财德普会计师事务所有限公司配合下，自4月1日至10月15日，对郑州市公路管理局等13家企事业单位2013年度财务收支情况进行审计，基本达到预期效果。二是已完工项目竣工决算审计有实质性进展。几年来，由市交通委负责实施的交通基础设施建设项目逐年增多，完成投资额逐年成倍增长，项目建设均能按计划实施，但已经完工的项目因多种原因，迟迟没有进入决算审计程序。2014年，航海东路跨京港澳立交、国道107线郑州段改建工程、郑汴物流通道新建工程、嵩山路与南四环分离式立交新建工程、石武客专站房铁路匝道（桥）工程等9个项目被纳入市审计局2014年审计计划，有2个项目决算审计即将完成，4个项目已经进点，其他项目在全力推进。三是积极配合专项审计工作。4月，配合国家审计署长沙办完成地方债务专项审计；5月，配合市人大常委会预算工作委员会完成2013年部门决算审计；8月，配合完成省审计厅组织的机关经费审计；9月，配合国家审计署完成“稳增长、促改革、调结构、惠民生”政策落实情况跟踪审计；11月，配合国家审计署完成财政资金存量审计，同时协调市审计局、财政局完成“三公经费”和小金库专项治理监督检查工作。

【财务制度建设】 2014年，市交通委根据省、市有关法律法规修订完善并及时下发《郑州市交通运输委员会机关财务管理制度》《郑州市交通运输委员会基础设施建设财务管理制度》，强化核算监督，控制和降低工程建设成本，节约建设资金，杜绝浪费，建立良好的会计工作秩序，提高会计工作效率与质量，确保财务资料真实、准确、完整，并及时对近几年制度建设执行情况进行自查，加强了机关行政经费和交通委负责的工程建设项目财务管理工作，基本实现资金管理的规范化、制度化、程序化。

【信访稳定】 2014年，市交通委信访稳定工作以解决民生问题为工作切入点，围绕年度信访稳定目标任务，积极化解涉及群众切身利益的突出问题，维护交通运输行业和谐稳定大局。全年委系统共受理来信来访91起680多人次，来信19件，网上信访5件，电话信访12件；共排查不稳定因素8起，稳控8起，稳控率100%；受理上级交办案件27件（含中央巡视组交办12件），办结27件，到期结案率100%。交通系统内无赴京、到省重大或有影响的上访事件发生。

市交通委根据系统信访稳定工作的形势和特点，明确维护稳定工作重点，有针对性地做好敏感时期、敏感问题和重点环节、重点人员的防范工作，确保信访稳定工作目标顺利实现。（1）抓重点。一是交通行业管理。针对新形势、新阶段交通运输行业管理涉及人民群众的切身利益，容易触发信访稳定问题的新特点，市交通委委党委坚持靠前指挥，关口前移，重心下移，取得明显效果。二是

2014年9月25日，交通运输部党组成员、运输司司长刘小明莅郑调研综合运输服务

国企稳定工作。市交运集团历史遗留问题、信访积案多，针对这些特点，督促交运集团着重做好重点人员、重点事件（如挂靠车辆车主上访）的摸底、排查、矛盾化解工作，保证企业稳定和运输生产任务的完成。公交总公司针对地铁修建、陇海路高架工程、文化路整修和三环快速化工程等因素，导致公交线路调整幅度较大，群众意见多等情况，主动搞好宣传、深入调研，制订科学的公交路线，为市民出行提供方便快捷的服务。三是重点对象、重点人员的稳控工作。对交通系统企业军转人员，市交通委委党委按照思想认识、掌握情况、落实政策、教育引导、协调配合和工作责任“六个到位”的要求，把企业军转干部解困和稳定工作列入重要议事日程，建立健全军转干部稳定工作领导机制和工作机制，扎实开展工作，确保委系统军转干部总体稳定。（2）抓节点。做好重大节日、重大活动等敏感时期和敏感问题的稳定工作。切实做好“两会”“春节”等敏感活动期间信访稳定工作，制定下发《郑州市交通运输委员会2014年全国“两会”信访保障工作方案》《关于切实做好省、市“两会”期间信访稳定工作的通知》《关于在党的群众路线教育实践活动期间深入开展“查民情、解民忧、调矛盾、促稳定”活动的通知》等文件，并跟踪督察、督促落实。委系统干部职工在重大、敏感活动期间没有发生赴京和有影响的到省来市集体上访案事件。（3）抓难点。交通系统委属单位多，干部职工基数大，特别是交运集团、路桥集团等企业历史遗留问题、信访积案较多；市民对公交总公司意见、建议多；出租车司机上访多。针对这些问题，市交通委多方协调、多策并举，全力化解信访积案。高度重视农民工工资问题，特别是元旦、春节期间，多次组织召开专题会议、制订方案，重点为5个涉及农民工工资问题的工程项目进行化解，促进社会稳定。

（宋立新　闫从明　陈振坤）

交通基础设施建设

【“畅通郑州”工程建设】　2014年，“畅通郑州”工程建设进展顺利。

环城高速互通式立交建设。（1）2014年完工5座，分别为：中原西路与西南绕城高速互通式立交、科学大道与西南绕城高速互通式立交、南三环东段与京港澳高速互通式立交、陇海西路与西南绕城高速互通式立交、G107辅道与连霍高速互通式立交。（2）计划2015年完工3座，分别为：大学南路与西南绕城高速互通式立交，累计完成投资2.19亿元，占总投资的94.98%。G107南延线与西南绕城高速互通式立交，累计完成投资1.45亿元，占总投资的74.39%。西三环北延与连霍高速互通式立交，累计完成投资1.11亿元，占总投资的37.37%。

市域快速通道建设。（1）2014年完工或主体完工：科学大道西延快速通道西南绕城高速至上街区安阳路段、陇海路西延快速通道西南绕城高速至S232段、郑州至登封快速通道、沿黄快速通道江山路至石河路段。（2）中原路西延快速通道上街辘轳坡至巩义S237段，累计完成投资19.35亿元，占总投资的88.45%，2014年年底前部分路面、桥梁、隧道工程完工，计划2015年10月底前项目全部完工。

重要道路连接线及节点工程建设情况。（1）大学路南延（西南绕城高速至S323段），完成投资10.57亿元，占总投资的98.39%。计划2015年3月底完成铁路代建部分。（2）四港联动大道与郑汴路互通式立交，完成投资7.2亿元，占总投资的99.34%。至12月底，除涉及铁路部分外（铁路代建部分计划2015年6月通车），四港联动大道主线通车。（3）G107辅道南延线（南四环至西南绕城高速段），完成投资3.79亿元，占总投资的83.42%。（4）国道107郑州境改线项目孟庄至龙湖连接线，完成投资6.63亿元，占总投资的93.4%。（5）中州大道与郑新快速通道互通式立交，完成投资6.18亿元，占总投资的99.94%，南北主线通车。

【高速公路建设】　机场高速改扩建工程。该项目由中原高速公司负责建设，估算总投资为23.03亿元，路线全长26.41公里，采用标准双向八车道高速公路技术标准，设计速度120公里/小时。

商登高速（郑州境）。该项目由中原高速公司负责建设，估算总投资为52亿元，路线全长约69.825公里，采用四车道高速公路技术标准，设计速度120公里/小时。

机场至西华高速公路(二期)。该项目由省交通运输厅收费还贷中心负责建设，估算总投资为48.93亿元，路线全长45.05公里，采用六车道高速公路标准建设，设计速度120公里/小时。

【干线公路建设】　干线公路建设紧紧围绕“三大一中”战略和“高速支撑、中心放射、区域联动、村镇成网”的交通路网体系，遵循“整体规划、分步实施”的原则，强力推进干线公路升级改造，促进“域内畅通、域外枢纽”的实现。一是依托平台强管理。依托市交通委建管中心，对干线公路建设项目实施统一指挥、统一协调、统一服务，解决项目分散建设、协调困难的问题。二是健全机制提效能。实行“四个一”工作推进机制，即“一个项目、一个领导、一套方案、一抓到底”；实行“周例会、月检查、季评比”制度；项目代表部坚持周例会制及不定期碰头会制，及时研究解决问题。三是丰富载体增实效。3—7月，开展以“比进度、比质量、比安全、比拆迁、比文明”为内容的“百日会战”竞赛，不断掀起施工高潮；下半年开展建设管理标准化活动，与施工扬尘整治活动紧密结合，提升管理水平。四是硬起手腕抓质量。牢固树立质量至上的理念。各项目部建立健全了质量管理体系，严格落实质量责任制，严把工程原材料关，并加入第三方独立巡检制，实行奖优罚劣，坚决杜绝不合格工程。五是积极协调破难题。争取道路沿线地方党委和政府、市直有关职能部门和沿线群众的大力支持，有效解决“三线”拆迁难、补偿款不到位引发的群众阻工等问题，为项目顺利施工创造良好环境。2014年，郑登快速通道主体、沿黄快速通道（江山路至Y104段）、大学路南延新建主体、S321线新

郑汴物流通道

郑郭店至新密岳村段改建共4个项目完工，国、省、市三级累计完成投资64.6亿元，干线公路新通车里程约218公里。工程合格率100%，优良率85%。实现进度超前、工程质量“零缺陷”目标。

【农村公路建设】 2014年，省发改委共安排郑州市农村公路建设计划两批，建设项目43个，合计100.12公里。其中，县乡公路11个47.5公里，通村公路32个52.62公里，桥梁建设项目5个222.5延米，计划总投资1.81亿元。截至2014年年底，县乡公路项目完工3个9.9公里，在建8个37.6公里；通村公路项目完工27个42.8公里，在建3个7.3公里；桥梁建设项目完工2个59.5延米，在建1个33延米；完成投资7044万元。计划外项目完工28个项目65.8公里，在建项目16个61公里，完成投资1.6亿元。

为缓解各县（市）区配套资金压力，确保郑州市“三年行动计划”目标任务完成，市财政对列入省农村公路“三年行动计划”的项目按省补助标准的50%进行补助，县乡道二级公路32.5万元/公里、县乡道三级公路25万元/公里、县乡道四级公路17.5万元/公里，村道10万元/公里，桥梁1000元/平方米，县乡道安保工程2.5万元/公里，排水设施5000元/公里。

进一步加强农村公路建设管理工作，明确工程质量安全目标，即：确保农村公路建设项目工程合格率达到100%，优良率达到85%以上，主要质量指标（路基压实度、路面强度与厚度、混凝土强度）抽检合格率达到95%以上，杜绝安全事故发生。严格程序，规范操作。严格执行公路工程基本建设程序，工程招投标、质量监督、施工许可、设计变更等建设程序都严格按照国家及省、市有关规定执行。认真检查建设项目的各种手续、内业资料和工程质量，全年对农村公路建设计划项目监督检查覆盖率达100%，督导检查8次，抽查路面宽度、基层面层厚度91处，强度32处，平整度220尺，对检查过程中发现问题要求责任单位整改，并对整改落实情况进行跟踪。

【公交场站建设】 2014年，与地铁1号线接驳7处公交场站建成6处，分别是凯旋路公交站、西三环公交站、二七广场公交站（改建深度公交港湾）、会展中心公交站、东风南路公交站、市体育中心公交站；与三环快速化配套7处公交场站建成2处，分别是赣江路公交首末站、西冷路公交枢纽站；其他类公交场站建设完成1处，为经开区第八大街公交枢纽站；准备开工建设4处，分别是紫竹路公交首末站、天河路公交首末站、杲村公交枢纽站、博学路公交枢纽站。

【长途客运场站建设】 郑州公路运输枢纽客运北站：位于花园路和连霍高速公路交叉口东南角，总建筑面积28850平方米，包括站房、高架平台和维修车间，总投资28896万元。9月26日投入试运营，实现了二马路站和老北站的外迁。郑州公路运输枢纽客运西站：位于郑上路和郑州绕城高速公路交叉口东北角，完成选址，开展相关前期工作。郑州航空港区综合枢纽长途客运站：位于郑州航空港经济实验区，四港联动大道以东，郑港二路以南，完成选址和场地平整，开展相关前期工作。郑州客运西南站：开展相关前期工作。

（宋立新　闫从明　陈振坤）

公路养护

【干线公路养护】 干线公路养护工作始终秉承“建养并重”“养护优先”的理念，按照交通运输部“畅通主导、服务为本、安全至上、创新引领”的总方针，对照国检和省检的要求，切实抓好各项工作，确保良好的路容路貌。

一是以抓好制度落实为基本点。修订完善《郑州市干线公路养护管理办法》《郑州市干线公路桥梁管理制度》《郑州市干线公路小修保养管理考核办法》，坚持“月抽查、季检查、半年初评、年终总评”，实行巡查监督考核制，日常养护基本实现“路面平整清洁、路基坚固顺适、标志齐全醒目、绿化协调美观、行车安全畅通、服务全面提升”的目标，干线公路优良路率达92%。二是以推行专业化养护为提升点。针对市域快速通道管养标准高，兼具城市道路功能的特点，实行专业化养护。成立路面保洁、绿化、路灯、雨污水、小修、应急抢险等专业队伍，做到职责明晰，各负其责，有效提升机械化作业水平和养护技术等级。三是以实施危桥改造和安保为着重点。全市干线公路有四类、五类危桥8座，2014年实施危桥改造工程和安保工程两项累计投资共3649万元。四是以创建精品路为切入点。推进郑新快速通道、四港联动大道、郑汴物流通道、G207线登封少林段等4条精品路创建，四季常青、乔灌结合、花草点缀、美洁畅平的路域环境初显风貌。五是以解决资金短板为突破点。在省补资金不足的情况下，多方寻求支持，扩宽资金渠道。中牟县政府配套500余万元建设S223线中牟境明山庙桥改造工程；登封市政府配套2000余万元建设S237线登告路口至禹州交界段大修工程。2014年，完成或正在实施的养护工程有：G310线荥阳境赵家庄至横沟段等3项大修，S323线新郑境孙河至新密界段等2项中修，S223中牟境明山庙桥等3座危桥改造，以及S237线登封境、S323线新郑境2项安保，完成投资共1.1亿元，质量合格率100%。

【路产路权维护】 2014年，市交通运输部门规范执法，运用《公路法》《公路安全保护条例》等法律武器，加强路面治理，重拳整治超限运输，维护路产路权。一是在路政管理上重实效。相继制定《郑州市干线公路路政管理实施意见》《郑州市公路管理局路政管理机构设置及责任区分方案》等，开展规范化和常态化管理，不断加大公路巡查及执法力度，突出加强对违章广告牌、违章搭建、乱堆乱放等行为的打击。共清理违章占道372处，拆除违法广告牌23块。二是在治超模式上谋创新。按照“全覆盖、零容忍、重执法、求实效”的总要求，采用“三结合”的原则，即固定治超与流动治超相结合，部门协作与区域联动相结合，路面执法与源头治理相结合，并以高科技手段为支撑，力求实现对超限运输车辆监控监测的全覆盖，对逃避检查、蓄意堵路、恶性闯岗等行为实施严厉打击，使超限车辆“有车难行、有路难走”。三是在治超管理上立标杆。成立超限站管理中心，负责对全市固定治超站和流动治超统一管理。各超限站以“规范管理年”活动为抓手，积极开展“三基”建设。G107线郑州郭店超限站，率先实现“基层站所标准化、基层管理规范化、基层队伍职业化”，努力打造全省超限站标杆。四是在执法素质上求提升。从永城“11·14”事件中汲取深刻教训，实行半军事化管理，定期教育培训，开展技能竞赛。运用“执法摄录仪”“车辆宽高仪”等仪器设备，确保规范执法、公正执法。全年共检测超限车辆16.2万台，卸载2283台，卸货总重3.9万吨，超限率控制在4%以下；案件查处率和结案率均达98%以上，挽回路产损失101万元；国、省道过村路段综合整治率达98%以上，公路基础设施得到有效保护，公路通行能力得到提高。

【通行环境优化】 2014年，市交通运输部门贯彻“安全第一、预防为主、综合治理”的方针，坚守安全生产这条红线，实现全系统安全生产责任“零事故”。一是夯实安全管理基础。安全工作与建管养工作同部署、同检查、同考核。成立安全生产委员会，层层签订目标责任书，建立健全责任体系，并在安全经费上予以保障，保证安全工作的连续性和高效性。二是强化安全监督检查。围绕“平安公路”创建活动，依托市局、局属各单位、基层道班三级安全监管网格载体，以施工工地、危桥危路、场站库等为重点，开展“道路交通安全三年综合整治”“安全生产月”等专项活动，及时督促相关单位限期整改，切实将隐患消灭在萌芽状态。三是构建应急处置长效机制。建立应急抢险队伍，做好救灾物资、机械设备储备，开展经常性演练。在G107线郑州小刘桥段、G310线上街境、S314线荥阳境出现水毁、公路塌陷、路基沉降后，迅速组织抢险，疏导交通，第一时间保障公路畅通有序。四是注重培训和信息共享。采取以会代训的形式，每季度组织一次大规模的全系统安全工作专题会，内容涉及安全生产法律法规、事故预防、隐患排查治理、应急处置等方方面面；借助系统安全应急信息平台，及时畅通信息，宣传工作亮点，交流经验做法，达到促进工作的目的。全年共开展应急演练26次，出动2598人次，车辆274台次，投入演练资金20余万元；组织安全培训20次，覆盖率达100%，全员安全意识和安全管理水平得到提升。

【科技应用】 一是建设管理信息化。在全省率先开发使用《公路工程工序质量节点图像监控信息系统》，实现施工现场过程控制、工序操作全面监控，使施工、监理工作工序化、节点化，受到省公路局的肯定。二是公路养护科技化。在桥梁加固时使用碳纤维技术；在S237线登封境大修工程长坡路段采用改性沥青；在G310郑州须水立交桥至荥阳赵家庄段大修工程中采用厂拌热再生技术等，降低建设成本，保护生态环境。三是路况监控远程化。建立郑州市干线公路远程监控中心，充分发挥其协调、指挥、调度及应急保障功能，初步实现对全市干线公路超限检测站、重要交通路口等全覆盖。该做法达到“全国前列、河南第一”的目标。四是行政办公自动化。研发OA平台，实现“收文发文、内部交换、网站审批、短信发送申请”等重点应用，以及“日程管理、短信群发、电子公告、通讯录”等基础办公应用，实现全系统资源信息共享，办公效率整体提高。

【农村公路养护】 2014年，全市农村公路养护工作累计完成大中修工程103个，其中大修项目29个，共计20.5公里，中修项目74个，共计344.4公里。处置水毁32处，投资达700万元。整修路肩边坡2.4万平方米，疏通边沟1800公里，处理塌方1210立方米，处理裂缝6.7万平方米，处理坑槽3.65万平方米，植树7600多棵，量验9000公里，巡路保洁29万公里。争创省级文明示范路验收228公里，总投资960万元；创建文明道班6个、文明养护站6个，建设道班式养护站14个，完成安保工程430余公里，投资2364万元。

继续在全市农村公路系统开展创建“文明示范路”“安保工程”以及创建“文明道班”“文明养护站”“管养年”活动。成立专项领导小组，制订活动实施方案，细化目标、明确责任，对各县（市）区严格督促、精心指导。并根据《郑州市农村公路综合考核办法》，将以上多项活动结合“好路杯”竞赛检查及“管养年”活动考核结果，评选出全年工作先进单位，给予20万元、40万元不等的资金奖励，用于“文明示范路”和“安保工程”资金补助。

【公路管理养护年活动】 2014年，为期3年的农村公路管理养护年活动顺利完成，8月，在全市范围内组织验收。通过活动开展，全市农村公路各项技术指标逐步提高，安全设施趋于完善，通行能力稳步提升，服务能力总体向好，群众满意度较高。农村公路县、乡、村道责任主体、管养资金均得到有效落实，并建立了市有农村处、县有农村所、乡镇有养护站的三级农村公路管养机构，各级养护机构制度健全、责任明确，工作标准、内业资料统一规范。全市农村公路管养实现全覆盖，养护率100%，其中，县道经常性养护率99.2%，乡道84.5%，村道64%。路面（PQI）中等路以上的比例和绿化率均超过全国平均水平，其中，县道的路面（PQI）中等路以上比例91.3%，自“管养年”活动开展以来增加15.3%，乡道达到86.4%，增加10.4%；县道绿化率基本达到98.8%，乡道绿化率达到82.7%，较“管养年”活动开展前有较大提高。全市具有农村公路养路任务的乡镇办共76个，建养护站76个，建站率100%。新建道班式养护站14个。

【文明示范路创建】 2014年，“文明示范路”创建工作把处理路面病害、路基横断面标准化，以及路肩培护、道路设施专项治理作为重点，坚持打造精品路。按照省“文明示范路”标准，坚持“以点带线，以线促面，整体推进”的原则，打造“畅、洁、绿、美、安、文”六位一体的“文明示范路”新样板，消除公路上的脏、乱、差现象。采取正面引导、鼓励先进的激励机制，提高各单位创建积极性。对“文明示范路”创建工作取得明显成效的单位，给予资金补助和倾斜，累计补助资金360万元。全年创建工作总投资1320万元，新创农村公路省级“文明示范路”验收路段228公里。

【道路日常养护】 道路日常养护始终贯彻早计划、早安排、早行动的工作思路。从年初计划安排，到季节性养护工作开展，均以文件形式将养护生产管理的基本内容、方法措施和具体要求下发至各单位，做到年有目标，季有计划，月有安排，确保督促管理有的放矢、有章可循。各县（市）区按照全市工作部署，加强农村公路养护管理制度落实。一是加大辖区内农村公路日常巡查和桥梁巡查，及时填写巡查记录；二是做好道路的清扫保洁和小修保养，坚持做到日常养护工作早、勤、快；三是积极推行形式多样的养护承包模式，对工作内容每月检查、考核，并与工资挂钩，做到有计划、有安排、有检查、有验收、有奖惩，充分调动养护人员的工作积极性和主动性，提高养护质量和效益。登封市实行公司化管理，合同化运作，分片分段承包并签订养护承包合同，推行“定养护里程、定优良率、定养护资金、定奖罚措施”四定责任制。荥阳市着力推进“四化”管理。一是制度化，修订完善《公路养护考核管理办法》；二是精细化，对路面、路肩、边沟、构造物等养护精细管理；三是规范化，在养护作业中，做到标志服装穿戴整齐，集中作业警示标牌、施工标志设立明显；四是网格化，以目标责任书的形式，落实道班责任。

【规范化管理】 郑州市辖区具有农村公路养路任务的76个乡（镇）办均成立有独立办公场所的养护站（因城区改造撤除2个），人员、资金落实到位，各项职能履行基本正常。按照省公路局规范标准，郑州市统一制订和完善了农村公路养护道班和乡镇养护站的职能、职责，并统一制作养护站上墙图板。加强养护生产七项制度的落实，统一规范各农村公路养护管理机构的内业资料和生产报表；统一印制配发各种生产日记和养护报表6000余份。做到制度上墙、内业统一；养护站和养护道班规划整齐，内容一致。全市争创多个道班式养护站，各县（市）区还为各乡镇养护站配发电脑、打印等办公设备，加强了养护机构的规范化建设和管理。

【工程质量监管】 根据相关法律法规、部颁文件以及省市相关文件要求和全市农村公路养护工程规范性文件，对全市2013年农村公路养护工程进行抽检，对2014年拟建养护工程项目进行现场审核，并对发现的问题及时纠正，确保工程质量，养护工程项目建设更规范。经现场审核，符合要求的拟报项目共103个，其中大修项目29个，共计20.5公里，中修项目74个，共计344.4公里，总投资4580.72万元。截至年底，全市农村公路大中修工程全部完工。

【依法行政】 坚持路政日常巡查制度，路政巡查率达到100%，路政案件发现率100%，查处率100%，结案率91%。严格治理超限超载，各路政大队紧紧围绕省、市治超工作要点，以固定检测站点为依托，加大流动检查点的巡查力度。全年累计投入执法人员3654人次，出动车辆620余台次，查处违法车辆576台，卸货8556.8吨。杜绝“吃、拿、卡、要”现象和公路“三乱”行为的发生，营造文明执法、和谐执法的良好氛围，有效地维护农村公路路产路权。

（宋立新　闫从明　陈振坤）

道路运输生产

【概况】　2014年，全市道路运输工作紧紧围绕“深化改革、强化规范、提升服务、加强建设”，以贯穿全年各项工作的党的群众路线教育实践活动和“三改三规范、四建两提升”为具体内容，推进理念创新和手段创新，不断健全体制机制和标准规范，努力实现道路运输管理和运输服务的整体提升，推动工作全面开展。2014年，全市道路运输共完成客运量1.12亿人次、旅客周转量78亿人公里、货运量1.69亿吨、货运周转量281.2亿吨公里，圆满完成重大时段、重要物资运输任务。

【运管体制改革】　一是扎实完善行政审批制度改革。完成对客运货运站、货运经营许可和机动车驾驶员培训许可事项的下放工作。做好审批职能的“无缝对接”，进一步理顺关系、靠前服务和跟踪指导，确保工作正常运转，便民高效。二是主动推进全市运管体制改革。加强与上级部门的沟通，加快改革进度。三是提前做好交通运输综合执法改革的准备工作，开展执法人员信息汇总、整理和分析，做到提前谋划，科学推进。

【信息化建设】　2014年，郑州市道路运输指挥中心信息化建设进一步完善，协调和建设全省视频会议系统，建成后将实现省、市交通运输主管部门的视频会议功能。拓展指挥中心功能，在原有功能的基础上，拓展郑州市物流信息平台，完善办公自动化门户网站和市场监管等功能。更新火车站、大学路与南三环、黄岗寺与嵩山路、航海路与紫荆山路、航海路与京广路等重点路段数字化监控系统。

【便民服务新举措】　2014年，完成4项行政职能审批下放，方便业户业务办理。成立市运管局行政许可办公室，对行政许可事项集中审批办理，实现一站式服务。发挥指挥中心96520服务热线功能，全年接听电话9890个，其中，投诉电话780个，咨询电话9110个，回复率100%。10月30日，在市公交总公司驾驶员培训中心驾校举办郑州市第十一届职工技术运动会“汽车驾驶培训教练员”职业技能竞赛暨郑州市2014年首届汽车驾驶教练员技能大赛。从全市155所驾校的3000多名教练员中推选出150多名在岗教练员参加比赛，获得竞赛第一名的选手被授予“郑州市技术状元”荣誉证书；获得第二至五名的选手，授予“郑州市技术标兵”荣誉证书。9月29日，郑州汽车新北站正式运行，实现在站内即可与高速公路、地铁2号线、公交车及出租车“无缝对接”，极大地方便了乘客出行。开展客运站升级改造、客运卫星站推广建设、接驳运输加快成熟和城乡客运一体化持续推进等工作，进一步提升道路运输服务水平。

【春运】　2014年春运从1月16号到2月24号共40天，全市共完成旅客发送量1.76亿人次。其中，道路运输完成旅客发送量1330.95万人次，比上年同期减少6.7%；铁路运输完成旅客发送量457.78万人次(火车站390.99万人次，郑州东站66.79万人次)，火车站与上年同期相比多发送33.73万人次，增长约9.4%。春运期间，市交运集团累计运输旅客约395.21万人次，出租汽车累计运输旅客约6000余万人次，公交总公司累计运输旅客约8794万人次，轨道公司累计运输旅客约588.51万人次。

（宋立新　闫从明　陈振坤）

城市公共交通

【公交运营概况】　2014年，市公交总公司全年完成运营里程2.91亿公里，为年度目标的102.11%；完成客运量9.87亿人次，为年度目标的105%；完成运营收入7.45亿元，为年度目标的106.43%；新开线路26条，优化调整线路55条，新购车辆500台；车厢服务合格率99.74%，车辆卫生合格率97.99%，车容车貌合格率98.37%，行车责任事故频率为0.14次/百万公里，各项指标均达到目标要求。

【快速公交】　2014年，郑州市快速公交实现跨越式发展。6月，三环快速公交开通运营，快速公交走廊从“单环”到“双环”、从“1主8支”到“3主40支”，线路总长度达到706公里，系统日均客运量由2009年的10万人次增长到2014年的70多万人次，以约14%的线路数量承担近25%的公交客运量，快速公交同站台免费换乘每年为市民节省出行费用达5000多万元。同时，配合市建投公司，完成陇海路快速公交前期规划、立项、工可等审批工作，计划2015年年中开通运营，届时将进一步扩大快速公交服务网络。

【线路开辟和线网优化】　2014年，根据城市发展和市政道路建设情况，先后开辟26条公交线路，进一步完善公交线网，填补部分道路公交空白；结合三环快速公交的开通运营，先后对55条公交线路进行优化调整，使公交线网更趋合理。

【运营车辆和运力结构调整】　按照市政府要求，完成三环快速公交建设项目490台（180台18米LNG、310台12米CNG插电式混合动力）公交车辆的选型、技术配置及购置工作，并结合线网优化工作对部分线路的车辆配备进行调整；对和地铁1号线接驳的公交线路进行调研、梳理和优化调整，使公交运力结构更加科学合理；坚持科学配车、合理调度的原则，努力挖掘生产潜力，在早、晚高峰和节假日，采取加趟、缩短间距和区间车等办法，增加配车数量。

【公交定制服务】　2014年，开通定制服务春运专线13条，共计运营车次37493车次。全年为企事业单位安排长期定制服务班车94853趟次（含港区梭巴77188趟次），其他定制服务9773趟次，为乘客转办临时定制服务417次，定制公交运送客运量约为1326.2万人次。

【站务服务设施建设】　协调、配合市政建设部门对三环快速路、电厂路等道

郑州公交GPS调度指挥中心

路进行公交港湾建设，三环快速路17处深度公交港湾建成9处，其余8处进行协调，2014年全年建成投入使用公交港湾41处。在中心城区主干道新安装350座LED电子站牌，覆盖率51%。建立站点设置评价系统，对站点设置的科学性、合理性、实用性进行全面评估。

【安全行车和优质服务】 2014年出台《2014年春运工作实施方案》《运营行车安全管理规定》《2014年运营安全管理实施意见》《关于强化运营安全管理责任制意见》《道路交通三年综合整治实施方案》《雨雪等特殊天气应急预案》《安全费用借款规定》，修订《2014年车长星级评审办法修订意见》等相关文件。开展多种专项治理，有效减少违章现象的出现，杜绝安全隐患，在全公司范围内持续开展“未按规定开关车门”“车辆安全性能”“路口转弯车辆安全提示音使用”“礼让斑马线”等专项检查，增强车长的遵章驾驶意识，先后出现95个无违章车队，其中四公司1车队，7月实现运营车队零事故、零损失、零伤人、零违法、零违章、零投诉和无媒体曝光及上级通报。建立总公司、分公司、车队三级培训管理模式，各公司开展服务培训1850期，培训人员136019人次，开展“星级服务”“精品线路”“品牌车组”“三无线路”（无投诉和曝光、无违章、无事故）争创活动，评出精品线路29条，品牌车组56个，精品站台10个，“三无线路”710条，发放奖金2838350元，27075人次受到奖励。全年受理各类信息811971件，电话回访乘客3106件，满意率99.30%，投诉率1.01件/百万人次。

【技术更新和设备保障】 车辆选型和购置。按大容量、低能耗、低排放的标准完成490台快速公交车辆选型购置工作，与各个厂家充分洽谈和技术沟通，确定技术标准，购置的新能源车辆全部采用无级变速，减轻车长劳动强度，提高车辆可靠性。

车辆维修和例保制度落实。严格执行维护保养工艺规范和规章制度，在各级维护保养中做到不漏项、不缺项。共完成一级维护12928台次，加强一级维护7461台次，二级维护4602台次，加强二级维护1530台次，机电高保205台次，发动机大修234台次，车身高保20台次，并通过“自检、互检、专检”相结合的三检制度以及检验站对车辆维修质量的检查，狠抓车辆维修质量检验工作。

节能减排工作。对车龄在5年以上的柴油车动态跟踪，定期对高压油泵、喷油器、喷油正时、减压器进行调校，疏通清洁消音器的积炭，强制更换影响尾气排放的关键总成件，治理不合格严禁上路运营；全部运营车辆尾气检测年审合格率100%，全部通过环保验收；

2014年1月8日，副市长刘东为获得最美公交车长的代表授牌

利用车载CAN总线系统及智能管理系统，加强车辆油耗及排放监测，达到堵漏降耗、科学监管的目的。

完善技术、设备管理制度。先后出台《关于进一步规范自采件采购工作的通知》《关于规范暖风维修配件采购渠道的通知》《新能源车辆使用和维护管理规定》《IC卡加油车长操作流程（暂行）》《IC卡加油管理规定（暂行）》等规定、办法，从机务管理、维修质量、人员素质、技术支持、材料成本控制、安全生产、节能减排等方面进一步完善管理职责、工作流程及考核管理制度，建章立制，严格质量考核，增强机务人员责任心，提高管理水平。

【公交智能化建设】 2014年，完成公交加油管理系统的规划、开发和试点工作。在原有ERP、IC卡系统的基础上，规划、开发公交加油管理系统，并在赵坡等5个加油站开展试点工作，填补信息化在加油管理方面的空白，增强和完善加油管理的技术手段，提高数据统计的效率，对油耗、节能管理提供基础数据保障。开发公交车载电子设备网上报修平台，对维修过程中的报修、受理、维修、确认等环节进行网上登记和管理，并对整个过程向相关管理部门开放查询权限，方便对维修存在的问题进行监督，报修平台受理送修2384次、现场维修5330次。完善和应用GPS智能调度系统，启用实时公里算法，提高公里、趟次计算的准确性，在B53、216等线路上进行取消手工路单试点工作，对GPS通讯、入库软件进行技术升级，将新能源数据与普通定位数据进行分离处理，提高数据处理效率，减少数据入库过程造成的数据延迟，同时对新开发的手机客户端软件进行详细的测试。

【轨道交通】 2014年，轨道交通1号线运营工作紧紧围绕“强管理、保安全、树形象、增效益”的工作目标，全年从运营制度建设、管理体系标准化建设、班组6S建设、信息化建设、生产机制、队伍建设六方面强化内部管理水平，岗位职责明确，工作流程顺畅，技术标准清晰，生产班组的现场管理水平全面提升，行车系统稳定，客运量不断攀升。截至2014年12月31日，1号线安全运营369天，累计运送乘客6851万人次，安全运行232万公里，日均客流量逾18万人次，自10月以来客运量不断攀升，四季度日均客运量达23.34万人次，环比三季度增长26.92%，全年最高日客运量12月31日达35.14万人次，其次是9月30日客运量达31.70万人次。根据客流量变化情况，按照区分高峰期、非高峰期，节假日、工作日差异化的行车组织运行图，于3月1日、6月28日、11月29日实现了3次加车服务提升，高峰期行车数量从12列增加至18列，行车间隔时间由8分52秒缩短至5分46秒，工作日全天开行列次从211列次增至276列次，周末增至282列次，并延长了运营时间。2014年，通过加强建设与运营口的沟通协调力度，明确各方责任，对发现的问题及时进行整改，故障处理率100%，各子系统运行平稳，行车系统稳定，列车平均正点率99.79%，运营图兑现率99.89%，各项指标均高于国家标准。

【出租汽车营运管理】 2014年，全市出租汽车共完成客运量2.43亿人次，同比增长1.2%。运管部门以构建和谐稳定出租汽车行业为目标，以提升工作效能和服务群众为核心，以行业稳定大局为重点，树立管理就是服务的理念，开展出租汽车营运秩序治理，进一步净化客运市场。按照“集中打击、重点规范、部门联动、建立长效”的总要求，建立完善客运市场管理长效机制，净化出租汽车客运市场。加大对火车站、火车东站、各大长途汽车客运站、飞机场

2014年1月30日，省交通厅厅长张琼在中心站送旅客回家过年

等区域的空号、套牌等非法营运车辆的治理力度，先后开展“春雷行动”“百日行动”等专项整治活动，对火车站、长途汽车站等重点区域的违章出租汽车进行查处和治理，重点打击拒载、议价、甩客、宰客等违规违章行为，并对违章车辆给予严厉处罚，对经媒体曝光且情节严重者坚决清理出行业队伍。在火车站、飞机场、高铁站等管理重点地区，实施有针对性的治理，联合车站管委会开展综合执法，坚持每周巡视，重点打击在车站周边乱停乱放、违规载客、欺客的车辆，引导乘客进入候客通道乘车，保证站点良好的营运秩序，树立省会窗口的良好形象。严厉打击非法营运行为，保护合法经营者的权利。按照“部门联动、动静结合，整体联动、点面结合，队站联动、长短结合，与媒体联动、宣传与震慑结合”四个结合的工作措施，依法依规开展打击非法营运专项整治行动，始终保持高压打击态势，逐步压缩非法营运车辆的生存空间。开展综合整治“百日行动”，进一步净化客运市场秩序。11月23日开始，按照城区交通秩序综合整治“百日行动”工作方案的要求，集中力量对非法营运车辆进行打击和治理，依法依规打击客运市场存在的无证车辆、空号套牌车等非法行为。在飞机场、火车站、长途汽车站等非法客运活动较多的区域，同交警、运管等部门开展联合执法。“百日行动”期间，共查扣违章车辆282台。2014年，共出动人员9000余人次，出动稽查车辆4500余台次，查处各类违章车辆2961台，其中非法营运车辆1339台，处理2364起，627万余元罚款上缴财政。

【行政审批改革】 2014年，郑州市出租汽车管理部门着力提升行业服务保障能力，简政放权，减少文山会海，简化办事程序，制订有关行业长远发展规划，有条不紊推进各项工作。推进行政审批改革，落实简政放权，简化办事程序。年初，进一步规范精简办事程序，合并下放行政许可，减少行政许可批文。坚持开展优质服务，宣传和解释行业政策，把“管理就是服务”的理念贯彻到日常工作当中。实行首问负责制，开展“一站式”服务、预约服务、延时服务，要求当天的业务当天全部办理完毕。全年共办理业务32136份（其中经营权类业务9084件），收取并上交经营权有偿使用费4332.6万元。完成检查合格车辆8923台，检查审验退役车辆817台，办理办结信访投诉处理案件5363起，反馈5363起，办结率、满意率均为100%。

【企业、驾驶员服务质量信誉考核】 2014年年初，根据交通运输部《出租汽车服务质量信誉考核办法（试行）》（交运发〔2011〕463号）、河南省交通运输厅道路运输局《河南省出租汽车企业质量信誉考核评分标准实施细则（试行）》（豫交运出租〔2012〕135号）的有关要求，在全行业组织实施2013年度郑州市出租汽车企业及驾驶员服务质量信誉考核工作。为使考核公开、公正、公平地顺利进行，组成4个检查考评组，对全市46家出租汽车公司进行检查考评，在郑州出租车网对考核结果进行公示。共评出2013年度AAA级企业7家，AA级企业38家，A级企业1家；AAA级驾驶员187名，AA级驾驶员21859名，A级驾驶员785名，B级驾驶员81名（共计22912名驾驶员），对B级驾驶员要求各公司进行培训教育，合格后重新上岗。

【行业信息化建设试点工程】 根据交通运输部的要求，郑州市稳步推进出租汽车服务管理信息系统国家试点工程建设，完成该项目3个中心建设、系统软件开发、车载终端设备招标采购、设备技术对接联调工作、IC卡密钥中心建设，安装试运行100台车载设备，计划年内进行万余台车载终端设备安装，2015年初接受国家交通运输部的验收。

【从业人员培训】 2014年，累计培训在岗驾驶员2.2万余人次，完成岗前培训19期，培训人员5319名，出租汽车驾驶员整体素质进一步提高。通过培训，有效地提升广大从业人员的素质，提高驾驶员的服务意识，引导司机自觉做到安全驾驶、文明待客、诚信服务。全年无大的责任事故发生，安全形势良好。

【出租汽车行业住房公积金缴存相关工作】 2014年，按照《郑州市出租汽车行业住房公积金缴存实施意见》，做好行业驾驶员自愿申请缴存住房公积金相关业务工作。截至年底，全行业有2809名出租车司机办理住房公积金，2766名驾驶员享受到购房公积金贷款优惠业务。

【第十届“爱心送考”活动】 5月30日、6月2日，郑州市第十届“爱心送考”活动启动仪式先后在郑东新区海马会场、中原西路欧凯龙广场启动。活动现场，2000余台出租车汇聚一起，集体张贴“爱心送考”车贴，在倒车镜上系上象征金榜题名的金丝带、绿丝带。高考期间，凡持有准考证的考生及家长均可免费乘坐“爱心送考”车辆。凡参加“爱心送考”的车辆，组委会要求以更加方便、快捷的方式为考生提供服务。

【重点任务保障工作】 2014年，郑州市出租汽车管理部门合理调派车辆，保障全年特殊时段用车需求，充分发挥行业特色车队及文明的士作用，完成春节、国庆及大型会议的保障任务。一是在元旦、春节、国庆等节日用车高峰时段，提前谋划制订应急方案，组织优秀驾驶员到火车站、高铁站客流聚集较多的地方进行服务，快速疏散乘客。二是完成各类大型会议的保障任务。为确保圆满完成黄帝拜祖大典、郑交会、各类会展等大型活动保障任务，客运管理部门统筹安排，按照市委、市政府对出租汽车行业提出的具体要求，做好车辆调派和服务保障工作。全年共调派车辆8000余趟次，圆满完成服务保障任务。

【平安建设】 2014年，郑州市出租汽车管理部门按照上级统一部署，根据行业自身实际，开展治安防范创建工作，打造“平安出租”，促进行业健康发展。建立健全平安创建领导机构和办事机构，明确主要领导主抓，分管领导具体抓，确定相关部门和人员职责。单位内部层层签订平安建设工作责任书，明确责任，落实奖惩措施。加强值班制度和治安巡逻，内部治安防控网络符合平安建设相关规定，重点部位“三防”措施到位，无案件和事故发生，治安秩序良好，无打架斗殴、盗窃、抢夺等案件发生，各种矛盾纠纷及时得到有效化解。加强精神文明建设创建活动，贯彻落实《公民道德建设实施纲要》，加强保密和安全教育，无失、泄密和重大人员伤亡等事故发生。参与全市开展的强化治安防控活动，发挥行业治安员作用，在各出租车企业培训治安防控人员，遇到突发情况及时上报。发挥行业信息员作用，做到涉稳信息早了解早汇报。

【依法行政】 一是狠抓执法队伍作风建设。开展执法人员纪律教育整顿工作，进一步强化执法队伍纪律作风意识，严肃执法纪律，规范执法行为，自觉做到文明执法、公正执法、廉洁执法。加大从源头预防和治理腐败力度，有效遏制和减少腐败现象的发生，进一步提高行政执法素养和能力。二是明确执法责任，规范执法文书。每位执法队员都签订《郑州市交通行政执法人员不作为、慢作为、乱作为、滥作为和不文明执法行为整治承诺书》，确立依法行政理念，忠实履行岗位职责。按照执法文书要求，规范执法卷宗，完善手续，统一标准，提高卷宗的质量。开展执法培训工作，提高执法人员的执法水平。10月20–24日，对市客运管理处行政执法人员进行执法培训。按照市政府法制办要求，扎实推进服务型行政执法建设工作和“三基建设”工作，逐步建立管理、执法和服务三位一体的行政执法模式。

（宋立新　闫从明　陈振坤）

交通行业管理

【运输市场管理】 2014年，郑州市加大了打击非法营运车辆、非法场站、非法驾校的治理力度，全力做好市场清理整顿工作。一是开展驾培市场治理工作。5月，召开全市《机动车驾驶员培训机构资格条件》和《机动车驾驶员培训教练场技术要求》的宣传贯彻和复核工作会议，市交通部门与公安交警部门联合开展驾培市场清理整顿工作。大力推进机动车驾驶员计时培训系统安装工作，对129家驾校1613台教练车安装车载学时记录仪，创造条件遏制非法驾校生存。二是完成以“包车客运”为主的客运市场专项治理工作。充分运用客运包车牌信息管理系统和车辆动态监控系统分析车辆运营情况，对长期驻外地经营等脱管、离线车辆坚决予以清理。对全市29家客运企业2976台客车进行摸底核查，共查扣非法车辆40余台。三是开展危险品运输市场整顿活动。开展“危运”从业人员大培训。4月15日至5月30日，分12期共培训“危运”从业人员1723人。对全市32家“危运”企业的962辆车进行车辆年审、罐车罐体检测、驾驶人员从业资质情况进行登记造册；对32家企业规章制度中的安全教育例会、GPS车辆监控进行专项检查。

【安全生产】 一是开展安全生产月活动。6月16日，在绿城广场参加安全生产月咨询日活动，发放宣传品3000余份，接受咨询500人次。6月25日，组织市交运集团与公交总公司在高铁汽车站联合开展应急救援演练，全市客运旅游企业安全经理、安全科长80余人观摩。二是有序推进企业安全标准化建设。全市“两客一危”运输企业全部通过标准化考评，货运企业安全标准化达标30%以上。三是不断强化安全督导工作。实行领导班子成员片区督导联系制度。市运管局8个安全督导联系组按照片区分工对各县（市）区运管机构和重点场站进行安全督导，共督导检查28次。四是强化春运运输安全。市运管局成立以主要领导为组长的春运领导小组，对春运工作7个小组明确人员及任务分工。与全市30家客运企业签订安全责任书。督促汽车客运站落实“三不进站六不出站”制度，从源头上把好安全管理关。邀请20余家媒体参加春运新闻通气会，向社会发布客流信息、应急车辆准备、企业和汽车站公开服务承诺。春运期间，共出动执法人员600余人次，车辆180台次，扣车1台，扣证11个，维护了运输市场秩序，确保春运工作圆满完成。

【制度建设】 2014年，市交通部门按照行业管理有关要求，结合郑州市重点工程建设实际，对规章制度进行梳理，制定完善《郑州市重点工程建设台账管理制度》《郑州市公路施工工地扬尘污染治理工作专项方案》《郑州市交通建设工程领域开展安全生产集中整治专项行动实施方案》等3项制度措施，弥补管理漏洞，强化制约监督，提高工作水平。

【干线、重点工程项目管理】 对陇海西路与西南绕城高速公路互通式立交新建工程、陇海西路西延（西南绕城高速公路至省道232）快速通道新建工程、郑州市大学南路与西南绕城高速公路互通式立交工程等22个工程项目开展质量监督，工程项目总里程194.6公里，总投资87.38亿元。共下发监督工程师通知书34份，抽查意见通知书5份。针对监督过程中发现的工程质量问题及时下发监督工程师通知，责成相关参建单位和人员进行整改，并对整改后的工程情况进行严格检查。查出相关参建单位存在的质量问题348个，责令清退试验、监理人员各一名，清退出场钢筋7批次，共计152.86吨，返工700米路基1段，报废20米预制箱梁1片。查出的问题均整改到位，及时消除了工程质量问题和隐患。

【工地试验室备案审查】 严格按照交通部质监局《公路工程工地试验室标准化指南》《河南省公路工程工地试验室管理办法》等文件要求，完成对科学大道西延（西南绕城高速至上街区安阳路）快速通道新建工程工地试验室、郑州市国道107线辅道南延（南四环至西南绕城高速）新建工程总监办中心试验室、陇海西路西延（西南绕城高速至S232）快速通道新建工程等11个项目，共计13个工地试验室的备案审查工作。

【质量安全综合大检查】 一季度，组织开展质量安全综合大检查，下发质量安全检查通报1份、交通运输安全隐患整改通知书32份，办理监督工作计划10份，确保了工程质量监督的正常开展及施工许可的办理，为施工企业提供了有力保障。

【重点建设项目台账管理】 进一步加强全市交通重点建设项目管理，树立台账管理意识，建立台账管理制度，采取不定期检查通报、季度劳动竞赛等方式，加大对项目的督导力度。10月13–17日，对交通重点建设项目八项“动态台账”管理情况进行专项检查，确保重点建设项目平稳、快速、有序推进。

【施工现场管理】 为有效防治大气污染，遏制灰霾天气，全面提升环境空气质量，制订郑州市公路施工工地扬尘污染治理工作专项方案，6月下旬，对此项工作进行专项检查。

10月18日，对环城高速以内的在建交通工程施工围挡及保通道路情况进行全面督察，针对存在的问题，下发《督察整改通知单》，要求项目单位限期整改到位，进一步提高施工现场管理水平，促进文明施工。

【交通建设市场准入管理】 加强对公路建设监理、试验检测、施工、养护施工等从业单位的资质初审，认真把好市场准入关。受省交通运输厅委托，对12家资质申报施工企业开展现场核查，同时对部分施工企业的业绩和信誉进行核查，并及时上报省交通运输厅。

【路政管理】 2014年，郑州市继续加强对路域环境综合整治，清理公路乱堆乱放、打击破坏公路标志等违法行为350余次，拆除违章广告牌（塔）139块，路政巡查率、查处率均达100%，案件结案率达95%以上，路政管理工作再上新台阶。

【公路沿线综合整治】 市交通委研究

制订全市公路违章建筑专项治理实施方案，对全市公路路容路貌进行全面督导排查治理。对违法设置的非公路标牌、乱开道口、控制区内乱堆乱放现象及时制止和查处。在2013年综合整治的基础上，按照市委、市政府的要求，对高速、干线、农村公路路容路貌进行全面排查治理，共挽回路产损失101.063万元，清理公路堆积物80余处、打场晒粮121余处，治理违章加水点68处、广告牌（塔）139块、违法占用公路3起、劝阻占用公路违法行为77起，发现公路侵权案件4起，消除安全隐患1起，封闭私开道口5处。路政巡查率达到100%，查处率100%，案件结案率达到95%以上，有效地保护了路产路权。

【公路安全保通】 一是修改完善《郑州市公路应急保通实施细则》，研究制订恶劣天气下的道路保通措施，建立路政管理、公路养护、公安交警等部门联动机制，有效增强预警预防和应急处置能力，最大限度减少因公路突发事件造成的人员伤亡和财产损失。二是春运期间，应对冰雪恶劣天气对交通运输的影响，及时下发公路应急保通等有关工作紧急通知，市高速、干线和农村公路迅速启动应急预案以及路警联合巡查机制，加大巡查力度，做好道路除雪融冰工作，保证人民群众安全、便捷出行，确保重点物资和人民群众生活必需品的正常运输。

【车辆免费通行管理】 一是按照《河南省重大节假日免收小型客车通行费具体实施方案》（豫政〔2012〕82号）要求，分别制订春节、清明节、五一劳动节和十一国庆节等节假日小型客车免费通行工作方案和应急预案，成立组织，提前做好各项准备和检查督导工作。节假日期间，指导、督促路政支队到绕城高速公路各个出入市口进行保通，确保小型客车免收通行费工作落到实处，节假日期间绕城高速通行秩序井然。二是根据市拜祖大典组委会统一部署安排，与省交通运输厅多次汇报沟通，协调会议车辆免收高速公路通行费相关事宜，共为750辆会议车辆办理通行证，保障了市拜祖大典和第八届中国（河南）国际投资贸易洽谈会车队顺利通行。

【超限超载治理】 2014年，市交通部门大力开展联合执法、综合治超，加大科技治超力度，投资1500万元，完成郑州市干线公路远程监控中心建设，在全省率先实现对市域内干线公路治超站、重要路口监控全覆盖。共拆解1092台非法改装车辆，对642名驾驶员进行扣6分处罚；全年检测车辆20.6万辆，其中超限车辆8100辆，卸货7.2万吨，保持了治超高压态势。

根据省交通运输厅“规范管理年”活动的总体要求、整改内容、方法步骤和2014年“规范管理年”活动治理车辆超限超载工作的目标任务，狠抓了以下几方面工作：一是完善制度，明确职责。严格落实联席会议制度、信息抄告制度、首查责任和倒查责任制度，对各级各部门工作职责进行明确。工作中严格实行交通、公安、运管、纠风、安监、工商、质监等多部门联合执法，齐抓共管、协同作战，始终保持治超高压态势。二是规范管理，理顺体制。4月，组织专人对车辆超限超载治理工作执法队伍执法机构设置、人员编制、经费保障等情况进行调查摸底，为执法机构改革打下基础。三是规范执法，强化路面治理。2014年全市6个固定站点及流动执法单位，强化内部管理，依法治超，规范执法，车辆超限超载治理工作没有发生粗暴执法、野蛮执法、趋利执法等违规执法现象。在省、市纪检监察和纠风部门组织的多次明察暗访活动中，获得省、市两级通报表扬。

【治超专项整治活动】 全省车辆超限超载治理工作电视电话会议召开后，郑州市召开全市车辆超限超载专项治理专题会议，对全市车辆超限超载专项治理工作进行安排部署。按照省治超办的统一部署，制定《郑州市贯彻落实河南省车辆超限超载专项治理工作提升实施方案》《郑州市交通公路执法专项整改工作实施方案》《郑州市车辆超限超载专项治理督导方案》，成立领导小组，定期、不定期对全市车辆超限超载专项治理活动开展情况进行督导检查。郑州市治超办与全市治超成员单位签订《郑州市车辆超限超载治理工作责任书》。全国、全省交通公路执法专项整改工作电视电话会议后，各县（市）区交通主管部门对专项整改工作进行研究部署，并结合15个需要重点整改的问题，全面开展排查、整改工作。为贯彻省厅《关于严格规范交通行政执法行为、整顿执法队伍作风纪律的紧急通知》要求，市治超办要求各县（市）区治超办、委属相关单位按照“统一管理、分级负责”的原则，加强治超执法人员培训工作。采取多种形式深入开展宣传活动，全市干线公路共发放宣传单37000余份，悬挂宣传条幅230余幅，张贴宣传公告4500余份。认真做好专项整治活动的督察工作。活动期间，市治超督察室共对各县（市）区治超办、超限站和路政大队进行80多次的明察暗访，对各单位专项整治活动进行全面督导检查，及时发现问题、解决问题。进一步规范流动治超工作。整改期间，郑州市严格按照省交通运输厅文件要求，暂停郑州市路政管理大队和流动治超中队路面执法工作。3个月的专项整改工作结束后，先后对全市6个流动治超中队和6个农村公路路政管理大队软硬件设施设备进行检查验收，进一步规范流动治超工作。

【信息抄告处理工作】 市治超办按照省交通运输厅《关于认真做好实施<河南省货运车辆超限超载信息抄告处理办法>有关工作的通知》的有关要求，督促各超限站按要求及时上报抄告信息。全年共完成车辆信息录入873台次，依据《河南省治理货物运输车辆超限超载办法》有关规定，将207台次违法超限超载车辆列入“黑名单”，对11名违章人员处以一次性记20分的处罚。根据《公路安全保护条例》规定，对18台违法超限超载车辆给予吊销运营证处理。

【修配行业行政审批制度改革】 2014年，郑州市机动车修配管理工作坚持依法行政，强化规范管理，贯彻行政审批制度改革，规范行政许可工作。一是深入学习贯彻新国标。《汽车维修业开业条件》（GB/T16739–2014）颁布后，及时组织相关人员认真学习，熟练掌握行政许可的新标准、新要求，并在行业内开展广泛宣传，为规范行政许可工作营造良好氛围。二是推进行政审批制度改革。对新开维修企业申请材料、许可文书、许可工作流程等行政审批工作进行梳理规范，实现相关表格网上自由下载，执法文书制作、归档规范化、标准化。同时按照市纪委监察室、市行政审批制度改革领导办公室关于“审批职能向一个处（室）集中、审批处（室）向办事大厅集中；窗口授权到位、事项进驻到位”的要求，在原资格审查科的基础上改组成立行政审批办公室，采取各业务科室“联审联批”的方式减少审批环节，压缩审批时限，最大限度方便业户。三是实行五级行政许可责任制。行政许可通过“服务大厅受理、执法人员现场勘验、业务科长初审、处领导审批、业务传递单监督”，确保严格执行国家有关法规、技术标准，不合格的一律不予许可。截至年底，共组织现场勘验335次，办理新开维修业户281家，变更企业19家；换证企业28家。全市共有维修业户5552家，其中，一类213家，二类716家，三类4408家，其他215家。郑州市区有维修业户3693家，其中，一类172家，二类539家，三类2982家。

【维修质量管理】 一是集中开展二维企业管理工作。通过企业自主申报、专家审核、社会公示等流程，新增二维企业10家，引入社会竞争，提高服务能力；组织进行二维监控系统升级改造，增加打印机机打送检单功能，调整业务流程，使二维业务更加规范；全年开展集中检查6次，下发整改通知书56份，严格按照国标对二维企业资质进行逐户复核、整顿，建立二维企业价格备案、优胜劣汰等长效监管机制。二是组织开展维修企业质量信誉考核。考核采取“集中受理为主，上门考核为辅”的办法，抽调人员组成考核组开展考核，并加强监督检查，保障考核工作公平、公正和公开。市区考核共通过企业380家，其中，AAA级企业43家，AA级220家，A级85家，新办32家。三是加强维修质量纠纷调处。对接到的维修质量纠纷投诉，坚持在规定时限内完成调查、调解、回复，努力维护双方当事人的合法权益。共受理各类投诉纠纷20起，结案率100%。四是加强维修企业的竣工检验和合格证签发管理工作。全年组织非营运车辆维修竣工抽检车辆5000余台次，进一步督促维修企业做好质量管理工作。

【维修市场监督检查】 将维修市场清理整顿与城市管理整治提升及网格化管理工作相结合，以城市管理整治提升工作为重心，按照上级部门的总体部署和要求，开展市场整治工作。一是及时宣传，发布维修市场执法检查工作动态。利用网络和电视等媒体向社会发布执法工作信息、曝光违规经营业户，引导群众对违法现象进行举报和监督，增强维修业户依法诚信经营的自觉性。二是狠抓整治，集中力量打击违规经营行为。把打击违规经营行为，特别是无证经营行为作为市场整治的中心任务，采取“集中整治、重点突破、以点带面”的方法，先后对国基路、工人路、民安路、沁河路等业户较集中的路段以及天荣汽配城等维修业户较集中区域进行清理整顿，累计出动执法人员730余人次，执法车辆310余台次，查处无证经营业户76家，取证物品57件，罚款15000元。三是执法为民，有效处理群众投诉举报。共受理各类投诉举报案件52件，所有案件全部在规定时间内处理完毕，及时查处了群众和车主反映的违法经营行为，解决了车主因维修纠纷产生的疑难问题。

【营运安全保障】 一是落实企业主体责任。先后于1月、7月召开全市道路运输车辆技术管理工作会议和道路运输企业车辆技术管理专题会议，与市属各客运（旅游客运）企业、危险品运输企业签订2014年道路运输企业安全目标责任书、运输企业保证书，并定期对各运输企业的到期车辆清单进行抄告，督促运输企业强化管理，及时整改，落实运输企业对车辆技术管理的主体责任。二是强化日常监督。先后对客运、危险品运输企业进行多次专项检查，共下达安全检查表87份，督促运输企业落实车辆定期维护、检测制度，确保车辆技术状况达到国家规定的技术标准。三是加强车辆技术档案管理。对检测备案的车辆资料逐一核对、统计、入档，确保车辆技术档案规范、整齐，为车辆技术管理提供完善的基础支持。截至年底，共办理营运车辆评定备案42898台次，维护备案96065台次；新车入户备案9856台次；办理客车类型等级复核备案3699台次，其中，高级车3090台，中级车566台，普通车43台。

【从业人员培训】 一是扩宽培训渠道。加强与院校合作，先后与河南凌云汽修学校、郑州科技学院等联合开展毕业学生从业资格培训，为培训工作开辟新的渠道。二是加强师资队伍建设。在行业内广泛挑选有丰富理论、实践经验的维修专家充实到培训队伍中，建成较为稳定的由15名业内专家组成的师资队伍，并在逐年扩大。三是开发汽车维修从业人员考务系统。该系统具有在电脑上完成试题选配、自动改卷判分、成绩上传等功能，既节约了成本，又提高了效率。四是开展从业人员培训。共完成从业人员培训考试2720人。

【安全生产管理】 按照“安全第一、预防为主、综合治理”的方针，扎实做好安全生产管理。一是修订完善各类应急预案，共修订完善应急预案3项（隐患排查预案、防火应急预案、防汛抢险应急预案）。二是逐级签订安全生产责任书，与各部门逐一签订2014年度安全生产工作目标责任书，进一步明确责任，细化分解安全生产任务。三是加强监督检查，确保安全形势稳定。

【海事管理】 2014年，郑州市完成水路货运量11万吨，周转量3780万吨公里，辖区水路客运量8.6万人，旅客周转量151.6万人公里，同比增长12%，水路运输市场平稳有序。全市辖区水域无水上交通安全责任事故，各项安全制度健全，安全措施有效，责任安全监管到位，继续保持水上交通安全无事故的良好态势。辖区水域航行秩序良好。坚持日常安全巡查和元旦、春节、清明、五一、中秋、十一期间等重点时段现场安全监管，查处水上交通违规违章行为，维护水上交通秩序；进一步规范龙舟赛、皮划艇赛等大型水上活动审核许可程序，扎实做好现场监管和保障服务；落实黄河汛期、调水调沙等特殊时期交通管制和恶劣天气预警预报制度，保证辖区水上安全和水路运输市场规范有序。不断加强执法人员培训，规范执法行为，执法队伍的能力、形象不断提高。在市政府依法行政目标责任考核中，市地方海事局连续4年获得全市依法行政工作责任目标考核先进单位。

【水上“平安交通”创建】 以“平安交通”创建活动为抓手，建立水上交通安全监管长效机制。（1）严格落实安全生产责任制。按照水上交通安全统一监管有关要求，郑州市海事局与各县（市）区水上交通安全管理机构签订目标责任书，县（市）区海事处与相应管理部门层层签订责任书，并制订安全责任、安全控制、安全责任追究、安全考核体系，严格落实“我的责任区、安全我负责”的责任制目标。（2）坚持“三关一排查”“四个重点”检查制度，发现水上安全隐患，及时进行整治。一年来，全市海事执法人员巡查辖区水域80次，累计参加人员232人次，检查船舶482艘次，排查水上安全隐患56处，下发隐患整改通知书45份。（3）深入开展“打非治违”活动，坚决制止违法违规行为。在对辖区水上交通安全全面排查的基础上，首先对惠济区黄河快艇非法营运、违规出航行为开展专项整治活动。一是对资料齐全、条件具备的快艇，现场办公补办相关证件；二是市海事局、惠济区海事处、花园口镇联合执法，对不具备营运条件的快艇强制拆除动力，共拆除违规快艇发动机9台；三是惠济区海事处加强日常巡航执法力度，以高压态势，维持整治的效果。其次，针对荥阳市水域船舶属性复杂的情况，一线指导荥阳海事所制订“打非治违”活动方案，针对不同船舶采取不同治理措施：一是对于游览快艇全部采取公司化经营，定码头、定船员、定责任，统一售票、统一航线、统一安全管理；二是对农用船舶明确由农业部门负责安全管理，在船体上统一喷涂“农用”字样，以明确船舶用途和责任；三是对餐饮船舶要求全部停靠岸边经营，严禁载客出航，由乡镇部门负责安全管理；四是针对违法作业的抽沙船，与荥阳市河务局联合执法，对不具备安全作业条件的抽沙船，采取强制拆除动力装置措施。（4）扎实开展安全生产月活动。6月16日，参加在绿城广场举行的“安全生产月”现场咨询活动。设立咨询台、放置展板、悬挂条幅，向广大市民发送《河南省水路交通管理办法》宣传单等水上安全宣传品，解答市民有关水上交通安全的咨询。（5）组织水上交通应急预案演练。5月30日，针对郑东新区如意湖水域即将进行龙舟大赛，组织应急救援演练，模拟龙舟队员落水后应急救援的组织、指挥、搜救、检验应急救援能力。6月13日，市海事局参与指导惠济区海事处在黄河花园口举行的2014年黄河水上应急搜救预案演练，参演各单位密切配合，反应迅速，措施有效，演习取得成功。

【海事航务行政执法】 2014年，市海事局在行政审批工作中，进一步完善各项业务办理制度和流程，确保行政审批依法、守规、高效、便民。全年办理船舶登记40艘，船员注册37人，适任73人，船舶签证208艘次。在行政执法中，无投诉、无复议、无错案发生。进一步加强片区船舶检验工作，全年累计完成船舶检验159艘，其中，片区95艘，本市辖区64艘（其中新船建造检验25艘，营运检验39艘）。

【水上大型群众性活动保障】 6月1日第三届中华轩辕龙舟大赛、6月22日大河报职工龙舟赛、10月12日全国皮划艇比赛郑州预选赛均在郑东新区如意湖举行，市海事局依法对赛事进行许可审批。比赛当日，周密部署各项保障工作，调集巡逻艇、救援橡皮艇、水上摩托艇等装备，在水面进行巡逻警戒，维护水上交通秩序，随时应对突发情况，实施应急救援，保障赛事取得成功。

【参与新蔡“9·28”渡船侧翻事故搜救】 9月28日，新蔡县汝河故道上一艘渡船侧翻，27人落水，19人获救、8人失踪。接到省海事局指令后，郑州市立即组织海事人员和中牟县厉风水上救援队，携带冲锋舟、滚钩、拉网等搜救装备，连夜奔赴新蔡参与紧急救援。搜救持续7天，搜救人员日均水上作业近10个小时，水上搜寻累计长达700余公里。

（宋立新　闫从明　陈振坤）

交通企业

【郑州宇通客车股份有限公司】 2014年，宇通公司实现主要经济指标逆势增长。全面实现高于行业整体和主要竞争对手的“双高于”目标，销量、收入、利润再创新高，第一品牌的行业地位更加稳固。全年公司累计销售大中型客车共计61398台，同比增长9.51%，增速较行业高10%以上。2014年，宇通公司率先成为世界首个年产销突破6万辆的客车企业，并成为第一个迈入新能源客车销售万级俱乐部的企业。宇通公司获国内首批“集团免验”资格，并被工业和信息化部授予2014年度企业质量标杆称号，成为客车行业内唯一获此殊荣的企业。7月21日，在中国国家主席习近平和委内瑞拉总统尼古拉·马杜罗的共同见证下，宇通公司与委内瑞拉交通部签署了包含1500台客车、配件、工具、维修及智能公交运营管理系统在内的采购合同，总金额达3.26亿美元。同时，宇通公司始终不忘社会公益事业，依托“爱心宇通”“展翅计划”“社会开放日”三大公益平台，全年累计捐款1200余万元，救困1万余人次，为昭通灾区群众、贫困家庭以及平民英雄、道德模范、美德少年、抗战老兵和贫困山区的孩子等送去了温暖和问候。

市场份额方面。大力推动客户计划闭环管理机制及市场营销策略在区域层面的细化落地，及时调整产品结构和营销策略，整体和细分市场占有率取得提升。其中，国内大中型（含大中校车）占有率31.8%，新能源市场占有率33.6%，海外出口市场占有率26.3%。

运营管理方面。2014年，公司根据既定“五条主线”战略规划要求，继续组织推进战略实施落地工作，取得阶段性成果。公司整体文化和作风保持较好状态；客户闭环管理机制开始落地运行；订单分类、主销产品集中度指标继续得到提升；模块化项目进入实体设计阶段；生产线平衡性、交付保障能力有明显提升；建立主、辅销产品分类管理机制，实行差异化的产品、配置、物料管理策略。

技术研发方面。2014年，完成52项新产品的开发，并率先完成非公交纯电动产品（E7）研发工作，形成7至12米全覆盖的新能源产品序列。获得专利255件、软件著作权15件。《纯电动客车关键技术研发及系列化产品应用》项目获得河南省科技进步一等奖。发布“纯电动整体解决方案”，在产品安全、电池性能、电控技术、整车可靠性等方面为行业树立起性能“硬标准”。国家电动客车电控与安全工程技术研究中心落户宇通。

【郑州交通建设投资有限公司】 2014年，郑州市交建投公司以“抓改革、强投资、调结构、求提升”为统领，紧紧围绕“立、融、用、管、还”全产业链发展目标，开展项目投融资、基础设施建设、经营开发及公司内部团队建设等各项工作。截至年底，公司资产总额267亿元，净资产总额162亿元，资产负债率39%。全年落实资金48.65亿元，超额62%完成30亿元融资任务，完成发行全国首单项目收益票据12亿元。承建的客运站项目主体站房工程获2013—2014年度国家优质工程奖。

融资工作。2014年，市投委会下达交建投公司年度融资目标为30亿元，公司提出争取实现融资35亿元。截至年底，批复额度67.55亿元，实际到位资金48.65亿元，实际到位资金占年度计划的162%。其中，交建投公司3月开始运作的发行12亿元项目收益票据，这是我国破解新型城镇化建设资金需求难题、同时防范地方政府债务风险的首次尝试。交建投公司结合郑州综合交通枢纽地下交通工程（东广场）项目，成立全资子公司——郑州交投地坤实业有限公司作为市政债发行主体，通过非公开定向发行方式成功发行15年期10+2亿元项目收益票据。项目注册金额12亿元，期限15年，一次注册、分期发行，7月15日首期发行5亿元。（1）申报小微企业增信集合债15亿元。9月，交建投公司申报15亿元小微企业增信集合债券，已确定承销商及发行方案、监管银行，以及会计师事务所（特殊普通合伙）、律师事务所、评估公司等中介机构。整理完成券商、监管银行、评级公司、会计师事务所等机构出具的申报资料，并与市政府签订《关于合作发行小微企业增信集合债券的框架协议》《风险缓释基金监管协议》。申报材料上报市发改委进行审批。（2）争取中国进出口银行贷款5亿元。已争取到中国进出口银行北京分行预留的中长期项目贷款额度，拟对涉及航空港区的新建公路进行投放，其中第一笔7年期5亿元的资料通过初审，需要落实项目前期土地手续和回购协议。交建投公司根据银行要求，上报市政府请示文件，拟由市政府协调市国土局和财政局办理土地手续和回购协议。

项目建设。2014年，交建投公司承担的项目建设任务，一是收尾项目，即郑州综合交通枢纽公路客运站项目。该项目于2013年建成投入使用，交建投公司继续进行项目管理及后续工作，该项目在工程质量、安全、造价、环境等各方面较好完成建设目标，主体站房工程获中国施工企业管理协会2013—2014年度国家优质工程奖。二是2014年政府下达的7个新建项目以及续建的8个环城高速公路出入口项目，年内需完成投资12.04亿元。项目包括市政项目1个，即金水路准快速化工程；干线公路项目共6个，即郑州市境内G310线中牟境改建工程、G310线郑州西南段改建工程、S102线新郑郭店镇至中牟与尉氏交界段改建工程、G107郑州境东移改建工程（二期）、G234荥阳境G310以北改建工程、S317线（拟升省道）郑州境（新郑机场至新密）新建工程。截至年底，上述项目累计完成投资13.9亿元，完成年度投资任务的115%。三是公司自营项目1个，即郑州综合交通枢纽东广场项目，总投资15.59亿元，年内完成投资2000万元。

经营开发工作。按照市政府提出的“立、融、用、管、还”全产业链发展要求，交建投公司提出2014年“三个做”经营目标，即做实3个子公司、做好管线开发、做成加油(气)站开发。（1）3个子公司发展情况。将原有的广告、工程招投标、停车场开发等业务从职能部门剥离。广告公司开发郑州东站线下社会停车场围栏灯箱、道闸广告项目及四港联动大道上跨连霍高速桥体广告牌，实现年经营收入超200万元，并完成郑少高速航海路连接线80面灯杆幕旗制作安装工作。工程管理公司主要通过与社会中介机构合作，开展公司承建项目的招投标、造价咨询等业务。停车服务公司6月注册成立，经营郑州东站线下社会停车场，截至年底实现总收入354万元。（2）通信弱电管线开发。启动郑登快速、大学路南延、陇海路西延、中原路西延、科学大道西延、新老107连接线等6条快速通道沿线的通信管线建设工作，签署合作协议约130万元，在建里程110公里，完成30公里管线建设，办理完成中原路西延、科学大道西延通信管线建设规划许可证。落实炎黄快速通道100余公里通信管线合作单位。（3）加油（气）站开发。与航空港实验区、中牟县、经开区、荥阳市对接选址，拟选址2处：中原路西延快速通道与环翠峪景观大道（X040）交叉口向北1000米，采取以租代征的方式取得土地，完成场地平整围挡工作；荥阳境内G234公路，开展对接前期工作。引进战略合作伙伴，与中油洁能集团投资有限公司签署战略合作协议，共同开展加油（气）站前期调研、选址布点等相关工作，实现优势互补，互惠共赢。

【郑州交通运输集团有限责任公司】

2014年，郑州交运集团实现收入19亿元，为年度目标的115.15%；实现利润3100万元，为年度目标的119.23%；上缴税金1亿元。完成客运量2667万人次、客运周转量41.6亿人公里，分别为年度目标的102.6%和101.5%。完成货运量262万吨、货运周转量4.6亿吨公里，分别为年度目标的104.8%和102.2%。行车安全四项指标为：每百万车公里责任事故率0.14次，责任受伤率0.2人，责任亡人率0.02人，经济损失率0.87万元，均低于上级考核指标。消防安全、劳动安全等方面保持稳定局面。先后获得全市交通运输系统应急管理先进单位、河南省“三八红旗手”集体、河南省100强企业、全国先进物流企业、中国物流百强企业、中国道路运输百强诚信企业等荣誉称号。

加快推进客运发展，经营质量实现新提高。2014年春运期间，客流量、班次、收入三项指标出现前所未有的大幅下降，集团公司采取抓好运输组织、安全稽核和站外治理等措施，强化全员营销理念，扩大联网、邮政、网络、自助等多种售票优势，扎实开展“服务提升年”活动。建成使用客运新北站、航空港区临时客运站和郑州汽车站，撤并二马路站、客运老北站，进一步提高社会服务水平。推进线路公司化改造、城乡道路客运一体化、旅游客运发展和集约化经营，完成驻马店地区新蔡、正阳等线路公司化改造，完善提高郑州至南阳地区11个县的公车后续管理，扎实推进绿城巴士资源整合和参与中牟城乡道路客运一体化构建；推进长途班线接驳运输、全省接点运输和小件快运集约化经营，探索城际约租客运新模式，不断推动客运结构调整和转型升级；全年更新车辆181台，开发郑州至翼城、涉县等线路8条。

加快推进物流转型，发展活力实现新提升。应对“营改增”财税政策改革，大力开发实体运输，2014年实体运输业务占总物流业务量的90%以上。大力开发专项运输，拓展新业务，重点在巩固公铁联运战略合作的基础上，与郑州铁路经济开发集团共同出资组建股份制公司，进一步提升公铁联运层次和水平，全年公铁联运业务量达70万吨，创历史新高。着力推进金象物流、保税物流、危货运输发展。2014年先后开通10条省内专线，完成5个市、县以及11个乡镇的网络布局，网点总数达到231个；依托保税物流服务平台，与联邦快递、中外运等国际物流公司签订战略合作协议，为集团公司物流业务走向国际物流市场找到切入点；开发伊赛牛肉、高金食品等大品牌客户，推进冷链运输规模化发展；取得全国首家1—8类危险品运输业务资质。不断推进传统物流向现代物流转型升级，物流产业支撑力得到稳步增强。

强化安全管理，安全保障实现新稳固。坚持“安全就是效益、安全就是形象、安全就是稳定”理念，全面构建新型安全管理体系；践行标准化建设“落实年”，制定长效管理机制，巩固完善标准化建设成果；强化源头教育和隐患排查，深入开展“道路客运安全年”、“平安交通”、安全生产大检查、综合整治“百日行动”等活动，组织国家新《安全法》宣贯和市“文明交通”创建工作，从源头上把控安全，使“管严、管细、管到位”成为安全工作的新常态；强化科技强安，重点在客车防撞等安全系统功能的基础上，对营运货车全部安装GPS监控系统，全省首家推出营运货车卫星定位；推进节能减排，全年共淘汰黄标车275台，更新燃气客车150台、燃气货车50台，新增纯电动客车50台；扎实做好防暴恐和防洪防汛工作。

深化改革创新，科学管理迈出新步伐。一是深化组织机构改革。撤销客运十三分公司、物流八分公司和开关厂，将客运市场服务管理中心、郑尧汽车站、安全稽核公司合并为客运市场安全稽核管理公司，整合货运一公司、二公司和三公司资源，进一步优化组织结构，提高管理效率。二是深化人事制度改革。科学优化资源配置，强化人力资源管控，试行营运客车驾驶员、乘务员薪酬管理规定和考核管理办法，提高人力资源管理效率。三是深化公务用车改革。集团领导班子全部完成公务车改革，实现公务车改革全覆盖，进一步降低公务车成本费用。四是深化基础管理创新。科学完善公务接待、财务流程管理，强化法律审查、财务审计、纪委监督等监管职能；加强信息化建设，积极推进信息化顶层设计；严格资产管理，加强成本控制，着力降耗增效，向管理要效益，全年招待费、会议费、辅助车费用和集中采购成本同比下降600万元，在收入下降幅度相对较大的情况下，利润下降幅度相对较小。

推进场站建设，基础保障取得新进展。一是积极推进客运北站、航空港区临时客运站建设。客运北站于9月26日投入试运营，航空港区客运站进行项目核准，争取早日开工建设。二是推进客运东站、西站、西南站、西北站和金象物流园区、服务区物流项目的选址规划工作。客运东站、西站完成项目选址；客运西南站、西北站与相关部门沟通选址；金象物流园区项目与国际物流园区相关部门对接，项目建议书等资料完成上报，待确定选址。三是加快推进客运老南站、陇海站、京广站、二马路站、客运老西站和城东路31号院、具备开发条件的运输公司经营场地土地盘活。

【郑州市交通规划勘察设计研究院】

2014年，郑州市交通规划勘察设计研究院累计完成经营开发合同额1.05亿元，连续第四年突破1亿元；累计完成营业收入7700.13万元，占年度营业收入目标7000万元的110%；累计实现净利润810.81万元；部分主要经济指标稳中有升。先后被评为河南省优秀勘察设计企业、郑州市重点项目建设先进集体、郑州市交通运输系统先进单位、郑州市勘察设计先进单位。

技术中心地位持续巩固。设计院全年共上挂、委派、借调24名技术骨干参与市重点交通项目综合规划、技术审查、工程管理及信息化建设；向郑州至登封快速通道、沿黄快速通道、陇海西路西延快速通道、大学路南延快速通道等在建项目派驻26名设计代表进行技术跟踪服务。年初，设计院全资子公司郑州交通信息科技有限公司正式投入运营，该公司以整合全市交通运输信息资源，建成“郑州交通信息中心”为目标，研发测试服务全市人民的“公众出行网”和“出行网手机客户端”。

经营开发工作。设计院全年完成经营开发合同额1.05亿元，连续第4年突破1亿元。一是先后开展新郑市西环路新建工程、郑韩路西延南水北调大桥新建工程、S323线南水北调大桥新建工程、G107线东移至四港联动大道连接线新建工程、登封市新型城镇化交通路网建设工程等项目的勘察设计；中标郑州市南四环高架项目、四港联动大道南延新建工程，参与G310线中牟境改建工程、S102线新郑境改建工程等项目的前期工作，为争取后期勘察设计任务创造条件。二是开发省内市场。与偃师、鹤壁、安阳、许昌、驻马店等地区的行业主管部门建立合作关系，签订偃师市首阳新区至洛阳市中州路偃师界一级公路连接线工程、鹤壁市S221东大线改建工程。三是拓展省外市场。设计院昆明分院在云南市场取得2413.7万元的合同份额。设计院总结昆明分院成功经验，继续拓展省外勘察设计市场。6月，广西来宾分院挂牌营业；9月，福建莆田分院注册成立；12月，新疆分院正式挂牌。四是广泛开展战略合作。本着“平等互利、合作共赢”的原则，先后与中国建筑第七工程局有限公司、深圳市都市交通规划设计研究院达成战略合作框架协议，实现资源共享、优势互补，更好地参与市场竞争。

人才强院战略持续深化。一是做好高端人才引进工作。专程赴东南大学、长安大学等211高校招聘优秀应届研究生，全年共引进高端技术人才和市政资质升级急需的高端注册类专业人才

全国城市客运标准化技术委员会2014年年会

12名，全院职工中高级职称人员比例达到43%，本科及以上学历人员比例达到75%。二是不断创新人才培养模式。采用共建创新实践基地、共享人才技术资源的合作模式，与郑州大学联合创建"研究生创新实践基地、道路桥梁与渡河工程本科专业实习教学基地"。三是持续加大教育培训力度。采取"请进来、送出去"和内部交流相结合的方式，邀请长安大学韩森教授、郑州大学陈淮教授等知名专家学者来院授课，分批组织管理人员参加国家行政学院职业经理人培训和名仕教育管理培训，全年共完成36批1040人次的专题培训和专业技术人员继续教育。四是加大职称申报工作力度。修编完善《职业资格证书管理办法》，提高考取职业资格注册证书的奖励力度，全年考取一级结构工程师1人，注册岩土工程师1人，注册造价师3人。鼓励符合申报条件的技术人员申报高一级职称，新取得高级工程师职称7人，中级10人，初级5人。

资质保级升级逐步推进。2014年，设计院的市政行业（道路工程）设计甲级资质申报材料报送住建部审查待批复。同时，完成工程勘察（岩土工程、水文地质、工程测量）甲级、公路行业（公路、特大桥）设计甲级、公路行业（交通工程）设计乙级、市政行业（道路工程、桥梁工程、给水工程、排水工程）设计乙级、测绘乙级资质延续申报及测绘乙级（不动产地籍测绘）增项申报工作。

业务生产质量持续增强。2014年，全院完成和正在进行的项目共125项，包括G107线郑州境东移改建工程、S323线南水北调大桥新建工程、郑韩路西延南水北调大桥新建工程等重点项目的咨询、勘察、设计等工作。G107线郑州境东移（一期）改建工程获河南省咨询成果一等奖；郑州市大学南路（西南绕城高速至S323段）新建工程、G107辅道南延（南四环至西南绕城高速）新建工程获河南省咨询成果三等奖；郑州至登封快速通道改建工程获2014年度河南省优秀测绘地理信息工程一等奖；G107线郑州境东移改建工程、郑州市科学大道西延（西南绕城高速至上街安阳路）快速通道新建工程获2014年度河南省优秀测绘地理信息工程二等奖。

技术质量管理成效显著。质量管理方面，完成质量、环境、职业健康安全管理"三体系"更新换版工作。完善《外业验收管理办法》《质量考评办法》，进一步提升质量管理水平。出台《设计变更管理办法》，进一步规范设计变更管理流程。技术进步方面，取得1项发明专利、6项实用新型和5项软件著作权，有力地支持了高新技术企业申报工作。9月下旬，协办全国性桥梁技术交流论坛——波形钢腹板预应力组合箱梁桥设计、制造与安装论坛，以朝阳沟特大桥建设工程勘察设计为主题，邀请勘察设计大师王用中、深圳市市政设计研究院院长陈宜言等多位国内桥梁专家来院交流研讨，开阔设计院桥梁设计人员的视野，促进桥梁设计水平的提升。

（宋立新　闰从明　陈振坤）

轨道交通

【概况】 2014年，郑州市轨道交通1号线运营平稳有序，2号线一期建设进程不断加快，1号线二期、南四环至郑州南站城郊铁路工程一期、5号线工程实现开工建设，轨道交通建设与运营总里程达130公里以上，步入建管并重、多线并行建设的新时期；工程建设、运营管理日趋规范；质量安全形势有序可控；各项工作稳中求进，好中求快，得到全面发展。

【《郑州市城市轨道交通近期建设规划(2014–2020年)》获批复】 4月20日，《郑州市城市轨道交通近期建设规划（2014–2020年）》（以下简称《建设规划》）获国家发改委批复。《建设规划》提出：郑州市中心城区城市轨道交通线网由8条线路组成（1号线至8号线），线网全长277.1公里。近期建设1号线二期工程、2号线二期工程、3号线一期工程、4号线、5号线，到2020年，形成5条运营线路（1号线至5号线），总长166.9公里的轨道交通网络，郑州市区公共交通占机动化出行量比例达60%以上，轨道交通占公共交通出行量25%以上。

根据2008年郑州市编制的轨道交通线网规划，确定轨道交通的规划建设期，具体分为初建期（2009—2014年）、发展期（2015—2020年）、成熟期（2020年以后）。

【轨道交通工程建设】 2014年，轨道交通工程建设统筹谋划、强力攻坚、有序推进。根据2014年在建和新开工线路实际，轨道公司对建设组织架构进行调整，成立4个工程建设项目管理部，分别负责1号线一期尾工和1号线二期、2号线一期、南四环至郑州南站城郊铁路、5号线等工程建设的组织管理工作；成立机电工程部，负责机电安装

2014年各月日均客运量分布图（单位：人次）

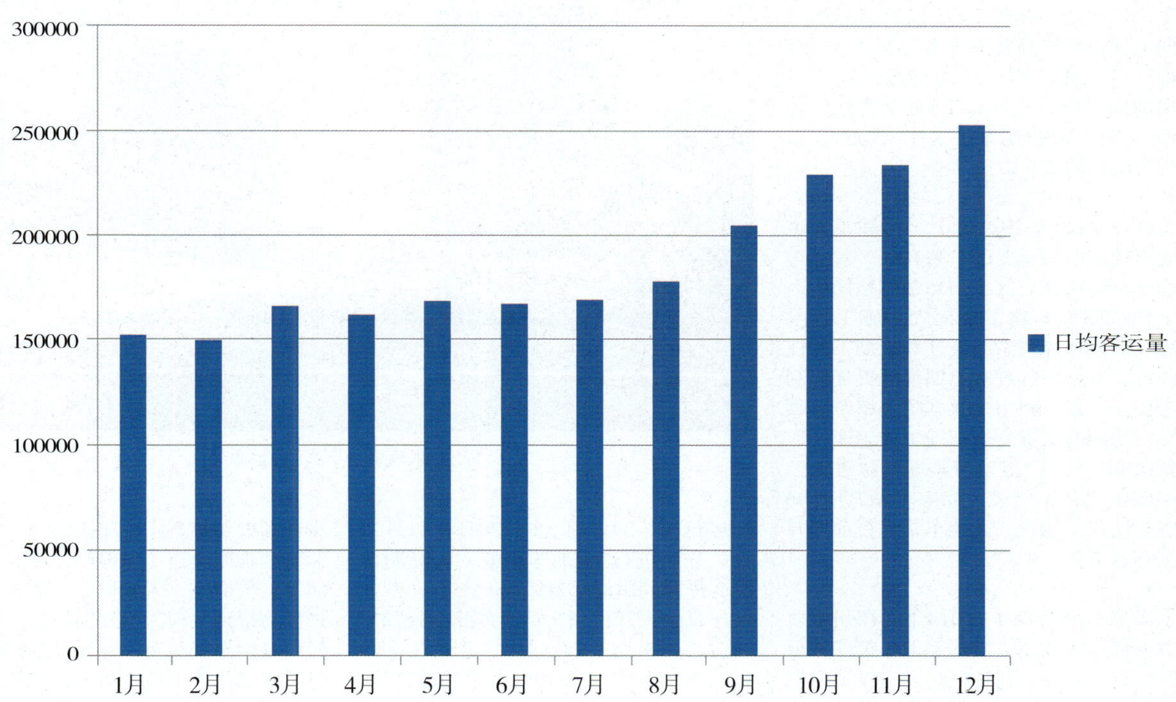

与施工。各部门根据各线路特点，制订对应性工作方案，细化责任目标，重抓工期节点，强抓质量安全，全力推进前期工作与工程建设，质量安全形势有序可控。

【轨道交通2号线一期建设】 2014年，轨道公司以质量、安全、进度为重点，强化责任机制，优化施工方案，狠抓奖惩兑现，常态化做好2号线一期的监督检查工作，保证2号线一期安全渡过土建施工主风险期，实现土建工程施工大干快上，轨道安装快速推进，机电工程进场施工；以预防为主，加强对危险性较大分项工程的监控，质量安全形势平稳，建设进程不断加快。全线16座车站除国基路站、东大街站外，14座车站实现主体结构封顶，附属结构施工完成28%，隧道掘进完成65%，轨道安装工程完成21%，供电系统开始施工。

【南四环至郑州南站城郊铁路工程一期建设】 2013年10月，郑州市按照省委、省政府部署，为配合郑州航空港经济综合实验区建设，规划建设城郊铁路。轨道公司迅速启动城郊铁路工程各项前期工作，按照“分区到人、统筹兼顾、完善计划、狠抓落实”的原则，细化航空港区、管城回族区、新郑市两区一市征迁任务量，与“两区一市”建立沟通协调机制，破解制约工程建设的各项前期障碍性问题。2014年5月，除车辆段外，所有车站和高架区间开工建设，全线各站点24小时不间断施工，施工进度不断加快，实现城郊铁路节点目标。截至年底，全线7座高架车站、区

2014年运营水平与质量主要指标

服务水平与质量指标	指标单位	国家标准	完成情况
列车正点率	%	≥98.5%	99.79%
运行图兑现率	%	≥99	99.89%
列车退出正线运营故障率	次/万列公里	≤0.4	0.06
有效乘客投诉率	次/百万人次	≤3	0.6
有效乘客投诉回复率	%	100	100%
列车服务可靠度	万列公里/次	≥8	2.2
乘客满意度	分	75	87.6

间桩基完成85%，承台完成80%，墩柱完成80%，7座地下车站5座车站主体结构封顶，实现6台次盾构始发。

【轨道交通1号线二期建设】 1号线二期工程建设充分发挥业主代表“一岗双责”的工作机制，全力推进征迁等各项前期工作，于2014年8月全线开工建设，当年实现1座车站主体结构封顶，首台盾构始发。

【轨道交通5号线建设】 5号线是轨道交通线网中最重要的一条环线，其三边均处于城市核心区，与15条线路换乘，工程线路长，建设规模大，施工风险高，周边环境复杂，征迁等前期工作任务重。郑州市以理顺前期征地拆迁体制为重点，建立由市征收办统一组织、领导、协调的轨道交通征迁工作新模式、新机制。9月，施工与监理单位进场，年底正式开工建设，32座车站其中的6座车站开工建设，其他车站进行前期开工筹备工作。

【质量安全管理】 2014年，郑州市轨道工程多线并建，反暴恐工作等任务艰巨，责任重大，轨道公司以建设“平安地铁”为核心，以加强过程监督和建立解决问题长效机制为抓手，完善机制建设，强化检查力度，深入推进平安建设与各专项工作。2014年，修订、编制19项安全制度规范，开展质量安全专项检查10余次，下发质量安全隐患整改通知单200多份，全年安全生产形势有序可控，未发生较大及以上安全生产责任事故。获2014年度市平安建设基层创建示范单位称号。

【轨道交通1号线运营】 2014年，轨道交通1号线运营工作紧紧围绕“保安全、树形象、增效益、强管理”的工作目标，从运营制度建设、管理体系标准化建设、班组6S建设、信息化建设、生产机制、队伍建设六方面强化内部管理水平，岗位职责明确、工作流程顺畅、技术标准清晰，生产班组现场管理水平全面提升，实现行车系统稳定，人、机、车辆各项指标安全，客运量不断攀升，在2014年度郑州市行风政风评议活动中，郑州市轨道公司位列31个公共行业第三名。

至年末，1号线安全运营369天，累计运送乘客6851万人次，安全运行232万列公里，日均客流量逾18万人次，自10月份以来，客运量不断攀升，四季度日均客运量23.34万人次，环比三季度增长26.92%，全年全线最高日客运量35.14万人次（12月31日），站点最高日客流量5.6万人次（二七广场站）。

【优化行车组织】 根据客流量变化情况，轨道公司按照区分高峰期、平峰期、节假日、工作日差异化的行车组织运行图，3月1日、6月28日、11月29日，先后进行3次加车服务，高峰期行车间隔时间由8分52秒缩短至5分46秒，工作日全天开行列次从211列次增至276列次，周末增至282列次，并延长运营时间至16小时，同时紧密结合节假日及特殊活动的客流特点，制订专项保障方案，充分做好突发性大客流等特殊情况下的预案及行车准备工作，3月30日郑开马拉松、9月22日世界无车日、12月24日及12月31日，采取增开列车、提早发车、延时收车等措施，较好地满足乘客出行需要。世界银行在审批郑州地铁贷款时，要求对地铁运营水平进行测评，通过在地铁站随机发放调查问卷得出测评结果，郑州地铁达到优秀档次。

正在建设的2号线农业路站

【科技运用】 郑州市轨道交通1号线设备系统选用国内外先进产品、技术与合理“降造”较好结合，在确保可靠运行的前提下，采用多项行业领先的新技术，在节能环保、公共安全管理及改善乘客出行等方面均有创新性突破：双电源双回路供电系统，充分保障各设备供电与行车需要；专用、无线、警用和商用系统，满足地铁运营多种需求；基于自动控制系统(CBTC)的信号系统，充分保证行车可靠、稳定；制动能量回馈、eLTE两项技术均处于国内、国际领先水平；牵引系统项目获西门子公司全球2014年度卓越项目奖第三名。同时，郑州市轨道公司参与编制《城市轨道交通试运营基本条件》等6项国家或行业标准。

轨道公司牵头的河南省轨道交通产业技术创新战略联盟依托轨道交通1号线一期工程建设，承担6项省重大科技专项的研发，9月22日，通过省科技厅组织的专家验收，其中轨道交通信息集成与网络化运营调度指挥系统和地铁能量再生回馈装置研究等两个项目填补国内空白。

【运营安全管理】 郑州市轨道交通运营安全管理通过“抓检修、查隐患、强演练”等措施，人、机、车辆各项安全指标均得到实现。一是抓检修。严格依照设备检修规程有序开展计划检修，同时不断强化员工技能培训，全年完成大中修113次，检修计划完成率100%；各设备运转状态良好，故障率在国内同行业处于较低水平。二是查隐患。适时开展日巡查，周、月、季度例行检查和各种专项检查、排查近千次，对发现问题，立即制订整改、管控措施，并实时跟进隐患整改；组织开展两次危险源辨识活动，辨识评价出各类危险源883项，其中较高级危险源18项。三是强演练。配合省级消防演练1次，开展运营应急演练4次，分公司部门级应急演练34次，运营室、班组级应急演练常态化，员工应急处置能力不断提升。

【运营服务】 2014年，郑州市轨道公司加强建设运营口的沟通协调，加大维保工作管理力度，注重规范化生产作业，注重对发现的问题及时进行整改与完善，一年来行车系统稳定可靠，列车平均正点率、运营图兑现率、车辆、信号、供电系统故障率、乘客投诉率、列车服务可靠度等14项服务水平和质量标准均高于国家标准，乘客满意度高于国内同行业平均水平。

客运服务秉承“真诚一路，情润万家”服务理念，全力做好客运服务工作。一是通过加强客运管理强化服务理念。周密部署客流组织方案，建立标准化的车站服务流程，形成常态化的客服检查机制，持续开展服务技巧培训，组织形式多样化的服务提升活动，通过奖励机制大力弘扬和营造“一心为民”的良好氛围，全方位提升客运服务水平。二是通过互动营销活动树形象。1号线共开展各类主题的乘客互动营销宣传活动21项，拉近与市民的距离；全年微博发布信息2160条，粉丝互动4万余人，发布微信信息139条，与市民建立互动平台，树立鲜明的人文地铁形象。

【财务融资】 2014年，郑州市轨道公司多措并举、不断创新，财务融资取得新突破。郑州市轨道交通多线并建，资金需求量大，轨道公司争取市财政支持以及不断拓宽融资渠道，5月，市政府下发《郑州市域轨道交通发展专项资金筹集使用管理办法》，从根本上解决了轨道交通项目建设资本金、还本付息、运营支出等资金来源问题，建立了长效资金保障机制。全年资金筹措到位122.49亿元，其中财政拨付资金28.66亿元，债务资金93.83亿元，圆满完成年度融资目标的122.5%。私募债券PPN以低于同期同档基准利率完成发行工作，债权发行实现从无到有的突破，同时配合市财政做好3号线一期世行贷款项目有关工作，世行贷款进入合同签约阶段。

【内控管理】 郑州市轨道公司严格按照国家相关法律法规和公司内控制度，不断强化对勘察设计、建设过程、质量安全、招标、合同、计量支付等环节的管理，各项工作按照“围绕中心、服务大局”的工作理念，做到有据可依，规范推进。各线路勘察设计、计量支付工作随工程建设有序开展，满足工程建设需要；招投标工作通过规范招标流程，加强对招标代理单位管理，探索招标工作新模式，招标工作公开、公平、公正、合法有序推进，2014年轨道公司共完成招标、比选项目141项，中标金额189.72亿元，优选一流参建单位、一流设备供应商、一流服务商，实现技术与合理“降造”的较好结合。

【资源开发】 2014年，郑州市轨道公司统筹并进、及时部署，置业与附属资源经营工作全面开展。紧密结合轨道交通建设进展，加快推进资源开发工作，不断拓宽项目建设资金筹措渠道。1号线地下资源经营全年收入4676万元。1号线广告灯箱上画率100%，公益广告覆盖率10%；地铁电视项目（PIS项目）刊播工作有序开展；全线70台自动售货机运行正常，全线60台ATM机进行设计和安装；便民服务区进行装修工作。

（韩 冰 郭艳娜）

航空运输业

河南省机场集团有限公司

【概况】 2014年，河南省机场集团有限公司围绕构建“两大枢纽”目标，实施“三为先”发展战略，落实“主业做大，辅业做强”工作方针，进一步加强企业经营管理，扩大航空运输规模，推进改革与发展。全年“1435”生产目标圆满实现，完成货邮吞吐量37.04万吨，同比增长44.86%，其中国际地区货邮吞吐量20.61万吨，同比增长82.78%；完成旅客吞吐量1580.54万人次，同比增长20.29%，其中国际地区旅客吞吐量90.10万人次，同比增长44.45%。客货运增速在全国20个大型机场中排名均为第一，货运行业排名由2013年的第十二位跃居第八位，客运行业排名由2013年的第十八位提升到第十七位。

【货邮运输】 2014年，集团公司在运输生产上，坚持速度和质量并重的方针，一方面狠抓存量的稳定，一方面努力争取新的增长；在苦练内功、提升服务保障能力的同时，坚持改革创新，扩大对外开放和合作，确保运输生产高速增长的态势。货邮运输出现三大转变：一是从货源上看，国际地区货邮吞吐量20.61万吨，同比增长82.78%，占货邮总量的55.64%，国际地区货邮量超过国内货邮量，改变了过去国内货邮多、国际地区货邮少的局面。二是从承运方式上看，全货机承运货邮量25.70万吨，同比增长80.65%，占货邮总量的69.39%，全货机承运货邮量占主导地位，改变了过去以腹舱货为主、全货机承运为辅的局面。三是从货物流向上看，出港货邮19.86万吨，占货邮总量的53.62%，进港货邮17.18万吨，占货邮总量的46.38%，进出港货邮趋于平衡。其中国际地区进港货邮量7.30万吨，是2013年同期的202.51%，改变了过去以出港货物为主、回程货物严重不足的局面。截至2014年年底，在郑州机场运营的货运航空公司共17家，2014年新增卢森堡、美国南航和马来西亚3家货航；货运航线达到32条，2014年新增9条；国内与国际地区通航点33个，2014年新增9个；全货机周航班量达到92班。郑州机场航空货运网络覆盖范围快速扩大，货邮集疏能力大大增强。

【旅客运输】 2014年，郑州机场旅客运输呈现三大亮点：一是旅客吞吐量增速创出新高。走出因京广高铁冲击带来的增量困境，旅客吞吐量增速比上年提高7.73个百分点，高于全行业10.2个百分点。二是国际地区客运量增长迅猛。国际地区旅客达到90.10万人次，同比增长44.45%，增速高于全部旅客吞吐量24.16个百分点。三是新的经营模式成效明显。“快线+中转”增势较猛，郑沪、郑昆航班密度不断增加，客座率上升至86%；南航、厦航、海航、天津航、西部航、祥鹏航为郑州机场设计了中转产品，全年中转旅客达到17.27万人次，同比增长20.16%。截至2014年年底，在郑运营的客运航空公司达26家，2014年新增3家；开通客运航线153条，其中，国内航线136条，2014年新增31条，国际地区航线17条，2014年新增2条，基本形成覆盖全国和东南亚干支结合的航线网络。

【安全管理】 2014年，集团公司着力提升安全管理水平，全年共保障飞机安全起降14.77万架次，同比增长15.53%。其中，国内航线13.25万架次，同比增长13.13%；国际地区航线1.52万架次，同比增长41.76%。未发生机场责任原因的事故征候以上不安全事件，实现持续安全目标。进一步明确安全管理主体，健全安全管理机制，加大安全投入力度，确保飞行、空防和地面运行持续安全。一是健全完善安全管理机制。明确机场公司安全管理主体责任，健全机场安全管理机构，完善机场安全工作机制，安全管理体系建设进一步加强。二是进一步深化安全绩效管理。分析研究机场安全风险和运行现状，确定12项风险管控指标，在决策、管理和操作上制订和实施相应行动计划；加强不停航施工管理，加强对机坪地面运行、控制区人员管理、航空安保、配载平衡、危险品运输和公共安全等重点环节的检查督导，把安全管理主体、领导、员工“三个责任”落到实处。三是努力提升应急处置和救援能力。总结评估大面积航班延误和突发事件应急处置工作，制订一系列整改提升措施，修订完善“两个预案”，购置应急救援设施设备，建立机场信息平台和协调联动机制，对4300余名职工进行培训考核，开展单项和综合演练，提升机场应急处置和救援能力。四是加强空防安全和社会治安管理。针对严峻的空防安全和公共安全形势，及时提高机场空防响应等级，强化旅客、货邮和道口出入人员安全检查，加大航站楼出入口防爆检查力度；加强特巡警队伍建设，坚持公共区域治安管控和武装巡逻，确保公共区域的安全稳定。

【服务保障】 2014年，集团公司适应客货运快速增长的需要，采取切实措施提升服务保障能力。一是加大基础设施设备投入。完成T1航站楼国际厅改造和站坪扩建，新增14个停机位，改造2套行李转盘、8个登机桥；完成T1航站楼中央空调系统变频节能改造，新建天然气锅炉房，更新中心变电站、水厂变电站和5个电力、热力管网项目；T1停车楼竣工投用，增加1500个停车位；购置38种应急救援和17种应急处置设备，新进20台先进除冰雪成套设备；提前建设8000平方米二期工程货运站棚库区，新增35辆牵引车、11辆升降平台车、15辆行李传送车等货运特种车辆。二是改善服务条件和环境。实现与民航局运控中心数据交换和航站楼数字监控，完成机场综合信息处理与发布、800M集群

应急通信基站、飞行区LTE无线网及车辆调度管理等项目，规范航站楼标识标牌，更新航站楼航显大屏幕，实现WIFI全覆盖，增设航班延误、远机位候机、国际出发、高端旅客服务柜台和应急值机岛，增添饮用水、移动充电、临时座椅等设备；改造远机位等候区、航站楼急救站、出发厅安检绿色通道，服务设施更加完善，旅客候机环境得到改善。三是努力提升服务水平。贯彻“真诚温馨、和悦入心”理念，创建“精细服务”“特色服务”“中原中转”品牌；培养选拔服务内训师，邀请专业机构对管理人员和窗口职工进行服务技能培训；充分发挥旅客服务品质提升委员会作用，健全完善服务质量监测、评价机制，强化服务质量目标管理考核，有效提升服务品质和水平。郑州机场先后被海航、厦航、港龙航空、河北航空授予优秀、最佳地面服务单位。

【航空枢纽规划建设】 围绕航空枢纽建设目标，积极推进规划编制和项目建设工作。一是完成郑州机场总体规划修编。依据郑州航空港经济综合实验区发展规划，结合郑州机场战略定位和客货运发展实际，吸收专家和相关方面意见，完成郑州机场总体规划修编和空域规划、飞行程序设计等工作。二是开展机场核心区建设专项规划。编制航空物流枢纽发展规划，启动功能区控制规划和核心区交通专项规划，确定郑州机场航空物流枢纽发展目标和项目选址方案，为航空货运快速发展预留充足空间。三是着手中长期发展战略规划编制工作。根据国家民航局、省国资委的要求，提前启动集团公司中长期发展战略规划和“十三五”规划编制工作。四是强力推进重点项目建设。二期扩建工程完成项目概算投资70.17亿元，按照计划节点有序推进；集团公司综合业务楼及职工文化中心、餐饮中心土建封顶；职工生活综合楼内部装修基本完成；后勤保障基地项目规划设计方案基本确定，土方施工全面展开；其他项目的前期工作也在有序推进。

【机场二期工程投运准备工作】 配合二期工程指挥部推进工程建设，研究制订投运准备总体方案和总进度计划，实现工程建设与投运准备的紧密衔接。一是加强领导和协调。集团公司成立二期工程投运保障工作领导小组，定期研究分析投运保障工作，及时协调解决工程建设和投运准备中出现的问题。二是落实部门职责和任务。将投运保障工作划分为工程设计和招标、施工及设备安装、设备调试、工程验收、交接转场等5个阶段，明确各个阶段的任务和部门职责；抓好专项方案的确定和落实，提前启动商业设施、广告设施规划设计，T2航站楼业务用房、服务设施分配，“两舱”及贵宾厅建设方案，特种车辆招标采购，T2航站楼和GTC装修，T1保通工程等8个专项方案的对接与沟通，协调解决50多个规划建设中的问题。三是组织相关人员提前介入工程建设。集团公司相关部门、机场公司相关单位的管理和业务骨干与二期指挥部合署办公，全面参与工程建设和设备采购工作，为设施设备安装调试及验收投运奠定基础。四是开展商业和广告招商工作。学习借鉴国内大型机场商业和广告运营经验，结合T2和GTC实际制订招商方案，成立专项小组开展招商工作，确定T2航站楼商业中标商户，广告招商主要工作得到落实。

（郭智杰）

中国南方航空河南航空有限公司

【概况】 2014年，南航河南公司实现新旧两种运行模式的顺利转换，经营活力得到进一步释放，盈利水平显著提升，各项工作平稳推进，企业发展和谐有序。2014年共运输旅客484万人，同比增长6.2%；货邮运量4.2万吨，同比下降3.5%。飞机日利用率9.5小时；实现利润1.46亿元；南航始发客座率81.1%，低于外航3.5个百分点；始发平均票价791元，高出外航171元；始发捆绑座公里收入0.4535元/座公里，高出外航0.0724元/座公里。在郑州市场低成本航空不断进入前提下，仍然实现收益品质的提升；货机收入品质在南航所有货机经营单位中排名第一。全年经营考核指标完成情况良好，在17个分、子公司中，客运综合排名第九位，货运排名第五位。2014年，南航河南公司抓安全力度更大，技术管理、作风管理落实到位，新的微信平台的广泛使用解决人员难以集中的管理问题，对安全问题的应对控制能力更强。全年共安全飞行8.32万小时，地勤保障安全行车约161万公里，实现连续268个月的飞行、空防和地面安全。

【服务与运行保障】 2014年，南航河南公司服务质量总体排名第十四位。全年执管航班39596班，正常率66.65%，同比增长9.81个百分点；郑州出港航班量21941班，正常率63.68%，同比增长6.68%，发布快速过站190班，成功率93%；保障各类军事运输航班20班，共计699人，物资29560公斤。在提高正点率方面，各运行单位通力配合，通过推行远机位过站航班不下客，提前40分钟结载，推进1号廊桥使用等多种措施，全面提升公司航班运行品质。

【成本管控】 2014年，南航河南公司各单位努力落实股份公司节支目标，降本增效成果显著。办公室严格控制各类公务消费，制订并下发新的公关接待工作规定、领导职务消费管理规定等，重新梳理并完善接待费用的报账流程，防止违规违纪现象发生，全年招待费节支54万元。飞机维修厂通过扩大飞机大修能力、提升附件修理能力，增收563万元，节支1212万元。

【企业改制】 11月1日，南航河南公司子公司开始试运行，集团公司对新公司未来5年的发展进行全面规划，各职能部门分别做了大量的基础准备工作，保证了由分公司向子公司过渡的顺利进行。

【企业改革】 集团公司修订完善中层管理人员绩效考核办法，促进中层管理人员工作状态、作风和思路方法的转变；推进机长等级聘任工作，建立飞行人员职业通道，完善机长职业成长和激励空间；落实空勤人员税收政策，空勤人员所得税下降，收入增加；做好相关薪酬改革的宣讲准备工作，稳定飞行队伍。

【基本建设】 2014年，南航河南公司完成锅炉煤改气基建项目，获港区管委会36万元奖励；完成高压双回路改造、场区围界改造、航材库改造、高压柜改造、外场停机坪灌缝等30-500万元的维修改造项目；11月27日，生活基地举行动工仪式，公司两个工程建设项目稳步推进，发展环境进一步优化。

（刘海英）

华南蓝天航空油料有限公司河南分公司

【概况】 2014年，华南蓝天航空油料有限公司河南分公司完成航煤销售48.82万吨，同比增长23%；保证航班73894架次，同比增长15%。河南分公司获得航油公司分机场达标四类机场综合排名第一名、飞机加油车运行效率达标综合排名第一名。河南分公司连续4年获得河南省总工会和河南省安全生产监督管理局授予的河南省“安康杯”竞赛优胜单位称号；获得中国航空油料有限责任公司2013年度先进单位、蓝天公司2013年度“安康杯”优胜单位等各类称号共计15项。

【安全管理体系建设】 2014年，河南分公司健全完善安全管理体系，不断提升体系文件的适应性和有效性。一是细化应急救援预案，明确应急预案中的每一个重点。二是加强应急预案的学习。三是重新修订分公司的43个现场处置预案，新增《加油车机坪紧急撤离现场处置预案》。全年共进行各类应急演练70

雪夜加油

次，其中实战演练29次。

【作业现场规范化管理】 河南分公司制作完成查库作业标准化和卸油作业标准化培训视频。举办卸油作业标准化、自控操作员巡库标准化、加油车加不出油故障排除技术比武、一笔一画写油单书法竞赛、加油员计量专项培训、波音787飞机加油操作培训，夯实员工的安全作业基础。

【隐患排查治理】 2014年，河南分公司强化隐患排查治理，推行量化风险评估，持续开展风险管控活动和变更管理，有效控制现场运作风险。分公司全年主动上报各类安全隐患109条，其中，被评为分公司“最有价值安全隐患”9项，获“隐患最佳整改奖”4项，2条被评为蓝天公司“最具价值安全隐患”。

针对使用油库分设的重大变更，重新修订完善2份岗位说明书，2份培训考核清单，29项作业指导书，开展分设专项风险评估8项，做好变更管理，确保满足现场运作管理需求。

航空加油站结合机场二期扩建及对现有机坪的改造，开展南航新机坪行车和加油的专项风险识别和评估，对车辆的行驶路线、停放地点等变更细节进行明确，确保南航新机坪启用的安全过渡。

【长输管线隐患治理】 河南分公司持续关注长输管线隐患治理工作，全面推进设施设备完整性管理。首先，对管线完整性管理工作进行完善和细化。全面排查卸油管线、加油管线，逐一进行整治。对存在的4处短期内无法消除的隐患，明确职责，加强监控，并联合港区管委会协调签订三方联防协议；加大对管线新增隐患的管控，强化对第三方施工的监控；开展输油管线泄漏联合应急演练，加强管道安全的宣传教育。同时，河南分公司还与港区管委会联合开展输油管线泄漏联合应急演练，加强管道安全的宣传教育。同时，加大管线巡视力度，多次发现和现场制止管线上方施工现象。

河南分公司在试行配电和输油管线完整性管理的基础上，大力推进油罐和加油车等关键保障设施设备的完整性管理。航空加油站采取精细化管理，做好设施设备维修保养工作。先后完成消防换季、车辆春夏和冬春换季保养、加油车电器检查等工作，通过预防性维修保养提升车辆的安全可靠性。同时，规范车辆故障维修交接单制度，形成车辆故障报告、维修、启用的管理闭环。

【安全培训】 河南分公司改进安全培训工作，提升员工业务素质。全面推行内训师培训制度，精选各岗位业务骨干作为首批内训讲师对员工进行专题培训。各现场结合实际情况梳理细化《岗位培训考核清单》，在上岗考核和岗位复核时进行全覆盖，确保全员达标上岗。

航空加油站面对“两新”（新加油车、新加油员）局面，加大“两新”培训力度，狠抓培训内容和质量。采取“集中培训、分散学习，统一考核”的方法，责任落实，明确分工，做到“老加油员与新加油员、党员与团员”结成对子，形成“传帮带”机制，促进员工素质提升。

使用油库结合人员变动较大，人手紧张的特点，“因人施教”，提高员工的知识技能和风险管控能力。针对新入职的员工，关注其安全意识，重点培训岗位技能和值班日常工作；针对老员工，重点培训应急反应能力和处理问题的能力；针对管理人员，重点培训关键性屏障和作业行为观察能力。

【精细化管理】 2014年，河南分公司大力实施精细化管理，经营业绩成效显著。加强全面预算管理，动态分析预算费用完成情况，有效清理欠款，避免资金损失和沉淀；推进职能部门费用负责制，做好费用的有效跟踪及使用；开展销售预测分析，提高销售预测准确率，做好库存管理。加大欠款追讨力度，加快资金周转速度；推进土地证变更，通过货币补偿方式真实反映土地实际占用面积，增加补偿款202万元，避免国有授权经营土地的流失。创新保税油核销方式，实现降本增效。采取差额保证金方式开展保税油报关核销，减轻向海关缴纳全额保证金给蓝天公司资金运作带来的压力。

（马晓祎）

民营经济

综述

【概况】2014年，郑州市民营经济按照全市经济发展的总体部署，以贯彻市委经济工作会议精神为动力，积极转变发展方式、优化产业结构，全市中小企业发展总体保持了持续健康较快发展态势。2014年，全市中小微企业完成增加值4389亿元，同比增长10.2%，约占全市GDP比重65%；规模以上工业中小企业完成增加值2190亿元，同比增长10.7%；民间投资完成3960亿元，同比增长26%；社会消费品零售额完成2290亿元，同比增长12.6%；中小微企业总数达到8.5万家左右，从业人员180万人。中小微企业的快速、健康发展，为增加财政收入、扩大投资、拉动消费、扩大就业发挥了重大作用。

【民营经济存在主要问题】2014年，民营经济保持了较好的发展势头，但仍存在部分问题。（1）结构性矛盾对经济的影响进一步突出。郑州市中小企业中，一般加工工业和资源密集型产业比重过大，大多从事低附加值产品的加工生产，处于整个产业链的底端，新能源汽车、新材料、信息产业等新兴产业占全市工业的比重不高，高端制造业和生产性服务业发展滞后，同时战略性企业和项目的拉动作用也在逐渐下降。主导产业中，电子信息产业拉动作用减弱，汽车及装备制造业回升缓慢，煤炭、电解铝、耐材行业持续困难。第三产业中的高端服务业占比很小，传统的批、零、餐、住、交运等服务业仍占主要份额，金融、外包、会展、创意、社区服务、智力型服务等占整个服务业的比重很小，高附加值低，带动性不强。（2）中小企业用于发展的资金缺口进一步加大，融资难问题加剧。中小企业资金缺口主要为调整传统产业结构、提升主品竞争力和技术型、创新型中小企业扩大再生产所需资金。在经济下行的大环境影响下，郑州市中小企业融资面临双重困境，即间接融资梗阻和直接融资不畅。中小企业外部融资在很大程度上依赖银行贷款这种单一的渠道，但银行对中小企业贷款申请条件除了以较高的利率补充风险溢价外，还通过承兑、抵押担保等非价格模式提高贷款条件。银行为防止贷款损失，实行信贷配给，对无抵押担保的中小企业，发放贷款放缓。国有银行信贷权上收也造成中小企业贷款趋紧。直接融资渠道中，除少数成长性高的高科技中小企业可以吸引风险基金，在三板市场上市外，大部分中小企业不具备上市条件，无法利用资本市场。“种子基金”贷款和财政补贴贷款工作上半年进展速度放缓，整体额度有限。在经济形势处于下行周期的不利影响下，利率市场化改革势在必行，对于银行的影响就是回收贷款，收紧规模来规避风险，使得金融支持经济增长的效率下降，小微企业融资困难在真正实现利率市场化之前更加突出。在上述情况下，导致中小企业融资难现状进一步加剧。（3）中小企业服务体系不健全。一是郑州市中小企业信息综合服务平台运营由于人员、经费及管理、技术力量的限制，作用发挥还不够明显。二是政府对中小企业支持力度还有待进一步加大。金融、财政、税务等部门的政策和资金支持力度仍然较弱，部分政策在落实上有打折扣和落实不到位现象，各部门之间相互协调还不够有力。三是社会化服务体系尚未完全建立健全起来，企业间协作配套关系不协调。

（赵建钢）

2014年中小企业主要指标完成情况

单位：亿

指标	2014年	2013年	同比%
增加值	4389	3984	10.2
其中：规模工业中小企业增加值	2190	1978	10.7
总产值	9642	8742	10.3
营业（销售）收入	9358	8453	10.7
实现利润	963	879	9.6
完成出口（亿美元）	117	108	8.6
上缴税金	542	471	15.1
民间投资	3960	3143	26
社会消费品零售额	2290	2034	12.6
企业数（家）	85938	84752	1.4

民营经济管理

【中小企业服务平台建设】2014年，郑州市中小企业综合服务平台等6家公共服务平台，获得河南省中小企业公共服务平台称号；郑州市综合窗口服务平台、荥阳五龙产业集聚区产业窗口服务平台、登封磨料磨具产业集聚区产业窗口服务平台3家服务平台被纳入国家工信部中小企业公共服务平台网络建设专项资金支持项目。12月，郑州市中小企业服务局主办的郑州市中小企业综合窗口服务平台线下部分投入运营，承办了政策大讲堂全国巡讲活动和2014创新中国行培训活动，共300家企业参加培训。8月28日，组织召开全市中小企业公共服务平台建设工作会议，对2014年新增的6家省级中小企业公共服务平台和11家市级中小企业公共服务平台进行了命名授牌，并对下一步全市中小企业公共服务平台网络体系建设进行了安排部署。截至2014年年底，全市建成省级中小企业公共服务平台11个，省级小企业创业基地4个。

【融资渠道建设】充分用好财政资金。2014年，全市有5家企业获得国家中小企业发展专项资金850万元，市财政下拨2013年市中小企业发展专项资金4420万元，支持160家中小微企业。做好财政补贴贷款工作。2014年，财政补贴贷款工作适当引入新的合作银行和担保公司，对合作单位就上一年度贷款按额度进行补贴。累计共组织推荐9批352家次企业，46家次获得授信，额度为2.044亿元，涉及IT、电力、服装、食品、新材料、节能环保等多个行业。

搭建银行、担保机构和中小微企业合作交流平台。下发了《关于推荐中小微企业贷款项目的通知》（郑中小企〔2014〕19号）开展中小微企业贷款项目推荐工作，全市共征集73个建设贷款项目和流动资金贷款项目，报送市政府参加全市中小微企业银企洽谈会。组织郑州市相关企业参加省金融机构与万家中小微企业贷款项目对接签约活动，达成多个银企合作协议。通过政府搭建银企洽谈平台，使金融机构和企业找到更多结合点，得到更多发展良机，起到缓解企业融资难的作用。

加速推进中小企业新三板上市工作。郑州市中小企业服务局组织主办了“郑州市中小企业新三板挂牌辅导与对接活动”，邀请专家讲解新三板最新政策与操作实务，解读国家多层次资本市场发展趋势，全面介绍新三板的定位与功能，以及挂牌的基本条件、途径和流程，帮助企业全面了解新三板“怎么挂”的问题。会后安排由券商、律师、会计师等组成的专家团队，赴企业实地考察走访，帮助企业解决实际困难。

做好融资难调研分析工作。编写《郑州市小微企业融资情况调研汇报》，对郑州市小微企业融资现状、造成小微企业融资难问题的主要原因作了深入分析，并提出缓解小微企业融资难的对策及建议，分别上报省中小企业服务局和市政府，为上级出台服务郑州市小微企业融资政策提供依据。组织召开郑州市中小企业投融资服务中心筹备座谈会（论证会），听取小额贷款公司、担保公司、企业的意见，赴苏、深、渝等地学习考察，最终形成《关于赴苏、深、渝等地学习考察担保和小贷行业的报告》，对郑州市服务小微企业融资工作提出具体建议和意见。

【中小企业专家服务团建设】2014年，郑州市中小企业服务局继续抓好专家服务团工作。报市政府同意，重新选聘了专家，制定下发了专家服务团工作要点，及时开展专家服务日活动和走基层巡回服务活动。3月，组织多个行业41家中小微企业负责人，召开全市中小微企业专题座谈会，邀请郑州大学

全市中小微企业座谈会召开

商学院教授、郑州大学企业研究中心主任、郑州市专家服务团副团长孙学敏，郑州大学管理工程学院教授、管理学专家、思达集团副总裁任慧军等专家，对参会企业成长中遇到的问题和发展瓶颈，给予指导。8月，组织开展了全市中小企业专家服务日活动投融资辅导专场，有融资服务需求的58家中小企业参加了现场服务活动。邀请河南省知名担保行业专家、小额贷款行业专家、投融资行业专家和部分驻郑银行金融机构负责人出席活动，进行中小企业融资知识宣讲、辅导，并就企业现场的询问进行指导服务。开展“专家按需预约送服务上门”活动，组织专家到河南嵩颖农牧有限公司等企业进行实地指导服务。

【人才培训服务】与郑州大学、省工信厅联合，通过举办研讨班、培训班等形式，培训担保行业、小额贷款公司高管200多人次；依托四川大学、浙江大学等高等院校，组织120多位企业家、高管入校培训，通过培训，提高各企业高管人员的管理素质，强化企业内在发展动力。组织78家企业参加百度翔计划活动；安排100余家企业参加网上百日招聘高校毕业生活动，为企业发展提供良好人才支撑。

【优秀企业推介】根据全市中小企业发展情况，撰写、印发一季度中小微企业运行情况，反映中小微企业发展现状。同时联合《郑州日报》对郑州市近5年来小微企业发展情况进行报道，并对部分发展前景好、成长性高的小微企业进行跟踪报道，积极宣传中小企业发展现状，营造良好发展氛围。组织优秀企业走出去参展参会，2014年，组织全市中小企业参加中博会等会展12次，参加产学研对接会52次，签约项目1.58亿元。

【融资性担保行业发展】2014年，郑州市已取得融资性担保机构经营许可证的担保公司有78家，注册资本金113亿元，在保余额345亿元，平均放大2.55倍。

担保行业发展特点。（1）2014年，担保业务实现较快增长，新增担保额266亿元，新增担保业务10326笔，累计新增担保企业6020户，新增担保额较上年同期提高94亿元，同比增长27%。（2）服务对象以中小微企业为主。按单笔担保金额划分，800万元以下的担保业务数量占业务总量的60%以上。按受保企业类型划分，受保企业中88%为中小微企业。（3）各项准备金提取充足。78家公司共提取未到期责任准备金4.74亿元，达到并超过行业规定标准的50%；担保赔偿准备金6亿元，达到并超过行业规定标准的1%；一般风险准备金5938万元，达到并超过行业规定标准的10%。各项准备金合计11.34亿元，拨备覆盖率为350%，准备金充足，符合政策要求。（4）代偿问题增多。10月末代偿余额为3.24亿元，2014年累计发生代偿额1.7亿元，超过2013年全年代偿额，担保代偿率上升至0.8%，代偿回收率为31%。

【融资性担保机构日常监管】2014年，郑州市中小企业服务局认真落实省厅部署，积极探索有效措施，着力加强行业监管，促进行业健康发展。（1）坚持现场检查与非现场监管相结合。从会计师事务所借调专业人员力量，对全市各县（市）区融资性担保机构先后开展两次全面现场检查，将检查发现的问题及时予以反馈，并督促有关公司尽快整改。同时，加强托管资金的监管。担保公司、托管银行、监管部门三方签订托管协议，确保注册资本金40%存入托管账户，按协议规定加强监管，每月沟通汇总银行出具的托管账户资金到位和变动情况，形成信息沟通机制，确保托管资金全部足额到位。对担保机构登记

郑州市投融资服务中心筹备座谈会召开

事项的变更、退出、注销等工作，严格及时上报，并按相关规定及时审核，包括现场审核和非现场审核，使窗口监管事项进一步规范化、制度化。（2）坚持日常监管与风险排查相结合。认真落实国家和省有关部署，及时下发对担保行业的风险提示，将风险排查工作落实到日常监管工作中去，发现风险问题苗头儿随时予以排查整治。将融资性担保机构风险排查工作纳入全年日常监管重点工作，制定风险排查方案，组织力量并聘请专业人员，以财务审计为手段，用两个月时间开展自查、抽查、普查，着力消除风险隐患，提高和强化担保行业风险防控水平和意识。（3）坚持日常监管与教育培训相结合。对担保机构法人、高管实行任职资格管理，对高管人员的专业资格严格控制，要求主要经营负责人从事担保、信贷等金融工作3年以上，专业部门人员中中级职称专业人员占30%以上。在组织参加省厅举办的高管人员培训班和风险防控专业培训班的基础上，采取以会代训、层层负责的方式，坚持把政策法规的宣传教育贯彻监管工作的始终。11月5–7日，与郑州大学企业研究中心合作举办了“郑州市担保行业规范监管和发展创新高级研讨班”，国务院银监局担保监管司司长、国务院融资性担保业务监管部联席会议办公室常务副主任文海兴，省工信厅中小企业服务局副局长鞠亚等国家和省有关专家、领导做了专题报告，提高了行业合法合规经营的自觉性和责任感，为日常监管工作打下了良好的基础。（4）坚持日常监管与年度考核评价和行业年审相结合。按照省厅统一安排，对全市融资性担保机构进行2013年度行业监管考核评价工作。全市担保公司年度考核评价工作实行定量评分和定性分析相结合、年终考核与日常监管和行业年审相结合、现场检查与材料审查相结合的方式进行，除1家未满半年，1家正在整改业务外，76家公司全部参加考核，评价结果为，A类62家、B类12家、C类2家。在此基础上，认真开展了行业年审资料审核和上报工作，对担保公司2013年度情况进行了全面审查。（5）坚持日常监管与服务行业发展相结合。在做好日常监管工作的基础上，郑州市不断加强对担保行业发展的支持力度，会同市地税局审核推荐5家担保公司免征营业税。组织符合条件的担保公司申报国家中小企业发展专项资金，16家担保公司获得补助总额1635万元。同时，鼓励担保机构增资扩股，提高抗风险能力。截至2014年年底，注册资本金在3亿元以上的企业达到4家，2–3亿元有9家。

【小额贷款公司发展】 2014年，郑州市新增小额贷款公司4家，经省工信厅批准设立的小额贷款公司总数达到54家。注册资金总计55.6亿元，运营资金62.14亿元。从银行融入资金4.1亿元，其他资金4亿元。从业人员总数达到1068人。54家小额贷款公司，为全市“三农”、个体工商户等提供了高效、便捷的融资平台，同时，小额贷款公司自身所具备的放贷手续方便、审查灵活、效率高、申请门槛低等特点，发挥了灵活支持县域经济的突出作用。截至2014年年底，全市小额贷款公司发放中小微企业、个人贷款3691笔，累计贷款额81亿元，涉及企业3215户。

【小额贷款公司监管】 召开全市小额贷款公司工作会议，共有各县（市）区主管部门的分管领导、业务科长和小额贷款公司负责人、业务高管等150余人参加。会议针对在2013年度年审工作中暴露出来的问题和行业发展、监管服务及风险防范等工作进行再部署、再动员、再要求。对公司在治理与内控、合规合法经营、账户开立和使用、信息披露等4个方面逐一提出点评和要求；并要求各家小额贷款公司继续统一思想，提高认识，规范经营、健康发展；县（市）区要坚持规范与发展并重的原则，按照“严格审批、严格监管、严控风险”的工作思路，切实履行监管职责，有效配置金融资源。

做好行业年审，促进行业发展。聘请专家对2013年度小额贷款公司的资金运营及财务状况等重大事项进行重点审核，严把审核关。对达到要求的公司在郑州市中小企业服务局网站上公示并行文上报省厅；对未达到行业年审条件的公司，由各县（市）区主管部门逐一调查并写出年审有关问题核查报告。截至2014年年底，全市有50家小贷公司参加了2013年度行业年审，47家小贷公司通过年审，3家未通过年审。

加强规范管理，做好风险防范。在小额贷款公司管理和风控方面，建立日常监管制度和风险预警季报制度，开展信息报送，运用“小额贷款公司业务信息报送系统”对全市小额贷款公司进行动态监督管理，全面、准确、及时掌握小额贷款公司经营情况，发现异常及时介入调查处理，防控风险发生。实行风险预警季报制度，各县（市）区每季度上报《小额贷款公司风险预警报告表》，加强风险信息收集、分析和交流，对风险状况进行持续跟踪监测。建立健全现场检查和非现场监管工作制度，对各小额贷款公司的经营情况、内控制度、风险等情况进行全面的了解检查，督促公司加强管理，做到审慎经营。同时，坚持对每家新设立的小额贷款公司到现场检查验收，对监控、防火、防盗、警报措施逐一检验，确保安全措施到位。开展小额贷款公司年度监管考核评价工作，年度考评实行定量评分和定性分析相结合、日常监管和年终考核相结合、现场检查与材料审查相结合的原则。对小额贷款公司的年度监管考核评价实行计分制度，把考评结果作为小额贷款公司增资扩股、扩大经营范围和向银行业金融机构推荐等业务的主要依据，并确定其是否有继续从事小额贷款公司经营活动的资格，从而建立长效监管机制。

开展风险排查治理工作。依据郑州市实际情况，下发了《关于进一步加强小额贷款公司监管工作的通知》（郑中小企〔2014〕120号）和《关于对我市小额贷款公司开展风险排查治理工作的通知》（郑中小企〔2014〕123号），集中两个月时间开展对小额贷款公司违规经营及从事民间融资风险情况的全面排查治理工作，摸清风险底数，堵塞风险漏洞，排查风险隐患。以风险排查与日常监管相结合、风险排查与现场检查相结合、风险排查与防范非法集资相结合、风险排查与宣传教育相结合等“四个结合”为抓手，努力开展小额贷款公司风险排查治理工作。

（赵建钢）

财政管理

【概况】 2014年，全市财政收支再上新台阶。全年全市财政总收入完成1268.6亿元，同比增长13.7%；地方公共财政预算收入完成833.9亿元，同比增长15.2%，增收110.3亿元；地方公共财政预算支出完成918.6亿元，同比增长12.6%，增支102.4亿元，再创历史新高。不断壮大的财政收入和持续增长的财政支出，有力保障了新型城镇化建设、民生工程等资金需求，为郑州经济社会平稳健康发展提供了有力的财力支撑。

【收入征管】 加强收入征管，确保应收尽收。强化综合治税机制，继续坚持税源建设例会制度，及时研究解决组织收入中遇到的新情况、新问题，进一步强化税收挖潜增收措施。强化税源监控，加强重点区域、重点行业、重点企业、重点项目的税收分析监控，确保税收及时足额入库。强化税收专项检查，关注房地产、建筑等重点行业税收运行，组织开展建筑安装业、股权转让、土地使用税、重点税源以及物业公司、驾驶员培训学校等管理难点专项检查，努力挖掘增收潜力。开展发票打假打虚活动。市打假办联合市国税局、地税局、公安局等部门，开展专项行动，继续保持对发票违法犯罪活动的高压态势，检查使用发票企业1500余户，查补税款、滞纳金及罚款3500余万元；查处虚开、虚抵增值税专用发票3000余份，查补入库税款9000余万元。推进“以地控税，以税节地”项目。市财政局配合市地税局，建设“郑州市城镇土地使用税地理信息管理系统”，实现国土宗地信息与征管信息共享，加强信息关联比对、差异核实，澄清辖区征管税源，基本实现城镇土地使用税无缝化、可视化、动态化管理，推动税种科学化、专业化、精细化管理进程，全市土地使用税同比增长22.6%，同比增收1.94亿元。强化非税收入征管，加大非税收入征缴和稽查力度，确保各项非税收入依法征收、应收尽收。强化收入督导，严格落实每月20日起收入日报制度，以日促月、以月促年，确保收入目标圆满完成。

全市财政工作会议召开

【资金筹措】 加大筹措资金力度。市财政部门牢固树立集中财力办大事的理念，统筹安排各类资金，紧紧抓住经济社会发展中的重点、难点，找准群众反映最强烈的问题，集中财力保民生、保建设、保发展。争取上级资金支持。2014年，共争取上级各类资金226.3亿元，增长20.6%。其中，各类转移支付资金189亿元，债券转贷资金37.3亿元。继续深化投融资体制改革，健全完善“立、融、用、管、还”一体的全产业链发展模式，8家投融资公司融资352亿元，是2011-2013年融资总和的3.6倍。探索新的融资方式。市交投地坤实业有限公司在全国率先发行首只12亿元的“市政债”；郑发投集团等代省、市、区三级政府出资6.25亿元，实施东风日产30万台整车工厂项目建设，撬动社会资本13亿元；设立2亿元产业发展引导基金，引导股权投资、风险投资、创业投资等机构和社会资本成立子基金。

【财政支持产业转型升级】 2014年，郑州市充分发挥财政资金引导作用，支持产业转型升级。市本级投入产业引导资金51.8亿元，重点支持战略性主导产业发展，促进现代产业体系构建。支持工业结构调整。拨付资金16.3亿元，支持电子信息、汽车及装备制造等七大工业主导产业发展壮大，加快工业转型升级。支持服务业发展。拨付资金2亿元，支持现代物流、电子商务、现代金融等现代服务业发展，促进现代服务业提质增速。支持航空港实验区建设。拨付资金12.7亿元，支持实验区基础设施建设和产业发展，促进航空港实验区建设快速发展。明确土地收入管理，实验区土地出让收入实行全留政策。完善建设投资机制，实验区高速公路、外围道路和市政基础设施建设资金实行分担机制。支持对外开放和自主创新。拨付资金1.8亿元，积极支持定向招商、产业链招商等招商活动开展，扎实推进对外开放要素平台搭建和重点项目建设，提高对外开放水平。拨付资金3.3亿元，支持重大科技专项、科技成果转化企业技术创新和公共服务平台建设，推动自主创新和高新技术产业发展。支持现代农业发展。拨付资金1.6亿元，支持农业示范区、“菜篮子”工程等农业重点项目建设和农业企业发展，提高农业产业化水平。

【财政支持新型城镇化建设】 2014年，郑州市围绕新型城镇化建设和城市功能提升，不断加大资金筹措力度，确保新型城镇化建设资金需求。支持城乡基础设施建设。拨付资金74亿元，重点用于轨道交通、城市快速通道、立交桥等项目，深入推进畅通郑州建设；拨付土地出让资金241亿元，落实城中村改造、旧城改造、合村并城的土地收益返还政策，保护改造提升中心城区；拨付奖补资金2.6亿元，加快推进新型农村社区建设；拨付资金17.3亿元，支持排水管网改造、污水处理、热力、电力等基础工程加快实施。支持保障性安居工程建设。拨付资金44.6亿元，用于公共租赁住房、棚户区改造；利用棚户区改造项目融资，国开行对郑州市棚户区改造项目授信规模达到310.5亿元，各区与国开行签订贷款合同187.7亿元，已发放贷款104.5亿元。支持生态城市建设。拨付园林绿化建设资金2.4亿元、环境保护建设资金3.5亿元，大力推进生态园林和生态水系工程建设；拨付资金27亿元，推广节能及新能源汽车应用，支持锅炉拆改、黄标车淘汰、扬尘治理等污染源整治，推进大气污染防治。支持扶贫开发。拨付资金3.3亿元，持续加大扶贫开发力度，完成异地扶贫搬迁7371户27160人及25个村的整村推进；拨付资金2.5亿元，落实各项移民补助政策，确保移民生活及后期扶持项目顺利推进。

2014年10月30日，市委常委、宣传部部长王哲到市财政局视察指导文明创建工作

【民生保障政策落实到位】 2014年，全市各级财政紧紧围绕市委、市政府决策部署，不断优化和调整支出结构，大力压缩一般性支出，集中财力保民生保重点，为全市经济社会发展提供坚实的资金保障。支持教育事业发展。全市教育支出124.3亿元，增长16.1%。促进中小学教育均衡发展。拨付资金80.9亿元，保障中小学教师工资及时足额发放，全面落实城乡义务教育生均经费政策和减免学杂费、书本费等各项助学政策。支持中小学建设。拨付资金19亿元，支持农村及城市中小学校舍建设，新建、改扩建市区中小学34所，新增学位4.9万个，新建幼儿园60所。促进职业教育和高等教育发展。拨付资金17.6亿元，实施公办职业院校生均财政拨款预算改革，提高市属本科院校生均经费标准，落实职业教育和高等教育国家奖学金助学金及免学费政策，推动职业教育和高等教育健康发展。完善社会保障和就业体系。全市财政社会保障和就业支出62.6亿元，增长15.6%。做好就业工作。拨付资金2.9亿元，落实就业再就业财政补贴政策，全市实现新增城镇就业15.3万人，农村劳动力转移就业11.4万人。健全社会保险体系。拨付资金7.6亿元，稳步提升社会保险待遇，扩大社会保险参保范围，全市社会保险参保总计1202.9万人项，市本级企业退休人员基本养老金每人每月增加230元。完善社会救助体系。拨付资金4.1亿元，城市低保标准提高到每人每月470元，农村低保标准提高到每人每月260元；拨付资金1131万元，做好弃婴和“三无”人员救助安置工作；拨付资金2862万元，完善养老服务体系建设，加快养老服务业发展，民办养老机构增至44家，建成城市社区日间照料中心96家，农村养老服务中心增至126个。推进公共卫生和医疗事业发展。全市医疗卫生与计划生育支出70.2亿元，增长20.7%。建立全覆盖医疗保险体系。拨付资金13.5亿元，城镇居民医保和新农合财政补助标准由每人280元提高到320元，城镇职工医保最高支付限额由24万元提高到32万元，居民医疗保险最高支付限额由10.3万元提高到14万元，新农合最高支付限额由15万元提高到20万元。推动基层医疗卫生机构和县级公立医院综合改革。拨付资金5575万元，支持114家政府办基层医疗卫生机构、2237家村卫生室、21家非政府办社区卫生服务机构实施国家基本药物制度并实行药品零差率销售，降低医疗费用；拨付资金3400万元，重点用于试点医院药品零售差价销售补偿和床位补贴，累计让利患者1亿元，25200名和24450名患者享受新农合按病种付费和“先住院、后付费”服务。提升公共卫生服务和大病保险水平。拨付资金2.9亿元，支持郑州市人均基本公共卫生服务经费标准提高到35元，开展片医服务的社区卫生服务机构服务标准提高到45元；筹集基金5588万元，继续实施农村居民大病保险，重大疾病医疗保障病种增加到35种，平均补偿比例达75%以上，累计7100人（次）受益，偿付医疗费用4024万元。

【财政管理改革】 按照党的十八届三中全会及全面深化改革的新定位、新要求，郑州市积极推进财税体制改革，坚持把财税改革与打造“四个郑州”、推进“两项建设”结合起来，全面提升财政科学化、规范化、信息化管理水平。创新财政投入方式，研究制定《郑州市产业发展引导基金管理暂行办法》《郑州市财政专项资金股权投资管理暂行办法》《郑州市财政资金支持农业企业发展（暂行）办法》，引导带动金融机构和社会资金加大对经济发展投入。继续深化投融资体制改革，建立和郑州都市区建设相适应、相配套的现代化投融资体系，实现从立项到“融、用、管、还”为一体的全产业链发展；不断创新融资方式，探索发行市政债，成功发行全国首单市政债；参与土地前期开发，建立市级投融资公司与土地储备机构、区级投融资公司联动机制，充分发挥投融资体制改革与土地改革互动互促的叠加效应。推进全口径政府预算，明确公共财政预算、政府性基金预算、国有资本经营预算、社会保险基金预算的收支范围，建立定位清晰、分工明确的政府预算体系，政府的所有收入和支出全部纳入预算管理。加强专项资金管理，研究制定《郑州市市级财政专项资金管理办法》，明确和规范财政专项资金设立、监督等各环节的管理机制，梳理整合专项资金，体现集中财力办大事原则，提高财政资金使用效益。推进市县乡公务卡制度改革，市本级和县（市）区2554家预算单位全部实施公务卡结算制度改革，公务刷卡消费金额比上年增长56.3%。建立健全厉行节约、反对浪费长效机制，健全公务支出标准体系，出台并完善会务费、差旅费、培训费、临时出国经费等一系列公务支出管理办法，严格控制会议费和“三公”经费等一般性支出，全市会议费同比下降57.5%，“三公”经费同比下降14.6%。财政监督工作进展顺利。在开展常规性内部监督检查的基础上，重点组织开展专项资金绩效、全市惠民资金、部门决算账表一致性、“三公”经费和“小金库”专项治理、会计信息质量等监督检查，财政监督逐步向纵深拓展。政府采购更加高效。紧紧围绕不断扩大政府采购范围和规模，坚持强化

召开全局总结表彰会议

"预算编制、监督检查、创新制度、调研培训、电子化建设"五个重点，采取有效措施，抓好工作落实。全年完成政府采购181亿元，同比增长40亿元，节约资金29亿元，资金节约率13.7%。投资评审作用充分发挥。切实抓好招标控制价项目和结算项目的评审工作，定期召开项目评审例会，实行专家组会审制，研究确定评审工作方案，督促评审工作进度。推行"招标控制价"和项目实施过程预算变更评审，建立健全三级质量复核体系，投资评审逐步从事后监督扩展为全过程管理。全年完成评审项目1200个，完成评审额108.1亿元，审减16.8亿元，平均审减率15.6%。

【村级公益事业一事一议财政奖补工作】 根据省财政厅《关于做好全面开展一事一议财政奖补工作的有关通知》精神和《河南省村级公益事业建设一事一议财政奖补项目和资金管理暂行办法》的要求，郑州市财政部门继续引导一事一议财政奖补资金集中投向新型农村社区公益项目，管好用好一事一议财政奖补资金。2014年新建一事一议财政奖补普惠制项目84个，其中，新建垃圾中转站13个，工程大部分完成进入调试验收阶段；为上年垃圾中转站项目配套政府采购垃圾清运车62台，车辆全部投入使用；开工建设新型社区服务中心4个，其他项目5个。以上项目总投资4854万元，其中争取省级资金3398万元，农村受益人数115万余人。

（王五星　陈娜）

国税管理

【概况】 截至2014年年底，全市国税系统共登记各类纳税人21.5万户，其中，郑州市局20.45万户，郑州新区局1万余户。登记一般纳税人3.34万户，小规模企业3万户，个体工商户13.38万户，其他6000余户（在国税缴纳所得税企业）。市级以上重点税源1004户，主要分布在烟草、商业、金融、电信、煤炭等11个行业。2014年，全市国税系统紧紧围绕带好队、收好税、服好务的工作主线，充分发挥税收职能作用，服务经济发展大局，圆满完成各项收入任务，以总分第一名的成绩获全省国税系统绩效管理先进单位称号，实现绩效考核、目标管理"三连冠"；获郑州市2014年民主评议政风行风评议第一名。新华社、《人民日报》、中央电视台等中央媒体先后对郑州国税局深化改革、简政放权、优化服务等工作进行实地采访报道。

【组织税收】 2014年，市国税系统累计组织各项税收收入398.85亿元，同比增长12.6%，增收44.62亿元，其中，组织地方级收入102.66亿元，同比增长21.4%，增收18.08亿元，圆满完成税收收入目标任务。一是坚持收入原则，实行"双控双提"。全系统坚持"依法征税、应收尽收"的组织收入原则，严格落实"双控双提"（监控收入进度、监控收入增幅，提高收入质量、提高征管效率）工作要求，紧盯总体目标和地方级收入目标，确保收入稳步增长。通过加压驱动，采取有效措施，力争每月收入进度及增幅不低于全省平均水平，形成组织收入良性机制。二是坚持问题导向，强化税收分析。坚持"分析所指，工作所向"，实施"三分析一讲评"（即组织收入分析、风险管理分析、队伍建设分析和工作讲评），制定《郑州市国税局强化税收分析工作方案》，以更好的服务组织收入、服务税制改革、服务征收管理、服务地方经济发展为目标，在提高税收分析的精度、深度和品质上下功夫，形成《紧抓税制改革机遇，助力郑州构建现代产业体系——"营改增"对郑州经济税收的影响分析及建议》《从郑州市重点行业看经济结构调整》《从国税"纳税百强"看经济税源发展》等多篇分析报告。三是坚持堵漏挖潜，狠抓总部经济。建立总部企业税收监控工作机制，密切关注上市总部企业年报、工商股权变更登记等信息，提前介入、及时跟踪、加强指导，确保税收收入实现。四是坚持依法治税，严打偷逃骗税。严厉查处"增值税发票虚开虚抵"案件，全年移交公安机关立案侦办7件，刑拘34人，批捕22人，被法院判决9人。全力整治假发票"买方市场"，查处使用违法发票210户，涉及发票6096份，查补税款3330.4万元；重点打击"卖方市场"，查处违规开具发票24户，查补税款704万元。加大稽查执法力度，深入开展欠税清缴，采取强制执行措施17户，冻结金额360万元，清理欠税14户，入库金额1163万元。

【税收征管转型升级】 2014年，市国税局作为全省国税系统税源管理专业化首批试点单位，全面转变传统税收管理方式，初步构建起符合省会税源实际的税源管理专业化格局。一是主动提升站位，融入改革大局。4月23日，在中共郑州市委十届八次会议上，市国税局"加强税源管理专业化、信息化建设，实施税源分级分类管理"被写入《中共郑州市委关于全面深化改革的实施意见》，并被列入全市第一批重点改革事项。二是构建改革体系，明确改革方向。将税源管理专业化作为"改革创新年"工作的"龙头"和引领，按照"顶层设计、深入论证、一局一策、持续改进"的工作思路，形成以"一套机制、三项重点、四个保障"为内容的税源管理专业化工作体系。改革到位后，实现"税源管理由管户制到管事制、风险管理由分散式向一体化、信息管税由单一化向多元化、纳税服务由常态化向高效化、纳税遵从度由被动提高向主动提高"的五大转变。三是抓住三个关键，保证稳妥实施。抓住"运行风险管理机制、实施税源分级分类管理、优化人力资源配置"三个关键，市、县两级新设立风险管理机构30个，纳税评估机构17个。全市1228户大企业及重点税源划转至12个重点税源管理分局，集中控管率达到81.35%。对电信、金融和房地产3个行业，出口退税、优惠政策、国际税收3类税收业务和铁路运输企业集团共计3308户企业打破分局属地管理模式，实施县（区）级层面集中管理。对小型税源实施属地管理，对个体工商户实行"按季申报、按年调整、报缴合一、银行扣税"的管理方式。全面梳理税收管理员职责，梳理后仅保留户籍管理、调查核实和任务执行共17类66项职责，仅占过去全部职责的40%。在63个税务分局内部设股195个，其中综合股63个，税源管理股132个。合理配备人员，调整后全系统共有业务人员1410人，增加85人。四是巩固改革成果，持续全面推进。完善税源管理专业化一系列后续监管办法，出台《关于持续推进税源管理专业化及加强信息化建设的意见》，围绕6个方面的15项课题和工作重点进行探索和研究，每一个课题都确定一个县（市）区局为试点单位，14个基层单位在试点中求突破，在改革中谋发展。五是强化信息管税，助推改革发展。加强信息化管理，为税收工作提供技术保障，联合工商、地税、财政、银行等部门进行信息交流，实现信息共享。探索“同城通办”“移动办税办公系统”“税收风险管理系统”3个项目平台的开发运用，全面拓展信息化手段，进一步提升征管效率。

【纳税服务】 2014年，市国税系统纳税服务全面优化。落实“九统一、一推行”要求，深化办税服务厅建设标准化，纳税服务质效不断提升。在省局委托第三方调查机构开展的纳税人满意度调查和神秘人暗访活动中，纳税人对市国税局的满意度排名较2011年上升5个位次。一是便民办税。开展便民办税春风行动，着力解决联系服务群众“最后一公里”问题，全面梳理涉税事项，即办类事项由79项扩大到225项，占涉税事项总数的81.23%。减少报送资料20种，简化表证单书25种。在全省率先对小规模纳税人实行“简并征期”，全市3.4万户小规模纳税人由按月申报改为按季申报。率先在全省运行“免填单”系统，对纳税人申请的140种文书实行免填单，占涉税文书的95%。二是创新服务。以信息管税为支撑，创新服务方式，开发运行“网上办税系统”，涵盖涉税事项68项；推行“税收征管档案电子影像系统”，实现全市纳税人档案电子介质存储和共享，每项业务审批环节可节约10分钟左右；建立“办税服务厅智能管理系统”，对全系统13个办税服务厅的工作量、业务流程、办理时间等指标进行智能监控，持续提升纳税服务质效。三是落实“规范”。10月起，全面落实《全国县级税务机关纳税服务规范》（以下简称《规范》），内部成立督导组，外部启动第三方调查，督导检查《规范》落实情况。为使办税服务厅窗口一线人员尽快熟悉、全面掌握《规范》的内容，对内，举办培训51场，培训人员1572人，约占全系统总人数的75%。对外，将报送资料、办理时限有变化的事项，以及新增事项等共计30余项业务作为旧规程、新规范衔接的重点，对纳税人做好“一对一”宣传辅导。同时，明确落实责任，强化落实措施，跟踪落实成效，全面推进纳税服务规范化、标准化、现代化，切实做到“服务一把尺子，办税一个标准”。

【税收政策落实】 2014年，市国税系统积极落实各项税收政策，充分发挥税收调控经济、服务发展的职能作用。一是平稳有序推进“营改增”。1月1日和6月1日，铁路运输、邮政和电信业相继纳入“营改增”试点范围，“营改增”政策效应进一步显现，试点纳税人整体减少税收3.2亿元，52家企业申请“营改增”过渡性财政扶持资金1962万元。二是落实税收优惠政策。8.1万户个体工商户免税，占辖区个体工商户的76%，累计免税1.4亿元。全市2.8万户小微企业申报并享受所得税税收优惠政策，占全省小微企业的40%，实际受惠面达到99.27%，减免税额7108.59万元，为企业发展注入活力。三是服务外向型经济发展。以“防范骗税、强化管理、优化服务、落实政策”为指导，做好进出口退税工作，服务外向型经济发展。通过改革审核审批模式、出口退税业务进大厅等措施，实现“两增两提”：即认定户数稳步增长、退（免）税额快速增长，即时办结效率提升、业务流转速度提高。全年累计审批出口退（免）税企业9752户次，审批退（免）税29.29亿元，同比增长32.70%。

【廉政建设】 2014年，市国税系统坚持“带好队伍是关键，不出问题是底线”，从严从实加强党风廉政建设，确保队伍廉洁高效、和谐稳定。一是严格落实责任。市局党组严格落实主体责任，纪检监察部门严格落实监督责任，把党风廉政建设同税收工作同部署、同督导、同落实，做到“逢会必讲，逢讲必重”，使工作人员紧绷思想弦、上紧廉政弦。二是坚持严格教育。把党风廉政建设作为党组中心组学习的必学内容，每季度召开党风廉政建设形势分析会，重大节日组织开展廉政谈话，经常性开展廉政宣誓，组织纪检监察业务培训和岗位技术比武大赛。通过组织参观“警示教育基地”等廉政教育活动，有效预防职务犯罪。三是坚持严格管理。严格执行中央“八项规定”，坚持“一案双查”，强化各单位“一把手”的担当作用，对队伍中出现的问题敢抓敢管、善抓善管、真抓真管，带动全系统作风进一步转变。建立税检联席会议制度，成立预防国税系统工作人员职务犯罪工作指导委员会，形成税检共同预防工作机制。四是坚持严格监督。高度重视党风廉政建设对税收工作的保障作用，对税务干部行使行政管理权和税收执法权进行全过程、全方位的监督，做到权力行使到哪里、活动延伸到哪里，监督工作就进行到哪里，有效防止权力失控、决策失误和行为失范。

（许培娟）

地税管理

【概况】 2014年，郑州市地税系统按照“创新驱动、重点突破”的工作思路和方法，全面落实省局和市委、市政府的决策部署，深入践行郑州地税核心发展理念，聚焦定位，务实重做，各项地税工作在高起点上取得新成效。

全年共组织各项收入356.75亿元，同比增长15.5%，增收47.9亿元；组织税收收入337.0亿元，同比增长16.1%，增收46.8亿元。其中，地方级税收完成281.9亿元，同比增长13.1%，增收32.68亿元，占省局目标的101.4%。

【依法行政】 2014年，市地税系统依托风险监控中心和纳税评估中心，构建旅游业、物业公司、驾驶员培训学校等5个行业风险识别模型，指导基层科学组织风险应对，共评估税款420万元。针对性地选取评估对象，对全市11个行业6226户纳税人开展日常纳税评估，评估税款4.37亿元。完善存量房交易评估体系，管好住宅类、工商业存量房税收。与市检察院联合开展房地产税收专项治理，查补税款4.17亿元。

【税收征管】 2014年，市地税系统加强企业所得税管理，全市有4.1万户纳税人参加年度企业所得税汇算清缴，清缴税额13.6亿元，同比增收5.8亿元，增长70%，各项所得税评价指标位居全省首位。放大以地控税、以税节地项目效应，与国土部门关联地籍信息3.44万宗，新增计税土地508万平方米，促进土地使用税同比增长22%。提高利股红个人所得税精细化管理水平，入库税款4.65亿元，同比增收2.61亿元，增长128%，管理经验在省局税政会上作典型发言。

【以票控税】 2014年，市地税部门举办第十二次和第十三次全市发票摇奖活动，摇出奖项228个，奖金总额176万元，增强广大消费者索票积极性。组织开展发票专项检查，规范发票管理。推广移动SIM卡无线上网开具通用机打发票项目，进一步扩大网络通用机打发票适用范围，为逐步取消定额发票打下基础。

【国际税收管理】 2014年，市地税系统进一步加大非居民税收管理力度，管理外籍人员221人，缴纳税款359万元。完善以税务审计为核心的大企业税收风险管理模式，整理国际税收知识题库。开具对外支付证明72份，征收税费127万元。全年入库国际税收21.02亿元。

【流转税管理】 2014年，市地税系统加强税收优惠政策的落实和核查，共减免各类税收1.5亿元，扶植经济税源做大做强。深入开展“大走访”活动，走访“双百”企业和重点企业83户，走访各类纳税人1582户，免费发放宣传资料5万余份，培训纳税人2.6万人次。

【所得税管理】 2014年，全市有4.1万户纳税人参加年度企业所得税汇算清缴，清缴税额13.6亿元，同比增收5.8亿元，增长70%，各项所得税评价指标位居全省首位。

【契税和耕地占用税管理】 2014年，市地税系统将城市基础配套费列入土地契税计税依据，规范农用地转用审批文件中未标明建设用地人耕地占用税管理，全省率先实现由政府作为纳税人缴纳耕地占用税，缴纳税款4.9亿元。理顺契税和耕地占用税管理体系，督导税收政策执行情况，“两税”入库税款45亿元。

【纳税服务】 2014年，市地税系统在全省率先实现“区域通办”“同城通办”，纳税人办理登记、申报纳税、代开发票等事宜不受区域限制。落实《县级税务机关纳税服务规范》，依托纳税服务视频监控中心，强化预约服务、提醒服务、延时服务等制度监督，建设标准统一的导税台，基层办税服务厅软硬件环境进一步优化。整合税务登记、申报征收等七类窗口职能，建设全功能办税服务窗口。推行“前台受理、后台流转”的先办后审模式，有380项即办类涉税事宜进入办税服务厅，既方便纳税人便捷办税，又为深化税收管理奠定坚实基础。

开展第二期“引进智慧创新服务”交流学习活动，举办第三期郑州地税讲解员、纳税服务导税员、纳税人学校播音员培训班，开展“传承薪火、坚定信念、争创明星”专题教育暨第四期“办税服务明星”团队熔炼等系列活动，让更多的基层人员“走出去、学回来”，亲身实践、亲自操作、亲心感悟，学习先进税收理念，转变服务思想，提高服务意识，提升自身素质，在实际工作中主动转变作风，变被动为主动，深入服务纳税人。

【税收宣传】 2014年，《河南日报》连续刊发5期“便民办税春风行动”系列报道，集中展示市地税系统工作成就和队伍形象。市地税局相继开展建局20周年、税收业务档案电子化、利股红政策解读、煤炭资源税等系列报道，宣传地税部门在关注民生、服务发展等方面的做法和经验，全年全系统在各级媒体刊发稿件1260（条）篇。开展“我与地税共成长”主题征文活动，以“传承、创新、发展”为主线，记述地税20年来的发展变化，探讨服务发展所做的贡献，讲述个人难忘的税收故事，征集各类题材作品40余篇。

【信息管税】 2014年，市地税系统建立金税三期优化系统上线运行问题反馈机制，及时开展新旧系统差异分析，按要求完成税务登记、纳税申报、发票代开、人海压力测试等相关业务测试，组织编写金税三期业务操作流程，实现双轨环境的平稳运行。

运用现代通信技术，开发智能手机移动办公、移动办税客户端，打造功能齐全、技术先进的掌上办税平台，移动办公实现手机处理公文邮件、接收消息推送、查询涉税信息等事项，移动办税为纳税人提供涉税查询、涉税计算等服务，打破办公和办税的时间空间限制。

【税务稽查】 2014年，市地税系统组织开展重点企业专项检查，入库稽查收入3.54亿元。开展餐饮企业发票使用情况专项整治，138户企业自查，查补税款193.45万元。组织开展建筑安装、房地产业、重点税源企业专项检查，查补税款2.59亿元。开展打击发票违法犯罪活动，查补税款3081.42万元。

【内部督察审计】 2014年，市地税系统利用内部审计手段，深入开展税收执法督察，发现有问题纳税人129户，查补税款1334.5万元。运用税收执法考核信息系统，追究执法行为过错责任6人次，有效提高税收执法透明度。对基层单位26名正、副科级离任干部进行任期经济责任审计，对任职期限超过4年的2名区局一把手开展任中经济责任审计，促进领导干部依法治税、依法履责。开展“非省级财政资金”专项检查，规范各级财政资金和专项资金管理。对全市13个项目开展基建工程项目审计，审减金额27万余元。

【党风廉政建设】 2014年，市地税系统严格落实“地税工作人员八条禁令”，制作固定提示牌，利用内部网站、信息平台开展经常性的提醒，使“八条禁令”真正成为指导干部工作和生活的行为准则。深化反腐倡廉制度建设示范点创建，全面梳理有关工作制度，发现制度设计缺位和不到位问题，及时进行修订完善，新建工作制度14项。建立检税合作长效机制，加大预防职务犯罪力度。结合廉政风险防控机制建设，立足风险预警、督察督办、责任追究、信访举报4个模块，开发电子监察系统，使廉政风险早发现、早提醒、早纠正，防止小错酿成大祸。

建立节日病专项治理长效机制，对基层工作作风、纳税服务以及“八条禁令”落实情况，常态化地进行第三方明察暗访，发现涉及工作纪律等问题10余项，处理相关人员60余人。聚焦纪检监察主业，加大案件查办力度，受理问题线索18件，严格按照程序进行转办查处。加强内部审计监督，及时开展离任审计、任中审计和基建项目审计，审计基建项目13个，涉及资金473万元，审减金额27万元。

（王全堂）

城乡建设与环境保护

建设行业管理

综 述

【概况】2014年，郑州市城乡建设事业坚持以党的十八大、十八届三中、四中全会精神为指导，紧紧围绕郑州市“三大主体”工作，按照“抓改革、强投资、调结构、求提升”的总要求，全力推进“畅通郑州”工程建设，积极谋划建筑行业转型升级，努力推进监管体制改革创新，深入开展党的群众路线教育实践活动，各项工作取得较好成绩。其中，三环快速化工程、陇海路快速路大学路以西部分建成通车，省会郑州进入立体交通“快时代”；京广快速路一期工程获全国鲁班奖，工程建设管理水平再上新台阶；全市建筑业产值突破1400亿元（含勘察设计业65亿元），经济支柱地位更为凸显；简政放权制度改革强力推进，市、区两级监管体系基本建立，市场现场联动监管机制更加完善；绿色建筑在保障房领域率先推广，建筑产业化经调研论证后加快启动，建筑工程质量稳步提高；“查违打非”工作全面展开，行业专项治理重点推进，依法治建水平进一步提高。

【市政重点工程建设】2014年，郑州市建委按照“畅通郑州”三年行动计划要求，着眼缓解交通拥堵、提升城市承载能力、助推经济社会发展，强力推进中心城区“井字+环线”快速路网和支线路网打通工程，中心城区市政道路建设顺利推进，全年累计完成投资184.6亿元（含拆迁），是2013年的1.2倍。其中，三环快速化工程于4月30日全线贯通，累计完成投资120.5亿元（含拆迁24亿元）；与三环配套修建的12条道路工程均已建成，综合整治提升工程进展顺利；三环快速化剩余工程的中州大道南段工程累计完成产值7.12亿元，占总产值80.70%；中州大道南北延伸工程已正式通车，累计完成产值7.08亿元；南三环东延工程一期工程累计完成产值0.89亿元，占总产值29.58%。陇海路快速通道工程大学路以西主线高架桥于12月31日试行通车，累计完成产值58.57亿元。京广快速路二期工程北段完成投资6.9亿元，占建安投资的52%，南段完成投资4.8亿元，占总投资的29%。266条支线路网打通工程累计开工238条，完工128条，完成投资8.6亿元；红专路、纬四路、沈庄北路—商鼎路下穿中州大道隧道工程累计完成产值8.12亿元（不含拆迁），占工程建设费的62%，其中纬四路、红专路下穿中州大道隧道工程分别于11月30日、12月1日试行通车。黄河路下穿北编组隧道工程于12月31日建成通车，累计完成投资1.73亿元。金水路准快速化工程正进行主体桩基施工，累计完成投资1.2亿元；金水路西延工程中金水路—西站东街段市政道路工程已进场施工，累计完成总投资5.8亿元。紫荆山路南延工程市政道路部分中宇通路—环翠路段、渠南路—南四环段人行道基本完成，快慢车道已铺设沥青；郑航北路—潩江路段、南四环—龙湖镇建设路段正在进行土地征迁；紫荆山组合立交段正在进行前期设计。

陇海路快速通道工程之陇海路西三环互通式立交桥

【村镇建设】按照《郑州市人民政府关于以新型城镇化为引领协调推进小城镇建设发展的意见》（郑政文〔2013〕226号）要求，完善发展政策和措施，突出小城镇战略地位，加大对27个重点镇的资金奖补，分别奖补10个一类镇、14个二类镇、3个三类镇50万元、30万元、10万元。27个重点镇114项基础设施建设项目全面竣工。抓好农村危房改造，建立周汇报、月例会、季评比和现场督导等制度，争取上级奖补资金1612.39万元，两批2054户农村危房改造任务已全部完工。做好传统村落调查保护，新密市吕楼村等9个村列入河南省首批传统村落保护名单，登封市大金店镇大金店老街、徐庄镇柏石崖村列入第三批全国传统村落保护名单。

【房屋征收】围绕解决交通拥堵、棚户区改造、城市扩容等系列民生问题，坚持依法征迁、合理征迁，严格执行郑州市国有土地上房屋征收计划，认真落实房屋征收项目的审核备案工作。全年共启动房屋征收项目11个，征收总面积137.74万平方米，征收户数11577户。加强征收补偿方案审核与备案，审核征收补偿方案11个、备案征收决定2个，返还监管资金4490万元。积极参与市政重点工程房屋征收，共参与市政重点工程征收6项，涉及房屋总面积约134.3万平方米、总户数约6076户，已实施约72.6万平方米，拨付征拆资金约29.6亿元，陇海路高架、金水路西延、金水路下穿隧道工程已完成征拆任务90%以上。

【行政审批制度改革】按照郑州市第十轮行政审批制度改革要求，深化行政审批“两集中、两到位”改革，任命首席代表，成立行政审批办公室，严格按照“批管分离”要求，重新研究梳理审批流程，细化批前服务、事中支持、批后监管程序标准，进一步提升审批效能和服务质量。市建委办事大厅共受理各类行政审批服务事项5711次，办结5617次，应办结事项办结率100%。其中，办结保障房项目施工许可证24个，市政项目74个。积极减政放权，不断完善市区两级监管体制。严格落实市委、市政府关于棚户区改造的最新要求，依据网格化管理体系，帮助、指导各区住建局组建了执法机构，开展了对口指导和业务培训，开展了建设行业综合性检查，制定了针对性的整改措施，努力帮助各县（市）区建设局做好安置房建设监管等各项行业管理工作。

【长效机制建设】 按照“深化规范提升”总体要求，坚持把长效机制建设与中心工作同部署、同落实、同考核，健全网格化管理信息平台运行管理机制，定期开展基层网格对接，及时发现和解决问题。网格化管理工作扎实推进，建委系统共融入一、二、三级网格133人，通过信息平台及电话投诉受理群众来访投诉238件，办结率100%；会同辖区办事处深入工地监督1800余次，参与巡查工程488项，发现质量问题、扬尘问题、安全隐患8862条，均整改完毕；积极开展驻村帮扶工作，安排38名机关干部深入社区开展帮扶。

【“五单一网”制度改革】 按照郑州市“五单一网”制度改革要求，强化组织领导，制定实施方案，明确责任分工，稳妥推进，强力推进，着力以改革加快职能转变，规范权力运行。全面梳理权责清单。按照“法无授权不可为”“法定职责必须为”的要求，初步形成部门现有行政权力事项目录共计594项，并按照“逐一对应、权责明晰、高效便民”的原则，逐一编制修订权力运行流程图和服务承诺。健全行政审批事项清单。对市建委保留的2项许可类审批事项进行再梳理、再规范，进一步明晰权责，明确审批前置条件、办理程序和办理时限等，细化各环节审批与技术支撑处室、相关人员的责任；保留的5项非行政许可审批事项进行进一步梳理、细化。按要求上报行政事业性收费清单和政府性基金清单2项。针对第一轮清单梳理过程中发现的问题，确定建管处、审批办等4个处室为试点，进一步严格依据、细化标准，对权责事项进行再梳理再规范，以点带面，扎实推进第二轮梳理工作。

（陈恩军　朱书伟）

建筑业管理

【概况】 2014年，郑州市完成建筑业产值1365.17亿元，同比增长21%，约占全省的1/6。建筑业企业2516家，占全省企业的17%，其中特级企业6家，一级企业226家，二级企业761家，三级及其他无级别企业约1523家，从业人员70余万人；全年累计施工工程个数2597个，施工工程面积10709万平方米，累计竣工个数1218个，竣工面积2581万平方米。全市建筑业企业实力不断增强。积极开展“企业服务年”活动，引导郑州市企业与中铁一局等大型企业合作，提高参与重点项目建设的能力。制定战略性培育行动计划，扶持河南国基等企业做大做强，促进行业优化升级。市场秩序进一步规范。自主研发企业资质审批及服务系统，实行企业资质抽检和“准入清出”制度，累计清出不合格企业99家。集中开展了全市建筑市场和工程质量安全综合检查，深入开展监理、检测、预拌混凝土以及“六打六治”专项治理活动，坚决严厉打击建筑市场违法违规行为，大力规范预拌商品混凝土、装饰装修及县（市）区监管工程等市场秩序。规范建筑劳务市场。积极推广农民工“一卡通”管理，加大清欠力度，代拟《关于加强郑州市建设领域预防拖欠农民工工资工作的通知》，全年清理拖欠款8459.6万元。注重人才队伍培养，与市总工会联合举办建筑业职业技能竞赛，约200多家企业的700余人直接参与了竞赛活动。建设科技应用成效显著。国内最大矩形盾构机成功运用于中州大道下穿隧道工程，收到安全环保、零断行等综合效益；后注浆灌注桩技术应用于三环快速化工程桩基施工，节约资金3.65亿元；热拌温压沥青工艺应用于陇海快速通道高架桥工程，有效解决了冬季沥青铺设难题。全市17个项目获省建设科学技术进步奖。

【招标投标监管】 2014年，郑州市建设工程交易中心累计交易工程2861项，交易额764亿元，通过招投标节约资金40.07亿元，资金节约率5.24%。其中，建委监管工程676项，交易额345.7亿元，同比分别增长17.77%、92.55%。郑州市建设行政主管部门积极完善电子评标系统，凡市建委监管的施工类招标全部采用电子标书和计算机辅助评标系统。打造星级服务升级版，建立“语音广播提示系统”，更新招标信息发布大屏，新增公共休息区座位108个，评标室增至14个，交易接待量提高40%。做好专家入库、抽取服务和动态管理，全年新入库专家90名，专家库总人数达5580名，提供专家抽取服务1264项，出席6088人（次）。加强招投标代理机构管理，建立信用档案，规范招标代理行为，累计登记造册代理机构143家，从业人员1749名。不断深化“绿色通道”服务，做好铁路、水利和市政重点项目的服务和对接工作。

【工程质量监管】 按照全国工程质量治理两年行动要求，全面落实质量终身责任，深化监督模式改革，加强监测、监理行业管理。坚持精品引路，前移监督关口，开展质量通病防治。突出监管重点质量管控，加强对保障房、城中村改造、轨道交通工程、市政重点基础设施工程的质量监管，积极为重点工程保驾护航。全面推进工程质量标准化建设，先后组织召开现场观摩会4次，宣传推广先进经验，着力培育精品工程。组织开展监理、检测、预拌混凝土等行业质量行为专项检查及住宅烟道、混凝土用砂、钢筋等主要建筑材料质量专项整治，加强重点领域、关键节点建筑材料质量管控。全年监督工程2040项，面积3160万平方米，造价370亿元，质量监督到位率、竣工工程合格率均为100%。累计监管监督市政工程项目153个，依法办理质量监督手续82个，及时督促

减少扬尘污染，在建工地普遍设置了车辆冲洗设施

建设单位组织竣工验收工程18个，工程验收合格率达100%。加强精品工程培育，全年创鲁班奖1项，国家市政“金杯”奖2项，省“中原金杯”“中州杯”等奖项共38项，郑州市“商鼎杯”61项。

【建设安全监管】 严格落实企业主体责任，大力推广建筑工地远程监控系统，深化应急救援，做好高温汛期安全生产工作，严防重特大事故，强化科技兴安，拓展安全生产信息化管理范围，提高企业自控能力。全面开展安全生产隐患大排查大整治，加大隐患排查整治力度，全年查处各类隐患7498条，下发整改通知1066份，责令停工22项。大力推广安全生产标准化工作，编制《郑州市建筑施工安全质量标准化图集》《郑州市建设工程安全质量标准化电视讲座》《郑州市建筑工人安全生产常识电视讲座》，印发《郑州市建设施工企业、专业、岗位安全生产标准化考评标准》，进一步提高全市建设施工现场管理水平。扎实推进企业文化建设，深入开展“红色驿站”进工地活动，累计在172个建筑工地挂牌设立“红色驿站”，达到建委监管工程的83%，设立活动室314间，发放各类学习书籍8500余册。全市建设安全生产形势总体受控，监管工程未发生较大以上生产安全事故。

【文明施工管理】 深入持续推进建筑工地扬尘污染综合整治工作，以属地管理为主，下放管理权限，强化部门联动，明确责任、完善措施、严格执法、真抓严管、全面推进，全市建筑工地施工扬尘污染控制效果明显。市建委与市文明办联合下发《郑州市文明施工管理先进工作活动实施方案》，编印《郑州市建筑工地扬尘污染治理标准化实施指南》，推出标准化样板示范工地33个，先后召开现场观摩会3次，邀请新闻媒体参与监督，跟踪报道，强力推广标准化、规范化管理经验。成立8个督导组，坚持日常巡查和重点督办相结合，全天候查处问题建筑工地，下发整改通知单2176份，查处扬尘污染问题6464条；约谈建筑工地企业负责人35次近100人次；实施财政扣款91项，行政处罚19家，属地管理责任制经验做法被全省推广；上报省住建厅暂扣安全生产许可证36家，暂扣安全生产考核合格证58人。

【加强法治建设】 狠抓法制宣传教育，加强法律法规学习培训，营造学法、守法、用法的浓厚氛围。加强服务型行政执法建设。全面梳理权责清单，明确执法项目、执法依据、执法权限和执法责任，依法公开权力运行流程，严格规范行政执法自由裁量权行使，重新修订《行政处罚裁量标准》，建立“预警、提醒、监督、纠错、惩处”于一体的执法管理机制，促进依法履职、依法行政。加强立法工作。严格执行规范性文件备案审查监督制度。根据建设发展新形势，2014年共报送拟提请市人大常委会审议的立法项目3项。依法查处违法建设行为。全年累计查处工程质量、建设安全、无证施工等违法案件392起、罚款5575.2万元。其中，累计立案调查违法建设工程57项、当事人182个，下达处罚决定书85份，处罚金额5090.81万元。严格落实违法案件审理制度，确保每一个案件公平、公正，合理、合法，全年未发生因行政处罚引起的行政复议案件。

（陈恩军　朱书伟）

勘察设计业管理

【勘察设计管理】 进一步开放勘察设计市场，鼓励“引进来”“走出去”，提高施工图审查质量，严格执行建筑节能标准、抗震设防规范，大力推广高强钢筋，加快无障碍环境创建工作。全年完成工程合同金额51.5亿元，营业收入65亿元，分别增长21%和23%。纳入郑州市属地化管理的勘察设计企业共280家，其中甲级资质企业80家，乙级163家，丙级37家。施工图设计文件审查机构6家，其中一类审查机构4家，二类审查机构2家。从业人员2.5万人，各类注册人员5100多人。

【标准定额管理】 积极开展计价制度改革。编制完成《河南省建设工程工程量清单综合单价D市政工程（隧道分册）》，填补了全省隧道定额的空白，为隧道工程的计价提供了依据。完成全国标准员岗位设置试点工作，组织完成郑州市首批220名标准员的培训考试工作。累计公开发布4期工程造价指数和12期主材价格信息，积极为政府决策、行业发展等提供参考。加强造价员管理，变更注册2774名，发放年审证章5380人次，继续教育1.7万人，组织资格考试1.19万余人。

（陈恩军　朱书伟）

建筑节能

【建筑节能发展】 严格执行居住建筑节能设计标准，中心城区民用建筑节能标准执行率、实施率均为100%。按照“生产工厂化、施工组装化、运输物流化、建筑节能化、管理信息化”的要求，修改完善绿色建筑暨综合节能、建筑产业现代化、建筑产业现代化专业园区建设等3个推进方案，已上报市政府等待审批，河南国基、河南五建等特级企业已开始筹划建筑产业现代化建设。大力推广绿色建筑、建筑结构节能保温一体化技术，开展太阳能综合利用示范、建筑垃圾资源化利用。建立郑州市绿色建筑闭合管理制度，全市获得绿色建筑标识项目13个，建筑面积225.2万平方米，占全省的1/4。加强CL、混凝土保温幕墙结构体系推广力度。完成1484栋建筑能耗统计。编写了《河南省纪委综合楼太阳能综合利用实施方案》，在屋顶安装太阳能热水系统、太阳能光伏发电系统。

【墙体材料革新】 全市新型墙材生产量达63.44亿块标砖，可节约标煤28.23万吨。新型墙材专项基金预收1.77亿元，征收率100%，超过省住建厅88%征收目标。禁实、禁黏成效明显，市区无黏土砖使用情况，新密市白寨镇、曲梁镇、苟堂镇等12个乡镇全部纳入“禁实”范围，提前1年完成“十二五”乡镇“禁黏”任务。

《河南省建设工程工程量清单综合单价D市政工程（隧道分册）》

加强新型墙材确认产品管理，整顿规范蒸压加气混凝土砌块行业。抓好新型墙材执法，杜绝黏土砖使用。支持河南盛天等公司开展建筑垃圾资源化利用。

【散装水泥、预拌混凝土、预拌砂浆“三位一体” 发展模式】 散装水泥、预拌混凝土、预拌砂浆“三位一体”发展模式良性推进，全市预拌砂浆生产、供应、物流能力进一步提高，分别达1365.36万吨、1449.28万立方、89.23万吨，城市建成区“禁现”90%，节约资源和保护环境创综合效益6.14亿元，其中节约标煤31.37万吨，减少粉尘污染13.72万吨，减少CO_2排放81.56万吨。散装水泥专项资金征收1600万元。做好农村推散和“禁现”，郑州所有县（市）、区均被省商务厅评为河南省农村发展散装水泥示范县（市、点），农村各乡镇散装水泥网点供应覆盖率达80%以上。

（陈恩军 朱书伟）

城乡规划与管理

城乡规划编制

【概况】 2014年，郑州市规划部门共完成规划报批212项。其中，航空港经济综合实验区规划28项，总体规划6项，交通规划4项，片区控规等控规174项。已完成编制的规划有110项。其中，航空港经济综合实验区规划3项，总体规划3项，交通规划52项，市政规划38项，专项规划5项，控制性详细规划6项，城市设计3项。郑州市规划局及所属单位获得市级表彰19次、省级表彰2次，21人次获市级以上有关单位表彰和立功奖励，政风行风评议和依法行政持续晋位升级。

【郑州航空港经济综合实验区概念性总体规划（2013-2040）】 为指导郑州航空港经济综合实验区的建设和发展，贯彻落实《国务院关于促进民航业发展的若干意见》精神，按照国务院批复的《中原经济区规划（2012-2020年）》和《实验区发展规划》提出的总体要求，努力打造全国重要的航空港经济集聚区和中原经济区的核心增长极，2013年3月，市规划局组织开展了《郑州航空港经济综合实验区概念性总体规划（2013-2040）》（以下简称《实验区总体规划》）的编制工作。2014年1月，该规划获得省政府批复。本次规划确定年限为：2013-2040 年。其中近期为2013-2020年，中期为2021-2030 年，远期为2031-2040 年，远景为2040年以后。规划范围：实验区的规划范围为西至京港澳高速，北至双湖大道（郑民高速南侧约 2 公里），东至 S223 改线（新 107 国道线东侧约 6 公里），南至炎黄大道。规划范围面积约 415 平方公里，其中郑州市范围约 350 平方公里，开封市尉氏县约 65 平方公里。人口规模：2020年为90万人，2030年为 190万人，2040年为260万人。功能定位：国际航空物流中心、以航空经济为引领的现代产业基地、内陆地区对外开放重要门户、现代航空都市、中原经济区核心增长极。发展战略：全球协作战略。以 1.5 小时航空圈形成协同影响区，协同区域发展，重点发展连接世界重要枢纽机场和主要经济体的航空物流通道，建设国际航空物流中心，提高参与国际分工层次；完善陆空衔接的现代综合运输体系，提升货运中转和集疏能力，逐步发展成为国际航空货运枢纽和国内航空综合枢纽。中心极化战略。以实验区作为中原经济区发展的核心抓手和引擎，强化产业集聚和综合服务功能，增强综合实力，延伸面向周边区域的产业和服务链，建设成为中原经济区最具发展活力和增长潜力的区域。区域共建战略。以实验区作为中原经济区建设的战略突破口，先行先试，建立健全多层次合作机制，成为中原经济区深度合作的平台；以郑州为中心，结合周边洛阳、开封、新乡、焦作、许昌、平顶山、漯河、济源8个城市形成紧密协作发展的新格局，在规划区内构建“8+1”共建示范区，以中原经济区为背景实现区域共赢。都市提升战略。以实验区为主体，与宜居教育组团、郭店组团和新郑卫星城组团组成“航空新区”，与中心城区共同构成郑州都市区双核驱动的新型城市形态，以实验区为重要发展引擎，一体两翼，助推郑州都市区的发展。空间结构：实验区以航空港为核心区，两翼展开三大功能布局，确立“一核领三区、两廊系三心、两轴连三环”的城市空间结构。一核领三区：围绕机场形成空港核心区；以轴线辐射周边形成北、东、南三区，北区为城市综合性服务区，东区为临港型商展交易区，南区为高端制造业集聚区。两廊系三心：以南水北调滨水景观廊以及小清河滨水景观廊为两脉构建生态绿网；北东南形成三个中心，主中心：公共文化航空金融中心，副中心：生产性服务中心，专业中心：航空会展交易中心。两轴连三环，构建新 G107、迎宾大道两条轴线，同时形成以机场为核心的三环骨架，一环—机场至新密快速通道—航城大道—S102—四港联动路辅道，二环—双湖大道—新 G107—商登高速辅道—四港联动大道，三环—郑民高速辅道—S223—炎黄大道—107 辅道。

产业发展规划：合理布局航空物流业、高端制造业以及现代服务业三大产业功能，形成三大中心、三大板块的产业规划结构。三大中心。北部主中心：金融商务综合服务中心；中部专业中心：航空会展交易中心；南部副中心：生产性服务中心。三大板块，北部产业板块、中部产业板块、南部产业板块。综合交通与多式联运：空港核心区交通组织。货运交通采用“机场内外双环、四向物流通道”的方式，为机场提供了快捷的运输通道。在机场外围，以“环形加放射”的方式，组织交通疏解。在市域层面，特别强调建立“三港一体”的区域货运通道。客运交通按照西侧5000万人次、东侧2000万人次的组织航站区规划。重点加强迎宾大道的东西向疏解，构建客运第二通道。采用“环线疏解、东西联络”的

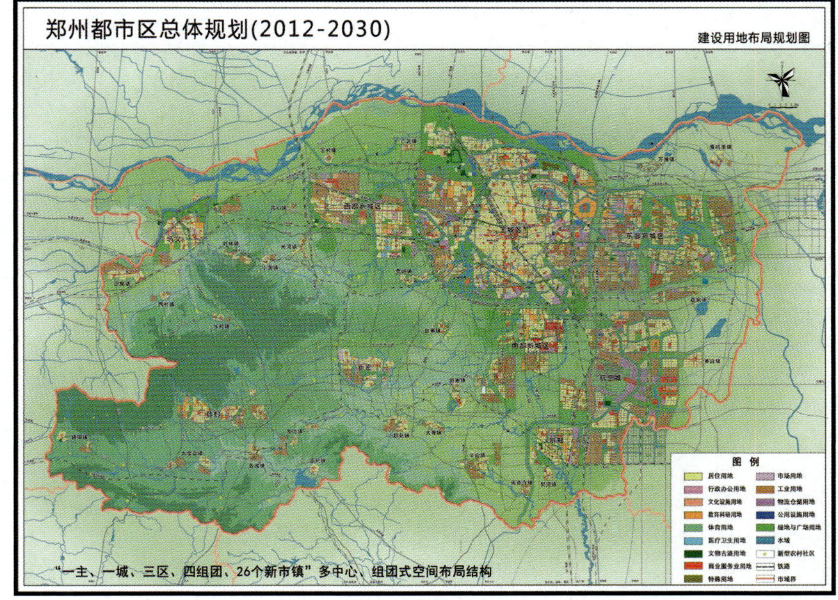

都市区建设用地布局

方式解决地面交通。规划以公交优先为原则，倡导机场区“四轨三站、高效换乘”。周边区域强调多式联运组织，将航空、高铁、城际铁路、地铁和轻轨有机联系，突出零换乘的作用与价值。外围综合交通系统。实验区快速路网格局，采用环形放射的路网结构，形成三环加放射的快速路网体系。快速路网结构与实验区组团式布局结构相结合，实现组团间交通的快速疏解。同时，强化中心城区与实验区的路网对接，调整郑州都市区整体路网结构，形成更大范围的高速公路环网。以郑州中心城区和航空港为核心，优化中原城市群1小时城际轨道交通圈架构，打造郑州东站和郑州南站两大城铁枢纽。规划以郑州为核心的“米”字形高铁布局，并与城际铁路相衔接，实现中原城市群快捷换乘和空铁货运的多式联运。充分考虑空港与高铁的联运价值和实验区的发展规模需求，并结合实验区向东的拓展空间，在机场东部规划郑州南站，同时建议与城际铁路实现快捷对接。构建中原城市群1.5小时高速交通圈，形成“两轴两环加放射状”的路网体系，完成中原城市群与实验区的高速公路的快速衔接。最终形成实验区多式联运系统，实现以空港为核心，将高铁、城际铁路、地铁、轻轨和高速公路多种交通方式的快捷对接。

绿地体系布局：规划区绿地系统结构为以“X形”绿廊为骨干的生态网络。通过两带三园、生态网络及生态细胞的塑造，形成规划区的绿地总体规划结构。“X形”绿廊。依托南水北调干渠、小清河及其两侧防护绿地构建规划区内核心的生态网络骨架；两带三园：利用南水北调干渠和小清河形成规划区主要的滨水景观带，同时由北至南打造张庄森林公园、东湖生态公园及苑林古城公园三大主题公园；生态网络：依托河流在城市内部形成的绿化带，形成穿越城市各个功能板块的生态廊道；生态细胞：利用城市快速道路及主干道将规划区分为的18个功能相对独立的生态细胞。生态细胞核心通过生态网络进行连接。

【郑州航空港经济综合实验区26项专项规划】 2014年7月，《郑州航空港经济综合实验区给水工程专项规（2013-2040年）》等26项专项规划经郑州市人民政府批复。包括：《给水工程规划》《排水工程规划》《雨水利用规划》《再生水利用规划》《燃气专项规划》《集中供热规划》《城市电力设施布局规划》《防洪除涝规划》《水资源配置规划》《水生态及水景观规划》《通信信息网络基础设施规划》《人防工程建设及地下空间开发利用规划》《环境保护规划》《防震减灾规划》《中小学布局规划》《社会福利机构布局规划》《文物保护规划》《医疗卫生设施布局规划》《城市商业网点规划》《体育设施布局规划》《绿地系统规划》《绿地防灾避险规划》《邮政设施规划》《消防规划》《常规公交及快速公交专项规划》《环境卫生设施工程规划》。规划范围为西至京港澳高速，北至双湖大道（郑民高速南侧约2公里），东至S223改线（新107国道线东侧约6公里），南至炎黄大道。规划范围面积约415平方公里，其中郑州市范围约350平方公里，开封市尉氏县约65平方公里。规划期限：2013-2040年。其中，近期为2013至2020年，中期为2021-2030年，远期为2031-2040年。

紫荆山立交

【郑上新区概念性总体规划】 2014年6月，郑上新区概念性总体规划获市政府批复。规划范围为荥阳市行政辖区（907.81平方公里）和上街区行政辖区（61.73平方公里），总面积969.54平方公里。规划期限为2013-2030年，其中近期为2013-2015年，中期为2016-2020年，远期为2021-2030年。功能定位：中原经济区核心功能区的重要组成部分、郑州航空港经济综合实验区的通用航空主体功能区、郑洛工业走廊新材料和高端装备制造业基地、中国象棋文化发源地与传承创新区、郑州都市区核心区以健康运动休闲为主的现代产业组团、郑州主城区西部生态安全屏障。人口规模：郑上新区区域总人口至2030年达到170万人，其中城市功能区总人口达到128万人。空间结构：一带一轴四功能区，一城三镇二十八社区。一带：依托快速路、公交走廊形成东西向城市发展带；一轴：依托荥广公路联系新市镇与城市功能区，形成城镇发展轴；四功能区：重点城市化地区、工业促进地区、特色农业地区、生态与林业协调发展区4类主体功能区；一城：郑上新区城市功能区；三镇：广武镇、贾峪镇、高山镇3个新市镇；二十八个新型社区。中心城区建设用地规模：近期87.75平方公里，中期108平方公里，远期147.1平方公里。中心城区空间结构：“两轴、四心、八组团”。两轴：东西轴，沿金水大道形成东西向城市发展带；南北轴，贯穿于行政文化服务中心、生态商务中心、山地休闲组团，以及南北呼应塔山风景区、飞龙顶风景区的南北向新发展轴。四心：行政文化服务中心、荥阳行政商业副中心、上街行政商业副中心和高铁商业商务中心。八组团：行政文化组团、荥阳组团、上街组团、通用航空组团、医疗健康组团、新材料和EBD生态商务组团、服装产业组团、地质文化山地休闲运动组团。

【郑州市现代有轨电车适用性研究与线网规划】 2014年11月，郑州市现代有轨电车适用性研究与线网规划获市政府批复。规划范围为郑州市行政辖区范围，包括6区、5市（县级）和1县，总面积7446.2平方公里。其中重点研究范围：郑州市中心城区、郑州市航空港经济综合实验区、东部新城、西部新城、南部新城。主要内容：郑州市现代有轨电车等新型交通适用性研究。包括城市及城市交通分析、郑州对新型交通方式的交通需求分析、新型交通系统的类别及特点介绍、国内外应用案例研究、新型交通系统在郑州的适用性分析，以及郑州新型交通的功能定位、服务水平和发展策略等内容。郑州新型交通线网规划方案：包括现代有轨电车等新型交通发展战略研究、新型交通的线网规划方案、建设时序研究、技术标准研究，以及示范线的选址方案等内容。其中示范线的选址又包含线站位方案、车辆场选址方案、车辆选型、运营管理、路权形式、工程筹划、投资匡算等建议方案。

【郑州都市区综合交通规划】 2014年6月，郑州都市区综合交通规划获市政府批复。规划面积7446平方千米，规划期限近期为2015年，中期为2020年，远期为2030年，远景为2050年。主要内容包括都市区综合交通发展战略规划和都市区综合交通体系规划。其中，都市区综合交通发展战略规划包括都市区交通发展现状剖析、都市区交通发展趋势分析、国外大都市区交通发展的经验与启示、都市区综合交通发展战略和都市区综合交通体系骨架系统战略方案；都市区综合交通体系规划包括公路及干线道路规划、铁路体系规划、航空体系规划、公共交通体系规划、客运枢纽体系规划和货运与物流体系规划等内容。

【郑州航空港经济综合实验区综合交通规划】 为加快推进航空港实验区规划建设，落实实验区概念性总规关于综合交通专项规划的要求，按照市委、市政府工作部署，市规划局组织编制了《郑州航空港经济综合实验区综合交通规划》，2014年6月该规划获市政府批复。规划范围415平方公里，规划年限为2013-2040年。主要内容包括实验区交通需求分析、实验区综合交通发展战略以及国际航空枢纽规划、实验区道路交通系统、公共交通系统、客运交通枢纽系统、货运及物流通道系统、慢行系统、停车系统及近期建设计划等各交通专项规划方案。

【郑州市农业路快速路工程规划】 2014年12月，郑州市农业路快速路工程规划获市政府批复。农业路快速路是我市“井字+环形”快速路系统中的重要的一横，承担中心城区北部东西向交通区域集散功能及中心城区外界联系的重要渠道，为服务型快速路。该工程西起高新区雄鹰东路，东至郑东新区地德路，全长13.581公里。主线高架快速路采用双向六车道路规模，地布道采用双向六车道路规模，考虑BRT专用道后地面道路为双向八车道。全线共设置31外上下匝道；西三环、京广互通立交、中州大道快速路立交为枢纽型全互通立交。

【G107郑州境改建工程方案】 2014年8月，G107郑州境改建工程方案获市政府批复。该方案规划起点位于规划省道314与G107（万三公路）交叉处；规划终点位于规划炎黄大道与G107（万三公路）交叉口，全长53公里。全段规划3座高速收费立交、12座枢纽互通立交、2座三层简易立交，相交道路规划6处下穿隧道，设置27对平行式上下桥匝道，与4条铁路相交，与贾鲁河改线、现状贾鲁河、七里河、老丈八沟、丈八沟、纬一河、纬二河、纬三河8条河流相交，分别设计桥梁1座。该方案实施后，G107辅道上大量的过境交通将从市区分离出来，会有效缓解G107辅道的交通压力，减少过境车辆对城市的污染、干扰，对树立大郑州形象具有较深远影响，另一方面连接都市区东西向道路增加其交通联系，对带动沿线经济发展具有重要意义。

【郑州市民公共文化服务区核心区地下交通系统及地下空间利用专题规划】 2014年7月，郑州市民公共文化服务区核心区地下交通系统及地下空间利用专题规划获市政府批复。该项目规划范围为郑上路、站前大道、中原西路、雪松路4条城市道路围合地区，总用地面积为170.7公顷。通过设置地下交通环廊贯穿区域各停车场，重点解决核心区地下车库出入问题，实现核心区地面无小汽车通行，同时充分发挥南北两处公共停车场对周边地块的服务功能。中部交通主环廊规划为单向4车道，连通行政区各地块停车库，主廊道长1.99公里，在市民大道、晨星路和兴国路设置4对地面出入口。北区交通环廊规划为单向4车道，连通北区公共停车场和周边地块停车库，北区交通环廊长1.02公里，在图强路、乐山路和市民大道设置3对地面出入口。南区地下公共停车库在图强路和乐山路设置2对专用地下车库出入口匝道与城市道路直接联系。增加市民大道和兴国路两条东西向下穿隧道，均为双向4车道隧道，解决核心区无车化区域对于东西向过境交通的绕行问题。

【郑州市环城生态水系循环工程选线规划】 2013年10月，郑州市提出了“全域生态水系、循环水系建设”的理念，市规划局组织编制了郑州市环城生态水系循环工程选线规划，拟利用贾鲁河老河床滩地开挖象湖、圃田泽、中央湖湿地公园并连通形成蓄水湖泊，将贾鲁河下泄的引黄水及再生水蓄存，通过建设提水泵站及输水管

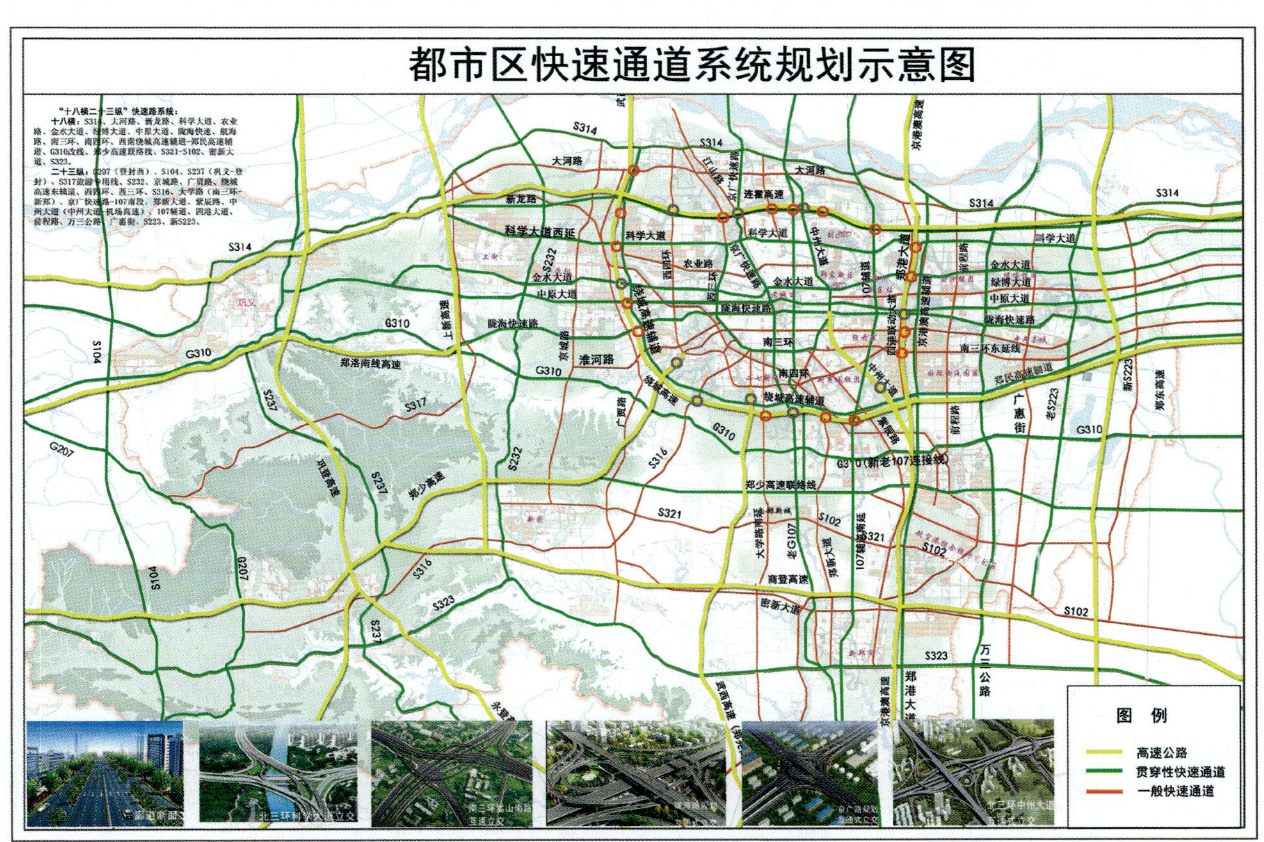

都市区快速通道系统规划示意图

道，满足郑州市河道的生态景观用水需求，并实现水资源的循环利用。该规划于2014年5月经市联审联批会审定通过。规划管道由万三公路贾鲁河桥处泵站引出，穿过万三公路后沿万三公路西侧向南敷设至七里河北岸，沿七里河北岸向西敷设至花马沟，然后沿花马沟向南至郑民高速，向花马沟分水后继续沿郑民高速北侧向西至机场高速，沿线向白石滚潭沟分水，穿越机场高速后沿机场高速西侧向西北至南四环，期间向潮河分水，然后沿南四环南侧向西至南水北调总干渠北岸，在与十七里河、十八里河交汇处向十七里河、十八里河分水，最后沿南水北调总干渠北岸向西至金水河，干线长约39.5千米，支线长约11.4千米。

【博薛线至西四环燃气管道选线规划】 2014年12月，博薛线至西四环燃气管道选线规划经市联审联批会审定通过。博薛线至西四环燃气管道由博爱—郑州—薛店煤层气管道新建阀室引出后，向东穿越现状西绕城高速公路，然后沿现状西绕城高速公路东侧及连霍高速公路南敷设至西四环，与西四环上现状DN500高压燃气管道相连，中途规划门站一座。线路总长约9.5千米，门站前管径为DN400，设计压力6.3兆帕，门站后管径为DN500，设计压力4.0兆帕。

【郑州市中心城区总体城市设计】 郑州市中心城区总体城市设计于2014年1月经市规委会研究通过，2014年6月，通过市人大常委会审议。规划范围为郑州市中心城区，北至黄河，东至京港澳高速公路，西南至绕城高速公路，面积约980平方公里。规划城市发展及景观定位为“华夏故里、中原枢纽、黄河绿都”。规划城市空间发展框架为“一脉贯通，双心凝核，三轴为枢，四环聚城”。空间结构为“主副轴+组团式”，提出郑州“翡翠项链+13组团”的中原生态绿环结构。空间特色为“廊道密集、文化多元、水绿交融、塔城相依”。按照“塑骨架、提重点、升品质”三步走的阶段性建设目标，提出各阶段的建设重点和建设项目。着重对空间形态分区、开敞空间的组织、街区高度的划定及城市形象设计系统进行引导控制，展示城市空间形态和结构特征。制定指导城市日常管理和详细设计的控制导则，将城市设计的意图与内容转换成可操作的管理技术要点和空间引导要求，指导下一层次城市设计的编制及具体项目的建设。

【郑州市贾鲁河沿岸城市设计】 2014年1月，郑州市贾鲁河沿岸城市设计经市规委会研究通过。规划范围为贾鲁河从尖岗水库至陇海铁路段两岸各1公里，长约78.7公里河道。规划结构为“一河、两区、三源、七湖、八景、十中心”。“一河”指承担了安全、生态、人文、休闲旅游、景观与经济职能的贾鲁河。“两区”指蓝线外的50-200米的“生态休闲观光区”和河道两岸各1公里的“建筑景观控制区”。“三源”指满足贾鲁河生态水系景观用水的“邙山输水干渠复线工程、牛口峪引黄调蓄工程和西水东调备用水源”三大水源。“七湖”指已有规划的西流湖、象湖、圃田泽、官渡湖、龙湖和本次规划的荥泽湖、贾鲁湖。“八景”指依托郑州古八景的人文气息，塑造地域新景观的八大主题公园。“十中心”指沿贾鲁河布置集康体健身、休闲娱乐、文化宣传、科普教育、艺术展览功能的十处市民服务中心。规划结合“六线”规划、公共交通规划和片区规划，在沿岸制定了“东西连接、南北贯通”的交通组织策略，将城市干路与周边区域相对接，梳理城市干道，缓解交通压力。将轨道交通站点、公交站点和慢行系统接驳站进行一体规划，组织合理便捷的交通换乘。在慢行系统规划方面，结合生态景观规划自行车、步行线路，规划社会停车场和自行车停车设施。为方便今后的规划实施与管理，划定了7个单元20个分区，对尖岗水库至京港澳高速5个单元16个分区进行了分区导则设计。

【郑州市嵩山路沿线街景综合整治设计】 2014年5月，郑州市嵩山路沿线街景综合整治设计经市政府规划联审联会研究通过。整治范围为嵩山路（二环支路—绕城高速）道路及两侧临路第一排建筑，全长约15.5公里。总体规划结构为“一廊、六轴、两核、九点、五区段”。“一廊”指将嵩山路塑造为城市景观文化长廊；“六轴”指与嵩山路相交的六条重要道路形成6条功能轴线，分别是中原路综合服务轴、航海路综合服务轴、建设路交通输配轴、陇海路交通输配轴、南三环快速疏散轴、南四环快速疏散轴；“两核”指在嵩山路和中原路交会处形成公共文化核心，在嵩山路和南水北调中线干渠交汇处形成生态休闲核心；“九点”指在嵩山路沿线打造九个景观节点，即西站路节点、建设路节点、金水河节点、淮河路节点、航海路节点、长江路节点、南三环节点、南四环节点、高速收费站节点；“五区段”指根据主导功能划分的特色宜居段、文化服务段、商务创智段、活力宜居段、生态门户段。根据嵩山路的现状建设条件打造包含“两核、九点”在内的11个景观节点，即“时代记忆”“碧沙流芳”“绿城之窗”“书香新韵”“嵩岳览翠”“创智天地”“礼易盛世”“灵石溢彩”“南水新绘”“碧海叠翠”“锦绣嵩山”。并对每个节点做出详细的建筑整治和景观规划方案。分两步走实施计划。2014-2015年为近期实施年度，是“塑形象”阶段，2015年以后进入远期整治的“升品质”实施阶段。

（谢　科）

城乡规划管理

【审批制度改革】 2014年，根据市政府办公厅《关于开展行政审批制度改革试点工作实施意见》文件要求，市规划局将规划一处改为总体规划处，规划二处、三处合并组建控规用地处，新成立行政审批办公室。按照市行政审批“两集中两到位”要求，除“镇总体规划审查”和4个开发区的规划审批事项外，市内5区“一书两证”的审批全部进驻市行政审批服务

市规划局在经开区召开现场办公会

市规划局局长杨东方实地察看违章建筑

大厅，成立规划行政审批办公室，集中受理“一书两证”办理事项。下放审批权限。为支持开发区建设，将4个开发区的部分规划审批权限进行了下放，同时制定印发《关于对开发区规划管理加强指导协调与监督检查的工作流程》，加强对各开发区规划分局的业务指导和监督检查。全年，共核发“一书两证”864件。其中，建设项目选址意见书审批111件，总规模991.09万平方米；建设项目用地规划许可审批189件，总规模681.76万平方米；建筑建设工程规划许可审批189件，总规模1774.44万平方米；交通建设工程规划许可审批44件，总长度9.47万米；市政建设工程规划许可审批331件，总长度32.277万米。

【规划审批和管理】 2014年，共完成规划报批212项。其中，航空港经济综合实验区规划28项，总体规划6项，交通规划4项，片区控规等控规174项。已完成编制的规划有110项。其中，航空港经济综合实验区规划3项，总体规划3项，交通规划52项，市政规划38项，专项规划5项，控制性详细规划6项，城市设计3项。全年办理规划核实项目426项，其中出具验线报告291项，核发建设项目规划核实意见书135项。按照地下管线工程的验线程序和技术规程，完成200项地下管线工程项目约400公里的验线工作。

【规划立法】 2014年6月，“三规划一设计”提交市十四届人大常委会第三次会议审议通过，以市人大常委会决议的形式向社会公布，使之具有法律权威性，增强其实施的效力，保证其“一张蓝图绘到底”。完成对《郑州都市区总体规划》《郑州市中心城区总体城市设计》《郑州都市区综合交通交通规划》《郑州都市区生态水系全面提升规划》等非法定规划提交市十四届人大常委会第三次会议审议，并以市人大常委会决议的形式向社会公布。

【规划执法】 2014年，突出对交通道路生态廊道建设及市域铁路沿线、河流沿线绿化和27个区级综合性公园及周边服务区的红线、绿线与蓝线内违章建筑整治。充分发挥网格化管理机制的作用，严格实行批前批后监管，实行日常管理动态巡查机制，做到“及时发现违法建设，及时进行制止，及时下达法律文书”。坚持在《郑州日报》上刊登违法建设公告、通报制度，对违法建设行为进行曝光，全年在媒体发布《违法建设拆除通报》46期；发布《新增违法建设公告》10期，对违法建设进行震慑，新增违法建设得到遏制。2014年，共下达行政处罚告知书116份，责令改正通知书112份，行政处罚决定书7份，罚款处罚决定书101份，申请政府实施强制拆除8项。截至2014年年底，市内五区、开发区共拆除违法建设1400余起，面积约150余万平方米。继续加大容积率调整追缴土地出让金工作力度，经过大力协调、积极作为，2014年共追缴土地出让金项目11项。通过严格规划执法，2014年信访案件同比下降40%以上。2014年，市规划局获得省住建系统依法行政先进单位，监察支队荣获河南省住房和城乡建设系统四星级执法监察队伍和市推进服务型行政执法建设先进单位。

【信息化建设】 为提高规划管理信息化支撑水平，2014年继续开展“规划一张图”建设。一期已通过专家验收并开始试运行，二期建设已经启动，港区、郑东新区、经开区、高新区即将联网。开展地下管线管理信息系统建设及地下管线普查工作和管线三维虚拟现实系统建设，已完成地下管线探测约2.3万公里，管线探测数据已基本成形，信息系统已进入试运行阶段。完成2013年建成区365.61平方公里统计工作。

【建立规划专家库】 为进一步提高郑州市规划编制和审查水平，为决策打好基础和参谋工作，初步建立了由国内外规划、建筑、结构、交通、市政、园林、景观等城市规划各相关领域专家组成的市级专家库，使其成为政府规划决策的智囊团，并制定了专家工作制度。

（谢　科）

住房保障和房地产管理

【概况】 2014年，郑州市住房保障和房地产管理局紧紧围绕市委、市政府“三大一中”战略定位，以全面开展党的群众路线教育实践活动为动力，重民生、抓改革、强管理、求提升，积极适应经济新常态，认真履行住房保障和房地产管理职能，全面完成了年度各项工作任务，全市房地产业在较大压力下保持平稳发展。

持续深化“三房合一”住房保障新机制，不断完善全市住房保障体系，逐步转变保障房建设管理方式，强力推进棚户区改造工作，有效拓宽保障性安居工程融资渠道，并报请市政府由市住投公司成立公共租赁住房运营中心，实现对市区公共租赁住房的统一后期管理。

科学实施宏观调控政策，有效调整住房供应结构，不断加大房地产市场监管力度，规范市场行为，探索建立房屋租赁管理工作新机制。开通房屋租赁微信平台，继续推行房屋租赁联合管理，在全国房地产市场普遍下行压力下，实现全市商品房投放、销售、价格历史新高。6月，郑州市对商品房预售标准进行调整，对于非普通商品住房项目，在工程形象进度上不再执行2013年9月1日实施的“完成主体结构工程封顶方可申请商品房预售”的阶段性要求，其预售标准仍执行《郑州市商品房销售管理办法》的有关规定。8月6日，郑州市正式公开首批公共租赁住房轮候供应准备情况，首批2517套公租房在8月11-15日集中向社会供应。8月9日，郑州市正式中止执行已实施三年的住房限购政策。

加快实现物业管理全覆盖，不断完善物业管理制度体系，持续加大物业行业监管力度，开展房屋安全普查、文明城市创建、物业服务企业信用等级评定、物业服务行业转型升级和物业维修资金使用管理等工作。12

全市房管系统民主评议政风行风动员会召开

月，为保障物业管理办公室的正常运行，从根本上解决运行中的问题，明确了郑州市物业管理办公室的经费形式为财政全额拨款。

主动融入新型城镇化发展潮流，不断加大房屋登记规范化管理力度，继续深化不动产统一登记前准备工作，做好房产抵押、房产档案馆建设管理等工作。创新建立监管与服务并重方式，逐步强化房地产开发项目管理，切实发挥开发企业信用等级评定和企业服务作用，建立监管与服务并重的工作机制。4月下旬至6月初，在全市范围内开展房地产市场秩序专项检查，进一步肃清了房地产市场不良行为和不良现象，保护了消费者合法权益。5月8日，《郑州市个人住房置业贷款政策性担保管理办法》刊登见报，在全市范围广泛征集意见。

逐步拓宽房地产业管理途径，进一步深化全市房管网格化体系，加强技能培训和经验推广。畅通信访投诉渠道，加快网络问政机制建设，深入推进行政审批制度改革，全系统依法行政工作水平再上新台阶。8月12日，郑州市住房保障办事服务大厅正式启用，标志着郑州市正式进入保障性住房常态化轮候供应模式阶段。

2014年，郑州市住房保障和房地产管理局先后获得全省依法行政先进单位、省保障性安居工程先进单位、省新闻信息宣传工作先进单位、郑州市都市区建设三年行动计划综合工作优秀单位、城乡规划建设工作先进单位、服务航空港实验区建设先进单位、长效机制先进单位等20多项荣誉。

【保障房建设】 持续深化“三房合一”住房保障新机制。实现公租房和廉租房并轨运行，全年市区累计受理公租房申请13445户；加快已购经适房有序退出，全年共有16740户购房家庭通过补缴差价款取得了完全产权，上缴市财政差价款9.6亿元，累计退出55845户，上缴市财政差价款23.8亿元；积极推进经适房项目落地，稳步处理经适房遗留问题，全年共审核处理遗留问题房源24623套，占比62.2%。

逐步转变保障房建设管理方式。实行住房保障货币化，由政府租赁部分租赁性质的社会房源，纳入公租房管理范围；明确公共租赁住房按照属地化管理原则进行配租，并报请市政府由市住投公司成立公共租赁住房运营中心，实现对市区公共租赁住房的统一后期管理；扩大住房保障覆盖范围，明确各类人群申请公共租赁住房资格认定程序。

多措确保分配过程公平公正。坚持完善信息公示制度，实行分配全过程信息公开；实行公租房轮候供应，全年共指导市内各区、管委会完成2845套公租房公开配租；实施经适房常态化轮候制度，完成4985套经适房预登记工作。

强力推进棚户区改造工作。2014年，郑州承担棚户区改造任务19.45万套，约占全省任务的44%。在明确项目的基础上，进一步简政放权，严格落实联审联批制度、绿色通道制度和限时办结制度，加快棚户区改造进度，圆满完成全年目标任务。

有效拓宽保障性安居工程融资渠道。全年共争取到中央、省级专项投资补助资金30亿元，市财政配套资金8亿元，已全部到位；国家开发银行授信规模达到310亿元，与国家开发银行签订贷款合同188亿元，已发放贷款104亿元。科学处理房改问题。全年共计办理房改纠误1671件，支取货币补贴审批400件，房改房拆迁注销1781件，单位集资建房资金支取审批450万元。

截至2014年年底，全市已开工建设公租房15983套，完成率为102%；开工建设棚户区改造项目197888套（户），完成率为102%；基本建成项目32432套，完成率为101%。

【房地产市场运行】 2014年，全市商品房市场各项数据均创新高。在全国房地产市场普遍下行压力下，郑州市房地产市场由于调控合理，措施得当，实现商品房投放、销售、价格历史新高。11月底，中央电视台财经频道对郑州市房地产市场调控成效进行了专题报道。

住房供应结构得到进一步优化。对新开发建设的房地产开发项目，取消住房套型结构比例控制，有效促进市场投放。全年市内五区共安排商品房项目89个，总建筑面积1364万平方米。其中，住宅703.02万平方米，90平方米以下住宅373.22万平方米，面积比重达53.69%。

对市场调控政策进行了适时调整。根据市场形势变化，为加快开发、增加需求和刺激消费，陆续采取

绿城广场便民服务活动

全市信访工作现场会

了中止执行住房限购政策、调整商品住房预售标准、取消住房套型控制比例等多项措施，牵头起草印发了《关于进一步加强住房保障工作 促进房地产市场平稳健康发展的通知》，实现了政策平稳过渡，稳定了房地产市场。

房地产市场前景进一步明朗。全年陆续开展了郑州市房地产业（2014-2018年）发展调查、郑州航空港区实验区房地产发展研究、郑州市房地产市场供求结构调查等调研活动，为实现房地产市场长远平稳健康发展打下坚实基础。

房地产市场秩序在监管中更加规范。全年共完成日常巡查房地产开发项目196个，开展集中巡查8次，并在全市范围内开展了房地产市场秩序大检查和中介市场秩序专项检查，不断加大对违法违规行为的查处力度。全年立案查处房地产违法违规行为40起，罚没收入321.6万元，巡查中发现并制止违法违规行为196次。在中介服务行业中实行信用分级评定管理办法，不断规范房地产市场行为。

房屋租赁市场管理成效日益显著。探索建立房屋租赁管理工作新机制，开通房屋租赁微信平台，继续推行房屋租赁联合管理，完成了《关于做好城中村集体土地上房屋租赁登记工作的意见（征求意见稿）》的起草工作。

2014年，全市房地产累计完成投资1743.5亿元，同比增长20.6%；商品房投放2672万平方米，同比增长20.94%；商品房销售1911万平方米，同比增长10.00%；商品房销售均价7396元/平方米，其中商品住宅销售均价为6623元/平方米。全市二手房累计成交450.87万平方米，下降20.50%，成交均价为6349元/平方米。其中，住宅二手房累计成交439.58万平方米，同比下降20.45%，成交均价为6223元/平方米。全市完成抵押登记面积3688.21万平方米，同比增长2.7%；完成抵押登记金额1857.03亿元，同比增长10.2%。

【物业管理】 物业管理制度体系不断完善。报请市政府出台并下发实施了《郑州市人民政府关于新型农村社区物业管理工作的指导意见》；在中原区开展改造后老旧小区后期物业管理试点工作，为《郑州市老旧小区物业管理工作意见》的全面实施提供经验；联合相关职能部门制定相关措施，进一步规范了住宅小区日常管理和物业行业收费行为。

物业行业监管力度持续加大。有序开展物业服务企业资质动态考核，完成了836家合格企业公示和53家不合格企业的资质注销工作。着力规范物业招投标行为，全年共完成105个新建住宅项目公开招标备案，新增物业管理面积1831.86万平方米。坚持实施物业服务企业信用分级评定，有力规范了市场秩序。启动城区房屋第八次调查工作，全面了解房屋使用情况。

物业服务行业转型升级提上日程。加大行业培训力度，全年组织开展行业培训近10次，参与培训人员近1000人次。积极开展物业管理示范项目创建工作，全年共创建市级示范项目40个，创建省级示范和优秀项目17个，推荐国家级项目3个，带动了全市物业服务行业整体水平的提高。

物业管理对提升城市文明的作用日益显现。完成了市委、市政府下达的国家卫生城市复审重创、全国文明城市创建等工作任务；组织并开展平安社区建设工作，有力发挥了物业服务企业在平安建设中的积极作用。

房屋安全普查工作成效显著。2014年，全市房屋安全普查系统共录入各类普查房屋5.15万幢，建筑面积1.8亿平方米；组织全市房屋安全普查检查验收工作，初步评定第四类房屋（严重损坏房及危险房）63幢；排查直管公房危旧房屋47处，面积1.28万余平方米。

科学规范维修资金使用管理。完成房屋专项维修资金指导监督委员会组建工作，正式启动监委会各项职能；不断创新维修资金缴存方式；开展全市维修资金统一管理平台可行性调研，为全市维修资金的规范化管理奠定了坚实基础。

2014年，全市物业管理面积达到18104.63万平方米，物业企业达到1116个。其中，一级物业服务企业达到32家，二级物业服务企业达到90家。共归集房屋维修资金9.03亿元。共创建市级物业管理示范项目40个，创建省级示范和优秀项目17个，推荐国家级物业管理示范项目3个。

【产权登记】 新型城镇化项目安置房屋登记工作措施得力。截至年底，已为全市7857户新型城镇化项目安置农民办理了房产证，并代市政府拟订了《关于支持新型城镇化建设、加快安置房屋登记工作的指导意见》，有效推动了郑州市新型城镇化的发展进程。

房屋登记规范化管理力度加大。全年分别对郑州铁路局房产登记业务人员、全市房屋登记从业人员、全市抵押从业人员开展3次业务培训，对市区房屋登记人员进行为期一年、1800余人次参加的礼仪培训，有效提升了全市房产登记人员素质和综合办事能力。

继续深化不动产统一登记前准备工作。紧跟中央关于不动产统一登记形势和动向，积极组织学习国家不动产登记条例及相关政策，并适时提出合理化建议，为下一步全面开展不动产统一登记做好前期准备。

不断完善房屋交易和登记工作机制。大力推行“服务群众最后一公里落地”活动，实现服务民生“零距离”；推出商品房面签入社区服务，全年累计开展面签服务210次，接待办事群众5.2万余人；继续做好疑难办证的后续工作，全年共办理1492件疑难问题产权登记；东、西区办事大厅推出商品房屋立等可取新举措，引起社会强烈反响。

房产抵押管理工作成绩斐然。《郑州市房地产抵押管理办法》顺利实施；完成中小微企业融资实地调研并形成调研报告，向市政府提交相关建议；加强为下岗失业人员办理小额担保贷款抵押登记工作，全年共减免下岗失业人员登记费用47.5万元。

房产档案馆建设工作在压力下前行。协调相关职能部门加快新址基础配套设施建设；有序开展档案查询和管理工作，截至年底，共接收产权档案125890卷，抵押档案111060卷；房屋登记信息查询及档案利用量质齐升，全年共提供档案信息查询50万人次。

【房地产开发管理】 逐步强化房地产开发项目管理工作。强力推进《房地产开发企业项目手册》的落实，全年共审核项目手册113份；重点关注房地产企业开发项目进展情况，逐步完善企业开发项目综合监管平台，及时督导和约谈问题企业，努力避免出现“烂尾楼”现象；贯彻落实《郑州市房地产开发项目交付使用管理办法》，完成首个项目交付使用备案，完成调解4起交付使用纠纷。

企业服务工作取得较大进展。企业服务方式更加灵活多样，问题解决效率逐步提高。全年共受理企业反映的属该局内部解决的21个问题，均得到圆满解决。有序推进企业首席服务官工作，联合相关职能部门解决23个小区生活用电问题和4项遗留问题，8项其他问题已上报市政府协调解决。

企业信用分级评定发挥实效。严格落实《郑州市房地产开发企业信用分级评定管理办法》，全年共记录房地产开发企业信用信息426条。其中，良好信息70条，不良信息356条；有74家企业信用升级，11家企业信用降级。

问题楼盘整治工作迎难而进。协调相关单位完成卧龙花园、蓝堡湾、德亿时代城、友谊广场等问题楼盘的部分遗留问题处理工作，并取得阶段性进展。

圆满完成对外开放和招商引资工作。根据省、市工作安排，参加第八届中国（河南）国际投资贸易洽谈会的招商引资工作，到会客商17名，重要客商8名；组织130家企业150人次客商参加城乡基础设施及住房建设项目对接活动，进一步激发客商投资热情。

对拖欠工程款的清理力度进一步加大。全年共计处理有拖欠工程款问题的开发企业26家，涉及40家建筑企业、50个项目、1.68亿元工程款，完成清欠比例达97.2%。

【网格化管理】 进一步深化全市房管网格化管理工作。制定下发《关于进一步明确住房保障和房地产管理工作融入网格化管理事项的通知》，将31个房地产工作事项下放区房管部门，35个工作事项融入一、二级网格，规范了下沉工作内容，明确了各级职责。

进一步推动长效机制规范固化。开展房地产网格化管理标准化体系建设，固化程序、固化任务内容，形成常态化管理，探索推进条块融合的有益经验，推行物业管理工作网格化管理、住宅小区星级评定制度、下沉网格“三五七”工作法等，相关经验做法已经市委领导批示，在全市转发。

进一步加强技能培训和经验推广。全年组织开展社会公共管理信息平台集中培训3期，参训人员126人次。通过社会公共管理信息平台上报问题296条，办结率100%。深化条块双网融合，在系统内发现和推广荥阳市“四融合”工作法、上街区41530工作法、管城区“1+6”工作模式等先进经验。

进一步提高问题解决实效。利用网格化管理体系，陆续开展了电梯安全排查、危旧房屋隐患排查、小区楼院卫生检查督导和房地产问题等专项检查。全年共巡查发现房地产问题23650件，有效解决问题22925件，有效处置率96.9%。

【行政审批制度改革】 行政审批制度改革工作取得阶段性成果。积极适应和推进改革工作，成立行政审批办公室并按时运行，审批事项进一步精简，审批流程进一步优化，简政放权成效突出，在全市“两集中两到位”改革阶段圆满完成试点任务并受到表彰，逐步实现房管工作审管分离。

继续深化行政机构各项改革工作，着力规范权力运行。在行政审批制度改革基础上，积极转变政府职能，深化行政机构改革，稳步推进“三定”改革工作；建立权责清单，全面构建权力运行监督机制，切实保障“五单一网”制度改革工作取得实效；继续深化事业单位改革，加强内设机构建设，为单位长远发展奠定基础。

依法行政基础更加牢固。组织制定了2014-2018年度立法规划，确定《郑州市房屋安全管理条例》《郑州市房屋登记条例》为调研项目，《郑州市物业管理条例》为修订项目；全面清理126个系统内规范性文件，经清理废止1件，失效49件，继续有效76件。

有效规范行政执法手段。加强执法队伍建设，全年共开展执法人员集中学习29次；完善行政执法程序，使用统一的执法文本，依法规范行政处罚自由裁量权，进一步理顺执法委托关系。党风廉政建设各项工作深入推进。修订完善《党风廉政建设制度》，层层签订党风廉政建设责任书。扎实构建惩防体系，积极开展反腐倡廉制度建设年示范单位创建活动，各级纪检监管机关深入落实“转职能、转方式、转作风”工作要求，认真履行监督、执纪、问责职能，不断提高全系统党风廉政建设水平。

（王盼盼）

市政建设与管理

综 述

【概况】 2014年，郑州市城市管理工作紧紧围绕以航空港实验区为统揽的郑州都市区建设，以开展党的群众路线教育实践活动为契机，以提高市民满意度为总目标，以市政公用基础设施建设为重点，以精细化管理为基础，以创新城市管理体制机制为抓手，着力在增强城市综合承载能力和持续提升城市环境上下功夫，为推进全市经济社会发展提供了有效保障。

【城市管理体制改革】 根据《中共郑州市委郑州市人民政府关于市政府职能转变和机构改革的实施意见》（郑发〔2014〕30号），设立郑州市城市管理局（郑州市城市管理行政执法局），为市政府组成部门。将环卫设施拆除及异地重建审批，因科研、教学及特殊情况在市区内饲养家畜家禽审批，联合规划、公安部门审批占用车行道、人行道做临时停车场下放到区城市管理部门行使；取消燃气设施保护范围内施工作业审批和已由市政府公布取消的其他职责。市城市管理局机关行政编制为134名，机关工作人员事业编制12名。

2014年4月18日，副市长张俊峰调研渣土车规范整治工作

【公用事业】以南水北调水为水源的刘湾水厂建成投运，航空港区第一水厂、柿园水厂完成了水源置换，形成了以南水北调水、黄河水为主，地下水为辅，水库水备用的供水格局，用水安全得到了有效的保证。马头岗污水处理厂二期、南三环污水处理厂、马寨污水处理厂建成通水试运营，新增污水处理能力45万吨/日。新密裕中电厂、泰祥热电厂引热入郑工程、枣庄热源厂"煤改气"工程顺利完工投入使用，新增供热能力1630万平方米。加快管网建设步伐，新建改建自来水管道88.85公里、供热管网114.6公里、燃气管网120公里，完成自来水居民用户"一户一表"改造68174户、新增燃气用户10.8万户。罗垌水厂、侯寨水厂、北郊热源厂、郑州新区污水处理厂、双桥污水处理厂、再生水三环管线配套工程、马头岗污水处理厂一期提标改造等一批供水、燃气、供热、污水处理工程进展顺利。深入开展瓶装燃气市场安全专项整治，取缔非法瓶装燃气供应点676家；对居民家庭直排热水器及燃气设施老化等安全隐患进行摸排，对排查出的2万多个直排热水器督促进行整改。

【市政设施管理】以文化路为代表的52条市、区道路大修任务全部完工，大修复浇道路107.65万平方米，文化路大修实现了机动车、非机动车、行人路权分离、各行其道，各类管线和交通设施、环卫设施、公交港湾同步建设到位，成为郑州市道路整修的一个典范。江山路拓宽改造工程累计完成工程总量的94%，跨东风渠4座桥梁已建成通车，紫辰路与城东路交叉口、工人路、长兴路等7项雨污水管网改造工程完工投入使用，对36座桥龄6年以上的桥梁进行了检测。维修路灯1.67万盏，设施整修2.23万处，综合明灯率达到98.87%。城区河道管理、城市雕塑管理得到进一步强化，城市防汛、除雪工作得到有效落实。配合三环快速化工程、陇海路高架、轨道交通建设等重点工程建设和重大活动保障，对三环快速化20个平交路口进行了整治、渠化，对14座立交桥和9座人行天桥进行了油漆粉刷和综合整治，完成了嵩山路、江山路、中原路等20余条道路以及BRT环线突击抢修任务。

【环境卫生管理】认真贯彻落实《郑州市人民政府关于规范环卫管理工作改善环卫职工待遇的通知》（郑政文〔2013〕205号），对环卫作业体制和作业模式进行了规范，提高了作业经费标准和环卫工人待遇，同时各区成立了以政府为主导的专业化公司。加强环卫设施建设，新建公厕120座、垃圾中转站31座，新建环卫工人休息场所64座，建设环卫之家24350平方米。认真落实延时保洁制度和分类管理标准，采取明查、暗查、互查等多种形式，开展综合检查评比，提高清扫保洁质量。严格执行垃圾进场双向登记制度，生活垃圾无害化处理率达到了93.5%。

【扬尘污染治理】积极开展道路扬尘污染治理，增加洒水降尘次数，对全市重点道路、快速路、主干道路冲洗、机扫联合作业由原来每周2次调整为每天1次，洒水降尘每天3次调整为每小时1次；次干道洒水降尘由每天2次调整为每2小时一次。购置小型洗扫车和冲洗车269台，市区主干道快车道已全部实现了机械化清扫和冲洗作业，并逐步向背街小巷和慢车道、人行道延伸，市区机械化清扫（冲洗）率达到60%。加大渣土车运输治理力度，将原有的84家清运公司整合为23家，对2904台渣土车进行了密闭改装并安装了北斗定位系统，建成了监控平台，实现了从分散单车管理向集中管理公司的转变。加大了有渣土清运作业工地出入口的规范管理，90%以上的工地实施了出入口硬化，安装了自动冲洗设施。推进责任倒查和联合执法工作，出台了《郑州市违规清运渣土源头监管责任倒查暂行办法》，成立了300人的联合执法队伍，开展了"百日行动"重拳打击"黑车、黑公司"。推进建筑垃圾资源化处置和利用，推广移动式现场处置方法，不仅减少了建筑垃圾的运输费用，同时避免了因填埋、运输造成的二次污染。

【三城联创市容整治】围绕全国文明城市创建、国家园林城市和国家卫生城市复审，成立了4个指挥部，进行任务分解，逐项目、逐条款落实创建任务，分层级明确责任单位、责任人，抽调300多人组成23个督察检查组，采取媒体曝光、日例会、周排名、有偿整改等措施，全力开展创建迎检工作。加大对妨碍市容环境、严重影响市民生活占道经营的整治取缔力度，共清理各类占道经营、突出店外经营19.6万余处次。结合市区交通秩序综合整治"百日行动"，对市区70个占道经营乱点路段实行责任包，暂扣机动车379辆、非机动车2004辆。扎实开展占道露天烧烤治理，严禁区、严控区内210处露天烧烤占道经营摊点基本清理完毕，完成退路进店和清洁能源改造1774处。按照"统一领导，属地负责；依法依规，梯次推进；部门联动，规范管理"的原则对城市建成区的违法户外广告开展规范整治工作，共拆除屋顶广告183处近10万平方米，拆除各类违法户外广告3万余处约15万平方米，治理霓虹灯门头牌匾1.6万处，清除小广告9.6万处，拆除各类违规指示标志牌268处。加大养犬管理力度，张贴文明养犬宣传品、公开信125万余份，开展联合执法行动70次，累计没收烈性犬、大型犬70只，收容无证犬只751只，查处群众举报案件1077件。加大有偿整改力度，有偿整改市容环境问题8900余处，有偿清运积存垃圾60620立方米，有效解决了垃圾清运不及时、严重影响城市环境等问题。

【城市精细化管理】根据市委、市政府统一部署，选择铁路编组站以东、北三环以南、中州大道以西、金水河以北面积约40平方公里的区域作为城市精细化管理服务建设先行区进行先行先试。2014年12月18日，市委、市政府召开了城市精细化管理服务先行区动员会，对先行区建设进行了安排部署，动员全市上下围绕习近平总书记提出的落实群众"七个更"期盼的要求，统一思想，集中力量，以解决群众行路难、办事难、上学难、就业难、就医难"五难"问题为重点，推进城市精细化管理服务先行区建设，以点带面，全面提升城市建管水平，切实让人民群众体会到、享受到改革发展和城市建设成果，努力让群众生活更美好。

【城乡管理综合考评工作】2014年，城乡管理综合考评工作进一步完善，城乡管理综合考评成绩被纳入市委、市政府绩效考核体系，市城市管理局完成了《郑州市城市管理标准手册》编制工作，为实现城市管理的长效化、精细化奠定了基础。郑州市坚持按照"月暗访、季明查"的要求，严格城乡管理综合考评，对发现的问题下达督察通报，要求责任单位限期整改，并对各责任单位的整改情况进行跟踪复查和月排名；在每月考评的基础上，汇总各单位组织管理、监督考核、问题整改等因素，核算出季度综合成绩，排出季度名次。2014年共抽查乡（镇）95个（次），下达督察通报46期，平均整改率达到85%，极大地增强了各级做好城市管理工作的紧迫感和责任感。

【便民服务】2014年，全市城市管理部门坚持把群众利益放在首位，把市民需求作为第一信号，把老百姓满意作为第一标准，在水气暖保障、市容环境的管理等服务方面努力贴近群众、贴近生活。郑州华润燃气股份公司推行个性化安装业务，依托郑州新闻广播宣传安全用气常识，获得客户的广泛好评。热力公司与银联合作增加了全民付收费系统，在全市思达超市新增了180个收费网点，方便了市民缴费。燃气"牛师傅"、自来水"白师傅"等服务团队，坚持开展进社区、进站区服务活动，深受市民称赞。市城市管理局机关加强了应急

2014年6月10日，市人大常委会主任白红战视察城区道路养护维修工作

服务处置中心建设，24小时设专人值守，接到群众反映的问题后，1小时内到达现场，进行先期处理，避免给行人造成伤害，全年共接案件3364件，办结率100%，满意率100%，取得了良好的社会效益。通过三级城市管理服务热线、城管微博、“城市管理工作日”，加强与群众的交流互动，听取群众诉求，全年共接收城市管理各类信息104.5万条，处理城市管理各类案件31.86万个，有效服务了郑州的经济发展和市民生活，郑州市城市管理局微博被新浪政务微博学院评为“全国最亲民基层政务微博”之一，被新浪河南评为2014政务微博亲民奖。

（秦永纪）

市政设施养护

【概况】 2014年，郑州市市政工程管理处以深化网格化管理为抓手，通过建立“两级平台、三级网格”管理架构，充分发挥一线养护和巡视人员的基础性作用，实现了管理重心下移，逐步形成了“全覆盖、无缝隙”的设施问题发现和解决机制，市政养护维修工作针对性、自主性和计划性大幅提升，市管市政设施日常维护质量显著提高。2014年，共完成总产值3.68亿元。其中，养护工程产值8355.51万元，建安工程产值2.84亿元。

市政设施养护维修方面，完成道路大修复浇94.21万平方米，道路零修零补15.47万平方米，排水管道疏挖1205公里，窨井疏挖13.56万余座（次），泵站污雨水抽升1356万吨，桥梁桥体清洗26.84万平方米。市政设施养护维修工作时效、维护及时率明显提高，市管城市道路主、次干道整体运行状况良好。道路掘动管理方面，全年共计办理破路证 152 份，破路面积约 9191平方米；办理占道证755份，总面积2.89万平方米。窗口服务及为民服务方面，共受理社会各界来电、来访4277件，受理数字化管理中心转来案件3576起，接收上级督办件及人大、政协建议118件，全部在规定时限内落实办理完毕，办结率100%。

【市政设施防汛除雪】 2014年，郑州市市政设施防汛工作继续实行以行政首长负责制为核心的各级防汛责任制，立足于防大汛、抢大险、抗大灾，汛期来临前，完成了对全市雨水管网的疏挖，对存在积水隐患的48处小积水点进行了改造，安装窨井防护网3800余套，加工窨井警示框150余套。储备了充足的抢险物资和应急装备，组织了防汛抢险突击队，并按照防汛预案的要求，合理安排防汛演练。汛期累计出动防汛人员5000余人（次），其他抢险机械设备1000余台（次），确保了市政设施安全度汛。全力做好冬季除雪工作，2014年2月4-7日降雪期间，累计出动人员1200余人（次），调配机械设备130余台次，撒布融雪剂140余吨，确保了市区立交桥节日期间正常通行。

【城市道路大修改造（复浇）】 2014年，郑州市市政工程管理处对市区部分道路（路段）进行了大修复浇，累计完成沥青路面铣刨复浇85.42万平方米，人行道铺设8.79万平方米。截至2014年年底，紫荆山路、黎明路、棉纺路等18条市管道路大修全部完工，嵩山路、大学路大修工程铣刨复浇部分完成。主要工程情况为：

文化路道路大修工程（金水路—北三环）。该工程于2014年4月17日开工，2014年12月31日竣工。共铺设沥青路面15.25万平方米，铺设人行道板6.4万平方米。

新郑路道路大修工程（陇海路—航海路）。该工程于2013年11月10日开工，2014年3月27日竣工。共铺设沥青路面17973平方米，铺设人行道板2491平方米。

紫荆山路道路大修工程（金水路—商城路）。该工程于2013年9月10日开工，2014年4月3日竣工。共铺设沥青路面33967平方米，铺设人行道板1930平方米。

黎明路道路工程（鸿运路—电厂路）。该工程于2014年1月10日开工，2014年5月30日竣工。共铺设沥青路面17159平方米，铺设人行道板5864平方米。

棉纺路道路大修工程（河医—秦岭路）。该工程于2014年5月6日开工，2014年5月24日竣工。沥青路面稀浆封层270120平方米。

天河路道路大修工程（江山路—大河路）。该工程于2013年10月21日开工，2014年6月3日竣工。共铺设沥青路面96912平方米。

铭功路道路大修工程（解放路—太康路）。该工程于2014年6月12日开工，2014年6月30日竣工。共铺设沥青路面13583平方米。

黄河路道路大修工程（沙口路—未来路）。该工程于2014年7月20日开工，2014年8月5日竣工。共铺设沥青路面15531平方米。

航海路道路大修工程（秦岭路—中州大道）。该工程于2014年7月11日开工，2014年8月21日竣工。共铺设沥青路面57171平方米。

桐柏路道路大修工程（五龙口南路—航海路）。该工程于2014年6月27日开工，2014年8月25日竣工。共铺设沥青路面17697平方米，铺设人行道板6637平方米。

中原西路道路抢修工程（荥阳界—西三环）。该工程于2014年8月1日开工，2014年8月31日竣工。共铺设沥青路面253610平方米。

兴华街道路大修工程（中原东路—陇海西路）。该工程于2013年11月12日开工，2014年5月24日竣工。共铺设沥青路面8039平方米，铺设人行道板8500平方米。

金水路道路大修工程（河医立交—东明路）。该工程于2014年6月21日开工，2014年9月30日竣工。共铺设沥青路面80717平方米。

郑汴路道路大修工程（城东路—未来路）。该工程于2014年10月4日开工，2014年10月30日竣工。共铺设沥青路面7153平方米。

长兴路道路抢修工程（三全路—水产市场）。该工程于2014年10月24日开工，2014年11月2日竣工。共铺设沥青路面17860平方米。

纬五路道路大修工程（经一路—未来路）。该工程于2014年11月7日开工，2014年11月18日竣工。共铺设沥青路面13892平方米。

兴隆铺路道路大修工程（沙口路—南阳路）。该工程于2014年10月10日开工，2014年11月15日竣工。共铺设沥青路面12609平方米。

工人路大修改造整治工程（建设路—南三环）。该工程于2013年11月12日开工，2014年12月15日竣工。共铺设沥青路面26750平方米，铺设人行道板24755平方米。

【市政排水管网改造】2014年，雨污管网建设的主要工作任务是郑州市城区雨水系统完善工程和污水管网配套工程。已完工的项目有：

紫辰路与城东路交叉口雨水系统完善工程（长江东路—西干渠）。该工程2014年3月1日开工，2014年6月19日竣工。主要工程量：雨水为1.4×1.0-2.4×1.2方涵，全长484米。完成工程投资240万元。

郑汴路与商贸路交叉口雨水完善工程〔商贸路（郑汴路—滨河路）〕。该工程2014年4月29日开工，2014年8月20日竣工。主要工程量：雨水为1.8×1.2-2.0×1.4方涵，全长633米。完成工程投资400万元。

工人路雨污水工程（颍河路—伊河路）。该工程2014年2月27日开工，2014年7月9日竣工。主要工程量：雨水为D1000钢筋砼管，全长267米，污水为D700管，全长263米。完成工程投资205万元。

长兴路雨污水工程（魏河—三全路）。该工程2012年12月25日开工，2014年10月15日竣工。主要工程量：雨水为D600-D1500管，全长169米，污水为D500-D700管，全长818米。完成工程投资435万元。

常青路雨水系统完善工程（银河街—沙门路）。该工程2014年3月25日开工，2014年11月25日竣工。主要工程量：雨水D600-D800管，全长380米，污水D500-D800砼管，全长1268米。完成工程投资690万元。

工人路雨污水工程（友爱路—中原路）。该工程2012年12月25日开工，2014年11月12日竣工。主要工程量：雨水为D600-D700管，全长955米，污水为D500-D600管，全长971米。完成工程投资220万元。

【三环快速化工程平交路口综合整治工程】三环快速化工程平交路口综合整治工程于2014年2月20日开工，2014年4月30日竣工。完成22个路口改造，共铺设沥青路面18.3万平方米，铺设人行道板5.21万平方米。

【城市照明设施】2014年，市城市照明灯饰管理处共维修路灯1.67万盏，整修设施2.23万处，处理故障3367处，处理高压故障120处，全市综合明灯率为98.87%，设施完好率为92.5%。

开展路灯设施综合整治活动。重点对高压及配电设施、高低压线路、灯杆灯具及监控终端设备运行情况进行了整治。共整治道路140条，包扎接线头4850处，校正灯杆、灯具379基（套），清井2100处，清理杂物1340处，更换灯门480处，更换补装检查井1270处。加强路灯设施巡视督察力度，重点巡查各类有可能损坏路灯设施的施工地段和区域，并积极主动与施工方沟通协调，控制、降低了损害路灯照明设施的违法行为，共检查道路3968条，路灯26万余盏，拆除各类违规违章广告及悬挂物581处，完成26处箱变被盗及道路施工造成路灯设施损坏案件的调查处理工作，有力地提高了路灯设施的运行效果。

加强路灯设施安全管理。坚持每周开展安全设施检查，集中检查公交站牌、人员密集地区、积水点、人行道上的照明设施。重点落实路灯、外接广告（电源）、箱式变电站、台式变压器等重点设施安全专项整治和隐患排查治理，全年共排查各种设施6.3万余处，发现整治安全隐患850多处，完成隐患整改120项，隐患整改率达100%。

推进城市照明设施建设。市区22座立交涵洞、隧道照明设施安装工程全部完工，文化路大修改造照明工程、三环快速化照明（景观亮化）高压供配电工程、路灯监控配套改造、道路照明工程检测检验系统已建成投入使用，郑汴路等8条道路照明设施改造、更新工程进展顺利。

加强城市照明节能管理。认真落实城市照明节能调控措施，除重要节假日和重大活动期间外，全市公共设施景观灯、已纳入管理的社会楼体景观灯不再开启。加大路灯管理和设施监控力度，科学制定启闭灯时间，杜绝白天亮现象。大力推广使用节能新产品、新技术，优先选择通过节能认证的高效节能产品，确保了节能减排目标的完成。

【城区河道管理】2014年，郑州市城区河道管理处继续加强“两河一渠”科学化、精细化管理，园林绿化、河道防汛、河区设施管养维修等各项管理水平持续得到了提升。

开展园林景观整治提升工作。加强河区园林绿化建设与管理，进一步提高绿化管理水平，在两河一渠补栽苗木3137株，重大节假日和重要活动期间在滨河公园重点桥段、主要景点摆放、栽植时令草花13万盆株，修剪绿篱73.6万平方米，栽植绿篱52172株，改造草坪及斑秃补栽86646平方米，清理死树、枯枝25294株，植物外形整齐美观，河区植物长势良好。

做好城区河道防汛工作。制定了城区河道防汛工作方案，组建了近200人的防汛抢险队伍；对沿河橡胶坝等防汛设施进行全面检修，落实橡胶坝操作、检修责任人，确保橡胶坝随时启闭自如，泄洪畅通；实行24小时值班制度，时刻监视汛情，确保了城区河道安全度汛。

开展环境卫生整治工作。开展市容环卫综合整治活动，清运垃圾20921立方米，清理劝阻各种违章占道经营摊点10392人次、乱贴乱挂420处、乱搭乱建20处、违章占道施工52处，查报河区雨水管口遗漏污水124处。

加强河渠设施养护。积极做好园路、广场、护栏、照明设施等市政设施的维护保养工作，检修供水设施76处次，供电设施2381处次，橡胶坝等相关设施1032处次，为市民的出行、休闲、娱乐等提供了一定的舒适环境和安全保障。

【环城快速公路管理】2014年，市环城快速公路管理处以全面提高快速路管养整体水平为重点，以实现快速路道路整洁、路面平整、设施完善为目标，全面推行精细化管理模式，推动快速路管养各项工作实现跨越式发展。

环卫保洁工作。新购高压清洗车2台、融雪剂传送带6套、垃圾压缩车4台、5吨扫地车5台、1吨扫地车4台、电动三轮车20辆，更新安装果皮箱1080个。制定了《郑州市环城快速公路管理处机械化作业规范》《郑州市环城快速公路管理处环卫工人考核办法》《郑州市环城快速公路管理处铲冰除雪工作预案》《郑州市环城快速公路管理处关于冬季机械化作业的通知》《郑州市环城快速公路管理处规范清扫工具费标准的通知》《郑州市环城快速公路管理处防止扬尘污染方案》《郑州市环城快速公路管理处关于规范环卫工人保险工作的通知》《郑州市环城快速公路管理处规范环卫工作的通知》等一系列规章制度，不断加强快速路环卫保洁作业管理。全年完成道路机械化清扫119695万平方米、人工清扫116045万平方米，清洗防撞墙、隔音板、桥栏杆561万米，清运垃圾12130立方米，清洗路面、降尘洒水57470吨，拆除各类较大广告593平方米，清除各类小广告8925处次。

道桥及其设施维修养护工作。强化道桥巡查，及时发现并排除隐患，合理安排道桥维修养护工程，施工前做好详细调查精心组织，施工过程中全程参与跟踪监理，施工完成后按照质量标准严格验收，有效保障了工程质量。配合三环快速化工程，完成了既有立交桥粉刷工程，共完成面层打磨54万平方米、粉刷面漆54万平方米。完成了9座人行天桥的综合整治，修补道路坑槽1109平方米，修补人行道板165.5平方米，修复沉陷103.5平方米，维修桥栏杆106米，维修隔声屏障15平方米，维修（或校正）限高门架281架次。

市政设施行政执法工作。加强道

路巡查，及时制止损坏、私拆人行道板砖，乱倒、遗撒垃圾，张贴、悬挂小广告等违规行为；依法查处擅自开挖道路、埋设架设管线、构筑建筑物等。强化施工路段管理。每天对三环路沿线各工地进行检查、督导，逐个签订施工现场管理协议书，规范施工单位安全设施和围挡设置，督促施工单位及时清理占道杂物，监督做好保通路清扫保洁及破损修复工作，发现安全隐患立即责令整改。全年共制止掘动道路擅自开挖10起、占用道路乱搭乱建12处，拆除软体广告条幅151处，协调处理涉及道路设施交通事故5起，督促施工路段项目部整改安全隐患15处次、防尘降尘56处次，发现告知并临时处置窨井塌陷22处、井盖丢失36处、较大坑槽28处，清理立交桥下乱堆乱放杂物25处，劝离立交桥下滞留闲散人员800余人次。

【二七广场管理】 2014年，郑州市二七广场管理处以“规范管理、提升标准、提升形象”为重点，内抓管理，外树形象，广场生活环境改善和广场管理水平显著提升，营造了良好的广场环境及广场秩序。

开展广场综合整治。针对容易反弹、影响二七广场窗口形象的问题定期开展综合整治。清理周边交界商贩730余人次，制止出店经营420余次；清理收缴小广告9.6万余份，清理乱贴乱画小广告330余处，清理大型喷绘广告25幅，拆除楼顶违法广告18处；清理、劝退盲流、乞讨人员1500余人次；清理乱停乱放机动车580余台次、非机动车600余辆。

实施广场绿化美化。采取对环卫工人分工定岗、定责，“统一管理，分片包干”的办法，进行保洁，同时做到日检查、周评比，月总结。每日清扫（晨扫）面积4.7万平方米，冲刷面积1500平方米，擦拭廊桥玻璃面积4500平方米，内侧玻璃随脏随擦，城市家具等各项设施每日一擦，垃圾箱内胆每周清刷。地面保洁落实主动外扩3米，5分钟保洁制度。每日清运垃圾3次，日清垃圾约1吨。在绿化养护上坚持科学管理，按时施肥浇水等，共更换补栽花卉5.11万棵，补栽绿篱1820平方米，修剪9622平方米。

加强广场设施维护。按照“小损小修、勤修快修、厉行节约”的原则，对广场设施设备进行管理。2014年共维修灯具26次，更换维修电梯梯级128级、梳齿板60块，升级安装照明灯饰20盏、LED灯带568米，更换维修喷泉水泵12个、喷泉变频器18个；及时对广场和廊桥损坏松动地砖进行维修，共更换维修地砖70平方米，维修草坪栅栏120米，维修广场城市家具26次。

【郑开大道市政管理】 2014年，郑开大道市政管理处以建设整洁美观、通畅有序、功能完善的郑开大道为目标，不断创新管理理念，提升服务意识，确保郑开大道安全畅通。

道路桥梁管理工作。全年共完成挖补沥青砼路面1262平方米，道路灌缝5000余米，铣刨清理路面遗撒混凝土200余平方米，更换、维修侧平石182米，维修加固、更换雨水箅子37套，维修雨水井51座，更换、安装边沟盖板279块，安装道路警示柱300个，处置桥涵边坡塌方94平方米。清除沿线桥梁、涵洞及侧石等处的违章广告和乱涂乱画200余处，粉刷桥涵护栏、墙壁及侧石200余平方米。

路灯维护管养工作。坚持定期巡查和不定期检查相结合，白天正常巡视检查箱变工作运转情况不少于1次，每周三夜间巡视检查路灯照明情况，每月巡视检查变压器运转情况两次，随时掌握路灯设施的运转情况。全年更换高压电缆450米、低压电缆3856米；更换钠灯567盏、镇流器187块、电容器174个、触发器304个、灯口213个、空气开关361个；检查低压线路36公里、高压线路32公里；处理低压故障点79处、高压故障点11处；维护保养变压器21台；检查灯杆1677基，确保路灯设施完好率达到了99%，明灯率达到98%以上。

环卫保洁工作。对郑开大道沿线的1972座雨水井，每月疏挖1次，并进行抽查考核。针对雨后平交路口车辆带泥较多的现象，增加人员，集中清理，确保路面干净整洁。积极采取措施，加大机械化清扫保洁力度，机械化作业率达到70%。依法查处损害郑开大道市政设施、市容市貌的行为，规范各类施工36处，清除沿线桥梁、涵洞及侧石等处的违章广告和乱涂乱画200余处。

（秦东凯 张莉莉 索建明 杨皓华 宋长城）

市容环境卫生

【市容管理】 2014年，郑州市城市管理行政执法监察支队以“三城联创”迎检工作为重点，以楼顶户外广告集中拆除和渣土、市容、燃气集中执法“百日行动”为抓手，狠抓执法督察业务，切实加大执法力度。全年累计出动执法人员5.6万人次，出动执法车辆1.84万台次，督察各类市容违章4.79万起，直接查处户外广告、燃气、自来水等违法行为3450起，办理上级交办、转办案件60多起，较好地完成了各项执法任务。

户外广告执法工作。全年巡查发现各类广告问题1170处，依法拆除各类违法广告526处、14万余平方米，清理条幅560余条；向网格长交办问题310处，直接督促整改120余处。

燃气执法工作取得新成效。根据全市瓶装燃气专项治理工作要求，联合市公安、质监和区城管等部门，积极开展联合执法行动，全面加强瓶装燃气经营管理。全年共检查有证燃气经营站点1475处，登记安全检查记录1282份，签发安全经营保证书399份，发现和督促整改问题58处；瓶装燃气开展联合执法行动18次，排查经营站点676处，查处违法站点341处，先行登记保存液化气钢瓶1106个，较好地完成了瓶装燃气安全管理“百日行动”各项工作任务，保障了居民用气安全。

渣土清运执法取得新进展。在加强日常管理的基础上，从5月开始，每周联合各区执法局至少开展1次集中行动。7月以后，结合建筑渣土清运管理专项执法“百日行动”，全面加大执法督察力度。全年共督察建筑工地和清运车辆1265处（次），发现工地施工问题82处，查处违章清运行为130起，较好地规范了城市渣土清运管理

2014年10月25日，副市长张俊峰到紫荆山公园慰问环卫工人

秩序。

市容督察进入新常态。围绕服务黄帝故里拜祖大典、“三城联创”、省市“两会”保障和雾霾治理、市容烧烤占道治理等专项工作，积极联合全市各有关部门和地方政府，全面加强市容执法督察力度，全年共督察各类占道摊点2.16万余处、占道摊群3900余处，督察疏导点1560处、突出店外经营3750处；开展联合专项活动150次，提升了城市市容管理水平。结合推进养犬办证年检和规范遛犬等工作，成立8个养犬督导组，突出早晚重点时段，深入社区楼院，查处违规行为，全年共检查社区及重点区域3436次，整改违规问题2696处，城市养犬管理得到进一步规范。

城中村和出入市口治理明显提升。根据市委、市政府创建国家卫生城市工作要求，从7月开始，全面开展城中村和出入市口环境治理督导工作，积极督促相关单位整改问题，累计发现并转办各类问题1.86万余处，督导解决问题2960处，城中村和出入市口环境卫生有了明显进步。

铁路沿线集中治理成效明显。针对铁路沿线居住人员情况复杂，违章建筑私搭乱建，生活垃圾、杂草、菜地等问题，明确整改内容和标准，成立3个督导组督促落实整改。共计拆除私搭乱建7868平方米，清理积存垃圾52274立方米，沿线两侧立面粉刷61030平方米，清理沿线废品收站点15处，沿线绿化植物补栽 1550 株，平整硬化道路 3.64万平方米，清理废旧物料、清除杂草 19964平方米。

【环境卫生管理】 2014年，郑州市环境卫生处以构建环境卫生长效管理机制为重点，持续增强大局意识、服务意识和科学发展意识，为郑州市经济发展和人民生活提供了有效保障。环境卫生检查督导。成立环卫专职督察队伍，对道路清扫保洁和设施管理实施全方位、全时段督察，并采取明查、暗查、互查等多种形式，对市容环境卫生管理情况进行全面检查。建立了日查、周报、月评、季小结、年表彰制度，坚持每月进行1次综合评比。发挥社会监督作用，定期邀请新闻单位同车检查市容环境卫生，现场解决市民反映的市容环卫问题。全年检查市区道路9485条（段）、公厕5769座（次）、垃圾中转站1302座（次）；检查县（市）道路720条（段）、公厕432座（次）、垃圾中转站288座（次）、垃圾处理场48座（次）；完成重大活动线路巡查27次，共发现并督促整改问题11174处，下发整改通知书224份，整改通报107份；有偿整改市容环境问题8900余处，有偿清运积存垃圾60620立方，有效解决了垃圾清运不及时、严重影响城市环境等问题。环卫设施建设方面。新建公厕120座，升级改造68座；新建垃圾中转站31座，改造垃圾中转站5座；新建环卫工人休息场所64座，新建环卫之家24350平方米；更新果皮箱16336个；购置小型机械化清扫车269辆。

【提高环卫职工待遇】 认真贯彻落实《郑州市人民政府关于规范环卫管理工作改善环卫职工待遇的通知》（郑政文〔2013〕205号），对环卫作业体制和作业模式进行了规范，各区成立了以政府为主导的专业化公司，提高了作业经费标准，加大了环卫设施建设的投入力度，为部分符合条件的环卫职工签订了劳动合同，并按照规定缴纳社会保险金，为环卫工人每人配发了白糖、遮阳帽、毛巾、清凉油和人丹等防暑降温物资，及时调整作业时间，保障了环卫作业的正常开展和环卫工人的身体健康。

【扬尘污染治理】 对道路扬尘污染现状进行分析，研究制订扬尘治理的措施，建立问题工作台账，明确责任人，设定整改期限。增加洒水降尘作业次数，加大重点路段、主要路段的洒水降尘次数，对重点道路、主要路段每天冲洗1次，白天洒水降尘每小时1次；次干道每周冲洗2次，白天每2小时洒水降尘1次。提高机械化清扫能力，市区主干道快车道已全部实现了机械化清扫和冲洗作业，并逐步向背街小巷和慢车道、人行道延伸，机械化清扫（冲洗）率达到60%，提高了清扫质量，降低了扬尘污染。

【垃圾收集处理】 坚持定时、上门收集沿街单位（门店）垃圾的同时，加强对生活垃圾源头的管理。各区与产生垃圾的单位签订目标责任书，督促生活垃圾全部进入中转站，统一实行全密闭运输转运，有效解决了私拉乱倒问题。对市区内中转站进行全面排查，分批对中转站和垃圾运输车辆进行了改造，基本实现了垃圾压缩密闭运输出城。严格按照操作规范作业，无害化处理水平不断提高，市综合垃圾处理场和荥阳垃圾发电厂严格执行垃圾进场双向登记制度，登记率达到100%；积极组织黄土覆盖，保证了垃圾分层20-30厘米的黄土覆盖，及时做好垃圾日产日覆盖，黄土覆盖率达到85%，同时严格落实了消毒灭蝇、灭鼠和除臭制度。全年共处理生活垃圾137.9万吨，生活垃圾无害化处理率达到93.5%。

（薛芳礼 季松茂 潘春瑞）

数字化城市管理

【概况】 2014年，市数字化城市管理指挥中心依托指挥系统平台和网格化管理方式，严格按照信息收集、案卷建立、任务派遣、处理问题、处理结果反馈、核实结案和综合考评7个工作流程开展工作，在城市精细化管理中发挥了重要作用，提高了城市管理效能。全年共接收城市管理类案件639442件，其中事件618914件，部件20528件，派遣率达到100%；有效派遣案件634054件，其中事件615348件，部件18706件，有效派遣率达到99.16%。

【案件派遣】 为了确保数字化城市管理案件的准确派遣和及时处置，市数字化城市管理指挥中心创新工作方法，采取多种方式，确保案件派遣到位、接受到位、处置到位。加强案件审核。对接收到的每个案件，都严格按照流程认真审核，确保案件及时准确到达处置单位。新增案件回退箱设置功能。规范回退案件管理，认真分析每个回退案件的原因，及时与回退单位电话沟通，确保问题案件及时有效处置，确保案件不再反复派遣。新

2014年9月23日，市长马懿到市城市管理局察看智慧城管信息监控平台建设情况

增案件强制派遣功能。对于确权的疑难案件进行强制派遣，不仅提高了疑难案件的处置效率，同时大大减少了案件涉及的相关部门推诿扯皮现象。新增了市轨道公司、市水务局、郑州东站3个系统终端单位，使涉及到郑州市地铁施工、水利以及车站管理的案件均有主可循，有案可查，大大提高了案件派遣和处置效率。召开疑难案件分析会。每天对数字城管系统中的疑难案件共同分析、共同讨论研究，做到疑难案件有人承办、有人跟踪、专人负责，全年共解决862件疑难案件，有效提高了工作效率。

【案件督办】 加强案件督办工作的规范管理，派遣员每天对派遣案件进行自我检查，纠正案件差错，发现问题及时逐级上报。制定《派遣员工作考评细则》，对案件派遣的及时性和准确率做了明确规定，发现案件内容有差错的、有错派或误派的将酌情扣分。对受理派遣员的派单出错、派单延误、登记错误等情况进行统计，月底进行考核并通报，确保了案件的派遣率。新增案件回退箱设置功能，规范回退案件管理，确保问题案件及时有效处置。加强无主案件的督办，制定了分区域督办案件工作制度，按照“统一管理、分工合作”的原则，实行案件分区域责任到人，由各区域负责人进行督办协调案件，并跟踪派遣过程和责任单位处置情况，直至案件结案；经协调不能明确责任单位的，在案件分析会上集体研究确定或到现场协调相关责任单位，全年共解决无主案件4611件。

【应急案件处置】 加强应急案件处置上报工作的规范管理，实行指挥中心应急案件与市城管局应急处置中心协调联动，保证应急案件的及时有效处置。在上报环节上，对应急案件逐一审核，并上报文字描述的同时添加图片描述，使应急处置中心的工作人员能够准确及时查找到案件位置并进行紧急处理。2014年，共上报应急处置案件665件，其中结案648件。做好全市断裂立杆的普查确权处置工作，对全市公共区域382处断裂立杆进行确权处置，督导各责任单位处理235处危险立杆，及时消除了安全隐患，为市民安全出行创造了良好环境。

（田昆朋）

火车站地区管理

【概况】 2014年，在市委、市政府的正确领导下，火车站地区管委会按照“规范、提升、创新、突破”总要求，紧紧围绕“管理服务并重、提升城市功能、规范文明执法、推进‘平安、文明、美丽’站区建设”总思路，扎实开展党的群众路线教育实践活动，持续深化“四项秩序”综合整治，加快推进基础设施建设，不断提高城市管理水平，圆满完成了2014年各项目标任务，站区管理取得新成效，荣获郑州市都市区建设三年行动计划城乡管理综合提升先进工作单位称号。

【“四项秩序”综合整治】 2014年，火车站地区管委会以网格化管理机制为载体，坚持日常管理与集中整治相结合，整合管理力量，创新联合执法机制，加大管理力度，“四项秩序”整治工作取得显著成效，区域化管理格局进一步提升。

开展交通秩序综合整治“百日行动”，交通环境顺畅。贯彻畅通郑州建设要求，始终把交通秩序作为治理重点，针对非法营运群体以及乱停乱放等突出问题，进一步深化治理措施，联合市交通委、残联等部门扎实开展交通秩序整治专项行动、“百日行动”，取得显著成效，站区交通秩序明显好转，全年共查处各类非法营运车辆5300多辆次，处罚违章车辆7000多辆次。开展“反暴恐保稳定”行动，社会大局平稳。立足维稳严峻形势，加强社会治理，强化反恐防暴措施，深入开展“反暴恐保稳定”“四严一创”、冬季关爱救助等专项行动，严厉打击叫客拉客、职业乞讨、盗窃抢劫、黄赌毒等违法犯罪行为，加大宾馆、小旅馆、网吧人流密集场所检查，保持“严打整治”常态化、经常化。着力抓好安全生产、食品安全、消防、信访稳定、文化市场管理、扫黄打非，站区治安形势平稳，全年治安拘留38人，刑事拘留60人，行政拘留58人，破获治安案件3起，抓获网上逃犯5人，清理救助流浪人员590人。开展“三城联创”工作，市容市貌亮丽。贯彻落实全市“三城联创”工作部署，扎实开展国家卫生城市届满重创、全国文明城市届满重创、国家园林城市创建工作，全面排查整改城市管理薄弱环节，加大环境卫生整治，深入开展爱国卫生运动、病媒生物集中消杀、“五小门店”专项整治等工作，落实24小时清扫保洁制，开展全区性搬家式大扫除，市容市貌更加亮丽。实施网格化城市执法管理，持续加大占道经营、流动商贩、违规门头牌匾等乱象治理工作力度，火车站地区环境持续改善，全年共整治环境卫生问题1500余处，清理占道经营、无证游商2.2万起，拆除违章搭建、广告牌等2363处，整改门头牌匾、霓虹灯197处；开展搬家式大扫除12次，清运生活垃圾4000余吨，清洗清扫地面20万平方米；停业整顿“五小”门店12家，顺利通过国家创卫、创文验收检查。开展“诚信市场”建设，规范商业秩序。加大市场秩序监管，持续开展商业秩序联合整治专项行动，严厉打击、取缔无证经营、超范围经营行为，严查假冒伪劣商品、知假售假和价格违法行为，对售假门店实施“黑名单”管理，进一步规范了市场秩序。全年共开展联合执法13次、卫生监督执法1900次。检查经营户3400余次，查获假烟657盒、涉嫌侵权和假冒过期商品700余件，查处商标假冒侵权案件9起，站区商业经营秩序明显好转。

【市政设施建设】 2014年，火车站四期市政建设任务进展顺利，城市功能逐步完善。（1）完成了大同路、兴隆街、福寿街3座人行天桥电梯建设，并及时对周边道路实行硬隔离，实现了人车分流，极大地缓解了交通拥堵。

站区召开春运工作会

（2）推进“精品站区”改造，完成了兴隆街、二马路人行道板的更换和东广场南北出口雨棚建设，提升了城市品位。（3）市政工程项目建设有序推进。完成了站区有机更新三年行动计划编制工作。慢行交通指示引导系统工程建设全部完工；数字化城市管理系统组织招标工作进展顺利；西广场二期休闲广场、综合服务调度中心项目被列入2015年建设计划。（4）完成苑陵商场外迁任务，火车站地区管委会获得郑州市市场外迁工作先进单位荣誉称号。

【管理机制创新】 2014年，火车站地区管委会立足窗口地区管理动态性、突发性、反复性特点，总结“四项秩序”综合整治工作经验，建立了综合整治长效管理机制。一是实施24小时全天管理模式，构建了以城管执法、环卫保洁为主的24小时管理、24小时执法、24小时保洁、24小时服务 “四个24小时”工作机制，确保了站区管理无空档、无盲点、无缝隙。二是把网格化管理作为站区城市管理突出抓手，进一步完善网格职能，配优配强一级网格长，坚持关口前移，力量下沉一线，将机关人员全部纳入6个网格，整合公安、交警、工商、运管、客运等部门职能融入网格，确保各种问题不出网格就能得到解决，实现了对“四项秩序”“一篮子”管理，促进了城市管理水平提升。全年共排查发现问题2190件，解决2158项，解决率98%。加强数字化城市管理考核，全年共接收和办理案卷922件，办结率100%，网格化管理在站区城市管理中发挥了重要作用，4月23日《人民日报》以《管理网络化，理顺关系治乱象》为题对火车站地区管理成效进行了报道。

（张广瑞）

园林绿化与公用事业

园林绿化建设与管理

【概况】 2014年，郑州市园林绿化工作以创建国家生态园林城市为统揽，以创新提升为主线，以大幅增加城市绿量、改善人居环境为目标，严格落实城市绿地系统规划，突出抓好生态廊道、公园游园和社会绿化建设，全年市区（含上街区和航空港区）新建绿地1693.81万平方米，新植乔木88.49万株，新建（改扩建）公园12个、游园11个。市区建成区绿地率达34.8%，绿化覆盖率达39.3%，人均公园绿地面积达11.5平方米。全市新创建省级园林乡镇4个，省级园林单位、园林小区27个；新创市级园林单位、园林小区70个。

【公园绿地建设】 2014年，郑州市园林绿化工作按照全市生态大会精神和市政府2014年园林绿化工作方案的要求，大力推进园林绿化各项重点工程建设，做好27个区级综合公园、雕塑公园、南环公园、宠物公园等项目建设。（1）27个区级综合公园中，已完成拆迁任务的有 24个，完成方案设计的有21个，已开工建设的有18个。截至2014年年底，建成开园的有11个，超额完成了市委、市政府确定的新增10座城市公园的为民办实事工作任务。（2）雕塑公园于12月30日建成，并向市民开放，共栽植乔灌木7.7万株，地被、小灌木15.6万平方米，硬化道路2.5万平方米，硬化铺装广场3.6万平方米。（3）南环公园建设已完成绿地面134521.6平方米，水体面积7130平方米，道路面积10872平方米，广场面积8672平方米。（4）犬只收容站建设一期工程已全部完成，共建成犬舍、犬只展示科普园等8438平方米，建成犬只散养场8处，全年累计收容犬只2700余只。二期工程已完成规划设计。

【郑州市主城区公园游园绿地建设】 2014年，郑州市主城区各区级政府及市政府派出机构在所辖范围内以公园游园建设为重点，加大资金投入，积极推进各项绿化建设，共建成区级公园10个、游园11个，新建绿地1693.81万平方米，新植乔木88.49万株，新植月季103.21万株，新绿化道路56条（段），新植行道树7.62万株。中原区新建绿地93.34万平方米，新植乔木13.55万株，新植月季0.31万株，完成垂直绿化0.3万株、立体绿化0.6万平方米，建成公园1个、游园2个。二七区新建绿地226.39万平方米，新植乔木6.84万株，新植月季6.77万株，完成垂直绿化3.17万株、立体绿化0.32万平方米，建成公园3个。金水区新建绿地164.04万平方米，新植乔木8.94万株，新植月季0.22万株，完成垂直绿化3.26万株、立体绿化0.6万平方米，建成游园4个。管城区新建绿地299.15万平方米，新植乔木15.88万株，新植月季0.75万株，完成垂直绿化3.1万株、立体绿化0.3万平方米，建成公园1个、游园2个。惠济区新建绿地33万平方米，新植乔木5.82万株，新植月季3.01万株，改建公园1个，建成游园2个。上街区新建绿地68.15万平方米，新植乔木7.3万株，新植月季8.55万株，完成垂直绿化3万株、屋顶绿化3000平方米，建成公园1个、游园3个。郑东新区新建绿地250.03万平方米，新植乔木12.21万株，新植月季56.24万株，完成垂直绿化5万株、屋顶绿化9000平方米，改建公园1个。高新区新建绿地139.94万平方米，新植乔木7.85万株，新植月季27.36万株，建成公园1个、游园2个。经开区新建绿地200万平方米，新植乔木3万株，建成公园1个。航空港实验区新建绿地139.77万平方米，新植乔木7.1万株，建成公园1个。

【道路绿化建设】 2014年，市区两环三十一放射生态廊道道路新建绿化面积535万平方米，累计绿化面积2214万平方米，完成道路绿化21条（段），总长度260公里。三环快速路生态廊道绿化除个别节点外全部完成，共完成绿化面积306.6万平方米，占绿化总任务量的95.5%；文化北路生态廊道已完成绿化49万平方米，占总任务量的90%。10月29日，市政府印发并实施了《郑州市生态廊道建设管理办法》，进一步加强生态廊道规划、建设和管理。大学路、嵩山路、长江路等城市主干道路景观改造提升工程进展顺利，共栽植充实树桩月季等各类花灌木5.6万株。林科路、碧云路、东

西流湖宿根花卉展

明路北段等24条新打通道路网同步实施绿化跟进，共栽植乔灌木1万株。市域铁路沿线绿化，完成拆迁1581万平方米，占拆迁总任务的88%，累计完成绿化1612万平方米（含原有绿地提升），占总任务的64%。

【单位及居住区绿化建设】2014年，郑州市单位庭院和居住区绿化美化工作水平进一步提升。（1）全市新创建省级园林乡镇4个。新郑市龙湖镇、登封市卢店镇、荥阳市豫龙镇、广武镇创成省级园林乡镇。（2）新创建省级园林单位15个。河南省交通运输厅、郑州锦鹏生态酒店、中电投河南电力有限公司、郑州市市政工程勘测设计研究院、郑州市军队离退休干部第四休养所、郑州市市政工程勘测设计研究院、郑州市管城回族区人民检察院、河南省中牟县地方税务局、新郑市人民检察院、登封市嵩阳街道办事处、新密市新华路街道办事处、荥阳市豫龙镇人民政府、荥阳市住房和城乡建设局、荥阳市园林绿化管理中心。（3）新创省级园林小区14个。郑东新区永威东棠小区、郑东新区东瑞园小区、郑东市紫藤苑小区、郑东新区龙腾盛世小区、郑东市昆仑·华府小区、郑东新区中义·阿卡迪亚小区、郑州国瑞城·源墅小区（一期）、郑东市迎宾路3号小区（一期）、郑东市鑫苑·逸品香山小区（一期）、登封市嵩基·鸿润城小区、登封市锦鹏·观山悦小区、上街区建业森林半岛小区、上街区东方明珠小区、中牟县绿城·百合花园小区。（4）新创市级园林单位23个。中国船舶重工集团公司第七一三研究所、河南省肿瘤医院、郑州绿源山水生态农业开发有限公司、中原环保郑州上街水务有限公司、郑州市上街区工业路街道办事处、河南理工大学万方科技学院、河南工业大学、河南中原高速公路股份有限公司郑开分公司姚家收费站、中牟县公路管理局、登封市嵩基水泥有限公司、登封市嵩基（集团）有限公司、河南省新密市国家税务局、新密市人民法院、荥阳市气象局、荥阳市质量技术监督局、荥阳市京城路街道办事处、河南省荥阳市第二高级中学、荥阳市第四初级中学、荥阳市第四小学、河南省荥阳市地方税务局、荥阳市林业局、荥阳市乔楼镇人民政府、新郑市新华路小学、郑州工业应用技术学院。（5）新创市级园林小区46个。锦艺国际华都·美域小区、九龙城·天悦龙庭小区、锦弘茗邸小区、鑫苑·现代城小区、正商城福苑小区、橄榄城·御景台小区、河南省水利厅家属院、家和万事小区、山顶·御金城小区（一期）、山顶·御金城小区（二期）、正弘·蓝堡湾小区（一期）、正商新蓝钻小区F区、正商新蓝钻小区E区、橡树玫瑰城小区（二期）、中铁七局石化路小区、德金·假日御园、德宝·城墅小区、理想名城小区、永威·翡翠城小区、恒兴嘉苑小区、海马公园小区（一期）、正商东方港湾小区、新里·卢浮公馆小区（一期）、建业如意家园小区、温哥华山庄小区、银河丹堤小区、鑫苑·中央花园小区、东方国际花园小区、中南海知音小区、东方鼎盛时代小区、莲花苑小区、润丰·水尚小区、裕鸿世界港·丽宫、裕鸿世界港·丽园、中牟县绿城·雁鸣湖玫瑰园小区、昇锋·御景东方小区、新密市金域·蓝湾小区、新密市东城半岛小区、荥阳市学府春天小区、荥阳市豫龙之春小区、荥阳市万业世纪广场小区、荥阳市清华大溪地小区、荥阳市鑫新佳苑小区、荥阳市清华·忆江南小区、荥阳市荥正佳苑小区、新郑市新郑宏基王朝·樱花园小区。

【县（市）园林绿化建设】2014年，各县（市）以生态廊道和公园游园建设为重点，大力推进城区园林绿化建设，认真抓好园林绿化管理工作。全年新建绿地1510.35万平方米，新植乔木95.4万株，新建、续建公园7个，实施道路绿化37条，建成生态廊道建设35条（段）。中牟县紧紧围绕年度总目标，强力推进园林绿化建设，新建绿地1183万平方米，新建公园3个，续建1个，完成道路绿化10条（段）；新郑市新建绿地99万平方米，续建公园2个，新建游园2个，新建生态廊道5条（段）；荥阳市以创建国家级园林城市为目标，不断加大园林绿化建设投入，全年新建绿地136.98万平方米，新建游园2个，新建生态廊道3条（段），新建道路6条（段）；登封市以城市园林绿化持续发展为中心，大力推进精细化管理，新建绿地43.2万平方米，续建公园1处，新建游园2个，新绿化道路12条（段）；新密市以绿化工程建设为重点，推进重点工程建设，新建绿地47.7万平方米，新建生态廊道3条（段），新绿化道路9条（段）。

【园林绿化管理】2014年，郑州市园林绿化管理工作以解决群众关注的热点难点问题为重点，通过把网格化管理与群众路线教育活动有机融合，进一步扩大网格覆盖面，提升管理服务效能。根据季节变化，抓好补植、补栽和管护工作，共栽植各类乔灌木11万株、地被植物10万平方米；同时加强督导检查，共发现绿化问题759个，并要求及时进行整改，整改率95.8%。

市园林部门从6月下旬开始，在全系统集中开展了园林绿化管养整治和服务提升百日行动。行动期间，全市共排查出问题2587个，其中整改2556个，整改率达到99%；排查修剪市管道路中956处遮挡红绿灯的行道树，更换了分车带中影响司机视线的植物，解决了道路绿化、公园广场设施破损的问题，消除了安全隐患。各公园广场

中原西路廊道

提供了26个便民服务项目，服务群众20多万人次。

【园林绿化依法行政及执法监督工作】2014年，郑州市园林部门认真贯彻执行《郑州市城市园林绿化条例》，坚持依法行政，深入开展“推进服务型行政执法建设”活动，加大对擅自砍伐、违法占用绿地等行为查处力度。全年共受理举报、转办件237起，勘验复查许可证268处，立案87起，全部结案，移交森林公安5起，罚款10.18万元，挽回经济损失840余万元。

按照市委、市政府关于第十轮行政审批制度改革有关工作要求，进一步深化行政审批改革，顺利推进“绿色图章”制度的落实，严格控制和优化临时占用绿地的审批；继续深化完善行政审批改革，优化行政许可项目办理流程，为省市重点工程建设涉及的园林项目审批开辟绿色通道。全年共受理各类行政审批事项248件，按时办结率为98%，群众满意率为100%。

【城区美化和氛围营造】2014年，市园林部门组织参加全国部分花展活动获得优异成绩，扩大了郑州园林的国内影响力。在第六届全国月季展上，获2个特别金奖和2金、1银、1铜的好成绩；参加中国风景园林学会首届菊王邀请赛，获1个金奖和1个一等奖；参加中国第十四届梅花蜡梅展览会，获得4金、1银的佳绩；参加全国第28届荷花展，获得一等奖、二等奖及金奖、铜奖各1个。

组织各类花展活动，在市内各公园、广场举办了海棠文化节、郁金香展、鸢尾花展、月季花展、紫荆花展、牡丹芍药展、宿根花卉展、荷花展、菊花展等各类传统花展活动，丰富了市民群众业余文化生活。其中人民公园把传统的菊展活动与公园印象老照片展结合起来，进一步丰富了花展活动的文化内涵，对于挖掘弘扬公园的历史文化具有积极的探索意义。

重大节日和重要活动期间，在公园广场、重要道路节点摆栽花卉，利用废旧材料制作景观小品，营造了良好的城市景观氛围。以“廉洁文化进园林”活动为契机，在人民公园等6个公园，结合景观改造提升，打造园林廉洁景观，开展园林廉洁文化活动，寓廉于景，润物无声地宣传廉洁文化。

【园林绿化规划设计与监理】2014年，市园林绿化规划工作取得重要成果，《郑州市城市绿地系统规划》和《郑州市航空港经济综合实验区专项规划》顺利通过专家评审，并获得市政府批准。全年完成的园林绿化规划设计项目有：两环三十一放射道路绿化提升相关设计；南环公园初步设计修改报批、施工图设计、施工现场服务及一期工程施工监理；27个区级综合性公园规划设计相关工作；第十届中国（武汉）国际园林博览会郑州园规划设计工作；2014年公园提升建设方案、施工图设计；2014年第六届莱州月季花展郑州展园方案、施工图；绿荫公园改造建设方案设计；经纬广场改造方案设计；郑州市青少年公园概念性方案设计；中水公园方案；市反腐倡廉中心庭园设计方案；省直干休所庭院绿化方案设计；惠济区国学幼儿园环境方案设计；经开区集装箱中心站绿化施工图；登封市宣化镇越窑村扶贫项目方案设计；江山路（连霍高速—大河路段）方案设计；文化路（金水路—北四环）景观提升设计方案；航海路东段京珠段土建施工图；G107南延立交收费站绿化施工图；二七区南四环郑少立交段两侧廊道绿化及施工图设计；二七区四环27处公交港湾补充设计施工图；郑州市西流湖生态园区（郑上路—中原路）项目监理；人民公园樱花园改造工程项目监理；郑州市文化路（北三环—北四环）景观工程项目监理。

【园林科研及植物病虫害防治】2014年，园林科研工作取得新进步，5个科研项目顺利通过专家评审，2项成果获市科技进步二等奖，1项成果获省级科学技术进步三等奖。各专业单位引进植物新品种175个，以法桐月季种质资源圃和园林科研基地为依托开展多个科研课题，栽植、扦插月季苗100万株，其他苗木1.3万株；在五一公园建成占地面积1000平方米的中医药植物园，种植何首乌、金银花、辛夷、杜仲等药用植物60多种。同时，加强园林植物保护和病虫害防治工作，年初向全市园林系统下发园林植保工作计划和病虫害防治技术规范，每月跟踪检查，每季度下发病虫害防治工作指导方案，有效控制病虫危害。

【动物管养与繁育】2014年，市园林部门不断提升动物园管养水平，加大动物繁育和引进，共繁殖动物30个品种239头（只），其中国家I级保护动物6种37头（只），II级保护动物13种57头（只）。引进国家I、II级保护动物16种253头（只）。加强动物疫病防治和提高动物福利待遇，根据“预防为主、防治结合”的原则，制定了《动物疫病防治和笼舍消毒方案》，全年共诊治病例400余例，动物防疫率、驱虫率、疾病诊治率均为100%。完善动物馆舍建设，进一步优化饲料配比，采取了定点投喂等多样化措施，适时启动夏季防暑、冬季供暖工作预案，改善动物生活环境。全年未发生动物脱笼、逃逸、伤人等重大安全事故。

（张　泳）

城市供水

【概况】2014年，郑州自来水投资控股有限公司以“保障供水、提高水质、提升服务”为目标，以“增量、减差、提质、重效”为重点，统筹区域供水，进一步抓好生产经营管理和供水服务工作，加快推进供水工程建设，推进城市供水综合能力提升。全年完成供水量3.22亿立方米，售水量2.68亿立方米，新增供水管网94.8公里，累计供水管网长度达到2751公里，最高日供水量达到101.75万立方米。出厂水水质综合合格率达100%，管网水水质综合合格率达99.8%，管网压力合格率99.44%；供水产销差率16.58%。管网修漏及时率为100%，供水设备完好率为97.9%。水费回收率为99.3%。城市供水水源主要为南水北调

河南省南水北调工程正式通水仪式

水、黄河地表水和黄河侧渗地下水，备用水源为常庄水库、尖岗水库，形成了以南水北调水、黄河水为主，地下水为辅，水库水备用的供水格局。

【供水保障】2014年，针对黄河流量持续降低、原水不足的情况，紧急协调启用尖岗水库备用水源，投入大型机械设备疏通黄河取水河道，加大原水取水能力，解决柿园水厂和白庙水厂原水保障问题。进一步挖掘供水各环节潜力，利用清水池的调蓄作用，做好供水调度，使市区管网压力均衡运行。贯通西环路管线，做好区域补给供水，缓解了市区南部供水区域用水矛盾。随着刘湾水厂、航空港区一水厂改扩建工程、马寨加压泵站陆续建成通水，郑州市供水综合保障和区域供水能力得到很大提升。

【供水安全】开展全员劳动竞赛，深化安全管理年和安全生产月活动，强化生产设备设施安全管理与维护，以活动促管理、以活动增效益，取得显著成效。健全设备管理规章制度，修订设备维护、保养和大修制度，创新生产设备、设施检修维修模式，建立动态、标准化设备巡检、维护、维修制度，加强隐患排查，增强预见性和可控性，确保设备安全运行。加强供水管网安全运行管理，不断完善现有管网管理措施，强化“三阀一栓”预防性维护和管网管理，保障管网系统化安全运行。实时更新GIS系统数据，推进GIS系统在施工现场和监护现场应用，提高供水管网管理与快速抢修水平。增强完善水质和技术管理，强化南水北调水源置换和水质技术保障，提前对南水北调水源水质进行检测，依据出厂水质监测数据和试验研究数据，指导水厂制水生产管理，使南水北调水源顺利并网运行。做好水厂深度处理改造运行技术监测和后评价工作，修订完善水质检测方法，加强对关键指标和重要指标监测，做到水质预警前移、全员参与水质管理，确保出厂水水质安全。提高应对突发事件的处置能力，开展氯气泄漏事故、突发性爆管事故等易发事故的应急演练，完善应急预案，增强安全生产事故预警和处置能力。

【供水工程建设】在郑州航空港经济综合实验区概念性总体规划的基础上，对港区供需水量平衡等方面进行系统规划，顺利通过专家评审和市政府批准。加快推进南水北调配套工程建设。刘湾水厂工程7月底完成厂区主体构筑物施工及设备设施安装调试，实现出厂干管紫荆山南路与市政管网连通，采用尖岗水库和生态水系水源提前投入试运行，随着南水北调中线工程通水，刘湾水厂12月起采用南水北调水源向市区管网供水。航空港区一水厂改扩建工程9月完成主体施工及设备联调联试，铺设港区南部管道3.86公里。罗垌水厂完成出厂干管完成5.3公里。为承接南水北调水源，建设柿园、白庙两座水厂配套设施，其中柿园水厂于12月29日采用南水北调水源供水。配合市政道路建设积极跟进配套管网改造，完成三环快速化管网改造、文化路大修、地铁2号线5处站点等重要管线迁改施工，推进陇海路快速化等配套给水管网改造，完成管网建设89公里。加快“一户一表”改造，完工391项68174户，综合验收285项64834户，移交立户55910户。

【供水营销管理】深化营销服务管理，努力提升经济效益。全年受理新户报装627项，新增水表约10万户，对部分低压小区加装二次供水设备。深化供水营销管理，优化营销区域，变革抄表模式，调整户表抄表模式和周期，做好水表分类管理，建立监控水表三级管理机制，实现人机结合的大用户管理模式。推进产销差控制管理，修订完善管网漏损水量计算方法，强化二级计量小区管理工作，严厉打击偷盗水及损坏、破坏供水设施行为，规范都市村庄用水、污水处理费用清欠追缴工作，加大对偷盗水行为打击力度。

【供水服务】以变求新提升服务品质，开辟用户报装工程绿色通道。拓宽水费缴纳渠道，新增中信银行、浦发银行、利安公司代收联网运行，较好地方便市民缴纳水费。开展用户报装工程绿色通道，打造郑州供水“白师傅”便民服务队，开展“提升服务百日行”等活动，加强服务大厅制度化、标准化管理，树立公司良好的社会形象。以“南水北调润全城，品质供水惠民生”为主题，开展第21届“供水服务·春暖万家”活动，邀请市民代表走进水厂，体验供水品质新变化。

（朱　林）

城市燃气

【概况】2014年，郑州华润燃气股份有限公司销售天然气9.01亿立方米（以下数据均含登封区域），新增民用户15万户，服务用户总数达到149万户（其中民用用户有148.5万户，工商业用户4832户），日最高供气量达到508万平方米。通过管理手段和技术手段并举，供销差降至2.99%的历史新低，实现了国有资产的保值增值，为郑州市推广清洁能源，改善生态环境，提升人们生活品质提升做出了努力和贡献。2014年，郑州华润燃气股份公司获得质量管理创新示范奖、河南省市政公用行业文明服务明星企业、河南省市政公用行业文明服务明星企业、郑州市转型创新杰出企业等多项荣誉称号，并连续5年位列郑州市行风评议优秀档次；调度中心西二线门站班组、客户服务部淮河路客户服务中心获得全国燃气行业“安全班组”。

【气化郑州】2014年，郑州华润燃气股份有限公司坚持与城市共同成长的理念，响应环保号召，主动配合推动气化郑州建设，积极、快速行动，促进污染治理和环境改善。支持城市供热系统煤改气，投资建设了热源厂专线，2014年11月13日，枣庄热源厂顺利点火通气；对燃煤锅炉改气客户实施一对一跟踪服务，发展锅炉煤改气客户35户共668蒸吨；推动车辆油改气步伐，完善加气站布局，扩建了十里铺CNG加气站、大学路CNG加气站，新建小里河LNG加气站、登封凤凰岭LNG加气站、航海东路LNG加气站，为油改气客户创造了更加便捷的环境。积极开展“扫街行动”，推动中小工商业客户安装使用天然气，2014年累计调研82条道路，走访960家客户，签订合同52户，为城市大气污染治理和环境改善做出了积极贡献。

【气源建设】随着气化郑州建设的推进，郑州市冬季用气高峰期天然气供气压力骤增，郑州华润燃气股份有限公司大力协调原气源供应单位增大供应量，与西气东输签订年计划供气7.6亿立方米的天然气采购合同，与中石化华北分公司签订年供气量2亿立方米的天然气采购合同。与河南省煤气集团保持积极合作，落实补充调峰气源，保障了市场需求。积极筹划建设新的气源渠道。与中石化华北分公司、中石化天然气分公司、河南纵横燃气公司、河南省煤气集团公司签订了转输协议。自2014年12月4日起，中石化气源经多方转输由关庄门站接收顺利输入市区，解决了受中开线输气能力限制，中石化天然气无法入郑的难题，及时、有效地保障了冬季供气。开展技术改造，应急调峰能源综合利用项目成功投产运营，充分提升资源利用效率，该项目获得华润集团EHS项目奖。同时，通过与河南省煤气集团积极协商合作开发伊川至郑州管线，与蓝天燃气公司协商合作利用博郑线，引入新气源、开发新路，为未来的发展提供坚实的气源保障。2014年郑州市多项城建工程开工，市区燃气管网新建、改造工程量明显增加，郑州华润燃气股份公司紧密配合市政道路工程，借畅通工程契机，完成文化路、陇海路20公里管网更新工程，提升了主动脉输配能力；结合支线路网打通工程，同步完善燃气管网，打通供气末端循环，郑州市高中低压管网总长度达到5500公里。《郑州航空港经济综合实验区燃气专项规划》获政府批复，航空港综合实验区的燃气配套建设步伐将进一步加快。

【安全管理】2014年，郑州华润燃气股份有限公司高度重视安全生产，依靠创新驱动，深入推动安全管理质量和效率的提升。深入推动入户安检模式变革，由点检模式向片检模式转变，成功实现1年1次入户安检，保证《河南省城镇燃气管理办法》落地实施，万户事故率由0.39降至0.15。深化管网业务模式改革，实施管网分级管理，加强工程监护、违章治理、阴极保护等专项工作；将维护、抢险有机整合，成立抢维修大队，实现资源互补；整合信息数据管理，以管网检测、GIS系统准确性提升为突破口，逐步提高信息化管理及应用水平，提升管网安全保障能力。模式调整后，巡线定额由人均70公里增至110公里；泄露性自查率由2013年90.16%提升到2014年94.68%，并且呈逐月上升态势；累计处理历年老违章占压111处，占到已知总违章数量的73.51%，超额完成70%的目标值；应急抢险时间由26.34分钟缩减至23.75分钟，安全响应能力迅速提升。2014年，郑州华润燃气股份有限公司深入推动实施“总经理看安全”制度，每月由公司总经理亲自带队下基层进行安全检查，营造了公司上下高度重视安全生产的组织氛围。修订完善了《施工监护控制程序》《防外力破坏管理机制》《监护工管理流程》，对《安全奖惩管理》《安全抵押金管理》《安全生产考核管理》等3项制度和33个程序文件进行修订，保证考核目标的具体化、可操作性，并及时兑现奖惩。在员工培训方面，发放了公司《班组安全管控要点及危险源辨识便携手册》，做到一线员工人手1册。发布了《2014年员工安全生产应知应会能力提升方案》《员工应知应会安全生产知识100问》，指导各单位开展员工应知应会培训、岗位练兵等各类安全培训，并深入一线班组进行现场抽查考试工作。组织应急演练，检验抢险队伍，全年累计组织抢险演练358次，参加人员3781余人次，有效提升了应急处置能力。2014年，郑州公司在华润燃气集团的年度安全专项审核中再次位列优秀行列。

【规范服务】2014年，郑州华润燃气股份有限公司进一步完善管理流程及服务规范等，持续全面推行个性化安装业务，自个性化安装业务启动以来，已覆盖小区数量176个，约12万户，已完成安装5.9万户，一对一、个性化的服务方式得到了客户的广泛好评。优化配置服务资源，统一客服热线电话，2014年，登封、航空港区、中牟、巩义华鑫等分公司区域统一使用郑州市区热线号码68855777，实现了客服热线电话对外，充分利用公司资源，方便用户使用。加强服务执行力建设，推广服务礼仪标准及作业标准，全年培训前线员工300余人次，培训课时达到40余个，开展关键岗位督导涉及员工877人次，观察服务过程956个，总体平均得分98.45分。组织第二届前线员工服务竞赛，根据参赛岗位特点设计了视频、音频、图片、情景等题型，包括“我是专家、火眼金睛、身临其境、最后一搏”等4轮竞赛环节，共400余道竞赛用题，并配套制作了竞赛用模型，建立了题库，来自前线单位的100余名员工参与奖项角逐。深化服务监督，对新客户、个性化安装客户、百尊安装、危险热水器改造业务按照系统显示100%实施回访，对客户满意度和期望值实施动态管理。顺利通过了华润燃气集团第一批客户服务管理体系试点单位评审。

【技术创新】2014年，郑州华润燃气股份有限公司TMS工程项目管理系统全面上线，促进工程管理规范化；智能远传表全面代替传统手抄表，抄表效率提升6倍，远传表全年安装7.4万户，占新增用户总量的70%，既避免了传统抄表方式对用户的干扰，又大大提升了企业运营管理效率；实施高压管线截断阀气液联动技改项目，阀门切断时间由40分钟降为30秒，强化了高压燃气管网的安全屏障；实施SCADA系统智能化升级，实现对服务网点和20个场站实时监控，压力及流量远程调控技术跻身国内一流行列；燃气安全与保障工程技术研究中心通过河南省科技厅认证，郑州华润燃气股份公司将利用此研发平台，集中河南省燃气行业的资源，开展燃气行业安全与保障项目的研究，引进新工艺、推广新技术、新材料，为河南省燃气行业发展和技术进步贡献力量。

【社会责任】2014年，郑州华润燃气股份有限公司在推动公司发展的同时，时刻关注社会责任，努力促进公司、社会、客户的和谐共赢。深入开展危险热水器隐患治理工作，制定《2014年危险热水器整改工作实施方案》，进一步完善了危险热水器治理监管、考核、改进措施，历时两年已累计整改危险热水器2万余台，为用户提供更加安全的用气环境。2014年，郑州市因危险热水器导致的安全事故由2013年的22起、死亡5人下降至2起、死亡0人。自觉行动，爱心回馈社会，开展“牛师傅服务进社区”活动，累计开展“牛师傅进社区”活动82次，服务客户73862户。深入开展“市民看燃气”活动，以“私家车油改气”“个性化安装业务推介”等为主题，邀请不同群体的客户代表来到公司，与客户面对面交流，听取客户的意见和建议。

【价格调整】2014年10月，经省政府批准后，河南省发改委下发非居民用气价格调整通知，全省统一实行工商业同价政策，郑州市调整后的工商业气价为3.70元/立方米，工业气上调0.47元/立方米，商业气上调0.17元/立方米，自9月1日抄见气量起执行。2014年8月，郑州市物价局下发郑价公〔2014〕3号文，从9月1日起郑州市车用天然气销售价格从每立方米3.60元上调到4.36元，调整幅度为0.76元。

（王英娜）

集中供热

【概况】2014年，郑州市热力总公司按照“气化郑州”和蓝天工程的统一部署，以科学规划为引领，以多热源联网供热、能源管理、水质管理为重点，站位全局，推动全市集中供热事业转型与升级，为企业的规模化与集约化发展打开了良好局面。全年完成供热量1218万吉焦，同比增长17%，创集中供热历史以来最佳成绩；新增供热能力1600万平方米，供热总能力已达4800万平方米；新增供热面积801万平方米，供热总面积3822万平方米，同比增加26.5%；新建供热管网134.63公里，新建热力站46座，实现银企联网、收费到户小区换热站586个，34万余户居民用户实现了收费到户；室温合格率达99.7%，设备完好率达99.9%，抢修及时率达100%，热线电话回复率、办结率均为100%，回访满意率99.9%。中原环保股份有限公司进一步加大串联分户改造力度，采取统一供热参数，加强管网平衡调节，使各热力站均衡供暖，保证总体供热运行稳定，供热面积达到1164万平方米，较上年增加304万平方米。市热力总公司先后获得国家统计局河南调查总队先进调查企业，河南省总工会、发改委、环保厅联合颁发的节能减排先进单位荣誉称号；中原环保股份有限公司获得郑州市平安建设基层示范单位，被郑州市共青团评为青年文明号、青年突击队。

【主业发展】2014年，市热力总公司以科学规划为引领，在实施市区450平方公里集中供热规划的同时，参与编制了全市1000平方公里的供热规划，并对全市集中供热综合承载能力进行了规划研究，编制完成了《郑州航空港经济综合实验区集中供热规划》，并通过市政府审批。裕中电厂引热入郑项目新增供热能力1100万平方米，

2014年11月14日，市长马懿到热力公司调度中心视察供热准备情况

枣庄热源厂“煤改气”项目实现供热能力500万平方米，实现了真正意义上的“大热源”，公司现有供热能力4800万平方米，全年新增实际供热面积801万平方米，供热总面积达到3822万平方米，同比增加26.5%，保持了快速高效的发展态势。围绕供热主业进一步拉长产业链条，加快对外发展与合作的步伐，与新密新区的供热合作项目已进入前期筹备阶段；与荥阳市签订了合作框架协议，已开始建设宜居健康城供热管网；在污水源热泵等新能源供热、供热设备合作推广等领域全部达成合作意向，为企业规模化与集约化发展打开了良好局面。

【供热工程】 市热力总公司、中原环保股份有限公司积极推进“引热入郑”“煤改气”工程和供热管网建设，有效缓解郑州市供热热源不足局面，提高了能源的综合利用效率，减少了燃煤锅炉房带来的污染物排放。

新密裕中电厂“引热入郑”工程。新密裕中电厂“引热入郑”工程是2014年度郑州市民生十大实事之一，计划建成从裕中电厂首站到郑州热力南郊热源厂的全长近20公里的供热管网。热源改造规模为2台30千瓦供热机组，入郑供热能力为1100万平方米，热源入郑后与郑州热力南郊热源厂联合向郑州市南部供热。该项目跨越新密、新郑、二七区3个县区的近20个自然村，下穿高速公路，跨越沟涵22座，需架设4座桥梁，是郑州市热力管道沟槽最长、施工难度最大的跨区域主管网工程。该项目6月正式开工建设，11月14日供热管网全线贯通，12月14日正式向市区供热，累计完成投资约3.5亿元。

枣庄热源厂“煤改气”工程。枣庄热源厂“煤改气”项目是列入2014年市《政府工作报告》中的重点项目，计划原燃煤锅炉保留暂不拆除，作为应急备用锅炉，另行在厂区东侧选址新建5台58兆瓦燃气热水锅炉的燃气热源，建成后可实现供热能力500万平方米。市热力总公司在时间紧、任务重、施工作业面狭窄的情况下，认真总结往年“煤改气”工作的经验，制订合理施工方案，统筹安排工期，采用交叉作业方式保证工程进度和质量。该工程2014年8月15日开工，经过3个月的超常规紧张施工，11月14日锅炉本体已具备运行条件并1次点火成功，接着便烘炉、煮炉，11月27日该项目正式投运供热。

北郊热源厂工程。北郊热源厂是“气化郑州”建设的重点项目，位于惠济区长兴路以东、民和路以南、贾鲁河以北区域，建设规模为5台58兆瓦的燃气锅炉房，可新增供热能力500万平方米。该项目自8月22日土建单位进场，到12月已完成5台锅炉安装和水压试验，厂内土建工程已基本完成，锅炉安装已通过省锅检院的验收，现正在加紧进行热网、外电等施工。由于厂区外的长兴路尚未施工建设，2014冬暂不投入供热运行。

泰祥热电厂引热入郑工程。泰祥热电厂市区主干管网工程是郑州市“引热入郑”重点工程，管网全长12.4公里。中原环保股份有限公司克服供热管网穿越陇海铁路、郑西高铁等难题，工程如期完工，并实现供热，有效缓解西区供热热源不足局面。

供热管网工程。2014年，郑州市热力总公司结合两环三十放射的建设进程，在郑州市的东区、西区、北区、南区以及航空港区共敷设供热管网134.63公里，完成了文化路、顺河路等路段的老旧供热管网改造。随着“大联网”整体架构的进一步优化，全市热网的综合承载能力显著提高。

燃煤锅炉拆改工程。郑州市17家单位燃煤小锅炉拆改涉及市区243.36万平方米供热面积在拆后加入集中供热。为保障燃煤小锅炉拆改工作顺利进行，市热力总公司根据用户的需求积极组织察看现场，收集相关资料，并制定了详细的锅炉拆改用户工作进度计划加以实施，按时保障了17家单位共计243.36万平方米热用户的正常用热。

【供热生产】 供热准备期。2014年4月，市热力总公司各项大修技改项目全面启动。为了切实提高供热质量，市热力总公司投资3000多万元，实施了一次网、二次网、热力站及锅炉辅机等改造项目，设备完好率达到99.9%。投资1200多万元进行自控改造，共有1030座热力站实现远程自动监控或监测，占热力站总数的94%，其中70座热力站实现了无人值守试行改造。新建东区补水点，新增补水能力800吨/小时。经开区热源厂换热首站建成投运，与东区热网实现并网运行，增强了大东区联网供热的机动性。二次网调节实现常态化，管网带水湿保养初见成效，水质管理再上新台阶，北区、东区两大补水点共向一次网注入软化水107万吨。

生产运行期。2014年，郑州热力冷态运行及供热升温比往年提前了1周，11月3-6日，热电厂及自有热源开始陆续启动冷态运行，11月8日大网开始逐步升温，11月10日部分用户家中已经开始供热，11月14日晚，从热源、热网到用户提前进入了供热稳定期，用户室温已达标，供热全面实现平稳起步。运行期内，郑州热力根据天气状况和运行参数，加强二次网的精细化调节，有效消除了二次网流量失衡，用户冷热不均等现象。同时，在生产运行各个环节逐级签订安全生产目标责任书，进一步落实安全生产责任，继续开展“安全生产”竞赛活动，完善《燃气锅炉房运行管理制度》，并按照行业标准开始修订燃气锅炉运行操作规范，保持了安全稳定的生产大局。全年完成供热量1218万吉焦，同比增长177万吉焦，同比增长17%，创有集中供热历史以来最佳成绩。

供热调度。2014年，市热力总公司以整个市区的热源和热用户为基础，将中原环保西区供热的运行状况统一纳入到调度方案中，继续提升郑州热力在全市集中供热生产管理过程中的核心地位和指导作用，供热“大调度”工作再上新台阶。随着裕中电厂引热入郑工程、枣庄热源厂“煤改气”项目的加入，市热力总公司通过对历史数据的系统分析和科学的水力平衡计算，先后制订了32套运行方案，经比对敲定了供热调度方案，确定“大北区”“大东区”两大联网区域和裕中电厂单独运行的南区供热区域，充分考虑了多种突发情况的应对方案，对热网调节、水力平衡、流量分配等工作进行了统筹安排。供热运行期间，郑州热力调度中心定期召开网络视频会议，在保持大网均衡供热的基础上，实现了供热运行各个环节的精细化调节。并通过精密计算，克服了管网跨度长、水利工况复杂等困难，成功实现了裕中电厂并网运行。在充分发挥热源热网综合供热能力同时，进一步凸显了“大调度”在联网供热过程中核心地位。经科学调度，尽最大努力保障用户室温不低于18℃，供热质量稳中有升，室温合格率达99.7%。

能源管理。2014年，面对燃气热源比重加大和上游能源价格提高，供热主业成本压力日益凸显等因素，郑州热力规范能源管理、强化内部挖潜增效，全方位多角度努力缓解不利影响。通过加大热力站节能改造力度，建设更加精细化的节能管理在线检测系统，继续深入开展“挖潜增效”竞赛等活动，节能降耗再创佳绩，外网热单耗控制在26.43吉焦/万平方米天，同比上年下降了10%，水电单耗等各项指标均达到行业先进水平。2014年，市热力总公司被列为国家能耗在线监测系统建设试点企业。

热网维护。市热力总公司继续强化“大维护”的深度与广度，显著提升主干热网统一维护与统一抢险的能力，为供热生产保驾护航。组织完成了供热辖区内1次主干热网的普查工作，对1487处检查井、4014台阀门进行了维修保养，累计整治供热设施隐患20处；完善了公司热网系统图，显著提高热网突发事故排查的准确性。继续推广带压堵漏技术，增添了先进的抢险工具，规范抢险物资备品备件库，提高了热网突发事故的抢修及时性，全年成功处置突发故障152起，抢修及时率达100%。

【科技创新】2014年，市热力总公司坚持科技兴企，按照提升自主研发能力的总体要求，继续关注国家产业政策调整，加快吸收式热泵、污水源热泵等新能源的研究应用工作。组织公司专业技术人才形成专家队伍，对提升供热系统的难点和关键点进行攻关。继续专题研究解决水质问题，对一补二试点的效果及推广的可行性进行了调研。组织了小发明、小创造、小革新、小改进项目的申报工作，以技术进步凝聚企业高品质的核心竞争力。信息化建设方面。郑州热力坚持信息网络先行，提升管理效率。以无人值守站全覆盖为重点，逐步将信息网络技术推广到公司发展管理的各个领域。增加新的热费代收机构，开通第三方支付，实现收费方式的再革新。研究与建立地理信息、设备管理等新的子系统。2014年继续调研多个信息化平台整合的可行性，努力实现信息的共享与数据的互通，通过供热自动化管理系统的全方位建立，全力打造在行业技术领域叫得响的企业名片。

【供热服务】2014年，市热力总公司继续唱响“阳光服务”品牌，供热服务、行风建设和宣传工作不断有新亮点。便民措施。郑州热力不断创新便民收费措施，在原中信银行、交通银行等5家金融机构缴费基础上，又与银联合作增加了全民付收费系统，在全市思达超市新增了190个收费网点，在总公司及各分公司收费大厅也设置了收费终端；同时配置了20台手持POS机进行上门收费。2014年9月，5家金融机构和全民付系统同时启动，为用户提供了更加方便快捷的缴费服务，也大大提升了公司形象。2014-2015采暖期，实现银企联网、收费到户小区换热站达586个，34万余户居民用户实现了收费到户。客户服务。2014年，市热力总公司将“进社区、进万家”活动进一步引向深入，实现常态化。年内共在126个小区开展现场缴费、入户测温等服务活动，使“供热暖身，服务暖心”的阳光服务品牌更加深入人心，树立了供热企业的良好形象。对内继续提升“大客服”的软硬件水平，在客服系统的工单反馈中增加了两级审核功能，结合信息化进班组工作的推进，显著提升了用户来电处理的工作效率。共记录用户来电11.7万件，接到数字化管理系统网络专线转办件439件，市长电话、各类媒体转办事项1054件，均能够按照首问负责制、限时办结制、回访反馈等制度要求及时办理，热线回复率100%、办结率100%，回访满意率99.9%。

（王力艰）

污水处理

【概况】2014年，王新庄、马头岗、五龙口、陈三桥、南三环污水处理厂安全稳定运行，出水水质稳定达标，全年共处理城市污水45567.35万吨，累计削减氨氮15229.16吨、BOD 10.41万吨、COD 13.84万吨、SS 12.37万吨，再生水利用5268万吨；八岗污泥处置厂全年累计处置污泥20.6万吨，完成了《郑州市环境保护“十二五”规划》重点工程主要污染物减排目标300%；贾鲁河陈桥断面首次出现不注入黄河水的情况下达到省控指标。以再生水为主要水源的金水河，在省环保厅公布的2014年第三季度全省城市河流水质排名中进入前十。南三环污水处理厂、马寨污水处理厂、马头岗污水处理厂二期工程顺利投运，提前1年基本实现“十二五”初提出的污水全收集、全处理目标。2014年，郑州市污水净化有限公司获得2014年中国技能大赛—首届“排水杯”全国城镇排水行业职业技能竞赛（国家级二类）决赛总团体成绩一等奖、2014年中国技能大赛—首届“排水杯”全国城镇排水行业职业技能竞赛（国家级二类）决赛突出贡献奖。中原环保股份有限公司获得河南省城镇污水处理运营优秀单位，获得河南省资源综合利用认定证书。

【工程建设】2014年，市污水净化有限公司依照全市污水处理设施建设规划布局，紧紧围绕省、市环保设施建设目标要求，重点攻坚项目建设。五龙口、马头岗污水处理厂升级改造及八岗污泥处置厂二期工程已顺利通过竣工验收。马头岗污水处理厂二期工程2014年9月污水处理区建成投入试运行。南三环污水处理厂于2014年6月建设完成并投入试运行。马寨污水处理厂工程于2014年6月完成建设任务，现已具备运行条件。郑州新区污水处理厂工程三大池土建施工已完成，厂外管线累计顶进10公里。再生水利用三环管线工程已完成总工程量94%。双桥污水处理厂、马头岗污水处理厂一期一级A升级改造工程、王新庄污水处理厂再生水管线切改工程、再生水利用三环管线配套工程等项目进展顺利。

【产业规划】2014年，市污水净化有限公司根据市委、市政府新型城镇化建设任务，坚持以服务郑州都市区建设为中心，积极主动作为，完成航空港经济综合实验区排水工程、雨水利用工程、再生水利用工程等3项规划编制，开展了郑州市“一主一城三区”污水处理产业现状调查工作，参与制订新型城镇化建设及公用事业精细化管理3年行动计划。

【全国技术比武】2014年10月，首届“排水杯”全国城镇排水行业职业技能竞赛在郑州举办。来自全国26个省、自治区、直辖市的28支代表队共140名选手参加决赛阶段角逐。郑州市污水净化有限公司精心组织，全面筹划，圆满完成了本届大赛的承办任务。全国总工会、住建部、人社部等国家部委领导及全国排水行业专家对大赛的会务工作给予一致认可和高度评价，并授予郑州市污水净化有限公司“突出贡献奖”。市污水净化有限公司代表队获得总团体一等奖，污水处理工、污水化验监测工团体二等奖。以州市污水净化有限公司职工为主要成员的河南省代表队获得总团体二等奖、污水处理工团体一等奖。公司职工和笑天获得污水处理工竞赛全国第一名，吴圣江获得污水化验监测工竞赛全国第二名。

郑州市污水净化有限公司举办首届“排水杯”全国职业技能大赛

【行业发展】2014年9月，河南省市政公用业协会污水处理分会召开理事会议，市污水净化有限公司董事长、党委书记、总经理梁伟刚当选新一届理事长。2014年12月，市污水净化有限公司协助省住建厅开展全省污水处理运行绩效考核工作，马头岗污水处理厂蝉联第一。公司参与完成《污水排入城市下水道水质标准》等5项标准的编制工作，组织完成了《城市基础设施建设与服务质量评价考核办法》等10项管理制度征求意见的信息反馈，完成了“全国重点城市污泥处理处置情况”等调查任务。

【科技创新】2014年，市污水净化有限公司以省、市工程技术中心为平台，与中国农科院、南京大学、河南农大等科研院所及高校建立科研合作关系，持续推进“十二五水专项”“城市污泥无害化处理产品的农用开发与研究”等国家及省、市级重大科技专项。截至2014年年底，公司正在开展的科研项目累计5项，争取各级科研经费达到620万元。

【管理创新】2014年，市污水净化有限公司坚持目标管理，积极推进管理创新，在下属各厂全面实行6S管理方法，大幅改善生产现场秩序，各车间面貌焕然一新。八岗污泥处置厂试行OEC管理模式，要求各项工作日清日结、日清日高，形成了“人人都管事，事事有人管”的良好运行态势。马头岗污水处理厂在生产标准化道路上持续探索，编印了泥区车间《设备作业指导书》《巡检作业指导书》等手册，将各项生产活动细化分解，固化到每一个动作，有效避免工作过程中的人为错误，工作效率和正确率显著提高。在程序化管理层面，持续改进“三标一体”管理体系，修订各级体系文件，对部门职责进行梳理，查缺补漏，减少重复交叉，完成了各部门的职能界定，进一步理顺管理链条。

【安全生产】2014年，市污水净化有限公司继续坚持“安全第一、预防为主、综合治理”的方针，严格落实安全生产责任制，相继投入专项资金150余万元，配备专业安全防护设备，建立安全应急抢险队伍，在各部门设立专兼职安全员岗位，不断加大安全生产检查力度，全年累计开展安全大检查12次，下达隐患整改通知书30份，整改安全隐患78处，整改率100%。11月，公司结合“119”消防宣传月活动有关要求，在五龙口污水处理厂举办了首届“平安杯”平安建设消防运动会，设置沙袋接力、井下救人、应急灭火三个竞赛项目，80名一线职工参加竞赛。本次运动会是郑州市国有企业首次以运动会形式举行的消防应急演练。市综治办、市国资委、市城管局、市消防支队等有关单位参加本次活动。

（王鹤楠）

城市环境雕塑建设

【概况】2014年，郑州市环境雕塑建设研究所进一步加强对91座公共城市雕塑的管理，严格执行管理标准，坚持分区负责、巡视维护、限时维修工作措施，不断推进城市管理新举措，全力保障城市雕塑的完整与美观。全年完成城市雕塑巡视维护工作近2万件次，雕塑局部修整、治理涂鸦小广告等500余处，维修翻新城市雕塑10座。积极加强对大型城市雕塑的管理，研究制订了大型城市雕塑安全检查机制，建立了检查台账，定期开展大型城市雕塑安全性检查，保障公共财产安全和群众的人身安全。针对少数市民随意攀爬城市雕塑的不文明行为，进一步加强市民的个人安全和文明素质宣传，对管辖范围的23座群众易接触、易攀爬的城市雕塑进行了统一制作安装警示标识牌。全年雕塑完好率达到100%。

【雕塑创作】2014年，市环境雕塑建设研究所进一步推进雕塑创作和陶艺创作工作的创新开展。在继续完成上年度“感动中原”10件人物雕塑作品外，新创作《焦裕禄》《毛泽东》系列、《放哨》等9件雕塑作品。进一步完善了陶塑工作室硬件环境，开展了“文房四宝”系列陶塑作品的设计试制工作，制作烧制陶塑作品40件，在专业创作上取得了丰硕的成果。

【郑州地铁雕塑文化研讨】2014年，为推进郑州城市地铁文化的繁荣发展，市环境雕塑建设研究所结合郑州城市地铁交通网络建设，积极探索地铁文化与城市雕塑的融合，组织专业力量编制了《郑州市地铁雕塑文化建设方案》，邀请省、市部分雕塑专家围绕郑州市地铁文化建设进行研讨交流，为推动地铁文化建设做出了有益尝试。

【郑州地铁文化雕塑展】2014年12月29日，由河南省美术家协会、郑州市城市管理局主办，郑州市环境雕塑建设研究所承办的“郑州市地铁文化雕塑作品展”活动，在郑州雕塑艺术馆开幕展出。展出了来自省、市部分雕塑家和大专院校师生创作的近70件优秀作品。这是河南省首次举办以地铁文化为主题的雕塑展览活动。旨在以城市地铁为载体，以中原文化为依托，用雕塑艺术表现形式，为郑州新兴的地铁交通枢纽增添城市文化氛围，扩展和提升郑州城市文化内涵，弘扬郑州历史文化精髓，彰显郑州都市区建设成果。

【郑州雕塑艺术馆挂牌】2014年12月，郑州雕塑艺术馆正式挂牌。郑州雕塑艺术馆位于郑州市环境雕塑建设研究所，面积1800平方米，是郑州市首个以雕塑艺术为主题的专题艺术馆，免费向市民开放。馆内陈列收藏国内外雕塑家优秀雕塑作品400余件，为传播雕塑艺术知识、丰富群众文化生活搭建了平台。

【盲人触摸雕塑展】2014年10月，结合世界助盲日，市环境雕塑建设研究所积极参与社会公益文化活动，联合郑州市青年志愿者组织和勤公益社为盲人朋友组织举办了一场特殊的“触摸雕塑”展览活动。15位盲人朋友在志愿者一对一的帮助下，通过双手的触摸和志愿者的讲解，“欣赏”郑州市的优秀城市雕塑建设成果。

（周宏昶）

城乡环境保护

环境保护

【概况】2014年，郑州市环保工作牢固树立生态文明理念，紧紧围绕省政府下达的年度目标任务，着力解决危害群众健康和影响可持续发展的突出环境问题，较好地完成了各项环保目标任务，全市环境质量得到了持续改善。2014年，市区空气质量优良天数163天（AQI），达标率44.7%，比上年同期增加36天，提高9.9个百分点；PM10平均浓度151微克/立方米，同比下降11.2%；PM2.5平均浓度88微克/立方米，同比下降16.2%；4个省控断面水质得到进一步改善，全市集中式饮用水水源地水质达标率为100%；圆满完成了污染减排各项目标任务。

【大气污染防治】市环保局制定了《郑州市燃煤锅炉拆除改造专项方案》，实行局领导班子成员、机关工作人员和局属单位人员“三级分包责任制”，建立工作台账，每周进行督导；在《郑州日报》每月公布县（市）区燃煤锅炉拆改工作进度。超额完成市政府民生十件实事拆改80台燃煤锅炉任务，全年拆除88台。积极推动7家电力企业、19家水泥企业（粉磨站）实施脱硝和提标治理，7家电力企业16台燃煤机组中，除新力电力3台因搬迁未开工、东区电厂1台因供暖暂时无法对接外，其他12台均完成治理任务；19家水泥企业中，除1家长期停产外，18家完成治理任务，超额完成省定目标。积极推进高污染燃料禁燃区建设，市区高污染燃料禁燃区达到建成区面积的50%。严格落实机动车环检、安检“两检合一”，发放环保标志100.7万个，检测车辆80.9万辆，初检达标率为89.8%；加大路检查处力度，抽测车辆4万余辆，限期整改治理1014辆；加快推进黄标车淘汰，2014年省政府下达郑州市黄标车和老旧车淘汰任务4.88万辆，公安交管部门已办理黄标车、老旧车注销和强制注销4.88万辆，圆满完成年度任务；社会黄标车提前淘汰2448辆，奖补2456.65万元。实施黄标车限行，2014年1月1日起在市区三环以内实施第二阶段限行，黄标车限行智能卡口已建成投用，2015年3月1日起将对闯限行黄标车实施非现场执法，以限行促淘汰。按照市政府统一部署，设立扬尘污染防治专项督导组，自7月15日起，对市区建设工地开展了督察，对未落实防尘措施的施工工地进行媒体曝光、明确整改限期，对整改不到位的责任单位实施财政扣款，全年实施财政扣款240家，共计2430万元。

【水污染防治】2014年，确定贾鲁河、双洎河流域24项治理工程，建立了领导分包、周督察、月例会等制度，督促加快工程进度，逐步实现流域内污水全收集、全处理。24项治理工程已完成15项，9项完成年度任务。其中马寨污水处理厂（5万吨/日）正在调试，南三环污水处理厂（10万吨/日）和马头岗二期（30万吨/日）试运行，市区新增污水处理能力45万吨/日；郑州新区污水处理厂（65万吨/日）已开工建设，2015年投运后，贾鲁河水质将得到根本改善。市控以上重点排水企业全部安装自动监控设施，实施24小时自动监控。对重点企业实施专人负责、驻厂监管；坚持“河段长”制度，明确责任到人；建立水质超标预警和紧急应对机制，发现水质超标立即启动响应程序，协调相关部门及时处置。完成了2013年度郑州市集中式饮用水水源环境状况和地级以下城市集中式饮用水水源环境状况评估工作。严格排查整治违法建设项目，督促相关单位加快饮用水水源地保护工程建设和违法建设项目整治工作，完成了登封市白沙水库网箱养殖和黄河花园口水源地一级保护区内渔家乐、农家乐等取缔工作，切实保障人民群众饮水安全。

【主要污染物减排】2014年，郑州市深挖工程减排、结构减排、管理减排潜力，严格总量预算管理，倒逼企业深入开展污染减排，主要污染物排放总量得到有效控制。制定了《郑州市2014年主要污染物总量减排计划实施方案》，确定了全市主要污染物总量预算指标，并纳入《郑州市2014年国民经济和社会发展计划》；将减排目标层层分解到各县（市）区，并将总量预算指标纳入政府主要领导政绩考核评价体系。严格建设项目环境管理和环保验收，全年市本级审批建设项目717个，验收项目166个，全部执行“三同时”制度。推进省、市重大项目建设，采取环保服务分包责任制，完善内部联审联批制度，简化审批程序和内容，开通重大项目环评审批“绿色通道”，新开工的248个重点项目全部完成环评审批。实行规划环评与项目环评联动机制，登封市天地之中文化旅游专业园区总体发展规划环评已通过专家评审。8个被列入国家、省年度重点减排目标责任书项目全部完成；34家企业年度清洁生产审核工作任务，除4家企业停产外，30家企业已完成。

【农村环境保护】2014年，经省环保厅批复的8个农村环境综合整治项目中，5个主体工程已建成，2个已开工准备，1个因项目调整正在招投标，工程整体进度排在全省前列。4个省级生态乡镇、13个省级生态村和17个市级生态村全部获得命名。中原区、管城区、高新区生态区规划已通过评审，其他县（市）区年度创建任务进展顺利。联合畜牧、农业部门制定《2014年郑州市畜禽养殖总量减排实施方案》，积极推进农业污染源治理工作，40家规模化畜禽养殖企业完成治理任务。

【环境监测】2014年，编制完成了《郑州市空气质量多模式预报预警平台建设方案》，计划引进空气质量多模式集成系统，及时提供连续重度以上空气污染过程的监测预警信息，为启动应急措施、减轻空气污染影响提供决策支撑。强化水环境监测能力，完成了《郑州市地表水生态水系水质自动监测系统建设方案》，对全市生态水系水质自动站建设进行了总体规划和研究，初步完成水质自动站建设方案。全面完成各类监测任务，上报空气、地表水和噪声等自动监测数据58万余个，上报环境质量监测、污染源监测、执法管理监测等手工数据4.5万个，编制各类通报、公报、专报、周报及各类综合分析报告等300余期，为全市环境管理工作提供科学有效的技术支撑。

【环境监察】2014年，开展治理涉水污染源、规范畜禽养殖、南水北调中线工程郑州段环境治理等专项行动10个，检查企业2947家次。不断强化现场监督检查工作，采取日常监管、明查暗访、突击检查、驻厂监察等多种形式，检查排污单位3.5万余家次，查处纠正环境违法行为600余起，立案处罚277起。开展电磁辐射设备（设施）大检查专项行动和放射源安全隐患排查工作，安全收贮废旧放射源127枚，收贮放射性废物389公斤，废旧放射源和放射性废物送贮率达100%。办理危险废物跨市转移216批，约2万吨，危险废物收集、贮存、处置率达到100%。12家城镇污水处理厂建立了污泥管理台账，10家燃煤电厂脱硫石膏、粉煤灰综合利用率100%。

【环境应急建设】开展环境风险隐患排查整治活动，排查化学原料及化学制品制造行业企业89家、医药制造行业企业32家、涉重金属企业6家、尾矿库6座。积极应对重污染天气，先后6次启动三级预警、1次启动二级预警，有效减少对人民群众健康带来的不利影响。启动《郑州市重污染天气应急预案》编制工作。《南水北调中线工程（郑州段）环境保护应急工作方案》已发布实施。建立了市环境应急专家库，组织开展3次环境应急演练，环境应急处置能力得到提升。《流动风险源次生突发环境事件环境污染及生态破坏损失评估方法研究》获得省环境保护科技进步奖一等奖。

【环保法制建设】2014年，《郑州市大气污染防治条例》经省人大常委会审议通过，2015年3月1日起实施。办理人大代表、政协委员建议提案55件，代表、委员满意率为100%。33个规范性文件按规定进行备案，审核率、内容合法率均为100%。将8家存在严重违法行为的企业列入"黑名单"，其中省环保厅挂牌督办的5家企业已全部完成整改。

【环保科研】2014年，配合省环保厅制定了《贾鲁河流域水污染物排放标准》，该标准已发布实施。完成了"十二五"环境保护规划中期评估工作。开展郑州市地下水基础环境状况调查评估，已完成地下水"双源清单"的填报工作。完善郑州市集中式饮用水水源保护区信息数据库，对水源保护区边界坐标进行了编号。开展郑州市环境功能区划工作，总体方案编制工作进展顺利。

【环保宣教】2014年，不断拓宽环保宣教触角，在《郑州日报》开设大气污染防治公示栏，每月定期通报各责任单位工作进展情况和各县（市）区空气质量排名；深入开展"郑州环保世纪行"活动，在媒体设立"曝光台"和"光荣榜"，联合新浪河南、腾讯河南启动"爱蓝天·随手拍"活动，积极鼓励公众举报污染行为。建立了"绿色郑州"微博、微信、微视"三微一体"政务平台，发表微博1.7万余条，粉丝达28万余人，处理群众投诉、咨询1545件；在郑州新闻广播98.6频道每天公布空气质量，在郑州电视台和快速公交站点滚动播放环保公益广告，积极打造与群众互动新模式；持续开展绿色创建活动，将宣传触角向企业、社区、家庭等领域延伸，取得了较好成效。

（靳洪鑫）

气象服务

【概况】（一）降水。2014年，郑州平均降水量535.3毫米，较常年同期偏少15%，比上年同期偏多32%。其中冬季郑州平均降水量21.4毫米，较常年同期偏少30%，比上年同期偏少7%；春季平均降水量125.6毫米，较常年同期偏多7%，比上年同期偏少18%；夏季平均降水量145.3毫米，较常年同期偏少58%，比上年同期偏少11%；秋季平均降水量241毫米，较常年同期偏多79%，比上年同期偏多221%。降水时空分布不均，4月和9月降水异常偏多，其余月份均偏少或异常偏少。年内一日最大降水量49.8毫米，出现在新密的8月4日。9月7-18日的连阴雨天气郑州平均降水量达156.4毫米，其中荥阳最大，为194.4毫米。最长连续无降水日数为72天，日期出现在新郑的2013年11月25日-2014年2月4日。

（二）气温。2014年，郑州平均气温15.8℃，较常年同期偏高1.0℃，比上年同期偏高0.1℃。其中冬季郑州平均气温3.2℃，较常年同期偏高0.9℃，比上年同期偏高2.3℃；春季平均气温17.4℃，较常年同期偏高2.0℃，比上年同期偏高1.0℃；夏季平均气温26.5℃，较常年同期偏高0.4℃，比上年同期偏低1.5℃；秋季平均气温15.7℃，较常年同期偏高0.5℃，比上年同期偏低0.5℃。极端最低气温为-9.4℃，出现在登封、新密、新郑的2月11日。极端最高气温为42.7℃，出现在巩义的7月21日。

（三）日照。2014年，郑州日照总时数为1923.3小时，较常年同期偏少76.0小时，比上年同期偏少39.0小时。其中冬季郑州日照时数353小时，较常年同期偏少45.2小时，比上年同期偏多87.8小时；春季日照时数599.5小时，较常年同期偏多15.4小时，比上年同期偏多32.9小时；夏季日照时数572.6小时，较常年同期偏多23.5小时，比上年同期偏少12.0小时；秋季日照时数364.7小时，较常年同期偏少100.0小时，比上年同期偏少142.6小时。

【气候影响评价】2014年，气候对郑州市的农业生产利大于弊，9月连阴雨天气对其他行业造成一定的影响。

（一）气候与农业。2014年冬季气候条件对农业生产影响弊大于利，整个冬季气温正常或偏高，没有出现对小麦生长造成严重影响的极端天气；日照时数偏少，基本能满足小麦的生长；雾霾天数较多，对小麦生长造成一定影响。春季冬小麦自返青到扬花、灌浆以来，光、热条件较好，3月降水偏少，4月偏多，5月正常，对冬小麦生长较为有利。夏季气候条件对农业生产影响弊大于利。6月上旬，收获冬小麦，水浇地夏玉米适时播种，上旬末玉米出苗。中旬初玉米处于三叶期，下旬进入七叶期，水浇地玉米苗齐苗匀、长势良好。由于降水偏少，且分布不均，多数丘陵旱地玉米播种较晚或难以播种。受干旱影响，旱地玉米出苗不齐，有卷叶，长势差。7月上旬，夏玉米处于七叶至拔节期，水浇地玉米长势良好，旱地玉米受干旱影响，卷叶、高低不齐，长势差；中旬，夏玉米普遍进入拔节期；7月底，水浇地玉米进入抽雄、开花、吐丝期，旱地玉米发育期推迟，发育不齐，全株卷叶，受旱严重。8月，夏玉米处于灌浆期，下旬进入乳熟期；旱地玉米由于前期受旱严重，将影响产量，部分旱地玉米绝收。秋季气候对郑州市农业影响有利有弊。9月，降水日数多、降水量大，温度低、光照少，影响玉米灌浆速度；但底墒好，有利于冬小麦播种、出苗、一播全苗。10月，降水日数少、降水量偏少，温度偏高。11月，冬小麦处于分蘖期。月内气温较高，光照较充足，土壤墒情适宜，有利于冬小麦分蘖期生长。11月下旬有1次大范围降水天气过程，有效补充了浅层土壤水分，有利于冬小麦苗期生长和冬前分蘖。

（二）气候与交通。春节期间，受大范围降雾和雨雪天气影响，全市高速公路多数路段都实施了交通管制。其中，1月31-2月2日，因雾实施交通管制；2月3-4日，全市高速公路正常通行；2月5-6日，因雨雪天气实施交通管制，七座以上客车禁止驶入高速公路。9月7-18日，郑州地区出现

2014年4月29日，副市长杨福平视察郑州市气象局

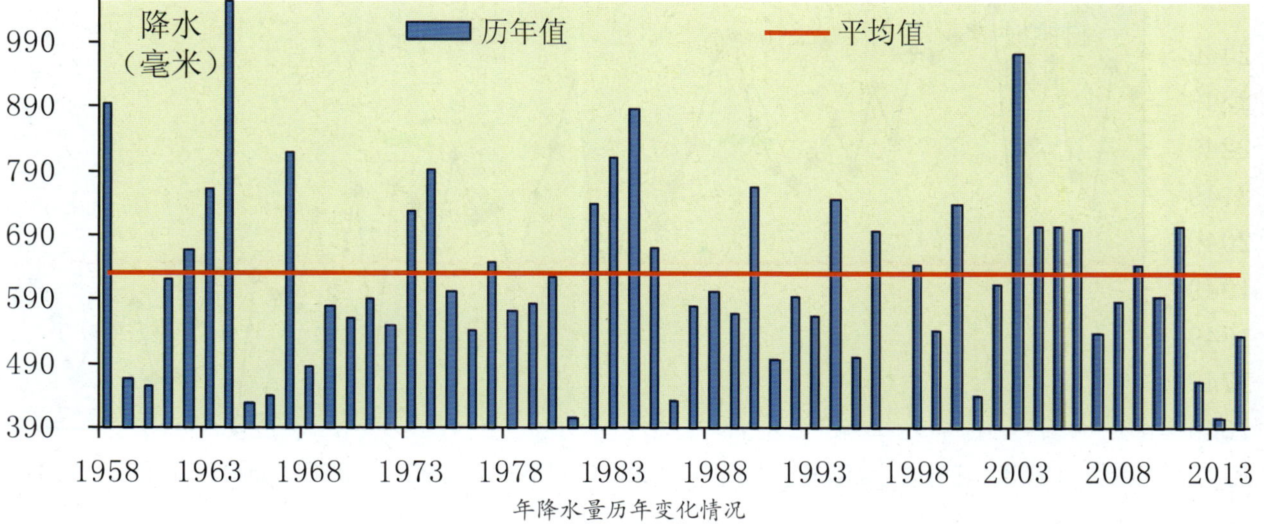

年降水量历年变化情况

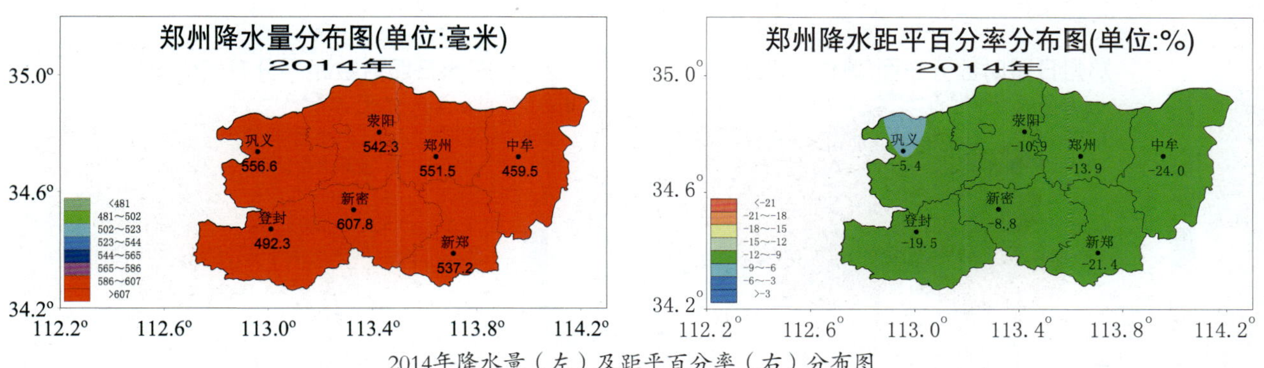

2014年降水量（左）及距平百分率（右）分布图

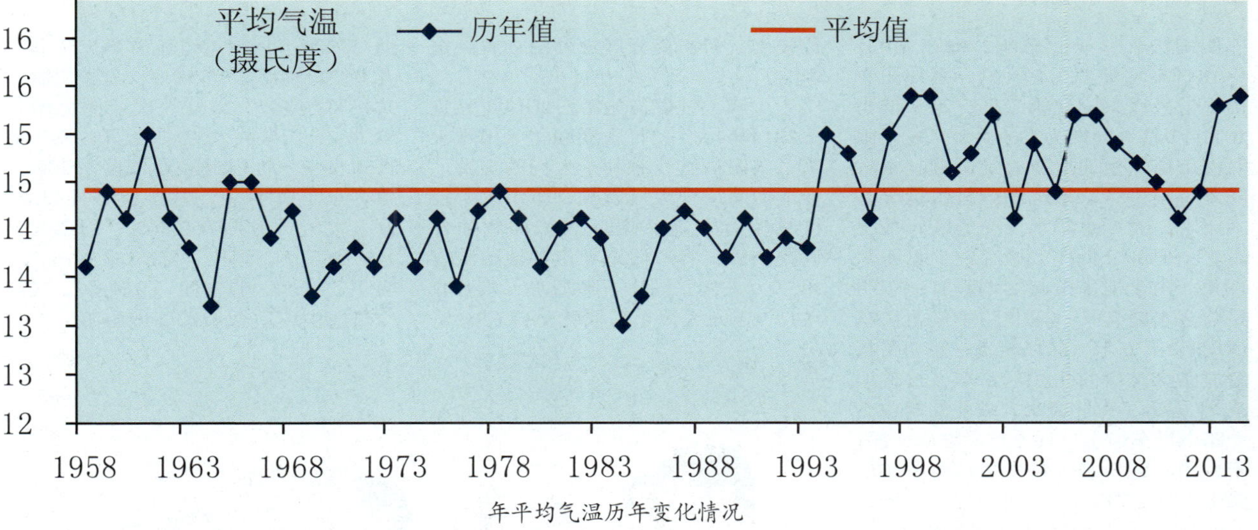

年平均气温历年变化情况

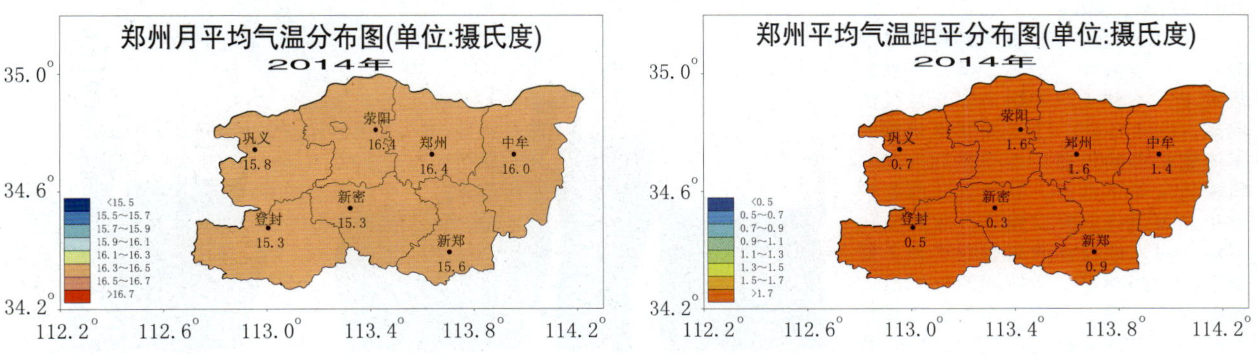

2014年平均气温（左）及距平（右）分布图

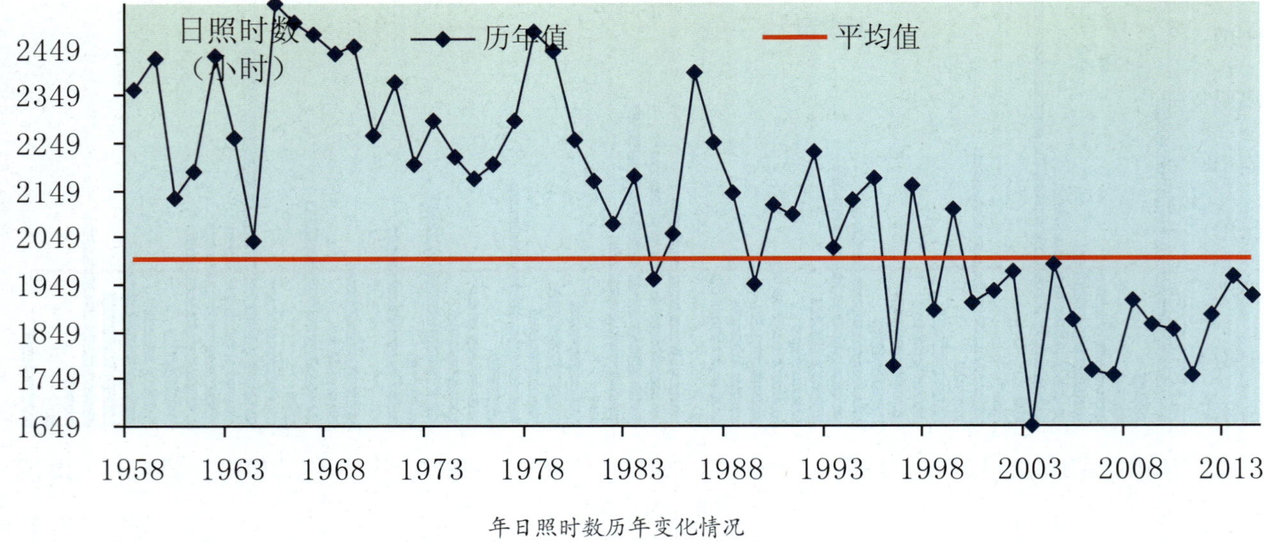

年日照时数历年变化情况

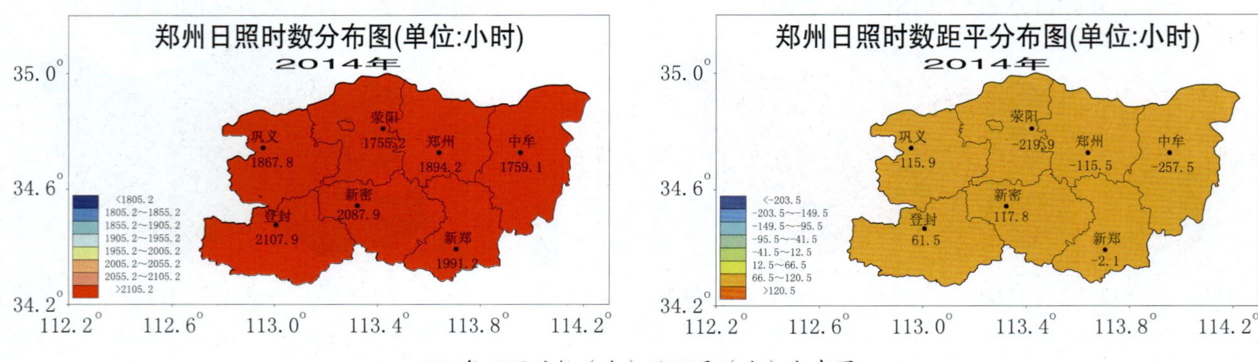

2014年日照时数（左）及距平（右）分布图

连阴雨天气，受此影响，郑州站9月5-18日平均气温为19.1℃，是郑州有历史记录以来同期第二低，第一低为2011年9月（同期为18.0℃）。连阴雨对城市道路交通造成一定影响。本次降雨过程中，全市范围内排水情况基本正常，无严重积水及交通断行情况发生，但部分低洼区域存在少量积水现象。由于下雨引起的塌陷有：东明路与金水路交叉口向北路中偏西快车道塌陷1平方米，深15厘米；铭功路与解放路交叉口向北30米路东人行道塌陷3平方米，深50厘米；农业路翠花立交路南慢车道东口塌方15平方米，深1米；国基路与普庆路交叉口向东20米路南人行道塌陷1平方米，深30厘米；028公路南水北调河堤与辅道相接处塌方40平方米，深6米。

（三）气候与健康。2014年冬季降水正常或偏少，空气干燥，雾霾日数较多，不利于户外运动，元月气温偏高，流感高发，2月的降雪有效缓解了流感病毒的传播。春季平均气温除新密较常年正常外，其他县（市）较常年显著偏高或异常偏高，气温变化平稳，对人们身体健康影响不大。夏季7月下旬和8月中旬持续的35℃以上高温天气，给人们的工作和生活带来不利影响。秋季温度正常，日照时数偏少，连阴雨天气及郑州市区雾霾日数较多，对市民开展户外活动有一定影响。

（四）气候与旅游。2014年元旦（2014年1月1-3日）期间，无雨雪天气，气温适宜，有利于人们的出游。春节期间，受天气影响，全市旅游接待量略有下降，据重点统计和抽样调查测算，春节假期全市共接待游客245.9万人次，同比下降3.6%；旅游收入13.9亿元人民币，同比下降1.9%。据对郑州市11家重点旅游景区统计，春节假日前4天天气晴好，宜于出游，共接待游客23.25万人次，同比增长53.76%；门票收入697.28万元，同比增长58.69%。后3天因受低温降雪影响，游客量下降明显，共接待游客11.52万人次，同比下降62.86%；门票收入419.28万元，同比下降50.31%。“清明”“五一”假期间，无降水，气候冷热适中，适合市民外出旅游。十一

2014年9月1日，省政府第一督导组督导郑州市气象现代化建设工作

黄金周期间，基本无降水，利于人们外出旅游。黄金周7天时间，旅游接待总量393.86万人次，同比增长8.05 %。全市实现旅游综合收入12.75亿元，同比增长8.9 %。全市主要景区门票收入4905.3万元，同比增长22.8 %。全市星级饭店平均客房出租率85.8 %。无旅游安全事故。

（五）气候与其他。2014年降水日数少且强度小，气温适宜，大多数时间对建筑施工和野外作业未造成影响；9月份连阴雨天气对建筑施工、野外作业及人们的日常生活造成一定的不利影响。

（张俊杰）

地震监测

【概况】2014年，郑州市防震减灾部门在省防震抗震指挥部和省地震局的指导下，以实施防震减灾“十二五”规划为关键，以贯彻落实豫政〔2011〕89号文件重点工作任务为重点，扎实做好防震减灾工作，进一步提升防震减灾社会管理和公共服务综合能力，为加快推进以郑州航空港经济综合实验区建设为统揽的郑州都市区建设提供服务和保障，较好地完成了市委、市政府赋予的各项工作任务。在2014年度的河南省防震减灾综合评比中，市地震局获得全省省辖市防震减灾综合工作优秀单位和震害防御工作先进单位荣誉称号，荥阳市地震局、上街地震局和二七区地震办公室获得全省县（市）区防震减灾综合工作先进单位荣誉称号，郑州市上街区获评2014年度全国县级防震减灾工作综合先进单位。

【震情跟踪和监测预报】密切关注震情，加强震情短临跟踪。根据郑州市的震情形势，郑州市震情短临跟踪工作领导小组和郑州市震情短临跟踪技术组进一步加强全市的震情短临跟踪工作，制订了《2014年郑州市震情短临跟踪方案》，对全年的监测工作和震情短临跟踪各项工作进行了安排部署。加强对县（市）区的震情监测等工作的监督检查和技术指导，并下发了《关于加强震情短临跟踪工作的通知》。

加强“一县一台”建设工作。加强对县（市）区地震台站建设的业务培训，3月，邀请河南省地震局专家举办了地震台站建设工作专题培训讲座。通过培训，学习了河南省市县台站建设指南，掌握了地震台站建设工作步骤和建设验收程序，为郑州市“一县一台”建设工作奠定了基础。召开了“一县一台”建设工作会议。成立了郑州市“一县一台”建设工作组织机构，进一步明确了责任单位、责任人、职责和期限。加强督察和指导，深入到中牟、登封、荥阳、新密等县（市），督导县（市）“一县一台”建设工作。启动了“一县一台”建设工作台站勘选工作。召开了地震台站验收资料汇报会。认真做好地震台站建设工作资料编写工作。截至2014年年底，郑州市辖区已运转地震台有6个，即郑州地震台、荥阳地震台、尖山地震台、航海地震台、二砂地震台、惠济地震台；试运转地震台有4个，即上街地震台、登封地震台、新郑地震台、荥阳市地震台。

加强地震监测台站的管理与建设工作。加强网络巡视和运行维护，组织技术人员对尖山地震台、航海地震台、惠济地震台和各县（市）的前兆观测仪器进行了全面认真的检查和维护，对地震流动监测仪器进行了调试和维修，对航海地震台、上街地震台深井测震仪进行了更换，确保观测资料的连续性和可靠性。依法保护地震监测设施和地震观测环境。针对尖山地震台出现的用电保障、围墙地基沉陷、仪器老化等问题，市地震局召开现场会，现场调研和解决问题，确保地震监测工作正常进行。2014年，全市监测台站的监测设施运转正常、观测环境良好。

“5·12”防灾减灾日开展防震减灾宣传活动

加强对宏观观测站建设和管理，做好群测群防工作。建立完善地震宏观观测站观测制度，明确职责。对郑州市宏观观测站进行了不同形式的检查，进一步核实明确宏观观测站的观测员、通信方式、观测项目，观测地点。督察县（市）区宏观观测点建设工作并加强对其管理，明确宏观观测站属地化管理原则。截至2014年年底，全市有宏观观测站70个，达到了“一乡一点”的宏观观测点建设目标，同时全部实现了属地化管理。

坚持周、月、季和紧急地震趋势会商制度。牢固树立震情第一的观念，按时召开2014年各季度会商会和2015年度地震趋势会商会，科学分析判定震情趋势，及时向市委、市政府、河南省地震局以及省防震抗震指挥部报告地震趋势会商意见，同时向市防震抗震指挥部成员单位及县（市）、区防震减灾部门进行通报，为政府决策提供依据。

加强地震联防区的区域交流与合作。先后参加了在山东省聊城市召开的第48次和在濮阳召开的第49次晋冀鲁豫交界区15市地震联防会，交流了防震减灾工作新思路，通报了震情，实现了地震观测资料资源共享，为联防区共同应对地震灾害奠定了基础。

【震害防御能力建设】积极推进防震减灾科普示范学校和防震减灾科普教育基地的创建工作。在长江路小学建成了郑州市首个防震减灾科普教育基地，并于5月10日举行了教育基地的开馆仪式，省地震局局长王合领、市政府副秘书长潘冰出席了开馆仪式。按照国家地震局、河南省地震局的要求，结合郑州市实际，积极开展防震减灾科普示范学校建设活动，并完成了4所省级地震科普示范学校的创建工作。强化建设工程抗震设防要求管理和服务。做好建设工程抗震设防要求备案和审批工作，进一步提高全市建设工程的抗震设防能力。深入开展以“不作为，玩忽职守；走形式，敷衍塞责；耍滑头，推诿扯皮；无原则，明哲保身；拉关系，败坏风气”为整治重点的治惰促勤主题活动，切实加强抗震设防办事大厅的规范化管理，提高办事大厅行政效能。截至2014年年底，共审批建设工程项目401项。加强防震减灾法律、法规的宣传教育，编制抗震设防相关内容的法律白皮书，并在执法现场进行发放，提高了建设单位的法律意识，促进了执法工作的顺利开展。

【防震减灾科普宣传】2014年，市地震局加大防震减灾科普宣传工作力

开展编制防震减灾规划现场踏勘工作

度，开展了形式多样的宣传活动。利用“5·12”防灾减灾日等重大纪念日，开展防震减灾宣传教育活动。5月11日，围绕“城镇化与减灾”宣传主题，市地震局、市水务局、市民政局等市防震抗震指挥部有关成员单位参加了市政府在绿城广场组织的“防灾减灾日”集中宣传活动。活动中各成员单位及市内五区防震抗震指挥部办公室在现场设置了宣传咨询台、宣传展板、应急救援装备展示区，向市民和群众宣传防震减灾知识和发放宣传资料。5月12日，市地震局和金水区防震抗震指挥部办公室在郑州市园田社区举行了防震减灾宣传活动，发放宣传资料，展示应急救援装备和车辆。为进一步增强全市中小学生应急避险意识，掌握基本技能，强化应对措施，提高应急自救互救能力，市政府组织市地震局、市应急广播电台等多家单位举办了“应急知识校园行”活动。利用全市各级电视媒体播放防震减灾宣传片。制作防震减灾宣传片，在市火车站大屏幕连续播放15天。新建成的郑州市防震减灾科普教育基地免费开放1周。2014年，各项活动中市地震局共制作展板100余块，发放防震减灾知识宣传单1.5万份、防震减灾宣传扑克牌1000副、宣传图书6000册，设立咨询台20个。

【地震应急救援】 健全应急机制，制定实施年度地震应急工作方案和修订完善地震应急预案。根据国务院、省、市防震减灾工作会议精神和河南省地震应急工作方案部署，制定了《2014年郑州市地震应急工作方案》，对地震应急队伍建设、演练，应急避难场所建设和应急知识宣传等年度地震应急工作提出具体要求。各级地震主管部门地震应急预案的修订工作进展顺利，《郑州市地震应急预案》完成修订任务，县（市）区级预案修订工作全面启动。

及时调整市防震抗震指挥部成员名单，完善郑州市地震应急管理体制。根据震情形势，结合各成员单位人员变动的实际情况，申请下发了市政府内部明电〔2014〕212号文件，对各县（市）区、开发区、市直有关部门、军分区、公安消防、武警等55个成员单位领导进行了调整，完善了地震应急管理体制，为全市的地震应急工作提供了强有力的组织保障。

加强应急救援队伍建设和演练，不断提高应急救援能力。有效整合全市救援队伍。全市现有应急救援队共分4类，成员2986人，包括综合应急救援队685人、专业应急救援队1511人、地震救援志愿者服务队730人、豫北重点监视区地震快速应急联队60人。应急救援队伍演练方面。为加强学校的地震应急演练，提高全市师生的防灾避险能力，市地震局与市教育局联合下发了《全市中小学校（幼儿园）开展以地震为背景的防灾避险演练活动通知》，并加强指导和督促检查。

积极推进全市应急避难场所建设。市地震局认真履行市应急避难场所领导小组办公室的职责，申请下发了市政府内部明电〔2014〕133号文件，在中原区长江公园、二七区叠彩园、金水区市民文化公园、管城区商都文化公园、高新区天健湖公园、经开区尚岗杨遗址公园等6处地点，规划建设Ⅱ类城市应急避难场所；在航空港实验区“兰河公园”规划建设Ⅰ类城市避险避难场所。同时要求以后新建公园，必须将城市避险避难功能纳入其中，同步规划设计和建设。协调市发改委、园林局等相关单位完成了列入2014年政府避险避难场所城建计划和选址工作。郑州市计划在植物园、南环公园、西流湖公园南区等3处地点，分别建设1个Ⅰ类应急避难场；在文化公园规划建设1个Ⅱ类应急避难场所，全部项目共计投入资金1000万元。协调河南省地震局，帮助郑州市西流湖公园管理处落实郑州市西流湖公园城市避险避难场所建设项目中央投资资金的问题。指导市直部门和县（市）区应急避难场所建设。包括登封市3处、二七区1处、市教育局2处。完成了中原区长江公园应急避难场所设计方案的评审工作。

【郑州航空港经济综合实验区防震减灾专项规划评审工作】3月21日，市地震局在嵩山饭店组织召开了《郑州航空港经济综合实验区防震减灾专项规划（2013-2040）》评审会，市防震抗震指挥部有关单位参加了会议。会议邀请中国科学院院士、中国地震局地质研究所所长张培震等7位相关领域的专家组成了专家评审委员会。经专家评审委员会审议，《郑州航空港经济综合实验区防震减灾专项规划（2013-2040）》获得了通过。

（陈启佳）

现场检查调研台站工作

58 郑州市城乡建设委员会
62 郑州市公安局
64 郑州市人民检察院
66 郑州市城乡规划局
68 郑州市人力资源和社会保障局
70 郑州市园林局
72 郑州市文物局
74 郑州市人民防空办公室
76 郑州市地方史志办公室
78 郑州市农业农村工作委员会
79 郑州市卫生和计划生育委员会
80 中共郑州市委党校
81 郑州市林业局
82 郑州市司法局
83 郑州市体育局
84 郑州市地震局
85 河南黄河河务局　郑州黄河河务局
86 郑州市红十字会
87 郑州澍青医学高等专科学校
88 郑州市第四十八中学

郑州市城乡建设委员会

2014 年 8 月 19 日，市长马懿察看郑州市建设工程交易中心招标投标视频监控系统

2014 年 8 月 29 日，市长马懿到市建委检查调研行政审批“两集中、两到位”改革工作

2014年8月19日，市长马懿视察郑州市建设工程交易中心

参加政风行风在线访谈活动，主动听取民心民意，认真解答群众诉求

开展学雷锋志愿服务活动，为一线工人送清凉

陇海路快速通道工程之华山路上桥口

陇海路快速通道工程之陇海路西三环互通式立交桥

陇海路快速通道工程主线最大钢箱梁吊装

三环快速化工程之北三环文化路立交桥夜景

三环快速化工程之西三环航海路立交桥夜景

举行“安全生产月”轨道工程综合应急演练现场观摩会

郑州市城乡建设委员会

拆迁工地建筑垃圾采取覆盖措施

减少扬尘污染，在建工地普遍设置车辆冲洗设施

陇海路快速通道工程组合箱梁顶推施工现场

美化城市环境，在建工地普遍设置施工围挡，并刊播讲文明、树新风公益广告

三环快速化工程之南三环夜景

三环快速化工程之中州大道北三环立交航拍全景图

郑州市城乡建设委员会

三环快速化工程之中州大道北段

三环快速化工程之中州大道南段立交桥

郑州大学新校区太阳能光电建筑应用示范项目

郑州市二七区玫瑰花园小区项目达到国家二星级绿色建筑标准

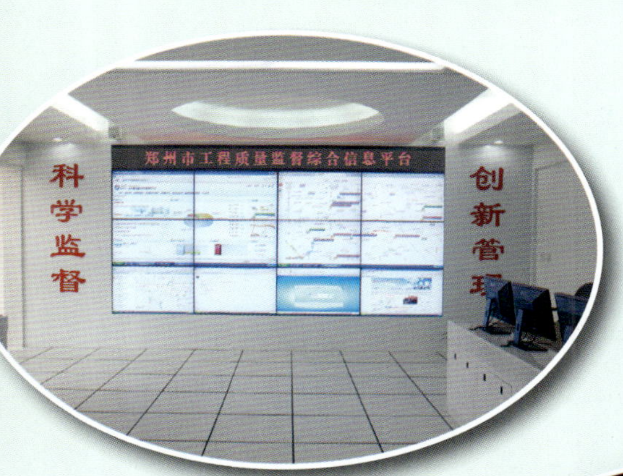

郑州市工程质量监督站信息中心

郑州市建委编纂的《河南省建设工程工程量清单综合单价D市政工程（隧道分册）》

现代化的预拌砂浆企业

郑州市公安局

2014年5月21日，省、市领导郭庚茂、刘满仓、吴天君等到郑州特警支队视察

2014年12月18日，省委政法委书记刘满仓视察郑州市第三看守所

2014年12月3日，省委政法委书记刘满仓视察郑州市公安局犯罪侦查局

2014年7月4日，副省长、省反恐怖工作领导小组组长李亚视察郑州防暴恐工作

2014年3月2日，时任副省长、省公安厅厅长王小洪视察郑州火车站安保工作

2014年12月1日，市长马懿，副市长吴忠华、张俊峰，市政府秘书长王春山察看城区交通秩序综合整治情况

2014年10月16—19日，副市长吴忠华率市公安局、财政局领导赴阿克苏看望慰问郑州市援疆维稳特警

2014年6月24日，省领导王小洪、李亚等参加河南省销毁毒品大会

全省公安机关“一村一警”工作现场会在新密市召开

召开群众路线教育活动总结大会

郑州警方开展铁网清查行动

郑州开展“反暴恐净环境调纠纷稳大局”行动

郑州市公安局在不提前通知、不提前准备的情况下，组织开展全市性应急实战集结拉动

郑州市公安局开展缉枪治爆活动

在郑州火车东站举行代号“亮剑-2014”反暴恐实战演练

举行优秀刑警张学军追悼会

郑州市人民检察院

2014 年 4 月 25 日，市四大班子组织机关干部在检察院警示教育基地参观

副检察长朱专兴在"两会"解读讲座上作辅导

到消防队进行走访

举办"检察开放日"活动

举办建党93周年诗歌朗诵会

开展群众路线教育实践活动

开展送法进校园活动

召开反贪工作会

赴兰考焦裕禄纪念馆参观学习

组织开展红色教育活动

召开全市党风廉政建设反腐败工作会议

召开机关工会第八次会员大会

召开全市检察长会议

郑州市城乡规划局

2014年5月21日，市委常委、副市长张建慧在规划局指导工作

2014年6月10日，副市长张俊峰检查指导规划工作

2014年4月22日，局长杨东方实地察看违章建筑

市人大调研规划工作

召开党的群众路线教育活动民主生活会

举办专题党课

综合交通发展规划专家评审会

交通规划研究评审会

郑州市城乡规划局

在市人大常委会会议上汇报“三规划一设计”

在市人大常委会主任会议上汇报规划工作

规划局法制工作座谈会

参加 2014 年行风政风热线活动

登封历史文化名城概念规划评审会

交通方案征集专家评审会

规划局征求意见座谈会

清扫积雪

开展义务植树活动

郑州市人力资源和社会保障局

2014年11月17日，国家人社部副部长、国家外专局局长张建国调研郑州市引进国外智力工作

2014年4月16日，时任人社部副部长王晓初在郑调研职业技能培训工作

2014年5月22日，省市领导出席全国民营企业招聘周活动

2014年1月18日，市委常委、常务副市长孙金献为农民工发放衣物

2014年9月4日，市人大常委会副主任王铁良实地察看林山寨社区卫生服务中心

市委组织部副部长、市人社局党委书记、局长戴春枝陪同市领导参观局荣誉室

市领导到郑州市创业服务进校园活动暨高校毕业生专场招聘会现场视察

市委组织部副部长、市人社局党委书记、局长戴春枝接见美国卡普兰大学人力资源部主任约翰 ·布兰特利

召开党的群众路线教育实践活动总结大会

郑东新区社会保险办事大厅举行揭牌仪式

郑州市产业集聚区企业与高校毕业生洽谈对接

国务院“稳增长促改革调结构惠民生”督查组对郑州市高校毕业生就业创业及社会救助工作进行督查

市劳动保障监察支队联合市12333到工地为工人发放宣传册

举办第三届河南省技工院校汽车专业技能大赛

市人社局获“河南省人民满意的公务员集体”荣誉称号

“五险合一”现场工作会召开

郑州市深入推进全民技能振兴工程暨2014年高校毕业生就业创业工作会议召开

全局党员干部到焦裕禄烈士陵园和纪念馆参观学习

郑州市人力资源和社会保障局党的群众路线教育实践活动

郑州市园林局

2014年8月7日，省委常委、省委宣传部部长赵素萍视察碧沙岗公园

2014 年 3 月 16 日，副市长张俊峰视察三环快速路绿化建设

市园林局局长张胜利深入一线送清凉

中国月季协会会长张佐双参观月季公园

金水东路生态廊道绿化

文化北路生态廊道绿化

新建雕塑公园夜景

郑州市园林局

北三环生态廊道花园路节点绿化

新建区级综合性公园之兰河公园

新建区级综合性公园之商都遗址公园

郑州东站——商都路段铁路沿线绿化

社区绿化

郑州市文物局

●郑州市圆满完成大运河通济渠郑州段遗产点遴选、规划编制、考古研究、文本基础资料报送、河道治理及周边环境保护整治、法规完善、档案系统和监测预警系统建设、导视标识系统设立、文化遗产保护宣传等一系列保护和申遗筹备工作，顺利通过世界遗产组织专家现场考察评估，2014年6月22日，大运河通济渠郑州段作为中国大运河申遗项目的重要节点和组成部分在第38届世界遗产大会上获准列入《世界遗产名录》，成为中国第46个世界遗产项目，这是继2010年登封"天地之中"历史建筑群成功列入《世界遗产名录》后郑州市的第二处世界文化遗产。（图为市长马懿调研大运河郑州段申遗工作进展情况）

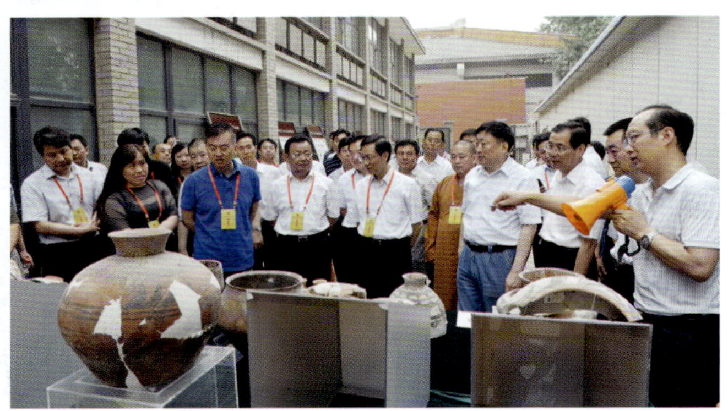

●郑州市开展新型城镇化建设中的历史文化遗存保护专项整改工作，对纳入第三次全国文物普查登记名录的文物点包括未定级古建筑及未进入普查名录的名人故旧居、百年以上古建筑和具有重要特点的近现代建筑进行深入调查研究，分层次、针对性地制定保护措施，使全市动迁区域的文物点得到有效保护，城镇化建设中历史文化遗存保护的经验得到肯定和推广，初步形成城镇化建设中历史文化保护的长效机制。2014年6月18日至19日，驻豫全国人大代表调研组就郑州市城镇化进程中城乡历史文化的保护与传承开展专题调研。（左上图为副市长刘东对"新型城镇化建设中历史文化遗存保护工作专项整改"活动进行现场督查，左下图为调研组在大河村遗址博物馆调研。）

●通济渠郑州段历史悠久，是我国开凿较早的运河之一，也是中国古代最早的黄淮平原上沟通黄河与济、汝、淮、泗诸河的水道交通网。公元前361年前后，魏惠王在郑州地区改造鸿沟，自黄河引水经荥泽、圃田泽至大梁，同时沟通淮河北岸的几条主要支流，构成黄淮之间的水上交通网络。隋王朝沿用鸿沟旧址重新疏浚，引黄河水与淮河沟通，形成通济渠。通济渠郑州段运河作为全国性大运河的重要组成部分，经唐、宋王朝不断的疏浚维护，全段发挥作用直到金元之际，反映了中国运河鼎盛时期的状况，是中国大运河的杰出代表。此后，元、明、清时期疏浚的贾鲁河等河流也多利用运河故道，见证了中原地区2300年的运河开发史。

●2014年，郑州商城国家考古遗址公园开展的工程项目主要有东城垣东大街段覆土保护和周边绿化工程项目，东南城垣保护及外侧绿化工程，西南城角木栈道、防护围栏项目，安防监控项目，看护管理用房项目，城北路断面（豳墟）保护展示项目，展示标识碑项目，紫荆山路断面保护展示项目，西南角一紫荆山路段城垣北侧防护围栏项目等。这些文物本体修缮和综合展示利用项目的实施，使城垣遗址和周边环境得到有效的保护和美化，成为市民休闲娱乐的好去处。

●为探讨“中原腹心地区早期国家的形成与发展”，郑州市文物考古研究院联合北京大学考古文博学院，持续3年对郑州东赵遗址进行大规模的田野考古工作，通过“遗址全覆盖式钻探”“聚落结构调查”以及对重要遗迹和重点区域的“针对性发掘”，发现了丰富的龙山文化晚期、新砦期、二里头时期、早商二里岗期、两周时期文化遗存。该遗址考古学文化延续时间之长、文化序列之连续完整，在中原地区同类遗址中为罕见，印证了郑州地区在夏商文化发展中的核心区地位。东赵遗址被列为2014年度全国十大考古新发现候选名单。

●大力加强古民居的保护，把新型城镇化建设与古村落资源的合理利用结合起来，形成保护与开发的良性循环。在加大财政投入、提高政府资金使用的基础上，合理引导社会资金参与古民居的保护利用，在做好文物保护前提下激发古民居的文化与旅游价值。（图为修葺一新的秦氏旧宅）

●郑州市文物局成立5年来始终贯彻“保护为主、抢救第一、合理利用、加强管理”的方针，切实履行行政管理职责，加大保护、研究工作力度，深入挖掘、展示和传承郑州丰富的历史文化资源，充分发挥文物资源的价值。在配合基建考古发掘、古都文化、嵩山文明研究、世界文化遗产申报与管理、大遗址保护与展示、博物馆建设与陈列等诸多方面均取得了显著成果，探索出了一条具有郑州特色的“依法保护、积极利用、彰显文明、强化传承”文物保护之路。2014年12月18日，在每5年一次的全国文化系统先进集体评选中，郑州市文物局被授予“全国文化系统先进集体”荣誉称号，是全省唯一获此称号的文物部门。

郑州市人民防空办公室

2014 年 7 月 2 日，副市长张俊峰视察人防工作

春节前到警备区走访慰问

“5 · 12”防灾减灾日宣传活动

举办先进人物报告会

参加预备役军事训练点验

赴革命圣地井冈山开展学习教育活动

郑州市人民防空办公室

青年节开展革命传统教育

人防志愿服务队在纳凉点服务群众

赴帮扶点开展植树活动

开展“准军事化”训练活动

人防训练和考核大纲试训集训活动

弘扬红色精神，践行群众路线演讲比赛

举办道德讲堂活动

开展行政执法培训

郑州市地方史志办公室

2014 年度全市地方史志工作会议在黄河饭店召开

主任张群保为全办党员干部讲党课

主任张群保、副主任梁豫生带领办扶贫工作队到登封市君召乡常寨村开展春节送温暖慰问活动

郑州市地方史志办公室组织到北京市方志馆参观学习，并举行交换赠书仪式

主任张群保带领全办党员干部参观焦裕禄事迹图片展

举办郑州市乡镇（街道）志编纂业务培训班

郑州市地方史志办公室

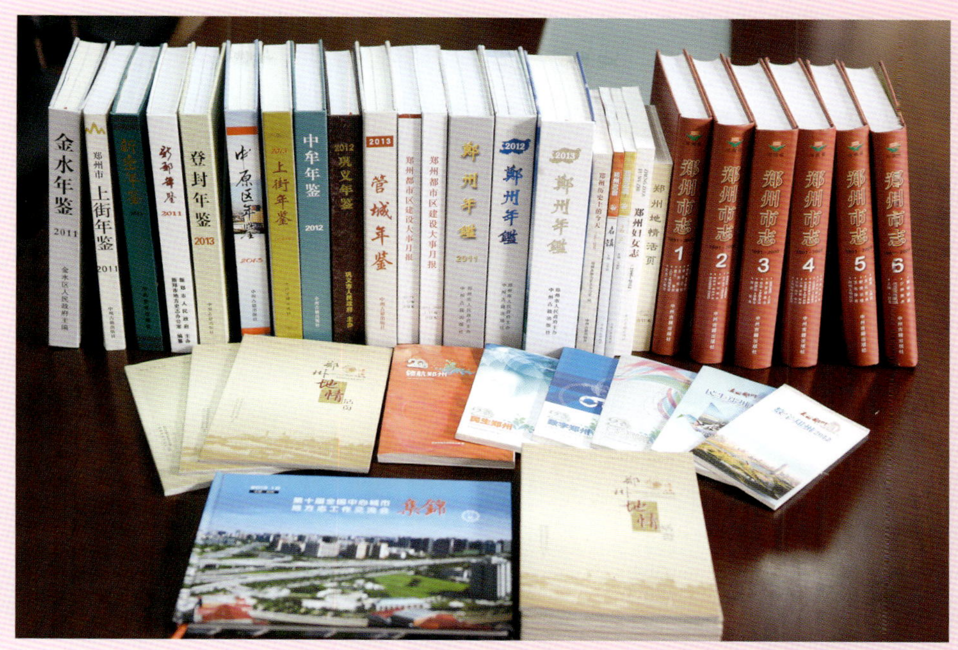

近年史志成果

市史志办党的群众路线教育实践活动动员大会召开，主任张群保作动员讲话

市史志办全体党员干部前往荥阳市环翠峪革命老区，开展“心系革命老区、践行群众路线”活动

主任张群保在市史志办党的群众路线教育实践活动党员大会上讲话

市史志办组织承办的第 37 期郑州市公务员培训大讲堂在市工会礼堂举行

郑州市农业农村工作委员会

蔬菜生产基地

首届郑州中牟·国家农业公园农业嘉年华开幕

春季活动月活动启动仪式

荥阳王村镇万亩黄河滩区规模化水产养殖基地

立体种植

龙头企业生产车间

无土栽培

休闲农业庄园

郑州市卫生和计划生育委员会

2014 年 4 月 9 日，中共中央政治局委员、国务院副总理刘延东调研郑州市医改工作

2014 年 12 月 2 日，全国人大常委会副委员长、农工党中央主席陈竺考察郑州市农村医疗卫生事业

郑州市夺得第五届全国急救技能大赛团体第一名

郑州市儿童医院东区医院建成开诊

妇产科医生胡佩兰入选“感动中国”2013 年度十大人物

举办健康大讲堂

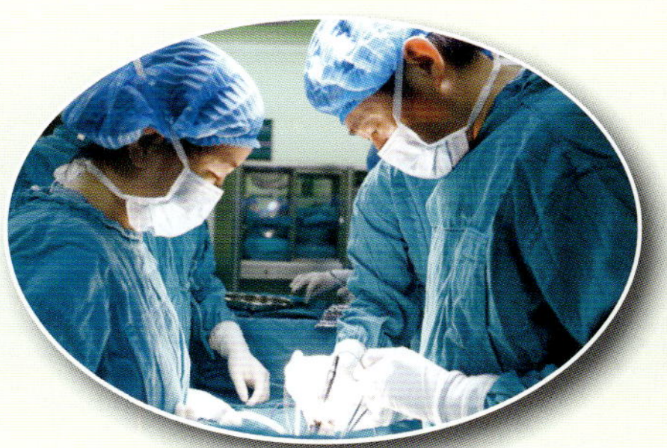

无影灯下的健康卫士

温馨服务

开展义务咨询活动

专注诊疗

中共郑州市委党校

2014 年 3 月 26 日，市委副书记王璋出席郑州市学习贯彻习近平总书记系列重要讲话和三中全会精神轮训班暨 2014 年春季学期开学典礼

2014 年 9 月 26 日，市委常委、组织部部长高建慧出席市委党校 2014 年秋季主体班开学典礼

郑州市学习贯彻习近平总书记系列重要讲话和三中全会精神轮训班暨 2014 春季学期开班典礼

组织党员干部赴兰考学习参观

举办党委书记专题党课辅导报告

举办中部地区公务员职业道德与能力建设专题培训班

2014 年春季学期主体班军训

到古荥小学开展帮扶慰问

校园一景

郑州市林业局

2014年4月13日，市委书记吴天君视察兰博会

2014年4月30日，省辖市市长级干部王林贺调研森林公园体系建设

2014年12月4日，国家林业局副局长张建龙带队到登封观摩集体林权制度改革工作

绿博园的郁金香花海

公路交叉处的节点广场

公交港湾处别致的快乐驿站

设计新颖的道路节点游园

公交港湾绿意浓浓

连接村与村的生态廊道

农村社区道路景色怡人

郑州市司法局

2015年1月23日，司法部部长吴爱英带领调研组到郑州考察基层司法行政工作

2014年9月20日，省市领导视察司法考试

局领导春节前到市监狱看望慰问干警

局长周顺杰到登封中岳庙社区检查指导基层人民调解工作

到新郑市城关乡敬楼村帮扶并开展法律咨询服务

开展法律进学校暨全省青少年法治教育巡展

开展反拐宣传活动

春节期间帮扶困难群众

新华社、《解放军报》等媒体在郑采访调研法律援助工作

郑州市体育局

副市长刘东看望郑州体育健儿

竞技体育人才辈出 局长李庆山和获奖运动员

全民健身 全民参与

郑州籍游泳运动员宁泽涛获得2014仁川亚运会4枚金牌，并打破两项亚洲记录

圆满完成郑州市民生“十大实事”任务，对全市600条健身路径的健身器材进行更新维护

2014郑开国际马拉松赛

郑州市地震局

2014年6月17日，国家地震局副局长修济刚到郑州市调研指导防震减灾工作

2014年1月27日，省地震局局长王合领调研郑州市防震减灾科普教育基地

局长王红梅到航空港区开展编制防震减灾规划现场踏勘工作

市地震局领导班子到社区居民家中察民情体民生

中层干部竞争上岗

“5 · 12”防灾减灾日开展防震减灾宣传活动

河南黄河河务局 郑州黄河河务局

2014年7月7日，市委书记吴天君到花园口察看黄河水情，检查指导黄河防汛工作

2014年7月11日，市长马懿到花园口检查指导黄河防汛工作

2014年6月18日，黄河防总黄河下游干流检查组在黄委会党组成员、副主任薛松贵带领下察看巩义赵沟控导工程河段畸形河势和河南黄河应急抢险队演练

2014年3月25—26日，河南河务局局长牛玉国考察郑州市生态水系建设与管理工作

开展“12·4”国家宪法日暨全国法制宣传日系列宣传教育活动

由河南省文明办、郑州市文明办和郑州河务局联合举办的“关爱黄河母亲，建设美丽河南”公益活动在郑州黄河花园口景区启动

郑州河务局被郑州市总工会授予郑州市“五一”劳动奖状

郑州河务局群众工作队深入了解所驻商城东里路社区情况，为社区群众解决实际问题

郑州河务局组织各单位、部门主要负责人赴河南豫中监狱接受警示教育

郑州市黄河防汛“三位一体”军民联防会议在河南河务局应急抢险队基地召开

组织党员干部参观焦裕禄纪念馆，重温入党誓词，强化宗旨意识

郑州市红十字会

2014年5月8日，副省长王艳玲及省市红十字会领导参加“5·8”世界红十字日广场展示活动

2015年4月14日，中国红十字会总会副会长兼秘书长王汝鹏一行调研参观郑州市中小学校外教育实践基地暨郑州市红十字应急救护培训中心

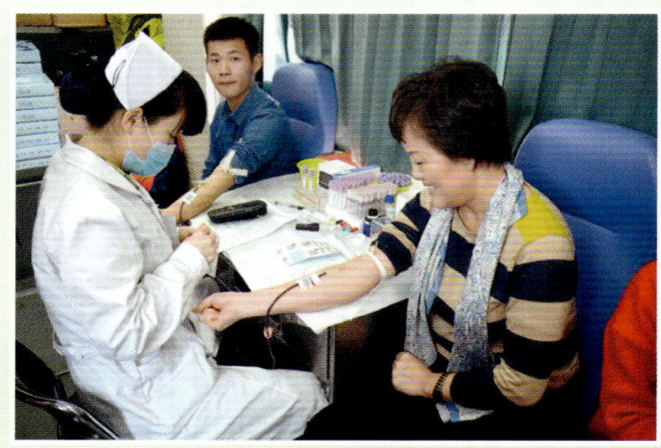

2015年3月24日，副市长刘东义务献血

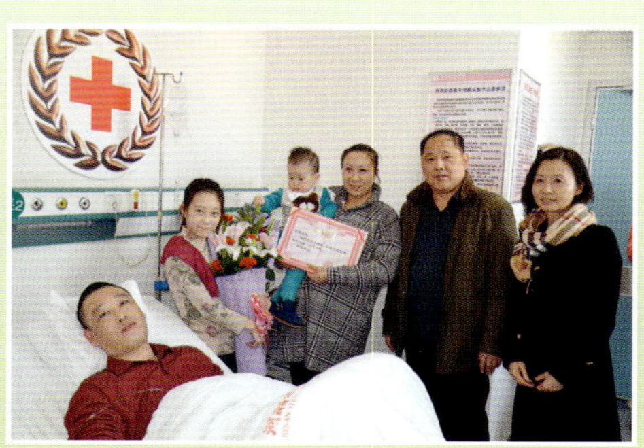

市红十字会领导为造血干细胞捐献者颁发荣誉证书

市红十字会领导到客运西站慰问志愿者

春节“博爱送万家”活动

红十字会结对帮扶救助

卫生救护知识讲座进机关

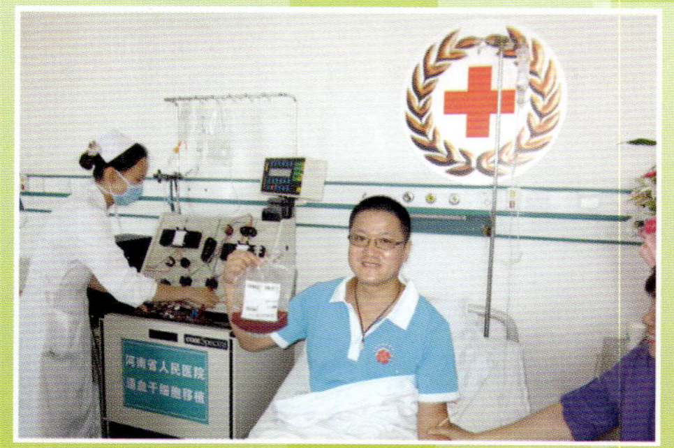

造血干细胞采集现场

市红十字会将救灾物资运送到云南鲁甸灾区

志愿者服务进社区

郑州澍青医学高等专科学校

董事长 王左生教授

郑州澍青医学高等专科学校创建于1984年，2002年经国家教育部审批设置为普通高等专科学校。学校开设有临床医学、护理学、康复治疗技术、中医学、助产、药学、医学影像技术、医学检验技术、口腔医学技术、医疗美容技术、药品经营与管理、会计、医疗保险实务、社区管理与服务、卫生信息管理、医学营养、社区康复、计算机应用技术十八个专业。学校占地585亩，在校生近万人，图书馆藏书近百万册，教学设施与设备总值5000多万元。学校现有校内实验实训基地20个，实验实训室186个，科研实验中心4个，数码互动显微镜室、内基实训室、康复实训室、急救实训室等已达到国内同类院校中的一流水平。学校始终秉承“以德为首、医德为魂、德术双馨”的教育理念，坚持专家治校、名师任教，为社会培养优秀毕业生5万余人，受到用人单位的普遍认可。学校多次被省、市各级单位评为“河南省优秀民办学校”“河南省五四红旗团委”“郑州市职业教育十佳民办学校”“五一劳动奖状”等百余项荣誉。多年的发展，多年的努力，造就了澍青不凡的今天，使郑州澍青医学高等专科学校走向腾飞之路。

学校签订修武校区建设项目

获河南省高等卫生职业教育护理技能竞赛一等奖

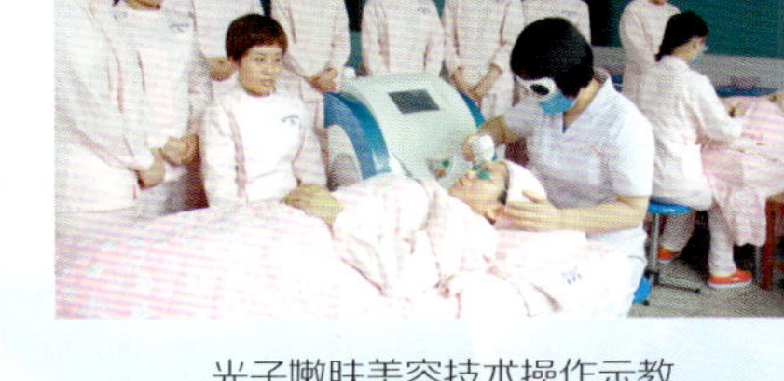

光子嫩肤美容技术操作示教

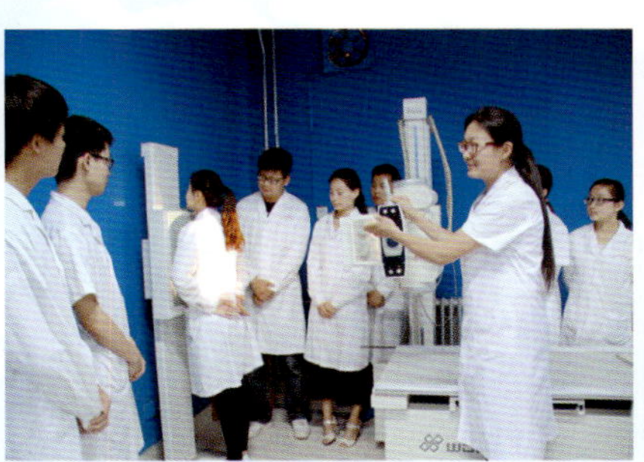

立位胸部摄影实训

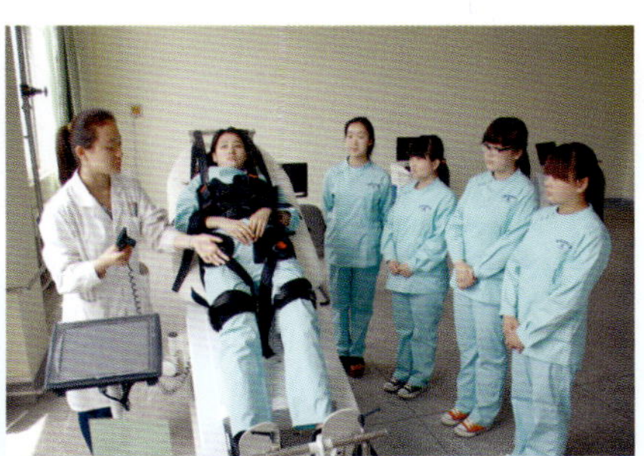

下肢机器人示教

郑州市第四十八中学

校长彭广谦

学校鸟瞰图

全体教职工合影

校“花蕾”合唱团正在演出

上海第三女子中学校长何亚男与老师们共话课堂

合唱比赛

校团员志愿者赴省博物院参加公益活动

首届文化艺术节汇演

发展计划管理

【国民经济和社会发展计划执行情况】2014年是全面深化改革的开局之年，郑州市深入贯彻落实中央、省重大决策部署，认真实施市十四届人大一次会议批准的国民经济和社会发展年度计划，紧紧围绕“三大一中”战略定位，坚持以航空港实验区建设为统揽，持续推进“三大主体”工作，深入实施开放创新双驱动战略，积极适应经济发展新常态，抓改革、强投资、调结构、求提升，有效遏制了经济下滑势头，经济社会总体保持平稳健康发展，人民生活持续改善，郑州都市区建设三年行动计划圆满收官。2014年，全市地区生产总值完成6800亿元，增长9.3%，其中第一、第二、第三产业增速分别为3%、9.9%、8.8%，三次产业结构调整为2.2∶55.3∶42.5；规模以上工业增加值完成3100亿元，增长11%；地方公共财政预算收入完成833.9亿元，增长15.2%；固定资产投资完成5280亿元，增长20%；社会消费品零售总额完成2915亿元，增长12.7%；进出口总额（市属及以下企业）完成463亿美元，增长9.5%；城镇居民人均可支配收入、农民人均纯收入分别完成29220元、15600元，分别增长9.8%、11.4%。主要指标增速在全国35个大中城市位次普遍前移，发展的科学性与协调性进一步增强，计划执行情况总体上是好的。

（一）航空港实验区建设全面推进，引领带动作用不断凸显。航空枢纽地位稳步提升。中国南方航空河南航空有限公司挂牌成立，郑州机场新开通郑州—迈阿密、郑州—柳州等40条国际国内客货运航线，总数达到184条，通航城市达到97个；航空货邮和旅客吞吐量分别达到37万吨和1580万人次，航空货运增速位居全国第一。基础设施建设加快推进。郑州机场二期项目主体提前封顶；“米”字形高铁网建设取得重大突破；实验区与主城区连接路网、“四纵六横”快速路网等道路全部开工，新建公路145公里，新通车里程45公里；北部科技研发产业区、东部会展城片区、南部园博会片区“三大片区”建设全面启动。产业培育成效初显。以富士康为龙头，中兴、酷派等50多家企业入驻实验区，全年手机产量突破1.4亿部；啸鹰航空与穆尼飞机合作项目投产，“郑州1号”飞机正式下线；顺丰电商产业园等51个项目完成签约，总投资1458亿元；友嘉精密机械产业园等重点产业项目开工。要素平台不断完善。保税货物结转试点、快件监管中心获批运行，中西部首个移动通信终端（手机）设备重点检测实验室成功落户，郑州机场口岸签证业务正式开通；总规模300亿元的中原航空港产业投资基金获批，郑州航空港城市发展基金完成组建。体制机制创新持续深化。境外投资项目备案登记制、网上自动登记制和企业投资项目管理负面清单制度初步建立；9项上海自贸区海关监管创新政策成功复制推广；中国郑州航空港引智试验区挂牌成立，成为全国首个航空引智试验区。

（二）新型城镇化建设扎实推进，城市综合承载力不断提升。畅通郑州工程进展顺利。地铁2号线一期、1号线二期和5号线市政配套工程稳步推进，郑开城际铁路正式开通；陇海路快速通道大学路以西主线通车；郑开大道与京港澳高速等5座互通式立交建成通车；累计打通断头路128条，新增城市道路37.2公里，新增公共停车泊位2.9万个，新建改建国省干线公路和县域路网519公里。大棚户区改造稳步推进。启动棚户区拆改项目326个，安置房项目开工306个，回迁项目50个。中心城区功能不断提升。“六旧九新”片区改造项目启动106个，刘湾水厂通水，郑州半数居民喝上丹江水；马头岗污水处理厂二期等建成通水；枣庄热源厂“煤改气”工程投用，裕中电厂“引热入郑”项目管网全线贯通，泰祥热电厂热源入郑工程实现市区供热；新建、改造供水管道73公里、供热管道91公里、燃气管道85公里，新增集中供热面积1630万平方米。生态绿化建设成效明显。建设生态廊道880公里、完成廊道绿化9179万平方米，开建区级公园17个，成功申办第十一届中国国际园林博览会。城市组团加快建设。启动十字景观大道和中央商务区建设项目158个，完成投资781.7亿元。全市12个组团新区全年新增建成区面积32平方公里，完成年度目标的106.7%。产业集聚区建设再上台阶。全

举办学法用法主题报告

市产业集聚区（含工业专业园区）实现主营业务收入8000亿元，增长13.1%；固定资产投资1800亿元，增长32.2%；13个省级产业集聚区中6个进入全省“10强10快”行列，航空港产业集聚区成为全省唯一的4星级产业集聚区。

（三）固定资产投资平稳增长，重点项目建设顺利推进。投资结构进一步优化。第三产业投资完成3737.1亿元，增长26%，三次产业投资结构由2013年的1.2：31.4：67.4优化调整为1.5：27.7：70.8。省市重点项目建设有力推进。全年共争取省重点项目398个，占全省的66.9%；总投资达1.47万亿元，占全省的52.9%。省市重点项目共完成投资4010亿元，占年初目标的121.5%；累计开工项目240个，占全年开工任务的100%；累计竣工项目92个，占全年竣工任务的102%。政府投资计划顺利实施。全年安排政府投资项目231个，下达投资计划641.5亿元。融资工作进展顺利。市级政府投融资平台实际融资240亿元；发行债券9只，共计81.7亿元，发行全国首只12亿元“市政债”。争取上级项目资金支持成效明显。全年累计争取上级项目资金6.4亿元，其中中央资金4.1亿元，省级资金2.3亿元。

（四）工业经济平稳增长，转型升级步伐加快。主导产业支撑作用凸显。电子信息、汽车与装备制造等七大主导产业增加值完成2160亿元，增长13.3%，高于全市规模以上工业平均增速2.3个百分点，对全市工业经济增长的贡献率达到82.7%；电子信息、汽车及装备制造、新材料、生物及医药四大战略性产业比重提高到46.5%，首次超过六大高耗能产业。传统产业改造提升加快推进。淘汰电解铝产能6.3万吨，六大高耗能产业增加值占比下降至42.3%，单位生产总值能耗下降6%。产业集群发展成效显著。电子信息产业集群主营业务收入达到2500亿元，汽车及装备制造产业集群达到1700亿元，铝及铝精深加工产业集群达到900亿元。“两化融合”不断深化。全市“两化融合”指数达到73，居全国前列；全市信息消费规模达到340亿元，增长20%以上，入选国家信息消费试点城市。

（五）服务业发展提质增效，业态水平不断提升。高成长服务业加速发展。物流业：全年物流业增加值完成310亿元，增长10%左右，5A级物流企业达到3家，4A级12家。金融业：郑东新区金融集聚核心功能区新引进金融机构35家，总数达到226家；中原证券在香港联交所主板成功上市，全市上市企业达到38家。高技术服务业：郑州国家级互联网骨干直联点等重大项目顺利推进，全市技术合同成交额完成110亿元，专利申请总量达到2.4万件，专利授权量突破1.2万件。电子商务：成功创建国家级电子商务示范基地，引进京东、阿里巴巴等知名电商企业20多家，千亿级电子商务产业链条基本形成；全市电子商务交易额达到2800亿元，增长30%以上。文化创意旅游业：成功举办2014年中国（郑州）世界旅游城市市长论坛，投资120亿元的凤凰国际文化产业园成功签约，郑州华强文化科技产业基地二期（水世界）建成开业，“小樱桃”品牌入选国家动漫品牌建设和保护计划；全市旅游业总收入889亿元，增长11%。传统服务业稳步提升。商贸业：千亿级商圈稳步推进，二七商圈年交易额达到800亿元。华南城一期、华润万象城等项目建成运营，国家级特色商业街增至2条。房地产业：全市商品房销售1665万平方米，增长8.6%，成为全国70个大中城市中房地产成交量正增长的城市。服务业载体建设有序推进。郑东新区中央商务区在全省商务中心区中位列第一；二七、管城、金水、中原等4个特色商业区进入全省10强；服务业综合改革试点稳步推进。

开展“文明有礼培育”活动知识讲座

（六）都市型农业提速发展，农业农村发展水平不断提高。农业生产保持稳定。全年粮食总产量162万吨；蔬菜、水果、水产品产量分别达到300万吨、28.8万吨、15.5万吨，较去年均有所增长；农产品质量监测合格率稳居全国前列。农业产业化经营加快推进。全市市级以上农业产业化集群达到26家；市级以上农业产业化经营重点龙头企业达到423家，实现销售收入535亿元；新增家庭农场72户、农民专业合作社658家，全市合作社总数达2874家、社员16.8万户。都市型现代农业加快发展。全面启动现代都市生态农业示范园建设，谋划推进项目47个；积极发展休闲观光农业，成功举办首届郑州中牟·国家农业公园嘉年华活动。农业农村基础设施建设水平不断提高。全年村村通自来水工程解决27.2万农村居民和1.1万农村师生饮水安全问题；124座病险水库除险加固工程基本竣工；全面启动农村人居环境整治工作，积极开展美丽乡村建设试点。

（七）全面深化改革，发展活力不断增强。加快行政审批制度改革。行政审批“两集中两到位”改革新机制运行基本完成，创新开展“五单一网”制度改革，市级行政审批职能承办处室由117个减少到40个，行政审批效率整体提速60%以上；推动工商注册制度便利化，全年新增市场主体、注册资金分别增长83%、255%。积极推进政府机构改革。着力理顺政府与市场的关系，市政府工作部门精简至40个。投融资体制改革加快推进。市属8家投融资公司现代法人治理结构逐步完善，基本建立“立、融、用、管、还”的全产业链发展模式；首创设立了两只小微创业投资基金，探索建立了产业发展基金和股权投资基金，全年小微企业贷款余额达到1850亿元，占全省30%以上。土地管理制度改革持续深化。实行国有经营性用地使用权供应网上招拍挂，累计处置批而未征、征而未供、供而未用闲置用地8266.7公顷，供地率达到60.6%，土地节约集约利用水平进一步提高。城乡综合改革统筹推进。深化户籍制度改革，以IC卡居住证为纽带的基本公共服务机制不断完善；农村改革取得新进展，农村土地承包经营权确权登记颁证工作正式启动，农村集体产权股份合作制改革工作加快推进。民生领域改革稳步开展。县级公立医院改革实现全覆盖，“单独二孩”生育政策启动实施；社会保险“五险合一”、保障房“三房合一”制度改革深入推进。先行先试亮点突出。获批信息惠民国家示范城市、刑事案件速裁程序试点城市、国家首批生态文明先行示范区建设试点；思念食品等2家企业获批国家互联网与工业融合创新试点；新郑纳入国家新型城镇化综合试点；郑欧班列、物流枢纽、电子商务创新试点纳入丝绸之路经济带总体规划。

（八）大力实施开放创新双驱动战略，增强经济发展动力。对外开放水平不断提升。郑州市被正式纳入丝绸之路经济带节点城市，成功举办丝绸之路经济带中欧物流枢纽建设国际交流会；河南电子口岸网站正式上线，整车进口口岸开始运行，肉类和药品口岸加快推进，粮食口岸获准建设，通关便利化“三个一”服务开始试行，“大通关”机制基本形成；跨境贸易电子商务试点走货量日处理突破1万包，“E博馆”韩国馆建成运营，加拿大馆即将开馆；郑欧班列实现常态化运营，累计开行100班次，货运价值4.1亿美元；新郑综保区三期加快建设，经开区综保区申建工作加快推进。招商引资成效明显。成功引进华彬郑州航空基地、酷派手机核心配套商等重大产业项目；全年新签订亿元以上产业项目212个，签约总额约3124亿元，其中签约“三力”型项目57个，签约总额1455亿元；实际利用外资达到35.4亿美元，增长6.5%。科技创新步伐加快。积极推进“两器一园”、创新创业综合体、国家技术转移郑州中心等载体平台建设。全市高技术产业增加值达到430亿元，增长24%；创建省级以上技术创新示范企业14家，累计建成市级以上企业技术研发中心1771个，宇通、三全两个国家工程技术研究中心通过国家科技部论证；全年完成科技成果458项，其中具有国际先进以上水平22项；科技进步对经济增长贡献率达到59%。

（九）切实保障和改善民生，社会发展保持和谐稳定。加大民生领域财政支出。始终坚持民生优先，积极推动公共财政向民生领域倾斜，民生支出达到658.8亿元，占公共财政预算支出的71.7%。民生十大实事基本完成，实际支出88.7亿元。积极开展就业创业工作。全市新增城镇就业15.3万人，农村劳动力转移就业11.4万人，完成创业培训1.3万人，发放小额担保贷款10亿元，城镇登记失业率控制在3%以内。社会保障水平稳步提升。社会保险参保人数突破1200万人项，城乡居民基本养老金由每月75元提高到120元，城镇居民医保和新农合财政补助标准由每人280元提高到320元，郑州市蝉联全国“七星级慈善城市”。教育事业不断进步。全市新建幼儿园60所，新增学位1.9万个，市区新建、改扩建中小学校34所，新增学位4.9万个。中州大学联合升本工作顺利推进，全市地方高校累计已有6所成功升本。公共文化服务体系逐步完善。文化惠民工程深入推进，大河村遗址博物馆二期建成投用，运河遗产博物馆、大河村国家考古遗址公园等项目前期进展顺利，少林武术节和拜祖大典成功举办，大运河通济渠郑州段成功入选世界遗产名录。医疗卫生水平不断提升。公共卫生服务均等化水平显著提高，郑州片医特色基层卫生服务体系日趋完善，服务居民851万人，区域医疗联合体工作扎实推进，宜居健康城建设稳步推进。市儿童医院东区医院、市第九人民医院老年关爱病房楼等项目竣工投用，市二院新建病房楼项目即将竣工。保障房建设稳步推进。全年新开工建设保障性住房21.4万套，其中棚改房19.8万套，公租房1.6万套；建成保障性住房3.2万套。扶贫工作顺利开展。全年完成易地扶贫搬迁7371户2.7万人，完成整村推进扶贫25个村，全年实现脱贫4.5万人。生态建设不断加强。着力推进环境污染综合治理，市区完成拆改燃煤锅炉88台，淘汰黄标车和老旧车4.9万辆，贾鲁河、双洎河流域24项治理工程稳步推进，PM2.5平均浓度下降至88微克/立方米，下降18.5%。全市完成造林566.7公顷，新建、改造提升17个森林公园和森林示范园，市区新增绿地1620万平方米，成功创建国家森林城市。

市发改委主任李书峰主持召开精神文明建设工作会议

总体来看，全市经济社会继续保持了平稳发展态势。但受经济“新常态”和自身结构性问题叠加影响，经济社会发展中还存在着一些突出矛盾和问题。二产重、三产慢的结构性矛盾没有根本逆转，高耗能行业增加值占工业比重仍在40%以上，服务业占比低于全国平均水平；传统产业生产经营普遍困难，对经济拉动作用减弱，新兴产业正在孕育但不够壮大，经济增长动力转换出现“青黄不接”；土地、资金等要素瓶颈制约依然突出，高端科研和管理人才仍比较缺乏；城市承载能力和精细化管理服务水平难以满足城市快速发展的要求，生态环境压力持续加大，交通拥堵、雾霾天气等问题突出，就业、住房、就医、就学等条件与群众需求还有不小差距；同时，安全生产、食品药品安全等方面依然存在薄弱环节。

【地区经济工作】 2014年，地区经济工作贯彻落实国家区域经济发展政策，围绕区域合作、区域经济发展、重点流域水污染治理项目建设等重点工作，扎实开展各项工作。

加强地区经济形势分析研究。研究成都和武汉、长沙等相关地市经济社会发展形势，编写《周边城市经济社会发展快报》，关注结构转型升级、发展方式转变和经济社会发展新政策、新举措以及深化改革等动态情况。坚持做好县域经济分析，及时总结分析县（市）经济社会发展情况，组织编写2014年郑州市县域经济发展报告和中牟、新郑、新密、登封、荥阳经济发展报告。谋划申报设立国家级新区工作，研究申报设立国家级新区条件、程序等相关问题，并分别向市委、市政府和省发改委起草关于申报设立国家级新区的报告。

深化区域经济合作。总结郑州市区域合作工作开展情况，起草区域合作工作报告。深入推动郑州与周边城市经济社会融合发展，在进一步推进郑汴电信同城、金融同城、交通同城、产业同城、生态同城和资源共享“五同城一共享”的同时，研究郑州与新乡等毗邻地市融合发展问题。10月，郑州、新乡两市共同对接郑新一体化发展方案，围绕提升节点作用、航空港实验区建设、商贸物流、交通基础设施链接和公共服务等方面进行谋划和研究。推动中原经济区协同发展，按照省政府的部署，深入研究中原经济区城市合作问题，筹备

郑州市国民经济和社会发展计划主要指标一览表

指标名称	计算单位	2013年实际		2014年预计		2015年计划	
		绝对值	增长%	绝对值	增长%	绝对值	增长%
一、全市生产总值	亿元	6201.8	10.0	6800	9.3	7500	9.0左右
第一产业	亿元	147	3.2	150	3.0	155	3.0
第二产业	亿元	3470.5	10.4	3760	9.9	4082.5	9.0
其中：工业	亿元	3200	11.8	–	–	–	–
规模以上工业	亿元	2857.7	11.3	3100	11.0	3500	10.0
第三产业	亿元	2584.3	9.6	2890	8.8	3262.5	9.0
二、财政							
地方财政公共预算收入	亿元	723.6	19.3	833.9	15.2	960	13.0
三、物价							
居民消费价格指数	%	102.8		102		103.0	
四、固定资产投资	亿元	4400.2	23.6	5280	20.0	6230.4	18.0
其中：一产	亿元	54.9	–25.7	79.2	44.3	88.5	11.7
二产	亿元	1380.9	5.0	1463.7	6.0	1566	7.0
三产	亿元	2964.4	36.5	3737.1	26.0	4575.9	22.6
五、消费							
社会消费品零售总额	亿元	2623.5	13	2915	12.7	3790	12.0
六、对外贸易							
进出口总额（市属及以下）	亿美元	421.8	19.5	463	9.5	486	5.0
其中：出口总额	亿美元	250.6	23.6	275	10.0	289	5.0
七、利用外资							
外商直接投资	亿美元	33.2	–3.1	35.4	6.5	32.6	基本持平
实际利用境内域外资金	亿元	1497	36.2	1800	20.2	1800	基本持平
八、科技							
R&D投入占GDP比重	%	1.94	9.0	1.96	1.0	2	2.0
技术合同成交额	亿元	90.85	27.0	110	21.0	130	15.5
九、教育							
研究生招生	人	7013	3.9	7279	3.8	7730	6.2
普通高等学校招生	万人	33.81	22.8	35.50	5.0	37.31	5.1
十、人民生活质量							

续表1

指标名称	计算单位	2013年实际		2014年预计		2015年计划	
		绝对值	增长%	绝对值	增长%	绝对值	增长%
城镇居民人均可支配收入	元	26615	9.8	29220	9.8	31850	与经济增长同步
农村居民人均纯收入	元	14009	11.8	15600	11.4	17000	
脱贫人口	万人	4	持平	4.5	12.5	5.4	21.5
千人口医院和卫生院床位数	张	7.6	23.9	8.2	7.2	8.4	2.9
十一、人口与就业							
年底总人口	万人	919.1	2	940.0	2.3	960.0	2.1
人口自然增长率	‰	5.6	1.8	6	1.8	5.8	0.9
城镇新增就业人数	万人	14.1	—	15.3	—	13.0	—
城镇登记失业率	%	2.2	—	1.50	—	3.0	—
十二、社会保障							
城镇参加基本养老保险人数	万人	263.4	33.4	317.00	20.3	—	—
城镇参加基本医疗保险人数	万人	315	6.5	325.0	3.1	—	—
城镇参加失业保险人数	万人	132	24.9	136.0	2.7	—	—
保障性住房开工量	万套	4.5	—	21.4	—	14.5	—
十三、农业主要产品产量							
粮食	万吨	168.3	–0.7	162	–3.7	160	–1.2
棉花	万吨	0.20	–11.3	0.20	持平	0.20	持平
油料	万吨	17.4	–6.8	17	–2.3	16.5	–3.0
肉类总产量	万吨	26.2	3.40	27.0	3.05	27.8	3.0
水产品	万吨	15.5	4.3	15.5	持平	15.5	持平
十四、工业主要产品产量							
原煤	万吨	4041.5	11.5	—	—	—	—
发电量	亿千瓦时	518	15.5	495	–3.8	—	—
速冻米面食品	万吨	109.5	11.1	123.5	12.8	140	13.4
服装	万件	2	3.7	2	28.2	3	25.0
水泥	万吨	2518	8.7	2450	–2.7	2450	持平
耐火材料制品	万吨	2898	10.7	3250	12	3650	12.0
原铝（电解铝）	万吨	65.16	–6.6	54	–17.1	54	持平
氧化铝	万吨	264.9	4.7	238	–10.2	238	持平
铝材	万吨	375	15.7	405	7.9	450	11.0

续表2

指标名称	计算单位	2013年实际		2014年预计		2015年计划	
		绝对值	增长%	绝对值	增长%	绝对值	增长%
汽车（含改装车）	辆	48.4	31.4	53.2	10.0	60	13.0
卷烟	亿支	1713	1.3	1750	2.2	1750	持平
手机	万部	9645	41	12000	24.4	20000	66.7
十五、运输							
全社会货运量	亿吨	2.94	10.0	3.23	9.9	3.59	11.0
全社会货物周转量	亿吨公里	685.3	9.0	712.7	4	748.3	5.0
全社会客运量	亿人	3.86	8.4	3.98	3.1	4.12	3.5
全社会旅客周转量	亿人公里	372.7	7.0	417.4	12	469.6	12.5
十六、旅游							
入境游客人数（含港、澳、台）	万人次	43.6	—	45.4	4.0	47.0	3.5
国内旅游人数	万人次	6975.8	13.3	7670	10.0	8437	10.0
旅游外汇收入	亿美元	1.65	4.4	1.72	4.2	1.78	3.5
国内旅游收入	亿元	791	14.6	878	11.0	975	11.0
旅游总收入	亿元	801	—	889	11.0	985	11以上
十七、能耗和环保							
万元生产总值能耗	吨标准煤	0.636	-3.0	0.595	-6.0	0.583	-2.0
万元工业增加值用水量	立方米	22.4	-5.9	21.6	-3.6	20.9	-3.2
工业固体废物综合利用率	%	76.0	—	80.0	—	85.0	—
化学需氧量（COD）	万吨	10.1	-2.0	9.77	-2.8	9.25	-5.3
二氧化硫排放总量	万吨	1.26	-4.0	1.21	-4.0	1.13	-6.6
氮氧化物排放总量	万吨	9.64	-1.0	9.56	-0.8	9.26	-3.1
氨氮排放量	万吨	18.9	-9.0	17.2	-8.7	15.1	-12.3
城市污水集中处理率	%	85	—	90	—	95	—
城市生活垃圾无害化处理率	%	93.0	—	93.5	—	94.0	—

备注：1.全市生产总值及其三次产业增加值绝对值为现价，增长速度按可比价格计算

2.2014年、2015年城镇居民人均可支配收入、农村居民人均纯收入增长率均为名义增长率

3.2015年研究生计划招生数为学校申报数。2015年，研究生招生计划数包括全日制、非全日制

4.“年底总人口”指标为常住人口口径

5.2015年保障性住房开工量包含棚户区改造

6.主要农产品产量及增速均包含巩义

7.货运量、客运量是指发送量

8.海外旅游人数统计口径由海外旅游总人数改为过夜入境人数

9.排放量，是指在一定时期内最大允许的主要污染物排放总量

（乔俊国）

召开中原经济区市长联席会议，探讨进一步深化区域合作和推动中原城市群交通、物流、旅游发展一体化等问题，并结合国家“十三五”规划编制和“一带一路”战略实施，研究谋划需省和国家有关部委支持的政策建议，起草《中原经济区市长联席（郑州）会议纪要》，进一步加强中原经济区城市之间的联系。加快与周边城市交通连接，郑开城际铁路建成通车，郑焦城际铁路具备通车条件，辐射带动区域发展能力不断增强，郑州市综合竞争力连续三年居中原经济区省辖市首位。

加快推进重点流域水污染治理项目建设。加强对2013年获得中央资金支持项目的监督和管理，做好月报表填报工作，所有项目均完成中央下达的投资计划。组织申报2014年中央资金，完善项目单位申报手续。2014年，郑州市5个项目被列入中央预算内投资计划，共获得资金3360万元。其中，郑州市马头岗污水处理厂二期工程1000万元，郑州市南三环污水处理厂650万元，郑州航空港区第二污水处理厂（一期）工程1120万元，荥阳市第二污水处理厂350万元，新密市产业集聚区污水处理厂二期工程240万元。

（罗书森）

【城镇化建设】 2014年，全市上下紧紧围绕“三大一中”战略定位，以航空港经济综合实验区为统揽，以新型城镇化为引领，牢牢把握“一个主体、两个载体”“三位一体”统筹城乡发展理念，全面完成新型城镇化建设年度目标任务，圆满完成三年行动计划。

2014年，全市地区生产总值完成6783.0亿元，增长9.5%；地方公共财政预算收入完成833.9亿元，增长15.2%；固定资产投资完成5259.6亿元，增长20.1%；城镇居民人均可支配收入、农民人均纯收入分别完成29220元、15600元，分别增长9.8%、11.4%。全市城镇化率达到68.2%，较上年增长1.1个百分点。

【“畅通郑州”工程】 2014年是实施“畅通郑州”三年行动计划的收官之年，按照市委、市政府工作部署，郑州市加快推进轨道交通、三环快速、陇海路高架、京广二期、农业路高架等“井字+环形”快速路网系统构建和支线路网微循环进程，各项工程进展顺利。一是大力推进轨道交通建设工程。2号线一期全部车站开工，2号线南延的南四环至郑州南站城郊铁路、5号线市政配套、1号线二期市政配套等工程稳步推进，3号线一期、5号线等工程各项前期工作得到推进。二是推进重大市政基础设施项目建设。三环快速化、陇海路高架等工程主线贯通；既有道路整治提升工程、与三环配套修建的12条道路基本完工；江山路拓宽改造、跨东风渠4座桥梁基本建成投用；红专路、纬四路两个下穿隧道主体及盾构完工；京广快速路二期工程、金水路准快速、花园路—紫荆山路准快速等都在建设和推进之中。三是大力推进民生关注的支线路网和停车位建设。累计打通断头路128条，新增城市道路37.2公里，新增公共停车泊位2.9万个。

【公用设施建设】 围绕提升城市服务能力，加快推进市政道路、市政设施综合整治，城市集中供水、污水处理能力明显增强。南水北调配套的刘湾水厂建成投用，城市集中供水能力新增40万吨/日，占原供水能力的44%，罗垌水厂开工建设，侯寨水厂前期工作进展顺利，“民生十大实事”的供水户表改造工程完成4.36万户，超额完成任务；马头岗污水处理厂二期、南三环污水处理厂、马寨污水处理厂建成通水，城市污水集中处理能力新增45万吨/日，占原污水处理能力的45%。双桥污水处理厂具备开工条件，陈三桥污水处理厂二期工程完成立项审批；文化路、中原西路等30条道路完成大修维护，约98.4公里，路面总面积125万平方米，人行道总面积44万平方米；新增供水、雨水、污水、再生水等各类管线约250公里。

【园林绿化建设】 以创建国家生态园林城市为目标，以完善城市绿地系统功能、提升市区园林绿化景观品位为主线，园林绿化建设管理水平不断提高。两环三十一放射生态廊道建设进展顺利，累计完成拆迁面积1849万平方米，占可拆迁任务量的95%，绿化面积2238万平方米，占可实施任务量的100%；铁路沿线绿化建设工作稳步推进，累计完成沿线拆迁1581万平方米，占应拆迁面积的86.15%，累计绿化面积1637万平方米，占应绿化面积的63.19%；雕塑公园（二期）建成开放，南环公园、三环快速路园林绿化等项目完工或基本完工；文化路（金水路—北四环）段景观工程稳步实施；市区新增绿地1620万平方米，27个区级综合性公园进展顺利，开工建设17个，其中12个建成开放。

【保障性住房建设】 按照“强保障，增供应，保民生”的原则，把保障性住房、商品性住房建设列为最重要、最急切的民生实事，确保全市住房保障任务落到实处。紧紧抓住国家出台加快棚户区改造政策机遇，积极组织各县（市）区申报项目，争取上级资金支持。全年开工建设各类保障房21.4万套（户），完成率101%；基本建成32264套，完成率100.3%，两项目标任务均超额完成。保障性安居工程配套基础设施建设获中央预算内资金补助5412万元。

（李伟）

【服务业】 2014年，服务业发展继续坚持“扩内需、调结构、稳增长、求提升”，紧紧抓住中原经济区和航空港实验区建设两大历史机遇，突出“服务业发展优先”战略，围绕高成长服务业和开放型经济，坚持做大规模与提升层次并重，培育新兴服务业和提升传统服务业并举，通过创新体制机制、出台扶持政策、深化开放招商、培育重点企业、加强载体建设、推进国家服务业综合改革试点、加快市场外迁等措施，持续推动现代服务业发展提速、比重提高、结构提升，全市服务业发展总体保持平稳增长态势。2014年全市服务业增加值完成2832.4亿元，增长9%；固定资产投资3737.1亿元，增长26%，增速比年度目标提高1个百分点，社会消费品零售总额完成2915亿元，增长12.7%。

【物流业】 2014年，物流业增加值完成320亿元，增长7%；货物周转量537亿吨公里，增长1.8%。国际陆港建设稳步推进，第二站点选址工作顺利启动。郑欧班列常态化运行，班次密度、货重货值均居中欧班列首位，截至2014年年底，累计开行100班标准列，承运货物4.4万吨，货值4.8亿美元，直接开展业务的欧洲和中亚集货分拨城市超过70个。航空货运航线网络体系进一步完善，郑州机场累计开通航线32条，其中新开9条，运营的货运航空公司达到17家；机场二期工程节点任务全面完成，国际客货运量达到20.6万吨，增长82.8%。汽车整车进口口岸正式运行，肉类口岸、食品药品口岸、粮食口岸加快建设，河南电子口岸上线试运行。对外招商成效显著，参与筹备2014年河南省现代服务业开放合作洽谈会，进行物流专题招商，推介物流项目65个，投资金额849.3亿元。

【金融业】 2014年，金融业增加值完成574亿元，增长16.7%。金融业规模进一步壮大，金融机构存款余额13955.6亿元，增长13.4%；贷款余额10868.3亿元，增长16.3%，存贷比达77.9%。全国率先打造金融支持小微企业服务体系，推行“银行+共保体”融资模式，设立小微企业创业投资引导基金，发行小微企业增信集合债券，2014年全市小微企业贷款余额1850亿元，增长36%。企业上市工作取得明显成效，全年新增“新三板”挂牌企业26家，占全省的65%，居于中部六省省会首位；全市上市公司达到38家，其中境外上市企业达到17家，境外上市企业数量居中部六省省会首位；晚籼稻、硅铁、锰硅等3个期货品种在郑州商品交易所挂牌上市。渣打、花旗等国际知名银行达成入郑意向，35家金融机构入驻郑东新区金融集聚核心功能区，在谈项目超过30家，郑东新区入驻各类金融机构达到225家。

【电子商务】 2014年，电子商务网络零售额超过400亿元，交易额超过2800亿元，增长30%以上。跨境电子商务发展快速，打通跨境电子商务E贸易流程，率先开展“三个一”通关试点，投入运营一号体验店“韩国馆”，开工建设E博馆，全年累计完成业务量46万单，进出口货值突破1亿元，日处理走货量突破1万包，入驻企业49家，海关备案企业312家，引进阿里巴巴、eBay、亚马逊、DHL等20多家国内外知名电商、物流商，取得纽约、伦敦等13个国际城市邮政直封权。电子商务产业集聚效应显现，成功创建国家级电子商务示范基地1个、国家级示范企业2家，省级示范基地5个、省级示范企业17家，中部国际电子商务产业园建成运营。举办首届郑州航展，穆尼飞机“郑州1号”下线交付，郑州市成为中西部地区首个生产通航认证飞机的城市。

【文化创意旅游业】 2014年，文化创意旅游业增加值完成660亿元，增长11%。通过培育重点企业，打造文化创意品牌，推进动漫产业发展提升，“小樱桃”品牌入选国家动漫品牌建设和保护计划。举办“2014中原动漫嘉年华”，持续打造动漫产业的传播平台和市场拓展平台。华强文化科技产业基地二期（水世界）建成开业，中牟国家农业公园、方特梦幻王国和嵩山爱诺丁极限运动休闲基地等项目主体工程完工。与美国ICN国际卫视合作，摄制《功夫郑州》6集专题片，通过全球最大社交网站Facebook和Twitter开展网络营销。旅游市场平稳增长，2014年共接待国内游客7002.1万人次，增长10.4%；国内旅游收入810.8亿元，增长11.3%；旅游总收入821.3亿元人民币，增长11.2%。游客满意度在全国60个样本城市中排名第16位，较2013年上升4个位次。

【商贸业】 2014年，商贸业增加值完成700亿元，增长6%；社会消费品零售总额完成2913.6亿元，增长12.7%。高端商务服务集群建设成效显著，二七万达、锦艺国际华都、绿地新客站广场等商业综合体建成开业；华润万象城、丹尼斯商业广场、百年德化开始运营。国香茶城升格为中国特色商业街，农科路酒吧一条街、天下收藏文化街等5条街区成为市级特色商业街。会展业稳步发展，2014年举办展览221场，展览面积总计213万平方米，社会经济效益超过200亿元，会展业综合竞争力位于全国会展城市前列、中部地区首位。农产品流通体系进一步完善，万邦农产品市场年交易额超过300亿元，中原四季水产物流港开业半年交易额70多亿元。市场外迁有序开展，截至2014年年底，共完成市场外迁122家，其中2014年完成48家；市场承接地稳步推进，金马凯旋家具CBD项目、锦艺轻纺城项目、郑州华南城等项目具备承接条件。

【房地产业】 2014年，房地产业增加值完成301.2亿元，增长3.9%。全市商品房销售在全国房地产市场下行压力下保持平稳态势，商品房投放、销售、价格实现历史新高。全年商品房投放2672.3万平方米，增长20.9%；其中商品住房投放2107.7万平方米，增长37.7%。全年商品房销售1911.2万平方米，增长10%；其中商品住房销售1589.6万平方米，增长10.4%。商品房销售均价每平方米7396元，其中商品住房销售均价每平方米6623元。持续深化“三房合一”住房保障新机制，实现公租房和廉租房并轨运行。

【产业集聚区建设】 编写2014年商务中心区和特色商业区工作方案，部署年度重点工作，强化保障措施；建立专业园区月报台账制度，督促新批的服务业专业园区成立管理机构，理顺管理体制；围绕服务业产业集群集聚发展，抓好项目建设，有效促进商文旅有机融合。通过举办“电子商务企业座谈会”、人才招聘会、项目观摩会、科技研讨会、企业对接会等，加强宣传推介，扩大宣传交流。2014年，17个服务业专业园区累计完成主营业务收入1081.1亿元，增长46.5%；固定资产投资461.6亿元，增长31.4%；实现税收45.6亿元，同比增长22.8%；实际利用市外资金231.32亿元，建成投用郑州麦普数码科技有限公司麦普软件园、昆仑物流园等千万元产业项目30个，百瑞金融大厦、锦荣国际商贸中心等在建（拟建）项目152个，总投资达2260.7亿元。

【开放招商】 创新招商引资模式，引进知名企业、知名品牌、新型业态、新兴行业，提高郑州市服务业项目招商引资的质量和水平。加强招商技巧、招商礼仪、优惠政策等方面的学习培训，培育通晓服务业产业发展的招商队伍。加强软环境建设，不断创新服务载体，改进和完善服务企业的相关制度，增强投资商和企业的满意度，营造优质高效的服务环境。开展“百日大招商”活动，依据《郑州市2014年产业集群招商工作方案》，组织参与集群招商和集中签约。9月，参加河南省政府举办的“2014年河南省现代服务业开放合作洽谈会”，在现代物流、文化、旅游、信息服务等11个现代服务业领域开展招商活动，通过招商推介、项目对接、合作洽谈等形式，为中外客商投资搭建交流平台，共邀请客商382家，发布招商项目248个，招商投资金额4502.8亿元。

【健康服务业】 根据国务院关于促进健康服务业发展的若干意见，结合郑州市实际，编制健康服务业规划、三年行动计划和年度实施方案，大力推进郑州市健康医疗、健康养老、体育健身等健康服务业的发展，督促医疗服务、健康养老、中医药医疗保健等5个专项规划的编制，重点建设郑州大学第二附属医院、夕阳红老年公寓、奥林匹克体育中心等项目建设。

【通用航空产业】 编制郑州市发展通用航空产业的意见，提出重点发展航空会展、公务飞行、通航运输等5大通航产业，并健全体制机制，从土地、资金、人才等方面大力支持，加强通航招商引资建设。举办华彬航空嘉年华活动，是参展飞机数量和质量等综合指标最高的通用航空专业展会，百架航空器参展，来自国内外的5支表演队14架特技表演飞机进行特技飞行表演。首架“郑州1号”飞机正式下线，推动郑州市通用航空产业的发展。

（王礼光）

【固定资产投资】 2014年，全市固定资产投资完成5260亿元，增长20.1%，基本保持较为平稳的态势。

固定资产投资增速全年持续下滑。2014年全市固定资产投资完成5260亿元，增速为20.1%，较2013年下滑3.5个百分点，与2014年一、二、三季度相比分别下滑3.9、2.3、0.8个百分点，呈持续下滑态势。一、二、三产分别完成投资83亿元、1466亿元和3711亿元，增速分别为50.4%、6.2%、25.2%。投资结构由2013年的1.2∶31.4∶67.4调整到1.6∶27.9∶70.5。

工业投资增长回暖。2014年，全市工业投资完成1465亿元，增速为6.4%，较2013年高1.3个百分点，与2014年一季度增长相比低0.2个百分点，但较二、三季度分别高3.8、1.7个百分点，增势回暖。从产业分类来看，六大高耗能产业累计完成480亿元，同比增长5.3个百分点，占工业投资比重32.7%，增速较一、二季度分别提高14.7、2.9个百分点，但较三季度下降1.6个百分点；3个季度投资占工业投资比重则分别下降2.1、3.9和1.8个百分点。

服务业投资增速持续回落。2014年，全市服务业完成投资3711亿元，增速25.2%，较一、二、三季度分别下滑9、7、2.6个百分点，与2013年相比低13.7个百分点。房地产行业（含开发投资）完成投资2132亿元，增速23.6%，较一、二、三季度分别低1.3、4.2、7.8个百分点，与2013年相比低14.3个百分点。其中，房地产开发投资累计完成1744亿元，增速20.6%，较一季度高2个百分点，但较二、三季度分别低2.1、6.6个百分点，与2013年相比低11.4个百分点；现代服务业投资累计完成1423亿元，增速30.5%，较一、二、三季度分别低14.7、11.5、5.4个百分点，与2013年相比低14.8个百分点。

2014年，全市投资运行较为平稳，但仍存在一些亟待解决的问题。一是工业投资结构性问题突出。装备制造业投资同比下降16.2%，占工业投资和制造业投资的比重分别较2013年低3.5、3.8个百分点；技术改造投入严重不足，投资下降24.6%。与此相反，高耗能行业投资稳定增长，六大高耗能产业年度投资增长5.3%，仍然是稳定工业投资增长的主要因素。二是现代服务业投资逐步放缓。完成投资1423亿元，增长30.5%，分别较一季度、上半年、三季度回落14.7、11.5、5.4个百分点。

【编制和下达年度政府投资计划】 按照《郑州市政府投资项目管理条例》，市发改委负责牵头组织年度政府投资计划的编制工作，主要涉及农林水、社会事业、公共设施、城建、交通等5个领域。2014年度市本级政府投资项目计划安排项目271项，年度计划711.5亿元，市人大常委会审议通过。全年安排投资计划641.5亿元，占年度计划的90.1%。提出2015年政府投资计划安排思路、基本原则，论证筛选项目255个，年度计划673.7亿元，并先后获得市政府常委会、市人大常委会审议通过。

【重大项目库建设】 建立都市区建设三年行动计划重点项目库，收集整理项目1378个，总投资24130亿元。实行2014年重大项目月报工作制度，及时跟踪掌握1061个省市重点项目、308个亿元以上非省市重点项目进展情况。依托国家发改委项目审批、核准和备案信息采集软件，建立月报制度，并按规定时间上报省发改委。开展"十三五"重大项目规划编制工作，筛选上报拟纳入"十三五"重大项目库项目735个，总投资1.6万亿元。梳理2012年以来529个中央预算内投资项目，对55个未开工项目，制定具体推进措施，明确目标任务和责任。

【上级资金争取】 市发改委加强与上级有关部门的汇报衔接，全力争取资金支持，在农业基础设施、社会事业、保障性住房、交通等领域，共争取中央预算内资金和省补助资金6.6亿元。推进利用外资工作，轨道交通3号线一期2.5亿美元资金申请报告获国家发改委批复，并与世行签署协议；第十人民医院利用以色列政府贷款2000万美元购置医疗设备项目签署转贷协议；地铁5号线德促项目申请外国政府贷款规划的请示上报国家发改委，获初步同意；5个生态畜牧业利用世行贷款项目获得批复。

【投融资改革】 市发改委组织整理郑州市落实国家行政审批改革有关政策情况，对执行过程中出现的问题，及时向省汇报沟通，并提出意见和建议。向省建议下放企业投资项目备案复核权，获得省发改委支持。落实省关于外商投资项目、境外投资项目以及内资项目的核准、备案办法，先后开展企业投资备案权下放、外资项目备案核准等业务培训和交流，确保各项工作正常有序开展。开展公私合营（PPP模式）研究，向市政府上报《关于研究运用PPP投融资模式加快推进民间投资发展有关情况工作报告》，同时，配合有关部门做好PPP模式项目推介活动的筹备工作。

（王世洪）

【设计审批工作】 2014年，设计审批工作一是规范审批程序，严格按照法律、法规和相关政策、规定实施审批；二是提高审批效率，所有政府投资项目的审批均在规定时限内按时完成；三是协调解决项目在审批和建设过程中出现的相关问题和困难，为项目单位做好服务。全年共审查政府投资项目初步设计35项（次），批复项目初步设计28项，设计变更8项，调整概算2项，共批复项目概算109.52亿元，审减投资10.9亿元。审查批复项目实施方案16项。

全年上报省发改委批复的项目初步设计5项，设计变更1项，上报总概算81.28亿元。

【勘察设计招标监督管理】 政府投资项目勘察设计招投标的监督管理，一是按照《中华人民共和国招标投标法》《中华人民共和国招标投标法实施条例》《河南省实施〈中华人民共和国招标投标法〉办法》等法律、法规的要求，组织、监督部分政府投资项目勘察、设计招标活动27次，审查招标公告及招标文件31项；二是纠正不依法进行公开设计招标项目1项。

【竣工验收和档案管理】 指导建设单位编制竣工验收报告，推进竣工验收工作，全年共批复竣工验收3项。批复过的初步设计文本和文件及时归档，共整理归档项目设计文件28卷136册，服务、协助相关单位查阅档案资料。

（王　利）

国土资源管理

【概况】 2014年，全市国土资源系统紧紧把握新的职责定位，全面服务"抓改革、强投资、调结构、求提升"工作大局，大力推进管理制度改革，强化服务保障能力，全面推进依法行政，较好完成各项工作任务。获省国土资源系统推进依法行政中期先进单位、测绘地理信息特色工作创新单位、党风廉政建设先进单位、全省土地利用总体规划修编先进单位和郑州市重点项目建设先进集体等多项荣誉称号。

【"六统一"工作机制建设】 2014年，全市国土资源系统持续推进"六统一"工作机制建设。立足找准"症结"，力推"新政"，深入推进管理制度改革，报请市政府出台深化土地管理制度改革创新意见以及土地收储、地下空间使用权开发利用、存量建设用地清查处置等"1+3+2"配套文件。在市委、市政府强力推动下，开展全市存量建设用地集中清理处置专项行动，共盘活闲置用地12403公顷，2006—2013年建设用地征收率达到92.3%，供地率达到69%，专项行动取得重大突破，工作成效超过预期。

【行政审批制度改革】 落实"两集中、两到位"工作要求，成立行政审批办公室，将审批和审核职能纳入一个部门，变"一窗受理"为"一窗办理"。审批环节由原来8个减少到3个，审批时限由原来最少30个工作日减少至7个工作日。市本级受理行政审批、审核业务537件，全部在规定时限内办结。

【储备管理】 健全完善土地储备制度，出台中心城区土地储备工作意见，明确市、区两级土地储备工作职责及程序，建立起政府主导的土地收储、前期开发、土地供应管理工作新格局。全年收储土地4683公顷，融资113.76亿元。

【规范招拍挂交易机制】 完善交易工作手册，完成工业用地弹性出让和退出机制调研。积极筹备运行国有建设用地使用权网上交易，研究制定网上交易管理暂行办法、实施规则和应急处置预案及"黑名单"禁入制度，健全强化交易的规范性、安全性和透明性，"用地统一出让"制度渐趋完善。4月8日，首宗网挂地块上线。全市招拍挂出让680宗，面积2285公顷。

【矿产开发利用监督管理】 重组市矿产督察员办公室，协助省厅完成第四批国家级矿产督察员的选拔推荐和部分地方级矿产督察员的调整工作。聘请中介机构对矿山储量动态检测，对日常监督管理检查中发现问题较多的矿山进行实测检查，提高矿产资源监督管理工作成效。

【执法工作机制创新】 建成运行"郑州市国土资源执法监察监管网络平台"，构筑"早发现、早报告、早查处"的执法监管工作机制。国土资源部执法监察局在郑州组织召开"全国12336国土资源违法举报工作"座谈观摩会，充分肯定了郑州市国土资源管理在执法监管方面做出的努力。市国土资源局和荥阳、新密局被评为全省国土资源执法监察监管平台先进单位。全年查处违法用地1369宗，面积1172公顷，拆除违法建筑物74.36万平方米，没收违

全国12336国土资源违法线索处理座谈会在郑州召开

法建筑物121.68万平方米，罚款3229.29万元，党政纪处分6人，向公安机关移送50宗耕地破坏鉴定案件。立案查处违法采矿1宗，关闭取缔违法采矿13处。

【耕地保护】 坚守耕地“红线”，严格落实省政府下达的2020年耕地保有量不低于28.88万公顷，基本农田保护面积不低于23.79万公顷的目标任务，连续16年实现耕地占补平衡。完善耕地保护制度。按照河南省调整划定基本农田工作部署，协同市财政部门完成全市基本农田划定招标及确定协作单位，稳步推进核查划定工作。研究制订基本农田划定工作实施方案、土地综合整治项目规划方案编制、土地复垦方案审查暂行办法、耕地破坏鉴定办法，进一步加强耕地保护制度体系建设。大力实施土地整理和土地综合整治。全年实施11个补充耕地项目，新增耕地面积275公顷。通过省厅验收和备案7个项目，新增耕地面积217公顷，全部用于建设用地报批。市政府审批立项并通过省厅备案16个土地综合整治试点项目，全部开工建设，总规模26604公顷，其中农用地整理面积8405公顷，建新区面积103公顷，拆旧区复垦面积224公顷。严格耕地占补平衡。全年上报非农业建设用地占用耕地面积3260公顷，实际补充耕地面积3262公顷，其中，自行补充耕地1049公顷，易地补充耕地2213公顷，实现建设用地与补充耕地项目挂钩无误。

【用地计划管理】 2014年，省厅下达郑州市土地利用年度计划1143公顷。因招商引资项目多，项目落地困难，经协调，省厅追加至3859公顷。年度内郑州市组织7个批次的规划局部调整，涉及土地面积3602公顷，有效保障了富士康、东风日产、出口加工区建设项目用地需求。

【征收供地管理】 严格落实新的区片综合地价，配合市政府完成青苗费和地上附着物补偿标准更新工作。全年上报建设用地167个批次，面积5714公顷；批回建设用地150个批次，面积5999公顷。年度内批回建设用地完成征收率40%以上，有效保证按时供地。全市供应建设用地7282公顷，全年成交价款548.33亿元（市本级364.84亿元），确保各项省、市重点项目如期开工建设。

【地籍测绘】 宅基地和集体建设用地使用权确权登记发证工作有序推进。全市完成127个乡（镇）、2015个行政村、59184宗集体土地所有权确权登记发证，面积45.61万公顷，发证率达95.41%。全市第二次土地调查完成向社会公布。完成测绘资质复审换证137家。全年核发国有土地使用证13980本，土地他项权力证书601本，注销抵押登记493件，受理查询业务1617件，法院查封、解封业务235件。

【矿产开发管理】 加强矿产开发监督管理，完成2013年度339家矿山储量动态检测报告的复验，18个勘查项目、338家矿山的年检工作，年度投入勘查资金702.56万元，应收尽收矿产资源补偿费9179.01万元。完成省级发证数据核对确认工作。完成7件探矿权、38件采矿权会审工作。受理建设项目压覆矿产资源审查（初审）5宗，出具证明20宗，按时办结率100%。全年共完成87家矿山和23个勘查项目的督察工作，追缴矿产资源补偿费300余万元，下发督察建议书35份。委托有资质的检测机构对18家煤矿、铝土矿山采掘工程布置及资源利用情况进行核查。全市开设矿山地质环境恢复与治理保证金账户235家企业，存储保证金3.23亿元。累计恢复耕地59.5公顷、建设用地23.5公顷、林地64.7公顷。

【地质灾害防治】 依靠县、乡、村群测群防监测预警体系，全市排查出334处各类地质灾害隐患点。实施上街区峡窝镇沙固村地质灾害搬迁避让项目，近400户居民搬迁至新型居民社区。申报1570万元地质灾害防治资金，用于惠济区314户地质灾害搬迁避让项目。

【政风行风建设】 认真贯彻“照镜子、正衣冠、洗洗澡、治治病”总要求和“一学三促”部署，深入践行党的群众路线教育实践活动，不断促进政风行风转变。严格落实中央八项规定，研究制订实施办法，从制度上强化“四风”建设。深化廉政建设专项行动。坚持把“四风”建设作为党风廉政建设重要工作，通过开展专题调研摸清“四风”问题，解决36项立行立改具体问题。建立健全2013—2017年惩处预防腐败体系实施细则，强化对各项工作的督导考核。加强行政督察，力促工作落实。依托政务督察室，加强行政审批和重大决策、重要工作的督促落实，着力纠正无视制度、有令不行、有禁不止行为，完成47项重要工作督察督办、26件人大建议政协提案和48件交办督办件办理工作。集

全市存量闲置建设用地集中清理处置专项行动电视电话会议召开

中开展“门难进、脸难看、事难办”专项整治行动。强力纠正推诿扯皮、“吃拿卡要”、违反工作纪律行为，对9名违反有关规定工作人员做出政纪处理。大力推行政府信息公开工作，接收群众来信公开信息547件，回复率100%。妥善化解行政诉讼、复议案件110起，下达依职权听证告知368件，依申请听证受理23件，主持听证会19次，维护群众合理利益诉求。稳步推进“平安郑州，和谐国土”建设。妥善解决矛盾纠纷，着力破解信访积案化解，维护被征地群众合法权益。受理来访群众67起457人次；办理人民群众来信65件，按期办结率100%。受理京访59起215人次，办理省访12起92人次，按期办结率100%。受理信访复查事项12件，复核案件16件，按期办结率100%。排查矛盾纠纷121起，化解110起，群众满意率达90%。

（李前进）

工商行政管理

【概况】 2014年，全市工商系统有5个显著特点：一是“改”，工商体制、工商注册登记制度、食品监管职能调整、企业信用公示制度等一系列改革、改革措施相继推出，改革成为主旋律。二是“转”，八项规定持续深入贯彻执行、党的群众路线教育实践活动深入推进，反对“四风”、转变作风成为系统上下的自觉行动。三是“创”，紧跟中心，服务大局，立足职能，全力投入郑州市全国卫生城市、全国文明城市创建工作之中；市局机关全力迎接全国文明单位复审重创，顺利推进。四是“提”，许多方面的工作成效显著提升，在全省、全市有位次、有影响。网格化管理工作连续三年位居市直单位第一名，《人民日报》头版头条予以宣传报道；服务招商引资工作被市委、市政府发文通报表彰，群众路线教育活动被中央电视台《新闻联播》宣传报道；商标战略实施上升到政府层面，市政府出台推进商标战略实施的意见。五是“稳”，在工商体制改革、工商注册登记改革复杂、繁重的任务面前，系统上下表现出强烈的改革意识、大局意识、担当意识、奉献意识，人心没散、工作没乱，各项工作稳步推进，大局稳定。一年来，全市各级工商机关深入推进改革，加强职能转变，全面履行职责，各项工作取得新的进展。中央、省、市媒体宣传报道郑州工商工作1000余次。市工商局先后获全国工商系统广告监管先进单位、全国工商系统政务信息工作先进单位、全国清理整顿人力资源市场秩序专项行动取得突出成绩单位、全国消协组织消费纠纷处理先进集体，被评为河南省行政事业资产管理工作先进单位、省一级档案工作规范化管理认证单位、全省工商系统查办不正当竞争案件工作先进单位、网络培训先进单位，获得郑州市平安建设先进单位、社会信用体系建设工作先进集体、食品安全工作先进集体等荣誉称号。

【体制改革工作】 8月5日，市政府正式印发《关于改革完善我市食品药品工商质监管理体制的通知》，郑州市将建立食品药品工商质监分级管理体制，将现行食品药品监管、工商、质监由省级以下垂直管理改为市、县（市）区政府分级管理。按照通知要求，工商部门由省级以下垂直管理改为市、县（市）区政府分级管理，业务上接受上级工商部门的指导和监督，领导干部实行双重管理，以地方管理为主。调整后，市和县（市）区工商部门作为同级政府工作部门。

郑州市工商管理系统按照市政府关于改革完善食品药品工商质监管理体制的工作部署和要求，加强与县（市）区政府和有关部门的对接，积极协调解决整体移交划转期间出现的养老统筹缴纳、医疗保障、工资发放等问题，保证移交工作的稳步推进。

【注册登记制度便利化改革】 注册登记制度改革坚持战略重点区域先行，推进航空港区试点改革政策落实，协调争取机场、经开、高新分局分别获得冠省名企业核准和外商投资企业登记管理授权，在全省县级局均属首例。出台《关于服务招商引资工作十项措施》，在全省率先放宽经营场所登记条件，充分释放场地资源。全面推进商事制度改革，落实注册资本实缴改认缴、“先证后照”改“先照后证”、年检改年报等各项改革政策。针对登记制度改革后企业注册增多，对登记窗口办事力量、作风、效能等提出的新要求，做到工作重心和资源重点向注册窗口倾斜，开展登记窗口集中整顿月活动，增设服务窗口，公开招聘大学生注册官助理充实窗口力量，推行一次性告知、限时办结、重点企业分支机构业务市局集中统一办理、登记疑难问题集体会商等措施，有效应对市场主体的“井喷”态势。全系统行政审批按时办结率100%，提前办结率99%。商事制度改革的稳步推进，降低了准入门槛，激发了市场活力，促进了产业结构优化，创造了更多就业机会。2014年，全市新增各类市场主体14.14万户，新增注册资本7971.36亿元，均创历史新高。截至年底，全市实有市场主体57.56万户，同比增长32.62%，注册资本总量12429.34亿元，同比增长178.81%。企业发展数量、规模均居全省首位。

【商标战略实施】 市政府出台《关于进一步深入推进商标战略实施的意见》，成立郑州市商标战略实施工作领导小组，加大对获得驰名、著名商标企业的奖励力度，商标战略实施工作从部门层面上升到政府层面。创建全省首个“商标工作站”，举办商标战略大型专题讲座，推出商标品牌特刊。采取措施，加强商标培育工作，2014年全市新增中国驰名商标8件、河南省著名商标98件，均创历史新高。截至年底，全市注册商标总量84694件，其中著名商标492件，驰名商标44件，地理标志4件。

【优化消费环境】 以新《消费者权益保护法》实施为契机，完善消费纠纷调解、案件办理、权威发布等工作机制，针对消费热点领域和问题商品多次开展比较试验及消费调查活动，强化12315平台功能，实施12315“五率”考核，创建便民消费投诉示范站点174个。全年受理消费举报、投诉量分别增长77.98%和428%，查处侵害消费者权益案件915起，为消费者挽回损失383.55万元。

【信用监管体系逐步健全】 贯彻落实《企业信息公示暂行条例》，推进企业

2014年1月10日，国务委员王勇、国家工商总局局长张茅在省委常委、市委书记吴天君，市工商局局长岳希忠的陪同下视察节日农贸市场

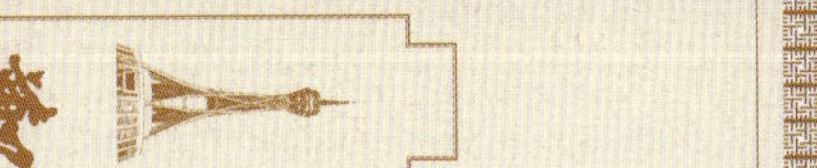

2014年郑州市工商行政管理工作主要数据表

	期末实有				2014年新增	
市场主体发展情况	户数	同比增长	注册资本	同比增长	户数	注册资本
	57.56万户	32.62%	12429.34亿元	178.81%	14.14万户	7971.36亿元
商标发展情况	商标总数	中国驰名商标		河南省著名商标		地理标志
		总数	2014年新增	总数	2014年新增	
	84694件	44件（含司法认定7件）	8件	492件	98件	4件
广告监测情况	监测各类广告数		停发数		立案查处	
	20.46万条		221条		146起	
消费权益保护情况	消费举报同比增长	投诉量同比增长	查处侵害消费者权益案件	挽回损失	创建便民消费投诉示范站点	抽检商品数、合格率
	77.98%	428%	915起	383.55万	174个	697个批次、合格率87%
信用监管体系建设情况	国家级重合同守信用企业	省级重合同守信用企业	对外公示年报的市场主体数（10月—12月）		公示即时信息的企业数	企业公示即时信息数
	20家	89家	76992户		4882户	19539条
行政执法情况	案件总数	食品案件	不正当竞争案件	汽车行业违法案件	农资案件	无照经营案件
	5670件	1627起	217起	129起	95起	2186起

工商登记窗口工作人员为群众办理注册登记等业务

年检制度向年度报告公示制度改革，重点企业上门指导年报填报，组织面向企业和工商干部的企业信息公示培训160多场（次）。加强企业诚信“红黑榜”建设，与郑州信用网同步公开披露有关信息，共同推进郑州市社会信用体系建设。组织开展全市文明经营活动，2014年郑州市分别新增国家级、省级“守合同重信用”公示企业20家和89家。截至年底，全市有76992户市场主体对外公示2013年度报告，占应公示数的18.61%，4882户企业公示19539条即时信息。市工商局被评为郑州市社会信用体系建设工作先进集体，郑州市被确定为全省推进文明经营活动示范市。

【网络商品交易监督】 2014年，郑州市工商管理部门提前全面完成“三个中心、一个办事大厅”建设，加强网络经营主体建库和经营性网站备案贴标工作，入库网络交易经营主体占全省总数近1/3，2715家经营性网站申请备案，1950家通过审核并发放电子标识，初步构建了项目核心技术部分和监管基础数据库。全年受理网络消费投诉150件，查处网络交易违法经营案件27起。

【市场监管】 2014年，郑州市工商管理部门围绕职责重点和群众反映强烈的突出问题，大力强化食品安全、安全生产、商品质量监管，扎实开展无照经营、不正当竞争、传销、商标侵权、违法广告、“霸王条款”等违法经营行为整治。累计抽检各类商品697个批次，合格率87%。全年全市工商系统共查处各类违法经营案件5670起，其中，食品案件1627起，不正当竞争案件217起，汽车行业违法案件129起，农资案件95起；监测各类广告20.46万条，停发221条，立案查处146起；查处无照经营案件2186起，引导办照2096户，函告、抄报相关部门4014起。狠抓大要案件办理，在2014年度全省工商系统“精品案件”和“办案能手”评选活动中，管城分局、经检支队主办的两起违法广告案件获“十大精品案件”称号，新郑市局主办的一起冒充注册商标案件获精品案件提名奖，全市工商系统有6人被评为“办案能手”。

【网格化管理】 2014年，郑州市工商管理系统下沉分包16个县（市）区和开发区、198个乡镇办，发展网格协管员9150名，实施标准化、协同化等“八化”管理，健全业务工作和基层网格化管理深度融合的运转机制，开辟全面履行市场监管职能的新渠道，促进行政效能进一步提升。网格化监管工作受到《人民日报》、中央电视台《新闻联播》等深度报道，市工商局被郑州市委、市政府授予“坚持依靠群众推进工作落实”长效机制工作先进单位，连续三年位居市直单位第一名。

【党风廉政建设】 2014年，郑州市工商管理系统落实党风廉政建设“两个责任”，加强反腐倡廉制度建设和廉政教育，集中开展违规经商办企业、领导干部为官不作为、超职数配备干部、治理文风会风、督察“三公”经费等专项治理，市局公务接待费较上年下降97%，“三公”经费支出较控制数下降30.75%，会议费支出下降96.23%。全年受理各类举报件67件，诫勉谈话2人，行政记过1人，行政记大过2人，行政开除3人。被评为郑州市政风行风建设先进单位、纪检监察工作先进单位、反腐倡廉制度建设示范单位。

（李晓鹏）

审计监督

【概况】 2014年，全市审计机关共完成审计和审计调查项目621个，查出违规金额21.66亿元，管理不规范金额158.36亿元，发现非金额计量问题972个。审减政府投资额4.98亿元，促进财政增收节支10亿元；移送纪检监察和有关部门处理事项40余件，查处完结18件，处理处分相关责任人29人。提交的专题报告、审计信息240篇，被上级部门采用或被市领导批示258篇次。

【重大决策贯彻落实情况审计】 一是围绕科学决策加快发展实施审计。开展对航空港区代管事宜、资源环保、交通建设、城镇建设、村级组织换届、失业保险市级统筹前结余基金、担保机构规范整顿、会议活动费和“三公”经费、高新区征地拆迁补偿等方面的审计，向市委、市政府和有关部门反馈情况并提出审计意见建议，发挥审计监督及“免疫系统”功能。二是围绕稳增长、促改革、调结构、惠民生、防风险政策措施落实情况实施跟踪审计，摸清各项政策措施的推进情况和取得的成效，分析影响政策措施落实的主要原因，提出切实可行的意见建议，推动郑州市改革发展。

工商执法人员加强流通环节食品安全监管

【预算执行审计】 不断深化市级预算执行审计，对财政和地税部门以及63个预算单位、3个民生保障项目、22个政府投资建设项目等进行审计或审计调查，通过发现问题，完善制度，进一步理顺政府财权与事权的关系，促进财税体制改革。市长马懿批示"存在的问题要分析原因，认真整改"。市人大常委会委员评价审计工作报告"敢说话，说真话，反映问题务实到位，闻之令人振奋警醒"。

【投资和企业审计】 2014年，对全市178个政府投资工程项目实施审计，核减工程投资造价4.98亿元。其中，市审计局开展投资审计项目32个，核减资金2.14亿元。中牟局审减1.06亿元、新郑局审减7000万元，节约了开支；登封局和惠济局审减率均超过20%，提高了资金使用效益。对市轨道交通等4个重点建设项目实施跟踪审计，切实提高项目管理水平。围绕涉企资金合理规范使用，对郑州市及所属五县六区实施专项审计调查，涉及项目1547个，企业5416家，资金126.3亿元，查出违纪违规金额9.63亿元，有效防范了资金风险。上街局对10家企业开展审计，促进企业规范投资活动，提高管理水平。

【民生项目审计】 全市审计机关坚持"以人为本"，把涉及民生的专项资金和重大民生项目作为审计重点，围绕维护人民群众的切身利益，先后开展社会养老、公立幼儿园建设、城市垃圾处置、社区卫生服务、失业保险等审计项目。社会养老机构建设和运行情况专项审计调查报告呈送市四大班子领导、各县（市）区主要领导和市直各单位负责人参阅。《城市垃圾处置工作中存在的问题亟待解决》的审计情况反映，得到市领导批示，促使垃圾消纳场建设工作列入城建计划。此外，还完成亚行贷款农村能源生态建设等4个国外贷援款审计项目。按照审计署统一安排，郑州市抽调136名审计人员，对商丘市本级和永城、虞城、民权、睢县土地出让收支和耕地保护情况进行审计。

【经济责任审计】 2014年，全市共对127名党政领导干部进行经济责任审计，查出违纪违规资金3.8亿元，管理不规范资金7.8亿元。通过审计，促进领导干部进一步提高责任意识，更加重视问题整改，及时弥补漏洞。市科技局修订出台《科技计划项目资金后补助管理暂行办法》等3项制度；市司法局出台《郑州市司法局司法考试管理办法》，并处理1名相关责任人；市工信委颁布《郑州市工业奖补资金项目申报审核办法》，其做法被《中国审计报》报道。新密局、新郑局完善审计评价体系；二七局、金水局成立专门的经济责任审计机构，经济责任审计机制进一步理顺。

参加全国经济责任审计工作视频会

【审计质量管理】 一是继续完善审计五权分离。简化中间环节，变审计项目招投标为审计组长竞争，加快项目推进；完善协调机制，审计组长自动过渡为处理组成员，以利于沟通；坚持全局一盘棋，打破处室界限，实施查处分离和对口回避，增强监督互促机制。该项改革措施受到审计厅领导的肯定，并在审计厅内部试行推广。二是更加注重审计项目计划安排。由项目计划办牵头，紧密结合市委、市政府中心工作，结合财政资金的规模和分布情况及社会公众关注的热点、难点问题，统筹制订项目计划。重点抓住群众最关心的事情、社会最关注的问题和涉及人民群众切身利益问题，进行选题立项，使审计项目更加贴近党委、政府的中心工作，贴近宏观时事政策的落实，贴近民生和社会公共利益。三是切实依法规范审计行为。市审计局进一步加强制度建设，制定《落实国家准则若干意见》《审计业务集体审议会议制度（试行）》等，对涉及审计现场管理过程进行全面规范，约束审计人员行为，坚持所有项目审计结果集体决策，加强审计业务质量控制，该做法得到审计署法规司的肯定。出台《聘请中介机构和外部人员参与审计工作管理办法》，明确对参与审计的中介机构和外部人员进行选取的工作程序及工作规范。管城局、中原局等也完善制度，不断提高审计质量。四是深入推进审计监督问责。狠抓审计移送处理，市审计局和市纪委、市监察局联合下发《关于纪检监察机关和审计机关在案件查处和执纪监督中建立协调配合工作机制的通知》，针对移送案件线索事项进行明确规定，各相关部门协调配合机制进一步完善。全年向纪检监察和有关部门移送审计事项40件，29名相关责任人被给予党纪政纪处分。着力强化责任意识，修订《审计项目质量责任追究办法（试行）》，明确审计人员责任追究内容和审计组长业务质量终身负责

郑州市审计局2014年第一批审计项目竞标会召开

制，该做法得到审计厅领导表扬，并在全省推广。五是全面加快信息化建设。通过健全管理制度、组织不同层面专题培训、完善信息化工作考核标准、总结推广计算机审计的专家经验和典型实例等措施，促进审计管理系统和现场审计实施系统的推广应用。郑州市有52人通过审计署或审计厅的计算机中级考试，计算机审计能力大幅提升。市审计局在建立审计专业人才库的同时，还建立了包含55家工程造价咨询公司和会计师事务所的中介机构备选库，审计资源不断丰富。荥阳局在全面推进地税、财政联网审计系统的基础上，又开发了卫生和教育行业审计模块，联网审计工作初具规模。

【审计内部管理】 一是狠抓作风建设。市审计局制定了落实中央八项规定，省委、省政府20条意见和市委、市政府20条规定的具体措施，结合审计机关实际，以深入开展党的群众路线教育实践活动为契机，全面加强党的思想、组织、作风、制度和反腐倡廉建设，落实"党要管党、从严治党"工作要求，努力做到活动与审计两不误、两促进。市局党组深入查摆"四风"方面的问题，制定加强作风建设的规定和相关整改措施。二是狠抓法治建设。研究制定《审计人员执法责任追究暂行规定》《行政执法人员文明执法责任追究办法(试行)》《审计听证办法》《行政诉讼应诉工作办法》等，依法审计制度更加完善。加强普法宣传教育，全面做好"六五普法依法治理"中期自查自检，开展"无纸化学法用法在线考试"等活动，从自身实际出发，健全制度规范，提高法制意识，切实推行依法行政。三是狠抓信息宣传。制定《郑州市审计局关于加强审计信息工作的意见》，进一步推进信息宣传工作常态化。2014年，市审计部门编报的审计信息被上级审计机关采用量创新高，被国家和省级网站、刊物采用239篇次。通过电视、报纸、互联网等公共媒体，向社会公告审计结果9篇。市级预算执行审计工作报告和整改报告，被10余家新闻媒体报道转载。四是狠抓人员素质和廉政建设。一方面，以培养复合型人才为核心，着力提高审计队伍整体业务能力。市审计局将固定资产投资、经济责任审计、计算机审计等方面的培训作为重中之重，举办各类培训班11期，培训人员350人次，进一步优化干部队伍知识结构。另一方面，把反腐倡廉建设与审计业务工作紧密结合，坚持深入开展廉政教育，健全完善教育、制度、监督三位一体的廉政建设机制，强化内部管理，加强监督检查。五是狠抓平安建设和文明创建工作。在平安建设方面，紧紧围绕郑州市经济工作各项任务，以为民务实清廉为目标，坚持依法审计、服务大局、突出重点、求真务实、履职尽责，保平安、促发展、保安全、维稳定，着力营造安定有序的发展环境。在文明创建方面，出台《郑州市审计局2014年机关精神文明建设工作要点》，开展"文明市民身边好人""道德讲堂"等14项主题实践活动，用正能量引领机关文明风尚，各县（市）区审计机关也开展形式各异的主题活动，为推动审计事业发展注入强大的精神动力。

（杨小娜）

物价管理

【概况】 2014年，郑州市价格工作按照中央和省的要求，紧紧围绕市委、市政府中心工作，努力服务全市工作大局，始终把保持价格总水平基本稳定作为首要任务，精心组织调控，稳妥推进改革，持续强化监管，着力保障民生，切实加强价格监管，为加快郑州都市区建设营造良好的价格环境。市物价局先后获郑州市依法行政示范单位、郑州市依法行政工作先进单位、全市行政审批制度改革工作先进集体、郑州市政府信息公开工作先进集体、郑州市信访工作先进单位、人大建议政协提案办理工作先进单位等多项荣誉称号。

2014年，郑州市居民消费价格指数（CPI）与上年同期相比，累计上涨2%，累计涨幅在全国36个大中城市中列第20位，较好实现年初确定的价格调控目标。

【价格指数】 2014年，郑州市居民消费价格总水平累计为102%，比河南省101.9%高0.1个百分点，与全国平均水平持平，比全国36大中城市的平均水平102.1%低0.1个百分点，按由高到低的次序排列，在全国36个大中城市中居第20位，呈现出温和上涨、总体平稳的良好走势，完成年初制定的103.5%左右的调控目标。

从月环比变动情况看，2014年各月郑州市居民消费价格总水平有涨有落。1–12月份各月环比涨跌幅度分别为：0.9%、0.7%、–0.3%、–0.6%、–0.1%、–0.1%、0.2%、0.3%、0.4%、0.2%、–0.1%、0.4%。

【八大类价格情况】 2014年，郑州市八大类价格累计六涨二降：食品价格累计上涨3.1%（其中，肉禽及其制品价格下降0.8%，蛋类价格上涨16.4%，蔬菜类价格下降4.1%），烟酒价格下降0.6%，衣着价格上涨2.1%，家庭设备用品及维修服务价格上涨0.5%，医疗保健和个人用品上涨0.4%，交通和通讯价格下降0.6%，娱乐教育文化用品及服务价格上涨3.5%，居住价格上涨2.6%。

【粮食价格变动情况】 2014年，粮食价格整体较为稳定。随着粮食连续丰收，粮食整体供求关系逐步由平衡偏紧转向平衡偏宽松，粮食市场自身上涨动能持续减弱，2014年全年粮食价格波动不大。

1–12月居民消费价格指数对比表（同比）

月份	郑州	河南	全国	36个大中城市平均	在36个大中城市排序
1月	102.3	102.0	102.5	102.7	26
2月	101.3	101.2	102.0	102.1	30
3月	102.1	101.9	102.4	102.5	29
4月	101.6	101.5	101.8	101.8	25
5月	102.3	102.3	102.5	102.5	24
6月	102.4	102.1	102.3	102.4	18
7月	102.4	102.0	102.3	102.4	16
8月	102.4	102.1	102.0	102.1	14
9月	102.1	101.9	101.6	101.7	16
10月	102.1	102.0	101.6	101.6	8
11月	101.6	101.8	101.4	101.6	16
12月	101.8	102.0	101.5	101.7	15
累计	102.0	101.9	102.0	102.1	20

面粉出厂价窄幅波动，农贸市场的面粉特一粉和精制粉价格（25公斤装）基本稳定在1.80元/500克和1.6元/500克，比上年同期价格高5.9%和3.9%。农贸市场主销粳米价格基本稳定在2.8元/500克左右。

【食用油价格变动情况】 2014年国内食用油供应充足，需求相对疲软，食用油价格整体呈下行走势。3月，金龙鱼和福临门等品牌的食用油先后降价，降幅达到10%，调价品种主要有调和油、菜籽油以及豆油品类。10月，食用油市场第二次下调价格，此次降价产品主要涉及调和油、豆油和菜籽油。年内的两次调价中，花生油价格相对稳定，特别是非转基因的花生油价格，价格调整幅度较小。

1–4月，食用油价格基本平稳，郑州市主要超市金龙鱼花生油、调和油和大豆油主销价格分别为119.9元/5升、67.9元/5升和56.9元/5升。"五一"前分别下调至109.9元/5升、62.9元/5升和50.9元/5升，与上年同期价格比分别低13.4%、9.9%和17.4%。

10月份的调价中，各大超市的促销活动频繁。郑州市世纪联华（经三路店）从10月16日至31日的促销活动中，花生油价格由109.9元/5升下调到89.9元/5升，调和油（转基因）由62.9元/5升下调至59.9元/5升，大豆油（转基因）由49.9元/5升下调至39.9元/5升。

受上游大豆、菜籽等产品收购价格的走低影响，国内的食用油集团下调价格。连续两年价格下跌，原材料供应充足被认为是主要原因。全球油料产量连续两年实现新高，导致全球植物油产量大幅增加，厂家库存居高不下。其次，市场消费需求持续不足，2014年整体油脂市场供大于求。另外，由于国家限制公款消费、提倡厉行节约，使餐饮业受到影响，节日市场购买力特别是单位团购减少，造成国内市场需求低迷，价格上涨幅度有限。

【生猪和猪肉价格情况】 进入2014年，生猪价格走势较弱，一直处于下跌趋势，春节期间也没有改变猪肉价格的走势，春节过后，价格一路下跌。4月底5月初，生猪出场价为4.9元/500克，跌至2012–2014年的谷底。5月中旬后，猪肉价格出现转机，开始有所上涨。随着猪源减少，中秋、国庆双节消费的增加，推动猪肉价格持续小幅回升，8月涨至年内最高点，随着节日消费影响消退，猪肉需求下降，价格逐渐下跌。12月本是传统的消费旺季，但因生猪大量出栏，市场猪源充足，生猪价格并没有出现上涨。2014年生猪平均价为6.61元/500克，同比下降10.89%。

2014年，猪肉零售价格窄幅波动。1月，猪肉后腿肉和精瘦肉主销价

1–12月郑州市居民消费价格总指数走势（同比）

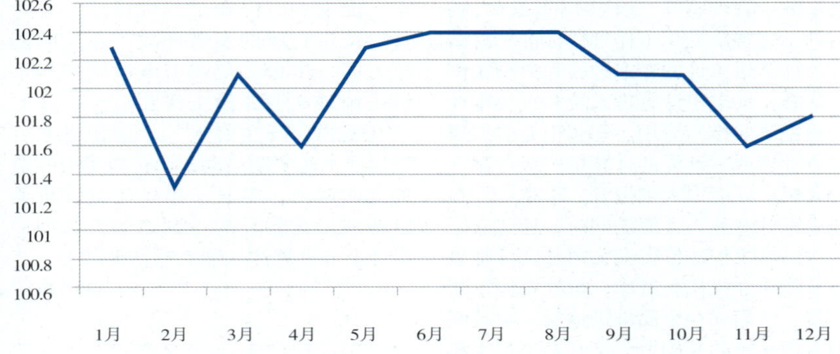

1–12月郑州市居民消费价格总指数走势（环比）

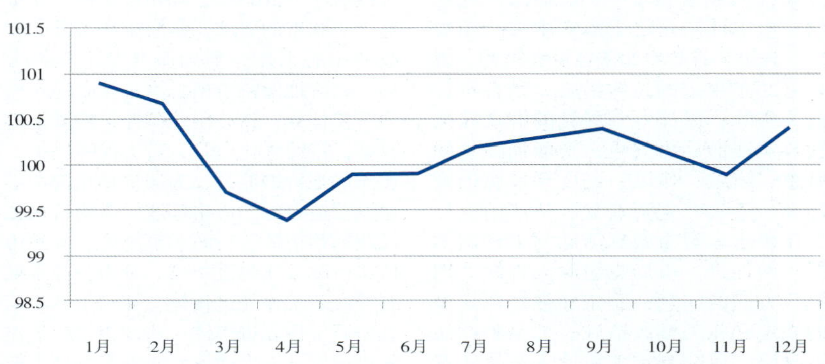

2014年郑州与全国八大类价格对比表（累计）

名　称	郑州	全国
居民消费价格总指数	102	102.0
一、食品	103.1	103.1
肉禽及其制品	99.2	100.4
蛋	116.4	110.4
菜	95.9	98.5
二、烟酒	98.4	99.4
三、衣着	102.1	102.4
四、家庭设备用品及维修服务	100.5	101.2
五、医疗保健和个人用品	100.4	101.3
六、交通和通讯	99.4	99.9
七、娱乐教育文化用品及服务	103.5	101.9
八、居住	102.6	102.0

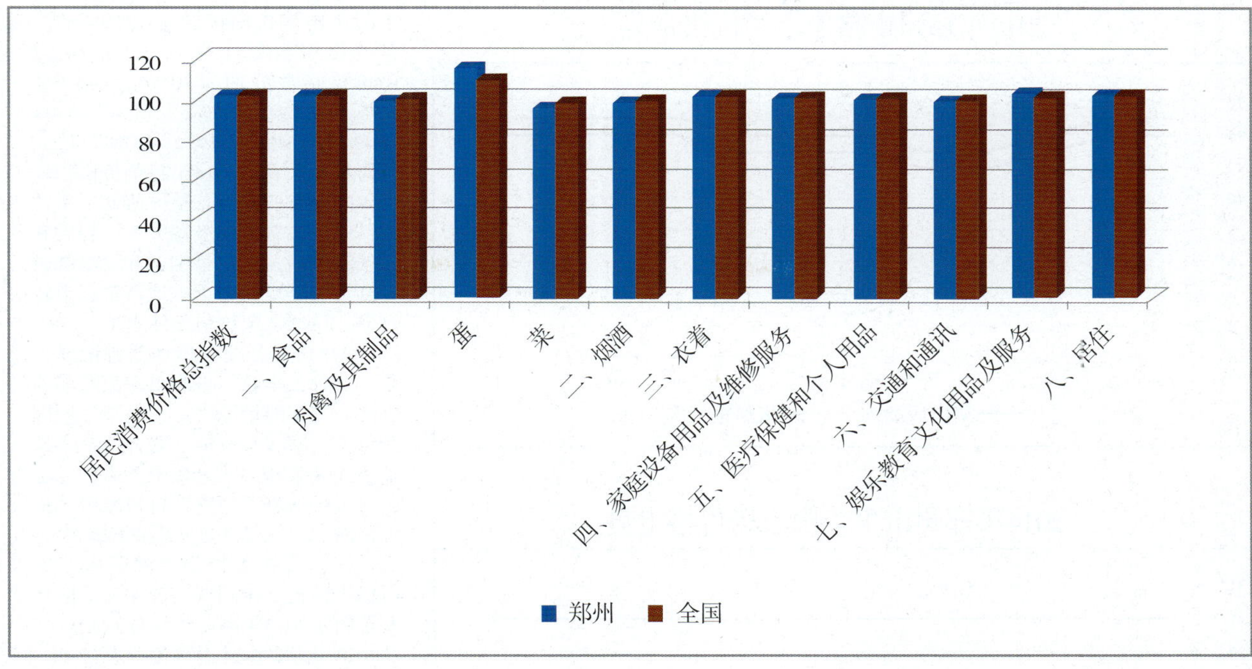

2014年1–12月面粉出厂平均价格走势

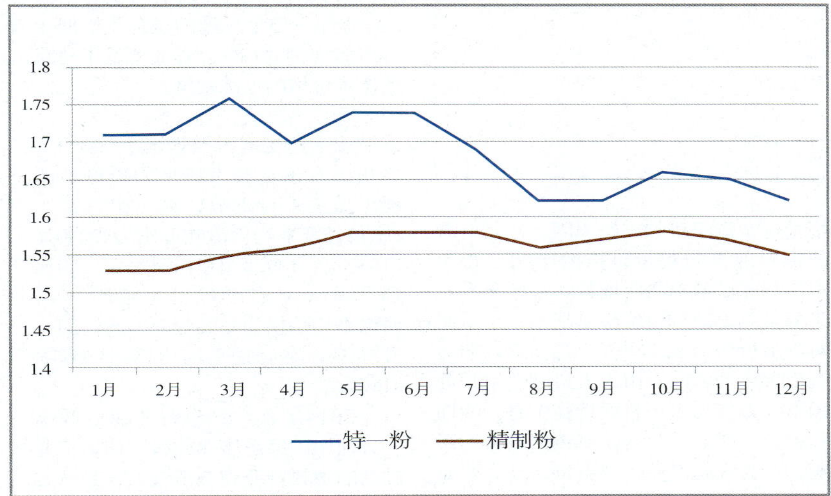

2014年郑州市生猪出场平均价格走势

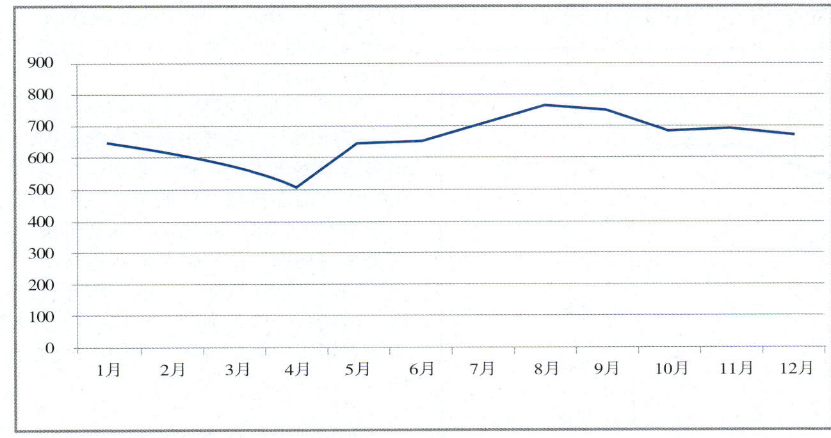

格分别为14元/500克和15元/500克，2月下旬猪肉价格开始回落，至4月分别下降至12元/500克和13元/500克。5月下旬猪肉价格开始小幅回升，涨至13元/500克和14元/500克，9月至年底，猪肉价格分别为14元/500克和15元/500克，与上年同期相比价格分别下降6.7%和6.3%。

猪肉价格下跌的原因主要有三个方面：一是生猪产能相对偏高。前几年生猪养殖过高的盈利水平吸引大量的养猪人，甚至是大资本也投资养猪，养殖户的扩张导致产能过剩在2014年进一步放大。二是猪肉消费增速放缓，居民饮食结构也在悄然发生变化，随着饮食结构的多样化，水产品、蛋禽肉等替代效应增强。饭店采购等团体消费量下降明显，整体消费力度不及预期。三是与国家宏观经济形势相关，货币收紧也是猪肉价下跌的原因之一。

【牛羊肉价格情况】 2014年，牛羊肉价格相对较为平稳，涨势有所放缓，牛肉出现阶段性下跌。一方面是养殖效益显著，使养殖户不断扩大养殖规模，特别是随着近年来国家加大对肉牛羊等牲畜规模化养殖的补贴投入，养殖规模不断增加，导致牛羊肉市场供应增加。另一方面餐饮行业不景气的现状，对牛羊肉的消费有所影响。郑州市农贸市场鲜牛肉和鲜羊肉主销价格相对平稳，分别为25.5元/500克和30元/500克，与上年价格持平。

【鸡蛋价格情况】 2014年，蛋类指数累计上涨16.4%，其中7月份指数达到32.5%，上涨较为明显。全年鸡蛋价格呈现上涨走势。年初出现人感染禽流感病例后，大范围捕杀禽类，直接导致后

2014年郑州市猪肉市场价格走势

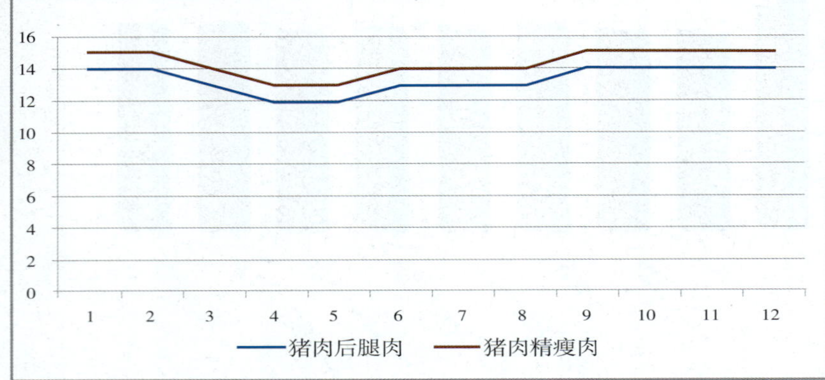

2014年郑州市牛羊肉市场价格走势

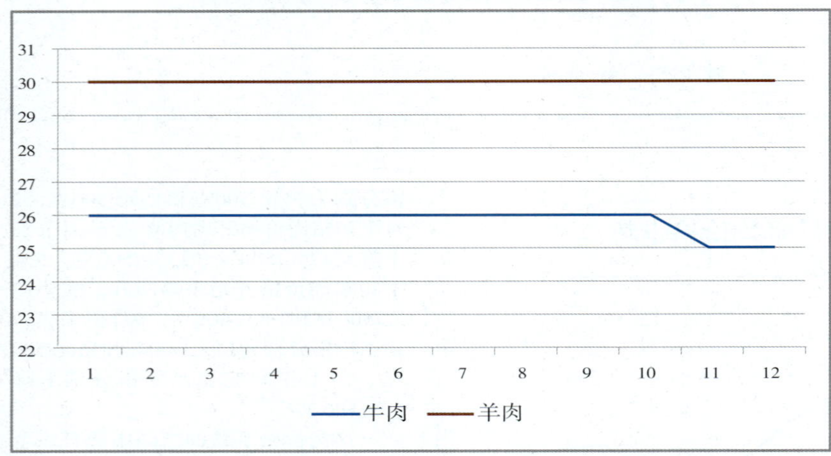

期存栏量大幅度下降，鸡蛋价格从二季度开始出现上涨，在9月初零售价涨至6.2元/500克，国庆节过后，价格才有所回落。截至12月份，鸡蛋平均价为5.22元/500克，同比上涨14.73%。

鸡蛋价格上涨的原因：一是供给方面对鸡蛋价格的影响。2014年以来全国鸡蛋价格猛涨，根源还在于禽流感疫情。由于禽流感发生后蛋鸡淘汰过多，导致蛋鸡存栏量大幅减少。进入6月下旬以后，气温逐渐升高，蛋鸡产蛋率有所下降，鸡蛋现货供给偏紧，是鸡蛋价格维持坚挺态势的主要原因。二是上游的饲料成本对鸡蛋价格的影响。近年来蛋鸡养殖成本逐年增长，总体来看，未来蛋鸡上游饲料价格易涨难跌，从而对鸡蛋价格形成支撑。三是需求方面对鸡蛋价格的影响。由于人口刚性增长等因素，鸡蛋需求一直保持稳中有升的增长趋势。四是季节变化对鸡蛋价格的影响。作为农副产品，鸡蛋价格具有明显的季节性特征。由于中秋、国庆双节备货，而且9月初学校开学的叠加效应导致了鸡蛋价格上涨至年内高点。

2014年1–12月农贸市场鸡蛋零售平均价格走势

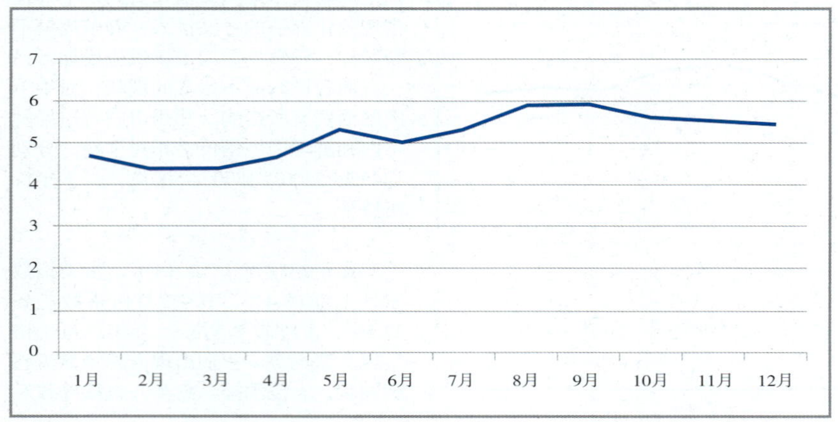

【蔬菜市场价格情况】 2014年，蔬菜价格指数累计为–4.1%，1–12月份价格指数分别为–0.5%、–4.9%、7.3%、–7.4%、–2.9%、–5.1%、–5.4%、–8.4%、–7.3%、–7.1%、–11.8%、1.2%。从指数上来看，2014年蔬菜价格相较于上年同期有所下降，整体偏低。主要原因：一是没有出现极端天气，春天和冬天气温偏高，对蔬菜生长和运输都较为有利。二是夏秋两季本地蔬菜上市较快较多，拉低蔬菜价格整体水平。

4月份部分蔬菜出现滞销情况，芹菜、生菜大丰收，再次出现菜贱伤农的事情。蔬菜滞销原因：一是天气原因，2014年气温回升较早，适合蔬菜生长，致使大棚菜和大路菜集中上市；二是农民对市场信息不敏感，盲目跟风，扩大种植面积；三是外地收购商贩减少。

三季度生姜价格上涨明显。生姜市场价格较上年同期出现明显上涨，主要是由于2013年高温干旱导致减产，以及2013年毒姜事件对种植户有打击，致使种植户减产，生姜市场存量相对较少。

平价蔬菜超市发展状况良好，2014年新增65家。平价超市坚持微利经营，每天有5个品种以上蔬菜价格低于2元/公斤，15个品种的蔬菜价格低于周边市场均价的15%，有效拉低了郑州市菜篮子价格的上涨幅度。

【工业生产资料价格情况】 2014年，郑州市有色金属市场平均价格总体呈现出振荡下行走势，铜、铝、铅、锌1—12月度平均价每吨分别为49240元、13479元、13928元和140406元，同比分别下降7.6%、7.0%、2.4%和5.7%；金属镍平均价格为每吨115894元，同比上升5.4%；金属铜平均价格同比降幅相对较大。

2014年整个塑料行业相对低迷，一方面中国经济增速放缓，作为工业基础品的塑料行业受冲击较大，另一方面国际原油价格的持续走低带动原料市场价格的大幅下滑，还有就是供应量的大幅增加，使得市场供大于求，进而压低市场价格。高压聚乙烯、聚丙烯、聚氯乙烯、聚酯切片2014年平均价格分别为12177元、10956元、6119元、9068元，同比变动幅度分别为–3.7%、0.0、–18.4%、–7.0%。

影响工业生产资料价格向下运行的主要原因：一是经济发展不确定因素增多造成需求下降。在工业增速放缓和国际大宗商品价格持续振荡向下运行等因素影响下，国内有色金属期货价格特别是金属铜期货价格持续偏弱运行。二是国内经济增速放缓。工业需求开始减缓，市场观望气氛渐浓，造成有色金属市场价格特别是金属铜的市场价格迅速回落。

【农业生产资料价格情况】 农资价格

相对稳定。12月，与上年同期价格相比，列入监测的7种农资价格，1种价格下跌，1个品种价格上涨。变动幅度较大的为三元复合肥3元/公斤，同比上涨15.4%；农用柴油5.94元/公斤，同比下降19.2%。其余价格都较平稳，尿素（含氮46%，国产）1.8元/公斤，过磷酸钙（含磷12%，国产）0.66元/公斤，棚膜14元/公斤，价格均与上年价格持平。

【家用电器价格情况】 2014年，家用电器价格窄幅波动。12月，彩电（创维42英寸液晶）、电冰箱（新飞BCD-222MR）、空调（格力1.5匹冷暖KFR-35GW）和洗衣机（海尔滚筒式XQG50-B10866）价格分别为4399元/台、2599元/台、3899元/台、2350元/台，与上年同期价格相比，变动幅度分别为0、-3.7%、5.4%和2.2%。

【服务类价格】 服务类价格基本稳定。2014年，水、电、市内电话费、公交车票、居民公有住房租金、教育收费等公用事业价格和医疗服务价格保持稳定，水、电和管道燃气价格分别为2.4元/吨、0.56元/度和2.25元/立方米。

【市场价格监测】 加大市场价格监测力度，运用信息化手段提高监测水平，健全分析预警和应急处置机制。一是积极推进价格公共服务信息平台建设，不断健全涵盖生产、流通、销售各环节的价格监测网络，构建物价、农业、畜牧、统计等多部门数据共享平台，提高价格服务信息化水平。市物价局门户网站全年共发布各类价格信息37000余条。二是增加价格监测的频次和覆盖面，全面加强市场价格的监控。2014年全市共设监测点70个，监测品种670种，向国家价格监测中心和省发改委上报监测报表3744次，上传价格监测分析资料74篇。向市委、市政府报送《价格监测快报》63期，完成专项调查10次，为政府科学决策提供重要依据。三是加强对粮油、肉蛋奶等生活必需品，特别是基本蔬菜品种的动态监测和跟踪分析，发现苗头性、趋势性问题及时预警上报，不断完善价格异常波动应急预案。

【价格调节基金征收管理】 完善价格调节基金征收管理使用机制，积极发挥扶持生产、平抑物价作用。一是进一步理顺价格调节基金征收体制，与地税、财政等部门协调，不断加大征收力度。2014年，市本级共征收价格调节基金3.42亿元，全面完成年度目标。二是为扶持生猪生产，防止市场猪肉价格暴落，一季度使用价调基金552万元，会同财政、商务等部门，共储备活体猪48000头，冻猪肉380吨。第四季度，又按计划开展菜、蛋、油储备工作，保障群众需求。使用价格调节基金623万元扶持平价蔬菜超市建设。

【农产品平价商店建设】 继续开展农产品平价商店建设，积极推进平价蔬菜直通车进社区工作，努力构建政府调控平台。一是为建立健全农副产品市场供应长效机制，保持市场农副产品价格基本稳定，在平价商店建设的基础上，市政府制定下发《郑州市平价蔬菜直通车进社区实施意见》，补充完善平价商店建设工作机制。2014年，新开通平价蔬菜直通车56辆，超额完成年度建设任务。二是充分发挥平价商店便民惠民作用。建设"郑州市平价商店信息服务平台"，实现对25家农贸市场蔬菜价格、上百家平价商店蔬菜价格的信息管理、统计和发布，加大了对平价蔬菜超市的巡查监管力度。三是继续加大平价商店建设力度。市物价局协调郑州毛庄绿园实业有限公司、河南菜哥商贸有限公司、河南邦友有机农副产品有限公司、河南中方农业科技有限公司、郑州众帮果菜有限责任公司，推进平价蔬菜超市建设。2014年，共新建平价蔬菜超市60家，超额完成年度建设任务。全年平价蔬菜超市销售蔬菜品种达90余种，共计销售蔬菜近1200多万公斤，其中每日市场监测的40种大众蔬菜，平价蔬菜超市销售价格平均低于市场均价20%以上，让利于民800余万元。《人民日报》、中央电视台、《河南日报》、河南电视台等多家媒体对郑州市平价蔬菜超市建设工作进行深入的解读和报道，新华社专题刊发内参对郑州市推进平价蔬菜超市建设的做法予以充分肯定。

【社会救助和保障】 完善落实社会救助和保障标准与物价上涨挂钩联动机制。一是按照省发改委等5部门文件要求，结合郑州市实际，11月12日市政府第十六次常务会议研究通过《关于完善郑州市社会救助和保障标准与物价上涨挂钩的联动机制的实施意见》。二是为确保低收入家庭的基本生活水平不因物价的上涨而下降，及时对低收入家庭进行价格补贴，将"为我市低保家庭每月减免3立方米水费、补贴10度电费、提供30立方米以内低价气"政策列入2014年市政府"十大实事"。物价部门协调相关部门、企业对补贴方式及实施办法进行调整，将水费、电费补贴由一年改为每半年补贴一次，天然气登记退费办理时间由1个月延长至4个月，更好地发挥民生实事的惠民便民作用。三是下发《关于对低收入家庭优惠用电、用水有关问题的通知》，及时掌握低保家庭信息变动等情况，确保市政府民生实事落实到位。2014年，共计为全市低保家庭用户补贴水费75.84万元，补贴电费98万元，办理天然气登记退费24290元。

【保障性住房价格审批】 严格审批保障性住房价格，保持价格相对稳定。一是在成本监审的基础上核定经济适用住房销售价格。共审核经济适用住房项目7个，总建筑面积46.07万平方米，其中多层2.16万平方米，平均销售基准价格2034元/平方米；高层43.91万平方米，平均销售基准价格2785元/平方米—2937元/平方米。二是重新发布郑州市公共租赁住房租金标准，保障中低收入群体的基本权益。市物价局会同市财政局、市房管局对市区公共租赁住房租金指导价进行重新发布，最高一类区域租金15元/平方米·月，最低五类区域租金6元/平方米·月，保障了中低收入群体的基本权益。

【新建商品住房销售价格备案管理】 郑州市结合实际，规范完善新建商品住房销售价格备案工作流程，依法依规进行销售价格备案工作。通过发放价格备案提醒函、主动上门服务等多渠道多方式积极推进价格备案工作，并做好政策

市物价局局长杨虎臣陪同省发改委副主任王红调研节前市场价格运行情况

解释和销售价格备案指导。2014年，共完成民安北郡小区、长江一号院等15个商品住房项目销售价格备案，备案套数5359套，备案面积61.39万平方米。

【城市供水价格改革】 2014年，市物价局按照居民生活用水实行阶梯水价、实行工商用水同价、适当调整供水价格的改革原则，对郑州市自来水公司的2010—2012年度的供水成本进行监审，并督促供水企业做好2013年度企业经营成本的公开工作，积极做好水价改革、调整前的相关调研等基础性工作。11月12日，经市政府第十六次常务会议研究决定，郑州市城市供水价格改革工作正式启动。

【车用燃气价格改革】 根据省发改委《关于调整河南省非居民用天然气销售价格的通知》精神，郑州市结合实际制定车用天然气销售价格调整工作方案，将车用燃气销售价格按照与90号汽油最高零售价格0.65:1的比价关系，由3.60元调整为4.36元。9月1日，车用燃气价格调整政策出台并平稳组织实施。

【城市供热价格改革】 结合郑州市热电企业供热价格提高导致供热企业经营成本增加等实际情况，市物价局制定热力销售价格改革工作方案。组织开展对供热企业近三年经营成本进行核算监审，对周边省会城市居民供暖价格情况进行调研，对供热企业2013—2014年供热成本进行监审，待监审结果得出后，向市政府提出郑州市居民供暖价格改革意见。

【电动汽车充换电服务价格制定】 2014年，郑州市物价部门贯彻执行资源性产品价格政策，促进节能减排和产业结构调整，加快全市新能源汽车产业快速发展，减轻郑州市环境压力，减少城市雾霾，制定电动汽车充换电服务价格，开拓新的价格服务领域。经市政府批准，郑州市纯电动公交车充电服务价格为1.26元/千瓦时（含电费），换电服务价格为2.10元/千瓦时（含电费，不含电池租赁费）。

【热电企业热力出厂价格调整】 在企业供热成本监审的基础上，按照“补偿成本、维持正常生产、坚持公平负担”的原则，对3家热电联产企业的热力出厂价格进行调整，每吉焦由32元调整为37元。

【产业集聚区电价政策落实】 2014年，市物价部门对位于郑州市县域内产业集聚区的大工业企业进行调查，对符合产业政策的企业，执行每千瓦时优惠8分钱的省网直供电价政策，全市享受优惠电价政策的企业121家，推动了县域产业集聚区内符合国家产业政策的电力用户快速发展。

【供热用煤价格监测】 做好郑州市标煤价格监测工作，为政府决策提供扎实的基础资料。每月汇总郑州市3家热电企业（新力、东电、泰祥）和1家供热公司（热力公司）财务票据，每季度公开发布供热标煤加权平均价格，定期向省发改委和市政府上报信息，为上级政府决策和制定价格提供依据。

【非民用天然气销售价格调整】 落实省发改委《关于调整河南省非居民用天然气销售价格的通知》，郑州市调整非民用天然气销售价格。工业用气（3.23元/立方米）、商业用气（3.53元/立方米）统一调整至3.70元/立方米，自9月1日起执行。

【国家成品油价格政策落实】 2014年，对成品油价格进行了18次调整，并积极协调中石油、中石化两家公司确保市场供应，督促其严格执行国家成品油价格政策，推进成品油价税费改革。

【物业服务收费管理创新】 2014年，市物价部门在调查研究、广泛征求各方意见、借鉴外地经验的基础上，制定新的《郑州市物业服务收费管理办法》，经市政府第八次常务会议同意，于9月1日起执行。新办法改革了物业收费管理模式，规范了物业服务行业的收费行为，将单一的物业服务收费等级管理模式改革为菜单式物业服务收费管理模式，业主可自主选择物业服务等级标准和相对应的收费等级标准。

【规范城市生活垃圾处理收费】 2014年，市物价部门进一步规范城市生活垃圾处理收费，服务城市环境综合整治提升。与市城管局联合下发《关于进一步规范城市生活垃圾处理收费问题的通知》，明确居民生活垃圾处理费为每户每月5元；单位生活垃圾费为每吨45元；沿街门店垃圾处理费按其营业面积计算，每平方米每月0.6元；各类市场（包括集贸市场、各类专业批发零售市场等）垃圾处理费按摊位营业面积计算，每平方米每月1元。

【完善停车场差别化收费政策】 2014年，市物价部门进一步完善停车场差别化收费政策，支持畅通工程建设。根据停车场差别化收费政策执行情况，协调市畅通办、市公安局等相关单位，对差别化停车收费开展情况进行评估，为市政府决策提供可靠依据。6月23日，市政府下发《关于延续执行市内城区公共停车场机动车存放服务实行差别化收费的通知》（郑政文〔2014〕111号）。

【价格监管】 2014年，在调控物价的同时，重点加大价格市场监管力度，完善民生价费政策，维护群众合法权益。一是依法打击各类价格违法行为。组织开展各类价格专项检查，规范市场价格行为，维护正常的市场价格秩序。全年先后开展节假日市场、涉企收费、银行收费、教育收费、医疗服务收费、物业服务收费、机动车停车收费、成品油价格、明码标价和价格诚信建设等九大类专项检查和市场巡查工作，共查处355件价格违法案件（含网络舆情件），实施经济制裁150万元，其中罚款136万元，退还用户14万元。二是做好价格举报工作。组建成立大举报中心，推进全国四级联网的价格举报网络建设工作。全年共收到ZZIC、市长信箱、价格信息网、心通桥等各类网络投诉件149件，12358价格举报电话共接听投诉、咨询5472次，接待群众来访83人/次，对电话、来人、来信等各类群众投诉立案138件，办结121件，案件查处率100%，办结率88%。三是推进价格诚信

市物价局局长杨虎臣陪同新华社记者调研郑州市平价蔬菜超市建设

郑州市开通郑州平价蔬菜直通车

工作。以规范明码标价管理为切入点，制定下发实施方案，在全市组织开展“明码实价示范街（店）”创建活动，主动上门开展价格服务工作，及时建立经营者价格信用信息数据库，定期评定和发布价格信用等级，强化经营者的价格自律和守法意识。

【清费治乱】 2014年，郑州市持续推进清费治乱，切实减轻企业和群众负担。一是抓好收费许可证年审。全年共对779个单位进行收费许可证年审，涉及行政事业性收费12.0242亿元，经营服务性收费21.1127亿元；通过年审注销、收回收费许可证287个，取消和免征收费项目涉及12部门24个项目，降低收费项目涉及4部门4个项目，合并收费项目1个。二是按照省发改委的安排，对省取消的行政事业性收费项目和标准及时变更收费许可证，将经营服务性收费许可证的办证范围由29个行业压缩到12个行业。进一步整顿规范社团收费行为，取消156个社团收费许可证，对社团收费实行备案管理。三是开展涉企收费专项检查。采取上下联动、下查一级和交叉检查的方式，对建设、交通、环保、工商、消防等部门2012年以来的涉企收费行为进行专项检查，围绕企业反映强烈的突出问题，重点查处相关协会和中介机构的隐蔽性乱收费行为，切实维护企业合法权益。四是对社会养老机构收费、民办非学历教育、私立医院收费和县级医院综合改革进行探索。

【学校收费管理】 整顿学校收费秩序，规范教育收费行为。一是开展学前教育、中小学收费管理和调研，切实解决中小学教育收费工作的实际困难，促进中小学教育健康有序的发展。共计对44所公办、公建民营幼儿园换发收费许可证，对20多所民办幼儿园收费进行备案。二是进一步规范普通高中收费管理。按照省发改委、教育厅、财政厅《关于加强公办高中阶段中外合作办学收费管理的通知》要求，研究国家中外合作办学收费问题的相关法律法规，组织召开公办高中中外合作办学收费审批专题会议，规范郑州市公办高中中外合作办学收费标准:中美班40000元/学年，中加班、中澳班36000元/学年。

【医疗服务价格管理】 加强医疗服务价格管理，进一步规范医疗服务收费行为。一是进一步规范城市社区卫生服务机构和乡镇新型农村合作医疗机构医疗服务价格，按照重新修订下发的《关于规范城市社区卫生服务机构和乡镇新型农村合作医疗机构有关价格问题的通知》要求，明确价格管理权限，统一收费标准，减轻群众负担。二是做好价格服务进医院工作，重点规范医疗服务价格，全面落实价格公示和一日收费清单制度，指导医院构建和谐的医患关系。三是为医院做好服务工作，对郑州市中医院儿科病房和郑州第一人民医院改建病房楼床位费进行审批。

【旅游景区、景点收费清理规范】 在成本监审的基础上，完成郑州城隍庙—文庙新春文化庙会票价和南水北调孤柏嘴穿黄文化旅游区门票价格的审核制定。贯彻国家关于落实旅游景点门票价格优惠政策的要求，在“五一”“十一”期间，对郑州市部分景区票价实施优惠政策。对登封旅游景区门票价格整合进行调研。

【粮食最低保护价格落实】 2014年，郑州市贯彻落实国家、省有关粮食价格政策，提高稻谷和小麦最低收购价格，每50公斤早籼稻最低收购价格提高到135元，比2013年提高3元；小麦每50公斤最低收购价格提高到118元，比2013年提高6元，充分调动农民种粮积极性，促进粮食生产稳定发展。同时加强对粮食市场的价格监测，切实稳定粮食市场价格。

【药品价格政策惠民】 2014年，郑州市贯彻落实省发改委关于药品降价的精神，先后3次降低、调整2038个品规的药品价格，让利于民。同时，引导生产、经营企业和医疗机构正常生产经营和使用降价药品，并对全市医疗机构和大型连锁药店执行情况进行检查落实。

【依法行政】 一是做好规范性文件的审查、备案工作。不断加强对规范性文件的监督管理，切实做到有件必备、有备必审、有错必纠。同时做好规范性文件清理工作，保留规范性文件26个，废止32个。二是全面贯彻落实《行政复议法实施条例》，规范办案程序，切实依法办案。2014年，市物价局共受理行政复议12起，经过听证和调解，审结11起，1起审理中。三是建立行政复议和诉讼预防机制。对可能出现行政复议和行政诉讼案件的重点领域，加强调查研究，掌握信息，及时提出改进建议，及早采取预防措施，避免出现败诉案件。全年共应对行政诉讼和复议案件27起。

【价格行政审批改革】 贯彻落实全市行政审批改革的决策部署，按照“精简、统一、便民、高效”的要求，科学设置、合理调配市物价局相关机构职责，推进行政审批“两集中、两到位”改革工作和行政审批服务、监管的前延后伸。新成立局行政审批办公室，设立行政审批首席代表，建立“一个窗口对外、一个机构履职、一枚签章签批”的行政审批新机制，建立健全日清周结、并联审批、行政审批案卷等行政审批管理责任制度，进一步压缩行政审批办理环节和时限，规范办理程序和自由裁量权限，促进职能转变和管理创新，切实提高行政审批质量和效能。2014年，共受理审批事项249件，办结249件，办结率100%，接受价格咨询1000多人次，答复率100%。行政审批办公室组建运行以来，受理的行政审批事项平均提前5个工作日办结，提前办结率达95%以上。

【定期和调定价成本监审】 2014年，共完成调、定价成本监审项目64项，其中，教育类项目52项，经济适用房项目8项，公用事业类项目3项，医疗类项目1项，涉及成本约22.56亿元，核减不合理成本约9.59亿元。制定出台《郑州市经济适用住房定价成本监审工作程序和办法》《郑州市民办中小学教育定价成本监审暂行办法》《郑州市公办高中阶段中外合作办学教育定价成本监审暂行办法》。另外，还分别对生猪养殖、芹菜种植等生产成本进行专项调查，准确掌握价格走向。

【涉案物品价格鉴证】 2014年，共办理价格鉴证业务3916件，标的总额2.42亿元。共出具涉案财产价格鉴定报告12份，标的总额1.16亿元；出具涉纪财物价格认定结论书3份，标的总额161.81万元，为司法机关、行政执法机关依法及时办理各类案件提供了准确依据。

【价格网格化管理工作】 进一步完善“全覆盖、无缝隙”的价格网格管理体系，使价格工作保障民生的职能职责更好地融入到全市每个网格中。一是按照“逐级负责、全面覆盖”的思路，及时调整充实物价系统网格管理力量。全市物价系统共有544名干部职工逐级下沉到第一、二级网格，占总人数的83.7%。二是结合物价部门职能特点，探索长效机制新途径。利用集团网格对遍布全市的300余家超市和商场的明码标价行为进行规范，节省人力、物力和时间，提高价格管理效率。三是结合教育实践活动，局班子成员带队深入基层网格走访调研。先后组织召开15次基层座谈会，当面听取三级网格长代表、基层群众代表及服务对象对作风建设、价格工作的意见建议。建立与基层网格人员的联系热线，印制联系表和宣传材料10000册，发到每个基层网格人员手中。

【人大建议政协提案办理】 2014年，市物价局共接到建议提案28件，主要涉及物业收费、停车收费、部分放开商品或服务收费等。收到建议提案后，市物价局组织召开专题会议进行安排部署，4月底专门邀请10名代表、委员召开建议提案办理专题座谈会。截至年底，建议提案答复完毕，其中，24件为满意，4件为基本满意，圆满完成2014年度建议提案办理工作任务。

（汤其涛）

质量技术监督管理

【概况】 2014年，郑州市致力营造良好的质量环境，在全省率先开展全国质量强市示范城市创建工作；累计推动129家企业设立首席质量官；4个单位获批省级、7个单位获评市级中小学质量教育社会实践基地；全系统向各级党委、政府报送质量分析报告60篇，召开质量分析会86场次；广泛开展质量月活动，举办大型宣传活动12场次，全社会质量意识不断提高；大力推进质量品牌建设，截至年底，全市所有县（市）区均开展了质量强县（市）区活动，新密市获批创建河南省质量强县示范县。2014年，全市新增省名牌产品49个，累计争创省长质量奖企业10家、市长质量奖企业20家，在有效期内的省名牌产品达153个，各项总量均居全省首位。不断夯实标准计量等质量基础，3个国家级服务标准化示范项目稳步推进，1家国家级、3家省级农业标准化示范区项目进行创建验收，新增标准化良好行为企业3家，新增1个省级专业标准化技术委员会。国家高新技术产业标准化示范区建设成效明显。郑州市组建国家专业技术委员会、分技术委员会、工作组23个，承担国际标准制（修）订3项、国家标准和行业标准制（修）订162项，获中国标准贡献奖6项、国家地理标志保护产品6个，各项总数均居全省地市前列。全年办理制造（修理）计量器具许可企业14家，考核复查换证企业计量标准3家、社会公用计量标准25项，新增省计量合格确认企业A级11家、B级23家；审核定量包装商品“C标志”企业5家，定量包装抽查合格率96.4%；开展重点用能单位审查10家，办理计量检定员证106个，评定诚信计量示范单位15家。加强产品质量监督工作，全年共开展各级产品质量监督检查4010批次，抽查企业2950家，全市工业产品质量抽查合格率95.1%；工业产品生产许可证企业新增20家，累计435家，其中认定AA级8家，A级28家，B级335家；开展企业实验室分级认定84家，累计194家；机动车安检机构监管工作走在全省前列，经验做法获得省局肯定并在全省推广。

【食品生产监管】 持续抓好食品生产监管工作，职能划转有序推进，有关工作平稳过渡。累计有922家企业获得1227张食品生产许可证，110家企业获得食品相关产品生产许可证；开展饮用水等24类重点产品风险排查，有针对性地开展专项整治，查办食品违法案件311起，吊销或注销164家企业178张食品生产许可证；生产领域食品质量安全监督抽查合格率逐年提升，2014年达97.2%，国家和省级监督抽查合格率连年高于全省平均水平，食品生产领域未发生系统性、区域性、行业性质量安全问题，食品生产监管工作成效得到省局、市委、市政府和市食安办的肯定。

【打击假冒伪劣产品】 打击假冒伪劣产品力度不断加大，持续开展“质监利剑”专项行动，建立联合执法机制，不断提高案件办理质量，全年部署开展农资、酒类、建材、化妆品等12个专项执法检查，全系统出动执法人员4530人（次）、车辆1979台（次），查处325起案件、货值353万元，其中货值10万元以上大要案14起，查处窝点6个，向司法机关移送案件1起。有效发挥12365平台作用，共受理质量申（投）诉、举报1108件，处置率、回复率100%。

【特种设备安全监察】 利用科技手段不断加大特种设备安全监察力度，79355台特种设备信息录入市质监局信息平台，推行安装电梯卫士800多台、粘贴气瓶电子标签45843枚，计划到2015年3月将所有车载气瓶纳入物联网管理。全年未发生特种设备安全责任事故，连续实现市政府下达的年度安全生产责任制目标。

【服务发展】 加快行政审批制度改革，主动提升服务效能。全年受理行政许可3664项，全部提前办结，多次受到市审改办通报表扬，行政审批年度绩效考核位居全市第三位。在全市行政审批推进大会上，市质监局作典型发言，做法在全市推广。靠前服务重点项目建设，对原属于市局的行政审批、备案等18项权力全部下放到航空港区分局，减少中间环节，被市绩效办评为服务航空港区优秀单位。在马寨食品工业园区、郑东新区、经济技术开发区筹备设立质检站，免费为企业提供检测服务；取消组织机构代码年检，在金水区、郑东新

2014年8月20日，国家质检总局副局长梅克保到郑州调研质量工作

2014年1月11日，国务委员王勇莅郑检查节日期间质量安全工作

区、高新区、航空港区设立组织机构代码办理点。围绕产业聚集区建设和区域质量提升，帮扶新密市千亿级新型耐材产业基地争创河南省知名品牌示范区，顺利通过省局文审答辩。

【综合保障】 大力加强技术机构建设，加快检测设备更新升级，筹备国家级汽车零部件质检中心、国家级家具质检中心等项目，市、县两级检测机构全年投入1200多万元对检测设备进行更新改造，检验检测能力进一步提升。市检测中心首次承担食品、家具国家监督抽查任务。扎实推进法治质监建设，被总局命名为全国质检系统首批依法行政示范单位。执法队伍素质逐步提升，系统内有全国质检系统打假办案能手2人、河南省执法打假办案能手1人、省市人民满意公务员2人、省市"五一劳动奖章"获得者4人。科研工作方面，获得河南省质量技术监督科技成果奖3项、河南省质量技术监督科技论文奖2项。体制划转工作进展顺利。县（市）区局基本划转到位，食品检验机构在协商划转，市编办批复同意市质监局保留原有处室，并增加行政审批办公室，市质监局进行所属事业单位"三定方案"制订。

（樊宏颜）

安全生产监督管理

【概况】 2014年，郑州市安全生产监督管理牢固树立"红线"意识和安全发展理念，扎实开展安全生产大检查"回头看"活动和"六打六治"打非治违专项行动，着力反"四风"、强基础、抓监管、治隐患、防事故，安监工作有力保障了全市经济社会持续稳定健康发展。2014年，全市共发生各类生产安全事故1264起，死亡115人，受伤338人，直接经济损失3928.8万元。郑州市安全生产监督管理局直接监管的非煤矿山、危险化学品、烟花爆竹等行业领域全年未发生安全生产死亡事故，全市安全生产形势继续保持稳定好转的态势，该局被国家安监总局、国家煤矿安全监察局授予安全生产监管监察先进单位称号。

【安全生产责任制落实】 2014年，全市各级各部门认真贯彻落实习近平总书记等中央领导人及省委、省政府领导关于安全生产的重要指示批示精神，进一步强化"红线"意识，底线思维，切实增强政治意识、忧患意识和责任意识，坚决贯彻落实安全生产"党政同责、一岗双责"制度，坚决守住安全生产这条红线、底线、生命线。市委、市政府主要领导多次召开高规格安全生产工作会议，多次对安全生产工作做出重要批示，多次第一时间赶赴安全生产事故抢险现场，安排部署工作并督促落实。四大班子主要领导不定期对煤矿、建筑、非煤矿山、危化、烟花爆竹等重点行业进行明察暗访，研究解决安全生产工作中存在的实际困难和突出问题。市政府与15个县（市）区、开发区和36个市直部门签订安全生产目标责任书，层层落实安全生产责任。严格按照习近平总书记提出的"坚持党政同责、一岗双责、齐抓共管，坚持管行业必须管安全、管业务必须管安全，实行安全生产和重大安全生产事故风险'一票否决'"的工作要求，进一步落实《安全生产党政同责制度》《安全生产隐患失察失治责任调查制度》《郑州市人民政府安全生产委员会关于印发<郑州市人民政府安全生产委员会成员单位安全生产工作职责>的通知》等规范性文件，将安全生产党政同责、一岗双责列入党政目标考核和领导干部政绩考核体系，把安全生产工作纳入各级党委、政府总体工作目标和年度综合考核。全市15个县（市）区、开发区中，主要负责人担任安委会主任，副职领导分管安全生产工作。安全生产工作成为全市各级党委、政府的重要工作，一级对一级负责、一级支持一级工作的格局逐步形成。

【安全生产网格化管理】 2014年，全市各级安监部门以"深化规范提升"为总要求，按照"夯实基础、抓住重点、细分网格、职责量化、工作留痕、常态管理"的工作模式，探索新思路，完善新措施。一是开展"走基层、转作风、听意见、促提升'调研活动。先后征求关于安全生产工作方面意见、建议42条，制订出具体整改措施，使网格工作成为推动安全生产的有力抓手，网格化管理成效和安全生产保障水平持续提升。二是扎实开展安全生产网格隐患排查工作。把做好安全生产隐患排查治理工作作为开展安全生产网格工作的一项根本工作，通过完善的安全生产网格化监管信息平台，将网格化管理延伸到企业，实现对企业安全生产情况的随时掌控，为日常监管工作提供有效的信息支持，保证隐患排查工作的全程控制和动态监管。三是切实加强对所在网格基层人员的业务培训。要求下沉一级网格人员力争当好"三员"（监督员、宣传员、服务员），针对网格内的不同对象，通过组织工作例会、发送预警信息、开展业务培训、发放安全生产宣传手册、制作宣传漫画长廊、定期走访企业等形式，开展有针对性的宣传教育，基层安监人员的业务水平得到提高。四是进一步细化工作考核办法。对照《郑州市直职能部门下沉人员管理暂行办法》，进一步细化网格下沉人员考核办法，对网格人员进行量化评比，定期组织评优评差，激励先进，鞭策后进，调动广大下沉人员的工作积极性，推动安全生产长效机制工作健康发展。

【安全郑州创建】 2014年，郑州市根据省安全创建行动计划有关要求，研究制订《安全郑州创建2014年行动计划》及实施方案，进一步在全市开展安全和谐型村镇、安全和谐型社区、安全发展型企业、安全保障型城市和安全生产监督管理机构标准化建设活动。各级各部门把安全创建纳入诚信企业创建活动之中，促进企业安全生产全面发展。市安委办适时召开会议，了解掌握各县（市）区、开发区及市直部门开展安全创建进展情况，并要求各县（市）区、开发区及市直部门每月将安全创建情况上报。同时，利用安全生产监督管理局网格优势，每位局领导分别对各辖区安全创建进行督察与指导。2014年，全市15个社区达到省级安全社区标准，54个社区达到市级标准，6个街道办事处申报全国安全社区。

【安全生产监管】 2014年，全市各级安监部门突出重点时段和重点领域，采取先进技术和有效措施，全面做好安全

国务院安委会第15督查组对郑州市安全生产工作进行督查和调研

生产监管工作。在非煤矿山行业，推广运用露天矿山“台阶式分层开采、中深孔爆破技术”、井采矿山安全避险“六大系统”建设、尾矿库干式排尾方式等先进技术，切实提高非煤矿山的技术装备水平，并重点做好春节期间和汛期非煤矿山安全监管工作，切实保障各类非煤矿山企业安全生产和稳定工作。在危险化学品行业，着力做好危化使用企业、“两重点一重大”（重点监管危险化工工艺、重点监管危险化学品和重大危险源）企业的安全监管工作，尤其高温雷雨季节，加大“两重点一重大”企业监管力度，严格落实“八防”（防火、防爆炸、防泄漏、防静电、防中毒、防洪涝、防垮塌、防暑降温）措施，落实因高温和湿度变化容易引发化学性质变化的有毒有害物质储存安全措施，确保危化企业安全运营。在烟花爆竹行业，重点做好春节期间及夏季高温季节烟花爆竹企业安全管理工作。特别是春节期间，协调各个相关部门，采取多种手段、全员通勤，全力做好烟花爆竹批发企业和零售网点安全监管工作，春节期间全市13家批发企业、1180家销售网点均未发生安全事故。在工贸行业（领域），依法履行综合监管职能，进一步强化对冶金、机械、涉氨制冷企业以及一般商贸企业等非高危行业和工贸企业的安全监管，督促、指导八大行业按照“管行业必须管安全”的要求开展行业范围内的安全生产监管工作，厘清监管范畴和责任边界，做到不打折扣、不留死角。在职业卫生监管方面，突出做好《职业病防治法》宣传培训、职业病危害项目申报、职业卫生“三同时”、职业卫生基础建设等工作，先后发放《职业卫生科普知识》宣传读本2000余本、宣传彩页20000余份、《职业卫生法律法规文件汇编》2000余本、《职业病防护知识》4000余册，制作宣传展板6块，培训各类人员18340人，完成企业职业病危害项目申报1815家、职业病危害预评价26家，1325家用人单位开展基础建设活动，职业病防治工作得到加强。

省政府安委会、市政府安委会在绿城广场举办第13个安全生产月宣传咨询日活动暨安全生产中原行出发仪式

【安全专项整治】 2014年，郑州市在全市重点行业领域开展安全生产专项整治，督促指导煤矿、非煤矿山、危化品、烟花爆竹、消防、道路交通、建筑施工、教育、旅游、特种设备、城市燃气等11个重点行业和领域开展安全生产专项整治。全市全年依法取缔关闭非法和不具备安全生产条件的生产经营单位3536家，有效规范了全市安全生产秩序和企业安全生产行为。全市油气管线专项整治方面，严格按照全省油气输送管线安全专项排查整治工作部署，有计划、有步骤开展油气管线专项治理工作，共排查出安全隐患189处，整改150处，对其他不能立即整改的39处站外管道占压类隐患，都落实了责任、资金、期限和应急防范措施，由各县（市）区、开发区和行业主管部门挂牌督办。

【安全隐患排查治理】 2014年，郑州市按照《安全生产事故隐患排查治理十项制度》《郑州市重大事故隐患销案制度》《郑州市事故隐患双向验收制度》等文件要求，落实重大事故隐患政府挂牌和领导包案制度，对涉及多个单位的重大事故隐患，由市安委会或相关市领导组织协调，现场办公，跟踪监控，整改到位，形成政府统一领导、部门主动履职、各方积极联动的隐患排查治理模式。2014年，全市共排查企业39891家，排查隐患129751处，整改129716处，整改率99.9%。各县（市）区、开发区共排查挂牌重大隐患21处，全部整改、销案。

【安全生产大检查】 2014年，全市各级安监部门按照“全覆盖、零容忍、严执法、重实效”的总要求，督促指导煤矿、非煤矿山、危险化学品、烟花爆竹、消防、道路交通、建筑施工、教育、旅游、特种设备、城市燃气11个重点行业和领域开展安全生产专项整治，下发具体实施意见，专门成立15个综合督察组、协调218人次专家在全市范围内不间断开展安全生产隐患“大排查、大整治、大督察”和安全生产大检查“回头看”活动，重点关注2013年以来大检查活动中仍未整改到位的各类隐患整改落实情况。截至2014年年底，全市共组织各类督察检查组17431个，参加检查人员81719人次，检查各类企业和单位128667家，共排查出安全生产事故隐患150623处，按期整改148696处，整改率98.8%。责令改正、限期整改、停止违法行为50168起，责令停产停业停建1968家，暂扣或吊销有关许可证、职业资格31个，关闭非法违法企业598家，罚款538.65万元。

郑州市危险化学品事故应急救援演练在荥阳市八通实业有限公司举行

【“六打六治”打非治违专项行动】 2014年，按照国家安监总局和省安监局关于开展安全生产“六打六治”打非治违专项行动的通知要求，全市各级各部门突出在粉尘类企业、危险化学品行业、交通运输行业、矿山行业、人员密集场所、石油天然气长输管线等6个重点行业领域深入开展打非治违专项行动。市政府成立专项行动领导小组，召开专项行动视频会议，并制订下发专项行动实施方案，实行周报告、月例会、暗查暗访等制度。整个专项活动期间，全市共组织各类检查948次，开展联合执法45次，参加检查人员6200余人次，专家120人次，检查各类企业9160多家、排查隐患2530余条，责令停产整顿188家，关闭取缔31家。

【安全生产“百千万”对话谈心活动】 2014年，郑州市根据省安委会“百千万”对话谈心活动通知要求，组织全市各级各部门从5月至10月底，在全市范围内广泛开展安全生产“百千万”对话谈心活动。活动期间，全市共组织各级各类对话谈心工作组238个，出动工作人员1430余人次，对话乡（镇、办）主要负责人186名，对话企业党政主要负责人、安全管理部门负责人552名，促进各级各部门各单位主要负责人对安全生产红线意识的认识，自觉做到“明责、尽责、知厉害”，强化了抓好安全生产工作的积极性、主动性。

【安全生产标准化建设】 2014年，郑州市按照标准化细则，督促全市各类企业广泛开展安全生产标准化达标创建活动。通过实施安全生产标准化工作，强化企业安全生产基础工作，提升企业本质安全水平。截至年底，全市21家规模以上金属、非金属矿企业里，有2家达到二级标准，19家达到三级标准；835家规模以上工贸行业企业里，有4家企业达到一级标准，49家达到二级标准，157家达到三级标准；全市11座油库、495家加油站、115家危险化学品生产企业里，有4座油库、12家加油站达到二级标准，164家加油站达到三级标准，115家危险化学品生产企业全部达到三级标准。

【安全生产执法检查】 2014年，郑州市安监局以学习宣传贯彻新《安全生产法》为重点，分4个批次组织260余人参加省安监局组织的行政执法人员培训和法律知识学习，培训合格率100%。同时邀请省安监局专家为全市安监系统干部职工作新《安全生产法》专题讲座。将宣贯工作融入到依法治安各项工作中，进一步强化行政执法检查工作，共审查立案各类案件88起、行政检查案卷157起，案件如期结案率100%；做好事故调查处理工作，按照“四不放过”原则追究责任单位和责任人185人次，并对事故发生单位开展约谈和“回头看”活动，有效遏制了全市事故多发势头；创新开展安全生产监管监察执法特约监督工作，与市委统战部联合在全市民主党派和无党派人士中选聘10名特约监督员开展特约监督工作，为全市安全生产监管监察执法工作更加有序、健康发展提供了人力资源和智力支持。

【安全生产宣传培训】 2014年，郑州市安监部门围绕“培训不到位就是重大隐患”的工作理念，多形式、多层次开展宣传教育培训活动，筑牢安全思想防线。一是全力做好全国第13个“安全生产月”活动，突出抓好“安全生产月宣传咨询日”这一全市性大型活动，并举办首届安全生产中原行出发仪式。6月16日咨询日当天，省、市两级政府安委会在绿城广场主会场和各县（市）区、开发区、车站地区、黄河生态风景游览区共计17个分会场，组织机关、企事业单位1900多家，布置展板4650块，悬挂标语5086幅，设置咨询台2960个，发放各种宣传资料150万份，现场受教育人数达到万人以上，郑州市连续8年获国家安全生产月活动先进单位。二是多层次开展安全生产教育培训，全年共完成各类规范性安全生产培训68815人次，其中培训高危行业主要负责人及安全管理人员4829人，一般生产经营单位主要负责人及安全管理人员13791人，特种作业人员13116人，生产经营单位其他从业人员14439人，安全监管人员5094人，其他各类人员17546人。三是做好安全生产资格考试体系建设工作，合理布局郑州市安全资格考试的考试点，迎接国家安监总局督导调研，安全生产资格考试中心通过市编办审核。四是组织安全生产专题培训及讲座活动，先后邀请省安监局总工程师孙兆贤为乡科级领导干部开展专题培训，邀请中国安全生产科学研究院学术委员会主任、研究员、博士生导师刘铁民教授为全市安监

市安监局召开监管监察执法特约监督员座谈会

系统干部职工近1000人进行专题讲座。五是做好安全生产对外宣传报道。充分利用报纸、杂志、电台等媒体，先后发表各类文章273篇。尤其是咨询日当天邀请多家新闻媒体对咨询日进行全过程、全方位采访和报道，并在《郑州日报》刊发系列文章，对全市安全生产工作进行宣传。

【安全生产应急救援】 2014年，全市安全生产救援工作以安全生产应急管理“一案三制”建设为重点，以提高应急能力为主线，认真履行各项职责。一是完善预案。印发《2014年全市安全生产应急管理工作要点》，修订完善政府和部门预案，做好全市生产经营单位的应急预案备案工作，企业预案与部门预案、政府预案实现有机衔接。二是推进应急管理体制机制。在加强市级应急机构建设的同时，督促县（市）区、开发区加快应急管理体制机制建设，并进一步加强应急联动机制建设，建立和完善政府、部门、企业和救援队伍应急联动制度，以有效提高协同配合和快速处置能力。各县（市）区、开发区大部分都建立了应急管理机构，未建立专职机构的单位都明确了应急管理工作的分管领导、责任科室和（专职）人员。三是加快应急平台建设。根据国家安监总局关于进一步加强安全生产应急平台体系建设的意见要求，加快推进市级安全生产应急平台项目建设，逐步实现市级应急平台与县（市）区级应急平台的互联互通。高新区等部分县（市）区、开发区应急平台建成并投入使用，为安全生产日常应急处置工作提供了信息化支撑和保障，新郑市应急平台在完善中。四是开展应急演练。依托“安全生产月”活动，全面开展应急预案演练，先后设置演练科目652项，动用演练车辆器材5600余台（件、套），参加演练人数达10万余人。通过演练，检验和修订全市各类应急预案1.2万余个，锻炼全市各类专业应急救援队伍50余支，教育社会公众百万余人，提高了事故处置的快速反应能力和协同作战能力。6月26日，在荥阳市举办的郑州市危险化学品事故应急救援演练，是郑州市举办的一次较大规模的综合性应急救援演练。省、市领导及相关部门负责人参加，参演单位16个，参演人员200余名，动用车辆装备近40余台（套）。

（申绍辉　李墨玥）

国有资产监督管理

【概况】 2014年，全市国资监管机构和市管企业认真贯彻市委、市政府决策部署，攻坚克难保增长，突出重点促改革，全力以赴调结构，完善机制抓监管，夯实党建强保障，国企改革发展和国资监管工作呈现良好态势。截至年底，44户市管企业共实现营业收入202.56亿元，同比增长44.2%；实现利润总额40.74亿元，同比增长11.2%；上缴税金19.87亿元，同比增长57.9%；完成固定资产投资额102.93亿元，同比增长91.1%；完成增加值91.98亿元，同比增长20.4%。一是国企改革持续深入。工业系统企业战略重组重点持续推进，商业系统企业改制重组、投融资体制改革难点取得突破，现代企业制度建设取得成效。二是结构调整亮点纷呈。郑州银行、兰博尔公司产品结构不断优化。白鸽集团、公交公司创新能力不断增强。三是与央企合作进一步深化。2014年，郑州市与10家央企签订投资协议，涉及11个项目，总投资额达179.54亿元，位居省辖市前列。四是监管效能不断提升。积极整合监管资源，强化专项监管，国有资产保值增值责任得到有效落实。

（文　锋）

【企业发展战略规划审核监管】 按照国家和省的要求，建立并不断完善市属企业发展规划滚动调整制度，进一步强化工作落实。向40余家市属企业下发《关于开展市属企业2014—2016年发展战略和规划编制工作的通知》（郑国资〔2013〕14号），全面开展2014—2016年发展战略和规划的编制、上报和审核工作。

【重大投资事项审核监管】 一是按照《郑州市市属企业重大事项监督管理暂行办法》，为全面了解和掌握企业投资行为，下发《关于报送市管企业2013年投资完成情况和2014年投资计划的通知》（郑国资〔2014〕15号），对2014年的投资情况进行审核。2014年，市国资系统16家重点企业在建和拟开工项目共92个，项目总投资额1456.25亿元，年度计划投资额214.69亿元。全年共批准22家市属企业投资事项33个，累计总投资35.17亿元，其中市属企业（含政府）出资29.37亿元，引入市管企业外部资金5.8亿元。

【重点项目建设】 2014年，根据市政府下发的《关于下达2014年度郑州市第一批重点建设项目的通知》，市国资委系统被列入2014年度省、市重点建设项目共有4家企业8个项目，累计总投资额约86.07亿元。8个省、市重点项目分别是污水净化公司马头岗污水处理厂二期工程项目、南三环污水处理厂工程项目等，2014年累计完成投资20.71亿元。

【与央企战略合作】 2014年，郑州市与央企签约11个项目，累计总投资179.54亿元。促进各单位进一步健全与央企合作联席会议制度，同时，积极谋划、对接和新签一批重点合作项目，积极筹备参加“央企河南行”集中签约活动。8月8日，郑州市参加在黄河迎宾馆举行的央企河南行重点项目签约活动。副市长马健分别代表郑州市与南车青岛四方和中航机电两家央企签订合作协议，累计投资总额55亿元。

【对外开放和招商引资】 4月1—3日，市管国有企业参加在郑举办的第八届中国河南国际投资贸易洽谈会，以及2014年中国（郑州）产业转移对接活动，充分利用洽谈会作为平台，开展与央企项目合作的工作交流，取得较好成效。

（卢　伟）

【国有资产统计分析和市管企业财务预决算】 召开全市国有资产统计暨企业财务预决算工作会议，开展市管企业年度财务决算审计，完成《郑州市企业国有资产统计、财务决算报告》，并及时上报省国资委。汇总结果显示，年末全市国有企业资产总额4419亿元，同比增长68.9%；净资产1734亿元，同比增长135.6%；利润总额67.6亿元，同比增长72%；净利润57亿元，同比增长74.8%；上缴税金23.3亿元，同比增长20.7%。其中，市管企业年末资产总额3435亿元，同比增长84.3%；净资产1338亿元，同比增长178.8%；营业总收入176.3亿元，同比增长15.3%；利润总额58.1亿元，同比增长70.4%；净利润49.4亿元，同比增长70.9%；上缴税金16.3亿元，同比增长34.7%。

【市管企业目标管理】 市国资委与市委组织部组成4个考核组，对市管企业进行年度目标考核。对各市管企业责任目标完成情况进行综合评议和计分。评出中原环保股份有限公司等12家目标管理先进单位并进行表彰。同时，明确2015年度目标管理责任。

【市管企业负责人经营业绩考核】 依据经审计的年度财务决算数据，对26家市管企业经营业绩完成情况进行全面考核。对企业提出的预报目标值进行整理、分类、汇总和审核，合理确定32家市管企业2014年度考核指标和目标值。

【市管企业财务动态监测】 2014年，通过规范财务快报编报口径，提高编报时效性，增强快报分析的透彻性，及时掌握和分析企业生产经营状况和财务状况，为领导决策提供数据支撑。全年共编制市管企业财务快报分析12期，总编制期数114期。

【市属政府投融资公司建设】 一是依据2014年政府投资计划和重点项目建设实际，分解下达8家市属政府投融资公司2014年度融资目标235亿元，其中，企业债券75亿元，中期票据50亿元，私募债券40亿元，其他方式70亿元。二是参与制订《郑州市2014年投融资工作推进台账》，进一步明确投融资工作主要任务、时间节点和责任主体。三是印发《郑州市市级政府投融资公司经营业绩考核暂行办法》。四是与市投办组成考核组，对8家投融资公司2014年度上半年经营业绩进行全面考核。五是积极推进融资工作。2014年，8家投融资公司实现融资352.7亿元，超过前三年融资额总和。

（张　晟）

【国有资本经营预算制度体系完善】 2014年，全市实现2013年度国有资本收益收缴入库7438万元，作为国有资本金注入企业2580万元，支持企业可持续发展；组织市管企业编报2015年度国有资本经营预算，市国资委完成2015年度国有资本经营预算建议草案编制工作。

【国企工资分配指导】 2014年，市国资委指导企业按年度填报国企收入分配情况统计备案表，对市管企业2013年度工资总额、班子成员工资发放标准及职工就业情况等进行调查统计汇总。

【国企负责人薪酬规范管理】 2014年，市国资委制定印发《郑州市市级政府投融资公司负责人薪酬管理暂行办法》（郑国资〔2014〕328号），规范公司负责人的薪酬管理；完成对年薪制企业负责人2013年度年薪审算工作。

【职工福利保障】 2014年，市国资委完成年度内市管企业及其所属工程项目的承建单位农民工用工及工资支付情况的调查统计等职工劳动保障工作。

【补贴补助发放】 2014年，市国资委完成年度内国有困难企业补助审核报批发放工作，为7526名困难职工发放政府财政“双节”补助金473.456万元；为2014年度市属部分国有、集体困难企业87395名退休职工发放专项补贴5243.7万元；为141户市属国有破产（困难）企业、9家经办机构共计46791名退休人员发放财政借款补贴医保费16405.39万元；为市属132户困难企业917名离休干部发放财政补贴医保费1036.4万元；为国有企业1000余名职教幼教退休教师发放2013、2014年度补贴资金1207.65万元。

（郭军伟）

【行政事业资产管理】 2014年，市国资委完成郑州教育对外交流服务中心国有产权转让工作，实现国有资产保值增值；完成郑州日报社设备报废审核，并对拟处置的资产进行评估备案；对郑州烈士陵园2285平方米房改房账务核销提出处置意见；核准黄河饭店以房产向银行抵押贷款1200万元的申请；依法依规核准报废郑州市市政工程管理处下属公司价值867.89万元的机械设备；安排评估机构对拟移交中牟县管理的郑开学校国有资产进行评估；协助解决郑州饭店（郑州大酒店）与郑州市财务开发公司涉及378万元的债务纠纷，为郑州饭店的生存发展创造条件；完成郑州中原报业传媒有限公司、郑州郑报置业有限公司、郑州报业多媒体信息港有限公司、郑州市保安服务公司、郑州市二七区保安服务公司、郑州市郑东新区保安服务有限公司、郑州经济技术开发区保安服务公司、郑州高新技术产业开发区保安服务公司产权登记工作，共涉及审核登记实收资本4600万元，为郑州市二七区保安服务公司转增200万元国家资本办理产权登记，并为登记企业换发新版产权登记证或登记表。

（宋　杰）

市国资委在绿城广场组织安全生产宣传活动

【产权管理基础工作】 2014年，市国资委完成国家出资企业产权登记补录、变动、注销等共计24项；审核备案国有资产评估项目共计6项，备案率达到100%；完成轨道公司、电缆集团等资产处置、股权转让共计6项，进场交易率达100%。

【投融资平台注入资产】 2014年，郑州市以政府作价出资方式向地产集团注入价值54亿元的99宗地下空间，将评估价值32亿元的近9000套市属公租房、廉租房注入公共住宅集团，将白鸽集团、兰博尔科技公司国有股权划转给郑州控股公司，增加平台公司资产规模，提高投融资能力。

【企业战略重组】 一是金阳电气重组搬迁工作取得阶段进展。8月，中航机电与市政府签署正式合作协议。按照协议约定，郑州市将金阳电气全部股权划转给中航机电，中航机电将在郑州累计投资20亿元，建设电气装备研发制造基地。二是协调推进白鸽磨料磨具公司迁建项目。国机集团重组白鸽磨料磨具公司签订协议，对白鸽公司的资产划转范围及职工安置、搬迁进度等事项提出明确意见，2亿元的前期搬迁资金到位，开始新厂建设。为支持白鸽集团与白鸽磨料磨具公司同步搬迁，市国资委对集团提出的整体搬迁方案、异地建设用地选址及可行性研究提出意见。

【实施项目带动】 一是协调推进兰博尔科技公司搬迁项目。兰博尔科技公司开封项目与索凌电气经开区新厂建设有序进行，市国资委协调建设中遇到的问题，解决企业的资金压力，帮助企业加快项目建设。二是配合做好与富士康公司合资建设多晶硅液晶显示器项目前期工作，对项目公司中方投资者的出资方式、合资公司运作模式及股权回购等事项提出初步意见。

【国企生活区调查】 一是在全市范围内开展国有企业办社会职能情况调查，对涉及国企办社会职能的61家机构及其资产、负债、盈利等情况进行统计，并将汇总结果及时上报省国资委。二是对全市国有企业棚户区情况先后开展两轮摸底调查，共收集到国企棚改项目74项，其中涉及市属企业41项。

（赵　雷）

【国有企业融资担保审批】 2014年，市国资委先后帮助市属国有企业通过贷款担保、融资租赁、抵押贷款等形式筹集资金约34亿元，为国有企业的发展、城市基础设施建设、提升国有企业竞争力提供了保障。

【国有企业改制】 一是对百文集团及其7家代管商店的整体资产重新进行财务审计和资产评估，并对评估结果进行备案。经公开拍卖，最终以9700万元成

市国资委召开国资系统领导干部会议

交，国有产权公开转让工作完成。二是按照《郑州市人民政府关于郑州医药股份有限公司实施改制有关问题的批复》（郑政函〔2014〕120号），郑州医药股份有限公司进入改制实施阶段，转让净价款8621.09万元上缴市财政，职工安置工作完成，该公司改制后续工作有序进行。三是协调推进郑州市热力总公司历史遗留问题的解决。该公司按照国资监管相关法规的规定，拟定历史遗留问题初步解决方案。四是委托中介机构完成对郑州第二面粉厂的整体资产进行财务审计和资产评估。五是对郑州国有闲置资产调剂中心实行公司制改建。完成审计评估工作，市国资委对评估结果备案。

【国有企业战略重组】 一是配合百瑞信托有限责任公司一期增资扩股工作，支持百瑞信托做大做强。2014年，促进百瑞信托新的增资方案出台，拟定一期所有股东以百瑞信托的分红款增资10亿元，二期由股东以追加投资的方式增资8亿元，增资完成后，总资产从12亿元增加到30亿元。市国资委批复郑州自来水投资控股有限公司同意该增资方案的一期内容，以2014年分红款转增资本4800万元，增资后自来水公司持有百瑞信托10560万元股份，持股比例保持4.8%不变。二是配合做好郑州银行股东规范整合工作，推进郑州银行上市。郑州银行股东规范主体工作基本完成，85%的股东已确权，99%的股权已明晰，进行后续工作。三是通过多方协调，郑州华润燃气有限公司涉及市国资委出资1.9亿元工作完成，下一步进行公司董事、监事换届工作。四是按照市政府工作要求，为郑州自来水投资控股有限公司办理股权划转，郑州市污水净化有限公司、郑州市热力总公司国有股权（产权）无偿划转事项经市政府批准，划入郑州市公用事业集团。

【行政审批“两集中、两到位”改革】 根据市审改办关于行政审批制度建立的要求，市国资委建立行政审批周例会制度。4月，市国资委按照郑州市“两集中、两到位”改革方案的要求，向市审改办报送《行政审批“两集中、两到位”改革工作方案》，7月，郑州市国资委行政审批办公室挂牌成立。按照市委、市政府要求，对市国资委纳入第十轮行政审批改革的两项非行政许可事项进行清理，并将清理意见上报市审改办。

【市直部门服务航空港实验区建设工作】 根据郑州航空港经济综合实验区建设领导小组的要求，市国资委协调国企支持航空港区发展，分别对自来水公司、华润燃气、热力总公司、中原环保、公交总公司在航空港区的建设项目进行跟踪了解，批复同意自来水公司为港区水务项目贷款5000万元提供担保，并协调省投资集团与自来水公司合作建设运营港区供水项目，每月按照绩效考核办法的要求，及时上报建设项目进展情况。同时，根据市五五办的工作要求和安排部署，配合做好富士康后端模组的相关工作。

【市新华书店有限公司资产移交】 根据市国资委与中原传媒集团签订的整体移交协议书，郑州市配合做好河南省郑州市新华书店有限公司的房产、土地过户工作，截至11月底，中原传媒集团尚有剩余款项7170.51万元未向市国资委支付，经与市委宣传部多次沟通交换意见，拟采取仲裁手段要求中原传媒集团履行约定义务。

（常艳莉）

【国有企业改革】 2014年，国企改革重组取得新进展。一是全面深化国企改革稳步开展。市国资委党委成立全面深化改革领导小组，对市委、市政府明确的改革事项进行分解落实，并落实《省委省政府关于进一步深化国有企业改革的意见》，拟定郑州市的实施意见上报市政府研究。二是工业系统企业战略重组重点持续推进。金阳电气有限公司与中航机电系统有限公司战略合作经市政府批准并签署《中航工业郑州金阳电气装备研发制造基地合作协议》，中原制药厂与河南省投资集团重组有关整体划转问题由市长办公会确定，已完成资产清查工作。三是商业系统企业改制重组难点取得突破。郑州百文集团有限公司、郑州医药股份有限公司的改制经市政府批准实施，郑州商业大厦股份有限公司、郑州友谊商业（集团）总公司的破产依法依规有序进行。四是建立现代企业制度稳步开展。郑州第二面粉厂的公司制改制审计、评估工作完成，郑州热力总公司的公司制改制重新启动。

（苏　平）

【监事会工作】 2014年，郑州市国有企业监事会以监督检查为中心，依法履职，维护国有资产的安全和权益。实施企业内部控制制度专项检查。举办国资系统内部控制制度培训班，并对中原环保股份有限公司、郑州兰博尔科技有限公司、郑州公共住宅建设投资有限公司、郑州城建集团投资有限公司实施内部控制制度专项检查。强化日常监督工作效能。修订完善《郑州市国有企业监事会日常监督工作指引（草案）》，促进监事会日常履职规范化。通过列席企业重要会议，走访所监督企业，定期分析企业财务报表，与企业领导人员、财务负责人进行座谈、询问，听取汇报、查看资料等方式，及时动态掌握企业重要经营管理活动，坚持把涉及企业重大决策事项、重大人事任免事项、重大项目安排事项及大额度资金运作事项作为日常监督的重点予以持续关注，全程监督决策、审批和进展情况。开展课题调研，深入企业座谈，重点对国有企业内外监事会工作建设情况进行课题调研，为加强和改进国资监管工作提供理论参考。

（夏建新）

【国资系统“六五”普法宣传和依法治理】 一是对2013年度企业法制建设情况进行检查考评，并制订2014年企业法制建设目标。二是根据郑州市“六五”普法宣传和依法治理有关精神，结合市国资委实际，制定印发《郑州市国资系统2014年普法依法治理工作要点》和《郑州市国资委2014年机关领导干部学法计划》。三是组织热力公司、白鸽集团、交运集团等部分企业法律事务机构负责人召开“加强企业法制建设”座谈会，从增强法律意识、加强法制机构建设、完善制度、培育法治文化等四个方面探讨如何加强法制建设推进新一轮国企改革的路径。

【国资系统法制建设】 一是做好规范性文件的审核和清理。对市国资委制发的《郑州市市属企业负责人薪酬管理实施细则》等3个规范性文件进行审核，及时向市法制办进行备案；从郑州市114个政府规章和841个规范性文件里，筛选涉及由市国资委负责实施的内容，与业务处室沟通，提出清理意见，建议继续有效的政府规范性文件7件，废止政府规章和规范性文件各1件；同时，对市国资委2013年12月31日之前制发的规范性文件进行清理，确定继续有效的31件，确保市国资委规范性文件的合法性和有效性。二是严格按照《企业国有资产法》《公司法》等法律法规，审核地产集团、小小说公司、控股公司等8家企业的公司章程，会同委法律顾问审核"百文集团国有股权转让合同"等19份法律文本，出具10份法律意见书，接收白鸽集团、拖拉机厂、电缆集团等5家企业的涉讼案件备案。三是依照法律法规，对市国资委2006年和2008年制发的《市属企业涉诉案件备案制度》《市属国有企业担保管理暂行办法》进行修订完善，在充分征求处室和市管企业意见的基础上，拟定《市管企业重大法律纠纷案件管理暂行办法》和《市属国有企业担保管理办法》。

【县（市）区国资监管指导】 一是贯彻落实国家、省、市关于国资国企改革发展有关精神和教育实践活动的有关要求，通过开展问卷调查和召开座谈会等形式，搭建县（市）区国资监管机构相互学习交流平台，帮助各县（市）区进一步理清工作思路，明确发展方向，构建国资监管大格局。二是根据省国资委《2014年度指导监督地方国资工作计划》，结合市国资委工作，制订2014年度指导监督县（市）区国资工作计划。三是深入了解县（市）区国资监管机构基础监管情况，及时推广系统内先进国资监管机构的经验和做法，强化系统融合。四是在日常工作中，通过政策解读、搜集法规制度、与业务处室沟通等方式，对中牟县国资局、二七区国资办、惠济区国资办等9家机构咨询的40多项具体业务进行详细指导，推动县（市）区国资工作规范开展。

（郭全红）

【企业党建】 2014年，市国资系统加强国企党组织建设。一是精心组织，扎实开展党的群众路线教育实践活动。二是整体推进，深入开展基层服务型党组织建设。三是唱响主旋律，加强和改进国企宣传思想工作。四是提升站位，巩固和拓展国企文化建设成果。五是务实重做，深入实施国企党建"六大工程"。全年各国有企业党组织集中培训党员628场次，发展新党员213人，组织党建大型活动118场次，新成立和调整党组织82个，帮扶困难党员职工4208人，办实事好事747件。集中组织企业文化建设活动318场次、行风活动243场次。接受监督、查摆问题520项，整改问题474项，制订整改措施465项。全系统获市级表彰先进单位58个、先进个人175人，获省部级以上表彰先进单位11个、先进个人14人。巩固和创建区级文明单位11个、市级文明单位5个、省级文明单位13个。市级以上新闻媒体报道3783篇次。

（王金奎）

市国资委召开郑州市国资系统平安建设百日竞赛动员会

【信访工作】 贯彻落实国家、省、市信访稳定会议精神，坚持以群众工作为统揽，深入开展领导干部大接访活动，进一步畅通信访渠道；依法规范信访秩序，着力化解信访积案；关口前移，源头预防，开展社会稳定风险评估工作，最大限度地减少赴京到省市集体上访和非正常上访。全年深入企业走访12次，化解矛盾140余起，接待来访群众92起245人次，收到中央巡视组、省委巡视组、市信访部门转办信访案件39件，均按有关办理程序进行转办、督办和回复，按期办结率100%；多次协助有关部门到省委、省政府、省信访局、市委、市政府处理突发事件。

【安全生产】 贯彻落实国家、省、市安全生产文件要求和电视电话会议精神，坚持"安全第一、预防为主、综合治理"的方针，严格落实责任，在国资系统营造良好的安全生产氛围。市国资委领导带队深入市管企业重点部位、重要场所督促市管企业持续开展安全生产大检查"回头看"和"打非治违"专项行动；建立安全生产大检查落实机制，确保132处安全隐患全部整改或防范措施到位。在安全生产月活动中突出

市国资系统第二批党的群众路线教育实践活动现场观摩会

“强化红线意识，促进安全发展”宣传主题，充分利用宣传栏、文化橱窗等阵地，开展安全生产宣教活动，悬挂安全生产宣传标语189条（幅），张贴相应行业法规、安全生产宣传挂图400余张，悬挂彩旗和条幅273条，设置更新安全报栏62个，布置、更新和补充各种安全警示牌1000余处，发放各类宣传资料14760余份，进一步推动企业安全文化建设，提升干部职工的安全生产意识，在国资系统营造人人关注安全、关爱生命的浓厚氛围。

【平安建设】 按照市平安建设“细胞工程”创建活动总体部署，结合国资监管实际，以“平安企业”创建为抓手，制定《市国资系统平安建设“细胞工程”创建实施方案》，修订完善《市国资系统平安建设考核细则》，成立创建机构，建立创建机制。指导市管企业以“平安工地”“平安项目”“平安车间”“平安班组”创建为切入点，将平安建设“细胞工程”创建活动不断引向深入。市国资委与44家市管企业分别签订2014年度国资系统平安建设工作目标责任书；组织44家市管企业利用橱窗、报栏、文化走廊、场站等宣传阵地悬挂、张贴86套《招远血案的罪魁祸首——邪教“全能神”》反邪教挂图，制作130余块反邪教展板（板报）、1682条反邪教宣传条幅，组织观看反邪教微电影《拯救》116场次，受教育面达4万多人；加强排查摸底，提高防范暴恐能力，全年在地铁、公交等领域检出违禁物品11000余件；坚持为民利民，彰显国资新形象，组织市管企业开展平安建设进社区便民服务活动，共义诊病人2749人次，维修家电48台次，发放营养土210袋，收取供热用户缴费20余户，接受法律咨询40余次，办理绿城通充值38次，供水上门服务12次，发放各类宣传资料3000余份；融入网格，实现管理精细化，在国资系统实行平安建设网格化管理，构建各级党委统一领导、相关部门齐抓共管、二级机构履行责任、具体人员全面负责、广大职工共同参与的网格化工作长效机制，在企业划分若干单元网格，实现监管全覆盖、无死角，开创共同构建平安国资建设新局面。

（邹　璟）

食品药品监督管理

【概况】 截至年底，郑州市食品药品监督管理局辖区有餐饮服务单位22757家；药品生产企业41家，药品批发企业78家，药品零售企业3019家，连锁总部46家；医疗器械生产企业235家，医疗器械经营企业2417家；保健食品生产企业18家，化妆品生产企业30家，保健食品、化妆品经营企业2426家，化妆品使用单位2236家。

举行安全用药月大型广场咨询活动

2014年，郑州市食品药品监督管理工作以确保全市人民群众饮食用药安全为目标，以问题导向为统领，以网格化管理为载体，以强化日常监管为重点，以专项治理整顿为抓手，着力解决群众最关心的食品安全突出问题和影响药品安全的深层次问题，各项工作取得成效，食品药品安全形势稳定向好。

【网格化管理体系持续深化】 2014年，郑州市食品药品监督管理局继续全面推广“四个一”工作方法，深入推进餐饮服务食品安全监督量化分级管理，累计完成餐饮单位量化评定20810家，量化率100%。扎实开展“文明餐桌”活动，创建“文明餐桌”示范街16条。对全市300家大、中型餐饮单位后厨关键岗位安装视频设施，操作情况在营业场所显著位置用电子屏直播。组织“透明厨房”开放日1978家次，收集合理化建议3989条。继续推进油水分离器安装，完成安装5402台，累计回收餐厨废弃油脂4000吨。2014年，依托三级网格，共排查出涉及“四品一械”的非法生产、非法经营等问题13517件，及时处理解决13209件，立案1927件，结案1836件。

【餐饮环节食品监管】 严格审批，新核发餐饮服务许可证10703家。开展各类专项整治、检查28项，检查餐饮企业38580家次，下达责令整改通知书22061份，立案1143起。完成重大活动餐饮服务食品安全保障68次，快速检测样品近7000份，无一起食品安全事故。开展“五小行业”整治工作，打造食品安全示范街45条，累计督导企业70472家次，下达督察督办通知书33968份，发现问题73077条，整改达标69313条，“五小行业”面貌焕然一新，被市委、市政府授予创卫工作流动红

2014年8月19日，市长马懿调研行政审批改革事项

市“两会”期间餐饮服务食品安全保障工作

旗。全面实施餐饮服务食品安全信息化监管，联合商务部门在全市遴选200家餐饮单位，全国率先安装食品安全追溯系统。加强从业人员培训，举办餐饮服务单位食品安全培训班176期，培训从业人员24600余人，积极开展食品安全知识“六进”及食品安全宣传周活动。

【保健食品、化妆品监管】 督促生产企业执行SOP、SMP生产管理规范和落实GMP生产，相继开展生产销售含鱼油及鱼肝油类保健食品、含何首乌保健食品专项检查、“二月白神奇粉刺露”等6批检出禁用物质的化妆品专项检查。受省局委托完成对1家保健食品生产企业GMP现场复查、2家化妆品生产企业生产卫生许可现场整改复查和5家保健食品生产企业13个品种26个批次注册抽样。完成67批保健食品、115批次化妆品抽验，针对重点产品、重点时段发布保化安全消费警示22次。

【药品生产环节监管】 深入推进新版GMP实施，扎实开展GMP跟踪。实现基本药物全品种电子监管，对新生产的国家基本药物目录520个品种和省政府增补的200个品种，严格进行生产工艺和处方核查，监督企业按批准的工艺和处方组织生产；对全市17家基本药物生产企业实施风险管理，完成生产环节基本药物抽验146批次，覆盖率100%。加强麻醉药品、精神药品、毒性药品和放射性药品等特殊药品监管，全年未发生药品流弊事件。

【药品流通环节监管】 开展药品流通领域专项整治，对全市77家药品批发企业检查289家次，对3098家药品零售企业检查6776家次；对86家县级以上医疗机构检查197家次。把全市具有疫苗经营范围的13家企业作为重点企业，把含麻黄碱复方制剂经营作为重点环节，加大对高风险类药品的监管。推进新修订GSP认证和培训工作，组织从业人员培训6000多人次；完成批发企业材料初审70家，协助省局完成批发企业GSP认证61家，完成零售企业GSP认证检查535家。强化基本药物流通环节电子监管，完成基本药物流通环节抽验240批次。公示注销药品经营许可证98件。截至年底，郑州市药品批发企业实现销售收入625亿元，比2013年增长约28个百分点。

【医疗器械监管】 开展医疗器械“五整治”，检查医疗器械生产企业270家次、经营企业2126家次、使用单位2236家次、体验店52家，下达责令整改通知书272份，立案查处90家，注销企业31家。加强新修订《医疗器械监督管理条例》及5个配套管理办法的培训工作，先后组织7期培训，分别对全市医疗器械监管人员和企业主要人员进行培训。

【不良反应监测】 编印《郑州ADR/MDR监测》3期，审核提交ADR报告8759份、MDR报告949份，收集上报化妆品不良反应监测48份、药物滥用报告603份，接受审核疑似预防接种异常反应病例报告720例，报告数量和质量均列全省第一。承办省药品评价中心组织的2014年河南省ADR巡回培训（郑州片区）培训班，完成培训430人；组织集中培训8次，参训单位1200多个，培训人员2000余人。

【打假治劣】 强化药械、保健品、化妆品违法广告监测工作，共监测违法广告信息2535条，全部移交工商部门处理。全市药械、保化和餐饮共立案1927件，结案1836件，执行罚没款874.35万元，查办大要案10起，查处窝点15个，移送公安部门案件72起，公安部门立案43起，刑拘60人，逮捕5人。

【强化药检技术支撑】 药检所不断提升检验能力，顺利通过省质监局计量认证监督评审，检验参数由原271项扩展到370项。完成基本药物检验365批次，专项抽验280批次，针对性抽验及保健食品非法添加类检验115批次，中药材专项检验、基层药物评价性抽验及全省医疗机构医院制剂检验140批次，其他保健食品、食品扩项检验、企业委托检验109批次。先后参加国家局、省质监局组织的实验室比对试验，全部获得“满意”级别成绩。

【服务水平提升】 行政审批制度改革持续深化，所有审批项目实行“两集中、两到位”，办事流程优化，审批效率提高。开展延时服务及双休日预约服务，为群众办好事、办实事。全年共办理行政审批事项3106件，审核GSP认证申报材料1134家，组织现场检查936家。办理行政审批事项全部录入郑州市网上行政审批系统及省局审批系统。向

高考前检查学校食堂

郑州市行政审批系统上传日清报表248份，上传周结报表、会议纪要及会议照片52次，整理、装订、归档许可卷宗2000余本。窗口接待接听来人来电咨询3万余人次。

【依法行政】 强化行政执法监督，审核行政处罚案卷83件，行政许可案卷882件。按时向省局和市政府报备规范性文件15件，向市依法治市办公室报备依法治市信息25条。承办市人大代表建议3件、政协委员提案9件。按程序做好行政复议工作，协调、办理行政复议、诉讼案件12件。

【开展党的群众路线教育实践活动】 2014年，郑州市食品药品监督管理局紧紧围绕“为民务实清廉”主题，开展教育实践活动，召开监管相对人座谈会6次，共收集各类意见建议930条，合并分类汇总为41项，新建制度7项，废止2项，修订制度2项，出台《郑州市食品药品监督管理局便民服务十六条规定》，群众“三评”满意率93%。6月24日，《中国医药报》头版头条以《服务好了 办事快了 郑州市局以上率下强化政风行风建设》为题作报道。

（王　品）

市场发展工作

【概况】 2014年，郑州市市场发展局以党的十八届三中、四中全会精神为指导，牢牢把握郑州成为国家丝绸之路经济带重要节点城市的重大发展机遇，按照“强投资、夯基础、调结构、求提升”的总要求，认真贯彻落实市委十届六次、八次、九次全会精神，立足本职，持续完善市场管理体系升级；服务社会，扎实做好中心城区市场外迁和农贸市场提升发展工作，以市场发展助推新常态下的郑州国际商都建设。

【中心城区市场外迁】 郑州市市场发展局按照“一区两翼”市场集聚区建设蓝图，提出建立“在国际上有影响力、在国内有辐射力、对国内外资源有整合力”的现代化市场体系目标，谋划全市中心城区177家批发市场外迁。截至年底，完成外迁市场119家，12家市场集聚区建成面积近400万平方米，投资总额累计达到250亿元，部分区域开业，2万余人进驻经营，市场集聚效应初步彰显。

一是细化、制订2014年工作实施方案。进一步明确外迁市场完成时间节点和承接地建设进度节点，并与各县（市）区、管委会签订2014年度市场外迁工作目标责任书，确保外迁工作有序、稳步向前推进。

二是针对全市计划2014年完成外迁的54家市场，分别听取相关县(市)区、管委会和市场辖区办事处的意见和建议，并对外迁市场逐一调研和梳理，针对个性的特殊外迁市场提出解决方案，充分做到提前谋划、提前准备。

三是组织召开外迁办主任会议和外迁工作协调推进会，及时传达市委、市政府和市领导有关市场外迁的最新指示和批示精神，及时掌握外迁工作的最新进况，协调解决外迁工作相关问题。

四是根据市领导要求和外迁工作领导小组的工作安排，利用一周时间对各县（市）区市场外迁工作进展情况和2013年引导资金使用情况进行专项督导和检查，切实掌握市场外迁工作动态以及存在的主要问题，配合市纪委监察局对2012、2013年通过验收的外迁市场进行排查。

市集贸市场整治指挥部召开市场创卫整治工作现场观摩暨经验交流会

【市场管理】 2014年，市市场发展局以“标准化管理年”为轴线，以全面提升市场管理服务水平为目标，以国家卫生城市复审重创和创建全国文明城市为平台，履行行业监管服务职责，完成年度目标任务。

一是落实相关文件精神，拟定专业市场管理标准，并印发《郑州市商品交易市场“标准化管理年”活动实施方案》，推动市场管理规范化、精细化、标准化。

二是履行国家卫生城市和文明城市复审集贸市场整治指挥部牵头单位工作职责，先后拟订《郑州市集贸市场综合整治工作方案》《郑州市集贸市场综合整治标准》《郑州市集贸市场综合整治督导工作方案》，并对全市集贸市场重新进行摸底排查，建立台账，完善机制，严格督导，保障国家卫生城市和文明城市复审重创，集贸市场综合整治工作顺利通过国家暗访。

三是重点加强规范管理和诚信、文明经营，完善食品安全应急处理预

郑州市中心城区市场外迁工作会议召开

案，加强商品安全管理，持证上岗、亮证经营。

四是按照市政府统一部署，组织全市市场开展消防安全专项整治，指导开展消防安全应急演练15场，开展消防安全技能培训和消防知识培训2次。开展“安全生产月”活动，发放宣传资料2000余份，解答市民对于市场安全生产、消防安全、食品安全等方面的问题。

五是通过座谈调研、征求意见等，起草并提交《郑州市商品交易市场诚信监管实施办法（试行）》《郑州市商品批发交易市场改造提升标准（试行）》。

【农贸市场提升发展】 市市场发展局作为全国卫生城市、文明城市创建复审工作中集贸市场整治牵头单位，借鉴先进地区农贸市场管理经验，对局属黄河路、经八路等农贸市场改造提升，打造出标准化、全封闭、综合性样板农贸市场，为全市农贸市场提升发展工作的开展奠定了坚实的基础。2014年，市市场发展局在实地调研的基础上，结合实际，草拟《郑州市市区农贸市场改造提升实施方案》等相关文件，并组织社会各界进行深入、科学、客观的论证，探索适合郑州市农贸市场管理长效工作机制，着力打造15分钟便民生活圈。

【市场发展投资公司工作】 郑州市市场发展投资公司为国有独资，旨在优化配置市场资源，谋划项目开发，妥善处置遗留问题，积极参与惠民工程，强化银企强强合作。2014年，公司实现经营性收入1471万元，并与多家实力雄厚的公司合作，开发市场项目，为公司长足发展储备后劲；在完善内部资金流转的同时，不断开拓外界融资渠道，与多家银行签订资金战略合作协议，公司总体融资能力达到10亿元，为市场升级改造和新项目投资开发提供了有力的资金保障。响应市政府的民生政策，带头参与惠民工程，大力推进农业供应链项目，截至年底，加入供应链的涉农单位近50家，涉及耕种土地面积约6666.7公顷，为公司加强农业供应链融资平台建设，拓展农业项目融资渠道和增强融资能力打下坚实的基础。

【市场协会工作】 2014年，市场协会新增会员单位32家，新增副会长单位7家，实现综合收入65万元；2014年，出版《郑州市场》8期，特刊2期，覆盖郑州市区各政府职能部门、办事处、国有企业、批发市场、省内18个市场发展中心、全国部分兄弟协会；主办、承办大河财富论坛——商都支点与制高点论坛、商户与承接地对接会及市场联谊活动等大型论坛交流活动。

（周春雅）

统计工作

【概况】 2014年，经济下行压力持续加大，统计改革任务艰巨繁重，全市统计部门始终把及时、全面、准确反映经济发展形势作为中心工作，进一步解放思想，转变观念，创新方法，完善制度，圆满完成各项统计工作任务。

2014年，全国及多数省份增速回落，郑州市主要指标增速高于全省平均水平，总体向好、稳中有进的基本面没有改变，主要经济指标在全省的引领作用进一步增强，部分指标位次前移。郑州市地方财政公共预算收入总量和固定资产投资总量在全国35个大中城市中的排名分别比上年前移两位，生产总值增速、规模以上工业增加值增速、固定资产投资增速、社会消费品零售总额增速分别前移五位、九位、五位和十六位。就业、收入与物价形势总体稳定，速度与结构、质量与效益等指标更趋协调，发展的科学性不断增强。

【常规统计调查】 高质量完成GDP核算任务，顺利推进农业、工业、建筑业、批零住餐业、房地产业、服务业等国民经济各行业以及固定资产投资、人口就业、城乡居民生活、市场物价、社会科技文化、收入消费、能源资源环境等各领域常规统计调查，编制完成2012年投入产出表，组织开展大城市月度劳动力调查、人口与城镇化抽样调查、文化产业调查、企业用工重点调查、“坚持依靠群众、推进工作落实”长效机制满意度调查、贫困村调查、妇女儿童监测等10余项专项调查工作，在形势分析、政策制定方面发挥了重要的咨询服务和参谋助手作用。2014年，郑州市统计局绝大多数专业统计工作在全省名列前茅，获郑州都市区建设三年行动计划先进单位等10余项市级先进称号。

【第三次全国经济普查】 郑州市统计部门近万名普查人员对全市50余万从事第二、三产业活动的全部法人单位、产业活动单位和个体经营户进行全面普查，圆满完成普查登记、现场督导、质量抽查、数据审核与汇总上报等主要任务，全面摸清郑州市二、三产业家底，经测算，全市第三产业增加值占GDP比重进一步提高，规模服务业数量有所增加，破解服务业“两个偏低”“两个偏少”成效显著，促进全市经济结构调整。5月，郑州市第三次经济普查数据一次性顺利通过县（市）区、市级、省级逐级验收。6月，河南省经济普查抽查组、国务院经济普查抽查组分别莅临郑州开展第三次全国经济普查事后质量抽查工作。国家统计局副局长郑京平评价郑州市经济普查工作“领导到位、部署具体、安排周密、保障有力、工作扎实”。市统计局获全国第三次经济普查先进集体称号。

【统计服务】 2014年，全市统计部门围绕各级党委、政府中心工作，创新统计服务理念，改进统计服务方式，规范统计服务载体，增强统计服务能力，为经济社会持续健康发展提供优质的统计保障。全年全市统计部门共撰写各类分析报告2000余篇，向各级党委、政府“两办”报送各类信息千余篇。市统计局共向“两会”、政府全会、经济形势分析会和各部门提供数据10000多笔次，参与起草、核对领导讲话百余次，24篇统计分析报告获谢伏瞻、吴天君、马懿、孙金献等省市领导肯定性批示。

【经济形势分析研究】 2014年，全市统计部门深入开展经济形势分析研究，客观反映全市经济呈现出“开局平稳”“缓中趋稳、稳中有进”“稳中趋

第三次全国经济普查电视电话会召开

全市统计工作会议召开

优，稳中向好”等发展特点，在各类分析报告中，做出“三年行动计划后，郑州市产业结构更优、经济实力更强、发展动力更足、增长潜力更大”，“部分经济指标的回落，是我市主动做出战略性产业结构调整出现的结构性下滑，是我市坚决淘汰落后产能，产业结构调整阵痛期的正常体现”等判断，深入论证“郑州主要经济指标在全省的引领作用进一步增强”等趋势分析，及时提出“郑州将在全省率先接近建成小康社会”等预测分析，这些观点和建议被市委、市政府直接采用，为郑州市经济转型升级、提质增效发挥了积极作用。

【统计信息编发】 全市统计部门切实做好年鉴、概要、统计公报、郑州农村发展报告、月提要的编辑整理工作，注重打造更有针对性、实用性和时效性的统计服务资料品牌，市统计局创新编印《郑州农业农村统计概要》《全市构建现代产业体系统计资料》《郑州市服务业发展报告》，航空港区统计数据在全省统计月报中首次单列公布，满足了社会对统计信息的需求。以中国统计开放日、统计信息网、政务公开网为主要平台，及时发布统计信息，诠释解读统计数据，将普法宣传、依法统计与第三次全国经济普查相结合，与领导干部学法培训相结合，与统计违法单位回访相结合，有效提升了服务型统计建设水平，维护了政府统计公信力。

【部门统计工作】 2014年，全市统计部门进一步理顺政府统计与部门统计的关系，加强对部门统计的指导和数据管理，规范统计数据的提供和使用制度，增强统计数据的匹配性和协调性。参与全市保障性安居工程、外商投资企业联合年审、旅游产业发展课题等部门联合调查工作，统计服务领域不断拓展，市统计局获全市新型工业化建设、服务业发展、对外开放及招商引资、扶贫开发等工作先进集体。

【名录库管理】 2014年，市统计局建立名录库基本单位审批和更新维护机制，着重加强对名录库的更新维护和“四上”“五区”“港区”单位的申报工作，提高名录库更新效率，有效解决入库难、入库慢问题。2014年，全市规模以上工业企业、资质等级建筑业企业、限额以上批零住餐企业、规模以上服务业企业“四上”单位共审批入库1378家，比上年增加744家，增长117.3%。

【统计法制建设】 全市统计部门坚持依法行政，继续推行服务型执法责任制建设，健全完善统计执法方式，通过行政处罚、事前约谈、整改回访等形式，不断提高统计执法水平和效果；加大普法宣传，深入宣传新修订的《河南省统计管理条例》和《统计上严重失信企业信息公示暂行办法》，为统计工作顺利开展营造良好的舆论氛围；规范行政权力，落实全市“五单一网”制度改革精神，按照“法无授权不可为”“法定职责必须为”的原则，依法完成统计部门权责清单梳理和行政权力运行流程图编制工作。

【统计基层基础建设】 2014年，市统计部门继续加强对基层统计工作的支持和指导，将统计基础建设和统计业务规范化建设向村级和特殊区域延伸，不断加强改进村级统计工作。坚持全市基层基础建设“回头看”，研究制订联网直报模式下的统计基层基础建设新标准，减轻基层统计部门和调查对象负担。

【社会信用体系建设】 2014年，《郑州市企业信用信息管理办法（草案）》经市政府常务会议审议通过，正式颁布实施。全年企业信用信息数据库突破150万条，重点企业诚信“红黑榜”制度逐步建立，在政府采购领域全面推行企业信用报告评价办法，社会信用信息平台建设项目列入政府重点投资项目建设和市政府目标考核工作中，全市信用法规建设和信用管理职能作用得到有效发挥。

【统计制度建设】 2014年，市统计局创新建立优质服务小组、预警监测、经济运行分析会、跟踪督察四项工作制度。优质服务小组主动探索、研究全市经济社会中的重点、焦点、热点、难点问题，在专题分析、快出成果、集思广益上取得成效。省、市主要领导提出：郑州到2018年要在全省率先建成小康社会。优质服务小组主动出击、快速反应，依据小康社会监测指标体系对郑州市2014年指标进行量化监测，撰写统计分析《郑州在全省率先接近建成小康社会》，得到市委书记吴天君、常务副市长孙金献的充分肯定。市统计局建立经济运行预警监测机制，完善以GDP为核心的数据质量评估监督工作，保证了统计数据审核认定的科学性和规范性；完善经济运行分析会议制度，为统计人员提供充分展示的舞台，同时也可以了解经济形势，互相取长补短。

（郑　惠）

海关工作

【概况】 2014年，郑州海关扎实开展第二批党的群众路线教育实践活动；坚持践行“四好”总体要求，不断强化队伍建设、党风廉政建设及精神文明建设，围绕“五个着力”，全力保障15项重点改革；贯彻落实海关总署关于支持外贸稳定增长的决策部署，结合河南实际，研究出台14项支持外贸稳定增长具体措施；创新企业管理模式，稳步推进企业协调员制度，服务高资信企业快速发展；积极推进关检合作“三个一”、通关作业无纸化和关区通关一体化改革，出台《郑州海关“多点报关、口岸验放”通关模式操作规程（试行）》，研发系统平台，实施“多点报关、口岸验放”通关模式。1月3日，河南省政府印发《河南省人民政府关于表彰郑州海关的通报》，对郑州海关为河南省开放型经济发展做出的突出贡献予以通报表彰。4月9日，河南省委印发《中共河南省委　河南省人民政府关于嘉奖2013年度全省经济社会发展突出贡献单位的决定》，对郑州海关予以嘉奖。

【海关监管】 2014年，郑州海关按照“管、减、简、便”原则，全面清理业务审批、审核、备案、核准等业务管理事项，下放报关单撤销等业务管理事

2014年郑州海关主要业务统计指标

序号	业务指标	计量单位	2014年1-12月	2013年1-12月	同比增减±%
1	进出口货运量合计	万吨	1527.5	1127.1	35.5
2	#1. 进口	万吨	1487.4	1090	36.5
3	2. 出口	万吨	40.1	37.2	7.8
4	进出口货值合计	亿美元	547.7	507.4	7.9
5	#1. 进口	亿美元	256.8	231.6	11.0
6	2. 出口	亿美元	290.9	275.8	5.5
7	海关税收(实际入库)	亿元	202.4	134.1	50.9
8	#1. 关税	亿元	6.5	6.4	1.5
9	2. 代征税	亿元	195.9	127.7	53.4
10	审批减免税	亿元	6.3	3.9	61.5
11	统计报关单	万份	27.6	23.5	17.4
12	监管集装箱	箱次	55329	48857	13.2
13	集装箱载货量	万吨	62	66	-6.0
14	监管飞机	架次	14177	10467	35.4
15	监管进出境人员	万人次	97.4	69.0	41.2
16	备案加工贸易合同数	份	811	861	-5.8
17	加工合同备案金额	万美元	91671	93780	-2.2
18	缉私局立案走私罪案件数	件	5	7	-28.6
19	缉私局立案走私罪案值	万元	277000	32300	757.6
20	缉私局结案走私罪案件数	件	3	4	-25.0
21	缉私局结案走私罪案值	万元	289250	9640	2900.0
22	缉私局立案违规案件数	件	256	352	-27.3
23	缉私局立案违规案值	万元	16500.0	15600.0	5.8
24	缉私局结案违规案件数	件	248	403	-38.5
25	缉私局结案违规案值	万元	13800.0	17346.9	-20.4
26	罚没收入	万元	210	241	-12.9
27	内销征税	万元	8530	7068	20.7

项30项，取消保税货物内销征税审批等3项，对90项业务管理事项根据实际压缩管理层级142级，对外公布《郑州海关行政职权目录表》，加强对下放权力的监督指导；探索"由企及物"的风险评价指标体系，发挥HZ2011的联系处置功能，不断完善综合监管机制，加强对舱单、实货、运输工具和监管场所"四位一体"的物流监控工作，严格落实"两率"指标，确保实际监管落实到位；通过风险研判、注重实践总结、突出查缉重点、坚持100%过机检查、开展专项治理等措施，加大旅检、邮递渠道禁限物品查堵力度；推进差别化稽查作业模式，开展保税中后期核查及对果汁产品、进口红酒、出口香菇、羽绒等的专项稽查，办结稽查企业87家，稽查补税2.67万元，专项稽查查发率50%。全年共监管进出口货运量1527.5万吨，同比增长35.5%，进出口货值547.7亿美元，同比增长7.9%；监管集装箱55329箱次，同比增长13.2%，集装箱载货量62万吨，同比减少6.0%；监管进出境航班14177架次，进出境人员97.4万人次，分别增长35.4%和41.2%。

【海关税收征管】 2014年，郑州海关坚持"量质效"并举的综合治税工作机制，发挥综合治税联动和"三位一体"监控作用；发布《郑州海关集中汇总征税作业模式公告》《河南省部分特殊监管区域集中汇总征税操作规程（试行）》，规范相关业务操作，企业通关纳税更为便利；充分发挥关税分析监控、决策支持（DSS系统）、风险管理平台和HL2008等系统的作用，对关区税收核注、核销、归类、审价和减免税备案及审批等情况进行监控，强化税收监控分析，全年共下发廉政预警处置单和业务联系单184份，现场核查补税累计830多万元；加强对内销征税、漏征运费、异常延期、单耗管理、残次品、消耗性物料、保税仓库等方面的日常管理，内销征税8530万元，同比增长20.7%。全年，关区实现税收入库202.4亿元，同比增长50.9%。审批各类减免税货值6.46亿美元，同比增长51%，减免税款6.3亿元，同比增长61.5%。

【海关缉私】 2014年，郑州海关按照全国海关建立健全"防控、监管、打击"三位一体的海关反走私工作体系部署，探索建立"一警双权，一案到底"的办案模式，优化警力资源配置，集中优势兵力，"稳、准、狠"打击走私犯罪活动；依托河南省打私办平台，推进反走私综合治理，加强与检察院、法院、公安、工商、国税、环保等省打击走私综合治理工作领导小组各成员单位的联系沟通，深化协作配合，加强执法合作，提升打私合力，构筑"打、防、管、建"的立体防线；加强对进口固体废物监管，严厉打击"洋垃圾"走私；开展以打击大米、冻品、食糖、棉花、食用油以及饲料等农产品走私为重点的"绿风"专项行动和以打击毒品走私为重点的"紫光"专项行动，侦办"6·16"大豆走私案，案值27.21亿元，被海关总署缉私局列为一级挂牌督办案件。全年，立案侦办走私犯罪案件5件，案值27.7亿元，涉嫌偷逃税款4413.8万元；立案违规案件256件，案值1.65亿元。

郑州航空口岸关检合作"三个一"首票测试成功

【海关统计】 2014年，郑州海关充分发挥统计监测预警职能作用，编发、上报海关总署统计分析报告、地方豫关要情101篇，撰写执法评估报告41篇。其中，被海关总署海关要情采用13篇，省、市等各级主要媒体采用20篇；积极为地方外贸经济发展提供决策支持和服务，与地方政府相关部门签订数据提供协议，累计为相关部门提供数据咨询90余次。全年累计审核统计报关单27.6万票，增长17.4%，报关单记录条数99.2万条，增长21.3%。

【电子口岸建设】 2014年，郑州海关以优化科学技术管理机制为核心，着力实现海关与河南电子口岸的网络信息互联互通。全年办理进出口企业电子口岸入网手续1970家，电子口岸变更760家，电子口岸代理1240家；制发IC卡7170张，IC卡证书更新2452张，解锁506张；办理企业海关备案手续1266家，海关备案变更547家，海关换证416家；新增海通网预录入用户25家，新装客户端43套；新增TCS用户3家，总计报关协同136048票；进出卡口车辆使用IC卡、电子车牌共计64677张（次）。

【上海自贸区海关监管创新制度复制推广】 2014年，郑州海关以企业和市场需求为导向，以制度创新为核心，按照"先易后难、急用先上"的原则，保税展示交易、加工贸易工单式核销、批次进出集中申报、区内自行运输、统一备案清单制度、集中汇总纳税制度、简化通关作业随附单证制度、保税物流联网监管、境内外维修制度等9项上海自贸区海关监管创新制度先期在郑州关区各海关特殊监管区域（场所）全面复制推广。

【海关机构和海关特殊监管区域建设】 6月6日，经海关总署批复同意信阳海关开关，正式对外办理海关业务，业务管辖范围：河南省信阳市；10月28日，经海关总署批复同意鹤壁海关开关，正式对外办理海关业务，业务管辖范围：河南省鹤壁市；11月1日，海关总署下发《海关总署关于设立许昌海关的通知》，设立"中华人民共和国许昌海关"，机构规格为正处级，隶属郑州海关；郑州汽车整车进口口岸获批并通过验收投入运行，南阳卧龙综合保税区经国务院批准设立，河南德众保税物流中心通过验收。

【海关监管模式创新】 2014年，郑州海关采用"联网监管+电子底账""工单式核销"等监管模式，支持手机返区维修和内销业务开展，全年返区维修手机93.7万部，内销手机2680.5万部，内销征税154.2亿元，占关区税收总量的76.2%；推广"两单一审"作业模式，将进出特殊区域企业区内外收货方和送货方两次申报改为一次申报，将海关两次审核改为一次审核，加快企业从境内采购料件、向区外销售成品的通关速度，帮助企业减负增效；开展海关特殊监管区域间保税货物结转试点，分别与北京、江苏、四川等地海关协作，简化跨关区物流手续；整合监管资源，推进综保区、航空、铁路、公路口岸间的"区港联动"及与郑州出口加工区、河南保税物流中心之间的"区区联动"，

海关关员验放首批进口汽车整车

加快推进“一站式”大通关建设，建立覆盖全省各口岸、海关监管场所和特殊监管区域的联动信息平台。

【支持郑州航空枢纽建设】 2014年，郑州海关落实支持航空港经济综合实验区建设十项措施，进一步优化通关作业流程；加强与口岸管理相关部门和全国各海关间的联系配合，先后与10个城市的机场海关签订国际空陆联程货物监管配合办法，初步形成立足中原、辐射全国的货运网络；根据生鲜水果类货物特性，开辟“绿色通道”，实行“提前申报、实货验放”的24小时预约通关模式，年内孟加拉黄鳝、台湾凤梨、智利蓝莓等陆续自郑州航空口岸报关进口。截至年底，郑州机场先后开通定期国际及港澳台客货运航线45条（客运17条、货运28条），年内新增11条，覆盖亚、欧、美、澳四大洲。全年共监管国际货运吞吐量18.46万吨，增长65.77%；保税航油入库11.9万吨，增长72.13%；航空快件2493吨，增长94.46%；验放冻品生鲜货物4596吨，货值2301.37万美元。

【支持中欧班列运营常态化】 2014年，郑州海关成立中欧班列通关管理工作小组，明确职责分工，优化国际中转、拼箱和过境货物的海关监管流程，推进中欧班列货源、线路、出境口岸、海陆空铁运输模式多元化发展；坚持以市场需求为导向，立足河南实际，加强对海陆空铁多式联运监管模式研究，主动承接海关总署“一带一路”署级课题研讨会，加强与“一带一路”沿途海关间的沟通合作；采取24小时预约通关、担保验放、“一站式”服务等便捷通关措施，确保货物的无缝衔接和合法、安全、自由流动。截至年底，中欧班列（郑州—汉堡）累计开行100班，搭载集装箱8558个（折合标准箱），货运量4.52万吨，货值4.85亿美元，班次密度、货重货值均居国内中欧班列前列。

【跨境贸易电子商务监管】 2014年，郑州海关围绕解决跨境电子商务通关、结汇和退税难的问题，抓住交易真实性和身份真实性的关键环节，发挥保税物流中心“出口退税、进口保税”和“分批送货、集中申报”等优势，推行清单申报要素简化、“一次申报、分步处置”、清单分类通关等7项改革措施；通过信息化系统与检验检疫等相关部门联网，共同对跨境电子商务的知识产权保护、商品质量安全实施综合管理；引入APP移动互联电子商务参与郑州试点，支持聚美优品等重点电商企业参与试点，实行“量体裁衣”式的监管服务，不断拓展试点的广度和深度；通过商品的前置备案审核、税款保证金自动核扣、高风险商品管控等措施确保税款应收尽收；采取有效措施有效避免虚假交易和瞒报行为，严防严控利用跨境电子商务渠道“蚂蚁搬家”式违法行为，促进跨境贸易电子商务规范化发展。全年验放跨境电子商务进出口商品清单49.18万票，货值10362.12万元，征收进口税款724万元。

【署省合作备忘录签署】 8月11日，海关总署、河南省人民政府在北京签署第二轮《海关总署河南省人民政府合作备忘录》，海关总署署长于广洲、河南省省长谢伏瞻分别代表双方签字。于广洲在签署仪式上表示海关总署将进一步加强与河南省的合作，积极支持郑州航空港综合实验区建设、郑州市跨境电子商务服务试点和河南省海关特殊监管区域整合优化，助推河南经济社会持续健康发展。副署长兼广东分署主任吕滨、副署长孙毅彪、国家口岸办主任黄胜强、河南省常务副省长李克、副省长赵建才出席签字仪式。

【海关总署领导到河南调研】 3月21日，海关总署副署长孙毅彪带领国家11部委联合调研组就“加快海关特殊监管区域整合优化”问题在郑州调研。调研组听取河南省政府、郑州新郑综合保税区管委会、郑州出口加工区管委会、郑州海关、河南省国税局、苹果公司和富士康企业代表关于海关特殊监管区域运作情况及建议。孙毅彪提出要认真思考海关特殊监管区发展面临的问题，进一步优化产业调整，推进海关特殊监管区域向高端制造、物流、研发、销售、结算等方向发展，实现海关特殊监管区域多元化。10月17日，海关总署党组成员、国家口岸办主任黄胜强在郑州调研铁路口岸建设工作并出席专题调研座谈会。黄胜强实地查看海关监管区、铁路集装箱中心站、报关大厅和海关物流监控中心，分别听取河南省政府、郑州市政府、郑州海关关于河南口岸建设、中欧班列（郑州—汉堡）运行及海关监管工作情况汇报。黄胜强对河南省口岸建设工作取得的成绩给予肯定，表示海关总署将积极支持河南省口岸建设，按照《海关总署 河南省人民政府合作备忘录》要求，积极协调推动河南省各口岸的开放。

（姚长江）

文化事业

社会文化

【概况】2014年，郑州市社会文化发展以党的十八大和十八届三中、四中全会精神为指引，深入贯彻习近平同志系列重要讲话精神和中央文艺座谈会精神，紧紧围绕郑州都市区建设和“三大主体”工作总体部署，站位全局，务实重做，各项事业得到持续快速发展。

群众文化活动蓬勃发展。以“情韵郑州”为主题，开展形式多样的群众文化活动220多场次，充分激发了群众的参与热情；依托春节等传统节日和“少儿文化艺术节”等主题活动，为群众投身文化建设提供广阔舞台；组织全市群众文化活动现场观摩会，推广新郑市“百千万”文化惠民工作经验。大力开展文化志愿服务活动，扶持民间特色队伍200支，培训基层文化骨干1000名，全年开展500余个服务项目，近3万人次参与了文化志愿服务活动。

文化惠民能力显著增强。纳入2014年市政府“十大实事”的“舞台艺术进乡村、进社区”千场文艺演出和纳入省委、省政府“十项民生工程”的“舞台艺术送农民”活动均圆满完成，受惠群众近百万人次，活动影响力不断提升。公共文化服务场馆零门槛免费开放水平不断提升，郑州图书馆全年接待读者217万余人次，图书外借41.9万余册次；郑州美术馆举办展览30余次，接待观众16万余人次，较好地保障了广大人民群众参与文化、享受文化的权益。开展公益送图书活动，全年组织赠送优秀图书1.5万册；先后组织了8场以文艺演出为主，附带赠送扶贫物品的“文化暖冬”活动，引起社会广泛好评。新增村村通用户5万户，各县（市）现辖153个街道乡镇基本实现了广播电视信号全覆盖。全市农村公益电影放映达2.37万场次，观影人数达325万人；“万场电影送民工”活动连续放映200场，观影人数达5.4万人。

非遗保护和宣传工作卓有成效。加大了对新型城镇化建设中非物质文化遗产保护的指导，结合郑州市实际，制定了《关于城镇化建设中历史文化遗存保护工作检查整治保护的实施方案》，对新型城镇化建设中非物质文化遗产的保护范围、工作任务、保障机制等提出了明确要求，以保证新型城镇化建设中的非物质文化遗产保护得到足够重视；组织开展了第四批市级非物质文化遗产项目传承人的评审工作，以及省级、国家级非物质文化遗产项目和代表性传承人的申报工作，“登封窑陶瓷传统烧制技艺”成功入选国家级非物质文化遗产项目；为配合“中国第九个文化遗产日”的宣传活动，组织开展为期1个月的“郑州市非物质文化遗产宣传月”活动，鼓励全民共同参与保护非物质文化遗产；精心制作了《郑州记忆——郑州市非物质文化遗产》纪录片，已拍摄10集。郑州非物质文化遗产展示馆12月31日正式开馆并向社会免费开放。

公共文化重点项目建设积极推进。郑州图书馆智能化数字图书馆项目二期项目、郑州少年儿童图书馆改造项目加快推进。郑州大剧院、郑州群艺馆、郑州美术馆等重大文化建设项目纳入2014年度市政府投资重点项目，项目建议书编制工作已正式启动。

【公共文化服务体系建设】国家公共文化服务体系示范区创建成果不断深化，顺利通过国家文化部、财政部组织的国家公共文化服务体系示范区中期督导检查；出台郑州市国家公共文化服务体系示范区后续管理工作规划，进一步完善了组织领导、资金投入、目标考核等长效管理机制；积极组织参加省级示范区（示范项目）创建活动，金水区金水舞蹈节成功入选第一批河南省省级公共文化服务示范项目。加大示范区创建后续交流互动力度，组织实施了“2014赣州·郑州公共文化示范区文化交流”、“春雨工程”、中原文化内蒙行、“2014‘大地情深’国家话剧院赴郑州演出”等活动，充分展示了郑州市创建成果。配合市委组织部、市财政局，制定公共电子阅览室和红色网络教育家园建设标准，实现共建共享、共管共用。积极推进郑州地区公共图书馆服务联盟建设工作，中原区等6个县（市）区完成对接调试。郑州图书馆、经开区图书馆、新郑市图书馆、郑州市群艺馆、二七区文化馆、金水区国基路办事处文化站分别被评为省先进图书馆、文化馆、综合文化站。

【文化精品建设】文艺精品创作再创佳绩。豫剧《琵琶记》获得第三届中国豫剧节剧目奖第一名、第十三届河南省戏剧大赛“文华优秀剧目奖”；郑州市杂技团创排的《花枝俏——单手顶》获得河南省第四届杂技“百戏奖”暨河南省第九届杂技大赛“金奖”，并在第32届意大利金色马戏节中获得最高奖金奖；市豫剧院、曲剧团参加“天中杯”第八届河南省戏曲红梅奖大赛，分获2金1银、1金3银；现代豫剧《都市阳光》参加省第六届“黄河戏剧节”大赛闭幕式演出，反响良好；大型系列动画片《黄帝史诗》被列为国家历史重大题材及省重点文化产业项目，计划于2015年黄帝故里拜祖大典前在央视首播；郑州歌舞剧院群舞《夜深沉》代表中国参加2014第八届越南顺化艺术节第一届国际舞蹈节比赛，获得金奖；大型现代豫剧《都市阳光》作为河南第六届黄河戏剧节大赛闭幕式剧目，演出取得圆满成功。

【群众文艺活动】群众文艺活动精彩纷呈。由郑州市群艺馆编创的舞蹈《手舞四季》应邀录制央视“五月的鲜花——我们的中国梦”。舞蹈《青衣 青花》三度进京，录制中央电视台《舞蹈世界》栏目，获得“舞蹈全明星”称号。郑州市群艺馆馆办团队参加河南电视台《金色梦舞台》栏目录制，播出效果良好。由中国戏曲学院主创，市群众艺术馆、市艺术创作研究院联合编创的大型古装豫剧《海的女儿》成功首演，受到好评。策划了“清华情、中国梦”EMBA2014新年晚会，绚烂精彩的演出受到了院方及清华大学EMBA中心的高度赞扬。编撰了《郑州文艺探索》（第一卷）论文集。雕塑壁画院为郑州地铁1号线一期工程黄河南路站、农业南路站、郑州东站站、二七广场站等4个重点站，设计制作地铁站点文化墙。在以“艺术影像连接一带一路”为主题的全国首届“丝绸之路”摄影艺术大展中，以反映郑州市地理风光、历史人文、城乡发展、工业建设和人民生活为主题的20余幅摄影作品入选大展，其中10幅作品入选画册。

【文化交流活动】 文化交流活动日益活跃。按照文化部、省文化厅统一部署，组织演出团队分赴欧洲、越南、泰国、韩国进行了27场文化交流演出，吸引了韩国前总统、泰国前副总理等多名国家政要和当地观众到场观看，展现和传播了中国风格和中原文化，赢得了各界观众的广泛好评。《风中少林》《水月洛神》等舞台艺术精品分别应邀到广州、海南、甘肃等地演出，充分展示了郑州文化艺术精品的魅力，提升了郑州的文化影响力。

【文化产业发展】 2014年，申报获批国家动漫企业2家，国家文化出口重点企业1家；申报获批省、市重点文化产业项目4个；向河南省服务业发展项目储备库推荐重点文化类项目17个。前三季度，市文广新局负责的文化重点项目完成年度投资12.6亿元，完成率96.2%。

截至2014年年底，全市共有网吧1158家、歌舞娱乐场所267家、电子游艺场所260家；电影放映单位42家，荧幕255个，能同时为4万余人提供观影服务。东方红影剧院和中原影剧院规划建设工作即将启动。

【搭建投融资服务平台】 搭建投融资服务平台，加大资金扶持力度。2014年，协调市财政向46家企业（行业组织）拨付市级动漫产业发展专项资金4734万元；成功争取省新型文化业态发展扶持资金1660万元用于20个文化产业项目。全市征集到符合国家文化产业政策、前景好的文化产业项目38个，拟订了《2014年郑州市文化产业项目招商引资目录》，计划总投资达300亿元；协调组织“银企对接会”，拟订《文化产业融资综合服务方案》，拟投资额25亿元、意向融资额15.5亿元。

【文化产业园区建设】 稳步推进产业园区建设，产业集群积聚效应明显。国家动漫产业发展基地（河南基地）和郑州动漫产业基地配套服务功能持续完善，已吸引近90家动漫及周边企业入驻，占全市登记动漫企业总数的90%以上。登封天地之中文化旅游专业园区、中牟绿博文化产业园区、高新区文化创意产业园区的建设运营带动了文化创意、文化旅游等相关产业和周边地区的发展，登封天地之中文化旅游专业园区被命名为第四批河南省文化产业示范园区。郑州华强文化科技有限公司投资建设的方特欢乐世界自开业运营以来，累计收入约8.4亿元人民币，接待游客近400万人次，郑州华强被郑州市列为重点培育的战略性文化创意旅游企业。

【文化市场监管】 依法行政工作稳步推进。认真落实依法行政责任制，强化组织领导，制订年度工作规划，签订依法行政工作目标责任书，确保分工明确、责任到人。持续加强依法行政制度建设，参与国家新闻出版广电总局《广播影视行政执法使用手册2014年版》编纂工作；修订完善《文化广播电视新闻出版自由裁量权制度》《服务型行政执法工作》等多项制度。精心组织实施依法行政各项工作，圆满完成年度目标任务，组织颁发国家新闻出版广电总局行政执法证54个，有效缓解了市内5个特殊区域文广新部门无行政执法证件的问题。

文化市场管理更加规范有序。坚持一手抓繁荣，一手抓管理，着力打造监管、自律、监督、协作“四位一体”的文化市场监管模式，被省文化厅评为文化市场管理工作先进单位。一是推行分级管理制度，引导经营单位加强行业自律，主动承担社会责任，自觉接受社会监督。二是公布举报电话，全天24小时受理群众举报，对群众举报反映的问题，迅速做出反应，共受理各类举报50余起，全部及时进行了核查和处理。三是推进计算机监控平台建设，通过监控平台，对全市互联网上网服务经营场所实行技术监管。四是加强艺术品市场管理及诚信建设，通过召开全市艺术品市场诚信经营座谈会、举办艺术品市场法制宣传周等活动，进一步规范郑州市艺术品市场行业秩序。

【文化体制改革】 行政审批制度改革全面推进。认真落实简政放权、转变职能的相关要求，市文广新局行政审批“两集中、两到位”改革工作顺利通过市审改办验收；“日清周结月通报季公示”机制不断健全，通过转变作风、优化流程，将行政审批业务办结时限由7天缩短到1—3天，受理业务提前办结率达100%；行政审批后续监管工作不断加强，召开全系统行政审批改革工作会议，对各县（市）区进行集中指导，实现无缝对接。

公益性文化事业单位改革不断深化。根据中央“建立法人治理结构”的要求，结合事业单位改革、公共财政投入机制改革、免费开放等工作实际情况，郑州美术馆被省文化厅确定为9个“省级公共文化机构法人治理结构试点”之一。有序推进政府购买公共文化服务，实现从养机构、养人，向养事业转变。按照“政府购买、院团演出、群众受惠”的原则，市财政补贴320万元，市直文艺院团演出224场，通过政府支持，盘活文艺院团；郑州图书馆通过政府购买专业技术岗位招聘80名工作人员，进一步提升了公共文化服务水平。

着力推动民间资本参与文化市场运作。在进行了充分的市场调研和广泛征求职工意见的基础上，郑州艺术宫与河南创意金水文化产业发展有限公司合作创建“象剧场”，引进北京开心麻花话剧社系列经典剧目常年驻场演出，成为郑州市演艺市场新品牌，通过近半年的运行，已产生良好的社会效益和经济效益。

经营性文化单位改革持续推进。凤凰电影院遗留问题取得新进展。退休职工的养老金转移手续和社会化发放已办理完毕，在职职工事业统筹转入企业统筹已到位。深入研究改制工作，积极沟通协调，加大工作力度，推动其他改制单位遗留问题的解决。

【2014“大地情深”——国家话剧院赴郑州演出】 11月27–28日，由郑州市人民政府举办，郑州市文广新局、国家话剧院承办的2014“大地情深”国家话剧院赴郑州演出活动在象剧场郑州艺术宫举行。此次中国国家话剧院演出了古典话剧《伏生》，该剧由国家话剧院副院长、国家一级导演王晓鹰任导演，侯岩松、涂松岩主演。“大地情深”——国家艺术院团志愿服务走基层活动是国家文化部为将高雅艺术以志愿服务方式引入基层公共文化建设的一项具体举措。此次国家话剧院演出活动，既是郑州市在国家公共文化服务体系示范区后续建设中的一项具体任务，同时也为进一步丰富郑州市的公共文化产品和服务供给，提高群众文化艺术素养和审美水平，满足人民群众多样化、多层次精神文化需求开创了一条新的途径。

【2014年新闻记者证换证工作】 按照国家新闻出版广电总局的统一部署，2014年新闻记者证换证工作从7月15日起，至10月30前全部完成，11月1日起正式启用新版记者证，旧版记者证全部作废，郑州市约有1600多名记者同步换证。为确保郑州市换证工作有序进行，市文广新局召开了2014年新版新闻记者证换发工作会议，并成立了换证工作督察组，有效规范了各新闻单位换发记者证的流程，促进了材料报送的规范性。在严格材料审核的同时，按照总局和省局要求的时间节点，做到分期分批、适度集中，提前预约、做好服务，管好资料、严格操作，圆满完成了2014年新版新闻记者证换发工作。

（张明华）

文物管理

【概况】 2014年，全市文物工作紧紧围绕"十二五"规划和年度工作部署，认真贯彻执行文物工作方针，在全市文物系统广大干部职工的共同努力下，取得显著成效。大运河通济渠郑州段作为中国大运河申遗项目的重要节点和组成部分成功列入《世界遗产名录》，成为郑州市第二处世界文化遗产；"两园一中心"等重点项目积极推进，商城遗址保护成果初步显现；郑州市文化遗产得到有效保护，博物馆服务功能持续提升，服务经济社会发展的能力不断提高，文物行政执法工作进一步加强，基础性工作更加牢固。2014年12月18日，郑州市文物局作为河南省唯一一家文物部门被授予全国文化系统先进集体荣誉称号。

大运河通济渠郑州段

【世界文化遗产申报工作】 按照国家文物局的总体部署，扎实做好大运河通济渠郑州段申遗工作。开展惠济桥河段考古发掘、惠济桥保护维修及环境整治方案的编制、惠济桥保护工程的整治、大运河郑州段档案的收集、档案中心的建设和遗产点监测系统及视频监控等防护设施完善工作。实施大运河节点展示和标识系统建设工程。开展遗产保护范围界桩的标立和遗产展示系统标识的设置工作，委托专业机构制作并安放运河导视标识系统，推进大运河展示亭建设。2014年6月22日，大运河通济渠郑州段作为中国大运河申遗项目的重要节点和组成部分成功列入《世界遗产名录》，这是继2010年登封"天地之中"历史建筑群成功入列《世界遗产名录》后郑州市的第二处世界文化遗产。

【重点项目建设】 郑州商城国家考古遗址公园、大河村考古遗址公园、郑州市文博展示中心等省、市重点项目，均按计划有序推进。郑州商城国家考古遗址公园项目，完成东南城墙外侧绿化、紫荆山路以东至南大街段城墙外侧防护围栏安装、西南城墙木栈道铺设及防护围栏安装等工程，紫荆山断面节点展示工程已开工建设。大河村考古遗址公园项目，国家文物局已批复《大河村遗址文物保护规划》，已完成《大河村遗址公园规划》的编制，一期15.27公顷土地已完成立项、选址、土地预审的办理、方案设计等工作，可研报告已完成编制待评审。郑州市文博展示中心项目，项目建议书已编制完成，准备立项。

【文物资源管理】 完成59处申报第七批省级文物保护单位的推荐、资料审核、上报和第三批市级文物保护单位的推荐申报、现场抽查审看等工作，基本完成第七批国保和第六批省保文物保护范围和建设控制地带的划定及记录档案的制作工作。完成全市23处抗战文物资料收集工作，为做好抗战文物的保护展示利用奠定基础。先后组织编制完成《郑州航空港经济综合实验区文物保护总体规划》及小双桥遗址、苑陵故城、唐户遗址等10余处文物保护单位保护规划，形成较为完善的保护规划体系。

【文物保护工程项目建设】 积极争取中央级文物保护专项资金近1.5亿元，下达省、市级文物保护专项资金和市政府投资计划资金2000余万元，为文物保护提供强力资金支持。完成新密屏峰塔、密县县衙、超化寺、寿圣寺双塔等本体维修工程，启动芦医庙、苏寨民居、法海寺塔等本体保护维修工程，持续推进郑州市文化遗产综合信息管理系统、黄河博物馆改造、郑州博物馆安防系统改造等工程项目。大河村遗址博物馆二期工程进展顺利。

【文物勘探考古发掘】 建立完善的跟踪服务、致函服务和廉政回访等制度，优质高效地完成城市基本建设中的文物勘探、考古发掘任务。全年共完成勘探项目345个，完成勘探面积近1680万平方米，发现各类遗迹2204处。在配合城市基本建设中，共完成考古发掘面积51710平方米，清理各时期墓葬2978座，陶窑20座，沟36条，井20眼，灰坑2061个。

【博物馆建设】 持续做好全市博物馆、纪念馆免费开放工作，不断满足人民群众日益增长的文化需求，共举办专题展览57个，开展主题活动87场，累计接待观众220余万人次。积极开展馆藏文物征集工作，郑州博物馆通过收购、捐赠、移交等途径，征集各类藏品80余件（套），整理登记古钱币7500多枚，装裱书法、字画、拓片近200幅，完成16件青铜器、20件残损陶器和9件馆藏书画修复工作。规范民办博物馆管理，支持、鼓励和引导民办博物馆发展，全年新增民办博物馆8家，总数达到16家，2家申办工作进展顺利。

【新型城镇化建设中历史文化遗存保护整改工作】 郑州市委、市政府重视城镇化建设中的历史文化遗存保护工作。1月18日，郑州市人民政府印发《关于在城镇化建设中加强历史文化遗存保护工作的通知》（郑政文〔2014〕3号），要求各县（市）区人民政府和各有关单位在推进城镇化建设中必须高度重视历史文化遗存的保护工作，按照国务院《关于加强和改善文物工作的通知》（国发〔1997〕13号）做好以将文化遗产保护纳入经济和社会发展计划，纳入城乡建设规划，纳入财政预算，纳入体制改革，纳入各级领导责任制，把政府保护文物的责任进一步具体化为主要内容的"五纳入"工作。各县（市）区必须依法依规对各级各类文化遗存进行保护，对纳入动迁的村落进行排查，对具有重要人文、历史价值的古村落进行原址保护，对全国第三次文物普查（以下简称"三普"）登记的未定级古建筑，在未制订文物保护措施前，一律不得擅自拆除。经登记的不可移动文物，如无法实施原址保护确需异地保护的，制定科学保护规划，报相关部门批准后，方可进行。对未进入"三普"名录的名人故旧居、百年以上古建筑和具有重要特点的近现代建筑，县（市）区文物行政部门须组织相关专家对其文物价值进行评估认定。在文物价值未认定前，一律不得擅自拆除。通知再次强调，在城镇化建设中各级政府应拨付专项经费用于村镇建设中的文化遗产保护工作，必须进一步制订和完善本辖区历史文化遗产的具体保护措施，并公告施行，确保历史文化遗产的安全和文物保护工作的有序进行。

3月，郑州市将新型城镇化建设中的历史文化遗存保护整改工作列入市委第一批7个群众路线教育实践活动专项整改工作。5月9日，郑州市人民政府组织召开全市新型城镇化建设中历史文化遗存保护整改工作动员会。决定成立郑州市新型城镇化建设中历史文化遗存保护整改工作领导小组，全面负责整改活动的领导、组织及督导工作。自2014年5月起，郑州市要在全市开展新型城镇化建设中历史文化遗存保护整改，全面落实文物保护“五纳入”，详细收集、整理、检查未来3年内规划动迁村庄及计划迁建地的文物点资料，对未进入第三次全国文物普查名录的名人故旧居、百年以上古建筑和具有重要特点的近现代建筑，进行价值评估认定并登记在册，制订保护措施，积极探索新型城镇化建设与历史文化遗存保护的“双赢”，充分发挥历史文化遗存对经济社会发展的助推作用，着力打造文化新城镇、美丽大郑州。动员会后，全市新型城镇化建设中历史文化遗存保护整改工作全面启动。各县（市）区政府、开发区管委会相继召开辖区新型城镇化建设中历史文化遗存保护整改工作动员会，成立领导组织，进行安排部署。5-6月，全市各县（市）区、开发区管委会按照实施方案安排，组织核查队伍，积极搜集未来3年动迁区域资料，深入实地，对文物点逐一核查。通过近两个月的努力，基本摸清辖区未来3年拟动迁区域的文物点现状，形成自查整改报告。7月1日起，由郑州市整改工作领导小组成员单位组成3个督导检查组，对全市各县（市）区、开发区管委会开展督导检查。在相关部门的共同努力下，全市动迁区域的1363处文物点得到有效保护，城镇化建设中历史文化遗存保护的经验得到肯定和推广，初步形成城镇化建设中历史文化保护的长效机制。

【文物安全和执法工作】积极推进文物保护立法工作。《郑州市郑韩故城遗址保护条例》经郑州市第十四届人民代表大会常务委员会第四次会议于2014年8月22日审议通过，河南省第十二届人大常委会第十一次会议2014年12月4日审议批准，于2015年1月1日起施行。强化文物行政执法工作，以查处涉及郑州商城遗址保护范围和建设控制地带内的违法建设以及全市范围内的大型基本建设违反文物保护法律法规的行为为执法工作重点，积极开展文物稽查活动，坚决查处违法案件，共查处案件18起，结案10起。同时，加强对县（市）区文物行政执法活动的监督指导，取得较好的效果。强化安全生产工作。以排查整治文物、博物馆单位人力防范、实体防范、技术防范和安全管理工作中存在的安全隐患和文物建筑火灾隐患为重点，通过单位自查、主管部门检查、组织各级部门互查等方式，对检查发现的问题和隐患进行整改，建立隐患排查档案。共开展检查20余次，下达责令改正通知书8份，确保了文物安全。

【社会宣传】依托政府门户网站平台，采取多种形式回复市民关心的热点问题，增强广大人民群众参与文物保护的意识。以“国际古迹遗址日”“国际博物馆日”“中国文化遗产日”等重大宣传日活动为契机，通过举办知识讲座、文物考古、博物馆类学术性会议等普及文物知识，加大文物宣传。5月13日，《光明日报》刊发《呵护中华文明的历史见证——大遗址保护的“郑州经验”》，系统总结阐述郑州市大遗址保护工作的理念和成效，并将“郑州经验”总结为“因地制宜、勇于创新，充分重视基础研究，始终坚持政府主导，与当地经济社会发展结合”四个核心理念，极大地提升了郑州大遗址保护工作的社会关注度和影响力。召开“2014郑州中华之源与嵩山文明年会暨嵩山文明与中国早期聚落研讨会”“嵩山文明与中国早期王都研讨会暨中国古都学会2014年会”等学术会议，有效提升了古都郑州的知名度。编撰出版《郑州市文物志》《郑州市文物地图集》《古都郑州》等，宣传郑州悠久的历史文化。

【郑州市第一次全国可移动文物普查】按照国务院第一次全国可移动文物普查领导小组统一安排部署，2014年，郑州市文物局积极推进全市第一次可移动文物普查工作，完成全市国有文物收藏单位可移动文物的认定、鉴定和复核工作，启动可移动文物的信息采集、建档工作。分别于4月1-3日和12月7-10日举办了郑州市第一次全国可移动文物普查认定培训班和郑州市可移动文物普查数据登录与文物摄影人员培训班，为各县（市）区及市直文博收藏单位培养文物普查人才。截至2014年年底，全市文物数据登录工作已完成29191件（套）。

【东赵遗址】遗址东距郑州商城约14公里，北距大师姑城址约7公里，东北距小双桥遗址约9.5公里，西距荥阳关帝庙商代晚期遗址不到2公里，处于夏商文化分布核心区域。

经过近3年的考古工作，东赵遗址累计发掘面积近6000平方米，勘探面积达70万平方米。经过勘探发掘，东赵遗址文化内涵十分丰富，遗存年代跨龙山文化晚期、新寨期、二里头文化一至四期、早商二里岗期、两周时期，年代序列完整，其中以二里头、二里岗时期文化遗存最为丰富。

东赵遗址发现大、中、小3座城址。小城始建年代为新砦期早段，于二里头一期废弃。中城始建于二里头二期，兴盛于二里头二期晚三期早，废弃于二里头四期。大城年代为东周战国时期。此外，东赵遗址还发现二里岗期大型夯土建筑基址，基址面积达3000平方米。

东赵遗址清理的灰坑近500个，主

全市文物工作会议召开

东赵遗址（小城北城墙解剖沟）

要有生活垃圾坑、祭祀坑、窖穴等，年代跨新寨、二里头、二里岗、西周几个时期。发现打破小城北城墙基槽的祭祀坑，年代为二里头二期晚，这是启动二里头文化研究以来发现的单个遗迹出土卜骨最多的单位，具有重要研究价值。

东赵遗址遗物以陶器为主，有相当数量的石器，发现少量骨蚌器。陶器以灰陶为主，有夹砂、泥质之分，器类多样，主要有深腹罐、花边罐、捏口罐、盆、甑、矮领瓮、小口高领罐、附加堆纹缸、觚、鬲、大口尊、豆、斝、碗等。石器以生产工具为主，主要有铲、斧、刀、镰等；骨有骨匕、骨簪等；蚌器有刀、镰等。发现有商周时期的贝币。

【双槐树遗址】 遗址位于巩义市河洛镇双槐树村南黄河南岸二级台地上，遗址以仰韶文化以及仰韶文化向河南龙山文化过渡期为主，东西长1500米，南北宽600米，面积90万平方米。本年度继续2013年的勘探发掘工作，重点对遗址聚落中心居住区、防御结构、手工业作坊、墓葬等进行发掘，发现各类遗迹135处，有房基、墓葬、灰坑、陶窑、兽骨坑等，尤其发现大型仰韶文化环壕2条。出土有陶器、骨器、玉器、石器等。房基分为地面建筑、半地穴建筑两种。有长方形和方形，方向均为南偏东，以连间为主，有3间相连、4间相连，排房特点明显，墙体均破坏，只残留成排的柱洞。墓葬有瓮棺葬、竖穴土坑式葬两种，其中小儿瓮棺葬多以小口尖底瓶为葬具，也有大口釜或大口罐作为葬具。小儿瓮棺葬多葬于房基周围，成人葬为竖穴土坑式，葬式均为仰身直肢葬。随葬品较少。窑址由窑室、火塘两部分组成，近椭圆形，火门坍塌，操作间不详。出土有陶盆、罐、鼎、豆、钵、瓶、碗等。以灰陶为主，红陶次之，少量黑陶。彩陶有红衣黑彩、白衣褐彩、白衣红彩。纹饰有网格纹、花卉纹、三角纹、直线纹、太阳纹等。石器有铲、斧、凿、刀、钺、纺轮、弹丸。骨器有簪、镞、锥。玉器有玉璜。环壕使用双环壕防御，环壕西、东、南三面较完整，西北部内、外壕刻意围成一块近正方形区域，面积5万平方米，发现墓葬50余座，陶窑8座。

【尚岗杨遗址】 4-5月，郑州市文物考古研究院对郑州市至航空港高速公路扩建工程沿线涉及文物区域尚岗杨遗址实施调查、勘探和发掘工作。经过考古发掘发现，该遗址地层堆积达2-3米，局部达4米左右，遗迹丰富，清理有房基、灰坑、墓葬等。房基为“木骨整塑”，墙壁与地坪经大火烧烤呈砖红色，十分坚固。灰坑形状多为桶状和袋状，墓葬均为竖穴土坑墓。在遗址中心区外围发现有两条壕沟，环形分布在遗址周围，较为规则。两条壕沟的北部和西南部至机场高速公路，根据壕沟的走向以及和七里河的相对位置关系，推断尚岗杨遗址当时的内外壕沟应与古七里河河道相通，也即尚岗杨聚落的西部以古七里河为天然屏障。环壕内西北部为墓葬区，东北区域为生活区。清理仰韶墓葬36座，灰坑133处，房基5处，瓮棺葬2个，灶2个。房基被破坏较为严重，形制结构基本清楚，较大型，连间结构，残存红烧土墙和柱洞较为清楚。出土有泥质灰陶、夹砂灰陶、泥质红陶、夹砂红陶、磨光黑陶等；器型有陶罐、鼎、钵、瓮、壶、瓶、杯、碗，盆、缸、器座、纺轮、环等。陶器表面多素面，磨光或施一层陶衣。部分罐、钵、盆、瓮的腹部饰旋纹、鸡冠纹；小口尖底瓶饰线纹；缸的外壁饰粗线纹，口部饰附加堆纹；部分盆、钵、碗、罐上腹部饰白衣，并绘黑、褐或红彩圆点、弧线三角纹、花卉纹、同心圆纹、水波纹、网格纹、平行线纹等。另出土有少量的骨器和石器。骨器有骨笄、骨锥；石器有石铲、石凿、石斧、石纺轮等。

【汪沟遗址】 遗址位于荥阳市城区北2公里之城关乡汪沟南约500米的岗地上。遗址南北长955米，东西宽881米，面积约84万平方米。2013年11月-2014年4月，根据郑州市文物保护规划及科研工作的需要，对荥阳汪沟遗址进行全面的调查勘探，取得重要收获。发现各类遗迹249处，其中仰韶时期灰坑201个，房基26座，道路4条，灶1个，窑址1座，古河道1条，墓葬13座，夯土分布区1处，灰沟3条。

本次调查勘探工作基本厘清汪沟遗址的整体布局，3条环壕绕遗址布局，加之大量灰坑、房基、陶窑、墓葬、道路、夯土分布区的发现，为研究仰韶时期的社会生活、发展、葬俗、葬式等文化方面发挥重要作用，也为今后的文物保护、发掘研究、展示利用奠定基础。

【上街区城市集中供暖项目建设范围内古遗址保护】 7-10月，在对位于荥阳市科学大道西段，西史村村南，科学大道道路南侧的上街区建成区城市集中供暖项目工程建设范围内的古文化遗址、墓葬等进行抢救性考古发掘中，清理各类遗迹28处。其中灰坑11处，沟壕5条，夯土墙2段，灶2处，建筑基址1处，窑址3座，墓葬4座。文化遗存时代主要以夏商时期为主，遗迹遗物比较丰富。

出土二里头时期、商代的遗物有陶器、石器、骨器、蚌器等。陶器以泥质灰陶和夹砂灰陶为主，少量褐陶，器型主要有鬲、大口尊、深腹罐、捏口罐、缸、尊、刻槽盆、瓮、豆等，纹饰以绳纹为主，部分饰弦纹、附加堆纹，少量云雷纹、素面。石器以石镰、石锛为主，另有少量石铲、石斧、石刀等，均为磨光素面。骨器主要以骨簪、骨簇为主，另有骨针、骨角、骨匕等，均为磨光素面。蚌器有蚌刀、蚌镰、蚌锯等。西周时期出土的遗物也多以生活使用器为主，多以泥质灰褐陶为主，少量红陶，器型有陶罐、陶鬲、陶豆等。

【金博大城改扩建项目建设范围内古遗址保护】 9-11月，在对位于郑州市民主路东侧，西太康路南侧，二七路西侧的金博大城改扩建项目考古发掘中，清理各时期灰坑175个，墓葬10座，陶窑2处，灰沟3条。商代遗存是本次发掘的主要收获。商代灰沟2条，平面均呈“V”字形，内填土灰褐色土，包含大量红烧颗粒和草木灰，沟壁经过明显加工，根据位置与结构推测为商城内侧生活排水沟。商代灰坑 152处。形状分为长方形、圆形、椭圆形及不规则形，长方形灰坑比较规整，较深，发掘深度一般在4米左右，有的两壁上带有脚窝，用途为窖穴；圆形和椭圆形灰坑，形制均较规整，个别内葬有动物骨骼，推测为祭祀坑。

出土遗物仰韶时期主要有陶器、兽骨等。陶器以夹砂褐陶、夹砂灰陶为主，另有较多泥质红陶，少量泥质灰陶，器型主要有罐形鼎、罐、钵、器盖、尖底瓶、瓮、盆等，纹饰以素面为主，部分饰弦纹、附加堆纹。另有较少兽骨。

商代出土遗物主要为二里岗期的陶器、石器、骨器等。陶器以泥质灰陶和夹砂灰陶为主，少量褐陶，器型主要有鬲、大口尊、深腹罐、捏口罐、斝、缸、爵、簋、尊、甗、盆、瓮、豆等，纹饰以绳纹为主，部分饰弦纹、附加堆纹，少量素面。石器以石镰、石锛为主，另有少量石铲、石斧、石刀等，均为磨光素面。骨器类别有卜骨、骨簪、骨簇等，均为磨光素面。另出土有较完整牛骨3头。

汉代时期出土器物主要有罐、盆、板瓦等，多素面，部分饰以绳纹、弦纹。唐宋时期主要有罐、盆等，多素面，部分饰以绳纹、弦纹。瓷器可辨器型有碗、盆等。釉色主要有白釉和白底黑花釉，大写意花卉，具有明显磁州窑时代特征。

该处发现对研究和解决郑州商代的文化内涵和性质有着重要的意义，为研究郑州地区商代的自然环境、社会生产、生活状况等提供重要的实物依据及科学资料。

【郑州机场二期扩建项目建设范围内古遗址保护】 2014年4月，在对位于郑州航空港区东部郑州航空港区滨河大道南侧、枣左路东侧进行考古发掘中，清理各类遗迹120处，灰坑102个，墓葬17座，沟1条。其中一商代墓陪葬品较丰富，形制规整，陪葬有铜爵、陶鬲、陶罐、陶缸、陶豆、陶斝等，应是商代中期的一座贵族墓葬；唐代墓葬中陪葬器物有“真子飞霜”铜镜、铜耳勺、铜刀、铜钱等，铜镜品相较好，图案内容丰富。铜钱为唐代“安史之乱”时期史思明建立的政权铸造的钱币——“顺天元宝”“得一元宝”，为该时期的重要的断代标尺。这批墓葬的发现，为研究郑州南部的商代人类活动和唐代“安史之乱”在郑州地区的影响提供实物资料。

【郑州市G107辅道南延项目建设范围内古遗址保护】 郑州市G107辅道南延（南四环至西南绕城高速段）新建工程位于管城区南曹乡南曹村南。2014年8-10月，共发掘清理夯土台基1处，井1眼，墓葬9座，砖券粮仓1座，陶窑1座，总共揭露各类遗迹13处。其中一座汉代墓葬形制规整，陪葬品较丰富，陪葬有铜钱（布币）、铜车马器、铜饰件、铁剑、铁插、铁钩、铁勺等，判断是王莽时期的一座墓葬。该处墓葬出土的“大布黄千”“大泉五十”等汉代王莽当政时期铸造的钱币，为研究王莽篡汉时期的经济、社会和势力范围提供重要的实物资料。

【尚庄城中村改造项目建设范围内古遗址保护】 项目位于郑州市中州大道东侧，七里河南路南侧。2014年1月，对该项目进行考古发掘，共清理龙山时期灰坑18处，汉代灰坑6处，汉代粮仓1处，宋代墓葬5座。

此次发掘重要发现是1座宋代仿木结构壁画墓。该墓葬虽顶部坍塌无存，但墓室墙体及门楼保存较完整，墓室内部被盗扰，碎砖淤积土填实，室内见红白彩绘及部分人物绘画，但脱落严重。墓室四壁仿木结构砖雕图案完整，内容丰富。墓葬由墓道、甬道、墓室三部分组成，斜坡墓道南高北低，南端高处有台阶；甬道位于墓道北部，南端为拱形墓门仿木砖雕结构。上部左右各有一突出门棱，其上施彩绘，白底黑花；墓室位于甬道北部，顶已毁坏坍塌，铺作以下形成四壁较规整，保存状况较好，小砖所砌仿木砖雕结构，施彩绘，四转角处倚柱，施莲瓣红彩，西壁雕桌台一张，上置食盒，两侧各有一把椅子，右侧有烛台，西侧下端见炭炉，北壁雕饰门楼，中部为门，两侧为窗，两扇门之间用白描的技法绘一仕女门内探入上半身，作启门式，东壁中部雕饰高脚桌，北部下雕饰小柜，南部下雕小柜及板凳，南壁甬道两侧上雕饰窗，西部下雕小柜，东部下雕饰桌台。墓室底部为“凹”字形棺床，中间见方形金井，其上未见骨架。

该墓葬因仿木结构壁画保存较完整，后期保护组织专业人员，利用现代科技手段对该墓葬壁画及仿木结构图案进行加固、防脱落、脱色、防蛀、临摹、搬迁等专业技术处理。

【航空港区台湾科技产业园宋代壁画墓】 2013年12月，在郑州航空港区台湾科技产业园项目工程考古中发现。墓葬为仿木结构砖雕壁画墓，形制较完整，由墓道和墓室两部分组成，墓道与墓室之间有砖砌封门，墓室内置棺床，棺床上放置男、女骨架各1具。随葬品有瓷瓶1件，瓷盏1件，铜钱2枚。墓室内壁画因环境潮湿局部脱落，砖雕内容十分丰富，图案有桌椅、炭炉、执壶、剪刀、熨斗等日常家具，与以往出土壁画墓画面内容不同的是，该墓东壁靠南壁处雕刻彩绘弓箭1副。该墓的发现对研究北宋时期的政治、军事，以及生活习俗和丧葬文化等具有重要的学术价值。为完整保护该墓，对其实施加固、包裹等科技保护工作，并于2014年6月26日将此墓整体搬迁。

【东赵城址考古新发现与保护座谈会】 12月16日，郑州东赵城址考古新发现与保护座谈会在郑举办。来自中国社会科学院考古研究所、北京大学考古文博学院、郑州大学历史文化学院、陕西省文物考古研究院、四川省文物考古研究院、湖南省文物考古研究院、江苏省文物考古研究所等18家单位的专家学者参加座谈会。

与会专家学者在考察东赵遗址考古发掘现场，听取东赵遗址考古发掘情况汇报后，一致认为东赵遗址文化内涵丰富，发现有新砦期、二里头文化时期及东周时期三座城址，还发现有商代早期大型建筑基址，西周时期

全市新型城镇化建设中历史文化遗存保护整改工作动员会召开

登封“天地之中”历史建筑群之——中岳庙

文化遗存，在2000多年的时间内，文化序列完整，对于重新认识中原地区夏商周时期考古学文化编年体系具有重要意义。东赵遗址是嵩山以北地区发现的第一座新砦期城址，从地层学角度确认了新砦期与二里头文化一期之间的关系。东赵遗址二里头文化时期城址与郑州地区之前发现的其他夏商时期的重要遗址一起形成一个有机整体，在华夏文明和早期国家形成过程中处于核心位置，对中华文明的形成起着引领作用，其文化规模及内涵在中国乃至整个东亚地区具有非常突出的地位和作用。

遗址发现的商代早期大型建筑基址是本研究领域发现的规模仅次于偃师商城建筑基址的遗存；发现的两周时期的文化遗存，为研究郑州地区西周文化、探讨西周封国和郑、韩两国文明史提供极其重要的新材料。

【登封“天地之中”历史建筑群保护管理】 2014年，郑州市对世界文化遗产——登封“天地之中”历史建筑群继续开展文物本体及附属文物、古树名木、气象环境、河流水文、空气噪声水质、生态植被、安保、地震、地质灾害、旅游活动、文化活动及宗教活动、规划执行情况等13个类别的遗产监测工作。推进登封“天地之中”历史建筑群动态信息及监测预警系统建设项目，编制完成《世界文化遗产——登封“天地之中”历史建筑群动态信息及监测预警系统建设方案》。继续推进旅游管理，各遗产点游客接待量在正常范围内，并在高峰期通过引导、分流等手段，极大地缓解游客承载压力，确保遗产本体安全。推进文物本体修缮及相关保护工程。中岳庙峻极殿、峻极门保护修缮工程，少林寺塔林一期保护工程等维修保护工作全面启动。开展广泛宣传，促进突出普遍价值的传承与展示。配合中央及省、市媒体拍摄系列纪录片、宣传片，对登封“天地之中”历史建筑群等8处11项世界文化遗产及其普遍价值进行宣传，发表相关稿件70余篇；遗产地电视台、广播电台开办《走进天地之中》《中岳嵩山》《畅游登封》等10余个精品栏目；拍摄播出大型文化纪录片《嵩山秘笈》、登封原创歌曲《大美嵩山》MV；在北京艺术博物馆举办“登封窑”陶瓷艺术展及学术交流会；开展“嵩山百年”老照片展、登封“天地之中”历史建筑群遗产摄影展等活动。举办第三届嵩山论坛及第十届中国郑州国际少林武术节，全方位地介绍登封“天地之中”历史建筑群的历史文化知识和现代精神文化内涵。

【郑州商城遗址保护项目】 2014年，郑州商城遗址开展的工程项目主要有东城垣东大街段覆土保护和周边绿化工程项目，东南城垣保护及外侧绿化工程，西南城角木栈道、防护围栏项目，安防监控项目，看护管理用房等国债资金项目，城北路断面（墩墟）保护展示项目，展示标识碑项目，紫荆山路断面保护展示项目，西南角—紫荆山路段城垣北侧防护围栏项目等。

郑州商城遗址东南城垣保护工程实施范围是商城城垣遗址保存最好的地段。工程内容主要是城垣覆土、人工植草、集中排水、修筑木质栈道和休憩平台、架设供游客登临城垣的钢架木质楼梯、设置商文化图案的石坐凳等。西南城垣的木栈道、紫荆山路至南大街段625米的木质防护围栏，有效地保护了商城遗址，并为游客参观提供便利。紫荆山城垣断面保护展示项目位于紫荆山路与城南路交叉口，商城遗址南城垣中段紫荆山路两侧，距城垣东南角640米，距城垣西南角1000米。完工后的西侧断面保护棚很好地遮挡了雨水对城墙断面的冲刷，减少风化和虫蚀损害。东侧保护棚采取视窗保护形式，断面南北两侧设置出入口，修筑木质栈道，游客可以近距离观看城墙断面夯窝。

【新密超化寺下寺保护维修工程】 新密超化寺创建于隋开皇元年（公元581年），是全国著名佛教寺院之一，素有“超化古寺，明刹十五”之称。现为郑州市文物保护单位。由于年久失修，下寺部分建筑损毁严重，如山门仅存墙体，观音殿散水逸失、墙体酥碱，大雄宝殿屋面漏水、踏步垂带石佚失，祖师殿墙体已倒塌。为保护这一珍贵文化遗产，郑州市文物局委托郑州大学城市规划设计研究院编制完

郑州商城遗址东南城垣

全国重点文物保护单位：唐·法王寺塔

成《新密市超化寺（下寺）现状勘察与保护维修设计》，下拨专项资金对新密超化寺下院进行修复。超化寺下寺保护维修工程于2013年12月6日开工，先后完成天王殿、观音殿、忠义殿、韦驮殿等12座单体建筑的维修加固工程。2014年5月21日竣工。2014年6月13日验收通过。

【玉溪宫文物保护工程】 玉溪宫现为河南省文物保护单位。由于地处偏远，年久失修，宫内玉皇殿、九苦殿、三官殿三座建筑出现墙体空鼓、酥碱、基础下沉导致的裂缝；木构件糟朽、脱榫、断榫、歪闪，斗拱错位、糟朽、构件逸失；屋面漏雨、塌陷严重，椽飞糟朽、檐头附件逸失严重等不同程度的残损，急需进行抢救性维修。该工程于2013年7月3日开工，工程内容为维修玉皇殿、九苦殿、三官殿，恢复山门、围墙、拦土墙，建设院内厕所、甬路、散水，对散落碑刻进行统一立碑等。工程于2014年8月18日竣工。2014年11月18日验收通过。

【郑州博物馆藏品管理】 2014年，郑州博物馆通过多种形式积极开展文物征集活动，继续加强馆藏文物的技术保护，推进纸质、陶器、青铜器等的修复保护工作。库房及文物藏品管理严格执行相关管理制度，库容保持整洁，为馆内、外陈列展览及宣教活动等提供藏品440余件（套）及相关资料、照片信息。文物征集工作取得新进展，通过收购、接受捐赠、移交等途径，共征集各类藏品90余件套，其中有清代云肩、民国服装皮箱、现代书画作品等。同南京博物院合作完成16件馆藏青铜器的保护修复工作；完成《郑燮兰竹图轴》《任伯年人物图轴》等9件馆藏书画的病害分析、修复方案编写和修复保护工作；完成26件残损陶器修复方案的编写和修复保护工作。参与郑州大学“青铜器的除锈与缓蚀保护研究”和“纸质文物保护材料和技术”等课题的实验研究工作。

【郑州二七纪念馆社会教育】 2014年，郑州二七纪念馆免费开放317天。基本陈列“千秋二七”展览接待观众93万人次，义务讲解650场，团体讲解79场。坚持“走出去”的社教思想，走进社区、广场、单位、学校等场所，完成主题报告会21场、巡展9场，受教人数达14万人次。开展“迎新春”画家送春联活动等宣教活动8场，组织“河南省青少年书画院作品联展”等临时展览11场。完成“郑州红色旅游文化品牌的创新和开发”和“郑州市区不可移动文物保护和开发”两项市社科联课题调研工作，完成省社科联“古今礼仪文化研究”课题。组织“中国梦”等主题道德讲堂12期。筹备“百年郑州”展览前期准备工作，制订大纲主线并开始征集文物，接受捐赠和购买文物8件；与《郑州晚报》组织开展“百年郑州”展览系列活动——“郑州百年人与事”征文活动，共刊文27篇。

【郑州大河村遗址博物馆建设项目】 博物馆二期工程包括新建仰韶文化房基保护房、原有文物库房改造加固、出土文物陈列提升改造、原有临时建筑拆除、遗址临时防护以及消防、电力、暖通等配套设施建设，总投资8002万元。该工程于2013年3月开工建设，2014年年底基本完工。

郑州大河村国家考古遗址公园规划总面积54万平方米，是一处集历史文化遗产保护、原始文化展示、考古发掘与研究、生态景观复原、市民休闲等于一体的大型公共文化场所。该项目连续3年被确定为河南省重点建设项目（文化类）。按照郑州市发改委立项批复，大河村国家考古遗址公园按照一次规划、分期建设的原则进行。经确定大河村考古遗址公园一期建设用地规划约15.27公顷。2014年12月，《考古遗址公园项目（一期）可行性研究报告》论证会召开，原则通过。

（潘振萍）

档案工作

【概况】 2014年，全市各级档案部门按照国家局、省局的总体要求和市委、市政府的工作部署，突出“提升档案工作水平，服务全面深化改革”工作主题，大力实施以人为本战略、服务为先战略和安全第一战略，全面加强档案资源建设、档案馆基础和功能建设、档案信息化建设，促进档案事业科学发展，为郑州市全面建设小康社会作出了积极贡献。

档案管理措施进一步加强。2014年，市档案局联合市教育局制定了《郑州市中小学档案教育社会实践基地建设管理暂行办法》，加强了全市中小学档案教育社会实践基地的建设和管理。进一步加强了社区档案的规范化管理，有效保护和开发利用社区档案资源，更好地提供准确、快捷的档案服务，2014年成功创建6个省级档案工作示范社区。为巩固国家级档案馆创建成果，进一步促进档案馆各项工作持续、稳定、健康发展，市档案局组织对全市12家国家综合档案馆进行了摸底调查，就存在的问题给予了具体指导，市档案馆通过了国家一级档案馆复检，金水区档案馆、中原区档案馆和新郑市档案馆通过了国家二级档案馆复检。新郑市档案局专门组织对移民局和南水北调工程项目档案进行跟踪指导。新密市档案局主动为民营企业提供档案业务咨询、档案整理和业务培训等服务，引导民营企业加强档案管理，启发民营企业对档案工作的需求。2014年，郑州市各级档案部门按照省档案局统一部署，对认证工作进行安排和指导，全市共有36家机关、企事业单位、乡（镇）、社区（村）通过认证，其中特级5家。

档案服务功能作用突出。2014年，市档案局充分发挥自身资源优势，利用馆藏的焦裕禄档案资料，在市档案馆展厅中开辟场地300平方米，制作70个展板、200余幅图片资料，举办“焦裕禄精神展”，积极搭建了全市学习教育平台。展览得到了上级领导的充分肯定，被列为全市教育活动必学科目。展览开放后，接待全市各机关、企（事）业单位和人民团体200

郑州记忆展

余家参观，受教育5万多人次，收到了良好的学习和社会效果，《中国档案报》头版对办展情况进行了报道。登封市档案馆在任长霞先进事迹展览的基础上，建设未成年人教育基地和党员活动基地，为广大党员群众和青少年提供学习场所，积极服务教育实践活动。全市各级档案部门积极探索档案工作服务民生的新途径、新方法，2014年共接待查档利用51.2万人次，调阅档案55万卷，为解决人民群众生产、生活问题，落实国家政策，维护社会稳定发挥了重要作用。

【档案馆库建设】 2014年，郑州市高度重视档案工作，把档案新馆建设项目纳入“四中心两公园”建设规划当中，规划建筑面积5.5万平方米。市档案局成立筹备和建设领导小组，组织人员赴吉林、辽宁考察调研。在项目推进过程中，市档案局积极与市文物、发改、财政、规划、国土等部门加强沟通联系，推动分工、任务、责任的明晰和落实。截至2014年年底，《新馆建设工程项目建议书》《新馆建设工程项目任务书》已经编制完成。荥阳市档案新馆于2014年8月1日正式开工建设，建筑面积5000平方米，计划于2015年5月竣工。截至2014年年底，荥阳市档案新馆建筑主体框架三层已经浇筑完成，电气、暖通、消防等其他工程项目有序推进。

【档案资源建设】 市档案馆先后接收、征集到市物价局、市审计局等单位档案42万余卷（件）、照片2045张、实物462件；郑州老界碑43块，并展览对外开放；郑州市第一套税票、宋致和任市长期间签发的土地证、解放初期的购物发票等珍贵资料；《郑州党委工作纪事》等图书40余册；央视主持人沙桐、剧作家杨兰春、摄影家王德忠、书法家李兴武、书画家胡源智、女阿訇杜淑真等名人档案资料600余件；派专人参加黄帝故里拜祖大典筹备工作，积极收集、整理重大活动档案资料447件。中牟县委、县政府两办专门发文，强调新型城镇化建设和廊道建设资料、声像档案的征集工作，收集照片1.2万余张；新郑市档案馆赴开封市征集拷贝旧政权时期档案26卷，弥补了新郑旧政权档案资料不全的缺陷。荥阳市档案馆将声像档案纳入归档范围，进一步突出了图片、声像资料在各项工作中的重要性。

【档案信息化建设】 市档案局进一步加大档案信息化工作力度，加强郑州市数字档案馆局域网、工作站点的维护工作，确保局域网的平稳运行，保证数据存储管理及查询检索利用工作的正常运行。组织人员对市委统战部、市政府办公厅等29个单位电子档案进行检查指导，接收电子档案数据138.8GB，目录11.9万条，原文80万页。市档案馆认真做好全市重要新闻、重大事件的视频采集、编目工作，制作刻录光盘292张，完成移交电子档案数据的双重备份，接受备份单位信阳市档案馆第一批重要档案数据光盘91张、太原市档案馆第四批重要档案数据254.4GB。管城区档案局、中原区档案局、新密市档案局成功创建河南省档案信息化建设示范单位。惠济区档案局申请资金54万元，购置数字化处理软硬件设备，积极进行档案数字化加工。

【档案文化建设】 市档案馆组织开展《百年前法国人镜头下的汴洛沿线》画册的编纂工作，调集精干力量分赴洛阳、荥阳、开封、巩义4地拍摄今昔实景对比照片300余张。经过甄别筛选，完成照片相关背景资料的撰写，2014年年底已正式出版。同时，组织力量续写了《中共郑州市委党代会会议简介》《郑州市人代会简介》，校对《郑州市档案馆指南》等档案资料、图书。二七区档案局根据生态廊道建设编辑出版了图册，收到了良好效果；新郑市档案馆多方收集资料布置档案馆走廊文化——老照片展，展示了20世纪新郑旧貌；上街区档案局围绕“消失村庄的记忆”课题，收集全区22个行政村拆迁之前的村容村貌、厂房、特色建筑、新建安置小区的图片、视频、音像资料共计12860份；中原区档案局积极筹备，成功举办了“灿烂文明 辉煌中原”图片展等活动，档案的文化价值和教育功能得到了充分彰显。

【档案法制宣传】 市档案局邀请档案法制专家为全市档案系统行政执法人员授课，组织对全市100多家行

市档案局领导班子到市档案馆巡查

政机关、企事业单位进行执法检查。各县（市）区档案部门不断提高依法治档能力，不同形式地开展了执法检查活动，取得了良好效果。“国际档案日”期间，市档案局以开展“四进入”活动，以档案宣传进学校、进家庭、进社区、进门店为载体，组织干部职工发放宣传册，邀请《河南日报》、郑州电视台、郑州人民广播电台等多家媒体宣传档案法律法规，有力提高了档案工作的社会认知度。同时，郑州档案信息网设立了《党的群众路线教育实践活动》专栏，积极采编报道相关信息。党员干部利用报刊、公示栏等媒介，及时反映活动动态，先后在《中国档案报》《郑州日报》等报刊媒体发信息30余份，刊发活动简报68期。

【档案安全工作】 市档案局要求全市各级档案部门狠抓安全体系建设各项措施的贯彻落实。争取资金27万元，用于加强国家重点档案的抢救和保护工作。安排印发了《关于加强汛期档案安全保管的通知》，邀请市消防支队到市档案馆开展消防知识讲座。按照《河南省各级档案馆档案安全风险评估标准》，上街区档案馆、管城区档案馆和新密市档案馆、中牟县档案馆制订计划，完善措施，查漏补缺，顺利通过了安全风险评估。依照《关于加强档案托管中的安全管理杜绝失泄密隐患的通知》，市档案局组织对各级档案馆档案托管寄存情况进行了检查。市档案馆进一步明确了楼层和办公室安全员职责，对消防报警设备进行了检修，确保监控系统、消防系统运行正常。全市各级档案馆积极健全档案安全管理制度，加强日常巡查，及时消除安全隐患，完成重要档案的异地异质备份，保证了档案安全。

（孙超峰）

地方史志工作

【概况】 2014年，郑州市史志工作在市委、市政府的正确领导下，深入贯彻落实《地方志工作条例》《河南省地方志工作规定》，紧紧围绕“贴近中心，服务社会，突出特色，扩大影响”的基本要求，着力贴近郑州都市区建设这个中心，以开展党的群众路线教育实践活动为契机，积极拓展以志、鉴、库、网及服务开发为主要内容的修志用志新领域，以高质量的史志成果为经济社会发展服务。

自身建设持续加强。全市史志系统积极开展“学习型服务型创新型”机关建设活动，全面提高史志机关整体建设水平。加强史志干部教育培训，先后举办了全市史志系统北京大学修志编鉴业务培训班、全市乡镇志编纂培训班、郑州市公务员大讲堂等活动，进一步提高了史志队伍综合素质和业务水平。通过公开遴选和招录形式，市史志办充实工作人员7名。注重发挥史志协会作用，在全市史志系统开展了“学习贯彻十八届三中全会精神主题”征文活动。组建第三批群众工作队，下沉网格开展帮扶活动，落实市委长效机制的部署，在群众中锻炼培训干部。2014年度，郑州市史志办获得全省史志工作修志用志工作先进单位。

市史志办党的群众路线教育实践活动动员大会召开

法规建设得到推进。市史志办深入贯彻落实《地方志工作条例》和《河南省地方志工作规定》，进一步理顺工作体制，市、县两级史志工作“一纳入，八到位”逐步提升。在此基础上，市史志办加强汇报协调，认真修改完善，《郑州市地方志工作规定（征求意见稿）》已被市政府法制办受理，为尽快出台创造了条件。

报刊讯办理水平显著提升。郑州市史志办围绕贴近中心、服务大局，着力提升报刊讯办理水平，定期出版《郑州地情活页》《郑州都市区建设大事月报》。《郑州地情活页》成功申办了河南省连续性内部资料准印证号，全年出版4期，连续出版至第14期；《郑州都市区建设大事月报》汇集决策部署精神，反映工作推进状况，全年编辑发行12期，总期数达39期，为领导决策、服务经济社会发展起到了积极作用。全市所辖11个县（市）区中9个按期连续编辑发行大事月报，并结合本地实际，推出了相应的地情文献书刊。

方志馆项目取得重大进展。市

郑州市地方史志办公室在北京大学举办郑州市修志编鉴业务培训班

“美丽郑州”系列微型地情书

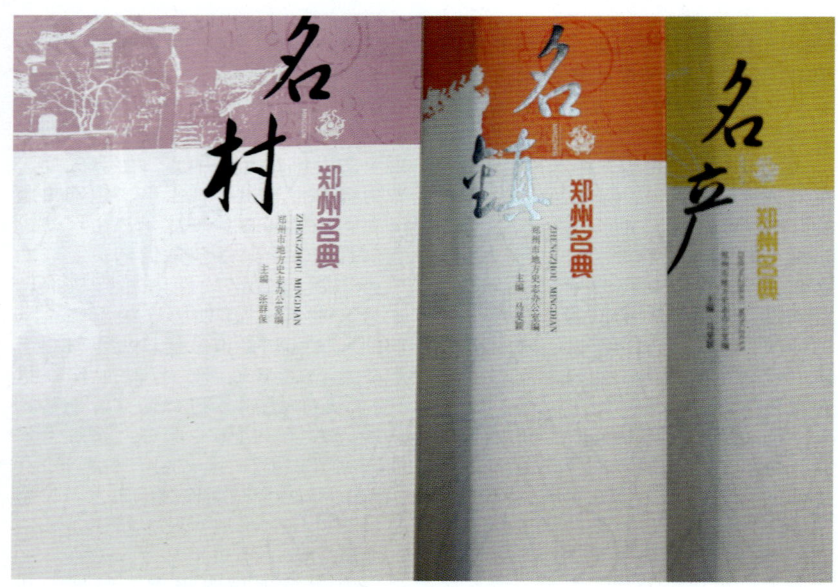

“郑州名典”系列地情书

史志办积极沟通相关部门，先后前往南京、上海、北京等地学习借鉴，为方志馆项目立项做好准备工作。2014年，市委、市政府将市方志馆列入郑州西区市民公共文化服务区首批入驻项目和市政府重点项目，方志馆项目取得重大进展。

【年鉴编纂】《郑州年鉴》按照“创新、争优”要求，围绕市委、市政府中心工作，调整栏目设置，优化框架结构，狠抓质量管理，着力反映郑州都市区建设重要成就，年内完成出版发行，并获得全国第五届年鉴编纂出版质量评比综合一等奖及装帧设计特等奖、条目编写一等奖、框架设计二等奖三个专项奖。各县（市）区把年鉴编纂工作作为经常性、基础性工作来抓，高质量出版了综合年鉴，实现了全市年鉴工作全覆盖。在全国第五届年鉴编纂出版质量评比中，中原区年鉴获得综合一等奖，上街区年鉴获得综合二等奖，中牟、新郑、管城年鉴分别获得综合三等奖。郑州市及县（市）区年鉴获奖等级和数量均为全省第一。

【志书编修】市史志办扎实做好市、县两级二轮志书的编修、督导工作。市本级和有修志任务的9个县（市）区中，8部志书已完成出版，1部即将出版，全市二轮志书编修工作即将全完成。全面启动乡镇志编纂工作，研究制订《关于全面启动乡镇志编纂工作的通知》，编印《乡镇志编纂工作文件汇编》，组织乡（镇）编修骨干人员进行系统培训，全年出版或完成乡（镇）街道志初稿11部。有序推进乡（镇）街道图志丛书编纂工作。组织图志样书研讨会，根据各试点单位图志编纂实际情况，下发了补充意见，按意见要求，新密市、中原区两试点单位对图志进行了修改。市史志办指导出版部门志、行业志6部，各县（市）区指导出版和编纂部门志、专业志15部。积极鼓励、引导有条件的村编纂村志，全市出版和编纂村志15部。

【地情书开发】“郑州名典”系列地情书继《名产》分册出版后，2014年《名镇》《名村》分册相继出版发行，《名山》《名水》分册的编校工作也有条不紊地进行。充分利用年鉴资源开发出版“美丽郑州”系列微型地情书，先后编辑出版《民生郑州》《数字郑州》《概览郑州》等微型地情书，增强《郑州年鉴》的实用性和服务性。各县（市）区地情书编辑工作稳步推进，新密市《新密记忆》、二七区《食在二七》、中原区《回眸中原2013》等地情书出版发行，新郑市《星光璀璨》《高拱传说》、登封市《嵩山全集（12部）》、荥阳市《荥阳回族史》、管城区《管城名典》等地情书已成稿或形成初稿。

【信息化建设】市史志办适时启动信息化建设二期工程，不断完善、更新“郑州市情网”，地情数据库全年完成20余册地情书、近700万字的数字化，总字数近1亿字。地情网站和地情数据库访问量累计超过40万人次。充实、丰富《郑州地情》APP应用及《郑州地情文献集成》电子出版物，完善移动服务功能。11个县（市）区中，中牟县、二七区、上街区、中原区、管城区建设了地情网站，其他县（市）区建有网页链接。

【郑州市地方史志工作会议召开】4月30日，2014年度郑州市地方史志工作会议在黄河饭店召开。会议总结了2013年的工作，部署了2014年目标和任务。郑州市人民政府副市长刘东、省史志办主任霍宪章出席会议并作重要讲话。会议还对20个郑州市修志用志工作先进集体和40名先进个人进行了表彰，部分先进单位代表作了典型发言。

【举办郑州市修志编鉴业务培训班】10月24-29日，郑州市地方史志办公室在北京大学举办培训班，来自全市编修志书、年鉴的业务骨干及相关人员近80人参加了培训。培训班邀请了李孝聪、张辛、肖东发、左玉河等国内外知名的专家、学者授课，极大地提高了史志队伍综合素质和业务水平。

【举办乡镇街道志业务培训班】11月25-28日，为确保乡镇（街道）志编修工作健康有序开展，市史志办组织举办了郑州市乡镇（街道）志编纂业务培训班。85名来自11个县（市）区史志机构的业务骨干和50多个乡镇的新晋修志人员参加了培训。培训期间，河南省史志办市县工作处处长袁伦中、安徽省地方志办公室原省志处处长王晖、郑州市史志办原副主任张平（两轮《郑州市志》主编）等专家，就志书功能定位、乡镇（街道）志编写知识及注意事项、资料收集、鉴别、整理、运用等方面为学员作了深入浅出、丰富生动的讲解。

（李占虎）

图书发行

【概况】 2014年，市新华书店以图书经营销售为工作中心，以多元化产业发展为纽带，认真做好产业转型升级，努力探索中小门市经营模式，不断强化企业内部管理，全面加强人才队伍建设，整体销售达到码洋3.22亿元，实现了社会效益和经济效益的双丰收。截至2014年年底，市新华书店共有员工653人，其中在职330人，退休323人，设有10个职能部门和9个销售部门，总营业面积2.1万平方米，主营各类中外文图书、电子音像出版物，负责发放全市中小学生课本，供应各类大中专教材以及学生教辅读物。

【重点图书和教材发行】 市新华书店牢固树立政治责任意识，坚持发行工作的宣传导向作用，认真做好党和国家重要会议、相关法律法规的发行，及时组织并重点做好“两会”相关文件和《论群众路线重要论述摘编》《厉行节俭 反对浪费重要论述摘编》《习近平总书记系列重要讲话读本》《焦裕禄传》《十八大文件汇编》等书的征订发行工作，并针对中央组织开展的党的群众路线教育实践活动，设置相关重点图书主题展台，对重点图书和十八届四中全会文件进行了集中陈列和推荐，有效满足了机关团体、企事业单位的学习需求。同时，市新华书店坚持将教材征订发行作为经营工作的重点，认真执行国家政策，确保中小学教材“课前到书、人手一册”。

【图书营销】 2014年，市新华书店积极应对网络冲击，创新营销理念，丰富营销活动，加强书店和读者的联系。开通微信公众账号“郑州新华书店”，广大读者用微信即可随时随地查询购书中心的所有图书。购书中心各楼层在双休日定时定点举办“小郑说书”“试读者联谊会”“英语角”“懒妈亲子课堂”“现场科学实验”“星期六故事会”“星期天读书会”“书画联盟”等现场活动，实现了“阅读无双休，活动天天有”。奥运冠军田亮签售新书活动，近千名读者排队，创造了1小时签售900册的新纪录。组织推广阅读志愿者活动，坚持第7年开展郑州市民阅读状况调查，并面向全市发布调查结果。

首届河南（郑州）动漫文化博览会

【读者俱乐部建设】 2014年，市新华书店读者俱乐部依托卖场图书优势，开启全新图书阅读体验模式，图书品种涵盖最新畅销书、学校推荐读物以及经典名家名作，有效改变了“新书年年添，年年读旧书”的借阅状况，受到读者好评。优化内部阅读环境。经过反复论证，读者俱乐部将走廊水泥墙改造成为通透的落地窗，将书架改装成图书主题展台，新增设了咖啡、茶饮及果汁等增值服务，配上休闲舒适的桌椅，为读者提供了更加舒适优雅的阅读环境。同时读者俱乐部通过整合现有资源，将手工制作、绘本故事、形体律动、英语角、电影赏析、国学启蒙等优质培训课程融入会员活动，并通过不断优化丰富培训内容，全面提升了自身服务水平，有效提升了读者俱乐部的品位和档次。市新华书店参加了郑州市组织的“三下乡”“慈善日”等公益活动，号召广大干部职工捐赠图书、现金和其他物品，积极为社会作贡献。

【发行网点建设】 做好郑州购书中心上街书店的网点建设工作。按照上街区委、区政府提出要在上街建设一个供上街市民阅读、学习、休闲的文化消费场所的要求，市新华书店经过与区政府相关部门和开发商的多次协商，拿出了选址和建设大型综合性卖场的初步意见，总建筑面积约2.2万平方米的上街书店项目建成后，将成为一个以图书销售为核心，集创意文化、生活艺术、读书交流、电影娱乐及儿童教育培训为一体的城市文化生活中心。加快推进中小网点转型升级，网点建设实现了新的突破。2014年，市新华书店对大学路书店进行了升级改造，进一步完善其经营模式、服务功能、营销方式。市新华书店经过多方论证，购置了位于花园路和农科路交叉口的郑州建业凯旋广场花园路商业项目，该项目建筑面积2500平方米，计划2017年交付使用。

（肖晓）

新闻出版与传媒

新闻出版

【概况】2014年，郑州市文化广电新闻出版工作继续保持了平稳发展的良好态势，有力地服务了全市经济社会发展大局。积极推进印刷产业集聚区建设，印刷产业园区选址工作基本就绪，建设筹备工作正在紧张进行。新闻出版产业指标继续位列全省前茅，全市印刷复制企业总数达到1151家，总产值70亿元，上缴利税4.5亿元；发行单位1495家，注册资本27.73亿元，上缴税金2.2亿元。第七届郑州图书交易会吸引近400家出版发行单位，参展人员3万人次，实现交易额5亿元。2014中国（郑州）印刷包装产品博览会采用市场办会的方式，共设900余个标准展位，展出面积约2.4万平方米，集中展示印刷产品3万余种，实现了印前、印中、印后各环节的集中展示。绿城读书节连续举办十一届，全民阅读活动深入人心，“首届全民数字阅读城市排行榜”统计，郑州市数字阅读量居全国第7位，位列全国地级市之首；9个家庭荣获首届全国“书香之家”称号，占全省1/4。省新闻出版广电局将绿城读书节作为全民阅读品牌项目在全省推广。文化市场稳定繁荣，依法行政工作被国家新闻出版广电总局授予全国新闻出版（版权）依法行政示范点。市文广新局被评为郑州都市区建设三年行动计划综合工作优秀单位。

【扫黄打非】以“净网”“秋风”“清源”专项行动为重点，在公安、工商等“扫黄打非”成员单位密切配合、联动协作下，组织“扫黄打非”集中整治行动10余次，成功查获“5·27”“6·16”“8·06”等大案要案。全市共出动执法人员17070人次，检查各类文化市场经营单位8978家次，立案查处违法违规经营行为140起，查处假记者站2家，收缴非法出版物、音像制品148177册（盘、张），受理群众举报74起，全部查处落实，举报查处率100%。

【版权维护】积极推进软件正版化工作，完成全市11个县（市）区和42个市政府部门软件正版化整改工作，顺利通过国家督导组的检查验收。不断提高版权公共服务水平，全年办理著作权登记800件，为著作权人搭建了良好的服务和维权平台。持续营造尊重版权的社会氛围，组织全市互联网时代版权保护研讨会、公务员版权大讲堂、郑州市创意企业知识产权运营需求研讨会、庆祝建国65周年中原首届知识产权作品（原创）书画展等活动；深入开展版权知识“六进”活动，发放宣传资料8000余份。

市领导到郑州图书交易会现场视察

【第七届郑州图书交易会】4月25-27日，由郑州市出版物发行业协会主办，河南汇航会展服务有限公司承办的第七届郑州图书交易会在郑州嵩山饭店举办。本届图书交易会吸引了来自北京、广州、上海、河北、山东、陕西、安徽、天津、湖北、南京等20余个省、市近400家出版、发行单位参会，洽谈合作项目，参展人员达3万人次，图书交易会交易额达5亿元，参展规模比上一届增加了一倍多，展会规模创历史新高。郑州图书交易会举办7年来，在省新闻出版局和市文广新局的大力支持下，通过进一步创新招商思路和展会形式，不断拓展业务服务范围，逐步形成了一套政府主导、企业参与、市场化运作的办会模式， 已成为中部地区民营书业进行图书订货、信息交流的主要活动，为中部地区民营书业展示企业形象、拓展发行渠道、宣传优秀出版产品提供了良好的沟通平台。

【第十一届绿城读书节】2014年9月26日，第十一届绿城读书节在绿城广场正式启动，本届读书节围绕“让阅读融入生活”的主题，从9月份持续到12月底，期间共举办了“2014郑州市十佳书香家庭评选”、2014图书展销会、“我最喜欢的一本书”、“校园经典诵读”比赛等近20项阅读活动。为达到最佳宣传推广效果，活动形式方面除传统的评选、比赛、讲座外，还新增加了图书漂流活动，在市直机关办公楼内设立图书漂流专架，并在漂流图书内附留言条，方便阅读者写下参与活动心得或读书感想，鼓励阅读者向读书节组委会提出针对全民阅读的建议和意见，为机关职工提供一个循环利用、绿色阅读和沟通交流的平台。同时，还策划了“郑州阅读地标”宣传推广活动，遴选出市区的公共阅读示范点、特色书店，制作成《郑州特色阅读场所图解》，向市民免费发放，引导市民利用闲暇时间走进书店、图书馆，多读书，读好书，实现阅读日常化、经常化和习惯化。2014年，在国家新闻出版广电总局组织的全国“书香之家”评选活动中，郑州市共有9个家庭获得首届全国“书香之家”称号，占河南省的1/4。根据郑州市民阅读状况调查公布数据，2013-2014 年度，41.05%的市民1年读书5本以上，其中15.67%的市民阅读图书10本以上，省新闻出版广电局把绿城读书节作为品牌项目在全省推广。

【2014中国（郑州）印刷包装产品博览会】 2014年 8月15-17日，中国（郑州）印刷包装产品博览会在郑州国际会展中心隆重举行。本届印博会深入贯彻有关指示精神，采取“政府指导，市场承办”的形式，精心挑选郑州市知名展务公司具体承办，全面负责企业招商、展会宣传、观众邀请等工作，真正将展会推向了市场。本届印博会共设5个展区、900多个标准展位，展出面积约2.4万平方米，展会现场共集中展示印刷产品3万多种，印刷包装设备500多台（套），广告喷绘、雕字机械300多套，实现了印前、印中、印后各个环节的集中展示，产业链条完整，展品类型齐全，丰富了展会内涵，增强了行业关联度。由于市场定位准确，为期3天的展会，累计参观人数共计5.8万人次，参展设备成交比例达80%，现场成交额约1.6亿元。随着郑州印博会办会机制的不断成熟完善和市场影响力的扩大，郑州印刷行业将通过印博会这一平台内引外联，进一步开拓业务市场，扩大合作范围，不断提高技术水平，加速提升产业承接能力，加快实现全市印刷行业的转型升级。

【郑州动漫企业挂牌上市】 2014年9月3日，郑州市动漫企业河南约克信息技术股份有限公司，在新三板正式挂牌上市（证券简称：约克股份，证券代码：830936），成为河南省动漫行业首家上市企业。

河南约克信息技术股份有限公司是郑州市重点培育的动漫企业，主营业务包括原创动画制作、软件开发、网络游戏开发运营等，业务遍及加拿大、中国香港等国家和地区。该公司先后被认定为国家级动漫企业、国家文化出口重点企业、商务部重点联系服务外包企业、河南省文化产品出口示范基地、河南省文化企业50强、郑州市文化产业示范基地。

（张明华）

郑州报业集团

【概况】 2014年，郑州报业集团认真学习贯彻落实习近平总书记系列讲话精神，学习贯彻中央、省、市各项方针政策，在市委的正确领导下，在市委宣传部的有效指导下，按照“宣传全媒体，发展多元化”战略，沿着“做强以《郑州日报》为旗帜的‘党报全媒体宣传矩阵’，做大以《郑州晚报》为龙头的‘都市报系传媒平台’，做活以‘中原网’为先锋的‘新媒体媒介集群’，做优以‘文化创意产业’为突破口的‘多元化产业链条’”的“四做”发展路径，不断强化互联网思维，顺应新变化，适应新常态，实现新闻宣传、经营发展的新突破、新提升。

2014年2月，根据全国报业集团传统媒体与新媒体融合发展需要以及报业集团转型发展需要，经上级同意，中原报业传媒集团更名为郑州报业集团，郑州日报报刊社更名为“郑州日报社”，中原报业网络中心更名为“中原网”。并明确郑州报业集团为郑州市委直属事业单位，下辖2个正县级事业单位：郑州日报社、郑州晚报社；1个副县级事业单位：中原网。更名后的郑州报业集团下辖五报、三网、二杂志、二十一公司。五报是《郑州日报》《郑州晚报》《经济视点报》（《中原地铁报》）、《中原社区报》“中原手机报”；三网是中原网、“讯雷看看河南”视频网站、“郑州十九楼”社区网站；二杂志是《环球慈善》（司局级转企杂志）、《小樱桃》（转企杂志）；二十一家下属单位及公司是：郑州中原报业传媒有限公司、郑州晚报有限公司、郑州中原报业传媒印务有限公司、郑州中原网络传媒有限公司、郑州中汇传媒有限公司、郑州郑报置业有限公司、郑州报业多媒体信息港有限公司、河南新瑞商置业有限公司、郑州郑报文化传媒有限公司、郑州百农商贸有限公司、郑州郑报饮品有限公司、环球慈善杂志社有限公司、郑州小樱桃出版有限公司、郑州中原手机报有限公司、河南户外广告网络传媒有限公司、郑州晚报美美假日酒店管理有限公司、河南正信中小企业金融超市有限公司、河南看看城市网络科技有限公司、郑州影屏高速传媒有限公司、河南郑大文化传播有限公司、河南笑脸科技有限公司。2014年，郑州报业集团在报业低迷期收入逆势增长，从上一年度的不足3亿元翻番至近7亿元，资产增值到近15亿元。从原来95%以上收入依靠广告的“单腿走路”，变为“多腿行走”，多元化收入已占到60%，达到国内发达报业集团最合理的结构。

【新闻宣传】 2014年，郑州报业集团围绕中心，服务大局，全媒体联动，策划推出大量系列报道和重点报道，《一切为了群众 一切依靠群众 三大主体工作》系列报道、《抓改革 强投资 调结构 求提升》系列评论、省市及全国《“两会”胜利召开》系列报道、《领导干部要敢于担当》系列评论、《领导干部谈担当》系列报道、《郑州要率先改革》系列报道、《第二批群众路线教育实践活动》系列报道、《习近平总书记来河南和郑州航空港区》系列报道、《从郑州制造到郑州创造》《认真学习贯彻总书记讲话精神》《加快郑州经济社会转型升级》系列报道、《一碗面温暖一座城》李刚的系列报道、《南水北调中线工程》系列报道、《郑州市重点工程连连看》大型系列报道、“关于断头路的系列报道”“谁阻碍了重点工程”系列策划报道、《素质教育的郑州实践》系列报道、“拆除省人民会堂违法广告牌”系列报道等等一系列报道，均在社会上引起强烈反响，受到省市党委、政府及宣传部门的肯定，有些还受到中宣部表扬。

“总书记在河南”相关报道在新闻界引起轰动。2014年3月17日，习近平总书记赴兰考调研，郑州报业集团提前策划，精心组织，在国内率先推出《焦裕禄的时间都去哪儿了》大型专题报道，展现了地方主流媒体

郑州报业集团党委书记石大东率领集团采访团赴新郑走基层

郑州报业集团组织开展志愿服务进社区活动

的职业素养和政治敏感，成为全国新闻界学习的典范。报道刊发第二天，省委宣传部要求全省各网站转载，新浪、搜狐、凤凰等重点门户网站也头题转载。

“素质教育的郑州实践”系列报道直面社会热点。郑州报业集团所属媒体担当媒体责任，大力宣传郑州二中等素质教育的探索和实践，猛力抨击衡水中学等填鸭式、非人道应试教学，深刻反思应试教育的根源和弊端，努力探索素质教育的路径和方法，受到社会各界特别是广大师生及家长的好评。

“谁阻碍了重点工程”和“拆除省人民会堂违法广告牌”系列报道彰显媒体责任。11月底至12月初，郑州报业集团全媒体联合出击，对省人民会堂违法广告进行密集、持续的舆论监督，最终促使该违法广告牌的拆除，并带动了省会其他违法广告的拆除。“谁阻碍了重点工程”系列报道中曝光的4条道路的阻工点，也全部得到较好解决，为畅通工程建设扫清了障碍。这组舆论监督报道，充分彰显了媒体的力量，也创造了市属媒体监督省级单位的先河，赢得了党委、政府特别是广大读者的肯定和赞誉，被称为“媒体助政”“依法治市”的范本式案例，也使报业集团及其旗下媒体的公信力和影响力得到明显提升。

【收购《环球慈善》杂志】《环球慈善》是“中国宋庆龄基金会”主办的正局级转企杂志，郑州报业集团绝对控股。宋庆龄基金会组织的各种活动都授权《环球慈善》杂志社来运作，将产生很好的经济效益和社会效益。收购《环球慈善》是郑州报业集团立足郑州，跨界跨区域的重要一步。

【打造百农优质生活平台】郑州报业集团与河南省供销社合作共建的百农优质生活平台，2014年8月8日正式上线。这是一个集寻找、开发、包装与销售河南本土特色商品于一体的第三方监督交易平台。百农优质生活平台计划用一至两年的时间，在郑州市四环以内铺设200家社区终端网点“e城e家优质生活平台”。

【组建“正信互联网金融超市”】2014年11月11日，郑州报业集团与洛阳涧西区政府及金鑫集团合资组建的“正信互联网金融超市”开业，标志着郑州报业集团正式进军互联网金融业。正信互联网金融超市是全国第一家利用互联网技术，由线上和线下同时开展业务的综合性、多层次、一站式、规范化的互联网金融服务平台，对于全市中小企业的发展将起到不可低估的促进作用。

【筹建“迅雷看看河南”视频网站】郑州报业集团与迅雷合作，筹备推出“迅雷看看河南”高清视频网站。该项目已在重庆、成都、杭州、武汉、广州等多地上线，有成熟的运作模式。凭借迅雷的技术、设施和品牌号召力，迅雷看看河南一上线就会拥有千万级别的用户，成为河南第一高清视频网站，是郑州报业集团融媒发展的一个代表。

（史越三）

郑州人民广播电台

【概况】2014年，郑州人民广播电台综合竞争力稳步提升，7套节目平均收听率市场份额达到45%以上，在全国省会城市当中名列前茅；外宣取得了全国省会电台中国之声发稿量第一名的好成绩，实现15连冠；创优再获佳绩，共有100多件作品在国家和省、市新闻奖的评比中获奖；广告收入突破9000万，比上年增长了24.87%。

围绕中心，突出重点，服务大局。围绕市委、市政府中心工作和群众关心关注的热点话题，不断强化新闻策划和创新，极大地提升宣传报道的影响力和公信力，先后策划、推出了60多个专题栏目，累计采制播发新闻稿件2万多篇，平均每天采制新闻稿件达到60多条。重点新闻栏目《郑州早新闻》在三套节目播出，市场份额超过40%，保证了市委、市政府每一项中心工作、重点工作在郑州广播媒体上得到全面深入系统的宣传报道。

发挥广播优势，服务广大群众。充分发挥城市广播媒体“热线”服务特色，以新闻广播《百姓热线》、经济广播《711快递》、都市广播《交通服务热线》等节目为依托，构筑起了一个全天候的，集新闻发布、舆论监督、互动交流、应急指挥为一体的信息服务平台，服务群众，为市民群众排忧解难，每年电台热线的接听量达到20多万个，热线回复率达到90%以上。每天平均通过都市广播的官方微信为2000位听众提供一对一的路况信息服务。遇到极端天气时，一天主动通过微信索取路况信息的听众超过2万名。

充分发挥媒体的舆论引导和监督作用。联合市政府纠风办继续开展《政风行风热线》节目，邀请职能部门的负责同志走进直播间，与听众互动交流，为群众讲解政策，答疑释惑。通过节目，既解决了市民反映的疑难问题，又增强了政府职能部门与群众之间的交流，收到了非常好的效果。在宣传报道工作中，电台十分注重发挥主流媒体的舆论引导作用，播发的新闻稿件和组织的大型活动，多次被省新闻阅评编发，受到省委主要领导的好评。

强化与省内地市电台之间的合作。电台主导并联合省内18家城市广播电台成立了河南省广播电视协会地市台广播工作委员会，并策划推出《听中原》新闻类联播栏目，在全省18家城市电台同步播出。地市台委员会还策划组织了2014“新春诗会”“河南省地市电台春节大联播”“国庆大联播”“南水北调工程沿线采风”等大型活动，收到了非常好的效果，实现了地市电台之间合作共赢，共同发展。

【传播全媒体建设】电台利用自身优势，不断加强新媒体建设，加快媒体融合的步伐，努力打造传播全媒体。（1）加快广播与网络融合。电台创建的郑州广播在线网站是河南省首批百强网站，电台的7套广播节目全部实现了网上即时收听。（2）充分发挥广播媒体传播速度快捷的优势，打破部门壁垒，成立新闻指挥策划中心，将工作岗位推进到播出一线，建立起了流畅的

“采、编、播新闻生产流水线”，极大地提高了新闻反应播出速度。电台新闻指挥策划中心成立后，记者连线发稿量增加了30%以上，新闻、经济、都市等多频率对新闻中心稿件的采用率稳步提升。新闻记者除了完成传统广播新闻的采制之外，还要现场拍图片，及时在新闻中心的官方微博、微信发送相关报道，实现“一次采集，多次生成，多元发布”的全媒体生产。（3）加大新媒体建设力度。电台自主开发的郑州人民广播电台手机客户端，于2014年3月18日正式上线运行。建立专业微博、微信管理队伍，各频率全部开通了频率的微博、微信，实现了新闻多渠道推送。电台都市广播官方微博、微信粉丝量达到70万，官方微信订阅量达到17万人次，在河南省各媒体中名列前茅。电台与蜻蜓FM成功签约成立“蜻蜓河南”，拓宽了新闻推送渠道，每月有超过87万网友通过蜻蜓客户端收听郑州新闻广播。（4）强化节目质量建设，为事业发展夯实基础。坚持频率收听率目标考核不动摇，逐级传导压力，有效推动了电台整体节目质量的不断提升。2014年，电台7套节目平均收听率市场份额达到45%以上，在全国省会城市当中名列前茅。其中，郑州新闻广播稳定排在全省广播频率的第一位。电台注重工作创新，推出了“创新奖”评比，每季度评选1次，对评选出的获奖者给予重奖，极大地调动了职工工作热情。音乐广播通过对受众市场的分析，依靠频率自身力量成功转型，成立类型化音乐台“中国热歌第一台”，得到年轻听众的欢迎。推出“编委走基层”系列采访活动，班子成员与记者一同深入基层采访，强化“新闻立台”的正确媒体导向。

【对外宣传】2014年，郑州电台在确保中央台发稿总量优势地位的同时，不断提升稿件质量，一大批反映郑州正能量的稿件在中央台播出，收到了良好效果，全年中国之声发稿795篇，总分3844分，成功蝉联全国省会电台中国之声发稿量第一名的好成绩，实现15连冠。与中央台合作推出的“全景中国郑州周”音频和视频节目在国际台设在世界各地的60多家华语电台上线播出，策划的郑州城市形象国际推广工程，获得省市领导的一致肯定。

【创优工作】2014年，电台先后有100多件作品在国家和省、市新闻奖的评比中获奖。有26件作品获得河南省广播电视政府奖，其中一等奖12件，二等奖9件，三等奖5件，连续7年，在全省18个市级电台中排名第一。电台录制的广播剧《杏花村的女人》获得河南省第十届“五个一工程奖”，另有6件作品获得郑州市“五个一工程奖”。技术创优方面。先后有12件作品获得全省技术质量奖，其中一等奖4件；有9篇论文获得全省科技论文奖。

【十佳广播栏目评选活动】2014年，十佳广播栏目评选活动吸引了数十万听众参与投票，锻炼了主持人队伍，也极大提升了郑州电台主持人、节目在听众中的知名度和影响力。“十佳栏目”评选活动评选出《今夜不寂寞》《早餐可乐》《郑州早新闻》《百姓热线》《交通互联网》等5个品牌栏目；《流行也经典》《都市沸点》《亲子课堂》《一路领先》《944音乐方向盘》《王宁说房》《新闻有话说》《金唱片》《金色方向盘》《晚餐前后》等10个“十佳栏目”。

【活动宣传】以品牌活动为依托，各频率结合频率特色，组织开展内容丰富、形式多样的活动，效果显著。都市广播2014年平均每周举办3到4场活动，他们与大商新玛特郑州总店联合举办的5周年店庆日活动取得了销售额超2亿元，毛利超900万元的销售成绩。新闻广播针对线下活动主动转型，主要选择高端合作伙伴，重点探索买断节目和植入节目的活动策划，4月，大商紫荆山百货买断新闻广播全天多档节目，对31周年庆进行宣传报道，新闻广播精心策划，以主持人见面会的形式开展宣传报道，取得了良好的效果。节目制作及大型活动部围绕电台的中心工作，统筹协调台里优势资源，精心策划组织了绿城读书节系列活动、永远的榜样——弘扬焦裕禄精神、“我们的节日”——2014待月嵩门中秋诗会等23场高品质的文化活动。这些活动的举办在提升了郑州电台的社会影响力的同时，为电台带来了可观的经济效益，实现了社会效益和经济效益的双丰收。

【广告营收】2014年，郑州电台坚守主流媒体的责任意识，主动调整广告结构，大幅压缩医疗专题节目时间，努力打造“绿色广播”，电台7套节目白天均无医疗专题节目，专题广告比下降到了10%以内，电台的品牌价值得到提升。全年完成广告收入9178万元，同比增长24.87%。创新广告营收模式，成功举办新闻广播、都市广播2015年广告资源经营权拍卖会。9家广告公司参与了竞拍，最终两套频率以8750万元的价格高调成交，其中，都市广播一套频率2015年广告资源经营权拍出7050万元，比2014年增长了一倍多。以公开竞拍的方式来确定广播广告资源经营权，在全省尚属首次，两套频率的高价拍出，也从侧面凸显了郑州广播电台的市场认知度和知名度。

【事业建设】2014年，电台加大了事业建设的投入力度，推出了一批建设项目。投资建设的河南戏曲声音博物馆于2014年年年底前正式开馆，省、市领导王全书、刘东为博物馆揭幕；郑州广播电视发射塔项目与中原区签订了用地协议，项目建议书得到了发改委的批复，前期建设资金已经下拨；圆满完成了全年的安全播出任务，实现了全年播出工作安全无事故，技术工作无事故，台内停播率小于5秒/百小时，设备完好率达95%以上。

（赵岩军）

郑州电视台

【概况】2014年，郑州电视台认真贯彻落实全市宣传思想工作会议精神，紧紧围绕市委、市政府中心工作，努力提高新闻策划和舆论引导能力，做好安全生产，积极探索制播分离和产业多元化经营发展，稳步推进内部运行机制改革，加快媒体融合发展步伐，为郑州在全省率先全面建成小康社会创造良好的舆论环境。

开展多种线下活动。为突破传统媒体发展模式，开辟多元化发展道路，郑州电视台先后举办了演播室团购会、中原家居联盟、2014首届“休闲&宜居”电视房展会和两届“汽车TV购”活动等。其中，首届汽车TV购活动，吸引48家汽车品牌参展和两万多市民观展，成交汽车582台，一举奠定了汽车TV购活动在郑州地区汽车展销行业的地位，郑州电视台成为在省会郑州举办车展活动的唯一电视传媒。

重视外宣，力争在更高的平台传递郑州声音。配合法国国家五台拍摄纪录片。2014年10月，郑州电视台配合法国国家五台完成了纪录片《魅力中国之旅——黄河名城郑州》的拍摄，这期43分钟的纪录片10月25日起在法国国家五台播出后，取得了较好的收视率。郑州电视台主持人首次在直播连线中亮相央视财经频道《第一时间》。11月27日，央视财经频道《第一时间》栏目首次卫星连线直播郑州“洋水果”集散地，郑州电视台《郑州新闻》主持人米娜出现在央视直播画面中，这是郑州电视台主持人首次在直播连线中亮相央视财经频道。这条长达7分钟的直播连线视频，得到央视财经频道负责人的肯定和感谢。同时，这7分钟的视频还在央视全国通联会议上作为样板向各电视台展示。

【时政新闻报道】2014年，郑州电视台6个频道的各档新闻类栏目紧紧围绕市委、市政府中心工作、阶段性发展成果、民生问题、“三大主体”、航空港建设、重大活动等做好宣传报道工作，努力为中原经济区郑州都市区建设创造良好的舆论环境。

2014年，郑州电视台完成了习近平、刘延东、周强、马飚等党和国家领导人，郭庚茂、谢伏瞻等省领导来郑州视察活动的报道，做好了吴天君、马懿等郑州市领导活动的新闻报道。同时，做好了市委十届八次全会、人大和政协"两会"、全市党的群众路线教育实践活动工作会议、黄帝故里拜祖大典、南水北调通水至郑等重大会议、重大活动的宣传报道。

首次派出特别报道组参与全国"两会"报道。全国"两会"召开期间，郑州电视台派出由记者、主持人、制片人等13人组成的特别报道组，首次参与全国"两会"报道，并在北京设立了新闻会客厅。对马懿、白红战、舒安娜、宋丰年等来自郑州的代表委员进行了重点访谈；对凌解放、胡葆森等其他代表以及钟南山、海霞、杨澜等社会知名人士进行了专访。特别报道组在"两会"期间策划制作了《郑州航空港经济综合实验区获批一周年 代表委员纷纷建言献策》《郑州应当成为新丝绸之路经济带桥头堡》等7个新闻专题，并利用4G技术从北京发回新闻报道30多篇。

郑州发展阶段性成果宣传报道。在市委、市政府的正确领导下，郑州电视台对阶段性中心工作认真学习领会精神、研究部署报道工作，力争做到提前介入、持续不断、亮点频出、氛围浓郁、效果明显。先后制作了《温暖郑州》《新春走基层》《党的群众路线教育实践活动》《腾飞航空港》《畅通郑州》《聚集产业集聚区》《新型城镇化》《三城联创》《省直机关看郑州》等40多个专栏，服务大局，搞好宣传。

搭建《市长电话》媒体平台。郑州电视台《郑州大民生》与《市长电话》合作，每周播出一期《市长电话一周综述》，报道百姓民生事，化解群众急与忧，做政府与民众的沟通桥梁，落实媒体助政功能。

社会主义核心价值观宣传报道。郑州电视台开设《身边活雷锋》专栏，先后播出了《专为弱势人群服务的理发师王国英》《老人百岁高龄 志愿捐献遗体"《公交车长 勇斗小偷》《热血的哥和他们的三万毫升鲜血》《高龄医生胡佩兰 医者仁心得传承》等典型宣传报道，在全市引起广泛关注和热议，为弘扬社会主义核心价值观营造了浓厚的舆论氛围。

【民生类新闻报道】《郑州大民生》栏目设"代表委员话民生"板块。2014年全国"两会"期间，郑州电视台在《郑州大民生》《"两会"报道》专栏除了及时报道"两会"进展的动态消息外，特别开设了《代表委员话民生》板块，结合部分提案议案，采访代表委员，深入报道民生焦点和热点议题，推出了《改善生态环境 关注民生工程》《小街小巷可停车 这个提案你咋看》等新闻报道，受到代表委员的关注和热议。

做好民生工程、交通、就业等热点的跟踪报道。为让市民及时了解畅通工程对郑州市发展和民生的重要意义，推出《探访新郑机场二期工程》《郑焦城际铁路黄河桥主桥完工》《郑州地铁百天照》等新闻报道，并用《关注三环快速化工程》《三环快速化 五一真能行？》《三环快速路通行再探访"等5个专栏21条新闻对工程进度、完工时间、出行规划、问题解决等进行报道。在就业方面，郑州电视台采制的《开年首场招聘会 各大企业招工忙》《力促就业创新业 夯实幸福基石》等报道，为观众提供了丰富的就业信息和就业指导。

深入群众，做接地气的新闻报道。2014年春运期间，郑州电视台策划播出的《春运回家路》系列报道和《新春走基层》板块，深入基层走入群众中，为他们提供最新鲜的资讯服务。同时，针对群众普遍关心的雾霾和食品安全问题，郑州电视台通过调查，策划制作了《治理雾霾 我们在行动》3篇系列报道及《市场售狗肉 敢吃不敢吃》《白豆腐 黑作坊》《辣椒硫磺熏 郑州有没有》等报道，做到了想群众所想、解群众之急。

汇聚正能量，注重公益慈善活动。继续开展"民生公益进社区"大型公益活动，联合国电郑州公司、华润燃气、市农委和郑州市部分医疗机构，为居民解决电力、燃气、疤痕、眼病等问题。同时，郑州电视台公益慈善栏目《爱满绿城》栏目经改版后不仅宣传慈善，更加重视组织、发起公益活动。栏目策划组织了郑州市首届慈善嘉年华活动，80家慈善组织上万名市民参与，发挥了媒体的积极作用。

【大型直播活动】地铁1号线正式通车直播。2013年12月28日，郑州地铁1号线正式通车。郑州电视台联合中央省、市媒体，对地铁1号线的通车进行了全天候、全媒体和新技术条件下的大型电视直播，直播时间跨度超过15个小时，直播节目时长近400分钟，创造了全省单一新闻事件电视现场直播的最高时长纪录。这次直播在技术上创造了郑州电视台的3个第一，即第一次实现全天候、全媒体、多频道、多角度、多手段的大型现场直播；第一次实现空中、地面、地下和移动的地铁上的立体式直播；第一次实现了4G技术直播，其中，利用地铁内部的4G—LTE系统实现画面、声音和通话的实时直播，这在全世界尚属首次。

甲午年黄帝故里拜祖大典直播。甲午年黄帝故里拜祖大典首次由郑州电视台独家完成现场直播。直播中借鉴美国ABC电视台直播2014年奥斯卡颁奖典礼红地毯入场式的方法，拜祖大典现场直播连线由分处不同位置的5名主持人接棒完成，这在国内电视现场直播中是一次重大创新，在国内城市电视台中也是首次运用，成为直播中的一大亮点。

配合央视完成习近平总书记参加兰考专题民主生活会的卫星传输。2014年5月9日，郑州电视台抽调4名技术人员、1辆卫星车及移动发电车配合央视做好习近平总书记出席指导兰考县委常委班子专题民主生活会的卫星信号传输保障工作。

第十届中国郑州国际少林武术节直播。10月19日，第十届中国郑州国际少林武术节开幕。为保证武术节直播工作的顺利进行，郑州电视台抽调技术人员提前进驻现场进行信号测试。直播过程中，投入3辆转播车、43个直播机位，运用6旋翼航拍、直升机航拍、移动微波摄像等技术，确保了为河南卫视、郑州电视台和16家省辖

"爱上郑州——微电影国际大师中原行"启动仪式

"郑州优秀青少年——郑州男孩 郑州女孩"评选活动颁奖典礼

市台、15家全国联盟城市台等33个电视台直播信号的传输。

【"爱上郑州"系列微电影】5月，郑州电视台启动"爱上郑州"系列微电影开机仪式，邀请来自国内外的4位微电影大师，以在郑州生活工作的新老郑州人以及外国人的故事和情感为线索，讲述郑州城市故事，体现郑州的人文情怀、中原大爱，传递"郑能量"，拍摄爱·无畏：《少林洋弟子》；爱·无声：《无声世界骑马舞》；爱·无痕：《王鹏—瓦里漫游郑州记》；爱·无界：《一碗面温暖一座城》等4部不同主题的微电影。电影于9月26日举行了首映式。

【"郑州男孩 郑州女孩"评选活动】9月21日，以"阳光、健康、友爱、智慧"为主题的首届"郑州优秀青少年——郑州男孩 郑州女孩"评选活动圆满落幕。经过初选、复赛和决赛等比赛程序，从1100多名选手中，评选出代表郑州城市形象的"郑州男孩 郑州女孩"8名、优秀选手31名、"郑州文明使者"5名、"郑州环保使者"4名、"郑州旅游推广使者"2名。举办这次活动旨在打造代表郑州城市形象、传播郑州正能量的青少年人物名片，进一步增强全市人民认识郑州、热爱郑州、奉献郑州的积极性，提升郑州市精神文明建设、生态文明建设、文化软实力建设。

【栏目创新】开办全国首个全现场直播电视栏目《郑州全直播》。郑州电视台开办了全国首个全现场直播的电视栏目《郑州全直播》，对发生在郑州的重大新闻事件和活动进行现场直播。截至2013年年底，已直播了救治先心病双胞胎手术、市十四届人大一次会议常委会议、中原国际车展、南水北调中线工程通水至郑等事件和活动，这是对创新节目形态的尝试和探索，引起了媒体界的关注。

推出大型整形真人秀"不美不行"。为开拓真人秀栏目市场，创新节目形态，郑州电视台抽调业务骨干，结合市场需要，学习真人秀节目制作经验，开办了第一档季播整形真人秀节目《不美不行 Come On，Beauty》，这是郑州电视台第一档真正意义上的季播真人秀节目。

【媒体融合发展】建立郑州电视台微信订阅号——"ZZTV创新前线"。4月1日，郑州电视台微信订阅号"ZZTV创新前线"正式上线，发布电视行业的最新资讯和动态、电视节目创新思路、电视行业热点问题及时解析、关于节目创新的原创观点、电视业务技能、技巧、科技发展等信息动态。"ZZTV创新前线"为采编人员提供了适时与后台编辑进行互动、及时投稿的平台，平均图文达到率达30%以上。

建立手机微视《掌上郑州》以及官方新浪微博秒拍《掌上郑州》。微视和秒拍《掌上郑州》开设了《我在现场》《知根知底》《微评天下》《视频精选》等板块，主要发布郑州本地的新鲜资讯、生活中的幽默创意微视频。《掌上郑州》粉丝达到了9500多个，点击率逐步增加，平均点击率达上千余人次。2月14日情人节当天，原创微视《情侣纹身》点击率高达36.9万次。

设立微电影播出平台"微影小站"。2014年5月，郑州电视台"微影小站"正式开播，结束了郑州电视台微电影工作室没有自己播出平台的历史。"微影小站"是以发布微电影作品、播放及信息传播为主，融网络特色与电视特色于一体的微电影栏目，充分发挥电视和网络的双平台优势。

建立官方微博、微信信息发布及互动平台。郑州电视台一套、二套、五套等相继设立了频道、栏目的微博和微信，借助新媒体渠道及时发布新闻信息，同时为受众参与节目提供互动平台。

【节目创优】在2013年度河南省新闻奖各项评选中，郑州电视台共有24件作品获奖，其中一等奖10件，二等奖8件，三等奖6件，位居全省18地市首位。在中广协城市台新闻评选中，获奖两项，其中一等奖1件，二等奖1件。2013年度郑州电视台的参评作品中，有1件推荐上报中国新闻奖评选，综合成绩好于往年。《北庄村与水的故事》获得第六届新农村电视艺术节优秀对农节目一等奖。纪录片《迷失》获得2014"金熊猫"国际纪录片自然及环境类最佳短纪录片奖。在由国务院妇女儿童工作委员会、全国妇联宣传部、中国电视艺术家协会举办的第六届女性题材优秀电视作品展播表彰中，《月季老太》获三等奖；《郭桦和她的古木情缘》获优秀奖。微电影《三块大洋》分别获得河南省第五届网络文化新生活大赛最佳网络微电影奖、第二届亚洲微电影节最佳好作品奖、第二届华东六省一市暨全国部分省市微电影大赛故事类一等奖。微电影《让我留下》获得河南省第五届网络文化新生活大赛最佳创意奖。

【对外宣传】2014年，郑州电视台在央视各频道栏目共发稿130篇，报道着重郑州市的重大活动和重大发展成绩。其中《2014年首趟郑欧班列启程》《甲午年黄帝故里拜祖大典》《面馆老板李刚捐献角膜》《七旬老人十多年打工还债》《第十届中国郑州国际少林武术节》《洋水果搭乘货运班机到达郑州》等报道得到央视重点报道。

郑州电视台积极向河南台报送新闻线索、提供新闻素材、选送新闻稿件，协助河南台新闻中心、驻郑州记者站采制新闻报道，全年共向河南新闻中心报送稿件（线索）1738条，被采用播发的稿件567条（篇），其中《河南新闻联播》播发稿件126条（篇）。

（张明华）

科技 教育

科 技

【概况】2014年，郑州市科技工作紧紧围绕市委、市政府中心工作和“三大一中”战略定位，全面推进科技体制机制改革，进一步完善自主创新体系，大力提高自主创新能力，加快发展高新技术产业，取得了显著成效，科技支撑引领郑州都市区建设的作用更加突出，创新驱动发展态势不断向好。

科技创新实力不断增强。2014年，全市实现高新技术产业产值5886.1亿元，同比增长17.3%；实现高新技术工业增加值1533.1亿元，同比增长20.3%；高新技术产业增加值占规模以上工业增加值比重达到49%；高新技术产业产值和增加值分别位居中部6个省会城市第3位、全国27个省会城市第7位、35个大中城市第15位。做好企业研发费用加计扣除项目工作，全市共有1236个项目参加省、市级鉴定，加计扣除额达到15.5亿元，比2013年增加了1.68亿元。全市专利申请量为24307件，同比增长20%；专利授权量为12316件，同比增长18.7%；每万人发明专利拥有量达到5.7件，同比增长23.9%；位居中部6个省会城市第2位、全国27个省会城市第8位、35个大中城市第11位。全市技术合同成交额达到110.91亿元，同比增长22.08%，占全省的70%；位居中部6个省会城市第2位、全国27个省会城市第7位、35个大中城市第13位。郑州市29家企业成功挂牌“新三板”，占全省的70%，位居中部省会城市首位。创新驱动已成为郑州市调结构、促转型、稳发展的新的经济增长点和重要支撑点，科技进步对经济增长的贡献率达到59%。

科技创新成果大量涌现。2014年，全市有10项科技成果获得省科技进步奖一等奖，占全省科技进步一等奖总数的66.7%。郑州市推荐的《下一代网络与业务国家试验床创新技术研究及应用》项目获得2014年度国家科技进步奖二等奖；《非水反应高聚物注浆防渗加固成套技术及装备》项目获得了国家技术发明二等奖。

加强对外合作与交流，创新创业人才队伍建设取得新进展。以科技创新创业人才育引为重点，完善了《郑州市科技创新创业领军人才认定管理暂行办法》，修订了《郑州市国际科技合作基地认定与管理办法》，为优化科技创新创业环境提供了政策支撑。2014年重点支持了13个创新创业团队和领军人才项目，新建了11家院士工作站，郑州市5人入选首批国家“万人计划”。中铁隧道盾构及掘进技术国家重点实验室获得2014年全国专业技术人才先进集体称号。加强对外合作与交流，重点开展了27个国际科技合作与交流项目，新认定3个国际科技合作基地。

科技部领导视察中牟农业科技园区

深化科技体制改革。修订了《郑州市科技计划项目和经费管理办法》，出台了《郑州市科技计划项目立项工作流程和规范》《郑州市科技计划项目后补助管理办法》等规章制度，进一步完善了科技计划管理机制，健全了科技经费巡视检查机制和过程监管，实现科技计划全过程管理。

【创新体系建设】认真贯彻落实创新驱动发展战略，科技创新的核心作用迈上新台阶。全面贯彻《中共中央、国务院关于深化科技体制改革加快国家创新体系建设的意见》和《中共河南省委、河南省人民政府关于加快自主创新体系建设促进创新驱动发展的意见》精神，认真落实市委书记吴天君在全市科技工作座谈会上的讲话精神和市委十届九次全会精神，借鉴吸收南京、苏州、杭州等外地先进经验，制定出台了《中共郑州市委郑州市人民政府关于深化实施开放创新双驱动战略加快郑州都市区建设的意见》；加强顶层设计和战略谋划，制定出台了《中共郑州市委郑州市人民政府关于加快建设创新型城市的意见》《郑州市人民政府关于郑州市创新创业综合体建设管理办法》《郑州市创新创业综合体三年行动计划》《郑州市创新创业综合体督察考核办法》等政策措施，加快全市创新驱动发展。各开发区、县（市）区认真落实加快建设创新型城市的意见，形成了抓创新促发展的生动局面。航空港区高标准规划建设2个综合体，面积不少于60万平方米。郑东新区积极推动国家技术转移郑州中心、天语智能终端研发园、宏泽生物医药研发中心、中阀科技、浪潮集团国家重点实验室郑州中心等项目建设。经开区引进聚集一批高端人才，目前已引进“千人计划”高端人才5名。高新区起草了《关于支持科技创新的若干意见》。金水区出台了《关于加强自主创新 打造科技金水的意见》，全方位构建科技创新政策保障体系。二七区制定出台了《二七区创新创业综合体建设三

市科技局调研郑州市创新创业综合体建设工作

年行动计划》。中原区完成郑州中科新材料专业孵化器与郑州煤机综机设备有限公司联合成立新孵化基地。管城区出台了《管城回族区创新创业综合体三年行动计划》。惠济区编制了《惠济区休闲观光农业科技园区发展规划》。上街区制定了《关于加快推进创新驱动战略实施的意见》。中牟县依托汽车产业集聚园区，围绕汽车及零部件行业，联合建立了中牟县公共科技研发平台。新郑市设立5000万元—1亿元的专项资金，用于创新创业综合体的建设扶持和相关考核奖励。新密市举办“创新驱动 持续转型”论坛，邀请国家行政学院、清华大学、北京大学等12名专家学者，签约项目19个，签约金额62.4亿元。登封市积极实施国家科技富民强县专项行动计划，促进农业优势特色产业快速发展。荥阳市制定出台了《关于加强重大经济科技活动知识产权评议工作的意见》等优惠政策。

【实施重大科技专项】 2014年，围绕郑州市七大主导产业和战略性新兴产业，在新一代信息技术、高端装备制造、新能源、新材料、生物与制药、节能环保、农业新品种选育等领域实施49个重大科技专项。通过重大科技专项的实施，带动项目承担单位直接投入60多亿元，实现新增销售收入260多亿元。郑州宇通客车、中铁装备公司、中铝郑州研究院等企业承担的河南省10个重大科技专项，获省科技经费支持3800万元，带动企业投入资金2.7亿元，新增销售收入20多亿元。航空港区与省科学院共建的“科技创新基地”项目被列入河南省“十三五”重大项目。郑州新大方“轮胎式可伸缩型百米级风电安装专用起重机”项目，填补了全球风电安装专用吊机的空白，达到了国际领先水平。安图生物开发出的“重大疾病全自动高精免疫诊断系统的研制”项目产品填补了国内空白。

【实施科技惠民计划】 组织实施科技惠民计划项目16项，在生态环保、人口健康、节能减排、现代农业等领域，推广应用示范一批新技术、新成果，促进民生改善和社会发展。全年推广应用新能源汽车408辆，总数达到1428辆，推广数量居全国39个区域（城市）第五位。积极推进都市型现代农业建设，实施农业重大科技项目8项、重点科技项目29项；积极创建河南郑州“国家农业科技园区”。加强科技服务职能，组织开展了“科学生活、创新圆梦”为主题的郑州市科技活动周，加强科普宣传，提高公众科学素养。

【科技公共服务体系建设】 加强科技市场体系建设，积极探索科技成果转化和公共服务平台建设新途径，出台了《郑州市技术转移服务机构认定管理办法》。全年重点支持科技成果转化项目32个，新建科技公共服务平台17个，创新创业综合体建设全面启动。大力推进科技企业孵化器建设，新认定市级孵化器19家，孵化面积突破300万平方米。继续推进郑州大型仪器平台建设，新乡、周口等14个省辖市大型仪器平台并入郑州市仪器平台服务，参与共享仪器数量达到3603台套，入网会员单位达到413家。以争创国家促进科技和金融结合试点城市为契机，逐步推进构建科技金融体系，为科技型企业融资进行贴息、风险补偿，增强企业的内生动力。国家技术转移郑州中心已开工建设。

【创新主体培育】 按照市委、市政府关于培育百亿级科技型领军企业的指示精神，制定了《加快培育科技型领军企业（集团）行动计划》《郑州市科技型企业认定管理办法》《郑州市科技型企业战略培育方案》。全市认定郑州市科技型企业总数达到1232家。筛选15家具有发展潜力的科技型领军企业，制定了专项培育方案，计划培育发展成为百亿级科技型领军企业（集团）。开展创新型（试点）企业培育工作，新增市级创新型（试点）企业51家、省级创新型企业20家，创新型（试点）企业总数达到373家。加快高新技术企业发展，全市有144家企业通过高新技术企业认定，累计认定高新技术企业总数达412家。

【科技创新平台建设】 2014年，新建市级研发中心（重点实验室）156家、省级47家、国家级1家，市级以上研发中心总数达到1909家。其中省级564家，国家级34家。郑州宇通“国家电动客车电控与安全工程技术研究中心”获科技部批准组建。积极与大院、大所合作共建产业技术创新研究院，郑州高端装备产业技术创新研究院和物联网产业技术创新研究院启动建设，中科院过程工程研究所郑州分所项目已启动。金水科教园区加快集聚优质科技资源，吸引中科院过程工程研究所郑州分所、中部军民融合协同创新产业研究院、上海交大中原研究院等多个“专、精、特、新”项目落地入户。

【完善知识产权体系】 知识产权示范市建设取得新成效。以完善知识产权体系为抓手，以推进国家专利审查协作河南中心、国家知识产权创意（试点）园区、国家专利导航产业发展实验区建设为载体，围绕知识产权示范市建设，制定了国家知识产权示范市实施方案，启动实施了专利导航产业发展示范工程，促进知识产权的创造与运用，加强知识产权宣传与保护，提升综合服务能力。加快推进国家专利审查协作河南中心建设，已招收审查员700名，中心龙子湖永久业务用房建设桩基工程已完成过半。国家知识产权创意产业试点园区建成了包含彩色3D打印、FDM快速成型等世界前沿科技的技术服务平台、信息服务平台、知识产权孵化中心等，与500余家企业签订订单，拉动产值近10亿元。

（肖　建）

教　育

综　述

【概况】 2014年郑州市（含中牟、巩义）中初等教育统计年报结果显示，全市有各级各类中初等教育学校1475所，在校生150.35万人。其中，普通高（完）中106所，在校生

176865人；普通初中291所，在校生316205人；中等职业学校（含省属中专学校）131所，在校生258041人（其中全日制在校生242102人）；小学935所，在校生751208人；特殊教育学校11所，在校生1101人；工读学校1所，在校生120人。

全市各级各类中、初等教育学校有教职工93874人，其中专任教师81346人。（1）普通中学教职工41187人，普通高中专任教师11644人，普通初中专任教师21864人。（2）小学教职工37474人，专任教师36613人。（3）中等职业学校教职工14794人，专任教师10859人。（4）特殊教育学校教职工388人，专任教师345人。（5）工读学校教职工31人，专任教师21人。另有幼儿教育教职工39724人，专任教师21439人。

专任教师学历达标情况：普通高中99.29%，普通初中99.66%，小学100%，幼儿园（含学前班）98.33%，中等职业学校87.31%。普通初中专任教师本科以上的比率为81.86%，小学专任教师专科以上比率为94.53%。

校舍建筑面积:全市中、初等教育校舍建筑面积1670.14万平方米。其中，普通中学校舍建筑面积772.23万平方米，中等职业学校校舍建筑面积425.43万平方米，小学校舍建筑面积467.68万平方米，特殊教育学校校舍建筑面积4.80万平方米。生均校舍建筑面积：普通高中20.80平方米，普通初中12.79平方米，中等职业学校16.49平方米，小学6.23平方米，特殊教育学校43.56平方米。

图书资料：全市中、初等学校藏书3516.16万册。其中，普通高中497.48万册，生均29.18册；普通初中740.28万册，生均25.49册；中等职业学校860.54万册，生均31.67册；普通小学1417.86万册，生均20.10册。

【教育经费投入】 2014年，全市教育经费总投入为1505745万元，其中，国家财政性教育经费1206986万元（公共财政预算教育经费1189136万元，其他公共财政预算安排的教育经费172455万元，政府性基金预算安排的教育经费17611万元，企业办学中的企业拨款141万元，校办产业和社会服务收入用于教育的经费97万元），民办学校中举办者投入6272万元，社会捐赠经费1175万元，事业收入285790万元，其他教育经费5522万元。

2014年，全市教育经费总投入1505745万元，比上年1539444万元减少2.19%，国家财政性教育经费1206986万元，比上年1269965万元减少4.96%。其中，公共财政预算教育经费1189136万元比上年1126094万元增加5.59%，教育费附加88494万元，比上年129564万元减少31.70%。

第十九个全国中小学安全教育日主题活动在郑州市实验高中举行

2014年，全市国家财政性教育经费支出120.70亿元，占GDP6783亿元的比例为1.78%，2013年，全市国家财政性教育经费支出占GDP比例为2.19%。2014年财政性教育经费支出占国内生产总值（GDP）比例比2013年减少了0.41个百分点。

2014年，全市公共财政教育经费支出101.66亿元，占全市财政支出918.51亿元的比例为11.06%，较2013年减少了3.79个百分点。

【学校基本建设】 2014年，全市中小学、幼儿园建设工作取得新进展。市区30所中小学校建设任务完成34所，超额完成建设任务；全市60所幼儿园建设任务有60所幼儿园开工建设，保质保量完成建设任务。34所中小学总投资17.6亿元，项目全部投入使用后，将增加1049个教学班，增加4.86万个学位，其中小学761个班，增加3.42万个学位；初中288个班，增加1.44万个学位。60所幼儿园总投资6.522亿元，项目全部投入使用后，将增加656个教学班，增加近2万个学位。

（王永刚）

基础教育

【概况】 （一）学前教育。全市共有独立设置的幼儿园1428所，比上年增加74所。离园（班）幼儿107045人，比上年增加8891人；入园（班）幼儿154887人，比上年增加1579人；在园（班）幼儿342851人，比上年增加9885人。

（二）义务教育。（1）小学：全市共有小学935所，比上年减少45所；毕业生101140人，比上年增加1780人，增长1.7%；招生139892人，比上年增加2427人，增长1.8%；在校生751208人，比上年增加46014人，增长6.5%；小学平均规模803.43人，平均班额48.96人。（2）普通初中:全市共有普通初中291所，比上年增加23所，毕业生90271人，比上年增加3351人，增长3.8%；招生107814人，比上年增加5779人，增长5.7%；在校生316205人，比上年增加25826人，增长8.2%；普通初中平均规模1086.6人，平均班额53.6人。

（三）普通高中教育。全市共有普通高（完）中106所，比2013年增加3所；毕业生54832人，比2013年增加90人，增加0.2%；招生60109人，比2013年增加552人，增长0.9%；在校生176865人，比2013年增加6357人，增加3.7%；普通高中平均规模1668.53人，平均班额59.1人。

（四）特殊教育和工读学校。全市共有特殊教育学校11所，招生149人，在校生1101人；工读学校1所，在校生120人。

【初中学生德育工作】 2014年，市教育局根据《中学德育大纲》《中学生日常行为规范》《思想课课程标准》等具体的德育工作规章，在对初中学生德育习惯的调研基础上，制定出了《郑州市中学生德育习惯养成实施方案》，方案紧紧围绕立德树人这个根本任务，以社会主义核心价值观教育、中国梦系列教育和思想道德建设为主线，以良好的生活和学习习惯养成为重点，科学整合各学段德育内容，引导广大中学生平安生活，快乐学习，健康成长，培养德智体美全面发展的社会主义合格公民。

【中小学心理健康教育】 2014年，郑州市整合教育、医疗与社会机构的资源，推进郑州市中小学生心理健康教育发展中心建设，建立了跨部门的学生心理健康教育协同合作机制。市教育局对现有的心理咨询师队伍和局属学校的保健教师，进行了摸底调查，利用学校卫生综合管理网络，建立了郑州市中小学生心理健康教育网络数据平台。在全市中小学开展心理健康示范校和达标校创建活动，制定了《郑州市中小学心理健康教育达标校、示范校评估细则（试行）》，明确了示范校申报办法。

【"百园扶百园"工程】2014年，郑州市学前教育继续实施"百园扶百园"工程，121所被帮扶幼儿园在教育管理、环境创设、教师成长、保教质量等方面有了显著提升，约2.5万幼儿受到了更优质的学前教育。其中62所被帮扶幼儿园通过更高一级的达标升级。

【初中学区制建设】 出台了《郑州市市区实施学区改革推进初中学校优质均衡发展的意见》，按照"相对就近、共建共享、区域推进、整体提升"的原则，打破市属、区属界限，采取强校带弱校的方式，把包括市属初中、区属初中、民办初中在内的市区144所初中划分为20个学区。每个学区分别确定一所学校作为学区长单位，并由该校校长兼任学区长。学区内实行动态管理，新批准设立的学校和民办学校可随时申请加入。在学区划分的基础上，结合市区学区构成实际情况，又把其中的18个学区组建成9个学区发展共同体。市教育局成立学区协调领导小组，各区教育体育局成立相应的组织机构，市、区两级教育行政主管部门负责做好有关科室、教研室、教科室和学区学校的统筹协调工作，在人员调配、活动开展、经费投入等各方面给予支持，充分发挥各部门作用形成合力，推动学区制建设有效实施。学区长单位全面负责学区的管理活动，负责组织联席会议的召开，制订学区发展规划、年度工作目标和学期工作计划，制订本学区的各项管理制度，组织学区内的各项教育教学活动，研究分析学区教育教学工作，探索区域均衡发展的管理机制。成员学校配合制订学区规划和工作目标，积极参加学区组织的活动，服务服从于学区整体工作部署。学区发展共同体负责人由市直属学区学区长担任，统筹协调学区共同体的工作，牵头制订学区共同体帮扶制度、教科研制度、教学管理制度等。

【高中特色多样化发展】 普通高中学生创新素养培育实验项目顺利实施，评选出郑州二中、四中、九中、十一中、外语学校、实验高中等6所项目学校。普通高中多样化申报工作已完成，郑州市一中、二中、九中、十中、四十七中、106中、外语学校等7所学校被省教育厅评定为普通高中多样化发展试点学校。郑州一中、郑州外国语学校、省实验中学3所普通高中与大学衔接课程项目学校，参与了中国大学先修课程项目。3所学校面向学有余力和有特殊需求的高中学生陆续开设了微积分、线性代数、通用学术英语、微观经济学、概率与统计、力学、文学写作、宏观经济学等8门普通高中与大学衔接课程。启动实施了普通高中减负增效实验项目，引导教师加强作业研究。作业建设奖的评比初评已经结束，高中学科课程基地项目研究已正式启动。

【特色课程与评价体系建设】 按照中小学各学科课程标准，对119所学校的课程规划方案进行了审议，有40所学校通过审议。实施了市区初中以课程建设为中心的提升发展工程。学科课程基地建设正式启动。市级基础教育教学成果奖和第二届校本课程建设奖评选完毕。

推进中小学生学业质量评价改革，加强基础教育质量监测分析中心建设，继续实施中小学绿色评价实验和高中增值评价实验。已启动新一轮的项目测试准备工作。进一步完善了义务教育阶段的教育质量健康体检指标体系，各项基础数据已采集完毕。高中增值评价项目对面向学生和学校的调查问卷进行了专家合议。

【校园文化建设】 开展了系列"书香校园"读书创建活动，鼓励学校举办高水平学术活动，鼓励学生以研究性学习为依托参加学校的学术研究活动，并使两者逐步实现课程化。成功举办了5期郑州教育"精彩视界"大讲堂。

【体育教育】 各试点学校已完成《郑州市中小学体育与健康课程纲要》研制，正进行最后一轮的修改。开展中小学生健康状况监测工作，加强中小学生营养和运动干预。召开区属学校学生体质监测培训会议，对惠济区、经开区中小学生进行体质监测；市教育局属学校8个协作组开展学生体质监测现场工作；对市教育局属学校初一、高一新生进行了采血化验和结核排查工作。在局属学校推广"运动处方"体育教学模式。下发了《郑州市中小学生运动处方体育教学模式实施方案》，共有300余所学校参加试点。

【特殊教育】 随班就读专项资助项目已筹建中原区帝湖小学、二七区大学路二小等6所小学的资源教室。同时从郑州师院招募了3名特殊教育专业的大学生到建有资源教室的学校做实习教师。探索建立了医教结合工作机制，已下拨资金在市盲聋哑学校、二七辅读学校、中牟县特殊教育学校将尝试联系医疗机构、高校和特教研究专家，构成团队，为残疾孩子精心定制，让教育与医疗康复训练相结合、教育与生活劳动技能培养相结合的教育模式。

（王永刚）

2014年郑州市教育系统安全稳定工作会议召开

高等教育

【高等教育规模】 郑州地方学历高校有本科6所，专科13所，共计19所。2014年郑州地方高校学历教育招生70781人，高等学历教育在校生达到207728人，拥有教职工14199人；教学科研仪器设备值136390.85万元，较上年增长23%；拥有一般图书1825.14万册，较上年增长17%。

【大学生思想政治教育】 加强大学生思想政治教育，集中开展“弘扬核心价值观 添彩美丽中国梦”主题教育实践活动，采取典型评选、知识竞赛、演讲比赛、微视频、微博等形式，学生参与度高，收到良好效果。注重防范邪教渗透，健全完善反邪教工作网络和工作机制，组织反邪教动漫设计大赛、优秀论文评选、无邪单位创建，推动工作深入开展。

【高等教育内涵提升建设】 坚持内涵发展，全面提升高等教育质量。积极推进精品资源共享课评审工作，组织高校和专家对11所高校申报的33门精品资源共享课程进行网上互评、书面评审和现场答辩。完成了24个市级重点（示范）专业、11个市级重点实验室的评审建设工作。评选出10门精品资源共享课程和6门培育建设课程。评选聘任了19名高层次人才。对80名第三届优秀中青年骨干教师培养对象进行了届满考核，同时评选出60名第四届优秀中青年骨干教师培养对象。评选认定了13个市级优秀教学团队。评定教育教学改革工程项目奖28项，其中特等奖5项，一等奖12项，二等奖11项。

【中州大学升本工作】 中州大学按照升本计划，对照指标体系，加强内涵建设，确定首批升本特色专业，拟定专业发展方案，指导二级学院深化校企合作，提升科技服务能力，优化师资队伍结构，完善三年毕业生就业第三方评价，完成校级升本支撑材料准备工作。扎实推进包括图书馆、教学楼、实训楼、体育馆等基础设施建设。

（王永刚）

民办教育

【民办教育规模】 全市共有各级各类民办学校（教育机构）2307所，在校生67.31万人。其中小学88所，6.65万人；初中53所，5.19万人；高中33所，2.66万人；中等学历教育56所，4.15万人；高校11所，10.04万人；培训机构997所，16.30万人；幼儿园1069所，22.32万人。

【民办教育规范管理】 完善了民办初中招生办法，按照统一时间、统一录取的办法，根据“行业自律、诚信招生、自愿报名、自主录取”的原则，规范民办学校初中招生行为。拟定了民办中小学教师聘用管理办法，加强了对民办学校教师聘用工作的管理。对民办学校财务人员、民办学校行政档案、财务档案、学籍档案管理人员进行了培训，加强了民办学校财务、

2014年郑州市名师工作会议召开

会计和资产管理。帮助民办学校建立健全了党建、外事等管理制度。探索了民办学校建校奖励机制。制定了《郑州市民办学校建校奖补专项资金使用管理办法》，拟通过资金奖补，进一步鼓励社会力量兴办教育，促进郑州市民办教育事业健康持续发展。

【民办教育质量提升建设】 引导民办中小学开展教学课程改革，形成教学特色，提高民办幼儿园保教质量。对民办学校豫翔中学进行了教学视导，对市区民办学校学生进行了问卷和访谈，全面了解学生对课程设置、教学管理、课堂教学等方面的看法，并对结果进行了分析，在全市课程与教学工作会议上进行了反馈。鼓励征地建校的民办学历教育学校在打造校园文化方面进行探索。下发了《郑州市民办学校校园文化建设活动实施意见》，通过建设学校文化建设，提升校园静态文化品位，拓展校园文化活动领域，创新和丰富校园动态文化活动。深入开展民办示范校创建活动，重点支持符合公益性要求的民办学校创建高水平、有特色学校。下发《民办示范性学校创建活动实施方案》，通过创建活动达到以先带后、以先促后，推动全市民办学校提升办学水平、提高办学质量、彰显办学特色、打造办学品牌，整体提升郑州市民办教育的实力和品质。

中等职业教育和成人教育

【中等职业教育规模】 全市共有中等职业学校131所（包含省属中等专业学校），比上年减少3所；毕业生85724人，比上年减少10712人，下降11.1%；招生103782人，比上年增加9963人，增加10.6%；在校生258041人，比上年增加17285人，增加7.2%。

【中职德育工作】 重点落实《郑州市中职学校德育工作实施方案》，建立了全市中职学校德育工作季报、年报制度，随时了解中职德育工作情况，掌握工作动态，并注重跟踪总结指导。召开了全市中职学校德育工作现场会，促进学生全面发展的教风学风，对重技能轻品德的现象进行了纠偏。

【职业教育资源整合】 2014年，郑州市职业教育资源整合工作继续探索中、高职相衔接的职教人才培养模式。选择黄河科技学院附属中专与黄河科技学院在内部衔接方面进行探索。制定了《郑州市中等职业学校专业设置指导意见》，建立了产业驱动中职学校专业设置动态调整机制。开展了首轮中职学校专业评估。印发《郑州市中等职业学校专业评估实施方案》，有效指导市属中职学校开展拟重点建设专业自评工作和申报准备工作。中职学校5个专业大类8个专业技能工作室专项资金已拨付到位，正在有效运行。启动建设了6个市级校外实习实训基地，评选命名了10个市级校企合作示范单位。

【中职教育内涵提升建设】 2014年，郑州市中职教育在内涵提升中更加趋好。支持郑州机电工程学校等2所中职学校创建河南省职业教育品牌示范校。支持郑州市科技工业学校等8所中职学校建设河南省职业教育特色学校。推进中等职业学校学分制改革。分别对郑州市金融学校、郑州市电子信息工程学校等10所第二批学分制试点学校进行调研，对各学校的学分制工作组织机构建立情况、制度保障情

2014年6月30日，副市长刘东视察郑州市中招评卷工作并慰问评卷教师

况、教学计划实施情况、选修课开设情况、学分制系统使用情况、学分制手册使用情况和设施配套情况等方面工作进行了全面了解。制定出台了部分专业的课程设置标准和教学标准，实现了教学标准与职业标准的融通。郑州市科技工业学校进行了城市轨道交通专业教学标准推进会，拟定了专业主干课程和专业实训课程。学前教育专业课题组已完成课题报告，召开课程推进会并邀请相关的行业专家、高校专家和学校领导针对初稿情况提出建设性的意见建议。组织开展了中职学校学生技能大赛、学生“5+1”综合素质竞赛和中职教师基本功大赛，学生综合素质和师生专业技术能力得到提升。

【成人社区教育】 印发了《郑州市社区教育实验项目管理办法》，为社区教育实验项目的规范化管理提供了制度保障。研究中原区、二七区、金水区、管城区和新郑市等区、县社区教育学院、社区学校情况，积极推进2所社区教育学院、6所社区学校建设工作。完成了郑州学习在线56门微课程的录制，完成了郑州学习在线硬件设备、千门课程资源建设、网上阅览室建设招标的准备工作。

（王永刚）

师资队伍建设

【教师人事管理】 将日常绩效考核、学期绩效考核与年度考核统一管理，增强考核的有效性和真实性。不断规范完善教师工资分配、绩效考核、职称改革、岗位聘任等制度的衔接机制。继续扩大学校自主评审中学一级教师职称改革试点范围。研究制定了《郑州市教育局直属中小学教师中高级职称推荐办法（征求意见稿）》，将中学一级教师职称评审权限下放到学校，充分调动教师积极性。规范代课教师聘用程序，加强教师聘用管理。以市编办核定的教师编制数和各校招生计划为依据，逐校核查，确定了外聘教师人数，外聘教师聘用与管理得到进一步规范。

【师德师风建设】 研究出台了《中小学幼儿园教师违反职业道德行为处理办法》。组织全市义务教育阶段和学前教育阶段学校校长与所在单位教师签订了中小学教师违反职业道德行为管理责任书，明确了教师违规的具体规定和处理办法，并与教师考核和学校评先紧密挂钩，实行目标管理。下发了《中小学教师违规补课专项治理活动的紧急通知》，对中小学教师违规补课进行专项治理。深化教师家访服务群众实践活动。出台《郑州市中小学教师家访活动管理方案》，规范了家访活动的组织管理、工作程序、家访形式、档案管理、宣传引导、表彰奖励及监督等制度，使家访活动步入常态化、规范化管理轨道。

【教师培训】 完成了对200名幼儿骨干教师、500名中小学骨干教师的集中培训任务。组织700名市级中小学、幼儿园骨干教师参加了能力提高培训研修。组织925名农村教师免费参加了心理健康教育、初中薄弱学科教师施教能力提升等6项培训活动。根据教学质量评价结果，组织初中物理、化学、历史、地理共200名重点薄弱学科一线教师到陕西师大分学科开展了80学时的集中面授活动。教师教育学科专家库顺利建成，50名专家库成员遴选工作已完成，并选派专家库成员参加了暑期全市组织的中小学骨干教师和初中物理、化学、历史、地理等学科教师培训活动。组织开展了中职学校专业（学科）教师专业素质提升培训与示范教学活动，推进了“双师型”职业教育教学团队建设，同时，中职师资发展中心建设工作顺利推进，中职师资队伍结构不断优化，中职师资培训体系不断完善。

【名师队伍建设】 名师队伍建设管理机制进一步优化。建立了市级骨干教师培养补充新机制，出台了《名师工作室管理考核办法》，完成了对首届名师工作室的届满考核和第二届名师工作室命名工作，同时对4名名师工作室主持人进行了调整。在全市遴选培养了700名义务教育和幼儿教育市级骨干教师，组建了由50名成员组成的郑州市教师教育学科专家库，打造了全市中小学、幼儿园教师培训本

2014年9月10日，副市长刘东慰问郑州市一线教师

2014年10月9日，市委常委、宣传部部长王哲调研市区新建、改扩建中小学幼儿园建设进展情况

土化专家团队。与国内知名综合大学合作，对100余名名师工作室主持人及助理进行了高层次培训。名师教科研水平得到快速提升，名师队伍成长呈现层级攀升良好态势。多数名师被评为河南省中小学、幼儿园教师教育专家等称号，并受邀参加教育部组织的国培授课活动。名师引领辐射效果有效放大。注重充分发挥名师的专业引领、专业指导、专业实施、专业服务、专业评价等功能，引导名师开展学员培养和送课下乡活动。全年培养学员580人，开展送课下乡活动108次。80%学员经培养后被评为市级优秀班主任、市级学术技术带头人、省级骨干教师等称号。6000余名农村偏远地区学校教师在名师送课下乡、专题讲座等活动中受益。

【校长队伍建设】 启动初中名校长培养工程，制定《初中名校长培养工程实施方案》，首轮遴选、培养了10名市属初中名校长。组织230名中小学校校长参加了郑州市第二期中小学校长任职资格培训班。制定了《名校长工作室考核细则》，实行年度绩效考核制度。郑州五中、三十一中、五十七中和外国语中学等4个学区长单位根据校长工作室建立的有关条件，从软、硬件两个方面入手，完成了校长工作室基础建设。将县（市）区级成绩突出的校长工作室挂牌工作纳入市级统一管理和支持。对登封市市直一幼、二幼，陇西小学、汝河小学、淮河东路小学，郑东新区众意路小学等6个重点培养校长工作室进行检查验收，经查验，6个校长工作室业绩突出，符合挂牌的要求。

【师资援疆】 2014年，郑州市教育系统分两批派出优秀教师40名赴新疆哈密地区开展支教活动。接受新疆来豫跟岗研修教师60人；安排44名哈密地区中小学幼儿园校级领导来郑州参加研修交流活动。

（王永刚）

教育管理

【教育督导与评估】 推进局属学校及各县（市）区中小学校责任督学挂牌督导工作。下发《对各校秋季开学情况开展随访督导工作的通知》，责任区督学对口联系相关学校，实地察看开学情况。组织各督学组召开月工作例会，会上整理汇总了此次随访督导情况，并进行了通报。开展了中小学幼儿园建设和中小学、中职学校生均公用经费标准达标专项督导工作。对各县（市）区中小学幼儿园建设和中小学、中职学校生均公用经费标准达标情况进行了摸底。开展局属学校三年发展规划督导评估，结合专家反馈意见及各学校三年发展规划自评报告内容，为各学校撰写了符合该校实际的反馈意见书，并下发至各学校。

【教育行政审批】 落实市政府行政审批制度要求，进一步优化行政审批许可运行机制。民办教育机构审批许可办理时间缩短至4个工作日。印发了《郑州市教育局关于印发郑州市民办中学招生规模管理办法的通知》，对民办中学招生办法、招生计划、招生规模、招生管理做了详细的规定。

【学校布局规划】 编制并原则审批通过了包括航空港区中小学布局规划在内的26个专项规划。绘制了《郑州市市区中小学规划布局图》，提交市联审联批会和市规委会研究。编制了局属普通高中学校布局调整规划基本框架。支持中原区、惠济区、航空港区开展学校资源调整综合实验。小区配套幼儿园管理意见已草拟完成。编制完成《郑州都市区中小学布局规划》（2014—2030），并已通过市政府联审联批会审批。

【随迁子女入学】 2014年，市区进城务工人员随迁子女小学入学人数27921人，占入学总人数的39.4%。全市初中参加就近分配52536人，其中进城务工人员随迁子女20067人，随迁子女占就近分配总人数的 38.2%，全部得到妥善安置。

【学生资助工作】 积极推进学生资助信息平台建设，规范资助工作流程，全面推行和完善郑州市中职学生资助管理系统，统一市直与各县（市）区资助标准和程序。开发了“郑州市学

2014年6月7日，副省长徐济超在郑州四十七中考点巡视

生资助信息管理系统”，运用该系统完成了春季学期信息采集、审核、数据汇总、资金发放等工作，该系统运行平稳，功能基本完善，操作便捷，将在全市正式推广使用。落实生源地信用助学贷款学生资助项目。与580名学生签订了贷款合同，涉及资助资金443.6万元，人数比上年增长262%，实现了应助尽助、应贷尽贷的目标。培育资助工作特色项目，完成了自闭症儿童入学及资助需求情况的调研工作并形成了报告。协助市财政完成了农村义务教育经费下达工作。普通高中家庭经济困难学生国家资助工作的开展有条不紊，全市经济困难学生数据的审核、汇总、上报及时有效。

教师节获奖代表领奖

【校园安全】出台了《郑州市中小学和幼儿园公共安全教育指导意见（试行）》，编写了与之相配套的《郑州市中小学幼儿公共安全教育指导手册》。支持农村学校安全教育教室建设。出台了《郑州教育系统突发公共事件应急总预案》，填补了应急处理方面的空白点，为突发事件的处理提供了基础方案。市属学校平安校园达标率100%，校园安全长效机制进一步完善。

【教育对外交流与合作】通过调研、座谈，推进基础教育国际化。分县（市）区、分学校、分层次召开座谈会，围绕基础教育国际化的内涵、价值、定位、现状、目标、途径、课程实施等内容做好工作。高中层次中外合作办学管理走向规范，草拟了严肃招生计划和学籍管理；严格审批管理，建立退出机制；加强外籍教师管理；禁止国际班占用公共教育资源等制度。师生国际交流工作顺利推进。选派郑州三中、二十六中、四十五中、四十八中、四十九中、五十一中等6所初中学校共99人赴韩国交流；组织郑州三十四中、五十二中、五十七中、六十三中、外国语中学、一〇三中等6所初中学校99人赴台湾交流；以郑州二中乐团学生为主，选派55人赴俄罗斯进行展演交流。

【课外校外教育】推进校外教育管理工作机构及其职能的整合和转变，制定中小学校外教育规划，完善实践教育课程体系。按照教育部《示范性综合实践基地活动指南》的要求，经过反复筛选、归类，编写了“郑州市实践教育活动指导”丛书，已印刷成册投入使用。统筹社会资源，建立校外实践教育基地资源库，组织人员先后到金水区、管城区、荥阳市、新郑市等县（市）区实地调研，适时推进县级校外场所的认定工作；同市技术监督局合作，对市级质量教育基地开展联合验收，认真研究如何将市级质量教育基地纳入资源库的方法；同高科技工业、农业企业联系，研究合作办法。对八中基地、新郑基地进行资源整合，健全运行机制。根据基地人员、课程、资源等现状，制定了基地整合工作实施方案；根据两个基地运行模式，结合学生实践活动的特点，将两个基地原有制度进行了整合，形成了统一的管理制度；针对两个基地课程多有交叉、课程建设薄弱的问题，通过学生评课和开展两个基地教师交叉听课等方式对课程认真梳理，重新设置了54项课程，初步实现了课程资源的整合。评选出了21个“五星级中学社团”，并以专题科研的方式推动了学校社团活动的课程化。以评促建，各学校社团管理日趋科学规范，社团内容更加丰富多彩，社团活动与课程建设结合更加紧密，有效促进了学生的自主性、个性化发展。

【依法治教】规范教育决策，建立了严格的重大决策集中研究制度，重大决策事项必须按程序通过市教育局党委会、局长办公会集体研究讨论，正式出台前都要经过法律审查和风险评估程序，确保决策合法性，提前制订风险化解方案和应急预案。规范行政审批。抓住人员选拔培训、行政许可事项办理、内部考核等3个关键环节，不断健全完善行政审批程序，促进规范化、程序化。健全法律顾问制度。成立了市教育局法律专家咨询委员会，在局机关建立了常年法律顾问制度，同时要求局属各学校以及各县（市）区教育局在2015年全部建立常年法律顾问制度。规范办学行为。完善招生政策，确保每一名适龄儿童接受义务教育的权利；通过郑州治理教育乱收费联席会议办公室的平台，共受理、查办投诉93件，清退违规收费19.3万元，收缴小金库资金64.2万元，给予党政纪处分7人。同时，加强开展对个体幼儿园或社会教育培训机构的检查、管理。实施学校章程建设，重点抓好“法律进课堂”活动，将法治教育融入课程体系，切实加强青少年普法教育。

（王永刚）

卫生 体育

卫生

【概况】 截至2014年年底，全市拥有各级各类医疗卫生机构4007家。其中，医院213家（综合医院103家、中医院50家、中西医结合医院3家、专科医院57家），基层医疗卫生机构3466家，公共卫生机构140家。全市医疗机构总床位数74645张，拥有卫生技术人员81616人，千人口床位数8.26张，千人口执业（助理）医师数3.23人，千人口注册护士数4.20人。

2014年，全市组织开展“郑州卫生健康大讲堂”3565场，受益群众约26万人次；编辑出版“健康郑州人”卫生知识科普丛书，并获得省科技厅“河南省优秀科普作品”二等奖。

全年制定应急预案6部，开展应急队伍培训演练10次；郑州市医疗急救队伍在第五届全国急救技能大赛中夺得团体第一名；完成重大活动卫生应急保障75次，有效处置5人以上突发事件147起，救治964人。

严厉打击非法行医，实施联合执法等五项医疗监管工作机制。全年查处无证诊所433家次，向公安机关移交涉嫌非法行医29人，发布卫生监督监测信息720余条。

2014年，完成农村孕产妇住院分娩补助31109人，新增服用叶酸预防神经管缺陷17655人；继续在全市大力推广“一站式”免费婚检模式，全年免费婚检率达到44.15%。

2014年，全市新农合人均筹资标准提高到380元，参合人数439.51万人，参合率达到99.6%。累计筹集新农合基金17.62亿元，享受新农合补偿的参合农民达到1385万人次，累计补偿医疗费用17.5亿元。享受大病保险的参合人员7191人次，累计补偿2403.6万元，参合农民受益水平明显提升。

大力引进卫生人才。全年共引进博士或副高以上职称高层次人才170名，招录研究生667名，引进国内知名专业技术团队4个。

学科建设取得新进展。全市共获批科研立项217项；获得科技进步奖55项，比上年增长45%；市中心医院获批国家级住院医师规范化培训基地。

2014年4月9日，中共中央政治局委员、国务院副总理刘延东调研郑州市医改工作

2014年，积极推进公共卫生信息化，智慧公共项目得到批准。完成了市级卫生信息平台与部分医疗机构的对接，实现了电子病历、诊疗信息和“十大指标”的实时动态统计。全年发放居民健康卡108万张，发放居民健康卡读卡设备及SAM卡9700套，全市二级以上医疗机构均开展了居民健康卡应用环境改造。

加大对外开放交流。2014年，组织6名医院院长赴美国哈佛大学学习培训，派出6名专科医生赴德国、英国等国外知名医疗机构进行研修；同时，引进加拿大ABM公司、美国加州大学洛杉矶分校，分别与郑州市六院合作建立了中加转化医学中心、国际远程会诊中心。

2014年，在地图式定位责任服务管理方面，增添完善“操作记录”查询、条件查询及信息导出等6项功能。完善平台考核方案，坚持实施月考核通报机制，保证信息内容准确，运行高效；开发手机操作系统终端，优化展示7个模块及预约挂号等主要功能。创新落实网格化管理，连续两年被评为“坚持依靠群众、推进工作落实”长效机制工作先进单位。

【疾病防控】 2014年，郑州市新增免疫规划儿童11.42万名，接种一类疫苗277.8万针次，接种率达到98.3%。积极组织开展传染病防控应急演练，埃博拉、手足口病、麻疹、疟疾和人感染H7N9禽流感等防控工作扎实有效。建立学校结核病月报告制度，严格落实结核病患者管理治疗办法，新涂阳肺结核患者治愈率达到89.18%。积极开展艾滋病网格化健康服务管理工作，累计干预各类高危人群9.4万人次。进一步规范慢性病监测报告工作，地方病防治工作得到加强。2014年10月，在全省第二届疾病预防控制岗位练兵和大比武决赛中，郑州市代表队刘宁获全省地方病防治专业唯一的特等奖，地方病防治专业和卫生检测检验专业团体均获“全省疾控工作先锋号”称号，11名队员分别获得个人一、二等奖。

【片医社区卫生服务体系】 2014年，全市拥有社区卫生服务中心86家、乡镇卫生院79家、社区卫生服务站167家、行政村卫生室1920所；拥有城乡片医小组2812个，城乡片医6280人，服务城乡人口增加到851万人。持续开展“十进”活动，209家省级单位、71家市级单位、607家县级单位、1920个行政村开展了片医服务工作；建立城乡居民电子健康档案758余万份，管理0-6岁儿童52.4万人、老年人68.9万人、高血压病

2014年12月2日，全国人大常委会副委员长、农工党中央主席陈竺考察郑州市农村医疗卫生事业

患者36.2万人、Ⅱ型糖尿病患者14.1万人。积极开展契约化服务，全年签订保健协议125万户，签约率达到81%。2014年，全国乡村医生签约服务现场会在新密市召开。加强基层卫生服务能力建设，新增城市社区卫生服务中心5家、新型农村社区卫生服务中心22家；筹资308万元，为全市统筹建设的16家新型农村社区示范卫生服务中心配备了34种（套）基本医疗、康复、诊断和信息化设备。顺利完成郑州“片医负责制”课题研究，《郑州市“片医负责制”社区卫生服务模式及其推广可行性研究》国家级专家评估结题，评审组给予了“对进一步推动我国医改，解决医疗卫生纵向协同及基层百姓看病难问题具有重要参考和借鉴价值”的评价；发表《郑州市“片医负责制”社区卫生服务模式的创新性分析》等6篇文章，提高了郑州市社区卫生服务理论研究和政策水平。

【医药卫生体制改革】 2014年，县级公立医院改革实现全覆盖，全市5个县（市）12家县级公立医院全部纳入改革范围。在所有县级公立医院推行“先住院，后付费”等便民措施，给予每床每年不低于5000元的学科人才科研补贴。2014年，市、县两级财政累计投入药品零差率补助、床位补贴、考核奖励资金等5585万元，全年试点医院药品零差率销售累计让利患者1.1亿元。基本药物制度持续推进，政府办基层医疗卫生机构业务量同比上升3.65%；次均门诊药品费用和次均住院药品费用同比分别下降6.88%、14.19%；国家基本药物销售额占药品收入比同比上升3.86%。

社会办医工作快速推进。以郑州市被确定为社会办医国家联系点为契机，出台了《郑州市健康服务业发展规划（2014-2018年）》。进一步放开医疗市场，完善社会办医土地、投融资等支持政策，加快形成多元化办医格局。

2014年，基本公共卫生服务均等化得到普及，人均公共卫生服务经费达到35元，市区达到45元，免费提供13项基本公共卫生服务；全市25家定点医院实施免费白内障复明手术20743例，进行苯丙酮尿症、先天性甲状腺功能低下症筛查10.04万人，听力障碍初筛9.8万人，耳聋基因筛查5544人，有效促进了公共卫生服务均等化。国务院副总理刘延东在郑州市调研时指出：郑州的卫生和医改工作有特色，有不少亮点，值得总结推广。

【医疗服务管理】 2014年，区域医疗联合体扎实推进，市中心医院医联体成员单位增至61家，服务人口近400万人，全年双向转诊22034人次；市一院、市中医院、市儿童医院、市七院医联体相继成立，基层首诊、分级诊疗、双向转诊新型医疗服务模式初步形成，基本实现了资源共享、信息互联、服务同质、便民惠民的目标。“一城七中心”建设加力加速，投资额达到14.77亿元，项目建设投入7.76亿元，引进高端人才1279人，完成SCI文章24篇；2014年，实施肝移植46例、肾移植146例、胰肾联合移植1例。

医院质量效益进一步提升。以“十大指标”监管工作为载体，通过缩短平均住院日、提高病床使用率等措施，大幅度提升收治患者能力。市直二级以上医院三级以上手术同比增加2674人次，二类以上医疗技术总诊疗同比增加13584人次，日间手术同比增加4036例。医院管理更加规范，以“等级评审”为抓手规范管理，全市7家医院通过了三甲医院评审工作。实施《郑州市社会急救医疗条例》，为保障群众健康与生命安全提供有力的法律保障；启动疾病应急救助工作，建立疾病应急救助基金核报核销制度，全年完成28人次41.4万元疾病应急救助的基金核报工作。

【中医药工作】 2014年，郑州市积极发展中医药事业，深入开展中医药公共卫生服务进万家活动，扎实推进中医药预防保健及康复与临床服务能力建设项目。市中医医联体成立4个工作委员会、6个专病协作组、“名中医团”和“专家讲师团”，提升了服务内涵；市二院、市中心医院、市六院顺利通过全国综合医院中医药示范单位国家评审。全市获得河南省中医药科技成果奖15项，13个中医药继续教育项目被纳入省中医药继续教育项目，中医药科研工作取得新进展。

【卫生重大项目建设】 2014年，14个重点项目概算总投资55.23亿元，规划建筑面积135.93万平方米，设置床位9880张；市儿童医院东区医院顺利开诊，建筑面积14万平方米，开放床位1200张，成为国内单体面积最大的儿童医院；市中心医院高新区医院、市二院眼科病房楼等项目竣工并投入使用；市中心医院全科医师培养基地等5个项目主体已封顶；市一院港区医院项目开工建设，市七院滨河新城医院等4个项目正在加紧前期筹备。积极推进中央资金

健康大讲堂

建设项目，2014年中央投资郑州市县医院和乡镇卫生院建设项目7个，总投资4108万元，总建设规模20574平方米，已全面开工建设。

【行政机构改革】 作为全市行政机构改革重点单位，市卫生和计划生育委员会已挂牌成立，委领导班子已组建到位，市卫生计生系统职责初步整合，市卫生计生委机构改革顺利推进。以行政审批改革为抓手，简化审批程序，审批事项由12项精简为4项，审批时限分别由60、45、30个工作日压缩为4个工作日。创新开展“缺件受理、模拟审批、预约服务”等6项便民措施，实现了行政审批一站式服务。全年办结审批事项2857件，提前办结2840件，及时办结率100%，提前办结率99.4%。审批服务效能显著提高，荣获全市行政审批制度改革先进集体称号。深入开展“五单一网”制度改革，全面梳理行政权责清单、行政审批清单和行政事业性收费清单，规范权力公开透明运行。共梳理行政权责事项9类539项，全部通过市政府审核并归档，在工作进度和事项数量等方面位列全市82家市直单位第二名。

【卫生文化和行风建设】 2014年，深入开展党的群众路线教育实践活动，全系统14个党委、7个党总支、127个党支部、5600余名党员参加教育实践活动，活动取得明显成效；深入开展向胡佩兰学习活动，组建胡佩兰事迹报告团，赴青海、四川、辽宁、上海及全省各地巡讲16场次。领导班子、干部队伍和基层组织建设得到加强，严把选人用人关，选用了一批德才兼备的优秀干部；累计举办核心管理团队集中学习46次；指导基层党支部改选，进一步加强党员队伍管理。

党风廉政建设得到全面加强。坚持党委领导，全面落实党风廉政建设“两个责任”，持续加大警示教育和监督力度，对“一把手”和工程建设十项重点内容进行督导检查，开展副科级以上领导干部亲属违规经商办企业、领导干部收送红包礼金等系列专项整治活动，有力推动了卫生计生行业党风廉政建设。2014年，市属医疗机构用于购置医疗设备和工程建设项目自筹资金4.7亿元，节约资金8412.9万元，总节资率17.9%，招标采购监管有力。持续开展“万名医护送健康”“卫生局长与群众面对面”“医疗卫生服务市民健康体验”等活动。2014年，办理人大建议36件、政协提案39件，办结率和满意率均为100%。深入开展信访矛盾纠纷排查活动，认真受理群众来电、来信、来访，狠抓系统平安建设，顺利通过“郑州市平安建设先进单位”年度复审。

（姚永成）

体育

【概况】 2014年，郑州市全民健身运动蓬勃开展，全年市本级共举办各类群众体育活动160余项次。竞技体育得到加强，参加各级综合性运动会取得优异成绩。本着资源共享、人才共用的原则，建立体质测定与运动健身指导站，布点11个县（市）区体质测定站，监测率逐年上升。承担国家第四次国民体质监测2404人的测定任务顺利完成，全年共完成国民体质测定7457人。完成了第六次全国体育场地普查有关工作。截至2014年年底，全市共拥有各类体育场地9561个，人均体育场地占地面积1.79平方米，人均体育场地面积1.17平方米。2014年，全市体育彩票销售额突破19亿元。上街区获得河南省山地运动示范基地、河南省体育产业基地等荣誉称号。2014年，市体育局被郑州市委、市政府评为郑州都市区三年行动计划综合工作优秀单位、文教卫体工作先进单位、城市管理提升先进单位、民主评议政风行风优秀单位、依法行政示范单位等；被省体育局评为全民健身工作优胜单位一等奖，再次被评为省级文明单位；郑州国际少林武术节被国家体育总局、国家旅游局评为“中国体育旅游十佳精品赛事”。

【举办第十届中国郑州国际少林武术节】 本届武术节由国家体育总局武术运动管理中心、中国武术协会、省体育局和郑州市人民政府主办，于10月19–22日举办，共有63个国家和地区的207个团队1870多名运动员参加。与往届相比，本届武术节规模更大、项目更多、国际化程度更高。本届武术节竞赛项目设6大类型233个小项。竞赛项目在郑州市第四十七中学体育馆举行，最终产生514个一等奖、755个二等奖和1177个三等奖。作为东道主的郑州代表团，表现出了高超的技艺，所派出的2个代表队共获得40个一等奖、29个二等奖和15个三等奖。除此之外，还举办了4场大型群众武术展演活动，丰富烘托了武术节的内容和气氛。本届武术节开幕式在登封市举行，实现了武术展演、组织服务、群众参与的新突破。

【参加各级综合性运动会获佳绩】 河南省第十二届运动会暨首届全民健身大会于9月19–29日在焦作市举行。郑州市赛前认真备战，赛场上顽强拼搏，青少年竞技组获得732枚金牌（包括带入的611枚金牌）、887.5枚奖牌、10037.63分，金牌数、奖牌数、团体总分均位居全省第一名。此外，社会组、中学生组也取得了一等奖的好成绩。郑州市代表团还获得体育道德风尚奖，取得了运动成绩和精神文明双丰收。

在南京青奥会上，郑州运动员李亚各为河南赢得唯一一枚金牌。在仁川亚运会上，河南运动员共获得12枚金牌，其中宁泽涛领军的郑州运动员就夺得8枚金牌，并多次打破亚洲纪录和亚运会纪录，为河南和郑州争得了荣誉。

【群众体育】 2014年，郑州市开展了丰富多彩的群众体育活动。全年市本级共举办各类群众体育活动160余项次，其中包括元旦长跑活动、“全民健身月”启动仪式、“全民健身日”交流展示活动、第25届“黄河杯”老年门球邀请赛、第八届中国郑开国际马拉松赛、“国际奥委会主席杯”全国百城自行车赛等。2014年，全市评选认定了12项全民健身品牌赛事和10项特色活动。新密、中牟、中原、上街、郑东新区、经开区分别举办了全民健身运动会；中牟、荥阳、中原、二七、管城、惠济和郑东新区分别承办了郑州市和河南省级赛事；金水、新郑和登封承办了全国和国际赛事。市体总办、市老年人体育协会、市武术协会举办全民健身活动次数多、力度大，效果突出。

【创建工作】 2014年，全民健身运动蓬勃开展，“全民健身示范城市”创建

第十届中国郑州国际少林武术节

工作扎实推进。郑州市是河南省创建“全民健身示范城市”试点单位之一，市体育局将创建作为贯穿全年的一项重点工作，相继召开了创建动员大会和创建工作部署会，下发了工作实施方案，对创建工作提出了具体明确的要求。各县（市）区体育部门也迅速行动起来，制订工作计划，层层分解任务，具体抓好落实。8月，市体育局分别组织7个督导组进行了督导检查，下发了情况通报，并在上街区召开全市社区体育工作会议，组织开展了全市乡镇级体育干部培训。同时，出台了一系列督导性文件，确保创建工作取得阶段性成效。荥阳、中牟、新密、惠济、金水、二七、上街、郑东新区等单位在创建活动中走在前列，作出了积极贡献。

【群众体育组织建设】 2014年，群众体育组织建设得到加强。全年共培训发展社会体育指导员3759人，截至年底全市注册社会体育指导员总数达到17288人。荥阳、登封、新密、新郑、金水、二七、惠济、上街、高新区等县（市）区超额完成了年度社会体育指导员培养发展任务；荥阳、新密、中牟、金水、二七、中原等县（市）区建立单项体育俱乐部达8个以上；新密、荥阳、新郑所辖社区、乡镇村健身站（点）覆盖率达100%。2014年全市建立健身指导站（点）达到2200多个，市级新增单项体育协会2个，调整健全人群体育协会5个。老年人体育工作取得新突破，11个县（市）区和4个开发区全部建立和完善了本级老年体协组织。全市乡镇（街道）老年体协组织覆盖率达到90%。

【业余训练】 2014年，业余训练工作扎实有效，后备人才培训形成网络。全市共有国家级综合基地2个（市体校、市少儿体校）、国家级单项基地4个（市体校篮球、举重，惠济一中田径，金水一中田径）、省级单项基地 4个（市少儿体校乒乓球、田径、体操，网球中心），均达到评估要求。截至2014年年底，郑州市拥有国家级传统体育训练学校7所、省级传统体育训练学校63所、市级传统体育训练学校106所；万春、王晋予 、户继平、姜明、樊玲等教练员为培养优秀体育人才作出了突出贡献。

业余训练逐步规范。2014年，郑州市有5个县（市）建立或恢复建立了业余体校，多数设有4至7个项目；市区均建有业余训练网点。截至年底，市属训练机构有9个项目在15所中小学设立了训练点，形成了一项多点、一项多队、体育学校与文化学校相结合的训练格局，教体结合结出硕果。在河南省第十二届运动会上，塔沟武校获得32枚金牌，省实验中学获得7枚金牌，金水一中和惠济一中各获得8枚金牌，郑州二中获得6枚金牌，经开区实验小学获得女子足球7人制比赛第二名。

选材质量有新提升。建立和完善后备人才库，制定了苗子运动员选才标准。通过举办苗子选拔赛和组织教练员到基层筛选苗子，全年共选拔苗子运动员183人。完成了省青少年体育竞赛运动员注册工作，本周期注册人数达到4943人。

运动员文化教育水平逐步提高。深入贯彻落实《国务院办公厅关于进一步加强运动员文化教育和运动员保障工作指导意见的通知》精神，结合郑州市实际，及时出台了《实施意见》，明确责任分工，规范了选材入队、人才输送、参加竞赛等与文化教育相关的要求，为人才培养奠定了扎实的基础。

【体育设施不断完善】 2014年，郑州市体育设施不断完善。“对全市600条健身路径的健身器材进行更新维护”被列入市委、市政府“十大实事”之中，在各县（市）区大力支持和积极配合下，郑州市更新维护了610条健身路径，超额完成了“十大实事”任务。

体育设施建设进度加快。2014年，市级共建设26个乡镇体育健身工程、160个农民体育健身工程、30条健身路径。截至年底，除4个规划拆迁改造的乡镇外，城市社区（小区）级健身路径和农民体育健身工程、乡镇体育健身工程建设均达到100%。加快推进东区市民健身中心、西区奥林匹克体育中心建设。各县（市）区体育设施建设步伐明显加快。惠济区在建体育场馆4处，总占地面积5.33公顷；上街区对体育中心进行升级改造，总投资1420万元；新密市投资500万元，对原田径场进行了改造；中牟县投入2400多万元改建了游泳馆。扎实推进《郑州市体育设施专项规划》编制工作，即将批准实施。

（徐晨革）

社会事业

精神文明建设

综 述

【概况】 2014年，全市精神文明建设战线认真学习贯彻落实党的十八大和十八届三中、四中全会精神，以培育和践行社会主义核心价值观为主线，以“全国文明城市”届满重创为抓手，按照文明河南建设的要求，广泛开展中国特色社会主义和中国梦学习教育，着力推进诚信建设制度化、志愿服务制度化，深化群众性文明创建活动，扎实推进青少年思想道德教育，全面提高市民文明素质和城市文明程度，为推动全市经济社会发展提供了有力的精神支撑。

【网络文明传播】 2014年，郑州市持续推进网络文明传播工作。依托全市16个县（市）区、管委会文明办及500余家省、市级以上文明单位，成立了520个网络文明传播志愿者小组，建立起基本传播队伍2398人、骨干传播队伍90人、评论员队伍36人。通过开设的“好时·好事·好景·好人”和“文明郑州”官方微博及“文明郑州”官方微信公众平台，并利用中国文明网“好活法”手机客户端，广泛开展“我们的节日”“践行社会主义核心价值观”“讲述我心中的雷锋”“诚信建设”“幸福从哪儿来”“带你文明游”“好人365”等系列网上传播活动，全年共计转发微博10万余次、网络评论66240条、征集博文6420篇，取得了良好的社会效果。郑州市在中央文明办组织的2014年第一、二季度网络文明传播工作评审考核中，分别取得了第27名、第28名的好成绩。

【文明网建设】 2014年，郑州市着力加强中国文明网联盟郑州站（郑州文明网）建设，重点展示全市宣传思想文化和精神文明建设领域的亮点和特色，积极弘扬社会主旋律，释放文明正能量。郑州文明网全年共编发信息4030条，其中被中国文明网采用309条，被河南文明网采用216条，制作精神文明建设专题12个，受到了中国文明网的表扬和肯定，郑州市在中国文明网组织的第一季度、第二季度联盟网站工作考核中，分别位列第34名、30名，有力地促进了全市创建文明城市工作，营造了文明健康的网络舆论氛围。

【公民旅游文明素质提升】 2014年，郑州市印发了《关于开展文明旅游活动的实施方案》，建立了由市文明办、市旅游局、市建委、市公安局、市外事办、市交通委等部门参加的联席办公会议制度，分别明确各成员单位的工作责任和任务，形成文明旅游齐抓共管的格局。积极发挥市属新闻媒体宣传作用，加大《中国公民出境旅游文明行为指南》和《中国公民国内旅游文明行为公约》的宣传力度。在出入境办事大厅及各大旅行社、风景区、宾馆、车站、机场等重点部位设置文明旅游宣传栏和提示牌，引导广大游客自觉规范个人行为。全年共发放文明旅游宣传资料30余万份，播放文明旅游公益宣传片9部1万余次。加大对出境游客的旅游团行前教育、告知，制定文明出游手册和行前教育规范，强化导游领队在出境旅游过程中对游客文明行为的提示和提醒责任。全年共进行游客行前教育1.3万余场次，20余万人接受文明旅游行前教育。在全市广泛开展文明旅游和“文明景区”评选活动，抓好景区文明旅游宣传、基础设施建设、干部职工文明素质教育等工作。加强对导游等旅游行业从业人员的管理和教育培训，组织开展“寻找最美导游”活动，对不负责任的导游和领队实施问责，对“黑导游”“野导游”进行严厉打击，树立导游群体的良好形象。2014年，全市220家旅行社积极参与“践行价值观、文明我先行”活动，全年共评选文明导游880人次、文明游客1900多人次，有4家景区入选省级文明景区，占全省总数的11.3%。

【党的群众路线主题教育实践活动】 全市第二批党的群众路线教育实践活动开展以来，市文明办紧紧围绕聚焦“四风”，坚持领导带头、全员参与，高标准、严要求，扎实推进教育实践活动。集中学习了习近平总书记系列重要讲话精神、党的群众路线理论，以及中央八项规定、省委省政府若干意见、市委市政府20条规定等。先后赴登封市大金店镇顾家河小学开展支教活动，赴兰考县开展焦裕禄精

郑州市“践行价值观文明我先行”系列活动动员会召开

神专题学习活动，赴二七纪念馆开展重温入党誓词活动。通过各种形式，广泛征求领导班子“四风”存在问题，收到意见建议12条，查摆突出问题14项。班子成员和普通党员对照焦裕禄精神，认真查摆自身“四风”方面存在的突出问题，制定了切实可行的整改方案和整改措施，立行立改，有力促进了作风转变和工作提升。对现有规章制度进行梳理修改完善，并新出台了《督查督办制度》《财务管理制度》《公文处理办法》等规章制度。积极参加市委宣传部组织的“三到三联系”“人人都是理论宣讲员、人人都是网格管理员、人人都是文明传导员、人人都是网络评论员”等主题活动，进一步深化了教育实践活动效果。

（张元魁）

公民思想道德建设

【概况】 2014年，郑州市社会主义核心价值观宣传教育卓有成效。印发了《关于开展“践行价值观 文明我先行”主题系列活动的实施方案》《关于在社区开展“践行价值观 共建文明城”主题宣传教育实践活动的通知》，组织协调市直机关工委、市委政法委、市工商局、市公安局、市旅游局、市商务局等6家单位牵头实施文明服务、文明执法、文明经营、文明交通、文明旅游、文明餐桌等活动。全省文明经营、文明餐桌活动现场会在郑州召开，郑州市的经验得到广泛认可，并向全省推广。组织网络文明传播志愿者骨干队伍对“践行社会主义核心价值观”内容进行转发、点评。至年底，共转发微博6873次，发表评论734篇。

把社会主义核心价值观的基本要求渗透到课堂教学、社会实践和校园文化的各个环节，宣传、阐释、叫响“24个字”、唱响“中国梦”，培养了青少年高尚的思想品德和良好的道德情操。全年共组织开展宣讲活动1800余场，受教育学生120余万人，取得了良好效果。

【公益广告宣传】 2014年，郑州市文明办组织协调各开发区管委会、市内各区和市直有关部门、市属各媒体，利用城市公园广场、建筑围挡、户外广告牌及报纸、电台、电视台等媒介，刊播刊载“讲文明树新风”“图说我们的价值观”“文明河南”等系列公益广告，大力宣传阐释社会主义核心价值观，倡树文明新风。全年共完成报纸类386个整版，广播电视类1400余小时，中原报业阅报栏450座，建筑工地围挡20余万平方米，灯杆幕旗4588幅，灯杆灯箱633座，公交站牌1108座，公交车5600台，公交移动电视1350个，出租车8000台、出租车停靠站400座，游园广场2000块，LED大屏幕200余块；打造了碧沙岗公园、人民公园、紫荆山公园、经纬广场、绿文广场、金水路、中原路、嵩山路、建设路、京广路等“图说我们的价值观”主题公园、广场、街道；制作并向全市各个社区、学校、公园、广场等场所发放了“图说我们的价值观”宣传画10万余张。

【道德模范评选与宣传】 2014年，郑州市成功承办了“道德的力量——河南省全国道德模范与身边好人（郑州）现场交流活动”，20名全国道德模范、河南省道德模范、身边好人及1000余名观众参加了现场活动。精心组织第三届“郑州市道德模范”推荐评选工作，30人被评选为第三届郑州市道德模范、道德模范提名奖。继续开展“月评文明市民”“我推荐、我评议身边好人”活动，全年共评出文明市民120人。向中央文明办推荐“中国好人”候选人26位，有6位入选“中国好人榜”。郑州市建中街社区服务中心98岁医生胡佩兰当选“感动中国”2013年度人物后，郑州市精神文明指导委员会印发《关于在全市开展向胡佩兰学习活动的决定》，在全市大力开展学习宣传胡佩兰活动。

【“道德讲堂”活动】 2014年，郑州市按照贴近实际、贴近生活、贴近群众的原则，围绕社会主义核心价值观，持续开展以“身边人讲述身边事、身边事教育身边人”为主要形式的“道德讲堂”，实现了活动常态化。全年共举办郑州市道德讲堂总堂28期，全市各地开办“道德讲堂”1万余期。从7月份开始，在郑州教育电视台开播《道德课堂》节目，每月两期。通过电视、微博、微信、校信通和教育期刊等形式，让“道德讲堂”进学校、进家庭，使全市中小学生及其家长在潜移默化中受到教育，共同传播“正能量”。

【“我们的节日”主题活动】 2014年，郑州市精心组织开展“我们的节日”主题活动。利用中华民族传统节日，认真组织开展了传统民俗文艺表演、主题志愿服务活动、祭奠先烈活动、“中华经典诵读”、民俗文化墙画展、传统习俗与健康讲座等形式多样、彰显特色的主题活动，大力弘扬中华民族优秀文化传统，进一步深化爱国主义教育活动。

（张元魁）

诚信建设

【概况】 2014年，郑州市诚信建设制度化工作稳步推进。出台并修改完善了《郑州市企业信用信息管理办法》及“诚信红黑榜”、诚信奖惩制度等与诚信建设相关的制度性文件，市人社局、市建委、市国税局、市房管局等28家单位及各县（市）区也相继出台了有关诚信建设的规范性文件，全市诚信建设制度体系基本成型。

信用信息平台逐步完善。建立了“郑州市社会信用信息综合管理平台”。该平台（一期）共包括信用网站、企业信用申报、成员单位信用数据共享、综合办公、信用评价等5个子系统，为诚信建设提供了良好的技术支撑。至年底，共有40家成员单位向郑州市信用数据库提供134个分类的1182项指标的信息，信用数据库信息总条数达110万条，覆盖9万多家企业和注册会计师、资产评估师等重点人群。市建委、市国税局、市地税局、市农委、市食药局、市环保局等部门相继建立了信用信息数据库，实现了

郑州市推进诚信建设工作会议召开

与全市信用数据库无缝对接，并在履行职责时广泛运用。

【政务诚信建设】 2014年，郑州市先后出台了《关于党的基层组织实行党务公开的实施细则》《郑州市关于全面推行县委县政府权力公开透明运行的实施意见》《关于推进全市党务政务公开规范化建设的通知》《关于推进公共企事业单位办事权力公开规范运行工作相关事宜的通知》等规范性文件，将全市各级党政机关、公用事业单位的党务政务公开纳入法制化轨道。8月份，出台了《郑州市公务员诚信量化考核标准》，将“诚信”考核作为公务员考核的重要指标，把公务员的行为诚信与考核、奖惩、晋级等挂钩，在对公务员监督上增加了新的内容。

【重点行业诚信建设】 2014年，郑州市重点行业诚信建设实现有效突破。全面推行餐饮信息化监管，建设了全市餐饮信息化监管系统平台，对餐饮服务、食品安全实行100%量化分级管理。持续开展“诚实劳动、诚信经营”“文明经营”“诚敬做产品”等主题创建活动，评选出宇通客车、思念食品、萧记烩面、万邦药业等数十家诚信企业和10家信用农户，涌现出花书增、李庆和等诚信个人典型，打造了以“星级评定、水油分离、文明餐桌”为主要内容的中原万达广场等16条文明诚信餐饮示范街，2万余家餐饮企业参与了文明餐桌活动。

（张元魁）

志愿服务活动

【概况】 2014年，郑州市志愿服务活动丰富多彩。组织了“温暖回乡路，共铸留守情——2014年春运期间关爱农民工志愿服务”活动。开展了“邻里守望，志愿郑州——2014年学雷锋志愿服务主题实践活动”。以社区为主阵地，以“邻里守望、互相关爱、服务社会”为主题，广泛开展敬老爱幼、扶残助残、治安巡防、医疗保健、环境卫生、全民健身等社区志愿服务活动，有效推动了社区志愿服务常态化。举办了郑州市“志愿者形象大使”、郑州市“城市文明使者”受聘暨“志愿郑州”微信上线仪式，12位社会知名人士受聘担任了“城市文明使者”。开展了“文明郑州·与爱同行”志愿服务演讲比赛，选送参加省文明办同题演讲比赛的选手分获一等奖和三等奖。举行了“12·5”第29个国际志愿者日纪念活动，全面展示了全市志愿者的靓丽风采和优秀志愿服务项目取得的成绩。

【志愿服务制度化建设】 2014年，郑州市制定了《关于推进全市志愿服务制度化的实施方案》《郑州市社区志愿服务方案》等文件，明确了全市志愿服务制度化和社区志愿服务工作的重点。调整了由市文明委领导、文明办牵头、各有关部门共同组成的志愿服务工作领导小组，形成了推动志愿服务工作深入开展的坚强领导核心。修订了《郑州市星级志愿者认证办法》，积极推进以“小时制”为原则，对志愿者提供的志愿服务进行及时、完整、准确评价。组织开展了郑州市首届五星志愿者认证活动和年度优秀志愿者、志愿服务组织等的评选工作，表彰激励机制建设日趋完善。

【志愿服务阵地队伍建设】 2014年，郑州市按照“六有一落实”的要求，建成志愿服务站点427个，为各级各类志愿服务团队提供了活动平台。按照分层次推进的原则，继在全省率先打造了5个示范站点后，向省文明办申报阵地建设项目站点6个，顺利通过验收。积极拓展新型宣传阵地，开通了“志愿郑州”微博、微信、“志愿郑州”QQ群，使志愿服务“时刻在线”。印发了《关于全市共产党员广泛参与志愿服务活动的实施意见》，承办了全省党员志愿服务进社区志愿服务活动启动仪式，全面推进了以党员志愿服务队、文明单位志愿服务队为主导的志愿服务队伍建设。

【志愿服务项目化运作机制建设】 2014年，郑州市按照“以项目化运作为突破口推动志愿服务制度化”的工作思路，大力实施“郑州市志愿服务项目资金援助工程”，重点扶持38个优秀志愿服务项目，实现了整合社会资源、发挥示范作用、实现集群效应的目标。其中，“绿城一叶”走进大营盘爱心支教志愿服务活动，成为海峡两岸志愿者共同关爱麻风病康复村儿童教育的典型案例；以邻里守望为主题的“老街坊互助计划”，被《人民日报》报道，并选编入中宣部《每日要情》和《河南宣传》；“安全保护伞”等志愿服务项目，获得联合国儿童基金会支持。志愿服务资金援助工程的成功经验入选中宣部《宣传思想文化工作案例选编》，《人民日报》、新华社、中央人民广播电台、《光明日报》、中央电视台、《中国青年报》、中国文明网等中央及多家省级主流媒体分别对资金援助工程的受援项目进行了宣传报道。

（张元魁）

精神文明创建

【概况】 2014年是第四届群众性精神文明创建活动评选表彰年，郑州市按照简化程序、下发职权、严格标准、注重质量的工作总原则，采取有力措施，深入开展文明城市、文明城区、文明单位等创建工作。通过不断完善机制、抓好重点环节等，全国文明城市届满重创工作顺利通过复查；不断深化农村精神文明建设，组织开展好星级文明户、文明家庭评选活动，持续加大科技文化卫生“三下乡”扶持力度，不断提升群众性精神文明创建工作水平。

【全国文明城市届满重创工作】 2014年，郑州市面临全国文明城市届满重创的重任，市委、市政府高度重视，先后于6月6日、7月11日、8月12日、11月20日召开了全市创建全国文明城市工作动员会、推进会；组建了由市委书记、市长任组长，省有关部门领导和市四大班子领导为副组长，市直各单位和各开发区、县（市）区主要负责人为成员的省会创建全国文明城市领导小组，同时，成立了由市领导任组长的十大专项整治督导组和指挥部。在创建全国文明城市工作中，推行市级领导分包责任制，建

全国道德模范与身边好人郑州现场交流活动举行

2014年11月23日，市委常委、宣传部部长王哲督导创建文明城市工作

立健全评优评差、红黑旗竞赛等考核奖惩机制，形成全市上下联动、积极配合的创建合力。

充分调动和发挥全市各级各部门的主动性和积极性，与各开发区、县（市）区及市直有关部门签订了创建工作目标责任书，确保创建任务有单位承担、创建工作有人落实。完善实施了创建工作督导制度及周例会、月点评、评优评差等工作机制，有效促进了各项创建工作的顺利开展和落实，全市从上到下、从条到块，形成了指挥有效、组织有序、职责明确、监督有力的创建组织领导机制。

对照《全国文明城市测评体系》，着力做好材料收集整理、考察点筛选与突出问题整治等三个重点环节。组织协调全市50余家市直单位、5个开发区和11个县（市）区，收集、整理创建档案材料，共装订成册创建档案材料393卷、未成年人思想道德建设档案材料59卷。对创建全国文明城市的1400多个实地考察申报点进行严格筛选、梳理、督导和整改，确保实地考察部分不失分、不丢分。组织协调市直各部门重点抓好交通秩序和城市环境两大专项整治。在交通秩序方面，重拳整治乱停放、乱穿行、乱闯红灯、酒后驾车等不文明交通行为和违法行为，努力缓解出行难问题；在城市环境方面，加快实施城市主要道路街景改造工程，抓好重点街区、公园绿地的复绿补绿，加大背街小巷、老旧小区、城郊接合部、集贸市场及城市内河的专项治理力度，大力治理乱摆摊、乱搭建、乱张贴、乱扔垃圾等顽症，迅速扭转局部地区脏乱差的局面。8月28日，全国文明城市创建工作调研组莅临郑州检查指导，对全市的工作给予了充分肯定和高度评价。在12月份省文明办组织的在届全国文明城市复查中，郑州市创建工作受到检查组充分肯定。

【文明单位、社区和村镇创建】 2014年，市委、市政府命名郑州市房管局等117家单位为市级文明单位，命名金水区花园路街道办事处戊院社区等20个社区为市级文明社区，命名新郑市龙湖镇等9个村镇为市级文明村镇，不断壮大全市精神文明建设工作力量。

加强对各级文明单位的动态管理和指导力度，充分发挥文明单位的模范带动作用，加大文明创建工作的宣传力度，不断吸收新经济组织、新社会组织参与文明行业、文明单位创建活动，扩大创建覆盖面。对照《全国文明单位测评体系》和《省级文明单位测评体系》，不断完善《市级文明单位测评体系》，认真做好2014年度全国文明单位和省级文明单位的申报、推荐工作，组织实施了2014年度市级文明单位申报和考核工作。

【美丽乡村建设】 2014年，郑州市以建设美丽乡村为主题，以“文明村镇”“文明集市”“星级文明户”创建为抓手，扎实开展以改善农村人居环境为内容的清洁家园行动，深入治理农村“五乱”，使全市1/3的集镇镇容镇貌有了明显改观，农村群众精神、文化生活水平和层次不断提高。全年全市共评选出“星级文明户”15274户，好公婆3977人、好媳妇4226人、好妯娌3041人，文明家庭6889户，文明卫生户21152户，文明集市4个。至年底，全市共有国家文明村镇6个（文明镇4个、文明村2个），河南省文明村镇13个（文明镇9个、文明村4个），河南省创建工作先进村镇28个（先进镇4个、先进村24个），郑州市文明村镇58个（文明镇19个、文明村39个）。

【文明单位结对帮扶工作】 2014年，郑州市文明单位与全市农村、社区的结对帮扶工作扎实推行。组织955个文明单位结对帮扶郑州市辖区内的822个村庄、40个新型农村社区和41个拟建乡村学校少年宫，调整了44个文明单位和帮扶村庄。各级文明单位共组织开展教育培训1311次，帮扶项目445个，帮建文化大院810个，文艺演出1917次，送图书53万册、文体器材3673套，制作“讲文明、树新风”公益广告67083块，开展关爱留守儿童、慰问贫困户、资助打水井、帮助销售农产品等活动60次，累计帮扶资金达9773万元，有效改善了农村生活环境和精神文明建设水平，推动城乡精神文明建设同步发展。

【文化科技卫生“三下乡”活动】 2014年，市文明办组织协调14个部门在新郑市龙湖镇盛世广场联合举办了郑州市2014年文化科技卫生“三下乡”集中服务活动启动仪式，捐赠物品总价值35.9万元。全市各单位扎实开展“三下乡”活动，全年累计投入经费994.3万元，开展活动项目595个，活动次数2343次，发放宣传资料97万册，受益群众836万人次，真正为老百姓办好事、办实事。

（张元魁）

未成年人思想道德建设

【“做一个有道德的人”主题教育活动】 2014年，郑州市扎实推进“做一个有道德的人”主题教育活动。在全市中小学校普遍开展“认星争优，做美德少年”活动，有4名学生荣获“河南省美德少年”称号，共评出118名“绿城美德少年”。郑州市“认星争优”活动经验被中央文明办未成年人思想道德建设工作简报刊发，在全省未成年人思想道德建设工作推进会上作典型发言。组织开展“童心向党”歌咏活动，中国文明网对郑州市“童心向党”歌咏活动进行了报道。

【“我的中国梦”主题教育实践活动】 2014年，郑州市在未成年人中开展了丰富多彩的“我的中国梦”主题教育实践活动。利用重要时间节点，先后组织开展了清明节期间的“网上祭英烈”活动、“六一”期间的“学习美德少年和争做美德少年”活动、“十一”期间的“向国旗敬礼”活动，全市广大中小学生积极参加网上网下的活动，参与率达到100%。在全市小学和幼儿园中组织开展了“优秀童谣传唱”活动，并报送6首童谣参加了河南省和中央文明办评比活动。

【中华经典诵读活动】 2014年，郑州市先后举办了“中华文化经典”集中诵读活动、“中华经典诵读”进基层活动、“中华经典诵读”优秀作品评选活动。突出一校一品，融入日常教育教学，全市中小学生参与率达98%以上。组织专家编写了符合郑州市学生实际的经典读本，免费向学生发放。利用音乐、舞蹈、武术等表现形式，结合“我们的节日”、炎黄文化周、国际古遗迹日、成人礼等重要纪念活动，广泛开展诵读。

【未成年人活动场所建设】 2014年，郑州市大力推动未成年人心理健康辅导中心、乡村学校少年宫、城市学校少年宫等场所建设。截至年底，全市共建成乡村学校少年宫221个、城市学校少年宫65个、未成年人心理健康辅导中心12个，为全市未成年人健康成长和全面发展提供了广阔舞台，也营造了全社会关心、关爱未成年人的浓厚氛围。

（张元魁）

人口和计划生育管理

【概况】 2014年，全市人口计生工作突出改革发展主题，抓住稳定低生育水平、提高出生人口素质两个根本，进一步完善宣传教育、优质服务、利益导向、流动人口管理、综合治理五大体系，努力夯实长效机制建设、干部队伍建设、信息化建设、依法行政、基层群众自治五项基础，以推进人口均衡型社会综合配套改革示范市建设为抓手，坚持求实创新，完善政策措施，加强分类指导，狠抓工作落实，确保了各项重点工作的有序推进、有效落实。2014年，全市常住人口出生12.5万人，人口出生率为13.5‰，低于省定目标0.4个千分点，低生育水平继续保持稳定，人口计生工作整体水平不断提升。在2014年12月31日召开的全省计划生育工作电视电话会议上，郑州市及二七区、惠济区、新密市、荥阳市被省委、省政府表彰为2010-2013年度人口和计划生育工作先进单位，郑州市市长马懿代表市委、市政府作了典型发言。

【加强组织领导】 市委、市政府始终坚持把人口计生工作纳入郑州都市区建设总体规划，加强宏观调控，实施科学决策。先后召开全市人口计生领导小组会、政府常务会和市委常委会，专题研究人口计生工作；精心组织对各县（市）区党委、政府落实人口和计划生育工作“责任、措施、投入”三到位情况以及全市人口计生领导小组成员单位履行人口计生职责情况进行检查考核，并于3月28日召开了全市人口计生工作电视电话会议，市长马懿、副市长杨福平分别在会上对人口计生工作进行了总结部署，提出了明确要求。同时，积极完善政策措施，修订完善了《郑州市城镇独生子女父母年老奖励扶助办法》，将中央、省驻郑单位和企业纳入政策范围，并将奖励扶助金标准由原来每人每年1000元提高到每人每年1120元，与农村奖励扶助政策标准一致，真正实现了城乡一体化。

【开展课题调研】 为全面掌握人口计生工作的现状，进一步增强工作指导的针对性和有效性，在全市深入开展了人口计生工作课题调研。专门成立人口计生工作课题调研领导小组和办公室，研究拟定10个调研课题，分别由党组成员负责，重点围绕流动人口计划生育服务管理、奖励扶助政策落实、优生优育、证件办理等群众关心的热点问题，深入基层进行调查研究，广泛听取基层干部群众意见，了解基层困难和群众需求，进一步澄清底数、把握全局，形成了高质量的调研报告，为指导和推进工作提供了重要依据。

【坚持宣传倡导】 坚持把提高群众对人口计生政策及法律法规知识的知晓率、引导群众转变婚育观念作为人口计生工作的重要基础，组织开展了“双节”宣传月、国家家庭日、“5·29”协会纪念日、“7·11”世界人口日等宣传活动。全市共组织大型宣传活动32次，开展“三下乡”活动361次，举办各类培训班1067次。召开全市“创建幸福家庭活动”推进会，开办了“郑州人口计生委”新浪官方微博，及时解答网友问题；发布“郑州人口计生委”官方微博187条。充分发挥郑州电视台《人口之窗》栏目的主渠道作用，该栏目播出节目20期；利用“郑州人口网”编辑发布新闻稿件52篇。2014年，郑州市被国家《人口与计划生育》杂志评为全国新闻宣传先进单位。

【平稳实施“单独两孩”生育政策】 为认真做好实施“单独两孩”生育政策的各项准备工作，组织在全市范围内开展了单独家庭生育意愿调查，共发放调查问卷2万余份。调研结果显示，61%的“单独”家庭选择生育两孩，21%的家庭明确表示不再生育两孩，18%的家庭表示不确定；在打算生育第2个子女的时间安排上，仅有15%的家庭表示在政策放开当年生育，计划在政策放开第2年生育的家庭占19%，顺其自然的占66%。“单独两孩”政策实施后，预计2014年到2020年，全市平均每年多出生人口约1万人，年出生率提高0.67-1.79个千分点。6月，在全市启动实施“单独两孩”生育政策，举行了“单独两孩”生育证公开发放仪式，规范、简化了生育证办理程序。同时，组织不同时段、不同形式的暗访督察，指导基层认真做好办证服务工作。截至年底，全市共受理“单独两孩”生育申请5338例，办理“单独两孩”生育证4555张，“单独两孩”出生2451人，人口出生率增加了0.26‰，申请办理及生育规模均在可控范围之内。

【开展避孕节育全程优质服务】 坚持国家指导和个人自愿相结合的原则，全面推行避孕方法知情选择。按照“知情教育、自主选择、规范操作、术后随访”的服务规范，开展避孕节育全程优质服务，提高避孕节育措施落实的有效率，基本项目免费计划生育技术服务落实率达100%。同时，采取计卫结合、军地合作、县站、乡所结合等多种形式，认真开展妇女病普查普治等生殖

2014年6月5日，国家卫生计生委副主任王培安出席在郑州召开的全国计划生育基层群众自治现场会

举行“两孩”生育证发放仪式

保健系列化服务。坚持每两年为辖区已婚育龄妇女进行一次妇科病普查普治服务，每年1月、3月、9月、11月组织已婚育龄妇女开展健康检查。全年共为育龄群众提供健康检查148.65万人次，妇女病普查普治40万余人次，乳腺病普查15万余人次。

【着力提高出生人口素质】 以全面实施国家免费孕前优生健康检查项目为重点，积极开展出生缺陷预防服务。5月24-30日，举办了全市出生缺陷一级预防工作业务培训班。并采取查阅资料、实地察看、信息比对、入户调查和电话随访等方式，对全市11个国家免费孕前优生健康检查项目县（市）区进行了随机抽样督察，针对宣传效果不明显、叶酸营养素发放渠道不规范、缺少专项工作经费等问题，提出了整改意见。9月3日，在新郑市召开了由各县（市）区人口计生委领导、服务站站长、出生缺陷预防科科长参加的全市孕前优生健康检查工作现场会，认真总结近年来孕前优生健康检查项目的主要成绩，交流经验，分析形势，并推广了新郑市在孕前优生健康检查项目中的经验和做法。根据省卫生计生委、省残疾人联合会的统一部署，9月12-18日在全市组织开展了以“预防出生缺陷从孕前开始”为主题的出生缺陷预防宣传周活动，计生卫生工作人员为群众开展预防出生缺陷知识宣传、接受群众咨询、开展免费义诊服务等。同时，充分发挥郑州市免费孕前优生健康检查项目检验质量管理专家组的作用，定期开展巡回指导和质评活动，进一步提高了服务质量。全年共完成目标人群50126对，实现了预期工作目标。

【完善计划生育利益导向政策】 坚持把完善利益导向政策作为事关计生家庭利益的重大民生问题，让计生家庭优先分享改革发展成果。在全省率先建立完善奖励优待、家庭发展、扶助保障、救助关怀四大类17项计划生育利益导向政策，覆盖城市乡村，统筹城乡一体。一是完善城镇独生子女父母年老奖励扶助政策。进一步扩大城镇独生子女父母年老奖励覆盖面，将中央、省驻郑单位和企业人员纳入政策范围；奖扶标准由2012年每人每年1000元提高到2014年的1120元，真正实现了奖励扶助政策的标准一致、城乡一体。全市共为7.7万名城镇独生子女年老父母（较2013年增加4.2万人）发放奖励扶助金8700多万元。二是积极探索特殊困难家庭扶助关怀机制。不断加大对计生特殊困难家庭的关爱和扶助力度，提高特别扶助金标准。全年为1916名特别困难扶助对象发放特别扶助金1437万元。2014年，郑州市共投入各项利益导向政策资金3.88亿元，惠及100多万户计生家庭。

【加强流动人口服务管理】 为进一步掌握产业集聚区流动人口计生服务管理情况，组织对13个产业集聚区600名流动人口进行了问卷调查，并召开了由基层工作人员、企业代表、流动人口参加的座谈会。同时，针对城区内都市村庄拆迁造成的重点区域、代管地区流动人口管理难的问题，选取金水、二七、中原等市内5区，对即将拆迁和已拆迁的都市村庄进行了广泛调研，积极探索流动人口计划生育服务管理工作的新路子。在全面采集信息、掌握全员流动人口数据的基础上，重点甄别流动人口群体中的特殊服务管理对象，开展特色服务。全年共为24.93万名流入已婚育龄妇女进行免费康检，覆盖率达到90%以上。2月19日，召开了郑州市流动人口计划生育服务管理工作会议，重点就深化培育“十类典型”、推进基本公共服务均等化、促进流动人口社会融合工作进行了安排部署。实施典型带动、分类管理，全年共培育亮点单位233个。7月15日-8月15日，在全市开展了全员流动人口集中清理清查月活动，并召开了流动人口清理清查工作推进会，组织督导组开展专项督察指导。全市新增流入人口25.46万人，进一步澄清了流动人口底数，提高了综合管理率。2014年，郑州市在全国基本公共服务均等化工作会议上进行了典型发言。

【综合治理出生人口性别比偏高问题】 举办了全市“两非”案件信息管理系统应用培训会，制定下发了打击“两非”专项治理活动方案。组织公安、卫生、人口计生、药监、工商等部门开展联合执法活动，共抽调人员529人次，出动车辆165台次，清理清查出“黑诊所”“黑药店”275家，现场予以取缔54家，拆除非法灯箱广告307处，没收计划生育用品及非法药品258箱（盒），当场下发整改通知书68份，起到了有力的震慑作用。组织召开登封市周边6县（市）区综合治理出生人口性别比区域协作会议，共同签订了综合治理出生人口性别比偏高问题区域合作协议书，形成了联防联治的工作格局。11月13日，召开由各县（市、区）分管领导、计生委主任和指挥部成员单位参加的全市性别比治理工作会议，对全市性别比治理工作进行总结部署。2014年，全市出生人口性别比为113，圆满地完成了国家和省下达的目标任务。12月25日，郑州市代表河南省接受了国家“十二五”工作评估考核，受到了上级的充分肯定。

【坚持计划生育依法行政】 以推进服务型行政执法建设为抓手，组织开展了全市计生系统“推进服务型行政执法建设宣传月”活动，编发了《调整完善生育政策解读》。对各县（市）区行政执法工作开展情况进行了实地督察，并针对城区社会抚养费征收难、执法队伍建设薄弱等问题提出了整改措施，对限期内仍不缴纳的征收对象，依法申请法院强制执行，切实维护人口计生政策法律的严肃性和权威性。严格落实领导接访处访制度，深入开展矛盾纠纷排查活动，及时有效解决群众诉求。2014年，全市人口计生系统共受理群众来电、来信、来访32235件次，立案99件，结案率为100%。

【全面推进基层群众自治】 充分发挥基层计划生育协会作用，加大修订村规民约工作力度，深入推进计划生育基层群众自治工作，全市所有行政村重新修订了计划生育村规民约。积极开展生育关怀行动，为384名生育关怀对象发放抚慰金23.04万元。组织开展春节期间“心系基层 情暖万家”走访慰问活动，共投入资金389.4万元，慰问计生困难家庭7221户，慰问失独家庭513户，慰问基层计生工作者1928人。6月上旬，全国计划生育基层群众自治工作现场会在郑州召开，郑州市及所辖部分县区等7个单位介绍了经验。

【长效机制建设】 以构建人口均衡型社会和建立“坚持依靠群众、推进工作落实”的长效工作机制为重点，大力推进服务体系建设。印发了《郑州市人口和计划生育领导小组关于建立“坚持依靠群众、推进工作落实”长效机制推行人口计生工作网格化管理的实施意见》，着重完善落实了“三个三分之一”制度、网格人员管理制度、下沉人员管理制度、群众工作队管理规定、分包责任联系制度、信息平台运行管理制度等，形成了权责分明、程序规范的制度体系。建立市、县、乡三级与基层农村（社区）长期、对口、分片联系帮扶机制，委领导及处室分包县（市）区、县（市）区计生委领导分包乡镇（街道）、县（市）区科室分包村（社区），并作为第一责任人，及时就地解决分包区域内人口计生工作中的问题，做到“定人、定岗、定责、定奖惩”。将人口计生干部与村（社区）业务骨干等基层人员有效融合，以“条”带“块”，组成便民服务队，人随事转、岗随职设，人员向一线倾斜，岗位在一线确立，作用在一线发挥，问题在一线解决，有效地促进了人口计生工作的条块融合。充分发挥信息平台发现、解决问题主渠道作用，及时处理上级交办或基层网格反馈信息，对排查发现问题限时签收和限期办理，充分发挥信息平台在发现问题、解决问题中的统筹协调作用，强化及时交办、协调解决、督促反馈的职能，防止信息处理梗阻，杜绝推诿扯皮现象，推动了人口和计划生育事业的全面提升。

（信启余）

民生工程

【2014年民生“十大实事”完成情况】 2014年2月28日，郑州市民生“十大实事”工作正式启动，涵盖10个方面25个项目，分别有22个责任单位和15个县（市)区、开发区负责落实。计划投入资金93.49亿元，其中，中央和省级下达指标39.89亿元，市本级安排资金42.75亿元，县（市）区配套2.19亿元，其他8.66亿元。截至年底，25个项目，完成24项（含7项超额完成），推进滞后的1项。

（一）已完成24项

（1）推进新密裕中电厂热源入郑工作，提升1100万平方米供热能力，减少中心城区用煤269万吨、烟尘排放约3769吨、二氧化碳约29万吨、二氧化硫约3645吨、氮氧化物约2459吨。

进度安排：6月底前工程开工建设，9月底完成新建供热管网10公里，11月15日前供热管网投入运行。

进展情况：已完成。

该工程于6月进场开工建设，11月14日供热管网全线贯通。

（2）严格黄标车限行规定，加大治理处罚力度；鼓励社会黄标车主动淘汰；淘汰营运黄标车1000辆；新购清洁能源公交车500台。

进度安排：6月底前，淘汰营运黄标车450辆，购置清洁能源公交车150辆；12月底完成目标任务。

进展情况：已超额完成。

市商务局：为改善郑州市大气污染状况，治理汽车尾气排放，根据《郑州市人民政府关于印发郑州市黄标车淘汰工作方案的通知》（郑政文〔2013〕79号）精神，2013年10月8日，市商务局牵头设立郑州市黄标车提前淘汰补助资金联合服务窗口，由市商务局、市环保局、市公安局抽调专人联合办公，为市区车主申请办理黄标车提前淘汰补助资金提供“一站式”服务。截至2014年11月30日，联合服务窗口商务部门累计受理2550辆符合条件报废车辆车主提交的申请材料，补贴金额为2486.13万元；经公安、环保部门审核合格后为2310辆支付补助资金2230万元。其中2014年度商务部门累计受理2433辆符合条件报废车辆车主提交的申请材料，补贴金额2388.37万元。经公安、环保部门审核合格后为2193辆支付补助资金2132.24万元。

市交通委：截至11月底，淘汰营运黄标车1012台，其中，公交公司268台，交运集团248台，出租汽车54台，社会车辆442台。新购500台清洁能源公交车于6月底全部到位，所购车辆将主要用于三环BRT快速公交线路运营。

市公安局：制定《郑州市公安局贯彻落实郑州市2014年民生十大实事工作方案》，明确“从2014年1月1日至12月31日，每日6时-24时，禁止无有效绿色环保检验合格标志汽车在三环路（含三环）范围以内通行”的工作目标；主要分为两个阶段开展工作，第一个阶段是从2014年3月1日至7月31日为现场执法阶段；第二个阶段是从2014年8月1日后为非现场执法阶段。并制订有工作进度计划，积极推进民生实事工作。现场查纠：自开展整治以来，共查处黄标车违规上路行驶2823辆、未随车携带环保绿标机动车3179辆。黄标车限行智能卡口建设：硬件建设方面，黄标车限行智能卡口一期建设共有60个卡口，除4个卡口因道路施工推后安装外，其余56个卡口建成；二期建设共有53个卡口，除6个卡口因道路施工推后安装外，其余47个卡口建成。后台建设方面，完成设备搭建。

市环保局：2014年，按照机动车环检、安检“两检合一”要求，市环保局强化对检测机构的监管，严格环保标志办理程序，提高定期检验率。截至10月28日，全市共办理机动车环保标志88.3万个，检测机构检测车辆73.7万辆，初检达标率89.4%。

（3）强化大型建筑工地施工管理，全面推进施工场地环境监督管理和施工场地扬尘综合治理，降低施工过程起尘量；控制道路、交通扬尘污染，加大渣土车运输治理力度，对现有渣土运输车辆实行密闭运输。

进度安排：6月底前完成市区建筑垃圾清运车辆密闭情况普查；9月底前完成市区建筑垃圾清运车辆封闭密闭改装。

进展情况：已完成。

市城建委：持续加大对建筑工地扬尘污染整治力度。一年来，召开专题会议10次，下发工作简报10期，下发工作月报5期。各巡检组共检查各类房建工程2225项次，拆迁工程271项次，市政工程46项次，预制商品混凝土企业37家，下发整改通知单760份，查处问题3885条，已整改3310条，实行财政扣款164家，扣款1640万元，立案26家。对施工场地扬尘进行综合治理，降低施工过程起尘量，完成年度工作任务。

市城管局：8月底，全市备案的渣土车改装完毕，共改装车辆2904台，提前1个月完成任务。

（4）为具有郑州户籍的新生儿免费进行苯丙酮尿症、先天性甲状腺功能低下症和听力障碍初筛；加强出生缺陷的预防和控制，对全市新生儿进行免费耳聋基因筛查。

进度安排：耳聋基因筛查工作5月底前完成筛查中心筹建、设备耗材购置、技术人员培训等前期工作，6月底前启动筛查。

进展情况：已完成。

截至年底，苯丙酮尿症、先天性甲状腺功能低下症筛查人数共计111166人。免费筛查实施以来确诊先天性甲状腺功能减低症179例，苯丙酮尿症25例，与国内报道的发病率基本一致。市妇幼对筛查出的患儿在后续治疗上，由医院自行筹资进行补助治疗。免费听力筛查62311人，初筛通过率88.6%，未通过率11.4%，上报高危儿转诊通知单共5220人，市妇幼筛查分中心实际接受转诊人数370人，高危儿转诊检查率7.1%，检查结阳性率58.9%。关于耳聋基因筛查工作。郑州市博奥生物检验所、市儿童医院和市妇幼保健院耳聋基因筛查实验室建设完成并投入使用。耳聋基因筛查工作全面开始。

（5）进一步推进郑州市防盲治盲工作，免费为全市白内障患者实施复明手术。

进度安排：6月底前完成实施医院的确定和医护人员培训等工作；9月底前开始实施。

进展情况：已完成。

截至11月30日，全市免费白内障复明手术工作顺利结束。2014年，全市25家定点医疗机构共实施复明手术20995例。

（6）大力支持小微企业发展，促进就业再就业。力争小微企业贷款增速、贷款余额在全省占比实现“两个不低于35%”的目标，发放贷款累计达到1700亿元左右，惠及全市13万户小微企业（含个体经营户）。

进度安排：6月底前发放贷款累计达到850亿元左右，惠及6.5万户小微企业；9月底前发放贷款累计达到1300亿元左右，惠及9.8万户小微企业；12月底前完成目标任务。

进展情况：已超额完成。

一是1-10月全市小微企业贷款余额1750亿元，增速32%；名录库企业金融服务覆盖面达到90%，累计贷款116亿元，贷款增速达到73%。累计为810余家创新型、创业型、成长型科技小微企业贷款64.5亿元以上。二是小微企业贷款“共保体”模式进一步推动，郑州银行+“共保体”联合为高新区11家科技型企业发放贷款2380万元。三是10月29日召开全市金融支持小微企业工作推进会议，总结“1+4”推进机制落实情况，安排部署下一阶段工作。四是依托市政府外网，根据2015年名录库小微企业动态更新要求，进一步完善创新融资平台搭建工作，增加小微企业融资状况实时查询统计功能。

（7）开展创业培训9000人、再就业培训2.5万人、农村劳动力职业技能培训5万人，实现新增城镇就业再就业12万人、农村劳动力转移就业7万人。

进度安排：6月底前任务完成过半，9月底前任务完成不低于70%，12月底前完成目标任务。

进展情况：已超额完成。

截至11月30日，全市完成创业培训1.26万人，占全年任务的140%；再就业培训2.71万人，占全年任务的108.4%；农村劳动力技能就业计划7.07万人，占全年任务的141.4%；新增城镇就业再就业14.6万人，占全年任务的121.67%；农村劳动力转移就业11.23万人，占全年任务的160.4%。

（8）推进“三房合一”住房保障新机制，加大保障性安居工程建设，开工建设公共租赁住房1.5万套和完成棚户区改造19万户。

进度安排：3月底前落实各类棚户区改造项目，6月底前力争全部开工建设。

进展情况：已超额完成。

2014年，保障性安居工程按照市委、市政府明确的时间节点有序推进，但个别项目仍需加快手续办理。

公共租赁住房项目：2014年，省下达郑州市公共租赁住房开工建设任务为15701套。截至年底，已开工建设15818套公共租赁住房，完成目标任务的100.74%。

棚户区改造项目：2014年，省下达郑州市棚户区改造开工建设任务为194509套。截至年底，已开工建设134个项目180943套，货币安置完成15621户，完成目标任务的101.05%。

基本建成任务完成情况：2014年，省下达郑州市公共租赁住房基本建成任务为32261套。截至年底，已基本建成32264套公共租赁住房，完成目标任务的100.32%。

（9）为中心城区持二代残疾人证的社区居民购买乘坐市内公共交通工具人身意外伤害险。

进度安排：6月底前确定实施方案和完成人员普查等工作，12月底前完成目标任务。

进展情况：已完成。

截至8月底，为全市中心城区14484名持证残疾人购买乘坐市内公共交通工具人身意外伤害商业险。

（10）扩大郑州市城镇居民医保慢性病门诊补偿范围。

进度安排：1月份开始实施。

进展情况：已完成。

一是2014年1月，将肝硬化（肝硬化失代偿期）、系统性红斑狼疮、强直性脊柱炎、帕金森氏病4种疾病的门诊治疗纳入统筹基金支付范围，使郑州市城镇居民医保慢性病门诊补偿范围由原来的6种扩大为10种；二是2014年9月，印发《关于调整郑州市城镇基本医疗保险和职工生育保险有关待遇的通知》（郑人社医疗〔2014〕9号），将郑州市城镇居民医保慢性病门诊补偿范围由原来的10种一次性扩大到30种，与郑州市城镇职工医保保持一致，同时将居民医保门诊规定病种统筹基金支付比例从60%提高到70%。

（11）在留守流动儿童集中的乡村、学校和城市社区建立“儿童之家”100所。

进度安排：10月底前完成。

进展情况：已完成。

9月，市妇联对各县（市）区100所“儿童之家”筹建情况进行实地督察验收。100所“儿童之家”物品和设备已全部配备到位。10月，新建的“儿童之家”全部投入使用，全市近5万名城乡儿童享受到更好的学习生活娱乐场所资源。

（12）在全市建设90所示范性农村养老服务中心。

进度安排：6月底前完成实施方案和任务分解，确定项目选址，启动新建工程建设；9月底前完成土建任务；12月底前全部完成。

进展情况：已完成。

截至11月底，90所农村养老服务中心示范点（金水区1所、中原区1所、二七区2所、管城区3所、惠济区2所、上街区1所、新郑市13所、新密市20所、荥阳市20所、登封市13所、中牟县14所），其中改扩建77所，新建13所，全部完成建设任务，27所已投入运营。

（13）完成20个贫困村整村推进，搬迁贫困人口0.73万户2.67万人。

进度安排：6月底前完成实施方案编制、备案和资金计划下达，全面启动项目建设；9月底前，易地搬迁工作完成搬迁住宅主体工程建设任务的40%，整村推进工作完成建设任务的70%；12月底前全面完成。

进展情况：已超额完成。

全年实际完成25个贫困村的整村推进任务，超目标任务5个村；完成易地扶贫搬迁7371户27160人，超目标任务78户457人。

（14）开展舞台艺术进乡村、进社区活动，在全市各社区、广场、校园及广大农村进行演出1000场。

进度安排：4月中旬全面启动，6月底前完成260场，9月底前完成600场，12月底前全部完成。

进展情况：已完成。

截至11月24日，开展舞台艺术进乡村、进社区活动1000场演出全部完成。

（15）在大中型社区新建平价蔬菜超市50家。

进度安排：6月底前完成25家，9月底前完成40家，12月底前全部完成。

进展情况：已超额完成。

2014年，市物价局协调郑州毛庄

绿园实业有限公司、河南菜哥商贸有限公司、河南邦友有机农副产品有限公司、河南中方农业科技有限公司、郑州众帮果菜有限责任公司，积极推进平价蔬菜超市店面选址、装修、人员培训工作。截至11月30日，共新建平价蔬菜超市53家，其中51家门店开门营业，2家进行装修及人员培训工作，提前完成年度目标任务。平价蔬菜超市坚持微利经营，每天有5个品种以上蔬菜价格低于2元/公斤，15个品种的蔬菜价格低于周边市场均价的15%。前11个月，5家经营平价蔬菜超市的企业，销售蔬菜品种90余种，共计销售蔬菜1000多万公斤，其中每日市场监测的40种大众蔬菜，平价蔬菜超市销售价格平均低于市场均价20%以上，共让利于民600余万元。

（16）对全市600条健身路径的健身器材进行更新维护。

进度安排：3月份完成实施方案，6月份开始招标采购，8月份实施更新工作，12月底前完成目标任务。

进展情况：已完成。

11月26日，郑州电视台新闻频道“盘点十大实事”栏目对全市600条健身路径器材更新维护进行报道。11月28日，《郑州日报》以《600条健身路径旧貌换新颜 绿城市民户外健身“高大上”》为题，对十大实事工作情况进行专题报道。

（17）新建改造燃气管网80公里，新增燃气用户8万户；为4万户城区居民实施自来水“一户一表”改造。

进度安排：燃气管网建设工作6月底前完成35公里管网新建改造，新增用户4万户；9月底前完成60公里管网新建改造，新增用户6万户；12月底完成目标任务。户表改造工作6月底前计划完工1.8万户，9月底前计划完工3.3万户，12月底完成目标任务。

进展情况：已超额完成。

新建改造燃气管网：完成新建改造市区燃气管网93公里，超额完成13公里；完成新增燃气民用户9.1万户，超额完成1.1万户。

“一户一表”改造：在建139项36869户，累计完成252项58808户，超额完成18808户。

（18）开展郑州市大宗食品抽检工作。抽检米、面、油、肉、奶、蛋、豆制品、水产品、酒及饮料等11大类大宗食品2万批次，每季度公布抽检结果，确保食品安全。

进度安排：4月份完成承担检测检疫机构的招投标工作；5月起，每月开展2期3000批次抽检工作；6月底完成总计划的30%；9月底完成总计划的75%；12月底前完成目标任务。

进展情况：已完成。

4月，市食安办完成承担检验检测机构的招投标工作，5月起，每月完成2期约3000批次抽检任务。同时，充分利用每季度9000多批次检测数据，分别于7月18日和10月22日在郑州市食品安全信息网发布《郑州市第二季度大宗食品质量安全报告》《郑州市第三季度大宗食品质量安全报告》。

2014年计划完成2万批次抽检任务，截至11月17日，完成11大类124个品种20105批次的抽检任务。大宗食品总体合格率从2013年的95.20%提升到2014年的97.75%，食品质量安全总体上得到保障。

（19）提高城市绿化水平，新增10座城市公园。

进度安排：6月底前完成3座公园，9月底前剩余公园开工建设，12月底前全部建成。

进展情况：已完成。

建成开放1个，基本竣工2个，后期收尾施工7个，年底全部开放。

具体情况是：

绿谷公园：位于科学大道西三环延长线交叉口西北角，规划公园面积28.3公顷。计划投资1.13亿元。已完成全部建设任务，并开放使用。

古树苑公园：位于惠济区开元路和天河路交叉口东南角，面积19公顷。计划投资780万元。土建、安装、绿化工程全部完成。

兰河公园：位于郑港六路以北、琴台街以东，规划公园面积10.4公顷。计划投资3.6亿元。土建、安装绿化工程全部完成，年底开园。

天和园：位于老郑密路和丹青路交叉口东西两侧区域，规划公园面积9.8公顷。计划投资2822.12万元。土建、安装、绿化等已全部完成。

尚岗杨遗址公园：位于机场高速及十七里河以东、航海体育场以南、果园南路以北，规划公园面积10.5公顷。计划投资2936万元。绿化、土建、安装等已全部完成。

商都文化公园：位于塔湾路以东、城东路以西、城南路以北、东大街以南，规划公园面积14.9公顷。计划投资4300万元。绿化、安装、土建等已全部完成。

净秀园：原净馨公园以北、华中路以南及华中路以北、碧云路以西（石柱梁河道及周边）区域，规划公园面积10公顷。计划投资2727.67万元。工程已全部完成。

叠彩园：位于郑密路金水河分水口金水河两岸，规划公园面积10.7公顷。计划投资5000万元。各项安装、栽植工作等已全部完成。

七里河公园：位于客文一街与七里河围合处，规划公园面积10.7公顷。计划投资500万元。绿化和安装工程，休闲健身、文化活动等设施安装全部完成。

长江公园：位于西三环以东、长江路以北，规划公园面积13.1公顷，总投资6600万元。清运垃圾和土方14万立方米，塑造、平整场地13万平方米，铺设水、电管网2600米，开挖园路路槽780米、广场地基3000平方米，栽植苗木1100余株。年底工程全部完成。

（20）市区新建、改扩建30所中小学，新增学位3万个以上；全市新建幼儿园60所。

进度安排：6月底前，基本完成80%的市区新建、改扩建中小学项目建设的前期工作，全市30%的新建幼儿园项目开工建设；8月底前，50%的市区中小学、全市幼儿园项目开工建设；10月底前，80%的市区中小学、全市幼儿园项目开工建设；12月底前全部开工建设。

进展情况：已完成。

截至11月底，市区中小学有30所开工建设，提前完成开工目标任务。其中，金水区7所，惠济区6所，管城区、高新区、经开区、航空港区各3所，中原区、二七区各2所，郑东新区1所。剩余未开工的4所中小学都在郑东新区，3所学校于12月12日施工开标并开工建设，1所学校于12月15日施工开标并开工建设。

全市幼儿园有60所开工建设，其中，登封市10所，新密市5所，金水区、管城区、惠济区、郑东新区、新郑市、荥阳市、中牟县各4所，中原区、二七区、高新区、经开区、航空港区各3所，巩义市2所。巩义市新建紫荆中心幼儿园办理项目批复手续、孝义街道办事处晨曦幼儿园办理土地手续，这2所幼儿园开工时间不确定。

（21）保障低收入家庭的基本生活不因物价的上涨而下降，为低保家庭每月减免3立方米水费、补贴10度电费、享受30立方米低价气。

进度安排：12月底前完成。

进展情况：12月底前完成。

2014年度低保家庭水费、天然气费补贴工作已完成，共计为全市低保家庭用户补贴水费75.84万元，办理天然气登记退费24290元。上半年共计为全市享受低保政策的家庭和农村分散供养的“五保户”补贴电费48.86万元，下半年电费补贴工作12月底前已完成。

（22）在市区环城高速公路出入市口建成5个互通式立交，缓解出入市口交通拥堵；新开通公交线路10条以上。

进度安排：互通式立交工程10月

底完工2座，12月底全部完工；新开通公交线路工作6月底开通4条，12月底完成任务。

进展情况：12月底前完成。

中原路与西南绕城高速互通式立交：该项目主体工程已完工。

科学大道与西南绕城高速互通式立交：该项目主体工程已完工。

南三环东段与京港澳高速互通式立交：年底主体工程完工。

陇海西路与西南绕城高速互通立交：年底主体工程完工。

G107辅道与连霍高速互通式立交：年底主体工程完工。

新开通公交线路10条以上：共新开线路25条，已完成“十大实事”目标任务的250%。新开公交线路分别是：170、233、135、236、237、631、321、B2、B27、B28、B3、B3区间、B30、B33、B29、177、176、239、179、180、B66、B65、B67、B32、267。

（23）加快地铁建设，年底前，2号线一期工程主体车站完成；开工建设郑州市南四环至郑州南站城郊铁路工程、5号线和1号线二期工程。

进度安排：2号线一期工程5月开始铺轨，10月底前首批站点风、水、电开始安装；12月底前9个车站主体结构封顶、8个区间双线贯通、2个区间单线贯通，完成出入口20个、风亭12个；城郊铁路工程3月底前开工；5号线工程6月底前陇海路站、西站街站开工，9月底工程筹备阶段确定的首批站点开工；12月底所有站点全面开工；1号线二期工程4月底实现市政配套工程开工，6月底全线开工。

进展情况：12月底前完成。

1号线二期工程：于8月底全面开工建设，市政配套工程3月底开工建设。河工大站已完成主体结构的63%，新郑州大学站已完成主体结构的75%，梧桐街站已完成主体结构的67%，其他6座车站（除铁炉路站）正在进行围护结构施工；河工大站首台盾构已始发。计划2017年建成。

2号线一期工程：16个车站年底前实现14座车站主体结构完工，8个区间双线贯通、2个区间单线贯通；完成出入口16个、风亭13个。盾构隧道开累掘进19.75公里，占总量的60.3%；6月开始铺轨，铺轨完成8.1单线公里，占总量的14.2%。车站风水电及装修监理及施工单位年底前陆续进场。

南四环至郑州南站城郊铁路工程：各项前期工作快速推进，全线除车辆段外已于5月实现所有车站和高架区间开工建设，计划2016年建成。高架车站、区间桩基共完成2832根，占总量的81.3%；承台已完成626个，占总量的73.8%；墩柱完成594根，占总量的69%。3个明挖区间及6个地下车站土方开挖已完成设计工程量的73%，正在进行主体结构施工。

5号线工程：建设规划已获国家发改委批复；可研已通过省发改委组织的审查；全线初勘、详勘已完成；初步设计已完成，围护结构施工图设计已经完成；交通疏解方案专家评审已经通过；市征迁大会已经召开，征地拆迁、管线迁改正有序展开。施工单位已经进场，正在配合征迁、绿化和管线迁改。市政配套项目西站街站于3月31日开工，陇海西路站于4月16日开工，年底前实现全线开工，工期4年。

（24）强力推进“煤改气”工程，减少城市用煤28.8万吨、烟尘排放288吨、二氧化硫排放1152吨、氮氧化物排放1728吨，努力改善市区及周边区域空气质量。市区和周边县（市）区各完成80台和47台燃煤锅炉拆改任务。

进度安排：3月份停止供暖后开始热力、燃气管网铺设工作，6月底前完成“煤改气”施工方案，9月底前完成70%涉及道路的燃气管网施工，12月底前完成目标任务。

进展情况：12月底前完成。

截至12月4日，市区燃煤锅炉拆改到位85台，按照区域划分，金水区37台，已拆33台；二七区25台，已拆25台；中原区6台，已拆4台；管城区6台，已拆5台；惠济区10台，已拆7台；高新区0台；经开区1台已拆到位；郑东新区6台，已拆3台；航空港区10台，已拆7台。

各县（市）完成40台任务，其中新密市完成7台（目标7台），新郑市完成7台（目标10台），登封市完成15台（目标17台），荥阳市完成1台（目标1台），中牟县完成6台（目标6台），上街区完成4台（目标6台）。

截至年底，各县（市）区均完成年度目标任务。

（二）推进滞后的1项

（25）加快郑州立体交通建设。全力打造“井”加“环”快速路系统，4月底前，三环路快速化工程实现全线通车；年底前，京广快速路二期工程（南延至南三环、北延至连霍高速）主体工程基本完工，陇海快速路工程的大学路以西路段主线桥梁具备通车条件，纬四路、红专路下穿中州大道工程具备通车条件。

进度安排：京广快速路二期工程6月底前桩基、承台基本完成，墩柱完成80%左右，9月底前箱梁完成75%左右，12月底前主体工程基本完工；陇海快速路工程大学路以西路段6月底前桩基完成、承台完成85%、墩柱完成70%，9月底前承台、墩柱完成，箱梁完成75%，12月底前主线桥梁具备通车条件；纬四路下穿工程6月底前工作井完成90%，顶管顶进完成，9月底工作井、暗埋段及敞开段基本完成，12月底具备通车条件；红专路下穿二程6月底明挖段和隧道完成50%，9月底明挖段和隧道基本完成，12月底具备通车条件。

进展情况：项目推进滞后。

三环路快速化工程：累计完成投资120.5亿元（含拆迁资金24亿元），于4月30日全线贯通。既有道路整治提升工程、与三环配套修建的12条道路工程都已完工。

陇海路快速通道工程：西起西四环以西常州路东至京港澳高速以东商都路，全长29公里，共设置6座立交；4座下穿陇海路隧道；主要路口设置38处上下匝道，上跨铁路3处，下穿铁路2处。全线（不含铁路代建)累计施工桩基共10145根，完成9717根，占95.8%；承台共2386个，完成2116个，占88.7%；墩台共2418个，完成2053个，占84.9%；箱梁共610联，完成381联，占62.7%。完成投资54.7706亿元。计划年底前大学路以西主线高架桥建成通车；力争实现春节前主线高架通车的目标；2015年10月份全面竣工。

京广快速路二期工程北段：起于北三环与京广路交叉口，终至石苏路，接天河路，全长4.479公里。主线为全高架桥，双向六车道，总投资15.2357亿元。累计完成产值65210.52万元，占建安费投资49%。存在问题：因郑州市铁路局工务段搬迁、40多公顷土地置换问题，铁路局不予办理手续，导致铁路代建工程约330米推动困难。经市政府常务会议协调，9月30日，铁路代建项目开工建设，导致工程进度滞后。

京广快速路二期工程南段：南起绕城高速（JK0+703）、北接南水北调大桥，全长约5公里。主体工程为高架桥梁工程、高架桥下道路工程及雨污水工程，工程概算总投资19.6亿元。累计完成投资4.8亿元。因BT单位融资困难等情况，已停工。

红专路、纬四路下穿中州大道工程：红专路下穿起于红专路与姚寨路交叉路口，终于红专路与龙湖外环路交叉口处，工程全长801.263米，总投资7.73亿元。累计完成3.57亿元（不含拆迁），占工程建设费的93.86%。围护结构完成100%，主体结构完成100%，大、小管节顶进完成100%，12月1日试通车。纬四路下穿起于纬四路金水河桥，过中州大道后接CBD商务西三街，后转向东南与CBD商务外环路相接，并于商务西四街交叉口之前接地。工程全长909米，项目总投资

6.12亿元。累计完成产值2.92亿元（不含拆迁），占工程建设费的93.43 %。围护结构完成100%；主体结构完成100%；大、小顶管机顶进完成100%。于12月30日试通车。

（李林晓 陈一帆）

城乡居民生活

【城镇居民收入】 2014年，全市经济运行保持平稳增长态势，城镇居民收入持续增加，城镇居民人均可支配收入达到29095元，比上年增加2480元，增长9.3%，扣除价格因素实际增长7.2%。

总量、增速均高于全国、全省。2014年，全市城镇居民人均可支配收入为29095元，比上年增长9.3%；总量高出全国（28844元)251元，高出全省（24391元）4704元。增速比全国（9.0%)高出0.3个百分点，比全省（8.9%)高出0.4个百分点（详见下表）。

2014年全国、全省及郑州市城镇居民人均可支配收入对比表

单位	绝对值（元）	增量（元）	名义增速（%）	实际增速（%）
全国	28844	1889	9.0	6.8
全省	24391	1993	8.9	6.8
郑州	29095	2480	9.3	7.2

工资性收入仍为城镇居民增收的重要因素。2014年，城镇居民人均工资性收入18545元，比上年增长8.2%，拉动城镇居民增长5.3个百分点，占家庭总收入的比重为60.3%，仍是城镇居民家庭最主要的收入来源。增长原因：一方面随着新型城镇化建设提质增速，宏观经济的持续增长和企业的持续发展对促进就业，提高工资收入提供有力支撑；另一方面就业形势持续向好，新增就业规模扩大。2014年，城镇新增就业15.3万人。另外，全市从2014年7月1日起提高了最低工资标准。月最低工资标准从1240元上调为1400元，增长12.9%。

经营净收入平稳增长。2014年，全市城镇居民人均经营净收入为3748元，比上年增长10.8%，占家庭总收入的比重为12.2%。

财产性收入增速最高。随着城市居民财富的不断积累以及理财渠道的不断拓宽，财产性收入快速增加。2014年，城镇居民人均财产性收入799元，比上年增长11.8%，高出可支配收入增速2.5个百分点。

转移性收入稳步增长。2014年，城镇居民人均转移性收入为7662元，比上年增长9.1%，占家庭总收入的比重为24.9%。转移性收入增长主要是因为政府调整企业退休人员养老金，企业退休人员基本养老金人均每月增加186元。

【城镇居民消费支出】 2014年，全市城镇居民收入平稳增长，消费水平明显提高。全市城镇居民人均消费性支出20122元，比上年增加1450元，增长7.8%。其中，食品消费支出5948元，占消费性支出的30%（恩格尔系数），比上年下降2.4个百分点；衣着消费支出2522元，居住消费支出4259元，家庭设备用品及服务消费支出1946元，医疗保健消费支出1118元，交通通信消费支出1798元，教育文化娱乐服务消费支出1985元，其他商品和服务消费支出543元。

【农民收入】 2014年，全市上下认真贯彻落实国家、省各项支农、强农和惠农政策，以发展现代农业、都市农业、促进农民增收、全面建设小康社会为目标，不断加大投入，转变经济增长方式，夯实农业基础，有力地促进了农业增效、农民增收。2014年，全市农民人均纯收入达到15470元，比上年增加1461元，增长10.4%，扣除价格因素实际增长8.6%。

农民收入快速增长。从2010年起，郑州市农民人均纯收入保持强劲增势，连续5年实现两位数增长，呈现“五连快”。同时，增速连续5年高于城镇居民人均可支配收入，实现“五连超”，城乡居民收入比由2.05：1下降到1.88：1（详见下表）。

2010–2014年郑州市城乡居民收入对比表

年份	农民人均纯收入		城镇居民人均可支配收入	
	绝对额（元）	增幅%	绝对额（元）	增幅%
2010年	9225	13.6	18897	10.4
2011年	11050	19.8	21612	14.4
2012年	12530	13.4	24246	12.2
2013年	14009	11.8	26615	9.8
2014年	15470	10.4	29095	9.3

全年增量高于全国、全省，增速低于全国、全省。2014年，郑州市农民人均纯收入比上年增加1461元，增量是全国（996元）的1.5倍，是全省（941元）的1.6倍；全年名义增速10.4%，低于全国（11.2%）0.8个百分点，低于全省（11.1%）0.7个百分点（详见下表）。

2014年全国、全省及郑州市农民人均纯收入对比表

单位	绝对值（元）	增量（元）	名义增速（%）	实际增速（%）
全国	9892	996	11.2	9.2
全省	9416	941	11.1	9.4
郑州	15470	1461	10.4	8.6

工资性收入快速增长。2014年，农民人均工资性收入8941元，比上年增长10.8%，拉动农民收入增长6.2个百分点，占纯收入的比重为57.8%，是农民最主要的收入来源。一是由于劳务市场竞争的提升，拉动农村劳动力工价日益提高，切实增加了农民收入。截至年底，建筑业大工日工资达到150元、小工日工资达到120元，农业用零工达到80元，制造行业工人工资达到月收入2800元，矿业工人工资达到月收入3000元以上，服务性行业月收入平均达到1800元。平均各类工价上升幅度都在20%以上。二是随着新型城镇化建设的推进，大型企业的入驻，吸纳了大量的农村剩余劳动力。2014年，郑州市农村劳动力转移就业11.4万人，工资性收入大幅提升。

家庭经营纯收入平稳增长。2014年，农民人均家庭经营纯收入为4690元，比上年增长5.8%，拉动纯收入增长1.8个百分点，占纯收入的比重为32.1%。其中，第一产业纯收入2065元，比上年下降3.3%；第二产业纯收入606元，比上年增长9.1%；第三产业纯收入2020元，比上年增长15.9%。

财产性收入增速最高。2014年，农民人均财产性收入1053元，比上年增长25.5%，增速在四大项收入中最高。增长的主要原因：农民从土地流转和租金中得到的收入大幅度增加，拉动了财产性收入的增长。

转移性收入快速增长。2014年，郑州市农民人均转移性收入为786元，比上年增长17.8%。增长的主要原因：新农合报销比例提高，离退休人员工资上涨以及农村亲友内部之间赠送礼金的金额大幅提高。

【农民消费支出】 2014年，全市农村社会经济持续、稳定、快速、健康发展，农民收入大幅增加，农民生活消费水平显著提高。2014年，农民人均生活消费支出达到11125元，比上年增加882元，增长8.6%。其中，食品消费支出2653元，比上年增长8.1%；衣着消费支出973元，比上年增长11.5%；居住消费支出3033元，比上年增长3.0%；家庭设备及用品消费支出830元，比上年增长20.1%；交通通讯消费支出1681元，比上年增长11.9%；文教娱乐用品及服务消费支出844元，比上年增长13.8%；医疗保健消费支出769元，比上年增长7.1%；其他商品和服务消费支出340元，比上年增长7.2%。

消费结构进一步优化，消费领域日益拓宽。随着农户经济实力增强和消费水平不断提高，农民生活消费结构逐渐发生变化，从衣、食、住、行消费慢慢向宽裕型、享受型消费发展。农村居民用于衣、食、住、行的消费支出比重下降，用于家庭用品和文化娱乐的消费支出比重上升。2014年，农村居民衣、食、住、行消费支出占生活消费支出的比重为75.0%，比上年下降0.9个百分点；家庭用品消费支出占生活消费支出的比重为7.5%，比上年上升0.8个百分点；文化教育娱乐消费支出的比重为7.6%，比上年上升0.4个百分点。以上表明郑州市农民在衣、食、住、行得到改善后，越来越注重对家庭生活质量的提高。

消费质量稳步提高，传统习惯悄然变化。农村居民消费水平的提高和消费结构的变化，最终体现为消费质量的提高。

食品消费质量提高，肉蛋奶消费显著增长。农村居民主要生活消费品中，肉蛋奶消费量明显增加，2014年农村居民人均消费肉蛋奶的支出为527元，比上年增长7.2%。从消费数量上看，肉蛋奶及制品人均消费30.3公斤，比上年增长6.7%。肉蛋奶和水产品等动物性食品的增长，表明广大农民开始注重吃好，与此同时，农民从食物中摄取的蛋白质、脂肪，尤其是动物蛋白和脂肪显著增加。

衣着消费水平提高，城市化趋势不断增强。随着收入水平的不断提高和生活的不断改善，衣着消费已发展到追求“牌子亮、款式新、质量好”，西装、休闲装、运动装等已在农村广泛流行，农民衣着消费从过去耐用型向高档、时髦、城市化转变。同时，由于衣着服饰品种、规格更加齐全，农民愿意采取更省时、方便、直接的消费方式，衣着消费进入以成衣消费为主的新阶段，个性化、成衣化、城市化趋势不断增强。2014年，农民人均衣着消费支出达到973元，比上年增长11.5%，其中成衣消费占99.8%。

建房放缓，居住环境明显改善。随着郑州市农村城镇化进程的加快，许多村庄在进行拆迁改造，建房消费增长速度明显放缓。2014年，农户用于居住的人均消费支出为3033元，比上年增长3.0%。人均住房面积为52.09平方米，与上年相比下降0.9%。虽然居住面积有所下降，但农民的居住环境和卫生设施得到进一步改善，农户用于居住方面的服务性消费支出为748元，比上年增长26.9%。绝大部分农户用上了安全饮用水，使用暖气、液化器、沼气等洁净能源的农户也逐渐增多。

新潮耐用消费品大量进入农村居民家庭。随着农村消费环境的改善及农民购买能力的增强，特别是家电下乡政策的落实，刺激了农民对大件商品的消费。电冰箱、洗衣机、移动电话、电脑、摩托车等新潮耐用消费品大量进入农家，购买各种高档家用物品已成为农民生活质量显著提高的又一个重要标志。2014年末，每百户农村居民家庭拥有彩色电视机125台，比上年增加5台；生活用汽车31辆，比上年增加10辆；空调机103台，比上年增加14台；家用计算机49台，比上年增加10台；移动电话239部，比上年增加16部。

交通和通讯消费快速增长。随着市场经济的发展，农民经济活动的区域不断扩大，对交通和通讯的依赖程度加深。特别是农民务工人数增加，带动了农民交通和通讯开支的大量增加。2014年，郑州市农民家庭交通通讯费支出人均为1681元，比上年增长11.9%。一是通信器材类增长。2014年，每百户农民家庭拥有移动电话239部，比上年增长7.2%。通讯费支出335元，比上年增长11.3%。二是交通工具发生变革。2014年，每百户农民家庭拥有生活用汽车31辆，比上年增长32.3%。用于购买交通工具和燃料的费用1270元，比上年增长12.2%。上述变化表明，农民的消费观念随着时代的发展而逐渐改变，农民收入的增加以及国家对交通、通讯基础设施的大规模建设，使越来越多的农民家庭有条件享受现代交通、通讯的方便与快捷。

（黄　飞）

爱国卫生运动

【国家卫生城市复审工作】 2014年，郑州市爱国卫生工作坚持重在持续，重在为民，以国家卫生城市复审为抓手，积极开展城乡环境卫生集中整治，积极探索建立除害防病长效机制，不断促进人民群众健康卫生水平的提高。

广泛宣传，调动各方参与的积极性。在主要路口设立大型公益广告42块，向市民发送国家卫生城市和卫生健康知识等手机短信200余万人次，邀请国家级、省级专家开展工作培训会2次，邀请省爱卫办组织专家对城市管理和爱国卫生工作进行全面检查1次。利用电视、广播、网络等媒体，全面加大宣传报道力度。市爱卫办全年在市级媒体刊登相关新闻28篇，在新浪、搜狐、百度、腾讯等网站论坛发表“创卫为民，为民创卫”的博客内容，发帖443篇，各区（管委会）发帖215篇。全市形成了人人参与、齐抓共建的浓厚氛围，各级各部门和全市人民都积极投身到巩固创建成果活动中。

加强组织，建立完善的领导体系。相继召开全市‘三城联创”工作动员会以及4次工作推进会。市委常委会专题听取汇报，研究国家卫生城市复审重创工作。市委、市政府成立了以市长马懿任组长，市委副书记王璋为常务副组长的工作领导小组。对照郑州市工作中的6项薄弱环节，由四大班子有关领导牵头，分别成立了街道河渠、施工工地、五小行业、社区楼院、集贸市场、城中村等6个督导组和指挥部。市领导每周带队督导各项整治工作，共现场督察近200次。全市建立了“条条对标准，块块抓落实，同奖同罚，荣辱共担”的创建格局。

多措并举，形成完善的工作机制。一是建立了市区两级领导分包街道工作机制。37名市级领导分包联系37个街道，269名区级领导分包75个街道，市区两级领导蹲点帮助工作，与所分包的街道“同奖同罚，荣辱共担”。市级领导到分包联系的街道调研督导工作，各区分包领导为街道主动解决问题已成为常态。以手机短信形式，将“国家卫生城市复审重创工作动态”每天报四大班子有关领导和各区（管委会）、市直部门主要负责人。二是建立了日督察制度、周例会和周通报制度、月评比制度。每天将督导发现的问题以督办查办通知书形式，通知责任单位限期整改；每周召开各单位联席会，通报情况，安排工作。建立了发现问题、反映问题、解决问题、兑现奖惩的工作制度，对问题到期未整改的32个单位主要负责人进行了3次约谈。市委、市政府设立专项奖补资金1440万元，采取明查、暗访、集中检查相结合的双向考核方法，结合新闻媒体曝光、群众投诉等，对各单位进行综合考评。每月评出24面红旗、20面黑旗，红旗单位各奖励10万元，黑

郑州市国家卫生城市复审工作推进会召开

动3次。其中，越冬蚊蝇防治活动清理积水容器4万余个，投入消杀药品1000公斤；春季灭鼠活动投入消杀药品43吨，新增、修补防鼠设施7.36万多处；夏季灭蚊蝇、灭蟑螂活动推广使用捕蝇笼10万余个，安装灭蚊蝇灯近3万个，处理大中型水体165万平方米。全市四害密度均控制在国家标准之内。

（二）病媒生物防治市场化工作。2014年，病媒生物防治市场化工作被纳入市财政预算绩效管理项目，市级投入191.61万元，区级投入846.16万元。实现了城区761条道路，188个公（游）园、广场，24条河渠和2041个无主管居民区的公共环境全部覆盖，服务面积123.4平方公里。城区物业管理社区和机关企事业单位的市场化服务工作也逐年提升，市辖4市1县均在城区公共环境开展了市场化服务工作。

旗单位在全市进行通报批评。三是建立了联合执法机制。以县（市）区为联合执法主体，按现有体制不变、职能部门职责不变，以“大城管、大综合、大联勤、大联动”为导向，统筹力量、重心下移。每个街道设立联合执法室，由公安、城管、环保、食药、建设、环保、规划、工商、文广新、宗教、消防等部门抽调人员派驻，组成不少于30人的联合执法队伍，每天分三班，步行对环境卫生、市容管理、五小门店、交通秩序等开展联合执法。

依托网格，逐步建立城市卫生管理长效机制。本着“全面推进、重点治理，以网格化管理为载体，以解决问题为导向”的原则，依托郑州市已建成的网格化管理平台，集中解决城市卫生管理方面的突出问题。各区、街道以网格为单元，逐个路段、逐个楼院、逐个单位织网排查，建立台账，登记造册。针对排查出的11.5万个问题，按照“属地管理、分级负责、谁主管、谁负责”的原则，达标一项，验收一项，巩固一项。共下发督办查办通知书195期，解决问题13048 个。同时依托网格，以街道（乡镇）为单位，评出“爱国卫生杯”流动红旗90面。

结合党的群众路线教育实践活动，始终坚持“创建为民、为民创建”的理念。高度重视群众诉求，及时向群众回复办理情况。通过爱国卫生网站、微博、网络投诉平台、热线电话等，及时接受群众意见和建议，畅通市民群众反映环境卫生问题的渠道、通道，争取广大市民的理解和支持。共接受电话热线投诉、有效网络投诉1320条。对于群众投诉的一般问题，通过郑州市爱国卫生门户网站群众投诉平台，及时解决回复；对群众投诉的热点、难点问题，实行挂牌督办制度，全年挂牌4批，100多个问题得到较好解决。如铁路北站西干道私搭乱建多、卫生管理不到位等问题，市政府主要领导多次调研，召开协调会，争取郑州铁路局的支持，共拆迁近600平方米，硬化3.5万平方米，粉刷2.5万平方米，配备基础设施40多处。

【持续开展城乡环境卫生整洁行动】 2014年，以农村为重点，持续开展城乡环境卫生整洁行动。根据郑州市新型城镇化和“美丽乡村”建设要求，结合农村环境连片综合整治工作，每个季度对全市乡镇和卫生村进行督导考核。评出卫生镇季度流动红旗24面、卫生村季度流动红旗16面；通报表扬32个乡镇，通报批评6个乡镇。督办问题1717个，整改率达到97.5%。

按照“以城带乡、以城促乡、城乡联动、齐抓共管”的要求，深入开展卫生镇（单位、小区、村）创建活动。登封市卢店镇、荥阳市高山镇2个国家卫生镇和新郑市龙湖镇等4个省级卫生镇顺利通过复审。2014年，全市新创省级卫生先进单位36个、届满复审45个，新创省级卫生居民小区10个、届满复审1个，新创省级卫生村40个、届满复审30个。

积极开展积存垃圾有偿清运工作。继续按照《郑州市人民政府关于积存垃圾实施有偿清运工作的意见》相关规定，下发督察督办通知书104期，核实积存垃圾286处5230立方米，财政扣罚金额418.77万元。

【病媒生物防治】 以市场化为重点，扎实开展病媒生物防治工作。（一）专项防治活动。组织培训1340人次，发放宣传册3.76万份，集中开展专项防治活

【健康教育和宣传工作】 以控烟工作为重点，深入开展健康教育和宣传工作。做好爱国卫生月、世界卫生日、世界无烟日等宣传活动。累计设立宣传点102个、宣传展板3230块、义诊台118个，发放彩页、急救包、环保手提袋等宣传品共计12万余份，发放《国家卫生城市知识宣传读本》10万册，受教育人数达10万余人。

对全市3000余块健康教育专栏内容定期组织更新；在市爱卫办门户网站设立《健康知识问答》专栏，发布信息165条。积极探索健康城市创建工作，加强对已命名的健康社区（单位、医院、学校）的管理，抓好“细胞工程”；组织社区、单位、医院、学校定期开展健康教育讲座。

完善禁烟控烟工作四级组织网络，规范吸烟劝阻员队伍，在主要路口电子屏反复播放禁烟宣传标语。印制张贴禁烟标志15万张，发展吸烟劝阻员9320名。市委办公厅、市政府办公厅印发了《关于领导干部带头在公共场所禁烟有关事项的通知》，要求全市各级党政机关年内全部创建成无烟单位，至年底已创建成557个。

（张　媛）

民政

综述

【概况】 2014年，郑州市民政工作紧紧围绕“把握大局、突出重点、强化保障”这一中心任务，各项工作均取得新的成绩，民政事业呈现良好的发展态势。郑州市民政局被市委、市政府评为平安建设先进集体和都市区建设三年行

动计划优秀单位，获得全国敬老模范先进单位等11项国家级表彰，获得河南省民政工作综合评估优秀单位等17项省级表彰。

民政综合能力建设得到加强。积极推进民政项目建设，9个建设项目共完成投资13806万元。其中，已开工项目3个，分别为郑州烈士陵园改扩建工程、郑州市社会福利院改扩建项目、郑州市军人服务中心二期工程；即将开工项目1个，即郑州市军事供应站军供保障综合楼项目；前期准备项目5个，分别为郑州市殡仪馆迁建项目（二期）、郑州市综合救灾物资仓储中心项目、郑州市残疾儿童康复中心项目、郑州市第八人民医院西区新院项目、新建郑州市老年公寓（郑州市养老服务中心）项目。完成了2015年项目投资计划上报和2015年度省市重点建设项目的申报工作。

加快推进民政法制工作。下发了《关于印发行政执法依据的通知》《关于印发行政处罚裁量标准的通知》《关于印发推行行政指导工作意见的通知》《关于印发法律顾问工作制度的通知》等多个文件，不断完善依法行政制度体系。举办2014年度民政行政执法人员专业法律知识培训班，提升了依法行政的能力和水平。承办市人大代表建议29件，市政协委员提案47件，省人大代表建议1件，省政协委员提案1件，全部按时办理答复完毕，办复率为100%。及时对规范性文件进行审查报备，开展规范性文件清理，共审查并向法制办报备规范性文件15份，审查率、备案率均达100%。

【民政队伍建设】 严格干部选任工作。贯彻落实新修订的《党政领导干部选拔任用工作条例》，根据实际岗位需要，严格干部选拔动议、民主推荐、考察等工作程序，调整了7名副科实职、5名正科实职，平调5名干部。建立干部职数管理机制。按照“三定”方案核定的干部职数，建立副科级以上干部台账，并及时向市委组织部进行报备，重点对超职数配备干部情况进行了核定，完成超职数配备干部的消化任务。

扎实开展教育实践活动。按照市委“一学三促四抓”的总体要求，以“弘扬焦裕禄精神，争当孺子牛，做为民务实清廉表率”为主题，扎实组织学习教育和调查研究，广泛听取意见，以“五规范、五推进”为抓手，开展“驻村联户走基层”“角色体验”“五走入五结合”等特色自选活动，有力推进了教育实践活动。召开座谈会60余次，发放调查问卷1650份，走访各级干部群众500多人，累计征集意见建议335条，归类整理出问题49个，认领市委部署的问题17个。

【党风廉政建设】 严格落实“一岗双责”制度，签订了党风廉政和反腐败工作责任书，建立健全党风廉政建设责任制。春节、“五一”节、中秋等节日期间，深入各局属单位检查党风廉政建设落实情况、封存公车情况及领导干部收受礼品现金情况。落实中央八项规定专项整治工作，在全局党员领导干部中开展了专项治理活动，全局机关及局属单位近千名党员干部签订了不到私人会所活动承诺书及个人不从事营利性活动承诺报告书。在郑州市政风行风“面对面”测评中，该局取得了“群众满意度”第三名的好成绩。

（武勇军）

社会管理

【社会组织管理】 社会组织登记制度改革稳步推进。简化社区社会组织登记备案，注重社区社会组织培育。降低社区社会组织登记门槛，已备案登记的社区社会组织1184个（其中农村专业经济协会148个）。实现社会组织直接登记管理，已受理登记102家。加强异地商会登记管理工作，发挥异地商会推动两地经济社会发展的桥梁纽带作用，已登记异地商会20家。实现行业协会商会与行政机关真正脱钩，已经完成在社会组织中兼职的公职人员情况统计，脱钩工作正在协商解决。

社会组织发展环境不断优化。加强资金扶持。探索建立向社会组织购买服务和资助、奖励制度，把社会组织非营利公益项目纳入社会公益金计划，对有影响力的公益项目进行资金扶持，已提交项目申报76件。积极调研拟定《郑州市社会组织购买服务方案》。大力宣传助推，与河南电视台民生频道、郑州广播电台549新闻频道、“郑州社会组织信息网”加强协作，对社会组织进行大量的宣传报道，增加对社会组织的关注度。积极参政议政，发挥各级代表作用，提交与社会组织培育发展有关的各类提案7份。进一步加强党建工作，突出“四有两跟进”工作，明确要求新登记成立或变更的社会组织必须建立党组织，市属社会组织党建率达到83%。

不断创新社会组织管理。创新监督手段。建立社会组织督导员制度，对全市社会组织实施四级网格管理。选派300名社会组织代表，定期为郑州市社会组织管理工作进行量化评分，并提出建议与意见，年检期间为社会组织解决各类问题616件次。创新评估工作。全面启动第二批社会组织评估工作，市本级社会组织评估率达100%，达到3A级以上的23个。创新执法机制。开展四项执法，共受理举报（投诉）案件4起，督导社会团体换届128家，执法回访171次，群众满意率100%。

【城乡社区建设】 扎实推进基层政权建设。深入开展村务公开民主管理工作。印发了《关于坚持依靠群众推进村务公开民主管理工作的实施意见》，为全市农村深入开展村务公开民主管理工作、依法依规实施民主监督提供了重要依据。组织开展全市第八届村委会换届选举工作。与组织部门配合协作，积极开展各项工作。截至年底，全市15个县（市）区、开发区1994个村共完成村委会换届选举1953个，完成率98%，剩余41个村涉及拆迁及村改居工作，延迟完成换届工作。

有效开展城乡社区建设。完成了2013年验收达标的一类社区（星级社区）、社区服务中心的资金奖补工作。对验收达标的70个一类社区（星级社区）、69个社区服务中心进行了资金奖补。其中，星级社区每个奖补资金2.5万元，社区服务中心每个奖补资金10万

2014年3月12日，国家收养中心主任李波到郑州调研

元，市财政共下拨奖补资金865万元。继续推动创建工作。将“星级社区”创建与城市社区分类管理工作紧密结合，通过示范带动，分类管理，将创建评比转变为标准化管理。将“星级社区”创建和社区服务中心建设工作向县（市）延伸，加快推进各县（市）的城镇社区服务设施建设工作。截至年底，各县（市、区）按照创建标准，都已完成了初评。举办全市社区干部培训班。把社区工作者纳入干部培训和社会工作者培训规划，对全市社区党支部书记、居委会主任、监委会主任约1600人进行培训，提高了社区干部的政策理论水平和业务素质，提升了社区干部的社会管理能力和服务水平。

【区划调整】 2014年，郑州市扎实开展区划调整工作，行政区域调整方案已上报国务院。积极稳妥开展撤乡建镇和撤镇设街道工作。对新密市、管城区、新郑市、中牟县撤镇设街道等区划调整工作进行了实地考察，并向市政府提交了考察报告。其中，荥阳市撤乡设镇，新密市、管城区、中牟县撤乡镇设街道方案已通过市政府常务会议审议，并上报省政府。积极参与协调港区移交工作。对港区代管新郑市八千乡和和庄镇工作进行实地调研，提出了代管移交建议。

【地名管理】 2014年，积极开展城区桥梁命名调查，形成了初步命名方案。开展地铁2号线车站命名工作，召开专家论证会，已经市规委会研究通过，待市政府正式审批。做好城区道路命名工作，对待命名的道路进行实地踏勘，反复论证。全年共有2批共计170条道路命名经市政府常务会议审议通过。筹备开展全国第二次地名普查，成立了领导机构，召开郑州市电视电话会议和业务骨干培训班，开展了集中宣传活动。做好建筑物、住宅小区命名工作，完成建筑物、居民小区命名112个。

【勘界工作】 2014年，郑州市扎实开展界线联合检查，完成了郑州许昌线129.327公里的界线联合检查工作，以及中原荥阳线、二七新密线、管城中牟线、管城新郑线、荥阳巩义线、中牟新郑线、二七荥阳线、新密巩义线等8条县级界线共计211.89公里的界线和34个界桩的野外联合检查工作。城区勘界工作取得突破性进展，郑州市城区界线争议全部得到解决。妥善处理郑州平顶山线3号界桩和郑州许昌线火门山等边界纠纷，避免了边界争议的发生。

【婚姻登记服务】 2014年，婚姻登记服务工作更加规范。积极推动各县（市）区民政局开展婚姻登记机关等级评定工作，提升婚姻登记工作水平和服务能力。对新密市民政局申报国家3A级婚姻登记处工作加强指导。婚姻登记队伍建设得到提升，举办两期婚姻登记员培训班，经考核合格后持证上岗，大大提高了婚姻登记员队伍整体素质。2014年，全市共办理婚姻登记146629对。其中，结婚98018对，离婚28788对，补领婚姻证件19823对。出具无婚姻登记记录证明145543份；办理涉港、澳、台婚姻登记46对。

【流浪乞讨人员救助管理】 扎实开展流浪乞讨人员救助管理工作。2014年，全市救助流浪乞讨人员9283人，救助流浪儿童421人，救助服刑人员未成年子女51人，开展晚间巡查和现场服务213人，转院救治流浪乞讨急（危）重症病人、有明显特征的精神病人和传染病人873人。积极探索困境未成年人社会保护工作。出台了《郑州市困境未成年人社会保护试点工作实施方案》，民政部《民政信息参考》第32期进行了转发。与郑州大学合作开展困境未成年人社会保护调查研究，完成了3万多字的调研报告初稿。流浪未成年人救助保护郑州模式实现新突破。郑州市起草的《流浪未成年人类家庭服务》由民政部以国家民政行业标准发布实施。

进一步做好冬季流浪乞讨人员专项救助服务工作。按照市政府冬季救助工作方案要求，成立冬季专项领导工作小组，组建了5个巡查组，实行24小时巡查机制。截至年底，全市冬季救助累计出动人员56042次、车辆1.25万次；累计救助流浪乞讨人员7633人次。街头露宿人员基本得到杜绝，流浪乞讨人员得到及时救助。

【殡葬管理】 稳步开展殡葬管理工作，殡葬惠民政策落实到位。全年共火化遗体35935具，火化率89.9%。共计投入惠民资金2325.4361万元，惠及32539人。其中，郑州市投入惠民资金1249.7188万元，惠及13409人；6县（市）投入惠民资金1075.7173万元，惠及19130人。积极探索绿色殡葬方式。在河南福寿园举行第7次骨灰植树活动，共有65个家庭与市殡葬协会签订了树葬协议，80具骨灰回归自然。树葬活动推行7年以来，共有641个家庭与市殡葬协会签订了树葬协议，4000多人次参加了活动，806具骨灰回归自然。

【社会工作】 社会工作得到创新性发展。积极提高专业社工人员工作能力，180人参加了社会工作者职业水平考试。大力开展全市国际社会日宣传活动，开展社工进校园、进机关、进社区和进企业的“四进”系列活动，充分利用“郑州社工网”进行广泛宣传。组织社会工作高级人才培训班，对全市社会工作者从事社会工作岗位和培训情况进行统计登记。金水区作为首批全国社工人才队伍建设试点区之一，不断推进全区社会工作专业化、职业化发展，推动全区社会工作者、社区工作者、社区志愿者和专业社工机构共同参与打造专业化社会工作人才队伍。出台了《关于印发〈金水区社会工作人才职业级别设置及薪酬待遇指导标准（试行）〉的通知》等文件，投入927.28万元用于发展社会工作，设立50个政府购买社工服务岗位。大力开展社工专业人才队伍培养和岗位开发。报考全国社会工作者职业水平考试人数342人，通过87人。组织开展培训20余次，累计培训1500人次。招录（聘）社会工作专业毕业生57人，注册登记民办社会工作服务机构22家。

（武勇军）

社会服务

【社会救助】 社会救助水平稳步提升，城乡救助标准持续提高。从2014

郑州市首次慈善报告会举行

年7月开始，全市城市低保标准由430元调至470元，农村低保标准由240元调至260元。截至年底，全市保障城市低保对象14260户25419人，累计发放低保资金9592.6万元，人均月补差286元。保障农村低保对象66571户97413人，累计发放低保资金2.0497亿元，人均月补差160.4元。全市共有农村五保对象1.01万户10326人，累计发放五保供养资金4949.9万元。发放取暖补贴1351万元，居民用电价格补贴93.56万元，居民用水价格补贴151.7万元。医疗救助工作全力推进。全市开展医疗救助30569人次，支出医疗救助资金3913万元。大力推进医疗救助"一站式"结算平台建设，简化了救助程序，方便困难群众就医。在学习新郑市、荥阳市经验的基础上，已有6家完成建设任务。健全完善医疗救助办法，征求意见后提请市政府发布。临时救助工作不断完善。出台《关于建立临时救助制度的通知》，有效解决了因自然灾害、重大疾病、突发性事件等造成的群众基本生活困难，突出了临时救助"救急救难、及时有效"的工作特点，进一步推进了临时救助工作。全市开展临时救助困难群众2696户次，支出临时救助资金194万元。

社会救助机制不断完善。救助申请家庭经济状况核对工作有序开展。探索建立以核对工作领导小组联席会议为载体，以"政府主导、民政牵头、部门协作、资源共享"为目标的分类别、跨部门、多层次的核对工作机制，实现了申请对象核对全覆盖。积极与有关部门沟通协调，大力推进核对平台建设。正在进行民政部标准化核心平台的本地化开发，成功后将实现郑州市居民家庭经济状况的自动化核对。同时，郑州市将成为全国首个采用民政部标准化核心平台进行本地化开发并实现装机运行的省会城市。截至年底，全市核对城市低保申请家庭37762户70239人，查出问题并退出857户1706人，检出率为2.27%。核对低收入申请家庭10444户27344人，查出问题并退出1351户3933人，检出率为12.94%。核对公租房申请家庭18244户29191人，查出与所报收入不符人数为5028人，检出率为17.22%。救助制度不断完善。出台了《关于进一步做好城乡居民最低生活保障工作的意见》《郑州市城市低收入家庭认定办法》《关于建立临时救助制度的通知》等一系列文件，进一步健全社会救助体系，筑牢织密民生安全网，突出托底线、救急难、可持续的特点，更好地保障困难群众的基本生活。

社会救助服务明显改善。三级低保公示制度全面推行。全市15个县（市）区、184个乡镇（街道）、2274个行政村建立了三级低保公示制度，实现低保公示的规范化、制度化、长期化。开展社会救助工作督导检查。全市共有8346人退出低保，2425人及时纳入到低保范围，基本实现动态管理下的应保尽保、应退则退。依托乡镇、街道服务大厅，设置社会救助"一门受理、协同办理"综合服务窗口，统一受理救助申请，建立"绿色通道"，确保困难群众"求助有门、受助及时"。截至年底，全市170个乡镇（街道）中已建成综合服务窗口167个。推动农村敬老院规范化建设。开展敬老院安全管理检查，进一步规范农村敬老院安全管理。举办农村敬老院工作人员培训班，全市200余人参加了培训，进一步提高了工作人员的服务水平。

【减灾救灾】 高效推进应急救灾工作。做好冬春生活救助。救助受灾群众16223户37643人，投入冬春生活救济资金769万元。其中，市本级安排资金120万元，县级安排资金220万元。认真做好汛前准备。调整了郑州市减灾委员会成员单位，下发《关于成立防汛救灾工作机构和指挥部成员责任区划分的通知》《关于做好汛期救灾工作的通知》等文件，储备帐篷490顶、毛巾被1000床、棉被5000床、雨鞋200双、雨衣300件、雨伞200把，应急指挥器材、应急照明设备、冲锋舟、救生器材等备灾物资28种2537件（套）。

全面提升自然灾害救助能力。健全自然灾害救助应急预案体系，实现市、县、乡、村四级自然灾害应急预案体系全覆盖，《中国民政》《中国减灾》杂志报道了郑州市做法。培训县（市、区）救灾科长、自然灾害信息员和部分乡镇办民政所长70余人，协助中原区培训灾害信息员60多名。编印《自然灾害政策法规汇编》，进一步规范了自然灾害救助工作。组织开展救灾演练。组织干部群众1000余人进行黄河滩区救灾演练，重点演练文书作业、灾民安置和生活保障，提高了全市民政系统应对突发性自然灾害的能力。

扎实推进防灾减灾体系建设。广泛宣传普及防灾减灾知识。开展"5·12"防灾减灾日主题宣传活动，发放防灾减灾书籍700余本，宣传单1000余张，接受群众咨询3000余人次。加强综合减灾示范社区建设。建立全国综合减灾示范社区动态管理通报制度，对20个综合减灾示范社区进行了专项抽查。确定13个社区作为重点扶持对象，新上报4个全国综合减灾示范社区。郑州市在全省减灾救灾工作会议上介绍了经验，并荣获全省减灾救灾宣传工作先进单位称号。

【老龄工作】 逐步完善养老服务体系。制定出台《关于全面推进养老服务业发展的实施意见》等文件，对各县（市）区以及市财政、发改、规划、民政等22个相关部门的重点任务进行了分工，明确目标任务。认真落实《关于加快养老服务业发展的意见》。全年为符合条件的41家养老机构发放补贴资金649.86万元。其中，建设补贴130.38万元，床位运营补贴519.48万元。加快推进城乡社区日间照料中心等养老服务设施建设。截至年底，全市已发展养老服务机构138家（包含老年公寓、敬老院、光荣院、社会福利院等），拥有床位1.97万多张，入住老人1.26万多人。其中，新增社会办养老机构8家，城镇居家养老服务设施65个，农村社区养老服务设施126个，床位4000余张。

加快发展居家养老服务。开展各具特色的居家养老服务。为孤寡、空巢、高龄、"三无"等居家养老的老年人提供每天1-3小时不等的无偿服务。金水区在全省率先成立了居家养老服务中心，设立了居家养老服务热线；二七区自主研发并为孤寡老人家庭安装了简捷、实用的"一键通"呼叫系统；中原区、管城区依托民办养老机构开展居家养老服务；荥阳市、新郑市和新密市分

2014年冬季救助工作座谈会召开

别成立了“居家养老服务中心”，开通了“12349”公益服务热线，为老年人提供紧急救援、医疗保健、家政服务、生活照料等入户服务。截至年底，享受到入网服务的老年人达到10余万人。

不断规范养老机构管理。加强养老机构信息化建设。开发建成“郑州市养老机构信息管理系统”，率先实现了市、县（市、区）、养老机构三级联网和标准化、规范化的动态管理、跟踪服务，提高了监管的实效性。实现养老机构制度化管理。按照属地管理原则，建立了养老机构日常检查评比机制和安全管理长效机制，建立健全安全、消防、卫生、财务、档案管理等规章制度。组织养老护理人员业务培训。采取以会代训的形式，对县（市、区）30余名老龄工作人员进行了养老机构设立许可与管理培训。分三批对全市未取得职业资格证的300名养老护理员进行培训，实现了养老护理员持证上岗率90%、养老院院长培训率100%的目标。

爱老敬老活动丰富有效。做好“健康寿星”和“孝亲敬老”楷模的评选工作。评选出“孝亲敬老之星”15名，“孝老楷模”10名，“健康寿星”10名。积极参加河南省首届老年人舞蹈大赛。郑州市评选推荐的9个节目，获得一等奖2个、三等奖4个、优秀奖3个，市老龄办获评优秀组织单位。组织开展“敬老月”活动。广泛开展政策宣传、走访慰问、文体娱乐、健康咨询、义演义诊、志愿者服务等活动，积极为老年人办实事、做好事、解难题。活动中慰问老人6.2万名，开展义诊590次，组织文体活动290余场，为老服务2100人次，开展家政上门服务7600余次。市老龄办被评为全国敬老模范单位和河南省敬老月活动先进单位。

社会人士看望儿童福利院孩子们

【社会福利】 不断加强儿童福利保障工作。孤儿养育标准进一步提高。城区、6县（市）城镇户籍、农村户籍社会散居孤儿养育标准每人每月分别提高到1020元、945元、730元。截至年底，全市共有各类孤儿2246人。其中，散居孤儿1209人，机构儿童1037人。发放孤儿救助资金1131.03万元，发放助学金20.5万元。开展儿童福利工作人员业务培训，依托县级儿童福利指导中心，在全市范围内开展孤儿救助情况调查和困境儿童调研，进一步规范孤儿身份认定及审批工作。全市共有各类困境儿童4300余名。开展孤儿巡访监管，建立定期巡访制度，加强孤儿养育指导及救助资金监管。

扎实开展社会福利工作。规范孤儿弃婴接收安置工作。联合市公安局下发《关于进一步规范弃婴接收安置工作的通知》，对弃婴（儿）的界定、接收、安置和审批程序做出了具体的规定。开展“三无”人员普查。截至年底，郑州市共有城镇“三无”人员2440名。其中，城区2308名，县（市）132名；60岁以上老人582名，成年人629名（其中残疾人503名），18岁以下儿童1229名；社会福利机构集中供养的“三无”人员1448名，散居“三无”人员992名。做好救助安置工作。全市收养弃婴387人、“三无”人员52人，收治“三无”精神病人342人，投入资金350万元。慈善救助病人579人次，投入资金271.15万元。落实艾滋病救助政策。全市共有因艾滋病致孤人员33人、单亲家庭未成年子女100人，共下拨艾滋病生活救助金510.6万元。

继续推进县（市）社会福利中心建设工作。加强督导巡查，建立月报制度，定期向市政府汇报项目进展情况。截至年底，荥阳市、新郑市社会福利中心已建成投入使用；新密市、登封市、上街区社会福利中心项目已建成，正在装修，即将投入使用；中牟县社会福利中心于9月开工建设。对县级社会福利中心的5000万元奖补资金已全部拨付到位。

慈善事业成效显著。2014年，郑州市荣膺第二届“中国城市公益指数”最高荣誉——七星级慈善城市和“中国慈善政府推动奖”。2014年慈善日，全市募捐达到1.36亿元。郑州慈善总会全年接收善款6341.78余万元。其中，3973.27余万元主要用于安老、抚孤、助学、济困、助医等方面，救助困难群众30多万人；2500万元用于助残、青少年心理援助、困境儿童帮扶等30个慈善项目，近10万人直接从中受益。建立健全慈善志愿者管理激励机制，规范志愿者招募、培训、管理工作。不断推进阳光慈善，强化慈善组织的公信力，郑州市被中民慈善捐助信息中心评为透明慈善卓越城市。

福彩发行实现新突破。2014年，全市共发行福利彩票15.4318亿元，比上年增加0.7179亿元，增长5%，占全省总销量的23.74%，继续位居全省18个地市销量第一。大力开展助残助困助学帮扶活动，提升了福彩的公益性、慈善性形象。

【双拥优抚工作】 2014年，双拥优抚工作力度加大。在前期试点的基础上，向全市推广优抚对象三级服务网络，各县（市）区都在按计划推进。加强全市零散纪念设施保护工作，按期完成了600余座零散烈士墓保护迁建及35处烈士纪念设施的维修保护工作。发放义务兵优待金7200余人1.3亿多元，全年下拨优抚资金1.64亿元。换发烈士证400余个、伤残证件4000余份。圆满完成了省会各界群众清明节悼念革命先烈纪念活动和烈士公祭日公祭活动。贯彻中央八项规定，坚持简朴务实的原则，走访慰问师以上驻军15家，举办联谊会、联欢会102场，悬挂军属光荣牌4566块、烈属牌53块。积极迎接双拥工作检查并顺利通过验收，组织完成了市领导与驻郑师以上部队领导庆“八一”座谈会及“八一”建军节前慰问部队和部队医院伤病员等系列活动。

圆满完成军供军转工作，全年完成军供保障任务28550人次，接待转运新兵389批26722人次。出色完成了“跨越2014·朱日和”系列演习部分参演部队的军供保障任务，被总后勤部树为典型，并受邀在总后军交运输部经验交流活动中进行了重点发言。

【退役士兵安置】 2014年，郑州市扎实推进退役士兵安置工作。全市办理接收报到手续3984人（市本级2556人），符合政府安排工作条件857人（市本级731人），接收率达到98.8%。其中，重点安置对象318人（市本级256），2011年12月1日以前入伍符合政府安排工作条件的一、二期复员士官557人，自愿选择自谋职业方式安置413人，部队自主就业3127人（市本级1865人）。举办退役士兵管理教育培训班8期，2400余人参加了培训。开设16个职业教育和技能培训专业，共有2642人（市本级2003人)参加培训，培训率达到92%。

【军休服务管理】 2014年，军休服务管理工作取得显著成效。全年接收军队离休退休干部167人，无军籍职工188人。完善军地协调机制，加快接收安置进度。把军休干部和无军籍职工的接收安置工作列入年度工作重点，提前谋划，提前准备。认真贯彻落实调整军休人员待遇的文件精神，确保生活待遇得到100%落实。严格经费管理，确保军休干部工资、津（补）贴足额及时发放。积极稳妥做好军休干部住房改革工作，先后完成二批共586名军休干部住房补贴或货币补差工作。做好房产证的办理工作，军干二所已为35户军休家庭办理了房产证，其余各干休所正在积极推进。做好军休干部的医疗保障工作。落实师职军休干部医疗保障待遇，为师职军休干部个人账户补助600余万元，医疗补助近2000余万元。积极做好协调，搞好服务保障。为离退休干部办理或换发老年优待卡乘车证2175人次，进行健康体检2600余人次，为新接收的军休人员办理医保卡167张，办理师职干部厅级干部“优诊卡”107张，在郑州市27家市级以上医院为师职军休干部开通了绿色通道。组织健康知识讲座20余场，开展义诊12次。

（武勇军）

民族与宗教

【概况】 郑州是一个典型的少数民族散杂居城市，截至2014年年底，全市有54个少数民族成分，人口15.7万人，约占全市总人口的1.7%。少数民族以回族、满族、蒙古族、壮族为主，其中回族人口最多，约13.4万人。全市设有1个民族区和1个民族乡，即管城回族区和荥阳市金寨回族乡；少数民族人口在万人以上的市（区）有5个，千人以上的乡镇（街道）有50个，少数民族村（社区）有85个，少数民族中、小学校有16所。

全市五大宗教团体及办公地点

宗教团体名称	办公地点分布
郑州市佛教协会	郑州市花园路新闻大厦B座10楼
郑州市道教协会	登封市中岳庙院内
郑州市伊斯兰教协会	郑州市管城回族区北大清真寺院内
郑州市天主教爱国会 郑州市天主教教务委员会	郑州市惠济区清华园路天主教堂院内
郑州市基督教三自爱国运动委员会 郑州市基督教协会	郑州市中原区桐柏路朱屯基督教堂院内

举办宗教界人士政策法规培训班

2014年，郑州市民委在市委、市政府的正确领导下，深入贯彻党的十八大和十八届三中、四中全会精神，扎实开展党的群众路线教育实践活动，紧紧围绕“三大一中”战略定位和“三大主体”工作布局，以加强民族团结、促进宗教和谐、维护社会稳定为重点，为郑州市全面深化改革营造良好的社会环境。

2014年，郑州市广泛开展民族宗教政策法规宣传教育活动。为加强民族宗教政策法规和民族团结进步的宣传教育，先后举办全市民族宗教干部政策法规培训班、全市宗教界人士政策法规培训班，特别是在中南民族大学连续举办了第二期少数民族科级干部培训班、中青年阿訇培训班，在广大少数民族干部和伊斯兰教界人士中引起强烈反响，取得了良好效果。大力开展以“圆好团结梦、追寻发展梦、共筑中国梦”为主题的民族团结进步宣传教育文化广场系列活动，以民族团结宣传、民族文化展演、各族群众联欢为主要内容，先后在各县（市）区举办12期，进一步促进了各族群众相互了解、相互交融、团结发展。配合市食安办做好2014年食品安全宣传周系列活动，发放《郑州市清真食品管理服务手册》《郑州清真食品网简介》等各类宣传资料3000份，向广大市民宣传民族常识、食品安全知识和清真食品政策法规。

【民族团结进步创建工作】 2014年，郑州市全力推进民族团结进步创建工作。市民委与市委宣传部、市委统战部、市委政法委、市文明办联合开展“争创民族团结进步示范单位”活动，推进民族团结进步工作进社区、进乡村、进企业、进学校、进机关。各级各部门积极参与，主动作为，扎实推进，着力在民族工作的各个领域、各个部门，创建了一大批个性鲜明、各具特色的民族团结进步示范点、示范带。管城回族区创建了一批民族和谐社区、广场、游园，郑东新区八里庙社区成立民族团结促进会和少数民族文化活动中心，成为各族群众团结发展的宣传阵地。郑州市创建工作得到各级领导高度评价，国家民委政法司司长杨正根、省民委主任彭亚平先后带领调研组对郑州市民族团结进步创建工作进行专题调研，对郑州市民族团结进步创建工作给予充分肯定。2014年，市民委与市委宣传部、市委统战部、市委政法委、市文明办联合命名民族团结进步示范单位36个，联合市教育局共同命名郑州市第一批民族团结进步教育基地8个，2个集体1名个人被评为国务院第六次全国民族团结进步模范单位和个人。在少数民族聚居地区成立民族团结进步促进会50个，覆盖所有少数民族聚居村（社区）及周边汉族村（社区）。

【少数民族经济社会事业全面发展】 2014年，郑州市积极推动少数民族经济社会事业全面发展。一是抓项目建设，改善基础设施。制定《郑州市少数民族补助费管理办法》，加强对市本级民族补助费的有效管理。争取省民委少数民族发展资金，市民委下拨160万元市本级资金，对民族聚居区修路、水利、文化教育、卫生等23个项目进行扶持，改善民族聚居地区的生产生活条件。二是抓政策落实，服务企业发展。积极落实少数民族用品定点生产企业优惠政策，指导郑州三棉纺织有限公司等企业利用

检查重点餐饮企业，确保清真食品安全

贷款3000万元扩大生产少数民族针织产品，享受政策贴息43.2万元。三是抓社会事业，促进全面进步。结合实际对市回民公墓进行科学规划，编制郑州市回民公墓综合建设工程可行性研究报告，积极推进回民公墓建设项目立项、招标等工作。协助管城回族区规划建设郑州市民族医院和养老院，两个项目被列入管城回族区政府“2014年十件实事”。积极推进少数民族体育事业发展，联合市体育局命名市级少数民族传统体育训练基地10个，推动开展毽球、蹴球、板鞋竞速等少数民族传统体育项目。积极组队参加河南省第七届少数民族传统体育运动会，获得金牌9枚、银牌9枚、铜牌5枚，金牌总数位居全省第一，并获得优秀组织奖和体育道德风尚奖。

【清真食品管理】 2014年，郑州市依法加强清真食品管理，联合有关部门下发了《关于加强企事业单位内设清真食堂（灶）管理工作的通知》《关于规范清真食品生产经营活动的通知》，进一步巩固与工商、公安、教育、质监、食药监等部门的联系，建立良好的协调工作机制。先后组织开展执法检查活动8次，取缔违规违法清真商户43家，收缴非法清真牌证85个，限期整改商户132家。

强化社会监督。制定《郑州市清真食品监督员考核办法》《郑州市清真食品监督员“监督之星”评选办法》，对清真食品监督员实行动态管理，开展年度考核。举办2014年度全市清真食品监督员业务能力提升培训班；为全市252名监督员购买综合意外医疗险；开展清真食品监督员“监督之星”评选活动，评出清真食品“监督之星”36名、优秀清真食品监督员50名、先进工作者25名。

创新管理方式。印发《致广大清真商户的一封信》《郑州市清真食品信誉标牌申领及鉴别指南》《郑州清真食品网简介》，举办清真食品管理工作网友座谈会，加强清真食品管理工作网络监督。完成郑州市清真食品管理系统的总体设计，郑州市清真食品管理系统后台业务系统、面向公众的前台系统——郑州清真食品网先后开通运行。

【少数民族流动人口服务管理】 2014年，郑州市着力构建少数民族流动人口服务管理体系，印发《郑州市少数民族流动人口服务管理体系建设规范》，设立少数民族流动人口服务中心、培训中心、法律援助中心、志愿服务中心和殡葬服务中心，被国家民委确定为第六批全国少数民族流动人口服务管理体系建设试点城市。加强部门协调联动，妥善解决了少数民族流动人口占道经营问题。加强区域沟通，主动与青海省海东市及循化撒拉族自治县和化隆回族自治县民族和劳动就业部门建立信息沟通机制。举行首届“民族团结杯”少数民族旅郑人员篮球赛，民族节日期间走访少数民族流动人口，组织联谊活动。指导开展小型清真餐馆星级评定工作，评选星级商户，加强对拉面馆的管理。先后举办在郑维吾尔族流动人口培训班和全市少数民族流动人口培训班，发放《郑州市少数民族流动人口服务指南》2000份，协调解决10余名少数民族流动人口子女入学问题。挂牌成立少数民族流动人口法律援助中心，为少数民族群众做好法律援助工作。组建郑州市少数民族志愿服务总队，下辖16个支队，拥有5个志愿团体400多名志愿者，先后开展了清真食品政策宣传服务、义诊、捐赠衣物、“关爱环卫工人，送爱心拉面”等活动。

【宗教事务管理】 2014年，郑州市依法加强对宗教事务的管理，认真做好宗教调研，在宗教基础信息采集系统的基础上，对全市的宗教数据进一步进行核实、汇总，夯实宗教方面基础性工作。圆满完成朝觐工作的报名及相关组织工作。加强宗教团体的组织建设工作。指导市伊协对伊斯兰教教职人员进行资格认定，规范伊斯兰教教职人员的管理。协助省宗教局成功召开了天主教郑州教区管理委员会会议，为郑州教区顺利开展工作打下坚实基础。指导市伊协开展了卧尔兹演讲比赛，提高了郑州市阿訇和海里凡的解经水平。指导登封市和少林寺落实刘延东同志提出的“加大少林文化‘走出去’力度”的重要指示精神，拟订了《关于恳请支持少林文化走出去的建议》上报上级宗教部门。协助少林寺在伦敦成功举办第三届（欧洲）少林文化节，在国际社会引起强烈反响。

在“教风年”创建活动的基础上，开展了以制度建设为重点的和谐寺观教堂创建活动。召开和谐寺观教堂制度建设工作推进会议，下发了《关于〈郑州市和谐寺观教堂“教风年”制度建设活动实施方案〉的通知》。认真开展全市宗教活动场所消防安全专项检查工作，下发了《关于做好春节期间佛道教活动场所消防和安全工作的通知》，联合郑州市公安消防支队，对全市宗教活动场所的消防安全工作进行了全面部署，并对重点场所进行了联合检查。依托网格化管理，将部分工作职能下沉到基层网格，将信息员、民调员、基层民警纳入网格化管理体系，构建了基层不稳定因素综合排查调处机制，有效维护了全市民族宗教领域大局稳定。

（薛　强）

开发区及产业集聚区

郑州航空港经济综合实验区（郑州新郑综合保税区）

【概况】 2014年，航空港实验区把改革创新、扩大开放贯穿于经济社会发展各个领域各个环节，紧紧围绕"建设大枢纽、发展大物流、培育大产业、塑造大都市"这一发展主线，紧盯"大建设、大发展、大跨越"的总目标，聚焦枢纽建设、体制机制创新与"一个专案、三大片区、十个产业项目、十个招商项目、十个要素平台"重点工作。

2014年，全区固定资产投资完成401亿元，同比增长91.8%；生产总值完成413亿元，同比增长18%；规模以上工业增加值完成343亿元，同比增长21.4%；规模以上工业主营业务收入突破2100亿元，同比增长17.7%；电子信息业产值完成2030亿元，约占全省电子信息业产值的73%；公共预算财政收入完成21.2亿元，同比增长40.4%；外贸进出口总额完成380亿美元，同比增长8.7%，约占全省的58.3%。

【内陆航空物流枢纽地位进一步突出】 按照"机公铁"三网一体的发展理念，全力推进机场二期配套工程、重大交通项目建设，大力拓展航线网络，持续提升郑州综合交通枢纽对周边的辐射带动能力。

航空运输能力大幅提升。2014年，郑州新郑机场新增卢森堡、美国南航和马来西亚3家货运航空公司，总数达到17家；新开货运航线9条，总数达到32条，进一步拉大与我国内陆第二名差距，加之客机腹舱，除非洲外，郑州货物已经能够通过航空直达世界各地。新增客运航空公司3家，总数达到26家，客运航线总数达到153条，其中国际航线达到17条。全年货邮吞吐37万吨，同比增长44.9%，排名由第12位跃居第8位；旅客吞吐1580.5万人次，同比增长20.3%，排名由第18位提升至第17位；客货运增速全部排名全国大型机场第1名。

全力服务机场二期建设。截至2014年年底，航空港实验区累计完成直接投资38.1亿元，完成6个村庄、1个市场、3332户、173万平方米的房屋拆迁，交付建设用地578.2公顷；完成4个排水口及燃气、热力、自来水等外部配套设施建设。在建工程中，迎宾路综合管沟、货运区污水管网已完成85%左右。累计化解各种纠纷160起，未发生重大阻工事件，基本上为二期建设营造了一个较好的外部施工环境。

加快推进多式联运体系建设。机场高速改扩建、迎宾路高架、云港路、四港联动大道南延、S102改扩建、新港大道、京港澳高速至机西高速连接线等项目已全部启动建设；振兴路、航海路已完成方案设计，计划2015年6月底前建成通车；郑州东站至机场城际铁路、地铁2号线（城郊铁路）建设进展顺利；郑州高铁南站、郑万高铁建设方案初步确定，郑万高铁河南段引入枢纽工程已开工建设；开通卡车航班城市由上年的5个增加到12个。

【现代产业加速集聚】 以智能终端产业为引领的现代产业加速集聚。坚持以招商引资为关键举措，以智能终端（手机）产业为重点，实施"首席服务官""并联审批""全程代办""日碰头、周协调、月督查"的工作机制，紧抓"谋划布局、洽谈签约、落地建设、达产见效"各个关键环节，加速现代产业体系培育。

全面深化与富士康的战略合作。将富士康列为智能终端产业雁阵头雁，设定专案全力推进。2014年，富士康全年手机产量1.186亿部，同比增长22.1%。截至2014年12月31日，富士康郑州厂区实有员工26.6万人，年内最高达到32万人。其中，郑州航空港区23.86万人，年内最高达到30万人。另有凡客小镇、航空物流园、研发中心等多个项目得到实质性推进。

主导产业招商初见成效。以航空、高端制造和现代服务业三大主导产业和八大园区建设为核心，突出智能终端，按照"专业、专心、专职、专责"的要求，以"酷派、正威、中兴、阿里巴巴"等"十个招商项目"为重点，创新招商方法，建立了班子主要成员挂帅的洽谈、评审、签约、推进机制。全年累计签约项目50个，总投资1518亿元。其中，商务合同项目39个，总投资1169亿元；框架协议项目11个，总投资349亿元。实际利用外资6.4亿美元，同比增长54.1%；引进省外境内资金36.5亿元，同比增长23.1%。圆满完成年初确定的"5015"招商引资目标。

全力推进重点项目开工建设。以"手机产业园""台湾科技园""朝虹、瑞弘源"三大产业片区为重点，在全区222个重点建设项目中，甄选出

2014年7月1日，水利部部长陈雷到郑州航空港经济综合实验区调研

"友嘉精密机械产业园、普传物流基地、酷派手机产业基地"等10个产业项目，按照"一个项目、一套方案、一个团队、一份台账"的工作模式，全力推进重点项目建设。全年新开工重点产业项目70个，续建重点项目5个，完成投资227亿元，已竣工投产17个，主要包括中兴、华世基、天宇、瑞弘源、朝虹电子、贰仟家物流等。86个省重点项目年度计划投资228.8亿元，2014年完成投资328亿元，占年度目标的143%。尤其是友嘉精密机械产业园、瑞弘源蓝宝石、普传物流基地、中移动、绿地会展城等项目以及酷派、天宇、华世基等一批手机项目的签约开工，产业集聚效应开始显现。

2014年7月8日，省委书记、省人大常委会主任郭庚茂，省委副书记、省长谢伏瞻等到郑州航空港实验区调研

【航空都市建设全面启动】以"三大片区"为抓手的航空都市建设全面启动。坚持产城融合，按照"以产业拉动城市，以城市支撑产业"的思路，加快航空都市建设。26个专项规划编制完成，累计完成房屋拆迁约1205万平方米。

全面启动"三大片区"建设。北部科技研发产业区，规划面积23平方公里，先导区面积2.2平方公里，建设已全面启动，已确定入区项目17个，已启动建设项目10个，主要有中原国际医药物流创业园、裕鸿商务公园、中部国际设计中心等。南部园博会片区，规划面积92平方公里，先导区面积4平方公里，已确定入区项目16个，已启动建设项目7个，主要有欧洲制造之窗、中瑞大宗商品产业园、友嘉精密机械产业园等。2017年世界园艺博览会规划设计方案已初步完成，区内路网与水、电、气等基础设施建设已全面启动。东部会展城片区，规划面积35平方公里，先导区面积2平方公里，规划编制与城市设计已完成，已确定入区项目12个，已启动建设项目4个，主要有绿地会展城、唯品会等。

突出抓好市政配套设施建设。2014年计划新开工道路42条117公里，实际开工建设道路47条145公里，开工率112%，年内新增道路通车里程50公里以上。第一水厂改扩建工程、第二污水处理厂建成投用；兰河公园及9个街心公园建成投用，青年公园、正弘中央公园等已开工建设，绿化总面积达到193万平方米。

加快推进公共服务设施建设。河南省公共医疗服务中心、郑州市第一人民医院港区分院两所三甲医院已开工建设，各类医疗机构达到40家；新建、改扩建幼儿园、小学和中学共15所，新增校舍面积8.5万平方米，新增优质学位5220个，全区中小学达到85所；初步摸清全区文化遗产底数，确定县级以上文保单位59处，无级别文保点368处（不含尉氏移交部分），全方位的文物保护方案已经完成，《中原民居博览园》设计工作已经启动。全面推进保障房建设。完成1692.8公顷棚户区改造项目建设用地规划、征迁补偿标准审核；累计开工面积622万平方米，已建成投用16个项目209万平方米。

【营商环境不断优化】以体制机制创新和要素平台建设为引领的营商环境彰显活力。充分借鉴上海自贸区、深圳前海等地经验做法，大胆探索，全力推进体制机制创新和要素平台建设，不断优化营商环境，着力提升凝聚力。

全力推进体制机制创新。拟订了《建设体制机制创新示范区总体方案》；梳理出航空港实验区自身权限内35项改革创新任务，已完成29项，报批6项；"省区直通车"制度得到全面落实，市级以下行政执法权得到全部委托；上海自贸区8项检验检疫创新制度已全部复制推广，14项海关监管创新制度已成功复制推广9项。全面推进权力清单、责任清单、审批项目负面清单、基金清单、收费清单与政务服务网"五单一网"改革实践，实施营业执照、组织机构代码证、税务登记证和印章刻制"三证一章"登记制度等一系列改革措施，注册企业新增913户，同比增加近3倍；注册资本金新增108.9亿元，同比增加近8倍。

全面完成郑州区域代管移交工作。按照"区域全覆盖、职能全覆盖"的原则，全部完成郑州区域代管移交工作，代管面积约400平方公里，区内人口超过60万人，下辖12个街道已基本组建到位。

加快推进要素平台建设。郑州新郑综合保税区功能进一步拓展，已全面实现保税展示交易、返区维修、产品内销等功能，在保税项下的首届中法葡萄酒文化节于2014年3月3日成功举办。郑州新郑机场签证处、航空港实验区智能终端出口退税资金池已投入使用，河南进口肉类指定口岸已开工建设。截至年底，河南电子口岸服务中心已完成前期建设，食品、药品、医疗器械口岸已开工建设。全年累计上报建设用地1092.27公顷，已批回土地553.07公顷；兴港、建投两个投融资平台资产规模突破400亿元，累计获批融资规模397亿元，已到位资金277亿元。

人才高地建设初见成效。"郑州航空港引智试验区"正式挂牌，成为全国第三个引智试验区；世界航空经济理论奠基人约翰·卡萨达教授工作室已投入运转，两位"千人计划"专家受聘为航空港实验区产业顾问，郑州航空大都市研究院已开始筹建。

【依法治区水平不断提升】加强城市管理和社会治理力度，坚持依法行政，建设规范有序和谐的实验区。一是狠抓"三城联创"，完成了国家卫生城市复审重创的各项工作任务。二是查违工作成效显著，全年共开展强拆活动30余次，拆除430余处25万平方米违法建设，有效遏制了违法乱建行为。三是市容市貌改善明显，全年集中开展20余次市容市貌专项治理活动，荣获全市城市管理整治提升考核第一名。四是信访稳定工作成效显著，建立了驻京、省、市信访工作组，形成了区、市、省、京四级接访联动机制。全区共排查不稳定因素234起，调处化解218起，化解率达93.2%。先后化解中央巡视组交办的30起、省交办的29起和省委巡视组交办的6起重点信访案件，有效维护了全区社会大局和谐稳定。五是扎实开展综治平安建设工作，在全区范围内选拔组建了200余人的首批巡防队伍，排查并建立了重点人员维稳台账。投资1300万元，在全区安装210个监控探头。六是开展社会治安集中清理清查行动，出动综治力量3000余人次，清查"五小场所"237家，有效遏制了各种多发性犯罪活动。

【党风政风建设】 深入开展党的群众路线教育实践活动，大力弘扬焦裕禄精神，狠抓中央八项规定落实、“四风”转变，努力为实验区营造风清气正干事创业的环境。把党风廉政建设作为实验区做好各项工作的前提，对实验区所属各单位贯彻落实八项规定和机关作风纪律执行情况进行了13次监督检查，对监督检查中发现的问题责任人进行了整改。研究出台了《关于进一步加强对全区各单位党政正职监督的暂行办法》，进一步增强了领导干部廉洁自律的意识。开展“党员领导干部插手市场经济活动”专项治理工作，在执法监管部门和窗口服务单位开展了“两转两提两满意”活动。推进“双基双治”建设，做好联系服务群众“最后一公里”工作。加大案件查办力度，全面推进“三转”，全年受理中巡组案件、省专项治理案件和区受理案件共计150件，已结案110件，21件专项治理案件已查结17件，有15人因违纪违法受到党纪政纪处理。

（王 丹）

郑东新区

【概况】 2014年，郑东新区围绕郑州市“三大一中”和开放创新双驱动战略，按照“一二三四四”的工作思路，凝心聚力，狠抓落实，为东区二次创业和转型发展奠定了坚实基础。据统计，全年完成固定资产投资502亿元，同比增长12.6%；全口径税收完成135.8亿元，同比增长14.5%；公共财政预算收入完成68.2亿元，同比增长17.8%；金融业增加值完成114亿元，占三产增加值的56%；实际利用外资42141万美元，同比增长21.6%，完成年度目标的109%；利用域外资金116亿元，完成年度任务的103%。

【现代服务业体系构建】 以两个“国际化”为重点，加快构建现代服务业体系。国际化区域金融中心建设取得新突破。全年入驻洛阳银行等各类金融机构35家，累计入驻226家。中原银行开业，中原农保获批，中原证券在香港成功上市。中华联合、建信人寿、中国人寿、中国人保等4家保险机构在东区设立后台项目。龙湖金融中心加快建设，中交建整体开发的12栋金融楼宇和平安金融中心开工。郑州商品交易所交易品种达到16个，成功启动夜盘交易，交易规模达23万亿元，全球排名第13位。金融智谷、金融人才公寓规划正式启动。

国际化中央商务区辐射带动作用明显增强。以总部基地为特征的楼宇经济初具规模，入区国际国内500强企业分别达到57家和47家，税收超千万元楼宇达54栋，其中超亿元楼宇达22栋。国药集团、宇龙通信等5个总部项目签约。围绕高端商贸业发展，签约银泰云谷等商贸项目4个、星河万丽等酒店项目5个、中介机构4家、电商企业22家。完成12个市场外迁工作。塔博曼购物中心等项目加快建设，JW万豪、喜来登等国际知名品牌酒店开业。全年新增注册企业8616家，累计达到16843家；新增地税纳税户9430户，累计达到24575户；新增国税纳税户7820户，累计达到20430户。中央商务区加入中国商务区联盟。

创新创业综合体建设初见成效。依托高校、科研院所和要素平台等资源，按照边建设、边运营的思路，加快生物医药等5个创新创业综合体和知识产权服务产业园等3个产业园建设。浪潮集团国家重点实验室、电子信息创新创业综合体一期正在装修，国家技术转移郑州中心、清华华商科教基地等项目相继开工，审协河南中心、国家质检中心郑州基地、宏泽生物等项目加快推进。全年新签约科研项目6个，累计入驻科研企业127家。

【新型城镇化建设】 2014年，以“三大主战场”为重点，以龙湖、白沙、龙子湖等区域为重点，全年新开工项目187个，全区在建项目达到477个。三年来共完成投资1215亿元，完成拆迁2000万平方米，开工建设安置房面积529万平方米，郑东新区被市委评为郑州都市区建设三年行动计划综合工作优秀单位。

基础设施建设快速推进。以龙湖区域“四环四纵一横”、龙子湖区域“两纵一横”、白沙区域豫兴大道等骨干路网建设为重点，开工龙湖环湖路等项目86个，完成投资83.3亿元。龙湖金融中心综合管廊、环路，综合交通枢纽区域地下道路系统全线开工，龙翼四街隧道主体完工，北三环隧道、龙源十三街隧道竣工投用。

生态项目建设全面提速。持续推进龙湖、龙子湖、象湖三大生态水系建设，新增水域面积300万平方米，水域总面积达到1100万平方米。全面推进“三湖五园十路”生态绿化，全年新开工绿化项目22个，完工21个，完成投资9.1亿元，新增绿地410万平方米，绿地总面积达到2200万平方米。郑信公园、体育公园加快建设，七里河公园建成开放。

棚户区改造稳步推进。完成白沙村等8个行政村14个自然村约556万平方米拆迁工作。续建龙翔嘉苑等8个项目，新开工刘集1号等3个项目，开建面积350万平方米，其中龙兴嘉苑等5个项目约180万平方米主体封顶，刘集2号一期等3个项目竣工。薛岗、贾岗社区共回迁群众1354户4482人。9个项目列入省市棚户区改造计划，6个项目已获批国开行贷款150亿元，到位资金29.35亿元。

要素保障能力持续提升。坚持规划先行，实现控规全覆盖。全年报批土地93公顷，争取指标133.33公顷，批回土地347.53公顷，征收362.73公顷，供应各类土地66宗599.93公顷。

【城市管理】 以打造国际化城市形态为重点，城市管理水平不断提升。城市管理机制逐步完善。借鉴上海等先进地区做法，加快城市管理标准体系建设，先后出台了《郑东新区2014年城市精细化管理工作方案》等工作专案12个，保证每项工作有章可循。通过政府购买服务方式，建立第三方独立考核评价体系，激发了各单位提升城市管理水平的积极性。创新管理方式和管养模式，将建成区33平方公里的管养工作交由国有公司负责，实现环卫、绿化一支队伍保洁，进一步优化了管理体制、提升了管养质量。

城市精细化管理工作成效明显。黄河南路等5条精品街和双河湾等10个精品社区的整治提升工作完成，投入资金1.1亿元。全年补植补种各类乔灌木6.5万株、绿篱模纹6.3万平方米，累计投入资金0.37亿元。率先在郑州市县（市）、开发区中开展区域性立法工作，制定的《郑州市龙湖水域保护管理办法（草案）》通过市法制办审查。环卫基础设施不断完善，金水东路、商都路两侧11座综合体投入使用。

“三城联创”和专项整治成绩显著。在“三城联创”工作中，强力推进市区街道、河渠及铁路沿线整治、占道经营及突出门店经营整治等6项整治活动，为郑州市创建工作作出了应有贡献；累计投入资金0.5亿元，对建筑立面、街景市容、户外广告等城市管理中的突出问题开展专项整治，城市形象明显改善。

绿色智慧城市建设扎实推进。编制绿色生态示范城区三年行动计划，完成龙湖金融中心分布式能源方案设计，龙湖区域新建安置房建筑全部按1星级以上标准设计。编制东区智慧城市发展规划，探索实施智慧城市建设工作。建立数字城管微信群，有效提高了城市管理效率，其经验做法被全市推广。数字城管指挥中心全年共受理案件 34311件，结案33831件，结案率98.6%。

【社会事业】 以完善公共服务为重点，社会事业加快发展。一是教育教学水平稳步提升。龙翼中学等5所学校开工建设，永平路二小等5所续建学校顺利推进，省教育学院一幼等龙子湖高校园区4所幼儿园建成投用，新增学位13890个，完成投资3亿元。加强教师队伍建设，推荐评选国家级骨干教师5名，河南省名校长2名，省市学科带头人、骨干教师322名。二是医疗健康服务逐步完善。市儿童医院、省骨科医院

郑州市跨境贸易电子商务服务试点项目启动仪式举行

开诊运营，阜外华中心血管病医院等3个项目开建，郑大一附院郑东医院、耳鼻喉医院等项目加快建设，新增床位1100张，完成投资10.03亿元。三是社会保障体系加快构建。发放农民基本生活保障金3200万元，新增就业3177人。城乡居民社会养老保险参保人数1.65万人，城镇居民医保参保人数6.5万人，新农合参保率达到99.89%。新开工公租房4530套。四是社会治理水平进一步提升。依托网格化管理，积极推进条块融合和力量下沉，扎实做好信访稳定、安全生产、平安东区建设等工作，确保了社会大局和谐稳定。网格化管理工作连续三年被评为全市先进单位，正弘山社区被民政部评为国家级和谐社区。

（李 盼）

郑州经济技术开发区

【概况】 郑州经济技术开发区是河南省首个国家级经济技术开发区。规划控制面积158.7平方公里，辖国家级出口加工区、省级国际物流园区两个专业园区。区内常住和从业人口约38万人。全区聚集各类企业3000余家。其中，外商投资企业205家，上市公司直接投资项目29个；世界500强企业36家，占全省的40%以上。

2014年，郑州经开区扎实开展党的群众路线教育实践活动，立足“三大一中”战略定位，围绕先进制造业新城和国际物流枢纽建设，按照“奠定基础、确立地位、持续提升”总要求，狠抓“三大主体”工作，突出国际陆港、郑欧班列、跨境贸易电子商务试点、汽车城建设四大重点工作，着力创造优势强支撑，着力改革创新增后劲，着力改善民生促和谐，全区经济社会发展继续保持好的趋势。在整体工作推进过程中，以重大项目建设为抓手，扎实推进产业集聚区晋星、晋级、晋位，各项经济指标均达到或超过五星级产业集聚区标准。年初制定的“3327”目标全面超额完成。

2014年，全区地区生产总值实现450亿元，比上年增长17.5%；主营业务收入完成2215亿元，比上年增长45%；规模以上工业增加值实现330亿元，比上年增长19.5%；固定资产投资完成328.6亿元，比上年增长20.8%；社会消费品零售总额实现115.5亿元，比上年增长17.4%；财政总收入完成75亿元，比上年增长34%；公共财政预算收入完成23亿元，比上年增长28.5%。各项经济指标增速稳居全市各开发区、各县（市）区前列。

2014年，郑州经开区代表郑州市参加河南省产业集聚区观摩评比，荣获综合评分第一名，被评为全省“十强”产业集聚区第二名，获评全省两个三星级产业集聚区之一。

作为全国跨境贸易电子商务五个试点城市之一，郑州经开区按照“一年成规模、两年创优势、三年树品牌”的工作思路，以构建全球网购商品集散分拨中心为目标，以河南保税物流中心的特殊功能为前提要件，具有全球网购商品集散分拨功能的跨境贸易电子商务试点项目全国首家获批，最先开始业务测试，信息化平台最先投入使用。

国际陆港作为丝绸之路经济带物流枢纽已初具规模。截至2014年年底，郑欧班列累计开行100班，承运货物超4万吨，货值总计超5亿美元。班列提升至每周4班，返程班列也实现了每月不少于2班的常态化运行，班列满载率、货重、开行班次、开行密度和综合影响力均居国内第一位。

【现代产业体系构建】 抓调整促转型，现代产业体系构建实现重大突破。围绕贯彻习近平总书记5月10日考察经开区时做出的“三个转变”指示精神，狠抓主导产业转型升级，着力做大汽车产业，做强装备制造业，做优现代物流业。围绕主导产业创新招商引资机制，积极承接国内外产业资本梯度转移，以战略性龙头企业带动产业整体提升。全年新签约产业类项目52个，签约额达到629亿元。其中，世界500强投资项目5个，三力型项目9个，主导产业项目占比达到90%以上，有力推进了三个千亿级产业集群发展。

汽车产业结构全面优化。三大整车企业创新发展，2014年投放市场三款新车型，推动整车产量不断攀升。新签约东风日产30万台整车项目，开工投产宇通精益达等汽车零部件项目。通过三次产能提升，东风日产全年产量达到21.5万辆，实现产值243亿元，比上年增长20.9%；海马随着新车型S5投放市场，产量迅速攀升，全年产量超9万辆，同比增长1倍以上；宇通客车产销突破6万辆，领跑全球客车企业。全区年整车产量达到35万辆，比上年增长12%以上，产值427.6亿元，比上年增长21%；汽车零部件产值59.7亿元，比上年增长39%。汽车制造产业完成产值487亿元，比上年增长23%，占全区规模以上工业总产值的52%。汽车产业优势更加突出，有力带动了全区产业发展。

装备制造产业规模壮大。新签约富士康液晶面板、弗雷森大马力拖拉机等项目，全面开工建设中兴产业园、宝冶钢构等项目，建成投产海尔空调、恒天重工等项目。富泰华全年实现产值71.6亿元，比上年增长42.3%。中铁装备自主研制的全断面岩石掘进机（TBM）成功下线，标志着我国岩石隧道掘进机技术跻身世界第一方阵。全年装备制造产业实现产值218.5亿元，比上年增长15.8%。

现代物流产业势头强劲。依托国际物流园区、郑州国际陆港等产业平台，新签约天地华宇、圆通速递、众品冷链、海尔虚实网等30个现代物流项目，开工建设普洛斯二期、中通速递、鑫盛轮胎物联网等16个现代物流项目。新加坡国际物流产业园内11个项目建成运营。医药物流、电子商务及快递物流、时尚物流、汽车物流、冷链物流等高附加值物流业态高速发展。辖区已初步形成集多式联运一体、虚实平台互补、产业物流联动的现代物流体系，集聚各类现代物流企业超过100家。全年物流产业实现主营业务收入550亿元，同比增长47.5%。在主导产业快速发展的同时，经开区传统优势产业也得到了长足发展。中烟实现产值155亿元，对全区GDP贡献率达到27.8%；以双汇、益海嘉里、中粮、露露、百事等为代表的食品企业快速发展，实现总产值近100亿元。

【平台建设】 抓机遇促开放，平台

河南保税物流中心大门

建设迈上新台阶。2014年，经开区认真贯彻习总书记关于将郑州国际陆港"建成连通境内外、辐射东中西的国际物流通道枢纽"，实现E贸易"买全球、卖全球"指示精神，抢抓国家实施"一带一路"战略机遇，强力推进国际陆港规划建设、郑欧班列常态化运行、跨境贸易电子商务试点和经开综保区申建等工作，几大开放功能平台建设迈上新台阶。

国际陆港规划建设全面提速。2014年货运吞吐量达到12.5万标箱，比上年增长50%以上。加快规划编制。坚持科学完备的理念，编制完成了国际陆港发展规划、核心区城市设计、控制性详细规划导则、重点区域详细规划等多项规划，在全国70多个陆港中保持领先水平。加快口岸建设。郑州铁路一类口岸搬迁工作顺利完成，建筑面积1万平方米的联检中心大楼和5.5万平方米的查验监管区已竣工投用，联检单位已正式入驻开展业务。汽车整车进口口岸正式通过国家验收，成为内陆地区第一个陆运整车进口口岸。已完成24辆进口汽车清关和检验检测业务，标志着成功打通了途经多国的进口整车陆运大通道。同时，进口粮食口岸已获批设立，中国邮政总公司同意在陆港建设我国第四个国际邮件转运口岸。加快项目引进。集疏中心项目已完成土地摘牌，1.28万平方米海关监管区仓库已开工建设；与中海物流集团合作的无水港项目、首期投资超45亿元的绿地陆港商务区项目、菜鸟科技中国智能骨干网项目、铁路集装箱中心站第二线束工程等已全面启动。国际陆港已成为丝绸之路经济带物流枢纽重要节点城市的核心支撑。经过努力，郑州已被纳入国家"一带一路"规划布局，成为丝绸之路经济带重要节点城市。

郑欧班列成为领跑丝绸之路经济带的新引擎。截至2014年年底，郑欧班列累计开行100班，承运货物超4万吨，货值总计超5亿美元。班列全年开行班次占全国中欧班列的1/3，承载的货物超过1/2。运营能力大幅提升。自11月后，每周开行班列提升至4班，返程班列也实现了每月不少于2班的常态化运行，班列满载率、货重、开行班次、开行密度和综合影响力均居国内第一位。郑欧班列在国内外的集疏能力和通关能力有了很大提升。集疏网络迅速拓展。在全国主要城市设立16个办事处，专门从事班列往返货物的集疏分拨。货源辐射到21个省、直辖市，集货半径超过1500公里，服务企业超过300家，承运商品种类1000多个。合作交流日趋广泛。举办了丝绸之路经济带中欧物流枢纽建设国际交流会，沿途十一国铁路、邮政和驻华使馆主要官员等500多人参加会议。会上，通过了《郑州宣言》，在建立陆上贸易走廊合作机制，实现物流便利化和贸易便利化等方面形成了共识。基本确立了在丝绸之路经济带和中欧陆上贸易走廊建设中的重要地位。

跨境贸易试点引领作用得到有力彰显。信息化平台开发实现新突破，3.0版系统的上线实现了海关、国检、企业端互通互联。项目引进成果丰硕。已入驻和办理企业101家，完成海关、国检备案企业400余家，实现了敦豪、聚美优品、京东国际、中通国际、中邮集团等知名企业在郑州试点的落地。产品展示功能日益完善。"中大门"一号体验店正式开业运营，接待顾客10万余人次，3万平方米的E博馆主体基本完工。业务规模不断扩大。跨境贸易试点工作取得突破。2013年7月15日跨境贸易试点开始测试，当年全年测试量达到6.9万包左右，到2014年12月单月走货量达到26.5万包，在全国处于领先地位。

经开综保区申建工作逐步推进。国务院已经批准了出口加工区B区的扩区计划。郑州经开区将出口加工区A区、B区和河南保税物流中心合在一起申请经开综合保税区，材料已报到海关总署。

【项目建设】 抓投资促增长，坚持以强投资为引领，采取领导分包、部门联动、专项督查等措施，强力推进项目建设。2014年新开工世茂奥特莱斯等项目77个，是2013年的近2倍，协议投资总额达到604亿元；建成投产富士康扩能等主导产业项目18个。开工、竣工项目均居全市首位。全年实现入库固定资产投资328.6亿元，同比增长20.8%。年度投资首次突破300亿元。其中，137个省市区三级重点建设项目完成投资313亿元。主导产业带动社会投资加速增长，全年完成投资230亿元，占全区固定资产投资总额的71%。基础设施、安居工程、社会事业项目完成政府投资83亿元，同比增长39%。

【新型城镇化建设】 抓配套促提升，围绕全域城镇化目标，以六个切入点和六项重点工作为抓手，加快合村并城、产城融合步伐，不断拉大城市框架，加大各项配套设施建设，区域承载能力逐步提升。

加大基础设施建设。以打通东西快速路为目标，加快交通道路建设，形成"三横四纵"骨干路网。新建、续建航海路东延、九龙大道、故城南路、二十五大街、前程大街、金沙大街、凤凰大街等道路40余条，总长度70余公里。新建桥梁10座，完成21条道路路灯安装任务。建成区道路水、电、路、气、暖等配套设施趋于完善。2014年是郑州经开区路网等基础设施投入最大、建设项目最多的一年。加快合村并城步伐。启动了14个行政村的征迁工作，投入资金28亿元，完成征迁5090户20360人763.5万平方米。全区已拆迁和重点区域拆迁改造村庄安置房项目全部开工建设。累计开工世和一期、锦程一期等10个安置区14个项目，面积近400万平方米。其中，主体建成75万平方米，交付安置房2674套33.5万平方米，可回迁群众1万余人。同时，开建1801套4个公共租赁住房项目，完成任务的134%。

加快重点区域开发建设。以道路桥梁、区域水系、景观建设为重点，加快滨河国际新城建设。全年累计完成投资18.5亿元。创业大厦、中建观湖国际等项目已全面开工，经南八路潮河大桥、综合管廊、环蝶湖道路、规划展示馆等11个续建项目有序推进。国际物流园区已形成基础设施与产业项目建设齐头并进、全面铺开的势头，掀起了全区大开工、大建设、大发展的热潮，有力助推了产城融合的进程，为实现全域城镇化奠定了基础。

【发展要素保障】 抓创新促活力，围绕破解制约发展的瓶颈难题，着力创新体制机制，完善规划、土地、融资、科技等方面要素保障，市场活力和发展动力持续增强。

完善规划编制。围绕优化布局，高标准编制规划。已编制完成经开区（汽车城）总体规划、商业文化宜居区城市设计及控规导则等。破解土地难题。完成土地报批近666.67公顷，实现项目供地627.15公顷。创新办法，加快闲置土地治理，千方百计解决土地遗留问题。创新融资体制。盘活用活融资平台现有资产，做大做强融资平台，实现了融资企业多元化发展。通过加强与国家开发银行等专业银行合作，有效破解了资金瓶颈。全年完成融资近80亿元，是建区以来融资平台最强、融资渠道最广、融资数额最多的一年。

强化科技支撑。发挥留学人员创业园、高新技术创业中心两个国家级平台作用，加快创新创业综合体建设。完成高新技术企业认定18家，完成高新技术产业增加值87.9亿元，比上年增长28%；完成各类科技项目申报130项，申报专利2915项，均超年度目标30%以上；完成技术合同交易额7.1亿元。国家电动客车电控与安全工程技术研究中心、国内首家3D生物医学打印公司落户郑州经开区；留学人员创业园成为首批“全国青年创业示范园区”；千人计划专家王复明博士完成的项目获国家技术发明奖二等奖，是建区以来郑州经开区企业荣获的国家最高奖项。科学技术的有力支撑为建设创新型开发区提供了坚强保障。

【社会事业】 抓民生促和谐，坚持执政为民、以人为本理念，把改善民生作为各项工作的出发点和落脚点，持续加大社会事业的投入，全面提高民生保障质量和水平。新建、改扩建中小学、幼儿园6所，招聘教师197名，实现了学校和教师的均衡布局；《中国教师报》教师成长学院落户郑州经开区，获得国家、省、市级各类竞赛奖项的师生超过千人，教学质量稳步提升，优质高中录取率连年攀升。

图书馆企业分馆、街区24小时自助图书馆、数字图书馆建成投入运营，举办各类读书推广活动150余场次，接待读者65万人次；开展文化惠民工程，举办各类文化赛事展演活动30余场，受惠群众达到5万人次。推进全民健身活动，举办了全区首届全民运动会。在全市率先免费开放校园体育场、乒乓球馆等设施，满足群众健身需求。就业服务网络进一步健全。新增城镇就业和农村劳动力转移就业3300余人，对1100余人进行了创业及职业技能培训，动态消除了零就业家庭。全省最大、中部地区最先进、国内设施一流的中国郑州人力资源市场全面建成并投入运营。医疗卫生条件逐步改善，开工建设郑州大学第二附属医院，建成明湖社区卫生服务中心；实施农村安全饮用水工程，直接受益群众近万人。生态环境得到有效提升，潮河上游综合整治，龙渠、凤河一期水系工程基本完成；完成生态廊道绿化190万平方米，基本建成尚岗杨遗址公园；开展绿色学校、绿色社区创建工作，大力整治扬尘污染。社会管理趋于规范。建立了以网格化为载体，集热线、城管、交通、信访、维稳等为一体的可视化、动态化、全天候的社会管理规范长效系统。积极开展信访稳定矛盾排查化解工作，共排查不稳定因素470余起，均进行了集中交办和化解；认真落实安全生产责任制，深化隐患排查治理工作；强化食品药品监管、计划生育等工作，有力促进了平安、幸福经开区建设。

【党风政风建设】 抓党建促效能，自身建设实现突破。围绕创造风清气正干事创业环境，扎实推进党的建设。深入开展党的群众路线教育实践活动，通过多方征求意见建议，严格对照检查，查摆出“四风”方面的问题共计7个方面56项582条，并制定了整改措施。认真抓好巡视反馈意见的整改落实。注重标本兼治，共废止制度18项，修订完善制度57项。深入农村（社区）帮扶指导工作，成立群众工作队50余支，为辖区企业、群众办实事好事上千件。加强党员干部教育培训，举办“经开大讲堂”、“道德讲堂”和各类培训20余期，参加6000余人次。在全市好公文大赛中，郑州经开区获奖人数比其他3个开发区总和还多。建立完善科级后备干部队伍，坚持公平公正原则考评任用干部。村级组织换届选举工作扎实推进，基层组织建设整体水平实现新跃升。认真贯彻落实党风廉政建设责任制，构建廉政风险防控体系。共排查廉政风险点474个，制订防控措施106条。加大案件查办力度，严肃查处了一批违纪违法案件。严格遵守“八项规定”，狠刹“四风”，强化作风纪律养成，对违反规定的32家单位、16人进行了通报批评。在全区营造了廉洁奉公、勤政为民的浓厚氛围。

（王倩倩）

【出口加工区概况】 2014年，河南郑州出口加工区党委、管委会在经开区党工委、管委会和市委、市政府的正确领导下，在驻区海关、国检办事处以及经开区各职能部门的大力支持下，紧紧围绕全市“抓改革、强投资、调结构、求提升”的总要求，以项目建设、招商引资、企业服务、队伍建设为抓手，大力实施“12355”工程，科学运作，务实重干，全力以赴推动园区转型升级，各项工作进展顺利，全区经济保持了平稳较快发展。2014年，园区完成固定资产投资16.9亿元；完成工业总产值79.7亿元，同比增长37%。实现进出口（含结转）14.7亿美元，同比增长39%。其中，进口3.5亿美元，同比增长22%；出口11.2亿美元，同比增长45%。共引进新项目10个，引进省外资金2.5亿元，实际利用外资1.7亿美元。

2014年，全区经济发展特点突出。工业产值继续保持平稳增长。其中，八家规模以上工业企业完成产值78亿元，占全区的98%，产值比重占绝对优势。因经营不善、财力紧张而淘汰出区的低产值、低出口小微型工业企业，为加工区腾出了厂房资源，使工业企业产业结构呈现微调，产业进一步向电子信息、新材料、新能源集中。借上海自贸区14项政策在全国特殊监管区域复制推广，使保税展示交易业务在加工区获得许可之机，保税物流业务进一步拓展，保税物流企业呈现出向特殊监管区域快速集聚的现象。全区新引进项目10个。其中，加工贸易类项目4个，保税物流类项目6个。保税物流类项目从数量上首超加工贸易类项目，保税物流与

2014年9月10日，省委常委、市委书记吴天君到出口加工区调研

保税加工业务竞相发展。企业纳税额呈现较大幅度增长，纳税结构保持稳定。全区共实现税收4.87亿元，同比增长46%。富泰华公司及其配套企业共完成纳税2.86亿元，占全区税收的89%。房地产开发企业纳税总额完成2250万元，占全区税收的8%。与2013年相比，上述企业仍是主要纳税主体，海关代征关税及增值税、企业所得税、个人所得税仍是主要税源，结构保持稳定。

【出口加工区重点项目建设】 富士康项目扩能、B区开发建设、经开综合保税区申报是出口加工区的三大中心工作。2014年，该区着力将人力、财力、物力向这三项工作倾斜，主体工作顺利向前推进。

主动牵头与富士康集团建立联席会议机制，每周定期组织召开协调会，随时现场办公，不让工程建设过程中存在的问题过夜，确保了各个项目的建设进度，满足了富士康项目生产需求。3号仓库、生产消防水池和热力站按期建成投入使用，两条8000千瓦电力专线完成施工并正式供电，冠达花园公寓建设基本完成，昇阳花园公寓进入最后装饰施工阶段。在配套设施的有力支撑下，2014年富士康项目共完成产值71.6亿元，占全区总产值的90%，很好地拉动了全区经济增长。

扎实推进B区开发建设，紧盯封关验收期限，提前入驻现场办公，全面做实开工准备工作。截至年底，B区土地指标覆盖工作已完成，控规方案进入报批程序，详规设计初步方案完成，地勘、文勘工作均已启动，拆迁完成后将立即启动建设。

积极推进经开综合保税区申报工作，密切跟踪综合保税区申报进度，先后补充上报申报材料5次，主动到国务院有关部委和省、市政府沟通汇报20余次，请示文件及时上报至国务院，国务院研究后将下发正式批复文件。

【出口加工区招商引资】 坚持实施项目带动战略，紧紧抓住招商引资这条“生命线”，在园区政策优势逐渐减弱的不利条件下，实现了项目引进数量和质量的新提升。深入分析产业特点及发展趋势，在科学分析、周密谋划的基础上开展产业链招商，实地考察论证，广泛洽谈对接，与国内外多家知名企业建立了密切联系，在谈项目涵盖电子通信、生物医药、超硬材料等多个新兴产业。多次组织赴长三角、珠三角和环渤海地区开展驻地招商，针对国际商品展示、智能触摸屏、智能遥感器、车载信息系统、LED荧光剂等行业的国内外500强企业，开展集中走访活动，深挖项目信息，拓宽了招商渠道和信息来源。有序开展主题招商活动，组织参加了第八届中国（河南）国际投资贸易洽谈会、黄帝故里拜祖大典等大型经贸活动，还先后自主组织开展主题招商活动15次。围绕跨境贸易电子商务业务，超前谋划新兴业态的拓展，提前着手引进跨境电商、网商及物流供应链管理企业，与唯品会、维因国际、全速通等企业达成了初步合作意向。

（刘星光）

郑州高新技术产业开发区

【概况】 2014年，按照省委、省政府和市委、市政府的总体部署和要求，郑州高新区确立了“打造北斗云谷，建设千亿科技城”发展思路和目标，突出三大主体工作，突出科技创新，全力加快科技城建设，实现了经济社会平稳较快发展。

按照省、市建设中原经济区、郑州都市区和航空港经济综合实验区的部署和要求，以建设千亿科技城为使命，以产业结构优化升级为主线，以实现全域城市化和建成六星级产业集聚区为目标，以制度创新为动力，以科技创新为驱动，以打造“北斗云谷”国家级品牌为抓手，通过五年的努力，使郑州高新区跻身全国高新区第一方阵。

2014年，全区共实现GDP201.4亿元，比上年增长10%；完成地方公共财政预算收入25.5亿元，比上年增长25.9%；完成固定资产投资266亿元，比上年增长20.8%；实现规模以上工业增加值82.6亿元，比上年增长6.1%；实现产业集聚区营业收入1200亿元，比上年增长20%；完成利用域外资金107亿元，比上年增长18%；完成出口创汇5.6亿美元，比上年增长39.1%。

【新型城镇化建设】 新型城镇化建设快速推进。创新融资模式，解决棚户区改造资金难题，融资额度位列全市各区前列。在坚持政府主导拆迁、安置、规划和群众回迁的基础上，充分发挥市场配置资源的主体作用，积极引导社会资金参与，解决棚户区改造资金难题。同时，抢抓国家金融政策调整机遇，充分利用国家棚户区改造贷款优惠政策，多模式、多渠道筹措资金。全年累计实现融资98亿元，第二批棚户区改造资金43亿元已上报待批，确保了棚户区改造工作的顺利进行。

坚持公开公正原则，棚户区改造难点村得到顺利拆迁。拆迁中，严格按照“4+2”工作程序，并出台了《高新区棚户区拆迁补偿安置公示办法》，对群众关心的敏感问题进行公示，并聘请第三方进行附属物普查、测绘，做到“公开、公平、公正、依法、依规”。在安置房建设中，村民代表全程参与，对设计、施工等进行监督；对政府主导的安置房建设，采用和国有大型建筑企业委托代建的模式，确保了安置房质量和建设进度。2014年，共完成7个行政村约900万平方米的拆迁，3个拆迁难点村中，百炉屯、秦庄已拆迁完毕，石佛村已基本完成拆迁。安置房项目在建面积约900万平方米，全年完成投资120亿元，已累计交付使用安置房约67万平方米，回迁群众1.2万人。

坚持以人为本，加快推进村庄股份制改造工作。研究出台了农村集体经济股份合作制改革实施方案，并确定了6个村作为股份制改造试点村先行先试。

完善路网建设，破解基础设施瓶颈。围绕出入市区道路建设及断头路打通工程，进一步加密区内路网建设。全年完工道路20条，新增里程18公里。同时，围绕交通道路瓶颈的破解，加快推进翠竹街东延、池南路、池北路、雪松路北延、长椿路北延等重点工程的前期工作。全年新增绿化面积150万平方米，新增供水管网60公里，新增供热管网22公里，新增供热面积190万平方米。

【现代产业体系构建】 现代产业体系构建成效明显。坚持‘引外”和“培内”相结合，着力培育优势特色产业，提升产业规模和水平，优化产业结构。2014年，“四上企业”新入库86家，同比增长120%；第三产业GDP占比达到45%，比2013年提高了10个百分点。

全力推进“北斗云谷”的打造。成立“北斗云谷”建设领导小组，制定了具体详细的工作任务及时限；委托国务院发展中心编制了高新区“北斗云谷”总体发展规划；与信息工程大学、北斗卫星应用研究院等科研院所对接，谋划建设北斗产业技术研究院、国家级北斗重点实验室、国家级北斗用户机测试检定中心等；总投资50亿元的郑州北斗产业园项目建设方案已通过专家论证。

加快推进重点项目建设和招商引资。全年共承担省重点项目18个、市重点项目13个，总投资543亿元，全年完成投资90亿元。联通中原数据基地一期、广告产业园一期、电子电器产业园已建成投入运营。网库等一批知名电商企业新入驻电子商务产业园，河南省电子商务产业园产值突破30亿元。互联网产业联盟已签约入驻，预计可带来相关企业100多家，产值超过50亿元。

全力加快推进企业上市。全年共实现“新三板”挂牌企业30家，全国高新区排名第二，全国首创成立挂牌公司服务协会。全年实现资本市场融资20亿元。

【科技创新】 科技创新体系日益完善。围绕打造“北斗云谷”和建设千亿科技城需要，充分发挥自身优势，增强自主创新能力，服务好科技型中小企业，促进科技成果转化，不断完善科技

格力产业园生产车间

创新体系。

孵化器优势逐渐凸显。创业中心在科技部国家级科技企业孵化器考评中被评为A类孵化器；河南专利孵化转移中心获国家发改委2014年高技术服务业研发及产业化专项立项资助400万元。

产业技术研究院建设实现零突破。郑州机械所产业技术研究院已挂牌运行，郑大产业技术研究院完成注册，与解放军信息工程大学就产业技术研究院达成联建共识。全年新引进市级以上研发机构42家，三磨所国家重点实验室申报材料已通过科技厅初审，上报科技部。

企业自主创新能力进一步提升。全年新增高新技术企业66家，占全市的49%；获得市级以上支持的科技计划项目520项；新实施科技成果转化项目510项。全年申请专利4559件，同比增长28%；授权专利2479件，同比增长31%。

科技创新政策体系进一步完善。借鉴外地高新区的先进经验，立足实际，起草了涵盖涉及人才、孵化、科技平台、企业培育、成果转化等五大块内容的《关于支持科技创新的若干意见》。

【社会事业】 社会事业全面发展。一是积极引进优质教育资源。新引进省实验小学、郑州八中等名校优质教学资源，全年新建、续建7所中小学、8所幼儿园；教学水平不断提升，中招成绩继续领跑全市八区，郑州中学本科上线率90.09%，再创历史新高。二是加快医院建设，提升医疗服务水平。郑州市中心医院高新区医院项目一期已试运营，450张床位已全部开放；二期项目用地协议已签订。三是认真开展住房保障工作。开工建设公共租赁住房1097套，基本建成保障性住房1087套，分配公租房744套。四是全面推进依法行政。认真组织各单位学习党的十八届四中全会精神，依法治理、依法行政的意识和能力得到进一步加强。五是创新社会管理。积极开展矛盾大排查大化解活动，加强专项治理和平安建设，有效维护了全区社会大局和谐稳定。通过开展“四严一创”等专项活动，依法处理了一批影响全区重点项目建设、破坏扰乱市场经济秩序的犯罪案件，维护了社会秩序公平正义。

【党风政风建设】 扎实开展党的群众路线教育实践活动。紧扣“为民、务实、清廉”主题，以“一学三促四抓”为抓手，聚焦反对“四风”，严格标准，真抓实做，取得了实实在在的成效。全区17个基层党委、258个党支部、7233名党员全部参加了教育实践活动。党员作风得到明显改善，突出问题得到整改和解决，制度体系得到健全和完善。不断夯实党建基础。认真落实党建责任制，切实加强“双基”建设，扎实开展软弱涣散党组织整顿转化工作；注重提升干部队伍素能，制订了全区干部培训计划，组织机关、办事处、农村（社区）1000余名干部进行封闭式培训，进一步提高了全区干部队伍综合素质；扎实开展村级组织换届选举工作。完善党风廉政建设责任制。认真落实《廉政准则》、“四会一课”教育制度，开展7项专项检查和节日病治理，构筑完善风险防控体系。推进廉政文化建设，与市纪委合作制作的大型电视动画片《警醒》，其中两集分别获得第十届全国法制漫画动画微电影作品征集活动三等奖和优秀奖。按照“深化、规范、提升”的要求，网格化管理工作向精细化、信息化迈进。全区累计排查上报信息平台问题20余万件，办结率达到98%。建立督查考评机制，进一步完善《高新区网格化管理考评办法》，建立“日交办、周研判、月联动”和巡查走访等工作制度，促进网格化管理统一、协调、规范运转。

（鲁华雨）

产业集聚区

综 述

【概况】 2014年以来，全市各产业集聚区（含工业专业园区，不含巩义）围绕打造“三大主体”工作先行区、“四化”同步发展示范区，进一步理顺管理体制，不断创新工作举措，努力提升发展水平，整体上呈现良好发展态势，主战场、主平台、主渠道的作用进一步凸显。

2014年，全市产业集聚区完成固定资产投资2056.8亿元，同比增长32.2%；规模以上工业企业增加值1508.3亿元，同比增长14.8%。主导产业增加值完成942亿元，占比62.5%。其中，13个省级产业集聚区规模以上工业企业增加值同比增长16.9%，完成投资1623.4亿元，同比增长48.3%。固定资产投资总量前三位的是航空港、经济技术和高新技术产业集聚区，规模以上工业增加值增速前三位是金岱、新密和航空港产业集聚区。

【重大项目建设】 2014年，全市产业集聚区重大项目建设稳步推进，在建亿元以上项目531个，完成投资1324亿元；新开工亿元以上项目204个，其中，5亿元以上项目28个，10亿元以上项目23个；竣工投产亿元以上项目110个。

在省级产业集聚区方面，亿元以上项目完成投资1105.6亿元，占全市产业集聚区的83.5%；新开工亿元以上项目162个，占比达到79.4%；竣工亿元以上项目86个，占比达到78.2%，成为全市产业集聚区项目建设的主阵地。其中，完成亿元以上项目投资最多的是航空港、国际物流和新密市产业集聚区，均在100亿元以上；新开工亿元以上项目个数最多的是国际物流、中牟汽车和中牟产业集聚区。

【招商引资】 2014年，全市产业集聚区围绕“三力”型项目，加快产业链招商和集群招商，实现签约项目272个，其中“三力型”项目65个；实际利用市外资金669.2亿元，同比增长36.5%。省级产业集聚区签约项目230个，占全市产业集聚区的83.1%；实际到位市外资金520亿元，占全市产业集聚区的77.7%。

在项目引进方面，华强平板电脑生产基地、中国北车、海尔冰箱、和润粮油加工等65个投资5亿元以上项目签约，高新技术、中牟汽车等11个省级产

郑州经济技术产业集聚区生态廊道建设

业集聚区均新引进1个以上10亿元以上项目，郑州市新材料、新郑市中原食品和新郑市煤炭循环经济等5个工业专业园区实现签约5亿元以上项目。

在实际利用市外资金方面，总量前三位是高新技术、经济技术和荥阳市产业集聚区，增速前三位是高新技术、经济技术和荥阳市产业集聚区。

【基础设施建设】 2014年，全市产业集聚区以交通路网为先导，建改结合，协调推进，加快基础设施建设，共完成基础设施投资459.2亿元，建成区面积达到210.1平方公里。其中，省级产业集聚区完成基础设施投资424.2亿元。全市产业集聚区新（改、扩）建道路553.9公里，供水管网345公里，供气管网278公里，日污水处理能力达到126.4万吨，新建标准化厂房360.8万平方米，新增垃圾中转站16个。

在县域省级产业集聚区中，中牟汽车、新郑新港和登封市产业集聚区基础设施建设成效显著，基础设施投资量超过10亿元。新密市产业集聚区污水处理厂二期、薛店镇污水处理厂、马寨污水处理厂，以及武庄、魏河、大隗东等输变电站建成投入使用。

【集聚区功能集合构建】 2014年，全市产业集聚区不断强化各类要素保障，加快功能集合构建步伐，公共服务设施完成投资59.5亿元，融资平台完成融资260.8亿元，全部从业人员达到82.2万人。其中，省级产业集聚区完成公共服务设施投资38亿元，融资平台完成452.8亿元，航空港、高新技术、中牟汽车、经济技术和中牟产业集聚区融资均在10亿元以上。

平台建设取得新突破，全年新建市级以上质检中心2个，市级工程技术研究中心8个，新建科技服务平台2个，孵化中小企业34家，新建物流网点11个。

【产城互动发展】 2014年，全市产业集聚区按照“一基本两牵动”的要求，积极推进村庄拆迁和安置房建设，全年共启动搬迁村庄97个，完成村庄拆迁面积2379.1万平方米；启动建设安置小区103个，开工建设安置房1970.6万平方米，建成公共租赁住房99.4万平方米。其中，省级产业集聚区完成拆迁面积2856.7万平方米，建设安置房面积1706.7万平方米。

（王　琳）

省级产业集聚区

【郑州航空港产业集聚区】 2014年，产业集聚区固定资产投资完成388亿元，增长132.7%；规模以上工业增加值完成338亿元，增长23.1%；外贸进出口总额完成379.2亿美元，约占全省的58.3%；从业人员29万人，比上年新增2万人。各主要经济指标增速均高于全省、全市增幅，继续领跑全省180个产业集聚区。

培育主导产业集群。富士康手机产能进一步扩大，同时引进正威、酷派、中兴、天宇、瑞弘源等手机整机及配套企业89家，中兴、天宇、创维、华世基等12家企业正式投产，全年手机产量1.43亿部，约占全球供货量的1/8，全球重要智能终端生产基地初步形成。全年累计签约项目50个，总投资1518亿元；实际利用外商直接投资5.8亿美元，同比增长38%；引进省外境内资金36.5亿元，同比增长23.1%。正威、友嘉、酷派、瑞弘源、中移动大数据等项目陆续签约。

加快重大项目建设。全年新开工省重点产业项目70个，续建省重点项目5个，完成投资227亿元，竣工投产17个，主要包括中兴、华世基、天宇、瑞弘源、朝虹电子、贰仟家物流等。86个省重点项目年度计划投资228.8亿元，年内完成投资328亿元。

破解要素瓶颈制约。《建设体制机制创新示范区总体方案》经省委常委会审议通过，强力推进“省区直通车”制度，市级以下行政执法权得到全面委托。全国第三个引智试验区“郑州航空港引智试验区”正式挂牌，卡萨达工作室投入运转，郑州航空大都市研究院开始筹建，电子口岸中心、机场签证处、出口退税资金池投入使用。全年累计上报建设用地1096.5公顷，已批回土地553.1公顷；兴港、建投两个投融资平台资产规模突破400亿元，累计获批融资规模397亿元，到位资金277亿元。获批并组建总规模600亿元的中原航空港产业投资基金、郑州航空港经济综合实验区发展基金、郑州航空港城市发展基金等3只发展基金，其中中原航空港产业投资基金是国家发改委批复的第三只超百亿产业投资基金、我省获批的第一只大型综合产业基金。

提升产城互动水平。“三大片区”建设全面启动，北部科技研发产业区水、电、气、路等基础设施全部到位，确定入区项目32个。南部园博会片

郑州航空港产业集聚区中部电商产业园

郑州高新技术产业集聚区电子电器产业园

区水、电、气、路等基础设施项目建设全面启动，确定入区项目63个。2017年园林博览会规划设计方案完成。东部会展城片区规划编制与城市设计完成，确定入区项目17个。

【郑州高新技术产业集聚区】 2014年，产业集聚区共入驻规模以上企业135家，实现营业收入421亿元，增长10%；完成固定资产投资158亿元，增长1.7%；实现规模以上工业增加值79.7亿元，增长5.2%；完成利用域外资金117亿元，增长18%；从业人员达到9.6万人，比上年新增1000人。

加快产业集群培育。重点培育北斗卫星导航、智能装备、机器人、电子商务、电子电器、软件和网络、智能仪器仪表、文化创意等“八大产业集群”。2014年，产业集聚区主导产业实现营业收入720亿元，电子信息增长值增速20%，电子信息和高技术产业增加值占规模以上工业增加值62%，电子信息产业投资占工业投资占比74%，销售收入超亿元企业90家，格力公司成为集聚区首家销售收入超百亿企业。全年共实现“新三板”挂牌企业30家，全国高新区排名第二；全国首创成立挂牌公司服务协会；全年实现资本市场融资20亿元。

强化招商引资实效。结合打造“北斗云谷”发展战略，采取有针对性的分队走访、驻地接洽、高层互动、集中签约等多种形式，开展专业化招商活动。全年共洽谈、跟踪总部企业35家，其中8家企业已办理工商注册手续；签约项目15个，总投资149.5亿元，其中中国移动河南数据中心、南方报业、国际文化广场、物联网园区、华强电子高端服务业基地等10亿元以上项目5个。

加快重大项目建设。2014年，承担省市重点项目31个，18个省重点项目实现投资77.3亿元，占年度投资计划的107%左右；13个市重点项目实现投资18.04亿元，占年度投资计划的104%。其中，联通中原数据基地一期、广告产业园一期、电子电器产业园已建成投入运营。

破解要素瓶颈制约。2014年，集聚区成立4个重点工作推进组，加快产业集聚区建设；邀请国务院发展研究中心把脉集聚区空间规划和主导产业布局，推进北斗特色园区建设；创新融资模式，解决棚户区改造资金难题，全年累计实现融资98亿元。实施“退二进三，腾笼换鸟”战略，土地收储后及时组织挂牌，破解用地难题，全年累计报批94.1公顷，供地89.5公顷，收储129.5公顷。

提升产城互动水平。为实现产业集聚区全域城市化，着力抓好《郑州高新区新型城镇化三年行动计划（2011-2014）》的落实工作，构建以人为本的新型城镇化。全年共完成拆迁面积900万平方米，洼刘村、大谢、付庄等60万平方米安置房平稳分配，新增回迁群众12380人。开工建设公租房1097套、保障性住房1087套。

【郑州经济技术产业集聚区】 2014年，全区主营业务收入完成2083亿元，增长31.8%；规模以上工业增加值实现337.7亿元，增长19.5%；固定资产投资完成319.6亿元，增长39.8%；引进省外资金约68亿元，增长25%；从业人员达到13万人。

产业集群培育。突出汽车、装备制造和现代物流三大主导产业，围绕产业结构优化升级，积极实施产业龙头带动、产业链条延伸、产业集群培育等产业招商战略。全年新签约产业类项目52个，签约额达629亿元。其中，世界500强投资项目5个，“三力型”项目9个，主导产业项目占比90%以上。全年新开工世茂奥特莱斯等项目77个，是2013年的近2倍，协议投资总额达604亿元；建成投产富士康扩能等主导产业项目18个。开工、竣工项目均居全市首位。137个省、市、区三级重点建设项目完成投资313亿元。

破解要素制约。围绕破解制约发展的瓶颈难题，着力创新体制机制，完善规划、土地、融资、科技等方面要素保障，市场活力和发展动力持续增强。编制完成经开区（汽车城）总体规划、商业文化宜居区城市设计及“控规”导则等，完成土地报批约666公顷，实现项目供地627.1公顷。加快闲置土地治理，千方百计解决土地遗留问题。创新融资体制。盘活用活融资平台现有资产，做大做强融资平台，通过加强与国家开发银行等专业银行合作，全年完成融资近80亿元。强化科技支撑。发挥留学人员创业园、高新技术创业中心两个

位于郑州经济技术产业集聚区的中铁隧道装备制造有限公司盾构机组装车间

国家级平台作用，完成高新技术企业认定18家，完成高新技术产业增加值87.9亿元，增长28%。

产城互动发展。围绕全域城镇化目标，以六个切入点和六项重点工作为抓手，加快合村并城、产城融合步伐，加大各项配套设施建设，形成“三横四纵”骨干路网。新建、续建航海路东延、九龙大道、故城南路等道路40余条，总长度70余公里。新建桥梁10座，完成21条道路路灯安装。启动14个行政村的征迁，投入资金28亿元，完成征迁763.5万平方米。累计开工世和一期、锦程一期等10个安置区14个项目，面积近400万平方米。其中，主体建成75万平方米，交付安置房2674套33.5万平方米，可回迁群众1万余人。同时，开建1801套4个公共租赁住房项目，完成任务的134%。

位于郑州市中牟产业集聚区的中原文化艺术学院

【郑州市中牟产业集聚区】 2014年，产业集聚区实现全部增加值27亿元，同比增长31.5%；实现营业收入75亿元，同比增长29.8%；利润22.5亿元；固定资产投资完成158.3亿元，同比增长79.9%；从业人员15785人，同比增长17.8%。利用省外资金15.8亿元，同比增长45.3%。

培育主导产业集群。围绕省级公共文化服务区功能定位及现代服务业总部经济、科技研发、电子信息等产业定位，2014年跟踪对接26个主导产业项目，开工10个。郑开大道沿线开工正商宇陆广场等楼宇项目2个，在建项目7个，规模76万平方米。医疗健康项目阜外华中心血管病医院开工建设，辅仁药业新药创制科研园征地清障加快推进，宛西制药技术研发中心、河南张仲景医院项目引进工作有序进行。

破解要素瓶颈制约。完成白沙组团总体规划深化梳理，委托开展白沙组团市政专项规划、综合交通规划和“六线控制”专项规划编制工作，完成豫兴大道以北、锦绣路以西等5个地块“控规”编制。建成白沙园区土地利用规划空间动态台账数据库，积极与浦发银行对接，实现银行委托贷款3亿元，抢抓国家支持大棚户区改造的政策机遇，完成白沙安置小区国开行统贷统还项目贷款12.5亿元。

推动产城互动发展。2014年完成房屋征收面积168万平方米。其中，完成白沙镇白沙村整村拆迁，约111万平方米，转移群众1419户5748人，投入资金5亿元；完成豫兴路马仙李村整村拆迁，约57万平方米，投入资金4.1亿元。安置房建设方面，完成连霍高速以南安置人口核定，初步确定刘集01号等5个安置小区及群众预留发展用地选址，全年新开工安置住房120万平方米，完成建设面积40万平方米，完成投资16.4亿元。

实现节约集约发展。集聚区水、电、气、暖供应充足，道路路网基本形成系统，完成雨水管道约90公里，完成污水管道约70公里，完成自来水和天然气管道各约80公里，完成热力管网敷设6公里，完成通讯管道建设约70公里，完成道路亮化约50公里；建成自来水厂1座，建设规模为3万吨/天；建成污水处理厂1座，建设规模为4万吨/天；建成110千伏变电站3座，建成500千伏变电站1座。

【郑州市中牟汽车产业集聚区】 2014年，产业集聚区实现规模以上工业增加值66.6亿元，同比增长16.8%；完成固定资产投资约108.8亿元，同比增长56.3%；实现税收约14亿元，同比增长40%；从业人员25207人，同比增长67%；生产整车约15万辆，同比增长25%。

培育优势产业集群。集聚区入驻有郑州日产、海马商务、红宇专汽、比克新能源汽车、郑州东工、郑州奥雪6家整车企业以及300多家零部件及服务企业，拥有上市企业6家、国家级企业研发中心2家、国家高新技术企业6家、省市工程（技术）研发中心12家、河南省博士后工作站1家。

加快重大项目建设。2014年，集聚区亿元以上项目完成投资103.2亿元，建成项目33个，在建项目64个。汽车生产制造板块：建成项目27个（整车项目2个、新能源项目1个、汽车零部件项目24个），在建项目49个（包括整车项目2个）。汽车后市场服务板块：一期建成项目6个，建成面积72万平方米，入驻商户2340家。

破解要素瓶颈制约。2014年，举办银企对接会15场，帮助企业融资30亿元，扶持郑州凯雪冷链股份有限公司上市。上报土地284.5公顷，批回土地96.5公顷，收储土地13.3公顷。

提升产城互动水平。规划范围内共计划建设各类社区、公租房、职工生活区20个，涉及29个行政村，总投资

中牟汽车产业集聚区比克新能源汽车

131亿元。启动建设项目16个和6个学校项目，全年完成拆迁约360万平方米，在建安置房200万平方米，建成约100万平方米，回迁群众1342户5560人。

加快集约节约发展。全年建成标准化产业用房120万平方米，中牟新城水厂进行厂区土建，郑州新区污水处理厂进行主体施工，铺设自来水管线10公里。

【郑州市金岱产业集聚区】 2014年，产业集聚区实现规模以上工业增加值1.1亿元，同比增长87.6%；完成固定资产投资14.9亿元；完成税收收入1.2亿元，同比增长29%；实际利用省外资金16.4亿元，同比增长195%；从业人员达到7668人，同比增长9%。

培育主导产业集群。基本形成以汽车及零部件、文化创意旅游、家居饰品产销（含黄金珠宝加工）、包装印刷等为主体的产业集群。主要包括郑州福耀玻璃有限公司、河南雅宝家具有限公司、河南宛西制药股份有限公司等名牌企业，3家企业的营业额达10亿元。

加快重大项目建设。全力推进“三园”建设，全年共实施重大产业项目18个，完成投资15亿元。其中，省、市重点项目7个，新开工项目11个，续建项目4个，投产项目3个。

破解要素瓶颈制约。强力推进土地收购工作，以“政府主导、土地回购、市场外迁、提档升级”为工作推进原则，围绕园区最新规划，针对业态档次低、经济效益差的企业，通过土地回购、升级改造等手段，盘活土地存量资源，从而破解土地瓶颈制约。

提升产城互动水平。一是围绕中原黄金珠宝文化产业园项目落地和入驻，推进小姚庄拆迁安置。小姚庄基本拆迁完毕，安置村民40户，土地及附属物补偿、拆迁过渡费、生活费等相关费用3214万元拨至相关村组。小姚庄村民安置小区地探、物探工作完成，户型征集工作完成，规划设计方案制定，工程、监理招投标工作完成，于11月8日正式进场开工建设，进行放线、开挖基础、进行项目选址意见书办理、施工图纸设计等工作，计划2016年竣工。二是配合做好东吴河村、河西村的合村并城工作。

【郑州上街装备产业集聚区】 2014年，产业集聚区共入驻规模以上企业78家，实现规模以上工业增加值34.6亿元，同比增长15.5%；完成固定资产投资31.4亿元，同比增长3.7%；实际利用省外资金6.6亿元，同比增长15%；从业人员达到8377人，比上年新增600人。

培育主导产业集群。以龙头企业为核心，促进产业链横向融合、纵向延伸、高端提升，根据泵阀、电线线缆、矿山机械等装备制造产业发展的实际情况，逐步形成以龙头企业为引领带动，中小企业提供服务配套，专业化分工、行业化协作、上下游产品衔接配套的产业体系。销售收入超亿元企业21家，超10亿元企业5家。

加快重大项目建设。始终把项目建设作为拉动增长、促进转型、积蓄后劲的重要抓手，不断强化领导分包、台账管理、观摩点评等推进措施，全年产业集聚区新开工、续扩建项目34个，完成投资33.34亿元。其中新开项目22个，续建项目12个，已投产项目22个。

破解要素瓶颈制约。巩固提升产业集聚区发展建设有限公司融资平台地位，持续推进多元化融资战略，全年公司实现融资3.74亿元，采用BT模式进行融资建设产业集聚区纵三路、纵六路、公租房等基础设施。

提升产城互动水平。按照“四集一转”和“郑州市新型城镇化三年行动计划”的要求，坚持“政府主导拆迁安置、市场化运作开发建设”，采取整村推进、连片开发的方式，加快产业集聚区规划范围内村庄拆迁和安置区建设，对集聚区内全部村庄进行统一搬迁，集中安置。截至年底，完成全部村庄拆迁，建成安置房面积15万平方米，计划2015年基本完成村民回迁。

加快节约集约发展。严格执行各类土地使用标准，全面清理低效用地企业，盘活现有土地存量，推进三层及以

位于郑州上街装备产业集聚区的河南华泰特种电缆有限公司

郑州市金岱产业集聚区龙头企业之一的张仲景大药房股份有限公司

上标准化厂房建设，对适合入驻标准化厂房项目，不再单独供地。全年共盘活闲置土地20余公顷，建成标准厂房4.6万平方米。

【郑州马寨产业集聚区】 2014年，产业集聚区完成规模以上工业增加值38.1亿元，同比增长12.1%；全部企业营业收入实现185亿元，同比增长15.6%；完成固定资产投资53.4亿元，同比增长52.3%；从业人员达到18839人，新增从业人员4400人。

着力培育主导产业集群。集聚区基本形成以食品加工和装备制造为主导产业的产业集群，形成大项目—产业链—产业集群—产业基地的基本框架，注重引进带动力强的龙头企业，整体包装推介效果不断增强。主导产业增加值占比72.6%。主营业务收入超亿元企业30家。

强力推动重大项目建设。集聚区2014年共实施重点项目5个，新开工7个，续建4个，计划竣工16个。其中，总投资21亿元的顶新再投资项目一期面厂投产；总投资12亿元的花花牛项目一期投产；总投资15亿元的中宇食品包装项目主体建成，调试安装设备。

破解要素瓶颈制约。依托郑州马寨工业园建设开发公司，通过BT、BOT等多元化合作模式，完成融资39.5亿元推进基础设施建设和合村并城建设；全年完成批回建设用地125.1公顷，实现供地31.5公顷；与市人才市场联网开通人才专线，为集聚区企业解决专业技术型工种170余人、其他工种600余人。

提升产城互动水平。引进市建投参与合同资金为21.7亿元的马寨合村并城安置区建设，第一安置区（张河、程炉安置区）基本建成；新镇区内刘胡垌村、张寨村的拆迁完成，刘胡垌安置区主体安置房建设到第7层，程炉村拆迁完成90%。

强力推动集约节约发展。全年建设完成标准化厂房12万平方米，累计各类标准化厂房达到50多万平方米，其中多层标准化厂房达到50%。建成马寨污水处理厂，日处理能力达5万吨，污水垃圾集中处理率均达100%。

位于郑州马寨产业集聚区的顶新国际扩大再投资一期（面厂）立体仓库

【新郑新港产业集聚区】 2014年，产业集聚区实现规模以上工业增加值41.5亿元，同比增长19.6%；完成固定资产投资93亿元，同比增长30.8%；主营业务收入310亿元，增长18.2%；税收收入3亿元，增长28%；增加值41亿元，增长20%；从业人员达到18317人。

产业集群培育。围绕中储粮油脂（新郑）有限公司，以其为龙头，规划用地133.3公顷，建设新港粮油产业园，拟招引粮油产业下游产业链条，打造全国粮油产业基地。同时围绕食品产业，开工建设恒喜龙食品、冠超食品等4个项目；光明乳业试生产，康盛葡萄酒、佳龙食品等4个项目签约落地准备开工建设。同时，加快推进产业结构升级，着力发展生物医药产业，规划建设生物医药产业园，卓峰二期、新众康建成投产；润弘制药正在建设；国药集团开工建设，同时有4家企业意向入驻。

强化要素保障。以新港建设投资有限公司为主体，采取BT、BOT等融资模式，争取银行贷款和国债资金，建立市场化运作、社会化参与、多元化投入的基础设施投资建设机制，强力推进以交通路网为带动的各项要素保障，启动新村大道东延、中兴路二期等道路建设。加快和重庆康达国际环保公司合作，启动集聚区污水处理厂建设。完善集聚区公共服务体系建设，发挥好新港建设投资有限公司、新港产业集聚区企业服务中心等公共服务平台作用，建设标准化厂房12万平方米。

节约集约发展。2014年，新郑新港产业集聚区以创建节约集约示范产业集聚区为突破口，把节约集约发展贯穿到集聚区发展各个方面，严格落实工业用地建筑密度、建筑容积率、亩均投入产出强度等准入机制，鼓励支持企业建设标准化厂房，2014年新港产业集聚区工业用地建筑密度平均高于55%，建筑容积率达到1，亩均投资强度350万元，建设标准化厂房12万平方米。同时对区内存量企业及土地情况澄清底子，建立土地档案，重点开展土地整治工作，盘

新郑新港产业集聚区龙头企业河南达利食品有限公司

位于新密市产业集聚区的赛兰服饰有限公司成品展示厅

活闲置土地20公顷。

产城互动发展。强化产城互动，建设新型社区。拆迁方面，启动4个自然村拆迁，其中完成2个自然村拆迁，拆迁面积18.2万平方米；安置房建设方面，河赵社区1期10栋6.1万平方米基本竣工，7栋进行主体建设，规划设计二期歹庄、尹庄安置区。

【新密市产业集聚区】 2014年，产业集聚区完成规模以上工业增加值63.5亿元，同比增长30.6%；固定资产投资完成140亿元，从业人员达到26862人；实际利用省外资金33.4亿元，整体呈现快速发展。

培育壮大主导产业，促进产业集群发展。装备制造方面，突出发展环保装备产业，深化与浙江大学、清华大学等高等院校的战略合作，在集聚区内规划建设环保装备产业园，打造中部地区有影响力的环保装备产业基地。园区内集聚康宁特环保装备、工信华鑫环保科技等一批投资5亿元、10亿元以上的项目，初步形成以大气、水、电子垃圾治理为重点的比较完整的环保装备制造产业体系。品牌服装方面，着力打造集研发设计、生产销售、展览展示于一体的产业基地，形成规模优势和品牌效应。投资5亿美元的香港迅捷服装产业园、投资38亿元的锦荣服装创意园、投资16亿元的同赢服装企业总部港、投资16亿元的中金服装孵化园和金盛服装商贸城产品展示中心等项目建设快速推进。

强力开展招商引资，加快推进项目建设。2014年，产业集聚区签约落地项目52个，计划总投资475亿元，在建亿元以上项目26个。世界500强普洛斯集团国际物流园、中航郑飞军民品产能转移、国内500强中建七局绿色建材园、蓝尔服饰品牌服装生产等一批“三力型”项目达成合作意向并签约落地产业集聚区。加快项目建设进度，工信华鑫、同赢服装企业总部港、锦荣服装创意园二期等10余个亿元以上续建项目快速推进，中澳现代服饰鞋业物流总部基地项目、万力物流园项目、陆丰机械等8个亿元以上新开工项目建设进展顺利。

着力完善基础设施，提升综合承载能力。加大投资力度，加快推进以交通路网为主的水、电、气等基础设施和配套服务设施建设。累计投资15亿元，先后建成“八纵六横”14条道路。污水处理厂二期日处理1.5万吨工程建成运行，110千伏变电站进行设备安装；引热入郑供热管网全线贯通；六大综合服务平台建设取得新进展，新成立的产业集聚区人才分市场投入使用，为企业输送各类人才近千名，综合承载能力和配套服务功能进一步提升。

推进人口有序转移，产城互动融合发展。坚持以产兴城、依城促产、产城互动、融合发展，通过产业的发展带动劳动力和人口的集聚，吸引和承接农村人口向城镇转移。先后启动集聚区规划区内4个行政村整村搬迁工作，锦绣、绿茵、溱水湾3个合村并城社区建设快速推进。新建成的1333套15.6万平方米安置房达到入住标准。容纳2万人的锦绣社区20栋1000余套安置楼房续建施工。

【登封市产业集聚区】 2014年，产业集聚区企业实现营业收入230亿元，同比增长17%；规模以上工业增加值完成41.6亿元，同比增长13.9%；完成固定资产投资73.5亿元，同比增长33.4%；实际利用市外资金16.45亿元，同比增长35.9%；从业人员达到1.6万人，比上年新增2300人。

主导产业集群培育。积极培育家居、生物医药和高新技术产业等新兴主导产业，加快推进园区发展转型。全年共实施重点项目23个，完成投资52亿元，其中，建成投产项目4个，续建项目14个，新开工项目5个。天地之中新能源电动汽车、慧宝源生物医药产业园、天路矿山设备、白云牧港等主导产业项目即将建成投产；亚力山卓、TATA木门等国内知名品牌家居项目落地；中岳科技、跃博汽车电器2个项目被列入郑州市15个百亿级高新技术企业培育名录库。

破解要素瓶颈制约。依托市建投公司和天中实业有限公司，全年融回资金6亿元用于基础设施建设和土地收储；通过BT合作模式推进基础设施建设，引进中建七局合作建设的隧道工程项目完成土方量的85%，工程进展顺利；充分发挥人才服务站功能，全年招聘储备人才1000余人，向企业输送480人；全年开展技能培训2次，免费为企业培训员工638人；全年收储土地53.5公顷，批回建设用地43.5公顷。

提升产城互动水平。产业集聚区

位于登封市产业集聚区的中岳科技

周边共规划5个新型社区，全部启动建设，截至年底共建成安置房46.5万平方米，回迁安置群众1941户7839人，回迁安置率80%。其中，2014年完成投资6.2亿元，建成安置房26.6万平方米，回迁安置群众934户3547人。

加快节约集约发展。全年完成投资12.8亿元，共推进9个基础设施项目建设。其中，S316产业集聚区段升级改造、产业集聚区供水工程扩建项目、110千伏卓越变电站电网工程等5个项目建成投用；控制区"两横一纵"路网、产业集聚区隧道、产业集聚区东环路等4个项目正在建设。

荥阳市产业集聚区已建成入住的石柱岗社区

【荥阳市产业集聚区】 2014年，产业集聚区全年完成固定资产投资83亿元，同比增长19.5%；主导产业投资比重达到43.5%；规模以上工业主营业务收入完成260亿元，同比增长18%；规模以上工业增加值完成60.4亿元，同比增长4.1%；从业人员达到2.48万人；引进市外资金40亿元。

项目建设速度加快。2014年，集聚区新开和续建工业项目23个，其中省重点4个，郑州市重点项目6个，总投资141.5亿元，2014年完成投资55.9亿元。通冠重工、弘亚机械、恒益重工8个项目建成投产，豫德隆循环利用、三华科技等15个项目主体完工。项目全部建成达产后，将新增主营业务收入75亿元，装备制造产业集聚水平将明显提升。

招商引资成效显著。2014年，集聚区新签约和达成合作意向项目共26个，总投资94.4亿元，其中投资45亿元的郑州南车中原经济区轨道交通造修基地及产业配套项目、投资5亿元的泉舜流控项目和投资5亿元的郑州亨利制冷等22个项目签约落地，总投资72.3亿元。

产城融合扎实推进。2014年，产业集聚区共启动村庄拆迁8个，总拆迁面积122万平方米，完成拆迁面积121.6万平方米；安置社区建设方面，新开工续建149.3万平方米，建成面积32万平方米，群众回迁745户3100余人。

基础设施持续完善。2014年，产业集聚区不断加大基础设施建设力度，提升产业承载能力。一是路网建设快速推进。2014年集聚区共开工道路8条，共计13.2公里，完成投资7.4亿元。其中，商隐路、工业南路、飞龙路等6条道路建成通车，通车里程5.6公里；织机路、荥泽路正在施工。二是配套公共服务设施日趋完善。中原路与绕城高速互通立交、消防特勤站、郑西高铁郑州客运西站等项目主体均完工，进行收尾工作。

（王 琳）

县（市）区

巩义市

【概况】 2014年，巩义市总面积1041平方公里。辖15个镇、5个街道办事处，26个居民委员会，289个村民委员会。2014年末，全市总户数246228户，常住总人口819940人。其中，男419810人，女400130人，城镇人口413824人，城镇化率达到50.47%。人口出生率为10.62‰，死亡率为6.04‰，自然增长率为4.58‰。

2014年，巩义市生产总值完成613.56亿元，比上年增长9.2%。其中第一产业增加值完成11.61亿元，比上年增长3.5%；第二产业增加值完成420.93亿元，比上年增长9.3%；第三产业增加值完成181.02亿元，比上年增长9.5%。人均生产总值74996元，比上年增长8.8%，三次产业结构比重为1.9：68.6：29.5。全年地方一般预算收入31.8亿元，比上年增长6.1%。一般预算支出45.9亿元，比上年增长6.3%。年末金融机构各项存款余额311.2亿元，比年初增加22.8亿元，增长7.9%；各项贷款余额169.4亿元，比年初增加12.8亿元，增长8.1%；城乡居民储蓄存款205.6亿元，比年初增加17.5亿元，增长9.3%。全市建筑业完成增加值21.6亿元，比上年增长9.9%。全社会固定资产投资完成414.3亿元，比上年同比增长13.8%。

加大项目建设力度，全年实施500万元以上项目424项，其中超亿元项目183项，完成投资259.6亿元，同比增长42.0%。投资9亿元的人民电缆铝合金环保电缆一期、投资8.5亿元的天祥耐材覆膜砂、PE燃气管等项目建成投产，投资45亿元的中孚实业高性能铝合金特种铝材、投资25.6亿元的怡泰铝业铝装饰材料产业园等项目快速推进，项目带动作用明显增强。

2014年，消费品市场繁荣活跃。随着万洋国际商城一期建成开业运营，宋城御街主体完工，威佳汽车贸易中心、鑫泰汽车交易中心有序推进，商业基础设施得到进一步提升。全社会消费品零售总额完成219.8亿元，比上年增长13.1%。

对外开放步伐加快。坚持以“开放招商年”活动为抓手，继续完善载体平台，创新招商方式，先后与清华大学、北京大学、南车集团、天瑞水泥、清控科创、阳春机电实现合资合作，新签约开工投资超亿元项目29个。2014年，实际利用外商直接投资完成2.78亿美元，比上年增长27.0%。进出口总值4.10亿美元，比上年增长95.9%。其中，出口总值3.51亿美元，比上年增长86.8%。

城乡居民生活水平继续提高。2014年，全市城镇居民人均可支配收入24722元，比上年增长9.8%；城镇居民人均生活消费支出17334元，比上年增长13.2%。全市农村居民人均纯收入15426元，比上年增长10.6%；农村居民人均生活消费支出7986元，比上年增长6.5%。居民居住条件有所改善。2014年城镇居民人均住房建筑面积38.51平方米，比上年增加0.35平方米；农村居民人均住房面积49.24平方米，比上年增加0.24平方米。

2014年，巩义市再度入选中国百强县市排行榜，排名81位。巩义市回郭镇、竹林镇、米河镇、北山口镇入选河南省2014年度百强乡镇。根据《住房城乡建设部等部门关于印发传统村落评价认定指标体系（试行）的通知》（建村〔2012〕125号），经河南省传统村落保护和发展专家委员会评审认定并公示后，巩义市康店镇康南村、鲁庄镇小相村、西村镇东村村、大峪沟镇海上桥村被列入第二批河南省传统村落名录。

【机构与领导】 中共巩义市委：书记舒庆（2月免）、徐相锋（3月任）；副书记张春阳、马志峰；市委常委：舒庆（2月免）、徐相锋（3月任）、张春阳、马志峰、杨彦峰、樊惠林、冯献峰、朱军、谈得胜、扈明华、李刚、景雪萍（女）、袁道强（7月任）。

市委工作部门：办公室主任朱军；组织部部长冯献峰；宣传部部长景雪萍（女）；统战部部长李刚；政法委书记谈得胜；群工部部长王向阳；市直工委书记张坤霞（女）；党史办主任刘翠霞（女）；老干部局局长徐彦龙；新闻宣传中心主任范溭进；党校常务副校长田本学；档案局局长李县令（1月免）、王俊欣（1月任）；目标考评办主任赵雨（1月免）、周杰（1月任）。

市五届人大常委会：主任李明桢；副主任申新中、闫红涛、范志武、钟西军、崔俊理。

市人大常委会工作部门：办公室主任韩利敏；教科文卫工委主任吴喜玲（女）；财经工委主任马克霞（女）；

巩义市委书记徐相锋在韩门隧道调研

事业单位公开招聘

选工委主任冯晓慈（女）；农工委主任祖振坤；法工委主任曹会婷（女）。

市人民政府：市长张春阳；副市长樊惠林、梁险峰、贺传伟、李凤芝（女）、袁斌、赵培丰、孙现升、史建伟、袁道强（7月任）。

市政府工作部门：办公室主任王继锋；发改委主任王向党；统计局局长周占龙；人力资源和社会保障局局长吴建禄；财政局局长袁海昌；审计局局长张庆福；国税局局长曹永桢；地税局局长李明珠（1月免）、路程（1月任）；工商局局长张红旗（8月免）、梁险峰（8月兼任）；质监局局长祖世泉；监察局局长郑占国；审批中心主任王建设；农委主任赵现才；林业局局长张清海；水务局局长李立新；烟草局局长曹占岭；气象局局长杜光伟；住建局局长王元洪；国土局局长马振杰；执法局局长张丰海；交通局局长崔志强；环保局局长赵寿涛；电业局局长张建波；园林绿化中心主任贺芳清（女）；教育体育局局长李易（女）；人口计生委主任崔国强；卫生局局长段志斌；药监局局长马占福；史志办主任郅笃威；爱卫办主任梁广旭；科工信委主任杨文彪；城集联社主任杨武宪；安监局局长肖现军；煤炭局局长王东（1月任）；文化广电新闻局局长逯熙鹏；商务局局长刘建伟；供销社主任魏建中；盐业局局长张鹏飞；文物旅游局局长赵新海；公安局局长刘耀增（8月免）、陈兆甲（12月任）；司法局局长贾孟杰；民政局局长张亚晓；信访局局长王向阳；机关事务局局长白利亚；邮政局局长梅建宏。

政协市五届委员会：主席王双圈；副主席焦天伟、王红生、焦振福、曹克强。

市政协工作部门：财贸经济委主任王保康；提案委主任常成军；社会和法制委主任夏文英（女）；科教文卫委主任张相忠；学习文史委主任乔万章。

中共市纪律检查委员会书记：杨彦峰。

市人民武装部部长：黄柏源；政委：扈明华。

市人民法院院长：王季。

市人民检察院检察长：陈宏钧。

市群团组织：工会党组书记范志武；妇联主席张文红（女）；团市委书记李明刚（1月免）；科协主席杨秀芬（女）；文联主席邵玉龙；工商联会长王少辉；残联理事长孙占国。

街道、镇：新华街道党工委书记康新伟，办事处主任校现伟；孝义街道党工委书记张东杰，办事处主任韩润峰；永安街道党工委书记符维，办事处主任李曙光；杜甫街道党工委书记杨晓贤，办事处主任孟玉杰；紫荆街道党工委书记杨红伟，办事处主任杜鹏懿；米河镇党委书记王震平，镇长王耀伟；新中镇党委书记许元浩，镇长杨少华；小关镇党委书记白东升，镇长张文锋；竹林镇党委书记赵明恩，镇长李书转（女）；大峪沟镇党委书记庞国栋，镇长王国栋；河洛镇党委书记逯雨林，镇长李继锋；站街镇党委书记庞冠峰，镇长曹明勋；康店镇党委书记马海山，镇长路少辉；北山口镇党委书记陈冠彬，镇长刘怀威；西村镇党委书记王国锋，镇长侯松强；芝田镇党委书记范钦伟，镇长王跃举；回郭镇党委书记张会录，镇长赵静波；鲁庄镇党委书记王乾玺，镇长王东（1月免）、焦成举（1月任）；夹津口镇党委书记张宏杰，镇长李争妍；涉村镇党委书记闫龙涛，镇长许学辉。

【农业与农村经济】 全年粮食总产量14.6万吨，比上年下降4.6%。其中，夏粮产量7.8万吨，比上年增长0.9%；秋粮产量6.8万吨，比上年下降10.2%。水果产量30470吨，比上年增长9.5%。蔬菜总产量52772吨，比上年增长1.5%。油料产量4890吨，比上年下降9.9%。棉花产量371吨，比上年增长37.9%。2014年年底全市拥有农业龙头企业95家，3家农业企业进入省级农业龙头企业行列；新申报认定国家级示范合作社2个、省级示范合作社1个，农民专业合作社达到274个，新发展农民专业合作组织60个。全年成片造林面积913公顷，比上年下降39.1%；成林抚育面积 6092公顷，比上年增长23%；幼林抚育作业面积5685公顷；当年新育苗面积100公顷，四旁植树137万株。全年肉类产量27007吨，比上年增长7.3%。其中，猪牛羊禽肉类总产量26351吨，比上年增长7.3%。禽蛋产量10080吨，比上年增长1.2%。奶类总产量5200吨，比上年下降0.9%。水产品产量4830吨，比上年增长9.9%。年末全市农业机械总动力59.1万千瓦，比上年增长1.4%；农用拖拉机达到15160台，比上年减少424台；农用运输车达到5467辆，与上年持平。全年农村用电量14亿千瓦小时，比上年增长7%。

【工业经济】 2014年，全市完成工业增加值399.4亿元，比上年增长9.2%。规模以上工业企业完成工业增加值355.8亿元，比上年增长10.2%。其中，轻工业完成14.2亿元，比上年增长21.1%；重工业完成341.6亿元，比上年增长9.8%，轻、重工业比例为4：96。规模工业增加值分行业看，非金属矿物制品业完成161.0亿元，比上年增长11.2%；有色金属冶炼及压延加工业完成70.0亿元，比上年增长6.8%；金属制品业完成16.6亿元，比上年增长3.4%；专用设备制造业完成20.0亿元，比上年增长24.2%；电气机械及器材制造业完成15.2亿元，比上年增长12%。全市规模以上工业企业实现产品主营业务收入1795.0亿元，实现利税总额57.7亿元，工业产品产销率达97%。全市规模工业企业应收账款净额75.8亿元，受各种因素影响，全市亏损企业22家，亏损面为5%，亏损企业亏损额10.9亿元，比上年减少0.2亿元。

【第三产业】 交通运输业。2014年全市运输旅客2669万人，比上年增长2.9%；运输货物3032万吨，比上年增长11.4%。全年共完成旅客周转量53221万人公里，比上年增长19.4%；完成货物周转量511216万吨公里，比上年增长8.2%。

邮电通信业。全年共完成邮电业务总量59027万元（按2010年部门可比价计算），比上年增长11.1%。其中，邮政业务总量77194万元，比上年增长2.8%；电信业务总量51233万元，比上年增长12.5%；本地电话用户期末数122158户，比上年增长18.6%；移动电话用户达到72.2万户，比上年增长2.6%；互联网用户达到120805户，比上

巩登旅游路

年增长5.5%。

旅游业。大力发展文化旅游业，聘请巅峰智业启动了旅游产业发展总体规划编制工作，浮戏山旅游综合开发、青龙山国际生态示范区等旅游重点项目加快推进，嵩阴旅游路竣工通车，旅游基础设施进一步完善。2014年，全市共有旅游景点18个，风景名胜区1个。景区景点共接待游客650万人次，比上年增长4.8%；旅游收入8.5亿元，比上年增长15.0%。

【城市建设与管理】 中心城区建设全面加快。继续优化提升中心城区功能，唐三彩路、嵩山北路、明泰综合商务大楼、五耐科技大厦等基础设施项目按计划推进，金岭大厦等10个公共服务设施项目顺利完工，朗曼新城、隆和花园等11个城中村改造（合村并城）项目开工建设，城市东拓步伐加快，商务中心区初具雏形。

环保事业加快发展。年末，全市环保系统共有人员268人，拥有环境监测站1个，环境监察大队1个，危险废物和辐射管理中心1个，机动车污染检查大队1个。环保法制建设继续加强，执法力度加大，全年共完成限期治理污染企业26家。全年市区环境空气质量优良天数为255天，地表水责任断面水质达标率为100%，城市集中式饮用水源地取水水质达标率为100%。

2014年，巩义市被河南省交通运输厅确定为“公交优先示范城市”创建城市，2014-2016年每年可获不超过1000万元的扶持项目资金。

【社会保障】 2014年全市共有福利院1个，拥有床位60张，收养人数26人。养老机构2家，拥有床位290张，入住人数160人；镇级敬老院18所，拥有床位1086张，供养人数338人。全市因自然灾害得到国家救济4.6万人次。全市城市低保对象1300户2910人，年发放城市低保资金869.7万元；农村低保对象9687户20638人，年发放农村低保资金3844.5万元。

社会保障体系不断完善。企业职工基本养老保险、医疗保险、失业保险和工伤保险深入推进。城镇居民基本医疗保险和城乡居民基本养老保险覆盖面不断扩大。2014年，全市城乡居民基本养老保险参保总人数达到37万人，企业职工参保达到6.58万人，机关事业单位参保达到18038人；离退休人员社会统筹人数中，企业离退休人员达到15518人，机关事业单位离退休人员达到6798人；全市失业保险人数中，企业单位参保达到42438人，机关事业单位参保达到16164人。职工医疗保险参保人数达到75291人，城镇居民基本医疗保险制度全面启动，参保人数达到58838人。继续优化调整新农合补偿政策，全年补偿金额2.3亿元，农民参保率达到99.5%，比上年提高0.7个百分点。

【社会事业】 2014年，全市国有企事业单位共有各类专业技术人员28382人，全年科学技术费用支出7543万元，比上年下降11.8%，取得郑州市科学技术奖一等奖3项。全年共实施科技攻关计划项目20项，其中，国家级1项，省级16项，郑州市级3项。2014年申请专利技术627项，其中，发明专利95项，实用新型专利343项，外观设计专利189项。2014年年底，全市技术监督系统共有126人，拥有质量检验机构1个，计量检测机构1个，全年共监督抽查各类产品1241批次。

总投资6.6亿元的中小学校舍安全工程扎实推进（其中，民生工程6.4亿元，校舍安全工程1876万元），已完成投资2.8亿元，竣工项目13个。教育教学质量进一步提高，2014年全市普通高招本科上线人数达到2814人，被重点大学录取547人，其中清华大学2人。2014年，全市共有高中（含职专）11所，在校学生17513人；初中29所（其中九年一贯制学校5所），在校学生23466人；小学71所，教学点57所，在校学生50647人。小学和初中入学率均达100%。教职工人数达到7413人，其中专任教师6881人。幼儿园在园幼儿28730人（其中幼儿园27827人，附设学前班903人）。职业技能培训发展迅速，全市共有16个镇（街道）级农村劳动力实用技术培训基地，285个农村劳动力定点培训机构，2014年有4.2万人次参加农村劳动力实用技术培训。

文化基础设施不断加强，继续完善公共文化设施和服务网络，积极开展群众性文体活动，巩义市先后荣获中国民间文化艺术之乡、河南省文化先进市称号。全市达标文化站达到20个，达标文化大院达到278个。2014年全市共有艺术表演团体1个，博物馆2个，文化馆1个，公共图书馆1个。共有广播电台1座，电视台1座，有线电视台1座，有线电视用户达到8万户。全年文艺广场共举办活动150场次，观众达10余万人次。档案事业进一步发展，市档案馆年末存放各类档案资料达到25.9万卷（册、件、盒、张）。2014年，由巩义市团市委联合星宇文化传播有限公司创作的该市首部微电影《大学大学》在土豆网上映。

2014年，全市共有医疗卫生机构657个。其中，医院、卫生院27个，社区卫生服务中心3个，疾病预防控制中心1个，妇幼保健院1个，卫生监督机构1个，计划生育技术服务机构17个，其他医疗卫生机构607个。卫生机构拥有床位数2856张，卫生技术人员4347人。其中，执业医师（助理）1728人，注册护士1868人。继续深化医疗卫生体制综合改革，大力推进县级公立医院改革，开展医疗联合体试点工作，全面巩固基本药物制度成果，扎实开展公共卫生服务，加强卫生基础设施建设。

2014年，全市共组织群体性竞赛活动13次，其中大型比赛6次。全民健身活动蓬勃开展，学校体育更加活跃，有94%以上的在校学生达到了国家体质健康标准。

【两家合作社成为全国农民合作社示范社】 2014年，巩义市春兴生猪专业合作社和新月农副产品专业合作社被评为全国农民合作社示范社。两家合作社以服务成员为宗旨，以科技为推手，以提高经济收入为目的，实行标准化生产，在运作中统一购买生产资料，统一技术服务，统一培训，统一防疫和病虫害防治，统一销售，提高了组织化程度。春兴农民生猪专业合作社发展成员107户，年出栏生猪4万头，年均产值达到6400万元；米河镇新月农副产品专业合作社发展成员380户，农作物种植面积

693.33公顷，年产量1.27万吨。

【杨小周当选“2014河南最美村官”】 作为央视大型报道“寻找最美”系列活动之一，由《大河报》承办的“2014河南最美村官”评选活动于5月20日启动，经过各级宣传、组织、民政部门认真审核，层层推荐，18个省辖市、10个省直管县（市）的63名农村干部得到推选，另有群众推荐、媒体寻找的候选人6人。7月2日，经河南省委宣传部、组织部、民政厅等有关单位负责人和专家学者组成评委会，初评出20名候选人。通过事迹展示、社会投票、群众监督等程序，评委会对2014年的最美村官候选人进行了终评。巩义市北庄村党支部书记杨小周荣获“杜康杯2014河南最美村官”称号。

（魏小艳）

新密市

【概况】 2014年，新密市总面积1001平方公里，其中耕地面积46434.4公顷。辖4个街道、12个镇、1个乡、1个风景区和1个产业集聚区，303个行政村，47个居委会。总人口80万人。人口出生率为10.38‰，死亡率为5.42‰，自然增长率为4.96‰。

2014年，全市实现生产总值601.87亿元，比上年增长9.9%。其中，第一产业增加值18.92亿元，比上年增长3.9%；第二产业增加值395.26亿元，比上年增长10.5%；第三产业增加值187.68亿元，比上年增长8.8%。三次产业结构由上年的3∶66.7∶30.3调整为3.1∶65.7∶31.2，转变发展方式成效显现，产业结构更趋合理。全年财政总收入完成43.09亿元，比上年增长2.7%。公共财政预算收入完成30.01亿元，比上年增长5.6%。其中，税收收入16.32亿元，比上年增长9.2%，税收占财政一般预算收入的比重为54.4%，比上年提高1.8个百分点。公共财政预算支出为43.24亿元，比上年增长4.9%。人均生产总值75076元，比上年增长9.7%。2014年全部工业增加值完成372.36亿元，比上年增长10.3%。第一产业完成投资4.55亿元，比上年增长417.1%；第二产业完成投资256.21亿元，比上年增长11.9%，占投资比重66.8%；第三产业完成投资123.03亿元，比上年增长24.5%，占投资比重32.1%。2014年全市实现进出口总额6949万美元，比上年下降50.7%。其中，直接出口总值6942万美元，比上年下降49.7%。全市农村居民人均纯收入14734元，比上年增加1424元，增长10.7%。城镇居民人均可支配收入24856元，比上年增加2239元，增长9.9%。农村居民收入增速快于城镇居民收入增速0.8个百分点。

2014年，新密市紧紧围绕“三大主体”工作，按照“融入郑州、对接空港、创新驱动、持续转型”的要求，抢抓机遇，锐意进取，主动作为，突出交通路网体系、新型城镇体系、现代产业体系、生态环境体系、社会治理体系“五大体系”建设。与2011年相比，地区生产总值净增123亿元，固定资产投资净增134亿元，地方公共财政预算收入净增10亿元。

教育科技和文化体育事业较快发展。投资4000万元，新建公办幼儿园5所，新建改扩建中小学校舍1.9万平方米；全年向大中专院校输送学生6054人。高招一本上线622人，本科上线2574人，居郑州各县（市）第二位，被评为全国义务教育发展基本均衡县（市）。

【机构与领导】 中共新密市委：书记王铁良（3月免）、蒿铁群（3月任）；副书记：蒿铁群（3月免）、张红伟、李芳（2月任）；市委常委：王铁良（3月免）、蒿铁群、张红伟、李芳（3月任）、薛晓军、付建峰、刘月楼（女，3月免）、翟国防、连书平（3月免）、姚志伟、程雨笋、辛绍河（3月任）。

市委工作部门：办公室主任刘月楼（女，3月免）、翟国防（3月任）；组织部部长翟国防；宣传部部长付建峰；政法委书记姚志伟；监察局局长苏松杰；党校常务副校长王宗福；编办主任宋照；督查室主任梁书灿；史志办主任王西林；外宣办主任王炎军；老干部局局长杨彦秋；档案局局长周建军；优化局局长张超峰；保密局局长赵清江；机要局局长李三妹（女）。

市三届人大常委会：主任王玉枝；副主任梁建忠、许东凡、郭占鳌、徐培林、王敬梅（女）。

市人大常委会工作部门：办公室主任陈国敏；代表工委主任秦红霞（女）；法工委主任范超峰；教工委主任侯丽君（女）；农工委主任蔡璐（女）；财工委主任马爱荣（女）；城工委主任刘群岭；信访室主任靳福生。

市人民政府：市长蒿铁群（3月免）、张红伟（3月任）；常务副市长连书平（3月免）、辛绍河（3月任）；副市长徐操志、秦耀堂、王彦国、张元明、史启新、蒋剑茹（女）、虎荣鑫。

市政府工作部门：办公室主任李宏伟；发改委主任张超峰；科技和工信局局长刘大军；创建办主任赵明晓；爱卫办主任钱瑞芳；接待办主任王议唯（女）；工农办主任孙宏伟（女）；机关事务局局长梁宏彬；人防办主任朱青见；文化广电旅游局局长张银灿；农工委主任祖君；行政服务中心主任王建华；教体局局长卢长水；民政局局长冯伟东；财政局局长徐桂林；人力资源和社保局局长虎伟东；社会保险管理局局长王钊铭；国资局局长马卫东；煤炭局局长王旭康；安监局局长樊瑞辉；住房和城建局局长陈铁建；房地产管理中心主任梁松辰；园林局局长张海俊；城乡规划局局长宋卫敏；拆迁办主任程柏松；交通运输局局长郑二卿；环保局局长王冰；林业局局长魏颖阳；水务局局长徐绍敏；畜牧局局长张孟丽（女）；气象局局长郭世民；卫生局局长寇海荣；审计局局长刘建军；人口和计生委主任冯嵩懿；统计局局长田建勋；行政执法局局长谷宝山；商务局局长张艳艳（女）；盐业局局长张春旺；物价局局长耿爱萍；农机局局长郑路明；国有资产管理办主任崔皓哲；食品安全办主任刘根旺；供销社主任郭彦卿；民族宗教局局长郭福珍（女）；台办主任理建中；质监局局长李宗显；食品药品监管局局长候德林；烟草专卖局（分公司）局长（经理）刘忘伟；国税局局长李宏德；地税局局长任彦山；工商局局长任

2014年5月14日，郑州市市长马懿在新密市调研新型城镇化建设

丙坤（3月免）、陈三建（3月任）；电业局局长李新有；邮政局局长刘剑峰。

政协市三届委员会：主席桑萌莉（女）；副主席刘保立、刘春喜、高永森、岳慧玲（女）、李松涛、宋林祥。

市政协工作部门：办公室主任王伟峰；提案联络委主任王浩洲；教科文卫委主任孟晓红（女）；经济委主任李现民；学习文史委主任于祥萍；委员联络委主任李毅敏。

中共市纪律检查委员会书记：薛晓军。

市人民武装部部长：吴明勇（12月免）、董红利（12月任）；政委：程雨笋（12月免）。

市人民法院院长：刘文斌。

市人民检察院检察长：张东。

市群团组织：总工会主席申慧萍（女）；团市委书记王幸；妇联主席尚书亚（女）；科协主席刘广军；工商联主席宋林祥；文联主席王镜镔；残联理事长尚文法。

街道、乡镇、管委会：西大街街道党工委书记刘彦伟，办事处主任程华民；青屏街道党工委书记邓献村，办事处主任刘军（9月免）；新华路街道党工委书记李春阳，办事处主任张丽祥（女）；矿区街道党工委书记朱丽华（女），办事处主任樊建伟；米村镇党委书记袁金伟，镇长陈永建；牛店镇党委书记陈钊利，镇长王健；平陌镇党委书记李晓峰，镇长裴晨翔；超化镇党委书记虎荣鑫（副市长兼），镇长屈国强；大隗镇党委书记史启新（副市长兼），镇长周建凯；苟堂镇党委书记李雅（女），镇长谢明勋；刘寨镇党委书记宋光洲，镇长高淑峰（女）；白寨镇党委书记桑勇，镇长张占令；曲梁镇党委书记张红伟（市委副书记兼，3月免）、李芳（女，市委副书记兼，3月任），镇长（空缺）；岳村镇党委书记杜怀峰，镇长杨志强；来集镇党委书记陈晓伟，镇长王淑慧；城关镇党委书记冯玉玺，镇长冯俊亚；袁庄乡党委书记赵凯，乡长周建伟；尖山风景区管委会书记李忠敏，主任刘宏建。

【工业经济】 2014年，全部工业增加值完成3723636万元，比上年增长10.3%。其中，规模以上工业增加值完成3285636万元，比上年增长11.8%。分轻重工业看，轻工业完成增加值737549万元，比上年增长17.9%；重工业完成增加值2548086万元，比上年增长10.2%。规模以上工业产品销售率98.8%。规模以下工业企业及个体增加值完成43.8亿元，比上年增长2%。

从重点监测行业看，煤炭业完成增加值234838万元，比上年下降6.2%；耐材业完成增加值1791885万元，比上年增长6.2%；造纸业完成增加值350503万元，比上年增长8.7%；服装业完成增加值250529万元，比上年增长36.4%；电力业完成增加值121705万元，比上年下降9.8%。

2014年，规模以上工业企业产品销售收入完成14061104万元，比上年增长11.1%。利税总额完成2179350万元，比上年下降4.6%。其中，利润完成1576459万元，比上年下降9.5%。

2014年，产业集聚区（含专业园区）规模以上工业增加值完成180.1亿元，比上年增长21.7%。实现主营业务收入739.3亿元，比上年增长21.5%。其中，主导产业主营业务收入538.6亿元，比上年增长26%。

2014年，全社会建筑业增加值完成229012万元，比上年增长14.8%；建筑业总产值458548万元，比上年增长18.9%；主营业务收入401439万元，比上年增长29.8%；营业利润25227万元，比上年增长6.2%。

要素保障持续加强。加大向上争取和内部挖潜力度，推进存量闲置建设用地集中清理处置，批回土地287.33公顷，供地率超过60%。

工业结构优化升级，电力、装备制造、服装等新兴产业支撑作用日趋上升，煤炭、耐材、造纸等传统资源型产业税收贡献率为39.5%，比上年下降10个百分点。产业集聚度不断提升，市产业集聚区、2个专业园区对工业经济的贡献率达到59.8%。科技创新持续推进，科技进步对经济增长的贡献率达到54%，单位生产总值能耗有所下降，经济增长的质量和效益进一步提高。

【农业与农村经济】 2014年，全市实现农林牧渔业增加值189226万元，比上年增长3.9%。粮食总产量197295吨，比上年下降4.8%。其中，夏粮总产量102349吨，比上年下降3.5%；秋粮总产量94946吨，比上年下降6.2%。全年油料总产量10787吨，比上年下降1.2%；蔬菜总产量272404吨，比上年增长5.5%；水果总产量19776吨，比上年增长0.5%。

全年粮食种植面积为5.7万公顷，比上年增加1319公顷。油料种植面积3455公顷，比上年下降5.2%；蔬菜种植面积5244公顷，比上年下降6.9%；果园种植面积1359公顷，比上年下降1.5%。

2014年肉类总产量22807吨，比上年增长5.2%；禽蛋产量29001吨，比上年增长4.1%；奶类产量34444吨，比上年增长6.2%。

全年水产品产量900吨，比上年增长5.9%；水产品养殖面积463.3公顷，比上年增长0.7%。当年造林面积413公顷，木材产量14741立方米，比上年增长1%。

2014年，农田有效灌溉面积15790公顷，节水灌溉面积3000公顷。全市农业机械总动力102.4万千瓦，比上年增长3.6%。农用拖拉机9366台，农用运输车12534辆，耕种收综合机械化水平79.5%。农村用电量43185万千瓦时，化肥使用量27206吨。

现代农业稳步发展。累计流转土地9533.33公顷，改造中低产田466.67公顷，新增农业产业化龙头企业9家、农民专业合作社15家。市供销社入选全国“百强”。农机耕种收综合机械化水平、秸秆综合利用率分别达79.5%、90%以上，被评为全国农机科技科普标兵县（市）。

【第三产业】 交通运输平稳增长。2014年，交通运输、仓储和邮政业完成增加值588725万元，比上年增长3.7%。公路运输完成货物运输量2581万吨，比上年增长8.6%；公路货运周转量512735万吨千米，比上年增长11.9%。公路运输完成旅客运输量3698万人，比上年增长0.6%；旅客周转量193945万人千米，比上年增长1.1%。

年末，全市机动车拥有量227117辆，比上年新增33509辆。民用汽车拥有量130926辆，其中私人轿车85175辆。大型汽车14064辆，小型汽车109161辆，摩托车88106辆，低速货车及农用车13348辆。年末实有公交汽车759辆，其中城市拥有公交汽车357台，城市公交客运量0.26亿人次。年末实有出租汽车437台。全市拥有公交线路44条。

2014年，全市完成邮电业务总量79243万元，比上年增长14.6%。其中，邮政业务总量7157万元，比上年增长2.6%；电信业务总量72086万元，比上年增长15.9%。全市拥有邮政局（所）24个，邮路总长度290千米。全年累计订销报纸927.6万份、杂志25.6万本。年末邮政储蓄存款余额45亿元。

年末，全市本地电话用户总数达到917680户。其中，固定电话用户109036户，移动电话用户808644户。固定电话普及率下降至13.6部/百人，移动电话普及率上升至100.7部/百人。年末互联网用户186258户，比上年增长11.7%。其中，手机上网人数504602人。新增光缆线路长度2960千米。互联网普及率达到84.3%。

2014年，全市共接待国内外旅游者142万人次，比上年增长1.4%；旅游总收入达到3.28亿元，比上年增长35.5%。年末，全市拥有旅游景区景点11家。其中，AAAA级旅游景区1处，AAA级1处。全市拥有星级酒店3家，星际饭店客房总数725间，拥有国内旅行社14家。服务业发展步伐加快。伏羲大峡谷晋升国家AAAA级景区，古城县衙景区开始试运营，黄帝宫文化产业园、羲皇圣地美景等项目有序推进。旅游综合收入达到2.5亿元，比上年增长18%。国际家居建材城建成运营，藏金源、浩金元等商贸物流项目进展加快。2014年，服务业完成投资123.2亿元，比上年增长24.4%。

【交通路网体系建设】2014年，交通路网规划建设实现飞跃，新建在建交通道路40条232公里，总投资72亿元。骨干路网更趋完善，郑登快速通道建成通车，省道321、县道029升级改造已经完成，商登高速、大学路南延、国道343建设进展顺利，机场迎宾大道西延、省道233、省道541等前期工作有序开展，“六纵六横、内捷外畅”的骨干交通路网大格局基本形成。道路等级实现突破，新规划建设国道2条56公里，结束了新密无国道的历史，新进路网里程居郑州各县（市）第一位，交通道路的基础性、先导性效应更加凸显。

【新型城镇体系建设】2014年，城乡一体化呈现新格局，以人的城镇化为核心，深入推进各项切入点工作，超额完成三年行动计划。国家发改委城市和小城镇改革发展中心主办的县域新型城镇化建设座谈会在新密市成功举行，国家十部委领导专家对新密模式给予了充分肯定。

城乡布局形态更加完善。围绕城乡“公共服务均等化、基础设施一体化”，着力强化中心城区带动、产业集聚区支撑和新市镇承载功能，统筹配套新型农村社区公共服务设施，“一城、一区、新市镇、新型社区”的城乡发展空间布局更加协调，全市城镇化率达54.3%。

中心城区功能稳步提升。溱水路东延、龙潭路、南密新路竣工通车，密州大道南延、长乐路南延、新华路、新北环（富民路）建设进度加快，“溱水路—密州大道”“东西大街—长乐路”双十字景观大道建设粗具规模，特色商业区扩区提升，应急水源、供气供热、游园绿地等市政设施逐步完善，城市管理水平不断提高。

产业集聚区建设成效显著。全市产业集聚区、专业园区完成固定资产投资235亿元，规模工业营业收入740亿元。市产业集聚区4个整村拆迁项目建成安置房1235套，“八纵六横”道路建成通车，日处理1.5万吨的污水处理厂投入使用，110千伏变电站正在施工。新建标准化厂房18.6万平方米，在建亿元以上主导产业项目26个，完成固定资产投资142亿元，规模工业营业收入257亿元。超化、大隗2个专业园区发展提速，米村、苟堂、岳村3个乡镇创业园区建设加快。大棚户区改造持续加力。密登堡、产业集聚区锦绣社区等7个棚户区项目开工建设安置房3824套，基本建成3644套。建成在建新型社区78个、住宅4.4万户890万平方米，回迁群众3.3万户13.3万人。

全域启动郑登快速通道、郑少高速等干线公路两侧1公里村庄撤并改造，规划的28个新型社区已启动25个。环境承载能力不断增强。植树造林1466.67公顷，绿化廊道123公里1359万平方米。惠及8.8万人的农村安全饮水工程已完成，惠及6000人的大中型水库移民避险解困工程正在建设。超化黄固寺、米村朱家庵等美丽乡村示范点建设积极推进。建成大隗、苟堂2个造纸污泥处置场，完成电力、水泥行业除尘脱硝提标治理，拆改燃煤锅炉134台，淘汰黄标车665辆，区域环境质量不断提升。

【现代产业体系建设】现代产业体系优化升级，持续强投资，大招商，多样化发展新兴特色主导产业，推动产业结构优化升级。

项目建设提质提速。认真落实并联审批、节点推进、观摩讲评等工作机制，全市153个重点项目完成投资176.6亿元，其中锦荣国际商贸城、瑞泰碱性耐材等31个省、郑州市重点项目超额完成年度投资计划，项目建设工作受到全省通报表彰。招商引资实现突破。出台“三职”招商、考核奖励等政策措施，全年引进郑州市外境内资金148亿元，实际利用外资2亿美元，外贸出口6942万美元，签约落地中建七局绿色建材园、红星美凯龙城市综合体等亿元以上项目70个。工业升级势头强劲。耐火材料产业基地建设扎实推进，34个重点工业项目完成投资17.5亿元，振东新材料、豫顺合成炉料等项目投产达效，华亿绿色建材入驻节能环保产业园，全市使用清洁能源企业达141家。开通耐材专列并实现常态化运行。企业联合重组、“新三板”上市等工作取得新成效。环保装备产业快速发展，康宁特二期、工信华鑫环保、酷派电子等项目加快建设。品牌服装产业承接郑州中心城区批发市场外迁取得积极进展。煤炭、造纸产业转型升级持续推进，全市100家煤矿复工复产43家，造纸产业累计淘汰落后产能87.7万吨、114条生产线。

服务业发展步伐加快。伏羲大峡谷晋升国家AAAA级景区，古城县衙开始试运营，黄帝宫文化产业园、羲皇圣地美景等项目有序进展。旅游综合收入2.5亿元，比上年增长18%。国际家居建材城建成运营，藏金源、浩金元等商贸物流项目进展加快。服务业完成投资123.2亿元，比上年增长24.4%。

现代农业稳步发展。累计流转土地9533.33公顷，改造中低产田466.67公顷，新增农业产业化龙头企业9家、农民专业合作社15家。市供销社入选全国“百强”。农机耕种收综合机械化水平、秸秆综合利用率分别达79.5%、90%以上，被评为全国农机科技科普标兵县（市）。

科技创新积极有效。全市规模以上企业信息化应用率达40%，高新技术产业增加值增速28.1%。创成郑州市级企业研发中心6家，新增中国驰名商标1件，省著名商标18件。密二花入选《中国地理标志产品大典》，密玉河南省地方标准颁布。成功举办2014中国·新密“创新驱动、持续转型”论坛活动。

【生态环境体系建设】2014年，生态环境持续好转，雾霾治理初见成效，空气质量优良天数达236天，居郑州市前列。生态建设稳步提升，基本实现骨干路网生态廊道全覆盖，建成12个森林公园。双洎河超化东至大隗段11.6公里河道治理顺利完工，平陌河河道治理、云岩宫水库改扩建等有序推进。城乡环境明显改观，卫生保洁机制常态化运行，餐厨、生活、建筑垃圾无害化处理规范运营，荣获全省改善农村人居环境工作先进县（市）第一名。

【社会治理体系建设】社会治理创新发展，围绕“双基双治双安”，巩固深化网格管理，创新公共服务方式，维护社会公平正义、和谐稳定。网格管理规范提升。加强网格标准化建设，固化信息平台工作流程，建立完善落实网格《三

新密车站首列“耐材”专列开行

生态廊道全覆盖（来集翟坡社区至王堂社区生态廊道）

支队伍管理办法》等13项制度，各级网格硬件达标率95%以上。深入开展七个重点领域以及“五小门店”、违法建设、违规广告、安全稳定等专项治理，群众对矛盾问题处置满意率达99.7%。安全生产态势平稳。深化煤矿、非煤矿山、道路交通等十大领域安全监管，安全形势总体平稳，综合考核排名郑州各县（市）第一位。食品药品监管工作持续加强，郑州市校园食品安全监管工作现场会在新密市召开。社会大局和谐稳定。坚持领导接访下访、联席会议等制度，各类矛盾纠纷得到有效化解。加强平安新密建设，深化社会治安综合治理，“一村一警”综治联动长效机制工作经验在全省推广。

协调推进民生事业发展。坚持公共财政向民生领域倾斜，三级“十大实事”基本完成。社会事业均衡发展。新建乡镇公办幼儿园5所，新建、改扩建中小学校舍1.9万平方米，普通高考上线人数居郑州各县（市）第二位，荣获全国义务教育发展基本均衡县（市）称号。成功举办第六届运动会暨首届全民健身大会。市中医院迁建、公共卫生服务中心建设主体完工。县级公立医院综合改革启动实施。市妇幼保健院荣获全国妇幼健康服务先进集体称号。文化馆、图书馆、文化站免费开放，免费送戏下乡270场，送电影下乡3636场，顺利通过全国文化先进县（市）复验。人口计生政策得到较好落实，继续保持全国计划生育优质服务先进市荣誉。就业、再就业成效突出。市就业服务中心主体基本完工，在全省率先建立产业集聚区人才劳力分市场。新登记注册企业1063家，新增城镇就业、再就业8742人，农村劳动力转移就业23750人，发放小额担保贷款8076万元，保持城镇零就业家庭动态为零。社会保障水平进一步提升。市社会福利中心主体已经完工，建成农村养老服务中心20家。在郑州市率先实现“五险合一”系统上线运行，征缴社会保险费突破7亿元。易地扶贫搬迁群众1684户6452人，实施整村推进项目8个。残疾人教育、康复、就业工作扎实有效。年增财政支出1703万元，提高了村组干部待遇水平。

（郑立果）

登封市

【概况】2014年，登封市总面积1217平方公里，其中耕地面积46128公顷。辖4个乡、8个镇、3个街道办事处、1个工业区和1个矿区管委会，303个行政村，20个居民委员会，2532个村民小组。总人口68.89万人。人口自然增长率为5.89‰。

2014年，登封市生产总值完成483.4亿元，比上年增长9.7%。规模以上工业增加值完成299.6亿元，比上年增长11.5%。第三产业增加值完成135.6亿元，占生产总值的28.1%，比上年增长1.1%。公共财政预算收入完成26.1亿元，为年度调整预算数的103.4%。全社会固定资产投资完成341.6亿元，比上年增长16.6%。社会消费品零售总额完成160亿元，比上年增长17.1%。城镇居民人均可支配收入达到23865元，比上年增长9.5%。农民人均纯收入达到13277元，比上年增长10.8%。

【机构与领导】中共登封市委：书记郑福林；副书记乔耸、李金勇（12月免）、杨昆峰；市委常委：郑福林、乔耸、李金勇（12月免）、杨昆峰、高志、赵华敏、杜文功、杨戍超、王升建、杨洁、马素华、李伟光（12月任）。

市委工作部门：办公室主任李伟光（12月任）；政法委书记杨戍超；组织部部长王升建；统战部部长杨洁；宣传部部长马素华；群工部部长刘爱芳；信访局局长崔东飞；机关事务局局长刘国栋；党校常务副校长郭年凯；市直工委书记卢青；老干部局局长吴桂荣；档案局局长范涛。

市四届人大常委会：主任董焕德；副主任王书军、谢奇、闫新生、曼国永、杨建勋、董喜年。

市人大常委会工作部门：办公室主任张克彬；财经工委主任王学杰；农工委主任岳继红；人事任免工委主任杨意华；代表联络信访工委主任王红伟；法工委主任郑永红；城建工委主任郑建伟；信访室主任高泉平；科教文卫工委主任孙红伟。

市人民政府：市长乔耸；副市长赵华敏、裴松宪、李伟光（12月免）、黄卫东（12月免）、马宏伟、张治怀、陈治龙、杨国强、杨勇（12月任）。

市政府工作部门：办公室主任曹红宾；嵩管委主任乔耸；监察局局长李云敬；人防办主任赵大杰；法制局局长席遂兴；市志办主任吕宏军；扶贫办主任袁松乾；发改委主任闫文定；物价局局长刘效克；粮食局局长徐臣义；科工信委主任任永立；安监局局长梁跃飞；计生委主任马炎治；财政局局长王建永；公安局局长张遂旺；民政局局长范新杰；人力资源和社保局局长荣二平；住建局局长尚春和；环保局局长郭更森；农工委主任马宗仁；林业局局长李云峰；水务局局长刘超杰；国资局局长韩志刚；煤炭局局长胡彦敏；交运局局长甄少杰；教体局局长杨飞剑（8月任）；文物局局长吕伟；卫生局局长冯巧云；爱卫办主任李劲飞；统计局局长张健；审计局局长冯颖灿；司法局局长王老康；文广新局局长王彩红；宗教局局长白金永；旅游局局长王绍锋；林管分局局长王亚飞；农机中心主任吴英敏；商务局局长毛鹏展；供销社主任吴建洪；药监局局长王德贤。

政协市四届委员会：主席孟永瑞；副主席张书凯、常兴文、孟占江、刘白雪、王丽、释永信。

市政协工作部门：办公室主任赵彦铮；提案委主任刘春萍；经济科技委主任张颖钊；文教卫体委主任刘元京；台港澳侨联络委主任吕富岳；农业委主任刘丹颖；学习文史委主任常松木；社会法制委主任（空缺）；民族宗教委主任（空缺）。

中共市纪律检查委员会书记：高志。

市人民武装部部长：邱学川；政委：杜文功。

市人民法院院长：李新。

市人民检察院检察长：刘文胜。

市群团组织：总工会主席张书凯；团市委书记王磊；妇联主席屈超敏；侨联主席李庆林；文联主席孙晓玲；工商联主席杨志伟；科协主席张松波。

乡镇、街道、区工委：颍阳镇党委书记胡鹏，镇长雷新亚；君召乡党委书记段世民（8月免）、郜东辉（8月任），乡长张晓峰；石道乡党委书记杨飞剑（8月免）、段世民（8月任），乡长王志鸿；大金店镇党委书记陈再文，常务副书记郭建刚，镇长景晓明；东华镇党委书记申卫保，镇长吴燕；白坪乡党委书记刘洋，乡长李俊峰；卢店镇党委书记周华芳，镇长孔玉峰；唐庄乡党委书记李剑玮，乡长高少雷；告成镇党委书记何聪道，镇长杨伟平；徐庄镇党委书记宋剑，镇长董剑飞；大冶镇党委书记程彦宏，常务副书记郑振武，镇长王志斌；宣化镇党委书记赵军（8月任），镇长薛少龙（8月任）；嵩阳街道党工委常务副书记孙玉生（12月免）、吴建伟（12月任），办事处主任刘现伟；少林街道党工委书记王升建，常务副书记何延木，办事处主任周莉；中岳街道党工委书记李金勇，常务副书记赵春营，办事处主任朱振信；阳城工业区党委书记孙卫杰，管委会主任孙利锋；送表矿区管委会党委书记李金成，管委会主任岳小争。

【工业经济】 2014年，强力推进项目建设，发展潜力不断增强。31个省、郑州市重点项目和193个市本级重点项目分别完成投资57.8亿元、196亿元，占年度目标的118.4%和103.7%。全生农牧科技园（一期）、登封国际商贸城等56个项目投产投用。坚持项目会审会商，突出招商选资，全年签约亿元以上项目19个。其中，亚力山卓家具生产基地、乡土情旅游综合体等9个项目签约入驻，河南驰达钨钼材料深加工等10个项目开工建设。

工业转型升级步伐加快。新兴产业产值增速高出传统产业24.8个百分点。其中，生物医药产业完成产值27.6亿元，同比增长19.8%。高新技术产业完成增加值38.6亿元，比上年增长23%。新增国家级高新技术企业4家，认定省、郑州市级科技型企业127家，完成专利申请2871件。郑州联冠科技SMD生产技术打破国外垄断；河南翱翔航空科技无人机项目竣工投产，实现了登封市航空制造“零的突破”。全市30家地方主体煤矿全部实现机械化作业、信息化管理，郑州发祥铝业荣获国家科技进步二等奖，嵩基水泥荣获“郑州市市长质量奖”，登电昊南耐材、恒美铝业、嵩山特材等一批传统企业，凭借新技术、新产品形成了新的市场竞争力。登电集团开拓通用航空，新登集团搭建电商平台，嵘昌实业聚焦生物制药，阳城集团进军健康养生，金牛集团投身教育事业，兴峪煤业跨界拓展生态旅游，宝融实业打造观光农业，磴槽集团谋划功夫演艺，锦鹏集团、天河集团引领酒店服务业，等等，越来越多的传统资源型企业步入转型发展的新阶段，焕发出新的生机和活力。

【农业与农村经济】 2014年，农业产业化水平稳步提升。农业总产值完成21.6亿元，同比增长3%。粮食总产量17.04万吨，同比下降2.4%。其中，夏粮总产量7.69万吨，秋粮总产量9.34万吨。全年农村用电量完成2238.13万千瓦时。实施农业产业项目75个，完成投资29.5亿元。新流转土地433.33公顷，新增省、郑州市龙头企业4家，农民专业合作社35家，宝融养殖被评为省现代农业科技创新型龙头企业，登封核桃种植标准化示范区被评为省农业优秀示范区。投资2.1亿元，除险加固小型水库11座，实施扶贫开发项目67个，搬迁群众2859户，完成农业综合开发1133.33公顷，农业发展条件持续改善。

2014年4月11日，国务院副总理刘延东视察登封卫生工作

【现代服务业】 2014年，文化旅游产业增加值完成43.5亿元，同比增长13.3%。全年接待游客首次突破千万人次，实现旅游总收入72亿元，比上年增长16.1%。积极发展乡村旅游，培育了以禅心居、画家村艺术部落、智慧心谷等项目为代表的乡村旅游新业态；少林街道耿庄、大冶镇朝阳沟等美丽乡村试点建设有序推进。天中、禅武、少林国际3家酒店入选河南智慧旅游酒店，锦鹏生态酒店被评定为五星级酒店。登封市成功创建全国休闲农业与乡村旅游示范县（市）、首批省级旅游标准化示范县（市）。河南登封通用机场选址、飞行程序设计、可行性研究报告通过审查。省内首家县级电子商务服务平台——登封市电子商务公共服务中心投入运行。全年新增贷款和资本市场融资42.2亿元，郑州翱翔医药“新三板”挂牌上市正式获批，成为登封市第一家“新三板”上市企业。中岳科技、东大矿业也迈出了上市的第一步。房地产业持续平稳发展。

【新型城镇化建设】 2014年，登封市扎实推进新型城镇化建设，城乡一体化进程加快。全年建成道路16条67.4公里，少林大道东西两段、S237唐庄至槐树坪段等升级改造工程全面完工，郑登快速通道基本具备通车条件。建成生态廊道17条227.6公里，新增绿化面积850.2万平方米。建成新型社区安置房420万平方米，唐庄中心社区、新店安置区等29个社区达到回迁入住条件。落实《登封世界历史文化旅游名城概念规划》，中心城区30个在建项目稳步推进。新建改造10千伏供电线路25.4千米；新铺设燃气管网2.5公里、供热管网30公里，新发展燃气用户6000户、供热面积21.9万平方米；新建人防工程12万平方米，新增地下车位4000个。新区起步区“三纵五横”路网基本形成，中禾商务广场、工人文化宫等项目主体竣工，新区商住功能不断提升。产业集聚区和专业园区基础设施建设完成投资7.6亿元，公共服务设施进一步完善，发展框架全面拉开。

【生态建设】 2014年，登封市注重标本兼治，人居环境持续改善。深入开展水泥行业脱硝、道路周边料场扬尘等专项整治，淘汰黄标车和老旧车辆2493辆。生态水系建设扎实推进，治理少阳河、逛河流域河道16.4公里，新区污水处理厂、少林污水处理厂，以及告成、东华、石道等5个乡镇污水连片整治工程建成投用。开展全市饮用水源地环保

现代光伏农业的室内场景

整治“回头看”活动，全面取缔白沙水库网箱养殖。加强林业生态建设，新造林866.67公顷。坚持实施“一眼工程”，以道路保洁、市场经营、交通秩序整顿、建筑工地管理为重点，重拳治理城市顽疾，扎实推进城市精细化管理，创卫成果不断巩固；以垃圾清运、污水处理为重点，深入开展农村人居环境综合整治，城乡环境卫生考核居郑州市首位。大冶镇被评为全国文明镇，卢店镇顺利通过国家卫生镇、全国文明镇复审。

【社会事业】 2014年，登封市坚持民生为本，社会事业全面进步。在支出压力增大的情况下，全年民生投入34.6亿元，占财政支出的75.4%。面对60年不遇的特大旱情，积极克服重重困难，全力争取用水指标，筹资1.7亿元，铺设管道32公里，五级加压提水高差240米，完成了白沙水库抗旱应急饮水工程，及时化解了市区居民用水危机。投资3.6亿元，新建中强学校、菜园路初中、清华园学校、通达路小学等6所学校，进一步缓解了市区入学压力。残疾人康复中心竣工投用；投资10亿元的郑州市第十六人民医院建成运营，成为河南省一次性单体投入最多、规模最大的民营医院。强化食品药品安全和粮食流通监管，大宗食品检测合格率达97%，药品评价抽检合格率达99%，被评为郑州市餐饮服务食品安全示范县（市）、全国第四批粮食流通监督检查示范单位。发放创业小额担保贷款7894万元，新增就业再就业6822人，农村劳动力转移就业20855人，实现脱贫9573人。“五险合一”社会保险制度改革基本完成。大力开展慈善救助，发放救助金433万元，救助1.9万人次。以棚户区改造为重点，加强保障性安居工程建设，开工1972套，基本建成1292套，一批住房困难群众喜迁新居。加大科普宣传力度，被评为河南省科普工作先进县（市）。世界文化遗产监测中心建成投用，登封窑入选国家非物质文化遗产。颍阳镇被命名为河南省历史文化名镇，大金店老街、徐庄柏石崖村入选中国传统村落名录。

【社会管理】 2014年，完善隐患排查机制，开展“六打六治”打非治违活动，强力实施煤矿安全治本攻坚，安全生产形势基本平稳。村级组织换届选举工作顺利完成。加强和创新社会治理，深入推进网格化管理，集中开展拖欠农民工工资等信访专项治理，严厉打击“两抢一盗”、非法集资等违法行为，扎实开展反暴恐安全排查，平安登封建设取得新成效。郑州市级以上“民主法治村（社区）”创建率达到53.8%，君召乡胥店村、徐庄镇郑庄村等被命名为全省民主法治示范村，群众安全感、满意度持续上升。

深入践行社会主义核心价值观，以“记录登封好人”活动为载体，大力弘扬社会正气，传播正能量，市民文明素质和城市文明程度不断提升，宣化镇蔡沟小学校长卢朝军荣登“中国好人榜”。

【政府职能转变】 2014年，深入改进作风，政府自身建设不断加强。扎实开展党的群众路线教育实践活动，认真整改“四风”突出问题，政风行风持续好转。严格落实中央“八项规定”，全面推行公务卡支付结算，从严控制行政经费和一般性支出，“三公”经费及会议费支出同比下降40.5%。自觉接受人大监督、政协民主监督和社会监督，认真办理人大代表议案建议95件、政协委员提案142件，办结率100%，满意率97%。全面推进政府信息公开，主动公开信息3768条。办理法律援助案件581件，被评为全国“六五”普法中期先进单位。坚持市长电话制度，办理群众来电、建议1.4万件，满意率99%。认真落实党风廉政建设责任制，强化行政监察和审计监督，廉政建设和反腐败工作取得显著成效。

【第三届嵩山论坛】 8月23-24日，“嵩山论坛华夏文明与世界文明对话论坛”2014年会在登封市举行。在为期两天的论坛年会上，140多位海内外学者围绕“天人合一与文明多样性”主题展开高层次、多领域的交流对话，提出了很多有价值的观念，开展了包括主旨演讲、分组研讨、书院论道、中西方学术交流和专题讲座5项活动，举行演讲发言70余次，取得了丰硕成果。

全国人大常委会副委员长张宝文、日本前首相鸠山由纪夫、日中协会理事长白西绅一郎、韩国前副议长文喜相特别代表叶欣，河南省、郑州市领导储亚平、张广智、王哲、舒安娜、刘东等出席本次论坛。

（吕宏军 雷省委 郜悟祺）

新郑市

【概况】 2014年，新郑市总面积873平方公里。辖11个乡镇、3街道办事处和2个管委会，251个行政村，44个社区。户籍人口63万人。人口自然增长率为5.65‰。

2014年，全市完成地区生产总值568.5亿元，比上年增长9.5%。地方公共财政预算收入50.1亿元，比上年增长31.8%。其中，税收37.9亿元，比上年增长37.1%。全社会固定资产投资完成392.4亿元，比上年增长19.8%。社会消费品零售总额完成165.7亿元，比上年增长17.9%。农民人均纯收入、城镇居民人均可支配收入分别达到15672元和25028元，分别比上年增长12.8%和10.6%。财政收入和税收总量均居全省县（市）首位，再次进入全国财政收入百强县（市）行列，在全国中小城市综合实力百强县（市）和县域经济基本竞争力百强县（市）排名分别升至第48位和59位。在郑州都市区建设三年行动计划和2014年度“三大主体”工作12项县（市）考核中获得11项先进表彰。

【机构与领导】 中共新郑市委：书记王广国；副书记刘建武、王效光（2月任）；市委常委：王广国、刘建武、王效光（2月任）、王俊杰、孙淑芳（女，2月免）、李占龙、彭立（2月任）、付桂荣（女，12月免）、刘德金、李志强、汤晓义、苗瑞光、王保军（12月任）。

市委工作部门：办公室主任汤晓义；组织部部长刘德金；宣传部部长付桂荣（女，12月免）、王保军（12月任）；统战部部长李志强；政法委书记李占龙；老干部局局长荆勇杰；信访局局长尚忠；编办主任荆新发；党校常务副校长王向阳；党史研究室主任刘如江；档案局局长秦成伟。

市四届人大常委会：主任李书良；副主任王军生、孙阔、彭德成、郭明熙、王金灿、左建新、杨流、王海亮（2月任）。

市人大常委会工作部门：办公室主任白春芳；法工委主任周宏伟；农工委主任谷宏发；代表工委主任张新志；老干部科长孔会成；教科文工委主任歹银花（女）；人事任免科科长刘占有；信访室主任董建红；财经工委主任贺立军。

市人民政府：市长刘建武（2月任）；副市长孙淑芳（女，2月免）、彭立（2月任）、刘五一（2月免）、李颖军（12月免）、王保军（12月免）、赵建武、关民安、缑云峰、康红阳、秦彩霞（女）、乔琳（女，12月任）、张富永（12月任）。

市政府工作部门：办公室主任李俊鹏；监察局局长杨献珍；机关事务局局长丁利民；市志办主任马红军；法制办主任张建鸿；技术监督局局长宋雪峰；住建局局长齐光辉；交运局局长贾桂芬（女）；农工委主任李俊岭；林业局局长戴金平；水务局局长王国良；商贸公司总经理安永强；粮食局局长鲁生伟；财政局局长貊海森；工商局局长郑皓（3月免）、李延涛（3月任）；审计局局长周宏超；供销社主任李新保；人口和计生委主任唐宏伟；文化广电新闻出版局局长刘学敏；环保局局长贾有怀；卫生局局长李长法；旅游文物局局长张向东（6月免）；发展和改革委主任刘红军；商务局局长刘松岭；统计局局长刘德智；国资局局长赵海峰；人力资源和社保局局长韩东伟；社会保险事业管理局局长赵明；公安局局长朱海新；司法局局长朱秋国；民政局局长李炎宏；科技和工信委主任付建峰；气象局局长闫伟杰；邮政局局长张海燕（5月免）、杨俊丽（女，5月任）；烟草局局长王保军（9月免）、胡贵州（9月任）；安监局局长马冠亚；轻工公司经理耿扬；供电公司经理王相杰；食药监局局长王晓莉；物资公司经理石贵现；城乡规划和城管局局长王忠贺；黄帝故里景区管委会主任秦洪源；具茨山国家级森林公园管委会主任李新成；中心城区新区建设管委会主任关民安。

政协市四届委员会：主席陈莉（女）；副主席李中俊、王海民、李建国、张全民。

市政协工作部门：办公室主任李炎武；教科文体卫委主任张瑜；经济委主任史新军；文史资料委主任陈新红（女）；老干部科科长高烨；社会法制委主任赵明旭；港澳台侨委主任王艳（女）；农委主任刘新轩；提案委主任白宵惠（女）。

中共市纪律检查委员会书记：王俊杰。

市人民武装部部长：胡其宝；政委：苗瑞光。

市人民法院院长：王栋。

市人民检察院检察长：李广建。

市群团组织：妇联主席郑彩霞；团市委书记张磊；工商联会长王付军（11月免）。

街道、乡镇：新华路街道党工委书记李宗元，办事处主任薛智强；新建路街道党工委书记秦洪源，常务副书记赵敏祥，办事处主任朱郁琦；新烟街道党工委书记敬伟民，办事处主任刘志刚；城关乡党委书记周建超，乡长马东亮；辛店镇党委书记戴茂松，镇长师俊杰；观音寺镇党委书记陈定，镇长贾伟斌；梨河镇党委书记刘奎志，镇长陈同周；和庄镇党委书记王俊杰（10月免）、汤晓义（10月任），常务副书记田延辉，镇长冯军辉；八千乡党委书记曾海林，乡长米海涛；薛店镇党委书记郭伟斌，镇长安广涛；孟庄镇党委书记赵东伟，镇长唐永刚；龙湖镇党委书记马国亮，常务副书记马书强，镇长马绍敏；郭店镇党委书记高红伟，镇长马聪峰；新村镇党委书记李占龙，常务副书记赵淑梅（女），镇长周伟杰。

【工业经济】 围绕以食品加工、生物医药、商贸物流为主，以富士康配套产业、高端制造业和传统制造业提升为辅的"三主三辅"产业体系，加快推进项目建设。2014年新开工项目57个，建成项目96个，雪花啤酒、卓峰制药等一批重大项目建成投产，强投资工作成效显著。工业竞争力逐步增强，规模以上工业企业达到299家，年销售收入超10亿元企业达到27家。新签约IBM智慧芯城、神州物联网科技园等项目48个，到位资金123.5亿元，比上年增长17.6%。食品加工、生物医药产业主导地位日益凸显，完成增加值106.3亿元，占全市主要工业增加值的38.8%。科技支撑作用明显，研发新产品67个，申请专利600件，高新技术产业实现增加值47.3亿元，科技进步对经济增长贡献率达到58%。产业集聚区建设取得新突破，新港产业集聚区被评为省一星级产业集聚区，中原食品工业园荣获"郑州市五快专业园区"称号，辛店循环经济产业园及各乡镇农民创业园功能日益完善，产业承载力大幅提升。

【农业与农村经济】 持续加大农业投入，加强农田水利基本建设，2014年新打配机井1119眼，增加灌溉面积2000公顷，打造高标准粮田2000公顷；建成农村安全饮水工程11处，解决了4.5万人饮水安全问题。粮食生产克服严重干旱灾害，总产达到27.3万吨。畜禽养殖总量达到4084万头（只），跃升为全省生猪调出大县，畜牧业增加值占第一产业比重达到42%。积极培育新型经营主体，新增家庭农场42个、农民专业合作社58家。都市型现代农业示范区加快建设，入驻企业10家，成功获批国家级现代农业示范区。稳步推进农业产业化、规模化发展，全市各级农业产业化龙头企业总数达到68家，规模以上农业产业化龙头企业实现销售收入182亿元；农村土地流转面积1.05万公顷，荣获全国最具农业投资价值县（市）、全国品牌农业示范县（市）等称号。扶贫开发成效突出，完成各类扶贫项目46个，帮助4600名低收入人口脱贫，具茨山易地扶贫搬迁一期安置房主体完工。

【第三产业】 2014年，商贸物流业稳步推进，华南城一期顺利试营业，入驻商户8200余家，华商汇招商全面启动，乾龙物流园、飞宇机电城等项目加紧建设。文化旅游业繁荣发展，成功举办甲午年黄帝故里拜祖大典和黄帝文化国际

郑新快速通道

轩辕湖湿地公园

论坛，郑韩故城国家遗址公园、白居易故里文化园建设进展顺利。2014年全市共接待游客430万人次，实现旅游收入11.6亿元。房地产业平稳运行，商品房销售273.5万平方米，交易额完成155.9亿元，比上年增长46.8%。金融服务业蓬勃发展，交通、兴业、中信等银行在新郑设立分支机构，成为全省进驻银行最多的县级市；银行存贷款规模均居郑州各县（市）首位，再次被评为省级金融生态建设先进县（市）。

【新型城镇化建设】 2014年，交通道路建设完成投资15.2亿元，新修、改造中华路北延、新老107连接线等道路23条108.1公里，其中中兴路、S102等6条道路已完工，"十纵十横"城乡路网完成90%以上。生态廊道建设按照"5321"标准，完成投资27.1亿元，新建中华北路、S102等生态廊道12条149公里，造林2600公顷，顺利通过省林业生态县复审。深入开展"城乡拆迁群众安置年"活动，全年完成各类拆迁204万平方米。新开建郭店镇华阳寨、龙湖镇罗垌等7个社区，累计在建社区53个，新建安置房347万平方米，回迁群众1.3万人。组团起步区建设完成投资175亿元，在建、新建亿元以上项目77个，竣工19个，地铁2号线、祥和路东延等基础设施建设加速推进，建成区面积新增4平方公里，扩展至36平方公里。中心城区完成投资46亿元，开工建设中央商务区、港中旅旅游基地等项目60个，形成了"四纵四横"的城市框架。新港产业集聚区在建冠超食品、润弘制药等亿元以上项目18个，新开工恒喜龙食品、国药集团等亿元以上项目32个，完成固定资产投资93亿元，主营业务收入310亿元，比上年增长22%，实现税收收入3亿元，比上年增长40%。成功入选全国新型城镇化综合试点城市，城镇化率达到61%。

【改革开放】 2014年，"五单一网"制度改革全面启动，"两集中两到位"行政审批制度改革深入推进，"五险合一"改革圆满完成，取消行政审批事项43项。完成年度机构管理体制改革，工商、质监等部门顺利移交地方。扎实开展城市管理相对集中行政处罚权工作，被评为全省推进服务型行政执法先进单位。民生"110"指挥中心共直接解答群众咨询8000多次，受理民生求助5000多件，群众回访满意率达99.8%。农村综合改革稳步实施，在全省率先启动农村土地承包经营权确权登记颁证试点工作；探索成立新型农民协会，协调帮扶贷款资金1.3亿元，帮助2336名农民就业创业。创新实施公共资源交易电子化招投标，受理业务649宗，成交金额179.5亿元，为财政增收节支43.6亿元。招商引资成效显著，被评为郑州市对外开放和市场外迁工作先进单位。外经外贸稳步增长，实际利用外资、外贸出口分别达到2亿美元和6000万美元。多措并举破解用地难题，争取用地指标426.67公顷，盘活闲置低效利用土地78.4公顷，收储国有土地471.4公顷；创新实施"1+2"快速拆违模式，查处违法占地245宗，拆除违法建筑67万平方米，保障了一批重大项目用地需求。资金保障更加有力，政通公司、新区投资公司等政府融资机构高效运行，争取上级资金10.5亿元，融资56.6亿元，城市投资债券二期成功发行。

【民生事业】 以"六大工程"为抓手，2014年投入民生资金40.7亿元，比上年增长24.4%，向全市人民承诺的十件实事基本完成。不断拓宽创业就业渠道，发放小额担保贷款7006万元，新增城镇就业、再就业9119人，农村劳动力转移就业1.9万人。老年人生活更有保障，建成村级幸福站、社区托老站14所；城乡居民养老保险参保36.6万人，参保率达99%，发放养老待遇1.2亿元。新农合参保47.3万人，城镇居民参保16万人，为困难家庭发放各类保障金5300万元，入住新型社区居民与城镇居民基本实现社会保障无差别。新建保障性住房637套，为477户住房困难家庭发放住房补贴132.7万元。优先发展教育事业，新建、改扩建城乡中小学、幼儿园11所；高考成绩连续23年位居郑州各县（市）前列，被评为省级社区教育示范县（市）。公共卫生服务能力不断提升，市级公立医院全面开建，新修、改扩建梨河等乡镇卫生院4个，配建社区便民卫生服务中心33个。广电及互联网服务实现新突破，免收5.8万户城区和入住新型社区居民家庭有线电视视听费，郑风苑、黄帝故里等主要景区实现无线网络覆盖。成立乡村公路管护、环境卫生保洁队伍，农村公共事务管理水平大幅提升。大力开展文化惠民工程，举办"双百"演出等文化活动430场，和庄镇文化站被评为省级优秀文化站，通过国家先进文化县（市）复审。村级组织换届选举圆满完成，基层民主政治建设不断加强。稳步推进计划生育服务管理改革，提高出生人口素质，促进人口均衡发展，再次被评为全国计划生育优质服务先进县（市）。国防和"双拥"工作扎实开展，被评为全省关心支持国防建设"十佳"单位。

【成为国家新型城镇化综合试点县（市）】 近年来，作为河南省城乡一体化试点市、郑州都市区重要发展组团，新郑市坚持"产业为基、就业为本、民生优先、产城互动、城乡统筹"，以人的城镇化为核心，积极推动"三化协调"发展，逐步探索出了一个以工业化带动城镇化、城镇化助推产业转型升级、促进农业现代化，支撑和带动经济社会持续快速健康发展的新型城镇化"新郑模式"，新型城镇化建设成效显著。经过国家11部委联审和专家评审，2014年12月29日，在国家发改委发布的《关于印发国家新型城镇化综合试点方案的通知》（发改规划〔2014〕2960号）中，新郑市被列为国家新型城镇化综合试点城市。

【成为全国婚姻登记示范县（市）】 近年来，为进一步提高婚姻登记服务水平，推动婚姻登记工作在规范化建设基础上取得新成效，新郑市按照民政部发布的《婚姻登记机关等级评定标准》，从机构性质、人员配制、工作经费、环境布局、设施配备、服务管理等软硬件设施等方面着手，坚持以强化服务意识为落脚点，建立婚姻登记各项管理制度，简化办事程序，严格依法行政，在全省率先取消婚姻登记证件工本费，树立了良好的窗口形象。2014年4月15日，国家民政部授予新郑市民政局"全国3A级婚姻登记机关"荣誉称号。

【成为全国农村"五保"供养工作先进县（市）】 近年来，新郑市高度重视"五保"供养工作，紧紧围绕"以民为本、为民解困、服务群众、服务大局"的工作宗旨，认真贯彻落实《农村五保供养工作条例》有关规定，将"五保"供养资金全额纳入市级财政预算，不断提高"五保"供养标准，加强供养机构建设，提升管理服务水平，形成了一套较为完备的农村五保供养工作管理体系和运行机制。2010年11月，和庄镇敬老院获得全国模范敬老院称号，2013年11月，和庄镇敬老院、观音寺镇敬老院同时获得河南省三星级敬老院称号。2014年9月26日，民政部授予新郑市民政局"全国农村五保供养工作先进单位"荣誉称号。

【新郑市拘留所获全国一级拘留所称号】 近年来，新郑市拘留所在新郑市委、市政府和市公安局党委的坚强领导下，以深入推进规范执法、创新管理、化解矛盾"三项重点工作"为主线，强化安全管理，注重感化教育，抓好心理疏导，最大限度地实现教育效果、法律效果和社会效果的有机统一，积极服务于平安和谐新郑建设的工作大局，为新郑经济发展、社会进步、人民群众安居乐业作出了积极贡献。2014年，收拘各类违法人员1034人，实现了"耐心教育促转化、科学管理保安全"的工作目标，连续23年保持拘所安全无事故。2011年、2012年被公安部授予"全国标兵拘留所"称号，2005年以来连续10年被公安部评为"全国一级拘留所"。

【新郑市检察院接待室成为全国文明接待室】 为打造阳光检务，畅通诉求渠道，简化办事程序，提高办事效率和服务质量，做到便民、利民、为民，新郑市人民检察院设立了检务接待中心。检务接待中心具备统一受案、集中查询、集中接访、检务公开等功能，控申举报中心设置有专用接待室、案件讨论室、咨询室、听证室、情绪疏导室、检察长接待室、候谈室。接待室在工作中采取"三个一、五个心、六步曲"工作法和"菜单式接访"等新的接待方式方法。"三个一"即一张笑脸、一句问候、一杯茶水；"五个心"即热心、诚心、耐心、公心、爱心；"六步曲"即起立、让座、倒水、办事、送客、反馈。该接待室设立以来，打造出了新郑检察院特色接待品牌，赢得广大群众赞誉。2014年2月，被最高人民检察院授予"全国文明接待室"荣誉称号。

【继续保持全国计划生育优质服务先进县（市）荣誉】 近年来，新郑市按照省、郑州市的整体工作部署，紧紧围绕稳定低生育水平这一任务，以开展"四坚持四促进"活动为抓手，坚持责任到位、措施到位、投入到位，不断健全组织领导、宣传教育、依法管理、村民自治、优质服务、政策推动、综合治理的长效工作机制，有力地促进了人的全面发展、人口均衡发展、家庭健康发展，为经济社会科学发展创造了良好人口环境，连续11年保持全国计划生育优质服务先进县（市）殊荣。2014年，孟庄镇潮河新城社区被中国计划生育协会评为第四批全国人口计生基层群众自治示范村，新华路街道仓城居委会被中国计划生育协会评为第五批全国人口计生基层群众自治示范村。

（王 昱）

新郑首届群众文化节盘鼓表演

荥阳市

【概况】 2014年，荥阳市总面积908平方公里。辖9个镇、3个乡、2个街道、1个风景名胜区，288个村民委员会，2265个村民组。总人口615409人，其中农业人口421824人。人口出生率为10.29‰，死亡率为5.29‰，自然增长率为5.0‰。

2014年，全市生产总值完成570.3亿元，比上年增长9.5%。其中，第一产业增加值27.7亿元，比上年增长4.0%；第二产业增加值399.1亿元，比上年增长10.3%；第三产业增加值143.4亿元，比上年增长8.0%。财政收入完成34.3亿元，比上年增长22.7%；财政支出完成32.2亿元，比上年增长 10.6%。全社会固定资产投资完成404.4亿元，比上年增长16.7%。年末全市金融机构各项存款余额232亿元，比年初增长12.5%；金融机构各项贷款余额138.1亿元，比年初增长21.3%。城乡居民储蓄存款余额163.6亿元，比年初增长11.5%。社会消费品零售总额180.4亿元，比上年增长15.2%。城镇居民人均可支配收入24863元，比上年增长10.1%。农民人均纯收入14748元，比上年增长10.7%。

【机构与领导】 中共荥阳市委：书记马锁文（3月免）、宋书杰（3月任）；副书记王新亭、王新；市委常委：马锁文（3月免）、宋书杰（3月任）、王新亭、王新、车建伟（12月免）、马炳林、腾飞、康宁（12月免）、王素梅（女）、刘建峰、程洋、董中扬、孙建功（12月任）、方本选（12月任）。

市委工作部门：办公室主任刘建峰；组织部部长程洋；宣传部部长康宁（12月免）、孙建功（12月任）；文明办主任马柳琴（女）；统战部部长王素梅（女）；政法委书记车建伟（12月免）、方本选（12月任）；群工部部长何国玺；老干部局局长李占胜；市直机关工委书记朱玉霞（女）；党校常务副校长苌松华；档案局局长杨柳（女）；党史研究室主任何醒民；信访局局长王超峰。

市四届人大常委会：主任张淑霞（女）；副主任张志安、马建克、王海林、宋金贵、许其明、李伟、赵炎利。

市人大常委会工作部门：办公室主任史明杰；法工委主任赵春洪；代表联络人事工委主任孙晓丽（女）；教科文工委主任孙振中；农工委主任刘仪；财工委主任赵爱敏（女）；城建环保工委主任张长山；信访室主任鲁晓炜（女）。

市人民政府：市长王新亭（2月任）；副市长腾飞、王和祥（9月辞）、孙建功（12月免）、王伟、王智明（12月免）、方本选（12月免）、王殿玉（12月免）。

市政府工作部门：办公室主任耿元奇；农开中心主任安保兴；发改委主任陈新力；科技和工信委主任吴仲信；中小企业服务中心主任马绍斌；统计局局长李冠顺；交通运输局局长孙魁；电业局局长苏合明；轻工联社主任丁铁柱；安监和煤炭管理局局长许新建；财政局局长李贵希；国税局局长周永胜；地税局局长李栋；工商局局长韩虎；市场发展服务中心主任李怀根；供销社主任乔延民；商贸总公司经理蔡进宝；物资总公司经理戴广强；外贸总公司经理（空缺）；粮食局局长李彦军；审计局局长陈金洲；国资中心主任刘胜勇；人力资源和社保局局长王文铎；编办主任范喜昌；住建局局长杜文杰；国资局局长李本栋；规划局局长张保中；城管局局长车永生；住房保障和房地产中心主任王惠玲（女）；环保局局长宋秋忠；荥阳建筑总公司董事长张家庭；民族宗教局（归统战部管理）局长杨凤英（女）；民政局局长田军；商务局局长王向东；旅游和文物局局长常维华（女，9月免）、张海庆（9月任）；农工委主任苌廷选；林业局局长郭明举；水务局局长张振海；畜牧局局长周文生；农机站站长王永钦；移民局局长张舒春；气象局局长王玉岗；烟草局局长武延华；河务局局长杨建增；科技服务中心主任王志强；质监局局长刘长青；教体局局长张双利；文化广播电视新闻出版局局长王志中；卫生局局长王玉荣（女）；爱卫办主任赵喜梅（女）；创建办主任赵喜梅（女）；人口计生委主任周红武；新闻中心主任付春明；食药监局局长赵卫华（女）；盐业局局长靳延钦；行政审批中心主任魏惠英（女）；公安局局长夏日红；司法局局长马新民（9月辞）、贾学军（9月任）；监察局局长赵卫华（女）；银监局局长荆志松；住房公积金中心主任秦向阳；郑氏联谊中心主任郑朝阳；文物管理中心主任陈万卿；园林绿化管理中心主任李向阳；新区管委会主任范胜利；荥阳健康园区管委会主任王新亭；五龙产业集聚区管委会主任吴潜（9月免）、王素梅（女，9月任）；荥阳产业集聚区管委会主任王新亭；郑州市新材料产业园区管委会主任王新；郑州宜居健康城索河整治项目指挥部副指挥长时永奇。

政协市四届委员会：主席付东菊（女）；副主席阎红举、邓宝山、范胜利、张国增、刘阳、靳西峰。

市政协工作部门：办公室主任吴敏生；民主法制委主任马立新；提案委主任石永强；文教卫生委主任陈秀珍（女）；经济科技委主任王港钤；信息文史委主任祖森林；农工委主任王红梅（女）。

中共市纪律检查委员会书记：马炳林。

市人民武装部部长：吕庆星；政委：董中扬。

市人民法院院长：余剑锋。

市人民检察院检察长：李国强。

市群团组织：总工会主席王海林；团委书记白栋；妇联主席郭玉霞（女）；文联主席韩露（女）；科协主席陈天祥；工商联主席周聚民；侨联主席刘阳；残联主席王雨（9月免）、常维华（女，9月任）。

街道、乡镇：索河街道党工委书记李麦玲（女），办事处主任王星；京城路街道党工委书记陈晓瑞，办事处主任张荣耀；城关乡党委书记黄凯歌，乡长郭俊杰；乔楼镇党委书记程洋，镇长李继锋；豫龙镇党委书记王智明（12月免）、滕飞（12月任），镇长方亚平；广武镇党委书记马朝阳（12月免）、周培山（12月任），镇长周培山；高村乡党委书记李占国，乡长朱桓霈（女）；王村镇党委书记许元甲，镇长张光明；汜水镇党委书记王凤琴（女），镇长张佳涛；高山镇党委书记周世军，镇长周世军（9月免）、郭松涛（9月任）；刘河镇党委书记李新军，镇长王军伟；环翠峪风景名胜区管委会书记金振邦，主任车玉峰；崔庙镇党委书记赵国君，镇长陈志刚；贾峪镇党委书记李旭东（12月免），镇长吉喆；金寨回族乡党委书记王新，乡长古隽。

新建成通车的科学大道荥阳段

【工业经济】 2014年，持续开展企业服务活动，强化运行监测和要素保障，服务企业常态机制初步建立，落实产业龙头培育、小微企业减负等具体措施，帮助338家企业解决各类问题586个，26家停产半停产企业恢复生产，规模以上工业企业新增47家。开展“工业技改年”活动，实施百万元以上工业技改项目51个，完成技改投资25.3亿元，入选省“百高”企业2家。新材料产业、现代装备制造业完成增加值164.2亿元，对工业增长贡献率达到55%。新材料产业园区稳步推进，北楚楼征迁接近尾声，王庄社区基本完工；昊诚一期、四维碳纤维实验室等4个项目建成；水厂具备供水条件，道路、电网、污水处理等设施加快建设；创建超硬材料、磨料磨具云平台，国家专利导航产业发展实验区建设顺利推进。荥阳产业集聚区获评全省“十快”第二名和郑州“两强”集聚区；新修6条道路建成通车，五洲国际工业品博览城项目初见形象，11个项目主体完工，6个项目投产见效。五龙产业集聚区完成固定资产投资14.5亿元，入选省“中小企业特色产业集群”。

【农业与农村经济】 2014年，全面推进“一带五区”都市型现代农业发展，河阴石榴产业示范区总规及核心区详规通过评审，沿黄现代渔业示范区核心区二期工程基本完工，2400公顷新菜田基础设施全部建成。新增设施农业68.6公顷、水产养殖66.67公顷，创建粮食高产万亩示范方4个，建设高标准农田3000公顷，实现粮食总产33.3万吨。新增郑州市级农业产业化集群2个、龙头企业3家、农民专业合作社57家，新建改造标准化规模养殖场15个。完成水库除险加固3座、河道治理3条；改造农田灌溉机井789眼，建成抗旱应急水源工程10处，2014-2016年抗旱应急工程列入国家投资计划。

【第三产业】 2014年，特色商业区空间规划和控制性详规获批，36万平方米综合服务区加快推进，签约生产性服务业企业5家。孤柏渡飞黄景区创成国家4A级景区；新增星级农家乐3家；接待游客740万人次，旅游总收入2亿元。改造提升乡镇（社区）超市10个、配送中心2个；组建乡镇运输公司6家，新增限额以上批零住餐企业19家。举办2014年全国秋季建筑机械产品交易会，参展客商达1000余家。商品房销售120.6万平方米，实现销售收入62.1亿元，分别比上年增长20.9%、24.9%。第三产业增加值所占比重达25.2%，比上年提高0.2个百分点。

群众在植物园晨练

【招商引资】 2014年，荥阳市健全招商引资和项目推进机制，荣获郑州市重大招商引资项目先进单位称号。新签约华晶超硬材料等亿元以上项目30个，总投资149.8亿元；南车四大机车造修项目实现当年洽谈、当年签约、当年落地；引进域外境内资金123亿元，实际利用外资1.4亿美元，出口总额8852万美元。谋划重点项目110个，83个项目实现开复工，完成投资182亿元，郑州佰沃等47个项目竣工或投产；列入郑州市级以上重点项目43个，争取上级扶持项目78个、资金3.1亿元。强化土地保障，启动农村集体土地所有权确权登记发证工作，批回建设用地446.07公顷，盘活闲置建设用地513.33公顷。

【改革创新】 2014年，实施行政审批事项清理优化，推进“两集中、两到位”和“五单一网”制度改革，完成34个审批部门内设机构职能整合，压缩审批环节126个，削减审批事项56项。推进投融资体制改革，农村信用社改制重组为农商银行，发行首只城投债券8亿元，完成市场融资36.1亿元。启动工商登记制度改革，新登记企业数量增长1.8倍。实施“五险合一”改革，实现五个险种统征统缴统管。扩大“营改增”试点范围，完成邮政电信业扩围。新增省级高新技术企业2家、企业研发机构4家、郑州市级科技型企业58家，申报郑州市级以上科技项目26项，完成专利申请941件、科技成果鉴定5项，实现技术合同成交额5.6亿元、高技术产业增加值11.5亿元。新增省级著名商标2件、名牌产品6个、名牌企业6家。人才投入资金1205万元，引进领军型人才10名、科技创新团队2个，培养高技能人才865名。落实专项资金440万元，扶持“专精特新”中小微型企业16户。

【城乡建设与管理】 2014年，新型城镇化建设以旧村征迁、安置房建设“双清零”为重点，大力开展“百日攻坚”活动，累计开工建设新型社区46个，建成安置房140万平方米，回迁群众2352户9223人。全域路网体系日趋完善，8条市区通往镇区道路、26条镇区通往社区道路全部建成，科学大道西延、陇海路西延、沿黄快速通道具备通行条件，新增高速公路互通式立交3座；新（改）建农村公路85.2公里，荥泽大道跨陇海铁路高架桥工程完工。健康园区建设顺利，郑州市骨科医院、郑州市妇幼保健院、郑州人民医院项目一期主体工程基本建成；健康大道等6条道路及市政管网基本完工；索河整治项目一期进展过半，万山地质文化产业园一期启动建设；高铁郑州西站具备通车条件。升级改造城区道路6条、垃圾中转站2座、公厕3座，打通城区断头路2条，安装更换路灯1373盏、道路指示牌210块、交通信号灯11处；铺设燃气管道60公里、雨污水管网17.2公里，添置消防栓30个；罗垌水厂、第三污水处理厂主体建成。深入开展城乡环境卫生整洁行动，完成5个高速公路出入口连接道路整治提升，拆除违建9.8万平方米，改造老旧小区29个，新增省级卫生先进单位7个、卫生村3个。加强生态环境保护，取缔“十五小”“新五小”企业6家，拆除碳素窑炉13座，治理10蒸吨以上燃煤锅炉7台，淘汰社会黄标车3480辆，市区建筑工地扬尘治理基本实现全覆盖；创成省级生态乡（镇）1个、园林乡（镇）2个；建设生态廊道110公里，完成各类植树造林1400公顷，新增城市绿地93万平方米。

【社会事业】 2014年，全市新建小区幼儿园3所，启动市二中、二幼迁建工程，改建改造农村薄弱学校10所，投资1944万元为115所公办中小学、民办幼儿园按标准配置了教学设备。文化体育事业繁荣发展，免费送戏下乡300场、放映公益电影3444场；市文化馆、图书馆免费开放；建设社区健身路径100条、农民体育健身工程108个。努力改善医疗卫生条件，市人民医院改扩建工程启动，市卫生服务中心、环翠峪卫生院医技综合楼建成投用，2个农村示范社区卫生服务中心通过验收，10个乡镇卫生院院容院貌完成整改；投资1936万元为15个基层医疗机构配齐了基本医疗设备。兑现计生家庭补贴1754万元，人口出生率控制在13.7‰以内。

【民生事业】 2014年，用于民生事业的财政资金达到25.2亿元，民生支出占公共财政预算支出78.4%。29项市本级实事基本完成，省和郑州市下达实事任务落实到位。新增城镇就业、再就业6812人，农村劳动力转移就业2.2万人。建设易地扶贫搬迁住宅1396套，完成贫困村整村推进项目5个，实现脱贫人口6100人。新开工棚户区改造安置住房13672套、公共租赁住房510套，发放廉租住房租赁补贴43.2万元。完成“五险合一”改革，五项保险新增9758人；职工医保、居民医保报销上限分别提高至26万元、17万元；新农合住院补偿封顶线提高至20万元；城镇低保、农村低保分别提高至每人每月470元、260元，全年发放低保金4189万元；五保集中供养和分散供养年人均标准分别提高至6240元、3744元，新建农村示范性养老服务中心25所。新解决3.9万人饮水安全问题。积极开展“六助一救”活动，募集善款795万元，发放救助金561万元；189名“三无”残疾人享受生活补助68万元；2014年，荥阳市获评“六星级慈善城市”。

【社会管理】 规范提升“坚持依靠群众、推进工作落实”长效机制，试点探索服务群众代办模式、民生监督制度，建立健全“三支队伍”管理制度体系，开展“十星级家庭评选”活动，社会公共管理信息平台录入信息27.2万条，办结率达99.5%。落实领导干部接访下访与“四包一”责任制，大力开展“人民调解攻坚”活动，赴上三级访起数、人数分别下降21%、11%。开展“反暴恐、保稳定”等专项行动，持续强化社会面治安防控，群众安全感指数达90%以上。落实“党政同责、一岗双责”，深入开展安全隐患大排查大整改和重点行业（领域）专项整治，安全生产形势保持稳定。健全应急机制，提高处置能力，成功处置中铝河南分公司第五赤泥库突发事件。强化食品药品安全治理整顿，大宗食品与药品抽验合格率均达98%以上。

【作风与法治建设】 推进党的群众路线教育实践活动，解决“四风”问题和群众反映强烈的突出问题，梳理归纳意见建议3000余项，开展规范考评表彰、化解信访积案等专项整治12项，完成整改事项2100项，群众测评满意率达100%。增强政府系统依法行政意识和依法行政能力，举办依法行政系列大讲堂12期，开展行政执法人员专项培训5批，累计培训领导干部、执法人员和法制工作人员2500余人。制定修订政府投资项目管理、国有“三资”管理等制度18项，建立健全并联审批、资金调度例会等机制9项。开展“六五”普法，办理各类法律援助案件6.1万件。清理规范性文件716件，受理办结行政复议案件21件，主动公开政府信息600余条。落实廉政建设“一岗双责”，纠正各种不正之风，依法查处违法违纪案件192起。完善公共资源交易工作机制，规范工程招投标、政府采购等行为，强化审计、监察和追责，审计增收节支1.7亿元。落实推行公务卡制度，规范审批管理，会议费和“三公”经费下降9%。

（李建民）

中牟县

【概况】 2012年，中牟县先后进行两次区划调整，中牟县5个镇托管至郑东新区、经济技术开发区和航空港区。2014，中牟县总面积917平方公里。其中，耕地面积6.95万公顷。辖10个镇、1个乡、3个街道，273个行政村。总人口471892人。其中，乡村人口282333人，城镇人口189559人。人口出生率为11.4‰，死亡率为6.9‰，自然增长率为4.6‰。

2014年，全县地区生产总值完成242.9亿元，同比增长7%。其中，第一产业增加值完成22.9亿元，同比增长4.0%；第二产业增加值完成135亿元，同比增长7.4%；第三产业增加值完成85亿元，同比增长7.6%。三次产业结构由上年的11.1∶55.0∶33.9调整为9.4∶55.6∶35.0。全社会固定资产投资完成273.3亿元，同比增长18.7%。地方财政总收入完成43.9亿元，同比增长11.9%；地方公共财政预算收入完成31.7亿元，同比增长5.8%。社会消费品零售总额完成80亿元，比上年增长13.3%。城镇居民人均可支配收入达到2.26万元，同比增长9.9%；农民人均纯收入达到1.39万元，同比增长10.8%。

招商引资和项目建设实现双突破。围绕主导产业定位，积极开展定向招商、专题招商、链式招商，2014年新签约项目79个，协议资金927亿元，其中亿元以上项目69个。2014年，全县引进域外境内资金84亿元，进出口总额达到2.1亿美元，实际利用外商直接投资5235万美元。44个省、市重点项目全部开工建设，完成投资251亿元，占年度计划投资的120%。

2014年，中牟县被正式确定为河南省城乡一体化示范区。

【机构与领导】 中共中牟县委：书记杨福平（3月免）、路红卫（3月任）；副书记楚惠东；县委常委：杨福平（3月免）、路红卫、潘开名（3月任）、楚惠东、张永宪、李文岭、张书勤、王兴林、程伟刚（2月免）、李芳（女，2月免）、李晓亮、王朝杰、李长松（2月任）。

县委工作部门：办公室主任张书勤；政法委书记李晓亮；组织部部长王朝杰；宣传部部长李芳（女，2月免）；统战部部长王兴林；信访局局长姬会杰；机要局局长冉宁；县直机关工委书记李韶敏（女）；文明办主任贺敏（女）；台办主任曹书杰；老干部局局长刘欣；编办主任段长海（11月免）、姚保林（11月任）；档案局局长谢悦（女）；党校常务副校长李虎群；党史研究室主任霍银群。

县十三届人大常委会：主任刘玉玲（女）；副主任冯政忠、郭礼印、段长兴、李鸿欣、李五群、李长宝。

县人大常委会工作部门：办公室主任王平（女）；财工委主任李鑫（11月任）；法工委主任刘岚（女）；农工委主任李森林；教工委主任王体军；选工委主任袁瑞霞（女）；信访室主任周国富。

县人民政府：县长路红卫（3月免）、潘开名（3月任）；常务副县长李文岭；副县长王洪波（女）、任程伟、张建锋、杨书立、牛健、张胜利、朱清伟、杨勇（12月免）、吕少先。

县政府工作部门：办公室主任仇向阳（11月免）、李有忠（11月任）；发改委主任冉章献（11月免）、於红太（11月任）；教体局局长陈赞枝；科技工信局局长乔松伟（11月免）、张海献（11月任）；公安局局长牛健（2月免）、朱则军（2月任）；监察局局长白由祥；民政局局长李晓莉；司法局局长李绍然；财政局局长张玉国（11月免）、仇向阳（11月任）；人社局局长耿鲜明；国资局局长吴文鑫；建设局局长孙彦宾（11月免）、张伍发（11月任）；规划局局长魏定奇；交运局局长罗振华；环保局局长兰伟；安全生产管理局局长王梦醒；农委主任樊守峰；水务局局长衡志学（11月免）、冉章献（11月任）；林业局局长姚保林（11月免）、尚会军（11月任）；文化广电和旅游局局长王玉忠；卫生局局长王进兴；食药监局局长张海峰；人口计生委主任刘须峰；审计局局长马建民；统计局局长李广柱；畜牧局局长尚会军（11月免）、马国昌（11月任）。

政协县九届委员会：主席李延中；副主席刘海燕、石小书（12月免）、朱怀召、王连宇、申宏尧、梁凌达（女）。

县政协工作部门：秘书长于善亮（2月免）、李季扬（2月任）；办公室主任吴杰；提案委主任宋羊群；经济科技委主任马振坤；文教卫体委主任杨凯（女）；社会法制委主任王瑞芳（女）；台港澳侨联络委主任孙海霞（女）；学习文史委主任杨红莉（女）。

中共县纪律检查委员会书记：张永宪。

县人民武装部部长：付东杰（1月免）、李增辉（1月任）；政委：李长松。

县人民法院院长：王炅。

县人民检察院检察长：张捍卫。

县群团组织：总工会主席孙玉霞（女）；团县委书记马素萍；妇联主席李玲玲（女）；科协主席秦建国；残联理事长李记勤；工商联主席霍新全。

乡镇、街道：青年路街道党工委书记王国恩，办事处主任申永强；东风路街道党工委书记陈国岭，办事处主任李军强；广惠街街道党工委书记张明科，办事处主任王林祥；韩寺镇党委书记刘永强（11月免）、张振中（11月任），镇长张振中；官渡镇党委书记乔进京（11月免）、段长海（11月任），镇长张海献（11月免）、乔松伟（11月任）；狼城岗镇党委书记马爱国，镇长路彦伟；雁鸣湖镇党委书记李芳（女，2月免）、张书勤（2月任），常务副书记刘聚宝，镇长刘海玲（女）；大孟镇党委第一书记卢志刚（11月任），书记孔新柳（女，11月免）、冉建军（11月任），镇长周国富（11月免）、姚国森（11月任）；万滩镇党委书记张照强，镇长孙书杰；刘集镇党委书记李有忠（11月免）、刘永强（11月任），镇长李恒；郑庵镇党委书记蔡跃彬，镇长曹西峰；刁家乡党委书记钱晓坤（回族），乡长刘星；黄店镇党委第一书记谷金福，书记胡光程，镇长张小马；姚家镇党委书记骆照顺，镇长冉建军（11月免）、郝宏彬（11月任）。

【园区建设】 2014年，园区承载能力和集聚效应实现双提升。各类园区基础设施投资完成110亿元，建成区面积新增11.8平方公里；固定资产投资完成253.7亿元，占全县的92%；规模以上工业主营业务收入249亿元，占全县的66.4%；实现税收19.2亿元，占全县的60.1%。汽车产业集聚区位列河南省一星级产业集聚区第一名；绿博文化产业园在郑州市17个服务业专业园区中，发展速度位居首位；官渡工业园和现代农业示范区建设成效显著。

【改革和创新】 2014年，改革和创新实现双提速。启动“五单一网”制度改革，行政审批事项削减53.3%，审批时间缩减72%，政务服务中心成为河南省首家国家级行政服务标准化示范单位，行政审批更加高效；健全行政合同法制审核机制，强化行政印章集中管理，行政权力运作更加规范；实行“零基预算”和“综合预算”，继续推行公务卡制度，“三公”经费同比下降27%，公务支出明显缩减，财政预算管理更加科学。新认定市级以上高新技术企业2家，高新技术产业增加值达到31亿元；新增省级名牌和优质产品18个，申请专利305项；累计实施科研项目32项，建成市级以上研发中心4个，比克汉丰科技园、比克中创创业园项目加快建设，郑州日产·郑州泰新汽车零部件研发中心基本建成；国家农业公园成为全国青少年农业科普示范基地。

郑州日产汽车有限公司整车生产车间

【现代产业体系构建】　新型工业引领作用更加明显。以汽车产业为主导，不断完善新型工业体系，工业经济保持了较快增长态势。汽车产业不断壮大，2014年整车和零部件企业分别达到6家、190家，汽车年产量15万台；郑州凯雪成功上市，郑州日产20万台扩能、郑州豫兴等74个项目开工，郑州奥雪、郑州博奥等36个项目投产；汽车产业年产值突破500亿元。新能源产业强势起步，投资15亿元的比克电池项目建成投产，投资19亿元的比克新能源汽车项目总装、焊接车间基本建成，投资20亿元的国能电池项目实现签约。生物医药产业加快发展，投资8.8亿元的辅仁药业郑州基地加快建设，投资5.6亿元的豫港制药建成投产。

现代农业基础作用更加稳固。以都市生态农业为方向，不断巩固农业基础地位。都市生态农业加快发展，国家农业公园实现开园迎宾，成功举办郑州市首届农业嘉年华活动；弘亿国际草莓产业园功能更加完善。农业产业化经营水平不断提升，2014年新认定省级龙头企业3家，新增农民专业合作社37家，新建农业标准化生产示范基地240公顷。农业生产条件持续改善，新增有效灌溉面积666.67公顷，发展节水灌溉面积5800公顷；新增设施农业66.67公顷；农业机械化率达到82%；水产养殖业和畜牧业标准化、生态化水平明显提高。

现代服务业拉动作用更加突出。以时尚文化创意旅游产业为引领，推动服务业提档升级。时尚文化创意旅游产业提速发展，启动绿博文化产业园规划设计园项目，2014年引进河南城乡建筑设计院、博雅文化科技产业基地等项目5个；“中华复兴之路”和绿博文化产业园游客服务中心实现开工，方特水上世界对外开放，方特欢乐世界成为国家AAAA级旅游景区；成功举办第14届雁鸣湖大闸蟹美食节；绿博园、雁鸣湖等旅游景点吸引游客能力持续增强。2014年，全县累计接待游客580万人次，实现旅游收入55.5亿元。金融业平稳运行，全县金融机构各项存款余额达到273亿元，比年初增长17.7%；各项贷款余额达到148.6亿元，比年初增长22%；累计完成税收2.1亿元，成为支撑全县财政收入的第四大行业。商贸业快速发展，万邦物流城二期实现运营，年交易额达到500亿元；海宁皮革城、深圳怡亚通等项目开工建设；汽车博览园建成商铺70万平方米，万邦名车汇、河南大行汽车等8个项目开工建设，宏达车业广场实现营业。房地产业健康发展，商品房累计销售面积106万平方米，销售金额58.7亿元。

【新型城镇化建设】　规划体系不断健全。2014年，城乡总体规划形成初步成果，汽车产业集聚区、官渡组团控制性详细规划编制完成，万滩镇、黄店镇、雁鸣湖镇、大孟镇总体规划获批实施，城中村改造及合村并城社区控制性详细规划全部编制完成。城区、园区、新市镇、社区统筹发展的新型城镇化空间规划体系初步形成。

路网体系日臻完善。郑开城际铁路建成通车。2014年，新建改造城区道路15条、园区道路47条、社区道路6条，总里程154.4公里；开工建设跨陇海铁路立交桥4座，竣工2座。互联互通、方便快捷的路网体系更加完善。

城区功能显著提升。2014年，解放路特色商业街区加快建设，主路面具备通车条件，安置房建设已经启动；新建改造自来水管网13.8公里、电网197.2公里、雨污水管网33公里，建成变电站2座；郑州新区污水处理厂和南水北调十里头水厂开工建设，城区综合承载能力显著提升。新增供热面积70万平方米，新建公共绿地17.9万平方米，新建公厕8座，四牟园实行常态化管理并全面对公众开放；国家卫生县城通过复验，群众生活满意度不断提高。

社区建设稳步实施。2014年，姚家、雁鸣湖等新市镇建设稳步推进，29个新型农村社区建设不断加快，启动合村并城、城中村改造项目19个，开工建设安置房812万平方米，竣工328万平方米，回迁群众1586户6700人。新实施社区基础设施和公共服务设施项目28个，城乡一体化步伐进一步加快。

生态建设深入推进。生态绿化成效明显，2014年营造生态林1000公顷，建成省道223线、雁鸣大道北段等生态廊道63条，新增绿化面积3400万平方米。都市区水城初具形象，丁村沟、运粮河、鹭鸣湖等水系治理工程全部竣工，贾鲁河生态治理工程成效初显，三刘寨引黄灌区调蓄工程顺利推进，全县新增水域面积133.33公顷。大气污染防治强力推进，升级改造PM2.5环境空气质量监测系统，严格控制扬尘污染，城区燃煤锅炉拆改全部完成，机关黄标车全部淘汰。

【群众生活全面改善】　就业和社会保障进一步加强。2014年，积极推进就业创业，建成中牟县人力资源市场，新增城镇就业3400人，实现农村劳动力转移就业1.9万人，城镇登记失业率控制在4%以内，发放小额担保贷款2011万元。提高社会保障水平，建成农村养老服务中心示范点14家；实现养老、医疗、工伤、生育、失业保险“五险合一”；补偿新农合医疗费用1.5亿元，发放救助金3365万元；全年募集善款2200万元，帮扶困难对象2600人次，位居郑州市第一。

社会事业全面发展。2014年，不断完善卫生计生服务体系，妇幼保健院新院、公共卫生服务中心投入使用，中医院新院开工建设；人民医院、中医院、妇幼保健院及13家乡镇卫生院药房托管工作全面推进；对5680对育龄夫妇免费开展孕前优生健康检查，人口自然增长率控制在7‰以内。加快发展教育事业，完成城区中小学运动场改造工程和空调安装工程；新建、改扩建中小

中牟国家农业公园

学6所、幼儿园15所，六初中和商都路小学建成投入使用；发放资助金1100万元，资助学生2.8万人次；继续实施高中免费教育和平行招生；顺利通过国家义务教育发展基本均衡县验收。繁荣发展文化体育事业，成功举办第三届运动会暨首届全民健身大会；免费送戏下乡176场，放映公益电影3252场，举办周末广场文化活动50场；免费为已入住社区农户实施有线电视数字化转换。

社会大局和谐稳定。2014年，深入实施“坚持依靠群众、推进工作落实”长效机制，排查问题41164起，解决37386起。大力开展“违法建设整治年”专项治理活动，拆除违法建设面积32.4万平方米，违法建设行为得到有效遏制。扎实开展“营造良好发展环境、严厉打击突出违法行为”专项治理活动，经济发展环境进一步好转。持续开展“五无”村（社区）创建活动，75%以上的行政村达到创建标准。全面开展“十万群众助雷霆”活动，切实加强技防建设，社会治安防控体系不断完善。创新群众工作机制，将信访工作纳入法治化轨道。深入开展食品药品安全专项整治，人民群众饮食、用药安全得到有效保障。严抓安全生产不放松，安全生产形势持续稳定好转，社会安全指数进一步上升。

【首届郑州中牟国家农业公园嘉年华活动】 2014年4月17日–5月3日，主题为“体验都市农业，感受田园生活”的首届郑州中牟国家农业公园嘉年华活动在中牟县举行。活动由中牟雁翔现代农业公园管理有限公司和郑州吉奥金禾嘉年华农业科技有限公司主办，郑州未来农业发展有限公司、郑州市梦之源水产科技有限公司、河南逸祥农业科技开发有限公司等15家企业联合承办。

嘉年华活动共开设8个主展示场馆，占地471.53公顷，内容涵盖农业、旅游、会展、科研、农产品交易、物流等多个行业，是集观光、品尝、体验、娱乐、购物为一体的现代农业盛会。活动共包括“8馆3场2街1线”。“8馆”，即农科快轨馆、欢乐农庄馆、番茄迷宫馆、梦幻花香馆、百舸争流馆、乐活园艺馆、精品农业展销馆以及未来农业科普馆；“3场”，即领头雁广场、欢庆广场、丰收广场；“2街”，即室内小吃街、室外小吃街；“1线”，即园区和生态水系游览线。

嘉年华活动举办期间，农趣摄影展、梨园大戏台、五彩风筝节、舞蹈表演、你型我秀等主题活动贯穿始终，充分展示了都市型现代农业发展成果，为市民搭建了一个亲近农业、享受农趣的平台，打造了一个突出农业主题，集多功能于一体的农业嘉年华。

（张恒献）

金水区

【概况】 2014年，金水区总面积136.66平方公里，其中城区面积71.4平方公里。辖17个街道办事处。总人口143.7万人。人口自然增长率为6.63‰。

2014年，全区实现地区生产总值856.2亿元，比上年增长7.4%。地方公共财政预算收入完成51.77亿元，比上年增长3.24%。全社会固定资产投资完成402.9亿元，比上年增长15.1%。社会消费品零售总额完成635.4 亿元，比上年增长8.7%。商品出口总额完成14.3亿美元，比上年增长13.5%。实际利用外资2.7亿美元，比上年增长16.2%。城镇居民人均可支配收入达到34477元，比上年增长9.2%。农村居民人均纯收入达到18642元，比上年增长10%。

2014年，金水区共获得市级以上荣誉130项。在民生保障方面，将环卫工人工资从每月1420元提高到1836元，为符合条件人员办理了社会保险；建设环卫之家3000平方米，设置环卫工人休息点14处。率先在全市完成了第二轮122个老旧小区改造。沙口路小学等4所学校主体完工，丽水路小学等3个项目正在施工；投资1971万元为全区3974名教师更换了笔记本电脑；创新实施了具有全国影响力的“课程化、制度化、品牌化”学校教育体育新模式。区级农产品质量安全监测中心项目进入国家计划，正在紧张建设。新开工建设棚户区改造安置住房15823套，基本建成4846套。竣工并投入使用黄家庵等变电站2个，另有4个正在加紧建设。制定了贫困残疾人临时救助办法，发放区级救助资金54万元，惠及困难残疾人1405人。

【机构与领导】 中共金水区委：书记郑灏东；副书记陈宏伟、苏建设；区委常委：郑灏东、陈宏伟、苏建设、牛晓萌、丁胜全（12月免）、李建国（12月免）、杨林（12月任）、李建超、王爱辉（女）、李继东、徐卫东（12月任）、时博（12月任）。

区委工作部门：办公室主任丁胜全；机要局局长王建锋；群众工作部（信访局）部长曹可艳，常务副部长、信访局局长李学谦（9月免）、刘艳萍（女，9月任）；监察局局长刘建伟；组织部部长李建国；机关工委书记段佳荣（女，满族）；宣传部部长（暂缺）；文明办主任杜海营（9月免）、赵蔚（女，9月任）；统战部部长（暂缺）；台办主任王忠；工商联主席李江波；宗教局局长巴姝靖（女，回族）；政法委书记（暂缺）；老干部局局长张敏（女）；编办主任宋陆岩（女）；党校校长苏建设；档案局局长胡景帅；科协主席贺秀斌；绩效办主任郑迎波（8月免）。

区十二届人大常委会：主任薛燕（女）；副主任李贻忠、常新河、许贵舟、燕建华、刘营敏、冯景义、王静（女）、张涛。

区人大常委会工作部门：办公室主任李慧敏（女）；联络工委主任崔海东（1月任）；法工委主任林宇峰；财经工委主任杨遂辛（1月免）、薛文平（1月任）；城建工委主任陶宏智；教科文卫工委主任单敬坤；信访办公室主任王丽（女）；老干部管理办公室主任邱媛（女）。

区人民政府：区长陈宏伟，常务副区长李建超，副区长王爱辉（女）、赵高翔、姚方海、张华、樊安民、徐雄、张士先、赵德武、张东辉（2月免）。

区政府工作部门：办公室主任竟新宇；外侨办主任陶建莉（女，回族，8月免）；法制办主任段亚丽（女，8月免）；人防办主任崔兴周；发改统计局局长崔文修；物价局局长陈玉清；教体局局长王珂；科技局局长库晓（女）；工信局局长王延军；民政局局长刘健；司法局局长刘耀东；财政局局长袁先锋；人力资源和社会保障局局长鞠卫；国土资源局局长梁新生；安监局局长李怒潮；城乡建设局局长李敏（女）；房管局局长许银欣；交通局局长郭峰；城管执法局局长高学峰（11月免）、李国强（11月任）；城市管理局局长王国安；环保局局长孙华民；农委主任赵竞生；商务局局长刘军；文化旅游局局长吴兆强（11月免）、杜海营（11月任）；卫生局局长张遂喜；人口计生委主任张沛（女）；审计局局长司金涛；城改办主任何守华；爱卫办主任吕志献；征收办主任周玉梅（女）；投资公司经理黄涛（8月免）；楼宇办主任连卿；事管局局长张岚（女）；数字化中心主任陈亚文（女）；开发公司经理徐工；科技园区管委会主任张双喜；接待办主任刘继峰（9月免）、徐峰杰（9月任）；采购中心主任刘琴（女）；投资评审中心主任周保民；粮食管理中心主任李俊勇；综合交通办主任冯新杰；滨水产业带管委会主任郑长林；科教园区管委会主任陈宏伟。

政协区八届委员会：主席武建民；副主席王克勤、王庆豪、孙鲜龙、王居良、赵海叶（女）、宋红霞（女）、张建民、杜艳洁（女）。

区政协工作部门：办公室主任张书林；老干部管理办主任连艳丽（女）；经济科技委主任徐工；学习文史提案委主任王彩虹（女）；文教卫生委主任张竹萍（女，9月免）、吴兆强（9月任）；民主法制委主任刘雷立；港澳台侨委主任邢惠娟（女）;委员管理联络委主任王建伟（女）；城建环保委主任张福敏（9月免）、张竹萍（女，9月任）。

中共区纪律检查委员会书记：牛晓萌。

区人民武装部部长：周学军；政委：李继东。

区人民法院院长：杨发群。

区人民检察院检察长：梁平。

区群团组织：工会主席李劲松（女，满族）；团区委书记吴昊；妇联主席马晓宇（女）；残联理事长陈玉新（女）；红十字会会长张士先。

街道：丰庆路街道党工委书记王金城，办事处主任赵蔚（女，10月免）、郑迎波（10月任）；杨金路街道党工委书记樊安民（兼），办事处主任齐建立；国基路街道党工委书记沈建忠（10月免）、高学峰（10月任），办事处主任孔之见；丰产路街道党工委书记刘运泽，办事处主任彭涛；南阳路街道党工委书记李力（女），办事处主任李国梁；南阳新村街道党工委书记姚霞（女），办事处主任白平坤（回）；花园路街道党工委书记李婷（女，回族，10月免）、李东（10月任），办事处主任李东（10月免）、刘继峰（10月任）；人民路街道党工委书记杨振茂，办事处主任董青丽（女，回）；经八路街道党工委书记叶齐科，办事处主任周纪斌；文化路街道党工委书记李长虹，办事处主任王麟乐；杜岭街道党工委书记秦历源（女），办事处主任花磊；大石桥街道党工委书记张向奥，办事处主任李迪；东风路街道党工委书记张双喜（兼），办事处主任梁振国；未来路街道党工委书记杨振玉，办事处主任聂思军；北林路街道党工委书记杨宇峰，办事处主任牛易；凤凰台街道党工委书记赵伟峰，办事处主任翟俊杰；兴达路街道党工委书记刘楠，办事处主任李国强（10月免）、黄涛（10月任）。

【现代服务业发展】 2014年，金水区紧紧围绕全省现代服务业核心集聚区建设，研究出台了《金水区现代产业体系构建的战略设想》，明确了“8+1”主导产业和5个“1+N”产业布局发展模式，初步构建了现代产业体系，全区三次产业结构调整为0.1：12.4：87.5。金融商贸和高技术服务等主导产业完成增加值464亿元，占三产比重由2013年的58.9%提高到61.9%。楼宇、总部、特色街区和商圈经济支撑作用更加突出，新入驻楼宇企业2269家，成功培育全口径税收超亿元楼宇6幢、区级税收超百万元楼宇110幢，缴纳区级税收超过19亿元；新建成唐人街文化广场等特色街区4条，特色街区营业收入超过30亿元；新引进华为软件等总部企业20家；关虎屯等五大商圈完成交易额271亿元。

【项目建设与投资】 2014年，坚持以项目建设为重点扩大投资，深入实施领导分包、重大项目例会等协调推进机制，167个省市区重点项目完成投资352亿元，其中新开工建业凯旋广场等超亿元项目30个，建成投产金泰信息技术服务中心等项目17个。坚持以提升质量为重点强化开放，紧紧围绕主导产业分区域开展招商活动，成功签约润丰大都会等重大项目16个，总投资超过330亿元。全年实际利用外资2.7亿美元，比上年增长16.2%。外贸出口14.43亿美元，比上年增长14.9%。实现境外投资额3.95亿美元，比上年增长14.4%。坚持以扩大内需为重点促进消费，全区商贸及旅游服务企业年营业额突破1000亿元。坚持以产业集聚区为重点丰富产业载体，金水科教园区新引进清华启迪科技园等高技术项目5个、总投资88.5亿元，聚方科技园等5个项目竣工投用，河南外包产业园一期入驻运营项目34个；国家知识产权创意产业试点园起步区一期入驻法国朱古力等知名工业设计企业23家，与500余家企业签订订单，拉动产值近10亿元；河南科技园区实现主营业务收入120亿元，与阿里巴巴集团合作的专业市场电子商务平台正式运营。

【城市建设与管理】 2014年，城市改造实现突破。新启动寥庄等11个城中村改造项目、徐庄等11个合村并城项目、张砦街片区等3个旧城改造项目共25个城市改造项目，累计拆除各类建筑物1453.2万平方米，腾出土地800公顷，三环以内村庄基本搬迁完毕，城市改造三年行动计划大头落地。新开建安置房项目26个530.3万平方米，其中聂庄等6个项目主体封顶，姚砦等3个项目80万平方米安置房群众即将回迁，拆迁项目和体量、安置房项目启动数量和开工面积均创历史新高。

城市功能日益完善。顺利实现铝材市场等13家市场外迁，完成渠东路等5条道路渠化整治、卫生路（红专路—南丰街段）等23条道路改造，建成通车园田路等8条道路；新建（升级改造）

金水区科教新城新建工程集中奠基仪式

金水区四月天小学大课间展示

环卫中转站14座、公厕36座，新增停车泊位13177个；北三环高架、文化路改造、红专路下穿等重大市政工程顺利通车，轨道交通5号线、农业路快速通道等工程顺利推进。

城市环境不断改善。深入推进“蓝天工程”，拆改燃煤锅炉38台，拆改数量位居全市第一。大力推进生态区建设，严格执行“环评”和“三同时”制度，审批建设项目285个，从源头上减少了污染物排放。加强“绿色金水”建设，完成青少年公园和市民文化公园附属物拆迁8.38万平方米、铁路沿线和生态廊道绿化163.4万平方米，新建街头游园6个，全区绿化覆盖率达到44%。率先在全省建成城市管理行政执法网上案卷审批管理系统，积极推行联合执法，强化城市管理考评，顺利完成国家卫生城市复审工作。

【改革创新双驱动】2014年，重大改革事项顺利推进。成功组建了以河南省金水投资管理有限公司、金科建设发展有限公司为主体的投融资平台框架体系，实现到位融资8.5亿元，获融资授信18亿元。

顺利与新乡市获嘉县签订合作协议，中西部首个互动型飞地经济产业示范区——金水（获嘉）产业新城项目进入实质运作阶段。12月8日，金水区与新乡市获嘉县正式签订区域合作协议。12月27日，金水（获嘉）产业新城项目在获嘉县亢村镇奠基。金水（获嘉）产业新城项目总投资70亿元，占地203.33公顷。是由郑州市金水区、新乡市获嘉县两地政府和河南裕港置业有限公司共同打造的以节能环保、电子信息、印刷、汽车零部件、高端食品等产业为主导，形成集聚超过500家以上高附加值、高成长性的企业，年直接产值超过300亿元的承接郑新一体化产业转移，辐射中西部的集约化、国际化、复合型省级示范产业聚集区。金水（获嘉）产业新城是两区、县借鉴发达地区先进经验，采用“飞地经济”合作模式，打破行政区域界限，充分利用比较优势，实现资源共享互补、互利共赢的跨区域合作项目。

成立了区属市政建设管理公司，对机械化清扫、公厕管理、垃圾清运等进行统一管理经营，实现了管干分离，辖区清扫保洁质量明显提升。同时，社会公共治理、政府投资建设管理等改革事项基本完成并取得初步成效。

科技创新能力不断增强。全面建成了共性技术服务等六大科技创新平台，新增院士工作站1家、工程技术中心8家，申报国家和省市科技项目249项，实现技术交易额12亿元。成功创建国家级孵化器1家、省级和市级科技企业孵化器6家，新增省级和市级创新型试点企业8家。辖区高新技术企业达到37家、科技型企业突破200家，完成高新技术产业增加值85亿元。

创新创业环境明显改善。出台了加强自主创新打造科技金水、促进大学生自主创业等系列扶持政策，全年落实科技扶持资金近2亿元。率先在全省创建了2个大学生创业园，运营面积1.4万平方米，入驻企业180家。在全省首家设立了区级金融港，制定了服务小微企业融资的具体措施，出台了鼓励企业挂牌“新三板”政策细则，河南书网教育、河南振华工程、河南金鹏信息技术3家企业成功上市，实现了金水区“新三板”上市企业零的突破。

【社会事业】“一刻钟便民服务圈”成效显著。2014年，新建成社区卫生服务站1家、社区卫生服务中心2家、老年活动中心4个、健身场所5处、街道便民服务中心6个、社区便民服务站52个、社区托老站8个、志愿者服务站36个、社会管理综合治理工作中心15个、残疾人康复站26个，扶持社工服务机构6家，打造亮点街道综合文化站2个、社区文化活动中心7个，累计建成和整合各类便民服务网点2427个，形成了布局合理的网状服务体系，基本实现了“小需求不出社区、大需求不远离社区、紧急需求不出家门”的目标。

网格化管理持续深入。突出“基层治理模式创新、服务群众、问题解决”，深入开展“三非”等20项问题整治，累计排查问题16.7万起，整治到位16.1万起，整治率96%。强化安全隐患排查整治，排查生产经营单位3243家，治理安全隐患1816处。深入推行领导干部“五访”机制、“三调联动”机制，有效化解了投资担保、城市改造等领域涉及的信访问题。强化立体治安防控体系，依法防范和严厉打击各类违法犯罪活动，社会大局保持和谐稳定。

【政府自身建设】2014年，法治建设不断深化。严格执行区人大及其常委会的决议决定，积极支持区政协履行职能，全年办理人大代表建议和政协委员提案139件，办结率100%。深入推进“六五”普法和依法治理，强化规范性文件备案审查，办理行政复议案件29件，纠正不当行政行为8起。主动公开政府信息2.1万余条，向公众提供信息查阅服务5000余次，公众知情权、监督权得到有效保障。

行政效能有效提升。深入推行目标管理责任制，将政府重点工作分解为92项，分别明确责任领导、承办单位和完成时限，实行全程监测、全程控制，推动政府工作标准化、项目化、责任化，保证了执行效率，提高了执行效果。进一步规范了区行政审批服务中心和街道便民服务中心的办理事项、运行机制、服务标准，受理各类行政审批服务事项14.35万件，按时办结率100%。

廉政建设持续加强。深入开展第二批党的群众路线教育实践活动，认真落实中央八项规定，持之以恒狠抓作风建设，狠刹公款吃喝、铺张浪费等不正之风，严肃查处贪污受贿、职务侵占、失职渎职等违纪违法案件，有效解决了一批群众反映强烈的突出问题。强化建设工程、政府采购、国资管理等重点领域的审计监督和行政监察，审计项目102项，核减财政资金4270万元。深入开展纠风、效能监察和发展环境综合整治等工作，强化跟踪问效，严格责任追究，营造了风清气正的良好氛围。

【群众路线教育实践活动】2014年，按照中央和省委、市委的统一部署，在省市委活动办、省市第五联合督导组精心指导下，以兰考示范点为标杆，以“一学三促四抓”为抓手，贯彻整风精神和“三严三实”要求，积极融入“四诺”“四个一”、结对帮扶等活动，体现金水特色。注重顶层设计，召开常委会、区委全会等会议14次进行专题研究部署。广泛宣传发动，全区967个基层党组织、23715名党员参加活动，民主评议党员2.1万余名。重视学习教育，通过自上而下集中学、选树典型对照学、身临其境体验学、搭建平台自主学，组织全区副县级干部赴兰考、西柏坡参观学习，开展集中学习26次，举办专家辅导报告8场，举办群众路线教育培训班10期，举办基层宣讲150余场。坚持立行立改，深入开展问计基层“六个一”活动，收集意见1452条，梳理汇总后确定的618项整改事项已完成587项，已基本整改到位；中央巡视组交办的93起信访事项全部办结。突出建章立制，废止各类制度22项，修订完善16项，新建21项。特别是被确定为郑州市基层四项基础制度示范区后，依托网格化管理长效机制和基层服务型党组织建设，进一步对前期探索建立的各类制度进行了梳理归纳、总结提升和完善创新，研究制订了金水区基层四项基础制度。

【党建工作】2014年，按照区级层面四项基础制度建设要求，研究出台并认真执行《区委常委会议事规则》《区委常委会关于进一步加强自身建设的意见》《完善坚持民主集中制意见》《党内政治生活常态化制度》，坚持重大问题集中讨论、集体决定原则，支持人大、政协独立自主地开展工作，形成了团结共事的良好局面，推动了问题解决和工作开展。

加强领导班子和干部队伍建设。全面推进学习型党组织建设，开展区委中心组集体学习11次，举办名家讲坛6期、专题研修班2期；立足于开阔眼界，赴南京、深圳、武汉、杭州、长春等地学习现代服务业发展和服务型党组织建设先进经验；组建“群众路线教育理论宣讲团”和“先进事迹报告团”，举办各类宣讲报告会100余场、互动交流活动40余场，实现全区党员干部学习培训全覆盖。研究制定《金水区新提拔副科级领导干部财产申报公示制度》，警诫、约束干部廉洁从政行为。

加强基层服务型党组织和党员队伍建设。依托网格化管理长效机制和郑州市基层四项基础制度试点区建设，以花园路、经八路、文化路3个街道为试点，全面推进服务型党组织建设。通过建立社区党委三级组织网络，持续推进“双培双推双提升”活动，切实办好党建十件实事，深入开展“红色覆盖”活动、结对联户帮扶活动，加大政府购买服务力度，服务触角延伸至千家万户；注重基层干部素质提升，组织830名农村“三委”干部和驻村第一书记进行专题培训，开展在职党员到社区亮身份、做承诺活动，党员干部服务基层意识显著增强。全面整顿软弱涣散基层党组织，明确分包领导、具体责任人、整改内容、整改举措、完成时限，整顿任务已全面完成。全面完成村级党组织换届选举任务。积极开展“两新”党建工作，新增“两新”党组织80余家，实现了党组织的全覆盖。

（窦　凯　何金星）

二七区

【概况】2014年，二七区总面积156.2平方公里。其中，耕地面积20.11平方公里，建成区面积36.25平方公里。辖13个街道办事处、1个乡、1个镇，106个城市社区，53个农村社区，14个行政村。全区年末总人口766392人。其中，女性375593人，城镇人口680173人。人口出生率为10.53‰，死亡率为4.62‰，自然增长率为5.91‰。

2014年，全区地区生产总值428.2亿元，比上年增长7.6%。其中，第一产业增加值0.62亿元，比上年下降4%；第二产业增加值83.6亿元，比上年增长10.7%；第三产业增加值344亿元，比上年增长6.6%。

2014年，全区农业总产值完成1.12亿元，比上年下降14%；农业增加值完成0.62亿元，比上年下降4%。粮食总产量680吨，比上年下降72%。种植业增加值完成0.29亿元，比上年下降3%。林业增加值完成50万元，比上年下降74%。畜牧业增加值完成0.27亿元，比上年下降7%。渔业增加值完成100万元，比上年增长14%。

2014年，全部工业增加值完成44.6亿元，比上年增长9.6%。其中，规模以上工业增加值完成41.7亿元，比上年增长10.2%；规模以下工业增加值完成2.9亿元，比上年增长4.4%。

2014年，全社会固定资产投资完成339.2亿万元，比上年增长15.7%。社会消费品零售总额完成335.7亿元，比上年增长13.4%。外贸出口总值完成1.12亿美元，比上年下降28.2%；实际利用外商直接投资2.32亿美元，比上年增长13.1%。

2014年，全区地方财政收入完成28.4亿元，比上年增长14.05%。其中，公共财政预算收入完成28.39亿元，比上年增长14.12%。全年公共财政预算支出完成25.8亿元，比上年增长18.84%。财政收入占全区生产总值的比重达到6.6%，比上年提高0.5个百分点。

2014年，全区城镇居民人均可支配收入达到27873元，比上年增长9.4%；农民居民人均纯收入达到17475元，比上年增长10.2%。全年城镇新增就业23470人，新增农村劳动力转移就业601人；开展再就业培训4608人，创业培训480人，农村劳动力职业技能培训558人。

【机构与领导】 中共二七区委：书记：蔡红（女）；副书记：陈红民，潘开名（2月免）、李晓雷（2月任）；区委常委：蔡红（女）、陈红民、潘开名（2月免）、李晓雷（2月任）、许广佑（12月免）、张全金、王玉红（女）、王鲁明（12月免）、卢书选、李峰、丁文霞（女）、赵吉平、孙兴伟（2月免）、胡新生（2月任）、黄卫东（12月任）。

区委工作部门：办公室主任赵吉平；组织部部长丁文霞（女）；宣传部部长王鲁明（12月免）、黄卫东（12月任）；统战部部长王玉红（女）；政法委书记卢书选；群工部部长兼信访局局长曹宪武；机关党工委书记杨芳（女）；编办主任董跃武；党校常务副校长冯晶丽（女）；老干部局局长徐建宇（女）；档案局局长张艳玲（女）。

区十五届人大常委会：主任李章

浙江省义乌市党政考察团到二七新区考察项目建设情况

坤（12月免）、许广佑（12月任）；副主任张丽英（女）、李刚、周国建、郭穆顺、柳建华、武志亮、靳凤英（女）、兰海、杨明军、周国堂、姚实（12月任）。

区人大常委会工作部门：办公室主任陈庆；城建工委主任王云（1月免）、任书庆（8月任）；财经工委主任赵建堂；代表联络工委主任刘德斌；法工委主任李玲（女）；教科文卫工委主任杨录生；信访室主任杨志华。

区人民政府：区长陈红民；副区长李峰、姚实（12月免）、于珊（女）、辛绍河（8月免）、刘利、董治会。

区政府工作部门：办公室主任马世锋；地志办主任刘琴（女）；法制办主任吕锋卫；接待办主任刘长海；社管办主任李志刚；食安办主任张晓慧（女）；畅通办主任王志平；人防办主任杨杰（8月免）；民族宗教局局长法建军；监察局局长张军；行政服务中心主任闫东明（8月免），副主任张斌（9月任，主持工作）；商务局局长王晓东；工信局局长张建忠；人口和计生委主任任书庆（8月免）；人力资源和社会保障局局长陈卫东；社保管理局局长薛燕（女）；财政局局长张建森；发改和统计局局长王永利；教体局局长刘子科；民政局局长苏连成；农工委主任王国华；粮食局局长蔡建峰（8月免）、靳发宏（8月任）；卫生局局长王章正；审计局局长李新亮；城市管理执法局局长牛军领；科技局局长田培红（女）；建设局局长秦玉凤（女）；环保局局长邵建勇；司法局局长王淑真（女，8月免）、张爱云（女，8月任）；交通局局长阴小强；爱卫办主任张新波；建设投资公司总经理崔宗晓；数字化城管指挥中心主任王琳（女）；投资促进服务中心主任王晓琳（女）；文化旅游局局长牛志宏（女）；安监局局长刘少卿；机关事务局局长高武汉；物价局局长冯保强；住房保障中心主任刘钰（女）；房屋征收补偿办主任徐力夫；南水北调办主任田喜增；煤矿监管办主任牛学峰；土地储备中心主任张超；新型城镇化建设办公室主任靳发宏（8月免）；新型城镇化建设综合协调办公室主任毛新辉（8月任）；城市管理行政执法局局长朱继光。

政协区八届委员会：主席于广志；副主席陈爱萍、李琳、吴书文、陈旭儒（12月免）、李东亮（12月免）、王同超、袁新生、曾平。

区政协工作部门：办公室主任李锦勇；区政协秘书长刘栋（女）；老干部科科长翟伟锋；提案委主任田留锁；联络委主任刘来群；农业委主任鲁香敏（女）；经济科技委主任闫宗汉；社会和法制委主任牧秋君（女）；城建环保委主任黄晓江；宣教文卫体委主任付阳光（8月免）；文史资料办公室主任郭磊；港澳台侨委主任魏兵。

2014年6月24日，全国人大常委会原副委员长、中国关工委主任顾秀莲到二七区考察社会主义核心价值观教育实践活动开展情况

中共区纪律检查委员会书记：张全金。

区人民武装部部长：杨振河；政委：孙兴伟（2月免）、胡新生（2月任）。

区人民法院院长：王焰斌。

区人民检察院检察长：丁铁梅（女）。

区群团组织：总工会主席张新云（女）；团区委副书记牛真（女，9月任，主持工作）；妇联主席李素佩（女）；红十字会常务副会长井燕（女）；残联理事长侯俊雷（9月任）；科协主席任随意；工商联党组书记卢学俊。

乡镇、街道：侯寨乡党委书记丁文霞（女，兼任），乡长南中洋；马寨镇党委书记王玉红（女，兼任），镇长谢金旺；大学路街道党工委书记海鸥，办事处主任周彪；五里堡街道党工委书记鲁林林（女），办事处主任魏锋；福华街街道党工委书记岳伟（市下派），办事处主任张振威；建中街街道党工委书记李景光，办事处主任李振伟；蜜蜂张街道党工委书记张振国，办事处主任李青青（女）；铭功路街道党工委书记张伟新，办事处主任王峰；一马路街道党工委书记马建，办事处主任徐建；解放路街道党工委书记朱松山，办事处主任尚可；德化街街道党工委书记卢书选（兼任）、常务副书记马遂鑫，办事处主任赵伟（女，市下派）；淮河路街道党工委书记赵红林，办事处主任秦召玉；嵩山路街道党工委书记胡仲泰，办事处主任张勋；长江路街道党工委书记黄新宏，办事处主任路军；京广路街道党工委书记张祎，办事处主任余莉（女，9月免）。

【综合经济快速发展】 2014年，全区产业结构稳中趋优。坚持扩大优质增量与调整优化存量并举，以高端商贸、现代食品制造、生态文化为主导的现代产业体系基本确立。商贸业升级步伐加快。华润万象城购物中心等商业综合体相继投入运营，二七广场周边中高端购物中心增至20家；郑州CSD、红星美凯龙等重大商贸业项目加快建设。启动楼宇经济“十百千”计划，培育纳税超2000万元商务楼宇13栋，税收总额达7.2亿元。特色商业街建设加快推进，完成亚星茶文化街、二七万达金街等10条街区改造提升工程。现代食品制造业比重提高。规模以上工业总产值完成182.3亿元，比上年增长9.7%；现代食品制造业产值在工业总产值中的比重达38%。培育康师傅、天方、万家等产值亿元以上企业36家，建成企业研发中心43家，工业企业竞争力不断增强。生态文化旅游产业持续壮大。率先在全市开展乡村旅游标准化试点创建工作，樱桃沟、龙园水乡等顺利通过验收；打造生态游、采摘游、文化游等精品旅游线路5条，接待游客551.9万人次，实现旅游收入1.8亿元。超凡、金象等本土影视创作企业走向全国，《大国廉政》等文化艺术作品广受欢迎。新兴产业蓬勃发展。以打造中原地区电商总部基地为目标，大力发展电子商务产业，中国·中部电子商务港总部基地成功落户二七区，苏宁电商园等项目已开工，京莎·鞋业网商园等项目已完工，培育重点电商企业36家；河南网商园品牌示范带动作用更加明显，“双十一”当天销售额达3.16亿元，同比增长52%。

可持续发展能力不断提升。坚持把投资增效作为经济工作的重要支撑，着力招大引强，狠抓项目攻坚，不断强化要素保障，发展基础更加坚实。招商引资成果丰硕。大力开展定向招商和产业集群招商，成功签约郑州华贸商业中心等“三力型”项目9

个，签约额近600亿元。高标准推进二次选商，中部地区首家苹果直营店等15个高端品牌项目落户二七区。全年引进域外境内资金182.5亿元，实际利用外资2.2亿美元。项目建设扎实推进。深入开展“项目服务年”活动，纳入区重点管理的215个项目，完成投资343.2亿元，中央商务区等41个项目已开工，绿地·滨湖国际城等52个项目正加速建设，顶新国际再投资等50个项目已竣工；66个省、市重点项目完成投资142.8亿元，占目标任务的147%。土地保障坚强有力。完成土地上报275公顷，批回392.2公顷，征收305.27公顷，储备467.27公顷，供应167.27公顷，土地出让金额达到85亿元，均在市内五区名列前茅。开展存量闲置建设用地清理处置专项行动，超额完成年度目标。融资工作成效显著。成功发行9亿元城投债，成为全国首家发行城投债的主城区。创新“政府主导、项目运作、引入担保”的融资模式，不断拓宽融资渠道、优化政府融资结构，筹措各类资金96.69亿元。规划支撑作用明显。编制城南电子商务产业集聚区控规等各类规划40余项，其中马寨新镇区控规等10余项规划得到批复，现代田园城概念性规划等20余项规划正在编制、报批，全区发展更具科学性、前瞻性。

【新型城镇化建设】 2014年，全域城镇化步伐加快。以新型城镇化“六项重点工作”为抓手，着力推进城乡有机更新，二七区被评为郑州市新型城镇化建设先进单位。发展空间进一步拓展。在全市率先实现了三环内所有村庄基本拆迁完毕，三、四环之间村庄拆迁大头落地，四环至绕城高速之间村庄拆迁有序推进，累计完成征迁1218万平方米，腾出建设用地800公顷。动迁群众安置得到充分保障。高度重视安置房建设和群众回迁工作，创新实施“七个一”推进机制，2014年棚户区开工安置房35109套，开工率达115%。全市首个政府主导项目滨河花园30万平方米安置房已封顶；全市首批合村并城项目程炉张河20万平方米安置房基本建成。实现安置房竣工160万平方米，惠及4301户11276名群众，动迁群众居住环境得到明显改善。

城乡形象全面提升。不断加大城市建管力度，城乡面貌焕然一新。群众出行更加方便。端午路、南彩路等41条道路已建成，台郭—全垌段改建等3条农村道路已完工；新建停车泊位12910个，占总目标的161%。配合完成省市重大市政道路工程拆迁工作，三环快速路、陇海路高架等9条道路顺利通车。生态环境建设加快推进。创新实施“绿化示范段与生态防护林相结合”建设模式，市域铁路沿线完成绿化272万平方米，南三环、大学路南延、郑尧连接线等生态廊道建设新增绿化99万平方米。在全市10个综合性公园建设中，二七区承担的叠彩园等3个公园率先建成并对市民开放。积极做好大气污染防治，拆改燃煤锅炉31台，占全市任务总量的1/3。基础设施进一步完善。新建、改建公厕12座，垃圾中转站1座；黄岗寺、刘砦等8个城中村改造项目配套学校、变电站等基础设施建设正在快速推进。城市管理水平不断提高。大力推动“四城联创”工作，强化市容市貌、社区楼院整治，圆满完成承担的各项创建任务。加大“两违”整治力度，查处违法建设567处，拆除面积22.5万平方米。在全市城市管理整治提升三年行动考核中，二七区名列第一。

【民生事业】 2014年，坚持公共财政向民生领域倾斜，年初确定的各项民生实事圆满完成，民生支出19.2亿元，占公共财政预算支出的74.3%。

社会保障更加有力。高度关注群众就业问题，新增城镇就业、再就业23470人，完成农村劳动力转移就业601人；发放小额担保贷款1.05亿元。深入推进城乡低保一体化，累计发放低保金、五保金、大病救助金及各类临时性救助补贴1721.7万元。征缴各项社会保险费5.1亿元，全区社保参保人数突破35万人次。不断提高新农合保障水平，参合率达98.9%；创新实施乡镇卫生院与市级医院“同质化”管理，农民不出乡镇就能享受三级甲等医院的优质医疗服务；持续扩大社区卫生服务中心、服务站辐射半径，实现“片医”全覆盖；完成200家餐饮企业监控设施安装，被评为河南省公共场所卫生监督示范区。创新“失独”家庭帮扶模式，辖区155户“失独”家庭由政府购买养老服务；新建社区托老站10个、农村养老服务中心2个，初步建立了公办养老院、民办养老公寓、社区托老站、居家养老“四位一体”互补型养老服务体系。加大保障性安居工程建设，开工建设公租房1605套。实施农村安全饮水工程，6000余名群众安全吃水问题得到解决。

社会事业统筹发展。新建荆胡小学、人泰路中学、双泰路幼儿园等学校5所，新增学位4500个；不断深化“六名工程”建设，精铸“多彩教育”品牌，二七区成为全国首批、市区首家国家义务教育发展基本均衡县（区）。实施科技型企业成长助推计划，科技服务水平持续提升。大力实施文化惠民工程，组织公益演出100场、文化艺术公益讲堂100余场，开展各类文化活动及文化骨干培训1500余场。扎实做好新形势下的人口和计划生育工作，“国优”成果持续巩固。

社会大局和谐稳定。围绕“深化规范提升”主题，不断完善网格化管理标准化体系，强化“三支队伍”建设，群众自治和为民服务水平得到进一步提升；全年通过社会管理信息平台上报各类问题18.8万件，处置率达98.9%，长效机制工作得到市委、市政府表彰。健全群众信访工作“七大体系”和应急处置工作机制，上三级交办二七区信访案件按期办结率达100%。严格落实安全生产责任制，不断强化对消防、煤矿、危化、建筑施工等重点行业领域的安全监管，全区安全形势持续向好。加大社会治安“打、防、管、控”力度，全区技防覆盖率达97%，人民群众的安全感和对社会治安的满意度进一步提升。

【政府自身建设】 2014年，二七区全面贯彻落实中央八项规定和省、市、区委有关规定，围绕反对“四风”，扎实开展党的群众路线教育实践活动，政风建设取得了实效，“三公”经费支出下降29.3%，会议费节约70.4%。坚持依法行政，整合取消行政审批事项70余项；梳理规范性文件459件，废止158件；受理政府信息公开申请56件，办复率、满意率均为100%。自觉接受人大监督、政协监督和社会监督，办理人大代表建议和政协委员提案135件，办复率100%。不断强化重点项目、重大支出监察审计，核减节约资金1.78亿元。严格落实党风廉政建设责任制，加大从源头上预防和治理腐败的力度，营造了良好的干事创业环境。

（胡　雷）

管城回族区

【概况】 2014年，管城回族区总面积112.67平方公里。其中，城区面积32.88平方公里。辖9个街道办事处、76个社区居委会、1个镇、1个乡，26个行政村，1个农村社区。总人口402648人（含圃田乡）。其中，回族人口22043人，占全区人口5.47%。全区人口出生率为10.4‰。

2014年，全区地区生产总值完成297亿元，比上年增长5%；公共财政预算收入完成21.8亿元，比上年增长4.5%；固定资产投资完成250.7亿元，比上年增长17.5%；社会消费品零售总额完成240亿元，比上年增长8%；规模以上工业增加值完成82.6亿元，比上年增长0.7%；城镇居民人均可支配收入达到26433元，比上年增长9%；农民人均纯收入达到18611元，比上年增长10%。

【机构与领导】 中共管城回族区委：书记袁三军；副书记虎强、武拥军；区委常委：袁三军、虎强、武拥军、杜敏生、王彬彬（12月免）、张平安、胡俊伟、王晓军、杨洁（女，12月任）、马欢（12月免）、柴丹（女）、刘守斌（12月任）、张艳敏（女，12月任）。

区委工作部门：办公室主任马欢（2月免）、刘守斌（12月任）；组织部部长王彬彬（12月免）、柴丹（12月任）；宣传部部长柴丹（女，12月免）、杨洁（女，12月任）；统战部部长张平安；政法委书记王晓军；群工部部长郭剑锋；机关党工委书记（空缺）；党校常务副校长郭宝生；老干部局局长马晓红（女）；档案局局长朱红亚；编办主任李鑫（女）。

区十四届人大常委会：主任牛延平；副主任姚文学（12月免）、王宏武（12月免）、李蝴蝶（女）、刘三修、郑水泉、刘同杰、谢晓东（1月任）。

区人大工作部门：办公室主任魏峰；教科文卫工委主任赵秋霞（女）；财经工委主任李香梅（女）；城建农村工委主任徐长发；法工委主任巴忠义；代表民族工委主任孙雪琴（女，10月免）、王立磊（10月任）；民族宗教工委主任陈瑞兰（女）；老干部管理办主任毛松峰。

区人民政府：区长虎强；副区长马欢（12月免）、张艳敏（女，12月任）、安惠萍（女）、刘守斌（12月免）、高和平、罗国君、孙梅（女，12月免）、史伟、耿国志、苏莹玺（12月任）、曹东锋（12月任）。

区政府工作部门：办公室主任闫凯；人力资源和社保局局长杨国华；财政局局长朱宣合；工信局局长乔希望；监察局局长郭庆伟；工委主任马万锋；人口和计生委主任邢惠君（女）；发改和统计局局长冯麟（女）；教文体局局长穆培华；信访局局长海彦玲（女）；民政局局长周满堂；民族宗教局局长巴晓娟（女）；畅通办主任龚广臣（兼）；城建和交运局局长赵栓来；环保局局长张红（女）；卫生局局长张彦军；司法局局长白刘军（10月任）；审计局局长贾宝蕴（女）；城管执法局局长赵晨阳；科技局局长吴俊斐（女）；粮食局局长陈宏安；机关事务局局长马建军（10月任）；住房保障中心主任李行义；商务局局长李金平（女）；安监局局长魏良平；文化旅游新闻出版局局长李静（女）；文物局局长陈瑞勇；人防办主任李惠萍（女）；爱卫办主任陈俊杰；房屋征收与补偿办主任张献忠；南水北调办主任郝碧锋；建设综合开发总公司总经理王志华；物资总公司经理王峰；接待办主任乔喜玲（女）；国资局局长孔艳玲；投资评审中心主任王芳（女）；社区建设服务局局长高山岭；史志办主任周遂枝（女）。

金岱产业集聚区：主任虎强，常务副主任武拥军，副主任杨荣军（主持工作）。

垂直管理部门：国土资源局局长张有锋（2月免）、袁涛（2月任）；工商局局长李建伟；国税局局长史越；地税局局长李志生；质监局局长杨泽；规划分局局长韩杰；食药监督分局局长屈新义；郑州市公安局商城路分局局长王晓军（兼），政委陈艳芳（女）；郑州市公安局二里岗分局局长刘冰，政委张峰；郑州市公安局南关分局局长马勇，政委顾健；郑州市公安局十八里河分局局长刘丛德，政委聂学锋。

区政协七届委员会：主席刘霞（女）；副主席韩红伟、陈彦军（12月免）、陈兵、李雪宁（女）、杨爱荣（女，12月免）、雷金亮。

区政协工作部门：办公室主任陈孝明；民族宗教港澳台侨委主任郭海涛（女）；科教文卫委主任张红军；提案委主任冯雅莉（女）；经济委主任庄红梅（女）；城市建设社会法制委主任翟建平；学习宣传文史资料委主任陶丽丽；农业人口环境资源委主任刘子明；联络委主任张志远；老干部管理办公室主任刘坤。

中共区纪律检查委员会书记:杜敏生。

区人民武装部部长:郭兴军；政委:胡俊伟。

区人民法院院长:谢凯歌。

区人民检察院检察长:王耀世。

区群团组织：总工会主席盛伟；团委书记张川（女，12月免）；妇联主席孟沛（女，10月任）；科协主席郑银铃（女）；残联理事长游东梅（女）；工商联主席韩红伟。

街道、乡镇：北下街街道党工委书记巴姝芳（女），办事处主任滕方炜；南关街道党工委书记高建峰，办事处主任沙建武；陇海马路街道党工委书记刘本勇，办事处主任单书欣；二里岗街道党工委书记虎金治，办事处主任刘斌；城东路街道党工委书记柴丹（女，兼），常务副书记张平，办事处主任郭磊；东大街街道党工委书记马欢（兼），常务副书记曹广凤，办事处主任李颖辉；西大街街党工委处书记李伟民，办事处主任张海军；紫荆山南路街道党工委书记王遂其，办事处主任王立磊（10月免）、侯春雷（10月任）；航海东路街道党工委书记王永善，办事处主任王传胜（10月免）、庞福荣（10月任）；南曹乡党委书记武拥军（兼），常务副书记周福利，乡长崔永祯（10月免）、王传胜（10月任）；十八里河镇党委书记李阳东，镇长侯春雷（10月免）、王志峰（10月任）。

【经济结构得到优化】 2014年，将文化创意旅游、现代商贸物流、电子信息、汽车及零部件制造确立为主导产业，按照“产业为基、产城融合”的思路，全面推进产业园区建设。全区服务业增加值占GDP的比重为64%，高于上一年4.5个百分点，服务业的主导地位进一步确立。金岱产业集聚区不断规范提升，中原黄金珠宝文化创意产业园一期、河南光谷电商产业园已完成土地摘牌，汽车后市场产业园正在拆迁，全年固定资产投资增长32%；商都文化特色商业区加快发展，中原黄金珠宝交易中心新增营业面积5.5万平方米、新入驻企业110家；渠南商业集聚区积极承接老城区产业转移，金源百荣商贸中心全面开工建设，一期50万平方米主体已建成，二期120万平方米正在建设。新签约绿都商业中心、通凯鼎盛商业广场等7个项目，总投资89亿元，全年引进境内域外资金100.6亿元，外贸出口7.4亿美元，实际利用外资8348万美元。重点建设农业精品园5个，发展节水灌溉面积300公顷。

【城乡一体化建设】 2014年，不断加快村庄征迁和安置房建设进度，累计征迁各类建筑1390万平方米，完成投资138亿元，自2012年连续三年被评为“郑州市新型城镇化建设先进单位”。完成紫荆山路南延、G107辅道南延等15项市政

区委书记袁三军、区长虎强视察南部路网建设

大上海城夜景

重点工程征迁任务，征迁面积600万平方米；积极配合刘湾水厂建设，为南水北调中线工程河南段顺利通水创造良好条件。总投资23亿元、全长39公里的紫辰路、金岱路等6条道路已开工建设，豫六路等部分路段已建成通车，道路建成后，将形成“六纵六横”的路网体系，为全域城镇化发展奠定坚实的交通基础。

累计启动棚户区改造项目28个，开工建设安置房项目22个，完成回迁项目8个，回迁群众1.2万人，三环以内的村庄已基本拆迁完毕。十里铺、中博集团、民乐里片区作为全市重点攻坚项目，在拆迁量大、情况复杂、多年未能启动拆迁的情况下，经过全区上下的不懈努力，拆迁工作基本完成；商都新区起步区已与市土地储备中心签订总投资65亿元的合作协议，片区内苏庄八郎寨安置区正在加快建设；大王庄项目已与中原土地储备中心签订总投资26亿元的一级开发协议；“两院一体”项目正在做征迁前的准备工作。

完成中州大道、南三环等5条道路、郑西高铁、陇海铁路等4条铁路沿线，以及高速出入市口的绿化任务，累计绿化面积568万平方米；投资8300万元建设3座区级综合性公园，其中商都遗址公园、郑新公园已建成开放。市定36条断头路已全部完成征迁任务，征迁面积112.7万平方米，21条区管道路已开工20条，尚庄路、创新路等9条道路已完工；市农药厂、南三环钢材市场等3家工业企业及市场顺利实现外迁，银基商贸城、光彩市场等3家市场正在升级改造；新增停车泊位6937个；积极配合做好“四城联创”工作，圆满完成各项创建任务。

修编《十八里河镇和南曹乡总体规划（2014-2030）》，完成渠南片区、南曹片区、大王庄、姚庄控规中期方案，以及潮河组团控规初期方案；征收土地506.53公顷，上报土地360.87公顷，批回土地207.07公顷，供应土地113.33公顷，土地出让金总额40亿元；实现融资75亿元。

【社会稳定】 持续推进网格化条块融合，2014年共发现社情和台账信息60余万件，办结率达99.7%，被评为郑州市“坚持依靠群众、推进工作落实”长效机制工作先进单位。积极开展城市管理提升活动，完成紫荆山路、东西大街等5条重点道路综合整治，升级改造城南路等3条区管道路，新建公厕9座，拆除违法建设12.2万平方米、大型户外广告2000余平方米。严厉打击“三强一阻”行为，辖区环境进一步优化。继续落实安全生产“一岗双责”“党政同责”制度，全面排查化解各类安全隐患。深入开展信访“积案清零”活动，坚持“四包一”、领导接访下访等制度，一批重大疑难信访问题得到有效化解。加大环境保护力度，积极编制《生态区建设规划》，圆满完成燃煤锅炉拆改任务。加强对食品药品的监管，高度重视群众饮食用药安全。严厉打击各类违法犯罪行为，全区社会大局和谐稳定。

【社会事业】 不断加大民生投入，2014年用于民生领域的支出达10.6亿元，同比增长8.7%，占全年公共财政预算支出的一半以上。为民承诺实事工程基本完成。社会保障体系逐步完善，居民养老保险和医疗保险参保人数分别增加5571人和8761人；新增保障性住房1933套，发放廉租住房补贴244万元；新增城镇就业、再就业18437人，农村劳动力转移就业1256人，均超额完成年度任务，城镇登记失业率控制在4%以内。教育资源配置不断优化，春晓小学已完工，银莺路中学、银莺路小学等5所学校正在建设，新增优质学位5370个，免除城乡义务教育阶段学生“两免一补”资金2066万元。卫生事业全面进步，完成区人民医院搬迁改造工程，北下街、紫东路2个社区卫生服务中心已投入使用，为60岁以上老人免费体检3.9万人次。科技兴区战略效果显著，新建成科技成果体验中心5家，被评为河南省科普示范区。社区服务水平不断提升，石化社区、紫荆社区等5所社区托老站已投入使用，代书胡同社区被评为2014年度全国社区侨务工作示范单位。大力发展文化事业，新改扩建社区文化中心、电子阅览室21个。落实民族宗教政策，北大清真寺升级改造工程主体已完工，荣获“全国民族团结进步模范集体”称号。认真做好第一次全国可移动文物普查工作，被评为河南省基层文物保护管理先进单位。持续改善环卫工人待遇，将月工资由1310元提高至1836元，新建环卫工人之家1万平方米，可满足800名环卫工人居住。积极开展弱势群体救助活动，累计发放低保资金923万元，惠及城市低保户1445户。认真执行计划生育基本国策，连续十年荣获“郑州市人口和计划生育工作先进单位”称号。高度重视残疾人工作，荣获“全国残疾人之家”称号。

【依法行政】 围绕反对“四风”，认真开展党的群众路线教育实践活动，广泛听取意见建议，深刻查摆各类问题，不断完善整改措施，一大批事关群众利益的热点难点问题得到有效解决。继续贯彻落实中央八项规定和省委、市委有关规定，全面推行“公务灶”接待、“公务卡”支付制度，各类行政成本进一步降低。自觉接受人大的法律监督和政协的民主监督，共办理人大代表建议99件、政协委员提案123件，满意率达99%。健全重大决策公众参与、专家咨询等制度，推进政务和信息公开，充分发挥各民主党派、无党派人士、工商联参政议政作用，加强与工会、共青团、妇联等人民团体的联系，广泛听取社会各界意见和建议，政府科学决策水平、办事效率明显提升。加强项目资金监管，共完成政府投资评审项目106个，审减资金1.3亿元；完成审计项目73个，核减工程造价873万元。强化基层民主政治建设，圆满完成第八届村民委员会换届选举工作。深入推进行政审批制度改革，在全市率先推行“三级联网”审批，将117项行政审批事项缩减至54项。深化部门预算、国库集中收付等制度改革，不断提高财政资金的安全性和有效性。

（王　忠）

中原区

【概况】 2014年，中原区总面积97.1平方公里。辖12个街道，46个行政村，243个村民小组，114个社区。总人口74.3万人。人口自然增长率为7.5‰。

2014年，全区生产总值完成294.7亿元，同比增长8.1%。其中，第二产业增加值完成96.4亿元，同比增长6.1%；第三产业增加值完成197.2亿元，同比增长9.7%。三次产业结构比重为0.4：32.7：66.9。粮食总产量12572吨，同比下降14.4%。公共财政预算收入完成27.8亿元，同比增长6.8%。社会消费品零售总额完成166.1亿元，同比增长14.4%。固定资产投资完成225.4亿元，同比增长17.5%。城镇居民人均可支配收入达到26997元，农村居民人均纯收入达到16434元，同比分别增长9.6%、10.4%。

【机构与领导】 中共中原区委：书记赵书贤（3月免）、王万鹏（3月任）；副书记王鸿勋、苏西刚；区委常委：高天翼、王正轩、李长义、吴铁路、苏进平、杨洁（女）、陈春梅（女）。

区委工作部门：办公室主任陈春梅（女，3月免）；组织部部长李长义；宣传部部长吴铁路；统战部部长杨洁（女）；政法委书记王正轩；群工部部长李卫林；信访局局长冯铁生；文明办主任雷海超；老干部局局长张玲（女）；党校常务副校长杨文毅；机要局局长陈琳（女）；档案局局长曹永祥；编办主任谢辉。

区十五届人大常委会：主任贾成义；副主任何进平、张永国、李喜安、郭明立、靳爱菊（女）、王建业、刘花明（女）、余泽军、吕文（2月任）。

区人大常委会工作部门：办公室主任徐君伟；法制工委主任王卫红（女，2月免）；城建工委主任任德福；财经工委主任李海亮；代表联络工委主任张学勤；老干部科科长马艳红（女）；信访室主任勒红伟。

区人民政府：区长王鸿勋（2月任）；常务副区长陈春梅（女，3月任）；副区长成小波、王宏军、王泰峰、徐卫东、陈耀宗、杨洋（女）、邵春雨。

郑州中原新区管理委员会主任：王鸿勋。

郑州中原常西湖新区管理委员会主任：成小波（12月任）。

区政府工作部门：办公室主任赵启恒；教体局局长吴晓昊；民族宗教局局长景明；机关事务局局长罗云；人力资源和社保局局长宋文广；科技局局长梅琳；发改和统计局局长苏宝民；商务局局长韩中亮；工信局局长王明党；卫生局局长马德岭；农工委主任刘季科；人防办主任王新权；司法局局长李文智；民政局局长刘专民；城管执法局局长杨盘山；行政执法局局长苏保富；人口和计生委主任邢辉（女）；财政局局长孟金池；审计局局长李平涛；爱卫办（创建办）主任毛国友；监察局局长秦云鹏；优化经济发展环境局局长秦文清；国资局局长魏瑞民；安监局局长刘志伟；文化旅游局局长陈烈；城建局局长张海林；环保局局长牛振军；交运局局长海宪岭；房管局局长朱永建；物价局局长高琪（女）；房屋征收与补偿办主任苏海涛；南水北调中线建管局局长闫超群；地方史志办主任王冬梅（女）；城中村改造领导小组办公室主任雷文（女）；旧城（棚户区）改造领导小组办公室主任孙建民；城区交通管理办公室主任魏东一；合村并城新农村建设领导小组办公室主任王金杰。

南水北调郑州段中原西路分水口

政协区八届委员会：主席姚朝社；副主席韩根有、张遂亮、韩世昉（女）、苏振文、钟文明、黄乃林、张冠军。

区政协工作部门：办公室主任徐斌；社会法制委主任杨百祥；经济科技委主任胡青；宣教文卫体主任张红军；港澳台侨民族宗教委主任牛淑君（女）；委员联络委主任魏彦娣（女）。

中共区纪律检查委员会书记：高天翼。

区人民武装部部长：吴明勇（2月免）、付东杰（2月任）；政委：苏进平。

区人民法院院长：徐薇（女）。

区人民检察院检察长：王青（女）。

区群团组织：工会主席李艳玲（女）；团区委书记李嵘（女）；妇联主席李娜（女）；科协主席楚菊芬（女）；残联理事长任莉（女）；红十字会常务副会长金红（女）。

街道：须水街道党工委书记苏西刚，办事处主任孙涵；西流湖街道党工委书记郭宏力，办事处主任乔富霖；航海西路街道党工委书记程浩，办事处主任师河龙；中原西路街道党工委书记崔晓，办事处主任黄涛；林山寨街道党工委书记王东甫，办事处主任侯慧芳（女）；桐柏路街道党工委书记李红超，办事处主任刘学桢；绿东村街道党工委书记赵青（女），办事处主任胡志军；棉纺路街道党工委书记周岭，办事处主任霍小庆；三官庙街道党工委书记常建明，办事处主任樊志峰；建设路街道党工委书记李红信，办事处主任李建华（女）；秦岭路街道党工委书记王政英（女），办事处主任吴孝刚；汝河路街道党工委书记刘淑霞（女），办事处主任宋盼峰。

【新型城镇化建设】 2014年，坚持政府主导拆迁安置，坚持整片区规划、整片区拆迁、整片区开发的工作思路，新型城镇化建设硕果累累，连续三年考核位居市内五区第一。

全年完成39个村（组）的拆迁工作，完成各类拆迁1619万平方米。同时启动常庄、刁沟、址刘3个村庄改造，抽调457名干部参与到涉及11.9平方公里、宅基2699户、企业624家、人口1.65万人的拆迁工作，年底拆迁任务基本完成。这是中原区历史上整体规模最大、投入力量最多、工作效率最高的整片区拆迁，为郑州“五个中心”建设奠定了坚实基础，为郑州市民公共文化服务区建设全面铺开腾出了广阔空间。密垌、洛达庙、林山寨高新区飞地、北卧龙岗国有土地连片改造等项目已完成拆迁，白家庄、后河卢、中信广场旧城改造等项目拆迁工作实现大头落地。

坚持规划先行理念，发挥规划引领作用。新修编的须水镇总体规划（2014—2030）获市政府原则通过，实现了辖区无缝隙总规全覆盖。郑州市民公共文化服务区南、北片区控规均已获批复，为全面开发建设指明了方向。坚持召开棚户区改造工作周例会，一大批影响项目进展的问题得到及时解决。全区累计完成村庄改造项目控规批复23个，其中2014年新批复6个；全年批回建设用地444.84公顷，购买占补平衡指标113.67公顷，实现土地“招拍挂”19宗、约86.67公顷，均创历年新高。积极探索政府融资新方式，加大与各金融机构协调力度，全年新增融资40.95亿元。

安置房建设成效初显。全区29个安置房项目，年底已有27个开工建设，累计开工面积309万平方米，白庄、朱屯、六厂前街等6个项目部分主体已完工；小岗刘、三官庙、北陈伍寨等6个村庄已累计完成群众回迁安置房屋17480套，回迁面积约157.3万平方米。郑州市民公共文化服务区120万平方米大型安置区开工建设。

【城市建设与管理】 2014年，坚持高标准、超前规划建设城市配套基础设施，不断提高城市承载力和综合管理水平，城市面貌大为改观。

交通道路建设全面铺开。郑州市民公共文化服务区北区22条道路，9条已取得明显进展，南区29条道路正在进行规划设计和前期手续办理；中原新区须水河以南片区13条道路开工建设，玉轩路、玉虹路等部分路段具备通车条件；老城区投资5329万元，开工建设12条道路，其中煤机路、锦艺路竣工通车。

市政基础设施日益完善。新建垃圾中转站5座、公厕14座、小游园5个，对48条区管道路进行了维修养护。新增停车泊位8685个，有效缓解了停车压力。建立了道路交通安全教育培训中心，强化群众交通安全意识。积极配合做好重大市政工程拆迁建设工作，金水路西延工程（中原区段）拆迁工作完成，部分路段已进场施工，西站路更名为金水西路，提升了道路品位；农业路快速通道（中原区段）拆迁补偿协议签约率达90%；陇海路快速通道（中原区段）实现通车；轨道交通1号线二期工程（中原区段）征迁工作大头落地；泰祥热电厂“引热入郑”工程（中原区段）已完工。

城市管理水平持续提升。深入开展城市管理整治提升活动，坚持依法行政与网格管理相融合、文明执法与依法强制相融合、文明执法与救弱扶贫相融合的“三融合”方式，加大对占道经营等现象的执法力度，城市管理水平明显提升，为郑州国家卫生城市、全国文明城市复审重创作出了积极贡献。开展街景综合整治，清洗粉刷建筑物外立面2860平方米，整治围墙5670平方米；对地铁1号线站点周边环境进行综合整治，共清理占道和突出店外经营2523处，清理橱窗广告3516处、条幅314条、灯箱236个；对17处建筑（拆迁）工地出入口进行了整治；对户外广告进行综合整治，共拆除大型违章户外广告51处、墙体广告193处、楼顶广告92处，整治门头牌匾900余处，清除橱窗广告3900余处、软体条幅1300余处、小广告3万余处。坚持违法建设“零容忍”，严厉查处各类违法建设，全区共拆除各类违法建设344起、约64万平方米，始终保持了对违法建设的高压态势。

积极配合做好国家森林城市创建工作。投资2.5亿元、全长9.5公里、绿化近67万平方米的西三环沿线绿化苗木栽植工作基本完成；市域铁路沿线绿化拆迁接近尾声，绿化约110.8万平方米；高速公路出入市口连接线环境整治任务全部完成，绿化175万平方米。区级公园建设顺利推进，长江公园正在进行地形塑造；东陈伍寨公园设计已完成，正在进行前期工作；市民公园完成拆迁，正在进行工程方案设计。

生态环境明显改善。按照“两纵两横五湖两库”的生态水系规划，须水河、柳沟水库整治的可行性研究报告编制完成，并通过了专家初审；景观设计和秀水河、市民湖、九曲莲湖可行性研究报告正在编制，其他水系建设也在稳步推进。南水北调中线（中原区段）工程干渠顺利通水，配套工程全面建成。坚持环境影响评价和“三同时”制度，严格规范项目审批。开展“蓝天”工程，减少大气污染物排放，拆改燃煤锅炉5台。建立工地扬尘监管信息系统，推行湿法作业，严控工地扬尘污染。

【新区建设】 2014年，按照“一条主线，两篇文章，三个战场，四个重点”的发展思路，加快推进新区建设步伐。

中原新区整体形象初显。坚持规划先行，完成了城市总体规划修编、核心区城市设计及部分安置区控规编制。新区建设与产业发展同步快速推进。全年新增建成区面积3.5平方公里，固定资产投资完成71亿元，主营业务收入实现53亿元，利用中原新区建设投资开发公司融资20亿元，批回建设用地212公顷，实现供地62.33公顷。基础设施逐步完善，总投资10.3亿元、总长44.9公里的南部片区26条道路已有13条开工建设，常州、金桐等4条道路已完成路床整形。国家棉花质检中心、华中纺织信息中心等12个国家、省、市级技术研发中心已投入使用。总投资5000万元的110千伏紫藤变电站高压输电线入地框架协议已签订，紫竹变电站主体已完工。重大项目扎实推进，投资268亿元的郑州金马凯旋家居CBD项目，家居馆和名店街主体完工并验收，建材批发中心等主体已封顶。投资50亿元的锦艺国际轻纺城项目，市场一期基本竣工，二期正在进行内外装修，配套住宅基本完工。中国中部纺织服装品牌中心项目，商业部分正在装修，住宅主体已建成。桐树王安置区开工建设。

常西湖新区建设全面铺开。共拆除村（居）民住房、企业厂房等500多万平方米，辖区29.6万平方米范围内基本实现南北通透、连接成片。市民公共文化服务区北片区站前大道等9条道路及北环廊、中环廊、南环廊3个环廊建设全面启动。孙庄、大李村、西岗村等8个安置房建设项目正在积极推进。

【重点项目建设】 2014年，中原区有省、市重点建设项目41个。其中，列入考核开工竣工、年度投资、协调服务与建设环境的项目26个，总投资369.49亿元，全年累计完成投资138.38亿元。

省重点项目7个。郑州金阳电气有限公司整体搬迁改造项目，全年投资797万元。焦作隆丰皮草企业有限公司瑞驰有限公司毛皮深加工项目，全年投资4.53亿元。河南万道集团奔驰汽车文化广场项目，全年投资23630万元。郑州金马凯旋家居CBD（一期）项目，全年投资579947万元。锦艺国际轻纺城（二期）项目，全年投资127085万元。机械工业第六设计研究院高科技信息园项目，全年投资4亿元。河南大中原物流港项目，全年投资48520万元。

市重点项目19个。中国中部（元通）纺织服装品牌中心建设项目，全年

区政府与郑州发展投资集团签订战略合作框架协议

投资115468万元。锦艺国际华都月星家居广场项目，全年投资3.1亿元。郑州汇翔商业综合体项目，全年投资729万元。万嘉泉商贸文化广场项目，全年投资2亿元。中原文化广场项目，全年投资29887万元。郑州恒大中原经贸中心项目，全年投资115147万元。中信商业广场项目，全年投资30731万元。宏江商业文化广场项目，全年投资31782万元。220千伏桐柏输变电工程，全年投资1330万元。郑州市旅游集散咨询服务中心项目，全年投资3.5亿元。再生水利用三环管线配套工程，全年投资200万元。郑州市第十九中学（初中部）塑胶运动场及地下停车场建设项目，全年投资1599万元。郑州财经技师学院地下运动馆项目，全年投资271万元。郑州市第六十九中学迁址新建及新建中原区教师进修学校建设项目，全年投资4269万元。郑州市社会福利院改扩建项目，全年投资4251万元。郑州市中心医院全科医生临床培养基地及门诊综合楼项目，全年投资5830万元。中原区须水河以南片区道路建设项目，全年投资71880万元。郑州市中医院新建综合病房楼项目，全年投资6000万元。“城市公园”打捆项目（中原区城市公园），全年投资1.31亿元。

【社会治理】 一是网格化管理规范运行。建立健全“四次例会、四次巡查、一次执法”和条块协同巡查、定期会商、联合执法等工作机制，全区社情类信息办结率达98.9%，台账信息办结率达98.5%。二是信访稳定工作不断加强。高度重视上级交办案件办理工作，多次召开信访联席会，对交办问题逐一研究、逐一处理，确保全部按要求办结。坚持领导干部接访、下访制度，对排查出的不稳定问题，完善工作台账，实行“四包一”、落实“五个一”、做到“四到位”，信访形势总体平稳。三是安全生产工作扎实推进。认真落实安全生产“一岗双责”“党政同责”制度，形成了全区安全生产工作齐抓共管的良好局面。积极开展安全生产专项整治，加大安全生产执法监察力度，建立健全烟花爆竹、危险化学品等危险源应急预案，定期开展应急救援演练，创建安全和谐型社区24个，全区未发生较大以上安全生产事故。

【招商引资】 2014年，全区实际利用外资1.25亿美元，域外境内资金完成158.9亿元。全年签约超亿元项目12个。其中，超10亿元项目9个，分别是：投资500亿元的郑州·中国公园商贸文化服务区项目；投资40.5亿元的五建新街坊项目；投资36亿元的闫垌赵家门改造项目（民祥商业中心项目）；投资35亿元的中原国际广场项目；投资35亿元的正商·金域世家项目；投资30亿元的郑州市中原总部经济研发中心大楼项目；投资18亿元的郭庄、阎庄城中村改造项目（亨业国际广场项目）；投资10亿元的河南安德实业电力设备产业园项目；投资3.8亿元的六和幸福门商住楼（二期）项目。

【社会事业】 教育事业实现新跨越。深化与郑州市教育局的战略合作，郑州市第六十九中学、郑州市实验小学、上品新天地幼儿园、中原区升龙天汇幼儿园、中原区蓓蕾幼儿园、郑州市秦岭中学6所学校（幼儿园）已开工建设；续建的伊河路小学北校区、经纬花园幼儿园、郑州市第二实验幼儿园东（西）园区主体已完工；投入341万元，对中原区须水镇中心小学南教学楼进行改造；拆除改造育红小学等6所学校的10栋危房；投入700余万元进行教育装备采购，进一步改善了全区办学条件，不断增强中原教育发展硬实力。面向社会公开招聘120名高素质教师，进一步增强教育教学力量。深入实施课程改革，通过召开课程建设推进会、评选校本课程建设先进校、开展课堂教学达标评优活动，不断加大生本课堂的研究与实践，全面提升教育教学质量。全年获省级“十二五”规划课题3项、市级重点科研课题11项；获省市教学成果和教育科研论文341项（省级成果奖8项）；获市级以上优质课160项，其中国家级一等奖4人、二等奖1人、三等奖1人，省级一等奖10人、二等奖10人。体育活动蓬勃开展，全力打造有影响力的体育特色学校，七十三中学、七十中学、建二小学等7所学校成为省级体育传统学校。组织学生积极参加各级各类比赛，育红小学荣获河南省青少年建筑模型锦标赛第一名，七十三中学足球队晋级全国青少年校园足球冠军杯总决赛，淮河路小学荣获全国青少年校园青春健身操大赛河南赛区一等奖。

就业、再就业和社会保障工作扎实推进。积极推进基层人力资源社会保障公共服务平台建设，全区新增城镇就业再就业26672人，农村劳动力实现转移就业692人。救助城乡低保家庭1647户2605人，发放低保资金1037.7万元，城乡低保对象实现动态下的应保尽保。36名“五保”对象全部实现集中供养。区财政安排补助医疗保险资金1702万元，充分保障了102家（困难）破产集体企业退休人员的看病问题。建成保障性住房404套，配建公租房584套，确保符合条件的住房困难家庭应保尽保。完善社区养老体系，12个街道均建立了老年人日间照料中心。

医疗卫生和人口计生工作不断加强。持续推进基本公共卫生服务均等化，进一步提升社区卫生服务水平。为农村8105名60周岁以上老人免费进行体检，保障农村老年人身体健康。全年参加新型农村合作医疗的农民70835人，基本实现全覆盖，全年享受合作医疗补偿的参合农民共84433人次，预拨和补偿医疗费用2839万元。初步建立了覆盖城乡的疾病预防控制、社区卫生服务、农村卫生服务、卫生监督、妇幼保健、健康教育等公共卫生服务体系。强化计划生育优质服务，积极实施“单独两孩”政策，认真落实各项奖励优惠政策，全区人口出生率为9.5‰。加强数字化监管，建立药品综合电子监管平台系统，实现了全区药品、保健食品、化妆品信息化监管。

科技文化工作取得新进步。争取市级科技经费2500万元，完成专利申请1700件。全年高新技术产业产值完成120亿元。广泛开展科普宣传，提高公众科学素质，中原区被评为河南省优秀科普示范暨公民科学素质建设先进区，桐柏路街道办事处被中国科协、财政部评为全国科普示范社区。面向辖区群众免费开展公共文化艺术素质提升培训，累计培训5000余人次。组建了125支特色文艺队伍，累计开展大型社区文艺展演30余场，丰富了群众精神文化生活。服务辖区群众，举办“文化中原”系列活动。中原爱乐轻音乐团义演20余场，受益群众2万余人；中原区摄影家协会举办聚集“三大战场”“记录新区建设进程”“重温记忆”等10个专题摄影作品展；中原区书画家协会举办深入践行群众路线专题书画作品展、庆“七一”书画展等。区图书馆、文化馆、美术馆免费开放。区图书馆加盟郑州地区公共图书馆，实现郑州地区图书通借通还，还建设社科馆、生活馆、中原方志精品展览厅，对读者分区分类开展服务。

（赵志平）

惠济区

【概况】 2014年，惠济区总面积232.75平方公里。辖6个街道、2个镇，12个社区，53个行政村。总人口282987人。人口出生率为10.98‰，死亡率为4.64‰，自然增长率为6.34‰。

2014年，全区生产总值完成1008546万元，比上年增长7.0%。其中，第一产业增加值63617万元，比上年增长0.7 %；第二产业增加值487769万元，比上年增长7.2%；第三产业增加值457159万元，比上年增长7.5%。工业增加值完成259308万元，比上年增长2.6%。粮食总产量完成27041吨，比上年下降 0.3 %。地方公共财政预算收入完成116286万元，地方公共财政预算支出完成139850万元。全社会固定资产投资完成1368253万元。社会消费品零售总额完成1002200万元。出口总值完成5782万美元。城镇居民人均可支配收入完成22822元，人均消费性支出15618元。农村居民人均纯收入完成 18159元，人均生活费支出

12188元。

2014年，平安稳妥地拉开老鸦陈改造征迁的序幕，快速圆满地完成兴隆铺、粮机家属院、青少年公园的征迁，为后续建设和发展打牢了根基；化解制约安置房建设的诸多矛盾，停滞8年之久的王砦安置房开工建设，安置房开工率达到83.2%。倾力做好打基础、管长远的实事，投资25.5亿元，在建、建成道路28条52公里，创造道路年度建设数量和长度的新纪录。随着区公安消防队站的建成投用、北郊热源厂具备供热条件，相应基础设施空白的历史就此结束。投入民生资金近10亿元，占年度公共财政预算支出的71.87%，教育、医疗、社保、就业等服务更加完善。全国计划生育基层群众自治工作现场会、郑州市安全生产文明施工现场观摩会先后在惠济区召开；2014年惠济区荣获河南省第四批义务教育均衡发展先进县区和郑州慈善风云城区、市重点项目建设先进集体、市新型工业化建设先进单位等称号，连续9年荣获郑州市信访工作红旗单位、安全生产先进区、依法行政工作先进集体，惠济的知名度和美誉度持续提升。

2014年11月14日，市长马懿调研北郊热源厂项目

【机构与领导】 中共惠济区委：书记王东亮；副书记黄钫、杨金军；区委常委：王东亮、黄钫、杨金军、赵惠玲（女）、万永生（2月免）、王雅伟、张卫民、崔平、杨林（12月免）、王春晓（12月免）、刘宏伟（6月任）、张东辉（2月任）、张士先（12月任）、孙梅（女，12月任）。

区委工作部门：办公室主任崔平；组织部部长王雅伟；宣传部部长张卫民；统战部部长王春晓（12月免）、孙梅（女，12月任）；政法委书记杨林（12月免）、张士先（12月任）；群工部部长贺政华（女，12月免）；老干部局局长张惠（女，9月免）；监察局局长张根旺；机要局局长弓海军；机关工委书记王浩瞻；文明办主任丁建国；台办主任高歌（女）；宗教局局长侯永革（8月免）；事业局局长张留红（女，9月免）；档案局局长李彦涛（8月免）、康卫军（9月任）；档案馆馆长崔慧清（女）；编办主任赵会勇（8月免）。

区二届人大常委会：主任禹舜；副主任陈建峰、刘宝庆（12月免）、梁国强（12月免）、刘满仓、宋国彦、李清海、高春声、华新定、袁加军。

区人大常委会工作部门：办公室主任刘勇；老干部科科长贾兴起；教科文卫工委主任孙正伟（8月免）；财经工委主任刘治军（8月任）；代表联络工委主任师挺；法制工委主任孙正伟（8月任）；来信来访办主任焦述宏（8月任）；城建工委主任李建军（8月任）。

区人民政府：区长黄钫；副区长万永生（2月免）、张东辉（2月任）、赵风军、杨勇、李文建、郑方燕（女）、张艳敏（女，12月免）、李献武、戴玉振、赵登义（12月任）、焦健（12月任）。

区政府工作部门：办公室主任黄国彦；法制办主任宋梅英（女）；人防办主任肖新；发展改革和统计局局长肖丰逸（女）；科技局局长李保国；工业和信息化局局长弓永光；人口和计生委主任李喜云（女）；教体局局长屈连武；民政局局长赵成群（8月免）、付广喜（8月任）；财政局局长张红（女）；人力资源和社会保障局局长李睿彬；司法局局长宋保平；审计局局长王永忠；城乡建设局局长王维翔（8月免）、李福顺（8月任）；交通运输局局长何景强；卫生局局长刘博；农业农村工作委员会主任李瑞；城市管理执法局局长陈增林（1月免）、禹金丽（女，8月任）；市政管理中心主任牛鸿飞（8月任）；文化旅游局局长胡俊丽（女，8月免）、赵会勇（8月任）；商务局局长段祥生；林业局局长王锋；安监局局长弓继军；环保局局长雷秀霞（女）；党校常务副校长刘培军；机关事务管理局局长马兆华；住房保障服务中心主任吴俊杰（1月免）、侯永革（8月任）；行政审批服务中心主任张克文；新型城镇化建设办公室主任张艳敏（女，8月免）。

省、市双重管理部门：国土资源局局长唐岩（女）；社保局局长赵钰锋（女）。

政协区二届委员会：主席梁守海；副主席赵景春（女，12月免）、李新安、姜玲（女，8月免）、宋金堂、谢和平、闫学林（12月免）、李建国。

区政协工作部门：办公室主任孙平安；经济委主任韩国林（8月任）；提案委主任魏涛；教文体委主任陈百胜；社会和法制委主任李巧平（女）；老干部科科长于国彦（8月任）。

中共区纪律检查委员会书记：赵惠玲（女）。

区人民武装部部长：王保国；政委：刘宏伟。

区人民法院院长：蔡理亮。

区人民检察院检察长：贾佳（女）。

区群团组织：总工会主席劳建新；团区委书记王凯；妇联主席弓育红（女）；科协主席姜玲（女，8月免）；工商联主席宋国彦；残联理事长王润香（女）。

街道、镇、开发区：刘寨街道党工委书记朱光明，办事处主任李向阳；长兴路街道党工委书记耿建伟（10月免）、赵登义（10月任），常务副书记耿建伟（9月任），办事处主任陈晓丽（女）；老鸦陈街道党工委书记程嵩峰，常务副书记李向阳（9月任），办事处主任付广喜（9月免）、张铁群（9月任）；新城街道党工委书记杨金军，常务副书记孙学文（4月免）、胡斌（9月任），办事处主任胡斌（9月免）；迎宾路街道党工委书记王春晓，常务副书记杨军，办事处主任王维翔（9月任）；桥南新区党委书记杨军；大河路街道党工委书记王匡周（9月免）、贾新杰（9月任），办事处主任陈伟森；古荥镇党委书记李振江，镇长张小海；花园口镇党委书记赵登义（10月免）、刘军杰（10月任），镇长张志宏；高新农业试验区管委会主任王春晓（12月任）；河南惠济经开区管委会主任申仁玉；郑州惠济新区主任黄钫。

【新型城镇化建设】 2014年，惠济区抢抓大棚户区改造政策机遇，突出安置房建设、旧村征迁和要素运作三个重点，全面加快新型城镇化建设步伐。安置房建设取得新成效。全区正在推进的23个城中村改造和合村并城项目中，安置房已开工22个913.8万平方米。其中，刘砦、马庄西黄刘等8个安置房项目主体建成384.8万平方米，回迁村民7175人。旧村和棚户区改造项目征迁取得新进展。突出抓好市定3个攻坚村的征迁改造，固城、兴隆铺村征迁完毕，老鸦陈村改造一期以道路征迁实现破局，涉及的江山路、三全路西延征迁基本完成。全年还完成东赵、岗李、粮机家属院的征迁工作。至此，三环以外推进实施的27个村全部启动征迁工作，23个村完成或部分完成征迁工作。要素运作取得新突破。建立要素运作联动机制，全力破解瓶颈制约。《毛庄镇总规（2012-2030年）》获批，《老鸦陈镇总规（2014-2030年）》即将获批复，辖区城镇规划覆盖面积达123平方公里；23个四类社区项目中，15个项目控规、3个项目修规获批。全年报批土地23宗202.67公顷，征收26宗392.93公顷，出让26宗156.47公顷，出让收益44.2亿元，为四类社区建设提供了规划、土地和资金保障。

【三大产业平台和项目建设】 2014年，以“五比五看五加快”活动为抓手，以“惠济区产业业态发展布局导则”为引领，促进了项目建设的大提速、产业发展的大融合。组团新区载体功能持续增强。惠济特色商业区控规通过市级批复，计划投资30亿元的万达（惠济）商业广场即将入驻；河南惠济经开区连续四年被评为“郑州市五快、五强专业园区”。郑州农业高新区项目加快建设，“三品一标”农产品达27个。惠济新区被郑州市确定为“两快组团新区”。特色产业发展成效显著。现代服务业快速发展。省城市规划研究中心二期、规划建设综合电子研发基地二期等规划设计项目加速推进。裕华富邦广场、中部两岸水产海鲜果蔬物流园等商贸物流项目即将建成。商品房完成销售30.59万平方米，销售额达27.99亿元。全年共接待游客949.29万人次，旅游总收入3.31亿元，同比均增长16%以上。现代都市农业渐成规模。河南省惠济花卉产业集群发展规划获省级批复，成为全省两个涉农产业集群之一；惠济区休闲观光农业综合示范区规划获市级批复，郑州都市生态农业示范园项目建设方案上报待批。全年新增全国四星级以上休闲企业3家、全国休闲农业与乡村旅游示范点1家，培育产业化集群3个。新型工业稳步发展。思念食品二期等项目加快建设，千万元以上重点工业项目完成投资3.5亿元。

【改革开放】 2014年，坚持以改革开放促转型、促发展，进一步激发了活力、增强了动力。改革创新力度持续加大。投融资改革稳步推进，出台政府投资项目委托管理办法，区级平台融资能力持续提升，全年融资近30亿元。财政改革进展顺利，镇（街道）全部实现网络支付，全区84个预算单位全部实行公务卡结算，国库支付和财务管理更加规范、透明、高效。教育改革不断深化，出台导向政策，鼓励优秀教师到偏远地区执教，促进了人才均衡流动、教学质量均衡提高。“四单一网”改革全面启动，“两集中两到位”工作深入推进，变更（取消）行政审批事项87项，行政服务水平显著提高。招商引资彰显成效。出台产业发展扶持政策，搭建招商服务平台，扎实开展“三大区域”常态化招商、二次选商，引进项目44个，计划总投资400亿元，完成投资80亿元。河南文化艺术网商园等11个项目开工建设，海昌极地海洋世界等7个项目签订框架协议。引进楼宇企业50家，全区共完成楼宇经济区级税收5116万元。

【城区功能品质不断提升】 2014年，以全市“三城联创”为契机，不断完善城市功能，切实提升城区品质。交通路网更趋完善。S314（西段）、北三环快速化等13条市管道路基本建成通车，江山路拓宽改造、京广快速路北延等7条道路全面开工，东风渠滨河路等11条道路具备建设条件，西三环北延、武西高速连接线等工程推进顺利；区管道路完成投资3亿元，安顺路等8条道路开工建设，乐飞街等8条道路具备建设条件；师家河桥建成通车，农村公路建设有序推进。城市功能不断提升。马头岗污水处理厂基本建成，双桥污水处理厂加快推进；长虹路等3条道路整修完成；新建停车泊位4105个，完成市定目标的130%；开展道路机械化冲洗保洁，环卫保洁水平明显提升。城市管理水平不断提高。开展交通秩序整治“百日行动”和市容市貌综合整治，顺利完成国家文明城市、卫生城市迎检复审任务；推进区政务内网、数字化城市管理中心、网格化管理平台“三网融合”，实现信息互通共享；制止违法用地392宗，拆除违法建设481起64.1万平方米，遏制了违法用地、违法建设的蔓延态势。

【生态建设】 2014年，以生态建设为支撑，坚持建管并重，全力打造美丽惠济。园林绿化稳步推进。连霍高速出入市口整治、文化北路景观提升和北三环景观绿化完工，石武高铁、京广铁路沿线绿化加快实施；古树苑改造一期完工，惠济中央公园、青少年公园有序推进；新增绿地23万平方米，国家森林城市创建任务圆满完成。生态治理持续深入。稳步推进生态水系建设，疏挖沟渠9公里，张牛支沟综合治理、南水北调附属配套工程进展顺利。强化大气污染治理，10台燃煤锅炉拆改任务全部完成；新创建无燃煤区21.5平方公里，无燃煤区占建成区面积的42%，辖区空气质量稳居市内各区前列；坚持建筑扬尘综合治理，“蓝天”行动扎实推进，农村环境连片综合整治深入开展，饮用水源地保护、秸秆禁烧工作全面加强，生态优势更加显著。

【社会事业】 2014年，坚持经济社会协调发展，推进各项社会事业不断进步。教育体育文化事业取得长足发展。全年筹资2.5亿元，启动建设中小学15所、幼儿园4所；郑州四中新址征地完成，郑州五十七中（北校区）、郑州市实验初中确定初步选址，优质教育资源持续壮大；郑州师院二期、中州大学建设项目稳步推进。体育事业硕果累累，先后获得河南省越野锦标赛团体第一、农民篮球赛一等奖、第十二届全运会5金3银佳绩。深入实施文化惠民工程，开展舞台演出26场，放映公益电影648场，成功举办华夏优秀传统民间文化展演等活动，市级以上非物质文化遗产项目成功申报15个。卫生计生资源均衡发

2014年6月5日，国家卫生计生委副主任王培安观摩人口计生基层群众自治工作

展。区人民医院异地新建项目竣工在即，花园口镇卫生院改扩建项目建成投用，市三院迁建等3个项目加快建设；区人民医院加入郑州人民医院医疗集团，古荥镇卫生院加入郑州中医医疗联合体，辖区医疗资源更加均衡。大病保险全面推行，新农合筹资标准提至432元，参合率达99.95%。爱康服务中心成为百千万农村计生家庭健康同心行动服务基地，人口计生服务不断提升。社会保障能力持续增强。城镇新增就业3095人，"零就业家庭"动态为零。开展职业技能、创业、再就业培训2890人，圆满完成目标任务。农村养老服务中心提前建成；超额完成扩大社会保险覆盖面年度任务，养老金按时足额发放率、社会化发放率均达100%。开建公租房1094套，基本建成831套，超额完成目标任务；完成公租房轮候分配256套。落实惠民资金7984.43万元，辖区群众得到更多实惠。社会大局和谐稳定。强化源头预防，认真落实各项信访稳定工作制度，有效化解矛盾纠纷1062件；开展"反暴恐、保稳定"专项行动，公众安全感稳步提升。全区第九届村级组织换届选举圆满完成。高度重视安全生产、食品安全工作，全区未发生一起有重大影响的生产事故。

【政府自身建设】 2014年，紧紧围绕"为民、务实、清廉"主题，以"一学三促四抓"为抓手，聚焦反对"四风"，严格标准，真抓实做，着力解决关系群众利益、服务群众"最后一公里"问题，查处征地拆迁等损害群众利益问题231起，抓好人民群众期盼的实事290项、关系改革发展稳定的大事213项。依法行政水平持续提升。自觉接受人大的法律监督和工作监督、政协的民主监督，全面落实重大事项集体决策、法制审核、专家咨询制度。承办的139件人大代表议案和建议、批评、意见，以及113件政协委员提案如期办复。清廉政府建设迈上新台阶。全面落实党风廉政建设责任制，认真抓好重点领域和重要环节监管，严查违法违纪案件，党政纪处分34人。认真贯彻中央八项规定，清理"吃空饷"人员60名，压缩"三公"经费1873万元。深化财政预算执行、经济责任和政府投资工程审计，全年共完成工程项目审计89个，工程造价审减24.8%，切实发挥了维护经济社会健康发展的"免疫系统"功能。

（张路燕）

上街区

【概况】 2014年，上街区总面积61.73平方公里。其中，耕地面积1576.14公顷。辖5个街道、1个镇。总人口13.6万人。其中，乡村人口1.3万人。全区人口年自然增长率为3.07‰。

2014年，全区实现生产总值112.9亿元，比上年增长8.6%。其中，第一产业增加值0.5亿元，比上年下降0.5%；第二产业增加值83.8亿元，比上年增长9.2%；第三产业增加值28.6亿元，比上年增长6.2%。规模以上工业增加值完成68.6亿元，比上年增长9.5%。粮食总产量1.01万吨，比上年下降20%。地方财政一般预算收入完成11.1亿元，地方财政一般预算支出完成12.7亿元。全社会固定资产投资完成118.5亿元，社会消费品零售总额完成42.2亿元。商品出口总额完成7861万美元，实际引进外资9198万美元。城镇居民年人均可支配收入达到33832元；农民年人均纯收入达到16081元。年末城乡居民储蓄存款余额达到71.9亿元。

【机构与领导】 中共上街区委：书记樊福太；副书记宋洁（女）、李红乐；区委常委：樊福太、宋洁（女）、李红乐、钱世哲、魏建民、崔世英、宋双兴、徐勇、马少军、赵立。

区委工作部门：办公室主任徐勇；组织部部长魏建民；宣传部部长宋双兴；统战部部长崔世英；政法委书记马少军；机要局局长马凤威；保密局局长王宁；网格办主任冯惠强；政研室主任王文豪；档案局局长时永莲（女，12月任）；直属机关工委书记李广久；党史办主任樊向阳（9月免）；人才办主任李显发；目标绩效考核办主任郝斌；文明办主任部锋；外宣办主任蔡旭晓（女）；台办主任胡爱敏（女）；民族宗教局局长虎新伟（回族）；综治办主任张霞（女）；维稳办主任李怀超；群众工作部部长（空缺）；信访局局长王振宇；编办主任张富强；事业登记局局长蔡文勇；老干部局局长张伟（9月免）、樊向阳（9月任）；关工委主任张虎平；党校校长李红乐。

区十二届人大常委会：主任周为国；副主任张振威、张旭华、李华道、陈炜、马丽（女）。

区人大常委会工作部门：办公室主任张光斌；法制二委主任魏志强；财经工委主任张威；城建工委主任陈广宇；教科文卫工委主任马丽平（女）；代表信访联络工委主任张松茂；人事任免科科长张玉红（女）。

区人民政府：区长宋洁（女）；常务副区长徐勇；副区长赵敏、袁春明、杜惠斌、王继正、弓永超、王振慧、朱志刚、杨水军（挂职）。

区政府工作部门：办公室主任周伟杰；法制办主任张海涛；督查室主任（空缺）；金融办主任刘一江；目标办主任马玉兰（女，回族，8月免）；史志办主任朱昌伟；食安办主任胡小珂；事务局局长陈亚萌；外侨办主任张华雯（女）；接待办主任祁亚；人防办主任曹铁信；发改委主任林虎；教体局局长刘玉贞（女）；科技局局长韩中秋；工信局局长张华君；公安局局长杜惠斌；民政局局长张俊超；司法局局长张富贵；财政局局长牛志甫；人社局局长宋继宾；国土局局长刘铁强（回族）；安监局局长赵振乾；住建局局长张振（8月免）、吕保良（9月任）；交通局局长王胜利；城管局局长王兢；环保局局长张海涛；商务局局长张魁伟；文广新局局长冯立新；卫生局局长石卫军（8月免）、王百峰（女，9月任）；审计局局长史瑞娟（女）；计生委主任韩洪涛；房管中心主任吕保良（9月免）、何爱琴（女，9月任）；统计局局长王玉洁（女）；农业开发和扶贫办主任路继峰；投促中心主任姚民（女，9月免）、张魁伟（9月任）；粮管中心主任张永志（8月免）、姚民（女，9月任）；疾控中心主任马景芳（女）；地震局局长丁志强；新型城镇化及城乡一元化办公室主任朱书民；郑州通用航空

区政府与北京大学合作办学项目——北大培文学校

试验区管委会主任李红乐；郑州上街职教园区管委会常务副主任徐勇，副主任李春发、平相乾；行政服务中心主任许发成；土地储备中心主任王利霞（女）；地产公司经理王立民；爱卫办主任吴建伟；工商局局长陈三建（3月免）；国税局局长宋俊民；地税局局长王建忠；郑州供电公司上街客户服务分中心主任李群才（1月免）、刘可迎（1月任、6月免）、杨凤民（6月任）；质监局局长陈红伟；药监局局长刘晓辉；烟草局局长邓子阳（7月免）、范泓（7月任）；邮政局局长刘海洋。

政协区八届委员会：主席邓书安；副主席武家寅、李新廷、梁红松、吕现州、岳斌、赵文瑛（女）。

区政协工作部门：办公室主任阎光甫；专门委主任杨保军；提案委主任何奇志（女）；经济委主任闫荡西；社会和法制委主任陈俊杰；教科文卫体委主任（空缺）；学习文史委主任路坦坦（女）；港澳台侨和民族宗教委主任张松国（8月免）。

中共区纪律检查委员会书记：钱世哲。

区人民武装部部长：李向阳；政委：赵立（1月免）、王新伟（1月任）。

区人民法院院长：彭连城。

区人民检察院检察长：汪新亚（2月任）。

区群团组织：总工会主席袁家伟；妇联主席苏建华（女）；团区委书记赵鹏；科协主席王淑勤（女）；侨联主席李长新（俄罗斯族）；工商联会长薛景霞（女）；残联理事长王敬群（女）。

镇、街道：峡窝镇党委书记徐勇，常务副书记赵永军，镇长刘宁（挂职）；济源路街道党工委书记李立，办事处主任房玉雯（女）；新安路街道党工委书记乔文轩，办事处主任李超；中心路街道党工委书记李金保，办事处主任秦清宇（1月免）、李智俊（1月任）；工业路街道党工委书记李红乐，常务副书记王百峰（女，9月免）、秦清宇（9月任），办事处主任秦清宇（1月任，9月免）、张伟（9月任）；矿山街道党工委书记杨满坡，办事处主任杨剑秋（挂职）。

【全域城市化持续提速】 2014年，累计完成拆迁173万平方米，为加快实现全域城市化和重点项目建设奠定了基础。全年投资27亿元，建设安置房170万平方米；通航社区等3个安置区，累计回迁群众1731户6400余人。全市新型城镇化工作推进现场会在上街区召开，上街扶贫搬迁和探索全域城市化的模式在全市推广。投资3.4亿元，新建、续建道路21条，其中锦江路西延等18条道路竣工通车，岷江路等3条道路正在加紧建设；科学大道直通上街，内外联通的路网格局初步形成。投资1420万元升级改造上街体育中心，改变了长期以来没有标准化全民健身场所的局面。集中供暖实现历史性突破，一期供暖面积203万平方米。南水北调水厂、汽车客运北站基本建成，自来水“一户一表”改造扎实推进，全区新增停车泊位1036个。

【通用航空试验区建设】 2014年，区政府先后投入20多亿元用于通航试验区核心区内的路网、生态廊道、生态水系、合村并城以及水、电、气、暖等设施的建设。蓝天路、通航一路至四路、洛宁路、白云路等均已建成通车，路灯和指示牌也已安装到位。建成占地26.67公顷的东虢湖，已注水40万立方米。委托民航设计总院编制了《郑州上街通用机场跑道盖被及围界改造工程可行性（代立项）研究报告》，完成了初步设计和施工图设计，6月16日开工，历时56天完工，油面摊铺约48万平方米。同时，为满足航展举办，还修建了长1420米、宽7米的观展通道，长398米、宽25米的平行滑行道，长494米的临时道路，硬化停机坪约5000平方米。郑州通用航空试验区组织考察团先后到美国、加拿大等地进行学习考察，在美国飞来者大会、公务机展会、迪拜航展上举行了推介说明会，与“世界通航之都”美国威奇托市以及塞斯纳、庞巴迪等国际知名通航企业建立了合作关系。截至年底，通航试验区已有河南大宇通用航空公司、河南永翔通用航空公司、郑州啸鹰航空公司等30家通用航空企业落地发展，国际飞机展示交易中心、通航大厦等项目相继开工建设，与华彬集团、天津天宇航空租赁公司等签订了合作协议。华彬集团计划在郑州设立“华彬航空郑州基地”，开展公务机FBO、医疗救援、航空旅游等业务，建设红牛航空文化中心。另有阿波罗轻型飞机组装、旋翼机生产、中部区域人工影响天气能力建设等一批重大项目进入实质性洽谈阶段。

【现代产业体系构建】 2014年，全区新建、续建工业项目51个，完成投资45亿元，主导产业规模以上工业增加值完成47.6亿元，占全区规模以上工业增加值比重达69%，万元工业增加值能耗比上年减少15%。积极推动中铝郑州企业转型升级，启动1平方公里范围内的棚户区、工矿区拆迁工作，整合低效闲置用地50余公顷，加速发展铁路物流。全年签约超亿元项目20个，签约金额98亿元。其中，投资10亿元的通航大厦、投资4.8亿元的中海威环保设备等项目开工建设，投资5亿元的河南丰荣飞机零部件生产及维修项目签订正式合同。全年新批回建设用地293公顷，收储408公顷，整合可利用土地108.8公顷。2014年，金融机构各项贷款余额50.9亿元，成功发行3亿元企业债券，全年融资突破20亿元。强化科技创新，上街首家院士工作站正式获批，国家水泵检测中心顺利竣工，河南省电线电缆标准化技术委员会落户上街。组织120名企业家赴高校参加培训，培训优秀管理人才48名，遴选储备行业领军人才80名。华力电缆等34家企业被认定为郑州市科技型企业，全年新增市级以上企业技术中心7家、工程技术研究中心3家，新增省级名牌产品6个、省级以上著名商标4个。智能电气产业园总体规划和控制性详规编制完成，道路和水电气等配套设施加紧建设，郑煤机高端铸锻研发基地等项目顺利推进；中小企业创业园入驻企业29家；河南863科技创业园项目展示中心主体竣工。全年装备产业集聚区规模以上主营业务收入突破160亿元，固定资产投资完成34亿元，新建标准化厂房5万平方米，已成为工业转型升级的重要平台。

郑州华彬航空嘉年华暨红牛特技飞行表演在上街区举行

【生态文明建设】 2014年，五云山植被覆盖率达到86.3%，五云山特色农业体验园粗具规模，旅游度假区年接待游客20万人次，成功开辟郑东新区至五云山航空旅游线路。“五园十廊”绿化项目全部完成，新增绿化面积82.7万平方米，积极推进“五湖一河一库”生态水系建设，2个湖建成使用，汜水河上街段综合整治工程全部完成，初步形成了“山、城、水”三要素的有机融合。持续实施“蓝天工程”“碧水工程”，拆改燃煤锅炉59台，规范整治建筑工地45家，淘汰黄标车700余辆，全年二氧化硫、氮氧化物排放量分别比上年减少1045吨、673吨。开工建设第一污水处理厂提标改造工程，全区饮用水水质达标率达100%。上街区被评为全市环境保护工作先进单位。

【政府机构改革全面启动】 2014年，工商、质监、食药系统由垂直管理调整为属地管理。深入推进行政审批制度和“五单一网”制度改革，精简审批事项166项，取消审批环节680个，累计压缩审批时限1183个工作日。扎实开展党的群众路线教育实践活动，大幅压缩会议、文件、简报，政风建设取得明显成效。工商登记制度改革成效明显，新登记各类企业419户，比上年增长141.6%。财税体制改革扎实推进，“营改增”工作运行平稳，为企业减轻税负760万元。

【社会事业】 2014年，全区民生支出9.13亿元，占预算支出的72%，省、市、区民生实事全部完成。新增城镇就业再就业3026人，完成各类培训2839人，发放小额担保贷款2434万元。城镇职工和居民基本医疗保险参保人数达3.6万人，城市低保标准提高至每人每月470元，企业退休人员基本养老金比上年人均月增180余元。全区农民参合率达99%，新农合政府补助标准提高到每人每年100元，住院报销补偿封顶线提高至20万元。残疾人康复教育托养中心、阳光助老12349平台基本建成。成功与北京大学、郑州大学、郑州市第106中学开展合作办学，郑州铁路技师学院、安阳路幼儿园、通航社区幼儿园正式开学，北大培文学校、丹江路小学开工建设，高考升学率比上年提高5.18个百分点。深入开展全民健身活动，增设健身器材378件，五云社区被评为河南省全民健身示范区试点单位，通航试验区被评为河南省通用航空体育产业基地。完成郑州市第十五人民医院医疗资源整合，设立中医院儿科病房，免费为全区60岁以上老人接种流感疫苗，辖区各级各类医疗机构药品电子监管系统实现全覆盖。新建新华书店工程开工建设，上街区被评为郑州市创建国家公共文化服务体系示范区先进单位，连续7年被评为河南省平安建设先进区，连续4年被评为郑州市安全生产先进区。峡窝镇等4个文化站被评为“国家一级综合文化站”，方顶村成功入选第六批“河南历史文化名村”。上街区创新设立网格服务站等经验做法在央视《新闻联播》栏目播出。

【创新网格服务站被央视点赞】 2014年4月18日，中央电视台《新闻联播》栏目以《学习焦裕禄 建立网格服务岗 零距离服务群众》为题，介绍了上街区网格化管理长效机制工作的经验做法，对上街区着力于网格惠民，依托超市、便利店，设立网格服务岗和网格消费维权站，将窗口上移、阵地前移、重心下移，方便企业群众在家门口进行注册登记、消费侵权投诉的工作进行了报道，《郑州日报》、光明网、中原网等报刊、网络媒体也相继进行了专题报道，受到社会各界广泛关注。区网格办切实维护群众的消费权益和“舌尖上的安全”，将服务阵地前移到群众、企业、市场主体中去，2014年在部分区域选择守法经营的商户设立“网格服务岗”20家，充分利用商户对区域行业比较熟悉的优势，及早发现违法违规现象，协助调解消费纠纷，指导示范其他商户合法经营，并对申请办证照的商户提供指导。同时，在“网格服务岗”店内设置“三级网格员岗位公示牌”，对监管职责、监管人员及其联系方式和监管区域等信息予以公示，便于群众及时联系。另外，还在丹尼斯上街店设置网格消费维权站，让商户、网格长、网格志愿者、群众代表共同参与消费维权，健全商品质量和服务规范承诺、不合格商品退市、消费纠纷和解与消费侵权赔偿等相关制度，利用该消费维权站现场解答消费者有关咨询，现场受理并处理消费者的投诉，真正做到依托网格服务群众和维护群众合法权益，让群众办事更加便利。

【举办2014郑州华彬航空嘉年华】 2014年9月12–14日，成功举办了“2014郑州华彬航空嘉年华”。活动期间，参展各类飞行器103架，参会企业300多家，华彬集团通航基地、华彬集团红牛文化广场等32个项目成功签约，签约金额251亿元，贝尔、穆尼、罗宾逊、钻石等品牌飞机签售106架，观展群众近30万人次。此次航展，促进了通航业界交流，珠海航空产业园、西安航空基地、沈北航空产业园、重庆通航产业园等国内通航园区管理机构都到会交流发展经验。航展期间，共编发专版报道47篇、其他稿件1000余篇（条）。通过此次航展，国内外通用航空业界人士对郑州通航有了更深的了解，提高了郑州通航的知名度和影响力。

【“郑州1号”飞机下线】 2014年12月29日上午，河南啸鹰航空产业有限公司在位于郑州通航试验区的郑州啸鹰航空产业园区内，举行了美国穆尼飞机“郑州1号”下线首发仪式。河南省副省长赵建才，中国民航局原副局长、中国民用机场协会理事长夏兴华，国家发改委军民融合委员会副主任郭少贞，郑州市市长马懿，美国驻武汉总领事馆代理总领事龙智明，青岛市政协原主席、山东航空产业协会理事长孙德汉，美国驻华大使馆商务代表公参任锦明，国家空管委办公室副局长梅水发，军方、民航系统、省直部门、郑州市、上街区的相关领导，知名航空企业、银行、友好单位代表和新闻媒体记者等500余人参加仪式，共同见证了首架“河南”飞机下线的历史性时刻。此次下线的美国穆尼“郑州1号”飞机，型号是穆尼M20TN。“郑州1号”翼展长度11米、高度2.59米、机身长度8.13米。机舱能够乘坐包括驾驶员在内4人，其最高航速448千米/小时，这也是世界上最快的单发活塞飞机。M20TN是穆尼飞机的一架经典机型。在下线仪式上，还进行了项目签约，河南啸鹰航空产业有限公司与北京奥伦达部落通航有限公司等5家企业、个人签订了17架穆尼M20TN型号的购机合同，并达成了共同运营郑州上街机场—北京八达岭机场通航航线的合作意向。中央电视台、河南电视台、郑州电视台和《河南日报》《中国民航报》《大河报》《河南商报》《郑州日报》及《公务机》杂志等18家媒体对下线仪式进行了现场报道，新华网、人民网等多家网络媒体纷纷转载。此次“郑州1号”下线，具有重要意义。随着此次飞机下线，以及河南通航产业的快速发展，飞机制造、通航有望成为河南新名片。

（焦阳 周昱宏）

附录

荣誉榜

2014年全国“五一劳动奖章”获得者

徐晓 女，汉族，河南荥阳人，1972年12月出生，1992年8月参加工作，群众，在职研究生学历，郑州海龙实业集团董事长。

1998年10月，为了实现自己的人生理想，徐晓放弃了当时待遇优厚的银行工作，开始了艰苦的创业历程。经过十余年的拼搏，她创办的企业已发展成为拥有12家子公司、2000多名员工，涉及文化、旅游开发、酒店管理、房地产开发、教育、环保建材、苗木培育、物业管理、家具制造等多项产业的综合性现代企业集团，近三年来共纳税2.4亿元，连续多年成为荥阳市纳税第一的企业，为经济社会发展作出了贡献。

她注重企业文化建设，视员工为亲人。身为董事长的徐晓，在员工眼里就是最亲近的姐姐。大家可以把自己的心事讲给她听，不管多忙，她都会耐心地帮助大家分析问题、解决困难。生活中，她为企业困难职工安置了住房，鼓励公司员工做好事做善事，她的员工累计在工作岗位上助人为乐3000余次。

徐晓积极参与公益事业，真诚回报社会。汶川地震时，她第一时间组织员工进行捐赠，通过集团筹资和员工捐款，共筹集资金200多万元援助灾区，并租来大巴车将来自灾区的41名农民工送回家乡。她捐资设立了“海龙教育基金”，持续资助失学孩子和贫困大学生，已有2000多名贫困孩子受益。她长期帮扶资助环卫工人、残疾人士、困难家庭、五保老人等弱势群体5000多人次。她主动放弃其他项目的丰厚利润，带领企业积极投身环翠峪扶贫开发、豫龙镇四村联建等社会主义新农村建设，并出资兴建乡村小学、修筑山区道路，方便山区群众出行。近年来，她和她的企业致力于慈善事业、公益事业的善款已达3亿多元。

海龙集团先后获得“全国三八红旗集团”“河南时代先锋十大爱心单位”“河南之星最佳企业”“五星级慈善企业”“河南省园林小区”“郑州市园林小区”等荣誉称号。徐晓也当选为全国人大代表、全国妇联执委、中国女企业家协会常务理事、河南省妇联副主席（兼）、河南省女企业家协会会长，并被授予“全国三八红旗手十大标兵”“全国城乡妇女岗位建功先进个人”“中国十大经济女性年度人物”“中国妇女时代人物”“中国农村新闻人物”“中国杰出创业女性”“河南省三八红旗手”“豫商·最具影响力女企业家”“郑州市劳动模范”“郑州市优秀企业家”“郑州市十大杰出女性”等荣誉称号，并获得河南省“五一劳动奖章”、郑州市“五一劳动奖章”。2014年，获得全国“五一劳动奖章”。

汪登辉 男，汉族，湖北黄冈人，1987年6月出生，2005年10月参加工作，群众，中专学历，富士康科技集团郑州科技园SHZBG事业群iPEG事业处华中塑艺制造中心组装二厂生产现场技术部组长。

他是从山村走进城市务工的新生代农民工。自2005年入职以来，一直工作在生产一线，凭借着勤劳刻苦、尽心尽职的人生态度，成长为厂区生产现场的一名基层管理人员，曾获得厂部“技术能手”等荣誉称号，并获得厂部“品质改善奖”、郑州市“五一劳动奖章”。2014年，获得全国“五一劳动奖章”。

对待工作，他勤于思考，善于创新，求真务实。2012年上半年新产品开发期间，为解决生产初期的各种问题，他始终冲在生产最前线，克服人力紧缺、资源匮乏、开线困难等难题，为新产品的顺利生产奠定了坚实的基础。2013年8月，恰逢客户新产品量产爬坡阶段，为了确保产能和品质，他不分昼夜，带领团队，深入生产一线，实地考察，突破制程瓶颈，优化制程，改善生产运作模式，攻克物料不足、生产率低、品质不良等生产难关，有效提高了生产产量和品质，还建立多条标杆线，最终高效顺利地完成了生产目标。

对待生活，他积极主动，满腔热情。为帮助员工解决工作、生活中遇到的问题，他常常带领自己的团队参加各种文体活动，积极为身边困难员工送去关爱。工作之余，他不忘教导员工成才成长。他始终把培育员工工作为自己的责任和使命，将自己掌握的各个工站生产技巧制作成课件，并利用业余时间对员工进行培训，增加员工的熟练度及精确度。

对待未来，他信心满怀，勇于挑战。他曾用“企图心”三个字概括自己的规划，不仅要顺利完成主管交代的任务，更希望在园区这个大舞台上进一步提升自己，挑战自己。在工作之余，他坚持学习，不断给自己充电，努力钻研专业，提升技能，保持先进。

曹瑞娟 女，汉族，河南郑州人，1973年2月出生，1993年1月参加工作，中共党员，高中学历，郑州市公共交通总公司一公司车长。

曹瑞娟是河南省郑州市公共交通总公司一公司三车队60路一名普通车长，但是她却用自己平凡的事迹践行了河南人的“三平精神”。自1993年参加工作以来，从售票员到车长，她坚持做到了连年行车无违章、无事故、无投诉，累计运营43.9万公里，客运量达到202.7万人次。曹瑞娟刻苦钻研业务知识，不断丰富服务内涵，总结出属于自己的一套工作法——“三动”工作法，即心动、手动、口动。“心动”，她以真心、诚心、耐心换取乘客对自己工作的支持和理解。“手动”，她根据不同的节日，打扮相宜的车厢环境，形成了自己独特的车厢文化，使乘客在乘车出行的同时还能了解节日文化。她布置的特色车厢，已经成为60路的一道靓丽的风景线，很多乘客都慕名乘坐她的车。“口动”，她的每一句话都能温暖乘客的心，把乘客当作自己的亲人，想乘客之所想，急乘客之所急。她温馨周到的服务为乘客留下了深刻的印象，被赞为“郑州最美公交女车长”。曹瑞娟用真心换得了别人对她的信任和尊重。

为了不断提高自己的服务水平，曹瑞娟的车厢里挂着“意见簿”，便于听取乘客的意见和建议。她每天下班都会翻看“意见簿”，认真阅读乘客的留言。从2012年以来，已经写完了满满17本。翻开每一页都是乘客对她工作的赞美，为省会、公司赢得了较好的声誉。

2008年她被郑州市、国资委授予郑州市“技术状元”称号；2009年获得郑州市“五一劳动奖章”；2012获得市国资委“十星优秀共产党员”称号，并获得河南省“五一劳动奖章”；2013年获得“年度最美公交车长”、郑州市“三八红旗手”等称号。她还多次荣获总公司“生产标兵”“安全行车标兵”“爱车标兵”等称号，她的事迹曾多次被《大河报》、《郑州日报》、《郑州晚报》、河南电视台、河南新闻广播等媒体报道。2014年，获得全国“五一劳动奖章”。

孟　娟 女，汉族，河南平舆人，1974年12月出生，1993年12月参加工作，中共党员，本科学历，郑州银行股份有限公司郑花路支行营业部主任。

孟娟从一个金融白丁到优秀的金融从业者，经历了17年的风雨历程。她从储蓄员干起，出纳、会计、会计主管、营业部主任，银行营业厅内的工作她都了如指掌。她用十足的敬业精神和无怨无悔的辛勤付出，在平凡的岗位上，干出不平凡的成绩。她连续6年被评为优秀共产党员、先进工作者、工会积极分子，2011年被市国资委授予“优秀共产党员”称号。2014年，获得全国“五一劳动奖章”。

1997年从部队转业到地方以后，工作环境发生了变化，但孟娟坚持学习、追求进步的决心从没改变过。不认识假币、点钞速度上不去，她真心求教、班后苦练；业务不熟练、规章不熟，她就业余学习；学历低，她就自学，取得学历的同时也考取了中级会计师资格；团队业务水平差，她就细心给每个人讲解，带领大家一项一项地练。她至今仍保持着军队的作风和光荣传统，用军人的严谨与坚韧，自信和从容，不断践行着自己的理想信念。2013年，她荣获“郑州市职工技能大比武”点钞比赛第一名，并荣获郑州银行总行“最佳营业部主任”称号。

用优质规范的服务，让每位客户都能快速、满意地离开营业厅，是她对每一位柜员的要求。孟娟是这么说的，也是这么做的。过硬的业务素质，是优质服务的基础。她每年都重点对新入职职工进行岗位培训，每天坚持晨会、息会，讲解业务、总结不足，每周对职工开展技能大练兵，业务提问，服务自查。2013年，她所在支行的1名柜员被评为“优质服务标兵”，2名柜员达到最高的5星级标准，全体柜员都达到了3星级标准。完备的服务设施是优质服务的保障，她在营业部放置了医疗包、针线盒等，以备不时之需。贴心的服务是优质服务的根本，她和柜员用每一个微笑、每一句提醒、每一项操作，温暖着客户的心，优质规范的服务得到了广大客户的认可与赞扬。

合规操作是银行的天职。为此，她和她的团队经受了不少压力和白眼。她和同事积极向客户讲解金融业务，普及反假币、反洗钱、防诈骗等金融知识。由于手续不齐全，她坚决未给一位客户开户转款，受到了客户的责怪，事后，却让客户躲过了一笔经济损失。打造合规团队，是营业部主任的本职。她积极主动和每位柜员谈心，帮助纠正、提高业务操作。让行为符合制度，让制度成为习惯，在她的团队得到了切实的体现，她所在支行的业务差错率在全行属于最低的分支行之一。2013年，她所在团队荣获郑州银行“推广合规文化先进单位”称号。

她积极参与社会服务，为困难职工和灾区个人累计捐款超过3万元。在6年的支行营业部主任工作中，她得到了职工和领导的高度评价。在她的培养下，先后有5名职工走上了会计主管、营业部主任岗位。团结带领同事有效发挥1+1>2的效应，在客户中树立了贴心、优质、合规的金融从业人员的良好形象。

王保庆 男，汉族，河南汤阴人，1956年3月出生，1985年6月参加工作，中共党员，大专学历，工程师职称，国家二级注册建造师，郑州市第一建筑工程集团有限公司项目经理。

王保庆从事建筑行业已近40年。他踏实肯干，吃苦耐劳，承建的工程从不起眼的民房发展到占地数百亩造价上亿元的校区、公路、市政设施等。从最初做学徒工，到精通混凝土、模板、钢筋等多项专业工种技能，王保庆成为郑州一建集团“作风过硬、技术过硬”的优秀项目经理。他所参与施工的工程，先后获得全国用户满意工程、国家3A

级安全文明标准化诚信工地等多项荣誉，从未发生过质量、安全责任事故。王保庆也荣获省优秀项目经理、市优秀项目经理等荣誉，多次获得集团公司的表彰、奖励。2014年，获得全国“五一劳动奖章”。

1974年，18岁的王保庆已是享誉汤阴县韩庄乡十里八村的少年鲁班。80年代初，王保庆联合几个年轻人一起进城找活干。从建几十平方米的民房干起，他们对自己所施工的工程都认真负责，确保施工的质量和安全。由于信誉良好，他们所承接的活越来越多，好多乡亲也开始加入他们的队伍。他对共同奋斗的工友关怀备至，时常嘘寒问暖。有生病的工友，他都会及时主动拿出医药费带其去医院治疗，直至康复。在国家劳动致富政策的背景下，他们的劳务队先后到过山西、天津等地，最后在郑州扎根。每到一处，他都对自己承揽的工程高度负责，得到建设方和施工总承包方的赞扬。施工期间，王保庆深切地感受到仅凭自己的实践经验已远远满足不了国家对建筑行业日渐严格的要求。因此，他白天上工，晚上利用休息时间挑灯夜战，刻苦学习，从最基础的理论一点一点学起，向有文化、有经验的师傅请教。他用了三年时间自学完成了工业与民用建筑专业的全部课程，并通过河南大学的高等教育自学考试，获得了毕业证书，成为既有实践经验又有理论知识的建筑施工技术人才。

1985年6月，王保庆领导的劳务队加入了郑州市第一建筑工程集团有限公司。此后，他承建了河南省规划院办公楼、河南省林业厅办公楼、河南省科研住宅楼、郑飞124厂、郑州市第十一中学新校区、河南工业大学新校区、河南大学民生学院新校区、郑州市中原区城中村改造、新疆晟宇中亚国际机电建材城等二十几项工程。近5年累计完成施工产值达到4.5亿元。

1997年年底，建设方因资金短缺，应付的几百万工程款分文未付，王保庆等着这笔工程款给农民工发放工资回家过年。其他标段的项目经理因发不了民工工资，好多天都不敢露面，然而王保庆却没离开过工地一分钟。临近年关，又要支付工人工资，他急得满嘴长了水泡。工友们纷纷表示，王经理是个讲诚信的好领导，现在遇到了困难，我们会理解的。得到了大家的理解，王保庆心里百感交集。他想方设法找亲朋好友筹借，又将资金困难问题向集团公司反映，得到了公司领导的支持，前后筹措200多万元，如数支付了所有农民工的工资。

只要有机会他总会为家乡、为社会办点好事实事。2005年，他出资10万元为村里修路并装上了明亮的路灯。2008年，汶川地震发生后，他带领项目部员工远赴四川绵阳，搭建抗震救灾活动板房。同时，还积极组织项目部员工捐款捐物，价值达6万多元。2009年，他出资为村里修了水泥路面，并修建了灌溉农田的水渠和地埋管道。2011年，他向家乡敬老院捐赠15万元，用于改善老人们的居住条件。2013年，他资助2名考上大学的贫困学生全部大学费用，支持他们直至完成学业。

2014年全国“工人先锋号”获得集体

郑州市中原区地方税务局办税服务厅 该厅拥有职工50人，平均年龄30岁，担负着全区18000户纳税人的税务登记、税款征收、发票发售等工作，同时还承担着郑州市市区内二手房交易的税款征收。近年来，办税服务厅充分发挥作为“地税窗口”的先锋模范作用，各项工作受到纳税人和社会各界的广泛赞誉，征收的税款数连年快速增长。2013年，共组织税收收入近40亿元，同比增长35%，在全省50个市辖区中名列第二。

依法征收，服务地方经济发展。大力推进征收工作制度化，打造“阳光地税”，对受理申报、涉税登记等各项工作，制订出详细的操作流程，并在大厅醒目位置张贴，接受群众监督；对纳税人重点关注、涉及其切身利益的重点事项，推行“便民服务卡”制度，使纳税人监督有凭据、追责有目标，保障了征收工作规范、高效地运行。2013年，共受理个人所得税申报63185人次，企业所得税申报5444户，存量房交易申报101458户，办理涉税登记9667户，代开发票11838份，代开金额约50亿元；在征收税款2.4亿元的同时，代征物价调节基金2519万元，残疾人保障金1112万元，被授予“河南省残疾人保障金征收工作先进单位”称号。

优化服务，努力保障群众满意。立足全省一流的办税服务厅功能定位，树立“按需服务”的工作思路，注重按照纳税人的意见和建议，改进和提高服务水平。开办全省第一家国、地税联合自助办税服务厅，纳税人可全天候自主办理发票购买、涉税申报等事项；对17个办税窗口全部实现“一机双屏”服务模式的改造，纳税人可以通过分屏显示器监督整个办税操作过程；根据纳税人建议整合办税流程，以方便纳税人为原则优化近10项流程衔接，删减20余项不必要的环节和资料。人性化的服务措施，受到纳税人的广泛赞誉。2012年，被授予“郑州市最优政务大厅”和“河南省群众满意的基层站所”称号，2013年被授予“河南省地税系统优秀办税服务厅”称号。

加强管理，打造坚强战斗集体。加强税务人员管理，完善工作制度体系，定期开展政治理论、税收政策、服务礼仪等知识的培训，积极与其他行政单位、银行系统开展客户服务交流，提升税务人员工作能力。2013年3月，受国家房地产调控政策影响，郑州市存量房交易出现井喷状况，纳税申报量急剧增长6倍。办税厅迅速启动应急机制，通过增加办税窗口、延长工作时间、优化管理流程、统一政策发布渠道等措施，及时化解征管压力，控制各类谣言传播。在紧张繁重的劳动中，干部队伍经受住了考验，在复杂条件下税收征收和纳税服务得到有序开展。在此期间，郑州市纪委两次对税务人员工作纪律进行暗访，事后给出了“秩序优良、业务熟练、态度谦和、措施有效、服务入微”的评价，并在全市范围内进行了通报表彰。

郑州华威耐火材料有限公司技术部 郑州华威耐火材料有限公司地处河南省新密市岳村镇，始建于1958年，是新中国成立后我国建厂最早的耐火材料专业生产企业，2001年由原国营新密耐火材料厂改制设立为郑州华威耐火材料股份有限公司，2013年9月与濮耐股份联合增发上市成功，更名为郑州华威耐火材料有限公司。公司曾先后获得郑州市“五一劳动奖状”、河南省高新技术企业、管理示范企业和全国先进基层党组织等荣誉。

公司技术部是专门进行新产品研发、生产工艺制定、工艺流程过程控制、监督的生产技术管理职能科室，是一支在国内耐火材料行业中具有较高影响力，技术创新能力强的优秀团队。拥有职工16名，其中大专以上学历13名、研究生2名，具有中级以上技术职称职工10名、高级工程师2名。近年来，技术部先后被命名为“新密市工人先锋号”“技术创新先进班组”“郑州市学习型班组”“河南省级企业技术中心”“国家认可委认可实验室”等荣誉称号。

该部研发的“方镁石—尖晶石砖”荣获郑州市科技进步一等奖、河南省星火科技一等奖，被评为河南省高新技术产品；HW特种镁铬砖、高密度抗剥落电熔再结合镁铬复合尖晶石砖、镁铝铬复合尖晶石砖、电熔再结合铬刚玉砖4种产品获得国家发明专利授权；由技术部高级工程师王慧洲等人联合研发的镁铬复合尖晶石砖，2010年获得郑州市科技进步一等奖，2011年被河南省总工会评为“河南省职工技术创新成果奖”；镁铝铬复合尖晶石砖2011年获得郑州市科技进步二等奖、河南省科技成果奖。

由该部设计并负责施工安装的输出带倒料装置、吊装口平台、摩擦压力机自动化改造、隧道窑改造等18项改造项目技术获得国家实用新型专利授权。

2013年投放市场的新一代无铬环保新产品——方镁石—铁铝尖晶石

砖，使用寿命达到国际先进水平。该产品成功出口到德国海德堡水泥集团。高密度抗剥落电熔再结合镁铬复合尖晶石砖在日本新日铁RH炉上使用寿命达到525次，创造了使用寿命最长的世界纪录；在全球最大的意大利里瓦350吨RH炉上使用，浸渍管寿命达到202次，打破了之前奥镁公司168次的最好纪录；镁铬复合尖晶石砖、镁铝铬复合尖晶石砖、镁尖晶石砖等高档碱性耐火材料出口到日本、美国、西欧、俄罗斯等30多个国家和地区，打破了西方发达国家在该领域的技术垄断，为中国跻身世界耐材工业技术强国发挥了不可替代的作用。

高档碱性耐火材料示范生产线是技术部正在实施的国家级科技项目；奥斯麦特炉和三联炉用高档碱性耐火材料、炉外精炼炉用无铬环保材料是技术部正在实施的河南省科技攻关项目。这些项目的完成，将为国家建材水泥窑、钢铁炉外精炼炉以及有色工业冶炼炉技术进步起到重大推动作用，将实现我国从耐火材料大国向耐火材料强国的成功转变。同时，每年可为公司增加销售收入3亿元，增加外汇收入3000万美元，产生社会效益105亿元。

富士康科技集团郑州科技园iDPBG事业群DP2制一处生技课 该团队共有员工169人，其中男员工119人，女员工50人，平均年龄26岁，具备大专及以上学历66人，初级工程师5人。该团队始终秉持集团方针政策，认真贯彻落实“复制、改善、提高”的工作要求，团结合作，创新求变，先后获得新产品培训贡献奖、产品扩线团队优秀奖、NPI先锋团队奖、最佳生产服务奖、郑州市“工人先锋号”等奖项和荣誉。

为增强公司行业竞争力，节俭运营成本，达到利润最大化，该团队分别从产品良率提升、效率提升以及成本降低等三个方面进行改善。一是练本领传技能提良率。在新产品量产初期，他们赴深圳厂区学习，专心制作培训教材、成立专业团队，对车间新成立线体员工进行业务培训，并将各工站动作制成播放视频，手把手传授动作技巧，让员工快速掌握生产技术，缩短了量产周期。该团队共培训种子讲师2200余名，为新产品在郑州厂区量产打下了坚实基础。同时，通过对不良品的透彻分析，找到产生不良的根本原因，并制定一系列改善措施，使产品良率从初期的75%提升至94%，郑州厂区新产品量产后良率远远超过深圳等其他厂区同款产品的良率。二是找原因想对策提效率。运用IE手法对产线进行流程优化、工站整合、治工具改进。为公司年度节省人力成本1.13亿元，在产能方面为公司年度增加1045万余台的产量。三是解难题推专案降成本。通过对各个车间报废成本进行监控，并对主要料件报废较高车间进行数据分析，找到导致报废的根本原因，制订改善措施并在产线全面推广，产品的单台报废成本由9.41美元降到1.62美元，为公司年度节约材料成本8983.9万元；该团队主导金石专案项目年度达标率高达130%，累计为公司节约成本6733.2万元。该团队为公司创造了丰厚的利润，使公司在同行业内处于领先水平，远远超出客户期望，得到客户赞誉。

该团队围绕生产车间整改积极进行提案，先后改善并实施现场管理类案件21件，优化作业流程类案件45件，强化干部素质类案件7件。同时，对实施效果及时总结归纳，并将其推广至厂区所有生产车间，使作业流程更简化顺畅，生产效率不断提高，还美化了车间生产环境，活跃了员工气氛，激发了员工工作积极性，增强了员工归属感。

2014年河南省“五一劳动奖章”获得者名单

杨马庄	中铁中原投资发展有限公司
赵清国	郑州华晶金刚石股份有限公司
王旭东	登封市国土资源局
杜跃武	郑州旭飞光电科技有限公司
吴红坡	恒天重工股份有限公司

2014年河南省“五一劳动奖状”获得单位名单

郑州旭飞光电科技有限公司

郑州市公共交通总公司快速公交公司

2014年河南省“工人先锋号”获得集体名单

郑州四棉纺织有限公司生产经营管理部

河南中烟工业有限责任公司新郑卷烟厂动力车间空压制冷工段

郑州领秀服饰有限公司新发展车间后道组合

2014年河南省劳动模范（先进工作者）名单（143名）

劳动模范

毛小立	中牟县大孟镇毛拐村
彭双雁	中牟县万滩乡杨岗村
冉云鹏	中牟县刘集镇冉老庄村
李建民	新郑市城关乡张庄村
王新立	新郑市观音寺镇英李村
马伟敏	新密市岳村镇马沟村
陈建涛	新密市袁庄乡陈坳村
常德功	新密市尖山乡田种湾村
魏　玲（女）	郑州市宝融养殖有限公司
马水芬（女）	登封市唐庄乡郭庄村
王万周	荥阳市崔庙镇郑庄村
陈俊伟	郑州市农业技术推广中心
王润沛	荥阳市广武山林果专业合作社
平国建	荥阳市楼李小麦玉米生产专业合作社
王花玲（女）	郑州市二七区马寨镇申河社区
姚庆全	郑州市金水区兴达路街道黄岗庙村
王套福	郑州市管城区南曹乡南曹村
李广胜	郑州市惠济区花园口镇花园口村
周云祥	郑州市郑东新区商都路街道五州汇富社区
朱书增	郑州经济技术开发区潮河街道营岗社区
任卫东	郑州航空港区银河街道平庄村
张俊敏（女）	新郑市龙王乡龙王村
陈新有	郑州陈砦花卉服务有限公司
于　宏（女）	郑州市苗木场
李　军	河南金城国际经济技术合作有限公司
焦　炜	河南郑州中原国家粮食储备库
王　凯	河南郑州兴隆国家粮食储备库
李高鹏	郑州宇通客车股份有限公司技术研究院
赖小彬	中铝矿业有限公司洛阳分公司石寺矿区
张树朝	中国铝业股份有限公司郑州研究院
丁根生	郑州市娅丽达服饰有限公司
杨艳萍（女）	河南雪中王皮业服饰有限公司

周德元　广州风神汽车有限公司郑州分公司
杜新林　河南建科百合管桩有限公司
王海明　金星啤酒集团有限公司
孙建丰　河南四方达超硬材料股份有限公司
王润玲（女）河南省第一建筑工程集团有限责任公司
周卫东　郑州煤机综机设备有限公司设计研究所
王　欣　郑州机械研究所
李彦伟　河南中烟工业有限责任公司新郑卷烟厂
娄金旗　河南省电力勘测设计院
李迎九　河南五建建设集团有限公司
阴铁良　郑州宇通客车股份有限公司
王永伟　中国铝业河南分公司氧化铝厂
朱春娜（女）郑州煤电股份有限公司告成煤矿
杨朝维　郑煤集团杨河煤业
王海炳　富士康科技集团郑州科技园
沈志伟　富士康科技集团郑州科技园
刘跃宇　河南中烟工业有限责任公司郑州卷烟厂
王天宇　郑州银行股份有限公司
张明轩　郑州日产汽车有限公司
徐乾召　国投新登郑州煤业有限公司
陈泽洪　登封市电业（集团）有限公司
王万顺　河南康祺药业股份有限公司
申　冰　新郑市供电公司
曹纪春　河南省少林客车股份有限公司
王海波　河南第二火电建设公司
许慧涛　河南瑞泰耐火材料科技有限公司
王顺军　国网河南荥阳市供电公司
朱保增　中牟县农村信用合作联社白沙信用社
陈书军（女）郑州金泰制罐有限公司
王月粉（女）河南省瑞光印务股份有限公司
杨学然（女）郑州市金水区公厕管理服务公司
陈宇恒　河南圆方物业管理有限公司
陈保良　河南黎明西芝重工有限公司
王俊明　郑州旭飞光电科技有限公司
崔小梅（女）郑州源纺机械制造有限公司
周长征　郑州统一企业有限公司
徐建枫　郑州四棉纺织有限公司
孙娟娟（女）郑州领秀服饰有限公司
秦广兵　中信中原实业有限公司
关　鹏　中国石油天然气管道局第三工程分公司
杨国文　郑州双塔涂料有限公司
陆　涌　河南省邮政公司郑州市分公司
皇甫立志　大商集团郑州地区集团
赵明杰　郑州海嘉食品有限公司
骆　栋　中国工商银行股份有限公司郑州财富广场支行
张锦荣（女）郑州悦家商业有限公司
王　静（女）河南省江海集团投资有限公司
吴满菊（女）恒天重工股份有限公司
李　源　郑州锅炉股份有限公司
田金雨　郑州市公共交通总公司
刘大圈　郑州振东科技有限公司
于晓岩（女）河南中州电气设备有限公司
贾玉峰　郑州市长城机器制造有限公司
张　勇　河南鑫苑置业有限公司
周可新　郑州东工实业有限公司
傅常顺　新开普电子股份有限公司
杨和明　中国水利水电第十一工程局有限公司
白建平　郑州国际会展有限责任公司
赵军伟（女）郑州交通运输集团有限责任公司
卢洪龙　核工业第五研究设计院
李　强　中国联合网络通信有限公司郑州市分公司
江学成　郑州第一建筑工程集团有限公司
肖存兴　郑州市萧记面食有限公司
万　春　郑州市体育运动学校
刘复生　中牟县畜牧局疾控中心
张顺舟　郑州市人民公园
张彦军　郑州市北下街街道北下街社区卫生服务中心
吴旭光　新郑市工程质量监督站
郝秋霞（女）郑州市社会福利院
崔国平　中国移动通信集团河南有限公司
鲁文澍　郑州日产汽车有限公司
陈守强　中铁四局集团郑机城际铁路项目
汤　意　河南省交通规划勘察设计院有限责任公司
马军秀（女）大唐河南发电有限公司
马　飞　河南省机场集团有限公司河南民航客货服务中心
曹传国　中国建筑第七工程局有限公司
梁文龙　中国石油化工股份有限公司华北分公司
袁聚亮　郑州市轨道交通有限公司
齐　涛　河南送变电工程公司
郑会平（女）国网河南省电力公司郑州供电公司

先进工作者

秦现增　郑州市农业机械化技术试验推广站
吴焕章　郑州市蔬菜研究所研究室
吕红伟　郑州市农业技术推广站
牛河钧　郑州市农村能源环境保护办公室
赵玉霞（女）郑州财经技师学院
舒洛建　河南省农村信用社联合社郑州市办公室
刘同岭　郑州市水利建筑工程处
彭志领　郑州市动物卫生监督所
陈建敏　河南省农业广播电视学校登封市分校
王复明　郑州大学水利与环境学院
张玉清（女）郑州市第十一中学
徐　丽（女）郑州市金水区经三路小学
杨海现　河南省新密市职教中心
张选民　郑州市第二外国语学校
殷冬梅（女）河南农业大学
张明磊　郑州人民广播电台
袁义强　郑州市第七人民医院
刘京雷　郑州市二七区人民检察院反贪局
杨明昊　郑州市公安局交通警察支队第二大队
安瑞玲（女）登封市第一高级中学
刘　杰　郑州经济技术开发区人事劳动局
冉朝霞（女）中共郑州市委党校
吴　倩（女）郑州市文物考古研究院
王素萍（女）郑州市城乡建设委员会
何信丽（女）郑州市中级人民法院
法宪恩　郑州大学第二附属医院
郭天财　河南农业大学
朱艳琴（女）河南中医学院基础医学院实验教学中心
李　宁　河南省煤炭高级技工学校
彭卫东　郑州市工商行政管理局中原分局航海西路工商所
闫新郑　郑州大学第一附属医院

郑州市大气污染防治条例

（2014年6月27日郑州市第十四届人民代表大会常务委员会第三次会议通过 2014年12月4日河南省第十二届人民代表大会常务委员会第十一次会议批准）

第一章 总 则

第一条 为防治大气污染，保护和改善大气环境，保障公众健康，推进生态文明建设，促进经济社会可持续发展，根据《中华人民共和国环境保护法》《中华人民共和国大气污染防治法》等有关法律、法规，结合本市实际，制定本条例。

第二条 本市行政区域内大气污染防治工作适用本条例。

第三条 大气污染防治坚持以人为本、环境优先、政府主导、全民参与、严防严治、损害担责的原则。

第四条 市、县（市、区）人民政府对本辖区大气环境质量负责。

市、县（市、区）人民政府应当将大气污染防治工作纳入国民经济和社会发展规划以及年度工作计划，合理规划布局，统筹安排，优化产业结构，保障大气污染综合防治资金的财政投入，采取防治大气污染措施，保护和改善大气环境。

第五条 市、县（市、区）人民政府应当实行大气环境质量目标责任制和考核评价制度，定期公示考评结果。

第六条 市人民政府应当根据污染防治的要求，建立统一有效、分工明确的监管治理体系，并加强整体统筹协调。

市、县（市、区）环境保护行政主管部门根据本条例规定，对本行政区域内大气污染防治工作实施统一监督管理。

发展和改革、工业和信息化、公安、交通、城乡建设、城乡规划、城市管理、农业、林业、气象、卫生、工商、安全生产监督、质量技术监督、食品药品监督、园林、水务、财政、商务、国土资源等部门应当在各自职责范围内，共同做好大气污染防治监督管理工作。

第七条 市人民政府应当组织环境保护、发展和改革、城乡规划等有关部门和县（市、区）人民政府，根据本市城市总体规划和国家、省有关规定，编制本市大气污染防治规划。

县（市、区）人民政府应当根据本市大气污染防治规划，制定本县（市、区）的大气污染防治详细规划，并组织实施。

市、县（市、区）人民政府应当每年向本级人大常委会报告大气环境质量目标和大气污染防治规划实施的情况，并向社会公布。

第八条 市、县（市、区）人民政府应当推进生态治理，加强防护林带和城市园林绿化建设，提高绿化水平，扩大水域面积，改善大气环境质量。

第九条 市、县（市、区）人民政府应当制定政策，推广绿色建筑，采用先进的大气污染防治技术，使用天然气、液化气以及沼气、风能、电能、太阳能等清洁能源，鼓励使用集中供热。

第十条 市、县（市、区）人民政府应当制定空气重污染应急预案和突发大气污染事件应急预案，建立应急处理机制，设立环境应急指挥机构，组织、协调、指挥大气污染应急处理工作。

第十一条 市环境保护行政主管部门应当建立和完善大气环境监测网络，定期发布本行政区域的大气环境质量信息，并逐步开展大气环境质量预报工作。

气象行政主管部门应当提供大气污染气象资料，配合做好空气质量预报工作和生活服务指导。

第十二条 市、县（市、区）人民政府应当加强大气环境保护宣传和普及工作，鼓励基层群众性自治组织、社会组织、环境保护志愿者开展大气污染防治法律法规和大气污染防治知识的宣传，营造保护和治理大气环境的良好风气。

教育行政部门、学校应当将大气污染防治知识纳入学校教育内容，培养学生的大气环境保护意识。

新闻媒体应当开展大气污染防治法律法规和大气污染防治知识的宣传，对环境违法行为进行舆论监督。

第十三条 公民、法人和其他组织应当遵守大气污染防治法律、法规，树立大气环境保护意识，践行绿色生活方式，控制和减少大气污染物排放。

第十四条 公民、法人和其他组织有保护大气环境的义务，有权对污染大气环境的单位和个人进行检举和控告。

公民、法人和其他组织发现市、县（市、区）人民政府及其环境保护行政主管部门或者其他有关部门不依法履行大气环境监督管理职责的，有权向其上级机关或者监察机关举报。

第十五条 市、县（市、区）人民政府应当完善大气污染举报制度，向社会公开举报电话、网址等，明确政府有关部门的受理范围和职责。

有关部门在接到举报后，应当依法及时处理，并将处理结果向举报人反馈；举报内容经查证属实的，应当按照规定给予举报人表彰或者奖励。

接到举报的部门应当对举报人的相关信息予以保密，保护举报人的合法权益。

第二章 污染物排放管理

第十六条 大气污染物排放实行浓度控制和主要大气污染物排放总量控制相结合的管理制度。

排污单位排放污染物不得超过国家或者地方规定的污染物排放标准和主要大气污染物排放总量控制指标。

第十七条 市、县（市）、上街区人民政府应当根据上一级人民政府下达的主要大气污染物排放总量控制指标和削减指标，结合本行政区域的实际情况，制定减少主要大气污染物排放的年度计划和控制措施，并将主要大气污染物排放总量控制指标和削减指标公开分解落实到排污单位。

第十八条 对主要大气污染物排放总量超过控制指标的行政区域，环境保护行政主管部门应当暂停该行政区域新增污染物排放总量的建设项目环境影响评价文件审批，其他相关职能部门暂停办理项目相关审批手续。经治理，主要大气污染物排放量符合总量控制指标要求的，环境保护行政主管部门及相关职能部门应当恢复办理有关审批手续。

第十九条 对重点排污单位实行排污许可制度。

重点排污单位名录由市环境保护行政主管部门依法确定，并定期向社会公告。

纳入排污许可证管理的重点排污单位，应当按照规定向环境保护行政主管部门申请核发排污许可证，并按照排污许可证载明的污染物种类、排放总量指标等要求排放污染物，逐步减少污染物排放总量。

第二十条 市、县（市、区）人民政府应当推动生态工业园区建设，鼓励和引导工业企业入驻相应工业园区。

新建排放大气污染物的工业项目，应当按照环境保护规定进入工业园区。

第二十一条 新建、改建、扩建向

大气排放污染物的建设项目，应当进行环境影响评价审批。

未依法进行环境影响评价或者环境影响评价文件未经审批的，发展和改革部门不予办理项目的审批、核准手续，建设部门不予办理施工许可，建设单位不得开工建设。

第二十二条 在城市市区内，严格控制大气污染物排放，禁止新建、扩建严重影响或者可能严重影响大气环境质量的建设项目。已建成又不能在当地人民政府规定的期限内达到治理要求的项目，应当按照当地人民政府的统一规划，限期搬迁。

第二十三条 建设单位应当保证建设项目配套建设的大气污染防治设施与主体工程同时设计、同时施工、同时投入使用。

建设项目配套建设的大气污染防治设施未经环境保护行政主管部门验收，主体工程不得投入生产或者使用。

第二十四条 向大气排放污染物的单位，应当保持大气污染防治设施的正常使用。未经环境保护行政主管部门批准，不得擅自拆除或者闲置大气污染防治设施。

第二十五条 向大气排放污染物的单位，应当按照有关规定设置监测点位和采样监测平台，并保持正常使用，接受环境保护行政主管部门的监督性监测。

重点排污单位应当配备大气污染物排放自动监控设备，保证其正常运行和监测数据准确，并与环境保护行政主管部门的统一监控平台联网。

重点排污单位应当按照规定对其所排放的大气污染物进行自行监测或者委托具有环境监测资质的机构监测，记录监测数据，建立监测档案，并按照规定向社会公开。

第二十六条 向大气排放污染物的单位和个人，应当按照国家和省有关规定缴纳排污费。

排污费应当全部专项用于环境污染防治，任何单位和个人不得截留、挤占或者挪作他用。排污费征缴、使用情况，依法接受审计机关审计监督。

第二十七条 发生突发大气污染事件的单位，应当立即采取应急措施，通报可能受到大气污染危害的单位和居民，并立即报告当地环境保护行政主管部门和人民政府。

突发大气污染事件危及或者可能危及公共安全的，市、县（市、区）人民政府应当立即启动突发公共事件总体应急预案或者专项预案。

第二十八条 在大气受到严重污染、发生或者可能发生危害公众健康和安全的紧急情况下，市人民政府应当及时发布空气重污染预警信息，并按照应急预案采取责令有关企业停产或者限产、限制部分机动车行驶、禁止燃放烟花爆竹、停止工地土石方作业和建筑拆除施工、停止露天烧烤、减少或者停止幼儿园和学校户外体育课等应急措施。

第三章 燃煤污染防治

第二十九条 本市实施燃煤消耗总量控制。

市发展和改革行政主管部门应当会同有关部门制定清洁能源利用发展规划，确定燃煤总量控制目标，并规定实施步骤，逐步削减燃煤总量。

县（市、区）人民政府应当按照燃煤消耗总量控制目标，制定本行政区域削减燃煤和清洁能源改造计划并组织落实。

第三十条 在本市行政区域内划定高污染燃料禁燃区，并根据大气质量改善要求，逐步扩大高污染燃料禁燃区范围。本市市区的高污染燃料禁燃区范围，由市人民政府划定并公布；县（市）、上街区的高污染燃料禁燃区范围由县（市）、上街区人民政府划定并公布。

高污染燃料禁燃区范围内禁止销售、使用高污染燃料，现有使用高污染燃料的单位和个人，应当按照市、县（市）、上街区人民政府规定的期限改用清洁能源或者拆除使用高污染燃料的设施。

第三十一条 本市严格控制新建、扩建高污染燃料的设施。原有使用高污染燃料的设施，应当按照规定逐步改用清洁能源，或者采用先进污染防治技术减少污染，不能改用或采用的限期拆除。

第三十二条 本市市区禁止使用不符合标准的燃煤。

提供饮食、洗浴、住宿等服务的单位和个人，应当使用天然气、液化石油气、电或者其他清洁能源。

居民住宅生活用煤应当按照市人民政府的规定，使用符合标准的低硫优质煤。

第四章 机动车船排气污染防治

第三十三条 机动车船向大气排放污染物不得超过国家和省规定的污染物排放标准。

对不符合污染物排放标准的机动车船，公安机关交通管理部门、交通部门不予核发牌证。

第三十四条 在用机动车排放污染物实行定期检验制度。机动车排放污染物检验应当与安全技术检验同时进行。

在用机动车排放污染物定期检验合格的，由市、县（市）、上街区环境保护行政主管部门核发环保检验合格标志，检验合格标志应当张贴于机动车前窗右上角；未进行检验或者检验不合格的，环境保护行政主管部门不予核发环保检验合格标志，公安机关交通管理部门不予发给机动车安全技术检验合格标志。

第三十五条 外地机动车转入本市办理登记前，应当到取得检验资质的检验机构进行污染物排放检验，并符合本市机动车同类车型注册登记执行的排放标准。

不符合前款规定的排放标准或者污染物排放检验不合格的，公安机关交通管理部门不予办理转移登记手续。

第三十六条 市、县（市）、上街区人民政府对未取得绿色环保检验合格标志的机动车，可以采取限制行驶的管理措施。

第三十七条 污染物排放超过国家和省规定排放标准的机动车，不得上路行驶。

市、县（市、区）环境保护行政主管部门在公安机关交通管理部门的配合下，可以选择时间和路段，利用遥感检测等技术对道路上行驶的机动车污染物排放情况进行监督抽测。抽测不合格的，责令限期治理并复检，由公安机关交通管理部门暂扣其机动车行驶证；复检合格的，当日发还机动车行驶证。

第三十八条 市、县（市、区）环境保护行政主管部门可以在机动车停放地对在用机动车污染物排放情况进行监督抽测。抽测不合格的，责令限期治理并复检。被抽测的机动车停放地管理单位、机动车所有人或者驾驶人员应当配合。

第三十九条 机动车维修企业应当具备规定的资质，并按照国家有关标准和技术规范对机动车排气污染进行维修，使维修后的机动车达到规定的排放标准。

第四十条 从事机动车排气污染检验的机构，应当具备法定资质并依法取得省环境保护行政主管部门的委托。

机动车排气污染检验机构应当建立检验数据传输网络，并向环境保护行政主管部门实时传送检验数据。

第四十一条 鼓励使用清洁车用能源和优质车用燃油。

禁止生产、进口、销售、使用不符合国家规定标准的车用燃料。

第四十二条 市、县（市、区）人民政府应当优先发展公共交通。

鼓励发展小排量、低能耗和新能源车与清洁能源车，加快新能源车与清洁能源车的配套设施建设。

市环境保护行政主管部门会同市财政、交通、公安、商务、质量技术监督等行政主管部门，根据本市大气环境质量状况和机动车排放污染状况，制定高排放在用机动车淘汰、治理和限制使用方案，报市人民政府批准后实施。

第四十三条 本市按照国家规定对机动车实行强制报废制度。机动车达到国家规定的使用年限，或者经修理、调整、采用控制技术后仍不符合国家排放标准要求，或者在检验有效期届满后连续三个检验周期内未能取得检验合格标志的，应当依法强制报废。

第五章 扬尘污染防治

第四十四条 进行房屋建筑和市政基础设施施工、河道整治、建筑物拆除、园林绿化等活动，建设单位应当制定扬尘污染防治方案，并按照规定提交建设项目主管部门和环境保护行政主管部门。

第四十五条 建设单位应当将防治扬尘污染费用列入工程造价，并在工程承发包合同中明确施工单位防治扬尘污染的责任。

建设单位、施工单位的扬尘违法行为及查处情况，纳入本市企业信用评价系统。

第四十六条 施工现场应当采取下列措施：

（一）在施工现场出入口公示扬尘污染控制措施、施工现场负责人、环保监督员、举报电话等信息；

（二）按照规定安装远程视频监控系统；

（三）在施工现场周边设置硬质密闭围挡，工地内暂未施工的区域应当覆盖、硬化或者绿化；

（四）土石方、拆除、洗刨工程作业时应当分段作业，采取洒水压尘措施，缩短起尘操作时间；

（五）气象预报风速达到四级以上或者出现重污染天气状况时，应当停止土石方作业、拆除工程以及其他可能产生扬尘污染的施工；

（六）建筑施工工地出口处应当设置车辆清洗设施及配套的排水、泥浆沉淀设施，防止泥水溢流；施工车辆经除泥、冲洗后方能驶出工地，不得带泥上路行驶；进出口周边一百米以内的道路应当保持清洁，不得存留泥土和建筑垃圾；

（七）国家、省、市规定的其他措施。

第四十七条 堆存、装卸煤炭、水泥、石灰、石膏、渣土、砂石、垃圾等易产生扬尘的作业，作业单位或者个人应当采取遮盖、封闭、喷淋、围挡等有效措施，防止抛洒、扬尘。

从事以上运输作业的车辆应当符合规定的条件，并按照规定安装卫星定位系统，密闭运输。

第四十八条 建筑垃圾资源化处置场、渣土消纳场、垃圾填埋场应当实施分区作业，按照相关标准和要求采取防治扬尘污染措施。

第四十九条 在扬尘、扬沙等空气重污染天气情况下，对城市道路、广场和其他公共场所的清扫保洁工作，应当增加机械清扫、洒水、冲洗频次，降低地面积尘负荷。

第五十条 裸露地面应当按照下列规定进行绿化或者铺装：

（一）待开发的建设用地，建设单位负责对裸露地面进行覆盖；超过三个月的，应当进行临时绿化或者铺装；

（二）市政道路及河道沿线、公共绿地的裸露地面，分别由城市管理、园林绿化等有关部门组织进行绿化或者铺装；

（三）城镇其他裸露地面由使用权人或者管理单位负责进行覆盖、绿化或者铺装。

第五十一条 露天开采、加工矿产资源，应当采取喷淋、集中开采、运输道路硬化绿化等措施防止扬尘污染。开采后应当进行生态修复。

第五十二条 城市建成区施工应当使用预拌混凝土和预拌砂浆，施工工地禁止现场搅拌混凝土和砂浆。

其他区域的建设工程在施工现场设置砂浆搅拌机的，应当配备降尘防尘装置。

第六章 废气、油烟、恶臭污染防治

第五十三条 在人口集中地区和其他依法需要特殊保护的区域内，不得开设产生恶臭、粉尘污染的修理、加工等场所，不得贮存、加工、制造或者使用产生恶臭气体的物质。在其他区域向大气排放恶臭等刺激性气体的，应当采取措施防止污染影响周围居民。

第五十四条 储存、运输、装卸和使用有毒有害气体的，应当采取防范措施，防止突发性污染事故的发生。

单位和个人在生产过程中应当采取措施，禁止无组织排放废气、烟尘和粉尘。

第五十五条 产生含挥发性有机物废气的生产和服务活动，应当在密闭空间或者设备中进行，并按照规定安装、使用污染防治设施；无法密闭的除外。

加油（气）站、储油（气）库和油（气）罐车等产生挥发性油气的场所、设施应当按照规定，安装油气回收装置并保持其正常使用，使油气排放符合国家和省规定的排放标准。

第五十六条 禁止露天焚烧沥青、油毡、废油、橡胶、塑料、皮革、垃圾等产生有毒有害气体的物料，确需焚烧处理的，应当采用专用焚烧装置；禁止在人口集中地区未密闭或者未使用烟气处理装置加热沥青。

禁止露天焚烧农作物秸秆、落叶、枯草等产生烟尘污染的物质。

第五十七条 禁止在城市建成区内露天烧烤食品，市、县（市、区）人民政府划定的特定场地除外。

在划定的特定场地内露天烧烤食品，应当使用油烟净化装置，并不得使用高污染燃料。

第五十八条 现有的洗浴等服务经营场所应当逐步改造，确保符合污染物排放要求。

餐饮服务场所应当采取设置专用油烟排放通道、安装油烟净化装置等治理措施，确保污染物达标排放。专用油烟排放通道的排放口应当高于相邻建筑物高度或者接入其公用烟道。

城市建成区的居民住宅楼内、未配套设立专用烟道的商住综合楼、商住综合楼内与居住层相邻的商业楼层内，禁止新建、改建、扩建产生油烟及热污染的餐饮、洗浴等服务经营场所。

第七章 法律责任

第五十九条 违反本条例规定，有关法律法规有处罚规定的，从其规定。构成犯罪的，由司法机关依法追究刑事责任。

第六十条 违反本条例规定，有下列行为之一的，由市、县（市、区）环境保护行政主管部门按照下列规定予以处罚：

（一）违反本条例第二十二条规定，新建、扩建严重影响或者可能严重影响大气环境质量的建设项目的，责令停止建设，恢复原状，处五万元以上二十万元以下罚款；

（二）违反本条例第二十五条规定，未按照规定设置监测点位和采样监测平台或者未配备大气污染物排放自动监控设备，大气污染物排放自动监控设备不正常运行或者未与统一监控平台联网，未按照规定公开监测数据或者建立监测档案的，责令限期改正，逾期不改正的，处一万元以上十万元以下罚款；监测数据弄虚作假的，责令停止违法行为，处五万元以上二十万元以下罚款；

（三）违反本条例第三十一条规定，擅自新建、扩建高污染燃料设施，原有使用高污染燃料的设施未按照规定改用清洁能源、采用先进污染防治技术，或者未拆除的，报同级人民政府责令限期拆除，处五万元以上二十万元以下罚款；

（四）违反本条例规定，在道路抽测或者停放地抽测中，机动车排放污染物超过规定标准的，责令限期治理并复检；逾期不治理的，处五十元以上五百元以下罚款；

（五）违反本条例第四十条第二款规定的，责令限期改正，处五千元以上三万元以下罚款；

（六）违反本条例第五十一条规定，未采取措施防治扬尘污染的，责令限期改正，处二万元以上五万元以下罚款；逾期未改正的，责令停工整顿；

（七）违反本条例第五十三条规定的，责令限期改正；逾期不改正的，处一万元以上五万元以下罚款；

（八）违反本条例第五十四条第二款规定的，责令改正，处一万元以上五万元以下罚款；经处罚后继续违法排放污染物情节严重的，依法报请市、县（市、区）人民政府责令其停产停业；

（九）违反本条例第五十五条第一款规定的，责令停止违法行为，限期改正，处二万元以上十万元以下罚款；情节严重的，处十万元以上三十万元以下罚款。

第六十一条　违反本条例第二十八条规定，拒不执行市人民政府责令停产、限产决定的，环境保护行政主管部门可以查封排污设施，处五万元以上五十万元以下罚款；拒不执行停止工地土石方作业、建筑拆除施工的，由城乡建设行政主管部门处一万元以上十万元以下罚款；拒不执行停止露天烧烤应对措施的，由市容和环境卫生行政主管部门处一万元以上十万元以下罚款。

拒不执行机动车停驶和禁止燃放烟花爆竹应对措施的，由公安机关依据有关规定予以处罚。

第六十二条　违反本条例规定，有下列行为之一的，按照下列规定处罚：

（一）违反本条例第三十条第二款规定，在高污染燃料禁燃区内销售高污染燃料，由质量技术监督管理部门处一万元以上五万元以下罚款；超出规定的期限仍使用高污染燃料的，由环境保护行政主管部门责令拆除或者没收燃用高污染燃料的设施；

（二）违反本条例第三十二条第二款规定的，由环境保护行政主管部门责令限期改正，逾期不改正的，处一万元以上十万元以下罚款；

（三）违反本条例第四十七条第一款规定，堆存、装卸作业单位或者个人未采取扬尘污染防治措施的，由市容和环境卫生行政主管部门责令限期改正，处二千元以上二万元以下罚款，其中，对工业企业，由环境保护行政主管部门责令限期改正，处二千元以上二万元以下罚款；对施工工地，由城乡建设行政主管部门责令限期改正，处二千元以上二万元以下罚款；

（四）违反本条例第五十四条第一款规定，未采取防范措施储存、运输、装卸有毒有害气体的，由安全生产监督、公安、交通运输行政主管部门按照法定职责责令停止违法行为，限期改正，处二万元以上五万元以下罚款；

（五）违反本条例第五十六条第一款规定的，由环境保护行政主管部门责令停止违法行为，处二千元以上二万元以下罚款；

（六）违反本条例第五十七条规定的，由市容和环境卫生行政主管部门责令停止违法行为，没收烧烤工具，处二千元以上二万元以下罚款；

（七）违反本条例第五十八条第二款规定的，由环境保护行政主管部门责令限期改正；逾期不改正的，处一万元以上五万元以下罚款。

前款规定的行政处罚，在实行相对集中行政处罚的行政区域，由城市管理行政执法机关行使处罚权。

第六十三条　违反本条例规定，有下列行为之一的，由公安机关交通管理部门按照下列规定处罚：

（一）违反本条例第三十六条规定，机动车进入限制行驶区域的，责令停止违法行为，处警告或者二十元以上二百元以下罚款；

（二）在道路上行驶的机动车排放黑烟或者其他明显可视污染物的，责令限期改正，处二百元罚款。

第六十四条　违反本条例规定，有下列行为之一的，由城乡建设行政主管部门按照下列规定处罚：

（一）违反本条例第四十五条第一款规定，未将防治扬尘污染费用列入工程造价的，责令停止施工；

（二）违反本条例第四十六条规定的，责令限期改正，处五千元以上二万元以下罚款；逾期未改正的，责令停工整顿；

（三）违反本条例第五十二条规定的，责令限期改正，处二万元以上五万元以下罚款。

第六十五条　违反本条例，除第六十一条、第六十二条第（五）项、第（六）项及第六十三条规定的情形外，受到罚款处罚，被责令改正，拒不改正的，依法作出处罚决定的行政机关可以自责令改正之日的次日起，按照原处罚数额按日连续处罚。

第六十六条　环境保护行政主管部门和其他有关行政主管部门及其工作人员在大气污染防治管理工作中，有下列行为之一的，由其所在单位或者有权机关依法给予行政处分；构成犯罪的，依法追究刑事责任：

（一）不符合行政许可条件准予行政许可的；

（二）不履行监督管理职责，造成重大污染事件的；

（三）对举报、投诉的环境违法行为不依法查处的；

（四）未依法公布大气环境相关信息的；

（五）在农作物秸秆禁止焚烧工作中措施不力，对大气质量造成严重影响的；

（六）对裸露地面扬尘污染防治不力的；

（七）其他滥用职权、玩忽职守、徇私舞弊的行为。

第八章　附　则

第六十七条　本条例自2015年3月1日起施行。2005年4月28日郑州市第十二届人民代表大会常务委员会第十次会议通过，2005年9月30日河南省第十届人民代表大会常务委员会第十九次会议批准的《郑州市大气污染防治条例》同时废止。

郑州市郑韩故城遗址保护条例

2014年8月22日郑州市第十四届人民代表大会常务委员会第四次会议通过
2014年12月4日河南省第十二届人民代表大会常务委员会第十一次会议批准

第一章　总　则

第一条　为了加强对郑韩故城遗址的保护，继承和弘扬优秀历史文化，根据《中华人民共和国文物保护法》《中华人民共和国文物保护法实施条例》等法律、法规，结合遗址现状，制定本条例。

第二条　郑韩故城遗址的保护、管理和利用等活动，适用本条例。

本条例所称郑韩故城遗址，是指位于新郑市行政区域内东周时期郑国和韩国的都城遗址及其附属的各类遗址和墓葬。

第三条　郑韩故城遗址的保护，应当遵循保持原貌、生态养护、加强管理和合理利用的原则，正确处理遗址保护与经济社会发展的关系。

第四条　郑州市人民政府负责对郑韩故城遗址保护工作的领导。郑州市文物行政部门负责对郑韩故城遗址保护工作的监督、指导。

新郑市人民政府全面负责郑韩故城遗址的保护工作。新郑市文物行政部门具体负责郑韩故城遗址保护工作。

其他相关部门应当在各自职责范围内，做好郑韩故城遗址保护工作。

郑韩故城遗址所在地的乡（镇）人民政府、街道办事处应当在职责范围内做好遗址保护工作。

郑韩故城遗址所在地的村（居）民委员会应当协助有关部门做好遗址保护工作。

第五条 新郑市人民政府应当将郑韩故城遗址保护所需经费列入本级财政预算，并及时拨付。

鼓励通过社会捐赠等方式筹集郑韩故城遗址保护资金。

第六条 新郑市人民政府应当建立补偿机制。因郑韩故城遗址保护造成损失的，依法给予补偿。

第七条 各级人民政府及文物、文化广播电视新闻出版、教育等部门，应当做好郑韩故城遗址保护的宣传、教育工作。

报刊、广播、电视、网络等新闻媒体应当加强郑韩故城遗址保护的宣传，适时发布公益广告，增强社会公众的文物保护意识。

第八条 任何单位和个人不得损害郑韩故城遗址，有权举报和制止破坏、损毁郑韩故城遗址的行为。

新郑市文物行政部门应当建立举报制度，公布举报方式，依法及时查处破坏、损毁郑韩故城遗址的行为。

第九条 郑州市人民政府、新郑市人民政府或者有关部门对在郑韩故城遗址保护中作出突出贡献的单位和个人，应当给予表彰或者奖励。

第二章 保 护

第十条 郑州市人民政府负责组织编制郑韩故城遗址保护规划，并按照规定报批、公布。

新郑市人民政府应当将郑韩故城遗址保护纳入本级国民经济和社会发展规划、土地利用总体规划和城乡建设规划。

第十一条 郑韩故城遗址保护规划区域内的保护范围和建设控制地带，由新郑市人民政府设置标志，并保持完好。

任何单位和个人不得擅自移动、拆除、损毁郑韩故城遗址保护设施。

第十二条 在郑韩故城遗址保护范围内不得进行与遗址保护无关的工程建设或者爆破、钻探、挖掘等作业；因特殊情况确需进行作业的，应当依法履行报批手续。

第十三条 在郑韩故城遗址建设控制地带内进行工程建设的，其高度、体量、外观、色调应当符合郑韩故城遗址保护规划有关规定，不得破坏郑韩故城遗址的历史风貌。

工程设计方案应当依法经相应的文物行政部门同意后，报城乡建设规划部门批准。国家另有规定的，从其规定。

第十四条 在郑韩故城遗址保护规划区域内尚未进行考古调查、勘探的地方进行工程建设的，建设单位应当事先报请新郑市文物行政部门组织从事考古调查、勘探的单位在工程项目范围内及其取土区进行考古调查、勘探。需要配合建设工程考古发掘的，按照国家有关规定进行。考古调查、勘探及发掘费用由建设单位列入建设工程预算。

考古调查、勘探及发掘中发现重要遗迹的，应当实施原址保护；建设项目影响遗迹原址保护的，应当另行选址。给建设单位造成损失的，依法给予补偿。

第十五条 新郑市人民政府应当加强郑韩故城遗址保护规划区域内的环境保护和生态建设，扩大绿化覆盖面积，加大对双洎河、黄水河的治理，维护郑韩故城遗址历史风貌。

第十六条 郑韩故城遗址保护实行专家咨询论证制度。

在制定涉及郑韩故城遗址保护的建设规划、工程审批及决定与遗址保护有关的其他重大事项时，应当组织有关专家进行论证。

第三章 管 理

第十七条 新郑市文物行政部门应当建立郑韩故城遗址巡查、检查制度。

在巡查、检查中发现危及郑韩故城遗址安全的，应当及时采取相应处置措施，同时向新郑市人民政府和郑州市文物行政部门报告。

第十八条 新郑市文物行政部门应当在郑韩故城遗址保护范围内安装安全技术防范、避雷、消防等防护设施，并保持正常使用。

第十九条 新郑市文物行政部门应当定期对郑韩故城遗址保护状况进行监测，提出监测评估报告，并报送新郑市人民政府和郑州市文物行政部门。

第二十条 新郑市人民政府应当组织文物、国土资源、煤炭管理、水务、气象等有关部门，加强对郑韩故城遗址周围的地质监测和地质灾害评估，防治地面塌陷、水土流失等灾害，确保文物安全。

第二十一条 在郑韩故城遗址保护规划区域内从事考古调查、勘探及发掘的，考古发掘单位应当按照《中华人民共和国文物保护法》有关规定履行报批手续，并报新郑市文物行政部门备案。

考古调查、勘探及发掘结束后，考古发掘单位应当及时向新郑市文物行政部门提供考古调查、勘探和发掘报告，出土文物清单及保护意见。

第二十二条 在郑韩故城遗址保护范围内，禁止下列行为：

（一）在文物本体及其保护设施上涂污、刻画、张贴或者攀爬；

（二）在文物本体上垦荒、放牧；

（三）种植不符合遗址保护规划的树木；

（四）建窑、打井、挖塘、挖洞、挖渠、取土；

（五）建墓、立碑；

（六）焚烧、野炊；

（七）燃放烟花爆竹；

（八）倾倒、堆放垃圾和废弃物；

（九）存放易燃、易爆、腐蚀性物品；

（十）设置商业广告；

（十一）擅自采矿，排放污染物；

（十二）其他危害或者可能危害遗址安全的行为。

第二十三条 新郑市人民政府应当组织文物、水务、公安、林业及所在地乡（镇）人民政府、街道办事处，制定郑韩故城遗址保护应急预案，并定期组织演练。

发生危及遗址安全的突发事件、自然灾害或者发现遗址存在安全隐患时，应当及时启动应急预案，采取相应处置措施。

第二十四条 郑韩故城遗址保护经费来源包括：

（一）国家、省专项拨款；

（二）郑州市财政补助经费；

（三）新郑市的财政预算；

（四）捐赠及其他合法收入。

第二十五条 郑韩故城遗址保护经费主要用于以下方面：

（一）郑韩故城遗址的修缮和养护；

（二）郑韩故城遗址防护设施的建设和维护；

（三）郑韩故城遗址的考古调查、勘探及发掘；

（四）郑韩故城遗址及相关文化遗产陈列布展；

（五）郑韩故城遗址的技术保护；

（六）郑韩故城遗址保护的奖励。

郑韩故城遗址保护经费应当专款专用，接受财政、审计等部门的监督。

第二十六条　郑韩故城遗址的修缮、养护依法由具备相应资质的单位承担，并按照规定办理批准手续。

郑韩故城遗址修缮、养护工程竣工后应当按照规定由文物行政部门或者其委托的单位验收；重大的修缮、养护项目工程应当按照工序分阶段验收。

第四章　利　用

第二十七条　鼓励支持公民、法人和其他组织参与郑韩故城遗址及相关文化遗产的保护和合理利用。新郑市文物行政部门应当提供必要的信息和服务，对文物利用进行指导。

第二十八条　郑韩故城遗址文物收藏单位应当充分发挥馆藏文物的作用，通过举办展览、科学研究等活动，加强对优秀历史文化遗产的宣传和利用。

第二十九条　新郑市人民政府应当按照国家文物行政部门批准的规划，组织建设郑韩故城考古遗址公园，保持郑韩故城遗址历史风貌的真实性和完整性，展示其文化底蕴。

郑韩故城考古遗址公园依照国家规定向社会开放。

第三十条　郑韩故城考古遗址公园规划区域内的土地，由新郑市人民政府按照法定程序逐步调整为文物古迹用地，依法划拨。

郑韩故城考古遗址公园规划区域内现有的与文物保护无关的建筑物、构筑物，由新郑市人民政府依法组织征收；现有的与文物保护无关的各类墓葬及墓碑，应当逐步迁出。具体办法由新郑市人民政府另行制定。

郑韩故城考古遗址公园规划区域内的村庄应当按照城乡建设规划优先实施改造。

第三十一条　利用郑韩故城遗址拍摄电影、电视等影像资料以及举办大型活动的，拍摄单位或者举办者应当制定文物保护方案，依法履行报批手续，并采取相应防护措施，确保郑韩故城遗址安全。

出现危及郑韩故城遗址安全情形的，文物行政部门、公安机关等应当责令停止前款活动。

第三十二条　在郑韩故城遗址保护范围及建设控制地带内从事旅游或者其他经营活动，应当符合郑韩故城遗址保护总体规划。

第三十三条　新郑市人民政府有关行政部门应当鼓励研究开发相关文化产品，加强对文物仿制品和文物工艺品行业的规范和指导，促进行业健康发展。

第三十四条　新郑市文物行政部门应当加强对郑韩故城遗址的知识产权保护。

第五章 法律责任

第三十五条 违反本条例规定，法律、法规已有处罚规定的，从其规定。

第三十六条　违反本条例规定，有下列行为之一的，由新郑市文物行政部门责令限期改正；逾期不改正的，处以五万元以上二十万元以下罚款；造成严重后果的，处以二十万元以上五十万元以下罚款；构成犯罪的，依法追究刑事责任：

（一）违反第十二条规定，擅自在郑韩故城遗址保护范围内进行工程建设或者爆破、钻探、挖掘等作业的；

（二）违反第十三条规定，工程建设不符合郑韩故城遗址保护规划有关规定或者未按照文物行政部门同意的工程设计方案进行施工的；

（三）违反第十四条第一款规定，未经考古调查、勘探，擅自进行工程建设的。

前款所列违法行为中已经建成或者在建的建设工程项目，应当责令建设单位限期拆除；逾期不拆除的，依法强制拆除。

第三十七条　违反本条例规定，有下列行为之一的，按照下列规定予以处罚：

（一）违反第十一条第二款规定的，由新郑市文物行政部门责令恢复原状或者赔偿损失，可处以二百元以上二千元以下罚款；

（二）违反第二十二条第（一）项、第（二）项规定的，由新郑市文物行政部门给予警告，可并处以二百元以下罚款；造成损失的，依法予以赔偿；

（三）违反第二十二条第（三）项规定的，由新郑市文物行政部门责令恢复原状，给予警告；

（四）违反第二十二条第（四）项规定的，由新郑市文物行政部门责令恢复原状，处以二千元以上一万元以下罚款；

（五）违反第二十二条第（五）项、第（六）项、第（八）项规定的，由新郑市文物行政部门责令恢复原状，处以五百元以上二千元以下罚款；

（六）违反第二十二条第（七）项规定的，由公安机关责令停止燃放，处以三百元以上五百元以下罚款；

（七）违反第二十二条第（十）项规定的，由新郑市有关行政部门责令停止施工并恢复原状，处以二千元以上二万元以下罚款。

第三十八条　从事郑韩故城遗址保护工作的部门和单位及其工作人员，有下列行为之一的，由监察机关或者有管理权限的部门依法给予处分；构成犯罪的，依法追究刑事责任：

（一）对不符合郑韩故城遗址保护规划的建设工程违规审批的；

（二）未依法由具备相应资质的单位承担修缮、养护工程的；

（三）未履行巡查、检查制度和定期监测制度，造成严重后果的；

（四）对破坏郑韩故城遗址的行为未及时查处的；

（五）侵占、挪用郑韩故城遗址保护经费的；

（六）其他滥用职权、玩忽职守、徇私舞弊的行为。

第六章 附 则

第三十九条 本条例自2015年1月1日起施行。

国民经济和社会发展总量及速度指标

指　标	单位	1990	1995	2000	2005	2010	2011	2012	2013	2014	2014 比上年±%
人口与面积											
人口	万人	557.8	600.3	665.9	716.0	866.1	885.7	903.1	919.1	937.8	2.0
建成区面积	平方公里	112.0	108.3	133.2	262.0	316.1	328.1	346.4	356.1	386.1	8.4
宏观经济											
国民经济核算											
地区生产总值	亿元	116.4	386.4	728.4	1660.6	4040.9	4979.8	5549.8	6201.8	6777.0	9.4
第一产业	亿元	14.4	28.5	42.4	72.4	124.6	131.7	142.4	147.0	147.2	3.0
第二产业	亿元	62.5	203.5	343.3	872.8	2269.9	2874.2	3132.9	3470.5	3487.1	10.0
第三产业	亿元	39.5	154.3	342.7	715.4	1646.4	1974	2274.5	2584.3	3142.7	9.0
固定资产投资											
全社会固定资产投资额	亿元	26.9	165.6	258.4	820.0	2757.0	3002.5	3669.8	4509.3	5355.3	18.8
固定资产投资	亿元	20.0	132.4	159.4	610.2	2432.5	2900.0	3561.2	4400.2	5259.6	20.1
财政											
地方公共财政预算收入	亿元	10.5	17.1	43.6	136.1	386.8	502.3	606.7	723.6	833.9	15.2
地方公共财政预算支出	亿元	6.5	17.8	49.0	136.7	426.8	566.6	700.6	815.7	918.5	12.6
价格总指数											
商品零售价格指数	以上年为100	100.8	110.4	99.1	101.2	102.7	104.9	102.4	101.4	101.1	1.1
居民消费价格指数	以上年为100	101.8	114.5	99.0	102.4	103.0	104.9	102.7	102.8	102.0	2.0
外商投资											
利用外资											
合同利用外资额	万美元	1132	21086	12860	63766	191632	238133	202058	183710	144557	-26.9
实际利用外资额	万美元	768	15020	9211	33549	190015	310000	342898	332178	363002	9.3
产业											
农业											
农林牧渔业总产值	亿元	24.6	51.5	73.2	126.2	221.4	235.5	254.6	263.3	269.9	3.1
粮食总产量	万吨	154.2	140.1	158.7	153.0	166.7	166.7	169.5	168.3	162.0	-3.8

续表 1

指　标	单位	1990	1995	2000	2005	2010	2011	2012	2013	2014	2014 比上年±%
工业											
工业总产值	亿元	174.4	647.9	1005.3	2411.5	7958.3	8459.7	10632.4	12153.5	13537.2	12.1
工业增加值	亿元	39.8	87.1	187.5	569.7	1996.0	2316.0	2541.5	2857.7	3094.0	11.2
规模以上工业											
资产总计	亿元	142.3	470.3	749.8	1473.6	3898.8	5173.0	7036.7	8528.6	9960.8	14.4
负债合计	亿元	89.6	328.6	477.5	946.3	2134.9	2762.8	3915.4	4597.2	5444.4	17.0
主营业务收入	亿元	104.6	307.8	530.9	1673.0	5942.3	8144.4	9603.4	11016.3	12391.4	11.5
利税总额	亿元	18.0	37.9	67.2	230.2	1058.1	1351.7	1415.1	1529.2	1647.2	4.9
建筑业											
建筑业总产值	亿元	12.7	45.5	106.0	299.4	1352.3	1547.6	1816.6	2265.3	2713.3	19.8
施工房屋面积	万平方米	325	805	1217	2937	8876.9	10505.5	12001.6	14247.2	17751.6	24.6
竣工房屋面积	万平方米	148	306	440	765	2601.7	3403.6	3667.8	4095.8	5240.2	27.9
交通运输											
旅客周转量	亿人公里	69.3	92.0	125.1	189.6	301.4	325.6	348.2	256.5	274.9	7.2
#铁路	亿人公里	46.0	53.0	60.0	80.0	113.9	111.2	119.4	130.0	130.2	0.1
公路	亿人公里	23.3	32.1	56.3	82.7	137.7	161.1	174.1	69.9	83.6	19.5
航空	亿人公里	1.0	6.8	8.8	26.9	49.8	53.3	54.7	56.6	61.2	8.1
货物周转量	亿吨公里	196.2	212.9	226.5	287.7	479.8	564.1	630.9	527.7	537.0	1.8
#铁路	亿吨公里	181.6	181.9	156.2	187.9	199.4	210.2	216.2	217.2	199.9	-7.9
公路	亿吨公里	14.7	30.9	70.1	99.4	279.8	353.3	414.2	306.3	332.4	8.4
航空	万吨公里	150.0	574	1281	3385	5641	5744	5477	39279	47139	20.0
邮电通讯											
邮电业务总量	万元	1.2	8.5	42	108.2	296.3	116.8	131.3	183.5	213.6	16.4
国内商业											
社会消费品零售总额	亿元	47.4	164.1	381.8	706.7	1702.1	2015.6	2322.7	2623.5	2955.4	12.7
批零贸易企业销售额	亿元	44.9	401.0	437.4	1274.3	2339.1	2943.9	3247.5	3516.0	4308.1	22.5
对外贸易和旅游											

续表2

指　标	单位	1990	1995	2000	2005	2010	2011	2012	2013	2014	2014比上年±%
进出口总值	万美元		16129	89982	192211	515743	1599559	3583193	4274948	4643090	8.6
#出口总值	万美元	1119	13072	62145	138137	345657	963786	2026460	2506620	2665710	6.4
旅游外汇收入	万美元			4653	7769	13384	14760	15800	16500	17100	3.6
金融											
金融机构各项存款	亿元	86.3	464.4	1215.4	3116.1	7990.9	8964.9	10448.3	12450.5	13955.6	13.4
金融机构各项贷款	亿元	87.0	373.7	881.9	2428.1	5717.5	6112.8	6794.1	9342.3	10868.3	16.3
教育											
在校学生数	万人	84.4	114.9	139.7	191.3	222.3	227.4	231.6	241.0	260.0	7.9
专任教师数	万人	6.2	5.9	7.1	9.4	12.5	12.9	13.6	13.9	14.7	5.6
人民生活											
城镇居民人均可支配收入	元	1496	4535	5935	10640	18897	21612	24246	26615	29095	9.3
农村居民人均纯收入	元	692	1555	2912	4774	9225	11050	12531	14009	15470	10.4
城市居民人均居住建筑面积	平方米			19.8	23.0	28.2	29.5				
农村居民人均居住面积	平方米	21.5	23.8	35.4	43.7	52.0	54.9	55.7	52.6	52.1	-1.0
城乡居民储蓄余额	亿元	56.1	254.2	565.8	1436.1	2911.0	3252.1	3845.5	4475.3	4839.3	8.1
工资											
在岗职工年平均工资	元	2126	5226	9017	16694	32779	35541	41480	44622	49279	10.4
卫生											
医疗机构数	个	935	879	688	1637	1347	4044	3810	4026	3848	-4.4
卫生技术人员	个	28410	30590	31137	33568	49519	56891	65403	76282	80831	6.0
医疗床位数	张	20937	22122	24472	29295	47094	52750	59664	68764	73865	7.4
市政建设											
自来水供水量	万吨	23037	32506	28783	30448	37724	35785	35825	35413	34131	-3.6
城市集中供热面积	万平方米		851	1383	1777	2261	2285	3349	3815	4520	18.5
用气人口	万人	59.5	107.9	149.2	230	439	457	533	528	575	8.9
城市道路长度	公里	428	563	684	1131	1338	1390	1446	1520	1630	7.2
公共汽(电)车总数	辆	404	728	1342	3077	4788	5271	5548	5745	6297	9.6

注:1.1990年城市居民人均可支配收入以人均生活费收入代替;2.2011年后年邮电业务总量按2010年可比价格计算,2001-2010年按2000年可比价格计算,2000年以前按1990年可比价格计算;3.固定资产投资2010年以前为城镇投资;4.2010年以后,工业总产值和增加值包含河南中烟工业公司和河南电力公司。

年末人口基本情况

（2014 年底）

县(市)区	总户数(户)	总人口(人)				
		合　计	#女　性	#非农业人口	城镇人口	城镇化率(%)
全市	2802091	9377835	4562724	3836830	6406256	68.31
中原区	243663	743174	363410	594539	667965	89.88
二七区	261567	766392	375593	471178	680173	88.75
管城区	177292	536486	261484	272910	453223	84.48
金水区	495823	1436529	693844	890647	1303794	90.76
上街区	45380	136138	69387	86000	123518	90.73
惠济区	91879	282987	143831	69332	198119	70.01
中牟县	116802	471892	232260	76116	189559	40.17
巩义市	246228	819940	400130	156035	413824	50.47
荥阳市	174806	615409	278780	133585	306289	49.77
新密市	220845	803343	394923	290007	410910	51.15
新郑市	157226	646108	332551	156619	326026	50.46
登封市	177357	688942	337816	202558	342818	49.76
经开区	69251	200146	94521	68046	165941	82.91
高新区	80241	246595	113308	132397	202257	82.02
郑东新区	130848	435270	208293	152344	268562	61.70
航空港实验区	112883	548484	262593	84517	353279	64.41

人口自然变动情况

（2014 年底）

县（市）区	年末平均人口（人）	出生人口（人）	死亡人口（人）	出生率（‰）	死亡率（‰）	自然增长率（‰）
全市	9284537	95496	40759	10.29	4.39	5.90
中原区	737771	7746	2213	10.50	3.00	7.50
二七区	759381	7996	3508	10.53	4.62	5.91
管城区	531438	5309	1924	9.99	3.62	6.37
金水区	1425915	13189	3742	9.25	2.62	6.63
上街区	135738	1117	700	8.23	5.16	3.07
惠济区	280705	3082	1303	10.98	4.64	6.34
中牟县	469397	5351	3215	11.40	6.85	4.55
巩义市	818125	8688	4941	10.62	6.04	4.58
荥阳市	615198	6330	3255	10.29	5.29	5.00
新密市	801668	8321	4345	10.38	5.42	4.96
新郑市	642474	6964	3058	10.84	4.76	6.08
登封市	686173	7753	3712	11.30	5.41	5.89
经开区	192422	2063	576	10.72	2.99	7.73
高新区	240723	2120	467	8.81	1.94	6.87
郑东新区	419127	3978	735	9.49	1.75	7.74
航空港实验区	528282	5489	2710	10.39	5.13	5.26

农林牧

（2014 年）

指　　标	全市	中原区	二七区	管城区	金水区	上街区	惠济区
合计							
农林牧渔业总产值	2698850	17200	11207	12164	20403	9638	123378
中间消耗	1203632	6340	5043	4359	8733	4838	59761
增加值	1495218	10860	6164	7805	11670	4800	63617
农业							
总产值	1365899	11998	5379	7481	3494	4821	53874
中间消耗	583600	4112	2421	2653	2411	2420	26455
中间物质消耗	570011	4112	2421	2652	2411	2420	26455
生产服务支出	79921			382	348	348	1056
增加值	782299	7886	2958	4828	1083	2401	27419
林业							
总产值	52555	829	91	251	1130	228	4202
中间消耗	21719	289	41	83	260	114	1805
中间物质消耗	13220	289	41	73	228	101	1768
生产服务支出	2425			11	32	13	37
增加值	30836	540	50	168	870	114	2397
牧业							
总产值	1078305	3724	4976	4066	6725	4589	35620
中间消耗	503533	1666	2239	1460	2893	2304	17138
中间物质消耗	467028	1570	2239	1280	2539	2020	15971
生产服务支出	61950	96		177	354	284	1167
增加值	574772	2058	2737	2606	3832	2285	18482
渔业							
总产值	163921	136	181	166	9054		29222
中间消耗	80330	80	81	69	3169		14140
中间物质消耗	81717	80	81	62	2876		13525
生产服务支出	8424			5	103		615
增加值	83591	56	100	97	5885		15082
农林牧渔服务业							
总产值	38169	513	580	200			460
中间消耗	14449	193	261	94			223
增加值	23720	320	319	106			237

渔业总产值

单位:万元

中牟县	巩义市	荥阳市	新密市	新郑市	登封市	经开区	高新区	郑东新区	航空港实验区
380720	202247	503764	342973	358217	240891	88747	7699	111811	224099
171814	86152	226849	153747	162322	100607	36243	3499	39251	98329
208906	116095	276915	189226	195895	140284	52504	4200	72560	125770
200972	80564	265245	147986	182929	126231	29501	6078	33798	127046
90968	34061	119442	48724	78900	46896	11906	2650	9639	54968
90974	31686	116979	48724	78900	46896	11906	2649	9636	54967
33643	2375	3942	4659	18516	6757	1716	381	1388	7920
110004	46503	145803	99262	104029	79335	17595	3428	24159	72078
5201	11679	3127	29974	4544	19981	17880		14098	1965
2996	4254	1408	10453	1458	7593	6696		6142	719
2215	3213	1209	7272	1326	6672	5876		5397	533
781	1040	120	3181	132	923	815		746	185
2205	7425	1719	19521	3086	12388	11184		7956	1246
130665	94675	216097	147580	166328	77605	23714	1621	22254	93780
58343	41097	97310	85472	80110	35699	10748	849	4798	42165
41211	38761	80535	80532	77997	31337	9429	745	4212	36692
17132	2337	19807	4940	2113	4363	1313	105	586	5008
72322	53578	118787	62108	86218	41906	12966	772	17456	51615
38996	5376	14754	1852	792	4724	3552		36826	
17515	3110	6644	833	401	2222	1604		16961	
14411	2717	5828	722	296	2017	1456		15396	
3104	393	442	111	105	8402	148		1565	
21481	2266	8110	1019	391	2502	1948		19865	
4886	9952	4541	15581	3624	12350	14100		4835	1308
1992	3629	2045	8265	1453	8197	5289		1711	477
2894	6323	2496	7316	2171	4153	8811		3124	831

农村基本情况及从业人员

（2014 年）

指　　标	单位	总计	中原区	二七区	管城区	金水区	上街区	惠济区	中牟县
农村基层组织情况									
乡镇个数	个	83		2	2		1	2	11
#镇个数	个	70		1	1		1	2	10
村民委员会个数	个	2169	46	14	26	40	28	53	272
乡村人口从业人员									
乡村户数	万户	102.94	2.22	0.65	1.64	0.84	1.24	4.36	9.65
乡村人口数	万人	406.37	7.37	2.99	6.37	3.35	4.30	16.09	40.55
乡村从业人员数	万人	235.78	3.30	1.98	3.08	1.45	1.95	8.67	24.81
按性别分									
#男劳动力	万人	128.18	1.65	1.08	1.66	0.80	1.11	4.73	13.23
女劳动力	万人	107.6	1.65	0.91	1.43	0.65	0.84	3.94	11.58
按行业分									
农业从业人员	万人	94.74	0.24	0.55	1.33	0.51	0.63	4.57	15.23

注：乡镇数不包括县（市）所在地的城关镇。

续表

指　　标	单位	巩义市	荥阳市	新密市	新郑市	登封市	经开区	高新区	郑东新区	航空港实验区
农村基层组织情况										
乡镇个数	个	15	12	13	11	12			2	
#镇个数	个	15	9	12	9	9			1	
村民委员会个数	个	288	288	303	252	303	39	42	19	156
乡村人口从业人员										
乡村户数	万户	15.17	13.46	15.64	11.33	14.30	2.08	2.06	2.25	6.05
乡村人口数	万人	60.61	50.47	60.94	42.58	57.79	8.26	8.17	10.01	26.53
乡村从业人员数	万人	33.52	32.17	33.32	26.83	34.89	4.19	3.42	5.86	16.35
按性别分										
#男劳动力	万人	18.69	17.19	18.05	14.16	19.35	2.39	1.76	3.27	9.09
女劳动力	万人	14.83	14.98	15.27	12.67	15.55	1.81	1.66	2.59	7.26
按行业分										
农业从业人员	万人	10.37	9.76	8.49	11.14	14.46	2.41	1.61	3.15	10.27

注：乡镇数不包括县（市）所在地的城关镇。

牧业主要产品产量

（2014 年）

指　标	单位	合计	中原区	二七区	管城区	金水区	上街区	惠济区	中牟县
猪当年出栏头数	万头	242.72	1.48	0.83	1.66	0.63	0.59	4.60	34.78
牛当年出栏头数	万头	13.48	0.04	0.02	0.06	0.05		0.35	2.49
羊当年出栏只数	万只	53.82	0.09	0.08	0.26	0.12	0.17	0.28	19.26
禽当年出栏只数	万只	4134.64	30.40	26.41	20.10	14.07	9.00	274.79	405.08
肉类总产量	吨	267215	1503	1037	1535	733	560	7191	42106
#猪肉产量	吨	185781	1156	629	1201	472	414	3270	30176
牛肉产量	吨	20527	60	45	67	78		508	4256
羊肉产量	吨	6802	11	9	28	14	30	34	2408
禽肉产量	吨	50783	276	354	239	169	116	3544	5266
兔肉产量	吨	1523						4	
奶类总产量	吨	489790	3464	1369	1031	12369	630	36210	120717
#生牛奶产量	吨	479672	3464	910	1031	12369	630	36105	120717
山羊毛产量	公斤	92199		10					
绵羊毛产量	公斤	193253							
蜂蜜产量	公斤	356329							
禽蛋产量	吨	227980	544	3926	398	207	3295	6150	21708

续表

指　标	单位	巩义市	荥阳市	新密市	新郑市	登封市	经开区	高新区	郑东新区	航空港实验区
猪当年出栏头数	万头	29.20	43.86	21.53	53.04	23.49	4.80	0.65	2.61	18.98
牛当年出栏头数	万头	0.63	2.59	0.95	0.64	2.46	0.40	0.01	0.26	2.53
羊当年出栏只数	万只	2.29	4.58	2.62	5.09	6.10	2.17	0.03	1.71	8.98
禽当年出栏只数	万只	166.28	820.81	464.30	1277.22	263.92	36.99	10.40	24.09	290.79
肉类总产量	吨	27007	49772	22807	53038	27229	5179	627	3199	23692
#猪肉产量	吨	23110	35185	14668	35783	18753	3917	485	2078	14484
牛肉产量	吨	870	3834	1151	923	3845	542	8	572	3768
羊肉产量	吨	310	662	284	610	746	275	4	215	1162
禽肉产量	吨	2061	9643	5310	16043	3339	445	136	216	3626
兔肉产量	吨	159	96	982	76	140				66
奶类总产量	吨	5200	111963	34444	52988	4650	21076	1100	30140	52439
#生牛奶产量	吨	5200	106640	30213	52988	4650	21076	1100	30140	52439
山羊毛产量	公斤	9512	121	53026	752	28778				
绵羊毛产量	公斤	777	124	172915	7506	11931				
蜂蜜产量	公斤	57001	164	293011	2221	3932				
禽蛋产量	吨	10080	76179	29001	43478	22484	1737	60	1965	6768

林业生产情况

（2014 年）

单位：公顷

县（市）区	当年造林面积	用材林	经济林	四旁植树（万株）	盲苗面积	幼林抚育实际面积
总计	**6549**	**2326**	**2318**	**697**	**2783**	**38512**
中原区				15	410	
金水区					212	33
上街区					26	
惠济区	180		180		430	240
中牟县	2623	2098	525	277	521	35846
巩义市	597	77	520		100	933
荥阳市	704	151	264	21	362	307
新密市	780		385	46	412	392
新郑市	891		217	120	280	47
登封市	774		227	218	30	714

邮电通信行业基本情况
（2014 年）

指　　标	计量单位	本年实际	指　　标	计量单位	本年实际
邮政业网点及邮递线路			#期刊数	万份	877
营业网点	处	247	国定本地电话通话时长	万分钟	70365
#邮政局所	处	247	国定长途电话通话时长	万分钟	40110
邮政信筒信箱	个	606	移动电话通话时长合计	万分钟	5769241
邮路条数	条	128	#去话通话时长	万分钟	899446
邮路总长度	公里	33402	非漫游	万分钟	1407253
#汽车邮路	公里	62934	国内漫游	万分钟	153672
铁路邮路	公里	3508	国际及港澳台漫游	万分钟	116
航空邮路	公里	54050	移动短信业务量	亿条	43
农村投递线路总长度	公里	16990	移动电话年末用户	户	13103845
城市投递线路总长度	公里	11612	#3G 移动电话用户	户	5048416
通信业务量			本年移动电话新增用户	户	4318374
邮电业务总量(2010 年不变价)	万元	2136185	固定本地电话年末用户	户	2250996
邮政业务总量	万元	399908	#公用电话用户	户	251744
电信业务总量	万元	1736277	城市电话用户	户	1784248
函件	万件	5545	#住宅电话用户	户	845113
包裹	万件	76	农村电话用户	户	466748
汇票	万笔	79	#住宅电话用户	户	346786
快递	万件	16194	互联网接入用户数	户	2078391
#国内同城快递	万件	3313	#互联网宽带接入用户	户	1976853
国内异地快递	万件	12566	**电信主要通信能力**		
国际及港澳台快递	万件	314	光缆线路长度	公里	92923
快递业务收入	万元	232627	固定长途电话交换机容量	万门	14
订销报刊期发数	万份	104	局用电话交换机容量	万门	121
#期刊数	万份	44	移动电话交换机容量	万门	1931
订销报刊累计数	万份	13841	移动电话基站	万个	2

规模以上工业总产值、增加值及销售产值

（2014 年）

单位:万元

项　　目	工业总产值	工业增加值	工业销售产值
总　计	**135372063**	**30939586**	**132543681**
按轻重工业分			
轻工业	20916430	7511890	21119470
重工业	114455633	23427696	111424211
按登记注册类型分			
国有控股企业	26144215	7817675	25992292
国有企业	20671925	6632661	20576557
集体企业	1397806	339786	1381117
股份合作企业	252919	62831	250860
股份制企业	60458585	13582640	59252138
外商和港澳台商投资企业	31459385	5564907	30352347
其他	21131444	4756763	20730664
按所有制类型分			
公有制	28358345	8358284	28177098
非公有制	107013718	22581302	104366583
按企业规模分			
大型企业	60003989	13910190	58749147
中型企业	33949777	7716053	33338987
小型企业	41252242	9278128	40292171
微型企业	166055	35215	163376

注:本表工业增加值、总产值、销售产值包含河南中烟工业公司和河南电力公司的全口径统计数据。

全社会固定资产投资

（2014 年）

单位：万元、万平方米

指　　标	全社会投资	固定资产投资	房地产开发	农户投资
总　　计	**53553149**	**52596482**	**17435127**	**956667**
住宅投资	12612413	12120632	11769295	491781
按经济类型分				
内资	**51702476**	**51702476**	**17051840**	
国有	9167011	9167011	252051	
集体经济	2442974	2442974		
股份合作	562564	562564		
国有联营	84130	84130		
集体联营	5700	5700		
国有与集体联营	41110	41110		
其他联营	11755	11755		
国有独资	2000353	2000353	1456927	
其他有限责任公司	18530581	18530581	11579235	
股份有限公司	2268427	2268427	377202	
私营	10346159	10346159	3302612	
其他内资	6241712	6241712	83813	
港澳台商投资	**422242**	**422242**	**175414**	
合资经营	161627	161627	44299	
独　资	260615	260615	131115	
外商投资	**462044**	**462044**	**207873**	
合资经营	188381	188381	25873	
独　资	267512	267512	175849	
股份有限	6151	6151	6151	
个体经营	**966387**	**9720**		**956667**
本年新增固定资产	**28176236**	**27223901**	**5797663**	**952335**
本年施工房屋面积	**15560**	**14750**	**10574**	**810**
#住宅	8193	7448	6989	745
本年竣工房屋面积	**3214**	**2456**	**1889**	**758**
#住宅	2003	1265	1123	738
本年竣工房屋价值	**5943084**	**5492404**	**4284075**	**450680**
#住宅	3850169	3419047	2666857	431122

城市建设用地情况

指　标	单位	2013 年	2014 年
城市市区面积	平方公里	1010.3	1010.3
建成区面积	平方公里	382.7	412.7
#城市建设用地面积	平方公里	343.8	370.9
#工业	平方公里	31.7	33.2
物流仓储	平方公里	13.8	14.9
交通设施	平方公里	61.7	68.5
居住	平方公里	88.0	95.0
公共设施	平方公里	51.1	54.2
市政公共设施	平方公里	13.8	14.9
绿地	平方公里	71.0	76.6
商业服务业设施	平方公里	12.7	13.7
本年征用土地面积	平方公里	7.8	8.5

市政设施及公共交通

指　标	单位	2013 年	2014 年
实有铺装道路长度	公里	1520	1630
实有铺装道路面积	万平方米	3836	4174
人行道面积	万平方米	816	873
实有桥梁数	座	195	207
#立交桥	座	48	52
路灯盏数	盏	75251	85212
排水管道长度	公里	3377	3592
污水年排放量	万立方米	31877	30601
污水处理厂	座	4	4
处理能力	万立方米/日	99	99
污水年处理量	万立方米	41480	29342
防洪堤长度	公里	58	58
公共汽、电车运营车数	辆	5745	6297
标准运营车数	标台	7495	8289
运营线路网长度	公里	1206	1248
全年客运总量	万人次	103233	98748
实有出租汽车数	辆	10608	10608

城市供水、供电情况

指　　标	单位	2013 年	2014 年
供水			
水厂数	个	4	5
自来水综合生产能力	万立方米/日	109	145
#地下水	万立方米/日	42	44
供水管道长度	公里	2902	2902
全年供水总量	万立方米	35413	34131
#生产用水	万立方米	9378	4157
生活用水	万立方米	22440	26198
#家庭用量	万立方米	12411	15488
用水人口	万人	586	638
节约用水			
取水量	万立方米	11802	11849
生产用水重复利用量	万立方米	123699	132135
节约用水量	万立方米	4825	4931
供电			
公用配电线路长度	公里	33321	35341
全年销售总量	亿千瓦时	400	345
#生活用电	亿千瓦时	45	48
售给居民每千度电售价	元	559.4	593.3

城市燃气及供热

指　　标	单位	2013 年	2014 年
液化石油气			
储气能力	吨	970	970
外购气量	吨	63024	62607
供气总量	吨	62400	62018
#家庭用量	吨	45513	45244
用气家庭户数	户	334200	218770
用气人口数	万人	101	99
天然气			
储气能力	万立方米	240	240
供气总量	万立方米	86524	95319
#家庭用量	万立方米	30580	29121
用气家庭户数	户	1392692	1550790
用气人口数	万人	427	476
输送管道长度	公里	4844	4200
供热能力			
蒸汽	吨/小时	550	550
热水	兆瓦	1907	2786
供热总量			
蒸汽	万吉焦	180	160
热水	万吉焦	1133	1370
管道长度			
蒸汽	公里	199	199
热水	公里	1125	1190
集中供热面积	万平方米	3815	4520
#住宅	万平方米	3156	3903

社会消费品零售总额

（2014 年）

单位:万元

指 标	合 计	批发零售住宿餐饮企业	批发零售住宿餐饮个体
社会消费品零售总额	**29554017**	**19280376**	**10273641**
按销售单位所在地分			
城镇	26968199	18978719	7989480
乡村	2585818	301657	2284161
按行业分			
批发业	3212342	2527713	684629
零售业	21781620	15730892	6050728
住宿业	217589	165631	51958
餐饮业	4342466	856140	3486326

注:2014 年社会消费品零售总额根据第三次经济普查结果进行了调整,按新国家制度要求不再分其他行业。2014 年定报数据为 29136117 万元。

对外经济贸易

单位:万美元

项 目	2013 年	2014 年	2014 年比 2013 年±%
全市进出口总值	**4274948**	**4643090**	**8.6**
#全市进口总值	1768328	1977380	11.9
全市出口总值	2506620	2665710	6.4
#国内企业	438284	458162	4.6
外资企业	2068154	2207548	6.7
新批外资企业	60	66	12.0
合同外资额	183710	144557	-26.9
实际利用外商直接投资	332178	363002	9.3
国外经济合作营业额	164143	193212	17.7

财　政
（2014 年）

单　　位	郑州市	市本级	中原区	二七区	管城区	金水区	上街区	惠济区
公共财政收入	**8338761**	**4852042**	**278288**	**283898**	**217963**	**517700**	**110850**	**116286**
税收收入	**6262045**	**3624292**	**259339**	**269453**	**189285**	**501116**	**84965**	**94185**
增值税	614043	296445	27105	24399	23087	57436	8720	9589
国内增值税	413192	184579	17271	9467	18319	22679	6704	6389
国有企业增值税	37571	17002	6804	368	240	1501	165	108
集体企业增值税	3679	1054	26	182	441	193	127	67
股份制企业增值税	275533	117179	7531	5278	10372	15158	3949	3300
联营企业增值税	25	8			2	4		
港澳台和外商投资企业增值税	55333	27512	1580	2421	1517	3004	422	1610
私营企业增值税	8723	3845	10	88	43	38	782	46
其他增值税	36580	18338	968	1318	1960	4361	1140	1263
增值税税款滞纳金、罚款收入	855	358	11	30	38	62	8	15
福利企业增值税退税	-8498	-1685	-199	-412	-40	-961	-300	-39
软件增值税退税	-4462	-4320	-1	-4		-137		
宣传文化单位增值税退税	-1636	-1068		-16		-552		
资源综合利用增值税退税	-3986	-188				-12	-35	
其他增值税退税	-877	-201	-6	-5	-3	-52		
免抵调增增值税	14354	6747	547	219	3749	72	446	19
成品油价格和税费改革增值税划出	-2	-2						
改征增值税（项）	200851	111866	9834	14932	4768	34757	2016	3200
改征增值税（目）	202874	112938	9833	14931	4767	35610	2015	3200
改征增值税税款滞纳金、罚款收入	32	16	1	1	1	5	1	
改征增值税国内退税	-2055	-1088				-858		
营业税	2235641	1442256	90765	82776	48974	133626	26551	28917
金融保险业营业税（地方）	530815	499054	16	167	26	409	1734	1
一般营业税	1700232	940763	90618	82529	48629	133114	24813	28885
企业所得税	938874	620929	31594	25689	26994	68306	8526	12137
个人所得税（款）	275086	194564	12174	10973	6342	20897	1254	2493
个人所得税（项）	274660	194372	12170	10971	6340	20870	1252	2490
储蓄存款利息所得税	26	24						
其他个人所得税	274634	194348	12170	10971	6340	20870	1252	2490
个人所得税税款滞纳金、罚款收入	426	192	4	2	2	27	2	3
资源税	34175			373		2	935	
城市维护建设税	328197	141099	23313	19211	17497	37416	4628	8075
房产税	159578	54574	13003	20429	12384	35777	2963	3453
印花税	105933	49708	7495	7362	4609	15850	2192	2518
城镇土地使用税	190766	56709	9164	12257	13282	17414	6678	7396
土地增值税	622363	265409	40608	60372	23091	113227	5249	16570
车船税（款）	73868	47012					3704	
耕地占用税（款）	169194	69227	4118	5612	13025	1165	5270	3037
契税（款）	514169	386360					8295	
烟叶税（款）	158							
非税收入	**2076716**	**1227750**	**18949**	**14445**	**28678**	**16584**	**25885**	**22101**
专项收入	188151	127900		27			2770	
排污费收入（项）	9469	2285					481	
水资源费收入	4949	1632					142	
教育费附加收入（项）	148558	105964					2055	
矿产资源专项收入	6331	16		27				

收 入

单位:万元

经开区	高新区	郑东新区	航空港实验区	中牟县	巩义市	荥阳市	新密市	新郑市	登封市
230610	**254688**	**682183**	**211666**	**316544**	**318355**	**264803**	**300088**	**501299**	**260645**
211918	**234226**	**624823**	**162821**	**212615**	**149398**	**191500**	**163227**	**378782**	**143888**
26551	26318	10061	6562	19786	34528	16871	37693	23919	34465
22165	21565	5293	2979	16438	30812	14667	34260	20068	31539
3116	414	87		896	2238	1732	3355	1403	1759
29	42	1		21	308	521	213	403	123
13628	18188	3502	550	10869	22674	11735	31220	16550	19718
						6			5
2436	2217	721	2188	4572	861	654	406	721	10053
5	1119	685	1	53	3465	114	170	33	36
2975	478	517	240	251	1808	812	692	1367	2302
10	78	12	1	9	96	64	93	26	45
-19			-1	-91	-1521	-159	-2114	-711	-266
-23	-2020	-45							
		-133							
				-157		-1180	-82		-2332
	-13	-54			-337		-187	-86	
8	1063			15	1220	368	494	362	96
	-1								
4386	4753	4768	3583	3348	3716	2204	3433	3851	2926
4386	4867	4767	3582	3347	3716	2204	3537	3851	2925
	1	1	1	1			5		1
	-115						-109		
31557	50668	221146	37899	63680	32803	62518	41387	147822	33566
7		84042	9	4127	5314	3535	6119	6130	4183
31548	50523	136901	37792	58901	27283	58953	34891	141510	29343
25506	27192	62732	21012	26370	11595	19633	16083	42276	28742
4678	21637	17097	2866	5169	3390	2814	3918	7315	3783
4677	21635	17077	2866	5150	3372	2810	3916	7312	3635
						1			1
4677	21635	17077	2866	5150	3372	2809	3916	7312	3634
1	2	20		19	18	4	2	3	148
					8588	3374	6918	1710	12275
29893	20247	24750	7628	7949	9291	7532	8160	35698	8328
10069	7585	14565	6363	2647	5072	2130	2294	3603	1249
7030	5024	9119	14131	2614	4281	2152	1861	4017	1274
16479	12783	16498	6142	14575	12839	11920	12272	12264	3996
11948	34392	145334	37583	19187	6681	14981	7192	46280	3516
				1211	11538	993	6322	1163	1925
31769	3635	28542	5281	22440	2078	13229	11571	12482	5940
16438	24745	74979	17354	26987	6714	33353	7556	40233	4671
									158
18692	**20462**	**57360**	**48845**	**103929**	**168957**	**73303**	**136861**	**122517**	**116757**
12632	8550	9554	3379	5916	7147	5574	9621	19020	10176
			112	674	1310	848	1421	624	1826
				480	307	212	778	700	698
12632	8550	9554	3267	4762	4881	3677	5364	16731	5124
					649	837	2058	965	1779

续表 1　　　　　　　　　　　　　　　　　　　　　　　　　　　　　　　　　　(2014 年)

单　　位	郑州市	市本级	中原区	二七区	管城区	金水区	上街区	惠济区
其他专项收入(项)	18844	18003					92	
行政事业性收费收入	481442	197380	12988	3445	8003	6300	8035	6964
公安行政事业性收费收入	33266	32286					13	
法院行政事业性收费收入	29846	13603	2359	1237	2403	4047	394	729
司法行政事业性收费收入	2897	1608	471		88			298
外交行政事业性收费收入	9	9						
工商行政事业性收费收入	128							
商贸行政事业性收费收入	370	370						
财政行政事业性收费收入	2067	1597	66	19	17		27	8
人口和计划生育行政事业性收费收入	22107	9537	721	281	468	1744	21	2411
安全生产行政事业性收费收入	2760	339						
档案行政事业性收费收入	11	11						
人防办行政事业性收费收入	26516	15100	3				1532	
文化行政事业性收费收入	62	34	1					
教育行政事业性收费收入	85068	63721	1448	212	713		1	210
发展与改革(物价)行政事业性收费收入	20330	14060	17					
国土资源行政事业性收费收入	80894	674	275	39	135		5035	1506
建设行政事业性收费收入	69987	33611	1517	18	94	509	696	33
环保行政事业性收费收入	1976	633					50	
交通运输行政事业性收费收入	599	300	16				11	
农业行政事业性收费收入	959	171	2		4		8	2
林业行政事业性收费收入	439	9	2		52			77
水利行政事业性收费收入	588							
卫生行政事业性收费收入	83050	886	2904	1228	3239		232	1653
民政行政事业性收费收入	1048	28	20	8	8		4	4
人力资源和社会保障行政事业性收费收入	6197	5553	50	49	49		11	33
仲裁委行政事业性收费收入	1700	1700						
党校行政事业性收费收入	967	899		6	6			
其他行政事业性收费收入	7589	629	3116	348	727			
罚没收入	109749	54518	3002	1652	587	1100	1465	1883
一般罚没收入	109749	54518	3002	1652	587	1100	1465	1883
公安罚没收入	47690	32177					1077	
检察院罚没收入	7874	625	739	396	204		30	72
法院罚没收入	3297	178	161	263	138		61	163
新闻出版罚没收入	30						14	
海关罚没收入	104	104						
食品药品监督罚没收入	328	68		33	13		3	5
卫生罚没收入	304	54	75	6	9		5	12
检验检疫罚没收入	49							
交通罚没收入	3555	792			3		93	2
审计罚没收入	1952	21	60					
物价罚没收入	355	130	48	2				5
其他一般罚没收入	44211	20369	1919	952	220	1100	182	1624
国有资本经营收入	690426	644112	421			321	691	1034
利润收入	27071	3000						
股利、股息收入	14172	13060	421				691	

单位:万元

经开区	高新区	郑东新区	航空港实验区	中牟县	巩义市	荥阳市	新密市	新郑市	登封市
									749
5441	4811	5821	4727	73594	7794	61167	34778	35619	25375
				111	329	125	18	111	273
461	830			616	978	446	1557	922	555
				165	50	83	9	87	38
				128					
	1	4	2	127	61		49	58	38
2344	746	4519	1928	3790	492	484	884	846	428
				2	68	1385	888	78	
	11								
2249	1274		1903	4790	337	1648	882	2113	111
						5	22		
	1700	510	230	2200	2063	6096	4090	2984	1330
				2684		3569			
			384	40242	1372	10023	1046	-64	20611
385	176	782	2	1759	1030	1327	6757	21770	866
	41			49	216	180	321	37	490
				16	21	4	5	120	106
			13	184	83	115	109	185	96
	5			25	1	235	38		
				2	11	171	285		119
				15921	140	35022	15483	6176	166
2	2	5		239	343	194	73	119	8
	25	1		78	199	51	7	64	53
						4	2		50
			265	466			2253	13	37
533	265	2412	1019	10171	5108	4609	6754	12598	6302
533	265	2412	1019	10171	5108	4609	6754	12598	6302
				1988	1831	543	2137	5523	2414
			625		677	57		5048	26
	89			240	464	97	414	473	645
					16				
			48						
20	7	38			42	20	97	47	
				26	39	31	5	21	21
						44	5		
				165	371	350	297	282	1200
			21	234	43	1407	159	4	24
				117			37		16
513	169	2374	325	7401	1625	2060	3603	1200	1956
		8530			17667	281	6		25893
		3000							24071

续表 2 （2014 年）

单　　位	郑州市	市本级	中原区	二七区	管城区	金水区	上街区	惠济区
产权转让收入	636681	622443						
其他国有资本经营收入	12502	5609				321		1034
国有资源(资产)有偿使用收入	409801	156569	2538	7650	7504	8862	12123	10800
利息收入	27874	19727	336	91	158	695	184	80
国库存款利息收入	4152	3250	52	91	32	166	33	76
财政专户存款利息收入	4675	1615				529		
其他利息收入	19047	14862	284		126		151	4
非经营性国有资产收入	89456	62032	2202	7559	4244	8167	2744	371
行政单位国有资产出租、出借收入	2852	597		131		1075	170	371
行政单位国有资产处置收入	7463	628	2202	2142	1498		414	
事业单位国有资产处置收入	6809	2854			2746		1080	
其他非经营性国有资产收入	72332	57953		5286		7092	1080	
出租车经营权有偿出让和转让收入	4749	4749						
其他国有资源(资产)有偿使用收入	287722	70061			3102		9195	10349
其他收入(款)	197147	47271		1671	12584	1	801	1420
捐赠收入	8614	2314		1494	784	1		887
国内捐赠收入	8614	2314		1494	784	1		887
其他收入(项)	188477	44957		177	11800		801	477
政府性基金收入	**5352942**	**3729469**	**69**	**143**	**59**	**2169**	**123878**	**13**
地方教育附加收入	50180	36003					681	
文化事业建设费收入	2617	134	69	139	58	1939	15	7
残疾人就业保障金收入	14061	10546					310	
政府住房基金收入	34339	30267		1		140		
上缴管理费用	5663	5598						
计提廉租住房资金	19592	19592						
廉租住房租金收入	10	6						
公共租赁住房租金收入	5091	5071		1				
其他政府住房基金收入	3983					140		
国有土地使用权出让收入	4547075	3054285					119818	
土地出让价款收入	3553079	2164076					122792	
补缴的土地价款	937672	838153						
划拨土地收入	46203	22877						
教育资金收入	90910	85788					100	
农田水利建设资金收入	68793	60051					100	
缴纳新增建设用地土地有偿使用费	−153516	−120461					−3174	
其他土地出让收入	3934	3801						
城市公用事业附加收入	33134	19349						
国有土地收益基金收入	177443	153270						
农业土地开发资金收入	31771	20535						
城市基础设施配套费收入	448567	402801					3054	
育林基金收入	734	35		3		90		6
森林植被恢复费	336	94			1			
散装水泥专项资金收入	2039	341						
新型墙体材料专项基金收入	9429	1809						
其他政府性基金收入	374							

单位:万元

经开区	高新区	郑东新区	航空港实验区	中牟县	巩义市	荥阳市	新密市	新郑市	登封市
					13998	234	6		
		5530			3669	47			1822
52	6681	30810	34985	12076	117218	988	719	50251	22503
51	980	12913	1201	826	2818	419	247	1687	606
51	81	712	325	55	67	107	57	111	55
					2495		19		17
	899	12201	876	771	256	312	171	1576	534
1	1800	2721	20000		52		472	592	1021
		597			1				507
		281			45			22	512
1		70			6			121	2
	1800	1773	20000				472	449	
	3901	15176	13784	11250	114348	569		47972	20876
34	155	233	4735	2172	14023	684	84983	5029	26508
		111	291	8	96		1311	144	1575
		111	291	8	96		1311	144	1575
34	155	122	4444	2164	13927	684	83672	4385	24933
50272	**43613**	**52871**	**32123**	**376893**	**88565**	**458461**	**130811**	**377407**	**65005**
5		7		1581	1619	1217	1794	5565	1720
39	13	43		122	23	7	6	26	72
				369	508	441	684	911	292
6		319	4752	22	66		3843		
					65				
6				3	1				
		319	4752	19					
							3843		
			1909	355222	75570	419975	116703	350800	54702
				307400	28627	414748	113166	352729	49541
				42136	47229	5147	1888	879	2240
				17584	497	278	698		4269
				1990	541	41	2450		
				1592	433	4657	1960		
				-15480	-1772	-4896	-3459	-2916	-1358
			1909		15			108	10
	600			80	4749	3260	900	3936	860
				1965	638	8371	3102	8809	1288
				1171	635	3434	1711	3396	889
50222	43000	52227	25462	15007	3905	18416	1372		4012
				164	73	44	96	106	117
				200		22			19
		25		345	75	517	95	599	67
		250		600	375	2757	505	3259	124
				45	329				

财　政
(2014 年)

单　　位	郑州市	市本级	中原区	二七区	管城区	金水区	上街区	惠济区
公共财政支出	**9185111**	**5125949**	**254733**	**258233**	**207681**	**406696**	**126776**	**138914**
一般公共服务支出	794515	248473	52986	42711	50214	56846	19725	24707
人大事务	9905	2728	897	512	467	864	407	472
政协事务	9121	2931	700	663	514	798	407	365
政府办公厅(室)及相关机构事务	341529	97030	18698	24339	34665	30362	8905	11836
发展与改革事务	16083	8847	429	264	526	283	269	195
统计信息事务	10721	2824	1188	701	257	956	116	656
财政事务	34378	7247	1775	1659	1570	1802	1123	880
税收事务	6553	2008					1288	44
审计事务	10203	3510	171	687	246	542	173	265
人力资源事务	15053	7148	1088	673	220	1531	79	255
纪检监察事务	12848	4416	643	773	737	1016	238	711
商贸事务	26674	14910	1384	855	906	498	1317	1102
知识产权事务	2004	1933				5	3	
工商行政管理事务	2662	1707					5	
质量技术监督与检验检疫事务	1298	1035					10	15
民族事务	1055	612	87	27	6		29	54
宗教事务	1097	43	16	91	283	186	14	40
港澳台侨事务	183	93					25	
档案事务	3369	1184	177	160	284	195	80	180
民主党派及工商联事务	1566	793	12	76	70	91	47	67
群众团体事务	11219	4573	456	607	736	1261	302	340
党委办公厅(室)及相关机构事务	28959	7652	967	769	899	1649	545	3375
组织事务	11608	1527	1021	881	850	2198	380	514
宣传事务	10568	4354	538	1074	344	315	651	392
统战事务	2694	560	198	289	236	312	105	173
其他共产党事务支出(款)	18554	2972	3358	1723	4467	3753	1122	
其他一般公共服务支出(款)	204611	65836	19183	5888	1931	8229	2085	2776
国防支出	12194	1606	453	14	235	70	16	238
国防动员	11298	1606	423	14	6	70	16	238
其他国防支出(款)	896		30		229			
公共安全支出	363499	200724	6893	7008	7995	11556	7339	5088
武装警察	14764	7043	470		526	1027	453	776
公安	235922	154197				1586	5290	4
国家安全	282	282						
检察	37605	11363	2327	2380	2373	2498	514	1274
法院	46670	14427	2656	4052	4053	4738	699	1733
司法	18705	5152	1440	576	1043	1707	383	1054
监狱	3428	3428						
强制隔离戒毒	4832	4832						
其他公共安全支出(款)	1291							247

支 出

单位:万元

经开区	高新区	郑东新区	航空港实验区	中牟县	巩义市	荥阳市	新密市	新郑市	登封市
204777	**248006**	**434493**	**625385**	**507136**	**458931**	**322099**	**432405**	**558576**	**386982**
27264	22151	33019	36229	38222	67743	32457	49944	58339	52148
21	40	10		593	611	480	684	611	579
				521	532	505	451	386	348
19721	9693	22556	20563	22974	14379	15008	16718	29974	16641
753	366		273	844	613	1029	956	817	1011
670	120	159	5	705	724	884	509	743	458
721	561	589	429	3104	2649	3473	4258	3202	1636
		881	392	958	19		2161		75
		560	1	1174	445	1011	603	951	425
25	556	430	2	414	1918	345	210	955	217
83	345	980	164	563	734	535	720	1162	600
619	6208	2648	2657	344	905	2612	556	886	399
	12	1013			63				
		90	65	107		177			666
		200	90	141		57	5		35
	12	12		31		156	10		43
		25		139	7		64	76	138
						48	17		
				182	128	196	186	262	155
				10	80	70	27	180	43
110	249	603	5	432	289	327	602	643	651
4	636	1710	765	1321	3555	1738	959	2637	2893
		15		1430	187	719	775	468	658
4	2	2		604	105	527	405	679	580
				112	96	120	70	232	191
203				137			1022		
4330	3351	536	10818	1382	39704	2440	17976	13475	23706
130		47		314	1042	512	880	6429	385
130		47		314	878	512	880	6031	310
					164			398	75
6837	5672	5393	4451	23521	17828	18215	18772	21911	16649
3388		765	1501	1368	361	258	740	1352	390
1062		3521	2172	17582	9867	12005	11315	13261	10815
900	1847	650	250	1370	3454	2313	3027	3138	1574
1445	3807	457	216	2143	2688	2373	2734	2423	1951
42	18		312	1011	892	1204	956	1737	1550
				47	566	62			369

续表 1　　　　　　　　　　　　　　　　　　　　　　　　　　　　　　(2014 年)

单　　位	郑州市	市本级	中原区	二七区	管城区	金水区	上街区	惠济区
教育支出	1244086	582703	36119	36109	32770	70474	25275	23459
教育管理事务	14859	5858	472	162	677	139	339	945
普通教育	872482	335487	31917	31799	30781	60605	13326	19419
职业教育	128686	101353		147	681		8992	202
成人教育	1374	982		5	5	10		150
广播电视教育	2308	1890						
特殊教育	6445	4490		221	212	262		
进修及培训	12298	5545	500	86	181	184	78	496
教育费附加安排的支出	93947	46672	1044	3563	233	4712	2095	1789
其他教育支出(款)	111687	80426	2186	126		4562	445	458
科学技术支出	144942	92979	2723	1608	2864	11833	2607	876
科学技术管理事务	5587	1881	203	179	417	197	152	104
基础研究	1218	1169				39		
应用研究	475	331						
技术研究与开发	84197	39799	2427	1308	2379	10822	2420	716
科技条件与服务	770	660						
社会科学	104	98						
科学技术普及	3157	1488	93	121	68	199	35	54
科技交流与合作	80	80						
科技重大专项(款)	1200	600						
其他科学技术支出(款)	48154	46873				576		2
文化体育与传媒支出	141893	99749	1027	1113	1499	1085	949	440
文化	84697	69057	760	881	545	883	292	296
行政运行	2043	78	2	166	538	37		144
一般行政管理事务	208	6			3		1	4
机关服务	1062			342				
图书馆	4972	4246	190	29		76	51	
文化展示及纪念机构	382	323						
艺术表演场所	581	375						
艺术表演团体	5150	4160	2	2				2
文化活动	2664	2375						36
群众文化	6300	1601	271	171	4		93	64
文化交流与合作	287	152						
文化创作与保护	8110	8013					2	
文化市场管理	1737	556	257	109			135	
其他文化支出	51201	47172	38	62		770	10	46
文物	22221	11053	87	35	912		143	
行政运行	1503	711			276			
一般行政管理事务	3						3	
机关服务	222							
文物保护	13802	6575	87	35	32		140	
博物馆	3885	3196						

单位:万元

经开区	高新区	郑东新区	航空港实验区	中牟县	巩义市	荥阳市	新密市	新郑市	登封市
26433	26430	37619	12692	88506	64656	61335	63455	89144	70081
1526	587	133	235	1384	798	739	840	1756	750
11680	17094	28444	11182	80182	55740	51596	55872	55380	50378
				2473	2203	5026	3134	2753	1722
	50			10	147	10	30	10	15
						418			
				190	104	209	233	346	178
	24		64	952	544	1380	1198	624	530
12860	8548	6054	550	3295	4907	1436	2108	16757	5336
367	127	2988	661	20	213	521	40	11518	11172
10095	24011	3216	6845	5403	7543	4497	2094	6602	3313
305	119		1	229	207	128	363	1527	
	42							10	
	20					144			
4620	13414	3210	6753	4918	6039	3909	1626	4881	2953
200				100	10				
							6		
				138	104	306	87	111	353
					600				
4970	10416	6	91	18	583	10	12	73	7
848	388	200	394	1894	11025	5579	3863	7858	5812
725	277	37	20	804	4345	1250	664	2875	2045
3	75			133	70	201	114	356	204
	6				92	2		100	
						587	133		
361				73	78	11	22	164	32
							59		
					38			168	
				146	128	47	119	414	130
					4	34		19	196
340	45			257	3345	72	90	149	183
						5			130
	100				60	35			
				40	156	2	2	332	148
21	51	37	20	155	374	254	125	1173	1022
26	15		374	190	4709	393	1158	1484	2057
					40				476
						222			
26	15		72	185	4220	121	211	1262	934
					437	20		222	10

续表 2　　　　(2014 年)

单　位	郑州市	市本级	中原区	二七区	管城区	金水区	上街区	惠济区
历史名城与古迹	1591	17						
其他文物支出	1215	554			604			
体育	4796	2195		5		20	20	42
行政运行	530	321						
一般行政管理事务	60	33				20		
机关服务	145	111						
运动项目管理	391	53						
体育竞赛	513	267						42
体育训练	64	64						
体育场馆	1921	727		5				
群众体育	635	556						
体育交流与合作	4	4						
其他体育支出	533	59					20	
广播影视	22800	13506		66		72	294	
行政运行	442						99	
一般行政管理事务	10059	10001					20	
机关服务	358	207						
广播	3966	953						
电视	6868	2274					32	
电影	214	8					59	
广播电视监控	63	63						
其他广播影视支出	830			66		72	84	
新闻出版	509	171	31	6		40		
其他文化体育与传媒支出(款)	6870	3767	149	120	42	70	200	102
社会保障和就业支出	624200	318695	17933	22446	12111	29132	10583	9478
人力资源和社会保障管理事务	99988	84483	229	506	1440	1059	2272	920
行政运行	8136	4663	5	3	615		210	688
一般行政管理事务	6366	6024		50			31	149
机关服务	1656							
综合业务管理	406	392		14				
劳动保障监察	3145	1877		233	680		49	68
就业管理事务	3242	2988		70			63	
社会保险业务管理事务	480	86	1				5	
信息化建设	384	362					1	
社会保险经办机构	10451	6563	101	119	145	165	652	15
劳动关系和维权	282	244					38	
公共就业服务和职业技能鉴定机构	448	373					19	
劳动人事争议调解仲裁	10							
其他人力资源和社会保障管理事务支出	64982	60911	122	17		894	1204	
民政管理事务	34019	10563	4101	4527	2097	3510	891	1317
行政运行	6918	2174	406	130	1926	326	275	479
一般行政管理事务	992	119				5	210	630

单位:万元

经开区	高新区	郑东新区	航空港实验区	中牟县	巩义市	荥阳市	新密市	新郑市	登封市
							937		637
			302	5	12	30	10		
89	42			168	172	1112	391	186	485
								133	76
33				7					
							34		
						338			
				111			93		
				50	101	774	264		
20	19				69				10
36	23				2			53	399
8				387	1204	2465	1145	2942	719
				162	65	112		4	
							38		
						147	4		
					206	149	39	2619	
				208	771	2047	829		707
8					147				
				17	15	10	235	319	12
					196		65		
	54	163		345	399	359	440	371	506
2327	5784	14988	11167	35451	40447	24280	36028	30908	36708
547	133	1172	517	1333	779	2370	1980	1277	1340
	70		34	167		406	182	340	857
76	63		130		21		63	8	20
						1609	47		
336									
93		477	5	161		23	49		5
				67		54			
				146	35	79	31	97	
					3		12		6
				792	688	15	783		413
					27	23			6
							10		
42		695	348		5	161	803	832	33
125	997	4360	147	1375	362	1309	952	2263	752
		394		385	92	213	88	193	231
101				5	10		13		

续表 3 （2014 年）

单　　位	郑州市	市本级	中原区	二七区	管城区	金水区	上街区	惠济区
机关服务	1360			585				
拥军优属	2216	1139	117	86	12	125	84	73
老龄事务	437	16	2	28	60	30	49	12
民间组织管理	420	386				32	2	
行政区划和地名管理	68		2	8		5		2
基层政权和社区建设	12936	2414	3457	3582	99	2130	122	95
部队供应	1090	1090						
其他民政管理事务支出	7582	3225	117	108		857	149	26
财政对社会保险基金的补助	133429	54657	1011	2126	1325	12470	602	2094
财政对基本养老保险基金的补助	31044	24700				4990		
财政对失业保险基金的补助	887					322		14
财政对基本医疗保险基金的补助	6164	1970						
财政对工伤保险基金的补助	1158	1						10
财政对生育保险基金的补助	311							44
财政对城乡居民社会养老保险基金的补助	82524	22281	1011	1386	1325	2262	602	2026
财政对其他社会保险基金的补助	11341	5705		740		4896		
行政事业单位离退休	130859	62311	6160	7884	2612		4947	2200
企业改革补助	7987	7795						
就业补助	39771	26811	130	50	150	493	622	416
扶持公共就业服务	358	128	30					
职业培训补贴	855			50	150			
职业介绍补贴	10							
社会保险补贴	160							
公益性岗位补贴	359							
小额担保贷款贴息	7347	1630	50			293	454	266
补充小额贷款担保基金	574	384					20	
其他就业补助支出	30090	24659	50			200	148	150
抚恤	36499	4820	3020	2946	1035	4261	437	1269
退役安置	53982	40612	964	1571	612	4224	86	214
社会福利	17862	11508	177	112	7	41	155	23
残疾人事业	3022	564	195	295	169	370	205	139
城市居民最低生活保障	12298	109	1119	1630	1767	1335	320	521
其他城市生活救助	3224	1836	13	348	505	121	9	34
自然灾害生活救助	1636	84	14	12	7	6	10	11
红十字事业	2007	1075	80	83	105	90		53
农村最低生活保障	25229	1694			24			41
其他农村生活救助	8496	268	40	139	115	42	24	216
其他社会保障和就业支出(款)	13892	9505	680	217	141	1110	3	10
医疗卫生与计划生育支出	702479	220149	20248	24466	16889	35420	12661	13942
医疗卫生管理事务	12321	2726	914	566	1157	874	185	462
公立医院	150633	48075	5		49	11079	6218	191
基层医疗卫生机构	72308	5960	2195	2613	3050	2092	732	2016

单位:万元

经开区	高新区	郑东新区	航空港实验区	中牟县	巩义市	荥阳市	新密市	新郑市	登封市
				35		739	1		
			20	152	50	109	6	166	97
				164	7	37	13	8	11
				28	3			10	10
	46	2168		219	25	50	160	390	193
24	951	1798	127	387	175	161	671	1496	210
682	204	533	7140	11614	19911	8575	3652	8072	7320
	25		5481	131	900		323		
				491			10	30	20
49	179	84	1658		2800		1394		
			1	215	590		102	140	100
							176	61	30
633		274		10777	15621	8575	1647	7841	7170
		175							
42			67	8401	5680	703	16430	6692	6839
	30						12		180
72	126	1817	781	1143	2308	1085	1083	2578	2902
72				200					
				140	500		15		
							10		
				145			15		
				349			10		
	50			286	602	125	413	998	2230
				11	39	60		30	30
	76	1817	781	4	1167	900	620	1550	642
365	476	884	613	3232	3649	2639	3219	2979	2993
46	91	152		443	770	636	1280	725	1845
		1990	1	1030	755	549	820	919	1766
34	2	136	7	210	324	149	160	180	62
6	12	18	73	697	795	498	508	1338	1661
	24	28		104	48	63	38	71	34
9				79	276	146	238	435	318
1		3		26	20	42	39	235	159
285	33	15	1361	3676	3633	4009	3549	2198	6405
79		22	167	1931	737	1346	1399	739	1500
34	3656	3858	293	157	400	161	669	207	632
5946	6444	12461	8392	64546	82857	69638	56553	46525	38585
13	389	20	640	955	313	1085	241	2351	482
				12877	34474	28331	6824	144	2366
	371	1963	3289	15793	11019	8545	8162	8545	1586

续表4 （2014年）

单　　位	郑州市	市本级	中原区	二七区	管城区	金水区	上街区	惠济区
公共卫生	65841	13829	2903	4591	2816	4723	964	1658
疾病预防控制机构	14449	5368	385	729	357	788	369	241
卫生监督机构	2771	550	293	322	310	542	8	105
妇幼保健机构	4879	37	187	166	504	333	95	80
应急救治机构	1163	833						
采供血机构	220							
其他专业公共卫生机构	151						13	
基本公共卫生服务	26600	2886	1683	2880	1374	2277	368	869
重大公共卫生专项	12620	3599	253	413	271	705	76	363
突发公共卫生事件应急处理	213	30	13	5		50		
其他公共卫生支出	2775	526	89	76		28	35	
医疗保障	316520	123015	8004	11902	6834	9986	3134	6980
行政单位医疗	19287	6112	942	1426	879	673	682	1451
事业单位医疗	24502	7357	1206	2422	995	4092	617	430
公务员医疗补助	9278	5570	1576	1662	425			45
优抚对象医疗补助	716	136	42	42		106	17	27
新型农村合作医疗	147945	17644	2572	3585	2555	2173	1697	4731
城镇居民基本医疗保险	51836	36081	645	627	458		80	
城乡医疗救助	3660	139	29	127	18	190	9	8
疾病应急救助	1012	1012						
其他医疗保障支出	58284	48964	992	2011	1504	2752	32	288
中医药	458	143	4	19	70		3	5
人口与计划生育事务	57125	8339	4936	4707	2680	6052	998	2544
食品和药品监督管理事务	9315	5333	717	38	223	228	93	63
其他医疗卫生与计划生育支出(款)	17958	12729	570	30	10	386	334	23
节能环保支出	281483	217406	930	3065	999	2799	1224	951
环境保护管理事务	18315	5576	408	451	495	556	338	237
环境监测与监察	1578	59						4
污染防治	37460	10667	442	2428	504	2089	810	636
自然生态保护	5700	547		95		154	70	40
天然林保护								
退耕还林	3037						6	25
能源节约利用(款)	199587	197374	80	91				
污染减排	8871	877						9
可再生能源(款)	1863	1075						
资源综合利用(款)	4480	800						
其他节能环保支出(款)	586	431						
城乡社区支出	2254438	1498338	73600	67198	21267	145702	28497	22753
城乡社区管理事务	157230	66510	4331	8746	9108	19838	11832	4853
城乡社区规划与管理(款)	14906	4276	114		1265		5513	696
城乡社区公共设施	1744163	1325970	1354	14758	1533	82603	1743	15206
城乡社区环境卫生(款)	138675	34692	11583	13421	6345	36144	4148	1895

单位:万元

经开区	高新区	郑东新区	航空港实验区	中牟县	巩义市	荥阳市	新密市	新郑市	登封市
45	1169	1596	693	5325	8191	3656	8069	4066	5050
		50	31	334	2282	554	2750	55	237
19		8		114	337	25	5	53	107
		4		69	1756	17	1223	234	178
					25	5	267	26	7
							220		
							138		
	889	1368	629	2108	3073	1878	2545	2395	2264
7	103	74	1	1294	708	1155	844	1011	1928
				65		20	10		20
19	177	92	32	1341	10	2	67	292	309
3830	3285	6352	2409	22694	24339	21776	28044	25048	24764
				1681	807	847	814	1248	1725
		4			274	1296	3164	2309	340
5			131	99	105		22	113	7
3748	3285	6348	2120	18589	21424	17980	21344	15152	18499
41				1095	1156	1406	2085	5113	3090
			85	318	320	247	615	549	1091
36			73	912	253			564	12
				85	1	103		15	10
2056	1123	2223	928	4841	4211	3815	4698	5303	4001
	107	185	170	244	287	531	505	742	311
2		122	263	1732	22	1796	10	301	15
68	954	87	3891	3218	7515	7383	14961	8980	12052
39	145		73	586	939	2015	2755	2521	1438
			28	593	398		470		54
	422	87	3746	1187	2101	3923	6531	2239	3903
				422	782	974	1750	223	643
				331	438	223	338	557	1119
21					356	177	1357	25	127
8				78	2050	71	1100	2425	2261
					121		370		297
					330		290	990	2070
	387		44	15					140
40969	112646	289023	351857	90305	46258	24125	93723	104451	38221
551	11129	14182	735	4285	2506	5916	1858	14077	3370
125	529	43	413	834	890	371	493		454
34545	55634	256333	346647	73748	33223	7714	81367	84297	20647
5604	1479	3598	4057	7719	8039	2132	8989	939	2629

续表 5 （2014 年）

单　　位	郑州市	市本级	中原区	二七区	管城区	金水区	上街区	惠济区
建设市场管理与监督(款)	207			28				20
其他城乡社区支出(款)	199257	66890	56218	30245	3016	7117	5261	83
农林水支出	541153	172642	3443	4918	3942	5420	6897	11148
农业	184914	45385	1331	2093	2628	2379	841	7388
行政运行	7655	2143	559	148	1446	112	350	522
一般行政管理事务	1222	36	43		30		12	860
机关服务	2194							
事业运行	15458	3482		337		649		432
农垦运行	25							
技术推广	6782	2415	8		108	46	5	130
病虫害控制	2532	915	19	6	20	17	21	119
农产品质量安全	7254	5901	14	13	5	346	47	254
执法监管	683	459					15	10
统计监测与信息服务	176	161					2	
农业行业业务管理	159	136						5
对外交流与合作	20	20						
灾害救助	2041	195	12		17	9	8	19
稳定农民收入补贴	13							
农业结构调整补贴	5288	430						1072
农业生产资料与技术补贴	16057	860	31	8	76	86		234
农业生产保险补贴	1540							
农业组织化与产业化经营	5554	282	10	52	181	733	45	1633
农产品加工与促销	1054	69			400		15	50
农村公益事业	3128	200						90
农业资源保护与利用	2551	97						190
农村道路建设	13054	692	41	1045			107	
农资综合补贴	27111	2475	389	451	259	275		863
石油价格改革对渔业的补贴	34					2		
对高校毕业生到基层任职补助	2229	139	13		20	38	3	283
其他农业支出	61100	24278	192	33	66	66	211	622
林业	139318	73124	3	278	614	1839	343	2211
行政运行	3197	835						647
一般行政管理事务	688	67			2	3		109
机关服务	362							
林业事业机构	9293	6887		35				
森林培育	21852	851			202	5	17	565
林业技术推广	545	465						18
森林资源管理	1300	1300						
森林资源监测	12	10	1		1			
森林生态效益补偿	1336	30						24
林业自然保护区	9							
动植物保护	81	46						2

单位:万元

经开区	高新区	郑东新区	航空港实验区	中牟县	巩义市	荥阳市	新密市	新郑市	登封市
					159				
144	43875	14867	5	3719	1441	7992	1016	5138	11121
5720	3952	11269	6205	59221	43044	38814	60532	78680	52452
973	1202	3129	596	22625	15839	17839	28032	23429	15105
		30		276	158	286	184	567	904
20					22		40	40	139
				14			2180		
		57		2538	1999	1827	2076	2118	
								25	
	325			1436	375	432	527	969	331
28	5	2		224	296	281	94	335	185
				149	78	131	207	54	55
				156		16	2	8	17
					6		2		5
				10					8
27	23	39	86	130	280	301	402	335	333
				13					
	60			2100		192	414	913	167
144	124	19	233	3722	1285	2563	2263	2776	2153
				23	178	362	204	440	333
41	111		45	1715	55	248	81	475	44
				265		30	200	15	10
		47	88	370	70	1833	295	70	200
				448	32	15	452	1000	317
		692			3753		6402		1014
705	514	1256			3744	5126	4478	4918	4133
				13		4			15
			139		202	387	320	298	526
8	40	987	5	9023	3306	3805	7209	8073	4216
3109	11	7098	1805	5085	4267	2306	13775	27436	8037
				154	67	275	140	137	942
14				95	88	18	39	21	246
							362		
		3182		339	545	557	361	569	
		285		1049	951	549	434	15609	1620
					26	22			14
				13	339	147	13	59	711
					9				
				4		4		19	6

续表 6　　(2014 年)

单　位	郑州市	市本级	中原区	二七区	管城区	金水区	上街区	惠济区
湿地保护	331	199						
林业执法与监督	342	140						
林业检疫检测	10							
防沙治沙	30							
林业工程与项目管理	59764	55904			259	1528		499
林业对外合作与交流	286	286						
林业产业化	81							
林业政策制定与宣传	30	30						
林区公共支出	20							
林业贷款贴息	2678	2557				121		
石油价格改革对林业的补贴	157	52						
林业防灾减灾	2770	332	1	1		7	8	147
其他林业支出	34144	3133	1	242	150	175	318	200
水利	112344	34255	64	57	137	346	672	539
行政运行	4415	2276						347
一般行政管理事务	297	19					8	
机关服务	1193							
水利行业业务管理	775	155		17				
水利工程建设	41326	2234					6	
水利工程运行与维护	8408	7810				91	77	
水利前期工作	800	176						
水利执法监督	131							
水土保持	1487	60					20	30
水资源节约管理与保护	1151	762						
防汛	2898	941	31	15	30	15	25	38
抗旱	2217	194			27	10	39	
农田水利	9757	5		5	69	226	68	71
水利技术推广	83							
大中型水库移民后期扶持专项支出	2584	186					8	
水资源费安排的支出	4247	1522			11	4	31	53
农村人畜饮水	6978	12	33				150	
其他水利支出	23597	17903		20			240	
南水北调	19668	13048	159	1628	183		31	
扶贫	28022	540				40	3060	8
农业综合开发	10540	230		11	267	225	1475	686
农村综合改革	35292	2411	757	585	113	591	475	316
促进金融支农支出	4278							
其他农林水支出(款)	6777	3649	1129	266				
交通运输支出	478197	360418	523	1028	469	2218	1397	971
公路水路运输	165857	61457	478	1008	382	638	971	945
行政运行	4367	1254	278	122	174	58	130	369
一般行政管理事务	920	252					569	89

单位：万元

经开区	高新区	郑东新区	航空港实验区	中牟县	巩义市	荥阳市	新密市	新郑市	登封市
						132			
				43	52	29	20	23	35
				10					
				30					
3080		2690	1740	1574					
						40			41
					10		5		5
				35	13	2	3		52
15				179	1591	10	123	124	247
	11	941	65	1560	576	521	12275	10875	4118
26	8	167	152	21878	11909	5560	7933	16363	12631
				463	96	283	81	114	755
			4		15			205	50
						912	281		
							603		
				12328	8585	1861	2754	9324	4234
					49		371		10
					8				616
							131		
					290	99	474	369	145
							389		
			98	491	207	139	150	223	593
		20	50	190	438	310	190	405	414
5				5057	133	25	697	944	2457
					83				
				265	119	618	284	171	933
9	8	6		428	309	236	288	800	565
12				1598	734	975	1228	941	1307
		141		1058	843	102	12	2867	552
			2963	358		2491		1770	
				2755	791	5149	1935	2623	11121
				1583	1238	1417	1357	1375	676
425	427	875	671	4730	6311	4006	6331	3979	4687
				141	2189	46	604	1103	195
1187	2304		18	66	500		565	602	
21186	38	113	31327	52334	8566	5665	9008	29172	6428
34		109		51498	4499	5008	7451	26462	5060
				486	123	200	63	173	937
21									10

续表 7 （2014 年）

单 位	郑州市	市本级	中原区	二七区	管城区	金水区	上街区	惠济区
机关服务	450			111				
公路新建	21778	370		70				
公路改建	44062	31873				36		
公路养护	37127	5554	75	421	173	213	12	266
公路路政管理	1655	25					132	
公路和运输安全	459							
公路运输管理	6016		107	240		251		81
公路客货运站（场）建设	40							
航务管理	8	8						
海事管理	306	251				9		5
取消政府还贷二级公路收费专项支出	2795	1445						
其他公路水路运输支出	45874	20425	18	44	35	71	128	135
铁路运输	49573	49489						
民用航空运输	55949	55949						
石油价格改革对交通运输的补贴	33343	27632			87		393	
对城市公交的补贴	19415	18252					274	
对农村道路客运的补贴	2703	28					20	
对出租车的补贴	10885	9352					99	
石油价格改革补贴其他支出	340				87			
车辆购置税支出	46061	42935					33	26
车辆购置税用于公路等基础设施建设支出	45409	42897						
车辆购置税用于农村公路建设支出	652	38					33	26
其他交通运输支出（款）	127378	122956	45			1580		
资源勘探信息等支出	328515	216567	6083	2857	2043	4762	3904	1779
资源勘探开发	12068	6	1700					
制造业支出	56164	52268	489	55	52	600	80	
建筑业支出	386	386						
工业和信息产业监管	52909	43193	1276	1014	675	1573	418	277
安全生产监管支出	14680	4877	815	763	650	877	198	424
国有资产监管支出	5138	4239						
支持中小企业发展和管理支出	106421	61751	1273	825	336	1374	3154	673
其他资源勘探信息等支出（款）	80749	49847	530	200	330	338	54	405
商业服务业等支出	58098	35482	20	739	287	865	3	856
商业流通事务	16638	10987	3	629	260	562	3	500
其他商业流通事务支出	13637	9257	3	629	260	562	3	500
旅游业管理与服务支出	17275	2626	7	60	27	199		356
涉外发展服务支出	10916	8910	10	50				
其他商业服务业等支出（款）	13269	12959				104		
金融支出	72110	70407		816			66	
国土海洋气象等支出	50824	10523	1171	1008	520	7077	728	2643
国土资源事务	49420	9648	1171	1008	520	7077	709	2638
住房保障支出	317284	143141	29502	29986	15426	19024	3708	15826
保障性安居工程支出	243384	115480	24655	25536	12985	15175	1921	14459

单位:万元

经开区	高新区	郑东新区	航空港实验区	中牟县	巩义市	荥阳市	新密市	新郑市	登封市
				6		333			
				19597	156			1233	352
				340	1046	1700	1695	7108	264
13		109		25551	20	1154	1932	1209	547
				736	438		72		252
									459
				4440		285	314		298
				20	20				
					31				10
							21		1329
				322	2665	1336	3354	16739	602
21152									84
			31313						
				685	859	653	1357	933	744
				159	203	170	222	23	112
				265	315	296	654	717	408
				261	341	187	228	193	224
							253		
	38				2551		200	136	180
					2512				
	38				39		200	136	180
		4	14	135	657	4		1641	360
47940	17447	17281	38461	5057	24288	5735	9756	14736	30948
6					2117	181	6994		1070
2300	2229			200	2300				120
732	4705		30854	1879	29	1681	190	100	604
112	128	510		293	957	1727	649	902	1548
42						299	402		198
33159	4819	16422	5500	2385	18570	915	1271	12824	1070
11589	5566	349	2107	300	315	932	250	910	26338
650	1502	282	680	1326	11082	995	573	4996	874
	1502		300	1124	791	630	488	411	250
	1502		300	807	557	306	394	307	52
		102		41	8556	359	85	4335	624
				161	1735			50	
650		180	380			6		200	
		200		228	246	110	125	112	
966	1568	468	366	14511	1706	1434	1260	4222	4021
966	1568	468	366	14452	1660	1276	1183	4128	3950
6290	18522	7635	39878	3392	9490	14787	9976	8474	14552
6274	16160	5405	38120	1301	2019	11718	3894	2700	11541

续表 8　　　　　　　　　　　　　　　　　　　　　　　　　　　　（2014 年）

单　　位	郑州市	市本级	中原区	二七区	管城区	金水区	上街区	惠济区
住房改革支出	72075	27553	3479	4450	2441	3849	1774	1367
城乡社区住宅	1825	108	1368				13	
粮油物资储备支出	21385	11177	745	868	1037	1161	135	498
粮油事务	6161	1138	166	172	477	1061	135	498
物资事务	202	40			60			
粮油储备	14028	9005	579	696	500	100		
国债还本付息支出	593350	552658						3018
国内债务付息	44785	5461						3017
国外债务付息	314	294						1
补充还贷准备金	531198	531198						
地方政府债券付息	17053	15705						
其他支出(类)	157999	71748	334	10275	37114	1252	892	
政府性基金支出	**4806771**	**2135851**	**60207**	**451951**	**176024**	**25950**	**124191**	**275194**
教育支出	15606	2420	195	83	149	116	460	35
地方教育附加安排的支出	15606	2420	195	83	149	116	460	35
文化体育与传媒支出	2957	90	108	509		1581	34	11
文化事业建设费安排的支出	1675	90	108	179		985	34	11
国家电影事业发展专项资金支出	1282			330		596		
社会保障和就业支出	18902	8723	71	109	40	398	961	151
大中型水库移民后期扶持基金支出	4320	525	3	38				
小型水库移民扶助基金支出	541	21	2				16	
残疾人就业保障金支出	14041	8177	66	71	40	398	945	151
城乡社区支出	4718963	2110678	59353	450867	175605	22550	122451	273707
政府住房基金支出	5889	5854						
国有土地使用权出让收入安排的支出	4310652	1796020	59353	450867	175605	22545	119719	271114
城市公用事业附加安排的支出	40139	26800						
国有土地收益基金支出	37109	15415						
农业土地开发资金支出	20799	99					91	2588
新增建设用地土地有偿使用费安排的支出	2311	5				5		5
城市基础设施配套费安排的支出	302064	266485					2641	
农林水支出	20166	1766	14	77	66	200		785
育林基金支出	521	7						6
森林植被恢复费安排的支出	11660	1659	14	30	66	200		779
中央水利建设基金支出	659	100						
地方水利建设基金支出	7043							
大中型水库库区基金支出	283			47				
资源勘探信息等支出	8977	1590					15	
散装水泥专项资金支出	1340	289						
新型墙体材料专项基金支出	7637	1301					15	
其他支出	21200	10584	466	306	164	1105	270	505
彩票公益金安排的支出	21153	10581	466	291	164	1105	270	505
其他政府性基金支出	47	3		15				

单位:万元

经开区	高新区	郑东新区	航空港实验区	中牟县	巩义市	荥阳市	新密市	新郑市	登封市
	2362	2230	1758	2091	7135	3069	6082	5774	3011
16					336				
	289			1202	1283	545	844	786	1104
				516	266	222	769	230	511
	40							102	
	249			686	1017	323	75	454	593
			4360	606	666	1587	8	34805	2
						1568		34739	
						19			
			4360	606	666		8	66	2
1108	208	828	68190	17879	11156	4109	50	1446	1744
323186	**269266**	**636485**	**124892**	**406226**	**89156**	**475214**	**111011**	**404373**	**71423**
14	56	34	34	903	731	1220	1399	7100	795
14	56	34	34	903	731	1220	1399	7100	795
				35	183	30	32	174	170
				35	47	30	20	26	110
					136		12	148	60
	7	89	32	713	592	2347	1257	1807	1733
		78		561	195	999	400	433	1166
					4		153	345	
	7	11	32	152	393	1348	704	1029	567
323102	268970	636306	124695	399722	81890	462814	105549	391613	62164
					35				
282201	225380	599778	104385	387273	75387	425483	98045	372229	57012
	600				4628	3260	900	4069	482
		7000	6315	1661		8399	2837	8797	
				1137	871	6825	1968	6170	1050
			5	344	269	204	924	348	207
40901	42990	29528	13990	9307	700	18643	875		3413
13	50		35	2380	4625	1345	1064	2030	5814
				153	10		73	97	175
13	50		35	1703	294	749	294	1434	4438
				30	56	170	168	35	100
				469	4265	426	469	313	1101
				25			60	151	
				39	40	5989	729	575	
				34		921	96		
				5	40	5068	633	575	
57	183	56	96	2434	1095	1469	981	1074	747
57	183	56	93	2431	1095	1469	981	1053	742
			3	3				21	5

金融机构信贷收支

（2014 年底）

单位:万元

项　　目	合计	2014 年比年初	2014年比年初±%	市区	中牟县	巩义市	荥阳市	新密市	新郑市	登封市	上街区
各项存款	**139555891**	**15051319**	**12.09**	**121821479**	**2726862**	**3112113**	**2320111**	**3173583**	**3858561**	**2543182**	**1099727**
单位存款	83140496	11286532	15.71	77440315	870040	1006297	630648	768382	1745784	679029	358182
#活期存款	37156246	5508271	17.40	33446662	681596	383881	438327	544026	1344334	317420	247267
定期存款	19699568	1172490	6.33	18915419	82365	183343	119042	104560	166019	128820	85058
通知存款	2014759	58043	2.97	1933813	12448	20240		621	43137	4500	
保证金存款	14075106	2348934	20.03	13319175	64981	343801	59760	96061	82347	108981	22882
个人存款	51206930	4364497	9.32	39437895	1835652	2075558	1636455	2365145	2039570	1816656	739876
储蓄存款	48392619	3639386	8.13	36699503	1833036	2056234	1623780	2341464	2030928	1807674	718876
保证金存款	36543	9272	34.00	34089	1	2390	2	31	28	2	559
结构性存款	2777768	715838	34.72	2704303	2615	16934	12672	23650	8614	8980	20441
财政性存款	2722505	1072168	64.97	2563766	21045	27139	52292	6178	40363	11721	658
临时性存款	271417	-93762	-25.68	261238	71	2474	715	3963	2954	2	10
委托存款	-219920	-1332675	-119.76	-220763	53	641		124	52	-27	
其他存款	2434463	-245440	-9.16	2339029	1	4		29791	29837	35801	1000
各项贷款	**108683497**	**15260359**	**16.33**	**98946360**	**1485753**	**1693625**	**1380964**	**1747177**	**2354192**	**1075426**	**509010**
境内贷款	108677884	15259344	16.33	98940765	1485740	1693620	1380964	1747177	2354192	1075426	509010
短期贷款	36166823	2320463	6.86	30496585	975605	1116041	728196	939131	1334070	577195	192704
个人贷款及透支	8730344	1851284	26.91	7573844	312403	123700	143640	179799	334130	62827	19437
#个人消费贷款	2392896	607698	34.04	2324854	10088	11517	9739	9799	17299	9599	3258
单位贷款及透支	25895754	426993	1.68	21494899	663202	969907	583407	756832	988939	438568	173267
#经营贷款	25454332	757588	3.07	21082296	660262	967907	581527	734832	988939	438568	169091
固定资产贷款	415063	-289054	-41.05	386243	2940	2000	1880	22000			4176
银团贷款	271420	127432	88.50	259420		4000			8000		
贸易融资	1249805	-104746	-7.73	1148922		18435	1148	2500	3000	75800	
中长期贷款	70357632	12317156	21.22	66320543	510135	567385	652468	807896	1017922	481281	315506
个人贷款	20017415	4858477	32.05	18340035	340206	174547	311406	163203	554944	133073	209746
#个人消费贷款	17067098	4045112	31.06	15677038	261602	156054	265293	143716	475937	87457	195898
单位贷款	41687866	6144283	17.29	39547138	157929	335238	341062	527313	452978	326208	105760
#经营贷款	6572223	-638436	-8.85	6140735	31500	76948	9328	123623	35927	154162	9390
固定资产贷款	35115644	6782718	23.94	33406403	126429	258290	331734	403690	417051	172046	96370
普通并购贷款	122228	23758	24.13	91628		12600				18000	
银团贷款	8392588	1225893	17.11	8204208	12000	45000		117380	10000	4000	
贸易融资	137534	64746	88.95	137534							
融资租赁	800	-1500	-65.22	800							
票据融资	2009993	559223	38.55	1982976		7717		150	2200	16950	
#贴现	2009993	564223	39.03	1982976		7717		150	2200	16950	
各项垫款	142636	64001	81.39	139861		2476	300				800
境外贷款	5613	1015	22.09	5595	13	5					

中资全国性四家行信贷收支

（2014 年底）

单位:万元

项　　目	合　计	市　区	中牟县	巩义市	荥阳市	新密市	新郑市	登封市	上街区
各项存款	**44889693**	**37508609**	**776063**	**1553998**	**937127**	**1487802**	**1420155**	**1205939**	**642080**
单位存款	21698501	19337671	306928	511396	260224	294153	679186	308942	188346
#活期存款	10341832	8950252	247174	170045	195936	181206	442941	154276	155754
定期存款	6121832	5751211	17110	93946	30864	56781	110301	61620	17879
通知存款	398419	322044	10948	17990			42937	4500	
保证金存款	1432217	1071874	9275	204383	21249	33137	23059	69239	11738
个人存款	21904621	16982599	469133	1039975	676799	1163850	711071	861196	452724
储蓄存款	21475163	16590474	466517	1032384	672100	1150801	706957	855929	442771
保证金存款	4993	4954	1	3	2	3	28	2	559
结构性存款	424465	387170	2615	7588	4696	13045	4086	5265	9393
临时性存款	124650	123853	1	622	104	8	61	0.4	10
其他存款	1161921	1064487	1	2004	0.01	29791	29837	35801	1000
各项贷款	**32157010**	**28372944**	**345638**	**777314**	**564924**	**807057**	**912257**	**376875**	**331012**
境内贷款	32156010	28371962	345625	777309	564924	807057	912257	376875	331012
短期贷款	4815782	3869502	35572	379523	76224	188259	149213	117489	109318
个人贷款及透支	1287243	1173291	15956	15351	13626	28298	26487	14234	4666
#个人消费贷款	741458	692493	6145	7166	8427	8392	12245	6589	2292
单位普通贷款及透支	2930658	2131313	19616	350638	62450	159960	121727	84955	104652
#经营贷款	2879950	2080604	19616	350638	62450	159960	121727	84955	104652
银团贷款	145000	145000							
贸易融资	452881	419898		13535	148		1000	18300	
中长期贷款	26314702	23487751	310053	390069	488400	618648	760844	258936	221695
个人贷款	9631428	8539013	201424	143939	196916	92258	391888	65990	146925
#个人消费贷款	9107158	8082740	198848	136907	194933	88880	340240	64610	137961
单位普通贷款	14487508	12945953	108629	188530	291484	409010	368956	174946	74770
#经营贷款	1746177	1591057	23500	300		66320	15000	50000	
固定资产贷款	12741331	11354896	85129	188230	291484	342690	353956	124946	74770
普通并购贷款	70120	39520		12600				18000	
银团贷款	2074392	1912012		45000		117380			
贸易融资	51254	51254							
票据融资	1006422	995905		7717		150	2200	450	
#贴现	1006422	995905		7717		150	2200	450	
各项垫款	19104	18804			300				
境外贷款	1000	982	13	5					

教育事业主要综合指标

（2014 年）

单位：所、人

指标	数值	指标	数值
平均每万人拥有各类学校数（个）	**1.69**	**小学五年巩固率（%）**	**98.40**
高等学校	0.07	**小学学生辍学率（%）**	**0.66**
中等职业学校	0.14	**初中学生毛入学率（%）**	**110.40**
技工学校	0.04	**初中三年巩固率（%）**	**95.3**
普通中学	0.43	**初中学生辍学率（%）**	**3.10**
普通小学	1.01	**初中毕业生升学率（%）**	**106.60**
平均每万人各类学校在校生数（人）	**2800.86**	**平均每万人各类学校教职工数（人）**	**208.94**
高等学校	1064.94	#专任教师	157.82
中等职业学校	277.93	#高等学校	43.89
技工学校	116.03	中等职业学校	11.58
普通中学	531.55	技工学校	3.60
普通小学	809.10	普通中学	37.91
小学适龄儿童净入学率（%）	**100.00**	普通小学	37.35

卫生事业基本情况

（2014 年）

指标	机构数（个）	实有床位数（个）	人员数（人）	卫生技术人员							其他技术人员	管理人员	工勤人员
					执业（助理）医师	执业医师	注册护士	药师（士）	技师（士）	其他			
总　计	**3848**	**73865**	**102822**	**80831**	**28912**	**25447**	**37790**	**3463**	**4188**	**6478**	**4511**	**5074**	**7079**
市区	1290	55848	74012	61057	21451	20082	29761	2485	2991	4369	3476	3750	5122
六县（市）	2558	18017	28810	19774	7461	5365	8029	978	1197	2109	1035	1324	1957
中牟县	373	3016	3433	2150	897	644	814	129	151	159	194	95	430
巩义市	657	2856	5722	4347	1728	1213	1868	206	232	313	107	163	322
荥阳市	383	2209	4401	2938	980	634	1127	143	164	524	112	295	432
新密市	392	3926	5624	3837	1406	1068	1611	214	250	356	185	300	230
新郑市	337	3189	4960	3339	1271	968	1267	131	168	502	226	290	340
登封市	416	2821	4670	3163	1179	838	1342	155	232	255	211	181	203
医　院	**213**	**64788**	**74603**	**62381**	**20901**	**19600**	**31243**	**2720**	**3148**	**4369**	**3229**	**3951**	**5042**
综合医院	103	40784	46262	39216	12863	12119	20090	1606	2003	2654	1954	2356	2736
中医医院	50	11059	13295	11062	4179	3855	4819	655	520	889	521	602	1110
中西医结合医院	3	305	312	258	190	135	49	11	8		9	14	31
专科医院	57	12640	14734	11845	3669	3491	6285	448	617	826	745	979	1165
口腔医院	3	40	293	208	123	117	63	3	3	16	15	40	30
眼科医院	6	532	545	347	149	142	139	16	14	29	80	52	66
耳鼻喉科医院	2	180	214	160	47	42	98	5	8	2	35	11	8
肿瘤医院	2	3103	2866	2579	716	715	1587	64	125	87	138	43	106
心血管病医院	3	1275	1706	1403	425	412	701	44	58	175	59	178	66
胸科医院	1	1012	1178	1021	315	301	602	41	30	33	76	38	43
妇产（科）医院	3	106	581	301	112	95	156	9	15	9	10	53	217
儿童医院	1	1853	2664	2272	588	582	1255	88	151	190	33	159	200
精神病医院	3	678	557	436	120	117	220	20	28	48	50	39	32
传染病医院	2	1125	893	745	256	244	354	34	40	61	24	89	35
皮肤病医院	3	115	159	126	43	35	64	12	7		8	8	17
骨科医院	8	1294	1300	1022	394	362	443	50	50	85	67	67	144
康复医院	4	742	665	519	168	145	226	27	39	59	56	32	58
整形外科医院	1	25	106	42	11	11	25	2	2	2	21	15	28
美容医院	4	90	285	109	41	34	51	6	8	3	39	78	59
其他专科医院	11	470	722	555	161	137	301	27	39	27	34	77	56
基层医疗卫生机构	**3466**	**5839**	**19023**	**12222**	**5900**	**3953**	**4173**	**570**	**506**	**1073**	**457**	**284**	**733**
社区卫生服务中心（站）	217	1218	3948	3438	1397	1161	1347	195	178	321	123	171	216
卫生院	94	4491	5045	4265	1705	859	1374	264	253	669	334	113	333
村卫生室	2320		6604	1277	955	299	322						
门诊部	35	130	677	559	269	234	196	28	48	18			118
诊所、卫生所、医务室	800		2749	2683	1574	1400	934	83	27	65			66
专业公共卫生机构	**140**	**3238**	**8175**	**5964**	**2033**	**1845**	**2342**	**164**	**447**	**978**	**658**	**642**	**911**
疾病预防控制中心	16		1646	1010	529	463	91	23	133	234	158	216	262
专科疾病防治院（所、站）	3	117	293	219	93	91	29	4	39	54	21	28	25
健康教育所（站、中心）	3		30	8	3	2	2			3	4	11	7
妇幼保健院（所、站）	14	3121	4142	3532	1160	1102	1916	119	216	121	197	122	291
采供血机构	1		412	263	29	29	131	1	33	69	42	16	91
卫生监督所（中心）	17		597	445						445	25	83	44
计划生育技术服务机构	83		954	429	206	146	134	17	26	46	201	144	180
其他卫生机构	**29**		**1021**	**264**	**78**	**49**	**32**	**9**	**87**	**58**	**167**	**197**	**393**

全市及县（市）城镇居民家庭基本情况

（2014 年）

项　目	单位	全市	中牟县	巩义市	荥阳市	新密市	新郑市	登封市
调查户数	户	476	26	28	25	32	30	30
现住房总建筑面积	平方米/人	35.5	36.3	38.5	39.0	45.4	53.2	58.6
家庭人口数	**人**	**1344.1**	**81.5**	**95.0**	**76.8**	**123.0**	**101.0**	**95.0**
有收入者人数	人	936.8	48.0	69.8	62.0	84.5	67.0	60.5
就业人口数	人	774.3	46.5	62.5	52.8	70.0	52.0	60.5
国有经济单位职工人数	人	255.0	26.0	27.3	14.0	34.0	15.0	11.0
城镇个体或私营企业主人数	人	140.0	4.0	11.8	7.0	14.0	11.0	9.0
离退休再就业人数	人	28.9	2.0	0.3	5.0			
其它就业人数	人	350.3	14.5	23.3	26.8	22.0	26.0	40.5
离退休人数	人	128.8		5.8	8.0	13.0	15.0	
其它有收入者人数	人	33.8	1.5	1.5	1.3	1.5		
无收入者人数	人	407.3	33.5	25.3	14.8	38.5	34.0	34.5
在外就学人数	人	12.0			3.0		1.0	5.0
家庭总收入	**元**	**31347**	**26103**	**26258**	**26417**	**26526**	**25519**	**24216**
#可支配收入	元	29095	22724	24722	24863	24856	24893	23953
家庭总支出	**元**	**23595**	**21877**	**20558**	**23368**	**25929**	**24504**	**21531**
消费支出	**元**	**20122**	**15230**	**17334**	**17881**	**21999**	**24291**	**19962**
通过互联网购买商品或服务支出	元	235.4		354.0	12.9	161.5	56.2	
恩格尔系数	**%**	**29.6**	**26.4**	**21.1**	**24.2**	**26.1**	**21.2**	**20.1**

重要文件目录

中共郑州市委文件

中共郑州市委　郑州市人民政府关于印发《郑州市扶贫攻坚发展规划（2014-2020年）》的通知

（郑发〔2014〕1号）

（2014年1月20日）

中共郑州市委　郑州市人民政府关于创新机制扎实推进农村扶贫开发和革命老区建设工作的实施意见

（郑发〔2014〕2号）

（2014年1月20日）

中共郑州市委关于印发《谢伏瞻省长在省十二届人大三次会议郑州代表团分组讨论审议时的讲话》的通知

（郑发〔2014〕3号）

（2014年1月22日）

中共郑州市委　郑州市人民政府关于做好2014年经济工作的实施意见

（郑发〔2014〕4号）

（2014年1月26日）

中共郑州市委关于在全市党员中深入开展党的群众路线教育实践活动的实施意见

（郑发〔2014〕6号）

（2014年2月25日）

中共郑州市委　郑州市人民政府关于全面深化农村改革　加快推进农业现代化的实施意见

（郑发〔2014〕7号）

（2014年3月7日）

中共郑州市委关于废止和宣布失效一批党的规范性文件的决定

（郑发〔2014〕9号）

（2014年3月31日）

中共郑州市委　郑州市人民政府关于大力发展开放型经济　全面提升对外开放水平的意见

（郑发〔2014〕12号）

（2014年5月7日）

中共郑州市委转发《中共河南省委关于深入持久学习弘扬焦裕禄精神的决定》的通知

（郑发〔2014〕13号）

（2014年5月21日）

中共郑州市委　郑州市人民政府关于贯彻落实《河南省实施〈党政机关厉行节约反对浪费条例〉办法》的通知

（郑发〔2014〕14号）

（2014年5月26日）

中共郑州市委关于全面深化改革的实施意见

（郑发〔2014〕15号）

（2014年5月26日）

中共郑州市委　郑州市人民政府关于印发《郑州都市区建设五年提升规划（2014-2018）》等3个文件的通知

（郑发〔2014〕16号）

（2014年7月3日）

中共郑州市委　郑州市人民政府关于印发郭庚茂谢伏瞻同志在郑州航空港经济综合实验区调研座谈时的讲话的通知

（郑发〔2014〕17号）

（2014年7月19日）

中共郑州市委　郑州市人民政府关于印发《美丽郑州建设规划（2014-2020年）》的通知

（郑发〔2014〕18号）

（2014年7月26日）

中共郑州市委　郑州市人民政府关于深化实施开放创新双驱动战略加快郑州都市区建设的意见

（郑发〔2014〕20号）

（2014年8月8日）

中共郑州市委常务委员会关于进一步加强自身建设的意见

（郑发〔2014〕21号）

（2014年8月11日）

中共郑州市委常务委员会关于带头做好巡视整改落实工作的意见

（郑发〔2014〕22号）

（2014年8月14日）

中共郑州市委关于印发《中共郑州市委常委会议事规则（试行）》的通知

（郑发〔2014〕23号）

（2014年8月14日）

中共郑州市委　郑州市人民政府关于科学推进新型城镇化的实施意见

（郑发〔2014〕24号）

（2014年8月22日）

中共郑州市委关于印发《郑州市委常委班子党的群众路线教育实践活动整改落实方案》的通知

（郑发〔2014〕25号）

（2014年8月27日）

中共郑州市委关于深入学习贯彻习近平总书记听取兰考县委和河南省委教育实践活动情况汇报时重要讲话精神的通知

（郑发〔2014〕26号）

（2014年9月16日）

中共郑州市委印发《关于落实党风廉政建设党委主体责任和纪委监督责任的实施意见（试行）》的通知

（郑发〔2014〕27号）

（2014年10月10日）

中共郑州市委关于加强和改进人大工作的意见

（郑发〔2014〕28号）

（2014年10月21日）

中共郑州市委关于进一步加强新形势下人民政协工作的意见

（郑发〔2014〕29号）

（2014年10月22日）

中共郑州市委　郑州市人民政府关于市政府职能转变和机构改革的实施意见

（郑发〔2014〕30号）

（2014年11月3日）

中共郑州市委　郑州市人民政府关于县（市）区政府职能转变和机构改革的意见

（郑发〔2014〕31号）

（2014年11月1日）

中共郑州市委关于印发《郑州市干部教育培训规划》的通知

（郑发〔2014〕32号）

（2014年11月6日）

中共郑州市委关于认真学习贯彻党的十八届四中全会精神的通知

（郑发〔2014〕33号）

（2014年11月6日）

中共郑州市委　郑州市人民政府关于加快建设创新型城市的意见

（郑发〔2014〕34号）

（2014年11月11日）

中共郑州市委　郑州市人民政府关于印发《郑州市落实中共河南省委河南省人民政府推进文明河南建设若干指导意见工作方案》的通知

（郑发〔2014〕35号）

（2014年11月10日）

中共郑州市委关于印发《郑州市贯彻落实〈建立健全惩治和预防腐败体系

2013-2017年工作规划〉的实施方案》的通知

（郑发〔2014〕36号）

（2014年12月3日）

中共郑州市委　郑州市人民政府关于深化平安郑州建设的实施意见

（郑发〔2014〕37号）

（2014年12月8日）

（刘跃亭　司现仓　吕志坡　岳　嵩）

郑州市人大常委会文件

郑州市人民代表大会常务委员会关于设立郑州航空港经济综合实验区人民法院的决定

（郑人常〔2014〕1号）

（2014年1月21日）

郑州市人民代表大会常务委员会关于设立郑州航空港经济综合实验区人民检察院的决定

（郑人常〔2014〕2号）

（2014年1月21日）

郑州市人民代表大会常务委员会关于郑州市人民代表大会换届选举时间的决定

（郑人常〔2014〕3号）

（2014年1月21日）

郑州市人民代表大会常务委员会关于批准郑州市2014年政府投资项目计划的决议

（郑人常〔2014〕4号）

（2014年1月20日）

郑州市人民代表大会常务委员会关于补选郑州市出席河南省十二届人大代表的报告

（郑人常〔2014〕8号）

（2014年2月17日）

郑州市人民代表大会常务委员会关于印发《郑州市人大常委会2014年工作要点》的通知

（郑人常〔2014〕11号）

（2014年3月31日）

郑州市十四届人大常委会第二次会议对市政府《关于〈中华人民共和国食品安全法〉实施情况的报告》的审议意见

（郑人常〔2014〕12号）

（2014年4月28日）

郑州市人民代表大会常务委员会关于提请审议批准《郑州市人民代表大会常务委员会关于修改部分地方性法规的决定》的报告

（郑人常〔2014〕13号）

（2014年4月28日）

郑州市第十四届人民代表大会常务委员会代表资格审查委员会名单

（郑人常〔2014〕14号）

（2014年4月28日）

郑州市十四届人大常委会第二次会议对《市政府关于2013年度市人大常委会决议和审议意见贯彻落实情况的报告》的审议意见

（郑人常〔2014〕15号）

（2014年4月30日）

郑州市人民代表大会常务委员会关于批准郑州市与苏州市缔结友好城市的决定

（郑人常〔2014〕16号）

（2014年6月27日）

郑州市人民代表大会常务委员会关于接受张建慧辞去郑州市人民政府副市长职务的决定

（郑人常〔2014〕17号）

（2014年6月27日）

郑州市人民代表大会常务委员会关于《郑州都市区总体规划》、《郑州都市区综合交通规划》、《郑州都市区生态水系全面提升工程规划》及《郑州市中心城区总体城市设计》的决议

（郑人常〔2014〕18号）

（2014年6月30日）

郑州市人民代表大会常务委员会关于组织实施《郑州市人民代表大会常务委员会关于修改部分地方性法规的决定》的通知

（郑人常〔2014〕19号）

（2014年7月2日）

郑州市人民代表大会常务委员会关于加强妇女权益保障工作的决议

（郑人常〔2014〕20号）

（2014年7月3日）

郑州市十四届人大常委会第三次会议对市政府《关于加强我市妇女权益保障工作情况的报告》的审议意见

（郑人常〔2014〕21号）

（2014年7月3日）

郑州市十四届人大常委会第三次会议对市政府《关于郑州市国民经济和社会发展“十二五”规划纲要实施中期评估的报告》的审议意见

（郑人常〔2014〕23号）

（2014年7月2日）

关于印发《郑州市人大常委会贯彻市委十届八次全会精神推动人民代表大会制度与时俱进工作方案》的通知

（郑人常〔2014〕24号）

（2014年7月8日）

郑州市十四届人大常委会第四次会议对市政府《关于深化行政审批制度改革工作情况的报告》的审议意见

（郑人常〔2014〕25号）

（2014年8月26日）

郑州市十四届人大常委会第四次会议对市政府《关于新型农村合作医疗制度实施情况的报告》的审议意见

（郑人常〔2014〕26号）

（2014年8月26日）

郑州市十四届人大常委会第四次会议对市政府《关于郑州市2014年上半年国民经济和社会发展计划执行情况的报告》的审议意见

（郑人常〔2014〕27号）

（2014年8月26日）

郑州市十四届人大常委会第四次会议对市政府《关于郑州市2013年财政决算和2014年1-6月份财政预算执行情况的报告》的审议意见

（郑人常〔2014〕28号）

（2014年8月25日）

郑州市人民代表大会常务委员会关于批准2013年市级财政决算的决议

（郑人常〔2014〕29号）

（2014年8月25日）

郑州市十四届人大常委会第四次会议对市政府《关于郑州市2013年度市级预算执行及其他财政收支的审计工作报告》的审议意见

（郑人常〔2014〕30号）

（2014年8月25日）

郑州市十四届人大常委会第四次会议对市中级人民法院《关于刑事审判工作情况的报告》的审议意见

（郑人常〔2014〕31号）

（2014年8月27日）

郑州市十四届人大常委会第五次会议关于《郑州市社会急救医疗条例》实施情况的审议意见

（郑人常〔2014〕34号）

（2014年10月30日）

郑州市十四届人大常委会第五次会议对郑州市政府《关于贯彻实施<中华人民共和国旅游法>情况的报告》的审议意见

（郑人常〔2014〕35号）

（2014年11月6日）

郑州市十四届人大常委会第五次会议对

市政府《关于郑州市现代服务业发展情况的报告》的审议意见

（郑人常〔2014〕37号）

（2014年11月6日）

郑州市十四届人大常委会第五次会议对郑州市人民检察院《关于反贪污贿赂工作情况的报告》的审议意见

（郑人常〔2014〕38号）

（2014年11月11日）

郑州市十四届人大常委会第五次会议对郑州市政府《关于扶贫开发工作情况的报告》的审议意见

（郑人常〔2014〕39号）

（2014年11月11日）

郑州市人民代表大会常务委员会关于组织实施《郑州市大气污染防治条例》的通知

（郑人常〔2014〕40号）

（2014年12月18日）

郑州市人民代表大会常务委员会关于组织实施《郑州市郑韩故城遗址保护条例》的通知

（郑人常〔2014〕41号）

（2014年12月18日）

郑州市人民代表大会常务委员会关于补选王连海、张凡为河南省第十二届人民代表大会代表的报告

（郑人常〔2014〕44号）

（2014年12月26日）

郑州市人民代表大会常务委员会关于补选河南省第十二届人大代表报告

（郑人常〔2014〕45号）

（2014年12月29日）

郑州市十四届人大常委会第六次会议对郑州市本级2014年财政收入预计完成情况及超收安排意见的报告的审议意见

（郑人常〔2014〕46号）

（2014年12月30日）

郑州市十四届人大常委会第六次会议对市政府关于2013年度市本级预算执行审计工作报告中反映问题整改落实情况的报告的审议意见

（郑人常〔2014〕47号）

（2014年12月30日）

郑州市十四届人大常委会第六次会议对市政府关于2014年民生“十大实事”办理情况报告的审议意见

（郑人常〔2014〕48号）

（2014年12月30日）

郑州市十四届人大常委会第六次会议关于市十四届人大一次会议代表议案及建议、批评和意见办理情况的报告的审议意见

（郑人常〔2014〕49号）

（2014年12月30日）

郑州市十四届人大常委会第六次会议对市政府关于都市生态农业发展情况的报告的审议意见

（郑人常〔2014〕50号）

（2014年12月31日）

（胡凯林）

郑州市人民政府文件

郑州市人民政府关于下达2014年度郑州市重点建设项目的通知

（郑政〔2014〕1号）

（2014年4月11日）

郑州市人民政府关于下达2014年度农村扶贫开发和革命老区工作目标任务的通知

（郑政〔2014〕2号）

（2014年1月20日）

郑州市人民政府关于印发郑州林业生态市建设提升工程规划（2014-2018年）的通知

（郑政〔2014〕3号）

（2014年1月20日）

郑州市人民政府关于分解下达2014年保障性安居工程建设目标任务的通知

（郑政〔2014〕4号）

（2014年1月23日）

郑州市人民政府关于印发2014年郑州市林业生态建设工作实施方案的通知

（郑政〔2014〕5号）

（2014年1月24日）

郑州市人民政府关于印发2014年郑州市蓝天工程行动计划实施方案的通知

（郑政〔2014〕6号）

（2014年1月29日）

郑州市人民政府关于印发郑州市新型耐材产业集群发展规划（2014-2020年）的通知

（郑政〔2014〕7号）

（2014年2月14日）

郑州市人民政府关于印发郑州市超硬材料产业集群发展规划（2014-2020年）的通知

（郑政〔2014〕8号）

（2014年2月14日）

郑州市人民政府关于印发郑州市智能终端（手机）产业集群发展规划（2014-2020年）的通知

（郑政〔2014〕9号）

（2014年2月14日）

郑州市人民政府关于印发郑州市电子信息产业提升规划（2014-2020年）的通知

（郑政〔2014〕10号）

（2014年2月14日）

郑州市人民政府关于印发郑州市新能源汽车动力电池及其他关键零部件产业集群发展规划（2014-2020年）的通知

（郑政〔2014〕11号）

（2014年2月14日）

郑州市人民政府关于印发郑州市汽车及装备制造产业提升发展专项规划（2014-2020年）的通知

（郑政〔2014〕12号）

（2014年2月14日）

郑州市人民政府关于印发郑州市城镇独生子女父母年老奖励扶助办法的通知

（郑政〔2014〕13号）

（2014年3月27日）

郑州市人民政府关于印发郑州市2014年主要污染物总量减排计划实施方案的通知

（郑政〔2014〕14号）

（2014年4月28日）

郑州市人民政府关于健全企业服务工作体系构建企业服务长效机制的实施意见

（郑政〔2014〕15号）

（2014年4月28日）

郑州市人民政府关于印发郑州市2014年度对外开放工作实施方案的通知

（郑政〔2014〕16号）

（2014年4月20日）

郑州市人民政府关于印发郑州市创建全国质量强市示范城市工作方案的通知

（郑政〔2014〕17号）

（2014年5月8日）

郑州市人民政府关于印发郑州市2014年畜禽养殖污染总量减排实施方案的通知

（郑政〔2014〕18号）

（2014年5月8日）

郑州市人民政府关于印发郑州市道路交通安全三年综合整治实施方案的通知

（郑政〔2014〕19号）

（2014年5月16日）

郑州市人民政府关于印发郑州市大气污染防治工作实施方案（2014年-2018年）的通知

（郑政〔2014〕20号）
（2014年5月16日）

郑州市人民政府关于加快推进物联网发展的意见
（郑政〔2014〕21号）
（2014年6月4日）

郑州市人民政府关于深化土地管理制度改革创新的若干意见
（郑政〔2014〕22号）
（2014年6月13日）

郑州市人民政府关于印发《郑州市城市地下空间开发利用管理暂行规定》的通知
（郑政〔2014〕23号）
（2014年6月13日）

郑州市人民政府关于印发郑州市存量闲置建设用地集中管理处置专项行动实施方案的通知
（郑政〔2014〕24号）
（2014年6月13日）

郑州市人民政府关于进一步加强中心城区土地储备工作的通知
（郑政〔2014〕25号）
（2014年6月13日）

郑州市人民政府关于印发郑州市耕地破坏鉴定办法的通知
（郑政〔2014〕26号）
（2014年6月24日）

郑州市人民政府关于实行最严格水资源管理制度的实施意见
（郑政〔2014〕27号）
（2014年6月23日）

郑州市人民政府关于进一步做好全市最低生活保障工作的意见
（郑政〔2014〕28号）
（2014年6月23日）

郑州市人民政府关于改革完善我市食品药品工商质监管理体制的通知
（郑政〔2014〕29号）
（2014年7月1日）

郑州市人民政府关于建立临时救助制度的通知
（郑政〔2014〕30号）
（2014年7月10日）

郑州市人民政府关于印发郑州市健康服务业三年行动计划（2014-2016年）的通知
（郑政〔2014〕31号）
（2014年7月17日）

郑州市人民政府关于印发郑州市电子商务发展规划（2014-2020）的通知
（郑政〔2014〕32号）
（2014年7月16日）

郑州市人民政府关于印发郑州市健康服务业发展计划（2014-2018年）的通知
（郑政〔2014〕33号）
（2014年7月21日）

郑州市人民政府关于印发郑州市城市低收入家庭认定办法（试行）的通知
（郑政〔2014〕34号）
（2014年7月22日）

郑州市人民政府关于慢性病综合防控示范区创建工作的意见
（郑政〔2014〕35号）
（2014年7月28日）

郑州市人民政府关于全面推进养老服务业发展的实施意见
（郑政〔2014〕36号）
（2014年8月29日）

郑州市人民政府关于公布我市市区土地级别与基准地价的通知
（郑政〔2014〕37号）
（2014年8月29日）

郑州市人民政府关于落实政府部门同民主党派工商联无党派人士对口联系制度的意见
（郑政〔2014〕38号）
（2014年9月3日）

郑州市人民政府关于加快智慧旅游城市建设的实施意见
（郑政〔2014〕39号）
（2014年9月10日）

郑州市人民政府关于进一步深入推进商标战略的意见
（郑政〔2014〕40号）
（2014年9月22日）

郑州市人民政府关于印发郑州市生态廊道建设管理办法的通知
（郑政〔2014〕41号）
（2014年10月29日）

郑州市人民政府关于印发郑州市创新创业综合体建设管理办法的通知
（郑政〔2014〕42号）
（2014年11月11日）

郑州市人民政府关于实施农村公路三年行动计划乡村通畅工程加快农村公路发展的意见
（郑政〔2014〕43号）
（2014年10月29日）

郑州市人民政府关于印发郑州市全面推行五单一网制度改革工作实施方案的通知
（郑政〔2014〕44号）
（2014年11月19日）

郑州市人民政府关于印发加强国家公共文化服务体系示范区后续管理工作规划的通知
（郑政〔2014〕45号）
（2014年11月18日）

郑州市人民政府关于印发郑州市推进县级公立医院综合改革工作实施方案的通知
（郑政〔2014〕46号）
（2014年11月20日）

郑州市人民政府关于印发郑州市城市河流清洁行动实施方案的通知
（郑政〔2014〕47号）
（2014年11月26日）

郑州市人民政府关于调整城乡居民社会养老保险待遇等有关事项的通知
（郑政〔2014〕48号）
（2014年12月8日）

郑州市人民政府落实河南省人民政府关于支持登封市建设华夏历史文明传承创新示范工程的指导意见的实施意见
（郑政〔2014〕49号）
（2014年12月31日）

（李林晓　陈一帆）

索引

说明：

本索引为分类索引，包括主题词索引、表格和示意图索引、彩图插页索引。

主题词索引标目按汉语拼音音序排列，标目后数字为页码，页码后a、b、c分别表示为该页的左、中、右栏。

表格和示意图索引、彩图插页索引按页码顺序编排。

主题词索引

A

爱国卫生　371b
爱心包裹捐赠仪式　220c
安全管理　232a、251c、283a
安全管理体系建设　252c
安全行车和优质服务　241a
安全培训　253c
安全生产"对话谈心活动"　234c
安全生产　17b、183a、185a、243b、286b、321c
安全生产标准化建设　317a
安全生产大检查　316c
安全生产对话谈心　317a
安全生产工作会议　87a
安全生产管理　245b
安全生产监督管理　315a
安全生产监管　315c
安全生产网格化管理　315c
安全生产宣传培训　317c
安全生产应急救援　318a
安全生产责任制落实　234a、315b
安全生产执法检查　317b
安全隐患排查治理　316c
安全郑州创建　315c
安全质量标准化建设　187a
安全专项整治　316c
安委会全体（扩大）会议　88a
案件督办　278a
案件派遣　277c
"爱上郑州"系列微电影　347a
"爱心送考"活动　242c
"安全生产月"活动　234b

B

百农优质生活平台　344a
拜祖大典　199b
版权维护　342b
办公厅领导的事业单位　18c
办公用房管理　97c
保持全国计划生育优质服务先进县（市）　405b
保健食品监管　323a
保险　16b
保险机构　24b
保障房建设　270a
保障性住房价格审批　311c
保障性住房建设　299b
保障性住房项目竣工　227a
报刊发行转型升级　219c
闭幕式　203b
编制管理　71a
便民服务　273c
便民服务新举措　240a
标准定额管理　264b
殡葬管理　374b
病虫害防治　281b
病媒生物防治　372c
博物馆建设　332b
博薛线至西四环燃气管道选线规划　268a
补贴补助发放　319a
不良反应监测　323c
部门管理机构　18c
部门统计工作　326a
"百园扶百园"工程　351a

C

财务融资　251a
财务审计　236b
财务制度建设　236c
财政　16b、257
财政管理　257a
财政管理改革　258b
财政奖补　259a
财政支持产业转型升级　257b
财政支持新型城镇化建设　257c
参加"中原情·一家亲"经贸交流活动　192a
参加TPO论坛并获最佳宣传册奖　207b
参加各级综合性运动会获佳绩　358c
参加海峡两岸经贸交易会　191c
参加河南—香港经贸交流合作系列活动　191c
参加西洽会暨首届丝博会　191c
参加中俄蒙国际机械建材博览会　192b
参加中国（包头）国际装备制造业博览会　192a
参加中国北方旅游交易会　207b
参加中国电子商务文化节　193a
参加中国—东盟博览会　192c
参加中国国际投资贸易洽谈会　192c
参加中国民族商品交易会　192b
参加中原经济区城市旅游联盟年会　207a
参与和筹备重大活动　199a
参与新蔡"9.28"渡船侧翻事故搜救　246a
参政议政　105c、107a、108b、109c、111b、113a
餐饮环节食品监管　322c
残疾人扶贫帮困　129b

残疾人服务设施建设　130c
残疾人规划财务工作　130b
残疾人基础信息核查　131a
残疾人康复工作　128c
残疾人联合会　128c
残疾人培训就业　129b
残疾人特殊教育　129a
残疾人特殊救助　129b
残疾人维权信访　130b
残疾人文化体育宣传　129c
残疾人组织建设　130 c
曹瑞娟　427a
测土配方施肥　160a
查办和预防职务犯罪　142a
产城互动发展　387b
产权登记　271c
产权管理　319b
产业扶贫　158b
产业规划　285c
产业集聚区　379a、386c
产业集聚区产城互动发展　387b
产业集聚区电价政策落实　312b
产业集聚区基础设施建设　387a
产业集聚区集聚区功能集合构建　387a
产业集聚区建设　300b
产业集聚区招商引资　386c
产业集聚区重大项目建设　386c
产业体系构建　45b、85a
产业体系构建会议　54a
产业转移促进系列活动　198a
常规统计调查　325b
常万全郑州视察　151c
畅通信访渠道　96b
超限超载治理　244a
车辆免费通行管理　244a
车用燃气价格改革　312a
车站升级建设提速　231a
陈竺到郑州调研　58b
成本管控　252b
成品油价格政策落实　312b
成人教育　352b
成人社区教育　353a
成为国家新型城镇化综合试点县（市）　404c
成为全国婚姻登记示范县（市）　405a
成为全国农村“五保”供养工作先进县（市）　405a
诚信建设　361c
承接产业转移合作交流会　191b
承接政府职能转移　122a
城区功能品质不断提升　422b
城区河道管理　275b
城区美化　281a
城区总体城市设计　268a
城市道路大修　274b
城市公共交通　240b
城市公共交通安全行车和优质服务　241a
城市公共交通从业人员培训　242c
城市公共交通行业信息化建设试点工程　242b
城市公共交通行政审批改革　242a
城市公共交通技术更新和设备保障　241a
城市公共交通平安建设　242c
城市公共交通企业、驾驶员服务质量信誉考核　242b
城市公共交通线路开辟和线网优化　240c
城市公共交通依法行政　243a
城市公共交通运营车辆和运力结构调整　240c
城市公共交通站务服务设施建设　240c
城市公共交通重点任务保障工作　242c
城市共同配送联盟在郑启动　194a
城市供热价格改革　312a
城市供水　281c
城市供水价格改革　312a
城市管理　381c
城市管理体制改革　272c
城市环境雕塑建设　286b
城市建设　17b
城市建设与管理　396a、411c、419a、273c
城市客运交通安保工作　234b
城市燃气　282b
城市软实力建设　46b
城市生活垃圾处理收费　312c
城市照明设施　275a
城乡管理综合考评　273c
城乡规划编制　265a、268c
城乡规划与管理　265a
城乡环境保护　287a
城乡环境卫生整洁行动　372b
城乡建设与管理　407a
城乡建设与环境保护　262
城乡居民生活　370a
城乡社区建设　373c
城乡一体化建设　416c
城镇化建设　299a、45a、84b、52c
城镇居民收入　370a
城镇居民消费支出　370b
惩治腐败　62b
充水试验工作　177b
筹建“迅雷看看河南”视频网站　344b
出口加工区概况　384c
出口加工区招商引资　385a
出口加工区重点项目建设　385a
出生人口素质提高　365a
出生人口性别比偏高综合治理　365c
出租汽车行业住房公积金缴存　242c
出租汽车营运管理　241c
初中学区制建设　351a
初中学生德育工作　350b
储备管理　301c
传播全媒体建设　344c
创建工作　217c、358c
创建国家森林城市　162c
创新机制建设　97a、348c
创新网格服务站被央视点赞　425b
创新主体培育　349b
创业工作　90a
创优工作　345a
春节黄金周旅游　205c
春运　230b、240b
春运组织　225b
慈善激励机制建设　126a
慈善救助　126c
慈善募捐　126b
慈善宣传　126c
慈善志愿者管理　127b
慈善总会　125c
慈善总会队伍建设　127c
从严治警　152 c
从业人员教育培训　187a
从业人员培训　242c、245b
促进祖国和平统一　106a
村镇建设　262c
存款情况　208a
存款业务　214b、215c
“畅通郑州”工程建设　237a

D

搭建平台增加效益　220a
打非治违工作　187a
打非治违专项行动　317a
打击各类违法犯罪　138b
打假治劣　323c
打造百农优质生活平台　344a
打造水产品牌　160c
大典仪程　199c
大客户物流整体外包业务开办　226b
大气污染防治　287a
大事记　25a
大型直播活动　346c
大学生思想政治教育　352a
代表培训　76c
代表议案建议办理　76b
贷款情况　208b
贷款业务　214c、215c
单位及居住区绿化建设　280a
档案安全工作　339a
档案法制宣传　338c
档案工作　337c
档案馆库建设　338a
档案文化建设　338b
档案信息化建设　338b
档案资源建设　338a
党的建设　46c
党的群众路线教育实践活动　117b、324a、63b、69c、73c、360c
党风廉政建设　261c、305c、373a
党风政风建设　381a、384b、386b
党建工作　413a
党史队伍建设　75b
党史工作　74a
党史宣传教育　74c
党史资料征集　74b
党务工作会议　51a
党校分校管理　76a
党校服务市委市政府工作　76a
党校干部教育培训　75c
党校工作　75b

党校科研工作　76a
党政机构　45
导游大赛举办　205b
道德建设　120c
道德模范评选与宣传　361b
道路大修　274b
道路交通安全综合整治　234a
道路绿化建设　279c
道路日常养护　239b
道路运输便民服务新举措　240a
道路运输生产　240a
道路运输信息化建设　240a
登封"天地之中"历史建筑群保护管理　336a
登封市　400b
登封市产业集聚区　392c
登封市工业经济　401a
登封市机构与领导　400b
登封市农业与农村经济　401b
登封市社会管理　402b
登封市社会事业　402a
登封市生态建设　401c
登封市嵩山论坛　402c
登封市现代服务业　401c
登封市新型城镇化建设　401c
登封市政府职能转变　402c
邓凯检查调研征兵工作　152a
地方立法工作　133a
地方史志工作　339a
地方史志工作会议　340c
地方文化特色挖掘　125a
地方性法规立改废工作　133a
地籍测绘　302c
地名管理　374a
地情书开发　340c
地区经济　295c
地税管理　260c
地下空间开发利用　153a
地震监测　291a
地震应急救援　292a
地质地貌　11a
地质灾害防治　302c
第三产业　395c、398c、403c、406c
典型案例　147b
电动汽车充换电服务价格　312a
电力工业　184b
电力工业安全生产　185a
电力工业科技创新　185c
电力工业依法治企　185b
电力供需完成情况　184c
电力营销　184c
电网建设发展　184c
电信深化改革　223c
电信通信　223b
电信网络建设　223b
电信翼支付手机一卡通应用　223c
电子口岸建设　328b
电子商务　300a
电子商务产业发展推进会　88a
电子商务产业链打造　189b
电子商务人才教育培训基地建设　194c
电子商务文化节　193a
电子信息工业　183c
雕塑创作　286c
定期和调定价成本监审　313c
东赵城址考古新发现与保护座谈会　335c
东赵遗址　333c
动漫企业挂牌上市　343a
动物管养与繁育　281c
动物疫病防控　162a
都市区生态水系提升建设　176b
读者俱乐部建设　341c
队伍建设　127c、188c、217c、95b
对公业务　213a
对台工作　94a
对台工作队伍建设　95b
对台宣传教育　95a
对外交流　131b
对外经济　16a
对外经贸合作　191a
对外开放　318c
对外开放平台建设　190a
对外宣传　345a、64c
对外艺术交流　125b
多党合作和政治协商　102c
"大地情深"—国家话剧院赴郑州演出　331c
"单独两孩"生育政策　364c
"道德讲堂"活动　361c

E

恶意呼叫专项打击活动　223a
二七广场管理　276a
二七区　413b
二七区机构与领导　413c
二七区民生事业　415b
二七区新型城镇化建设　415a
二七区政府自身建设　415c
二七区综合经济快速发展　414b
"2014.1.24"抢劫杀人案　148a
"2014.5.22"人体携带毒品案　148b
"2014.6.27"抢劫杀人案　148b
2014年全国"五一劳动奖章"获得者　426a
2014年郑州市大事记　25a

F

发行网点建设　341c
发展计划管理　293a
发展要素保障　383c
法规　431
法规案出台前评估制度　133b
法规立改废工作　133a
法律服务　145c
法律援助　146a
法学会工作　137c
法院　23c
法院工作　143b
法院化解社会矛盾　144a
法院涉诉信访工作　144c
法院维护弱势群体权益　144c
法院执行工作　144b
法院自身建设　145a
法制　133a
法制办服务全市中心工作　134c
法制办干部队伍建设　134c
法制委员会　19a
法制宣传　134c
法治建设　120c、135c、264a、407c、46a
法治交通建设　233a
法治郑州建设　145c
法治政府建设　134a
反洗钱　210c
反洗钱管理　218c
防汛除雪　274b
防汛工程建设与管理　179a
防汛工作　178c、234c
防震减灾科普宣传　291d
房地产开发管理　272a
房地产市场运行　270b
房地产业　300b
房屋征收　262c
非公经济领域统战工作　68c
非民用天然气销售价格调整　312b
风险管理　215a
扶残助残活动　130a
扶持自主品牌展会做大做强　199a
扶贫开发　158a
服务"三大主体"工作　118b
服务保障　251c
服务发展　314c
服务工作　222c
服务会员　114c
服务经济社会发展大局　141b
服务类价格　311a
服务理念创新　221c
服务青少年成长成才　118b
服务全面深化改革　67b
服务市委市政府工作　76a
服务水平提升　323c
服务提升　212b
服务外包协会成立　193b
服务业　189a、299c
服务与运行保障　252b
服务质量管理　219b
妇联道德建设　120c
妇联法治建设　120c
妇联机关建设　121a
妇联基层建设　120b
妇联阵地建设　120 c
妇女联合会　119a
附录　426
赴东南亚客源市场宣传促销　206c
赴武汉举办旅游推介会　207a
赴浙江绍兴和湖州举办旅游推介会　207b
富士康科技集团郑州科技园iDPBG事业群DP2制一处生技课　429a

G

改革创新　407a

改革创新双驱动　412a
改革和创新　408c
改革开放　404a、422b、46a
改革任务落实　71c
干部管理监督　63c
干部教育培训　75c
干部人才队伍建设　66c
干部制度改革　63b
干线、重点工程项目管理　243b
干线公路建设　237c
干线公路设计审查、审批　236a
干线公路养护　238b
干线征迁扫尾工作　177b
高等教育　351c
高等教育规模　351c
高等教育内涵提升建设　352a
高速公路建设　237b
高铁物流快递启动　226c
高新区党风政风建设　386b
高新区科技创新　385c
高新区社会事业　386a
高新区现代产业体系构建　385c
高新区新型城镇化建设　385b
高中特色多样化发展　351b
个人业务　216b
个险业务　218c
耕地保护　302a
耕地占用税管理　261a
工程建设　285c
工程质量监管　239c
工程质量监管　263c
工地试验室备案审查　243c
工会　116a
工会维护职工合法权益　116b
工会组织建设　117a
工商行政管理　303a
工商联　114a、23b
工商联服务会员　114c
工商联光彩事业　115b
工商联经贸交流　115a
工商联思想政治建设　114a
工商联调查研究　114b
工商联组织建设　115c
工商银行　211c
工商银行服务提升　212b
工商银行管理品质提升　212b
工商银行经营结构　212a
工商银行经营效率　212a
工商银行客户拓展　212a
工商银行渠道建设　212b
工信部部长苗圩调研食品工业　183a
工业结构调整　181b
工业经济　180a、395c、398a、401a、403b、406c
工业生产资料价格　310c
工业项目投资　182b
工业用电量情况　181b
工业运行监测　181c
公安部门打击各类违法犯罪　138b
公安部门确保省会经济运行安全　139b
公安部门维护社会大局稳定　138a
公安部门执法规范化建设　140a
公安队伍建设　141a
公安工作　138a
公安基层基础工作　140a
公安实战机制建设　139c
公安信息化建设　140c
公共机构节能管理　98a
公共文化服务　66a
公共文化服务区建设　67b
公共文化服务区专题规划　267b
公共文化服务体系建设　330b
公交场站建设　238a
公交定制服务　240c
公交都市创建　233a
公交智能化建设　241b
公路“三乱”治理　235c
公路安全保通　244a
公路管理养护年活动　239b
公路沿线综合整治　243c
公路养护　239c
公路养护工程质量监管　239c
公路养护规范化管理　239c
公路养护科技应用　239a
公路养护通行环境优化　238c
公路养护依法行政　239c
公路运输业“安全生产月”活动　234b
公路运输业　232c
公路运输业安全生产“对话谈心活动”　234c
公路运输业安全生产责任制落实　234a
公路运输业财务审计　236b
公路运输业财务制度建设　236c
公路运输业法治交通建设　233a
公路运输业防汛工作　234c
公路运输业规范执法　235a
公路运输业行业管理　233b
公路运输业行政审批制度改革　235b
公路运输业行政执法培训　235b
公路运输业行政执法制度建设　235a
公路运输业集中整治专项活动　234a
公路运输业交通立法工作　235c
公路运输业交通设施建设　232c
公路运输业交通信息化建设　234c
公路运输业交通战备　235c
公路运输业科技创新　233c
公路运输业平安交通建设　233c
公路运输业企业安全生产标准化建设　234b
公路运输业统计工作　236a
公路运输业项目设计审批和变更　236a
公路运输业信访稳定　236c
公路运输业应急演练　234b
公路运输业运输保障能力提升　233a
公路运输业资金协调　236a
公民旅游文明素质提升　360b
公民思想道德建设　361a
公务用车管理　97c
公益广告宣传　361b
公用设施建设　299b
公用事业　273a、279a
公园绿地建设　279b
公园游园绿地建设　279b
巩义市　394a
巩义市城市建设与管理　396a
巩义市第三产业　395c
巩义市工业经济　395c
巩义市机构与领导　394c
巩义市两家合作社成为全国示范社　396c
巩义市农业与农村经济　395b
巩义市社会保障　396a
巩义市社会事业　396b
巩义市杨小周当选“最美村官”　397a
共青团　117b
共青团服务“三大主体”工作　118b
共青团服务青少年成长成才　118b
供电服务　184c
供热服务　285b
供热工程　284a
供热价格改革　312a
供热生产　284c
供热用煤价格监测　312b
供水安全　282a
供水保障　282a
供水服务　282b
供水工程建设　282a
供水价格改革　312a
供水营销管理　282b
供销合作　195a
古遗址保护　334c、334c、335a、335b、335b
谷歌AdWords体验中心在郑成立　193c
固定资产投资　15b、300c
管城回族区　415c
管城回族区城乡一体化建设　416c
管城回族区机构与领导　415c
管城回族区经济结构得到优化　416c
管城回族区社会事业　417b
管城回族区社会稳定　417b
管城回族区依法行政　417c
管理创新　286a
管理机制创新　279a
管理品质提升　212b
管网改造　275a
光彩事业　115b
广播电台创优工作　345a
广播电台对外宣传　345a
广播电台广告营收　345b
广播电台活动宣传　345b
广播电台事业建设　345b
广东豫商郑州行活动　192a
广泛团结联谊　100a
广告营收　345b
归国华侨联合会　131a
规范服务　283a
规范化管理　239c
规范性文件监督管理　134b
规范执法　235a
规划立法　269a
规划审批和管理　269a
规划执法　269b

规划专家库建立　269c
轨道交通1号线二期建设　250a
轨道交通1号线运营　250a
轨道交通　241b、248b
轨道交通2号线一期建设　249a
轨道交通5号线建设　250a
轨道交通财务融资　251a
轨道交通工程建设　248c
轨道交通科技运用　250b
轨道交通内控管理　251a
轨道交通运营安全管理　250c
轨道交通运营服务　250c
轨道交通质量安全管理　250a
轨道交通资源开发　251a
贵阳市到郑州考察　59c
郭庚茂到航空港实验区调研　59b
郭庚茂到郑州调研　58c
郭庚茂会见活动客商　59a
国防部长常万全郑州视察　151c
国际少林武术节　202a
国际税收管理　260c
国际投资贸易洽谈会　191b
国际投资贸易洽谈会　201c
国际装备制造业博览会　192a
国家成品油价格政策落实　312b
国家区域性会展中心建设　189c
国家森林城市创建　162c
国家卫生城市复审工作　371b
国库工作　211a
国民经济和社会发展计划执行情况　293a
国内贸易　15c
国内友好城市交流与合作　197c
国企负责人薪酬管理　319a
国企工资分配指导　319a
国企生活区调查　319c
国税管理　259a
国土资源管理　301b
国有企业改革　320b
国有企业改制　319c
国有企业融资担保审批　319c
国有企业战略重组　320a
国有资本经营预算　319a
国有资产监督管理　318a
国有资产统计分析　318c
国资系统法制建设　321a
果树生产　159a
“工人先锋号”获得集体　428b
“工人先锋号”获得集体名单　429
“国防情 强军梦”演讲团高校巡回演讲　151c
G107改建方案　267b

H

海关工作　326c
海关机构和海关特殊监管区域建设　328c
海关缉私　328a
海关监管　326c
海关监管模式创新　328c
海关税收征管　328a
海关统计　328b
海关支持郑州航空枢纽建设　329a
海关支持中欧班列运营常态化　329a
海关总署领导到河南调研　329c
海事管理　245b
海事航务行政执法　245c
海外华侨华人交往　93c
海外统战工作　69b
海峡两岸经贸交易会　191c
旱作农业　160b
行业发展　286a
行业管理　233b
行业监管　189c
行业建设　197b
行业特点　185c
行业协会建设　195b
行业信息化建设试点工程　242b
航空都市建设全面启动　380a
航空港区台湾科技产业园宋代壁画墓　335c
航空港实验区党风政风建设　381a
航空港实验区防震减灾专项规划评审　292c
航空港实验区航空都市建设全面启动　380a
航空港实验区建设　84b
航空港实验区建设会议　54c
航空港实验区交通规划　267a
航空港实验区内陆航空物流枢纽地位进一步突出　379a
航空港实验区现代产业加速集聚　379b
航空港实验区依法治区水平不断提升　380c
航空港实验区营商环境不断优化　380b
航空港实验区专项规划　266a
航空港实验区总体规划　265a
航空枢纽规划建设　252a
航空运输业　251a
合规管理　218c
和谐劳动关系工作　91b
和展会登记备案　199a
河道管理　275b
河南省“工人先锋号”获得集体名单　429
河南省“五一劳动奖章”获得者名单　429
河南省“五一劳动奖状”获得单位名单　429
河南省机场集团有限公司　251a
河南省劳动模范（先进工作者）名单　429
河南省社会保障卡在路局启用　226c
河南省邮政公司郑州市分公司挂牌　219b
河南—香港经贸交流合作系列活动　191c
红十字会“三献”工作　128b
红十字会　127c
红十字会救灾、备灾工作　128a
红十字会人道救助工作　128b
红十字会信息公开　128c
红十字会应急救护工作　128b
红十字会志愿服务工作　128c
红十字精神传播　128c
红十字项目工作　128a
后勤保障　150b
后勤服务　232b
后勤综合保障　152c
花卉生产　159a、158c
华南蓝天航空油料有限公司河南分公司　252c
华南油安全管理体系建设　252c
华南油安全培训　253c
华南油精细化管理　253c
华南油隐患排查治理　253a
华南油长输管线隐患治理　253b
华南油作业现场规范化管理　253a
华侨华人交往　93c
化解社会矛盾　144a
化妆品监管　323a
环保法制建设　288a
环保科研　288a
环保宣教　288a
环城快速公路管理　275c
环城生态水系循环工程规划　267c
环境保护　17b、287a
环境监测　287c
环境监察　287c
环境卫生管理　273a、277a
环境卫生整洁行动　372b
环境应急建设　287c
环卫职工待遇　277b
黄帝故里拜祖大典　199b
黄帝文化国际论坛　201b
黄河防汛工程建设与管理　179a
黄河防汛工作　178c
黄河水行政管理　179a
黄河治理　178b
黄河治理科技创新　179b
会展场馆设施建设　198c
会展业　198b
会展业及节庆活动　198b
会展业主要特点　198b
会展中心建设　189c
惠济区　420c
惠济区城区功能品质不断提升　422b
惠济区改革开放　422b
惠济区机构与领导　421a
惠济区三大产业平台和项目建设　422a
惠济区社会事业　422c
惠济区生态建设　422c
惠济区新型城镇化建设　421c
惠济区政府自身建设　423a
婚姻登记服务　374a
活动宣传　345b
火车站地区管理　278a
货币信贷管理　208c
货邮运输　251b
货运营销　228c
“河南最美村官”　397a

J

机场二期工程投运准备工作　52a

机构编制管理　71b
机构编制日常管理　71c
机构改革工作　71a
机构与领导　394c、397b、400b、402c、405c、408b、410c、413c、415c、418a、421a、423b
机关服务保障　98a
机关建设　107c、114a、121a
机关事务工作　97a
机关事务重点项目建设　97b
机械化保护性耕作　169c
机制建设　213b
鸡蛋价格　309c
基本建设　252
基层创新　218b
基层规范化建设　150a
基层基础工作　63c
基层基础建设　136b
基层建设　120b
基层科普行动计划　122b
基层群众自治　365c
基层武警建设　152c
基层组织建设　119a
基础管理　213c
基础建设与合规服务　214b
基础教育　350b
基础设施建设　387a
疾病防控　356b
集聚区功能集合构建　387a
集体财务管理　156a
集体林权改革　163b
集体资产管理　156a
集邮文化推动　220b
集中供热　283c
集中整治专项活动　234a
计划生育利益导向政策　365a
计划生育依法行政　365c
记者证换证工作　331c
纪检监察工作　62a
纪律检查委员会　18a
技术比武　285c
技术创新　283b
技术服务活动　121c
技术更新和设备保障　241a
加强自身建设　100b
加强组织领导　364a
家居制造业　184b
家用电器价格　311a
甲午年拜祀始祖轩辕黄帝文　200b
甲午年黄帝故里拜祖大典　199b
贾鲁河沿岸城市设计　268a
假冒伪劣产品打击　314c
假日旅游安全检查　204b
价格行政审批改革　313c
价格监管　312c
价格调节基金征收管理　311a
价格调整　283c
价格网格化管理　314a
价格政策惠民　313c
价格指数　307c
尖岗水库防汛抢险演练　151a
坚持履职为民　99c
坚持宣传倡导　364b
监督工作　81c
监督检查　197b、62b
监事会工作　320c
检察队伍建设　142c
检察工作　141b
检察机构服务经济社会发展大局　141b
检察机构接受相关监督　143a
检察院　23c
减灾救灾　375b
建设安全监管　264a
建设行业管理　262a
建设银行　213c
建设银行基础建设与合规服务　214b
建设银行客户和项目营销　214a
建设银行新产品和新业务营销　214a
建设银行业务经营　214a
建设银行战略发展　214a
建设银行战略协同业务　214a
建设银行综合融资　214a
建言献策　121b
建议提案办理　314a
建置沿革　11c
建筑节能　264c
建筑节能发展　264c
建筑业管理　263b
健康服务业　300b
健康教育和宣传　372c
交通　16a
交通安全综合整治　234a
交通规划　266c
交通规划勘察设计研究院　247c
交通行业安全生产　243b
交通行业安全生产管理　245b
交通行业从业人员培训　245b
交通行业地试验室备案审查　243c
交通行业干线、重点工程项目管理　243b
交通行业管理　243a
交通行业路政管理　243c
交通行业施工现场管理　243c
交通行业维修市场监督检查　245a
交通行业维修质量管理　244c
交通行业信息抄告处理工作　244c
交通行业营运安全保障　245a
交通行业制度建设　243b
交通行业质量安全综合大检查　243c
交通行业重点建设项目台帐管理　243c
交通基础设施建设
交通建设市场准入管理　243c
交通建设投资有限公司　246b
交通立法工作　235c
交通路网体系建设　399a
交通企业　246a
交通设施建设　232c
交通通信机构　24a
交通信息化建设　234c
交通运输集团有限责任公司　247a
交通运输业　224a
交通战备　235c
交通秩序管理　139a
焦锦森调研二七区电子商务工作　194c
教材发行　341b
教师培训　353c
教师人事管理　353a
教育　17a、348a、349c
教育督导与评估　354b
教育对外交流与合作　355a
教育管理　354b
教育行政审批　354c
教育经费投入　350a
教育预防　62c
接受“双打”工作督查　193a
接受相关监督　143a
秸秆综合利用及禁烧　168c
街舞大赛　67b
节假日客货运输　225b
巾帼成才行动　120 a
巾帼关爱行动　120a
巾帼家庭行动　119c
巾帼建功行动　119b
巾帼维权行动　120a
金博大城改扩建项目建设范围内古遗址保护　334c
金融创新　217a
金融改革　215c
金融机构　24b
金融统计　210b
金融稳定　210a
金融业　299c
金融业务转型发展　219c
金融运行状况　208a
金融证券　16b
金水区　410b
金水区城市建设与管理　411c
金水区党建工作　413a
金水区改革创新双驱动　412a
金水区机构与领导　410c
金水区群众路线教育实践活动　412c
金水区社会事业　412b
金水区现代服务业发展　411b
金水区项目建设与投资　411c
金水区政府自身建设　412c
京广铁路新黄河桥投入使用　225c
经济监督与管理　293
经济结构得到优化　416c
经济普查　325c
经济形势分析研究　325c
经济责任审计　306a
经开区出口加工区概况　384c
经开区出口加工区招商引资　385a
经开区出口加工区重点项目建设　385a
经开区党风政风建设　384b
经开区发展要素保障　383c
经开区平台建设　382c
经开区社会事业　384a
经开区现代产业体系构建　382b
经开区项目建设　383c
经开区新型城镇化建设　383c
经贸交流　115a
经贸交流活动　203b
经营管理　217a、218a、218b
经营结构　212a
经营效率　212a
精品网络建设　222c

精品文艺创作生产　66a
精神文明创建　362c
精神文明创建管理　97c
精神文明建设　179c、360a
精细管理　222a
精细化管理　253c
精准扶贫　158a
警备区　149a、24c
九三学社参政议政　113a
九三学社机关建设　114a
九三学社社会服务　113b
九三学社思想建设　112b
九三学社思想宣传工作　113c
九三学社郑州市委员会　112a
九三学社组织建设　112b
救灾、备灾工作　128a
就业创业工作　90a
居住区绿化建设　280a
举办2014郑州华彬航空嘉年华　425b
举办国家级流动展会　198c
举办乡镇街道志业务培训班　340c
举办新类型展会项目　199a
举办郑州市修志编鉴业务培训班　340c
军民融合发展　150c
军事斗争准备　149c
军休服务管理　377a
竣工验收和档案管理　301b
“坚持依靠群众、推进工作落实”机制建设　132c

K

开发区　379a
开发区机构编制管理　71b
开放招商　300b
开封市到郑州考察　59c
开幕式　202a
开幕式预演　202c
开展避孕节育全程优质服务　364c
开展课题调研　364b
勘察设计管理　264b
勘察设计招标监督管理　301b
勘界工作　374a
抗旱防汛　176a
科技　348a
科技创新　169c、179b、185c、233c、233c、285a、286a、385c
科技创新平台建设　349b
科技创新体系建设　348c
科技创新主体培育　349b
科技扶贫　158b
科技服务行动　157b
科技公共服务体系建设　349a
科技人员包万村科技服务行动　157b
科技应用　239a
科技运用　250b
科普大学建设　122b
科普行动计划　122b
科普资源开发　123a
科协“星级学会”创建活动　122a
科协承接政府职能转移　122a
科协技术服务活动　121c
科协建家工作　123a
科协建言献策　121b
科协全民科学素质工作　122a
科协人才引进　121c
科协学术交流活动　122a
科协自身建设　123b
科协组织建设　123a
科学技术　17a
科学技术协会　121b
科研工作　76a
可移动文物普查　333c
客户服务　219a
客户和项目营销　214a
客户拓展　212a
客运乘务　231c
客运服务　228c、230a
客运服务平台　229a
客运收入　232a
课外校外教育　355a
跨境贸易电子商务监管　329b
快速公交　240b
快速公路管理　275c
矿产开发管理　302c
矿产开发利用监督管理　301c
矿产资源　11a

L

垃圾收集处理　277b
来访接待　93a
兰花博览会　162c、201c
劳动竞赛建功立业活动　116a
劳动模范（先进工作者）名单　429
老干部工作　72b
老干部工作部门自身建设　74a
老干部文化生活　73b
老干部政策落实　73a
老干部作用发挥　72c
老龄工作　375c
理财业务　216c
理赔业务　218c
历史建筑群保护管理　336a
历史文化遗存保护整改工作　332c
立法规划编制工作　133b
联通114商城上线　223a
联通4G业务开网运营　223a
联通服务工作　222c
联通精品网络建设　222c
联通配合打击恶意呼叫专项活动　223a
联通通信　222b
联通通信业务发展　222c
联通县域无线网络优化　223a
联通自主开发“沃看路况”　223a
廉政建设　260b
廉政建设暨深化行政审批制度改革工作会议　86c
粮食安全保障　195c
粮食购销　196b
粮食价格变动　307c
粮食收储供应安全保障工程　197a
粮食最低保护价格落实　313b
粮油购销　195c
粮油购销行业建设　197b
两化融合　182c
列车“绿皮时代”结束　226c
列车调图　228b
列车调图及首开至广深“Z”字头列车　225c
林业　162c
林权改革　163b
林业产业　163a
林业科技保障　163c
林业相关政策保障　163c
零售业务　212c
领导干部会议　50a
流动人口服务管理　365b
流动展会　198c
流浪乞讨人员救助管理　374b
流转税管理　260c
龙头企业培育　189b
路产路权维护　238c
路风建设　229b、232a
路政管理　243c
落实“两个责任”　62a
旅服管理　232b
旅客列车“绿皮时代”结束　226c
旅客云服务系统投用　230a
旅客运输　251b
旅游　16a
旅游产业发展大会　204b、205b
旅游城市市长论坛　207c
旅游工作电视电话会议　204c
旅游管理　204b
旅游规划发展座谈会　204c
旅游活动　205c
旅游景区专项行动工作会议　205a
旅游市场规范　204a
旅游市场营销　204a
旅游收费清理规范　313b
旅游维权宣传活动　204c
旅游业　203c
旅游业项目建设　203c
旅游质监业务培训　205b
旅游质监与投诉管理系统培训班　205a
铝及铝精深加工产业　184a
绿城读书节　342c
绿地建设　279b
“两个责任”　62a
“两集中、两到位”改革　71
“六统一”机制建设　301c

M

马年贵金属新品及珍邮品鉴会　220a
马懿　5
马懿会见国外代表团　88c
马懿率团参加夏季达沃斯论坛　88b
马懿率团赴俄罗斯、波兰、奥地利进行工作访问　88c
马懿视察春节前市场供应　194c
盲人触摸雕塑展　286c
媒体建设和管理　65a
煤矿安全监管　186c

煤矿事故 187a
煤炭工业 186c
煤炭工业安全质量标准化建设 187a
煤炭工业从业人员教育培训 187a
煤炭运销管理 187b
美丽乡村建设 363b
美丽郑州建设 46b
孟娟 427b
棉农专列赴疆 226c
苗圩调研食品工业 183a
民办教育 352a
民办教育规范管理 352a
民办教育规模 352a
民办教育质量提升建设 352b
民兵参与维护社会治安 151c
民兵高炮队伍竞赛性考核 151b
民兵应急分队成建制拉动考核 151b
民革参政议政 105c
民革促进祖国和平统一 106a
民革社会服务 105c
民革思想建设 105b
民革郑州市委员会 105b
民革组织建设 105b
民建参政议政 108b
民建社会服务 109a
民建思想建设 107c
民建郑州市委员会 107c
民建组织建设 108a
民进参政议政 109c
民进社会服务 110a
民进思想建设 109b
民进郑州市委员会 109b
民进组织建设 109c
民盟参政议政 107a
民盟机关建设 107c
民盟社会服务 107b
民盟思想建设 106b
民盟郑州市委员会 106b
民盟组织建设 106c
民生“十大实事”完成情况 366a
民生保障和改善 85a
民生保障政策落实 258a
民生工程 366a
民生类新闻报道 346b
民生事业 404b、407c、415b
民生项目审计 306a
民营经济 254a
民营经济存在主要问题 254a
民营经济管理 254c
民政 372c
民政队伍建设 373a
民主党派 23b
民主党派和工商联 102c
民主党派和工商联基础工作 105a
民主党派加强自身建设 103b
民主法治建设 46a
民族团结进步创建工作 377b
民族与宗教 377a
民族宗教工作 68c
名录库管理 326b
名师队伍建设 353c

N

纳税服务 260a、261a
南航成本管控 252b
南航服务与运行保障 252b
南航改制 252c
南航基本建设 252
南航业改革 252cc
南水北调 177a
南水北调配套工程建设 177c
南水北调移民安置 178a
南水北调中线工程正式通水 177c
南水北调资金管理 178a
南四环至郑州南站城郊铁路工程 249b
内部督查审计 261c
内控案防 215b
内控管理 251a
内陆航空物流枢纽地位进一步突出 379a
能力建设持续提升 219c
年度政府投资计划 301c
年鉴编纂 340a
牛羊肉价格 309c
农产品平价商店建设 311b
农村产权交易 156c
农村公路建设 238a
农村公路养护 239a
农村环境保护 287b
农村集体财务管理 156a
农村集体资产管理 156a
农村能源环保 160b
农村水利建设 176b
农村土地承包管理 156b
农村信用社改革 210a
农工党参政议政 111b
农工党社会服务 111c
农工党思想建设 110b
农工党郑州市委员会 110b
农工党组织建设 110c
农机安全监理 171c
农机购置补贴 167c
农机教育培训 170b
农机抗灾救灾 167c
农机科普宣传 169c
农机新机具、新技术推广 170b
农机宣传 169a
农机专业合作社建设 169a
农贸市场提升发展 325a
农民合作社示范社 396c
农民收入 370b
农民消费支出 371a
农业公园嘉年华活动 410a
农业和农村工作 155a
农业机械化 163c
农业经营主体建设 157a
农业路快速路规划 267a
农业生产资料价格 310c
农业信息化建设 157b
农业银行“三农”业务 213b
农业银行 212c
农业银行对公业务 213a
农业银行机制建设 213b
农业银行基础管理 213c
农业银行零售业务 212c
农业与农村经济 395b、398b、401b、403c、406c
农作物病虫草害发生与防治 159a、159c

P

排水管网改造 275a
派出机构 21c
培肥地力 160a
培育市场增长点扩大消费会议 191a
批发市场集聚区构建 189a
片医社区卫生服务体系 356c
贫困山区区域特色经济项目 158a
品牌服装制造业 184b
品牌文化 217b
平安建设 147b、242c、322a
平安交通建设 233c
平安农机 170b
平安郑州建设 145b
平价商店建设 311b
平台建设 382c
普法宣传 320c

Q

七大主导产业 183b
企业、驾驶员服务质量信誉考核 242b
企业安全生产标准化建设 234b
企业财务动态监测 318c
企业财务预决算 318c
企业党建 321a
企业发展战略规划审核监管 318b
企业负责人经营业绩考核 318c
企业改革 252cc、320b
企业改制 183a、252c
企业管理 188a
企业经营体系构建 221b
企业目标管理 318c
企业战略重组 319b
气候气象 11b
气候影响评价 288b
气化郑州 282c
气象服务 288a
气源建设 282c
汽车零部件产业转移对接洽谈活动 88b
汽车制造业 183b
契税管理 261a
签约仪式 60c
前往中亚的集装箱班列开行 226c
强化理论武装 98b
强化药检技术支撑 323c
强化应急处置 96c
墙体材料革新 264c
抢劫杀人案 148a、148b
侨联“坚持依靠群众、推进工作落实”机制建设 132c
侨联调研工作 132a

侨联为侨服务工作　131c
侨联邀商、接待及对外交流　131b
青少年科普活动　122b
青少年思想政治引领　118a
清费治乱　313a
清真食品管理　378a
秋冬重点工作推进会　87c
秋粮生产　158c
区划调整　12a、374a
区划现状　12a
渠道建设　212b、215a
全国“工人先锋号”获得集体　428b
全国妇联主席沈跃跃在郑座谈会　121a
全国技术比武　285c
全国经济普查　325c
全国可移动文物普查　333c
全国农民合作社示范社　396c
全国商贸物流工作现场经验交流会　191b
全国文明城市届满重创工作　362c
全军民兵高炮队伍竞赛性考核　151b
全路列车技术作业时间标准查定示范会召开　231b
全路首家跨局高铁物流快递启动　226c
全面深化改革顺利开局　70c
全民科学素质工作　122a
全省培育市场增长点扩大消费会议　191a
全市“三城联创”工作推进会　87b
全市安全生产工作会议　87a
全市安委会全体（扩大）会议　88a
全市电子商务产业发展推进会　88a
全市领导干部会议　50a
全市旅游工作电视电话会议　204c
全市秋冬重点工作推进会　87c
全市人口和计划生育电视电话会议　87b
全市商务工作会议　191a
全市生态建设工作动员大会　86b
全市生猪定点屠宰企业肉类流通追溯系统操作培训会　194a
全市新型城镇化工作推进大会　87a
全市新型工业化大会　87a
全市易地扶贫搬迁推进会　87c
全域城市化持续提速　424a
全域旅游产业发展大会　205b
确保省会经济运行安全　139b
群众路线教育实践活动　117b、324a、412c、63b、69、73c
群众生活全面改善　409c
群众体育　358c
群众体育组织建设　359a
群众团体组织　23c
群众文化活动　66a、330c
群众武术活动展演比赛预赛　202c
群众武术展示活动　203b
“千亿级”电子商务产业链打造　189b
“千亿级”批发市场集聚区构建　189a
“千亿级”商圈打造　189a

R

燃气价格改革　312a
染防治　287a
热力出厂价格调整　312b
人才队伍建设　66c
人才工作　63c
人才培训服务　255b
人才培养　125b
人才引进　121c
人大常委会　18c
人大常委会法律咨询委员会成立　133c
人大常委会会议　78b
人大常委会文件　486a
人大常委会主任会议　80a
人大成立60周年会议　77b
人大代表培训　76c
人大代表议案建议办理　76b
人大法制委员会　19a
人大工作座谈会　77c
人大会议　77c
人大全会　77c
人大主任接待代表日活动　77a
人道救助工作　128b
人防工程管理　154a
人防工程开发利用　153a
人防行政执法　154a
人防机关建设　154c
人防军事斗争准备检验评估　153b
人防通信警报　153c
人防宣传教育　154b
人防训练与考核大纲试训　153c
人防组织指挥　153b
人口　17b
人口构成　13a
人口和计划生育电视电话会议　87b
人口和计划生育管理　364a
人口和计生加强组织领导　364a
人口和计生坚持宣传倡导　364b
人口和计生开展课题调研　364b
人口和计生长效机制建设　366a
人口状况　13a
人力资源管理　219b
人力资源和社会保障　90a
人民币管理　211a
人民代表大会　76a
人民防空　153a
人民生活　17b
人民调解　145c
人民团体　116a
人民武装　149a
人民银行　207c
人民政府　84a
人民政府文件　487a
人民政协　98b
人社队伍建设　92a
人社系统自身建设　91c
人事人才工作　90c
人体携带毒品案　148b
荣誉榜　426a
融资渠道建设　255a
融资性担保行业发展　255b
融资性担保机构日常监管　255c

S

三城联创市容整治　273b
三大产业平台和项目建设　422a
三环快速化工程整治　275a
散装水泥　265a
扫黄打非　342b
森林城市创建　162c
森林资源保护　163a
山脉水系　11a
商标战略实施　303c
商贸流通　189a
商贸流通服务体系完善　189c
商贸物流工作现场经验交流会　191b
商贸业　300a
商品住房价格管理　311c
商圈打造　189a
商务工作会议　191a
商业贸易　189a
商业贸易行业监管　189c
上海自贸区海关监管创新制度复制推广　328b
上级资金争取　301c
上街区“郑州1号”飞机下线　425c
上街区　423a
上街区城市集中供暖项目建设范围内古遗址保护　334c
上街区创新网格服务站被央视点赞　425b
上街区机构与领导　423b
上街区举办2014郑州华彬航空嘉年华　425b
上街区全域城市化持续提速　424a
上街区社会事业　425a
上街区生态文明建设　425a
上街区通用航空试验区建设　424b
上街区现代产业体系构建　424c
上街区政府机构改革全面启动　425a
尚岗杨遗址　334b
尚庄城中村改造项目建设范围内古遗址保护　335b
少林武术节　202a、358b
少数民族经济社会事业全面发展　377c
少数民族流动人口服务管理　378b
设计审批　301b
社会安全防范　138c
社会保障　17b、396a
社会保障工作　90b
社会保障卡在路局启用　226c
社会扶残助残活动　130a
社会服务　105c、107b、109a、110a、111c、113b、374c
社会福利　376a
社会工作　374c
社会公益组织培育　125c
社会管理　373b、402b、407c
社会化科普活动　122c
社会救助　374c
社会救助和保障　311b
社会科学界联合会　123b

社会科学学术年会　124b
社会融资　208c
社会事业　360a、381c、384a、386a、396b、402a、407、412b、417b、420b、422c、425a
社会团体　116a
社会文化　330a
社会稳定　417b
社会信用体系建设　326b
社会宣传　333b
社会责任　283b
社会治理　420a
社会治理体系建设　399c
社会主义核心价值观宣传教育　65b
社会组织管理　373b
社科成果转化　123c
社科理论研讨　124a
社科联学会活动　124b
社科联自身建设　124c
社科优秀成果评奖　124a
社科知识普及活动　124a
社科重大课题调研　123c
社区科普大学建设　122b
涉案物品价格鉴证　314a
涉法涉诉信访工作　137a
涉诉信访工作　144c
涉外工作管理　93a
涉外活动　94a
深化改革　223c
沈跃跃在郑座谈会　121a
审计监督　305c
审计内部管理　307a
审计质量管理　306b
审批制度改革　268c
生活垃圾处理收费　312c
生态环境体系建设　399c
生态建设　401c、422c
生态建设工作动员大会　86b
生态水系提升建设　176b
生态水系循环工程规划　267c
生态文明建设　425a
生物产业　184a
生物资源　11b
生猪定点屠宰企业肉类流通追溯系统操作培训会　194a
生猪价格　308a
省“工人先锋号”获得集体名单　429
省“五一劳动奖章”获得者名单　429
省“五一劳动奖状”获得单位名单　429
省机场集团安全管理　251c
省机场集团服务保障　251c
省机场集团货邮运输　251b
省机场集团旅客运输　251b
省级产业集聚区　387b
省劳动模范（先进工作者）名单　429
省市双重管理机构　22b
师德师风建设　353b
师资队伍建设　353a
师资援疆　354a
施工现场管理　243c
十佳广播栏目评选活动　345b
时政新闻报道　345c
实施科技惠民计划　349a
实施重大科技专项　349a
食品诚信体系建设　186b
食品工业　185c
食品工业行业特点　185c
食品工业重点项目建设　186b
食品生产监管　314b
食品药品打假治劣　323c
食品药品监督管理　322b
食品药品监督网格化管理体系　322b
食品药品监管服务水平提升　323c
食品药品监管依法行政　324a
食品制造业　184b
食企政策扶持　186a
食用油价格变动　308a
世界旅游城市市长论坛　207c
世界文化遗产申报工作　332a
市场发展工作　324a
市场发展投资公司工作　325a
市场管理　324b
市场价格监测　311a
市场监管　305b
市场协会工作　325a
市管企业财务动态监测　318c
市管企业财务预决算　318c
市管企业负责人经营业绩考核　318c
市管企业目标管理　318c
市检察院　23c
市民公共文化服务区建设　67b
市民公共文化服务区专题规划　267b
市情概要　11
市人大常委会法律咨询委员会成立　133c
市人大常委会工作机构　19a
市人大常委会会议　78b
市人大常委会文件　486a
市人大常委会主任会议　80a
市人大成立60周年会议　77b
市人大法制委员会　19a
市人大全会　77c
市人民政府　19b
市人民政府文件　487a
市容管理　276c
市容环境卫生　276c
市容整治　273b
市属媒体建设和管理　65a
市属政府投融资公司建设　318c
市委　18a
市委常委会议　48c
市委工作部门　18a
市委会议　47b、47c、48a
市委会议讲话　1
市委文件　483a
市委直属事业单位　18b
市委重要签约仪式　60c
市新华书店资产移交　320b
市政府第一次全体（扩大）会议　86b
市政府工作部门　19b
市政府廉政建设暨深化行政审批制度改革工作会议　86c
市政府派出机构　21c
市政府直属事业单位　21b
市政府驻外办事机构　22a
市政建设与管理　272c
市政设施防汛除雪　274b
市政设施管理　273a
市政设施建设　278c
市政设施养护　274a
市政协常委会议　101a、101b、101c、101c、102a、102b
市政协工作机构　22c
市政协会议　100c
市政重点工程建设　262a
市直部门服务航空港实验区　320b
市中级法院　23c
事业单位　18b、18c、21b
事业单位改革　71c
事业建设　345b
视察活动　82a
收购《环球慈善》杂志　344a
收入征管　257a
书画名家作品展　201a
书信文化宣传推介河南旅游文化启动　220c
蔬菜价格　310c
蔬菜生产　158c
署省合作备忘录签署　329c
数字化城市管理　277c
双槐树遗址　334a
双拥优抚工作　376c
双重管理机构　22b
水产技术推广　160c
水产品牌　160c
水产品质量安全　160c
水产业　160b
水肥一体化　160b
水害治理　186c
水行政管理　179a
水利建设　175c
水利建设　176b
水上“平安交通”创建　245b
水上大型群众性活动保障　245c
水污染防治　287b
水资源管理　177a
税收宣传　261b
税收征管　260
税收征管转型升级　259c
税收政策落实　260b
税务　257
税务稽查　261b
司法行政工作　145b
司法体制改革　136a
思想建设　105b、106b、107c、109b、110b、112b
思想理论建设　64a
思想宣传工作　113c
思想政治建设　114a、149a、152a
嵩山路沿线街景设计　268b
嵩山论坛2014年会　67a
嵩山论坛　402c
诉讼监督　142b
随迁子女入学　354c
所得税管理　261a
“三城联创”工作推进会　87b

“三农”业务　213b
“三秋”农机战役　166c
“三夏”机收会战　165a
“三献”工作　128b
“十大实事”完成情况　366a
“示范加油站”检查验收　194b
“双包”业务　220c
“双打”工作督查　193a
“双微”网络平台上线运行　227a
“四项秩序”整治　278b
4G业务发展　221a
4G业务开网运营　223a
“3.15”旅游维权宣传活动　204c

T

台胞台属联谊　95a
台侨海外统战工作　69b
台资企业协会　95
泰康人寿保险　218b
泰康人寿反洗钱管理　218c
泰康人寿个险业务　218c
泰康人寿合规管理　218c
泰康人寿经营管理　218b
泰康人寿客户服务　219a
泰康人寿理赔业务　218c
特载　1
特色课程与评价体系建设　351b
特殊教育　351c
特种设备安全监察　314c
腾讯文化主题明信片　220a
提升办案质量　146c
体育　17a、356a、358b
体育创建工作　358c
体育教育　351c
体育设施不断完善　359c
体制改革　303b
天然气销售价格调整　312b
调查研究　114b、211b
调查研究工作　65a
调研工作　132a
调研及视察活动　82a
铁路　224a
铁旅跨局合作交流启动　227a
停车场差别化收费　312c
通行环境优化　238c
通信机构　24a
通信业务发展　222c
通用航空产业　300c
通用航空试验区建设　424b
统计法制建设　326b
统计服务　325c
统计工作　236a、325b
统计基层基础建设　326b
统计信息编发　326a
统计制度建设　326c
统计资料　437
统战工作　67b、68c、69b
统战工作创新　69b
投行业务　214c
投融资服务平台搭建　331a
投融资改革　301c
投融资平台注入资产　319b
投资促进　197c
投资和企业审计　306a
投资事项审核监管　318b
透明慈善　127b
图书发行　341a
图书交易会　342c
图书营销　341b
土地承包管理　156b
团的基层组织建设　119a
推动多党合作　68a
推进问题解决　96c
推进协商民主　99b
退役士兵安置　376c
“天地之中”历史建筑群保护管理　336a
“同心”实践行动　104c
“同心”实践行动　67c
TPO论坛并获最佳宣传册奖　207b

W

挖掘地方文化特色　125a
瓦日铁路郑州局管段开通　225a
瓦斯治理　186c
外汇管理　211b
外事侨务工作　92b
完善体制机制　98c
完善知识产权体系　349c
汪登辉　426b
汪沟遗址　334c
王保庆　427c
王钦敏到郑州调研　58c
网格化管理　272a、305c
网格化管理体系　322b
网络建设　223b
网络商品交易监管　305a
网络文明传播　360a
网络新媒体宣传引导　118a
网络宣传与管理　64c
为农服务新模式创新　195b
为侨服务　93b
为侨服务工作　131c、131c
维护弱势群体权益　144c
维护社会大局稳定　138a
维护社会稳定　135a
维护职工合法权益　116b
维修市场监督检查　245a
维修质量管理　244c
卫生　356a、17a、356a
卫生文化和行风建设　358a
卫生重大项目建设　357c
未成年人活动场所建设　364a
未成年人思想道德建设　363c、65c
文化　17a
文化产业发展　331a、66b
文化产业园区建设　331a
文化创意旅游业　300a
文化环境整治　66c
文化交流活动　331a
文化精品建设　330c
文化科技卫生“三下乡”活动　363c
文化市场监管　331b
文化事业　330a
文化体制改革　331b、66b
文化遗产保护　66c
文明城市创建　65b
文明单位、社区和村镇创建　363b
文明单位结对帮扶工作　363b
文明施工管理　264a
文明示范路创建　239b
文明网建设　360a
文物安全和执法工作　333b
文物保护工程项目建设　332b
文物管理　332a
文物管理社会宣传　333b
文物管理重点项目建设　332a
文物勘探考古发掘　332b
文物资源管理　332a
文学艺术界联合会　124c
文艺创作　125b
文艺展演活动　124c
污染物减排　287b
污水处理　285b
无线通信精品网络建设　221c
吴天君　1
吴天君出访俄罗斯　60b
吴天君出访英国　60a
吴天君会见重要来客　60b
五年立法规划编制工作　133b
武警郑州市支队　152a、24c
武警支队从严治警　152 c
武警支队后勤综合保障　152c
武警支队基层建设　152c
武警支队思想政治建设　152a
武警支队执勤处突与军事训练　152b
武警支队作风建设　153a
武术节闭幕式　203b
武术节经贸交流活动　203b
武术节开幕式　202a
武术节开幕式预演　202c
武术节论文报告会　203a
武术节群众武术活动展演比赛预赛　202c
物价管理　307b
物流业　299c
物业服务收费管理　312c
物业管理　271b
“我的中国梦”教育实践活动　363c
“我们的节日”主题活动　361c
“沃看路况”开发　223a
“五单一网”制度改革　263a
“五一劳动奖章”获得者名单　429
“五一劳动奖状”获得单位名单　429

X

西治会暨首届丝博会　191c
习近平到郑州视察　58a
习近平总书记到郑州东站视察　229c
习近平总书记视察郑州铁路集装箱中心站　225a
夏粮生产　158b
县（市）区　394a

县（市）区国资监管指导　321a
县（市）区侨联工作　132b
县（市）园林绿化建设　280b
县域无线网络优化　223a
现代产业加速集聚　379b
现代产业体系构建　382b、385c、409、424c、45b、85a
现代产业体系构建会议　54a
现代产业体系建设　399b
现代服务业　401c
现代服务业发展　411b
现代服务业体系构建　381a
现代食品制造业　184b
线路开辟和线网优化　240c
乡镇街道志业务培训班　340c
项目带动　319c
项目建设　203c、383c
项目建设与投资　411c
项目设计审批和变更　236a
消防安全管理　139a
小额贷款公司发展　256b
小额贷款公司监管　256b
校园安全　355a
校园文化建设　351c
校长队伍建设　354a
谢伏瞻参加省人大郑州代表团活动　76a
谢伏瞻到航空港实验区调研　59b
谢伏瞻到郑州调研　59b
谢伏瞻会见活动客商　59a
谢伏瞻检查调研征兵工作　152a
新材料产业　184a
新产品和新业务营销　214a
新华书店资产移交　320b
新疆哈密地区纺织服装考察组来郑考察　194b
新密超化寺下寺保护维修工程　336c
新密市　397a
新密市产业集聚区　392a
新密市第三产业　398c
新密市工业经济　398a
新密市机构与领导　397b
新密市交通路网体系建设　399a
新密市农业与农村经济　398b
新密市社会治理体系建设　399c
新密市生态环境体系建设　399c
新密市现代产业体系建设　399b
新密市新型城镇体系建设　399a
畜产品质量安全监管　162a
畜牧生产　161c
畜牧业　161a
畜牧综合执法　162b
畜禽养殖废弃物综合利用　162b
新区建设　419b
新闻报道　345c、346b
新闻出版　342a
新闻出版与传媒　342a
新闻记者证换证工作　331c
新闻宣传　146a、343c、64b
新乡市到郑州参观考察　59c
新型城镇化工作推进大会　87a
新型城镇化建设　381b、383c、385b、401c、404a、409b、415a、418c、421c、45a、84b
新型城镇化建设会议　52c
新型城镇体系建设　399a
新型工业化大会　87a
新型农业经营主体建设　157a
新型职业农民培育　157a
新郑市　402c
新郑市保持全国计划生育优质服务先进县（市）　405b
新郑市成为国家新型城镇化综合试点县（市）　404c
新郑市成为全国婚姻登记示范县（市）　405a
新郑市成为全国农村“五保”供养工作先进县（市）　405a
新郑市第三产业　403c
新郑市改革开放　404a
新郑市工业经济　403b
新郑市机构与领导　402c
新郑市检察院接待室成为全国文明接待室　405b
新郑市拘留所获全国一级拘留所称号　405a
新郑市民生事业　404b
新郑市农业与农村经济　403c
新郑市新型城镇化建设　404a
新郑新港产业集聚区　391c
行政复议　134c
行政行为审核和行政诉讼　134b
行政机构改革　358a
行政区划　11c
行政审批改革　187a、242a、320b
行政审批制度改革　235b、262c、272b、301c
行政事业资产管理　319a
行政执法监督　134a
行政执法培训　235b
行政执法制度建设　235a
信访部门畅通信访渠道　96b
信访部门创新机制建设　97a
信访部门强化应急处置　96c
信访部门推进问题解决　96c
信访工作　147a、321b、95c
信访稳定　236c
信息抄告处理工作　244c
信息管税　261b
信息化产品“沃看路况”开发　223a
信息化建设　240a、269b、340c
信息科技　217b
信用监管　303c
信用体系建设　211a
刑事检察工作　141c
刑事审判　143b
性别比偏高综合治理　365c
修配行业行政审批制度改革　244c
修志编鉴业务培训班　340c
徐光春到郑州调研　58c
徐晓　426a
宣传工作　64a
学雷锋志愿服务活动　65c
学生资助工作　354c
学术交流活动　122a
学校布局规划　354c
学校基本建设　350b
学校收费管理　313a
荥阳市　405c
荥阳市产业集聚区　393a
荥阳市城乡建设与管理　407a
荥阳市第三产业　406c
荥阳市法治建设　407c
荥阳市改革创新　407a
荥阳市工业经济　406c
荥阳市机构与领导　405c
荥阳市民生事业　407c
荥阳市农业与农村经济　406c
荥阳市社会管理　407c
荥阳市社会事业　407b
荥阳市招商引资　407a
荥阳市作风建设　407c
“星级学会”创建活动　122a
“迅雷看看河南”视频网站　344b

Y

亚布力中国企业家论坛夏季高峰会在郑举行　192b
烟草工业　187b
烟草工业队伍建设　188c
烟草工业企业管理　188a
严隽琪到郑州考察　58b
扬尘污染治理　273b、277b
杨小周当选“2014河南最美村官”　397a
邀商、接待及对外交流　131b
药检技术支撑　323c
药品价格政策惠民　313c
药品流通环节监管　323b
药品生产环节监管　323b
业务经营　214a
业余训练　359b
医疗服务管理　357b
医疗服务价格管理　313b
医疗器械监管　323c
医药产业　184a
医药卫生体制改革　357a
依法从严治军　150a
依法行政　239c、243a、260c、281a、313c、324a、417c
依法行政建设　134a
依法治教　355c
依法治粮　196c
依法治企　185b
依法治区水平不断提升　380c
移动4G业务发展　221a
移动创新服务理念　221c
移动互联网联盟成立　223a
移动精细管理　222a
移动企业经营体系构建　221b
移动通信　221a
移动无线通信精品网络建设　221c
以票控税　260c
义务兵优待金发放　151a
艺术交流　125b

易地搬迁扶贫　158a
易地扶贫搬迁推进会　87c
疫病防控　162a
翼支付手机一卡通应用　223c
因公出国（境）管理　92c
银行保险业　207c
银行卡业务　216c
引黄供水　179b
隐患排查治理　253a
印刷包装产品博览会　343a
营商环境不断优化　380b
营运安全保障　245a
应急案件处置　278a
应急救护工作　128b
应急演练　234b
用地计划管理　302b
用电量情况　184c
优化工业投资环境　182c
优化行车组织　250a
轨道交通优化行车组织　250a
优化消费环境　303c
优秀企业推介　255b
邮政　219a
邮电　16a
邮电通信业　219a
邮政保安押运服务有限公司郑州分公司
　　运营　220b
邮政报刊发行转型升级　219c
邮政搭建平台增加效益　220a
邮政服务质量管理　219b
邮政金融业务转型发展　219c
邮政能力建设持续提升　219c
邮政人力资源管理　219b
友好城市交流　93b
友好城市交流与合作　197c
有轨电车规划　266c
渔业示范区　160c
渔业资源养护　160c
渔政监督管理　160c
舆情信息工作　65a
与央企战略合作　318b
宇通客车股份有限公司　246a
玉米机械化收获　167c
玉溪宫文物保护工程　337a
预拌混凝土　265a
预拌砂浆　265a
预算执行审计　306a
豫剧节　200c
园林科研　281b
园林绿化　279a
园林绿化管理　280c
园林绿化规划设计　281a
园林绿化建设　280b、299b
园林绿化建设与管理　279a
园林绿化依法行政　281a
园区建设　408c
云南鲁甸地震灾区学生关爱
　　行动　220c
运城到郑州考察　59c
运管体制改革　240a
运输安全　227c、229c、230c
运输保障能力提升　233a
运输生产　230a、230c
运输生产任务　228a
运输市场管理　243a
运营安全管理　250c
运营车辆和运力结构调整　240c
运营服务　250c
“雨露计划”培训　158b
114商城上线　223a

Z

再生资源体系建设　195b
责任清单工作　71b
展会协调服务　199a
战略发展　214a
战略协同业务　214a
战略性龙头企业培育　189b
站务服务设施建设　240c
张俊峰调研指导人防工作　154c
长三角地区驻地招商活动　193a
长输管线隐患治理　253b
长途客运场站建设　238b
长效机制建设　146b、263a、366a、45c
招标投标监管　263c
招拍挂交易　301c
招商引资　182a、190b、318c、
　　386c、407a、420a、46a
赵建才调研电子商务产业园区发展
　　情况　195a
照明设施　275a
阵地建设　120 c
震害防御能力建设　291d
震情跟踪和监测预报　291a
争创国家现代渔业示范区　160c
征收供地管理　302b
整村推进扶贫　158a
郑东新区　381a
郑东新区城市管理　381c
郑东新区社会事业　381c
郑东新区现代服务业体系构建　381a
郑东新区新型城镇化建设　381b
郑焦城际南阳寨车站微机联锁
　　施工　231a
郑开城际铁路开通运营　225a
郑开大道市政管理　276a
郑上新区总体规划　266b
郑台交流交往　94c
郑台经贸合作　94a
郑州新郑综合保税区　379a
郑州报业集团　343a
郑州报业集团新闻宣传　343c
郑州北站　230b
郑州北站车站升级建设提速　231a
郑州北站全路列车技术作业时间标准
　　查定示范会召开　231b
郑州北站运输安全　230c
郑州北站运输生产　230c
郑州北站主要技术设备　230c
郑州博物馆藏品管理　337a
郑州车站　227b
郑州车站货运营销　228c
郑州车站客运服务　228c
郑州车站客运服务平台　229a
郑州车站列车调度　228b
郑州车站路风建设　229b
郑州车站运输安全　227c
郑州车站运输生产任务　228a
郑州车站主要技术设备　227b
郑州大河村遗址博物馆建设
　　项目　337b
郑州地铁雕塑文化研讨　286c
郑州地铁文化雕塑展　286c
郑州电视台　345c
郑州电视台对外宣传　347c
郑州电视台节目创优　347c
郑州电视台栏目创新　347a
郑州电视台媒体融合发展　347b
郑州雕塑艺术馆挂牌　286c
郑州东站　229c
郑州东站客运服务　230a
郑州东站旅客云服务系统投用　230a
郑州东站运输安全　229c
郑州东站运输生产　230a
郑州东站主要技术设备　229c
郑州动漫企业挂牌上市　343a
郑州二七纪念馆社会教育　337b
郑州高新技术产业集聚区　388a
郑州高新技术产业开发区　385b
郑州航空港产业集聚区　387b
郑州航空港经济综合实验区　379a
郑州航空港实验区防震减灾专项规划
　　评审　292c
郑州航空港实验区建设　84b
郑州航空港实验区建设会议　54c
郑州航空港实验区专项规划　266a
郑州航空港实验区总体规划　265a
郑州华威耐火材料有限公司
　　技术部　428c
郑州机场二期扩建项目建设范围内
　　古遗址保护　335a
郑州交通建设投资有限公司　246b
郑州交通运输集团有限责任公司　247a
郑州经济技术产业集聚区　388c
郑州经济技术开发区　382a
郑州警备区　149a、24c
郑州警备区后勤保障　150b
郑州警备区基层规范化建设　150a
郑州警备区军事斗争准备　149c
郑州警备区思想政治建设　149a
郑州警备区依法从严治军　150a
郑州客运段　231b
郑州客运段安全管理　232a
郑州客运段后勤服务　232b
郑州客运段客运乘务　231c
郑州客运段客运收入　232a
郑州客运段路风建设　232a
郑州客运段旅服管理　232b
郑州客运段主要技术设备　231c
郑州马寨产业集聚区　391a
郑州人大工作座谈会　77c
郑州人民广播电台　344b
郑州商城遗址保护项目　336c
郑州上街装备产业集聚区　390b
郑州市G107辅道南延项目建设范围内

古遗址保护　335b
郑州市承接产业转移合作交流会　191b
郑州市大气污染防治条例　431a
郑州市大事记　25a
郑州市地方史志工作会议　340c
郑州市赴南京、苏州、杭州考察学习　60a
郑州市赴新乡考察学习　60a
郑州市环城生态水系循环工程规划　267c
郑州市加入中国旅游城市新媒体营销联盟　207a
郑州市交通规划勘察设计研究院　247c
郑州市金岱产业集聚区　390a
郑州市旅游规划发展座谈会　204c
郑州市汽车零部件产业转移对接洽谈活动　88b
郑州市全国可移动文物普查　333c
郑州市全社会用电量情况　184c
郑州市群众团体组织　23c
郑州市人大常委会　18c
郑州市人大常委会文件　484a
郑州市人大成立60周年会议　77b
郑州市人民检察院　23c
郑州市人民政府　19b
郑州市人民政府文件　485a
郑州市社会科学学术年会　124b
郑州市委　18a
郑州市委文件　485a
郑州市郑韩故城遗址保护条例　434c
郑州市政协　22b
郑州市中级人民法院　23c
郑州市中牟产业集聚区　389a
郑州市中牟汽车产业集聚区　389b
郑州市中心城区总体城市设计　268a
郑州市中原区地方税务局办税服务厅　428b
郑州图书交易会　342c
郑州移动互联网联盟成立　223a
郑州银行　215b
郑州银行存款业务　215c
郑州银行贷款业务　215c
郑州银行个人业务　216b
郑州银行金融创新　217a
郑州银行金融改革　215c
郑州银行经营管理　217a
郑州银行理财业务　216c
郑州银行品牌文化　217b
郑州银行信息科技　217b
郑州银行银行卡业务　216c
郑州银行中间业务　216c
郑州银行中小企业贷款　216a
郑州银行资产保全　217b
郑州银行资金清算　216c
郑州宇通客车股份有限公司　246a
郑州中牟国家农业公园嘉年华活动　410a
郑州仲裁委换届　147b
政策文稿起草　70a
政策信息服务　70b
政策研究　69c
政法大事　147b
政法队伍建设　136c
政法工作　135a
政法工作基层基础建设　136b
政风行风建设　302c
政风行风在线访谈　205c
政府法制工作　133c
政府法制宣传　134c
政府工作报告　5
政府机构改革全面启动　425a
政府立法　134a
政府投融资公司建设　318c
政府信息编发和上报　85c
政府职能转变　402c
政府职能转变和机构改革工作　71a
政府自身建设　412c、415c、423a
政务诚信建设　362a
政协　22b
政协常委会议　101a、101a、101b、101c、101c、102a、102b
政协广泛团结联谊　100a
政协会议　100c
政协加强自身建设　100b
政协坚持履职为民　99c
政协强化理论武装　98b
政协全会　100c
政协推进协商民主　99b
政协完善体制机制　98c
政协郑州市委员会　22b
政研课题调研　70b
支持民主党派加强自身建设　103b
支持郑州航空枢纽建设　329a
支持中欧班列运营常态化　329a
支付清算　210c
执法工作机制创新　301c
执法规范化建设　140a
执法检查　81c
执行工作　144b
执勤处突与军事训练　152b
直播活动　346c
职工保障性住房项目竣工　227a
职工服务体系建设　116c
职工福利保障　319a
职工合法权益维护　116b
职工劳动保障　183a
职工思想政治和先进文化建设　117a
职业教育资源整合　352c
职业农民培育　157a
植物病虫害防治　281b
植物检疫　159c
志书编修　340b
志愿服务工作　128c
志愿服务活动　65c、362a
志愿服务项目化运作机制建设　362b
志愿服务阵地队伍建设　362b
志愿服务制度化建设　362a
制度建设　243b
质量安全管理　250a
质量安全综合大检查　243c
质量技术监督管理　314a
治超专项整治活动　244b
智慧旅游城市建设　204a
中等职业教育　352b
中等职业教育规模　352b
中俄蒙国际机械建材博览会　192b
中共郑州市委　18a
中共郑州市委文件　485a
中国（河南）国际投资贸易洽谈会　191b
中国（郑州）国际街舞大赛　67b
中国（郑州）兰花博览会　162c、201c
中国（郑州）世界旅游城市市长论坛　207c
中国（郑州）印刷包装产品博览会　343a
中国北方旅游交易会　207b
中国电子商务文化节　193a
中国—东盟博览会　192c
中国共产党　45a
中国国际投资贸易洽谈会　192c
中国河南国际投资贸易洽谈会　201c
中国旅游城市新媒体营销联盟　207a
中国民族商品交易会　192b
中国民族商品交易会推介座谈会　193c
中国南方航空河南航空有限公司　252b
中国人民解放军郑州警备区　24c
中国人民武装警察部队郑州市支队　24c
中国人寿保险　217b
中国人寿创建工作　217c
中国人寿队伍建设　217c
中国人寿基层创新　218b
中国人寿经营管理　218a
中国人寿资源整合　218a
中国银行　214b
中国银行存款业务　214b
中国银行贷款业务　214c
中国银行风险管理　215a
中国银行内控案防　215b
中国银行渠道建设　215a
中国银行投行业务　214c
中国银行中间业务　214c
中国银行中小企业业务　215a
中国豫剧节　200c
中国郑州国际少林武术节　202a
中国郑州国际少林武术节　358b
中华经典诵读活动　363c
中间业务　214c、216c
中铝公司赤泥库决口抢险　151a
中牟县　408a
中牟县改革和创新　408c
中牟县机构与领导　408b
中牟县群众生活全面改善　409c
中牟县首届郑州中牟国家农业公园嘉年华活动　410a
中牟县现代产业体系构建　409
中牟县新型城镇化建设　409b
中牟县园区建设　408c
中小企业贷款　216a
中小企业服务平台建设　254c
中小企业业务　215a
中小企业专家服务团建设　255a
中小商贸流通企业服务年专家大讲堂活动　193b

中小商贸流通企业银企对接会　193b
中小学心理健康教育　350c
中心城区市场外迁　324a
中心城区总体城市设计　268a
中医药工作　357c
中原电商高峰论坛　194a
中原经济区城市旅游联盟年会　207a
中原区　417c
中原区城市建设与管理　419a
中原区机构与领导　418a
中原区社会事业　420b
中原区社会治理　420a
中原区新区建设　419b
中原区新型城镇化建设　418c
中原区招商引资　420a
中原区重点项目建设　419c
中职德育工作　352c
中职教育内涵提升建设　352c
中州大学升本工作　352a
种文化到基层　125a
种植业　158b
仲裁队伍建设　147a
仲裁工作　146b
仲裁机构提升办案质量　146c
仲裁机构信访工作　147a
仲裁委换届　147b
仲裁宣传推行　146c
重大决策落实情况审计　305c
重大涉外活动　94a
重大投资事项审核监管　318b
重大项目建设　386c
重大项目库建设　301c
重点工程建设　262a
重点行业诚信建设　362a
重点建设项目台帐管理　243c
重点领域和关键环节改革　84c
重点任务保障工作　242c
重点图书发行　341b
重点项目建设　186b、318b、332a、419c、97b
重要会议　47b、86b
重要活动　58a、88b
重要团组来访接待　93a
重要文件目录　485
周强到郑州调研　58c
猪肉价格　308a
主任接待代表日活动　77a
主食产业化　196c
主要技术设备　227b、229c、230c、231c
主要污染物减排　287b
主业发展　283c
住房保障和房地产管理　269c
注册登记制度改革　303b
驻外办事机构　22a
驻郑部属单位　24a
驻郑单位联络服务　198a
驻郑省属单位　24a
专卖管理　187c
装备制造业　183b
资产保全　217b
资产投资　15b
资金筹措　257b
资金清算　216c
资金申请受理审核　199a
资金协调　236a
资源开发　251a
资源整合　218a
自然环境　11a
自身建设　62c
宗教工作　68c
宗教事务管理　378c
综合保障　315a
综合经济快速发展　414b
综合融资　214a
走近郑州——产业转移促进系列活动　198a
组建“正信互联网金融超市”　344b
组织工作　63a
组织机构　18a
组织建设　105b、106c、108a、109c、110c、112b、115c、119a
组织税收　259b
作风建设　153a、407c、62a
作业现场规范化管理　253a
“正信互联网金融超市”　344b
“郑邮易讯”手机信息平台　220c
“郑州1号”飞机下线　425c
“郑州男孩 郑州女孩”评选活动　347a
“中原货物快运”开行　226a
“中原货物快运”列车开行　231a
“中原情·一家亲”经贸交流活动　192a
“主题邮局”　220b
“做一个有道德的人”教育活动　363c
《环球慈善》杂志　344a
《卡通——红毛小Q》邮资图　220a
《新农合医政手册》媒体项目推广会召开　220a
《郑州黄河志编纂》　179c
《郑州市城市轨道交通近期建设规划》获批复　248c
《郑州市打击劣质油品专项行动方案》　194b
《中州纵横》杂志　124b

表格和示意图索引

郑州市行政区划情况（表）　12
郑州市人口基本情况（表）　13
郑州市人口自然变动情况（表）　14
郑州市生产总值及增速（图）　14
郑州市人均生产总值及增速（图）　14
郑州市规模以上工业增加值及增速（图）　15
郑州市固定资产投资及增速（图）　15
郑州市社会消费品零售总额及增速（图）　16
郑州市进出口总值、出口总值及增速（图）　16
郑州市地方财政总收入、公共财政预算收入及增速（图）　16
省委常委、市委书记吴天君重要调研考察活动（表）　61
市长马懿重要调研考察活动（表）　89
农业机械年末拥有量（表）　172
农业机械年末作业（表）　173
农机化作业服务（表）　174
全年工业增加值增速变化情况（图）　180
全年工业用电量增速变化情况（图）　181
七大主导产业增加值情况（表）　183
各月日均客运量分布图（图）　249
运营水平与质量主要指标（表）　249
中小企业主要指标完成情况（表）　254
年降水量历年变化情况（图）　289
降水量及距平百分率分布（图）　289
年平均气温历年变化情况（图）　289
年平均气温及距平分布（图）　289
年日照时数历年变化情况（图）　290
年日照时数及距平分布（图）　290
郑州市国民经济和社会发展计划主要指标一览（表）　296
郑州市工商行政管理工作主要数据（表）　304
郑州市居民消费价格总指数走势（图）　308
郑州市居民消费价格总指数走势　308
郑州与全国八大类价格对比（表）　308
面粉出厂平均价格走势（图）　309
郑州市生猪出场价格走势（图）　309
郑州市猪肉市场价格走势（图）　310
郑州市牛羊肉市场价格走势（图）　310
农贸市场鸡蛋零售平均价格走势（图）　310
郑州海关主要业务统计指标（表）　327
全国、全省及郑州市城镇居民人均可支配收入对比（表）　370
郑州市城乡居民收入对比（表）　370
全国、全省及郑州市农民人均纯收入对比（表）　370
全市五大宗教团体及办公地点（表）　377
国民经济和社会发展总量及速度指标（表）　437
年末人口基本情况（表）　440
人口自然变动情况（表）　441
农林牧渔业总产值（表）　442
农村基本情况及从业人员（表）　444
牧业主要产品产量（表）　445
林业生产情况（表）　446
邮电通信行业基本情况（表）　447
规模以上工业总产值、增加值及销售产值（表）　448
全社会固定资产投资（表）　449
城市建设用地情况（表）　450
市政设施及公共交通（表）　450
城市供水、供电情况（表）　451
城市燃气及供热（表）　452
社会消费品零售总额（表）　453

对外经济贸易（表） 453
财政收入（表） 454
财政支出（表） 460
金融机构信贷收支（表） 478
中资全国性四家行信贷收支（表） 479
教育事业主要综合指标（表） 480
卫生事业基本情况（表） 481
全市及县（市）城镇居民家庭基本情况（表） 482

彩图插页索引

和谐城乡　美丽郑州

印象郑州 一插2
国家及部委领导视察活动 一插10
省领导调研活动 一插14
市领导工作活动 一插16
印象郑州 一插20

区域新貌

郑州航空港经济综合实验区（郑州新郑综合保税区）管理委员会 二插22
郑州经济技术开发区管理委员会 二插26
郑州高新技术产业开发区管理委员会 二插28
河南郑州出口加工区管理委员会 二插30
中共巩义市委巩义市人民政府 二插32
中共新密市委新密市人民政府 二插34
中共登封市委登封市人民政府 二插36
中共新郑市委新郑市人民政府 二插38
中共荥阳市委荥阳市人民政府 二插40
中共中牟县委中牟县人民政府 二插42
中共金水区委金水区人民政府 二插44
中共二七区委二七区人民政府 二插46
中共管城回族区委管城回族区人民政府 二插48
中共中原区委中原区人民政府 二插50
中共惠济区委惠济区人民政府 二插52
中共上街区委上街区人民政府 二插54
区域图片荟萃 二插56

部门亮点

郑州市城乡建设委员会 三插58
郑州市公安局 三插62
郑州市人民检察院 三插64
郑州市城乡规划局 三插66
郑州市人力资源和社会保障局 三插68
郑州市园林局 三插70
郑州市文物局 三插72
郑州市人民防空办公室 三插74
郑州市地方史志办公室 三插76
郑州市农业农村工作委员会 三插78
郑州市卫生和计划生育委员会 三插79
中共郑州市委党校 三插80
郑州市林业局 三插81
郑州市司法局 三插82
郑州市体育局 三插83
郑州市地震局 三插84
河南黄河河务局郑州黄河河务局 三插85
郑州市红十字会 三插86
郑州澍青医学高等专科学校 三插87
郑州市第四十八中学 三插88

企业新姿　基层风采

河南嵩岳集团有限责任公司 四插90
郑州发展投资集团有限公司 四插94
郑州投资控股有限公司 四插96
郑州自来水投资控股有限公司 四插98
郑州市公共交通总公司 四插100
郑州市轨道交通有限公司 四插102
郑州经济技术开发区明湖办事处 四插104
郑州高新技术产业开发区石佛办事处 四插106
郑州高新技术产业开发区梧桐办事处 四插108
郑州市管城回族区十八里河镇人民政府 四插110
郑州市管城回族区南曹乡人民政府 四插112
郑州市二七区福华街街道办事处 四插114
郑州市二七区马寨镇人民政府 四插115
郑州市惠济区大河路街道办事处 四插116
郑州市上街区济源路街道办事处 四插117
中国电信集团公司河南省郑州市电信分公司 四插118
河南省电力公司郑州供电公司 四插119
郑州银行股份有限公司 四插120
郑州市公共住宅建设投资有限公司 四插121
郑州市紫荆山公园 四插122

企业新姿 基层风采

90 河南嵩岳集团有限责任公司
94 郑州发展投资集团有限公司
96 郑州投资控股有限公司
98 郑州自来水投资控股有限公司
100 郑州市公共交通总公司
102 郑州市轨道交通有限公司
104 郑州经济技术开发区明湖办事处
106 郑州高新技术产业开发区石佛办事处
108 郑州高新技术产业开发区梧桐办事处
110 郑州市管城回族区十八里河镇人民政府
112 郑州市管城回族区南曹乡人民政府
114 郑州市二七区福华街街道办事处
115 郑州市二七区马寨镇人民政府
116 郑州市惠济区大河路街道办事处
117 郑州市上街区济源路街道办事处
118 中国电信集团公司河南省郑州市电信分公司
119 河南省电力公司郑州供电公司
120 郑州银行股份有限公司
121 郑州市公共住宅建设投资有限公司
122 郑州市紫荆山公园

河南嵩岳集团有限责任公司

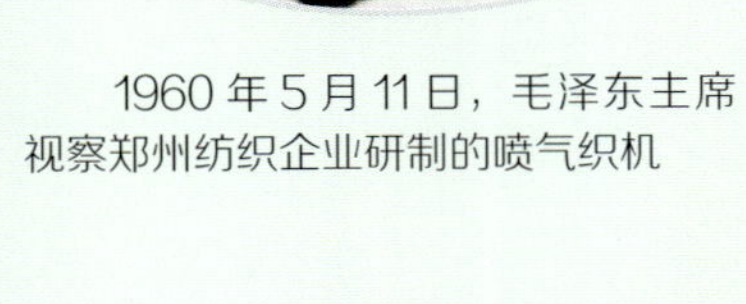

1960 年 5 月 11 日，毛泽东主席视察郑州纺织企业研制的喷气织机

1960 年 4 月 19 日，时任国家主席刘少奇到郑州纺织企业视察喷气织机

1960 年 3 月 19 日，时任全国人大常委会委员长朱德到郑州四棉视察喷气织机的生产情况

1960 年，时任中共中央总书记邓小平到郑州视察纺织企业

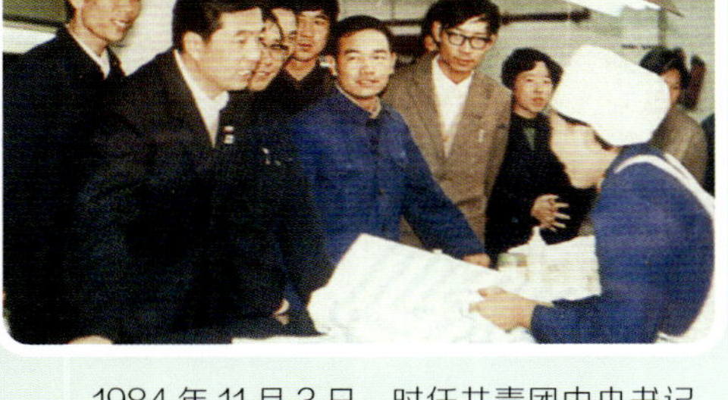

1984 年 11 月 3 日，时任共青团中央书记处第一书记胡锦涛到郑州国棉一厂视察

1989 年 1 月 11 日，时任中共中央总书记赵紫阳到郑州印染厂视察

1991 年 2 月 11 日，时任中共中央总书记、中央军委主席江泽民到郑州六棉视察工作

1991 年 6 月 21 日，时任中央办公厅主任温家宝到郑州六棉视察工作

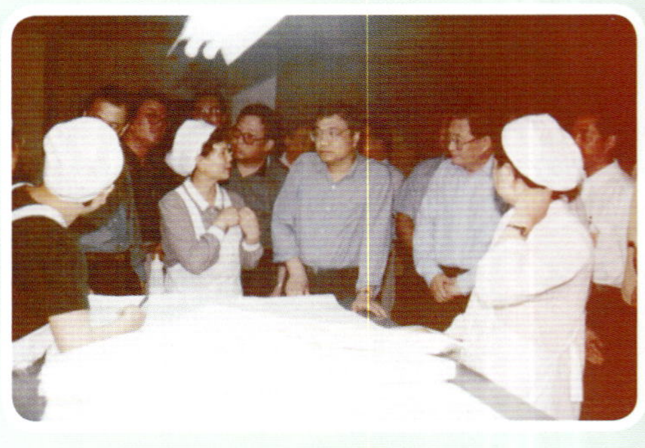

1999 年 6 月，时任中共中央委员、河南省省长李克强视察嵩岳集团郑州六棉

2006年12月15日，郑州第一纺织入住新郑龙湖工业园签字仪式

2007年1月，嵩岳集团郑州三棉改制为郑州泰阳纺织有限公司揭幕式

2007年10月，墨西哥外商考察嵩岳集团

2007年11月5日，时任常务副市长胡荃在嵩岳集团郑州四棉改制后的新企业奠基典礼上讲话

2007年，嵩岳集团郑州豫丰纺织有限公司产权转让签字仪式

2008年3月31日，时任省委常委、市委书记连维良到嵩岳集团郑州一棉改制后的新企业调研

2009年3月11日，郑州一、三、四棉整体产权移交确认签字仪式

2009年5月8日，嵩岳集团员工参观焦裕禄同志纪念馆

2009年8月31日，国家和省、市有关领导参加郑州第一纺织（由原嵩岳集团郑州一棉改制成立）、宏业纺织（由原嵩岳集团郑州豫丰纺织有限公司改制成立）投产庆典大会

2011年11月1日，嵩岳集团领导班子在学习省九次党代会文件。左起：副总经理彭增桥、党委副书记胡双印、董事长、总经理丁郑忠、常务副总经理陈五一、副总经理丁建民、纪委书记陈兰松

2012年4月26日，嵩岳集团党委书记、董事长、总经理丁郑忠、党委副书记胡双印、机关工会主席张书卷等在领取市五一劳动奖状后与集团部分员工合影

2012年7月1日，嵩岳集团党委书记、董事长、总经理丁郑忠上台领优秀党组织奖牌

河南嵩岳集团有限责任公司

建于 20 世纪 50 年代的郑州一棉生活区大门

建于 20 世纪 50 年代的郑州一棉生产区大门

郑州第一纺织有限公司（由原嵩岳集团郑州一棉改制而成）新生产区厂大门

建于 20 世纪 50 年代的郑州四棉生活区大门

郑州国棉四厂老生产区厂大门

嵩岳集团郑州四棉生产区大门

建于 20 世纪 50 年代的郑州三棉生活区大门

建于 20 世纪 50 年代的郑州五棉生活区大门

建于 20 世纪 50 年代的郑州六棉生活区大门

建于 20 世纪 50 年代的郑州三棉生产区厂大门

嵩岳集团郑州五棉厂大门

嵩岳集团郑州六棉老生产区大门

河南嵩岳集团有限责任公司

河南嵩岳集团办公大楼

郑州金笛印染有限公司大门

郑州宏业纺织有限公司（由原嵩岳集团郑州豫丰纺织有限公司改制而成）新厂大门

建厂中后期国产棉织整经机

现代国产新型并条机生产现场

现代国产新型清钢联梳棉机生产现场

现代国产新型自动粗纱机生产现场

现代国产新型环锭纺纱机

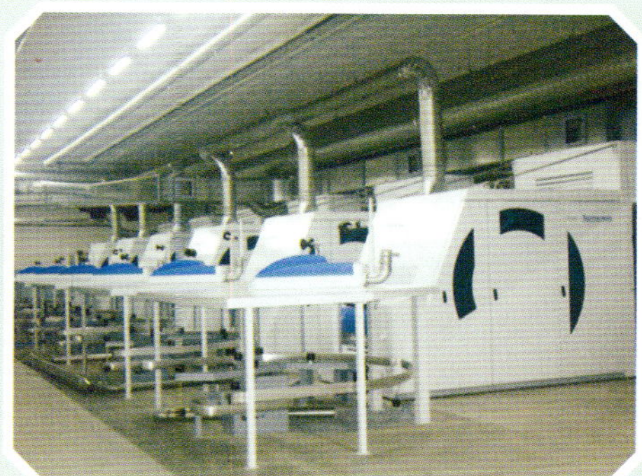

现代引进新型梳棉机生产现场

建厂初期“1字头”细纱机生产现场

建厂初期经小改小革“1字头”浆纱机生产现场

建厂初期有梭织机生产现场

郑州发展投资集团有限公司

2014年12月15日，市委书记吴天君视察四港联动大道

2015年6月23日，市长马懿视察农业路快速通道工程项目

2015年5月26日，市长马懿视察农业路快速通道工程项目

2015年7月3日，市委常委、常务副市长孙金献出席郑发集团与上实融资租赁首批签约仪式

集团公司董事长刘睿视察郑州市农业路快速通道工程项目

2015年3月6日，副市长张俊峰主持召开农业路快速通道工程征迁工作动员会

集团总经理徐汉甫检查农业路快速通道工程项目建设

战略合作框架签约仪式

到登封贫困村慰问

建管中心揭牌

赴兰考开展群众路线教育实践活动

南四环快速化项目顺利开工

召开群众路线教育实践活动动员大会

参加国企羽协中原环保杯
“谁羽争锋”羽毛球大赛

郑州市常西湖公共文化区开发合作协议签订仪式

郑州投资控股有限公司

市委书记吴天君在公司投资的高新技术企业——郑州旭飞光电调研

市委常委、宣传部部长王哲视察“郑州1953”文化创意园项目

公司获评郑州市国资系统平安建设工作先进单位

公司投资的高科技企业——中电科2014年股东会暨董事会

开展法律服务进社区活动

市档案局对公司子公司——郑东新区水务有限公司档案管理工作进行省优验收

与中航机电举行资产划转签约仪式

员工团队建设

召开党的群众路线教育实践活动动员大会

郑州南车轨道交通装备有限公司股东会、董事会、监事会精英团队

郑州市重点工业项目与央企重组签约仪式现场

组织员工开展内部培训

郑州自来水投资控股有限公司

2014年12月15日，省委书记、省人大常委会主任郭庚茂视察刘湾水厂

2014年12月15日，省长谢伏瞻视察刘湾水厂

2014年12月13日，市长马懿视察刘湾水厂

2014年12月12日，省南水北调办主任王小平视察刘湾水厂

丹江水进入河南省最大的以南水北调水为水源的水厂——郑州刘湾水厂

公司召开南水北调丹江水进入水厂新闻发布会

供水服务走入社区

河南省南水北调工程通水仪式在郑州市刘湾水厂举行

现场抢修

向帮扶对象送慰问品

总经理张可欣在“供水服务 春暖万家”活动启动仪式上致辞

副总经理赵春英主持“供水服务 春暖万家”活动启动仪式

郑州市侯寨水厂开工奠基

公司获得的荣誉

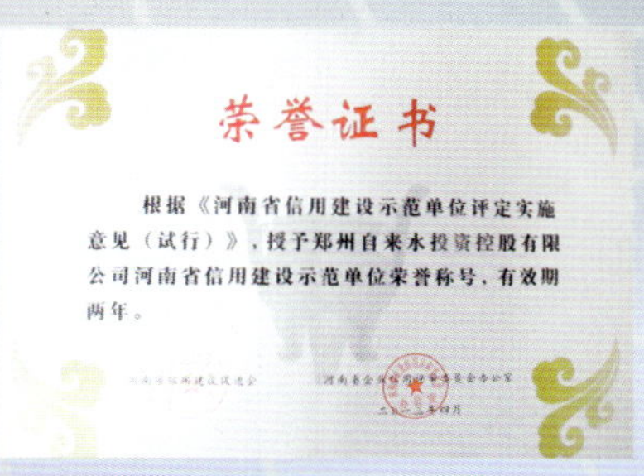

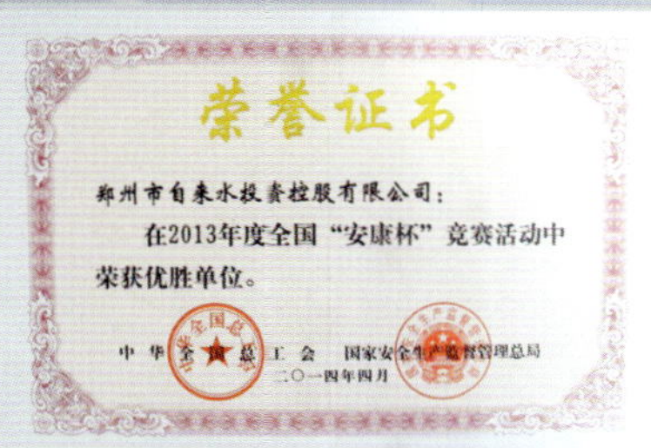

郑州市公共交通总公司

三环快速公交开通

郑州市政府召开关于郑州公共交通对城市经济社会发展的贡献新闻发布会

召开公交都市工作推进会

2014年，适逢郑州公交成立60周年。全年新开线路26条，优化调整线路63条，新购大容量、低能耗、新能源公交车辆540台。开通了三环快速公交，实现了从“单环”到“双环”、从“1主8支”到“3主40支”的跨越式发展，日均客运量增长到70多万人次。主动持续开展公交定制服务，为企事业单位等人员集聚区安排定制服务班车26万多趟次。配合市政府相关部门，建成投入使用公交港湾41处，在中心城区主干道路上安装了350座新的LED电子站牌，覆盖率达到51%。全年完成运营里程2.91亿公里，完成客运量9.87亿人次，完成运营收入7.45亿元，拥有公交车辆6297台（其中新能源车2763台，占车辆总数的43.88%），线路316条。企业先后荣获郑州市平安建设先进单位、郑州市人力资源和社会保障工作先进单位、郑州市纪检监察工作先进集体、郑州市节能减排先进单位等多项荣誉称号，省级文明单位复检成功。

举办郑州公交60周年纪念活动

青年志愿者征求意见活动

行驶中的公交车

郑州市轨道交通有限公司

干净整洁的乘车环境

地铁装点着流光溢彩的都市夜晚

进行夜间隧道检修

每一天，地铁准时运营

位于1号线会展中心站出入口的钢琴阶梯

地铁改变出行

风雪运营人

地铁人的青春在这里闪光

阳光下的郑东车辆段

正在建设的2号线农业路站

文明乘车

文明候车

郑州经济技术开发区明湖办事处

拆迁安置小区分房现场

老南岗村委举办预防出生缺陷免费筛查

便民服务

郑州经济技术开发区明湖办事处

“一窗式”便民服务中心

开展“一窗式”便民服务

明湖代表队参加经开区第二届广场舞比赛

举办妇女节活动

辖区内自助图书馆

远大社区红色网吧

新建社区儿童阅览室

中铁社区幼儿园庆“六一”活动

赵庄社区开展慈善日捐款活动

举办冬至职工活动

新建拆迁安置房

拆迁工地洒水常态化

进行禁烧宣传

拆迁工地防尘网全覆盖

工地出入口洒水设备

郑州高新技术产业开发区石佛办事处

党工委书记　田鸿鹏

主　任　张艳茹

办事处全貌

党建服务中心

便民服务中心

组织干部素能培训

组织村干部到南街村观摩学习

学习弘扬焦裕禄精神

拓展训练锤炼干部队伍

2014年9月30日，市委书记吴天君带队观摩指导石佛办事处百炉屯村拆迁

高新区党工委书记、管委会主任赵书贤到办事处调研指导

高新区党工委书记、管委会主任赵书贤深入一线指导拆迁

高新区党工委书记、管委会主任赵书贤指导五龙口村安置房建设

大学科技园东区

华强城市广场

郑州中学第二附属小学

郑州高新区第一幼儿园

西流湖公园

雕塑公园

郑州高新技术产业开发区梧桐办事处

党工委书记　徐鸿科

主　任　王玉坤

2014 年 2 月 23 日，市委常委、统战部部长王跃华到办事处调研

高新区党工委书记、管委会主任赵书贤到梧桐办事处调研

高新区管委会副主任姚五洲、办事处党工委书记徐鸿科慰问老党员

举办第二届演讲比赛

举办第三届书法交流会

举办首届篮球友谊赛

首届迎新春运动会拔河比赛

郑州高新技术产业开发区梧桐办事处

河南省国家大学科技园

梧桐办事处全貌

郑州美术馆

郑州中学

兰寨村第八届村委换届选举发放选票现场

金色嘉园社区代表高新区参加“郑州第七届百万妇女健身活动展示比赛” 获得一等奖

组织党员一部参观焦裕禄纪念馆，践行群众路线教育

组织中层干部竞职上岗演讲活动

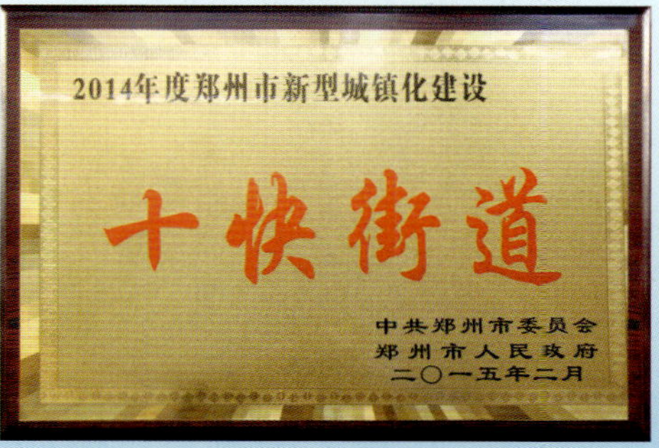

荣获 2014 年郑州市新型城镇化建设“十快街道”荣誉称号

郑州市管城回族区十八里河镇人民政府

2014 年 8 月 26 日，市委常委、常务副市长孙金献到十八里河镇调研 CSD 建设情况

省重点项目领导小组调研金源百荣项目建设

管城回族区组织部部长王彬彬到八郎寨主持召开党的群众路线教育实践活动动员会

全镇集中观看学习央视信访案件处理视频

举办爱心图书捐赠活动

党的群众路线教育实践活动动员会

召开安全生产、消防安全暨特种作业人员培训会

郑州市管城回族区十八里河镇人民政府

召开镇第四届人民代表大会第三次会议

召开环卫工作业务培训会

镇人大代表为辖区环卫工人送清凉

荣誉奖牌

郑州市管城回族区南曹乡人民政府

管城区委书记袁三军、区长虎强到南曹乡调研南部路网工作

管城区委书记袁三军到南曹乡看望慰问南部路网拆迁困难群众

管城区区长虎强到南曹乡视察南部路网建设

管城区政协委员、河南省鸿泰物流公司党支部书记尚宏强向野曹小学捐赠助学金

管城区政协委员到南曹乡调研南部路网建设工作

管城区副区长马欢到南曹乡调研经济运行

管城区红十字会会长姚辉慰问野曹村困难户

组织各行政村干部察看全乡卫生道路整治情况

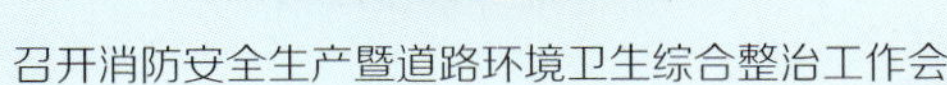

召开消防安全生产暨道路环境卫生综合整治工作会

召开传达区委十届六次会议精神暨领导干部廉政谈话会

郑州市二七区福华街街道办事处

2014 年 10 月 16 日，市委常委、统战部部长王跃华慰问小赵砦贫困居民

区委书记蔡红调研中央商务区项目建设工作

区委书记蔡红调研路华大厦非公党组织建设情况

区委常委、组织部部长丁文霞视察辖区五小门店整治工作

区长陈红民调研铁路沿线绿化工作

端午节广场文化活动

举办社区趣味运动会

组织开展道德讲堂活动

赴大别山干部教育学院开展党性教育活动

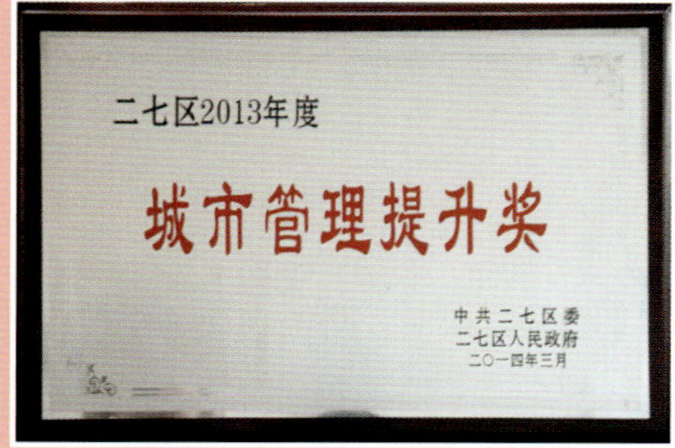

2014年度新型城镇化建设
先进单位
中共二七区委
二七区人民政府
二〇一五年一月

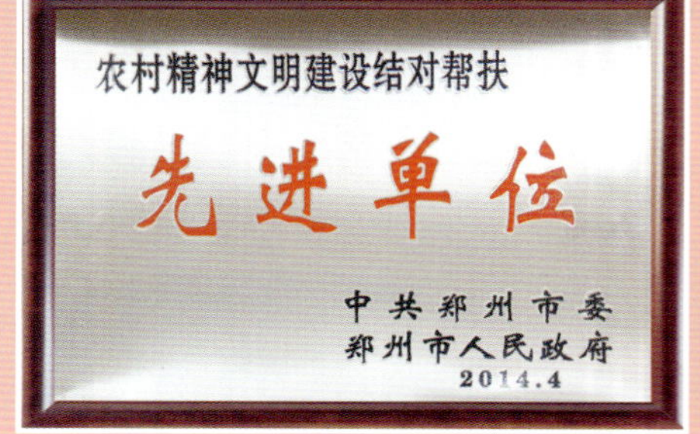

荣誉奖牌

郑州市二七区马寨镇人民政府

KEY CONSTRUCTION PROJECTS IN HENAN PROVINCE

河南省重点建设项目——项新国际集团扩大再投资项目简介

项新国际集团扩大再投资项目总投资3.3亿美元（约合21亿元人民币），计划占地约600亩，达产后年产值不低于86亿元人民币，年纳税约6.6亿元。项目拟选址地块位于学院路以东、明辉路以西、程炉路以南、安宁路以北，该项目分两期实施，一期为康师傅方便面及系列产品生产项目，二期为饮品生产项目。

项新国际集团再投资项目（一期）主要生产康师傅桶装面及袋装面系列高端产品，计划投资1.5亿美元（约合9.5亿元人民币），建设规模为年产方便面13000万箱（一期建设年产8000万箱），并新建24条生产线(其中袋面线12条，容器面12条)，配套生产调理车间和PE车间各一个，达产后年产值40亿元以上，纳税约3.1亿元以上，拟选址地块北至振兴路，南至安宁路，西至学院路，东至明辉路，面积约299亩。

项目（二期）主要生产康师傅茶饮料、果汁、乳制品、矿物质水等全系列饮品，计划投资1.8亿美元（约合11.5亿元人民币），达产后年产值46亿元以上，纳税约3.5亿元以上，拟选址地块北至程炉路，南至振兴路，西至学院路，东至明辉路，面积约300亩。

企业没完没了投资添效益　政府没完没了服务促增长

ENTERPRISE ADDS ENDLESS INVESTMENT BENEFIT ENDLESS GOVERNMENT SERVICES AND PROMOTE GROWTH

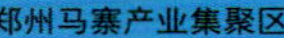

2014 年 4 月 16 日，市委书记吴天君带领市四大班子领导到马寨镇观摩新型城镇化建设工作

2015 年 2 月 6 日，副市长马健到马寨镇调研指导新型城镇化建设暨安置区建设工作

区委书记蔡红到马寨镇视察刘胡垌安置区建设情况

完成村级组织换届选举工作，为进一步加强基层组织建设夯实基础

召开镇四届人大第四次会议

进行基础配套服务设施施工的程炉张河安置区

全国卫生镇——马寨镇干净整洁的街景

郑州市惠济区大河路街道办事处

党工委书记 贾新杰

主 任 陈伟森

惠济区委书记王东亮、区长黄钫到辖区中原四季水产物流港视察工作

惠济区委书记王东亮到大河路街道视察安置房建设工作

党工委书记贾新杰慰问建国前老党员

政协委员到辖区企业视察安全生产工作

主任陈伟森现场指挥违法建设拆除工作

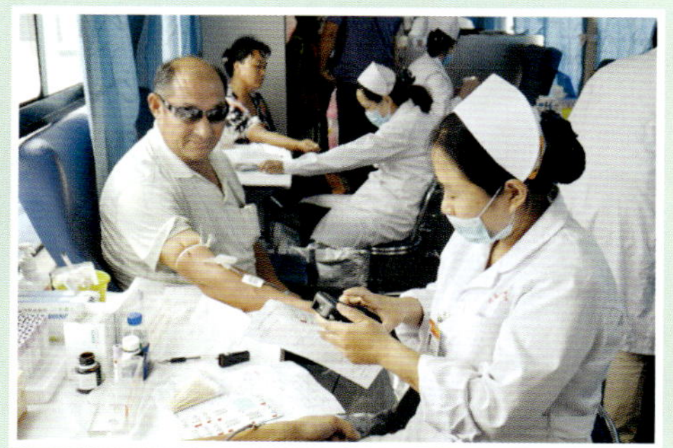

组织党员、群众义务献血

村级组织换届选举工作有序进行

郑州市上街区济源路街道办事处

省、市政法委领导调研网格化管理监控指挥中心

2014年9月24日，市委副书记王璋带领各县（市）区领导考察济办网格化管理工作

郑州市委组织部组织参观东方社区红色网络教育家园

郑州市委领导参观学习夏侯南区安置区建设先进经验

200余名党员志愿者参加圆梦“微心愿”暨“跟党走、文明行、微公益”党员志愿活动启动仪式

东方社区举办宝宝运动会

新兴街社区和区餐饮商会联合举办传厨艺献爱心活动

荣誉奖牌

中国电信集团公司
河南省郑州市电信分公司

省公司副总经理林成参与河南电信第一个固网TDM长途局（TSH1）下电仪式

总经理昝建民在天翼4G靓号拍卖会上致辞

客户送锦旗感谢公司优质服务

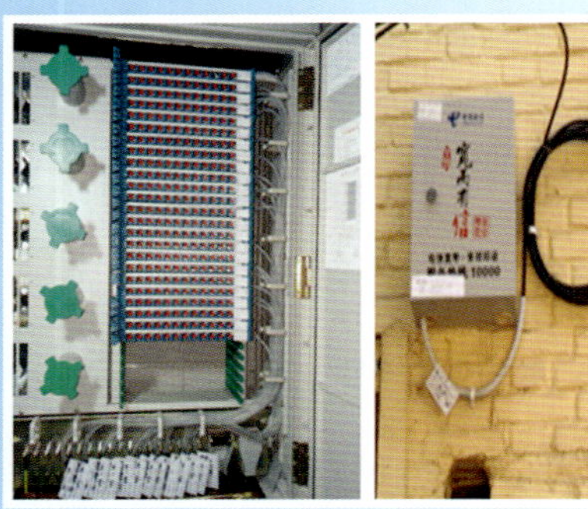

大力开展光网改造

与好声音合作的“天翼飞Young校园好声音大赛第二季”在郑州地区举行海选活动

在世界电信日&世界助残日到郑州盲聋哑学校开展手机捐赠活动

中国电信郑州分公司荣获“爱心单位”荣誉称号

助力贫困学子 分享美好未来

举办客户维系经理技能大赛

“中国电信郑州分公司 正道思达翼支付业务进驻签约启动仪式”在花园路正道中环百货广场举行

河南省电力公司郑州供电公司

2014年1月29日，省委书记、省人大常委会主任郭庚茂到国网郑州供电公司慰问

2014年8月22日，省委常委、市委书记吴天君到商都路充换电站调研

2014年5月22日，省人大常委会委员刘建功对郑州市《河南省供用电条例》贯彻执行情况进行调研

2014年2月26日，市委常委、统战部部长王跃华、副市长马健到商都路充换电站调研

国网郑州供电公司港区客户服务分中心正式挂牌成立

2014年7月9日，国家发改委能源局电力安全监管司副司长范舜到国网郑州供电公司调研

高考前夕，国网郑州供电公司员工在郑州市第二中学检查用电设备，保障高考期间用电安全

国网郑州供电公司全力确保2014郑州华彬航空嘉年华航空展顺利举行

国网郑州供电公司加快电网改造步伐，对输电线路进行改造升级

为保障陇海路高架工程施工顺利进行，国网郑州供电公司员工提前完成沿线电力设施迁改

公司承办的郑州市2014年大面积停电综合应急演练

国网郑州供电公司全力确保第十届国际少林武术节供电

河南省首座电动汽车充换电站——商都路充换电站送电成功

公司员工在海马汽车公司进行现场服务

郑州银行股份有限公司

郑州银行连续2年蝉联资产规模1000－2000亿元城商行财务评价竞争力第三名

举行商鼎信用卡首发仪式

举行国际业务启动仪式

举行“中意你我他”品牌发布仪式

举行“小额宝”产品发布仪式

郑州银行航海东路小微支行开业

郑州银行二七万达社区支行开业

郑州银行商丘分行开业

郑州银行安阳分行开业

开展群众路线教育实践活动

郑州市公共住宅建设投资有限公司

董事长于公、书记赵兰带队赴登封颍阳镇裴塘村扶贫

董事长于公带队察看金光花苑项目施工现场

董事长于公带领全体员工赴兰考焦裕禄纪念馆参观学习

董事长于公慰问物业公司困难职工

市国资委副主任李中正出席公司2014年工作会议并讲话

总经理耿颍强带队察看湖光苑小区大门重建施工现场

公司承办市国资系统平安国企进社区活动

公司在市国资系统平安国企进社区活动现场提供法律咨询服务

全体员工在焦裕禄纪念馆合影

金光花苑安置房项目中心组团景观图

金光花苑安置房项目配套商业区透视图

金光花苑安置房项目配套幼儿园透视图

郑州市紫荆山公园

“春满花溢”紫荆花展

梦溪胜景

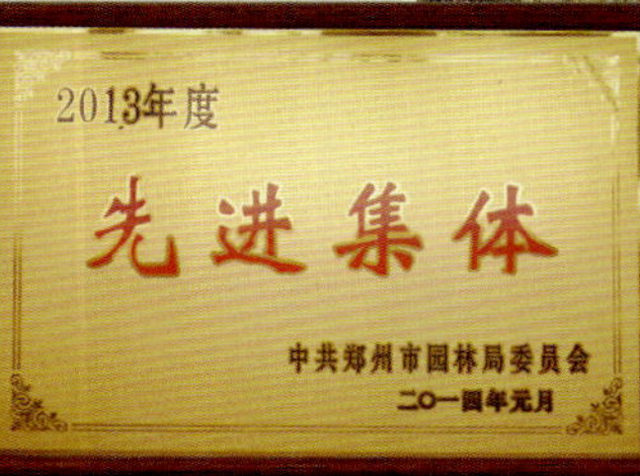

获2013年度先进集体称号

秋到紫荆山

夏荷

2009年迎国庆制作的景点——“城市印象”，当年在中央电视台展播

绿韵景区一隅

人民广场毛泽东主席塑像

有枝皆花是紫荆

紫荆花展景点——梦续羊年

紫荆山广场

郑州年鉴各县（市）区编辑组

巩义市

组　长　史建伟（副市长）
副组长　郅笃威（市史志办主任）
组　员　魏小艳

新密市

组　长　虎荣鑫（市委常委、市委办主任）
副组长　蒋剑茹（副市长）
组　员　王西林　程淑青　王国昌　郑立国

登封市

组　长　赵华敏（市委常委、常务副市长）
副组长　吕宏军（市史志办主任）
组　员　闫新松　郜悟棋

新郑市

组　长　彭　立（市委常委、常务副市长）
副组长　李俊鹏（市政府办主任）
组　员　王　昱　寇黎晓

荥阳市

组　长　李凤枝（副市长）
副组长　杨瑞敏（市政府办副主任、市史志办主任）
组　员　李建民　刘朝阳　袁　磊

中牟县

组　长　王洪波（副县长）
副组长　李有忠（县政府办主任）
组　员　雍　超　张恒献　张　涛　张海军

金水区

组　长　李建超（区委常委、常务副区长）
副组长　竟新宇（区政府办主任）
组　员　窦　凯　向天燕　王　红　何金星

二七区

组　长　于　珊（副区长）
副组长　刘　琴（区史志办主任）
组　员　胡　雷

管城回族区

组　长　罗国君（副区长）
副组长　周遂枝（区史志办主任）
组　员　崔　涛　王　忠　何　蕾　王海霞

中原区

组　长　杨　洋（副区长）
副组长　王冬梅（区史志办三任）
组　员　赵志平　尹园园　赵文煜

惠济区

组　长　张东辉（区委常委、常务副区长）
副组长　黄国彦（区政府办主任）
组　员　张路燕　徐玲玲　史丹丹　范雪莹

上街区

组　长　徐　勇（区委常委、常务副区长）
副组长　周伟杰（区政府办三任）
组　员　焦　阳　周昱宏

图书在版编目(CIP)数据

郑州年鉴. 2015 / 郑州市人民政府主办 ；郑州市地方史志办公室编. — 郑州:
中州古籍出版社, 2015.10
ISBN 978 – 7 – 5348 – 5709 – 6

Ⅰ. ①郑… Ⅱ. ①郑… ②郑…Ⅲ. ①郑州市－2015－年鉴 Ⅳ. ①Z526.11

中国版本图书馆CIP数据核字(2015)第259972号

责任编辑：米 敏
责任校对：米 敏
出 版 社：中州古籍出版社
（地址：郑州市经五路66号 邮编：450002）
承印单位：河南省瑞光印务股份有限公司
开 本：889 mm × 1194mm 1/16
印 张：35
字 数：150千字
印 数：1—2000册
版 次：2015年12月第1版
印 次：2015年12月第1次印刷
定 价：320.00元